Pieter H. Bakker Schut · Stammheim

Pieter H. Bakker Schut

Stammheim

Der Prozeß gegen die
Rote Armee Fraktion

Neuer Malik Verlag

CIP-Titelaufnahme der Deutschen Bibliothek

Bakker Schut, Pieter H.:
Stammheim : der Prozeß gegen die Rote-Armee-Fraktion / Pieter H. Bakker Schut. – Sonderausg. – Kiel : Neuer Malik-Verl., 1989
ISBN 3-89029-055-8

Broschierte Sonderausgabe 1989

Umschlaggestaltung und Ausstattung:
Ingo Wulff
Satz: Utesch Satztechnik GmbH, Hamburg
Gesetzt aus der Souvenir
Druck: Clausen & Bosse, Leck
Printed in Germany
ISBN: 3-89029-055-8

Inhalt

Vorwort

Der niederländische Rechtsanwalt Pieter H. Bakker Schut legt mit dieser Abhandlung eine juristisch-politische Analyse des Stammheimer Prozesses vor. Das war überfällig. Daß diese Analyse bisher von keinem deutschen Verteidiger erbracht wurde, hat seine Gründe.

Stammheim ist eben nicht nur ein klassisches Beispiel eines politischen Prozesses, bei dem ein justizförmiges Verfahren politischen Zwekken dienstbar gemacht wurde. In Stammheim sollten Angeklagte nicht nur in einem Schauprozeß mit allen Mitteln staatlicher Machtentfaltung zur Strecke gebracht werden, weil sie den Versuch unternommen hatten, „die in der Bundesrepublik Deutschland bestehende freiheitlich-demokratische Grundordnung gewaltsam zu beseitigen". Stammheim war nicht nur die Abrechnung der Herrschenden mit jenen, die ihnen den bewaffneten Kampf angesagt hatten.

Sicher, all das war Stammheim auch.

Aber sein historischer Stellenwert reicht weiter. Stammheim ist der Ort, an dem die BRD ihre „freiheitlich-demokratische Grundordnung" und ihre ganze Nachkriegsgeschichte gegen den Angriff und die Anklage der Angeklagten aus der Schußlinie nehmen und den politischen Prozeß abwürgen mußte, die physische Vernichtung der Angeklagten in ihren Gefängniszellen eingeschlossen.

Stammheim ist der Ort, an dem zum erstenmal in der Justizgeschichte der BRD die Grundsätze der präventiven Konterrevolution wissenschaftlich erprobt wurden: von den Isolationshaftprogrammen made in USA bis hin zum Bau eines Prozeßbunkers auf Gefängnisgelände, vom auf seinen Stuhl manipulierten Gerichtsvorsitzenden bis hin zum offenen Gesetzesbruch durch Abhören der Verteidigergespräche und der Gefängniszellen, von der Zerschlagung der Verteidigung durch Sondergesetze, Verteidigerausschlüsse, Verhaftungen und Berufsverbote bis hin zur Verhängung totaler Kontaktsperren.

Die Angeklagten haben den Charakter ihrer Auseinandersetzungen mit den Herrschenden auf den Begriff (Volks-)Krieg gebracht, wohl wissend, daß für diese Ebene der Klassenauseinandersetzung (noch) die gesellschaftlichen Voraussetzungen fehlten. Stammheim, sein paramilitärisches Sicherheitsritual, seine staatspolizeiliche Durchdringung, seine Architektur sind jedoch ein einziger Beweis dafür, daß die Machthaber die Herausforderung der RAF auf demselben Nenner der (verdeckten) Kriegsführung angenommen haben. Stammheim ist zu einer Art von justitiellem Vorfeld des Krieges geworden, zu einem Testplatz der Aufstandsbekämpfung.

Für viele Verteidiger wurde Stammheim zum Trauma. Anstatt Stammheim zu verarbeiten, verdrängten sie es. Auch mir stehen die Ereignisse in und um Stammheim noch so unmittelbar vor Augen, daß ich nicht in der Lage gewesen wäre, das in Angriff zu nehmen, was Pieter H. Bakker Schut zu Ende gebracht hat: den schwierigen Versuch, als „teilnehmender Beobachter" einen fundierten Beitrag zur Geschichtsschreibung des Stammheimer Prozesses zu leisten.

Klaus Croissant

Einleitung

Das vorliegende Buch ist eine Fallstudie über den bis dahin größten politischen Prozeß der Nachkriegszeit in der BRD, die Strafsache gegen die sogenannten Gründer und Rädelsführer der westdeutschen Stadtguerillagruppe Rote Armee Fraktion (RAF) Andreas Baader, Gudrun Ensslin, Ulrike Meinhof, Holger Meins und Jan Carl Raspe.

Mitte 1972 waren sie nach einer monatelangen Hetzjagd von der Polizei festgenommen worden; kurz zuvor, im Mai 1972, hatten verschiedene Kommandos der RAF ihre ersten Angriffe – eine Reihe aufsehenerregender Bombenanschläge u. a. gegen amerikanische Militäreinrichtungen (siehe Kapitel I) – durchgeführt. Die Hauptverhandlung in der Strafsache gegen „Baader u. a.“, wie die Kurzadressierung der Strafakte lautete, wurde im Mai 1975 eröffnet; sie dauerte fast zwei Jahre. Holger Meins starb bereits vor Beginn der Hauptverhandlung im November 1974, Ulrike Meinhof im Mai 1976, die restlichen drei Beschuldigten starben im Oktober 1977.

Ich werde zuerst kurz auf Entstehung und Selbstverständnis der RAF eingehen und danach die spezifische Problemstellung der vorliegenden Studie sowie die angewandten Untersuchungsmethoden näher erläutern.

Die 60er Jahre gingen in die Geschichte vieler westlicher Staaten als „unruhige“ Jahre ein. Vor allem in der zweiten Hälfte des Jahrzehnts waren Demonstrationen von einer in der BRD noch nicht erlebten Heftigkeit und Aktionen bürgerlichen Ungehorsams seitens großer Teile der Studentenschaft an der Tagesordnung. Ihr ging es hauptsächlich um eine Demokratisierung der Gesellschaft und um die Verbreitung des Bewußtseins, daß es notwendig sei, aktiven Widerstand zu leisten gegen das ökonomische, politische und militärische Vorgehen der westlichen Staaten in der dritten Welt, insbesondere gegen den Kolonialkrieg in Indochina, den die USA von Frankreich quasi übernommen hatten und der inzwischen völkermörderische Formen angenommen hatte.

Ebenso wie in anderen Ländern hat auch der studentische Widerstand in der BRD historisch und gesellschaftlich spezifische Dimensionen und Hintergründe[1]. So richtete sich der Protest der radikalen „Kinder der Generation von Auschwitz“ u. a. gegen die Restauration der politischen Rechten unter den von Konrad Adenauer geleiteten CDU/CSU-Regierungen der Nachkriegsjahre (1949 bis 1965) und in diesem Zusammenhang vor allem gegen die Tatsache, daß zahlreiche Ex-Nazis wieder einflußreiche Positionen in den Machtzentren von Regierung, Militär, Justiz, Polizei, Parteien und Wirtschaft besetzen durften.

Zur Veranschaulichung hier nur ein Beispiel aus dem Bereich der Polizei: Im Jahr 1959 standen von 33 Polizeipräsidien in Nordrhein-Westfalen 20 unter der Leitung ehemaliger SS-Hauptsturmführer[2].

Der studentische Protest richtete sich weiter gegen die Methoden, mit denen Tausende von echten und vermeintlichen Kommunisten im Rahmen des Kalten Krieges verfolgt worden waren und wurden[3]. Vor allem aber leisteten die Studenten Widerstand gegen die Remilitarisierung der BRD (die schon vor der Kapitulation 1945 und damit lange vor der tatsächlichen Teilung Deutschlands im amerikanischen Außenministerium als beschlossene Sache galt, da man sich dort zum Ziel gesetzt hatte, Deutschland zu einem Bollwerk gegen die Sowjetunion auszubauen[4]).

Die beherrschende Rolle, die die westlichen Besatzungsmächte beim Wiederaufbau Deutschlands gespielt hatten, war den Studenten nicht entgangen. Ein Beispiel für das zielstrebige Vorgehen der Sieger: Sie übernahmen den vom Nazi-General Reinhard Gehlen gegründeten geheimen Nachrichtendienst „Organisation Gehlen" und installierten ihn 1956 unter dem Namen Bundesnachrichtendienst (BND) als CIA-Niederlassung in der BRD[5]. „Organisation Gehlen" und später BND konnten unter der Obhut der CIA im Rahmen des Ost-West-Konflikts ihre Operationen ungestört voll entfalten. Weiter wurden bereits im Herbst 1945 auf betrieblicher Ebene eine deutsche „Industriepolizei" gegründet und zum Schutz der alliierten Militärbasen sogenannte Wachmänner eingestellt; bis 1950 erhielt die Industriepolizei eine spezielle Ausbildung und Ausrüstung (mit Infanteriewaffen) zur Bekämpfung von Aufruhr und Aufständen. Sie stellte ein riesiges Sammelbecken dar, in dem ehemalige Angehörige der „Werkschutzpolizei" (Betriebspolizei der Nazis), der Gestapo und der Wehrmacht der Entnazifizierung entkommen konnten; in der „Industriepolizei" wurden sie ausgebildet und dienten u. a. der Rekrutierung für die „Spezialdienste" der Alliierten, für die Kader von Bundesgrenzschutz, Bereitschaftspolizei und Staatsschutz sowie seit 1954/55 der Bundeswehr.

Die wirtschaftliche Abhängigkeit Westdeutschlands von den USA hatte ihren Anfang mit dem sogenannten Marshallplan genommen. Die drei Jahre nach der Kapitulation waren Hungerjahre, gekennzeichnet durch unzureichende Lebensmittellieferungen und -rationen, genaue Reglementierung der Produktion, Beschlagnahmungen, Zwangsexport von Grundstoffen usw. Der Marshallplan wurde genau zu dem Zeitpunkt vorgelegt, an dem die Streiks und Demonstrationen gegen den Hunger und für eine Sozialisierung der Produktionsmittel in Europa ihren Höhepunkt erreicht hatten. Mit Hilfe dieses Planes war es den USA möglich, auf wirtschaftlichem Gebiet in Europa vorzudringen und einen mit militärischen Stützpunkten versehenen antikommunistischen Block für die sogenannte „roll back"-Offensive gegen die Sowjetunion errichten zu können. Die „New York Times" schreibt am 12. 10. 50: „Die Marshallplanbeamten sind augenblicklich in Zusammenarbeit mit der Regierung in Bonn damit beschäftigt, die Wiederaufbauarbeiten in ein offenes Programm zur Einbeziehung der westdeutschen Wirtschaft in die westeuropäischen Verteidigungserfordernisse umzuwandeln".

Das amerikanische Kapital mußte seine Überproduktion, die vor allem wegen der Umstellung der Kriegsindustrie auf andere Projekte einen kritischen Punkt erreicht hatte, auf ausländischen Märkten loswerden. Die mangelnde Zahlungsfähigkeit der potentiellen europäischen Märkte wurde mit Krediten, Darlehen und Subventionen aus dem Marshallplan beseitigt. Mit Hilfe von Investitionen, Warenexport und einer strukturellen Umgruppierung der Wirtschaft in Westdeutschland zugunsten der Industrie und auf Kosten der landwirtschaftlichen Produktion sowie durch den Aufbau einer europäischen Marktstruktur, die durch die regionale Dominanz westdeutschen Kapitals gekennzeichnet war, wurde es möglich, Westdeutschland unter amerikanischer Kontrolle zu halten und die BRD als wichtigste wirtschaftliche Macht innerhalb Westeuropas aufzubauen. Ein weiteres Mittel zur Stärkung der amerikanischen Kontrolle über Westdeutschland war die Schaffung einer technologischen Abhängigkeit durch Patente, Lizenzen und die Übernahme amerikanischer Produktionstechniken und Maschinen, während Westdeutschland gleichzeitig durch ein Handelsembargo gegen die sozialistischen Staaten – eine der Bedingungen für die Marshallplanhilfe – von seinen traditionellen Märkten im Osten abgeschnitten wurde.

Nach der großen Rezession in den Jahren 1966/67 erhielt die westdeutsche Wirtschaft noch einmal eine kräftige amerikanische Kapitalspritze, was eine weitere Zunahme der wirtschaftlichen Abhängigkeit zur Folge hatte. Danach erfolgte 1968 die Übergabe der letzten Souveränitätsrechte durch die Alliierten an die BRD. Wie die Alliierten am 27.5.68 mitteilten, war diese Übergabe an die Bedingung geknüpft, daß die von der SPD/CDU-Regierung (Große Koalition) vorgelegten Notstandsgesetze vom Parlament angenommen würden. Am 30.5.68 verabschiedete der Bundestag diese Gesetze mit mehr als der benötigten Zweidrittel-Mehrheit. Von nun an war es der Regierung nach freiem Ermessen möglich, unter bestimmten Umständen u. a. „Streitkräfte zur Unterstützung von Polizei und Bundesgrenzschutz bei der Bekämpfung von organisierten und auf militärische Art und Weise bewaffneten Aufständischen" einzusetzen; grundgesetzlich verankerte Rechte konnten dafür zeitweilig außer Kraft gesetzt werden. Gleichzeitig erhielten die innerstaatlichen Nachrichtendienste, unabhängig vom Vorhandensein eines sogenannten Notstandes, weitreichende Befugnisse (u. a. zum Abhören von Telefongesprächen).

Schon seit Jahren hatte es, vor allem in Studentenkreisen, erheblichen Widerstand und Protest gegen die geplante Notstandsgesetzgebung gegeben. In der von linken Studenten viel gelesenen Monatszeitschrift

„Konkret" kritisierte die Journalistin Ulrike Meinhof im Jahr 1960 die geplante Notstandsgesetzgebung:

„Dieser ‚deutsche Sinn für Ordnung', auf welchem die Hypothek von sechs Millionen vergaster Juden liegt und die schrecklichste aller Neuordnungen Europas, soll nunmehr erneut in Kraft treten, indem das Notstandsgesetz – vorgeblich der Ordnung halber – die Vorbehalte der westlichen Alliierten gemäß Art. 5 der Pariser Verträge zugunsten der vollen Souveränität der Bundesrepublik aufheben soll. Nur als Vorwand aber kann diese Berufung auf den Deutschlandvertrag hingenommen werden, denn dieser bezieht sich ausschließlich – darin waren sich die Interpreten bei der Unterzeichnung des Vertrages bis hin zum Bundeskanzler einig – auf den Schutz vor einer ‚äußeren Bedrohung' – und zwar der Streitkräfte, während die Vorlage der Bundesregierung auch den Fall ‚Innerer Krisen' berücksichtigt, ja geradezu bevorzugt"[6].

Anfang der 60er Jahre hatte sich eine breite Koalition aus Studenten, Hochschullehrern und anderen Intellektuellen gegen das Zustandekommen der Notstandsgesetzgebung zur Wehr gesetzt, anfänglich auch mit Erfolg. Innerhalb dieses Zusammenschlusses entwickelte sich der 1961 wegen „kommunistischer Unterwanderung" aus der SPD ausgeschlossene Sozialistische Deutsche Studentenbund (SDS) immer mehr zur einflußreichsten Gruppierung. Zu dieser Zeit diskutierte man in den verschiedenen SDS-Arbeitsgruppen, in Gruppen von Rätekommunisten, Anarchisten und Marxisten über das Verhältnis von Arbeit und Kapital zueinander und über die Rolle des modernen Staates. Ferner suchte die sozialistische Opposition in den kapitalistischen Ländern nach einer wirkungsvollen Möglichkeit, sich aktiv mit den antikolonialistischen Befreiungsbewegungen der dritten Welt zu solidarisieren. Geistige Anregung boten anfänglich vor allem die Schriften der neomarxistischen Philosophen der sogenannten Frankfurter Schule wie Theodor Adorno, Max Horkheimer, Jürgen Habermas, Walter Benjamin und Herbert Marcuse; später kamen die Schriften der Guerillastrategen wie Mao Tsetung, Frantz Fanon und Che Guevara hinzu.

Von 1965 an nahmen der amerikanische Vietnamkrieg und die Beteiligung der BRD an diesem Krieg (unter anderem durch die Billigung amerikanischer Militärbasen mit logistischer Funktion für diesen Krieg in der BRD) einen zunehmenden Stellenwert innerhalb der Diskussion ein. Nach dem Eintritt der SPD in die Große Koalition mit CDU/CSU im November 1966 rief der SDS-Vorsitzende Rudi Dutschke – im Anschluß an eine Woche stark besuchter teach-ins über Vietnam in Berlin – zur Bildung einer „Außerparlamentarischen Opposition" (APO) auf, die alle Gruppen und Bewegungen links von der SPD umfassen sollte. Dies war der Beginn der großen Vietnamdemonstrationen, die immer wieder mit brutaler Gewalt durch massive Polizeiaufgebote zerschlagen wurden. Die diversen Blätter des marktbeherrschenden Springerkonzerns lieferten die verbale Munition gegen die Demonstranten.

Am 2. Juni 1967 demonstrierten die Studenten in Berlin gegen den

Staatsbesuch des Schahs von Persien. Die Polizei knüppelte die Demonstranten auseinander. Der 26jährige Student Benno Ohnesorg, aktives Mitglied der Evangelischen Studentengemeinde, wurde von der Polizei auf der Flucht erschossen. Der Schütze erhielt uneingeschränkte Rükkendeckung von seinen Vorgesetzten und ging letztlich straffrei aus[7].

Auf einer emotional aufgeladenen Versammlung am Abend des 3. Juni rief das SDS-Vorstandsmitglied Gudrun Ensslin (die sich in früheren Jahren noch innerhalb der SPD gegen atomare Bewaffnung und für die Kanzlerkandidatur Willy Brandts eingesetzt hatte) zur Gegengewalt auf: „Denn man kann mit ihnen nicht diskutieren – es ist die Generation von Auschwitz".

Während innerhalb der linken Bewegung noch recht zögernd über das Thema Gewalt und Gegengewalt diskutiert wurde, ging die Polizei weiter unvermindert brutal gegen Demonstranten vor, begleitet und unterstützt von Hetzartikeln der Springerpresse gegen den SDS und vor allem gegen den SDS-Vorsitzenden Rudi Dutschke. Am 11.4.68 schoss ein 23jähriger Mann Dutschke eine Kugel in den Kopf. Dutschke wurde lebensgefährlich verletzt; er starb Jahre später an den Folgen.

Die Studenten reagierten auf diesen Anschlag mit heftigen Demonstrationen und Aktionen gegen Niederlassungen des Springerkonzerns in verschiedenen Städten der BRD. Ostern 1968 wurde in der gesamten BRD (und auch in vielen anderen europäischen Universitätsstädten) demonstriert; die Demonstrationen richteten sich in erster Linie gegen den Krieg in Vietnam. Eine Demonstration in München entwickelte sich zu einer regelrechten Schlacht; ein Student und ein Fotograf wurden von Steinen tödlich getroffen. Ulrike Meinhof dazu in „Konkret":

> „‚Protest ist, wenn ich sage, das und das paßt mir nicht. Widerstand ist, wenn ich dafür sorge, daß das, was mir nicht paßt, nicht länger geschieht.
>
> Protest ist, wenn ich sage, ich mache nicht mehr mit. Widerstand ist, wenn ich dafür sorge, daß alle anderen auch nicht mehr mitmachen'. So ähnlich -nicht wörtlich – konnte man es von einem Schwarzen der Black Power Bewegung auf der Vietnamkonferenz im Februar in Berlin hören.
>
> Die Studenten proben keinen Aufstand, sie üben Widerstand. . . Die Grenze zwischen verbalem Protest und physischem Widerstand ist bei den Protesten gegen den Anschlag auf Rudi Dutschke in den Osterfeiertagen erstmalig massenhaft, von vielen, nicht nur einzelnen, über Tage hin, nicht nur einmalig, vielerorts, nicht nur in Berlin, tatsächlich, nicht nur symbolisch – überschritten worden. Nach dem 2. Juni wurden Springerzeitungen nur verbrannt, jetzt wurde die Blockierung ihrer Auslieferung versucht. Am 2. Juni flogen nur Tomaten, jetzt flogen Steine. Im Februar wurde nur ein mehr amüsanter und lustiger Film über die Verfertigung von Molotowcocktails gezeigt, jetzt hat es tatsächlich gebrannt. Die Grenze zwischen Protest und Widerstand wurde überschritten, dennoch nicht effektiv, dennoch wird sich das, was passiert ist, wiederholen können; Machtverhältnisse sind nicht verändert worden.
>
> Widerstand wurde geübt. Machtpositionen wurden nicht besetzt. War das

alles deshalb sinnlose, ausufernde, terroristische, unpolitische, ohnmächtige Gewalt?

Stellen wir fest: Diejenigen, die von politischen Machtpositionen aus Steinwürfe und Brandstiftung hier verurteilen, nicht aber die Hetze des Hauses Springer, nicht die Bomben auf Vietnam, nicht Terror in Persien, nicht Folter in Südafrika, diejenigen, die die Enteignung Springers tatsächlich betreiben könnten, stattdessen Große Koalition machen, die in den Massenmedien die Wahrheit über BILD und BZ verbreiten könnten, stattdessen Halbwahrheiten über Studenten verbreiten, deren Engagement für Gewaltlosigkeit ist heuchlerisch, sie messen mit zweierlei Maß, sie wollen genau, was wir, die wir in diesen Tagen – mit und ohne Steine in unseren Taschen – auf die Straße gingen, nicht wollen: Politik als Schicksal, entmündigte Massen, eine ohnmächtige, nichts und niemanden störende Opposition, demokratische Sandkastenspiele, wenn es ernst wird den Notstand...

Nun, nachdem gezeigt worden ist, daß andere Mittel als nur Demonstrationen, Springer-Hearing, Protestveranstaltungen zur Verfügung stehen, andere als die, die versagt haben, weil sie den Anschlag auf Rudi Dutschke nicht verhindern konnten, nun, da die Fesseln von Sitte & Anstand gesprengt worden sind, kann und muß neu und von vorne über Gewalt und Gegengewalt diskutiert werden. Gegengewalt, wie sie in diesen Ostertagen praktiziert worden ist, ist nicht geeignet, Sympathien zu wecken, nicht, erschrockene Liberale auf die Seite der Außerparlamentarischen Opposition zu ziehen. Gegengewalt läuft Gefahr, zu Gewalt zu werden, wo die Brutalität der Polizei das Gesetz des Handelns bestimmt, wo ohnmächtige Wut überlegene Rationalität ablöst, wo der paramilitärische Einsatz der Polizei mit paramilitärischen Mitteln beantwortet wird"[8].

Gut eine Woche vor dem Anschlag auf Rudi Dutschke hatten vier Studenten, Gudrun Ensslin, Andreas Baader, Horst Söhnlein und Thorwald Proll versucht, der staatlichen Gewalt die Gegengewalt der Gewaltunterworfenen entgegenzusetzen. In der Nacht vom 2. zum 3. April 1968 legten sie in zwei großen Kaufhäusern im Frankfurter Zentrum mit primitiven Brandbomben Feuer. Bereits einen Tag danach, am 4. April, wurden sie festgenommen. Gudrun Ensslin bezeichnete diese Aktion während des Prozesses als Fehler, entstanden aus einem Gefühl der Ohnmacht; gedacht war sie als Aktion gegen den „Konsumterror" in den kapitalistischen Ländern des Westens, der den Völkermord in Vietnam sowohl möglich mache als auch verschleiere. Mit Hilfe der Brandstiftung wollten sie die öffentliche Aufmerksamkeit auf die Bombardierung Vietnams mit Napalm richten; von den öffentlichen Medien wurde dieses Motiv weitgehend unterschlagen. Einer der Verteidiger war Horst Mahler, bundesweit als Rechtsanwalt der Studentenbewegung bekannt. Hier der Kommentar der Prozeßbeobachterin und „Konkret"-Kolumnistin Meinhof:

„Gegen Brandstiftung im allgemeinen spricht, daß dabei Menschen gefährdet sein könnten, die nicht gefährdet werden sollen.

Gegen Warenhausbrandstiftung im besonderen spricht, daß dieser Angriff auf die kapitalistische Konsumwelt – und als solchen wollten ihn wohl die im Frankfurter Warenhausbrandprozeß Angeklagten verstanden wissen – eben diese Konsumwelt nicht aus den Angeln hebt, sie nicht einmal verletzt, das, was sie treibt, selbst treibt, denen, die daran verdienen, Verdienste ermöglicht. Dem Prinzip, nach dem hierzulande produziert und konsumiert wird, dem Prinzip des Profits und der Akkumulation von Kapital, wird durch einfache Warenvernichtung eher entsprochen, als daß es durchbrochen würde. Denn denen, die an der Produktion und dem Verkauf der in den Warenhäusern massenhaft angebotenen Güter verdienen, kann möglicherweise und gelegentlich kein größerer Gefallen getan werden als die kostenlose Vernichtung dieser Güter. Den Schaden – sprich Profit – zahlt die Versicherung...

Immerhin, die Vernichtung gesellschaftlich produzierten Reichtums durch Warenhausbrand unterscheidet sich qualitativ nicht von der systematischen Vernichtung gesellschaftlichen Reichtums durch Mode, Verpackung, Werbung, eingebauten Verschleiß. So gesehen ist Warenhausbrandstiftung keine antikapitalistische Aktion, eher systemerhaltend, konterrevolutionär.

Das progressive Moment einer Warenhausbrandstiftung liegt nicht in der Vernichtung der Waren, es liegt in der Kriminalität der Tat, im Gesetzesbruch. Das Gesetz, das da gebrochen wird, schützt ja die Menschen nicht davor, daß ihre Arbeitszeit und -kraft, der von ihnen geschaffene Mehrwert vernichtet, verdorben, vergeudet wird, daß sie durch Werbung über ihre eigenen Produkte belogen, durch Arbeitsorganisation und Verheimlichung von allen Informationen über ihre Produkte getrennt werden, als Produzenten wie als Verbraucher, denen unterworfen und ausgeliefert sind, die sich den Profit aneignen und nach eigenem Gusto investieren. Nach eigenem Gusto heißt nach der Logik des Profits also da, wo neuer, mehr Mehrwert angeeignet werden kann, nicht da, wo das Geld effektiv und von allen gebraucht wird: also z. B. im Erziehungswesen, im Gesundheitswesen, für öffentliche Verkehrsmittel, für Ruhe, reine Luft und Sexualaufklärung etc."[9]

Das Urteil lautete auf drei Jahre Freiheitsentzug ohne Bewährung. Im Juni 1969, 14 Monate danach, wurde den inhaftierten Angeklagten in Erwartung des Urteils der Berufungsverhandlung Haftverschonung gewährt. Baader und Ensslin arbeiteten mit anderen Soziologie- und Pädagogikstudenten täglich in einem vom SDS finanziell unterstützten Randgruppenprojekt in Frankfurt. Dieses Projekt befaßte sich mit Aufnahme und Betreuung von Jugendlichen, die aus Erziehungsanstalten weggelaufen waren, und von Kindern, die verwahrlost, von zu Hause weggelaufen oder mißhandelt worden waren. Auch Ulrike Meinhof, die sich schon geraume Zeit mit dem Aufdecken von Mißständen in Erziehungsheimen für Mädchen beschäftigt hatte[10], besuchte dieses Projekt. Als die Revision der Angeklagten in der Brandstiftungssache im November 1969 vom Bundesgerichtshof abgewiesen wurde, entzogen sich Baader und Ensslin der restlichen Gefängnisstrafe und tauchten unter. Anfang Februar 1970 gingen sie nach Westberlin. Dort hatten aktive Linke, die z. B. wegen noch abzusitzender Haftstrafen gesucht wurden oder die sich ihrem Prozeß entzogen hatten, eine untergrundähnliche Struktur geschaffen. Viele hatten eine ähnliche politische Entwicklung hinter sich wie Baader und Ensslin, so etwa die Mitglieder linker Kommunen, die militante Schriften herausgegeben und sich mit Randgruppenarbeit, u. a. mit drogenabhängigen Jugendlichen, beschäftigt hatten. Diese Art von Randgruppenarbeit wurde von den Behörden jedoch 1969 systematisch zerstört; fortwährende Razzien und Hausdurchsuchungen der Polizei, gefolgt von Festnahmen, hatten dazu geführt, daß mancher Mitarbeiter in der Illegalität leben mußte.

In anderen Großstädten der BRD vollzogen sich in jenen Jahren ähnliche Entwicklungen. So etwa in Heidelberg, wo sich in der psychiatrischen Poliklinik der Universität um den radikalen Arzt Wolfgang Huber Anfang 1970 das sogenannte Sozialistische Patienten-Kollektiv (SPK) gebildet hatte. Grundgedanke des Experiments, an dem im Lauf der Jahre mehr als 250 Patienten teilnahmen, war, daß die Entfremdung des Menschen im kapitalistischen Produktionsprozeß als Ursache für psychische Krankheiten anzusehen sei. Im weiteren Verlauf werde die Krankheit selbst wiederum Ausgangspunkt eines erneuten Ausbeutungsprozesses, denn Aufgabe der traditionellen Medizin sei, „kranke" Arbeitskräfte für den kapitalistischen Produktionsprozeß wieder herzustellen, ein Vorgang, an dem Arzneimittelkonzerne, Ärzte usw. viel Geld verdienen. Unter dem Motto „Aus der Krankheit eine Waffe machen"[11] rief das SPK dazu auf, mittels Schulung und Agitation gegen eine „Genesung" Widerstand zu leisten, die nur den Zweck der Wiederanpassung an den kapitalistischen Produktionsprozeß verfolge. Die Resonanz und der Erfolg, den diese Bewegung hatte, waren für die traditionellen Ärzte der Universität Heidelberg sowie für die Regierung von Baden-Württemberg offensichtlich so bedrohlich, daß Huber schließlich entlassen wurde und die daraufhin vom SPK besetzten Arbeitsräume Mitte 1971 von der Polizei gewaltsam geräumt wurden. Einige aktive SPK-Mitglieder saßen wegen des Verdachts der Mitgliedschaft und/oder Unterstützung des inzwischen von der Justiz als kriminelle Vereinigung (§ 129StGB) eingestufte SPK monatelang in Untersuchungshaft.

Von Anfang 1970 an beteiligten sich Baader und Ensslin in Berlin an der Diskussion über die Frage, wie nach der gewaltsamen Zerschlagung der legalen außerparlamentarischen Opposition und der legalen Randgruppenarbeit das noch vorhandene Widerstandspotential effektiv genutzt werden könne und welche Formen dafür in Frage kämen. In diesem Reflexions- und Diskussionsprozeß suchte man Anregungen und neue Erkenntnisse in den Schriften Mao Tse-tungs als dem großen Theoretiker und Praktiker des Guerillakampfes. Wie inspirierend Maos Werke, die Bücher von Frantz Fanon über den Befreiungskampf in Algerien und die Berichte über die erfolgreiche Guerilla des Vietkong gegen die technische Übermacht der amerikanischen Kriegsmaschine auch immer waren, so ließ sich doch nicht übersehen, daß die gesellschaftlichen Voraussetzungen für eine solche Guerilla in der BRD nicht existierten. Mit breiter Unterstützung durch die ländliche Bevölkerung wie etwa in China war überhaupt nicht zu rechnen. Deshalb bot sich allein die Taktik der Stadtguerilla, wie sie etwa von den Tupamaros in Uruguay praktiziert worden war[12], zur Analyse dahin an, ob sie sich für den bewaffneten Kampf in den „Metropolen“ der westlichen Industriestaaten eigne. Damals gab es in den USA die praktizierende linke Guerillagruppe „Weathermen“[13]. Zur Diskussion stand auch noch das „Minihandbuch der Stadtguerilla“ des brasilianischen Guerilleros Carlos Marighela, das kurz nach dem Mord an Che Guevara im Oktober 1967 veröffentlicht worden war. Für Andreas Baader endeten diese Diskussionen um den Aufbau einer militanten Widerstandsebene vorläufig mit seiner Verhaftung im April 1970. Baader hatte knapp drei Jahre Haft vor sich: 22 Monate Reststrafe für den Kaufhausbrand, dazu sechs Monate, die zur Bewährung ausgesetzt waren und noch etwa sechs Monate für Urkundenfälschung.

Gut einen Monat nach seiner Inhaftierung befreiten ihn Mitglieder einer Gruppe, zu der auch Mahler und Meinhof gehörten. Baader hatte die Erlaubnis erhalten, zusammen mit der damals noch legal lebenden Ulrike Meinhof im Westberliner Institut für Soziale Fragen Literatur für ein geplantes Buch über Randgruppenarbeit zu sichten. Beim ersten Treffen am 14.5.70 wurde die bewaffnete Befreiungsaktion durchgeführt; dabei erlitt ein Bibliotheksangestellter schwere Verletzungen. Kurz nach der Befreiung ging die Gruppe in den Mittleren Osten, wo sie in palästinensischen Trainingslagern geschult wurde und wichtige Kontakte knüpfte.

Von Ende September 1970 an erregte die Gruppe Aufsehen u. a. wegen mehrerer Banküberfälle, Autodiebstähle und Einbrüche in Rathäuser und Einwohnermeldeämter zur Beschaffung von Pässen, Führerscheinen und Fahrzeugpapieren, Stempel und Plaketten für Autokennzeichen usw. Dies war die Aufbauphase der Stadtguerilla, die als Rote Armee Fraktion (RAF) erst im April 1971 mit der Schrift „Das Konzept Stadtguerilla“[14] an die Öffentlichkeit trat. Inzwischen hatte der Staatsapparat über die Massenmedien schon den Begriff „Baader-Meinhof-Bande“(BM-Bande) oder „Baader-Mahler-Meinhof-Bande“ für die Gruppe durchgesetzt. Weil Andreas Baader wegen des Frankfurter Kaufhausbrandes und seiner Befreiung aus der Haft, Horst Mahler wegen seiner Verteidigung in politischen Prozessen und Ulrike Meinhof wegen ihrer Kolumnen in „Konkret“ bereits bundesweite Bekanntheit erlangt hatten, war es ein leichtes, die gesamte Gruppe, die inzwischen aus etwa 50 Mitgliedern bestand, mit diesen drei Personen zu identifizieren. Der Einfachheit halber wurden die drei gleich als „Rädelsführer“ einer „ganz gewöhnlichen Verbrecherbande“ apostrophiert.

Anfang Oktober 1970 gelang es der Polizei, in zwei Berliner Wohnungen mehrere Mitglieder der RAF, unter ihnen auch Mahler, zu verhaften. Im Dezember 1970und im Januar 1971 gab es weitere Festnahmen. Sie hatten jedoch offensichtlich keinen Einfluß auf die Schlagkraft der Gruppe. Anfang 1971 wurden bundesweite Großfahndungen gestartet. In Westberlin und in der BRD fanden permanent „Verkehrskontrollen" sowie Durchsuchungen von Wohnungen und Büros linker Organisationen und Personen statt. Die Polizei erschien fast immer mit einem martialisch bewaffneten Aufgebot. Diese Aktionen verliefen im Hinblick auf das offizielleZiel, Mitglieder der RAF zu verhaften, ohne Ergebnis; sie dienten aber auch einer Kriminalisierung der RAF und ihres Ursprungs, der linken (Studenten-)Bewegung.

Wie schon erwähnt, brachte die RAF im April 1971 ihre Schrift „Das Konzept Stadtguerilla" in Umlauf. Darin ließ die RAF wissen, daß ihre Praxis noch kein Jahr alt sei und die Zeit zu kurz, um schon von Resultaten reden zu können, daß aber die Reaktion des Staates und die enorme Publicity, die ihr die Großfahndungen verschafft hatten, es propagandistisch angebracht erscheinen lasse, einige praktische und theoretische Fragen aufzuwerfen. So etwa die Frage – „sie ist uns oft genug gestellt worden" – ob die Baader-Befreiung auch gelaufen wäre, wenn die RAF gewußt hätte, daß ein Angestellter des Instituts dabei angeschossen würde; die Antwort der RAF lautete, dies „kann nur mit Nein beantwortet werden". Es folgt eine ausführliche Betrachtung des Problems. Zu den Großfahndungen findet sich die Bemerkung:

> „Es ist richtig, wenn behauptet wird, mit dem immensen Fahndungsaufwand gegen uns sei die ganze sozialistische Linke in der Bundesrepublik und Westberlin gemeint. Das bißchen Geld, das wir geklaut haben sollen, die paar Auto- und Dokumentendiebstähle, wegen derer gegen uns ermittelt wird, auch nicht der Mordversuch, den man uns anzuhängen versucht, rechtfertigen für sich den Tanz. Der Schreck ist den Herrschenden in die Knochen gefahren(...)"[15].

An Beispielen wird gezeigt, daß „fast alles, was die Zeitungen über uns schreiben – und wie sie es schreiben: alles – gelogen ist".

In den folgenden Kapiteln wird analysiert, warum die RAF der Meinung ist, daß „die Organisation von bewaffneten Widerstandsgruppen zu diesem Zeitpunkt in der Bundesrepublik und Westberlin richtig ist, möglich ist, gerechtfertigt ist". Zuerst wird die internationale Rolle der „Metropole Bundesrepublik" untersucht; die westdeutsche Beteiligung an der amerikanischen Kriegswirtschaft findet besondere Aufmerksamkeit. Es folgt eine Beschreibung und Einschätzung des radikalen Studentenprotests und -widerstands in der BRD. Als Ergebnis lasse sich feststellen, daß die heutigen Organisationen der Neuen Linken ihre Vorgeschichte als Teil der Studentenbewegung – im Gegensatz zur RAF – leugneten. Schließlich habe die Praxis der Studentenbewegung „im Bewußtsein wenigstens der Intelligenz" den Marxismus-Leninismus als

Waffe im Klassenkampf rekonstruiert, nämlich als diejenige Theorie, ohne die politische, ökonomische und ideologische Tatsachen und ihre Erscheinungsformen nicht auf den Begriff zu bringen seien. Weiter habe dieStudentenbewegung den internationalen Kontext für den revolutionären Kampf in den Metropolen hergestellt; ihr Selbstbewußtsein sei das Bewußtsein gewesen, Teil einer internationalen Bewegung zu sein, „es mit demselben Klassenfeind hier zu tun zu haben, wie der Vietkong dort".

Im vierten Kapitel („Primat der Praxis") wird unter Bezugnahme auf Analysen von Marx und Lenin begründet, warum es an der Zeit sei, die politische Theorie in Praxis umzusetzen. Gleichzeitig wird mit der „Rückkehr zu ihren studentischen Schreibtischen" der ehemaligen „Autoritäten der Studentenbewegung" abgerechnet, ebenso wie mit der „Papierproduktion" der vielen sich einander bekämpfenden linken Gruppen, deren „Praxis" nichts anderes sei als der „Konkurrenzkampf von Intellektuellen, die sich vor einer imaginären Jury, die die Arbeiterklasse nicht sein kann, weil ihre Sprache schon deren Mitsprache ausschließt, den Rang um die bessere Marx-Rezeption ablaufen"[16]. Demgegenüber die RAF:

> „Wir behaupten, daß ohne revolutionäre Initiative, ohne die praktische revolutionäre Intervention der Avantgarde, der sozialistischen Arbeiter und Intellektuellen, ohne den konkreten antiimperialistischen Kampf es keinen Vereinheitlichungsprozeß gibt, daß das Bündnis nur in gemeinsamen Kämpfen hergestellt wird oder nicht, in denen der bewußte Teil der Arbeiter und Intellektuellen nicht Regie zu führen, sondern voranzugehen hat"[17].

Im Kapitel „Stadtguerilla" wird näher erläutert, was die RAF mit dem Begriff „praktische revolutionäre Intervention" meint: Das aus Lateinamerika stammende Konzept Stadtguerilla, „die revolutionäre Interventionsmethode von insgesamt schwachen revolutionären Kräften"; und weiter:

> „Wenn es richtig ist, daß der amerikanische Imperialismus ein Papiertiger ist, d.h. daß er letzten Endes besiegt werden kann, und wenn die These der chinesischen Kommunisten richtig ist, daß der Sieg über den amerikanischen er Imperialismus dadurch möglich geworden ist, daß an allen Ecken und Enden der Welt der Kampf gegen ihn geführt wird, sodaß dadurch die Kräfte des Imperialismus zersplittert werden und durch ihre Zersplitterung schlagbar werden – wenn das richtig ist, dann gibt es keinen Grund, irgendein Land und irgendeine Region aus dem antiimperialistischen Kampf deswegen auszuschließen oder auszuklammern, weil die Kräfte der Revolution dort besonders schwach, weil die Kräfte der Reaktion dort besonders stark sind"[18].

Betont wird übrigens, daß sich die RAF über den Umfang der revolutionären Kräfte in der BRD keine Illusionen mache. Dennoch müßten die in der Studentenbewegung Aktiven doch zumindest teilweise wissen – und an einigen Beispielen wird das verdeutlicht – was Stadtguerilla bewirken kann: „Sie kann die Agitation und Propaganda, worauf linke Arbeit noch reduziert ist, konkret machen". Wichtig sei, daß die Stadtguerilla sich nicht an der „herrschenden Öffentlichkeit" orientiere, die nur die „Öffentlichkeit der Herrschenden" sein könne und von der nur „erbitterte Feindschaft" zu erwarten sei, sondern „an marxistischer Kritik und Selbstkritik hat die Stadtguerilla sich zu orientieren, an sonst nichts"[19].

Als Ausdruck realistischer Vorstellungen über Erreichbares erscheint das selbstgesetzte Ziel, „den staatlichen Herrschaftsapparat an einzelnen Punkten zu destruieren, stellenweise außer Kraft zu setzen, den Mythos von der Allgegenwart des Systems und seiner Unverletzbarkeit zu zerstören"[20]. Für die Stadtguerilla gelte, „daß dann, wenn die Situation reif sein wird für den bewaffneten Kampf,es zu spät sein wird, ihn erst vorzubereiten"[21]. Jetzt gehe es darum, revolutionäre Initiativen zu ergreifen, und zwar gerade in einem Land wie der BRD, „dessen Potential an Gewalt so groß, dessen revolutionäre Tradition so kaputt und so schwach sind", weil es ohne solche Initiativen auch dann keine revolutionäre Orientierung geben werde, „wenn die Bedingungen für den revolutionärenKampf günstiger sein werden, als sie es jetzt schon sind aufgrund der politischen und ökonomischen Entwicklung des Spätkapitalismus selbst"[22].

Logischerweise geht es im letzten Kapitel um das Verhältnis zu Legalität und Illegalität. Bereits zu Beginn des „Konzepts Stadtguerilla" stellt die RAF fest, daß die Organisierung illegaler bewaffneter Widerstandsgruppen nicht die legalen proletarischen Organisationen ersetzen könne, ebensowenig wie klassenkämpferische Einzelaktionen oder der bewaffnete Kampf überhaupt die politische Arbeit in Betrieben und Stadtteilen ersetzen könnten.

> „Wir behaupten nur, daß das eine die Voraussetzung für den Erfolg und Fortschritt des anderen ist. Wir sind keine Blanquisten und keine Anarchisten, obwohl wir Blanqui für einen großen Revolutionär halten und den persönlichen Heroismus vieler Anarchisten für ganz und gar nicht verächtlich"[23].

Im Text findet sich übrigens auch der Hinweis, daß die RAF in ihrem ursprünglichen Organisationskonzept noch davon ausgegangen war, daß die Mitglieder der illegalen Gruppe gleichzeitig auch in legalen sozialistischen Stadtteil- und Betriebsgruppen mitarbeiten könnten. Es habe sich jedoch gezeigt,

> „daß das nicht geht. Daß die Kontrolle, die die politische Polizei über diese Gruppen hat, ihre Treffen, ihre Termine, ihre Diskussionsinhalte, schon jetzt so weit reicht, daß man dort nicht sein kann, wenn man auch noch unkontrolliert sein will"[24].

Die Behauptung, Legalität sei eine Machtfrage und „das Verhältnis von Legalität und Illegalität (sei) an dem Widerspruch von reformistischer und faschistischer Herrschaftsausübung zu bestimmen"[25], wird mit zahlreichen Beispielen untermauert. Legalität – als Ideologie des Parlamentarismus, der Sozialpartnerschaft der pluralistischen Gesellschaft –

werde zum Fetisch, wenn man ignoriere, „daß die Organisierung von politischer Arbeit, wenn sie dem Zugriff der politischen Polizei nicht permanent ausgesetzt sein will, gleichzeitig legal und illegal zu sein hat“[26]. Es sei wichtig, sich klar zu machen, „daß sich die Bedingungen der Legalität durch aktiven Widerstand notwendigerweise verändern, und daß es deshalb notwendig ist, die Legalität gleichzeitig für den politischen Kampf und für die Organisierung der Illegalität auszunutzen, und daß es falsch ist, auf die Illegalisierung als Schicksalsschlag durch das System zu warten, weil Illegalisierung dann gleich Zerschlagung ist und das dann die Rechnung ist, die aufgeht“[27]. Aus diesem Bewußtsein heraus sieht die RAF es als ihre Aufgabe an, „die Illegalität als Offensivposten für revolutionäre Intervention“ zu organisieren.

Im Rahmen der vorliegenden Studie muß diese knappe Zusammenfassung des ersten RAF-Papiers ausreichen. Die weiteren Schriften kann ich hier nur noch nennen. Im Juni 1971 erschien der zweite RAF-Text: „Über den bewaffneten Kampf in Westeuropa“[28]. Dieser weitaus umfangreichere Text enthält die Ausarbeitung und Dokumentation der im „Konzept Stadtguerilla“ enthaltenen kurzen Analysen, wobei viele Texte von Lenin, Mao und Engels herangezogen werden. Weitere RAF-Texte tragen die Titel „Dem Volk dienen: Stadtguerilla und Klassenkampf“ (April 1972)[29], „Die Aktionen des Schwarzen September in München; zur Strategie des antiimperialistischen Kampfes“ (September 1972)[30]. In „Dem Volk dienen“ werden aktuelle Entwicklungen kommentiert, wie etwa die umfangreichen Streiks 1971 in der Chemie- und Metallindustrie. Ferner wird der Versuch unternommen, dem der RAF vorgehaltenen Argument eines Teils der legalen Linken zu begegnen, „die Bundesrepublik sei nicht Lateinamerika“ und die Aufnahme des bewaffneten Kampfs hier verfrüht und schädlich.

Der Text „Die Aktion des Schwarzen September...“ enthält den Versuch einer Analyse des Imperialismus und der Funktion der BRD, eine Kritik am Opportunismus der linken Intellektuellen, beispielhaft diskutiert an der Aktion des palästinensischen Kommandos „Schwarzer September“ während der Olympiade im August/September 1972 in München/Fürstenfeldbruck. Das Kommando hatte einen Teil der israelischen Sportler als Geiseln genommen, um die Freilassung palästinensischer Gefangener in Israel zu erzwingen; der Angriff der westdeutschen Polizei auf Geiselnehmer und Geiseln endete mit einem Massaker auf dem Bundeswehrflugplatz Fürstenfeldbruck.

Soweit die Skizzierung der Entstehungsgeschichte und der politischen Konzeption der RAF. Im Rahmen dieser Abhandlung geht es nicht um die objektive Richtigkeit dieser Konzeption, sondern um die Bedeutung, die bestimmte geschichtliche Tatsachen für das Zustandekommen dieser Konzeption hatten. Ihre Kenntnis ist notwendig, um die Reaktionen des Staatsapparates und der Medien auf das Auftreten der RAF richtig einschätzen zu können. Das politische Selbstverständnis der RAF beruht auch auf ihrem Bewußtsein, gegenüber dem Staat BRD und seinen-Machthabern die politische Moral auf ihrer Seite zu wissen. Dies ist in vielen Fällen kennzeichnend für das Verhältnis zwischen angeklagten Oppositionellen und Staat in politischen Strafverfahren und mit ein Grund dafür, daß politische Strafverfahren häufig inquisitorische Züge aufweisen. Die Moral des überzeugten politischen Gegners muß gebrochen werden, damit seine antagonistische Konzeption der Wirklichkeit im Prozeß selbst nicht mehr thematisiert zu werden braucht.[31]

Ziel der vorliegenden Studie ist es, einen Beitrag zum Verständnis der Problematik von Verteidigung in politischen Strafverfahren zu leisten. Den Begriff „politische Justiz" verwende ich hier im Sinn der von Otto Kirchheimer in seinemStandardwerk „Politische Justiz: Verwendung juristischer Verfahrensmöglichkeiten zu politischen Zwecken"[32] gegebenen Definition. Kirchheimer zufolge geht es in politischen Strafverfahren im wesentlichen um die (beabsichtigte) Beeinflussung gesellschaftlicher Machtverhältnisse, egal, welche der Prozeßparteien dies auf welche Weise auch immer versucht[33]. Für den Richtlinienprozeß in Stammheim stellt sich folglich als wichtigste Frage: Wer wollte im Prozeß gegen „Baader u. a." bzw. mittels desselben auf welche Art und Weise welche Machtverhältnisse beeinflussen? Die Besonderheit und Problematik politischer Strafverfahren implizieren, daß es für Staatsanwaltschaft und/oder Richter häufig nicht möglich ist, den politischen Charakter des Prozesses offen einzugestehen. Aus ihrer Sicht kann die Frage, ob in einem Strafverfahren gesellschaftliche Verhältnisse zur Diskussion stehen und ob sie selbst darin eine Rolle spielen, nur verdeckt und innerhalb eines formalen und begrenzten Rahmens angegangen werden. Dieser Rahmen läßt sich durch die Fragen veranschaulichen: Haben die einzelnen Beschuldigten die ihnen individuell zur Last gelegten Taten tatsächlich verübt; handelt es sich um Taten, die dem geltenden Strafrecht zufolge als strafbare Handlungen anzusehen sind, haben sich die Täter demzufolge strafbar gemacht? Politische Motive der Beschuldigten können aus der Sicht der Staatsanwaltschaft und des Gerichts in den meisten Fällen höchstens bei der Strafzumessung als erschwerende oder mildernde Umstände bewertet werden. Politische Motive der Staatsanwaltschaft, die eine bestimmte Art und Weise der Strafverfolgung, Anklage, Beweisführung, Inhaftierung usw. mit sich bringen, werden ausschließlich dann explizit genannt, wenn dies im staatlichen Interesse liegt. Häufig gelingt es jedoch nicht – wie in der Strafsache gegen „Baader u. a." – die Fassade einer „normalen" Strafjustiz aufrecht zu erhalten, den politischen Charakter des Strafverfahrens zu negieren und/oder zu unterdrükken. Meist liegen die Gründe dafür in der politisierenden Haltung der Angeklagten und Verteidiger sowie der Einführung und/oder Anwendung spezieller Gesetze und besonderer Sicherheitsmaßnahmen.

Die Verteidigung ist „jene Institution des Strafverfahrens (...), in der sich die Autonomie des Beschuldigten verwirklicht, in der sich seine Stellung als Prozeßsubjekt erst konstituiert“[34]. Nun ist jedoch eines der Kennzeichen politischer Prozesse wie dem hier zur Diskussion stehenden, daß die subjektive Autonomie der Angeklagten eigentlich nicht zugelassen werden kann, da ihre Konzeptionen der gesellschaftlichen Wirklichkeit nicht thematisiert werden dürfen. Aus diesem Grund habe ich versucht, die Antworten auf die oben gestellten Fragen hauptsächlich aus der Sicht und Erfahrung der Verteidigung zu suchen, wobei mir die „teilnehmende Beobachtung“ der Verteidigung ein wichtiges Hilfsmittel war. Strafverteidigung beinhaltet immer einen Anspruch, der sich gegen die Justiz richtet. In vielen Fällen ist der Beschuldigte inhaftiert und einer Verurteilung nahe; beides gilt in noch weit höherem Maße für politische Straftäter. Der Charakter eines politischen Prozesses wird vom Verteidiger, der auftragsgemäß versucht, das Selbstverständnis seines Mandanten, die Beweggründe und Ziele seines Handelns darzulegen, besonders intensiv erfahren. Die Hindernisse, die der Verteidiger bei diesem Versuch zu überwinden hat, führen ihm ständig vor Augen, daß er sich in einem von Widersprüchen gekennzeichneten Handlungsspielraum bewegt: Auf der einen Seite die als selbstverständlich vorausgesetzte Loyalität gegenüber der Justiz, auf der anderen Seite die unerläßliche Loyalität gegenüber seinem Mandanten, die genau dieselbe Justiz versucht zu unterbinden. Auf Grund dieses Widerspruchs, in dem allein der Verteidiger steht, scheint es in erster Linie aus der Sichtweise der Verteidigung heraus möglich, einen entsprechenden Versuch zu unternehmen, sich über Möglichkeiten und Grenzen von Verteidigung in politischen Strafsachen ein Bild zu machen; im Grunde genommen läßt die Problemstellung gar keine andere Möglichkeit offen.

Darüber hinaus möchte ich mit der Studie einen Beitrag zur Geschichte des größten politischen Prozesses der Nachkriegszeit in der BRD leisten, bei dem die verfassungsmäßigen Grundlagen des Strafverfahrens selbst auf dem Spiel standen.

Zu der von mir angewandten Untersuchungsmethode der teilnehmenden Beobachtung noch eine Anmerkung. Eine Reihe von Zufällen führten dazu, daß ich im Herbst 1974 als Verteidiger mit einigen westdeutschen Anwälten in Kontakt kam; wir verteidigten gemeinsam einen deutschen Mandanten, der verdächtigt wurde, eines der führenden Mitglieder des Heidelberger Sozialistischen Patienten-Kollektivs zu sein. Zu Beginn der Ermittlungen gegen das SPK als krimineller Vereinigung hatte sich der Beschuldigte in die Niederlande abgesetzt, dort einige Jahre gewohnt, war schließlich in Amsterdam verhaftet und unverzüglich den westdeutschen Behörden übergeben worden – ein klassischer Fall verkappter Auslieferung unter Mißachtung des deutsch-holländischen Auslieferungsabkommens. Die anderen in diesem Prozeß auftretenden

Verteidiger hatten auch Gefangene aus der RAF als Mandanten. Wenig später wandte sich ein in der BRD inhaftiertes niederländisches Mitglied der RAF, Ronald Augustin, mit der Bitte an mich, seine Verteidigung mit zu übernehmen. Sein Prozeß war für das Frühjahr 1975 angesetzt. In der Zwischenzeit traten die Gefangenen aus der RAF (unter ihnen Ronald Augustin) in einen Hungerstreik gegen die ihnen auferlegten Haftbedingungen. Des weiteren wurde mir durch meine regelmäßigen Besuche bei Augustin, die Gespräche mit westdeutschen Anwälten, Dokumentationen und die Berichterstattung in den Medien deutlich, daß die bevorstehende Hauptverhandlung in Stuttgart-Stammheim ein ganz außergewöhnlicher Prozeß werden würde. Zu diesem Zeitpunkt entschied ich mich, diesen Prozeß genau zu verfolgen. Ich nahm regelmäßig an ihren internen Verteidigerbesprechungen teil, die gesamte schriftliche Korrespondenz zwischen den Gefangenen aus der RAFund ihren Verteidigern war mir zugänglich, jede sachdienliche Information wurde mir verschafft. Zudem war ich häufiger Zuschauer der Hauptverhandlung. Die vielen Kontakte mit den Verteidigern führten dazu, daß mich ihre Schicksale in zunehmendem Maße auch persönlich beschäftigten und betroffen machten.

Als ich Ende 1974 zum erstenmal in der BRD als Verteidiger auftrat, war mir die Nachkriegsgeschichte Deutschlands nur in groben Zügen und recht oberflächlich bekannt; dies galt auch für die Studentenbewegung der 60er Jahre und die damit zusammenhängende Entstehungsgeschichte der RAF als Stadtguerilla-Gruppe. Die Eskalation von Gewalt und Gegengewalt sah ich, ein gutbürgerlicher holländischer Rechtsanwalt, als ein typisch deutsches Phänomen an. Zwar hatte Deutschland große Denker und Künstler hervorgebracht, auf politischem Gebiet jedoch nur Elend in der Welt verbreitet. Ausgehend von dieser in den Niederlanden nicht ungewöhnlichen Einschätzung war ich der Auffassung, daß auch dieser Konflikt das Produkt typisch deutscher autoritärer Strukturen und Denkweisen sei, und zwar sowohl auf Seiten des Staates als auch auf Seiten seiner Gegner; Produkt des historischen deutschen Unvermögens, anders als intolerant, autoritär, rechthaberisch und letztlich gewaltsam auf Gegensätzliches zu reagieren. Meine persönlichen Kontakte mit Gefangenen, mit den sie unterstützenden Gruppen und Personen sowie mit ihren Verteidigern brachten mich langsam von dieser voreingenommenen Haltung ab. In zunehmendem Maße entwickelte ich Verständnis für die konkrete historische Situation, den Widerstand gegen eine faschistische Vergangenheit, deren Herrschaftsstrukturen in der deutschen Nachkriegsgeschichte restauriert worden waren. Auch wurde mir allmählich deutlich, welche Rolle die Justiz innerhalb einer kapitalistisch organisierten Gesellschaft und dem zugehörigen konformen Ordnungssystem spielen muß, um die für den Erhalt des Systems notwendige Abwehr fundamentaloppositioneller Vorstellungen und Bewegungen sicherzustellen. Letztlich erhielt ich dann auch mehr und mehr Einblick in die allgemeine und konkrete Problematik politischer Verteidigung.

Zu meiner zumindest anfänglichen Überraschung mußte ich feststellen, daß die meisten Deutschen, mit denen ich während meiner Anwalts- und Beobachtertätigkeit Kontakt hatte (Verteidiger, Gefangene, ihnen beruflich und politisch nahestehende Personen), ausgesprochen freundliche und alles andere als autoritär denkende Persönlichkeiten waren. Ihre politische Willensbildung sowie ihr damit verbundenes politisches Handeln waren, mit individuell unterschiedlichem Verlauf, von der Verabscheuung der faschistischen Vergangenheit geprägt; sie alle empfanden die Notwendigkeit, sich persönlich für die Abwehr vergleichbarer Entwicklungen in Gegenwart und Zukunft, auf nationaler und internationaler Ebene, zu engagieren. Diese Haltung führte bei den Anwälten dazu, daß sie sich bei ihrer Verteidigung an dem Anspruch auf uneingeschränkte Achtung der international und grundgesetzlich verankerten Menschenrechte sowie der Bestimmungen der Strafprozeßordnung und der Untersuchungshaft-Vollzugsordnung orientierten. Ihre staats- und medienpolitische Kriminalisierung, die für viele in der Ausschließung oder Zurückweisung von der Verteidigung und, für einige, in ihrer Inhaftierung gipfelte, habe ich weitgehend aus unmittelbarer Nähe miterlebt. Eine solche Behandlung von Verteidigern, die ich als integre, engagierte und fachlich kompetente Rechtsanwälte und Antifaschisten kennengelernt hatte, konnte mich selbstverständlich nicht unberührt lassen.

Letzteres läßt fast unvermeidlich die Frage nach meiner für die Durchführung der Studie erforderlichen wissenschaftlichen Objektivität aufkommen. Diese Frage drängt sich um so mehr auf, als davon ausgegangen werden muß, daß hier zwar ein bestimmter historischer Prozeß untersucht wird, er jedoch noch so jung ist, daß er keineswegs als ein Stück abgeschlossener Geschichte betrachtet werden kann.

Ich kann nur versichern, daß ich mir dieser Problematik bewußt bin, und ich hoffe, daß dem Leser dies durch den Aufbau der Abhandlung deutlich wird, sowie durch die Art und Weise, mit der ich das ihr zugrunde liegende Material gesammelt, ausgewählt, präsentiert und mit Analysen und Interpretationen versehen habe.

Dies ist auch ein Grund, warum die Studie doppelt so umfangreich wie anfänglich geplant ausgefallen ist, obwohl ich immer noch nur einen Teil des vorhandenen Materials verarbeitet habe. Viele Themen, die eine gesonderte Behandlung verdient hätten, mußte ich zur Seite legen. So wäre es im Rahmen der Untersuchung sicherlich aufschlußreich gewesen, eine Inhaltsanalyse der einschlägigen Presseberichterstattung von 1970 an vorzunehmen. Der Einfluß der Medien auf den Verlauf der von mir beschriebenen Konflikte ist auch unter dem Gesichtspunkt sich gegenseitig hochschaukelnder Handlungen der staatlichen Instanzen

(Legislative, Exekutive, Justiz) hier, (die Gefangenen aus) der RAF und ihrer Verteidiger dort, nicht zu unterschätzen. Des weiteren wäre es wünschenswert gewesen, dem historischen Entwicklungsprozeß, der zum Entstehen der RAF geführt hat, weit mehr Aufmerksamkeit zu schenken. Ebenso sind nur die für den Prozeß gegen „Baader u. a." wesentlichen Gesetzesänderungen behandelt und analysiert worden. Daher wird ausführlich auf die im Januar 1975 in Kraft getretenen „Anti-Terrorismus-Gesetze" (wegen ihres ad hoc-Charakters auch als „Lex RAF" ein Begriff) eingegangen (Kapitel V), die von ausschlaggebender Bedeutung für die wenige Monate nach Inkrafttreten beginnende Hauptverhandlung in Stammheim waren. Viele andere „Anti-Terrorismus-Gesetze", verwaltungsrechtliche und strafvollzugsinterne Rege-lungen, Polizeigesetze usw. habe ich nicht thematisieren können, wodurch zu Unrecht der Eindruck entstehen könnte, daß all diese neuen Gesetze, Verordnungen und organisatorischen Veränderungen (z. B. der Organisation des Polizeiapparates) nichts mit der Strafsache gegen „Baader u. a." zu tun gehabt hätten. Die Tatsache, daß ich mich auf den Stammheimer Prozeß konzentriert habe, hatte auch zur Folge, daß ich die Zusammenhänge und Verbindungen zwischen diesem Prozeß und anderen Verfahren gegen Gefangene aus der RAF und ähnlichen Gruppierungen weitgehend vernachlässigen mußte. Auch ein Vergleich mit Verfahren gegen „normale" Gefangene (oft recht unglücklich als „soziale" Gefangene bezeichnet) war mir aus diesem Grund nicht möglich. Des weiteren habe ich die mehrere Hundert standesgerichtlichen Verfahren, die im Lauf der Zeit gegen alle Anwälte wegen ihres Auftretens als Verteidiger von Gefangenen aus der RAF oder auf Initiative der Bundesanwaltschaft oder der Staatsanwaltschaften eingeleitet wurden, unbehandelt lassen müssen. Nur die Strafverfahren gegen Klaus Croissant und Kurt Groenewold wurden einer – wenn auch kurzen – Analyse unterzogen. Schließlich wäre mir sehr daran gelegen gewesen, aufzuzeigen, wie sich die Konfrontation zwischen Gefangenen aus der RAF, ihren Verteidigern und die sie unterstützenden Gruppen und Personen einerseits und den staatlichen Behörden andererseits bis heute entwickelt hat. So gesehen müssen die wenigen Passagen darüber im letzten Kapitel unbefriedigend bleiben.

Die Notwendigkeit, juristische Fakten mit empirischem sozialwissenschaftlichem Material zu kombinieren, hat eine Reihe spezieller Probleme zur Folge. Immer wieder erreichte ich den Punkt, an dem ich daran dachte, angesichts der Komplexität dieser Problematik zu kapitulieren und „das Handtuch zu werfen". Bei der Rekonstruktion der von mir zu analysierenden Konfliktentwicklung wurde ich fortwährend mit der Tatsache konfrontiert, daß es wohl möglich ist, die unterschiedlichen Erklärungsebenen zu unterscheiden, eine solche Trennung jedoch für ein tatsächliches Verstehen dieser Konfliktentwicklung völlig widersinnig ist;

es erwies sich im Gegenteil als notwendig, die juristische Analyse als Teil der sozialwissenschaftlichen zu betrachten und zu verarbeiten und umgekehrt. Der dem Bedürfnis nach Konfliktbeherrschung entspringende Versuch der staatlichen Behörden, den Konflikt zwischen (Gefangenen aus der) Stadtguerilla und Staat auf der Ebene einer traditionell juristischen Herangehensweise zu verselbständigen und dessen gesellschaftlichen Kontext auszublenden, erweist sich aus rechtssoziologischer Sicht sowohl als Ursache wie auch als Folgeerscheinung (der zunehmenden Eskalation) des Konflikts. Soweit die Skizzierung dieser äußerst komplexen Problematik.

Das letzte hier zu behandelnde Problem steht in direktem Zusammenhang mit dem vorhergehenden und betrifft die methodologische Fragestellung: Auf welchen Daten basieren die vorgenommenen Beschreibungen und Analysen bzw. wie wurde mit dem vorhandenen Material in der Untersuchung umgegangen? Daß diese Frage nicht nur von grundsätzlicher und theoretischer, sondern auch in erheblichem Umfang von praktischer Bedeutung ist, wird unmittelbar einsichtig, wenn man sich vor Augen hält, welch unterschiedlichen Charakters die zahlreichen Informationsquellen sind. Inhaltlich geht es fast immer um äußerst kontroverse Gegebenheiten, die entsprechend unterschiedlich interpretiert werden, wobei davon ausgegangen werden muß, daß diese Interpretationen nicht ohne Einfluß auf Auswahl und Präsentation der Fakten selbst sind.

Die Studie wäre sicherlich nicht zustande gekommen, wenn mir nicht die Protokolle der Hauptverhandlung gegen „Baader u. a." in vollem Umfang (14000 Seiten) zur Verfügung gestanden hätten. Da diese Protokolle nicht allgemein zugänglich sind, sah ich mich in vielen Fällen gezwungen, ausführlich zu zitieren, um den Leser in die Lage zu versetzen, meine sich auch darauf beziehenden Interpretationen und Analysen überprüfen zu können.

Dennoch handelt es sich bei den Protokollen nur um die Spitze eines riesigen Berges an Informationsmaterial. Die in den vergangenen 15 Jahren veröffentlichten Beiträge über die (Bekämpfung der) RAF, die (neue) Anti-Terrorismus-Gesetzgebung, die (gerichtliche Verurteilung der) Mitglieder der RAF, über Hungerstreiks, die Verteidiger, die Symphatisanten usw. in den in- und ausländischen Medien, in alternativen Informationskanälen, in der polizeilichen, sozialwissenschaftlichen und juristischen Fachliteratur, während politischer, mehr oder weniger wissenschaftlicher und/oder demonstrativer Zusammenkünfte, haben inzwischen einen kaum vorstellbaren Umfang angenommen. Es darf auch nicht vergessen werden, daß die Angeklagten des Stammheimer Prozesses schon drei Jahre vor Beginn der Hauptverhandlung in Haft genommen worden waren; in diesem Zeitraum geschah viel, was für den Prozeß von großer Bedeutung sein sollte, was in der Hauptverhandlung selbst jedoch nicht oder nur gelegentlich und bruchstückhaft zur Sprache (und damit auch in die Protokolle) kam.

In der Studie habe ich mich bemüht, so chronologisch wie möglich vorzugehen. Mein Ziel war, die Entwicklung dieses Strafprozesses genau zu untersuchen, die Bedeutung späterer Ereignisse im Zusammenhang mit früheren Ereignissen oder umgekehrt zu verstehen. Von dieser streng chronologischen Vorgehensweise bin ich nur dann abgewichen, wenn mir dies aus Gründen eines besseren Verständnisses oder der Effizienz notwendig erschien. Dieses Vorgehen hatte zur Konsequenz, daß ich mich z. B. bei der Behandlung eines beliebigen juristisch relevanten Ereignisses des Jahres 1973 weitgehend auf Verweise auf Handbücher, Literatur und/oder Rechtsprechung aus dieser Zeit, als dem relevanten juristischen Bezugsrahmen, beschränken mußte.

Bei der Informationsverarbeitung scheint mir die Benutzung von Medienberichten, politischen Debatten im Bundestag u. a. als Quellenmaterial ebenso unproblematisch zu sein, wie der Rückgriff auf juristische Fachliteratur und Rechtsprechung, ganz abgesehen davon, daß es sich in beiden Fällen um meist allgemein zugängliche Quellen handelt.

Auf die vielen Berichte und Dokumentationen der verschiedensten Untersuchungsausschüsse, auf Pressemitteilungen, Begleitinformationen und -materialien, die von Verteidigern, Gefangenen, Familienangehörigen, Gefangenenhilfegruppen usw. zu Verfahren, Hungerstreiks, Demonstrationen, der Vorgehensweise staatlicher Organe gegen Gefangene, Verteidiger usw. zusammengestellt wurden, trifft dies jedoch nicht zu.

Problematisch ist hier nicht in erster Linie die mangelhafte Zugänglichkeit des Materials, sondern vielmehr die (methodologische) Frage nach der Gültigkeit der in solchen Materialien enthaltenen Informationen. Wie in einem allgemeineren Kontext bereits erwähnt, handelt es sich auch hier um Daten, in denen bestimmte Interpretationen äußerst kontroverser Geschehnisse ihren Niederschlag gefunden haben. In diesem Sinne unterscheiden sie sich nicht von den anderen von mir verarbeiteten Daten. Es sind deshalb auch genau diese einander häufig widersprechenden Interpretationen, die erst in ihrer Gesamtheit die Wirklichkeit ausmachen[35]. Wenn in der Studie Interpretationen zum Zuge kommen, die in der bisherigen „Geschichtsschreibung" den Kürzeren gezogen haben, entspricht dies meiner Absicht, einen Beitrag zur Rekonstruktion einer unterdrückten Wirklichkeit zu leisten.

Kapitel I: „Mai-Offensive“ der RAF (1972)

Am 11. Mai 1972, dem Tag, an dem die Bombenblockade Nordvietnams durch die Vereinigten Staaten mit heftigen Bombenangriffen gegen Hanoi, die Hafenstadt Haiphong und die Provinz Than Hoa begann, verübte die RAF durch ein „Kommando Petra Schelm“ (Petra Schelm war 1971 als RAF-Mitglied von der Polizei in Hamburg erschossen worden) einen Bombenanschlag auf das Hauptquartier des 5. Armeekorps der amerikanischen Streitkräfte in der BRD und Westberlin mit Sitz im früheren IG-Farben-Haus in Frankfurt. Ein Armeeangehöriger kam ums Leben, 13 weitere wurden verwundet. In der Kommandoerklärung vom 14.5.72[1] heißt es zum Anschlag:

> „Für die Ausrottungsstrategen von Vietnam sollen Westdeutschland und West-Berlin kein sicheres Hinterland mehr sein. Sie müssen wissen, daß ihre Verbrechen am vietnamesischen Volk ihnen neue, erbitterte Feinde geschaffen haben, daß es für sie keinen Platz mehr geben wird in der Welt, an dem sie vor den Angriffen revolutionärer Guerilla-Einheiten sicher sein können“.

Der Sitz des europäischen Hauptquartiers des einflußreichsten amerikanischen Nachrichtendienstes, der National Security Agency (NSA), befand sich ebenfalls im IG-Farben-Haus in Frankfurt. Dazu äußerte sich der ehemalige NSA-Agent Winslow Peck auf einer Pressekonferenz am 23.6.76 in Frankfurt[2]:

> „Das Hauptquartier der NSA in Europa, das IG-Farben-Haus, das in NSA-Kreisen unter dem Decknamen USF-798 firmiert, verfügt über einen immensen elektronischen Spionageapparat, mit dessen Hilfe nicht nur Informationen über den Ostblock, sondern auch über westeuropäische Regierungen gesammelt werden.
>
> Viele der an USF-798 angeschlossenen NSA-Stationen in England, Italien, Griechenland, Marokko und vor allem in Deutschland überwachen sogar die Nachrichtenwege jener Regierungen, die mit den USA verbündet sind. Das heißt, daß unter anderem die Kommunikation in den Bereichen der Diplomatie, des Militärs, des Handels (Industriespionage), der öffentlichen Anstalten und der Schiffahrt abgehört wird. Diese Aufgabe wird mit solcher Fertigkeit und Präzision erfüllt, daß es praktisch für keine europäische Regierung im Osten wie im Westen möglich ist, einen Schritt zu tun den die amerikanische Regierung nicht erfährt.
>
> Überall, wo amerikanische Truppen in Deutschland stationiert sind, gibt es Stützpunkte von USF-798. Dazu kommt noch, daß USF-798 der NSA von deutschen BND-Spezialeinheiten und dem britischen GCHQ unterstützt wird, die beide ebenfalls auf elektronische Spionage spezialisiert sind. Während meines Aufenthaltes in Indochina habe ich erlebt, daß deutsche Elektronik-Spionage-Agenten in Vietnam waren und dort der NSA geholfen haben.

USF-798 ist nicht nur das wichtigste Geheimdienstzentrum der USA und der Nato in Europa, sondern wurde gelegentlich auch eingesetzt, um für andere Teile der Welt zu arbeiten. So sind beispielsweise viele Berechnungen undAuswertungen von Einsätzen des US-Militärs im Indochinakrieg im IG-Farben-Haus gemacht worden".

Anschließend ging Peck auf die Schlüsselposition des IG-Farben-Hauses im Indochinakrieg sowie innerhalb der gesamten US-Spionage gegen den Ostblock, gegen die Verbündeten der USA, gegen Befreiungsbewegungen in der dritten Welt sowie gegen Wirtschaftsunternehmen, die sich in Konkurrenz zu amerikanischen Firmenbefanden, ein. Schlußfolgernd sagte er:

„Aufgrund meiner Forschungen auf dem Gebiet des Terrors und Gegenterrors bin ich der Ansicht, daß die Rote Armee Fraktion eine Antwort auf die kriminelle Aggression der US-Regierung in Indochina und die Beihilfe der deutschen Regierung war. In dieser Hinsicht glaube ich nicht, daß man auch nur eine der sogenannten ‚Terrorismus'-Aktionen der Roten Armee Fraktion in menschlicher oder logischer Hinsicht vergleichen kann mit dem Terrorismus, der von den USA, in massivem Ausmaß in Vietnam, verübt wurde. Die Bombenanschläge auf das IG-Farben-Haus aufgrund dessen Rolle in diesem kriminellen Krieg können unmöglich verglichen werden mit dem Bombardement auf Laos oder dem Versuch, die Flußdeiche in Nordvietnam zu zerstören. Die wahren Terroristen, das war meine Regierung und nicht die Rote Armee Fraktion".

Am 12.5.72 folgten zwei weitere Bombenanschläge der RAF, bei denen 13 Personen verletzt wurden und erheblicher Sachschaden entstand. Sowohl der Anschlag gegen das Polizeipräsidium in Augsburg als auch der gegen das Landeskriminalamt in München wurden von einem „Kommando Thomas Weisbecker" der RAF ausgeführt, das mit diesen Aktionen auf die Erschießung Weisbeckers durch Angehörige der obigen Polizeidienststellen bei dessen Festnahme am 2.3.72 in Augsburg antworten wollte.

Am 16.5.72 explodierte eine unter dem Auto des Bundesrichters Buddenberg angebrachte Bombe. Buddenberg war am Bundesgerichtshof verantwortlich für die Ausgestaltung der Haftbedingungen für Personen, die im Zusammenhang RAF gefangengehalten wurden. Für den Anschlag, bei dem Frau Buddenberg verletzt wurde, hatte ein „Kommando Manfred Grashof" der RAF die Verantwortung übernommen[3]. Am 19.5.72 wurden bei einem Bombenanschlag auf die Zentrale des Axel-Springer-Konzerns (u. a. Herausgeber von „Bild" und „Welt") in Hamburg 34 Menschen verwundet. In der Erklärung eines „Kommando 2. Juni" (am 2.6.67 wurde in Berlin der Student Benno Ohnesorg erschossen) wurde u. a. mitgeteilt, daß frühzeitig dreimal telefonisch zur Räumung des Hochhauses aufgefordert worden war[4]. Vom Springer-Konzern wurde gefordert, „die antikommunistische Hetze gegen die Neue Linke, gegen solidarische Aktionen der Arbeiterklasse wie Streiks, gegen die kommunistischen Parteien hier und in anderen Ländern" und „gegen die Befreiungsbewegungen in der Dritten Welt (...), besonders gegen die arabischen Völker, die für die Befreiung Palästinas kämpfen", in den konzerneigenen Zeitungen einzustellen.

Schließlich erfolgte am 24.5.72 ein Bombenanschlag auf das europäische Hauptquartier der amerikanischen Armee in Heidelberg. Ein Gebäude, in dem sich die Computerzentrale befand, wurde fast völlig zerstört, drei Personen wurden getötet und sechs verwundet. Ein RAF-Kommando „15. Juli" (am 15.7.71 wurde das RAF-Mitglied Petra Schelm in Hamburg erschossen) übernahm die Verantwortung. In der Kommandoerklärung vom 25.5.72 [5] heißt es:

„Im Hauptquartier der amerikanischen Streitkräfte in Europa in Heidelberg-sind gestern abend, am Mittwoch den 24. Mai 1972 zwei Bomben mit einer-Sprengkraft von 200 Kg TNT explodiert. Der Anschlag wurde durchgeführt, nachdem General Daniel James, Abteilungsleiter im Pentagon, am Mittwoch in Washington erklärt hatte: ‚Für die US-Luftwaffe bleibt bei Bombenangriffenkünftig kein Ziel nördlich und südlich des 17. Breitengrades ausgenommen.'

Am Montag hatte das Außenministerium in Hanoi die Vereinigten Staaten erneut beschuldigt, dichtbesiedelte Gebiete in Nordvietnam bombardiert zu haben.

Die amerikanische Luftwaffe hat in den letzten 7 Wochen mehr Bomben über Vietnam abgeworfen als im Zweiten Weltkrieg über Deutschland und Japan zusammen. Von weiteren Millionen Tonnen Sprengstoffen ist die Rede, die das Pentagon einsetzen will, um die nordvietnamesische Offensive zu stoppen. Das ist Genocid, Völkermord, das wäre die ‚Endlösung', das ist Auschwitz."

Über das Heidelberger Computerzentrum sagte der ehemalige CIA-Agent K. Barton Osborne auf der im Zusammenhang mit dem NSA-Agenten Winslow Peck zitierten Pressekonferenz:

„Da die meisten geheimdienstlichen US-Stützpunkte in der Bundesrepublik während des Kalten Krieges eingerichtet worden waren, benützten die amerikanischen Agenten die zur Verfügung stehenden deutschen Einrichtungen auch während der Vietnam-Ära. In großem Umfang wurden erfahrene Geheimdienstler von der Bundesrepublik nach Vietnam geschleust und die hier vormals entwickelten geheimdienstlichen Techniken wurden nach Vietnam exportiert. Inzwischen war das hiesige Netz von US-Einrichtungen zur Unterstützung des Kriegs in Vietnam herangezogen worden, darunter die Computer-Anlage der logistischen Kommandostelle der US-Armee in Heidelberg, mittels derer der Bombennachschub für die gewaltigen Flächenbombardierungen von Zivilgebieten Südvietnams und Deichen des Roten Flusses in Nordvietnam berechnet wurden"[6].

Die „Mai-Offensive"[7] der RAF, von ihr als Antwort auf die Wiederaufnahme der amerikanischen Luftangriffe gegen Vietnam gedacht, löste eine zentralgesteuerte Hetzjagd auf die Mitglieder der RAF aus, an der mehr als 130 000 Polizisten und Staatsschutzbeamte, unterstützt von westdeutschen und amerikanischen Armee-Einheiten, teilnahmen. Am 2. Juni 1972 wurden Jan Carl Raspe, Holger Meins und Andreas Baader festgenommen, am 7. Juni Gudrun Ensslin und am 15. Juni Ulrike Meinhof.

Kapitel II: Strafverfolgung

1. Strafverfolgungsbehörde und zuständiger Richter

Die angeklagten Straftaten, Mord und versuchter Mord, Totschlag, Verstöße gegen die Sprengstoff- und Waffengesetzgebung, Teilnahme an einer „Kriminellen Vereinigung", fallen grundsätzlich dem §§ 74 Abs. 2 und 74a Gerichtsverfassungsgesetz (GVG) in die Zuständigkeit der Landgerichte (vergleichbar mit den holländischen arrondissementsrechtbanken). Merkwürdigerweise ist es nicht möglich, gegen Landgerichtsurteile Berufung einzulegen, im Gegensatz zu Urteilen von Amtsgerichten, die für einfachere Straftaten (§ 312 StPO) zuständig sind (vergleichbar mit dem kantonrechter und politierechter in den Niederlanden, obwohl ein Amtsgericht Freiheitsstrafen bis zu drei Jahren verhängen kann – § 24 Abs. 2 GVG). Alle Vergehen gegen § 129 StGB „Kriminelle Vereinigung" (siehe 1.1.) werden gem § 74a GVG ausschließlich von einer speziellen Strafkammer an einem Landgericht, der sogenannten Staatsschutzkammer, behandelt. Darüber hinaus ist diese Kammer verpflichtet, gegebenenfalls auch über solche Straftaten zu urteilen, die im Zusammenhang mit Verstößen gegen § 129 verübt wurden (§§ 4, 13 StPO), wenn das Schwergewicht in dem Verfahren bei der „Kriminellen Vereinigung" liegt und damit der Staatsschutzaspekt überwiegt. Letzteres wurde in Anlehnung an den auch in § 103 Abs. 2 des Jugendgerichtsgesetzes vom 4.8.53 zugrunde liegenden Gedanken entwickelt; die Frage, vor welchem Gericht eine Strafsache verhandelt werden muß, in der Jugendliche und Erwachsene gemeinsam angeklagt sind, wurde dort so entschieden: „Der Staatsanwalt erhebt die Anklage vor dem Jugendgericht, wenn das Schwergewicht bei dem Verfahren gegen Jugendliche liegt"[1].

Sollte die Strafverfolgungsbehörde der Meinung sein, daß eine bestimmte Strafsache in die Zuständigkeit einer Staatsschutzkammer fällt, und mißt sie ihr zudem „besondere Bedeutung" zu, dann ist der Generalbundesanwalt (Leiter der Bundesanwaltschaft; zu vergleichen mit dem Procureur-Generaal bij de Hoge Raadder Nederlanden) verpflichtet, von seinem in § 74a Abs. 2 GVG umschriebenen Evokationsrecht Gebrauch zu machen und die Strafverfolgung von der Staatsanwaltschaft des betreffenden Bundeslandes zu übernehmen[2]. Folgerichtig ist danngemäß § 120 Abs. 2 GVG ein Oberlandesgericht (OLG) für eine Behandlung der Sache in erster Instanz zuständig. Während die Strafkammern eines Landgerichts bei der erstinstanzlichen Verhandlung einer Strafsache aus drei Berufsrichtern und zwei Schöffen (§ 76 Abs. 2 GVG – Schwurgericht und Große Strafkammer) zusammengesetzt sind, bestehen die Strafkammern eines OLG in Revisionsverfahren aus drei und bei erstinstanzlicher Verhandlung aus fünf Berufsrichtern (§ 122 GVG). Das OLG kann nach Eröffnung der öffentlichen Verhandlung die Sache gemäß § 120 Abs. 2 GVG wieder an das Landgericht verweisen, und zwar dann, „wenn eine besondere Bedeutung des Falles nicht vorliegt" (§ 74a Abs. 2 GVG). Geschieht dies nicht, dann handelt es sich nach Einschätzung des Generalbundesanwalts (GBA) und des OLG von Anfang an um eine Staatsschutzsache von besonderer Bedeutung.

Aus dem Gesagten wird nicht ersichtlich, warum prinzipiell und ausschließlich eine spezielle Staatsschutzkammer an einem Landgericht befugt ist, über Verstöße gegen § 129, der seiner Formulierung nach (siehe 1.1.) keineswegs auf den Schutz der Staatssicherheit ausgerichtet ist, zu urteilen. Ebenso bleibt unverständlich, warum die „besondere Bedeutung" einer Sache zur Folge hat, daß sie vor einem OLG verhandelt werden muß. Es scheint mir deshalb sinnvoll, einen kurzen Überblick über die Verteilung der Zuständigkeit der verschiedenen westdeutschen Gerichte für Vergehen, die allgemein als „Staatsschutzdelikte" betrachtet werden, zu geben. Ich werde kurz darlegen (Punkt 7), warum § 129 weniger qua Formulierung als qua Rechtsweg und Rechtsanwendung zu den Staatsschutzdelikten gerechnet werden kann.

1. Aus dem Schema geht hervor, daß leichtere Staatsschutzdelikte in erster Instanz vor einer Staatsschutzkammer an einem Landgericht verhandelt werden, während schwerere Delikte in die Zuständigkeit eines OLG fallen. Revisionsinstanz ist in allen Fällen der Bundesgerichtshof. Auch bei der Strafverfolgung „normaler" Delikte, die in Tateinheit mit Staatsschutzdelikten begangen werden, überwiegt die besondere Zuständigkeit der Staatsschutzjustiz [4].

2. Gemäß § 74a Abs. 1 GVG ist nicht jedem Landgericht eine (oder mehrere)Strafkammer für Staatsschutzsachen (Staatsschutzkammer) zugeordnet, sondern nur denjenigen, in deren Bezirk auch ein OLG seinen Sitz hat. Auch die Zahl der OLG, die mit Staatsschutzdelikten befaßt werden können, ist beschränkt: Zuständig können nur diejenigen sein, die ihren Sitz in der Hauptstadt eines Bundeslandes haben (§ 120 Abs. 1 GVG). Schließlich können mehrere Bundesländer übereinkommen, nur ein OLG mit der Wahrnehmung von Staatsschutzdelikten aus mehreren Bundesländern zu beauftragen (§ 120 Abs. 5 GVG)[5].

3. § 74a GVG sieht zwar unter den zuvor genannten Voraussetzungen eine besondere Staatsschutzkammer für Landgerichte vor, nicht jedoch Staatsschutzsenate für OLG. In der Praxis haben aber fast alle OLG auch einen (oder mehrere) Staatsschutzsenat(e). Seit dem 1. Strafrechtsänderungsgesetz vom 30.8.51[6] werden Staatsschutzdelikte beim BGH ausschließlich vom 3. Strafsenat (bis 1956 der 6. Senat) behandelt[7]. Diese

1. Instanz

Staatsschutzkammer des Landgerichts

zuständig für (§ 74a GVG):
- Friedensverrat, § 80a StGB
- Staatsgefährdung, §§ 84–90, 90a Abs. 3, 90b StGB
- Gefährdung der Landesverteidigung, §§ 109d, g StGB
- Kriminelle Vereinigung, § 129 StGB, § 20 VereinsG
- Verschleppung und politische Verdächtigung, §§ 234a, 241a
- entsprechende Delikte gegen die NATO, Art. 7, 8, 12 4. StRÄndG
- Beschwerde gegen Entscheidungen des Ermittlungsrichters (Amtsgericht) und des Untersuchungsrichters (Landgericht), § 304 StPO

Oberlandesgericht der Landeshauptstadt (bzw. Kammergericht)
– ggfs. Staatsschutzsenat –

zuständig für (§ 120 GVG):
- Friedensverrat, § 80 StGB
- Hochverrat, §§ 81–83 StGB
- Landesverrat, §§ 94a–100a StGB
- § 30c Abs. 2 PatentG, § 3a Abs. 2 GebrauchsmusterG
- Anschlag auf ausländische Staatsmänner, § 102 StGB
- Straftaten gegen Verfassungsorgane, §§ 105, 106 StGB
- Nichtanzeige von Staatsverbrechen § 138 StGB
- Völkermord, § 220a StGB
- Außerdem: alle in § 74a GVG genannten Delikte, wenn der GBA sie wegen der „besonderen Bedeutung des Falles" übernommen hat. Verneint das OLG diese „besondere Bedeutung", wird an die Staatsschutzkammer überwiesen.
- Beschwerde gegen Entscheidungen des Ermittlungs- und des Untersuchungsrichters des OLG, § 304 StPO
- Beschwerde gegen Verfügungen und Beschlüsse der Staatsschutzkammer, § 304 StPO

2. Instanz

Bundesgerichtshof
– 3. Strafsenat –

zuständig für (§ 135 GVG):
- Revision gegen Urteile der Staatsschutzkammer und des OLG, § 333 StPO
- Beschwerde gegen Verfügungen und Beschlüsse des OLG und gegen Entscheidungen des Ermittlungsrichters des BGH, § 304 StPO
- Weitere Beschwerde gegen Entscheidungen des Ermittlungsrichters und des Untersuchungsrichters des OLG, § 310 StPO

Die Instanzen der politischen Justiz in der BRD[3]

Einrichtung spezieller Staatsschutzsenate beruht auf der Befugnis des Präsidiums eines Richterkollegiums, einen „Geschäftsverteilungsplan" aufzustellen[8]. Nur kleinere OLG wie z. B. das Kammergericht Berlin haben keinen speziellen Staatsschutzsenat.

4. Für die Auswahl von Richtern an Staatsschutzkammern bzw. -senaten besteht keine gesetzliche Regelung; sie wäre allerdings auch unvereinbar mit der vom Grundgesetz garantierten richterlichen Unabhängigkeit (§97 Abs. 1 GG). Bei Löwe-Rosenberg, dem tonangebenden Kommentar zur Strafprozeßordnung und zum Gerichtsverfassungsgesetz, ist von „Richter(n) mit besonderer Sachkunde und breiter Erfahrung auf dem Gebiet der Staatsschutzstrafsachen" die Rede[9]. Der Strafrechtsgelehrte Eberhard Schmidt spricht 1960 von „Richtern mit besonders großer Erfahrung bezüglich der heutigen Methoden des gegen den Rechtsstaat gerichteten Kampfes"[10]. Bundesinnenminister Robert Lehr (CDU) erklärte während der Bundestagsdebatten über die Einführung des § 74a GVG, „daß die Staatsschutzrichter in besonderem Maße sich durch Staatstreue, bedingungslose Unterwürfigkeit unter die Staatsinteressen etc. auszeichnen müssen". Über die Zusammensetzung des 3. Senats des BGH sagte Generalbundesanwalt Ludwig Martin 1969, daß die Ermittlungsrichter des BGH, die inhaltlich überwiegend Aufgaben der Staatsanwaltschaft zu erfüllen hätten, den „natürlichen Nachwuchs" dieses Senats hervorbringen könnten[11].

5. In einer Art von geschlossenem Kreis ist eine begrenzte Zahl von Staatsschutzrichtern für alle Entscheidungen im Verlauf der Ermittlungen, insbesondere bezüglich der Untersuchungshaft, der Durchsuchungs- und Beschlagnahmemaßnahmen verantwortlich. Bei Beschwerden gegen wichtige Entscheidungen in Ermittlungsverfahren setzt der 3. Strafsenat des BGH die Maßstäbe, an denen sich Staatsschutzrichter in der BRD orientieren sollen.

6. Dem Generalbundesanwalt obliegt nicht (wie etwa dem Procureur-Generaal bijde Hoge Raad in den Niederlanden) in erster Linie die Behandlung von Revisionssachen, sondern vielmehr die Verfolgung politischer Straftaten in direkter Zuständigkeit[12]. Hierarchisch gesehen ist der Generalbundesanwalt dem Bundesjustizminister untergeordnet (§§ 146, 147 GVG); als „politischer Beamter" kann er jederzeit entlassen werden (§ 36 Abs. 1 Nr. 5 Bundesbeamtengesetz). Der GBA ist in allen in § 120 GVG (§ 142a Abs. 1 GVG) genannten politischen Strafsachen Untersuchungsleiter und Ankläger, es sei denn, es handelt sich um einige in § 142a Abs. 1 Nr. 1 GVG genannte Fälle (hauptsächlich Staatsschutzdelikte gegen Bundesländer) oder um Strafsachen von geringerer Bedeutung, immer vorausgesetzt, daß „die Tat weder die Interessen des Bundes in besonderem Maße berührt", noch „es im Interesse der Rechtseinheit geboten ist, daß der GBA die Tat verfolgt" (§142a Abs. 3 GVG). Auch kann der GBA, sollte eine besondere Bedeutung vorliegen,

alle in § 74a GVG genannten Straftaten verfolgen (§ 74a Abs. 2 GVG), er kann die Verfolgung aber auch wieder der zuständigen Staatsanwaltschaft eines Bundeslandes übertragen, falls die besondere Bedeutung nicht mehr gegeben sein sollte (§142a Abs. 4 GVG). Diese gesetzlichen Bestimmungen bzw. ihre unscharfen Kriterien räumen dem GBA in der Frage, welche Staatsschutzkammer eines Landgerichts bzw.welcher Staatsschutzsenat eines OLG im jeweiligen Fall zuständig ist, einen weiten Entscheidungsspielraum ein. Außerdem obliegt dem GBA bei Strafsachen, für die prinzipiell mehrere Staatsschutzsenate eines OLG zuständig wären, Auswahl und Zuweisung des Senats, „bei dem nach justizgemäßen Gesichtspunkten der Schwerpunkt liegt“[13]. Dieser maßgebliche Einfluß des GBA bei der Bestimmung des zuständigen Gerichts in Staatsschutzsachen hat auch bei staatstreuen westdeutschen Kommentatoren zu Zweifeln daran geführt, ob diese Entscheidungsbefugnis des GBA noch mit dem grundgesetzlich garantierten Gebot vereinbar sei, demzufolge niemand seinem gesetzlichen Richter entzogen werden darf[14]. Bemerkenswert erscheint mir noch, daß der GBA seit 1969 während des Ermittlungsverfahrens in Staatsschutzsachen auf einen Ermittlungsrichter des BGH zurückgreifen kann,und zwar bei Strafsachen, über die ein OLG-Staatsschutzsenat in erster Instanz verhandeln und entscheiden muß[15]. Eine merkwürdige Konstruktion: ein Bundesrichter als Ermittlungsrichter, im Vorverfahren belastet mit so einschneidenden Entscheidungen wie über die Haftfrage, die in der Beschwerdeinstanz von einem Richterkollegium des höchsten Gerichts, dem er selbst angehört, überprüft werde[16]. Es ist immerhin denkbar, daß dem Ermittlungsrichter eine die Bundesanwaltschaft kontrollierende Funktion zugedacht ist[17]. Der frühere GBA Martin sah dies allerdings nicht so: ein solcher Ermittlungsrichter sei vor allem „Partnerund Gegenspieler“, „ein Pendant zur Bundesanwaltschaft“, der es dem GBA erspare, sich „auf die Suche nach einem willigeren Ermittlungsrichter eines anderen Bundeslandes“ zu begeben. Bezüglich eines Ermittlungsrichters des BGH solle „künftig von vornherein jeder Zweifel an der völligen Unabhängigkeit eines Ermittlungsrichters (gegenüber der Bundesanwaltschaft) unmöglich“ sein, auch habe er,was seine weitreichenden Entscheidungen betreffe, nicht „die Kritik der Öffentlichkeit“ zu befürchten[18]. Verfassungsschutz, GBA und Ermittlungsrichter können sich somit unbekümmert über Untersuchungsergebnisse austauschen, die sie mit Mitteln, „welche im normalen Rechtsverkehr nicht geschätzt sind“, gleichsam „naturgemäß“ erhalten haben[19].

7. Die Frage ist durchaus berechtigt, ob die Einrichtung solcher Staatsschutzkammern bzw. -senate nicht dem im Grundgesetz verankerten Verbot von „Ausnahmegerichten“ (§ 101 Abs. 1 GG) widerspricht. Dieses Verbot war als Reaktion auf die politischen Sondergerichte des Nationalsozialismus gedacht. Das Bundesverfassungsgericht, mit der

Überwachung der Einhaltung des Grundgesetzes beauftragt, beruft sich jedoch auf § 101 Abs. 2 GG, der „Gerichte für besondere Sachgebiete" für zulässig erklärt und der nur solche Gerichte als „Ausnahmegerichte" begreift, die erst nach dem Begehen einer Straftat „in Abweichung von der gesetzlichen Zuständigkeit besonders gebildet und zur Entscheidung einzelner konkreter oder individueller Fälle berufen sind"[20]. Weiter verweist das Bundesverfassungsgericht auf die „geschäftsordnungsmäßige Zuständigkeitsregelung im Verhältnis der Strafkammern bzw. Strafsenate zueinander" und auf das Bestehen spezialisierter Strafkammern z. B. für Jugendangelegenheiten und für Wirtschafts- und Verkehrsdelikte. Es hielt deshalb die Einrichtung spezieller Strafkammern für politische Straftaten für gerechtfertigt. Laut BGH ist dafür zu sorgen, daß diese Kammern „einen Überblick über die gesamten verfassungsfeindlichen Bestrebungen und ihre Verflechtungen untereinander gewinnen, daß sie Erfahrungen sammeln können und überörtliche Zusammenhänge, einheitliche Methoden sowie die eigentlichen Drahtzieher besser erkennen"[21].

Meine Kritik, die Einführung von Staatsschutzkammern im Jahr 1951 stehe in der Tradition der Sondergerichte des Dritten Reiches[22], hat mir den Vorwurf des niederländischen Strafrechtsgelehrten C. F. Rüter eingetragen, hier seien mir „die Pferde durchgegangen"[23]. Dazu einige vergleichende Anmerkungen und Zitate über Funktion, Organisation und Auswahl der Richter sowie das Prozeßrecht an NS-Sondergerichten und an Staatsschutzgerichten in der BRD.

Aufgabe der Sondergerichte war, politische Gegner zu bekämpfen, einzuschüchtern und auszuschalten. In seiner Dissertation aus dem Jahr 1935 beschreibt der Nationalsozialist Wolfgang Idel, nach dem Krieg Richter in der BRD, diese Funktion: „Der junge Staat brauchte ein schlagkräftiges Instrument in der Justiz zur Bekämpfung seiner zahlreichen Feinde, die sich natürlich besonders am Anfang nicht ohne weiteres der neuen Sach- und Rechtslage einfügen wollten..."; auch sollten die Sondergerichte mithelfen, „die Gegner des Dritten Reiches, hauptsächlich Kommunisten und Sozialdemokraten..., vollständig auszurotten"[24]. Einem anderen nationalsozialistischen Juristen, Beamter beim Reichsjustizministerium, zufolge „...sind Sondergerichte dazu berufen, durch schnelle und nachdrückliche Ausübung der Staatsgewalt darauf hinzuwirken, daß unruhige Geister gewarnt oder beseitigt werden"[25].

Auch die Staatsschutzgerichte der BRD werden zum Zeitpunkt ihrer Entstehung als Instrumente der Bekämpfung des innerstaatlichen politischen Feindes betrachtet. So behauptete der CDU-Abgeordnete Wahl 1949 während der Bundestagsdebatte über die Einführung des politischen Strafrechts und der Staatsschutzgerichte: „Wie in den äußeren Beziehungen zwischen den Staaten hat sich neben dem Heißen Krieg der Kalte Krieg auch im Inneren entwickelt"[26]. Daß diese Funktion in den Jahren 1949 bis 1968 tatsächlich auch verwirklicht wurde, ist in Alexander von Brünnecks Standardwerk „Politische Justiz gegen Kommunisten in der Bundesrepublik Deutschland 1949 bis 1968" ausreichend dokumentiert[27].

Organisatorisch gesehen waren die NS-Sondergerichte Teil der normalen richterlichen Gewalt, „rein äußerlich nichts anderes. . . als Spezialstrafkammern"[28], was den Eindruck entstehen lassen mußte, daß dort Recht gesprochen und nicht Politik betrieben wurde. Das gleiche läßt sich von den Staatsschutzgerichten sagen. Ein Kommentar aus dem Jahr 1951: „Die ‚politischen' Strafkammern sind in jedem Sinne ordentliche Strafkammern im Sinne des Gerichtsverfassungsgesetzes und der Strafprozeßordnung, und der Gesetzgeber hat sich bemüht, nicht den Eindruck aufkommen zu lassen, als ob es sich hier um irgendeine Art von Sondergerichtsbarkeit handelt"[29].

Zwecks Zentralisierung der politischen Justiz und Vereinfachung der Kontrollausübung wurden die NS-Sondergerichte nur bei den Landgerichten eingerichtet, in deren Bezirk auch ein Oberlandesgericht war; genau dies gilt auch heute für die Staatsschutzkammern. Über die Auswahl von Richtern für die NS-Sondergerichte schrieb der Präsident eines Landgerichts 1943 an den Präsidenten des OLG Hamburg: „Nur geeignete, politisch möglichst erfahrene Richter sind mit der Arbeit im Sondergericht betraut worden"[30]. Zu den Auswahlkriterien von Richtern für die Staatsschutzkammern verweise ich auf die oben zitierten Kommentare von Löwe-Rosenberg, Schmidt und Lehr.

Prozesse vor Sondergerichten konnten schnell und reibungslos abgewickelt werden (eine gerichtliche Voruntersuchung und die Möglichkeit, Rechtsmittel einzulegen, gab es nicht). Für diesen reibungslosen Ablauf spielte § 3 des Gesetzes über die Zulassung zur Rechtsanwaltschaft von 1933 eine wichtige Rolle; danach war es „Personen, die sich im kommunistischen Sinne betätigt haben", nicht erlaubt, Rechtsanwalt zu werden, oder, falls sie diesen Beruf bereits ausübten, war ihnen die weitere Berufsausübung verboten[31]. Kurze Zeit danach wurde eine Verordnung erlassen, die bestimmte, daß die Verteidigung von Mitgliedern der kommunistischen Partei grundsätzlich „als Betätigung im kommunistischen Sinne" aufzufassen sei; der Kreis war damit geschlossen[32]. In der Praxis gingen die Forderungen an die Verteidiger noch weiter. So schrieb ein damaliger Kommentator zur Reichs-Rechtsanwaltsordnung: „Es kann (. . .) freier Anwalt nur der sein, dem durch seine Blutzugehörigkeit zum deutschen Volk die nationalsozialistische Weltanschauung Gewissen geworden ist"[33].

Für die Verhandlung von Strafsachen vor den Staatsschutzgerichten ist auf gesetzlichem Weg kein spezielles Prozeßrecht eingeführt worden – ein nicht unwesentlicher Unterschied gegenüber den NS-Sondergerichten. Andererseits macht diese Abhandlung deutlich, daß mit Hilfe der

Einschränkung der Rechte der Angeklagten, der Behinderung der Verteidigertätigkeit, der Kriminalisierung und Ausschließung von Verteidigern erreicht werden soll, daß Strafverfahren in Staatsschutzsachen möglichst reibungslos abgewickelt werden können.

Nun sollen nacheinander die jeweiligen gesetzlichen Grundlagen für die Strafverfolgung, die Ausgestaltung der Haftbedingungen und die Behandlung der Verteidiger im Jahr 1972 behandelt werden. Selbstverständlich ist es den Strafverfolgungsbehörden (Bundesanwaltschaft und Staatsanwaltschaften) hier nicht möglich gewesen, völlig eigenständig zu handeln. Vielmehr ist davon auszugehen, daß die Maßnahmen für eine verschärfte Strafverfolgung auf Regierungsebene diskutiert, wenn nicht sogar entschieden wurden. Ein Grund für die außergewöhnliche Komplexität der Prozesse gegen Mitglieder der RAF war u. a. die totale Aussageverweigerung der Gefangenen auch über konkrete Tatsachen der ihnen vorgeworfenen Tatbeteiligung, zumal es dafür keine Augenzeugen gab. Auf Regierungsebene war man dringend daran interessiert, die RAF

> „...völlig zu entsolidarisieren, sie von all dem zu isolieren, was es sonst an radikalen Meinungen in diesem Lande auch geben mag. Das ist eine der wichtigsten Aufgaben“[34].

Empfehlungen des Bundeskriminalamts (BKA) sind für die Ausgestaltung der Haftbedingungen sicherlich ausschlaggebend gewesen[35]. Allerdings benötigte man selbstverständlich auch eine entsprechende Mitarbeit der Richter. In den ersten Jahren waren – vor allem in Berlin – noch Abweichungen von der in Abschnitt 2 geschilderten einheitlichen Linie festzustellen. Die 1972 einsetzende Verfolgung der Verteidiger, die – wie in Abschnitt 3 noch zu schildern ist – den Charakter einer Hetzkampagne annehmen sollte, dürfte das Ergebnis einer konzertierten Aktion zwischen BKA und BAW gewesen sein. Angesichts der Funktionen des BKA als hauseigenem Ermittlungs- und Geheimdienstapparat des GBA liegt ein Zusammenwirken auch auf propagandistischem Gebiet nahe.

Neben den genannten Themengebieten gibt es noch eine Reihe anderer, von deren Behandlung die Rechtsstellung der Gefangenen aus der Guerilla und ihrer Verteidiger abhängt und die der Einflußnahme durch den GBA und das BKA unterliegen. Gedacht ist z. B. an das Zustandekommen einer neuen Staatsschutzgesetzgebung von 1974 an (siehe Kapitel V und IX) und internationaler Abkommen über die „Terrorismus-Bekämpfung“ sowie an die Beeinflussung der öffentlichen Meinung zur Vorbereitung auf bestimmte noch zu treffende Maßnahmen und Gesetze. Letzteres wurde vom damaligen GBA Siegfried Buback als „offensive Information“ bezeichnet: „Es komme darauf an, wie, wann und welche Informationen weitergegeben würden...“ (FAZ vom 22.2.75); am 6.5.75 forderte er in der Fernsehsendung „Kennzeichen D“ sogar, daß „...Journalisten sich darauf beschränken, Mittler zwischen Polizei, Staatsanwaltschaft und Bevölkerung (zu sein)". Weiter ist an die mit Hilfe der elektronischen Datenverarbeitung stattfindende Registrierung und Kontrolle vor allem der „Linksextremen" gedacht. Dazu Bundesanwalt Träger in der Zeitschrift „Das Parlament" vom 17.1.76: "Der moderne Staatsschutz muß nahezu alle Bereiche des sozialen Lebens umfassen...".

1.1. § 129 StGB als Aufhänger für die Strafverfolgung

§ 129. (Bildung krimineller Vereinigungen)

(1) Wer eine Vereinigung gründet, deren Zwecke oder deren Tätigkeit darauf gerichtet sind, Straftaten zu begehen, oder wer sich an einer solchen Vereinigung als Mitglied beteiligt, für sie wirbt oder sie unterstützt, wird mit Freiheitsstrafe bis zu fünf Jahren oder mit Geldstrafe bestraft.

(2) Absatz 1 ist nicht anzuwenden,

1. wenn die Vereinigung eine politische Partei ist, die das Bundesverfassungsgericht nicht für verfassungswidrig erklärt hat,

2. wenn die Begehung von Straftaten nur ein Zweck oder eine Tätigkeit von untergeordneter Bedeutung ist oder

3. soweit die Zwecke oder die Tätigkeit der Vereinigung Straftaten nach den §§ 84 bis 87 betreffen.

(3) Der Versuch, eine in Absatz 1 bezeichnete Vereinigung zu gründen, ist strafbar.

(4) Gehört der Täter zu den Rädelsführern oder Hintermännern oder liegt sonst ein besonders schwerer Fall vor, so ist auf Freiheitsstrafe von sechs Monaten bis zu fünf Jahren zu erkennen.

(5) Das Gericht kann bei Beteiligten, deren Schuld gering und deren Mitwirkung von untergeordneter Bedeutung ist, von einer Bestrafung nach den Absätzen 1 und 3 absehen.

(6) Das Gericht kann die Strafe nach seinem Ermessen mildern (§ 49 Abs. 2) oder von einer Bestrafung nach diesen Vorschriften absehen, wenn der Täter

1. sich freiwillig und ernsthaft bemüht, das Fortbestehen der Vereinigung oder die Begehung einer ihren Zielen entsprechenden Straftat zu verhindern, oder

2. freiwillig sein Wissen so rechtzeitig einer Dienststelle offenbart, daß Straftaten, deren Planung er kennt, noch verhindert werden können; erreicht der Täter sein Ziel, das Fortbestehen der Vereinigung zu verhindern, oder wird es ohne sein Bemühen erreicht, so wird er nicht bestraft.

Ebenso wie bei den vielen anderen damals bereits inhaftierten Personen, die der Mitgliedschaft in der RAF oder ähnlichen Organisationen verdächtigt wurden, stand auch bei der Strafverfolgung von „Baader u. a." das Delikt „Kriminelle Vereinigung" von Anfang an im Zentrum der Anklage. Dieses Organisationsdelikt sollte zur Drehscheibe der Strafverfolgung werden. In der späteren Anklageschrift geht es um eine Vereinigung, die sich den Umsturz der gesellschaftlichen und ökonomischen Verhältnisse in der BRD zum Ziel gesetzt habe, und deren Handeln von dem Konzept einer Stadtguerilla, wie es die revolutionäre Stadtguerillabewegung „Tupamaros" seit 1964 entwickelte, bestimmt sei. Ein solcher Umsturz impliziert eo ipso eine gewaltsame Veränderung der verfassungsmäßigen Ordnung der BRD und fällt damit direkt unter den Straftatbestand des Hochverrats als dem klassischen politischen Delikt.

§ 81 Hochverrat gegen den Bund (1) Wer es unternimmt, mit Gewalt oder durch Drohung mit Gewalt

1. den Bestand der Bundesrepublik Deutschland zu beeinträchtigen oder

2. die auf dem Grundgesetz der Bundesrepublik Deutschland beruhende verfassungsmäßige Ordnung zu ändern,

wird [36] mit lebenslanger Freiheitsstrafe oder mit Freiheitsstrafe nicht unter zehn Jahren bestraft.

(2) In minder schweren Fällen ist die Strafe Freiheitsstrafe von einem Jahr bis zu zehn Jahren.

Erfüllt wäre auch der Tatbestand des sogenannten Verfassungshochverrats, wie er in § 81 Abs. 1 Satz 2 StGB formuliert ist. „Versuchter Verfassungshochverrat" (§ 23 Abs. 2 und § 49 Abs. 1 StGB) kann, muß aber nicht milder bestraft werden als die ausgeführte Straftat. Die Vorbereitung eines bestimmten Hochverratsunternehmens ist als gesonderte Straftat in § 83 StGB aufgeführt: „(1) Wer ein bestimmtes hochverräterisches Unternehmen gegen den Bund vorbereitet, wird mit Freiheitsstrafe von einem bis zu zehn Jahren, in minder schweren Fällen von einem bis zu fünf Jahren bestraft".

Unter einer Veränderung der verfassungsmäßigen Ordnung wird nicht nur die Abschaffung oder Nicht-Anwendung konstitutioneller Normen verstanden, sondern auch ein tatsächlicher Eingriff, mit dem fundamentale konstitutionelle Organe abgeschafft oder für gewisse Zeit entmachtet werden[37]. Das Mittel „Gewalt" oder „Androhung von Gewalt" kann unter Umständen auch einen Massenstreik oder eine Massendemonstration umfassen[38]. Von der strafbaren Vorbereitung einer hochverräterischen Unternehmung ist die Rede, wenn das Angriffsziel feststeht und Ort und Zeitpunkt des Unternehmens weitgehend bestimmt sind[39]. Für die Annahme,daß es sich um eine strafbare Vorbereitung handelt (dazu zählt auch die mittelbare Vorbereitung oder die Vorbereitung der Vorbereitung) ist es nicht notwendig, daß für den Staat tatsächlich eine konkrete Gefahr gegeben ist; es ist ausreichend, daß die Vorbereitung einen bestimmten Grad der Gefährlichkeit erreicht hat[40]. Als Mittel der Vorbereitung kommt so gut wie alles in Betracht, das Sammeln von Geld ebenso wie die „geistige oder seelische Beeinflussung der Bevölkerung des Staates (...), gegen den das Unternehmen geplant ist"[41].

Wegen der von der RAF seit 1970 herausgegebenen Schriften, der Bombenanschläge und der dazu abgegebenen Kommandoerklärungen, deren Echtheit sehr schnell feststand, und wegen der Tatsache, daß

Gefangene aus der RAF sich eindeutig zur Mitgliedschaft in dieser Organisation bekannten (und bekennen), hätte eine Strafverfolgung von Mitgliedern dieser Organisation wegen des Versuchs oder der Vorbereitung einer hochverräterischen Unternehmung wahrscheinlich relativ wenig Beweisführungsprobleme ergeben.

Auch die Staatsschutzkammer des Landgerichts Kaiserslautern ging noch im Dezember 1974 von der Möglichkeit aus, daß „Baader u. a." wegen Hochverrats strafrechtlich belangt werden könnten. In einer nicht veröffentlichten Entscheidung vom 12. 12. 74 beschließt dieses Gericht, die ihm vorliegende Strafsache gegen drei RAF-Mitglieder, die zum Teil derselben Straftaten wie „Baader u. a." verdächtigt wurden, dem Bundesgerichtshof vorzulegen „mit der Anregung, sie gegebenenfalls von Amts wegen mit der bei dem Oberlandesgericht in Stuttgart anhängigen Strafsache gegen Baader u. a. – 1 StE 1/74 des Generalbundesanwaltes – zu verbinden"[42]. In der Begründung dieser Entscheidung heißt es nach einer Diskussion der Frage, warum die „rechtlich zulässige Verbindung beider Strafsachen(...) auch zweckmäßig (sei)":

> „Es ist nicht von der Hand zu weisen, daß bei Durchführung des Hauptverfahrens die den Angeschuldigten vorgeworfenen Taten unter dem Gesichtspunkt des Hochverrats (§§ 81, 83 StGB) Bedeutung gewinnen. Das Ermittlungsergebnis über die Bestrebungen und Ziele der ‚Roten Armee Fraktion' (RAF) sowie Vorgänge in jüngster Vergangenheit geben hierzu Anlaß".

In ihrem Plädoyer gegen „Baader u. a." hat die Bundesanwaltschaft erklärt, daß aus strafrechtsdogmatischen Gründen von einer Strafverfolgung wegen (Vorbereitung von) Hochverrats abgesehen wurde, „mangels Bestimmtheit nach Zeit, Ort und Art des Unternehmens"[43]. Die BAW stützte sich jedoch auf ein BGH-Urteil aus dem Jahr 1954[44], das bereits zu jener Zeit „scharf kritisiert worden ist"[45] und zudem einem völlig anderen geschichtlichen Rahmen entstammte, wie der Experte für Staatsschutzstrafrecht, F. Chr. Schroeder, 1980 noch einmal konstatierte[46]. Er ist auch der Meinung, ohne allerdings zu einem definitiven Urteil zu kommen, daß auch die RAF in bestimmter Hinsicht „über die Mindesterfordernisse der Vorbereitung eines hochverräterischen Unternehmens weit hinausgegangen (sei)"[47].

Den Strafverfolgungsinstanzen standen damit von Anfang an drei Möglichkeiten zur Auswahl: Strafverfolgung wegen (Vorbereitung von) Hochverrats und der in diesem Zusammenhang von den Beteiligten begangenen konkreten Straftaten, wegen Bildung einer kriminellen Vereinigung und der in diesem Zusammenhang von den Beteiligten begangenen konkreten Straftaten oder wegen jeweils gesondert aufgeführter Straftaten wie Bankraub, Sprengstoffanschlägen usw.

Der ehemalige GBA Ludwig Markus Martin, der für die Strafverfolgung gegen Gefangene aus der RAF bis zur Ablösung durch Siegfried Buback im April 1974 zuständig war, schrieb 1975[48], daß man sich für eine Strafverfolgung wegen krimineller Vereinigung entschied, weil § 129 der Staatsschutzabteilung der BAW als Aufhänger dienen konnte, um die Gruppe als Ganzes verfolgen zu können. Im anderen Fall hätten die Angeschuldigten wegen gesondert aufgeführter konkreter Straftaten von den verschiedenen Staatsanwaltschaften der einzelnen Bundesländer verfolgt werden müssen. Mit dieser Argumentation wird jedoch nur die Wahl zwischen der zweiten und der dritten Möglichkeit begründet, und auch das nur teilweise. Hauptursache für die Entscheidung zwischen diesen beiden Möglichkeiten scheint die schwierige Beweislage gewesen zu sein. Von der ersten Verhaftung eines Mitglieds der RAF an war deutlich geworden, daß diese Beschuldigten nichts zur Rekonstruktion des Hergangs der ihnen angelasteten Straftaten beitragen würden. Eine allein auf der dritten Möglichkeit basierende Strafverfolgung wäre wahrscheinlich an der nahezu unüberwindbaren Beweisnot gescheitert. Diese Beweisnot gab die BAW auch von Anfang an zu. Die Anklage hätte die persönliche Beteiligung an konkreten, im Rahmen einer kriminellen Vereinigung verübten Straftaten nicht beweisen können. Die BAW spekulierte deshalb darauf, daß Lücken in der Beweisführung in dem Maß ihre Problematik verlieren würden, in dem das Bestehen einer kriminellen Vereinigung und die Zugehörigkeit der Beschuldigten zu ihr (als „Rädelsführer", wie es in der Anklage heißt) deutlicher würde.

Der Straftatbestand über die „Kriminelle Vereinigung" weist als Organisationsdelikt zahlreiche Parallelen mit dem anglo-amerikanischen conspiracy-Delikt, der Verschwörung, auf, wozu vor allem die relativ unproblematische Beweisführung zählt. Bei einer „Kriminellen Vereinigung" braucht im Prinzip nur nachgewiesen zu werden, daß für kürzere oder längere Zeit ein Arbeitszusammenhang zwischen den Beschuldigten bestanden hat, daß sich aus ihm Gesetzesverletzungen ergaben oder sie zu den wahrscheinlichen Konsequenzen gehörten. Für eine Verurteilung wegen „conspiracy" ist es prinzipiell zumindest notwendig, zu beweisen, daß zwischen zwei oder mehr Personen konkrete Absprachen über das Begehen spezifischer Straftaten gemacht wurden[49]. Vor allem wegen der großen Elastizität der Beweismöglichkeiten[50] wird das „conspiracy" Delikt als „darling of themodern prosecutor's nursery"[51] und als „most effective, if not the only method of reaching and punishing many forms of complex criminal organisations"[52] gesehen. Die Effektivität ergibt sich vor allem aus dem taktischen Vorteil der Strafverfolgungsbehörden: „By charging 'conspiracy,, he can reach persons who might escape conviction if they were proceeded against separately or if they were charged with accomplished harm to the community"[53]. Nicht umsonst zielt das Verschwörungsdelikt darauf ab, „to make it easier to impose criminal punishment on members of groups that plot forbidden activity"[54]. Im 19. Jahrhundert wurde das „conspiracy"-Delikt in England u. a. zum Brechen des organisierten Arbeiterwiderstands, der sich zumeist in Streiks äußerte, herangezogen[55]. Auch in der BRD ist es unter Umständen möglich, einen Massenstreik als Vergehen gegen § 129 zu bewerten[56]. Die Parallelen zwischen den Organisationsdelikten „conspiracy“ und „Kriminelle Vereinigung“ liegen in erster Linie bei einem beweistechnisch vereinfachten strafrechtlichen Zugriff auf (politische) Gruppenkriminalität[57]. Da sich die „conspiracy“ Konstruktion nur schwerlich mit klassi-schen liberalen Strafrechtsgrundsätzen vereinbaren läßt, kommt sie in den westeuropäischen kontinentalen Strafrechtssystemen auch so gut wie nie vor. Auch das westdeutsche Strafrecht kennt diese Rechtsfigur nicht.

Auch bei einer Strafverfolgung wegen Hochverrats hätte die BAW die gesamte Gruppe getroffen. Eine Verurteilung wegen (versuchten) Hochverrats läßt lebenslängliche Freiheitsstrafen zu, eine Verurteilung wegen Vorbereitung zum Hochverrat eine Freiheitsstrafe von zehn Jahren. Diese Strafen liegen also wesentlich höher, als sie bei Verurteilungen auf der Basis einer „Kriminellen Vereinigung“ möglich sind. Die konkreten Einzelstraftaten, deren individuelle Zuweisung sich als so ungemein schwierig erwies, hätten als „Wechselgeld“ benutzt werden können. Angesichts dieser Möglichkeiten bleibt die Frage offen, warum man sich nicht für eine Strafverfolgung wegen Hochverrats entschied. Dies erscheint umso verwunderlicher, als „Baader u. a.“ seit 1970/71 von allen Verantwortlichen öffentlich permanent als der „harte Kern“, als die Gründer und Anführer der RAF dargestellt wurden[58].

Die Antwort kann meines Erachtens nur in den Bemühungen von Bundesregierung, BAW und BKA zu sehen sein, die politische Dimension aus der Konfrontation mit der RAF herauszuhalten. Oder in den Worten Joachim Wagners: „Hätte die Bundesanwaltschaft Baader und Meinhof auch wegen Vorbereitung eines hochverräterischen Unternehmens angeklagt, wären diese dadurch als politische Straftäter aufgewertet worden“[59]. Eine Anklage wegen Hochverrats könnte gewissermaßen als Anerkennung einer grundsätzlichen politischen Opposition – sei sie auch noch so gering – aufgefaßt werden, und folglich auch als Anerkennung einer legitimen Konfrontation zwischen RAF und BRD. Das aber hätte bedeutet, daß das politische Konzept dieser Opposition im Zentrum der Prozeßführung hätte stehen müssen, daß Ziele und Mittel der Angeklagten nicht oder nur in geringem Umfang mit normalen kriminellen bzw. kriminalistischen Maßstäben hätten gemessen werden können, und daß die BRD wegen ihrer von der RAF behaupteten direkten Beteiligung am Krieg in Vietnam selbst hätte auf der publizistischen Anklagebank landen können. Eine schier endlose Reihe öffentlicher Äußerungen verantwortlicher Politiker und Behördensprecher von 1970 bis heute illustrieren den festgelegten Kurs: die Politik muß „draußen, vor der Tür zum Gerichtssaal“ bleiben, wie das der Vorsitzende des Stammheimer Gerichts nach der Urteilsverkündung noch einmal betonte[60]. Diese Betonung war notwendig geworden, weil trotz der Strafverfolgung wegen krimineller Vereinigung der politische Kontext doch noch mehr oder weniger im Prozeß offen geworden war.

Es bleibt undeutlich, wie bewußt und von welchen staatlichen Instanzen diese Entscheidung, die politische Dimension in der Auseinandersetzung mit der RAF zu unterdrücken, getroffen wurde. Schon das Ausrufen der RAF zum Staatsfeind Nummer Eins taucht diese Entscheidung in ein zweifelhaftes Licht[61]. Beachtenswert scheint mir auch die Tatsache, daß gerade durch Äußerungen der Instanzen, die an erster Stelle für die Bekämpfung der RAF zuständig waren und sind, die absoluten Verneiner politischer Inhalte im RAF-Konzept unglaubwürdig werden. So erklärte der Präsident des BKA, Dr. Horst Herold, am 22.8.75 in der Fernsehsendung „Tatort Bundesrepublik":

> „Zunächst wäre da die Frage zu klären nach den Ursachen. Ob, wie das in Ihrer Frage durchscheint, der Terrorismus ein Produkt der Hirne ist, ein Produkt des Denkens der Baaders und Meinhofs, was dann zu der Annahme führen würde: wenn Baader und Meinhof eliminiert sind, wäre auch die Erscheinung eliminiert. Dem ist nicht so. Sondern die Ursachen liegen in den gewissen Widersprüchen unserer hochindustrialisierten Gesellschaft, überhaupt der westlichen und östlichen Welt. Es sind objektive Bedingungen, die die Baaders und die Meinhofs auf den Plan rufen, wenn eben die historische Situation solche Erscheinungen gewissermaßen hervorruft. So verstehen sich die Terroristen auch. (...)
>
> Und ihre Auffassung von der augenblicklichen historischen Phase ist eben die, daß es unerträglich erscheint – ich spreche jetzt in deren Jargon – daß es unerträglich erscheint, hier in der BRD eine Welt des Wohlstands auf Kosten der Dritten Welt aufgebaut zu haben. Wenn wir in vollen Zügen den Wohlstand genießen, so doch nur deshalb, weil andere ihn zu Millionen und Milliarden Menschen nicht haben"[62].

Aus dieser Aussage Herolds läßt sich zwar noch keine Anerkennung der RAF als „politischem Gegner" entnehmen, dennoch gibt Herold zu erkennen, daß die RAF („die Baaders und Meinhofs") als ein Resultat objektiver Gegebenheiten einer konkreten historischen Situation, die durch Widersprüche zwischen den hochindustrialisierten Gesellschaften und der Dritten Welt gekennzeichnet ist, gesehen werden kann.

Hin und wieder jedoch wurden der westdeutschen Justiz wegen der Art und Weise ihrer Versuche, Gefangene aus der RAF als „rein kriminelle Verbrecher" abzustempeln, aus völlig unverdächtigem Munde Rügen erteilt. So sagte zum Beispiel Richard Schmid, vormals Präsident des OLG Stuttgart, im Süddeutschen Rundfunk am 2.7.75:

> „Wenn auch die Mittel gewiß kriminell sind, so ist doch trotzdem die Tat politisch motiviert, und darauf kommt es an. Das ist eine in der Geschichte des Strafrechts häufige Erscheinung, ebenso wie es bei solchen Taten auch unbeteiligte Opfer gibt. Gegen alle Logik daraus Stimmung mit dem populären Sinn des Wortes „kriminell" zu machen, ist einer Justizbehörde unwürdig"[63].

Auf jeden Fall waren die westdeutschen Behörden gezwungen, die Ergebnisse wissenschaftlicher Meinungsbefragungen des Jahres 1971, die für sie durchaus alarmierend gewesen sein müssen, zu berücksichtigen. Diese Untersuchungen zeigten, daß 18 Prozent der jugendlichen Bevölkerung und 25 Prozent der 19 bis 24 Jahre alten Bürger so weitgehend mit der RAF sympathisierten, daß sie eine strafrechtliche Verfolgung in Kauf nehmen würden, um Mitglieder der RAF vor der Polizei zu verstecken[64].

„Im März 1971 kennt fast jeder erwachsene Deutsche die Baader-Meinhof-Gruppe – 82 % kennen die Namen Baader und Meinhof. . .“

„18 % glauben, sie handeln aus politischen Motiven, weitere 13 % sind noch unentschieden“.

(Allensbach / März 71)

„Ein dreiviertel Jahr später hat sich das Bild entscheidend verschoben. Nach Großfahndung und Schußwechseln, nach dem Tod der Anarchistin Petra Schelm und des Polizisten Norbert Schmid, billigen 40 % der erwachsenen Gesamtbevölkerung der Gruppe politische Motive zu, 17 % sind unentschieden“.

(Emnid / November 71)

„Der Kreis der Sympathisanten der BM-Gruppe war im Frühjahr 1971 erstaunlich groß. . . jeder fünfte Bundesbürger tolerierte den Schutz der Anarchisten vor Verfolgung und Verhaftung“.

„Jeder siebte Bundesbürger wollte im Frühjahr 71 nicht ausschließen, daß er ein Mitglied der Gruppe für eine Nacht aufnehmen würde, um es vor der Polizei zu schützen, 6 % bezeichneten sich sogar völlig fremden Interviewern gegenüber als potentielle Helfer der Anarchisten“.

„In den vier Küstenländern, wo die Großfahndung Juli 1971 lief, bezeichneten sich (Emnid-Umfrage fünf Tage später) 10 % als Sympathisanten“.

„(Diese) Entschlossenheit zur Unterstützung dürfte sich auch unter dem Eindruck der Bombenattentate vom Frühjahr 1972 nicht geändert haben“.

Betrachtet man diese Zitate vom Gesichtspunkt einer effektiven Bekämpfung der RAF aus, so ist offensichtlich, daß den Behörden viel daran liegen mußte, das Bild von der RAF als politisch motivierter Gruppierung zu „korrigieren“ und ihm das Bild einer „rein kriminellen Bande“ gegenüberzustellen. Außerdem galt es, den Kreis der (potentiellen) Sympathisanten – die Ermittlungen und Bekämpfung erheblich behindern konnten – einzudämmen[65].

2. Gestaltung der Haftbedingungen

Die Gestaltung der Untersuchungshaft beinhaltet im vorliegenden Fall strafrechtstheoretisch zwei Probleme. Erstens befinden sich das einschneidende Zwangsmittel der vorläufigen Freiheitsentziehung, die Untersuchungshaft, und der rechtsstaatliche Grundsatz der Unschuldsvermutung schon in einem gespannten Verhältnis zueinander[66]. Dieses Spannungsverhältnis wird noch problematischer, wenn der vorläufig Inhaftierte längere Zeit einsitzt und er außer dem Freiheitsentzug weiteren Einschränkungen unterworfen ist.

Das zweite Problem ergibt sich aus dem möglichen Konflikt zwischen Forderungen der Justizbehörden wie z. B. Einzelhaft, Besuchsverbot, Postverbot, und den Grundrechten des Individuums wie z. B. Informations- und Meinungsfreiheit, Recht auf körperliche Unversehrtheit.

Beide Problembereiche kulminieren, wenn die Behandlung des Untersuchungshäftlings eine Verletzung von Artikel 3 der europäischen Konvention zum Schutz der Menschenrechte und der vom Grundgesetz garantierten Freiheitsrechte darstellt: „No one shall be subjected to torture or to inhuman or degrading treatment or punishment"[67].

Die Grundregeln für die Gestaltung der Untersuchungshaft in der BRD sind in §119 StPO [68] in sehr allgemein gehaltenen Formulierungen festgelegt; dieser Paragraph war als Magna Charta des Untersuchungshäftlings gedacht[69]. Kraft § 119 Abs. 6 können die Haftbedingungen für jeden einzelnen Untersuchungshäftling gesondert durch richterliche Verfügung geregelt werden. Die Untersuchungshaftvollzugsordnung (UVollzO) hat als Sammlung allgemeiner verwaltungsrechtlicher Bestimmungen für die Gefängnisleitungen und als Rahmen der Gestaltung der Untersuchungshaft gemäß § 119 für den Richter keinen bindenden Charakter[70]. Dem Untersuchungshäftling dürfen nur solche Beschränkungen auferlegt werden, wie sie „der Zweck der Untersuchungshaft oder die Ordnung in der Vollzugsanstalt erfordert" (§ 119 Abs. 3). Zweck der Untersuchungshaft sind in erster Linie die im Haftbefehl angeführten Gründe, in ihrer Allgemeinheit aber dient sie der Abwehr von Flucht und Verdunklung und in besonderen Fällen der Wiederholung (§§112, 112a StPO). Die Ordnung in der Vollzugsanstalt umfaßt Begriffe wie „Ruhe" und „Sicherheit"; als Kriterien für die Bestimmung von Einschränkungen also äußerst dehnbare Begriffe. Diese Flexibilität kommt auch in einem Urteil des Bundesverfassungsgerichts zum Ausdruck, in dem es heißt, es sei zu berücksichtigen, „daß das Funktionieren des Ablaufs des Lebens in der Anstalt nicht in Frage gestellt wird"[71].

Die §§ 125 und 126 StPO regeln, welcher Richter zuständig ist, Entscheidungen bezüglich der (Ausgestaltung der) Untersuchungshaft zu treffen. Die Regierungen der Bundesländer können die Zuständigkeit für alle die Untersuchungshaft betreffenden Angelegenheiten besonderen Amtsgerichten zuweisen[72]. In Staatsschutzverfahren sind entweder der Richter am Amtsgericht, der Ermittlungsrichter am OLG oder – falls der GBA von seinem Evokationsrecht Gebrauch machen sollte – derErmittlungsrichter am BGH entscheidungsbefugt[73]. Demzufolge können sich bei Staatsschutzsachen Richter aller Rangordnungen mit Fragen der Untersuchungshaft befassen.

Obwohl zahlreiche Richter verschiedener Gerichtsinstanzen in Haftsachen zuständig gewesen waren, zeigte sich schon seit den ersten

Verhaftungen 1971, daß die meisten wegen § 129 StGB einsitzenden Untersuchungshäftlinge (Mitglieder des Sozialistischen Patienten-Kollektivs SPK und der RAF) auf besondere, bis dahin nicht angewandte Art und Weise „verwahrt" wurden. Diese Sonderbehandlung äußerte sich z. B. in den folgenden Maßnahmen: strenge Einzelhaft, tägliche Einzelfreistunde unter Abschirmung von allen anderen Gefangenen, Ausschluß von allen Gemeinschaftsveranstaltungen (wie Filmvorführungen, Fernsehen, Duschen, Gottesdienst, Sport), laufende Kontrolle – auch nachts – durch den „Spion" in der Zellentür, Leerstehen der Zellen neben, über und unter der Zelle des Gefangenen, Post- und Besuchsverbote (Familienangehörige ausgenommen). Die Gesamtheit dieser Maßnahmen – die Isolationshaft – wirkte sich für die Gefangenen als „Gefängnis innerhalb des Gefängnisses" aus. Die Kontakte zur Außenwelt beschränkten sich auf die Verteidiger, streng kontrollierte Post und Besuche von Angehörigen[74]. Wie außergewöhnlich diese Regelungen waren, wurde zunächst von den Verteidigern der Gefangenen festgestellt[75]. Aber auch die geltenden Bestimmungen über denVollzug der Untersuchungshaft bestätigten den Ausnahmecharakter der neuen Maßnahmen. Immerhin definiert § 60 UVollzO (in dem einzig das Leerräumen benachbarter Zellen als mögliche Maßnahme genannt wird) eine Behandlung, die auf eine weitgehende Isolation in Form „strenger Einzelhaft" hinausläuft, deutlich als Ausnahme, die nur aufgrund „erheblicher Verdunklungsgefahr" und auch dann nur für begrenzte Zeit angeordnet werden darf[76]. Die Anordnung zeitlich unbegrenzter strenger Einzelhaft gegen Gefangene aus der Guerilla wurde jedoch mit pauschalen Begriffen wie „erhöhte Widerstands- und Befreiungsgefahr" ohne Angabe von Tatsachenbeweisen begründet [77].

Alle Versuche seitens der Verteidiger, mit Hilfe von Rechtsmitteln eine Veränderung dieser Haftbedingungen zu erreichen, scheiterten – auch auf höchstrichterlicher Ebene[78].

Mitte 1972, vor allem nach der Verhaftung von „Baader u. a.", verschwanden die meisten der bis dahin noch bestehenden Unterschiede in der Behandlung von Gefangenen, die nach § 129 verfolgt wurden. Verständlich ist diese Entwicklung angesichts der Richtlinienfunktion der vom Ermittlungsrichter des BGH erlassenen und von dessen dritten Senat stets bestätigten Verfügungen zur Gestaltung der Untersuchungshaft von „Baader u. a."[79]. Obwohl die besonderen Bedingungen für die Untersuchungshaft formal von verschiedenen Haftrichtern erlassen wurden, manchmal auf Ersuchen des GBA hin, läßt sich aus dem spezifischen Charakter dieser Bedingungen, aus der Anwendung auf alle Gefangenen aus der Guerilla und aus dem Scheitern der Verteidigerbemühungen um Veränderung bzw. Verbesserung dieser Situation ableiten, daß die BAW und das BKA wesentlich an Konzeption und Durchsetzung dieses Sonderhaftstatus beteiligt waren. Anfang 1976 gab der damalige GBA Buback dies in einem Interview mit dem Spiegel auch indirekt zu [80].

Schlüsselbegriff für die Haftbedingungen ist Isolation. Hier ein Beispiel[81]: Die am 22. 10. 71 wegen Verdachts der Mitgliedschaft in einer kriminellen Vereinigung und des verbotenen Waffenbesitzes verhaftete Margrit Schiller wurde direkt im Anschluß an ihre Festnahme folgenden Haftbedingungen unterworfen:

1. Strenge Einzelhaft,
2. Fesselung der Hände auf dem Rücken, wenn sich Margrit Schiller außerhalb der Zelle aufhält,
3. Fesselung auch während der Bewegungsstunde,
4. Dauerbeleuchtung in der Zelle bei Tag und Nacht,
5. Entzug aller Einrichtungsgegenstände,
6. Anstaltskleidung statt privater Kleidung,
7. am Abend Entzug auch der Anstaltskleidung.

Dieses Beispiel ist vor allem deshalb aufschlußreich, weil die von einem Hamburger Richter erlassenen Haftbedingungen, die Reaktion der Verteidiger darauf und die folgenden Ereignisse sofort deutlich machen, in welchem Spannungsfeld sich die Arbeit der Verteidiger in solchen Strafsachen vollziehen sollte.

Am 28. 10. 71 erstatteten die Stuttgarter Rechtsanwälte Dr. Klaus Croissant und Jörg Lang gegen den Richter, der diese Maßnahmen zu verantworten hatte, Anzeige. Die Anwälte behaupteten, daß solche Maßnahmen gegen eine bis auf weiteres als unschuldig zu betrachtende Untersuchungsgefangene außerhalb des rechtsstaatlichen Rahmens lägen und in eklatantem Widerspruch zu geltendem Recht, dem Grundgesetz und international anerkannten Menschenrechten stünden. Zur Veranschaulichung wurden die betreffenden Bestimmungen nacheinander zitiert: unter anderem Artikel 1 GG („Die Würde des Menschen ist unantastbar"); Artikel 104 Abs. 2 GG („Festgehaltene Personen dürfen weder seelisch noch körperlich mißhandelt werden"); Artikel 3 und Artikel 6 Absatz 2 des Vertrags von Rom von 1950; Artikel 88 Absatz 1 der UNO-Standard Minimum Rules for the Treatment of Prisoners („An untried prisoner shall be allowed to wear his own clothing if it is clean and suitable"); § 136a StPO („Die Freiheit der Willensentschließung und der Willensbetätigung des Beschuldigten darf nicht beeinträchtigt werden durch Mißhandlung, durch Ermüdung, durch körperliche Eingriffe, durch Verabreichung von Mitteln, Quälerei, durch Täuschung oder durch Hypnose"); § 119 Abs. 3 StPO in Verbindung mit dem Grundsatz der Verhältnismäßigkeit; Artikel 1 Abs. 3 UVollzO („Die Persönlichkeit des Untersuchungsgefangenen ist zu achten und sein Ehrgefühl zu schonen. Im Umgang mit ihm muß selbst der Anschein vermieden werden, als ob er zur Strafe festgehalten werde. Die Untersuchungshaft ist so zu vollziehen, daß der Gefangene keinen sittlichen oder körperlichen Schaden leidet"). Den Abschluß der Anklageschrift der Verteidiger bildet die folgende Passage:

> „Für diese Maßnahme gibt es keine Rechtfertigung. Es gibt nur die Erklärung, daß der Mensch Margrit Schiller systematisch und bewußt gequält, seiner Freiheit beraubt und entwürdigt werden soll, um vor aller Öffentlichkeit ein abschreckendes Strafexempel zu statuieren und um einen Untersuchungsgefangenen für Aussagen vor dem Ermittlungsrichter mürbe zu machen!
>
> Damit hat Haftrichter Müller gegen alle oben genannten Gesetze verstoßen.
>
> Da einem Richter nicht die Unkenntnis dieser Gesetze und Rechtsgrundsätze abgenommen werden kann, die er in der täglichen Praxis anzuwenden hat, hat er das Recht vorsätzlich gebeugt[82].
>
> Die Maßnahme des Haftrichters Müller stellen eine erschreckende Anschlußtat an die sogenannte Pressekonferenz dar, zu der der Hamburger Polizeipräsident Redding die festgenommene Margrit Schiller wie ein Tier gewaltsam vorführen ließ [83]. Die hier eingeschlagene Entwicklung muß klar erkannt werden. Es darf nicht geduldet werden, daß auf Rechtsstaat und Verfassung vereidigte Richter und Beamte heute noch unter eklatanter Mißachtung aller Gebote unseres Grundgesetzes Brutalitäten und Gewaltmaßnahmen begehen, die im öffentlichen Bewußtsein bisher nur im Zusammenhang mit der Tätigkeit der ehemaligen Gestapo und offen faschistischer Regime vorstellbar sind".

Wegen dieser Anzeige und einer gleichlautenden, beim zuständigen Amtsgerichtspräsidenten eingereichten Dienstaufsichtsbeschwerde, erstattete der Präsident des Amtsgerichts Anzeige gegen Croissant und Lang wegen Beleidigung. Der Stuttgarter Anwaltskammer teilte er mit: „Das Verhalten der Rechtsanwälte Dr. Croissant und Lang ist meines Erachtens geeignet, das Ansehen der Rechtsanwaltschaft in erheblichem Maße zu beeinträchtigen". Danach wurden gegen Croissant und Lang sowohl ehrengerichtliche als auch strafrechtliche Verfahren eingeleitet.

Zwei Komponenten kennzeichnen die Isolation der Gefangenen aus der RAF: 1. gefängnisinterne Isolation, also ihre Abschirmung gegenüber anderen Gefangenen und 2. Isolation gegenüber der Außenwelt.

2.1. Interne Isolation

Untersuchungsgefangene werden grundsätzlich getrennt von rechtskräftig verurteilten Gefangenen (Strafgefangenen) untergebracht[84]. Gemäß § 119 Abs. 1 StPO hat der Untersuchungshäftling Anrecht auf eine eigene Zelle[85]. Aufgabe der Vollzugsanstalt ist es, zu verhindern, daß er mit Mittätern und Tatbeteiligten im weitesten Sinne Kontakt aufnehmen kann. Weiter sind männliche und weibliche sowie jugendliche und erwachsene Häftlinge getrennt unterzubringen [86]. Schließlich müssen auch Untersuchungsgefangene, die „nach ihrer Persönlichkeit, insbesondere nach Art, Zahl und Dauer der von ihnen verbüßten Freiheitsstrafen oder wegen der an ihnen vollzogenen Maßregeln der Sicherung und Besserung eine Gefahr für andere Gefangene bedeuten", gesondert untergebracht werden[87]. Unbeschadet der vorhergehenden Bestimmungen muß es Untersuchungsgefangenen grundsätzlich erlaubt sein, an Gemeinschaftsaktivitäten (wie Sport-, Musik-, Theater- und Filmveranstaltungen, Fernsehen und Unterricht) und an der täglichen gemeinsamen Freistunde teilzunehmen[88]). Von dieser Regel darf laut UVollzO nur in einem Fall abgewichen werden (es sei denn, es handelt sich um eine Strafmaßnahme, Nr. 68 UVollzO), und zwar dann, wenn erhebliche Verdunklungsgefahr gegeben sein sollte (Nr. 60 UVollzO). Die dann in Betracht kommende „strenge Einzelhaft" darf jedoch nur von begrenzter Dauer sein, und zwar „nur für die Zeit einer erheblichen Verdunklungsgefahr"[89]. Bei solchen Sonderregelungen kommt es wesentlich darauf an, „daß sie der im Einzelfall durch Tatsachen belegten erheblichen Verdunklungsgefahr adäquat und geeignet sind, ihr wirksam zu begegnen. Nur dann sind die Maßnahmen und ihr Vollzug verfassungskonform"[90].

Zum Teil wurden die jahrelange strenge Einzelhaft für Gefangene aus der RAF und die entsprechenden Begleitmaßnahmen gegen sie tatsächlich mit Verdunklungsgefahr begründet, übrigens ohne die erforderlichen Tatsachenbelege. Meistens begnügte man sich jedoch mit einem allgemein gehaltenen Hinweis auf die „erhöhte Flucht-, Widerstands- und Befreiungsgefahr", welche direkt aus dem dringenden Verdacht der Zugehörigkeit zur „Baader-Meinhof-Vereinigung" abgeleitet wurde[91].

Bleibt zu fragen, ob diese Gefangenen aufgrund von konkreten, „im Einzelfall durch Tatsachen belegten" Verdachtsmomenten, die eine Flucht-, Verdunklungs- oder Befreiungsgefahr hätten glaubhaft machen können, oder aufgrund der ihnen unterstellten Gesinnung und der Zugehörigkeit zu einer bestimmten Organisation unter solch außergewöhnlichen Haftbedingungen „verwahrt" wurden. Der Ausnahmecharakter der Haftbedingungen wird hier an einigen Beispielen illustriert.

Holger Meins, u. a. wegen des Verdachts auf Zugehörigkeit zu einer kriminellen Vereinigung, versuchtem Mord und illegalem Waffenbesitz seit dem 2.6.72 inhaftiert. Beispielhaft für die interne Isolation ist eine Verfügung des Wittlicher Gefängnisdirektors vom 26.3.73, die das normale Haftstatut für Untersuchungsgefangene durch 23 Sondermaßnahmen für den spezifischen Vollzug an Holger Meins vollständig beseitigt[92]. Diese Maßnahmen wurden bereits während der vorangegangenen neun Monate, also seit der Verhaftung, angewandt; sie wurden am 11.4.73 von dem zuständigen Haftrichter Dr. Georg Knoblich, Ermittlungsrichter am BGH, ohne wesentliche Veränderungen bestätigt. Hier eine Auswahl:

7. Der Untersuchungsgefangene Meins wird auf Abteilung 2 Zelle 51 in strenger Einzelhaft gehalten.

8. Die unmittelbar rechts und links und die unter und über der Zelle des U-Gefangenen Meins liegenden Zellen dürfen nicht mit Gefangenen belegt werden.

10. Der Gefangene wird nur im Beisein des Aufsichtsdienstleiters in Begleitung eines zweiten Beamten in der Zelle aufgesucht.

16. Der U-Gefangene ist bei der Bewegung im Freien ab Austritt aus der Zelle bis zu seiner Rückführung zu fesseln.

17. Ausschluß von allen Gemeinschaftsveranstaltungen einschließlich Kirchgang.

18. Tägliche Zellenkontrolle in Abwesenheit des Gefangenen und Leibesvisitation.

Andreas Baader, seit dem 2.6.72 u. a. wegen des Verdachts auf Zugehörigkeit zu einer kriminellen Vereinigung und Mord in Untersuchungshaft. Von seiner Verhaftung bis zum 7.11.74 war er so systematisch von seiner Umwelt isoliert, daß er in dieser Zeit keinen anderen Gefangenen sah[93].

Ulrike Meinhof, seit dem 15.6.72 wegen des Verdachts auf Zugehörigkeit zu einer kriminellen Vereinigung, illegalem Waffenbesitz u. a. in Untersuchungshaft. Vom 16.6.72 bis zum 9.2.73 wurde sie „aus Sicherheitsgründen“[94] in einem leerstehenden, auch akustisch isolierten Flügel der psychiatrischen Frauenabteilung des Gefängnisses Köln-Ossendorf untergebracht. Dasselbe war noch einmal für kürzere Zeit im Dezember 1973 und im Februar 1974 der Fall. Der Begriff „akustische Isolation“ (Geräuschisolierung) wurde vom dortigen Gefängnisdirektor Bücker in einem vom 20. 12. 72 datierten Bericht an die Staatsanwaltschaft Frankfurt verwandt: „Während die Untersuchungsgefangene Proll im Männertrakt der Untersuchungsabteilung zumindest akustisch an dem Leben in dieser Anstalt teilnehmen kann, ist die Gefangene Meinhof in ihrem Haftraum auch akustisch isoliert“[95].

Der damalige Verteidiger von Ulrike Meinhof, Ulrich K. Preuß, schrieb am 10.8.73 in einem Brief an den Präsidenten des Justizvollzugsamts Nordrhein-Westfalen[96]:

> „Die völlige Isolierung des Trakts in Verbindung mit seiner Leere bewirken eine spezifische Form akustischer Isolation (. . .). Zu der räumlichen und akustischen Isolation trat hinzu, daß die Zellen meiner Mandantinnen sowie die gesamte Zimmereinrichtung – mit Ausnahme der Zellentür – vollständig in weißer Farbe geölt waren[97]; daß sich das Zellenfenster zunächst gar nicht, später nur einen winzigen Spalt öffnen ließ und mit einem feinmaschigen Fliegendraht verhängt war[98]; daß die in der Zelle befindliche weiße Neon-Beleuchtung nachts bei Frau Meinhof nicht ausgeschaltet wurde[99]; schließlich, daß die Zelle von Frau Meinhof in den Wintermonaten permanent unterkühlt war[100]. In dieser akustischen und visuellen Isolierung hatten meine Mandantinnen lediglich den für die Essensversorgung unabdingbaren minimalen akustischen und sozialen Kontakt mit den Vollzugsbeamtinnen. Sie lebten praktisch 24 Stunden lang ohne eine unterscheidbare Umwelt. So war es beispielsweise meinen Mandantinnen sogar verboten, Plakate, Bilder, Tabellen o.ä. an die fahlweißen Wände zu hängen“.

Ronald Augustin, seit dem 24.7.73 wegen des Verdachts auf Zugehörigkeit zu einer kriminellen Vereinigung, versuchtem Mord und illegalem Waffenbesitz inhaftiert. Auch er wurde sieben Monate (von Mai 1974 an) in einer so gut wie keine Geräusche hereinlassenden Zelle eingeschlossen, die ursprünglich für Gefangene mit ansteckenden Krankheiten gedacht war, und die in einer unbenutzten Krankenabteilung des Gefängnisses Hannover lag[101]. Dies war die praktische Ausführung von Punkt 6 einer vom 2.5.74 stammenden Verordnung des dortigen Gefängnisleiters[102]: „Es ist unbedingt zu verhindern, daß der Gefangene Augustin mit einem anderen Gefangenen körperlichen, akustischen oder sonstigen Kontakt aufnehmen kann".

Bis jetzt ist vor allem von (unterbundenen) Kontakten zu Mitgefangenen die Rede gewesen. Es wäre zumindest denkbar, daß das Gefängnispersonal den völlig isolierten Gefangenen gleichsam als Ausgleich mehr Aufmerksamkeit widmet. Dieser Gedanke liegt auch Nr. 21 der UVollzO zugrunde, worin der Gefängnisleiter oder sein Stellvertreter verpflichtet werden, den Gefangenen „in angemessenen Zeitabständen" in seiner Zelle aufzusuchen. Grunau bedauert in seinem Kommentar zu Nr. 21 der UVollzO, daß man dieser „wichtigen" Vorschrift so wenig Aufmerksamkeit zu kommen läßt, wo doch das System der Verwahrung in Einzelzellen „nur zu rechtfertigen (ist), wenn die Einsamkeit durch regelmäßige Zellenbesuche gelockert wird"[103]. Für übertrieben hält er es allerdings, den Gefängnisleiter zu verpflichten, jeden Gefangenen täglich zu besuchen und, sollte das nicht gelingen, seinen Vorgesetzten jedesmal Fehlmeldung zu machen, wie dies noch vor etwa 140 Jahren im Pentoville-Gefängnis in London vorgeschrieben war. Dennoch hält er den Anstaltsleiter und das übrige Personal (vor allem Geistliche, Ärzte, Sozialarbeiter) für verpflichtet, regelmäßig Zellenbesuche zu machen. Und er fügt nochhinzu: „Daß alle diese Bediensteten den Untersuchungsgefangenen nur in seinem Interesse besuchen, sollte eine Selbstverständlichkeit sein"[104]. Eine solche Selbstverständlichkeit ist allerdings nur schwer vorstellbar, wenn man die mit Nr. 6 bis 8 UVollzO gegebenen Vorschriften berücksichtigt, daß Richter, Staatsanwaltschaft und Gefängnisleitung gemeinsam dafür zu sorgen haben, daß die Ziele der Untersuchungshaft verwirklicht werden und die Ordnung in der Vollzugsanstalt gewährleistet ist (Nr. 6)[105]. Weiter ist der Anstaltsleiter verpflichtet, dem Richter oder Staatsanwalt über alle den Gefangenen betreffenden Maßnahmen, Wahrnehmungen und andere wichtige Vorkommnisse Meldung zu machen, wenn sie für den Strafprozeß wichtig sein könnten (Nr. 8).

> „Wahrnehmungen bestehen darin, was Anstaltsbeamte im Umgang mit dem U-Gefangenen sehen oder hören, sei es, daß er sich bei ihnen in einer möglicherweise für das Verfahren wichtigen Weise ausspricht, sei es, daß sich bei Überwachung von Gesprächen des U-Gefangenen mit Besuchern Dinge ergeben, die für die Untersuchung wissenswert sind, sei es, daß die U-Haft die

Persönlichkeit des Gefangenen sichtbar verändert, oder daß ein U-Gefangener, der wegenVerdachts von ihm geleugneter homosexueller Betätigung einsitzt, in der U-Haft dabei betroffen wird, wie er sich zu diesem Zweck einem anderen Gefangenen nähern möchte, sei es, daß sich Mitgefangene melden, denen der leugnende U-Gefangene Geständnisse über seine Tat gemacht haben soll u. a.m."[106].

Dem Anstaltspersonal kommt somit die Funktion eines verlängerten Arms der Strafverfolgungsbehörden zu, gewissermaßen eines „stillen" Fahndungsbeamten oder Zuträgers. Deshalb ist es nicht verwunderlich, wenn Gefangene jeden „menschlichen Kontakt" mit dem Anstaltspersonal ablehnen. Daher sollte es den Justizbehörden einigermaßen schwer fallen, bei der Behauptung zu bleiben, jene Gefangene hätten sich die totale Isolation innerhalb der Anstalt selbst zuzuschreiben.

2.2. Externe Isolation

Untersuchungsgefangene haben in der BRD grundsätzlich die Möglichkeit, Kontakte mit der Außenwelt (Besuche von Familienangehörigen und Dritten, Briefverkehr, schriftlicher und mündlicher Kontakt mit Verteidigern) zu unterhalten[107]. Die Benutzung des (Anstalts-)Radios kann – auch wenn es kein Kommunikationsmittel im engeren Sinn ist – das Abgeschnittensein von der Außenwelt ebenfalls etwas vermindern[108]. Im Regelfall können Untersuchungsgefangene mindestens einmal in zwei Wochen, meistens jedoch häufiger, abhängig „von der jeweiligen Auffassung des betreffenden Richters oder Staatsanwalts"[109], Besuch erhalten, der normalerweise von einem Anstaltsbeamten kontrolliert wird[110]. Für jeden Besuch ist beim Haftrichter oder beim zuständigen Staatsanwalt eine Besuchserlaubnis einzuholen. Als einzigen Grund für die Ablehnung eines Besuchsantrags wird eine zu erwartende Störung der Anstaltsordnung durch bestimmte Personen genannt (Nr. 3 Abs. 3 UVollzO). Dem Untersuchungsgefangenen ist es grundsätzlich erlaubt, unbegrenzt Post zu verschicken und zu empfangen[111]. Die Postzensur befindet sich in den Händen des Haftrichters oder des zuständigen Staatsanwalts (Nr. 31 Abs. 1 UVollzO) und dient in erster Linie der Überprüfung, ob Briefe die Beseitigung von Beweismaterial zum Ziel haben, aber auch der Kontrolle, ob Briefe beleidigenden oder strafbaren Inhalts verschickt werden oder ob von ihnen eine Störung der Anstaltsordnung ausgehen könnte (Nr. 34 Abs. 1UVollzO). Die genannten Kriterien sind nicht umfassend[112].

Wie bei der Isolation innerhalb der Anstalt, so stellt sich auch bei der Einschränkung von Kontaktmöglichkeiten zur Außenwelt die Frage, wie weit die jeweils angeführten Gründe, etwa die Gefahr einer Störung der Anstaltsordnung, lediglich dehnbare Formulierungen sind, um die Gefangenen aufgrund der ihnen unterstellten Gesinnung und Zugehörigkeit zu einer bestimmten Vereinigung völlig zu isolieren. Jedenfalls werden in den Isolationsverfügungen weder unterschiedliche Interessen abgewogen noch konkrete Tatsachen und Kriterien angeführt.

Jahrelang galt für fast alle Gefangenen aus der RAF, daß sie, im Gegensatz zu anderen Gefangenen, Besuch und Post nur von Familienangehörigen und Verteidigern empfangen durften. Familienbesuche bei ihnen werden immer von mindestens zwei Beamten (im allgemeinen je ein Beamter des Vollzugs und der politischen Polizei) überwacht, die die Gespräche mitverfolgen[113]. Daß von diesen Beamten Gesprächsaufzeichnungen gemacht werden, die auch im Strafprozeß selbst eine Rolle spielen, zeigte sich u. a. bei Ulrike Meinhof, über die aufgrund solcher Gesprächsnotizen ein psychiatrisches Gutachten angefertigt wurde[114]. Postsendungen an Gefangene und von ihnen, vor allem Briefe, Bücher und Drucksachen mit politischem Inhalt, werden festgehalten[115].

Die folgenden zwei Beispiele sind repräsentativ für die seit den ersten Verhaftungen angeführten Gründe zur Beschlagnahmung von Briefen. Die beschlagnahmten Briefe werden als belastendes Beweismaterial gegen die Gefangenen benutzt. Das erste Zitat stammt aus dem Beschluß eines Heidelberger Richters vom Juli 1971, das zweite aus dem Beschluß eines Berliner Richters vom März 1972:

„Der Inhalt des über dreiseitigen Briefes ist zwar zum Teil unverständlich, enthält aber in seiner Gesamtheit eindeutig aggressive politische Bezüge, die in ihrer Grundtendenz zweifelsfrei gegen die verfassungsmäßige Ordnung der Bundesrepublik Deutschland gerichtet sind; dies bedarf keiner weiteren Begründung. Im übrigen wird erkennbar, daß dem Brief bösartige und staatsfeindliche Motive zugrunde liegen. Die Aufreizung dritter Personen ist mit Sicherheit beabsichtigt. Allein die Formulierungen: „Denn ein Gefangener schafft 1, 2, 3, 4 Revolutionäre“ und „wir sind solidarisch, und das heißt Kampf“ rechtfertigen Beanstandung und Beschlagnahme“[116].

„. . . wird auf Antrag der Staatsanwaltschaft bei dem Landgericht Berlin vom 14. März 1972 der Brief der Beschuldigten an Monika Berberich vom 3.3.1972 gemäß Nr. 34 (1) Nr. 3 UVollzO von der Beförderung ausgeschlossen, weil das Schreiben beleidigenden Inhalts ist. Schon im ersten Satz wird von „Ermordung Tommis“, „Hinrichtungen am Fließband im Iran“ und der „Wiedereinführung der Todesstrafe in der BRD“ gesprochen. Der Brief wird gemäß §§ 94, 98, 119 StPO[117] beschlagnahmt, da er als Beweismittel für die Grundhaltung und das beabsichtigte künftige Verhalten der Beschuldigten von Bedeutung ist“[118].

In den meisten Fällen werden richterliche Zensurbeschlüsse allerdings nur stereotyp mit der Möglichkeit einer Störung der Anstaltsordnung begründet. Im Oktober 1972 begründete ein Richter des BGH die Zurückhaltung einer Broschüre der Westberliner „Roten Hilfe“ an eine Gefangene aus der RAF folgendermaßen:

„Die Ordnung in der Vollzugsanstalt erfordert, die Sendung von der Weitergabe auszuschließen (§ 119 Abs. 3 StPO). Die in ihr allein enthaltene Drucksache stellt eine Hetzschrift ohne Informationswert dar, die geeignet ist, als Agitationsmaterial auf Unkritische in der Anstalt im Sinne von Störungen der Anstaltsordnung einzuwirken"[119].

In einer anderen Verfügung eines BGH-Richters vom August 1972 – es ging um vier an einen Gefangenen aus der RAF geschickte Bücher über bewaffneten Kampf und Massenlinie, Klassenkampf in der Armee, den Bürgerkrieg in Nordirland und den Kampf der Palästinenser – wird auffallend deutlich ausgedrückt, daß die Anstaltsordnung wichtiger ist als die Identität eines Gefangenen:

„Die Verfasser der beigefügten Druckschriften propagieren in primitiver Weise die bewaffnete Auseinandersetzung angeblich unterdrückter Gruppen in verschiedenen Teilen der Welt mit ihren Unterdrückern. Da dadurch für den Empfänger der Eindruck entstehen kann, daß er Mitglied einer Gruppe ist, welche sich in einem weltweiten Kampf gegen die Ausbeutung befindet und sich der Solidarität ähnlicher Gruppen im Ausland gewiß sein kann, wird er durch die Lektüre dieser Bücher in seiner ablehnenden Haltung bestärkt und durch die darin enthaltenen Kampfaufrufe zu Störungen der Anstaltsordnung verleitet"[120].

Auch der einzige „freie" Kontakt von Gefangenen, der unkontrollierte mündliche und schriftliche Verkehr mit dem Verteidiger, auf dem das Vertrauensverhältnis zwischen beiden basiert, muß wegen der regelmäßigen Zellendurchsuchungen, die in Abwesenheit der Gefangenen stattfinden, mit Fragezeichen versehen werden. Offiziell war es den Beamten bei diesen Zellenkontrollen nicht erlaubt, Verteidigerpost durchzusehen. Zwangsläufig ergibt sich die Frage, wie Beamte feststellen können, ob ein bestimmtes Schriftstück zur Verteidigerpost gehört oder nicht, wenn sie es nicht durchlesen dürfen. Eine den Beschuldigten Jan Carl Raspe betreffende Verfügung des 3. BGH-Senats vom August 1972 beseitigt diese „Unklarheit":

„Der schriftliche und mündliche Verkehr mit dem Verteidiger unterliegt zwar keiner Kontrolle (§ 148 StPO). Geprüft werden darf und muß jedoch, ob es sich wirklich um solchen Verkehr mit dem Verteidiger handelt. Für den vorliegenden Fall bedeutet dies, daß sich ein Anstaltsangehöriger in das Schriftstück, das nicht etwa zur Übergabe an den Verteidiger vorgesehen war, sondern dem Beschuldigten als Gedächtnisstütze für die Besprechung dienen sollte, insoweit kurz Einsicht verschaffen durfte, als es nötig war, um jene Voraussetzung zu prüfen und auf diese Weise auszuschließen, daß der Beschuldigte beispielsweise einen Kassiber mit sich trug, den er im Besuchsraum versteckt für einen Mitgefangenen zu hinterlassen gedachte. Eine weitergehende Durchsicht hat der Bedienstete nach Angaben der Anstaltsleitung nicht vorgenommen"[121].

3. Die Behandlung der Rechtsanwälte (1972) [122]

3.1. Bundeskriminalamt, Generalbundesanwalt und Massenmedien

Am 22.5.72 wird von der zum Springer-Konzern gehörenden Zeitschrift „Bild amSonntag" der folgende Bericht veröffentlicht, der sich auf direkte Informationen aus dem BKA stützt[123]:

> „Wissen Kanzler und Staatsoberhaupt, daß das Kommunikationszentrum der Radikalen bekannt ist? Es sind rund 45 namentlich bekannte linksradikale Anwälte. Über sie hat das Bundeskriminalamt unseren Politikern erklärt (wörtliches Zitat):
>
> ‚Diese Anwälte üben erwiesenermaßen folgende Tätigkeiten aus: Sie präparieren Zeugen, die bei einem Geschehen gar nicht zugegen waren, um angeklagte Bandenmitglieder – gleichsam meineidig – zu entlasten. Sie übernehmen den Transport von Gegenständen, die der Ausübung von Straftaten dienen, zum Beispiel den Transport von Sprengkörpern. Sie verbringen Haschisch, Rauchwaren, Fotoapparate in die Zellen, transportieren Nachrichten aus den Gefängnissen und vermitteln Kassiber. Sie sammeln Nachrichten über Polizeibeamte und Richter, insbesondere deren Lichtbilder. Sie verwahren Blankovollmachten aller Bandenmitglieder, um diesen jederzeit juristischen Beistand leisten zu können' "[124].

Fast alle westdeutschen Zeitungen und Rundfunkanstalten übernahmen den Inhalt dieses Artikels. In der Tat war der Zeitpunkt für die Entfachung einer Hetzkampagne ausgesprochen günstig. Ein RAF-Kommando hatte am 11.5.72 in Frankfurt das US-Hauptquartier angegriffen. Zwei Tage nach der Veröffentlichung des Artikels folgte am 24.5.72 der Anschlag auf das US-Hauptquartier in Heidelberg[125]. Am 26.5.72 erscheint in der „Bild"-Zeitung ein Bericht über die Rede des Bundesinnenministers Hans-Dietrich Genscher vor dem Innenausschuß des Bundestags:

> „Die Helfershelfer und die Gesinnungsfreunde der Baader-Meinhof-Bande seien vor allem links eingestellte Rechtsanwälte... Wörtlich sagte Genscher: ‚Die polizeilichen Ermittlungen richten sich nicht nur gegen die Bombenleger, sondern auch gegen ihre Helfershelfer, da diese sich mitschuldig machen an Mord und die Verantwortung dafür tragen, daß die Täter ihre Verbrechen gegen das Leben anderer fortsetzen können' "[126].

In den folgenden Wochen wiederholen sich solche Berichte in zum Teil noch wesentlich schärferer Form in vielen Zeitungen, vor allem aber in den Blätterndes Verlegers Axel Cäsar Springer: die „Welt am Sonntag" schreibt am 28.5.72: „über sie (die Anwälte – BS) werden die jeweils wechselnden Aktionsgruppen zusammengestellt"; „Bild" am 31.5.72: „Sechs Rechtsanwälte haben nach dem Attentat eine ‚Siegesfeier'... veranstaltet"; „Die Welt" am 6.6.72: „Der Sumpf liegt links... und aus diesem Sumpf werden... die Verteidiger hochsteigen... neue Anschläge aus den Gerichtssälen..."; das „Hamburger Abendblatt" am 3./4.6.72: „Feinde des Staates haben sich die Justiz als Angriffsobjekt ausgesucht..."; die „Welt am Sonntag" am 4.6.72: „Nennt die

Namen!... jenen Anwälten, die offenbar vergessen haben, daß sie Rechtsanwälte sind...“[127].

Am 11.6.72 wird in den westdeutschen Medien die Meldung verbreitet, daß der ranghöchste Beamte der westdeutschen Staatsanwaltschaft, Generalbundesanwalt Martin, anläßlich des Berichts in „Bild am Sonntag“ vom 22.5.72 eine Erklärung abgegeben habe, in der auch erste Namen genannt würden[128]. Unter der Überschrift „Generalbundesanwalt bestätigt Vorwürfe gegen Terroristen-Anwälte“ erscheint wiederum in „Bild am Sonntag“ folgender Bericht:

> „Generalbundesanwalt Martin hat den schweren Verdacht gegen Rechtsanwälte der Baader-Meinhof-Bande bestätigt, über den Bild am Sonntag berichtet hatte.
>
> In einer Erklärung im Bundesgerichtshof in Karlsruhe kritisierte Martin die Tätigkeit verschiedener ‚Anwaltskollektive'.
>
> Bild am Sonntag hatte aus der Niederschrift einer Konferenz der Innenminister der Bundesländer wörtlich unter anderem zitiert:
>
> ‚Diese Anwälte präparieren Zeugen, die bei einem Geschehen gar nicht zugegen waren... verwahren Blankovollmachten aller Bandenmitglieder, um diesen jederzeit juristischen Beistand leisten zu können... übernehmen den Transport von Sprengkörpern...‘.
>
> Die Hamburger Rechtsanwälte Groenewold, Degenhardt und Reinhard, die ineinem ‚Anwaltskollektiv‘ arbeiten, erstatteten aufgrund des Artikels Strafanzeige wegen Verleumdung.
>
> Generalbundesanwalt Martin nannte jedoch dieses Hamburger ‚Anwaltskollektiv‘ als ein Beispiel für ‚Verbindungen, wie sie nicht durch anwaltschaftliche Berufspflicht abgedeckt sind‘ “.

Auf diesen Bericht reagierte das Hamburger Anwaltsbüro mit einer Strafanzeige gegen den Herausgeber Springer, den verantwortlichen Chefredakteur Peter Boenisch und namentlich nicht bekannte BKA-Beamte[129]. Nach der Pressekonferenz des GBA am 10.6.72, in der er die Hamburger Anwaltskanzlei als Beispiel für die verdächtigten Anwaltskollektive genannt hatte, wurde auch gegen GBA Martin Strafanzeige erstattet und gleichzeitig eine Pressemitteilung darüber herausgegeben[130]. Dem GBA wurde üble Nachrede vorgeworfen. Zudem habe er der Verfolgungswut der Springer-Presse bereitwillig nachgegeben und eine Abwehr der Strafanzeige gegen Springer und das BKA gleichsam vorweggenommen. Es folgen zwei Beispiele für Polizeieinsätze aus jüngster Zeit, die sich u. a. gegen Wohnung und Besucher von Frau und Kindern des Rechtsanwalts Groenewold richteten. Die Pressemitteilung endete mit der Feststellung, daß die beanstandeten Verfolgungsmaßnahmen gegen die Anwälte sich in nichts von denen gegen jene Rechtsanwälte unterschieden, die in der NS-Zeit politisch verfolgte Kommunisten oder Sozialdemokraten verteidigt hatten.

Die Presse nahm fast keine Notiz von diesem Kommunique, ebensowenig wie von einer Erklärung des Deutschen Anwalts-Vereins (DAV), in der er sich entschieden gegen die „pauschale Verdächtigung des Anwaltsstandes“ zur Wehr setzte. Am 19.6.72 wird nachts ein Brandanschlag auf das Büro Groenewolds verübt; das Feuer vernichtet nach Angaben der Anwälte zahlreiche Akten.

Abgesehen von einer beim Landgericht Hamburg erwirkten einstweiligen Verfügung gegen Springer[131], mit der dem Verlag verboten wurde, durch Tatsachenbehauptungen in Wort und Bild den Eindruck entstehen zu lassen, der prominente Bremer Rechtsanwalt Heinrich Hannover, damals Verteidiger von Ulrike Meinhof, werde der „Bandenbegünstigung“[132] verdächtigt, blieben alle Versuche der betroffenen Rechtsanwälte erfolglos, sich mit rechtlichen Mitteln gegen diese von den Behörden gesteuerte oder zumindest unterstützte Hetzkampagne zu wehren und zukünftig zu schützen[133]. Strafanzeigen gegen Springer und seine Redakteure wurden eingestellt, Dienstaufsichtsbeschwerden gegen GBA Martin wurden vom Bundesjustizministerium abgewiesen. Die Staatsanwaltschaft, der die Anzeige gegen Springer vorlag, teilte mit, eine Klärung des Sachverhalts sei nicht möglich, weil Springer sich darauf berufe, daß die zitierten Behauptungen wörtlich dem Bericht der Innenministerkonferenz vom 27.1.72 entnommen seien[134]. Der Vorsitzende dieser Konferenz wolle den Bericht aber nicht zur Einsicht freigeben, weil dies von Nachteil für die BRD und die Bundesländer sei[135].

Kurz gesagt: die Behörden lassen der Presse Informationen zukommen, gegen deren Verbreitung die Anwälte wehrlos sind, da die verleumderischen Informationen wegen ihres vertraulichen Charakters nicht überprüft werden können.

Auf diese vertraulichen Informationen bezog sich auch der inzwischen zum Außenminister und Kanzlerstellvertreter avancierte Rechtsanwalt Genscher, als er in der Bundestagssitzung vom 13.3.75 feststellte: „Begründete Vermutungen, die wir seit langem haben, so zu verdichten, daß sie für solche gerichtlichen Entscheidungen auch wirklich ausreichen, das war das Problem, mit dem wir über Jahre – ich sage: gemeinsam – zu ringen hatten“[136]. Der vormalige Innenminister gab also 1975 öffentlich zu, daß 1972 nur „begründete Vermutungen“ vorgelegen hatten, die mangels jeder gesicherten Erkenntnis für eine strafrechtliche oder ehrengerichtliche Verfolgung der Anwälte nutzlos waren. So drängt sich denn auch die Schlußfolgerung auf, daß man sich 1972, da der Rechtsweg aussichtslos erschien, für eine Verfolgung der Anwälte durch die Medien entschieden hatte.

Die oben beschriebene Zusammenarbeit zwischen BKA, Innenminister, GBA und der Presse hatte zur Folge, daß für die Öffentlichkeit bereits im Juni 1972 die meisten Rechtsanwälte, zu deren Mandanten auch Gefangene aus der RAF zählten, als „Terroristen in Robe“ galten[137].

3.2. Ausschluß von Rechtsanwalt Schily

Am 19.6.72 teilte der GBA auf einer Pressekonferenz mit, daß der zuständige Ermittlungsrichter des BGH den Berliner Rechtsanwalt Otto Schily als Verteidigerin der Strafsache gegen Gudrun Ensslin am 17.6.72 antragsgemäß ausgeschlossen habe.

Schily hatte von dem Antrag des GBA nichts gewußt; von seinem Ausschluß erfuhr er am Tag der Pressekonferenz aus den Fernsehnachrichten[138]. Den Beschluß vom 17.6. erhielt Schily am 20.6. 72. Am selben Tag erschien die „Berliner Zeitung" mit der Schlagzeile „Berliner Anwalt unter schwerem Verdacht".

Der Beschluß wurde mit dem Verdacht begründet, Schily sei Mitglied der kriminellen Vereinigung, der auch seine Mandantin Ensslin angehöre bzw. er würde sie zumindest unterstützen. Bei Ulrike Meinhof sei nach ihrer Verhaftung am 15.6.72 eine Nachricht (Kassiber) der inhaftierten Gudrun Ensslin gefunden worden, der eine Beschreibung der genaueren Umstände ihrer (Ensslins) Festnahme sowie Hinweise für weitere Aktionen enthalten habe, ein Schreiben also, das „nur durch Rechtsanwalt Schily, der als einziger Besucher der Beschuldigten Ensslin Gelegenheit gehabt hat, diese unbeaufsichtigt zu sprechen, aus der Haftanstalt herausgeschmuggelt und der Beschuldigten Meinhof übermittelt worden sein kann"[139].

Schilys Verteidiger, Professor Dr. Uwe Wesel, reichte beim BGH eine ausführliche Beschwerdeschrift gegen den Ausschließungsbeschluß ein, in der aus tatsächlichen und rechtlichen Gründen die Aufhebung des Beschlusses beantragt wurde. Obwohl während der Ermittlungen zu Tage kam, daß auch verschiedene weibliche Gefängnisbeamte mit Gudrun Ensslin allein Kontakt gehabt hatten, daß die Nachricht aus der Zelle in den Innenhof geworfen oder vorläufig im Duschraum deponiert worden sein könnte, daß zudem trotz aller Sicherheitsvorkehrungen auch ein Kontakt mit anderen Gefangenen nicht ausgeschlossen werden konnte, daß die Zelle Gudrun Ensslins schließlich vom etwa 120 bis 150 Meter entfernt liegenden Gerichtsgebäude mit einem Fernglas eingesehen werden konnte, wies der 3. Strafsenat des BGH durch Beschluß vom 25.8.72 die Beschwerde Schilys zurück [140].

Charakteristisch für die in dem Entscheid benutzte Argumentationsweise ist folgende Passage:

> „Gegen die Annahme, Gudrun Ensslin habe die Nachricht durch eine Anstaltsangehörige oder eine Mitgefangene befördern lassen, spricht auch der Umstand, daß sie die umfangreiche Mitteilung in diesem Falle trotz des dafür erforderlichen Zeitaufwands ungeachtet ständiger Kontrollen und täglicher Durchsuchungen in der Zelle geschrieben haben müßte, wobei auch die Herkunft des Papiers offen bliebe, während die Erklärung all dessen keine Schwierigkeiten bereitet, wenn man davon ausgeht, daß sie die Mitteilung während des Besuchs ihres Verteidigers gefertigt hat. Dann stellt sich insbeson-

dere auch die sich sonst aufdrängende Frage nicht, warum sie sich, was die Person des Übermittlers angeht, auf vage Andeutungen beschränkt. An einer Verteidigung durch Rechtsanwalt Schily wäre ihr ersichtlich gelegen. Nur schwer erklärlich aber bleibt dann, warum sie nicht ganz konkret angibt, an wen, zu welcher Zeit und unter welchen näheren Umständen sie den Kassiber übergeben hat – dieser Weg wäre jetzt ohnehin verschüttet -, um von dem Rechtsanwalt auf diese Weise den Verdacht zu nehmen, der auf ihm lastet und der die Wahrnehmung der Verteidigung hindert".

Mit dem letzten Satz gibt der BGH deutlich zu verstehen, daß Gudrun Ensslin, würde ihr so viel daran liegen, Schily als Anwalt zu behalten, nur zu erzählen brauche, wie ihre Mitteilung denn anders als mit Schilys Hilfe zu Ulrike Meinhof gelangen konnte. Dem Vorwurf von Schilys Verteidiger, die negative Beweisführung des BGH sei nur dann zu akzeptieren, wenn man der Palmströmschen Theorie anhänge („... andere Wege seien verschlossen gewesen, weil nicht sein kann, was nicht sein darf"[141]), begegnete der BGH wie folgt:

„Vor allem aber müssen hier die in erheblichem Umfange gleichgerichteten Interessen Berücksichtigung finden, die Beschuldigten und Verteidiger verbinden, während diejenigen eines Vollzugsbeamten und die des Gefangenen durchaus gegensätzlicher Art sind"[142].

Die rein rechtlichen Argumente der Beschwerde, ein Ausschluß sei aufgrund mangelnder gesetzlicher Bestimmungen nach Artikel 12 Absatz 1 GG (Recht der freien Berufsausübung) überhaupt nicht möglich, zudem sei auch kein der Verfassung vorgelagertes Gewohnheitsrecht aufzufinden, wurden vom BGH ebenfalls abgewiesen:

„Was zunächst die rechtliche Grundlage für die getroffene Maßnahme angeht, so enthält die Strafprozeßordnung eine ausdrückliche Regelung zwar nicht. Die Möglichkeit der Ausschließung folgt aber aus Sinn und Zweck einer Reihe von Bestimmungen der Prozeßordnung sowie der Bundesanwaltsordnung; sie wäre überdies durch gewohnheitsrechtliche Übung gedeckt".

Interessant ist, daß sich das Bundesgericht auf Gewohnheitsrecht beruft und auf zwei Entscheidungen des Reichsgerichts (RG) der Weimarer Republik verweist, die sich beide auf Verteidiger von angeklagten Kommunisten beziehen[143]. Die eine Entscheidung betrifft die Ausschließung eines Verteidigers durch das RG am 5.7.28 wegen Verdachts der Teilnahme an demselben „hochverräterischen Unternehmen", für das sein Mandant sich vor Gericht zu verantworten hatte. Zur Stellung des Verteidigers im Gerichtsverfahren sagt das RG:

„Das Gericht hat (§§ 145, 146 StPO) dafür zu sorgen, daß der Verteidigerposten, insbesondere bei der notwendigen Verteidigung, richtig besetzt ist.

Wer als Teilnehmer an der abzuurteilenden Tat verdächtig ist, kann an der Verhandlung des Straffalls nicht, insbesondere auch nicht als Verteidiger, mitwirken. Denn der Verteidiger ist nicht lediglich Beistand des Angeklagten, sondern ein mit besonderen Befugnissen ausgestattetes Organ der Rechtspflege".

Der Beschuldigte war der kommunistische Schriftsteller Braun, dessen strafbare Handlung die Publikation einiger ausgearbeiteter revolutionärer Thesen („Moskauer Thesen") in der kommunistischen Zeitschrift „Rote Fahne" vom Juli 1927 gewesen war[144]. Die „Mittäterschaft" des Verteidigers bestand aus seiner Anwesenheit bei der sogenannten kommunistischen Juristenkonferenz im Januar 1926, wo er über „Revolutionierungsarbeit in Anwalts- und Juristenkreisen" gesprochen hatte. Als Zeuge im Prozeß gegen Braun verweigerte der Verteidiger die Aussage, da sie die Möglichkeit einer Strafverfolgung beinhalten könne. Da die Juristenkonferenz absolut nichts mit Brauns Veröffentlichung zu tun hatte, beruhte das RG-Urteil wegen Teilnahme des Verteidigers an der Vorbereitung eines hochverräterischen Unternehmens durch Braun auf der „viel angefochtenen Theorie des RG, die alle Handlungen von Mitgliedern des kommunistischen Funktionärskörpers als Bestandteile eines einheitlichen hochverräterischen Unternehmens ansieht"[145].

Einer ähnlichen Theorie, allerdings in verschleierter Form, werden wir bei der Diskussion über den am 1.1.75 abgeänderten § 146 StPO begegnen, demzufolge ein Anwalt nur noch einen Beschuldigten aus demselben „Tatkomplex" verteidigen darf[146].

Etwa sechs Monate nach Schilys Ausschluß durch den BGH beschloß das Bundesverfassungsgericht (BVerfG) am 14.2.73, Schilys Verfassungsbeschwerde anzunehmen. Es stellte fest, das vom Grundgesetz garantierte Recht der freien Berufsausübung mache den Ausschluß von Teilnehmern eines bestimmten Strafprozesses durch den Vorsitzenden Richter mangels einer ausdrücklichen gesetzlichen Regelung und mangels eines der Verfassung vorgelagerten Gewohnheitsrechts unmöglich[147]. Das BVerfG kam zu dem Schluß, daß „ein höchst unbefriedigender Rechtszustand aufgedeckt worden ist, dessen Aufrechterhaltung sich mit dem Interesse an einer geordneten Strafrechtspflege in keiner Weise vereinbaren läßt" und daß der Gesetzgeber demzufolge „die Voraussetzungen des Verteidigerausschlusses in naher Zukunft zu regeln haben (werde)".

Der unbefangene Leser könnte nun aufgrund der oben zitierten Passagen der Meinung sein, daß der Verteidigerausschluß in der BRD weder rechtstheoretisch noch in der Jurisprudenz eine Rolle gespielt habe. Das Gegenteil ist aber der Fall. Sowohl in der Weimarer Republik als auch nach dem Zweiten Weltkrieg sind Verteidiger von Prozessen ausgeschlossen worden. In allen Fällen handelte es sich um „linke" Verteidiger, die in politischen Strafsachen tätig geworden waren[148]. Vier während der Weimarer Republik getroffene Entscheidungen des Reichsgerichts und des Staatsgerichtshofes zum Schutze der Republik führten zu einer wahren Welle von Publikationen, darunter allein drei Dissertationen[149]. Nach dem Zweiten Weltkrieg wurden Verteidiger mehrmals von Prozessen ausgeschlossen mit Begründungen, die von Richtern höherer Instanzen regelmäßig für nicht rechtmäßig erklärt wurden. Auch hierzu gibt es eine Reihe von Veröffentlichungen, darunter wiederum zwei Dissertationen[150]. Das Bundesverfassungsgericht hat sich dreimal mit Verteidigerausschlüssen beschäftigen müssen, zuletzt im Jahr 1967[151] in allen Fällen wurden die Ausschlüsse zwar für nicht rechtens erklärt, eine grundsätzliche Entscheidung traf das Gericht jedoch nie[152]. Aber auch der Gesetzgeber beriet 1958, 1959, 1961 und 1963 über die Problematik[153]. Es würde zu weit führen, auf die Rechtsprechung, Veröffentlichungen und Parlamentsdebatten zu diesem Thema einzugehen. Beabsichtigt ist hier nur, deutlich zumachen, daß der Ausspruch des Bundesverfassungsgerichts, erst durch den Fall Schily sei die Problematik des Verteidigerausschlusses „aufgedeckt worden", nicht den wirklichen Gegebenheiten entspricht[154].

Wie dem auch sei, von Februar 1973 an ist das Bundesjustizministerium eifrig bemüht, diesem „höchst unbefriedigenden" Zustand ein Ende zu bereiten.

3.3. Verfolgung der Rechtsanwälte

Schily ist nicht der einzige Verteidiger, der von offiziellerer Seite als den Medien attackiert wurde. Konsequenterweise hätte man erwarten können, daß gegen die „45 namentlich bekannten Terroristen-Anwälte" intensive Ermittlungen mit anschließenden öffentlichen Strafverfahren betrieben worden wären, nachdem sie öffentlich so schwerwiegender Delikte wie z. B. Sprengstofftransporte verdächtigt worden waren. Es sollte jedoch ganz anders kommen. Bis zum 21.5.75, dem Eröffnungstag des Prozesses gegen „Baader u. a." in Stuttgart-Stammheim, hatte keiner der Verteidiger vor Gericht erscheinen und über das ihm öffentlich vorgeworfene Verhalten Verantwortung ablegen müssen. Wohl liefen eine Reihe von strafrechtlichen Ermittlungen gegen einige Anwälte, was sie oft erst der Presse oder Haus- und Kanzleidurchsuchungen entnehmen konnten. Bei diesen Gelegenheiten wurden im Regelfall auch zahlreiche Akten und Dokumentationsmaterialien „sichergestellt" und mitgenommen, meist, so die Anwälte, Aufzeichnungen und Unterlagen, die zur Vorbereitung von Prozessen gegen Gefangene aus der RAF und ähnliche Gruppierungen angefertigt bzw. gesammelt worden waren[155].

Eingeleitet wurden die meisten Ermittlungsverfahren wegen Verdachts auf Unterstützung von oder Werbung für kriminelle Vereinigungen wie RAF, Bewegung 2.Juni oder SPK, wegen Beleidigung von Behörden, etwa durch den Vergleich bestimmter staatlicher Handlungen mit Gestapo-Methoden und ähnlichem. Ein typisches Beispiel ist die bereits beschriebene Reaktion auf Croissants Anzeige wegen der Haftbedingungen von Margrit Schiller.

Hier noch ein anderes Beispiel vom Frühjahr 1972. Am 27.3.72

erstattete Croissant Anzeige wegen versuchten Mordes, Mißhandlung und Freiheitsberaubung, verübt an seiner Mandantin Carmen Roll und ausgeführt von verschiedenen Beamten. Angeblich um Fingerabdrücke abnehmen zu können, hatten sie Carmen Roll zwangsweise narkotisiert[156]. In der Anzeige wird detailliert geschildert, wie die sich mit allen Kräften zur Wehr setzende Carmen Roll auf einer Art Gynäkologenstuhl festgezurrt und dann ohne Prämedikation mit Äther narkotisiert wurde. In der rechtlichen Bewertung der angeführten Tatsachen wird u. a. argumentiert:

> „Die Anwendung unmittelbaren Zwangs, die durch den richterlichen Beschluß vom 15.3.72 für zulässig erklärt wurde, schließt niemals das Recht ein, einen Menschen durch gewaltsame Betäubung zu einem absolut willenlosen Werkzeug zu machen. Eine gesetzliche oder rechtliche Vorschrift, die zu einer Zwangsbetäubung ermächtigt, besteht nicht.
>
> Aus ärztlicher Sicht war die Äthernarkose, die unserer Mandantin gegen ihren Willen ‚unter Anwendung unmittelbaren Zwangs‘ verpaßt wurde, nicht zu verantworten. Die mit einer Äthernarkose für unsere Mandantin verbundene Lebensgefahr war so groß, daß der verantwortliche Arzt mit einem tödlichen Ausgang der Narkose rechnen mußte, selbst wenn er darauf vertraut haben mag, unsere Mandantin werde die Zwangsbetäubung überstehen.
>
> Die Grenze zwischen bedingtem Tötungsvorsatz und der sogenannten ‚bewußten Fahrlässigkeit‘ wurde in diesem Fall überschritten.
>
> Eine Äthernarkose wird von der medizinischen Wissenschaft durchweg abgelehnt und heute praktisch nicht mehr angewendet. Gegen einen Menschen, der sich in einem Erregungszustand befindet und sich psychisch und physisch gegen die Betäubung sträubt, darf eine Äthernarkose wegen der Unmöglichkeit, das Narkotikum auch nur einigermaßen hinreichend zu dosieren, überhaupt nicht angewendet werden.
>
> Die Zwangsbetäubung unserer Mandantin wurde unter Umständen durchgeführt, die mit erheblicher Lebensgefahr für unsere Mandantin verbunden waren. Im vorliegenden Fall bestand insbesondere die Gefahr, daß die Zunge unserer Mandantin in den Hals rutscht und Tod durch Ersticken eintritt. Darauf deuten auch die von unserer Mandantin geschilderten Verletzungen am Hals und Unterkiefer hin.
>
> Diese Verletzungen zeigen mit Sicherheit, daß die Zwangsbetäubung keinesfalls komplikationslos verlaufen ist“[157].

Croissant schickte den Strafantrag auch an den Bayrischen Innenminister Bruno Merck mit der Bitte, gegen die betreffenden Beamten Disziplinarmaßnahmen einzuleiten. Croissants Begleitschreiben entdete mit den Worten: „. . .Der Fall der Zwangsbetäubung eines Menschen zum Zweck der Abnahme von Fingerabdrücken ist – soweit ersichtlich – in der deutschen Justizgeschichte nach 1945 einmalig. Das Verhalten der Kriminalbeamten und des Arztes muß den Vergleich mit Methoden der ehemaligen Gestapo und offen faschistischer Regime für jeden herausfordern, der „diesen ungeheuerlichen Vorfall kritisch betrachtet“[158].

Am 18.3.72 ersucht die Staatsanwaltschaft Frankenthal das zuständige Gericht, Croissant wegen seiner ersten Proteste gegen die Zwangsnarkose von der Verteidigung der Beschuldigten Roll auszuschließen. Aus Protest tritt Carmen Roll für 20 Tage in einen Hungerstreik[159].

Am 1.4.72 berichtet die „Süddeutsche Zeitung", daß Merck wegen der oben zitierten Sätze gegen Croissant Anzeige wegen Beleidigung von Polizeibeamten erstattet habe. Das Innenministerium habe aber auch zugegeben, daß von Carmen Roll Fingerabdrücke „unter Anwendung unmittelbaren Zwanges und unter ärztlicher Aufsicht"[160] abgenommen wurden.

Auf Croissants Bitte hin erstattete der ärztliche Leiter der Anästhesieabteilung des Stuttgarter Katharinenhospitals ein Sachverständigengutachten. Daraus geht unmißverständlich hervor, daß auf lebensgefährliche Weise mit Carmen Roll umgegangen wurde. Trotzdem wird Croissants Anzeige niedergeschlagen.

Nicht aber Mercks Strafanzeige gegen Croissant. Nach der Verhandlung der Strafsache am 9.6.75 (!) vor dem Schöffengericht am Amtsgericht Augsburg[161] wird Croissant wegen Beleidigung von Polizeibeamten zu einer Geldstrafe in Höhe von 400 Mark verurteilt[162]. Croissant legt beim Landgericht Augsburg Berufung ein. Inzwischen war ein zweites ausführliches Sachverständigengutachten des Ulmer Hochschulprofessors für Anästhesie in einem von Carmen Roll erwirkten Schmerzensgeldverfahren gegen das Bundesland Bayern vorgelegt worden. Auch in diesem Gutachten wird die Chloräthyläthernarkose, unter Zwang ausgeführt, als ein medizinisch nicht zu rechtfertigender und gefährlicher Eingriff bezeichnet. Zudem hätten die näheren Begleitumstände ein „nicht kalkulierbares Risiko" beinhaltet. Gemeint waren mit dieser Bemerkung der ausführende Arzt (ein 70jähriger Gefängnisarzt, der seine letzte Narkose 17 Jahre zuvor ausgeführt hatte und sich, als Zeuge vor Gericht befragt, vornehmlich auf Fachliteratur aus dem Jahr 1935 berief), das Fehlen der unbedingt notwendigen Geräte (vor allem eines Beatmungsgeräts) und der Verzicht auf eine medikamentöse Vorbereitung des Eingriffs[163]. Carmen Roll werden 1 000 Mark Schmerzensgeld zuerkannt. Das Strafverfahren gegen Croissant wird ohne abschließendes Urteil eingestellt, nachdem er während des laufenden Berufungsverfahrens Mitte Juli 1976 zum zweitenmal verhaftet worden war[164].

Die erste Kanzleidurchsuchung im Zusammenhang mit Verfahren gegen die RAF nahmen Staatsanwaltschaft und Polizei in der zweiten Mai-Woche des Jahres 1972 bei Croissant/Lang vor. Anlaß war, GBA Martin zufolge, ein abgehörtes Telefongespräch aus der Kanzlei, aus dem sich der Verdacht ergeben habe, daß Lang Baader und Ensslin beim Finden einer Wohnung behilflich gewesen sei. Außerdem habe Croissant am 9. Mai ein „konspiratives" Gespräch mit einer Polizei-Sekretärin in einem chinesischen Restaurant geführt[165].

Ersteres wurde von Lang ausdrücklich bestritten, letzteres erfordert weitere Erläuterungen. Die Polizei-Sekretärin, eine ehemalige Mandantin Croissants, hatte ihn telefonisch zu dem Treffen gebeten, um ihm mitzuteilen, daß das Büro einschließlich Post und Telefon überwacht werde. Im Restaurant („wo ‚Spitzle', so ein Ober, das Treffen von einem Nebenzimmer aus überwachten"[166]) habe sie Croissant gesagt, daß sie ihn aus Dankbarkeit für vormals erwiesene Dienste warnen wolle. Er und Lang würden von Polizei und Staatsanwaltschaft als „große Drahtzieher" und „ausführende Organe" gesehen. Die Überwachung des Büros habe das Ziel, dem „harten Kern der Baader-Meinhof-Gruppe" auf die Spur zu kommen. Im polizeilichen Verhör sagte die Sekretärin aus, Croissant habe mit der Bemerkung reagiert: „Da haben Sie der Revolution einen großen Dienst erwiesen", ein Ausspruch, den Croissant bestätigte, der jedoch ironisch gemeint gewesen sei. Die Durchsuchung am 13.5.72 brachte kein Ergebnis. Trotzdem erschien kurze Zeit später „Bild" mit der Schlagzeile „Polizeiangestellte gab Tip / Andreas Baader entkam". Gegenüber der Presse äußerte Croissant: „Wir haben den Verdacht, daß die Polizei dieses Gespräch brauchte, um unsere Räume durchsuchen zu können".

Als erster wird am 13.7.72 Lang verhaftet und wegen Verdachts der Unterstützung der RAF in Untersuchungshaft genommen. Außer den oben erwähnten und vom GBA am 13. Mai bekanntgegebenen Verdachtsmomenten gebe es noch weitere Hinweise auf Langs „Unterstützertätigkeit". Ein ehemaliger Häftling aus Tübingen, ein gewisser „Conny", habe ausgesagt, Lang habe ihn ermutigt, nach seiner Freilassung falsche Papiere für Mitglieder der RAF zu beschaffen[167]. Es müsse von Fluchtgefahr ausgegangen werden, da Lang Anfang Juni 1972 irgendwo angekündigt habe, „in den Untergrund zu gehen"[168], sobald sich die RAF in der Defensive befände. Nach vier Monaten wurde Lang wieder freigelassen.

Kurz vor der Eröffnung des gegen ihn anhängigen Verfahrens im Jahr 1974 tauchte Lang tatsächlich unter. Auf den ersten Blick scheint dieser Umstand die von der Staatsanwaltschaft gegen ihn vorgebrachten Beschuldigungen zu bestätigen. „Man sollte jedoch mit einem solchen Urteil vorsichtig sein...", bemerkt Frank Rühmann in seinem Buch "Anwaltsverfolgung in der Bundesrepublik 1971-1976„ richtig[169]. Rühmann weist darauf hin, daß zwischen der Verhaftung und dem Beginn des Prozesses fast zwei Jahre lagen, „in denen man mit intensiver Öffentlichkeitsarbeit gegen die Anwälte vorging". Es spreche viel dafür, daß erst diese Öffentlichkeitskampagne gegen die Anwälte, die in einem an sich schon äußerst schwierigen Strafverfahren auftraten, zu einem solch radikalen Bruch mit dem herrschenden Gesellschaftssystem führte; damit „hätten sich die Vorwürfe in einer Art sich selbst erfüllender Prophezeiung bestätigt"[170]. Macht man sich diese Sichtweise zu eigen, dann wäre Langs Schritt in die Illegalität aus einer durch die „öffentliche

Meinung" vorangetriebenen Solidarität mit den Mandanten und ihren Auffassungen zu erklären. Während des auch für westdeutsche Verhältnisse ungewöhnlich langen Zeitraums zwischen Verhaftung und Verhandlung wurde die Hetzkampagne gegen die Anwälte in der Öffentlichkeit tatsächlich uneingeschränkt fortgeführt[171]. Aus der Sicht der Anwälte war durchaus zweifelhaft, ob qualitative Aspekte der Beweisführung für den Ausgang der Strafsache gegen Lang ausschlaggebend sein würden. Zweifel, die auch angesichts der großenÜbereinstimmung mit einer auf der „conspiracy"-Konstruktion beruhenden Anklage aufkommen mußten. Der Zeitpunkt von Langs Untertauchen könnte von diesen Zweifeln mitbestimmt worden sein, wobei die Entscheidung auch dann noch als Konsequenz bzw. als qualitativer Sprung eines Radikalisierungsprozesses gesehen werden könnte. Einen solchen Radikalisierungsprozeß jedoch in erster Linie durch den von der „öffentlichen Meinung" ausgehenden Druck zu erklären, erscheint mir zu einfach und zu mechanisch. Es ist durchaus vorstellbar, daß ein Radikalisierungsprozeß beschleunigt wird, wenn ein Anwalt erfahren muß, daß er mit rechtlichen Mitteln nicht erfolgreich arbeiten kann, z. B. wenn es um die Verbesserung der als menschenunwürdig erfahrenen Haftsituation seiner Mandanten geht, während der zur gleichen Zeit über die Medien und von ihnen angegriffen wird, und zwar vor allem wegen seines beruflichen Auftretens. Daß der Erklärungswert eines Konzepts der „self-fulfilling prophecy" im Sinn von „a false definition of the situation evoking a new behavior which makes the originally false conceptioncome true"[172] begrenzt ist, läßt sich aber aus der Tatsache ableiten, daß von den mehrere Dutzend zählenden Verteidigern von Gefangenen aus der RAF nur einer in den Untergrund ging (Siegfried Haag, Mai 1975). In Ermangelung eindeutiger Informationen über die materielle Wahrheit, über das, was wirklich geschehen ist und warum, bleibt jegliche Erklärung für Langs Untertauchen spekulativ. Andererseits liegt der Vorwurf nahe, man begnüge sich mit der halben Wahrheit, wenn man sich auf die verfahrensmäßige Wahrheit, auf die beweisbaren Fakten, beschränkt. Für dieses Problem, das in dieser Studie noch häufiger auftreten wird, gibt es meines Erachtens keine andere Lösung, als das Problem jeweils als solches zu benennen.

4. Zusammenfassung

Die mit der Strafverfolgung befaßten Behörden verneinen in ihren offiziellen Stellungnahmen von Anfang an, daß der bevorstehende Strafprozeß gegen „Baader u. a." in einem politischen Kontext gesehen werden kann oder darf, und daß die politischen Motive der Beschuldigten ernstgenommen werden müssen. Gleichzeitig werden für die Gefangenen aus der RAF jedoch besonders scharfe Haftbedingungen verfügt und überall von Anfang an auch ausgeführt. Ihre isolierende Ausgestaltung weicht von den üblichen Haftbedingungen so stark ab, daß die als Begründung vorgebrachten Sicherheitsargumente den Ausnahmecharakter keinesfalls hinreichend erklären können. Die einzigen, die diese Isolierungsstrategie hätten durchkreuzen können, die Verteidiger, werden insgesamt der kriminellen Zusammenarbeit mit ihren Mandanten beschuldigt. Die vorgebrachten und von den Medien verbreiteten Tatsachenbehauptungen schlagen sich aber nicht in normalen Strafverfahren nieder. Noch im Dezember 1974 kommt der Vorstand der Bundesrechtsanwaltskammer[173] zu der Feststellung, daß von keiner Staatsanwaltschaft ein Verfahren zwecks Ausschluß aus der Anwaltschaft bei einem der dafür zuständigen Ehrengerichte eingeleitet wurde, „offenbar, weil das Beweismaterial nicht ausreicht"[174]. Die Behörden konzentrieren sich vor allem auf die Rechtsanwälte, die sich am schärfsten und hartnäkkigsten gegen die Verletzungen der Menschenrechte an ihren inhaftierten Mandanten wehren.

Besonders empfindlich und übereinstimmend hart reagieren die Behörden auf die von einigen Anwälten in diesem Zusammenhang gezogenen Parallelen zu polizeilichem und gerichtlichem Auftreten während der Zeit des Nationalsozialismus.

Kapitel III: Verteidigung

Um ein genaues Bild von den Problemen vermitteln zu können, die mit der Verteidigung von „Baader u. a." verbunden waren, erscheint es mir sinnvoll, mit einigen allgemeinen Bemerkungen über Stellung und Funktion des Rechtsanwalts im westdeutschen Rechtswesen (vor allem in Strafverfahren) zu beginnen. Anschließend soll auf die prekäre Position der Verteidiger von Gefangenen aus der RAF eingegangen werden. Letzteres wird beispielhaft abgehandelt an Hand der Konzeption für die Verteidigung von „Baader u. a.", wie sie von den Gefangenen in Absprache mit ihren Verteidigern entwickelt wurde und wie sie vornehmlich durch das Auftreten sowie die Sondermaßnahmen der ausführenden gerichtlichen und gesetzgebenden Organe beeinflußt, verändert und durchkreuzt wurde.

1. Der Rechtsanwalt im westdeutschen Rechtswesen

Aufgrund seiner Funktion im westdeutschen Rechtswesen wird der Rechtsanwalt gelegentlich als „Zwitter" bezeichnet[1]. Er ist sowohl unabhängiges Organ der Rechtspflege"[2], als auch – kraft seines Auftrags, ausschließlich seinem Mandanten zu dienen – zu „strenger Einseitigkeit" verpflichtet[3]. Mit dieser Zwitterposition ist an sich keineswegs eine unterschiedliche Gewichtung einer der beiden Funktionen verbunden; es spricht im Gegenteil alles dafür, daß der Rechtsanwalt gerade dann, wenn er von allen Beteiligten als unabhängiges Organ der Rechtspflege respektiert wird, seiner Verpflichtung zu einseitiger Interessenvertretung optimal nachkommen kann[4]. Diese Sichtweise steht und fällt mit der jeweils bevorzugten Interpretation des Begriffs „Organ der Rechtspflege": Ist der Rechtsanwalt als Organ der Rechtspflege zu Loyalität gegenüber unabhängigen Rechtsgrundsätzen und -werten als fundamentalen Orientierungspunkten der Rechtspflege verpflichtet, oder zur Loyalität gegenüber der Rechtspflege als einem Instrument des Staates zur Durchsetzung der von ihm gewünschten Gesellschaftsordnung? Rechtslehre und Rechtspflege scheinen überwiegend der letzten Auffassung zuzuneigen[5], wobei man sich vor allem auf den Gedankengang stützt, die Rechtspflege gehöre zu den expliziten Aufgaben des Staates, sodaß – nach der Organtheorie[6] – der Rechtsanwalt, selbst ein Organ der Rechtspflege, fast als staatliches Organ gesehen werden kann. Der Anwalt ist zwar kein Beamter[7], dennoch wird seine Tätigkeit allgemein als zu den „staatlich gebundenen Berufen" zählend gesehen[8], das Bundesverfassungsgericht spricht sogar von einer „amtsähnlichen“ Stellung[9]. Die erwähnte Zwitterhaftigkeit läßt sich denn auch primär aus den historischen Ursprüngen des zur Diskussion stehenden Begriffs erklären wie sie sich auch heute noch in den Auffassungen eines einflußreichen Teils der westdeutschen Juristenelite widerspiegeln[10]. Im 18 Jahrhundert, unter der absolutistischen Herrschaft Friedrich II., durften Rechtsanwälte in Preußen, das die übrigen deutschen Staaten stark beeinflußte, nur als königliche Beamte ihren Beruf ausüben. Funktion dieser Anwälte war, den Gerichten Hilfestellung bei der Wahrheitsfindung zu leisten, notfalls auch zum Nachteil ihrer Mandanten[11]. Bis 1878 hatten Anwälte in Preußen Beamtenstatus: Ihre Zahl war durch einen numerus clausus begrenzt, sie unterlagen gleichzeitig einem vom Staat streng kontrollierten Standesrecht. Die außerhalb Preußens bereits früher verwirklichte Loslösung vom Beamtenstatus, eine der wesentlichsten Forderungen der Revolutionen von 1789 und 1848, vollzog sich in Preußen erst 1878. An seine Stelle trat eine von der eigenen Berufsgruppe streng organisierte und überprüfte standesrechtliche Überwachung. Die Formel „Organ der Rechtspflege“, 1893 vom Ehrengerichtshof[12] eingeführt, ist unmittelbar der oben erwähnten instrumentalistischen Rechtsauffassung entlehnt. Mit Ausnahme eines kurzen Zeitraums nach dem Zweiten Weltkrieg, als verständliche Reaktion auf die Pervertierung des Begriffs „Organ der Rechtspflege“ während der zwölfjährigen NS-Herrschaft (in der Anwälte übrigens ebensowenig Beamtenstatus hatten, zumindest formal), hat sich diese Auffassung als herrschende Rechtsmeinung bis heute erhalten können[13]. Es fällt nicht schwer, nachzuvollziehen, daß eine solche Konzeption des Anwalts als „Organ der Rechtspflege“ vor allem für Anwälte, die sich ideologisch radikal-sozialistischem oder kommunistischem Gedankengut verwandt fühlen, eine Reihe von Problemen bringt. Aus ihrer Sicht gesehen[14] rechtfertigen und bestätigen sie innerhalb dieser Konzeption allein schon durch ihre bloße Funktion und Tätigkeit als Interessenvertreter ihrer Mandanten die Legitimität der bürgerlichen Rechtsordnung sowie die ihr zugrunde liegenden gesellschaftlichen Verhältnisse. Die dualistische Position des Anwalts (staatliches Organ versus einseitiggebundenem Interessenvertreter) weist ihm notwendigerweise die Rolle eines Vermittlers in Interessenkonflikten zu, die häufig auf grundsätzliche gesellschaftliche Machtverhältnisse zurückverweisen. Die auch vom Anwalt zu benutzenden rechtlichen Regelungen sollen schon im voraus ein für seinen Mandanten nachteiliges Ergebnis legitimieren. Wenn jegliches Handeln des Rechtsanwalts dem Mandanten die herrschende Legalität sowie die sich daraus ergebenden Entscheidungenals legitim erscheinen lassen müssen, besteht die wesentliche ideologische Funktion des Rechtsanwalts in einer bürgerlichen Klassengesellschaft darin, die Machtverhältnisse zu verschleiern, indem der Schein eines isolierten und individuellen Rechtsverhältnisses aufrecht erhalten wird

Eine Bestätigung der oben entwickelten Argumentation findet sich in dem Buch „Legitimation durch Verfahren" des konservativen westdeutschen Rechtssoziologen Luhmann:

> „Durch ihre Teilnahme am Verfahren werden alle Beteiligten veranlaßt, den dekorativen Rahmen und die Ernsthaftigkeit des Geschehens, die Verteilung der Rollen und Entscheidungskompetenzen, die Prämissen der gesuchten Entscheidung, ja das ganze Recht, soweit es nicht im Streit ist, mit darzustellen und so zu bestätigen. Es genügt nicht, daß die Vertreter der Macht ihre Entscheidungsgrundsätze und Entscheidungen in einseitiger Feierlichkeit verkünden.
>
> Gerade die Mitwirkung derer, die möglicherweise den Kürzeren ziehen, hat für eine Bestätigung der Normen, für ihre Fixierung als verbindliche, persönlich-engagierende Verhaltensprämisse besonderen Wert"[15].

Die Realisation des Legitimationsanspruchs ist Luhmann zufolge wesentlich für das Funktionieren des Prozesses. Ermöglicht wird dies durch die „unbezahlte zeremonielle Arbeit" aller Prozeßbeteiligten. Vor allem dann, wenn es um politisch gesinnte Mandanten geht, ist zu erwarten, daß Rechtsanwälte dieses verschleiernde Rollenspiel nicht kritiklos mitspielen. Demzufolge werden sie, ausgehend von der grundsätzlichen Beistandspflicht, sich voll auf die Seite ihrer Mandanten gegenüber dem staatlichen Gegner stellen. Ihre „strenge Einseitigkeit" wird aus dem Versuch bestehen, dort, wo es notwendig und gerechtfertigt erscheint, mit Hilfe ihres beruflichen Instrumentariums die Legitimität des Rechts zur Diskussion zu stellen und die Justiz als politisch und parteiisch zu entlarven; sie werden versuchen, auf prozeßrechtlichen Positionen und materiellen Rechten, die jedem Individuum garantiert werden, zu beharren, und zwar auch oder gerade dann, wenn diese Positionen und Rechte im Widerspruch zu staatlichen Interessen stehen sollten; sie werden das Verhalten der unter Verletzung der geltenden Regeln und Werte handelnden staatlichen Organe öffentlich anprangern und sie werden verhindern, daß ihre Mandanten gegeneinander ausgespielt werden. Noch einmal Luhmann: „Funktion des Verfahrens ist mithin die Spezifizierung der Unzufriedenheit und die Absorption von Protesten"[16], und weiter, schlußfolgernd: „Es scheint mithin, daß eine Legitimation durch Verfahren nicht darin besteht, den Betroffenen innerlich zu binden, sondern darin, ihn als Problemquelle zu isolieren und die Sozialordnung von seiner Zustimmung oder Ablehnung unabhängig zu stellen"[17]. Kurz gesagt, Funktion des (Straf)Prozesses als eines sozialen Ereignisses ist nicht die Wahrheitsfindung oder die Verwirklichung materiellen Rechts, sondern vielmehr die thematische und soziale Isolation eines sich widersetzenden Individuums mit Hilfe eines Rollenspiels, so daß sein Widerstand sich gleichsam in Luft auflöst.

2. Der Rechtsanwalt als Verteidiger von Gefangenen aus der RAF

In einer „normalen" Strafsache kann man vom Anwalt in der Regel zwar eine formelle, selten jedoch eine grundsätzliche opponierende Haltung erwarten. Insgesamt gesehen liegt seine Funktion in der Vermittlung zwischen Justiz und Mandant. Dem amerikanischen Rechtssoziologen Blumberg zufolge, der den Rechtsanwalt in Strafverfahren als „double-agent" (seines Mandanten und der Justizbürokratie) schildert, ist der Anwalt selbst primär an den Voraussetzungen und Anforderungen der Organisation des Gerichtsbetriebs orientiert[18]; „These priorities exert ahigher claim than the stated ideological goals of ‚due process of law' and are often inconsistent with them"[19]. Obwohl diese Beobachtungen an der amerikanischen Strafrechtspflege orientiert und bereits in früheren Studien von Talcott Parsons[20] und David Sudnov[21] ausgearbeitet worden sind, also nicht ohne weiteres auf die kontinentale europäische Advokatur übertragen werden können, gibt es meines Erachtens wenig Gründe für die Annahme, daß das Bild des Verteidigers als „agent-mediator"[22] wesentlich von dem der kontinental-europäischen Praxis abweichen sollte. Das Gegenteil ist eher der Fall, da die mit diesem Bild widerstreitende Ideologie des Strafprozesses als einem „adversary, combative proceeding, in which counsel for the defense assidously musters all the admittedly limited resources at his command to defend the accused"[23] nirgendwo so stark entwickelt ist wie in den USA. Während der Strafprozeß als eine auf Widerrede eingestellte Prozedur in der Praxis demzufolge dahin tendiert, vor allem über die Rolle und Funktion des Verteidigers den Weg der Vermittlung, womöglich sogar der Versöhnung, einzuschlagen, macht der obige Abschnitt deutlich, daß in politischen Strafsachen ein linker Verteidiger auf der einen Seite und Staatsanwaltschaft und Richter auf der anderen Seite sich leicht als grundsätzliche Gegner erfahren werden. Formell ist die Position des Verteidigers durch diejenige seines Mandanten bestimmt; im Namen seines Mandanten wird er versuchen, die grundsätzliche politische Opposition des Mandanten so deutlich und so überzeugend wie möglich zu präsentieren. Eine solche oppositionelle Haltung wird für den Richter häufig wahrscheinlich noch problematischer sein als für den Staatsanwalt, der ja zumindest an formelle Opposition bereits gewöhnt ist; persönlich wird für Richter und Staatsanwalt jedoch am schwersten zu begreifen und zu verarbeiten sein, daß Verteidiger und Angeklagte von allen ihnen zur Verfügung stehenden strafprozeßrechtlichen Möglichkeiten Gebrauch machen, um so zu versuchen, die Legitimität der Gesellschaftsordnung (deren Rechtsordnung den Gebrauch dieser Möglichkeiten ja schließlich vorsieht!) in der Öffentlichkeit in Zweifel zu ziehen.

Mit anderen Worten: Während die richterliche Gewalt im allgemeinen gewöhnt ist, daß die Legitimität (im Sinne eines faktischen Akzeptierens) der Gesellschaftsordnung durch die individualisierenden und entpolitisierenden Tendenzen des (Straf-)Prozesses bestätigt wird, werden die Justizbehörden jetzt mit Verteidigern und Angeklagten konfrontiert, die die ihnen zugedachten Rollen (deren Übernahme eine „Legitimation durch Verfahren“ erst möglich macht) von Anfang an ablehnen und sich statt dessen auf die generalisierenden und politisierenden Möglichkeiten, die in einem Strafprozeß zumindest prinzipiell auch enthalten sind, konzentrieren.

Die Tatsache, daß die Verteidiger von Gefangenen aus der RAF von allen westdeutschen Behörden von Anfang an nicht nur als Widersacher, sondern als unmittelbare Feinde gesehen und entsprechend behandelt wurden (und werden), bedarf aber einer noch weiter gehenden Erklärung. Schon zu Beginn der Ermittlungen war, wie bereits erwähnt, auf höchster Ebene (vor allem durch den Einfluß des Generalbundesanwalts, der als materieller „Knotenpunkt“ der Staatsschutzbehörden gesehen werden kann) beschlossen worden, die den Gefangenen aus der RAF vorgeworfenen Straftaten mit Hilfe rechtlicher und medienpolitischer Aktivitäten zu entpolitisieren. Das war auch notwendig, um den „revolutionären Virus“, wie ihn Meinungsforscher in weiten Teilen der Bevölkerung entdeckt haben wollten, einzudämmen. Eine weitere das Feindbild der Behörden erklärende und mit dem vorher Gesagten zusammenhängende Hypothese, die in dieser Studie noch einer genauen Betrachtung unterzogen wird, ist die, daß den Sicherheitsbehörden für die Verwirklichung ihrer Entpolitisierungsabsicht extrem isolierende Haftbedingungen unbedingt notwendig erschienen. Erstens sollte die Isolation verhindern, daß die Gefangenen aus der RAF mit ihrer politischen Botschaft die Außenwelt erreichen können, und zweitens sollte sie die politische Identität dieser Gefangenen zerstören. Auch sollten mögliche Nachfolger abgeschreckt werden. In öffentlichen Verhandlungen hätte man die Gefangenen dem Volk zudem als apolitische Wirrköpfe präsentieren können. Schließlich hätten auch Aussagen von Gefangenen, die unter dem Druck der Haftbedingungen abtrünnig würden, die Lücken in der Beweisführung ausfüllen und die für eine Verurteilung bestehende erhebliche Beweisnot beseitigen können.

Schon von Berufs wegen waren die Verteidiger verpflichtet, eine solche Strategie in allen Punkten zu durchkreuzen. Durch die Art und Weise, wie die Verteidiger dies versuchten, drohte diese staatliche Strategie zu scheitern und öffentlich als ein im Widerspruch zu rechtsstaatlichen Grundsätzen stehendes, an einer besonderen Gruppe von Gefangenen durchgeführtes Vernichtungsprogramm entlarvt zu werden. Die Anwälte beschränkten sich nicht nur auf den Einsatz „defensiver“ Rechtsmittel, sondern sie versuchten noch vor Beginn der öffentlichen Verhandlung, die unterschiedlichen Schritte der staatlichen Strategie offensiv und öffentlich in politische Begrifflichkeiten zu „übersetzen“. Außerdem errichteten sie ein Informationsnetz unter sich und zu den Gefangenen, um die Prozesse besser vorbereiten zu können und koordinierte Aktionen ihrer Mandanten gegen ungerechtfertigte Behandlung zu ermöglichen. Die Hungerstreiks sind als Beispiel zu nennen. Weiter arbeiteten Anwälte mit anderen Personen und Gruppen zusammen, um den Aktionen der Gefangenen gemeinsam so viel Publizität wie möglich zu verschaffen. Als die staatliche Strategie aufgrund dieser anwaltlichen Bemühungen zu scheitern drohte, mußten die Verteidiger als glaubwürdige Organe der Rechtspflege ausgeschaltet werden. Mangels belastenden Materials war das nur mit einer Hetzkampagne möglich, die die Verteidiger als „verlängerten Arm der RAF“ darstellte.

3. Ausgangspunkte der Verteidigung

Bevor die verschiedenen Verteidigerbemühungen der Anwälte während der Untersuchungshaft von „Baader u. a.“ einer näheren Betrachtung unterzogen werden, erscheint es mir sinnvoll, die wichtigsten Ausgangspunkte zu benennen, die der Verteidigung zugrunde lagen. Sie sind u. a. auch in den Prozeßerklärungen von Groenewold, Croissant und Ströbele zu strafrechtlichen und standesrechtlichen Verfahren gegen sie (1978 und 1979) zu finden. Diese Ausgangspunkte werde ich dann kurz illustrieren. Von 1971/72 an hatten die drei Anwälte einen wichtigen und kontinuierlichen Anteil an der Vorbereitung des Prozesses gegen Baader, Meinhof, Meins, Ensslin und Raspe. Vor allem wegen der Haftbedingungen arbeiteten sie durchgängig mit 15 bis 25 anderen Verteidigern von Gefangenen aus der RAF, dem SPK und anderen Gruppen zusammen. Unter diesen Anwälten herrschte über die Konzeption der Verteidigung und die sich daraus ergebende Tätigkeit im wesentlichen Übereinstimmung.

In der Prozeßvorbereitung lassen sich drei verschiedene Ausgangspunkte unterscheiden:

1. Das Recht auf freie Verteidigung beinhaltet, daß der Beschuldigte selbst bestimmen kann, *wie* er sich verteidigen möchte, gemäß den Möglichkeiten, die das Recht bietet.

2. Der Verteidiger hat darüber zu wachen, daß die jeweiligen Haftbedingungen die Gesundheit seiner Mandanten und folglich ihre Fähigkeit, sich auf den Prozeß vorzubereiten, nicht negativ beeinflussen.

3. Der Verteidiger hat darauf zu achten, daß die Garantie eines „fair trial“, eines fairen öffentlichen Prozesses, nicht zur Illusion wird. Diese Gefahr besteht insbesondere dann, wenn die „praesumptio innocentiae“, die Unschuldsvermutung, durch offizielle und öffentliche Vorverurteilungen quasi beseitigt wird.

Der zweite und dritte Ausgangspunkt ergeben sich direkt aus den allgemein anerkannten Funktionen des Verteidigers, und zwar der Interessenvertretung für seinen Mandanten und der Prozeßüberwachung. Diese Aufgaben eines Verteidigers sind auch innerhalb der westdeutschen Advokatur völlig unumstritten[24]. Der erste Punkt scheint selbstverständlich zu sein, berücksichtigt man die allgemeine Anerkennung der Position des Beschuldigten als selbständiger Prozeßpartei, unterstützt von einem unabhängigen rechtskundigen Berater, der die Interessen seines Mandanten einseitig zu beherzigen hat und u. a. dadurch versucht, den Grundsatz der „Waffengleichheit" in die Praxis umzusetzen[25]. Innerhalb der westdeutschen Advokatur besteht aber die Auffassung, der Verteidiger sei mit der„straffen Führung der Verteidigung" beauftragt; die Forderung nach Unabhängigkeit gelte auch gegenüber dem Mandanten, wodurch es zu Spannungen kommen könne, da Mandanten häufig mit „unsachgemäßen Wünschen und Zumutungen" ankämen, die „zum Teil auf ihrem Unverstand oder ihrem schlechten Charakter (beruhen), zumTeil sind es Respektlosigkeiten, Dünkel und Arroganz"[26]. Bei politisch motivierten Beschuldigten beschränkt sich dieses Problem im Prinzip auf die Frage, ob und wie weit ein Verteidiger zu einer politischen Verteidigung bereit ist oder dafür sorgen will, daß sein Mandant seine politischen Erklärungen in dem und über das gegen ihn laufende Strafverfahren abgeben kann. In Deutschland gibt es eine lange Tradition auf diesem Gebiet, aus der sich entnehmen läßt, daß der Wunsch eines Mandanten nach politischer Verteidigung in der Praxis nicht nur bei den betreffenden Rechtsanwälten große Unterstützung fand, sondern auch von der Justiz – wenn auch häufig wider Willen – zugelassen wurde[27].

3.1. Kollektive Verteidigung

Wie ich bereits erwähnte, ist es nicht möglich, den Prozeß gegen Baader, Ensslin, Meinhof und Raspe (Holger Meins starb am 9. 11. 74 im Hungerstreik[28]) losgelöst von seinem historischen Zusammenhang zu betrachten, zu behandeln und zu analysieren. Dies gilt weitgehend auch für die Verteidigung, und zwar vorallem wegen der von ihren Mandanten eingenommenen Haltung zur Vorbereitung und Ausgestaltung ihrer Verteidigung. Da Gefangene aus der RAF sich als einem Kollektiv zugehörig betrachten, halten sie eine kollektive Vorbereitung ihres Auftretens und ihrer Stellungnahmen in den verschiedenen Prozessen – die sie in der Sache als einen einzigen Prozeß betrachten – für unerläßlich. Darüber hinaus lehnen sie jegliches Rollenspiel bei den konkreten strafrechtlichen Ermittlungen, insbesondere Angaben zu den ihnen vorgeworfenen Straftaten, grundsätzlich ab. In den meisten Fällen beschränkt sich ihr Anteil an der Gerichtsverhandlung auf die Abgabe von Prozeßerklärungen, in denen in erster Linie die politischen Ziele und Meinungen der Gruppe, die Funktion des Strafprozesses und die Haftbedingungen behandelt werden. Folglich waren die Probleme der Verteidigung von Anfang an auch eher praktischer als grundsätzlicher Natur: Wie ist es möglich, die notwendige Kommunikation zwischen den Angeklagten zur Bestimmung der Prozeßstrategie herzustellen? Das Ausmaß des Problems läßt sich noch am ehesten mit Zahlen verdeutlichen: Einer Dokumentation der Westberliner Gefangenenhilfsorganisation „Rote Hilfe" von Ende 1972 zufolge gab es Mitte 1972 in der BRD und Westberlin etwa 60 politische Gefangene, die meisten aus der RAF und dem SPK. In ihre Verteidigung waren mindestens 55 Anwaltsbüros einbezogen[29]. Bereits kurz nach der Festnahme von „Baader u. a." Mitte 1972 zeigte sich, daß die Behörden den bevorstehenden Prozeß als den Prozeß gegen die RAF schlechthin betrachteten, so daß sich alle Gefangenen, zumindest was die Vorbereitungungen betraf, auf diesen Prozeß konzentrieren konnten. Das Kommunikationsproblem war damit jedoch keineswegs gelöst. Daß der Prozeß zum exemplarischen Prozeß gegen die RAF werden würde, war die logische Konsequenz aus der offenen Absicht der Behörden, „Baader u. a." als „den harten Kern" der RAF vor Gericht zu stellen und für den Aufbau der RAF zur „kriminellen Vereinigung" sowie für die wichtigsten Anschläge der RAF während der Offensive Mitte 1972 verurteilen zu lassen. Unmißverständlich wurde dies von Generalbundesanwalt Siegfried Buback am 27.6.76 im „Deutschlandfunk" formuliert:

> „Wir mußten in diesem Verfahren einen größeren Sachverhalt zur Anklage stellen, weil es sich ja um die führenden Leute dieser Baader-Meinhof-Bande handelte. Man mußte also vor Gericht einen repräsentativen Querschnitt ihresTuns und Handelns ausbreiten".

Die zur Vorbereitung der Verteidigung notwendige Kommunikation sollte sich demnach vornehmlich auf zwei Bereiche konzentrieren: auf die Prozeßerklärungen der Angeklagten und auf die Überprüfung des vorgelegten Beweismaterials. Daß die Überprüfung des Beweismaterials als Hauptaufgabe der Verteidigung gesehen werden kann, ergibt sich bereits aus der allgemein anerkannten Aufgabe des Verteidigers, das Strafverfahren rechtlich zu überwachen, wobei er sich einseitig an den Interessen seines Mandanten zu orientieren hat. Zur Erfüllung dieser Aufgabe ist es für den Verteidiger nicht von wesentlichem Interesse, ob sein Mandant die Straftaten, derer er angeklagt ist, auch tatsächlich begangen hat; ihn interessiert vielmehr, ob das Sammeln, die Analyse und die juristische Bewertung des Beweismaterials gegen seinen Mandanten in Übereinstimmung mit dem geltenden Recht vorgenommen wird.

Im Rahmen der Strafgerichtsbarkeit des bürgerlichen Rechtsstaats legitimieren sich die Vorbereitung und das Abgeben von (politischen) Prozeßerklärungen aus der Struktur des Strafprozesses selbst als eines auf Gegenrede beruhenden Verfahrens, in dem der Beschuldigte eigenständige Partei ist, also Subjekt und nicht Objekt. Obwohl diese Struktur in den verschiedenen westeuropäischen Staaten bereits während des vorigen Jahrhunderts in den unterschiedlichen strafprozeßrechtlichen Regelungen, vor allem für die öffentliche Verhandlung, ihre positivrechtliche Ausdrucksform gefunden hat, hat sich die Auffassung über die Stellung des Angeklagten als Prozeßsubjekt erst mit der Übernahme des aus der anglo-amerikanischen Rechtstradition stammenden Begriffs des „fair trial“ in Artikel 6 der Europäischen Menschenrechtskonvention sowie mit der bestehenden Spruchpraxis der Europäischen Menschenrechtskommission und des Europäischen Gerichtshofes durchgesetzt[30]. In den Niederlanden haben Angeklagte drei Möglichkeiten, sich zu äußern: 1. In Form einer Erklärung zu einer Zeugenaussage [31],2. im Rahmen einer richterlichen Befragung des Angeklagten[32] und 3. in Form eines Plädoyers oder „letzten Wortes“ des Angeklagten[33]. Im westdeutschen Strafprozeßrecht sind wesentlich mehr Möglichkeiten für die Abgabe von Prozeßerklärungen vorhanden, wobei der „Erklärung zur Sache“ besondere Bedeutung zukommt: Sie bietet dem Angeklagten die Möglichkeit, sich ausführlich zu der von der Staatsanwaltschaft verlesenen Anklage zu äußern und den Rahmen seiner Verteidigung anzugeben[34]. Weitere Möglichkeiten sind Erklärungen zu Zeugen- und Sachverständigenaussagen, zu vorgelegten Beweisstücken sowie zu anderen Handlungen im Rahmen der Beweisführung[35]. Prozeßerklärungen können für die Bewertung von Beweisstücken und der Motive des Angeklagten für die ihm vorgeworfenen strafbaren Handlungen von Bedeutung sein, wobei die Beweggründe bei Fragen der Widerrechtlichkeit, der Schuldzuweisung und der Strafzumessung eine Rolle spielen können.

In der Strafsache gegen „Baader u. a.“ bestand noch ein besonderer Grund, um den politischen Prozeßerklärungen der Angeklagten Bedeutung beizumessen. Immerhin basierten die Festnahme, die Ermittlungen und die zu erwartende Anklage auf dem Verdacht eines Vergehens gegen § 129 StGB über die „kriminelle Vereinigung“ und den in diesem organisatorischen Rahmen verübten konkreten strafbaren Handlungen. Nach § 129 Abs. 2 Satz 2 kann von einer kriminellen Vereinigung jedoch nicht gesprochen werden, „wenn die Begehung von Straftaten nur ein Zweck oder eine Tätigkeit von untergeordneter Bedeutung“ ist. Es lag nahe, daß sich die Verteidigung auf diesen Strafausschließungsgrund berufen und versuchen würde, zu beweisen, daß die vorgeworfenen konkreten Straftaten gegenüber dem Endziel der RAF, der revolutionären Umwälzung des kapitalistischen und imperialistischenStaates, von untergeordneter Bedeutung waren[36].

In der Anklageschrift der BAW ist über das angestrebte Ziel der Beschuldigtenzu lesen:

> „Endziel all ihrer Bestrebungen müsse sein, eine sozialistische Gesellschaftsordnung herbeizuführen. Dies könne gegenwärtig jedoch nur dadurch geför-

dert werden, daß neben der politischen Aufklärungsarbeit in den Betrieben, Universitäten, Schulen und Heimen anschauliche revolutionäre Beispiele in Form gezielter und bewaffneter Aktionen gegen die Organe der Staatsmacht, ähnlich der Methode der südamerikanischen Stadtguerillas, gegeben würden. Die revolutionäre Theorie mobilisiere die Massen nur dazu, wenn ihr konkrete Möglichkeiten zur revolutionären Veränderung bestehender gesellschaftlicher Verhältnisse vor Augen geführt würden".

Eine Berufung auf einen sich aus § 129,2,2 ergebenden Strafausschließungsgrund vorwegnehmend, behauptete die BAW schlichtweg, daß die Aktivitäten derGruppe schon sehr bald nur noch in der Ausführung von strafbaren Handlungen bestanden hätten, die RAF somit rasch von „einer auch politischen Vereinigung" zu einer „rein kriminellen Bande" geworden sei. Das Recht der Beschuldigten, diese für den Vorwurf der „kriminellen Vereinigung" so zentrale Behauptung mit Hilfe von politischen Prozeßerklärungen zu bekämpfen und zu widerlegen, läßt sich wohl kaum anzweifeln. Die Gefangenen wollten sich in erster Linie auf eine ausführliche „Erklärung zur Sache" vorbereiten, worin sie die Politik der RAF als sozialrevolutionärer Bewegung innerhalb des größeren Rahmens eines Befreiungskampfes der Dritten Welt und den Aufbau einer Stadtguerilla in Westeuropa darlegen wollten. Die Prozeßerklärungen sollten die imperialistischen Strukturen und Ziele aufdecken sowie aufzeigen, daß Widerstand dagegen, nach dem Konzept der Stadtguerilla, notwendig, möglich und effektiv sei. Dem könnte man entgegenhalten, daß doch wohl ein Unterschied bestehe zwischen einer (rechtmäßigen) Prozeßerklärung, in der der Angeklagte seine politischen Auffassungen und das daraus folgende (vergangene) Verhalten darlegt, und einer (rechtswidrigen) Prozeßerklärung, die auf ein Plädoyer für die Anwendung illegaler Gewalt in der Zukunft hinausläuft. Mir scheint es jedoch ausgesprochen schwierig zu sein, eine solche denkbare Unterscheidung praktisch umzusetzen, ohne einen unmittelbaren und einschneidenden Eingriff in die Stellung des Angeklagten als autonomer, „selbständiger" Prozeßpartei vorzunehmen.

Die für die Prozeßerklärung im Stammheimer Verfahren erforderliche politische Analyse sollte vor allem auf die Rolle der USA als Führungsmacht in der westlichen Welt, ihre globale Interventionspolitik sowie die Unterwerfung anderer Völker – insbesondere der „Dritten Welt" – mit Hilfe militär-strategischer oder ökonomischer Machtmittel gerichtet sein, wobei auch die enge Zusammenarbeit zwischen den USA und den übrigen westlichen Staaten zur Sprache kommen sollte. Zur Vorbereitung einer solchen Prozeßerklärung bedurfte es einer gewissenhaften Verarbeitung aller als politisch zu bezeichnenden Informationen über historische und strukturelle Entwicklungen, über Kultur und Imperialismus sowie über waffentechnische, -taktische und -strategische Probleme.

Folgende Zahlen mögen den Umfang der mit der Überprüfung des Beweismaterials in diesem Prozeß verbundenen Problematik veranschaulichen: Zu Beginn des Prozesses beabsichtigte die Bundesanwaltschaft, etwa 1 000 Zeugen zu vernehmen und mehr als 1 000 Sachverständigengutachten erstellen zu lassen (die von der Verteidigung geplanten Zeugenvernehmungen und Sachverständigengutachten sind also noch nicht mitgerechnet); mehr als 250 Aktenordner mit ca. 70 000 Seiten Text waren als Prozeßmaterial schon vorhanden.

Der von der Bundesanwaltschaft selbst eingeführte Begriff „Materialschlacht" war sicherlich nicht übertrieben. Die Verteidiger konnten nach der herrschenden Rechtsauffassung davon ausgehen, daß die persönliche Beteiligung jedes Angeklagten an den ihm zur Last gelegten Straftaten festgestellt werden müsse. Ferner hatten die Verteidiger umso mehr von der gesetzlichen Unschuldsvermutung auszugehen, als es keinerlei konkrete Hinweise gab, welche Mandanten für welche angeklagten Straftaten verantwortlich sein sollten. Das vorhandene Prozeßmaterial erforderte somit eine außerordentlich gründliche Durchsicht und Bearbeitung einschließlich der Vorbereitung von eventuellen Gegenbeweisanträgen, Gegengutachten u.ä. Diese Arbeit, die zum Teil von den Mandanten selbst erledigt wurde, erwies sich als um so notwendiger, je deutlicher zum Vorschein kam, daß sich der größteTeil der bei der Polizei angefallenen Ermittlungsunterlagen nicht in den Prozeßakten befand[37].

Die für eine gemeinschaftliche Verteidigung notwendige Kommunikation versuchte man auf zwei Wegen herzustellen: Erstens dadurch, daß möglichst viele Rechtsanwälte für alle Angeklagten ein Mandat erhalten sollten – nach dem Grundsatz: alle verteidigen alle („Blockverteidigung"); jeder Verteidiger sollte jeden Angeklagten besuchen, ihn über die damals noch unkontrollierte Verteidigerpost mit Informationen versorgen und vor Gericht für im gleichen Prozeß angeklagte Gefangene auftreten können. Zweitens sollte die Kommunikation durch den Aufbau eines Informationssystems mit einem Anwaltsbüro als Zentrale hergestellt werden, von der aus die von den anderen Verteidigern und Gefangenen geschickten Informationen an alle anderen Gefangenen und Verteidiger verbreitet werden konnten.

3.2. Kampf gegen Haftbedingungen

Die in einem ungewöhnlichen Ausmaß isolierenden Haftbedingungen hatten bei einigen Gefangenen schon nach relativ kurzer Zeit negative Auswirkungen auf ihren Gesundheitszustand, wie nach der vorhandenen wissenschaftlichen Literatur über soziale Isolation[38] und sensorische Deprivation[39] zu erwarten gewesen war.

Die Anwälte waren mit Mandanten konfrontiert, die immer deutlichere Anzeichen von Konzentrationsschwierigkeiten, Vergeßlichkeit, schneller Ermüdung aufwiesen und über Schwindelgefühle, Kopfschmerzen, Schlafstörungen klagten. Ulrike Meinhof schreibt über ihren ersten achtmonatigen Aufenthalt in einem Isolationstrakt des Gefängnisses Köln-Ossendorf[40]:

„Aus der Zeit 16.6.72 – 9.2.73:

Das Gefühl, es explodiert einem der Kopf (das Gefühl, die Schädeldecke müßte eigentlich zerreißen, abplatzen) –

das Gefühl, es würde einem das Rückenmark ins Gehirn gepreßt –

das Gefühl, das Gehirn schrumpelt einem allmählich zusammen wie Backobst z. B. –

das Gefühl, man stünde ununterbrochen, unmerklich, unter Strom, man würde ferngesteuert –

das Gefühl, die Assoziationen würden einem weggehackt –

das Gefühl, man pisse sich die Seele aus dem Leib, als wenn man das Wasser nicht halten kann –

das Gefühl, die Zelle fährt. Man wacht auf, macht die Augen auf: die Zelle fährt; nachmittags, wenn die Sonne reinscheint, bleibt sie plötzlich stehen.

Man kann das Gefühl des Fahrens nicht absetzen.

Man kann nicht klären, ob man vor Fieber oder vor Kälte zittert, man kann nicht klären, warum man zittert – man friert.

Um in normaler Lautstärke zu sprechen, Anstrengungen, wie für lautes Sprechen, fast Brüllen –

das Gefühl, man verstummt –

man kann die Bedeutung von Wörtern nicht mehr identifizieren, nur noch raten – der Gebrauch von Zischlauten – s, ss, tz, sch – ist absolut unerträglich

Wärter, Besuch, Hof erscheint einem wie aus Zelluloid –

Kopfschmerzen –

flashs –

Satzbau, Grammatik, Syntax – nicht mehr zu kontrollieren.

Beim Schreiben: zwei Zeilen – man kann am Ende der zweiten Zeile den Anfang der ersten nicht behalten –

das Gefühl, innerlich auszubrennen –

das Gefühl, wenn man sagen würde, was los ist, wenn man rausgelassen würde, das wäre, wie dem anderen kochendes Wasser ins Gesicht zischen, wie z. B. kochendes Trinkwasser, das einen lebenslänglich verbrüht, entstellt –

Rasende Aggressivität, für die es kein Ventil gibt. Das ist das schlimmste. Klares Bewußtsein, daß man keine Überlebenschancen hat; völliges Scheitern, das zu vermitteln; Besuche hinterlassen nichts. Eine halbe Stunde danach kann man nur noch mechanisch rekonstruieren, ob der Besuch heute oder vorige Woche war –

Einmal in der Woche baden dagegen bedeutet: einen Moment auftauen, erholen – hält auch für ein paar Stunden an –

Das Gefühl, Zeit und Raum sind ineinander verschachtelt –

das Gefühl, sich in einem Verzerrspiegelraum zu befinden – torkeln –

Hinterher: fürchterliche Euphorie, daß man was hört – über den akustischenTag- und Nacht-Unterschied –

Das Gefühl, daß jetzt die Zeit abfließt, das Gehirn sich wieder ausdehnt, das Rückenmark wieder runtersackt über Wochen.

Das Gefühl, als sei einem die Haut abgezogen worden".

Da die Gefangenen Untersuchungen durch Gefängnisärzte ablehnten und Gesuche, Ärzte ihres Vertrauens zuzulassen, systematisch abgewiesen wurden, stand jahrelang kein medizinisches Untersuchungsmaterial über einzelne Gefangene zur Verfügung. Die zuständigen Justizbehörden argumentierten in den meisten Fällen folgendermaßen: in erster Linie sei der Gefängnisarzt für die Gesundheit der Inhaftierten verantwortlich; komme es zu gesundheitlichen Beschwerden, so müsse ihnen zuerst vom Anstaltsarzt nachgegangen werden, wonach sich selbstverständlich die Heranziehung anderer Ärzte als notwendig erweisen könne; mangels konkreter medizinischer Untersuchungsergebnisse gebe es jedoch keinen Anlaß, die aus Sicherheitserwägungen angeordneten Haftbedingungen zu verändern.

Währenddessen sahen die Anwälte mit jedem Monat deutlicher, daß ihre Mandanten einem allmählichen Verfallsprozeß ausgesetzt waren. Nun könnte man meinen, daß deshalb den Anwälten die besondere Aufgabe zukam, die blockierte Situation zur Verbesserung des Gesundheitszustandes ihrer Mandanten zu durchbrechen. Es schien, als ob sie nur die Wahl zwischen zwei Möglichkeiten hätten: 1. ihre Mandanten dazu zu bewegen, sich mit einer Untersuchung und eventuellen Behandlung durch den Anstaltsarzt einverstanden zu erklären und anschließend mit Hilfe der dann vorhandenen Untersuchungsergebnisse erneut unter Einsatz aller rechtlichen Möglichkeiten eine Verbesserung der Haftbedingungen zu erreichen; 2. unter Berufung auf die grundgesetzlich garantierten Rechte und die in internationalen Abkommen festgelegten Menschenrechte sowie mit Hilfe einer Dokumentations- und Informationskampagne an alle als liberal und fortschrittlich bekannten einflußreichen Personen, Gruppen, Organisationen und Medien zu appellieren und damit über die kritische Öffentlichkeit auf die für das Gefängniswesen verantwortlichen Behörden Druck auszuüben.

3.2.1. Medizinische Untersuchung durch Anstaltsärzte?

Mir ist nicht bekannt, ob diese Möglichkeit erwogen wurde. Die Mandanten waren kategorisch gegen Untersuchungen durch Anstaltsärzte. Einige von ihnen hatten ausgesprochen unangenehme Erfahrungen mit Anstaltsärzten gemacht; man erinnere sich nur an die unter Leitung eines Anstaltsarztes vorgenommene Zwangsnarkotisierung von Carmen Roll. Unverständnis und Unfähigkeit der Anstaltsärzte hatten sich zudem in extrem schmerzhaften, teilweise sogar lebensgefährlichen Zwangsernährungen bei Hungerstreiks offenbart. Schließlich hatten Anstaltsärzte auch bei verschiedenen Gefangenen in medizinisch unverantwortlicher

Weise Wasserentzug angeordnet, um sie zum Abbruch eines Hungerstreiks zu zwingen. Die Gefangenen beabsichtigten zudem, den Behörden ihre eigenen Rechtsregeln vorzuhalten, und sei es nur, um deutlich zu machen, daß deren Allgemeingültigkeit – als ein Ausdruck des rechtsstaatlichen Fundaments – im Hinblick auf Gefangene aus der RAF beiseite gelegt worden war, wodurch die Illegitimität, wenn nicht sogar Illegalität des staatlichen Verhaltens bewiesen wäre. So gesteht Artikel 91 der Standard Minimum Rules for the Treatment of Prisoners Untersuchungsgefangenen das Recht zu, von einem Arzt ihrer Wahl untersucht und behandelt zu werden. Diese 1955 in Genf im Rahmen der Vereinten Nationen zustande gekommenen Rechtsregeln haben zwar in der BRD und in den Niederlanden keine Gesetzeskraft, sie sind aber moralisch in hohem Maß verpflichtend, vor allem seit das Ministerkomitee 1973 im Rahmen des Europarates die Einhaltung dieser Regeln, angepaßt an die europäischen Verhältnisse, empfohlen hat[41].

Schließlich betrachteten die Angeklagten die Anstaltsärzte – und dies ist wohl das wesentlichste Argument – als verlängerten Arm oder ausführendes Organ ihres Gegners, der deutschen Obrigkeit, die das Ziel habe, mit Hilfe der besonderen Haftbedingungen die Identität der Gefangenen zu zerstören[42]. So erklärten die Gefangenen, vorgetragen von Baader, am 9.7.75 im Prozeß während der Behandlung ihres Antrags auf Zulassung unabhängiger Ärzte[43]:

> „Was Prinzing, der Senat, hier zu retten versuchen, um jeden Preis, ist die Konstruktion der Vernichtungshaft, in der die vom Vollzug abhängigen Ärzte bzw. die von der Bundesanwaltschaft ausgesuchten, vorinformierten, konditionierten Gutachter eine zentrale Rolle spielen.
>
> Sie haben neulich gesagt, Prinzing, zu der Forderung nach einem Arzt eigener Wahl: ‚Da steckt doch was dahinter', ich sage nochmal: was dahintersteckt, sind die Menschenrechte für Gefangene; was dahinter steckt, ist die Tatsache, daß die Vollzugsärzte in ihrer Diagnose und schließlich Veranlassung, die nie Therapie, sondern zwangsläufig immer Vollzug ist, von staatlichem Druck bestimmt sind und kaum von medizinischen Kriterien.
>
> Das, der staatliche Druck, ist in München auf der Konferenz der Vollzugsärzte immerhin zum erstenmal thematisiert worden: der staatliche Druck als die die Situation von Vollzugsärzten bestimmende Sache.
>
> Henck[44] ist ein Beispiel: das Verhältnis zu ihm ist ein Zwangsverhältnis, das heißt, er hat unter – wie es heißt nach ihren Beschlüssen – ‚Anwendung unmittelbaren Zwangs' durch sechs bis acht Uniformierte die Zwangsernährung oder wie Friedland, ein anderer Vollzugsarzt, typischer Sadist, sagt, die ‚Schlauchorgie' – in Stammheim während des Hungerstreiks durchgeführt, zuletzt so, wie ich das erklärt habe, als physische Folter, indem er uns drei Liter Flüssigkeit in einer Stunde in den Bauch pumpen ließ, während wir bewegungslos in eine Riemenkonstruktion gespannt waren. Das ist das Verhältnis zu Henck. Daß er als Psychiater, und das ist eine Disziplin, über die wir durch die Psychoanalyse ne ganze Menge wissen,

nicht drumrum kam, auch die Wirkungen der Isolation festzustellen – als zerstörerisch, *weil* er mit ihnen *konfrontiert* war, charakterisiert das Verhältnis allerdings auch.

Er hat sie festgestellt als vernichtend, aber er kann und konnte sie nicht ändern, weil ein Arzt im Vollzug vor allen Dingen dem Vollzug dient. Was Henck als Arzt für richtig oder notwendig hält, ist völlig belanglos – das bestimmt das Schicksal seiner gesamten Initiative, die Haftbedingungen zu ändern – als Resultat seiner Feststellungen als Psychiater – er hat sie immerhin, ich habe hier ein paar wörtliche Zitate, ‚zerstörerisch' genannt, er hat sie ‚unmenschlich' und ‚unverantwortlich' genannt."

Ende 1973 wurden noch zwei Fälle bekannt, in denen Gefangene aus der RAF sich von Anstaltsärzten hatten untersuchen und behandeln lassen, jedoch mit verhängnisvollem Ausgang. Es handelte sich um die Gefangenen Katharina Hammerschmidt und Astrid Proll.

Bei Katharina Hammerschmidt[45], seit Ende Juni 1972 in West-Berlin isoliert, wurde im August 1973 routinemäßig eine Röntgenaufnahme der Lungen gemacht. Schon in dieser Aufnahme ließ sich eine Wucherung erkennen. Ende September 1973 begab sich Katharina Hammerschmidt erneut mit erheblichen Brustschmerzen, Heiserkeit und einem geschwollenen Hals zum selben Anstaltsarzt. Obwohl zwei Anstaltsärzte, unter ihnen ein Internist, sie untersuchten, neue Röntenaufnahmen angefertigt und Blutproben analysiert wurden, erhielt sie die Auskunft, es sei alles in Ordnung. In den folgenden sechs Wochen verschlechterte sich ihr Gesundheitszustand zusehends; die zunehmende Atemnot und die Halsschwellung wurden vom Anstaltsarzt mit der Teilnahme an dem im Juni 1973 beendeten Hungerstreik und mit Rufen aus dem Fenster erklärt. Ihr Anwalt Otto Schily erzwang schließlich mit einem Gerichtsurteil eine eingehende Untersuchung. Sie fand am 12. November statt. Trotz des von den anstaltsexternen Spezialisten festgestellten angegriffenen Gesundheitszustands wurde Katharina Hammerschmidt erst Ende November 1973 nach einem schweren Erstickungsanfall in ein Krankenhaus gebracht. Das war zu spät. Sie starb kurz nach ihrer Einlieferung. Der sie behandelnde Spezialist erklärte nach ihrem Tod, „mit normalem medizinischem Verstand hätte seit langem eine Erkrankung festgestellt werden müssen", und „seinerzeit sei der inzwischen kindskopfgroße Tumor möglicherweise noch zu operieren gewesen". Eine von 131 Ärzten unterzeichnete Anzeige gegen die fünf beteiligten Anstaltsärzte wegen versuchten Mordes („Dies läßt sich nicht mit ungenügenden medizinischen Kenntnissen erklären") wurde niedergeschlagen. Dafür mußte sich Schily später in öffentlicher Verhandlung wegen Verleumdung der Anstaltsärzte, die Anzeige gegen ihn erstattet hatten, verantworten. Er wurde freigesprochen.

Astrid Proll[46], seit Mai 1971 in Isolationshaft, mußte im Januar 1974 wegen lebensgefährlicher Störungen des Kreislaufs freigelassen und in ein Sanatorium eingewiesen werden. Nachdem Astrid Proll während der ersten Prozeßtage regelmäßig zusammengebrochen war, hatte der vom Gericht benannte Internist in seinem Gutachten dringend dazu geraten. Der Sachverständige führte ihren desolaten Gesundheitszustand auf die „durch die Untersuchungshaft in besonderer Weise veränderte Lebenssituation" zurück, womit mehr als zwei Jahre Isolationshaft gemeint waren. Die dem Prozeß vorangegangenen Monate, während derer sie in den Normalvollzug integriert gewesen war, hatten der Verschlechterung ihres Gesundheitszustandes nicht entgegenwirken können. Astrid Proll hatte sich schon seit Juli 1971 in der Behandlung des Köln-Ossendorfer Anstaltsarztes, dem Psychiater Dr. Götte, befunden. Götte schrieb am 16. 11. 72 an die Staatsanwaltschaft[47]:

> „Frau P. wird seit dem 13.7.1971 von mir psychiatrisch betreut, zunächst ambulant im Frauenhaus, später sogar stationär auf meiner Abteilung wie auch jetzt noch. Insofern trifft es nicht zu, daß Frau Proll in einer Zelle untergebracht ist, auf der sie nichts hört. Sie ist extra hierher verlegt worden, damit sie wenigstens durch die Tür am Leben auf der Abteilung teilnehmen kann. Sie kennt alle Pfleger und mich an Stimme und Schritt! Im übrigen wird sie medikamentös behandelt und erlernt neuerdings das autogene Training nach I. H. Schultz. Damit ist verhindert worden, daß sie in eine psychische Streßsituation kommt, wovor sie immer wieder Angst hat. Deshalb habe ich sie auch psychiatrisch betreut.
>
> Vom ärztlichen Standpunkt ist eine so strenge Isolation auf längere Zeit für einen Menschen grundsätzlich nicht günstig. Wenn man dadurch auch keine endogene Psychose bekommt, so kann es doch durch den Streß zu vegetativen Störungen kommen, die den Betreffenden erheblich beeinträchtigen können. Psychiatrisch wäre es also wünschenswert, wenn die strenge Isolierung wenigstens stundenweise gelockert würde, falls sich nicht überhaupt eine ganz andere Unterbringung verantworten ließe".

3.2.2. Mobilisierung der Öffentlichkeit

Aus verschiedenen Gesprächen mit Verteidigern, die schon seit 1971/72 tätig gewesen waren, ist mir deutlich geworden, daß zum damaligen Zeitpunkt von einer bewußten und auf genauer Analyse gegründeten Entscheidung der Verteidiger, die Öffentlichkeit zu mobilisieren, um die Isolationshaft zu durchbrechen, nicht die Rede sein kann. Die meisten Verteidiger konnten sich trotz der regelmäßigen Besprechungen mit ihren Mandanten nicht vorstellen, was es heißt, unter zusätzlich isolierenden Bedingungen im Gefängnis zu leben. Sie hörten sich die Berichte ihrer Mandanten über die Auswirkungen der Isolationshaft zu Anfang mit Skepsis an. Erst nachdem sie die ersten Zeichen der gesundheitlichen Zerstörung ihrer Mandanten wahrnehmen konnten, gelangten sie zu der Ansicht, daß auch die zuständigen Justizbehörden von der Unmenschlichkeit und folglich auch der rechtlichen Unhaltbarkeit einer solchen Behandlung zu überzeugen sein müßten. Am 17.1.73 schließlich, inzwischen durch die völlige Effektlosigkeit ihrer juristischen Bemühungen verbittert, wurden sie mit der Tatsache konfrontiert, daß 40 Gefangene in einen Hungerstreik traten, dessen zentrale Forderung die Aufhebung der Isolationshaft war. Der „organisierte Charakter" dieses Hungerstreiks war zwar durch die Blockverteidigung ermöglicht worden, dennoch wurden die Verteidiger von dem kollektiven Hungerstreik überrascht, ebenso wie von den darauf folgenden Reaktionen der Behörden. In einem Fall wurde bereits nach fünf Tagen Zwangsernährung angeordnet, in einigen Fällen wurde mit tagelangem Wasserentzug versucht, den Hungerstreik zu brechen[48]. In dieser Situation trafen sieben Anwälte die Entscheidung, der Forderung ihrer Mandanten in der Öffentlichkeit dadurch Gehör zu verschaffen, daß sie vom 9.2.73 an vor dem BGH in Anwaltsroben einen viertägigen Hungerstreik abhalten wollten. Hier die Presseerklärung dazu[49]:

> „In der BRD gibt es politische Gefangene. Zum großen Teil werden sie über Jahre in totaler Isolation gehalten, die mit den von der Justiz angegebenen Zwecken der Haft, Flucht und ‚Verdunklung' zu verhindern, nicht zu begründen ist, sondern objektiv abzielt auf die Auslöschung des Lebens der Gefangenen.
>
> Dies offensichtliche Ziel kann zwar am Widerstand der Häftlinge scheitern, ein großer Teil von ihnen befindet sich seit dem 17.1.73, also seit drei Wochen, im Hungerstreik, das Scheitern der Strategie der Justiz, die auf die Zerstörung der Subjekte gerichtet ist, nimmt jedoch den besonderen Haftmaßnahmen nicht den Charakter: sie sind Folter.
>
> Die Existenz von Folter in der BRD ist Ausdruck des schleichenden Faschismus, der sich in das Gewand der Rechtmäßigkeit zu hüllen versucht. Die Verabschiedung der Notstandsgesetze, die Aufgabenerweiterung für Polizei und Bundesgrenzschutz, die Verschärfung des Haftrechts und die Einübung der Bevölkerung in die Duldung von Polizeiterror sind erst durch den bewußten Protest als der neue Faschismus entlarvt worden, der heute existiert.
>
> Als Verteidiger, die mit der Abwendung von Rechtsbrüchen an den Gefangenen beschäftigt sind, müssen wir angesichts der Tatsache, daß Beschwerden offensichtlich nicht wirken, unserer Pflicht zum Widerstand nachkommen. Dem dient dieser Hungerstreik, der von Freitag, dem 9.2.73, 8 Uhr, bis Montag, dem 12.2.73, 20 Uhr, vor dem Gebäude des Bundesgerichtshofs in Karlsruhe angesetzt ist.
>
> Unsere Erfahrung ist: Gegen Folter helfen Rechtsmittel nicht. Unsere Forderung ist: Aufhebung der Isolation als Folter für die politischen Häftlingein der BRD".

Auch wenn die Presseerklärung nur hier und da, meist ausschnittsweise, veröffentlicht wurde, so ließ sich doch feststellen, daß als unmittelbare Folge dieser Aktion zum erstenmal relativ ausführlich in den Medien über die Isolationshaft und den Hungerstreik der Gefangenen berichtet wurde. Höchstwahrscheinlich ist auch die öffentlich nicht bekanntgegebene Verlegung Ulrike Meinhofs aus ihrer akustisch isolierten Zelle am 9.2.73 dieser Aktion zuzuschreiben.

Meines Erachtens haben die sieben Verteidiger mit dieser Aktion den Polarisierungsprozeß zwischen Justiz und Verteidigern erheblich beschleunigt und verschärft. Offen bleibt die Frage, ob die Verteidiger es der Justiz mit der Wahl einer primär spektakulären an Stelle einer mehr informativen Aktion nicht zu einfach gemacht haben. Zu berücksichtigen ist aber, daß die Anwälte sich mit einem Justizapparat konfrontiert sahen, der bis hinauf zu den höchsten Instanzen menschenunwürdige Haftmaßnahmen absegnete und der auf das letzte Protestmittel der Gefangenen, den Hungerstreik, mit unmittelbar lebensbedrohenden Maßnahmen wie etwa den Wasserentzug reagierte. In der akuten Situation war es von den Anwälten sicherlich zuviel verlangt, wenn sie noch versucht hätten, sich der Unterstützung ihrer Berufsorganisation zu versichern. Wie dem auch sei, der Vorstand des Deutschen Anwaltsvereins jedenfalls beeilte sich, eine ausdrückliche Distanzierungserklärung zu verabschieden. Das Verhalten der Rechtsanwälte wurde als „geschmackloses Spektakel" abgetan, und „die zuständigen Berufsorgane und Staatsanwaltschaften (sollten) aus diesen beschämenden Vorgängen die notwendigen Konsequenzen ziehen".

Kapitel IV: Ein auswegloser Konflikt

In der nun folgenden Beschreibung der Geschehnisse vom Februar 1973 bis zum Mai 1975 will ich versuchen, anhand der von mir für wesentlich gehaltenen Themengebiete und Ereignisse einen Einblick in die zahlreichen Schwierigkeiten zu geben, vor die die Verteidigung sich gestellt sah. Es wird sich zeigen, daß die Anwälte in Wirklichkeit keine Wahl in der Art ihres Auftretens hatten, einerseits aufgrund der Haltung der staatlichen Organe und andererseits aufgrund der eigenen, oben beschriebenen Konzeption der Verteidigung. Die sich ergebenden Konflikte ließen selten oder nie Raum für inhaltlich verschiedene Entscheidungsmöglichkeiten; zu wählen war höchstens zwischen einem mehr oder weniger sachlich-intellektuellen und einem mehr gefühlsbetonten-expressiven Auftreten. Die einzige echte Entscheidung für die Verteidiger war: verteidigen oder nicht verteidigen.

Dies muß verwunderlich klingen, weil normalerweise auch in politischen Strafverfahren dem Verteidiger grundsätzlich doch eine Reihe von Optionen zur Verfügung stehen. Die Verteidigung kann im Extremfall eine technisch-juristische oder eine rein politische sein. Eine weitere Wahlmöglichkeit, die mit der genannten nicht unmittelbar zusammenfällt, ist die zwischen einer eher instrumentellen Verteidigung („Mein Mandant ist der Meinung...“) und einer mehr expressiven („Ich bin der Meinung...“). Seine Haltung gegenüber dem Mandanten kann der Verteidiger in dem Bereich zwischen weitgehender politischer Solidarisierung und einer Vermittlung zwischen Mandant und Justiz bestimmen. Danach bestimmt sich auch die Haltung des Verteidigers gegenüber den Justizorganen: Sie liegt zwischen versöhnlich und fundamental opponierend. Es ist auch nicht unwichtig, an welche Öffentlichkeit sich der Verteidiger vornehmlich richten will: an das liberale Establishment oder an die (radikale) Opposition. Bei der Wahl zwischen diesen Optionen geht es natürlich nicht um ein Entweder-Oder, sondern vielmehr um graduelle Unterschiede.

In der Verteidigung von Gefangenen aus der RAF waren die meisten dieser Wahlmöglichkeiten jedoch von Anfang an auf ein Minimum reduziert. Zwei Faktoren sind dafür in erster Linie verantwortlich: die von den Behörden gesteuerte und unterstützte Hetzkampagne gegen die Verteidiger als „Helfershelfer“ ihrer Mandanten und die auf diese Mandanten angewandte Isolationshaft, die mit juristischen Mitteln nicht veränderbar schien.

Im ersten Abschnitt werde ich nun kurz den allgemeinen Rahmen skizzieren, innerhalb dessen die folgenden Themengebiete als Teile und/ oder Phasen eines dialektischen Prozesses gesehen werden können.

1. Die Problematik der rechtlichen Repression

Von 1970 an wurde die RAF von Verwaltungs-, Politik- und Justizeliten in der BRD als die schwerwiegendste gewalttätige Herausforderung des bestehenden politischen und ökonomischen Systems der Nachkriegszeit gesehen („Staatsfeind Nr. 1“). Dieses System, gekennzeichnet als spätkapitalistische[1] entwickelte Industriegesellschaft unter parlamentarisch-demokratischer Leitung, sah sich mit einem zweischneidigen Auftrag konfrontiert: Einerseits war die militante linke Opposition sofort und möglichst gründlich auszuschalten, andererseits die Entstehung eines revolutionären Potentials gerade aus dieser Opposition heraus zu verhindern. Daraus ergab sich das Dilemma, daß die gleichzeitige Erfüllung beider Aufgaben in einem westlichen Verfassungssystem einen Widerspruch beinhaltet. Die Reaktion auf einen nach militärischen Prinzipien ausgeführten Angriff einer revolutionären Gruppierung mit militärischen Mitteln würde zwar eine schnelle Vernichtung des noch schwachen Gegners ermöglichen (obwohl „Feindberührung“ bei Guerillaorganisationen immer ungewiß bleibt), aber auch die Anerkennung des Bestehens einer nicht integrierbaren fundamentalen politischen Opposition bedeuten. Die „kriegsmäßige“ Bekämpfung kann Folgeerscheinungen wie Legitimitätsverlust bei Teilen der Bevölkerung und Anwachsen der Mitgliederzahl der Guerillazur Folge haben. Demgegenüber wäre die Bekämpfung einer Guerilla-Organisation mit rein verfassungskonformen Mitteln, also eine ausschließlich strafrechtliche Reaktion unter Aufrechterhaltung aller Rechte für den einzelnen Beschuldigten, eher dazu geeignet, staatliche Maßnahmen als legitim erscheinen zu lassen und das revolutionäre Potential zu verkleinern. Für die angestrebte „Ausrottung“ der Guerilla wäre eine solche Reaktion jedoch unzureichend. Die für die Machthaber entscheidende Frage wurde von dem amerikanischen Politologen Balbus formuliert: „How can we reconcile our immediate interest in order with our long-run interest in maximizing our legitimacy?“[2] Dieser Konflikt zwischen innerer Ordnung und Legitimität der Herrschaftsausübung besteht vor allem für sich als liberal betrachtende Staaten, weil die Legitimität staatlichen Handelns entscheidend von der Handhabung der Legalität („therule of law“) und einer Reihe ethischer Werte und Prinzipien und daran orientierter Normen und Verfahren abhängt. Wurde die Entwicklung einer modernen kapitalistischen Gesellschaft erst in Verbindung mit einem formellen Gesetzessystem möglich, das dem Unternehmer Stabilität, Sicherheit und relative Unabhängigkeit gegenüber den jeweiligen politischen Geschehnissen garantierte, so können eben diese Legalität, der „due process“ und die garantierten Grundrechte der kapitalistischen Gesellschaft auch lästig werden, z. B. dadurch, daß die Lohnabhängigen, die Arbeits- und Besitzlosen Anspruch auf ihre Verwirklichung erheben, insbesondere durch die inhaltliche Einlösung. Im vorliegenden Fall geht es um die Ansprüche von Gefangenen aus einer Guerilla-Organisation, die sich ausdrücklich als Teil des internationalen Proletariats betrachten.

Ich stelle nun folgende Hypothese auf: Der liberale Staat westlicher Prägung kann den Widerspruch zwischen einer effektiven Bekämpfung der Guerilla und einer Erhaltung der Legitimität durch das Festhalten an allen juristischen Regelungen nur durch eine vom Gesetzgeber und der Justiz selbst ausgehenden Repression, also durch deren Legalisierung, auflösen. Einer solchen formalrechtlich legalen Repression gegenüber Gefangenen aus einer antiimperialistischen Widerstandsbewegung käme dann erstens die Funktion zu, (Gegen-)Gewalt zu entpolitisieren und die sie Ausübenden politisch zu isolieren, und zweitens die Funktion, die „Ansteckungsgefahr" für Dritte einzudämmen. Die Spannungen und Widersprüche, die im Laufe eines solchen Repressionsprozesses durch einen sich rechtsstaatlich gebenden Staat entstehen, werden wiederum durch eine gezielte Manipulation der „öffentlichen Meinung" zu bewältigen sein.

2. Die ersten zwei Hungerstreiks

2.1. Erster Hungerstreik Januar/Februar 1973

Wie im vorigen Kapitel unter Punkt 3.2.2. bereits erwähnt, wurde dieser viereinhalbwöchige Hungerstreik von etwa 40 Gefangenen aus der RAF gegen die ihnen auferlegten Haftbedingungen drei Wochen nach Beginn durch einen solidarischen viertägigen Hungerstreik von sieben Verteidigern in Robe vor dem BGH einer breiteren Öffentlichkeit bekannt. Diese spektakuläre Vorgehensweise der Verteidiger enthielt ebenso wie ihre Presseerklärung einen heftigen politischen Angriff eines „Organs der Rechtspflege" gegen ein anderes. Immerhin wurde der BGH öffentlich beschuldigt, Isolationshaft als „Folter an politischen Gefangenen" zu legitimieren und damit einem schleichenden „neuen Faschismus" Vorschub zu leisten.

Eine Reaktion darauf konnte nicht ausbleiben. In einer ausführlichen Pressemitteilung vom 22.2.73, die von den meisten Tageszeitungen fast vollständig übernommen wurde, bezog der Generalbundesanwalt Stellung:

> „In den von der Bundesanwaltschaft gegen Mitglieder der Baader-Meinhof-Gruppe geführten Ermittlungsverfahren befinden sich z. Zt. fünf Personen in Untersuchungshaft. Es handelt sich um die am 1. Juni 1972 festgenommenen Beschuldigten Holger Meins und Jan-Carl Raspe, die am 15. Juni 1972 festgenommenen Beschuldigten Ulrike Meinhof und Gerhard Müller und die

am 8. Juli 1972 verhaftete Irmgard Möller. Der ebenfalls am 1. Juni 1972 festgenommene Andreas Baader und die am 7. Juni 1972 ergriffene Gudrun Ensslin sitzen in Strafhaft ein. Sie verbüßen Restfreiheitsstrafen aus dem Urteil des Landgerichts Frankfurt/Main vom 31. Oktober 1968, durch das sie wegen gemeinschaftlicher menschengefährdender Brandstiftung zu je drei Jahren Zuchthaus verurteilt worden sind. Alle Beschuldigten sind nach den richterlichen Haftbefehlen der Mitgliedschaft in einer kriminellen Vereinigung dringend verdächtig.

In den Haftbefehlen werden ihnen weiter folgende Straftaten zur Last gelegt:

Andreas Baader und Gudrun Ensslin: Gemeinschaftlicher schwerer Raub;

Ulrike Meinhof: Gemeinschaftlicher schwerer Raub in zwei Fällen;

Holger Meins: Versuchter Mord, gemeinschaftlicher schwerer Raub und Widerstand gegen Vollstreckungsbeamte;

Irmgard Möller: Gemeinschaftlicher Mord, gemeinschaftlicher versuchter Mord, Widerstand gegen Vollstreckungsbeamte und unerlaubter Waffenbesitz;

Gerhard Müller: Gemeinschaftlicher Mord, gemeinschaftlicher versuchter Mord und Widerstand gegen Vollstreckungsbeamte;

Jan-Carl Raspe: Gemeinschaftlicher schwerer und besonders schwerer Raub,versuchter Mord und Widerstand gegen Vollstreckungsbeamte;

Bei diesen Straftaten ist es unrichtig, von politischen Gefangenen zusprechen.

Zweck der Untersuchungshaft ist es, die *Flucht* der Beschuldigten zu verhindern und der Gefahr vorzubeugen, daß die Ermittlung der Wahrheit durchVernichtung oder Verfälschung von Beweisen, durch Absprachen zwischen Mitbeschuldigten, durch die Einwirkung auf Zeugen u.ä. erschwert wird *(Verdunklungsgefahr)*. Für die Durchführung des Haftvollzugs haben die zuständigen Justizvollzugsanstalten Anordnungen getroffen, die der zuständige Ermittlungsrichter des Bundesgerichtshofes gebilligt hat Die Gefangenen werden in Einzelhaft gehalten. Das entspricht der gesetzlichen Regel des Paragraphen 119 Absatz 1 Satz 1 der Strafprozeßordnung, die lautet: ‚Der Verhaftete darf nicht mit anderen Gefangenen in dem selben Raum untergebracht werden'. Die Gefangenen sind von der Teilnahme an Gemeinschaftsveranstaltungen ausgeschlossen und unterliegen besonderen Kontrollen. Der Kreis der Besucher ist auf Angehörige und Verteidiger beschränkt. Dasselbe gilt für denPostverkehr. Diese Maßnahmen sind aus Sicherheitsgründen richterlich angeordnet worden. Der 3. Strafsenat des Bundesgerichtshofes hat mit Beschluß vom 21. Juli 1972 diese Beschränkungen für die Beschuldigten Baader, Ensslin, Meins und Raspe mit eingehender Begründung bestätigt und insbesondere ausgeführt, es lägen Anhaltspunkte dafür vor, daß Mitglieder der Baader-Meinhof-Bande Pläne verfolgten, ihre inhaftierten Gesinnungsgenossen gewaltsam zu befreien.

Von einer völligen Isolierung der Gefangenen, die sie seelisch und körperlich übermäßig belastet oder sogar foltert, kann keine Rede sein. Die Gefangenen unterhalten sehr rege briefliche und persönliche Verbindungen mit ihrenVerteidigern. Jedem von ihnen stehen mehrere Verteidiger zur Verfügung Die Besuche der Rechtsanwälte in den Haftanstalten ziehen sich sehr häufig über-

mehrere Stunden hin. Die Verteidigerbesuche bei den in der Justizvollzugsanstalt Köln-Ossendorf einsitzenden Untersuchungsgefangenen dauern regelmäßig bis zu drei Stunden. Die Verteidiger der Beschuldigten Ensslin verbrachten wiederholt sogar annähernd acht Stunden bei ihrer Mandantin.

Auch bei Besuchen von Angehörigen verfahren die Justizvollzugsanstalten großzügig. Den inhaftierten Angehörigen der Baader-Meinhof-Gruppe werden lange Besuchszeiten eingeräumt. In der Justizvollzugsanstalt Köln-Ossendorf betragen sie im Durchschnitt 45 Minuten. Die Beschuldigte Irmgard Möller konnte im Januar 1973 in der Justizvollzugsanstalt Nürnberg zweimal je eine Stunde mit ihrer Mutter und eine halbe Stunde mit ihrer Schwester zusammentreffen.

Angehörigen der Beschuldigten Ensslin, die sich in Strafhaft befindet, wurde wiederholt gestattet, die sonst für Strafgefangene übliche Besuchszeit von 30 Minuten erheblich zu überschreiten. Der Besuchsverkehr nahm im einzelnen folgenden Umfang an:

Seit ihrer Festnahme bis Anfang 1973 hatten Andreas Baader an 25 Tagen insgesamt 26 Besucher, Gudrun Ensslin an 25 Tagen 27 Besucher, Ulrike Meinhof an 41 Tagen 48 Besucher, Holger Meins an 24 Tagen 25 Besucher, Irmgard Möller an 11 Tagen 12 Besucher, Gerhard Müller an 23 Tagen 35 Besucher, Jan-Carl Raspe an 23 Tagen 26 Besucher.

Bei Andreas Baader handelte es sich um 4 Angehörigen- und 22 Anwaltsbesuche, bei Gudrun Ensslin um 7 Angehörigen- und 20 Anwaltsbesuche, bei Ulrike Meinhof um 18 Angehörigen- und 30 Anwaltsbesuche, bei Holger Meins um 9 Verwandten- und 16 Anwaltsbesuche, bei Irmgard Möller um 9 Verwandten- und 3 Anwaltsbesuche, bei Gerhard Müller um 15 Angehörigen- und 20 Anwaltsbesuche und bei Jan-Carl Raspe um 3 Verwandten- und 23 Anwaltsbesuche.

Die Kontakte der angeblich von der Außenwelt völlig isolierten Gefangenen sind nicht auf den Besuchsverkehr beschränkt. Die Beschuldigten Meinhof, Müller und Raspe werden mit Rücksicht auf die strenge Einzelhaft häufiger als sonst üblich von Anstaltsbediensteten aufgesucht; die Beschuldigte Meinhof, die bisher in einem nicht belegten Gefängnisflügel untergebracht war, ist inzwischen in einen auch mit anderen Gefangenen belegten Teil der Anstalt verlegt worden; sie konnte auch ein Gespräch mit der Mitbeschuldigten Astrid-Proll führen. Die Gefangenen werden laufend ärztlich betreut, von Psychologen und Seelsorgern aufgesucht und erhalten so mannigfache Gelegenheit, zwischenmenschliche Kontakte zu pflegen. Alle Gefangenen können sich durch den Empfang von Rundfunksendungen und durch den Erwerb von Büchern, Zeitungen und Zeitschriften, der durch die Haftanstalten oder die Verteidiger vermittelt wird, informieren und zerstreuen. Gudrun Ensslin z. B. bezieht 3 Tageszeitungen (2 deutsche und 1 französische) sowie ein Wochenmagazin und eine Illustrierte, Irmgard Möller 3 Tageszeitungen und 2 Illustrierte.

Die ständige ärztliche und psychologische Betreuung stellt sicher, daß die Haftbedingungen der jeweiligen körperlichen und psychischen Lage des einzelnen Gefangenen angepaßt werden. Soweit ärztlicher Rat eine Änderung der Haftbedingungen nahelegt, wird dem, wie schon in der Vergangenheit, unter Berücksichtigung des nicht gering einzuschätzenden Sicherheitsrisikos

Rechnung getragen werden. Es liegt jedoch auf der Hand, daß die angestrebte Zusammenlegung mehrerer inhaftierter Mitglieder der Baader-Meinhof-Bande nicht in Frage kommen kann".

Da die Bundesanwaltschaft mit dieser Pressemitteilung anläßlich des ersten Hungerstreiks zum erstenmal öffentlich auf den Vorwurf „Isolationsfolter" reagierte, ist es angebracht, sie näher zu untersuchen, zumal in späteren Erklärungen im wesentlichen die selben Argumente auftauchen.

Als erstes fällt auf, daß sich die BAW in der Erklärung nur auf sieben Gefangene bezieht, und zwar auf die von den Behörden als der „harte Kern" der RAF bezeichneten Personen, die von Anfang an direkt vom GBA verfolgt wurden. Weiter fällt auf, daß der erste Teil der Erklärung, der sich auf „Tatsachen" bezieht, mit der Bemerkung abschließt, es sei unrichtig, angesichts dieser Straftaten von „politischen Gefangenen" zu sprechen. Bemerkenswert ist, daß im folgenden die rechtliche Legitimation für die Unterbringung in Einzelhaft in einem einzigenSatz des § 119 Absatz 1 StPO gesucht wird. Liest man aber den ganzen § 119, wird deutlich, daß sich jener Abschnitt hauptsächlich auf die getrennte Unterbringung von Untersuchungsgefangenen und Strafgefangenen bezieht, und daß der zweite Absatz sogar das genaue Gegenteil von Einzelhaft als Möglichkeit vorsieht, d.h.daß Untersuchungshäftlinge beantragen können, in einer Gemeinschaftszelle untergebracht zu werden, ganz zu schweigen von der Teilnahme an den üblichen Gemeinschaftsveranstaltungen[3]. Folglich ist das vom GBA benutzte Zitat wegen seiner Unvollständigkeit irreführend.

Im folgenden Text wird die besondere Isolierung der Gefangenen bestätigt und mit einem Hinweis auf „Anhaltspunkte" für mögliche Befreiungspläne begründet (einziger konkreter Anhaltspunkt: die Baader-Befreiung 1970). Dann wird noch einmal ausdrücklich verneint, daß die Isolierung der Gefangenen vollständig, schädlich oder gar als Folter zu bezeichnen sei. Zur Veranschaulichung und Bestätigung dieser Behauptung wird dann eine ausführliche Aufzählung der Besuche von Familienangehörigen und Verteidigern angeführt. Diese Aufzählung ist aus zwei Gründen ebenfalls irreführend. Erstens wird durch einen Vergleich der direkt nebeneinander gestellten Rubriken „Anzahl der Tage" und „Besucher" („an 25 Tagen 27 Besucher" usw) der Eindruck erweckt, daß die Gefangenen täglich Besuch erhielten, während es sich in der Regel um etwa einen Besuch alle zehn Tage handelte. Zweitens ging es bei den Anwaltsbesuchen häufig um die Entwicklung von Aktivitäten gerade gegen den isolierenden Haftvollzug; ein Argument gegen den Vorwurf der Isolation läßt sich also aus diesen Besuchen schwerlich ableiten.

Ausgesprochen zynisch ist der dieser Aufzählung folgende Teil, in dem als Beispiel für „die Kontakte der angeblich von der Außenwelt völlig isolierten Gefangenen" angeführt wird, daß einige Gefangene häufiger als üblich vom Anstaltspersonal aufgesucht würden. Ganz abgesehen von der dem Anstaltspersonal auch zukommenden Funktion eines verlängerten Arms der Ermittlungsbehörden dient das „häufige Aufsuchen" in erster Linie der Kontrolle, und zwar Tag und Nacht. Zudem hat es in einigen Fällen den Sinn, nachzuprüfen, ob der Gefangene seine sich widersetzende Haltung weiter beibehält, was aus der Ablehnung von Gesprächen mit Bewachern, Psychologen und Seelsorgern abgeleitet wird. Derartige „Kontakte", die den Vorwurf der Isolationshaft entkräften sollen, stellen wegen der von ihnen ausgehenden Streßbelastung für den Gefangenen eher eine Verschärfung der Isolation dar.

Der Schlußsatz der Erklärung des GBA ist zumindest doppeldeutig. Daß die Haftbedingungen fortwährend dem körperlichen und geistigen Zustand des einzelnen Gefangenen „angepaßt" werden, wie behauptet wird, kann zweierlei bedeuten: entweder, daß ständig für differenzierte, aber möglichst optimale Haftbedingungen gesorgt wird, oder daß man aufmerksam darüber wacht, daß die angeordneten Haftbedingungen nicht zu einer akuten und unmittelbar wahrnehmbaren Beeinträchtigung der geistigen und körperlichen Gesundheit der Gefangenen führen. Der Satz, ärztliche Empfehlungen könnten zu einer Veränderung der Haftsituation führen, falls dies aufgrund des Sicherheitsrisikos zu verantworten sei, deutet eher auf die zweite Interpretation hin. Auf jeden Fall wird deutlich ausgedrückt, daß Sicherheitserwägungen weit höher bewertet werden als die körperliche und geistige Gesundheit des Gefangenen, was angesichts der Dehnbarkeit des Begriffs „Sicherheit" die Möglichkeiten behördlicher Willkür wesentlich erhöht. Daß der plötzliche Zusammenbruch eines Gefangenen als Folge der Isolierung auch zu einem Sicherheitsrisiko für die Behörden werden kann, sei es auch anderer Natur, als in der Erklärung gemeint ist, wird den Gefangenen wohl kaum ein Trost sein.

Ausgehend von dem Primat der Sicherheit ergibt sich weiter, daß Gefängnisärzten und -psychologen kaum mehr als eine rein instrumentelle Funktion zukommt, die sich auf eine Beobachtung und die Berichterstattung über eine Haftsituation bezieht, die größtmögliche „Sicherheit" garantieren soll. Gleichzeitig ist sichergestellt, daß die verantwortlichen Behörden nicht von dem eventuellen Zusammenbruch eines Gefangenen überrascht werden können. Dadurch sollen aggressive Reaktionen, Unruhe, militante Aktionen und Legitimationsverlust aufgefangen werden. Diese Funktion läßt sich z. B. anhand des Briefes von Gefängnispsychiater Dr. Götte an die BAW vom 1.2.73 veranschaulichen, in dem er sich über den Gesundheitszustand der in Köln-Ossendorf verwahrten Ulrike Meinhof äußert, woraufhin diese am 9.2.73 verlegt wird:

> „Auf entsprechende Frage wird mitgeteilt, daß schon aus theoretischen Gründen und praktischen Erfahrungen eine langdauernde, strenge Isolierung,

bei der Kontakte mit der Umgebung bis auf die notwendige Versorgung unmöglich sind, gesundheitlich nicht vertretbar ist. Sie wird nur im Einzelfall bei besonders konfigurierten Persönlichkeiten möglich und durchführbar sein. Bei Frau Meinhof, die ich zweimal kurz untersucht habe, ist die Grenze der Belastbarkeit nach psychiatrischer Ansicht jetzt erreicht. Ich halte die gegenwärtig praktizierte Isolierung in dieser Form nicht mehr für vertretbar"[4].

2.2. Gründung der „Komitees gegen Folter"

Hatten die Verteidiger in ihrer Hungerstreikerklärung von Anfang Februar schon behauptet, „gegen Folter helfen Rechtsmittel nicht", so war ihnen nach Ende des ersten Hungerstreiks ihrer Mandanten auch deutlich geworden, daß er zwar einen größeren Bekanntheitsgrad dieser besonderen Haftbedingungen erreicht, aber keine wesentlichen Veränderungen an der Haftsituation bewirkt hatte. Die Gefangenen erwogen einen Monat danach einen erneuten Hungerstreik. Gleichzeitig wurde im Einvernehmen zwischen Gefangenen und Verteidigern eine neue Initiative entwickelt: die Bildung von örtlichen „Komitees gegen Folter". Der Plan wurde von vielen bundesweit bekannten Persönlichkeiten unterstützt und Ende April 1973 in zehn Städten in die Tat umgesetzt.

Funktion dieser Komitees sollte die effektivere Mobilisierung der kritischen Öffentlichkeit gegen den Isolationshaft-Vollzug sein, um so die Behörden zu Veränderungen zu zwingen.

Die Bildung und die Arbeit dieser Komitees sind nach meiner Einschätzung für die weitere Entwicklung des Konflikts zwischen Justizorganen und Verteidigung von entscheidender Bedeutung gewesen: Die Gefangenen und ihre Anwälte sahen sich einer Situation gegenüber, in der jeder Versuch, durch Anrufung der Gerichte eine direkte Veränderung des als menschenunwürdig erfahrenen Haftvollzugs zu bewirken, gescheitert war. Andererseits erschienen Forderungen nach einem Eingreifen des Gesetzgebers aufgrund der politischen Verhältnisse sinnlos. Innerhalb des legalen Rahmens blieb also nur der Weg über die Mobilisierung der Öffentlichkeit; man versuchte nun, unter Berufung auf liberale Grundsätze und Wertvorstellungen, die kritische Öffentlichkeit zu erreichen und mit unkonventionellen Aktionen und Veröffentlichungen durch politisch-solidarische Gruppen Leute „an der Basis" zu gewinnen. Es liegt auf der Hand, daß diese Basisgruppen – die „Komitees gegen Folter" – sich vornehmlich aus Personen zusammensetzten, die sich politisch mit der Anti-Vietnamkriegs-Bewegung der sechziger Jahre verwandt fühlten, aus der die RAF hervorgegangen war, und die nicht schon in einer der vielen einander heftig und dogmatisch bekämpfenden radikal-linken Gruppen verwurzelt waren. Bei diesem Hintergrund liegt es nahe, daß die „Komitees gegen Folter" aus ihrer politischen Solidarität heraus sich auch die politische Analyse der RAF stets mehr zu eigen machten. Diese Analyse, die von den Gefangenen aus der RAF weiterentwickelt wurde, enthält eine in sich schlüssige Erklärung der auf Identitätszerstörung angelegten spezifischen Haftsituation. Sie bezog sich auf den gefangenen Teil einer antiimperialistischen Guerilla-Organisation, die den bewaffneten Kampf in einem imperialistischen Zentrum aufgenommen hat, und die von den Repräsentanten des kapitalistischen Systems als politisch-militärischer Gegner begriffen wird, den es, auch im Gefängnis, zu vernichten gilt. Diese Analyse geht davon aus, daß bewaffneter Widerstand in den imperialistischen Metropolen notwendig und möglich ist. Sie kann daher bei einem wachsenden Solidarisierungsprozeß auch zu einer wachsenden Empfänglichkeit für die Idee führen, selbst Teil der Guerilla zu werden. Die Staatsschutzbehörden betrachteten und behandelten die Mitglieder der „Komitees gegen Folter" denn auch von Anfang an als potentielle Guerilleros, was die legale Arbeit für die Gefangenen erheblich erschwerte und schließlich sogar unmöglich machte. Es ist deshalb nicht erstaunlich, daß einige Mitglieder dieser Komitees von 1973 an die Reihen der Guerilla verstärkten.

Da die Verteidiger die Initiatoren dieser Komitees gewesen waren, und sie auch die Komitees mit Informationen über die Haftbedingungen, die juristische Prozeßvorbereitung und -führung für die Öffentlichkeitsarbeit versorgten, wurden die Verteidiger als erste für die Kontinuität der Guerilla, „Werbung" und „Unterstützung" für sie, verantwortlich gemacht. Infolge der Zusammenarbeit mit den Komitees ergab sich für die Behörden die Notwendigkeit, den Verteidigern, wo immer auch möglich, „Knüppel zwischen die Beine zu werfen", sie zu behindern und letztlich dann auch auszuschalten.

Die erste bundesweite Veranstaltung der „Komitees gegen Folter" fand am 11.5.73 statt, einige Tage nach Beginn des zweiten Hungerstreiks politischer Gefangener, die zumeist der RAF und dem SPK angehörten. Das politische Profil der Komitees, die den Behörden wahrscheinlich schon damals Kopfzerbrechen bereiteten, läßt sich aus drei Redebeiträgen auf dieser Veranstaltung ableiten. Heinz Brandt, Vorstandsmitglied der IG Metall, der vier Jahre in Konzentrationslagern verbracht hatte, erklärte, daß die heutige Isolationshaft schlimmer, gefährlicher und zerstörerischer sei, als die von ihm unter den Nationalsozialisten erlebte Isolationshaft. Der niederländische Psychiater Dr. Sjef Teuns sprach über „Isolation / Sensorische Deprivation: die programmierte Folter"[5]. Der Soziologieprofessor Dr. Christian Sigrist analysierte in seinem Beitrag über „Imperialismus: Provokation und Repression" die „Vernichtungsstrategie" der deutschen Justiz als Teil der weltweiten Gegenstrategie gegen antiimperialistische Kämpfer u. a. anhand seiner persönlichen Erfahrungen mit der antiportugiesischen Guerilla in den ehemaligen portugiesischen Kolonien Afrikas[6].

2.3. Zweiter Hungerstreik Mai/Juni 1973

Am 8.5.73 traten 80 Gefangene in den Hungerstreik. In einer ausführlichen Erklärung forderten sie „Gleichstellung der politischen Gefangenen mit allen anderen Gefangenen und freie politische Information für die Gefangenen – auch aus außerparlamentarischen Medien; nicht mehr – nicht weniger. Jetzt."[7] Bereits nach fünf Tagen wurde bei dem im hessischen Schwalmstadt einsitzenden Andreas Baader mit Zwangsernährung begonnen. Baader zufolge soll dabei ein zu dicker Gummischlauch auf so grobe Weise eingeführt worden sein, daß er beinahe erstickt sei und später Blut spucken mußte. Sein Verteidiger reagierte mit einer Anzeige gegen den Anstaltsarzt wegen Mißhandlung[8].

Die sich anschließende Sonderbehandlung Baaders legt die Vermutung nahe, daß man hoffte, über ihn als vermeintlichen Anführer den Hungerstreik der 80 Gefangenen brechen zu können. Am 24.5.73 fand eine Versammlung aller Anstaltsärzte des Bundeslandes Hessen statt. Noch am gleichen Tag wurde beschlossen, Baader das Trinkwasser zu sperren. Die „FAZ" kommentierte diese Maßnahme am 28.5.73 unter dem Titel „Kein Anzeichen für Folter" als eine allgemein übliche Maßnahme gegenüber hungerstreikenden Gefangenen: „Dies aber nicht, um den Häftling durch Durst zu zwingen, Nahrung zu sich zu nehmen, sondern weil Wasseraufnahme für einen Hungernden gesundheitsschädlich ist"[9]. Das folgende Zitat aus dem „Heidelberger Tageblatt" vom 29.5.73[10] gibt die völlig unverständliche bzw. nicht nachzuvollziehende Erklärung des hessischen Justizministeriums wieder:

> „Das hessische Justizministerium begründet das Vorgehen gegen den seit dem 8. Mai hungernden Baader damit, daß sich der menschliche Körper bei der bloßen Zufuhr von Wasser und zwar über viele Monate am Leben halten könne, dabei andererseits jedoch irreparable Gewebs- und Organschäden aufträten. Die Justiz würde ihre Fürsorgepflicht für Gefangene verletzen, wenn sie es zuließe, ‚daß schwere Gesundheitsschäden oder gar der Tod als Folge verweigerter Nahrungsaufnahme eintreten', erklärte der Ministeriumssprecher".

In der medizinischen Wissenschaft ist allgemein bekannt, daß Wasserentzug innerhalb weniger Tage zu irreparablen Nierenschäden und damit zum Tod führt. Baader erhielt nach acht Tagen wieder Wasser. Nierenschmerzen, Halsschmerzen, Sehstörungen hatten den bevorstehenden Tod angekündigt. Baader brach deshalb seinen Hungerstreik ab. Juristisch ist ein solcher Wasserentzug, zumindest nach niederländischem Recht, als versuchter Totschlag zu bewerten, auch wenn der Gefangene das Eintreten des Todes dadurch verhindert, daß er wieder Nahrung zu sich nimmt. Auch der Polizist, dessen Aufforderung zum Anhalten von einem Kraftfahrer bewußt ignoriert wird, kann einen für ihn fatalen Ablauf dadurch verhindern, daß er zur Seite springt; trotzdem wird der erwischte Kraftfahrer wegen versuchten Totschlags verurteilt, und zwar auch dann, wenn er den Polizisten gar nicht töten, sondern nur dem drohenden Strafzettel entkommen wollte. In den Niederlanden würden die Gerichte argumentieren, der Autofahrer „habe sich wissentlich und willentlich der keineswegs als imaginär einzuschätzenden Möglichkeit ausgesetzt", daß der Polizist nicht (rechtzeitig) zur Seite springen (können) würde, wodurch der Tod verursacht werden könnte[11]. Nach dieser Theorie des bedingten Vorsatzes, die auch im westdeutschen Strafrecht gehandhabt wird, nehmen die Behörden bei angeordnetem Wasserentzug ebenfalls „die keineswegs als imaginär einzuschätzende Möglichkeit" in Kauf, daß der Betroffene nicht „zur Seite springt" und seinen Hungerstreik fortsetzt. Auch nach dem westdeutschen Strafrecht kommt man prinzipiell zum gleichen Ergebnis, da auch dort die Auffassung vom „bedingten Vorsatz" Geltung hat; maßgeblich ist, ob der Täter die (an sich nicht gewollte) Folgeerscheinung „billigend in Kauf genommen hat"[12].

Einer Entscheidung des Landgerichts München vom 5.6.73 zufolge, mit der die Unterbringung des hungerstreikenden Häftlings Bernhard Braun in eine sogenannteTrockenzelle beschlossen wurde, ist der Rechtfertigungsgrund für einen solchen versuchten Totschlag in der gesetzlichen Vorschrift gemäß § 119 Absatz 3 StPO zu finden: Dem Verhafteten dürfen nur solche Beschränkungen der Untersuchungshaft auferlegt werden, die der Zweck der Untersuchungshaft oder die Ordnung in der Vollzugsanstalt erfordert.

> „(...) Der Hungerstreik des Beschuldigten, bei dem es sich um einen rein demonstrativen Akt handelt, stellt wegen der notwendigen ständigen ärztlichen Überwachung eine Störung der Ordnung in der Vollzugsanstalt dar, weshalb die für seine Haft zuständigen Instanzen mit allen ihnen zur Verfügung stehenden gesetzlichen Mitteln Sorge dafür zu tragen haben, daß der Beschuldigte baldmöglichst wieder Nahrung zu sich nimmt (...)
>
> Mit dem Amtsgericht ist die Kammer der Auffassung, daß es sich bei der beantragten Maßnahme des Trinkwasserentzugs um einen Eingriff in die körperliche Unversehrtheit handelt, weshalb es hierzu eines Gesetzes bedarf (Art.2,Abs. 2 GG). Nicht gefolgt werden kann jedoch dem Amtsgericht, daß § 119 Abs. 3 StPO nicht als eine solche gesetzliche Grundlage angesehen werden könne(...).
>
> Die Verlegung des Beschuldigten in eine Trockenzelle und damit der Entzug des Trinkwassers ist eine geeignete Maßnahme, um ihn baldmöglichst wieder zur Nahrungsaufnahme zu veranlassen (...)"[13].

Im westdeutschen Recht ist der sogenannte Grundsatz der Verhältnismäßigkeit der Mittel ein wichtiges Kriterium der Rechtmäßigkeit behördlichen Handelns[14], vergleichbar mit dem „proportionaliteitsbeginsel", der in der niederländischen Strafrechtslehre für einige Rechtfertigungsgründe entwickelt wurde, und ebenso vergleichbar mit dem „zorgvuldigheidsbeginsel" im Verwaltungsrecht. Mit diesem Problem konfrontiert, setzt das Landgericht München das „Strafrechtsroulett" (Mißhandlung, schwere Mißhandlung, Mißhandlung mit Todesfolge, versuchter Totschlag, Totschlag, versuchter Mord, Mord?) mit den folgenden Überlegungen in Bewegung:

„(...) Sie (die Trinkwasserentziehung – BS) würde vielmehr ihre zeitliche Begrenzung entweder darin finden, daß der Beschuldigte seinen Hungerstreik zu einer Zeit aufgibt, wo gesundheitliche Schäden noch nicht zu besorgen sind, oder aber spätestens zu dem Zeitpunkt, wo nach ärztlicher Ansicht im Falle der Fortführung des Hungerstreiks bei gleichzeitigem Trinkwasserentzug solche Schäden sich abzuzeichnen beginnen und deshalb die Durchführung der Zwangsernährung geboten wäre(...)".

Am 29.6.73 wurde der Hungerstreik beendet; einziges konkretes Ergebnis war die vom Landgericht Karlsruhe angeordnete Aufhebung der Isolationshaft von zwei Gefangenen[15].

Allen Beteiligten war klar, daß die 40 bzw. 80 streng isolierten Gefangenen ihre beiden Hungerstreiks nur mit Hilfe der als Informationsträger dienenden Verteidiger gleichzeitig mit einer gemeinsamen Erklärung beginnen und fast gleichzeitig beenden konnten. Damit gab es keinerlei Zweifel mehr an der Mitverantwortung der Verteidiger für diese „rein demonstrativen" Hungerstreiks, die eine Störung der Ordnung in den Vollzugsanstalten bedeuteten.

3. Erste Zellendurchsuchung am 16./18. Juli 1973

Gut zwei Wochen nach Beendigung des zweiten Hungerstreiks durchsuchten Fahndungsbeamte des BKA (Sicherungsgruppe Bonn) zum gleichen Zeitpunkt in verschiedenen Haftanstalten die Zellen von Baader, Ensslin, Meinhof, Meins, Möller, Müller und Raspe. Die Beamten beschlagnahmten alle der Verteidigung dienenden Papiere. Die Aktion basierte auf der Entscheidung des BGH-Untersuchungsrichters Knoblich vom 11.7.73, in der u. a. folgende Erwägungen zu finden sind:

„Nach dem Ergebnis der bisher durchgeführten Ermittlungen besteht der Verdacht, daß die Beschuldigten ihr Ziel, die in der Bundesrepublik herrschende freiheitliche Grundordnung mit allen Mitteln, auch unter Anwendung von Gewalt, zu beseitigen, mit Unterstützung ihrer Verteidiger auch aus den Vollzugsanstalten heraus weiter verfolgen. Dieser Verdacht gründet sich insbesondere auf einen am 21. Juni 1973 sichergestellten Rundbrief, dessen Verfasser nach dem vorliegenden Ermittlungsergebnis offensichtlich der Rechtsanwalt Ströbele ist[16]. In diesem Brief wird unter anderem von einem unter Mitwirkung der Beschuldigten durchzuführenden ‚neuen Projekt' berichtet, das mit ‚Info-Zentrale HH und Erstellung von Analysen und konkrete Gruppenschulung' bezeichnet wird, und dazu erklärt, als ‚wesentlicher Punkt' müsse ‚unbedingt berücksichtigt' werden, ‚daß es Leute gibt, die auf kaum was schärfer sind, als irgendwo sauber gesammelt und entwickelt die Theorie und Anleitung zur Praxis eines konsequenten Kampfes gegen den bestehenden Macht- und Gewaltapparat zu finden'.

Bei dieser Sachlage ist zu vermuten, daß die Beschuldigten im Besitz von Unterlagen sind, die weitere Hinweise auf ihre Bestrebungen enthalten, dieTätigkeit der kriminellen Vereinigung, deren Mitglieder sie nach dem Ermittlungsergebnis sind, auch aus der Haft heraus fortzusetzen. Um diese als Beweismittel sicherzustellen, mußten gemäß §§ 102, 105, 168a StPO[17] die Durchsuchungen angeordnet werden"[18].

Dieser Beschluß, der von höchster Instanz bestätigt wurde[19], nahm der Verteidigerpost mit einem Schlag ihren vertraulichen Charakter. Auf das Vertrauensverhältnis zwischen Gefangenen und Verteidigern, das weitgehend auf dem unkontrollierten Briefverkehr beruht, wurde keine Rücksicht mehr genommen. Aus dem dreiseitigen Rundbrief des Rechtsanwalts Christian Ströbele vom 16.6.73 läßt sich entnehmen, daß dem beanstandeten Informationssystem kaum mehr als die in Knoblichs Beschluß zitierten Sätze gewidmet sind. Die Idee, in einem der Anwaltsbüros eine Zentrale einzurichten, um von dort aus alle benötigten Informationen zu verbreiten, war nach Beendigung des ersten Hungerstreiks im Februar1973 entstanden, u. a. wegen der damals evident gewordenen Kommunikationsprobleme. So schrieb Ströbele am 2.3.73 den Gefangenen: „(...) Um schlechter Kommunikation und schlechter Koordination unter den Anwälten Abhilfe zu schaffen, soll über das Büro der Hamburger Anwälte eine regelmäßige ständige Kommunikation in Form eines kurzen Rundschreibens mit entsprechenden Anlagen geschaffen werden(...)"[20]. Über den Inhalt dieses „Info-Systems" wurde in den folgenden Wochen heftig diskutiert; die Passagen über diese Diskussion im Rundbrief vom 16.6.73 bezogen sich, so Ströbele[21], auf die Vorschläge einiger Gefangener, in den Info-Briefen – u. a. auch als Hilfe für die Verteidiger gedacht – ihre Erfahrungen mit Theorie und Praxis der Stadtguerilla einzubringen. Der Gefangene Holger Meins hatte dagegen erhebliche Bedenken, und genau darüber berichtete Ströbele: „Meins hat dazu einen wesentlichen Punkt angefügt. Nämlich, daß es Leute gibt, die..." (siehe Knoblich-Beschluß oben).

In diesem Beschluß wird unmißverständlich argumentiert, das von den Verteidigern zu organisierende Informations- und Schulungssystem sei für „Leute" außerhalb der Gefängnisse gedacht, womit die Weiterführung einer kriminellen Vereinigung aus dem Gefängnis heraus, unterstützt von den Verteidigern, feststehe[22]. Ströbele erklärte dagegen, es gehe um die Ausarbeitung eines Plans, wie die Gruppe im Gefängnis mit Informationen versorgt werden und sie diese verarbeiten könne; der für die Behörden ausschlaggebende Satz „daß es Leute gibt, die..." drücke nichts anderes als die von Meins vorgebrachte Warnung vor der zweifellos großen Neugierde des Staatsschutzapparats aus, über diesen Bereich mehr zu erfahren. Wieviel Glauben man dieser Erklärung auch schenken mag, der viel zitierte Satz begann sich zu verselbständigen. Erstens lieferte er der Justiz die benötigte Legitimation für den entscheidenden

Eingriff in das Vertrauensverhältnis zwischen Verteidigern und Mandanten. Zweitens wurde damit implizit auch der strafrechtliche Grundsatz, demzufolge Beschuldigte nicht gezwungen werden dürfen, an der Beweisführung mitzuwirken, außer Kraft gesetzt. Der gesetzliche Niederschlag dieses Grundsatzes sind die Rechte des Beschuldigten, seine Aussage zu verweigern und Erklärungen abzugeben (§§ 136, 136a, 163a StPO; in den Niederlanden Art. 29 WvSv). Es handelt sich um Rechte, die erst nach vertraulicher schriftlicher und mündlicher Rücksprache mit einem Verteidiger zur vollen Wirkung kommen können. Die Beschlagnahme von Verteidigerpost, Gesprächsnotizen u.ä. bedeutet die Aufhebung dieses Vertrauensverhältnisses. Durch die Beschlagnahmung erhielten die Strafverfolgungsbehörden Beweismaterial, zu dem die Beschuldigten wider Willen als Gesprächs- und Briefpartner der Verteidiger aktiv beigetragen haben. Drittens: Nach der offiziellen Auslegung des Rundbriefes von Ströbele beteiligten sich die Anwälte offensichtlich ohne Bedenken an einem illegalen Kommunikationssystem zwischen den Gefangenen aus der RAF und den in Freiheit befindlichen RAF-Mitgliedern. Schließlich hatten der Beschlagnahmebeschluß und die Zellendurchsuchungen eine erhebliche Verschärfung der Isolation zur Folge, da von nun an eine freie schriftliche Kommunikation nicht mehr möglich war, und die wichtigsten Dinge folglich nur noch mündlich während der Verteidigerbesuche besprochen werden konnten.

Die Verteidigerverfolgung konkretisierte sich nach den Zellenrazzien in strafrechtlichen Ermittlungen wegen des Verdachts der Unterstützung einer kriminellen Vereinigung gegen sechs Anwälte. Ihnen wurde vorgeworfen, sie hätten „das Kommunikationssystem der ‚RAF-Gefangenen' untereinander und mit der Außenwelt zu gewährleisten, die Kampagne (gegen die Haftbedingungen – BS) in Gang zu setzen und den Kampf (gegen die Justiz – BS) mit formaljuristischen Mitteln zu führen". Diese Formulierung stammt aus dem Antrag der BAW vom 7. 11. 73 an den BGH, die Beschlagnahme der bei den Zellendurchsuchungen gefundenen Schriftstücke auch für das Ermittlungsverfahren gegen die Anwälte zu bestätigen. Dabei wird die anfängliche Unterstellung, die Anwälte würden als verlängerter Arm der RAF fungieren, scheinbar fallengelassen. Andererseits war diese Formulierung wegen ihrer Allgemeinheit von den Verteidigern auch kaum zu bestreiten, oder doch nur insoweit, als die erwähnte Unterstellung jetzt in dem Vorwurf, die Anwälte würden für die Kommunikation zwischen den gefangenen und freien RAF-Mitgliedern sorgen, versteckt enthalten sein sollte.

4. Der „Tote Trakt"

„Death can be faced,
you used to say,
tortures can be undergone,
but not silence".

Die von den Verteidigern initiierten öffentlichen Informationskampagnen gegen den Isolationshaftvollzug waren vor allem auf die extremste Form dieses Vollzugs, nämlich die Einzelhaft in einem leeren Gefängnisteil, dem „Toten Trakt", gerichtet. Die ersten „Toten Trakte" gab es in den Gefängnissen Köln-Ossendorf und Hannover. Aus verschiedenen Gründen erscheint mir eine nähere Betrachtunghier angebracht.

Die von den Gefangenen eingeführten und nach einiger Zeit auch von den meisten Verteidigern übernommenen Begriffe „Isolationsfolter" und „Vernichtungshaft" erhielten in den Jahren 1972 bis 1974 vor allem durch das Ergebnis einer wissenschaftlichen Untersuchung Bekanntheit. Der dem Staat in der Öffentlichkeit gemachte Vorwurf der wissentlichen und willentlichen Folterung durch Isolationshaft, vorgebracht von einflußreichen Personen und Gruppen der liberalen Prominenz sowie von radikal-linken Gruppierungen, drohte die Legitimationsbasis der Strafverfolgungsbehörden, die Berufung auf rechtsstaatlich zu vertretendes Handeln, ins Wanken zu bringen und es in Wahrheit als unmenschliche Behandlung von politischen Gefangenen zu entlarven. Die rechtsstaatliche Legitimation war besonders gefährdet, weil die Gefangenen sich selbst als Teil einer revolutionären Bewegung betrachteten, während Staatsschutzorgane und Justizvertreter von „rein kriminellen Handlungen" sprachen.

Als Initiatoren der Öffentlichkeitskampagne wurden die Verteidiger für die möglichen Folgen (etwa wachsende Sympathie für die Guerilla, Unterstützung und sogar personelle Verstärkung der Guerilla) verantwortlich gemacht, was sich in erheblichen Repressalien niederschlug. Diese zunehmend repressiven Maßnahmen, die zum Teil direkt mit Verteidigeraktivitäten begründet wurden, bestärkten Gefangene, Anwälte und andere in ihrer Überzeugung, daß der mit Sicherheitserwägungen verteidigte Isolationshaftvollzug in Wirklichkeit darauf abzielte, die Solidarität der Gefangenen und ihr „werbendes" politisches Selbstverständnis zuzerstören, und daß man darauf bedacht war, jeglichen Versuch, den wahren Charakter dieser staatlichen Vernichtungsstrategie zu enthüllen, im Keim zu ersticken.

Im folgenden Abschnitt werde ich einen kurzen Erfahrungsbericht über die „Toten Trakte" der Gefängnisse Köln-Ossendorf und Hannover wiedergeben und danach auf eine damals in Hamburg laufende wissenschaftliche Untersuchung eingehen, die von den Gefangenen und ihren Verteidigern als Bestätigung dieser Erfahrungenbetrachtet wurde.

4.1. Köln-Ossendorf

Die sogenannte Abteilung für psychiatrische Untersuchung weiblicher Gefangener wurde vom dortigen Psychiater Götte selbst als „stille Abteilung“ bezeichnet. Es handelt sich um ein einstöckiges Gebäude, das abseits des Gefängniskomplexes liegt und nur sechs Zellen umfaßt. Als jeweils einzige Gefangene waren dort untergebracht: Astrid Proll vom 22. 11. 71 bis zum 14.1.72 und vom 12.4. bis zum 16.6.72; Ulrike Meinhof vom 16.6.72 bis zum 9.2.73 und im Dezember 1973 noch einmal zwei Wochen. Mit zwei Gefangenen gleichzeitig, Ulrike Meinhof und Gudrun Ensslin, war die Abteilung vom 5.2. bis zum 28.4.74 belegt.

Einzelheiten über die Haftbedingungen von Proll und Meinhof finden sich in Kapitel II unter Punkt 2.1.; sie sind einem Brief von Verteidiger Ulrich Preuß an den Präsidenten des Justizvollzugsamts Nordrhein-Westfalen entnommen[24].

Auf den ersten Blick scheint es unverständlich, daß die Proteste gegen die Unterbringung in dieser Abteilung erst vom Februar 1974 an besonders zahlreich und heftig ausfielen, zu einem Zeitpunkt also, als Meinhof und Ensslin dort gemeinsam untergebracht waren, zwei Stunden am Tag Umschluß und gemeinsamen Hofgang hatten. Inzwischen waren aber die früher gemachten Erfahrungen analysiert worden. Das Studium neuerer wissenschaftlicher Untersuchungen über Isolation hatte zudem zu der Erkenntnis geführt, daß auch die Isolierung mehrerer Menschen von ihrer Außenwelt einen unaufhaltsamen Prozeß des geistigen und körperlichen Verfalls bewirkt. Bei der Isolation nur eines Menschen schreitet dieser Verfall allerdings rascher voran. Darüber hinaus hatten die Komitees gegen Folter zu diesem Zeitpunkt bereits zahlreiche Aktivitäten entwickelt und Kontakte zu Medien und der liberalen Prominenz aufgebaut, so daß die Ergebnisse der Reflexion dieser Erfahrungen nicht mehr so einfach zu negieren waren. Und schließlich hatte auch die Freilassung Astrid Prolls im Januar 1974 wegen lebensgefährlicher Kreislaufstörungen als Folge von Isolationshaft (wozu auch fast vier Monate „Toter Trakt“ gehörten) entsprechendes Aufsehen erregt.

Am 9. März 1974 demonstrierten deutsche und niederländische Ärzte und Psychologen „im weißen Kittel“ vor dem Gefängnis Köln-Ossendorf, informiert und alarmiert durch Informationen der Komitees gegen Folter[25]. Vom 14. März 1974 an demonstrierten die Komitees 45 Tage lang vor dem Justizministerium in Düsseldorf. Es folgten Demonstrationen in Den Haag und Amsterdam, offene Briefe an die westdeutsche Botschaft in den Niederlanden, eine Pressekonferenz in Paris, ausführliche Artikel in französischen Zeitungen über „la torture en RFA“[26], ein offener Brief „gegen den toten Trakt“ und „für die Abschaffung von Folter durch Isolation und sensorische Deprivation“, unterzeichnet von 40 französischen Prominenten wie Sartre, de Beauvoir und Foucault.

Anfang April 1974 hielten Familienangehörige von Gefangenen in Düsseldorf eine Pressekonferenz ab, in der bisher ungehörte und außergewöhnlich heftige Vorwürfe gegen staatliche Behörden erhoben wurden[27]. Es war das erstemal, daß Familienangehörige in großer Zahl geschlossen mit sehr vielen Details an die Öffentlichkeit traten und voller Empörung ihre Anklage „Folter" öffentlich aussprachen. Die Pressekonferenz, die große Publizität erhielt, endete mit der konkreten Forderung, Ulrike Meinhof und Gudrun Ensslin sofort aus dem „Toten Trakt" in eine normale Abteilung zu verlegen. Eine Woche später folgten demonstrative zwei- und dreitägige Hungerstreiks von Familienangehörigen und Komiteemitgliedern in verschiedenen Städten, zum Beispiel vor dem BGH in Karlsruhe und vor dem Justizministerium in Düsseldorf. Inzwischen gingen beim nordrhein-westfälischen Justizminister Posser Hunderte offener Briefe von in- und ausländischen Persönlichkeiten ein[28].

Am 28. April 1974 wurden Gudrun Ensslin und Ulrike Meinhof plötzlich in das Gefängnis Stuttgart-Stammheim verlegt. Offiziell wurde der bevorstehende Prozeß als Begründung dafür genannt; die Verlegung sei seit langem geplant gewesen. Da aber Baader, Meins und Raspe nicht in die baulich noch unfertige Sonderabteilung im 7. Stock des Stammheimer Gefängnisses verlegt wurden, läßt sich an der offiziellen Begründung durchaus zweifeln.

4.2. Hannover

Ronald Augustin, seit dem 24.7.73 wegen Verdachts der Mitgliedschaft in der RAF, Mordversuchs, Urkundenfälschung, Waffenbesitzes und Widerstands gegen Vollstreckungsbeamte in Haft, wurde am 3.5.74, also kurz nach der Ankunft von Meinhof und Ensslin in Stammheim, nach Hannover verlegt. Auch Augustin hatte seit seiner Festnahme keinen Kontakt zu Mitgefangenen. Nach diesen neun Monaten sozialer Isolation wurde er im Hannoveraner Gefängnis so untergebracht, daß er auch noch akustisch und visuell fast total isoliert war. Zusätzlich zum Eisengitter hatte das Fenster in seiner Zelle eine fünf Millimeter dicke Plexiglasplatte als Verstärkung erhalten, so daß er die Mauer der Gefängniskirche gerade noch verschwommen sehen konnte. Die Zellentür war am unteren Rand mit einem Metallstreifen abgedichtet. Diese Sondervorrichtungen ließen so gut wie keine Geräusche in die Zelle hinein, zumal sie eine von sieben in einer nicht belegtenKrankenabteilung war. Die Abteilung selbst war außerdem mit einer Metallwand und einer Stahltür vom übrigen Krankentrakt abgetrennt. Die Kommunikation mit den Verteidigern mußte durch eine sogenannte Trennscheibe geführt werden, eine kreisrund perforierte Plexiglasscheibe mit einem winzigen Spalt zum Durchschieben von Papieren. Wegen der geräuschdämpfenden Wirkung waren Unterhaltungen durch diese Scheibe für beide Seiten extrem ermüdend; die gemeinsame Durchsicht von Aktenordnern und anderen Prozeßdokumenten ließ sich nicht mehr verwirklichen. Außerdem war jeglicher persönlicher Kontakt – Handschlag, Anbieten einer Zigarette usw. – ausgeschlossen. Nach Rücksprache mit Augustin beschlossen die Verteidiger, ihn so lange nicht mehr zu besuchen, bis dies wieder unter normalen Bedingungen möglich sei, der Zwang zur Kommunikation durch die Plexiglasscheibe wurde als untragbare Beeinträchtigung der Verteidigungsvorbereitungen und als ebenso untragbare Verletzung des Vertrauensverhältnisses zwischen Mandant und Verteidiger betrachtet. Die Konsequenz war, daß Augustin fünf Monate lang nur Besuch von seiner Mutter und seiner Schwester erhielt, einmal im Monat für 90 Minuten. Diese Besuche fanden unter strenger Überwachung statt; die Gespräche wurden von Staatsschutzbeamten mitgeschrieben.

Am 8.5.74 erklärte der zuständige Haftrichter am Amtsgericht Lingen (Ems) die vom Anstaltsleiter angeordneten Sicherheitsmaßnahmen für zulässig[29]. Der Antrag Rechtsanwalts Croissants vom 22.5.74 auf einen normalen Besuchsraum für die Verteidigergespräche und auf Verlegung Augustins aus dem „Toten Trakt" in eine normal belegte Abteilung wurde vom Haftrichter am 31.5.74 mit der Begründung abgelehnt, normale Kommunikation sei auch durch eine Trennscheibe möglich, mit Augustin befänden sich noch zwei weitere Gefangene auf der Abteilung, und im übrigen sei er im Besitz von Radio und Büchern[30].

Inzwischen waren die Komitees gegen Folter, vor allem das im nahen Hamburg, von den Verteidigern über Augustins Situation informiert worden; sie begannen Anfang Juni 74, Aktionen entsprechend dem in Köln-Ossendorf erprobten Modell zu organisieren. Vom 5. bis zum 7. Juni fand vor dem niedersächsischen Justizministerium in Hannover ein Sitzstreik statt. Ein Ausschnitt aus dem Bericht des Komitees:

„Am Morgen des 1. Tages des Sitzstreiks kam der Justizminister Schäfer, tobte, riß eigenhändig die Transparente vom Ministerium ab und forderte die sofortige Entfernung der Demonstranten durch die Polizei. Weiterhin sagte er, daß Ronald Augustin ein Verbrecher und Polizistenmörder sei, der isoliert werden müsse (...) Der persönliche Referent des Leiters der Vollzugsabteilung im Justizministerium, Berlitt, antwortete, als er von uns zur Rede gestellt wurde: Augustin müsse so lange isoliert werden, wie er andere Gefangene ‚aufhetze' und bis jede Möglichkeit, daß er andere Gefangene agitiere, ausgeschlossen ist"[31].

Auf der Pressekonferenz, in der der Sitzstreik angekündigt worden war, hatte auch die Mutter Augustins detailliert über ihre Besuche berichtet: „Zu wissen, daß alles, was man sagt, was man äußert, aufgeschrieben und benutzt wird, blockiert jede natürliche Verhaltensweise. Man muß sich fortwährend fragen, ob das, was man sagt, auch gesagt werden kann. Man steht permanent unter extremem Druck, wie in einer Verhörsituation"[32].

Am 12.6.74 forderten mehr als 30 westdeutsche Schriftsteller und Mitglieder des PEN-Clubs in einem offenen Brief an Justizminister Schäfer und den zuständigen Haftrichter unter anderem „Aufhebung der Isolationsfolter" bei Augustin[33]. Am 21.6.74 schrieb die Evangelische Studentengemeinde in Hannover einen äußerst kritischen Brief an den Justizminister[34]. Während der Debatte im niedersächsischen Parlament über die Regierungserklärung der neu gewählten Regierung am 10.7.74, die live in Rundfunk und Fernsehen übertragen wurde, entrollten Mitglieder des Komitees auf der Publikumstribüne Transparente, warfen Flugblätter in den Saal und protestierten mit Sprechchören gegen das „Foltern des politischen Gefangenen Augustin"[35].

Am 3. August demonstrierten 40 Ärzte und Psychologen in weißen Kitteln vor dem Gefängnis und hielten anschließend eine Pressekonferenz ab[36].

Ein von Pfarrern der Evangelischen Kirche für den 4. September geplanter und in den Zeitungen angekündigter Gottesdienst für Augustin wurde wenige Tage vorher von einem höherstehenden Geistlichen der Evangelischen Kirche Niedersachsen abgesagt, weil die erhobenen Vorwürfe nicht stimmen würden. Daraufhin untermauerten fünf Pfarrer den Vorwurf der „Isolationsfolter" in einem offenen Brief vom15.9.74 an ihre Amtskollegen mit weiteren Tatsachen[37]. Sie ersuchten ihren Vorgesetzten, sich für seine „dilettantischen Feststellungen im Interesse der Glaubwürdigkeit unserer Kirche" öffentlich zu entschuldigen.

Inzwischen hatten die Verteidiger beim Landgericht Osnabrück durchgesetzt, daß Verteidiger, Staatsanwaltschaft und Gericht gemeinsam an Ort und Stelle die Situation von Augustin überprüften. Die Besichtigung war am 6.8.74; die Verteidiger veröffentlichten am 7. August eine anhand des Besichtigungsprotokolls angefertigte Presseerklärung[38]. Anfang September gab das niedersächsische Justizministerium eine „Dokumentation" heraus, in der den Verteidigern vorgeworfen wurde, sie hätten in ihrer Presseerklärung „falsche Behauptungen" aufgestellt, denen nun die „tatsächlichen Feststellungen des Gerichts" gegenübergestellt würden. Die Verteidiger hatten das Gerichtsprotokoll jedoch bereits Pfarrern und Journalisten zur Verfügung gestellt. Als Folge mußte sich das Justizministerium bereits wenige Tage nach Veröffentlichung der Dokumentation auf einer der wöchentlichen Routine-Pressekonferenzen öffentlich entschuldigen und zugeben, daß die „Dokumentation" in wesentlichen Punkten nicht mit dem Protokoll des Gerichts übereinstimmte[39].

Ebenfalls Anfang September 1974 entschied das Landgericht Osnabrück über die von den Verteidigern gegen die Entscheidung des Haftrichters vom 31.5.74 eingereichten Beschwerden, Verteidigerbesuche hätten ohne Trennscheibe stattzufinden. Das Landgericht erklärte die Beschwerden für begründet, da „nicht ganz abzuleugnen" sei, daß der

Kontakt zwischen Verteidiger und Mandant durch die Trennscheibe negativ beeinflußt würde. Im gleichen Beschluß verwahrte sich das Landgericht gegen den Vorwurf der „Isolationsfolter“. Dennoch wurden in Hannover einen Monat später Veränderungen an der Haftsituation Augustins vorgenommen, so daß zumindest die akustische Isolation erheblich verringert war.

4.3. Aggressionsforschung: Sonderforschungsbereich 115

„In der Einzelhaft ist der Hunger nach menschlichem Kontakt so groß, daß Gefangene sogar das Verhör ihrer Häscher willkommen heißen“. (G.L. Engel, Psychological Development in Health and Disease, N.Y. 1967).

Seit Gefangene aus dem SPK und der RAF 1971/72 erste Erfahrungen mit dem Isolationshaftvollzug und seinen Auswirkungen auf ihren geistigen und körperlichen Zustand gemacht hatten, hatten sie begonnen, wissenschaftliche Literatur über Isolation, sensorische Deprivation und deren Folgen zu studieren. Die vorhandene Literatur machte deutlich, daß auf diesem Gebiet seit den fünfziger Jahren und vornehmlich in der amerikanischen Psychiatrie intensiv geforscht worden war. Was die BRD betrifft, so stießen sie auf eine gerade laufende Untersuchung an der Universitätsklinik Hamburg-Eppendorf, den Sonderforschungsbereich (SFB) 115 zum Thema Isolation und Aggression. Eine Reihe von Vorfällen bestätigte bei den Gefangenen bereits vorhandene Vermutungen, daß zwischen ihrer Haftsituation und der Hamburger Untersuchung ein direkter Zusammenhang bestehe, vor allem, was den „Toten Trakt“ betrifft, aber auch, was die wissenschaftliche Fundierung und Programmierung ihrer Behandlung anging. Im Folgenden gebe ich eine Zusammenfassung des Hamburger Forschungsprojekts wieder[40] und komme danach auf die Isolationspraxis zurück.

Seit 1967 gibt es an den meisten westdeutschen Universitäten sogenannte Sonderforschungsbereiche (SFB). Die dort laufenden wissenschaftlichen Forschungen werden von der Deutschen Forschungsgemeinschaft (DFG) finanziert und wissenschaftlich überwacht. Die DFG selbst erhält ihre Gelder vom Staat und von großen Unternehmen. Sie wird von Vertretern staatlicher Institutionen und der Wirtschaft geleitet.

Der 1971 an der Universität Hamburg eingerichtete SFB 115 war thematisch auf Aggressionsforschung ausgerichtet. Das Projekt gliederte sich in drei Abschnitte: a) Wie wirken sich chronische Erkrankungen auf das Aggressionspotential der betreffenden Personen aus (z. B. Menschen, die in einem Gipsbett liegen müssen oder die von Maschinen wie künstlichen Nieren abhängig sind)? Wie werden die Aggressionen von der verstärkten Isolation beeinflußt, und wie wirkt sich letzteres auf den Krankheitsverlauf aus? b) Welche Maßnahmen lassen sich entwickeln, um das infolge der Isolation erhöhte Agressionspotential zu verringern, neurotische Aggressionshemmungen abzubauen und um eine Anpassung vorhandener Aggressionen an die jeweilige Situation zu ermöglichen? c) Wie läßt sich Aggression mit Hilfe testpsychologischer, poliphysiographischer und biochemischer Verfahren messen? Der Untersuchungsschwerpunkt lag also bei der Erforschung des Zusammenhangs zwischen Aggression und Isolation, denn „. . .physische, psychische und soziale Einschränkungen stellen starke Frustrationen dar, die zu aggressiven Reaktionen führen können". Für solche Untersuchungen war (und ist) die sogenannte „camera silens" („stiller Raum") das wichtigste Forschungsinstrument: Ein Raum, der so gebaut und eingerichtet ist, daß ein Mensch darin absolut abgeschirmt ist und keine sinnlichen Wahrnehmungen mehr machen kann; er ist, in der Fachsprache,„sensorisch depriviert". In einer derartigen Umgebung beginnen Versuchspersonen in der Regel bereits nach wenigen Minuten zu halluzinieren, völlig unzusammenhängende, unkontrollierbare Gedanken zu produzieren. In der nächsten Stufe treten derartig extreme Angstzustände auf, daß der gesamte Hormonhaushalt aus demGleichgewicht gerät. Nach einigen Stunden tritt eine drastische Veränderung der Blutzusammensetzung ein, die Hypophyse funktioniert nicht mehr, die Hormonproduktion gerät ins Stocken – der Organismus beginnt zu zerfallen[41].

Das Projekt SFB 115 stand unter Leitung des 1967 aus Prag in die BRD übergesiedelten Psychiaters Jan Gross. Gross hatte sich bereits in Prag ausführlich mit Forschungen über sensorische Deprivation beschäftigt und an amerikanischen Untersuchungen weitergearbeitet, die sich mit Experimenten über die Beeinflußbarkeit von Personen im Zustand sensorischer Deprivation befaßten. In einem Artikel über Experimente mit Flugzeugpiloten, die er sechs Stunden lang in einer„camera silens" unter wechselnden Versuchsbedingungen beobachtet hatte, beschrieb Gross die verschiedenen Möglichkeiten, Personen, die sich in einer Situation eingeschränkter sinnlicher Anregungen befinden, mit Hilfe gesteuerter sozialer Kontakte zu beeinflussen[42]. Als Anwendungsbereiche nannte er in seinem Artikel die Kriminalistik und die Poenologie (Lehre vom Strafen) in Bereichen, „wo es um die Umerziehung des Einzelnen oder einer Gruppe geht, und wo die empfindliche Ausnutzung derartiger Abhängigkeiten und die Manipulation mit solchen Zuständen wirksam den Prozeß der Umerziehung beeinflussen können. Auch in der Kriminalistik bei der Untersuchung von Angeklagten oder Zeugen gehört die Ausnutzung der Abhängigkeit von dem Untersucher beim Gewinn des Schuldgeständnisses oder für das Erreichen der Mitteilung verschwiegener Tatsachen zur traditionellen Untersuchungstechnik". Es folgt der Hinweis, daß der Wahrheitsgehalt derartig erzielter Aussagen nicht unbedingt hoch zu sein brauche; immerhin könne es geschehen, „daß der Untersuchende eher das feststellt, was er hören will, als das, was geschah".

Der Artikel von Gross macht deutlich, daß es um Methoden der Gehirnwäsche, der Umerziehung und Geständniserzielung geht, die auf einer Kombination von sensorischer Deprivation mit manipulierten sozialen Kontakten beruhen. Das Studium des Projektberichtes des SFB 115 läßt den Eindruck entstehen, daß sich ähnlich gelagerte Interessen auch hier niedergeschlagen haben:

> „Versuchspersonen in sensorischer Deprivation zeichnen sich durch ein über das Andauern der Versuchsbedingungen hin zunehmendes Bedürfnis nach sensorischen Reizen aus, welches ziemlich generalisiert auftritt.
>
> Die Frustration, welche durch das Anhalten dieser Bedingung ausgelöst wird, führt zu Aggressionen, für deren Äußerung fast nur der verbale Kanal zur Verfügung steht.
>
> Mittels Rating-Kriterien läßt sich dieser verbale Report inhaltlich bestimmen und mit den Effekten in psychologischen Massen in Beziehung setzen.
>
> Es ist möglich, daß sich diese stark aggressionsauslösende Bedingung, in der verbale Reaktionsmasse, nicht Stimuli, mit den physiologischen Variablen verglichen werden, besser als Validierungssituation eignet als bisher angestellte Experimente"[43].

Aggressionen einer sensorisch deprivierten Person, die zusätzlich auch in ihren Bewegungsmöglichkeiten erheblich eingeschränkt ist, können sich nur noch verbal entladen. Solche Äußerungen von Aggressionen, für die also „fast ausschließlich der verbale Kanal zur Verfügung steht", standen im Mittelpunkt der Untersuchungen des Teilprojekts A 8 im SFB 115. Das A-8-Projekt hatte den Titel „Soziale Interaktion in einer modellhaften, inkompatiblen Gruppensituation unter besonderer Berücksichtigung der Aggressivität". Hier wurde die soziale Interaktion zwischen zwei Personen untersucht, die sich gemeinsam in einer isolierten, sensorisch deprivierten Situation befanden. Im Versuch wird die Versuchsperson mit einem „fiktiven Partner" (z. B. durch das Abspielen von Tonbändern mit Atemgeräuschen) konfrontiert. Unter der Überschrift „Erwartete Bedeutung" erfährt man, daß die Einbringung eines fiktiven Partners bei der Erforschung des „Verhaltens von Kleingruppen unter einschränkenden Bedingungen" neu ist. Weiter:

> „Mittels des ‚fiktiven Partners' läßt sich die ‚2. Versuchsperson' in ihrem Verhalten entweder konstant halten (wie in dem hier beschriebenen Projekt), oder in gezielter Weise manipulieren, indem der Versuchsleiter im Kontrollraum die Rolle der 2. Versuchsperson spielt. Damit eröffnet sich ein neuer Weg zur Untersuchung einer Vielzahl von Variablen der sozialen Interaktion einerseits und der Modellierung verschiedener interpersonaler Beziehungen andererseits"[44].

Die Unterbringung von Menschen in einer an sinnlichen Reizen äußerst geringen Umgebung führt also je nach Umfang der sensorischen

Deprivation und der Willenskraft des Betroffenen über kurz oder lang unweigerlich zur Desintegration der Persönlichkeit und zum Zerfall des menschlichen Organismus. In einer solchen sensorisch deprivierten Situation wächst der Hunger der Sinnesorgane so stark an, daß die Reaktionen des Individuums durch gesteuerte soziale Kontakte (im vorliegenden Fall rein verbale) im Prinzip beliebig manipuliert werden können.

Bringt man nun das Ergebnis dieser wissenschaftlichen Untersuchung mit der Situation eines über einen längeren Zeitraum sozial isolierten und in bestimmtem Ausmaß auch sensorisch deprivierten Gefangenen in Verbindung, so ist durchaus vorstellbar, daß mit Hilfe der erwähnten Manipulationstechniken eine ideale Situation für Verhöre und/oder Gehirnwäsche geschaffen werden kann. Vor allem die Anwendung der „fiktiven Partner"-Methode mit Hilfe von Mitgefangenen, Fahndungsbeamten, Anstaltspersonal, Familienangehörigen oder anderen kann von Bedeutung sein.

In ihrer Ausgabe vom 1.3.74 befaßt sich die Wochenzeitschrift „Die Zeit" mit einem Bericht über sensorische Deprivation, den ein hoher Beamter 1973 für den nordrhein-westfälischen Innenminister verfaßt hatte[45]. Dieser Bericht stützt sich nach Angaben der „Zeit" auch auf Ergebnisse aus dem SFB 115. Der nordrhein-westfälische Innenminister ist für das Gefängnis Köln-Ossendorf verantwortlich.

Die Gefangenen selbst waren davon überzeugt, daß sich der Staatsschutz (GBA und BKA) bei der Gestaltung ihrer Haftbedingungen direkt auf Untersuchungsergebnisse des Hamburger Forschungsprojekts gestützt hatten. Folgende Vorfälle bestärkten sie in dieser Auffassung:

– Als Astrid Proll im „Toten Trakt" von Ossendorf einsaß, erteilte ihr der Anstaltspsychiater Götte die Erlaubnis, über eine Wechselsprechanlage mit einem ihr unbekannten „Gefangenen" zu sprechen. Die Parallelen zum Versuch mit dem „fiktiven Partner" sind frappierend.

– Nachdem Astrid Proll aus dem „Toten Trakt" in den „normalen" Isolationshaftvollzug verlegt worden war, behandelte Götte sie mit autogenem Training „nach I. H. Schultz". In einem Buch über autogenes Training schreibt Professor Schultz, daß dieses Training „eine innere Hingabe an bestimmte ‚Übungs-Einbildungen'" bewirkt[46]. Autogenes Training kann als eine Variante der Hypnose angesehen werden und ist somit auch relativ einfach für Zwecke der Gehirnwäsche zu mißbrauchen.

– Zwei Wochen nach Ende des ersten Hungerstreiks entschied der Untersuchungsrichter des BGH in dem sogenannten Beigeher-Beschluß vom 5.3.73 eine Erleichterung der Isolation von Baader, Meinhof, Meins, Möller, Müller und Raspe: die Gefangenen sollten täglich eine Stunde lang mit einem von der Gefängnisleitung auszusuchenden „normalen" Mitgefangenen Kontakt haben dürfen[47]. Einer der Gefangenen berichtete seinem Verteidiger über den Kontakt mit einem solchen „Beigeher":

„Er versucht, mich auszufragen über (...) die Organisationsstrukturen der

RAF. Ob und wenn ja, welche Zusammenhänge mit dem Schwarzen September bestehen (...). Während er mir eine nagelneue Maschinenpistole Fabrikat Heckler und Koch und andere Waffen, die er zu besitzen behauptete, anbot, versuchte er, meine Kenntnisse über Waffen allgemein und Maschinenpistolen im besonderen auszuloten. Eine ähnliche Tour fuhr er mit Sprengstoff. Dann bot er mir an, sofort und ohne Gegenleistung einen Kassiber rauszuschmuggeln..."[48].

– Nachdem der Hochschullehrer für Forensische Psychiatrie H. W. Witter den Auftrag erhalten hatte, Ulrike Meinhof auf ihre Zurechnungsfähigkeit zu untersuchen, erstellte er sein Gutachten mangels Kooperation von Meinhof überwiegend auf der Basis der detaillierten Aufzeichnungen, die BKA-Beamte über die von ihr mit Familienangehörigen geführten Gespräche gemacht hatten. Während dieser Gespräche gezeigte Emotionen waren ebenfalls aufgezeichnet worden. Auch hier wird also die seltene „verbale Produktion" einer für längere Zeit sensorisch deprivierten Person für kriminalistische Zwecke benutzt. Aufgrund der zur Verfügung stehenden Informationen läßt sich nicht leugnen, daß es aus der Sicht der Gefangenen nahe lag, einen direkten Zusammenhang zwischen ihrer Haftsituation und dem SFB-115-Projekt zu vermuten. Daß dies noch kein juristischer Beweis für den Zusammenhang darstellt, scheint mir angesichts des objektiven wissenschaftlichen Stellenwerts, den das Forschungsprojekt hinsichtlich der Beurteilung der Haftbedingungen einnimmt, unerheblich zu sein.

5. Gehirnuntersuchung bei Ulrike Meinhof? – Juli/August 1973[49]

Am 13.7.73 beschied der BGH-Untersuchungsrichter Knoblich den Antrag der BAW, Ulrike Meinhof auf ihre Zurechnungsfähigkeit während der Zeit von Juni 1970 bis Juni 1972 untersuchen zu lassen, positiv. In dem Beschluß wird ausdrücklich erlaubt, Röntgenaufnahmen des Schädels zu machen und eine Szintigraphie des Gehirns (Eingabe eines radioaktiven Kontrastmittels zur röntgentechnischen Überprüfung der jeweiligen Verteilung) vorzunehmen, falls erforderlich auch gegen den Willen Ulrike Meinhofs und unter Anwendung von Narkose[50]. Der Antrag der BAW beruhte auf dem Wissen, daß bei Ulrike Meinhof 1962 eine (gutartige) Geschwulst operativ aus dem Kopf entfernt worden war. Die angeordneten Untersuchungsmaßnahmen waren von H. W. Witter, Direktor des Instituts für Gerichtsmedizin und Psychiatrie der Universität Homburg/Saar, vorgeschlagen worden und sollten auch von ihm durchgeführt werden.

Dieser Beschluß versetzte die Verteidiger in Alarm, nachdem ihnen Mediziner auch noch versichert hatten, daß die angeordneten Untersuchungen niemals zu einer zuverlässigen Antwort auf die Frage nach der Zurechnungsfähigkeit in den Jahren 1970 bis 1972 führen könnten.

Würde ein Tumor festgestellt, so könnten Untersuchungen höchstens Aussagen über die eventuelle Größe des Tumors zu einem früheren Zeitpunkt und seine mögliche Wachstumsgeschwindigkeit machen. Würde kein Tumor gefunden, so wäre eine Unzurechnungsfähigkeit trotzdem nicht ausgeschlossen; umgekehrt bedeute die Feststellung eines Tumors noch längst nicht auch die Unzurechnungsfähigkeit des Betroffenen.

Folgende schwere Anschuldigungen gingen an die Adressen von Bundesanwaltschaft und BGH: Mit Hilfe der Gehirnuntersuchung solle Meinhof und damit auch die RAF der Öffentlichkeit als „verrückt" präsentiert werden; Ziel dieser Untersuchung sei weiter, wissenschaftlich fundierte Ergebnisse über die Auswirkungen von acht Monaten „Totem Trakt" zu erhalten; die angedrohte Zwangsnarkotisierung könne gleichzeitig dazu dienen, Meinhof zum Sprechen zu bringen. Trotz der Ferienmonate gelang es den Verteidigern und den Komitees wiederum, eine breite liberale Prominenz, vornehmlich Mediziner, zu mobilisieren[51].

Witters Medizinerkollegen äußerten sich in der Öffentlichkeit und auch in Gegengutachten an den BGH scharf gegen die beabsichtigten Untersuchungen und die Zwangsnarkose[52]. In einem Offenen Brief an Bundesrichter Knoblich kommentierten 70 Ärzte Witters Vorhaben u. a. so: „Dies steht in der Tradition der NS-Medizin im deutschen Faschismus"[53]. Am 29.8.73 hob Knoblich seinen Beschluß auf Antrag der BAW mit der Begründung auf, die Untersuchung sei überflüssig geworden, nachdem Professor Witter im Zentralblatt für Neurochirurgie einen Artikel über Ulrike Meinhofs Krankengeschichte aus dem Jahr 1968 entdeckt habe. Aus später bekannt gewordenen Dokumenten (u. a. dem Briefwechsel zwischen Witter und der Bundesanwaltschaft seit Januar 1973 und seinem Abschlußgutachten über Meinhof vom 5. 11. 73) geht jedoch hervor, daß Witter die Krankengeschichte bereits viel früher gekannt haben muß.

Auf jenem Briefwechsel zwischen Witter und der BAW beruhte die von den Gefangenen geäußerte und von einigen Verteidigern öffentlich unterschriebene schwerste Beschuldigung in dieser Affäre: Es sei beabsichtigt gewesen, bei Ulrike Meinhof eine Gehirnoperation vorzunehmen, um sie zu einem geistigen Wrack zu machen. In einem Brief vom 18.4.73 hatte Bundesanwalt Zeis dem Psychiater Witter vorgeschlagen, den Leiter der neurochirurgischen Universitätsklinik in Homburg um seine Mitarbeit zu bitten, falls „die Hinzuziehung eines Neurochirurgen erforderlich sein sollte". Ferner steht folgender Satz in Witters Brief vom 27.8. 73 an Zeis: „...Vor allem hätte sich durch den Nachweis eines Hirngewebegeschwulstes auch eine vitale Indikation für einen therapeutischen operativen Eingriff ergeben können".

Vitale Indikation aber bedeutet nichts anderes als einen unmittelbaren, sofortigen Eingriff.

6. Dritter Hungerstreik September 1974 bis Februar 1975

Am 10.9.74 begann in Berlin der Prozeß gegen Ulrike Meinhof u. a. wegen Gefangenenbefreiung (Baader 1970). Am 13.9.74 gab Meinhof im Namen der Gefangenen aus der RAF eine Hungerstreikerklärung ab. 40 Gefangene begaben sich sofort danach in den Hungerstreik „gegen Sonderbehandlung, gegen die Vernichtungshaft an politischen Gefangenen in den Gefängnissen der Bundesrepublik und Westberlin"[54].

6.1. Tod von Holger Meins am 9. 11. 74

„Ausführungen – auch in äußersten Notfällen (z. B. Lebensgefahr) – sind erst durchzuführen, wenn die Sicherungsgruppe Bonn (Telefon 02221/353001) entsprechende Weisungen erteilt hat".
(Hausmitteilung der JVA Köln-Ossendorf vom 2.8.73)[55]

Seit Einreichen der Anklageschrift beim OLG Stuttgart-Stammheim am 2. 10. 74 war der Vorsitzende des zuständigen Strafsenates, Theodor Prinzing, hauptverantwortlich für die Haftsituation von Holger Meins. Meins befand sich schon seit etwa drei Wochen im Hungerstreik. Unmittelbar nach dem 2. 10. wurde Prinzing von den Verteidigern mit scharf formulierten Anträgen darauf hingewiesen, daß die medizinische Versorgung durch die Anstaltsärzte – vor allem in den Gefängnissen Wittlich und Schwalmstadt, wo sich Meins und Baader befanden – nicht in erster Linie der Erhaltung der Gesundheit der Gefangenen diene, sondern vielmehr mit Hilfe schmerzhafter Methoden der Zwangsernährung und anderer Maßnahmen auf eine Beendigung des Hungerstreiks hinarbeite[56]. Die Anträge, in denen Beispiele für die Art der medizinischen Behandlung detailliert beschrieben wurden, endeten mit der Bitte, Vertrauensärzte zuzulassen und Meins, Baader und Raspe (der sich in Köln-Ossendorf befand) nach Stammheim zu verlegen, wo die für eine medizinisch verantwortliche Durchführung der Zwangsernährung benötigten Einrichtungen vorhanden seien. Am 14. 10. 74 wies der Vorsitzende des Strafsenats den Antrag um Zulassung von Vertrauensärzten ab: „. . . der Antrag (ergibt) keinen begründeten Anhalt dafür, daß die Ärzte in den jeweiligen Vollzugsanstalten ihre Pflichten vernachlässigen würden oder ihren Aufgaben nicht gewachsen wären"[57]. Über den Antrag, die Gefangenen zu verlegen, wurde von Prinzing nicht entschieden. Am 15. 10. 74 erstattete ein Verteidiger in Meins' Namen Strafanzeige wegen Mißhandlung gegen den Anstaltsarzt in Wittlich[58]. Dem Arzt wurde unter anderem vorgeworfen, er benutze für die tägliche Zwangsernährung durch den

Mund einen 12 Millimeter dicken Gummischlauch, der heftige Schmerzen und Verwundungen von Kehle und Speiseröhre verursache sowie Krämpfe bewirke und ein erhöhtes Erstickungsrisiko bedeute. Mit einem erheblich dünneren Schlauch, durch die Nase einzuführen, sei eine schmerzlose künstliche Ernährung zu erreichen; ein entsprechender Antrag war bereits am 7. 10. bei Prinzing eingereicht worden[59]. Weiter wurde behauptet, Meins erhalte zuwenig Nährstoffe, so daß mit seinem Tod durch Unterernährung zu rechnen sei. All dies wurde Prinzing schriftlich zugeschickt mit der Bitte um genaue Auskunft, welche und wieviele Nährstoffe Meins täglich verabreicht würden. Ferner solle Prinzing dem Wittlicher Anstaltsarzt die weitere Behandlung von Meins untersagen und bei zukünftiger Zwangsernährung durch einen anderen Anstaltsarzt die Anwesenheit eines Vertrauensarztes sicherstellen[60]. Am 22. 10. ordnete der Strafsenat durch seinen Vorsitzenden Meins' Zwangsernährung durch die Nase an, erwähnte jedoch in der Begründung seiner Anordnung die Äußerung des Wittlicher Anstaltsarztes: „Dazu sieht sich die Anstalt mit ihrem ärztlichen und Sanitätspersonal nicht in der Lage". Andererseits begründete der Strafsenatsvorsitzende Prinzing seine Anordnung mit der Bemerkung: „Nach der Äußerung von Regierungsmedizinaldirektor Dr. Lang, der in der Vollzugsanstalt Stuttgart-Stammheim eine durch die Nase eingeführte Sonde angeordnet hat, ist diese Methode gebräuchlich; eines Facharztes bedarf es dazu nicht"[61]. Über die anderen Anträge wurde vom Gericht nicht entschieden. Den schon Monate zuvor eingereichten und seitdem regelmäßig wiederholten Antrag, Baader, Meins und Raspe zu verlegen, beschied der Vorsitzende Prinzing dann am 21. 10. 74: „Der Angeschuldigte Baader ist spätestens in der Woche nach dem 2. November 1974, die Angeschuldigten Raspe und Meins sind spätestens bis 2. November 1974 in die Vollzugsanstalt Stammheim zu verlegen"[62].

Diese Entscheidung sowie die sich anschließende Kommunikation zwischen Strafsenatsvorsitzendem und GBA wurde den Verteidigern erst nach dem Tod von Holger Meins bekannt. Am 24. 10. 74 hatte der GBA dem Strafsenat wegen der Verlegung von Meins mitgeteilt: „Der Transport des Angeschuldigten bedarf umfangreicher Vorbereitungen und Sicherheitsvorkehrungen. Schon jetzt darf ich deshalb vorsorglich darauf hinweisen, daß im Hinblick hierauf die in dem o.a. Beschluß aufgegebenen Verlegungstermine nicht eingehalten werden können"[63].

Nach Erhalt des Schreibens verlängerte Prinzing den Termin bis zum 4. 11. 74. Aber auch am 4. November wurde Meins nicht verlegt. Am 8. November rief Meins seinen Verteidiger Siegfried Haag in Heidelberg an, um ihm mitzuteilen, daß es ihm sehr schlecht gehe. Am Morgen des 9. 11. 74, einem Samstag, fuhr Haag nach Wittlich, wo ihm der Besuch bei Meins verweigert wurde, weil Meins nicht mehr in der Lage war, aus eigener Kraft in den Besuchsraum zu gehen. Ein Besuch in der Zelle könne Haag aus Sicherheitsgründen nicht gestattet werden. Der sofort von Haag alarmierte Verteidiger Croissant in Stuttgart telefonierte daraufhin mit Prinzing, berichtete ihm, daß Meins' Zustand äußerst kritisch sei und forderte ihn auf, sowohl Haag als auch einem Vertrauensarzt sofort zu erlauben, Meins zu besuchen. Um 13 Uhr wurde jedoch nur Haag zugelassen. Meins war so geschwächt, daß Haag ihn kaum noch verstehen konnte. Wie Haag erfuhr, war die Gefängnisleitung offenbar nicht anwesend; der Anstaltsarzt wurde erst wieder am Montag erwartet; die Verlegung von Meins in eine Intensivstation lehnte Prinzing ab. Holger Meins starb um 16 Uhr[64]. Er hatte systematisch zu wenig Nahrung erhalten, in den letzten zwei Wochen vor seinem Tod täglich 400 bis 800 Kalorien, an den letzten vier Tagen 400 Kalorien. Ein Erwachsener benötigt täglich mindestens 1200 bis 1600 Kalorien[65]. Meins war nur einmal alle 24 Stunden künstlich ernährt worden, während normalerweise unter solchen Umständen die Nahrung auf mehrere Portionen pro Tag verteilt wird.

Für die Gefangenen war der Tod von Holger Meins eindeutig Mord: Er war ermordet worden, um den Hungerstreik der Gefangenen brechen und die Vernichtungshaft unverändert fortsetzen zu können. Hauptschuldiger war der Staatsschutz bzw. dessen für die Gefangenen aus der RAF zuständige BKA-Abteilung, die „Sicherungsgruppe Bonn", die über die unzureichende medizinische Versorgung in Wittlich unterrichtet gewesen sein mußte und den Transport nach Stammheim absichtlich mit Hilfe des GBA verzögert habe. Alle anderen Beamten, vom Anstaltsarzt bis zu Prinzing, hätten sich den Anordnungen des Staatsschutzes völlig unterworfen und seien somit als Mittäter oder Mitschuldige haftbar zu machen. Am 9. 11. 74 erstattete Rechtsanwalt Ruppert von Plottnitz im Namen der Angehörigen von Meins gegen den Generalbundesanwalt, den Vorsitzenden Prinzing, den Chef des BKA, den Wittlicher Anstaltsleiter und den Anstaltsarzt Strafanzeige wegen Mordes bzw. Totschlags[66].

Der Tod von Holger Meins war aus verschiedenen Gründen von großer Bedeutung für die Entwicklung des Konflikts zwischen den Gefangenen und ihren Verteidigern einerseits und den staatlichen Behörden andererseits.

Für die Gefangenen hatte der Tod von Holger Meins den endgültigen Beweis für die Richtigkeit ihrer Behauptung geliefert, der Staat und vor allem der Staatsschutz führten den Krieg gegen die Guerilleros bis in die Gefängnisse hinein, um in erster Linie nichtinhaftierte und potentielle Guerilleros abzuschrecken (Gefangene als Geiseln). Aus der Sicht der Gefangenen konnte dies nur bedeuten, daß der Staat nun mit „rechtlichen" Mitteln versuchen würde, das zu erreichen, was ihm mit polizeilichen und para-militärischen Mitteln nicht gelungen war: ihre direkte physische Vernichtung. Der Staat dagegen benutzte den Tod von Holger Meins als Beweis für die alte Behauptung, daß die Gefangenen aus den

Zellen heraus und unterstützt von den Verteidigern die Guerilla gegen den Staat weiterführten: mit ungerechtfertigten Hungerstreiks und organisatorischer Hilfe der Verteidiger würden Märtyrer „produziert", um ein Anwachsen des sogenannten revolutionären Potentials gegen einen als neo-faschistisch etikettierten Rechtsstaat zu bewirken. Daraus leitete der Staat wiederum die Notwendigkeit ab, Rechtsanwälte von der Verteidigung von Gefangenen aus der RAF auszuschließen. Eine Diskussion des Phänomens Hungerstreik wird fast zwangsläufig eine Problematisierung beider Thesen umfassen, vor allem deshalb, weil die deutschen Behörden aufgrund der bestehenden Rechtslage dazu verpflichtet sind, Leben und Gesundheit von Häftlingen jederzeit zu schützen. Mit den Hungerstreiks wird zwar versucht, eine bessere Haftsituation zu erzwingen, solange diese Forderung aber nicht erfüllt wird, haben sie eine unmittelbare Verschlechterung des Gesundheitszustands zur Folge, was die Behörden wiederum zwingt, zu einer medizinisch indizierten Zwangsernährung überzugehen[67]. Während die Gefangenen sich gegen die Zwangsernährung zur Wehr setzen, denn es geht ihnen schließlich um die Erfüllung ihrer Forderung, sind die Verteidiger darum bemüht, die staatlichen Behörden zu veranlassen, ihrer Pflicht, Leben und Gesundheit von Gefangenen zu schützen, nachzukommen. Dies kann unter anderem ein unnachgiebiges Beharren auf medizinisch korrekter und adäquater (Zwangs-)Ernährung beinhalten[68]. Nun ist jedoch – so die Erfahrung von Gefangenen – künstliche Ernährung selbst dann, wenn sie ohne Zwang und medizinisch korrekt vorgenommen wird, bereits „the worst torment", so z. B. Panagoulis, der später ermordete Widerstandskämpfer gegen die griechische Militärjunta[69]. Wird Zwangsernährung allerdings auf eine medizinisch unverantwortbare und infolgedessen äußerst schmerzhafte Weise vorgenommen und stirbt ein Gefangener an den Folgen einer nicht adäquaten oder medizinisch stümperhaft durchgeführten Zwangsernährung, so ergibt sich daraus logischerweise der Verdacht auf eine strafbare Mißhandlung, auf Totschlag oder Mord. Und zwar in Form eines „unechten Unterlassungsdelikts", für das auch in der BRD der „bedingte Vorsatz" („das willentliche und wissentliche Inkaufnehmen einer keineswegs als imaginär einzuschätzenden Möglichkeit")[70] genügt.

So wurde denn auch die strafrechtliche Verantwortung Prinzings für den Tod von Holger Meins in der bereits erwähnten Strafanzeige vom 19. 11. 74 u. a. wie folgt begründet:

> „Seine aus der prozessualen Fürsorgepflicht abzuleitende Rechtspflicht[71] zu unverzüglichem Handeln hat der Beschuldigte zu 1) (Prinzing – BS) in eklatanter und durch nichts zu rechtfertigender Weise verletzt. Der Beschuldigte zu 1) hat es am Mittag des 9. 11. 74 in voller Kenntnis der Tatsache, daß wegen des geschwächten Gesundheitszustandes des Getöteten Lebensgefahr nicht auszuschließen war, unterlassen, als Richter auch nur das Geringste zu verfü-

gen, was die ärztliche Versorgung des Getöteten hätte sicherstellen können. Er hat im Hinblick auf sein Unterlassen den Tod des Getöteten zumindest billigend mit in Kauf genommen. Wären noch am Mittag oder Nachmittag des 9. 11. 1974 sofortige ärztliche Maßnahmen, insbesondere Fusionen und ähnliches, von dem Beschuldigten zu 1) richterlich veranlaßt worden, hätte das Leben des Getöteten gerettet werden können"[72].

Der in dieser Strafanzeige im einzelnen dargelegte öffentlich bekannt gemachte Verdacht wurde von den verantwortlichen Behörden jedoch sofort als Teil einer von den Gefangenen organisierten und von den Verteidigern durchgeführten Verleumdungskampagne gegen die Justiz begriffen. Für die Justiz sind die bestehenden Haftbedingungen notwendig, legal und legitim; und die sich dagegen wendenden Hungerstreiks sind nichts anderes als Versuche, unter der Parole „Isolationsfolter" die öffentliche Meinung gegen die Justiz aufzuhetzen, Mithäftlinge politisch zu aktivieren und die Entlassung aus der Untersuchungshaft oder ein Scheitern der Strafprozesse durch einen selbst verschuldeten kritischen Gesundheitszustand zu erreichen.

Die Anzeige gegen den Wittlicher Gefängnisarzt wies das OLG Koblenz am 2.6.77 durch richterlichen Beschluß endgültig zurück[73]. Der Senat kam tatsächlich zu der Feststellung, daß Meins seit dem 23. 10. 74 fortwährend zuwenig Nahrung erhalten hatte. Von diesem Zeitpunkt an habe der Anstaltsarzt auf Zwangsernährung verzichtet, weil Meins sich gegen jegliche künstliche Ernährung zur Wehr gesetzt habe. Der Senat war der Meinung, daß der Anstaltsarzt auch nicht verpflichtet gewesen sei, die Zwangsernährung weiter durchzuführen. Implizit wurde dies mit dem erst am 1.1.77 in Kraft getretenen neuen Strafvollzugsgesetz begründet; zum Zeitpunkt von Meins' Tod gab es noch keine gesetzliche Regelung auf diesem Gebiet. Das neue Gesetz (§ 101 StrVollzO; vgl. Kapitel VIII Abschnitt 5.1.1.) enthält eine Regelung, nach der die Zwangsernährung von Häftlingen dann Pflicht für den Arzt ist, wenn „akute" Lebensgefahr besteht. Angesichts des Umstandes, so die Argumentation des Senats, daß Meins eine Untersuchung durch den Anstaltsarzt verweigerte, sei es dem Arzt auch nicht möglich gewesen, festzustellen, ob und wann von akuter Lebensgefahr die Rede sein konnte; gleichzeitig seien dafür „bis zuletzt keine Anzeichen (...) erkennbar gewesen". Sachverständige hätten bei der Obduktion darüber hinaus festgestellt, daß Meins in den letzten Tagen auch schon nicht mehr zu retten gewesen wäre; die organische Krise sei erst in den letzten Stunden vor seinem Tod unerwartet und plötzlich eingetreten.

Für den westdeutschen Rechtsexperten auf diesem Gebiet (Selbstmord und Selbstmordverhinderung[74]), Joachim Wagner, war dieses Urteil des OLG Koblenz ein weiterer Beweis dafür, daß die gesetzliche Regelung der Zwangsernährung „rechtlich wie tatsächlich mißlungen" war[75]:

„Damit ist eine ebenso merkwürdige wie unhaltbare Situation entstanden: Ein Hungerstreikender bekommt über mehr als zwei Wochen keine zum Lebensunterhalt ausreichende Nahrungsmenge zugeführt; es treten auffällige Schwächeerscheinungen auf; und der verantwortliche Arzt verreist für zwei Tage, während der der Hungerstreikende ohne ärztliche Aufsicht ist. Ein Verhalten, das unter medizinischen Gesichtspunkten kaum anders als eine fahrlässige Verletzung der Sorgfaltspflichten anzusehen ist: Wenn ein Hungerstreikender seit längerer Zeit unterernährt und in auffälliger Weise geschwächt ist und sein Tod jederzeit in einer Kippreaktion innerhalb weniger Stunden eintreten kann, darf der Hungerstreikende nicht zwei Tage ohne ärztliche Betreuung bleiben. Wenn es um ein Menschenleben geht, muß die Möglichkeit des Todes und nicht die Chance des Weiterlebens das Verhalten des verantwortlichen Arztes bestimmen. Daß dieser Grundsatz nicht auch Richtschnur der rechtlichen Beurteilung des ärztlichen Verhaltens beim Hungerstreik von Holger Meins ist, liegt allein daran, daß das OLG Koblenz im Anschluß an § 101 StVollzG für die Begründung einer Pflicht zur Zwangsernährung auf Indikationen abhebt, die unter medizinischen wie psychologischen Aspekten an der Realität eines Hungerstreikes und der Verhinderung seines tödlichen Ausgangs vorbeigehen. Der Beschluß des OLG Koblenz ist der erste Beweis dafür, daß der § 101 StVollzG dem Gesetzgeber rechtlich wie tatsächlich mißlungen ist".

Holger Meins hatte seine Verteidiger bereits im März 1974 wissen lassen:

„WITTLICH, DEN 9.3.1974
FÜR DEN FALL, DASS ICH IN HAFT VOM LEBEN IN DEN TOD KOMME, WAR'S MORD – GLEICH WAS DIE SCHWEINE BEHAUPTEN WERDEN. NIE WERDE ICH MICH SELBST TÖTEN, NIE WERDE ICH IHNEN EINEN VORWAND GEBEN, ICH BIN KEIN PROVO UND KEIN ABENTEURER, WENNS HEISST – UND DAFÜR GIBT'S ANZEICHEN – ‚SELBSTMORD', ‚SCHWERE KRANKHEIT', ‚NOTWEHR', ‚AUF DER FLUCHT': GLAUBT DEN LÜGEN DER MÖRDER NICHT."

Kapitel V: Ausschließung der Rechtsanwälte Croissant, Groenewold und Ströbele

1. Aktion Winterreise

Am Tag nach dem Tod von Holger Meins wurde der Präsident des Berliner Gerichtshofs, von Drenckmann, erschossen. Vermutlich handelte es sich um den mißlungenen Entführungsversuch eines Kommandos der Bewegung 2. Juni. Zwei Tage später hielten die Innenminister des Bundes und der Länder eine Konferenz zum Thema „Innere Sicherheit" ab. Auf dieser Konferenz wurde unter anderem beschlossen, am 26. 11. 74 eine bundesweite Fahndungsaktion, die sogenannte Aktion Winterreise, durchzuführen. An diesem Tag schien in der BRD der Notstand ausgebrochen zu sein. In einer Gemeinschaftsaktion von Polizeieinheiten des Bundes und der Länder, unterstützt vom paramilitärischen Bundesgrenzschutz, wurden in der gesamten BRD Straßensperren errichtet und scharfe Kontrollen durchgeführt, Büros und Wohnungen durchsucht – vor allem die der Verteidiger von Gefangenen aus der RAF. Durchsucht wurden auch als „links" bekannte Verlage, Druckereien, Wohngemeinschaften. Die Zahl der vorläufigen Festnahmen zwecks Verhör und/oder erkennungsdienstlicher Behandlung wurde nie veröffentlicht. Augenzeugenberichten und Strafanzeigen gegen Polizeikommandos zufolge wurde diese Aktion mit fast militärischer Härte durchgeführt; sie hinterließ eine breite Spur von Zerstörungen und Mißhandlungen. Offizielles Ziel dieses von den Medien interessiert verfolgten „Feldzuges" waren 23 Personen, die wegen Mitgliedschaft in einer kriminellen Vereinigung gesucht wurden. Obwohl keine von ihnen entdeckt wurde, findet sich in der „Welt am Sonntag" vom 1. 12. 74 eine positive Bewertung durch Bundesinnenminister Prof. Werner Maihofer: „Ein Erfolg (Innenminister Maihofer) war die ‚Winterreise' nämlich vor allem für das Image und das Selbstbewußtsein der Polizei". Noch deutlicher formuliert Siegfried Fröhlich, Mitarbeiter der Abteilung „Innere Sicherheit" des Bundesinnenministeriums, in der Fernsehsendung „Im Brennpunkt" vom 5. 12. 74 die anderen der Aktion Winterreise zugrunde liegenden Beweggründe. Auf die Frage, ob die Aktion nicht mangels konkreter Ergebnisse ein „Schlag ins Wasser" gewesen sei, antwortete er:

> „Ich sehe das nicht so. Einmal mußte, das sag ich ganz offen hier, nach diesen Vorfällen – Ermordung des Herrn von Drenckmann in Berlin – in einer gewissen vorgezogenen Art und Weise etwas gemacht werden, was eigentlich zu diesem Zeitpunkt nicht geplant war. Es mußte gegen diese Herausforderung des Rechtsstaates reagiert werden. Und hier ist es wirklich nun in einer wirklich vorbildlichen Weise gelungen, in sehr schneller Zeit zu einer doch also

gewaltigen Operation von Länderpolizeien, Bundeskriminalamt und Schutzpolizeien und Kriminalpolizei gekommen, eine Organisation, die als solche ein wirklich bewunderungswürdiges... allein dies ist meines Erachtens eine Demonstration von staatlicher Reaktionsfähigkeit, die einmal fällig war"[1].

Im November 74 wurden im Zusammenhang mit der „Aktion Winterreise" zwei weitere Entscheidungen getroffen, die für die Position der Verteidiger von Gefangenen aus der RAF weitreichende Bedeutung erhalten sollten. Die erste betraf die Herausgabe einer „Dokumentation über Aktivitäten anarchistischer Gewalttäter in der Bundesrepublik Deutschland", bekannter als „Maihofer-Dokumentation", durch das Bundesinnenministerium. Sie erschien im Dezember 74. Die zweite Entscheidung galt der beschleunigten parlamentarischen Behandlung einer neuen die Advokatur betreffenden Gesetzgebung[2]. In diesem Kapitel gehe ich nacheinander auf die Maihofer-Dokumentation, die neue Gesetzgebung und die sich auf sie berufenden Ausschließungen der Verteidiger Croissant, Groenewold und Ströbele ein.

2. Maihofer-Dokumentation

Die 165 Seiten starke Veröffentlichung enthält u. a. 29 amtliche Dokumente, von denen 18 bei Zellenrazzien[3] im Juli 1973 gefunden wurden, neun in „konspirativen" Wohnungen in Frankfurt und Hamburg im Februar 74 und eine in einer Bremer „konspirativen" Wohnung. Schließlich noch die Presseerklärung von Rechtsanwalt Jörg Lang aus Stuttgart vom 16.9.74, in der er mitteilt, daß er nicht an dem Prozeß teilnehmen werde, der gegen ihn wegen Unterstützung einer kriminellen Vereinigung am gleichen Tag vor dem OLG Stuttgart beginnen sollte. In der Erklärung begründet Lang außerdem, warum er in die Illegalität gehe[4].

Von den zehn in „konspirativen" Wohnungen gefundenen Dokumenten stammen laut Maihofer-Dokumentation

> drei von Gefangenen mit konkreten Angaben über Befreiungspläne, Aktionen und Herstellung von Sprengsätzen (Verfasser sei „vermutlich Baader"); zwei von den Anwälten Groenewold und (vermutlich) Becker über ein Verteidigertreffen am 17. 12. 73; zwei von (vermutlich) Gudrun Ensslin oder Holger Meins über die Funktion von Verteidigern; drei von anonymen Autoren über das Fälschen von Papieren, den Umgang mit Sympathisanten und über eine Telexfahndung in Bremen.

Die 18 bei Zellenrazzien beschlagnahmten Dokumente teilen sich auf in

> zwölf Rundbriefe von Gefangenen für die interne Diskussion über Stadtguerilla, Arbeitsverteilung beim Literaturstudium, ein Archivierungs- und Informationssystem, Haftbedingungen und Prozeßvorbereitung, Rolle und Funktion von Anwälten, vergangene und künftige Hungerstreiks sowie eine Kritik der „Roten Hilfe" an den Hungerstreiks und der Definition des Begriffs „politischer

Gefangener"; drei Rundbriefe aus dem Büro Groenewold an die Gefangenen mit einem 14seitigen Aufsatz über die geplante Gründung einer linken Juristenvereinigung und Berichten über den Verlauf der Hungerstreiks und Verteidigerbemühungen; ein Rundbrief aus dem Büro Ströbele; zwei Papiere der „Roten Hilfe" mit Kritiken an Hungerstreiks und am Gebrauch des Begriffs „politische Gefangene".

Der Inhalt dieser Dokumentation wurde so ausführlich aufgeführt, weil vom Dezember 1974 an in Bundestagsdebatten, Radio- und Fernsehsendungen, Zeitungsberichten und sogar bei Diskussionen im Ausland immer wieder auf diese Dokumentation als der Beweis für die kriminelle Rolle der Verteidiger von Gefangenen aus der RAF verwiesen wurde und weil mit dieser Dokumentation zudem die Ausschließungsgesetzgebung und die entsprechenden Begleitmaßnahmen der deutschen Behörden gegen die Anwälte gerechtfertigt wurden. Auch wenn man davon ausgeht, daß die Dokumentation nur authentisches Material enthält (was für einige Papiere von Anwälten und Gefangenen bestritten wird), so läßt sich daraus hinsichtlich der Verteidigertätigkeit jedoch folgendes ableiten: Die 20 bis 30 Rechtsanwälte, die für etwa 40 bis 80 Gefangene aus dem SPK, der RAF und anderen revolutionären Gruppen als Verteidiger auftraten, hatten es für richtig und wichtig gehalten, sich gegenseitig und ihre Mandanten mit Hilfe der im Prinzip unzensierten Verteidigerpost über die Prozeßvorbereitungen, die fast identischen Sonderhaftbedingungen, die dagegen gerichteten Hungerstreiks und legalen Kampagnen, über die daraus folgenden internen und externen Auswirkungen sowie über die Funktion dieser Kampagnen und der Strafprozesse zu informieren. Des weiteren betrafen die Informationen die Kontinuität antiimperialistischer bewaffneter Politik, die Notwendigkeit für die Gefangenen, darüber wissenschaftlich zu arbeiten und schließlich die Rolle und Funktion ihrer Verteidiger. Nun läßt sich natürlich nicht leugnen, daß die verschiedenen Themen dieses Informationsaustauschs recht unterschiedlichen Charakters sind. So ließe sich sagen, daß es tatsächlich Aufgabe der Verteidiger sei, ihren Mandanten die Vorbereitung einer gemeinsamen politischen Prozeßerklärung zu ermöglichen, daß dies aber kaum auch im gleichen Maße für Forschungsarbeiten zum bewaffneten Kampf und seiner künftigen Perspektive gelten könne. Andererseits ist jedoch nicht ersichtlich, wie das eine vom anderen zu trennen ist. Inhaltlich müßte die Prozeßerklärung auch durch eine „historische" Bewertung der zur Last gelegten Handlungen bestimmt sein. Ohne eine Zukunftsprojektion ist das jedoch nicht möglich.

Es scheint mir berechtigt zu sein, von der Annahme auszugehen, daß der Grad der bei staatlichen Behörden vorhandenen Tolerierung einer bestimmten Rolle des Strafverteidigers, aus der sich z. B. die soeben skizzierte Auffassung über den zulässigen Inhalt von Verteidigerpost ergibt, direkt mit dem Grad der Tolerierung der von den Beschuldigten vertretenen Auffassung über den politischen Kontext „ihrer Sache" korrelieren wird. Weiter: Staatliche Behörden, die vorgeben, sich an Grundrechten, an der Verfassung sowie rechtsstaatlichen Prinzipien und Werten zu orientieren, sollten eigentlich jede Selbstdarstellung von Beschuldigten, wie politisch extrem sie auch sein mag, tolerieren können; andernfalls verlieren sie an Glaubwürdigkeit. Eine solche Tolerierung wird für die Behörden jedoch dann problematisch, wenn sie dazu führen sollte, daß die Beschuldigten ihre revolutionäre Identität auch tatsächlich nach außen vermitteln können. Eine konsequente rechtsstaatliche Haltung seitens der staatlichen Behörden müßte den Beschuldigten dazu vor Gericht etwa durch Prozeßerklärungen Gelegenheit geben. Die dadurch zu beeinflussende Öffentlichkeit und vor allem der Teil einer linken Öffentlichkeit, der für revolutionäre Ideen empfänglich ist, könnte aber zu einer Gefahr für „Ruhe und Ordnung" werden. Wie bereits festgestellt wurde, waren die deutschen Behörden wegen ihres großen Interesses an der Vermeidung einer kurzfristigen Störung von Ruhe und Ordnung der Meinung, sich die öffentlich vorgetragene revolutionäre Selbstdarstellung dieser Gefangenen nicht leisten zu können. Die einzige Möglichkeit, dieses Dilemma zwischen Ordnung und Legalität aufzulösen, bestand denn auch in dem Versuch, die Selbstdarstellung der Gefangenen mit Hilfe der selektiven und exemplarischen Ausschaltung der Verteidiger als den Vermittlungsträgern zu unterdrücken. Dazu mußten noch die sondergesetzlichen Instrumente geschaffen werden, während das Vorhaben selbst langfristig publizistisch vorbereitet wurde. Diese Öffentlichkeitsarbeit, vehement, aber eher noch ungezielt im Sommer 1972 begonnen, fand ihren Höhepunkt in der sogenannten Maihofer-Dokumentation. Schreiben von Verteidigern, Diskussionspapiere der Gefangenen untereinander, drei offenbar aus dem Gefängnis geschmuggelte Kassiber sowie einige „konspirative" Dokumente unbekannter Herkunft wurden, einen Zusammenhang suggerierend, in diese Dokumentation aufgenommen. Die folgende Passage ist der völlig unmißverständlichen Einleitung zu dieser Dokumentation entnommen:

> „An ihrer ursprünglichen Zielsetzung hat die kriminelle Baader-Meinhof-Vereinigung auch nach der Inhaftierung ihres Führungskaders und weiterer Mitglieder eindeutig festgehalten. Arbeitsweise und Taktik jedoch wurden den veränderten Umständen und den aus der Vergangenheit gewonnenen Erfahrungen angepaßt. Die Vereinigung konzentrierte sich, wie aus dem bei den Zellendurchsuchungen und in konspirativen Wohnungen sichergestellten Beweismaterial hervorgeht, vornehmlich auf
>
> 1) die politische und militärische Schulung von Kadern für den Stadtguerillakampf,
>
> 2) die Politisierung der Gefängnisinsassen mit dem Ziel, Aufstände herbeizuführen,
>
> 3) die Verbreiterung der revolutionären Basis außerhalb der Haftanstalten mit dem Ziel einer Volksfrontbewegung,

4) eine großangelegte Kampagne gegen die Justiz.

Es gelang den Häftlingen, ein schnell und reibungslos funktionierendes Kommunikationssystem innerhalb der verschiedenen Haftanstalten und mit der Außenwelt aufzubauen. Gewichtige Anhaltspunkte deuten auf die bewußte Mitwirkung verschiedener Rechtsanwälte bei der unkontrollierten und ungehinderten Verbreitung der Schriftstücke hin. Sendungen zwischen den Gefangenen und an Sympathisanten wurden mißbräuchlich als ‚Verteidigerpost' deklariert oder bei den häufigen und zeitlich ausgedehnten Besuchen der Verteidiger unmittelbar übergeben, Erklärungen mündlich oder auf Tonträgern übermittelt.

Die inhaftierten Führungsmitglieder entwickelten ein System der Arbeitsteilung, in das Häftlinge, Verteidiger, in Freiheit befindliche Mitglieder, Unterstützer und Sympathisanten einbezogen waren.

Aufgabe der Häftlinge sollte es sein, die Niederlage der RAF zu analysieren, ein Schulungsprogramm und eine Konzeption für die Fortsetzung des ‚Guerillakampfes' durch Aktionen der in Freiheit befindlichen revolutionären Basis zu entwickeln.

Aufgabe der in Freiheit befindlichen Anarchisten, Unterstützer und Sympathisanten sollte der Vollzug legaler und illegaler Aktivitäten sein. Tätig werden sollten hier vor allem – neben den noch nicht ermittelten RAF-Mitgliedern – die ‚Rote Hilfe'-Organisationen, das ‚Informationszentrum Rote Universität Heidelberg' (IZRU) und die im Rahmen der Justizkampagne gegründeten ‚Komitees gegen Folter in den Gefängnissen der Bundesrepublik Deutschland'. Die Verteidiger sollten die Kommunikation aller Beteiligten, insbesondere mit den Häftlingen, gewährleisten, den Kampf gegen die Justiz mit formaljuristischen Mitteln und durch eine breit angelegte öffentliche Diffamierungskampagne führen und für diese Zwecke eine Informationszentrale einrichten.

Aus den vorgelegten Dokumenten ergibt sich der Verdacht, daß sich einige Rechtsanwälte sogar mit der ihnen von den Führern der kriminellen Vereinigung zugedachten Schlüsselrolle voll identifizieren.

Die Gefangenen, die nach wie vor eine Führungsrolle innerhalb der Organisation beanspruchen und durchgesetzt haben, forderten wiederholt die in Freiheit befindlichen Mitglieder auf, den bewaffneten Kampf fortzusetzen. Verschiedene Schriften enthalten eine Anleitung zur Herstellung von Sprengstoffen, Tips zur Fälschung von Urkunden und zum konspirativen Verhalten. Darüber hinaus wurden Pläne für Ausbruchsversuche und eine Gefangenenbefreiung durch Geiselnahme entwickelt und dazu eine umfangreiche Liste mit exakten Beschreibungen der Personal- und Lebensverhältnisse von Politikern, Industriellen, prominenten Personen aus Justiz und Polizei erstellt".

Beachtung verdient die Tatsache, daß in dieser Einleitung – im Gegensatz zu den seit 1972 immer wieder über die Medien verbreiteten Berichten – die Behauptung nicht mehr zu finden ist, einige der Verteidiger hätten an den ihren Mandanten zur Last gelegten oder noch zu legenden Straftaten teilgenommen oder würden daran teilnehmen. Ausgehend von einer Wiedergabe der *Auffassungen* der Gefangenen über die notwendigen Tätigkeiten der Verteidiger („Die Verteidiger sollten. . .") kann das Bundesinnenministerium im Dezember 1974 anhand des beschlagnahmten Beweismaterials nur den Verdacht aussprechen, einige Verteidiger würden sich „sogar mit der ihnen von den Führern der kriminellen Vereinigung zugedachten Schlüsselrolle voll identifizieren". Diese „Schlüsselfunktion" hat es offensichtlich einem anonymen Zellenrundbrief (Nr. 19 der Dokumentation) entnommen, in dem Überlegungen zur Teilnahme der Gefangenen an den Strafverfahren wiedergegeben werden. Die in diesem Zusammenhang relevanten Abschnitte lauten:

> „die demokratische öffentlichkeit, also *wie* manipulation + boykott durchbrochen werden kann, *was* das volk wissen muß, *damit* z.b. das im imperialistischen staat geteilte bürgerliche lager auch wirklich geteilt *wird*, der teil zu sozialisten gemacht *wird*-- das ist in den prozessen sache der anwälte.
>
> *ihre* funktion ist die verschärfung des nebenwiderspruchs, das ist sozialistische politik. prozeß, komitees, kampagne, kongress etc. sind vehikel dieser politik. und die anwälte haben natürlich sowas wie ne schlüsselfunktion darin, das ist inzwischen ja wohl klar, als unsere anwälte, als informationsverteiler weil informationsträger etc.
>
> für die prozesse heißt das also, daß sie dort die dialektiker sind. politisch, *indem* sie den nebenwiderspruch, also zwischen ‚justiz' und klassenjustiz, zwischen ‚unpolitischer' aber politischer justiz, zwischen ‚unabhängiger' aber abhängiger justiz verschärfen. und sie verschärfen ihn, indem *sie* es sind, die den bürgerlichen begriff von justiz ganz entfalten können, und das können sie, *weil* im politischen prozeß der nebenwiderspruch von vornherein auf dem tisch ist, die staatsdiener in dieser wesentlichen beziehung von vornherein in der defensive sind.
>
> im politischen prozeß sind also die anwälte die juristen, und als juristen sind sie politisch, und zwar ‚aktivisten' der progressiven revolutionären tendenz der geschichte, aufklärer, sozusagen mit kreide, zeigestock und schautafel ausgerüstet: bitte, hier die beweislücke. wodurch sich der inhalt der lücke ‚maximal', das heißt ‚von selbst' als das definiert was er ist: politik. genau diese möglichkeit, also sozusagen von ‚forschung und lehre' im interesse des volks, haben die richter und staatsanwälte nicht im gegensatz zu den anwälten. durch *diese* werden also *jene* so nackt wie möglich zu dem was sie wirklich und eben immer sind: unter ihrer klamotte politiker, als politiker finsterste reaktionäre, kapitalistenknechte, imperialistenschweine, kommunistenfresser, schreibtischtäter, mörder.
>
> es ist also so, daß die anwälte teil, und eben wichtiger teil, der volksfrontstrategie sind. wobei es *jetzt*, noch derart schwach die basis, erstmal um die *herstellung* demokratischer öffentlichkeit, der ‚öffentlichen meinung' geht, die natürlich eine der voraussetzungen zur proletarischen ist. erstmal gehts einfach darum, fußbreit um fußbreit den boden verteidigen und verbreitern, *virulent* zu machen, auf dem die verschiedenen teile des volks sich überhaupt erst zum antifaschistischen kampf vereinen können, überhaupt erst vereinen *werden*".

Inzwischen waren die Verteidiger durch die Initiative der bundesdeutschen Behörden, die Veröffentlichung von Beweismaterialien, in eine schwierige Lage geraten. Abgesehen von dem Umstand, daß die Beschlagnahme der Unterlagen in den Zellen durchaus anfechtbar und die

Publikation dieser Unterlagen nach deutschem Presserecht sogar strafbar war, weil die Unterlagen zur Akte in der Strafsache gegen „Baader u. a." gehörten und noch nicht behandelt worden waren[5] – die Verteidiger hatten keine Möglichkeit, inhaltlich dazu Stellung zu nehmen, ohne das Vertrauensverhältnis zu ihren Mandanten zu gefährden. Darüber hinaus würden sie genau das tun, was sie den staatlichen Behörden vorwarfen, nämlich über die Medien eine Art Vorprozeß zu führen. Und schließlich konnten sie aufgrund ihrer früheren Erfahrungen sicher sein, daß ihre eventuelle Reaktion nicht einmal ansatzweise so viel Aufmerksamkeit in den Medien und in der Öffentlichkeit erhalten würde, wie die Präsentation der Maihofer-Dokumentation. Die Maihofer-Dokumentation hat bis ins Ausland bei der Verstärkung der Vorurteile gegen die Verteidiger von Gefangenen aus der RAF sowie bei ihrer Kriminalisierung eine entscheidende Rolle gespielt. So erinnere ich mich noch lebhaft daran, wie G. E. Mulder, Professor für Strafrecht an der Universität Nijmegen, mich nach einem von mir als Verteidiger von Ronald Augustin im Frühjahr 1975 vor dem strafrechtlichen Diskussionskreis „Nico Müller" gehaltenen Vortrag über die neue Ausschließungsgesetzgebung sehr erregt angriff und sich dabei ausdrücklich auf die Dokumentation berief. Auch der Amsterdamer Hochschullehrer für Strafrecht C. F. Rüter verweist in seinem im Juni 1975 in „Delikt en Delinkwent" erschienenen Artikel „een lex Baader-Meinhof?", in dem er auf einen von mir über dieses Problem geschriebenen und im „Nederlands Juristenblad" vom 15.2.75 veröffentlichten Artikel eingeht, an mehreren Stellen auf die Maihofer-Dokumentation. Aus einem der veröffentlichten Rundschreiben Groenewolds (Nr. 10 der Dokumentation) etwa leitet Rüter die Meinung ab, daß Groenewold einen Gefangenen wegen der Unterbrechung des Hungerstreiks zur Verantwortung gerufen und ihm Befehle erteilt habe. Hätte Rüter diesen Rundbrief etwas sorgfältiger gelesen, so wäre ihm deutlich geworden, daß es sich um eine Diskussion *zwischen* Gefangenen handelte. Nur durch eine Verletzung der Schweigepflicht seitens der Verteidiger wäre Rüter klar zu machen gewesen, daß die von ihm beanstandeten „Befehle" (für das Auftreten vor Gericht, Interviews mit Journalisten, Sprechen mit Polizeibeamten) das Ergebnis einer längeren über die Verteidiger(post) geführten Diskussion zwischen den Gefangenen waren.

3. Gesetz zur Ergänzung des Ersten Gesetzes zur Reform des Strafverfahrensrechts[6]

Dieses Gesetz trat am 1. Januar 1975 nach einer im Eiltempo von den verschiedenen parlamentarischen Gremien absolvierten Beratung in Kraft[7]. Die für die Stellung der Verteidiger in Strafverfahren wichtigen Paragraphen betreffen die Möglichkeit der Ausschließung eines Rechtsanwalts aus einer bestimmten Strafsache (§§ 138 a – d StPO[8]), die Beschränkung der Zahl der Wahlverteidiger auf drei (§137 StPO[9]), das Verbot, in einer Strafsache mehr als einen Beschuldigten zu verteidigen (§ 146 StPO[10]) sowie die Möglichkeit, die Gerichtsverhandlung auch in Abwesenheit des Angeklagten zu führen (§ 231a StPO[11]).

3.1. Vorgeschichte

Bereits kurze Zeit nach dem in Kap. II, 3.2., erwähnten Urteil des Bundesverfassungsgerichts von Anfang 1973 über die Ausschließung von Rechtsanwalt Schily wurden vom Bundesjustizministerium die ersten Konzepte für eine gesetzliche Regelung der Ausschließungsmöglichkeit vorgelegt[12]. Zudem wurde bereits damals vorgeschlagen, ein Anwalt solle in Zukunft nicht mehr als einen Angeklagten in einem Prozeß verteidigen dürfen[13]. Die geplante Ausschließungsregelung stieß anfangs in Kreisen der Advokatur und ihren wichtigsten Organisationen, der Bundesrechtsanwaltskammer und dem Deutschen Anwaltsverein (DAV) auf erheblichen Widerstand. Ihnen ging es jedoch weniger um die Möglichkeit der Ausschließung selbst als um die Frage, welches Kollegium dafür zuständig sein sollte[14]. Die Justiz war der Meinung, daß ein Oberlandesgericht zuständig sein sollte, die Anwaltsorganisationen plädierten anfangs dafür, diese Aufgabe einem Kollegium aus Mitgliedern der eigenen Berufsgruppe zu übertragen, wie dies teilweise auch im deutschen Anwaltsgesetz, der Bundesrechtsanwaltsordnung (BRAO), vorgesehen war. Diese Haltung entsprang allerdings nicht einer Solidarität mit den Anwälten, die ein solches Verfahren als erste zu erwarten hatten, sondern vielmehr aus der Befürchtung, daß sich das bereits ins Wanken geratene Gleichgewicht zwischen den drei unterschiedlichen Organen der Rechtspflege noch stärker zum Nachteil der Advokatur verschieben könnte. Eine gleichzeitig vorbereitete Gesetzesänderung, durch die die gesamte gerichtliche Voruntersuchung abgeschafft und der Staatsanwaltschaft übertragen sowie ein Zeuge verpflichtet werden sollte, zur Zeugenaussage vor der Staatsanwaltschaft zu erscheinen, ohne das Recht auf Anwesenheit eines Anwaltes zu haben, machte die drohende Verschiebung des Gleichgewichts besonders deutlich[15].

Dieser Widerstand der Standesorganisationen war höchstwahrscheinlich die Ursache dafür, daß es noch bis zum 6.9.74 dauern sollte, ehe der Gesetzesentwurf über eine Ausschlußregelung und über das Verbot der Mehrfachverteidigung dem Bundestag vorgelegt werden konnte[16]. Nach einer lediglich formellen ersten Behandlung am 11. 10. 74 wurden die Gesetzesvorlagen an den Rechtsausschuß (in den Niederlanden: Vaste Kamerkomissie voor Justitie) weiterverwiesen. Inzwischen war der dritte große Hungerstreik bereits in der vierten Woche, und vom 9. 11. 74 an sollten „mehrere Ereignisse das innenpolitische Klima (anheizen)“[17]: der

Tod von Holger Meins, der Tod des Richters von Drenckmann, die Diskussion über die Wiedereinführung der Todesstrafe und die schriftliche Aufforderung von Bundespräsident Dr. Gustav Heinemann an Ulrike Meinhof, ihren Hungerstreik zu beenden. In diesem aufgeheizten innenpolitischen Klima wurde die parlamentarische Behandlung der Gesetzesvorlagen auf Initiative der Bundesregierung in einem für die parlamentarische Geschichte der BRD bis dahin einmaligen und später nur noch von der „Beratung" des Kontaktsperregesetzes übertroffenen Tempo abgewickelt.

Ende November beschloß das Bundeskabinett eine Gesetzesvorlage, mit der u. a. die Kontrolle des schriftlichen und mündlichen Verkehrs zwischen Verteidiger und Beschuldigtem in bestimmten Fällen geregelt, die Zahl der Wahlverteidiger auf fünf pro Angeklagtem beschränkt und öffentliche Gerichtsverfahren ohne anwesende Angeklagte ermöglicht werden sollten. Dieser Kabinettsbeschluß wurde bei den am 4. 12. 74 beginnenden Beratungen des Rechtsausschusses über die Gesetzesvorlagen vom 6.9.74 als „Formulierungshilfe" eingereicht, „. . .ein in der Geschichte der Bundesrepublik Deutschland einmaliger Vorgang"[18]. Unmittelbar nach Bekanntgabe des Kabinettsbeschlusses entbrannte in den Kreisen der Advokatur ein Sturm der Entrüstung über die vorgesehene „Überwachungsregelung"; der DAV bezeichnete diesen Teil der Gesetzesvorlage als gänzlich unüberlegt[19]. Drei Tage lang beriet der Rechtsausschuß über die unterschiedlichen Entwürfe, nahm hier und da Veränderungen vor, ließ die Überwachungsregelung – mit Zustimmung des Bundesjustizministers – fallen und verwies das Ganze an den Bundestag, der das „Gesetz zur Ergänzung des Ersten Gesetzes zur Reform des Strafverfahrensrechts" nach zweitägigen Beratungen am 20. 12. 74 unverändert und einstimmig verabschiedete.

Bei dem außergewöhnlichen Zustandekommen dieses Gesetzes fallen vor allem die plötzliche Vorlage einer Überwachungsregelung durch die Bundesregierung und der spätere gegen die Stimmen der CDU/CSU-Fraktion beschlossene – Verzicht auf eine solche Regelung auf. „. . . Über die Motive kann man nur spekulieren"[20], so der CDU-Abgeordnete Lenz während der Bundestagsdebatte am 18. 12. 74. Der niederländische Rechtsgelehrte Rüter meint, die Einbringung der Regelung sei sicherlich darauf zurückzuführen, daß die Justiz unter dem Eindruck von Informationen gestanden habe, nach denen der Anschlag auf Drenckmann von einem inhaftierten RAF-Mitglied geplant und angeordnet worden sei, während der Verzicht auf die Regelung so zu erklären sei, daß der Gesetzgeber sich dem Druck der Advokatur gebeugt habe, die verhindern wollte, daß es zu einer Möglichkeit der Einsichtnahme in den Verkehr zwischen inhaftiertem Beschuldigten und dessen Verteidiger komme[21]. Ein anderer Erklärungsversuch ist der, daß die Bundesregierung ein Maximum gefordert habe, um dann geringere Forderungen besser durchsetzen zu können; eine für Verhandlungen übliche Taktik. Wie dem auch sei, es war immerhin möglich gewesen, den Widerstand des Anwaltsstandes gegen die geplante Ausschließungsregelung auf die noch heftigere Proteste hervorrufende Überwachungsregelung umzuleiten, die man dann zumindest vorläufig „opfern" konnte. Vorläufig, da man jederzeit in einem dafür günstigen innenpolitischen Klima auf die abgelehnte Überwachungsregelung zurückkommen konnte; mit dem offiziellen Gesetzesvorschlag war die erste psychologische Barriere jedenfalls überwunden. Dieser Erklärungsversuch scheint mir auch deshalb einleuchtend, weil die Bundesregierung kaum von den von Rüter genannten „Informationen" beeindruckt gewesen sein konnte, weil sie sich in nichts von denjenigen unterschieden, die BKA und/oder GBA seit 1972 ununterbrochen herausgegeben hatten, die jedoch niemals konkret belegt worden waren. Die spätere Gesetzgebung vom 18.8.76 über kontrollierte Kontakte zwischen Beschuldigten und Rechtsanwälten scheint diese Sichtweise zu bestätigen[22], obwohl sie zugegebenermaßen auch nicht frei ist von spekulativen Elementen.

Zur Ergänzung sei noch erwähnt, daß eine sehr weitreichende Möglichkeit der richterlichen Kontrolle des schriftlichen und mündlichen Kontakts zwischen Rechtsanwalt und Beschuldigtem bereits in der Strafrechtsgesetzgebung der Weimarer Republik enthalten war und bis 1965 auch gehandhabt wurde, sei es auch mit Beschränkung auf die Phase der Voruntersuchung.

3.2. Kommentar

Bevor ich auf die wichtigsten Abschnitte der neuen gesetzlichen Bestimmungen eingehe, erscheint es mir angebracht, kurz der Frage nachzugehen, ob diese Bestimmungen als ad hoc-Gesetze, als eine „Lex Schily" oder eine „Lex RAF" zu bezeichnen sind. Die Antwort ist vor allem deshalb wichtig, weil die Anwendung dieser Bestimmungen einen rigorosen Eingriff in die Zusammensetzung und das Konzept der Verteidigung zur Folge hatte, sodaß das Recht auf Verteidigung[23] für die Angeklagten „Baader u. a." in erheblichem Maße ausgehöhlt wurde. Mit Hilfe eigens dazu erlassener Sondergesetze in bestimmte laufende oder bevorstehende Strafprozesse einzugreifen, steht in absolutem Widerspruch zu rechtsstaatlichen Grundsätzen, wie sie im bundesdeutschen Grundgesetz Artikel 19 Absatz 1 festgelegt sind: „Soweit nach diesem Grundgesetz ein Grundrecht durch Gesetz oder auf Grund eines Gesetzes eingeschränkt werden kann, muß das Gesetz allgemein und nicht für den Einzelfall gelten". Noch einmal Rüter: „Denkt man an den *Anlaß*, so kann man allerdings von einer Lex Baader-Meinhof sprechen, betrachtet man jedoch den *Inhalt* des Gesetzes, so drängt sich eher die Bezeichnung Lex imperfekta auf"[24]. Meine These ist dagegen, daß dieses Gesetz sowohl dem Anlaß als auch dem Inhalt nach als Lex RAF zu bezeichnen ist, und daß die Unvollkommenheit dieser gesetzlichen Bestimmungen von allen Instanzen zugedeckt wurde, und zwar immer unter wohlwollender Berücksichtigung der politischen Absichten des Gesetzgebers. Das „Beweismaterial", auf das sich meine These gründet, wird in diesem sowie im nächsten Kapitel präsentiert.

Was die Entstehungsgeschichte der Ausschließungsgesetzgebung betrifft, so war der Gesetzgeber nach dem „Fall Schily" an den Auftrag des Bundesverfassungsgerichtes gebunden, die Möglichkeit des Verteidigerausschlusses zu regeln. Ob es um eine „virulent gewordene Lücke" in der bundesdeutschen Strafrechtsgesetzgebung ging, wie etwa Rüter behauptet, erscheint mir nebensächlich; nicht zu bestreiten ist jedoch, daß Probleme mit der Verfolgung von Gefangenen aus der RAF eigentlicher Anlaß für diese Regelung waren. Daß dem ganzen Vorgang der Ruch einer Sondergesetzgebung anhaften würde, war man sich vorher durchaus bewußt; so äußerte sich z. B. auch Bundesjustizminister Dr. Hans-Jochen Vogel während einer Debatte im Bundestag am 18. 12. 74: „In der bisherigen öffentlichen Debatte ist da und dort der Eindruck erweckt worden, bei der heute zur Beratung anstehenden Novelle handele es sich um ein ad hoc-Gesetz. Davon kann gar keine Rede sein"[25]. Auch der SPD-Abgeordnete Fritz-Joachim Gnädinger, Berichterstatter des Rechtsausschusses, betonte nachdrücklich die nach dem Schily-Urteil des Bundesverfassungsgerichts für den Gesetzgeber entstandene Notwendigkeit, auf diesem Gebiet aktiv zu werden: „Mir liegt sehr daran, noch einmal festzustellen, daß das das auslösende Moment war. Es waren nicht die Aktivitäten der Anwälte der kriminellen Vereinigung. Die Befürchtungen, daß wir Gesetze für Einzelfälle machten, sind daher unbegründet"[26]. Ich kann mich jedoch nicht des Eindrucks erwehren, daß diese Beteuerungen mehr aus Angst vor eventuellen Anschuldigungen, grundgesetzwidrige ad hoc-Gesetze einführen zu wollen, und vor dem damit verbundenen Legitimitätsverlust entstanden sind. Die den Gesetzesvorlagen wirklich zugrunde liegenden Motive wurden meines Erachtens deutlich von dem im Namen der CDU/CSU-Fraktion sprechenden Bundestagsabgeordneten Carl Otto Lenz, Vorsitzender des Rechtsausschusses, in der Bundestagsdebatte vom 18. 12. 74 genannt:

> „Die Gesetzesregelung ist erforderlich geworden, weil eine kleine Gruppe von etwa zwei Dutzend Anwälten ganz bewußt die Streichung der früher gegebenen Überwachungsmöglichkeiten dazu mißbraucht, eine revolutionäre Tätigkeit zu unterstützen. Wer so handelt, der ist kein Organ der Rechtspflege mehr. Es ist ein absolutes Novum, daß der revolutionäre Kampf aus der Haftzelle heraus geführt wird.
>
> Das ist jedoch nur möglich geworden durch den Mißbrauch der Rechtsstellung, die Rechtsanwälten zuerkannt worden ist, weil der Gesetzgeber 1964 Vertrauen in jeden einzelnen von ihnen gesetzt hat. Ich möchte hier hinzufü-

gen, daß wir heute Vertrauen zu der großen Mehrheit unserer Anwälte haben. Denn wir wissen ja, daß es nur ganz wenige gewesen sind, die dieses Vertrauen mißbraucht haben.

Nur um die Bekämpfung dieser Anwälte handelt es sich hier. (Hervorhebung: BS) Hier handelt es sich nicht darum, die Möglichkeiten der normalen Strafverteidigung einzuschränken. Denn eine normale Strafverteidigung haben diese Verteidiger, diese sogenannten Verteidiger muß ich ja sagen, überhaupt nicht im Sinn. Sie betreiben ihren revolutionären Kampf im Zusammenspiel mit ihren Mandanten"[27].

Auch der SPD-Abgeordnete Hermann Dürr bestätigte in seiner Replik auf Lenz ohne Zögern den inhaltlichen ad hoc-Charakter der Gesetzesvorlage. Außerdem betonte er nachdrücklich, was mindestens ebenso wichtig ist, daß die verschiedenen Teile der Gesetzesvorlage unbedingt im Zusammenhang gesehen werden müssen:

„Der zweite Punkt in der heutigen Debatte war das Problem der Überwachung des Verteidigers.

Die Opposition kritisiert, daß der Bundesjustizminister ein anderes Denkmodell vorgelegt hat, aber jetzt dem Ausschluß des Verteidigers zustimmt...

Aber ich bitte Sie um eines. In dem Gesetz, das wir heute verabschieden, stehen auch die Beschränkung der Zahl der Verteidiger und die Vorschrift, daß ein Verteidiger in einem solchen Verfahren nicht mehr als einen Angeklagten soll verteidigen dürfen. Das müssen Sie hiermit im Zusammenhang sehen... Meine Damen und Herren, wir haben im Jahre 1968 einen neuen Typ von Angeklagten feststellen können. Wir mußten 1974 einen neuen Typ von Verteidigern, von sogenannten Rechtsanwälten, feststellen, und wir haben uns in der Gesetzgebung darauf einzustellen"[28].

Eineinhalb Jahre danach, im Juni 1976, sollte ein neues Paket gesetzlicher Bestimmungen über die sogenannten Anti-Terrorismus-Maßnahmen dem Bundestag zur Beratung vorliegen. Eine der verabschiedeten gesetzlichen Bestimmungen betraf die Kontrolle des Schriftverkehrs zwischen Verteidigern und den wegen § 129 (a) StGB verfolgten Gefangenen. Der oben bereits genannte Abgeordnete Gnädinger verkündete nachdrücklich und – wie sich später herausstellen sollte – voreilig, „daß wir Sozialdemokraten in dem heute zu verabschiedenden Gesetzeswerk den Abschluß der justizpolitischen Gesetzgebung auf diesem Gebiet sehen". Nur wenig später gab jedoch auch er zu, daß die Ende 1974 verabschiedeten gesetzlichen Bestimmungen im Hinblick auf den bevorstehenden Prozeß gegen „Baader u. a." eingeführt worden waren: „Jedem Eingeweihten ist klar, daß z. B. ohne die bereits beschlossenen Änderungen der Strafprozeßordnung der Prozeß in Stammheim gegen die Baader-Meinhof-Terroristen in noch größere Schwierigkeiten geraten wäre, ja, unter Umständen hätte abgebrochen werden müssen"[29].

3.2.1. Ausschließungsbestimmungen (§§ 138a bis d StPO)[30]

Der Ausschluß eines Rechtsanwalts von einem bestimmten Strafverfahren beinhaltet ein „partielles Berufsverbot", wie Bundesjustizminister Vogel während der Bundestagsdebatten zu Recht bemerkte[31]. Ein solcher Eingriff betrifft denn auch bundesdeutsche Grundrechte: Das Recht auf freie Wahl eines Rechtsanwaltes, damit zusammenhängend das Recht auf ein „fair trial" und schließlich noch das Recht auf freie Ausübung des Berufes. Sowohl in dem Beschluß des Bundesverfassungsgerichts von 1973 als auch in den Bundestagsdebatten wurde wiederholt ausdrücklich darauf verwiesen, daß eine eventuelle Ausschließungsregelung diese Grundrechte zu berücksichtigen habe. Rüter stellt die These auf, daß, gemessen an diesen Anforderungen, die verabschiedete Regelung völlig unzureichend sei; er zieht daraus die naive Schlußfolgerung, daß das Bundesverfassungsgericht bei Vorlage einer entsprechenden Klage nicht umhin könne, die Regelung als grundgesetzwidrig zurückzuweisen[32]. Nur wenige Wochen nach Erscheinen von Rüters Artikel wurden die Bestimmungen des § 138a Absatz 1 und 2 (Satz 1) vom Bundesverfassungsgericht als „verfassungsgemäß" beurteilt[33]. Anlaß für dieses Urteil war der erste Verteidigerausschluß. Er galt Rechtsanwalt Croissant.

Rüters Kritik an den wichtigsten Bestimmungen der Ausschließungsregelung läßt sich folgendermaßen zusammenfassen: Aufgrund von § 138a Absatz 1 ist der zuständige Richter verpflichtet, einen Verteidiger dann auszuschließen, wenn gegen ihn schwerwiegende Verdachtsmomente für folgende Beschuldigungen vorliegen: (Mit-)Täter, Mitbeteiligter oder Anstifter der Tat zu sein, deren sein Mandant angeklagt ist; wegen seines Mandanten Begünstigung, Strafvereitelung oder Hehlerei begangen zu haben. Für Rüter wäre nur eine Befugnis statt einer Verpflichtung zur Ausschließung akzeptabel, da der Verdacht der Teilnahme seitens des Verteidigers sich auf so leichte Formen der Tatbeteiligung beziehen könne, daß eine wirksame Strafrechtspflege die Ausschließung nicht unbedingt erfordere. Rüters Einwand gegen § 138a Absatz 2 besteht darin, daß diese Bestimmung auf keinen Fall ins Strafprozeßrecht gehöre, da die Ausschließung hier nur als Sanktion des mehr oder minder folgenschweren Mißbrauchs des freien Verkehrs zwischen Anwalt und Beschuldigtem gedacht ist, ohne daß dabei ein Bezug zu der Straftat des Mandanten gegeben sein muß. Auch scheint für Rüter die Mittel-Zweck-Relation nicht gewahrt zu sein, da in solchen Fällen eine Kontrolle des Verkehrs zwischen Anwalt und Mandant auch durch das von ihm als weniger einschneidend betrachtete Mittel der richterlichen Überwachung ausgeübt werden kann[34].

Rüters Kritik basiert weitgehend auf den damals noch nicht sehr zahlreichen deutschen Veröffentlichungen zur neuen Ausschließungsregelung[35]. Über die grundsätzlichere Problematik der Ausschließung sind seit der Weimarer Republik viele Veröffentlichungen erschienen, wie schon bei der Behandlung des Ausschlusses von Schily als Verteidiger Ensslins erwähnt[36].

In Rüters kritischer Auseinandersetzung mit diesem Thema werden die zwei meines Erachtens wesentlichsten Bedenken gegen diese Regelung, das eine prinzipieller, das andere eher praktischer Natur, nicht erwähnt.

Sowohl in § 138a Abs. 1 als auch in § 138a Abs. 2 (Satz 1) geht es um die Ausschließung eines Verteidigers aufrgund des schwerwiegenden *Verdachts* der Begehung einer Straftat. Für § 138a Abs. 1 gilt dies sogar in zweifacher Hinsicht, nämlich auf Grund der Koppelung des Verdachts gegen den Verteidiger an die *Verdächtigungen*, die gegenüber dem Mandanten bestehen. Dies scheint mir mit dem Grundsatz der Unschuldsvermutung (praesumptio innocentiae), einem der wesentlichen Stützpfeiler der Strafrechtspflege aller dem Vertrag von Rom aus dem Jahr 1950 angeschlossenen Staaten, prinzipiell unvereinbar zu sein. Demzufolge sollte es nicht möglich sein, einen Rechtsanwalt nur wegen eines (schwerwiegenden) Verdachts und unter Umgehung eines strafrechtlichen Verfahrens, in dem dieser Verdacht zu begründen und zu beweisen wäre, mit der für seine Berufsausübung einschneidendsten Maßnahme, einem teilweisen Berufsverbot, zu belegen[37]. Der Grundsatz der praesumptio innocentiae, untrennbar verbunden mit dem Grundrecht auf einen fairen Prozeß, wird so weitgehend in den Bereich der Illusionen verbannt. Erstens beinhaltet ein partielles Berufsverbot für den Betroffenen eine erhebliche finanzielle Einbuße. Zweitens wird die Erteilung einer solchen Sanktion auf unzulässige Art und Weise jenes richterliche Kollegium beeinflussen, das zu gegebener Zeit in einem strafrechtlichen Verfahren über das beanstandete Verhalten des Rechtsanwalts zu urteilen hat. In diesem Zusammenhang scheint mir die Behauptung, die Unschuldsvermutung habe keine über das einzelne Strafverfahren hinausgehenden Auswirkungen, schwierig aufrecht zu erhalten, ebenso wie die Behauptung, der Ausschließung könne nur rein verwaltungsrechtliche Bedeutung beigemessen werden, sei es auch mit Konsequenzen für das Strafverfahren gegen den Mandanten. Außerdem geht es nicht nur um die Handhabung des Grundsatzes der Unschuldsvermutung hinsichtlich des beschuldigten Verteidigers, mindestens ebenso wichtig ist die Verletzung des Rechts des Mandanten auf freie Wahl des Verteidigers. Dieses Recht ist untrennbar mit der praesumptio innocentiae verbunden; der Grundsatz der freien Verteidigerwahl soll ja gerade die Verwirklichung des Anspruchs des Angeklagten auf einen fairen Prozeß (wofür der Grundsatz der praesumptio innocentiae von fundamentaler Bedeutung ist) garantieren[38].

Diesen prozessualen Grundrechten des Einzelnen (bzw. mehrerer Einzelner) stehen die allgemeinen Interessen einer „guten" Strafrechtspflege im Sinne der „Effizienz des Strafprozesses"[39] gegenüber. Folglich muß zwischen diesen gegensätzlichen Interessen abgewogen werden. Der amerikanische Rechtsphilosoph Ronald Dworkin hat zu dieser bei Juristen ausgesprochen beliebten Prozedur des Abwägens zwischen individuellen Rechten und allgemeinen Interessen 1970 eine sehr interessante Theorie entwickelt. In seinem Artikel „Taking Rights Seriously"[40] zeigt er auf, daß dieser Abwägungsprozeß zwischen „starken" Rechten des Einzelnen (von Dworkin „competing rights" genannt, wozu er vor allem die Grundrechte zählt) und Interessen der Allgemeinheit, als Metapher des Gleichgewichts zwischen Interessen des Einzelnen und der Allgemeinheit, mit der unrichtigen Unterstellung begründet ist, eine irrtümliche Entscheidung sei für beide Seiten gleich folgenschwer. Dieses Abwägungsmodell sei deshalb falsch, weil die Verschiebung des Gleichgewichts zu Gunsten des Einzelnen, mit anderen Worten: auf „zuviel Recht" für den Einzelnen, nur einen geringen Schaden für das Allgemeininteresse zur Folge habe, wobei die Tatsache des Abwägens sowieso schon impliziere, daß ein Opfer gebracht werden müsse. Bei der Verschiebung des Gleichgewichts zu Gunsten der Allgemeinheit jedoch, oder anders gesagt: nach „zuwenig Recht" für den Einzelnen, habe der für den Einzelnen entstehende Schaden wesentlich weitreichendere Konsequenzen, wo doch gerade die Vermeidung eines größeren Schadens für den Einzelnen einer der wesentlichen Ausgangspunkte des Abwägungsgedankens sei. Bei diesem Modell würden die „Rechte" der Allgemeinheit zu Unrecht als mit denen des Einzelnen konkurrierende („competing") gesehen, wodurch die Vorstellung von der fundamentalen Bedeutung der Rechte des Einzelnen verloren zu gehen drohe, zumindest nach „allgemeinem" Belieben ausgehöhlt werden könne. Im Strafrecht würde die Unzulänglichkeit dieses Modells sehr treffend durch die allgemein anerkannte Ansicht, es sei besser, viele Schuldige ungestraft gehen zu lassen, als einen Unschuldigen zu verurteilen, illustriert. Dworkin geht von der Annahme aus, daß weite Teile des Rechts nicht „neutral" sein können, sondern vielmehr durch z. B. soziale, wirtschaftliche und außenpolitische Gegebenheiten bedingt und geprägt seien (womit den Interessen der Allgemeinheit hinsichtlich einer Materialisierung im Recht Genüge getan sein sollte). Über die Vorstellung, die Rechte des Einzelnen müßten Angelpunkt aller weiteren Überlegungen sein, da sie das Versprechen gegenüber der Minderheit, sie in ihrer „human dignity" und „political equality" zu respektieren, darstellen würde, kommt Dworkin zu einem anderen Modell. Grundgedanke dieses Modells ist die Überzeugung, eine Einschränkung der Rechte des Einzelnen sei schwerwiegender als ihre Erweiterung. Beschränkungen dürften nur dann vorgenommen werden, wenn „some compelling reason is presented, some reason that is consistent with the suppositions on which the original rights must be based"[41]. Dworkin unterscheidet drei verschiedene Arten von Gründen:

1. Die Werte, die durch das ursprüngliche Recht geschützt werden sollen, spielen im betreffenden Fall keine oder nur eine nebensächliche Rolle.

2. Ein anderes, konkurrierendes Recht würde bei Nicht-Einschränkung des ursprünglichen Rechts schwerwiegend verletzt.

3. Der für die Allgemeinheit bei einer Beschränkung entstehende Nutzen würde die bei der Aufrechterhaltung des ursprünglichen Rechts entstehenden Kosten wesentlich überschreiten, „a degree great enough to justify whatever assault on dignity or equality might be involved"[42]. In der wissenschaftlichen und politischen Diskussion über die Ausschließungsproblematik lassen sich keine Beispiele für die zwei ersten von Dworkin genannten Gründe finden, so daß der dritte übrig bleibt. Es sollte deutlich sein, daß der von verschiedenen deutschen Autoren in die Diskussion gebrachte Begriff der „kriminalistischen Opportunität"[43] als Motor für die Gesetzesänderungen vom 1.1.75 in Dworkins Modell nur unzureichend Berücksichtigung findet. Andere Autoren haben schwergewichtigere Begriffe eingeführt. So spricht Dahs jr. von einer verfahrensmäßigen „Notwehrsituation" der Rechtspflege[44] und Baumann verteidigt die getroffenen einschneidenden Maßnahmen als Mittel, um einer „*augenblicklichen* Bedrohung des Rechtsstaats begegnen zu können"[45]. Ganz offensichtlich berufen sich alle Autoren auf Informationen über das Auftreten von Verteidigern und über die zu erwartende „Prozeßsabotage" im bevorstehenden Stammheimer Verfahren, die vom BKA und vom GBA stammen.

Dworkin läßt keinen Zweifel daran entstehen, daß in seinem Modell für den Begriff der Notstandssituation als Abwägungskomponente kein Platz ist, zumindest so lange nicht, wie solche Notstandssituationen nur auf Verdächtigungen und Spekulationen über das, was geschehen könnte, basieren und nicht auf konkreten Hinweisen auf das, was geschieht oder mit an Sicherheit grenzender Wahrscheinlichkeit geschehen wird.

Außer diesen prinzipiellen Bedenken gegen die Ausschließungsregelung gibt es aber noch Bedenken praktischer Natur, die sich in Verbindung mit § 129 StGB ergeben. Angesichts der Entstehungsgeschichte scheint es mir angebracht zu sein, die Ausschließungsregelung aus der Perspektive des § 129 zu betrachten. Bei Rüter wird dieser Gesichtspunkt nicht behandelt, was angesichts seiner Bemerkung, „der Gesetzgeber (...) wäre scheinbar völlig von bestimmten Vorstellungen über die von ihm vermuteten Praktiken der BM-Verteidiger besessen gewesen"[46], einigermaßen verwunderlich ist. Verwunderlich ist allerdings auch die Selbstverständlichkeit, mit der er auf Grund nur eines Beispiels davon ausgeht, daß die Ausschließungsregelung tatsächlich in erster Linie für

Verteidiger von Gefangenen, die der Mitgliedschaft in einer kriminellen Vereinigung beschuldigt sind, gedacht war[47].

Als Täter im Sinne des Organisationsdelikts § 129 StGB werden auch diejenigen angesehen, die für eine kriminelle Vereinigung werben oder sie unterstützen.

In den §§ 247[48] und 258 StGB sind die beiden Rechtsfiguren „Begünstigung" und „Strafvereitelung", die bis 1975 beide noch im ehemaligen § 257 StGB als Begünstigung enthalten waren[49], als zwei getrennte Straftaten aufgeführt. Nach § 258 macht sich strafbar, „wer absichtlich oder wissentlich ganz oder zum Teil vereitelt, daß ein anderer dem Strafgesetz gemäß wegen einer rechtswidrigen Tat bestraft (...) wird"; gemäß Absatz 4 ist auch der Versuch bereits strafbar. Hierzu Dahs jr.: „Strafvereitelung und Verteidigung stehen damit dicht nebeneinander"[50]. Die in der Ausschlußregelung (§ 138a Abs. 1 StPO) aufgenommene Strafvereitelung stellt an sich bereits eine Blankovollmacht für jede erwünschte Ausschließung dar, weil die Tätigkeit eines Verteidigers ihrem Charakter nach immer auch Elemente der Straftat Strafvereitelung enthält[51]. Sogar in der NS-Zeit warnte zum Beispiel Gallas davor, den Verdacht auf Strafvereitelung (damals noch Begünstigung) als Grund für den Ausschluß eines Verteidigers zu benutzen:

> „Das Gericht würde zu einem Aufsichtsorgan, zu einer Kontrollinstanz über den Verteidiger, hätte es dank der Ausschlußdrohung praktisch in der Hand, eine ihm genehme Art der Verteidigung durchzusetzen, jeden Widerstand des Verteidigers zu brechen"[52].

In einer Entscheidung der Anwaltskammer Berlin aus dem Jahr 1929 wird die Besorgnis ausgedrückt, „daß, besonders in politisch bewegten Zeiten, gegen einen Verteidiger schon aus seinen Verteidigungsschriften und Verteidigungsreden der Verdacht der Begünstigung und damit der Ausschließung von der Verteidigung hergeleitet werden könnte"[53].

Ein guter Verteidiger wird im allgemeinen fortwährend in der Nähe der strafbaren Strafvereitelung arbeiten[54], wobei die Übergänge, der deutschen Fachliteratur zufolge, fließend sind und damit für den Rechtsanwalt nicht immer im voraus deutlich und zu erkennen[55]. So ist davon auszugehen, daß ein politisch offensiver Verteidiger von Gefangenen aus einer sich selbst als revolutionär begreifenden Organisation, die als kriminelle Vereinigung verfolgt wird, schon bald riskiert, des äußerst schwierig zu objektivierenden Delikts „Unterstützung" einer kriminellen Vereinigung, vor allem in Form der Werbung, verdächtigt zu werden[56]. Dieses Risiko erhöht sich noch, je häufiger der Rechtsanwalt, der sich mit Verletzungen rechtsstaatlicher Grundsätze konfrontiert sieht, auf Grund einer eventuellen politischen Solidarität mit seinem Mandanten einerseits und infolge seiner Orientierung an rechtsstaatlichen Grundsätzen andererseits beginnt, sich gegen die Verletzungen innerhalb und außerhalb des Prozesses auch politisch zu wehren.

Allein schon aufgrund dieser prinzipiellen und praktischen Bedenken scheinen mir die Ausschließungsgründe des § 138a ohne Ausnahme unakzeptabel zu sein. Auf die übrigen Bestandteile dieser Regelung wird hier nicht mehr eingegangen, da sie für die vorliegende Untersuchung nicht von Bedeutung sind.

Zu möglichen Alternativen kann ich mich kurz fassen, weil – wie die Beschreibung der Diskussion über die Behandlung der Verteidiger und die sie betreffende Gesetzgebung noch zeigen wird – dafür im Rahmen rechtsstaatlicher Grundsätze kein Raum blieb, wenn man die mit dieser Regelung untrennbar verbundene politische Zielrichtung berücksichtigt: die möglichst baldige Ausschaltung einer Reihe von lästigen, weil auch politisch engagierten Rechtsanwälten, die den bevorstehenden Prozeß gegen „Baader u. a." in Zusammenarbeit mit ihren Mandanten in einen politischen Prozeß gegen die BRD umzufunktionieren drohten.

Der Gesetzgeber war nach dem Urteil des Bundesverfassungsgerichts in der Sache Schily aus dem Jahr 1973 genötigt, eine Ausschließung gesetzlich zu regeln. In der Fachliteratur aus der Zeit zwischen Schily-Urteil und schneller Behandlung im Parlament Ende 1974 wurde durchaus unterschiedlich auf diesen verfassungsgerichtlichen Auftrag reagiert[57]. Die Bandbreite der Reaktionen umfaßt die prinzipielle Ablehnung einer Ausschließungsregelung als nicht notwendig[58] ebenso wie Vorschläge, eine „Generalklausel" zu entwerfen und den ganzen Vorgang dann der Standesgerichtsbarkeit der Rechtsanwälte zu übertragen[59] oder äußerst eingegrenzte und genau definierte Ausschließungsgründe zu entwickeln und die Beurteilung einem einfachen Richter zu überlassen[60]. Während der parlamentarischen Behandlung der Gesetzesnovelle drängte die CDU/CSU-Fraktion darauf, die Einführung einer Kontrollmöglichkeit für den schriftlichen und mündlichen Kontakt zwischen Beschuldigtem und Verteidiger zu beschließen; gedacht war dies aber nicht als Alternative zur Ausschließungsregelung, sondern vielmehr als vorgelagerter, weniger eingreifender Verfahrensabschnitt. Auch Rüter bevorzugt eine „vernünftige" Überwachungsregelung gegenüber der Ausschließungsregelung oder zumindest Teilen von ihr (§ 138a Abs. 2)[61]. Der Amsterdamer Rechtsanwalt F. W. Grosheide, der als erster in den Niederlanden etwas zu diesem Thema veröffentlichte, weist jegliche Überwachungsregelung ausdrücklich zurück[62].

Auch ich bin der Meinung, daß richterliche Kontrolle des mündlichen und schriftlichen Verkehrs zwischen Anwalt und Mandant prinzipiell abzulehnen ist, da sie das Vertrauensverhältnis zunichte macht. Grosheide: „Eine Verteidigung, der man einen Maulkorb umhängt, ist keine Verteidigung"[63].

Immerhin wäre es möglich gewesen, an die beiden bereits bestehenden Regelungen anzuknüpfen, denen zufolge einem Rechtsanwalt ein (vorläufiges) Berufsverbot erteilt werden kann. Auch bei Rüter findet sich ein Verweis auf die entsprechenden Paragraphen (§ 132a StPO, § 70 StGB): Ein Strafrichter kann einem Rechtsanwalt wegen einer in Ausübung seines Berufes begangenen Straftat dann ein vorläufiges Berufsverbot auferlegen, wenn es sehr wahrscheinlich sein sollte, daß der Beschuldigte im Hauptverfahren zu mindestens drei Monaten Freiheitsstrafe und im Nebenverfahren zu mindestens einem Jahr Berufsverbot verurteilt wird. Auf die in den §§ 150 bis 152 BRAO festgelegten Bestimmungen habe ich bereits an anderer Stelle verwiesen[64]; wenn gegen einen Rechtsanwalt ein standesrechtliches Verfahren anhängig ist, so kann ihm das zuständige Ehrengericht nach einer mündlichen Anhörung und vorbehaltlich einer mit Zweidrittelmehrheit zustande gekommenen Entscheidung ein vorläufiges Berufs- oder Vertretungsverbot auferlegen, wenn letztlich der Ausschluß aus der Anwaltschaft zu erwarten ist. Rüter hält beide Regelungen für unbrauchbar, da eine gute Strafrechtspflege eine Ausschließung erforderlich machen könne, ohne daß die Wahrscheinlichkeit bestünde, daß es zu gegebener Zeit zu den oben genannten Sanktionen komme, deren „Auferlegung nun einmal an andere Kriterien gekoppelt sei". Letzteres ist durchaus richtig und zeigt gleichzeitig auch die Richtung an, in der man eventuell hätte suchen können. So hätte man die in den §§ 150 bis 152 BRAO enthaltenen Bestimmungen völlig unproblematisch durch den Zusatz ergänzen können, daß die Auferlegung eines vorläufigen teilweisen Berufsverbots (d.h. die Ausschließung von einem bestimmten Verfahren) auch dann möglich ist, wenn ein teilweises Berufsverbot oder ein Berufsverbot von etwa einem Jahr zu erwarten ist. Gerade dem in § 1 BRAO festgelegten Grundsatz, Rechtsanwalt, Staatsanwalt und Richter seien als drei gleichwertige und voneinander unabhängige Organe der Rechtspflege anzusehen, wäre mit einer solchen Ergänzungsregelung eher gedient gewesen, als dies bei den heutigen Bestimmungen der Fall ist, wo eines dieser Organe von einem anderen, und das auch noch relativ willkürlich, ausgeschlossen werden kann. Falls das berufliche Auftreten eines bestimmten Rechtsanwalts von einem der Organe der Rechtspflege – einschließlich der hierfür zuständigen Instanz der eigenen Berufsorganisation – als im Widerspruch zu einer guten Strafrechtspflege stehend beurteilt werden sollte, wäre es nicht mehr als die konsequente Anwendung jenes Grundsatzes, wenn das beanstandete Verhalten disziplinär, das heißt vor der eigenen Berufsgruppe und gemessen an den Kriterien einer angemessenen Berufsausübung, behandelt würde[65].

Aber auch eine solche Regelung scheint mir noch überzogen zu sein und keineswegs die Verhältnismäßigkeit zu den auf dem Spiel stehenden Grundrechten und strafrechtlichen Prinzipien zu wahren. Man könnte mir entgegenhalten, daß eine gute Strafrechtspflege doch zumindest eine Bestimmung enthalten müsse, wie sie etwa in den Niederlanden in Artikel 50 Sv. aufgenommen wurde; danach sind der „Rechter-Commissaris“ (Ermittlungsrichter) während der gerichtlichen Voruntersuchung und der „Officier van Justitie“ (Staatsanwalt) während der vorbereitenden Ermittlungen befugt, anzuordnen, daß dem Verteidiger der Zugang zu seinem inhaftierten Mandanten verweigert wird oder er ihn nicht unter vier Augen sprechen darf, oder auch, daß Briefe und andere Unterlagen nicht ausgetauscht oder ausgehändigt werden dürfen. Eine solche Anordnung kann nur dann ergehen, wenn bestimmte Gegebenheiten den schwerwiegenden Verdacht ergeben, der freie Verkehr zwischen Anwalt und Inhaftiertem hätte entweder zur Folge, daß der Beschuldigte Informationen erhielte, die ihm im Interesse der laufenden Ermittlungen zeitweise unbekannt bleiben sollten, oder daß der Kontakt dazu mißbraucht würde, die „Wahrheitsfindung“ zu beeinträchtigen. Obwohl sich auch gegen diese recht schwammig formulierten Bestimmungen viele durchaus angebrachte Bedenken anführen lassen, ist eine solche Regelung – vorausgesetzt, sie ist an kurze Zeiträume gebunden, auf die Phase der Voruntersuchung beschränkt und an angemessene Berufungsmöglichkeiten gekoppelt – der Ausschließungsregelung immer noch vorzuziehen. Auf jeden Fall sind so die möglichen Gründe für eine (zeitweise) Beschränkung des Kontakts an der rechtlichen Vorbereitung der gegen den Mandanten laufenden Strafsache orientiert und nicht an Vermutungen über unerwünschte und häufig außerhalb der Strafsache liegende Aktivitäten des Rechtsanwalts, wenn auch einige der in § 138a Abs. 1 StPO umschriebenen Verdachtsmomente eine Anordnung gemäß Artikel 50 Sv. zur Folge haben können, vorausgesetzt jedoch, die „bestimmten Umstände“, die zu solchen Vermutungen geführt haben, können genau definiert werden.

3.2.2. Maximal drei Wahlverteidiger (§ 137 StPO)[66]

Zur Änderung von § 137 StPO, überraschend Ende 1974 eingebracht, hat man bei der schriftlichen Begründung nur wenige und bei den Bundestagsdebatten überhaupt keine Worte verloren[67]. Anlaß war der Verdacht, daß das Recht, sich von einer unbegrenzten Zahl von Anwälten verteidigen zu lassen, zu „Prozeßverschleppung“ oder sogar „Prozeßvereitelung“ führen könne. Die indirekte Initiative ging auch hier wiederum von der BAW aus, die schon längere Zeit behauptet hatte, der bevorstehende Prozeß in Stammheim könne dadurch sabotiert werden, daß die für jeden einzelnen Angeklagten auftretenden 10 bis 14 Rechtsanwälte auch tatsächlich von allen ihnen zur Verfügung stehenden rechtlichen Möglichkeiten Gebrauch machen würden. Entsprechende Reaktionen blieben auch im Ausland nicht aus. So sprach etwa Grosheide von „der bewährten – so die Zeitungsberichte – ‚Filibuster‘-Taktik durch pausenlos redende und einander abwechselnde Rechtsanwälte und demzufolge von einer Störung der Prozeßordnung...“[68], und Rüter zählte langatmig auf: „15 Verteidiger müssen Akteneinsicht erhalten (§ 147 StPO), 15 Verteidigern müssen die die Angeklagten betreffenden Entscheidungen bekannt gemacht werden (§ 145 StPO), jeder Zeuge und Sachverständige kann von 15 Rechtsanwälten befragt werden (§ 240 StPO), 15 Verteidiger haben die Möglichkeit, nach jedem Verhör oder Verlesen einer Prozeßakte Erklärungen abzugeben (§ 257 Abs. 2 StPO) und insgesamt könnten 15 Plädoyers der Verteidigung gehalten werden (§ 258 StPO). Und dies sind dann nur einige wenige Beispiele“[69].

Weder die Bundesanwaltschaft noch die genannten Autoren konnten dieses Phantombild mit konkreten Erfahrungen aus den verschiedenen bereits abgeschlossenen Prozessen gegen RAF-Mitglieder begründen. Es handelt sich folglich auch nur um eine Scheinbegründung, die, zumindest was die Bundesanwaltschaft betrifft, wissentlich und willentlich außer acht ließ, daß alle für diese Angeklagten auftretenden Rechtsanwälte auch noch anderen Gefangenen aus der RAF und ähnlichen Organisationen zur Seite standen, so daß 20 bis 30 Anwälte teilweise gemeinsam etwa 50 bis 80 Gefangene betreuten.

Die tatsächlichen Gründe für diese Gesetzesänderung müssen deshalb auch andernorts gesucht werden, und zwar genau in dem Bestreben, die gemeinsame Verteidigung, die sogenannte „Blockverteidigung“, durch die Neufassung des § 146 StPO unmöglich zu machen.

Auch der konservative Strafverteidiger Schmidt-Leichner (der sich übrigens gegen diese Gesetzesänderung aussprach[70]) kam ohne Umschweife zu der Feststellung: „Diese Bestimmung (...) ist erkennbar auf den Fall Baader-Meinhof bezogen“ und „(...) steht im inneren Zusammenhang mit § 146 n.F. (...)“[71].

3.2.3. Verbot der „Mehrfachverteidigung“ (§ 146 StPO)[72]

Nach dem alten § 146 StPO, der fast 100 Jahre gültig war, konnten mehrere Angeklagte in einer Strafsache von einem gemeinsamen Rechtsanwalt verteidigt werden, „sofern dies der Aufgabe der Verteidigung nicht widerstreitet“. Die Einschränkung bezieht sich auf die Möglichkeit, daß die Interessen der Angeklagten kollidieren können, z. B. wenn der eine Angeklagte aussagt, er habe eine Straftat mit seinem Mitangeklagten begangen, der andere dies aber bestreitet. Durch die Änderung des Gesetzes wird das Verhältnis zwischen Regel und Ausnahme in sein Gegenteil verkehrt, ohne daß im Bundestag bei der Behandlung dieser grundlegenden und weitreichenden Gesetzesänderung auch nur ein Wort darüber gefallen wäre [73]. Die im Regierungsentwurf genannte spärliche Begründung läuft darauf hinaus, „daß bei der Verteidigung mehrerer Beschuldigter durch einen gemeinschaftlichen Verteidiger in der Regel die Gefahr einer Interessenkollision besteht...“[74], welche durch diese Regelung von vornherein ausgeschlossen wird. Daß bei gemeinschaftlicher Verteidigung „in der Regel“ die Gefahr der Interessenkollision besteht, ist eine völlig unbegründete Behauptung; sie deckt sich keineswegs mit den Erfahrungen von Strafverteidigern. Gemeinschaftliche Verteidigung setzt voraus, daß sowohl der Verteidiger als auch die Mandanten dies wünschen. Die neue Regelung, die vorgeblich dem Schutz der objektiven Interessen der Beschuldigten dienen soll, beinhaltet somit eine erhebliche Verletzung zweier Grundrechte, nämlich die des Rechts auf freie Wahl eines Verteidigers und die des Rechts auf freie Ausübung des (Anwalts-)Berufs. Der Gesetzgeber hat es nicht der Mühe für wert befunden, die Einschränkung dieser Grundrechte gegenüber der angestrebten Verbesserung der „Effizienz des Strafprozesses“ auch nur einem Abwägungsprozeß zu unterwerfen. Dies ist umso erstaunlicher, als einerseits, zumindest verbal, fortwährend auf rechtsstaatliche Prinzipien verwiesen wurde und andererseits der alte § 146 über fast 100 Jahre völlig unumstritten war. Bundesjustizminister Vogel bezeichnete die Strafprozeßordnung in der Bundestagsdebatte am 18. 12. 74 noch als die

> „Magna Charta des Rechtsstaats. Denn der fundamentale Unterschied zwischen einem Rechtsstaat und einem Machtstaat offenbart sich nicht zuletzt darin, wie ein Staat mit einem Beschuldigten, mit einem angeklagten Bürger, umgeht, wie er die Rechte dessen ausgestaltet, dem gegenüber er von seiner Strafbefugnis Gebrauch macht (Beifall)...“[75].

Weiter bekannte sich der FDP-Abgeordnete Engelhard, der nach Vogel zum Bundesjustizminister avancierte, zum

> „Recht des Beschuldigten, sich des Verteidigers seines Vertrauens zu bedienen. Die freie Advokatur in ihrer historischen Entwicklung war immer eines der wesentlichen Kennzeichen unseres Rechtsstaates. Wer in autoritären Systemen beobachtet, daß die freie Advokatur zunächst immer Einschränkungen und Gängelungen und schließlich Unterdrückungen ausgesetzt ist, der wird bis zum Äußersten mit Generalklauseln oder generalklauselartigen Formulierungen in diesem Bereich zurückhaltend sein“[76].

Es läßt sich nur konstatieren, daß ausdrückliche Treuebekenntnisse zum Rechtsstaat mit der Beseitigung von Grundrechten einhergingen. Der Charakter des alten § 146 StPO beruhte auf der völlig richtigen Annahme, daß ein Rechtsanwalt als unabhängiges Organ der Rechtspflege beurteilen kann und muß, ob und in welchem Ausmaß kollidierende Interessen vorliegen, die einer gemeinschaftlichen Verteidigung im Wege stehen könnten, wenn das nicht schon seine Mandanten selber feststellen können. Wie in allen bürgerlich-liberalen Staaten, so sind auch im deutschen Standesrecht Rechtsanwälte Sanktionen für die Nichtbeachtung von Interessenkollisionen ausgesetzt[77]. Zusätzlich enthält das bundesdeutsche Strafrecht eine gesonderte Bestimmung (§ 356 StGB), in der festgelegt ist, daß die Verletzung dieser Berufsregel als „Parteiverrat“ mit einer Freiheitsstrafe geahndet werden kann[78]. Die Gesetzesänderung zu § 146 beruht auf der Fiktion, daß ein gemeinschaftlicher Verteidiger mehrerer Beschuldigter in einer Strafsache das Vertrauen seiner Mandanten im allgemeinen zu Unrecht genießt, da er nicht in der Lage sei, die „in der Regel" gegebenen Interessenkollisionen zu erkennen bzw. entsprechend der Berufsregel zu handeln. Folglich stehen alle Rechtsanwälte, die bis zum 1.1.75 mehrere Beschuldigte in einer Strafsache verteidigt haben, unter dem Verdacht, sich wie „Parteiverräter" verhalten zu haben. Aber es geht natürlich nicht um alle Anwälte, sondern nur um die Verteidiger von Gefangenen aus der RAF oder – wie Rüter formuliert – um die wichtige unausgesprochene Überlegung, „daß die Justiz nicht mehr darauf vertraut, daß bestimmte Verteidiger (und daß dabei an BM-Verteidiger gedacht ist, scheint mir über jeden Zweifel erhaben) die Verteidigung mehrerer Beschuldigter im Falle kollidierender Interessen nicht annehmen bzw. niederlegen. Ja sogar: daß einige Verteidiger mit dem Ziel, die Geschlossenheit der BM-Gruppe zu erhalten, auf eigene Initiative hin oder als ausführendes Organ derjenigen BM-Beschuldigten, die von der Justiz zum harten Kern der Gruppe gerechnet werden, ihre Schlüsselposition dazu benutzen (werden), kollidierende Interessen unter den Tisch zu fegen sowie zu verhindern, daß Beschuldigten, die im wörtlichen oder übertragenen Sinne von der Gruppe Abstand nehmen wollen, dies auch gelingt"[79]. Unter anderem bestätigt Rüter hier den Einzelfallcharakter der Gesetzesänderung. In seinem Bemühen, die neue Regelung zu rechtfertigen, behauptet Rüter: „Es läßt sich nicht leugnen, daß ein solcher Verdacht nicht grundlos sein kann", worauf er erneut den bereits erwähnten Rundbrief Groenewolds bemüht. Obwohl Rüter die Richtigkeit dieser Vermutung „dahin gestellt sein läßt", fährt er doch fort: „Auch anderen fällt es auf, daß die BM-Verteidiger alles nur mögliche tun, um die Kontakte der Beschuldigten mit der Außenwelt zu monopolisieren", wobei er auf ein in der Maihofer-Dokumentation enthaltenes, vermutlich von der „Roten Hilfe" stammendes Rundschreiben verweist. Darin steht u. a.: „Sie – die Anwälte – halten ihre Beziehungen zu den Genossen im Knast fest wie Privatbeziehungen, sie sitzen mit ihrem Arsch auf den Genossen und lassen niemand ran"[80]. Abgesehen davon, daß Rüter sich dann, wenn es ihm paßt, ohne Probleme an einer vom Staat als „linksextremistisch" bewerteten Organisation wie der „Roten Hilfe" orientiert – die Essenz seines Vorwurfs an die Adresse der Verteidiger wäre, daß sie nicht die gesamte Korrespondenz von und zwischen ihren Mandanten ohne weiteres den in der Legalität lebenden Genossen außerhalb der Gefängnisse zur Verfügung stellen würden. Hätten die Verteidiger dies getan, wäre das für Rüter zweifellos wieder eine Bestätigung des seit Jahren von offizieller Seite gepflegten Verdachts gewesen, die Verteidiger würden unter dem Deckmantel der Verteidigung alle möglichen Nachrichten aus den Gefängnissen herausschmuggeln.

Der konservative Strafverteidiger Hans Dahs jr. weist darauf hin, daß bei Abfassung des westdeutschen Grundgesetzes das Recht auf freie Wahl eines Verteidigers bewußt nicht ins Grundgesetz aufgenommen wurde, da man davon ausging, daß dieses Recht selbstverständlicher Bestandteil allgemeiner rechtsstaatlicher Prinzipien sei[81]. Ebenso wie ein Beschuldigter das Recht hat, einen eigenen Verteidiger zu wählen und sich von seinen Mitangeklagten zu distanzieren, ja, ihnen sogar alle Schuld zuzuschieben, so hat er auch das Recht, sich in völliger Übereinstimmung mit anderen Mitangeklagten zu verteidigen, wobei es nahe liegt, eine solche Übereinstimmung dann auch mit Hilfe eines gemeinsamen Verteidigers zur Wirkung zu bringen. Nimmt man dies zum Ausgangspunkt, so scheint mir der Hinweis von Grosheide und Rüter, trotz des Verbots der Mehrfachverteidigung nach § 146 sei es mit Hilfe enger Zusammenarbeit zwischen einzelnen Verteidigern immer noch möglich, eine kollektive Verteidigung zu führen, die Tragweite des Verbots zu bagatellisieren. Dies gilt umso mehr, als diese Gesetzesänderung auf die Verteidigung von Angeklagten abzielt, die wegen § 129 StGB verfolgt werden. § 129-Verfahren betreffen aber naturgemäß immer mehrere Beschuldigte, und zwar gerade *wegen* der ihnen vorgeworfenen Zusammenarbeit in einer Gruppe.

Es ist zudem fraglich, ob eine solch enge Zusammenarbeit zwischen Verteidigern nach der Gesetzesänderung noch die standesrechtlichen Bestimmungen passieren könnte. So weist Peters darauf hin, daß § 146 auch „Zwischenträgereien unter den Beschuldigten über den gemeinschaftlichen Verteidiger" verhindern soll[82]. Herrmann schließt sich an und behauptet: „Diese Gefahr wird jedoch nur teilweise gebannt, denn Beschuldigte, die sich in Untersuchungshaft befinden, können auch über eine Kette von kooperationsbereiten Verteidigern miteinander in Verbindung treten"[83]. In drei richterlichen Entscheidungen[84], alle Beschuldigte nach § 129 betreffend, wurde § 146 deshalb auch so interpretiert, daß die Verteidigung mehrerer (Mit-)Angeklagter durch verschiedene Anwälte aus einem Anwaltsbüro als unzulässig anzusehen ist. Obwohl das Bundesverfassungsgericht diese Auslegung als im Widerspruch zum Grundgesetz stehend (Artikel 12 Absatz 1 GG: freie Ausübung des Berufs[85]) verworfen hat, hält Isele in seinem Standardkommentar zur Bundesrechtsanwaltsordnung an ihr fest, „selbst dann (...) wenn die Praxis einzelner Gerichte abweichen würde"[86]. Wenn man – wie das LG Düsseldorf[87] – davon ausgeht, daß § 146 „etwaige Interessenkonflikte *generell*" verhindern soll und nicht nur diejenigen, die sich einem einzelnen Verteidiger stellen können, so liegt es durchaus im Bereich des Möglichen, daß auch Absprachen über eine gemeinsame Verteidigung zwischen verschiedenen Verteidigern standesrechtliche Maßnahmen zur Folge haben[88].

Eine der einschneidendsten Bestimmungen im Zusammenhang mit

dieser Gesetzesänderung ist die sogenannte Übergangsregelung (Art. 17, 1. StVRErgG):

„Ist bei Inkrafttreten dieses Gesetzes ein Verteidiger in demselben Verfahren für mehrere Beschuldigte tätig, so hat er auf Aufforderung des Vorsitzenden des Gerichts oder vor Erhebung der öffentlichen Klage der Staatsanwaltschaft binnen zwei Wochen zu erklären, welchen der Beschuldigten er verteidigen will. Macht er von seinem Auswahlrecht keinen Gebrauch, so kann er keinen der Beschuldigten verteidigen".

„Es handelt sich um eine unvollkommene Übergangsregelung...", behauptet Rüter und nennt noch einige weitere Bedenken gegenüber der Änderung von § 146; er hält es jedoch für falsch, die Änderung aus diesen Gründen abzulehnen. Folge der Übergangsregelung war jedoch, daß Mandatsverhältnisse vom 1.1.75 an innerhalb von zwei Wochen beendet werden mußten, oder, anders ausgedrückt, daß Verteidiger partiell von Verfahren kurzfristig ausgeschlossen wurden. Während das Bundesverfassungsgericht noch in seiner Entscheidung vom 14.2.73 – auf den sich Regierung und Gesetzgeber immer wieder berufen hatten – die grundsätzliche Bedeutung der freien Verteidigerwahl und die Effizienz des Strafprozesses zu den wesentlichen Kriterien für die Ausschließung von Verteidigern erhoben hatte, war bei den oben genannten Ausschlußverfahren nur die Umgehung dieser Kriterien festzustellen. Die Problematik des ersten Kriteriums ist bereits ausführlich behandelt worden, und zur Anwendung des zweiten Kriteriums zitiere ich Rechtsanwalt H. H. Heldmann mit einem Beispiel aus seiner Praxis:

„Mandatsanzeige[89] für drei Angeklagte (ohne Interessenkollision!) am 31. 10. 1974; Beiordnungsbeschluß (Pflichtverteidiger[90]) des Gerichts am 11.11.1974; 700 Blätter Akten kopiert und studiert, Mandantenbesprechungen, Schriftsätze; drei Tage Hauptverhandlung bis zu deren Abbruch (nachdem das Gericht sich in seine Verfahrensfehler so unheilbar verstrickt hatte, daß selbst die sehr reputierliche Lokalpresse hohnlachte – nicht also Abbruch der Hauptverhandlung infolge ‚Verfahrenssabotage' durch ‚sogenannte Verteidiger'); Verfügung des Gerichts vom 9.1.1975: mich zu erklären, ‚welchen Angeklagten Sie in Zukunft vertreten wollen. Sollte von dem Auswahlrecht kein Gebrauch gemacht werden, können Sie *keinen* der Angeklagten vertreten.

Meine Verfassungsbeschwerde liegt in Karlsruhe. Vorsorglich haben wir zwei weitere Verteidiger gesucht und auch gefunden: den einen 100 km nördlich, den anderen 200 km südlich vom Gerichtsort, an welchem nämlich für die insgesamt zehn Angeklagten, die bis Neujahr mit vier Verteidigern ausgekommen waren, die nunmehr fehlenden sechs weiteren Verteidiger sich nicht gefunden hatten. Statt früher vier benötigen nun zehn einzelne Verteidiger, die an sechs verschiedenen Orten residieren, Akteneinsicht in ihren Büros. Im November schon, *vor* jener nach drei Tagen zusammengebrochenen Hauptverhandlung, umfaßte allein die Hauptakte 700 Blätter.

Da unsere Justiz die Erfindung von Kopiergeräten weiterhin ignoriert, werden stets die Originalakten verschickt. Die Staatsanwaltschaft hat 21 Zeugen benannt. Die zehn Angeklagten werden mit der Hälfte auskommen. Nach meinen bisherigen Erfahrungen seit Jahresbeginn läßt kein Verteidiger sich die Befragung auch nur eines einzigen Zeugen entgehen. In einem dieser Tage abgeschlossenen Parallelverfahren am selben Gericht mit nur sechs Angeklagten war bei ganztägiger Sitzung die Tageshöchstleistung: vier Zeugen.

Kurzum: es ist nicht abzusehen, wie dieses Verfahren mit zehn Verteidigern aus sechs Städten und ca. 30 Zeugen jemals zu Ende kommen soll.

Denn für alle zehn Angeklagten ist die Verteidigung notwendig, § 140 StPO; soweit aber die Verteidigung notwendig ist, findet ohne Mitwirkung des Verteidigers – also: der zehn Verteidiger – keine ordentliche Hauptverhandlung statt.

Im Dezember 1974 hat der Gesetzgeber sich um die ‚Effizienz des Strafprozesses' verdient gemacht. Und um den Fiskus auch"[91].

Selbstverständlich hatte der Gesetzgeber (lies: GBA und BKA) keineswegs die Absicht gehabt, diese Art von Verfahren, wie Heldmann sie beschreibt, aus den Angeln zu heben. Die § 146 betreffende Übergangsregelung zielte vielmehr direkt darauf ab, eine kollektive Verteidigung im bevorstehenden Stammheimer Verfahren gegen „Baader u. a." zu verhindern. Die zuständigen Behörden hatten den beschlagnahmten Dokumenten ohne weiteres entnehmen können, daß die dort auftretenden Verteidiger mit ihren Mandanten vereinbart hatten, daß jeder Anwalt jeden Angeklagten verteidigen werde, um die als Gruppe angeklagten Beschuldigten auch optimal als Gruppe verteidigen, eine sinnvolle und effiziente Arbeitsteilung organisieren und die Besuche der in verschiedenen Bundesländern wohnenden Verteidiger bei den über die gesamte BRD verstreut einsitzenden Beschuldigten so ökonomisch wie möglich abwickeln zu können. Ziel der Gesetzesänderung war, die wesentliche noch vorhandene Lücke in der Isolierung der Gefangenen, nämlich ihre kollektive Verteidigung, zu schließen. Der CDU-Abgeordnete Lenz sagte während der Bundestagsdebatte am 18. 12. 74: „. . .eine kleine Gruppe von etwa zwei Dutzend Anwälten. . . Nur um die Bekämpfung dieser Anwälte handelt es sich hier".

Juristisch bedeutete die Übergangsregelung vor allem, daß das Verhältnis von Regelfall und Ausnahme des § 146 StPO mit rückwirkender Kraft in sein Gegenteil verkehrt wurde. Hatte die neue Regelung doch nicht nur Geltung für Mandatsverhältnisse, die nach dem 1.1.75 eingegangen wurden, sondern auch für alle bereits bestehenden Mandatsverhältnisse, die eine Mehrfachverteidigung betrafen. In den meisten Rechtsstaaten ist die Möglichkeit eines Verbots mit rückwirkender Kraft nur auf dem Gebiet des materiellen Strafrechts ausdrücklich geregelt. Dieses Rechtsprinzip kann als Ausdruck des in einem Rechtsstaat hoch bewerteten Grundsatzes der Rechtssicherheit betrachtet werden: Der Bürger muß im voraus wissen können, was er vom Staat zu erwarten hat. Es ist naheliegend, daß das Prinzip der Rechtssicherheit vor allem das Verwaltungsrecht beherrscht, das infolge des erheblich angestiegenen und sich noch ausbreitenden staatlichen Einflusses auf allen Gebieten des sozialen Lebens immer noch wachsende Bedeutung hat. Auch die höchste verwaltungsrechtliche Instanz in der BRD, das Bundesverwaltungsgericht, bekräftigte in einer Entscheidung vom 9.5.60 das „Prinzip der Nichtrückwirkung“: Rechtsstaatliches Gedankengut fordere, daß die Eingriffe staatlicher Behörden für den Bürger „meßbar und in gewissem Umfang voraussehbar und berechenbar sein sollten“[92]. Das Bundesverfassungsgericht erachtet im Zusammenhang mit dem Rechtssicherheitsprinzip für den Bürger nachteilige rückwirkende Gesetze ebenfalls als unvereinbar mit dem Rechtsstaatsgedanken. Und zwar auch dann, wenn es sich um gesetzliche Maßnahmen handelt, die nur ein bestehendes, aber noch nicht beendetes Verhältnis zwischen Bürger und staatlichen Behörden für die Zukunft neu regeln, damit aber gleichzeitig die betreffende allgemeine Rechtsposition des Bürgers im nachhinein negativ beeinflussen. Nur dann, wenn der Bürger die neue Regelung zu dem Zeitpunkt, bis zu dem das Gesetz rückwirkt, hätte voraussehen können, oder dann, wenn zwingende Gründe, die sich aus dem Allgemeininteresse ergeben und höher zu bewerten sind als das Rechtssicherheitsprinzip, die Rückwirkung rechtfertigen, besteht die Möglichkeit, ausnahmsweise von dem Verbot der Rückwirkung abzusehen[93].

In einer Entscheidung des Bundesverfassungsgerichts vom 11.3.75[94] werden die neuen §§ 137 und 146 StPO ebenso wie die Übergangsregelung für verfassungsgemäß erklärt, nach Herrmann „mit lakonischer Begründung“[95], nach Dahs „z. T. mit knapper, nahezu apodiktischer Begründung“[96]. Die im Regierungsentwurf enthaltene Begründung wurde vom Bundesverfassungsgericht so gut wie unverändert übernommen. Den Bedenken gegen die Übergangsregelung entgegnet das Gericht:

> „Ein etwaiges Vertrauen der Beschuldigten und Verteidiger auf den Fortbestand der alten Regelung muß jedoch hinter dem öffentlichen Interesse zurücktreten, das – um der Aufrechterhaltung einer funktionstüchtigen Strafjustiz willen eine möglichst weitreichende Geltung der neuen Bestimmung fordert. Gegenteilige Erwartungen der Betroffenen sind unbegründet, weil die Stellung des Strafverteidigers auf prozeßrechtlichen Normen beruht und das Verteidigermandat damit zugleich unter dem Vorbehalt möglicher Änderungen des Prozeßrechts steht. Prozeßrecht erfaßt aber, soweit nicht anderes bestimmt ist, vom Zeitpunkt seines Inkrafttretens an auch anhängige Verfahren; der Bürger kann darauf nicht vertrauen, daß es unverändert bleibt (. . .)“.

Bei Krämer finden sich u. a. folgende Bemerkungen zu dieser Entscheidung: „Auffallend ist überhaupt, daß vielfach auf Begriffe wie ‚funktionstüchtige‘ bzw. ‚wirksame Strafrechtspflege‘ und ‚ordnungsgemäßer Verfahrensablauf‘ rekurriert wird, die inhaltlich unpräzise bleiben und mit durchaus unterschiedlicher Wertung verbunden werden können“[97].

Im Gegensatz zu Rüter lehnen die meisten bundesdeutschen Autoren den neuen § 146 auch nach der Entscheidung des Bundesverfassungsgerichts ab. Schmidt-Leichner nennt den § 146 ein „Unglück sowohl für die Rechtspflege wie für die Anwaltschaft“[98]. Herrmann zufolge greift diese Bestimmung „weit über das erforderliche Maß hinaus in die Rechte auf freie Verteidigerwahl und freie Berufsausübung ein“[99]. Und Dahs stellt anläßlich der vom Bundesverfassungsgericht gehandhabten „unbestimmten Kriterien“ die Frage: „Wo sind die Marksteine, die uns davor schützen, daß zur Wahrung der rechtsstaatlichen effektiven Strafverfolgung Regelungen nach dem Prinzip eingeführt werden: Je weniger Rechte der Verteidiger, je weniger Justizhemmung, desto mehr ordnungsgemäßer, gesicherter Verfahrensablauf und damit funktionstüchtige Strafrechtspflege?“[100]. Ulsenheimer ist der Meinung, man hätte es bei dem alten § 146 belassen sollen[101]. Einige dieser Autoren betonen, daß es Anwälten und Beschuldigten selbst überlassen bleiben muß, zu beurteilen, ob eine Interessenkollision vorliegt, die nach dem neuen § 146 „von vornherein“[102] ausgeschlossen werden muß. Dies wurde von mir bereits erwähnt, ebenso die Schlußfolgerung, daß die Scheinheiligkeit der angeführten Begründung (im Interesse des Beschuldigten) wohl kaum zu übersehen ist, wenn man berücksichtigt, daß es sich um gewählte Verteidiger handelt[103].

Die Änderung des § 146 und die richterliche Anwendung des neuen § 146 und der Ausschlußgesetzgebung hatten verheerende Auswirkungen auf die Vorbereitung der Verteidigung in den verschiedenen RAF-Prozessen, vor allem aber im Stammheimer Verfahren.

Wie schon erwähnt, legte die CDU/CSU-Fraktion, anknüpfend an den ursprünglichen Regierungsentwurf, großen Wert auf die Möglichkeit der Kontrolle des Verkehrs zwischen Anwalt und Beschuldigtem mit Blick auf „etwa zwei Dutzend Anwälte“ und deren Mandanten[104], worauf die SPD antwortete, die Ausschließungsgesetzgebung sei im Zusammenhang mit den neuen §§ 137 und 146 zu sehen[105]. Alle Parteien gingen mehr oder weniger explizit davon aus, daß diese 20 bis 30 Anwälte unter dem „dringenden“ Verdacht standen, den mündlichen und schriftlichen Verkehr mit ihren Mandanten zu mißbrauchen, um Befreiungsaktionen vorzubereiten, neue Guerillaaktionen zu ermöglichen, indem sie als Kuriere zwischen ihren inhaftierten Mandanten und deren illegalen Genossen außerhalb der Gefängnisse dienten. Geht man von dieser Annahme aus, so ist die Haltung der CDU/CSU konsequent, denn es war immerhin möglich, daß auch nach Ausschließung einiger Verteidiger die übrigen ungehindert in obigem Sinn weiterarbeiten würden. Das war aber mit Hilfe der §§ 137 und 146 nicht zu verhindern. Diese Bestimmungen sollten jedoch nach Ausschließung der am besten eingearbeiteten, aktivsten und engagiertesten Anwälte (und welche das waren, wußten GBA und BKA aufgrund ihres öffentlichen Auftretens und der bei Zellenrazzien und Bürodurchsuchungen beschlagnahmten Verteidigungsunterlagen), sehr wohl etwas anderes so gut wie unmöglich machen: Die Vorbereitung einer adäquaten Verteidigung für den unmittelbar bevorstehenden Mammutprozeß in Stuttgart-Stammheim. Außerdem sollten die Koordination des kollektiven Hungerstreiks von etwa 50 Gefangenen gegen ihre Haftbedingungen sowie die Mobilisierung der Öffentlichkeit unterbunden werden.

Die Rechtsanwälte Klaus Croissant, Stuttgart, Kurt Groenewold, Hamburg, und Christian Ströbele, Berlin, waren am intensivsten in die Verteidigung eingearbeitet und hatten den besten Überblick über die von ihnen in Richtung auf die kollektive Verteidigung koordinierte Arbeitsteilung. Ihr Engagement war seit 1972 mit Hilfe der von GBA und BKA manipulierten Medien als beispielhaft für „Verbindungen, wie sie nicht durch anwaltschaftliche Berufspflicht abgedeckt sind" (GBA Martin im Juni 1972) diffamiert worden. Sie hatten zudem wegen ihrer vielen Besuche im Lauf der Jahre bei Gefangenen aus der RAF am ehesten eine Vorstellung davon, wie sich die Haftbedingungen auf die Gesundheit ihrer Mandanten auswirkten, und schließlich wußten sie mit am besten, wie ihre Mandanten über eine Verteidigungsstrategie einschließlich ihres Widerstands gegen die Haftbedingungen dachten.

Mit dem Ausschluß dieser Anwälte sollte in der Verteidigungslinie eine Lücke entstehen, die nicht so einfach zu schließen sein würde. Zudem sollte ihr Ausschluß als einschüchterndes Menetekel auf die übrigen Verteidiger im RAF-Komplex dienen. Immerhin drohte auch ihnen jederzeit die mögliche Ausschließung („. . .und damit beinahe zwangsläufig der Ausschluß aus der Anwaltschaft", so der CDU-Abgeordnete Lenz). Eine kollektive Verteidigung sollte auch unterbunden werden, damit die noch zur Verfügung stehenden Verteidiger wegen der teilweise weiten Reisen zeitlich außerstande sein sollten, die Verteidigung mit den Gefangenen abzustimmen.

Hinzu kommt, daß die Formulierung des neuen § 146 („Die Verteidigung mehrerer Beschuldigter durch einen gemeinschaftlichen Verteidiger ist unzulässig") immer wieder zu der Frage führt, wann denn nun tatsächlich „gemeinschaftliche Verteidigung" vorliegt und wann nicht. Dies gilt vor allem für die Verteidigung von Angeklagten, die wegen § 129 StGB verfolgt werden. Da im Gesetzestext von Beschuldigten und nicht von einem Verfahren die Rede ist, muß § 146 wie folgt gelesen werden: Die Verteidigung mehrerer Beschuldigter, die derselben Straftat verdächtigt werden, ist unzulässig (und nicht: Die Verteidigung mehrerer Beschuldigter in ein und demselben Verfahren ist unzulässig, wie es in der oben zitierten Übergangsregelung heißt)[106].

Wann aber handelt es sich schon um genau „dieselbe Straftat"? Nach bundesdeutschem Recht sind der prozeßrechtliche Begriff „Straftat" und der materiellrechtliche Begriff „Straftat" keineswegs identisch; ersterer hat eine weit größere Reichweite „und kann daher auch mehrere sachlich zusammenhängende Straftaten (. . .) einheitlich umfassen"[107].

Straftatbestand im prozeßrechtlichen Sinn ist herrschender Rechtsauffassung gemäß *„der gesamte geschichtliche Vorgang*, dem das in der zugelassenen Anklage aufgeführte Tun des Angeklagten entnommen ist. Dieser geschichtliche Vorgang wird in seiner Gesamtheit, also soweit er nach der *Auffassung des Lebens* eine *sinnvolle Einheit* bietet, der Entscheidung des Gerichts unterstellt, ohne daß es insoweit auf die in der Anklage hervorgehobenen Einzelvorkommnisse und ihre rechtliche Würdigung ankommt“[108] Die mit dem prozeßrechtlichen Begriff „Straftat“ verbundene Problematik hinsichtlich der Anwendung des § 146 StPO im Zusammenhang mit § 129 StGB möchte ich anhand eines Beispiels aus meiner Praxis verdeutlichen.

> Im März 1979 wurde ich gebeten, als einer der Verteidiger in der für April 1979 angesetzten Verhandlung gegen den Rechtsanwalt Arndt Müller aufzutreten. Müller war Mitarbeiter von Croissant und seit Oktober 1977 wegen des Verdachts der Unterstützung der RAF inhaftiert[109]. Ihm wurde unter anderem vorgeworfen, an der Herausgabe der im Oktober 1977 bei dem schwedischen Verleger Cavefors erschienenen deutschen Ausgabe des Buchs „RAF Texte“[110] mit gearbeitet zu haben. Das Buch enthält politische Analysen, Erklärungen zu Aktionen, Prozeßerklärungen, Briefe und Diskussionspapiere von Mitgliedern bzw. Gefangenen aus der RAF. Dieses Buch wurde aufgrund des 1976 in Kraft getretenen neuen § 88a StGB (verfassungsfeindliche Befürwortung von Straftaten[111] nach § 129 StGB) inkriminiert. Zum gleichen Zeitpunkt waren aber auch Christoph Wackernagel, Knut Folkerts und Gerd Schneider, alle im Herbst 1978 von den Niederlanden an die BRD ausgeliefert[112], wegen Verdachts der Mitgliedschaft in der RAF und in diesem Rahmen begangener Straftaten in der BRD inhaftiert. Folkerts, Wackernagel und Schneider hatte ich gemeinsam mit anderen Anwälten während ihrer mehr als einjährigen Haft in den Niederlanden Rechtsbeistand geleistet[113]. Es war verabredet, daß ich zu gegebener Zeit die Zulassung als Verteidiger im Prozeß gegen Wackernagel in der BRD beantragen sollte. Aus Müllers Strafakte ergab sich jedoch, daß auch Wackernagel – der 1976 und 1977 einige Zeit in Croissants Büro mitgearbeitet hatte – verdächtigt werden könnte, an der Herausgabe der RAF-Texte mitgearbeitet zu haben. Angesichts des weiträumigen Begriffs „Straftat“ im Sinne eines „einheitlichen geschichtlichen Vorgangs“ stellte sich die Frage, ob ich, wäre ich als Verteidiger von Müller zugelassen, nicht gleichzeitig aufgrund von § 146 die Möglichkeit verloren hätte, später Wackernagel zu verteidigen. Keiner der mir bekannten deutschen Rechtsanwälte konnte mir in diesem Punkt Sicherheit verschaffen. Auch alternative Möglichkeiten, etwa die Zulassung als Verteidiger von Folkerts oder Schneider, konnten als äußerst fraglich bezeichnet werden. Denn Müller wurde auch verdächtigt, das Büro Croissant als „Rekrutierungszentrale“ für neue Mitglieder der RAF mitorganisiert zu haben. Wie absurd diese Verdächtigung vielleicht auch klingen mag (ein französischer Richter wies Ende 1977 diesen Verdacht als Auslieferungsgrund für den Mitte 1977 nach Frankreich geflüchteten Croissant als unbegründet zurück[114]), so bestand doch die Möglichkeit, daß diese Verdächtigung der Justiz einen Ansatzpunkt bieten könnte, die illegalen Aktivitäten von Schneider und/oder Folkerts in einen ebensolchen „einheitlichen geschichtlichen Vorgang“ zu stellen.

Mit Beschluß vom 26. 11. 75[115] bestätigte das Bundesverfassungsgericht die Verfassungsmäßigkeit der Anwendung von § 146, „wenn mehrere Beschuldigte zwar nicht in demselben Verfahren verfolgt werden, das ihnen zur Last gelegte Verhalten aber Teil eines einheitlichen Tatkomplexes ist". Das hohe Gericht beließ es aber nicht dabei, die zu Tage getretene Unberechenbarkeit der Anwendung des § 146 für verfassungsgemäß zu erklären. Im selben Beschluß bestätigte es die Befugnis des Staatsanwalts, während der von ihm geleiteten Ermittlungen einem Wahlverteidiger den Zugang zu einem Mandanten aufgrund von § 146 zu verwehren: „Zur Durchsetzung des Verbots in diesem Verfahrensstadium ist bei fehlender richterlicher Zuständigkeit allein die Staatsanwaltschaft als Herrin des Verfahrens imstande und, da sie zugleich die Interessen der Beschuldigten zu wahren hat, auch geeignet". Die Staatsanwaltschaft hat also das Recht, ohne Zwischenschaltung eines Richters einen Wahlverteidiger dann, wenn ihrer Meinung nach eine „gemeinschaftliche Verteidigung" vorliegt, de facto auszuschalten bzw. von der Verteidigung zurückzuweisen. Das wiederum hängt sowohl von der von der Staatsanwaltschaft im Einzelfall bevorzugten Interpretation des Begriffs „gemeinschaftliche Verteidigung" wie auch von der beabsichtigten Zielrichtung der Ermittlungen ab. Weiter war das Bundesverfassungsgericht in seinem Beschluß vom 26. 11. 75 der Auffassung, daß auch die „sukzessive gemeinschaftliche Verteidigung" unter das in § 146 ausgesprochene Verbot fällt, das heißt: einem Rechtsanwalt ist es nicht mehr erlaubt, einen Beschuldigten aus einem „einheitlichen Tatkomplex" zu verteidigen, wenn ein anderes Mandatsverhältnis aus welchen Gründen auch immer beendet wurde. Das OLG München entschied etwa zum gleichen Zeitpunkt[116], daß ein solches Verbot auch dann gelte, wenn der vorherige Mandant bereits seit langem und abschließend verurteilt sein sollte. Schließlich war das Bundesverfassungsgericht noch der Meinung, daß § 146 mit all seinen Konsequenzen auch für denjenigen Rechtsanwalt gelte, der nur vorübergehend, etwa in Vertretung eines anderen, ein Mandat wahrnimmt (und sollte es sich auch nur um ein Gespräch mit dem Mandanten oder einen kurzen Auftritt vor Gericht handeln[117]). Das gilt sogar dann, wenn ein Anwalt sich nur in einem ersten Orientierungsgespräch Klarheit darüber verschaffen will, ob im betreffenden Fall die Bedingungen für ein Verbot nach § 146 vorliegen könnten[118]. Aufgrund des Gesagten scheint mir die Behauptung gerechtfertigt, daß – aus der Sicht des Beschuldigten – nicht die Ausschließungsbestimmungen wegen „dringenden Verdachts" der Tatbeteiligung, sondern der neue § 146 das schwerste gegen die Verteidiger von Gefangenen aus der RAF aufgefahrene Geschütz ist. Oder, um in der militärischen Bildersprache zu bleiben, daß die Anwendung der Ausschließungsbestimmungen die Wirkung von einigen vernichtenden Luftbombardements auf Feindansammlungen hat, während die Anwendung des § 146 als Versuch gesehen werden kann, feindliche Neugruppierungen mit Hilfe fortwährender schwerer Artillerieangriffe zu verhindern. In diesem Zusammenhang kommt § 137 in seiner Beschränkung der Wahlverteidigerzahl angesichts der geringen Zahl von Anwälten, die bereit und in der Lage sind, sich für die Verteidigung von Gefangenen aus der RAF einzusetzen, nur eine präventive, eher polizeimäßige Funktion der Verhinderung bzw. des Verbots der Zusammenrottung zu. Dieser Paragraph war vor allem wegen seines unmittelbaren Effekts auf die Verteidigung in Stammheim von Bedeutung: er machte eine wirkungsvolle Konzentration von Verteidigern in diesem zentralen Prozeß unmöglich.

3.2.4. Verhandlung auch in Abwesenheit des Angeklagten (§231a StPO)

Das rechtsstaatliche Prinzip, nach dem niemand verurteilt werden darf, ohne daß ihm Gelegenheit gegeben wurde, sich mit Hilfe eines Verteidigers gegen die ihm zur Last gelegten Straftaten in einer öffentlichen und auf Gegenrede eingestellten Verhandlung zur Wehr zu setzen, findet in der BRD u. a. in der Bestimmung seinen positiven Niederschlag, daß grundsätzlich nur gegen einen anwesenden Angeklagten prozessiert werden kann, der bei schwereren Anklagen zudem von einem Anwalt verteidigt sein muß (§§ 230 – 236 StPO). Die wichtigsten Ausnahmen von der Anwesenheitspflicht gelten für Strafverfahren, bei denen nicht mit einer Gefängnisstrafe zu rechnen ist (§ 232 StPO); in leichteren Fällen (z. B. geringen Vergehen oder Verstößen) kann von der Anwesenheitspflicht eines Verteidigers abgesehen werden[119]. Die Anwesenheitspflicht betrifft die gesamte Dauer der Verhandlung und gilt für den Angeklagten, die Staatsanwaltschaft und die Richter. Sie beruht auf dem Grundsatz der „Gewährung des rechtlichen Gehörs". Dem vorsitzenden Richter stehen verschiedene Möglichkeiten zur Verfügung, die Anwesenheit eines nichtinhaftierten Angeklagten sicherzustellen. Ein inhaftierter Angeklagter muß auf jeden Fall vorgeführt werden. Bis zum 1.1.75 war die Verhandlung gegen einen Angeklagten, der zur Anwesenheit verpflichtet war, in seiner Abwesenheit nur möglich, wenn der Angeklagte auf Anordnung des Gerichts wegen „ordnungswidrigen Benehmens" „entfernt" worden war (heute § 231b StPO / § 177 GVG). Übertretungen der Anwesenheitsbestimmungen führen in Revisionsverfahren zur Aufhebung des Urteils, weil ein „absoluter Revisionsgrund" vorliegt, wenn „die Hauptverhandlung in Abwesenheit der Staatsanwaltschaft, oder einer Person, deren Anwesenheit das Gesetz vorschreibt stattgefunden hat" (§ 338 Satz 5 StPO[120]).

Verglichen mit der Situation in anderen westeuropäischen Staaten ist diese an den Interessen des Angeklagten orientierte Bestimmung als sehr weitreichend zu bezeichnen. In den Niederlanden etwa ist selbst bei schwersten Delikten weder die Anwesenheit des Angeklagten noch die eines Verteidigers Pflicht. Eine der Konsequenzen der bundesdeutschen Regelung ist, daß im Prinzip auch dann nicht gegen einen Angeklagten verhandelt werden kann, wenn er zwar anwesend, aber außerstande ist, zum Beispiel wegen Krankheit, dem Verhandlungsverlauf zu folgen. Genau auf diesen Punkt zielt der neue § 231a StPO ab, der die Fortführung der Verhandlung dann erlaubt, wenn der Angeklagte sich „vorsätzlich und schuldhaft in einen seine Verhandlungsfähigkeit ausschließenden Zustand" bringt, um dadurch „wissentlich die ordnungsgemäße Durchführung oder Fortsetzung der Hauptverhandlung in seiner Gegenwart" zu verhindern. An sich scheint eine solche Bestimmung als Ausnahme vom Anwesenheitsprinzip durchaus angemessen zu sein. Jedoch auch hier läßt sich der ad hoc-Charakter der gesetzlichen Ausnahmebestimmung nicht leugnen. Einer der merkwürdig anmutenden Beiträge während der Bundestagsdebatte am 18. 12. 74 zu dieser Gesetzesänderung stammt vom Berichterstatter des Rechtsausschusses, dem SPD-Abgeordneten Gnädiger:

> „Schließlich war in jüngster Zeit zu beobachten, daß einzelne Beschuldigte und Angeklagte es unternahmen, sich durch die *bewußte Herbeiführung eines Zustands der Verhandlungsunfähigkeit* der Hauptverhandlung zu entziehen. Das ist auch mit dem Mittel des Hungerstreiks geschehen. Die neue Fassung der §§ 231a und b der Strafprozeßordnung verbessert die Möglichkeiten des geltenden Rechts, Versuchen einer vorsätzlichen Verfahrensvereitelung durch einen Angeklagten wirksam zu begegnen"[121].

Folglich läßt sich § 231a StPO ohne weiteres als „Hungerstreikparagraph" bezeichnen. Er wurde unmittelbar nach dem Tod von Holger Meins (9. 11. 74), also noch während des dritten kollektiven Hungerstreiks (13.9.74 bis 4.2.75) entworfen und eingeführt. Im Zusammenhang mit diesem Anlaß stellt sich die Frage, ob die Gesetzesänderung überhaupt beurteilt werden kann, ohne auf die Gründe für die einzelnen Hungerstreiks, die Isolationshaftbedingungen, inhaltlich näher einzugehen. Ist man der Überzeugung, daß die auf Gefangene aus der RAF angewandte lange Isolationshaft als menschenunwürdig und zur Verhandlungsunfähigkeit führende Behandlung und der Hungerstreik eines Gefangenen als legitimes Mittel des Widerstands dagegen anzusehen sind, dann kann § 231a StPO nur als schwerwiegende negative Sanktionierung des rechtmäßigen Widerstands gegen unrechtmäßiges Auftreten staatlicher Behörden gesehen werden. Negativ sanktioniert wird dann die Absicht, am Prozeß als verhandlungsfähiger Angeklagter teilzunehmen: eine Verletzung des verfassungsmäßig garantierten „Anspruchs auf rechtliches Gehör" (Artikel 102 GG).

4. Anwendung der Ausschließungsgesetzgebung

4.1. Premiere der „Lex Baader-Meinhof"[122]

Das erste „Opfer" der neuen Ausschließungsgesetzgebung sollte nicht ein RAF-Verteidiger, sondern der Kölner Rechtsanwalt Johannes Wilpert werden. Er war im Januar 1975 als Verteidiger in einem nicht-politischen Prozeß vor dem Landgericht Köln tätig[123]. Unerwartet wurde er mit der Ankündigung des Landgerichtspräsidenten[124] konfrontiert, er werde das OLG Köln ersuchen, Wilpert aufgrund des noch taufrischen § 138a StPO als Verteidiger von diesem Verfahren auszuschließen, da er unter dem Verdacht der Strafvereitelung stehe, weil er Zeugen zugunsten seines Mandanten beeinflußt habe[125]. Mit Beschluß vom 5.2.75 [126] wurde dieses Gesuch vom OLG Köln abgelehnt, u. a. deshalb, weil von diesem Mittel zur Ausschließung „behutsamer Gebrauch" zu machen sei, wie der Vorsitzende in seiner Entscheidungsbegründung formulierte[127].

4.2. Vorzeichen für die Ausschließung von Croissant, Groenewold und Ströbele

Inzwischen war den eigentlichen Adressaten des § 138a StPO noch vor dem 1.1.75 deutlich gemacht worden, auf wen das Ausschließungsgesetz zuerst angewandt würde. Bereits im Beschluß des BGH vom 13.8.73[128], der für zulässig erklärte, daß die Justizbehörden das in den Zellen von Baader, Ensslin, Meins, Möller und Raspe beschlagnahmte Verteidigungsmaterial auswerteten, war die Behauptung zu lesen, der Inhalt des von Ströbele stammenden Rundbriefes vom 11.6.73 ergebe wichtige Anhaltspunkte für die Vermutung, die Tätigkeit der Rechtsanwälte diene nicht nur der Verteidigung ihrer Mandanten,

> „sondern dem umfassenden Austausch von Mitteilungen und Instruktionen zur Fortsetzung des gewaltsamen Kampfes gegen die bestehende grundgesetzlich geschützte Ordnung und zur Aufrechterhaltung des organisatorischen Zusammenhalts der Roten Armee Fraktion als einer kriminellen Vereinigung".

Ähnlich lautende Formulierungen lassen sich in der Folgezeit regelmäßig auch in anderen gerichtlichen Entscheidungen wiederfinden, so etwa die wörtliche Übernahme obiger BGH-Formulierung in einem Beschluß des OLG Stuttgart vom 16. 10. 74, in dem die Beschlagnahme der Verteidigerkorrespondenz von Groenewold angeordnet wurde. Wegen des in Groenewolds Büro untergebrachten Informationssystems wurde dort noch folgende Unterscheidung vorgenommen:

> „Daß dieses Informationssystem nicht nur eine gemeinsame Verteidigungsstrategie bewirkt, sondern auch dazu dienen soll, den organisatorischen Zusammenhalt der Gruppe zu erhalten und ihre offensiven Ziele zu verwirklichen, zeigt sein Rundschreiben vom 11.7. 73. "[129].

Bei diesem Rundbrief handelt es sich um den bereits in Abschnitt 2 erwähnten Brief Groenewolds, der auch Rüter zu den gleichen Schlußfolgerungen veranlaßt hatte.

Ein von GBA Buback eingereichtes identisches Gesuch für die Beschlagnahmung von Croissants und Ströbeles Korrespondenz wurde durch Beschluß des OLG Stuttgart vom gleichen Tag noch abgewiesen. In seiner Beschwerde vom 13. 12. 74 erklärte Buback, daß ein Verteidiger wie Croissant, der sich in Wort und Schrift der „Terminologie des Linksextremismus wie Isolationsfolter, Vernichtungshaft, Gehirnwäschetrakt und dergleichen“ bediene, der Teilnahme an der kriminellen Vereinigung seiner Mandanten dringend verdächtig sei Der GBA verwies vor allem auf öffentliche Veranstaltungen in Stuttgart und München im November 1974, auf denen Croissant über die Motive der Gefangenen für den damaligen Hungerstreik sowie über die Begleitumstände des Todes von Holger Meins gesprochen hatte. Am 30. 12. 74 kam der Zweite Senat des OLG Stuttgart unter Vorsitz von Theodor Prinzing zu der Entscheidung, dem Gesuch des GBA doch noch stattzugeben. Die Begründung:

„Im angefochtenen Beschluß war der Senat davon ausgegangen, bei Rechtsanwalt Dr. Croissant sei eine gewisse Bereitschaft zur Unterstützung der RAF – aber noch keine eigentliche Unterstützung – festzustellen; er gebrauche zwar in Wort und Schrift die Terminologie des Linksextremismus, lasse sich hierbei aber offenbar so sehr von Emotionen leiten, daß dieser Gebrauch noch keiner Unterstützung gleichzuachten sei. So müsse bei der gebotenen Abwägung zwischen Strafverfolgungsbedürfnis und Verteidigungsinteresse (§ 148 StPO)[130] letzterem noch der Vorrang gegeben werden.

Der Senat teilt diese Auffassung nicht mehr. Inzwischen hat sich Dr. Croissant als einer der Hauptträger der gegen die Justiz gerichteten Kampagne – die eben dem Zusammenhalt und der Förderung einer unter dem Verdacht des § 129 StGB stehenden Gruppe dienen soll – herausgestellt. Während des Hungerstreiks zahlreicher zu dieser Gruppe zählender Häftlinge und nach dem Tod des Angeschuldigten Meins hat er sich zum Sprachrohr dieser Gruppe gemacht; hingewiesen sei nur auf Veranstaltungen in Stuttgart und München im November 1974. Die am 16. 10. 1974 noch bestehenden Zweifel des Senats, ob es sich nur um terminologische oder – darüber hinaus – um tatkräftige Übereinstimmung und Unterstützung handle, sind (schon) durch diese Vorkommnisse ausgeräumt; Rechtsanwalt Dr. Croissant zählt zu den Verteidigern, bei denen gewichtige Anhaltspunkte für eine Tatbeteiligung sprechen. Diese Erkenntnis aus Umständen zu gewinnen, die erst nach der Entscheidung vom 16. 10. 1974 vorgefallen sind, ist dem Senat nicht verwehrt“[131].

Die Begründung dieser Entscheidung ist vor allem deshalb interessant, weil aus ihr hervorgeht, daß gerade jener Senat, vor dem die Strafsache gegen „Baader u. a.“ verhandelt werden sollte, der Meinung war, die Gefangenen aus der RAF könnten und müßten auch *nach* ihrer Verhaftung und *in* Gefangenschaft strafbarer Handlungen nach § 129 StGB (Fortsetzung einer kriminellen Vereinigung auch aus der Haft heraus) verdächtigt werden. Schließlich war es nur mit einer solchen Konstruktion möglich, die für die Ausschließung vorgesehenen Anwälte der Teilnahme an der Straftat, derer ihre Mandanten verdächtigt werden, zu beschuldigen. Zweitens geht aus der Begründung hervor, daß der gegenüber Croissant geäußerte Verdacht der Teilnahme an der Fortsetzungsstraftat seiner Mandanten juristisch mit seinen öffentlichen Auftritten auf Veranstaltungen während des Hungerstreiks untermauert wird: Ein Anwalt also, der die Ansichten seiner Mandanten über ihre Haftbedingungen und ihren Widerstand (Hungerstreik) dagegen verdeutlicht („Sprachrohr"!), wird deshalb der Unterstützung derjenigen kriminellen Vereinigung verdächtigt, für die seine Mandanten auch in der Haft aktiv sein sollen. Dabei unterstellen die Justizorgane, daß die Hungerstreiks sich in Wahrheit nicht gegen die Haftbedingungen richteten, sondern Teil einer Kampagne gegen die Justiz waren, um den Zusammenhalt der Gruppe (und damit die Fortsetzung einer kriminellen Vereinigung vom Gefängnis aus) zu festigen, und zweitens, daß die Verteidiger (in diesem Fall Croissant) diese Intentionen bei ihrem Auftreten billigten. Die Entscheidungsbegründung muß vor allem auch deshalb undurchsichtig bleiben, weil die zwei ihr zugrunde liegenden ineinandergreifenden komplizierten Konstruktionen und Unterstellungen nur implizit genannt werden.

Ein Beschluß des BGH vom 20.1.75 begründet die Rechtmäßigkeit der Beschlagnahme von Ströbeles Verteidigerkorrespondenz. Der schwerwiegende Verdacht, Ströbele sei Mitglied der kriminellen Vereinigung seiner Mandanten, wird u. a. mit den Tatsachen begründet, Ströbele nenne seine Mandanten öffentlich „Genossen" und bezeichne sich selbst als „sozialistischen Anwalt" und „politischen Verteidiger", denn dies „spricht deutlich für eine Solidarisierung nicht nur im Denken sondern auch im Handeln und dafür, daß der Anwalt sich in voller Kenntnis der Tätigkeit und der wahren Ziele in die kriminelle Vereinigung als Mitglied eingefügt hat".

Damit sind dann die Voraussetzungen für den Ausschluß als Verteidiger, nämlich der schwere Verdacht der Beteiligung an den Mandanten zur Last gelegten Straftaten, erfüllt und von der höchsten Gerichtsinstanz in Strafsachen bereits im voraus bestätigt. Es blieb also nur noch, auf das Ausschließungsgesuch des GBA zu warten.

Am 20.1.75 veröffentlichte das Wochenmagazin „Der Spiegel" ein ausführliches Interview mit den in Stammheim einsitzenden Gefangenen Baader, Ensslin, Meinhof und Raspe. Inhaltlich bezog sich das Interview vor allem auf das politische Selbstverständnis der Gefangenen und ihre Haftbedingungen.

Es war das erstemal, daß diese Gefangenen Gelegenheit erhielten, sich direkt zu all dem zu äußern, was seit ihrer Festnahme Mitte 1972 von anderen über sie in der Presse geschrieben worden war. Hier der Ausschnitt, der die Verteidiger betrifft:

„Frage: Als Ihre wichtigste Hilfstruppe – so heißt es immer wieder – gelte derzeit jenes Dutzend Anwälte, das drinnen wie draußen für Kommunikation sorgt. Welche Rolle spielen Ihre Advokaten? Antwort: Die engagierter Verteidiger. Anwälte, die mit unseren Verfahren zu tun haben, politisieren sich zwangsläufig, insofern sie auf Schritt und Tritt, buchstäblich von ihrem ersten Knastbesuch bei einem Gefangenen aus der RAF an, erleben, daß nichts mehr von dem, was sie als Organe der Rechtspflege einmal für selbstverständlich hielten, noch funktioniert. Leibesvisitationen, Postkontrolle, Zellenrazzien, Hetze, Verdächtigungen, Ehrengerichtsverfahren, Kriminalisierung, psychologische Kriegsführung, maßgearbeitete Gesetze zu ihrem Ausschluß, dazu die Erfahrung unserer Sonderbehandlung, ihre völlige Ohnmacht, daran auf normalem Weg, nämlich mit juristischer Argumentation gegenüber den Gerichten, das Geringste zu ändern; die permanente Erfahrung, daß nicht Richter, sondern die Sicherungsgruppe Bonn und die Bundesanwaltschaft alle uns betreffenden Entscheidungen fällen – hat sie an dem Widerspruch zwischen Verfassung und Verfassungswirklichkeit, Rechtsstaatsfassade und Polizeistaatswirklichkeit, zu Verteidigern des Rechtsstaats, zu Antifaschisten gemacht. Es gehört zur Countertaktik der Bundesanwaltschaft, des Bundeskriminalamts, diese Anwälte mit uns zu identifizieren – „Hilfstruppe", was sie nicht sind. In dem Maß, wie die Justiz in den Verfahren gegen uns vom Staatsschutz vereinnahmt, für die Zwecke von Counterinsurgency, der Vernichtungsstrategie der Bundesanwaltschaft gegen uns instrumentalisiert ist, werden Verteidiger, die von der Gewaltenteilung ausgehen, zu Sand im Getriebe der Faschisierung, zwangsläufig – und so bekämpft".

Croissant hatte dieses Interview in Verhandlungen mit dem „Spiegel" vermittelt. Diese Tatsache sollte vom OLG Stuttgart in seinem Beschluß vom 12.3.75 als Ausschließungsgrund genannt werden[132]. Schon am 3.2.75 hatte der vorsitzende Richter des zuständigen Senats des OLG Stuttgart, Prinzing, die Rechtsanwälte Croissant, Groenewold und Ströbele von der „Pflichtverteidigung" entbunden; sie erhielten deshalb für ihre Tätigkeit von der Staatskasse kein Geld mehr. Es stand ihnen aber noch frei, als „Wahlverteidiger" weiterzuarbeiten. Die ominöse Begründung dieser Entscheidung: Gegen sie sei „schon mehrfach in Beschlüssen des BGH und des Senats der Verdacht der Tatbeteiligung ausgesprochen (worden)... Deshalb läßt sich nicht ausschließen, daß sie von den Bestimmungen über den Ausschluß von Verteidigern betroffen werden könnten"[133].

4.3. Ausschließung von Croissant

Am 27.2.75 wurde der Berliner CDU-Politiker Lorenz von der Bewegung „2. Juni" entführt. Die Forderung, einige Gefangene aus dieser Guerillagruppe in ein Land ihrer Wahl ausfliegen zu lassen, wurde erfüllt.

Am 3.3.75 reichte der GBA das erste auf dem neuen Gesetz basierende Ausschließungsgesuch gegen einen Anwalt aus dem RAF-Komplex ein. Gefordert wurde der Ausschluß Croissants als Verteidiger von Andreas Baader.

Genau neun Tage später beantragte der GBA das gleiche für Groenewold. Am selben Tag beschloß der für „Baader u. a." zuständige Senat des OLG Stuttgart unter Leitung von Prinzing (die Behandlung des Gesuchs durch einen anderen Senat abwartend), Croissant von der Ausübung seiner Rechte als Verteidiger zu suspendieren. Diese Suspendierung wurde mit nur einem „Vorwurf" begründet, nämlich dem, daß Croissant „am Zustandekommen des dem Nachrichtenmagazin DER SPIEGEL gewährten Interviews beteiligt war, welches erkennbar ein Teilstück des revolutionären Kampfes ist, den die Angeklagten auch aus der Haft heraus fortführen"[134].

Croissant habe „nicht nur die entscheidenden Verhandlungen mit dem SPIEGEL geführt, sondern auch die Fragen und Antworten unter Umgehung der Zensurvorschriften in die Zellen und aus diesen heraus gebracht. Es handelt sich um einen Beispielsfall für die mit Hilfe von Rechtsanwälten möglich gewordene Nachrichtenverbindung der Häftlinge mit der Außenwelt, wie sie Voraussetzung der Weiterführung der kriminellen Vereinigung aus den Zellen heraus geworden ist".

Mit wenigen Worten ist in diesem Beschluß die Vermittlungstätigkeit beim Zustandekommen eines Interviews als Beispiel für die von Anwälten geleistete strafbare Unterstützung des von ihren Mandanten fortgesetzten revolutionären Kampfes aus der Haft heraus dekretiert.

Am 13.3.75 erklärte Bundeskanzler Helmut Schmidt in der Sondersitzung des Bundestags anläßlich der Lorenz-Entführung:

> „Die Bundesregierung erwartet, daß das ganze Instrumentarium, das uns das Recht gibt, von den dazu Berufenen strikt und konsequent angewendet wird. Ich darf hier sagen: Ich bedaure z. B., daß der Ausschluß eines Verteidigers, der sich, statt Organ der Rechtspflege zu sein, in Wirklichkeit an Konspiration beteiligt, bisher erst in einem einzigen Fall tatsächlich angewandt worden ist oder hat angewandt werden können. Sollten sich hier neue Erfahrungen und Erkenntnisse ergeben, so wird die Bundesregierung zur Prüfung bereit sein"[135].

Und weiter Schmidt:

> „Es gibt internationale Verbindungen der Terroristen und internationale Verbindungen ihrer Mitläufer. Die bei uns bevorstehenden Baader-Meinhof-Prozesse werden mit Sicherheit große internationale Kampagnen der Sympathisanten auslösen. Sogenannte Anwälte des Rechts werden aus aller Welt in die Bundesrepublik Deutschland angereist kommen und uns ihre Philosophie verkünden. Sie werden angereist kommen, um unseren Rechtsstaat vor unserer eigenen öffentlichen Meinung herabzusetzen, wie es schon geschehen ist, wie es sich in Bückeburg schon abzeichnet. Die Bundesregierung muß erwarten, daß – ähnlich wie jüngst in Stuttgart ein Gericht die Zulassung eines solchen Anwalts abgelehnt hat – solchen Kampagnen mit aller Klarheit und Entschlossenheit entgegentreten wird"[136].

Diese Bundestagsdebatte wurde im westdeutschen Fernsehen direkt übertragen und von Millionen Zuschauern verfolgt, unter denen auch ich mich als einer jener „sogenannten Anwälte des Rechts" befand. Zu dem Zeitpunkt gehörte ich gemeinsam mit Groenewold und Croissant der Verteidigung des im Gefängnis Bückeburg stattfindenden Prozesses gegen den Holländer Augustin an, der u. a. der Mitgliedschaft in der RAF angeklagt war. Der zuletzt zitierte Satz von Schmidt läßt seine Unzufriedenheit mit der Tatsache, daß das Landgericht Osnabrück mich als Verteidiger von Augustin zugelassen hatte, deutlich zum Ausdruck kommen. Croissants Reaktion auf die Äußerungen Schmidts wird mir unvergeßlich bleiben. Seine Empörung über die mir und anderen ausländischen Rechtsanwälten geltenden Verleumdungen war unvergleichlich größer als über Schmidts öffentlichen Aufruf an die Justiz, doch nicht nur Croissant als Verteidiger auszuschließen.

Am selben Tag, dem 13.3.75, schrieb „Die Welt": „Verantwortungslos und unintelligent ist jede vermenschlichende Darstellung der Terroristen".

Am 16. und 17.4.75 verhandelte der 1. Senat des OLG Stuttgart über den Antrag auf Ausschließung von Croissant. Die Sitzungen des OLG fanden zum erstenmal in dem gerade fertiggestellten 15 Millionen Mark teuren und speziell für die Verhandlung der Strafsache gegen „Baader u. a." hergerichteten „Mehrzweckgebäude" des Gefängnisses Stuttgart-Stammheim statt. Zusammen mit einigen französischen und italienischen Rechtsanwälten wartete ich vergeblich vor den Schlagbäumen auf den Einlaß zur öffentlichen Verhandlung. Aber auch die Verteidiger von Croissant und Baader wurden nicht eingelassen, weil sie nicht bereit waren, sich und ihre Unterlagen durchsuchen zu lassen[138]. Zum erstenmal in der Geschichte der BRD hatte man eine solche Anordnung für den Zutritt der Verteidiger erlassen. Am 22.4.75 entschied das OLG, Croissant als Verteidiger von Andreas Baader aus drei Gründen (der vollständige Text findet sich in Anmerkung 139) auszuschließen: 1. Croissant habe seinen Mandanten Bernhard Braun im November 1974 für das Abbrechen des Hungerstreiks bestraft, indem er ihm Informationsmaterialien, die von den Anwälten über das Informationssystem an alle Gefangenen aus der RAF versandt wurden, vorenthielt; 2. Croissant habe auf einem Diskussionsabend der „Kirchlichen Bruderschaft in Württemberg" am 8. 11. 74 zu einem dreitägigen Sympathiehungerstreik zur Unterstützung der Forderungen der hungerstreikenden Gefangenen aufgerufen; 3. Croissant sei beim Zustandekommen des „Spiegel"-Interviews vermittlerisch tätig gewesen.

Alle drei Handlungen seien als strafbar im Sinne der Unterstützung von Gefangenen aus der RAF als „krimineller Vereinigung" anzusehen.

Der für politische Strafsachen zuständige 3. Senat des BGH verwarf am 20.5.75 [140], einen Tag vor Beginn des Prozesses gegen „Baader

u. a.", die von Croissant eingereichte Beschwerde gegen die Ausschließung mit einem Satz:

> „Der Senat tritt den Ausführungen des Oberlandesgerichts bei und fügt hinzu, daß jeder dieser Sachverhalte für sich gesehen ausreicht, den zum Ausschluß des Betroffenen von der Mitwirkung in dem Verfahren gegen den Angeklagten Baader führenden, dringenden Verdacht zu begründen".

In seiner Entscheidung geht das OLG Stuttgart ohne weitere Begründung davon aus, daß die Gefangenen aus der RAF dringend verdächtig seien, die kriminelle Vereinigung, deren vermutliche Begründer oder Mitglieder sie sein sollten, aus der Haft heraus fortzusetzen[141]. Weiter hatte das OLG keine Bedenken, zwei Gegebenheiten als Ausschließungsgründe anzuerkennen, die noch aus der Zeit vor dem Inkrafttreten der Ausschließungsgesetzgebung stammten[142].

Eine nähere Betrachtung der drei Gründe für die Ausschließung nach dem neuen Gesetz ist aufschlußreich.

ad 1: Als erstes fällt auf, daß die faktische Grundlage dieses Vorwurfs verschwommen bleibt, ganz abgesehen von dem Umstand, daß Bernhard Braun verneinte, von Croissant unter Druck gesetzt worden zu sein, um den Hungerstreik weiterzuführen, und daß auch Croissant jegliche Druckausübung abstritt. Brauns „Disziplinierung" meinte das OLG einem vom 2. 11. 74 stammenden Brief Croissants an Baader entnehmen zu können. Croissant schreibt, nachdem Braun den Hungerstreik abgebrochen hatte, u. a.: „... habe ihm die 7 seiten info 30. 10. *nicht* geschickt (hoffe, daß die entscheidung richtig): schätze, daß bernie einen brief bekommen muß. sollte so laufen wie bei grashof. habe bernie geschrieben (das nützt natürlich nicht viel)"[143].

Um welche Informationen es sich handelte, wird nicht gesagt. Ebensowenig wird deutlich, ob es um die Ausführung einer zuvor mit allen Gefangenen abgesprochenen Verhaltensweise geht; kurzum, die Herausnahme eines einzigen Abschnitts eines Briefes aus einer kontinuierlichen Korrespondenz erweist sich als unzulängliches, ja unzulässiges Unterfangen[144]. Croissant hatte in seiner vorläufigen Stellungnahme zum schriftlichen Ausschließungsgesuch des GBA, in dem obige Passage angeführt wird, darauf hingewiesen, daß die vom GBA vorgenommene Interpretation unrichtig sei. Eine Interpretation hatte Croissant selbst jedoch nicht geben können, weil er damit gegen die anwaltschaftliche Schweigepflicht verstoßen hätte. Gesetzt den Fall, es habe sich tatsächlich um eine Disziplinierung Brauns gehandelt, so bleibt immer noch zu fragen, wie darin juristisch eine Unterstützungshandlung gesehen werden kann[145]. Hierzu verweist das OLG auf die Bedeutung des Informationsmaterials und des Hungerstreiks für die Gefangenen; der Hungerstreik habe nicht nur dem „vordergründigen" Ziel der Verbesserung der Haftbedingungen gedient, sondern darüber hinaus „selbst auf die Gefahr der Aufopferung einzelner Mitglieder den Zusammenhalt der Kriminellen Vereinigung in der Haft stärken, evident und so zum öffentlichen Werbefaktor für ihre gewaltpolitischen Zielsetzungen machen" sollen. Einigermaßen merkwürdig mutet die Tatsache an, daß das OLG Croissant zum Vorwurf macht, Braun Informationsmaterial vorenthalten zu haben, während in den Ausschließungsverfahren gegen Groenewold und Ströbele gerade die Mitarbeit am Informationssystem und die Versendung von Info-Material als Belastungsgrund angeführt wird. Weiter leuchtet nicht ein, wie ein Gericht über die Bedeutung bestimmter Informationen zwischen Verteidiger und Mandant urteilen kann, und zwar über Verbreitung bzw. Nichtverbreitung, ohne gleichzeitig nicht auch über Strategie und Taktik der Verteidigung – in diesem Fall der 1974 noch legalen kollektiven Verteidigung – zu befinden. Und schließlich hätte das OLG logischerweise nur dann zu der Schlußfolgerung kommen können, die Disziplinierung Brauns wegen Abbruch des Hungerstreiks sei als Unterstützung einer kriminellen Vereinigung anzusehen, wenn gleichzeitig davon ausgegangen wurde, daß auch der Hungerstreik selbst eine solche Unterstützungshandlung und damit eine strafbare Handlung darstellt. Die einzige Möglichkeit, wie das OLG dieses Problem „lösen" konnte, bestand darin, *diesen* Hungerstreik implizit als Straftat zu bewerten, indem ihm eine andere als von den Gefangenen und ihren Verteidigern angegebene Zielsetzung unterstellt wurde.

ad 2: Auch bei diesem Ausschließungsgrund ist nicht unmittelbar einsichtig, weshalb er juristisch eine Unterstützungshandlung für eine kriminelle Vereinigung sein soll[146]. Anhaltspunkte ergaben sich für das OLG aus der Tatsache, daß Croissant in seinem Vortrag, in dem er auch zu einem Sympathie-Hungerstreik aufgerufen habe, von „Vernichtungsmaschinerie", „Isolationsfolter", „Vernichtungshaft" usw. gesprochen habe, wodurch er sich qua Form und Inhalt an die Ausdrucksweise seiner Mandanten angepaßt habe, „die er mit ‚Du' und dem Vornamen anzuschreiben pflegt". Schließlich noch eine interessante Randbemerkung: Das OLG spricht anläßlich der umstrittenen Veranstaltung vom 8. 11. 74 von „haltlosen und von ihm übernommenen Vorwürfen des Mordes an Holger Meins", während Meins erst am 9. November starb.

ad 3: Seine Vermittlungstätigkeit beim Zustandekommen des „Spiegel"-Interviews hat Croissant niemals abgestritten. Rüters Kommentar zu diesem Ausschließungsgrund: die Ausschließung sei nur dann zu Unrecht ausgesprochen worden, wenn Croissant „seinen Fehler eingesehen hätte, diesen bedauert hätte und eine Wiederholung nicht zu erwarten gewesen wäre"[147]. Dem verstorbenen, zu Lebzeiten aber schon legendären holländischen Rechtsanwalt D. J. Veegens (genannt „DJV"/ „De Juiste Visie", etwa „Die Richtige Sichtweise") zufolge „hat man bei dieser Entscheidung die heutige Bedeutung der der Urteilsbildung vorgelagerten Presseberichterstattung verkannt. Ermittlungs- und

Verfolgungsinstanzen wissen die Massenmedien stets geschickter zu bespielen, vor allem die erstgenannten, wodurch der weitere Verfahrensverlauf unbestreitbar beeinflußt wird"[148]. Diese von Veegens geäußerte Auffassung findet sich in Croissants beim Bundesverfassungsgericht eingereichter und später abgewiesener Beschwerde wieder[149]: „Eine Darstellung ihrer Ansichten vor der Hauptverhandlung war angesichts des Umfanges und der Intensität ihrer Vorverurteilung in den Massenmedien als „rein kriminelle Bande", als „Gemeine Mörder", als „Politgangster" etc. unbedingt notwendig, um dem Klima der Vorverurteilung wenigstens ansatzweise entgegenzutreten".

4.4. Ausschließung von Groenewold und Ströbele

Die Entscheidung, die Verteidigerrechte von Groenewold als Baader-Verteidiger zu suspendieren, traf das OLG Stuttgart unter Vorsitz von Prinzing am 27.3.75 [150]. Diese Entscheidung wurde ausschließlich mit der Mitarbeit Groenewolds an der in seiner Kanzlei eingerichteten Info-Zentrale begründet: „Diese ‚Info-Zentrale' war der Kern des Nachrichtensystems zwischen den Häftlingen untereinander sowie zwischen den Gefangenen und ihren Verteidigern. Sie diente aber auch der Verbreitung der auf gewaltsamen Umsturz gerichteten Ideen der Angeklagten in der Öffentlichkeit, der Gruppenschulung und der Disziplinierung der der RAF zugerechneten Häftlinge. Zugleich sollte das Informationssystem den organisatorischen Zusammenhalt der Gruppe erhalten und deren kriminelle Ziele verwirklichen". Drei Rundbriefe werden als „auffallende Beispiele" für die oben genannten Behauptungen angeführt: 1. ein Rundschreiben vom 3.2.73, in dem Baader den Verteidigern den Auftrag gegeben habe, Material zusammenzustellen und an Groenewold zu schicken, der für die weitere Verteilung an die Gefangenen sorgen würde; 2. ein Rundschreiben vom 11.7.73, in dem Groenewold den Vorschlag gemacht habe, die Namen der Gefangenen künftig in allen Rundbriefen durch Zahlen zu ersetzen; 3. ein Rundschreiben vom 27.8.74, aus dem deutlich hervorgehe, daß Groenewold mit den Aktivitäten der Info-Zentrale bestens vertraut war.

Nach der mündlichen Verhandlung des Ausschließungsantrags des GBA, die am 29.4.75 im „Mehrzweckgebäude" in Stammheim aus den gleichen Gründen wie bei Croissant ohne Groenewold, seine Verteidiger und Pressevertreter stattfand, beschloß der 1. Strafsenat des OLG Stuttgart am 2.5.75, Groenewold aus folgenden Gründen (vollständiger Text siehe Anmerkung 151) von der Verteidigung auszuschließen:

1. Durch die Unterhaltung eines umfangreichen Kommunikationsnetzes (Info-Zentrale) zwischen den an verschiedenen Orten einsitzenden Gefangenen habe Groenewold für den „organisatorischen Zusammenhalt" der kriminellen Vereinigung gesorgt, und somit „deren Ziele gefördert", dies vor allem

auch durch den mit Hilfe seiner Informationsverbreitung koordinierten Hungerstreik vom Juni 1973.

2. Über die Informationszentrale seien auch Artikel über Waffen u.ä., die Stadtguerilla und die Organisation des Bundesgrenzschutzes verbreitet worden.

3. Groenewold habe sich die Richtlinien der Verteidigung von „Baader u. a." vorschreiben lassen, was deutlich mache, „wie weit sich Rechtsanwalt Groenewold von seiner Verteidigerposition entfernt hat und sich in das kollektive Unterordnungsgefüge der kriminellen Vereinigung einbauen ließ". Weitere Anhaltspunkte für dieses Verhältnis ergäben die Tatsachen, daß Groenewold sich, wie die anderen Anwälte auch, von seinen Mandanten habe beleidigen lassen, daß er im Februar 1973 an einem Solidaritätshungerstreik vor dem BGH teilgenommen habe und daß er nach dem Tod von Holger Meins die Justizorgane verunglimpft habe.

Mit Beschluß vom 1.8.75[152] verwarf der BGH Groenewolds Beschwerde gegen die Ausschließung. Der gegen ihn vorliegende Verdacht wurde wie folgt spezifiziert:

„...Diese strafbare Tätigkeit, deren der Beschwerdeführer verdächtig ist, bestand vornehmlich darin, daß er, unter großem persönlichen Einsatz und mit Energie, zwischen den gefangenen Mitgliedern der Vereinigung zur Fortsetzung von deren Zielen eine umfassende Kommunikation sowie die Verteilung von Informations- und Schulungsmaterial an diese Mitglieder und zwischen ihnen organisiert hat. Die Verteilung des umfangreichen Materials diente nach seinem Inhalt in erster Linie dazu, Strategie und Taktik der Guerillas – als welche sich die Angehörigen der Vereinigung verstehen – zu entwickeln. Mit ihm soll-te den Gruppenmitgliedern auch das notwendige Wissen für den bewaffneten Kampf der Stadtguerilleros vermittelt und es sollte damit die Ausarbeitung von Konzeptionen zur Fortsetzung der strafbaren Ziele und Tätigkeit der kriminellen Vereinigung gefördert werden".

Am 16.4.75 beantragte der GBA den Ausschluß von Ströbele, dem dritten frei gewählten Verteidiger Baaders. Hatte der Ausschlußantrag gegen Croissant noch knappe 13 Seiten umfaßt und der gegen Groenewold immerhin 29 Seiten, so waren es bei Ströbele inzwischen 43 geworden. Wie bei Groenewold bestand die Begründung für die Ausschließung auch hier hauptsächlich aus einer Aneinanderreihung von Zitaten, insgesamt 43, einige mehrere Seiten lang, die zum Teil den 19 beschlagnahmten, aus der Zeit vom 5.2.73 bis 25.3.74 stammenden Rundbriefen Ströbeles an seine Mandanten entnommen waren, zum anderen Teil aus beschlagnahmten Briefen an andere Anwälte und aus Diskussionspapieren verschiedener Gefangener stammten. Nur ein kleiner Teil dieser Rundschreiben und Diskussionspapiere betraf die Prozeßvorbereitung, der größere Teil beschäftigte sich mit den Motiven, der Planung, dem Ablauf und den Begleitaktivitäten der verschiedenen Hungerstreiks gegen die Isolationshaft. Am 6.5.75 suspendierte das OLG Stuttgart unter Vorsitz von Prinzing Ströbele als Verteidiger von Baader[153]. Hier die Begründung:

„Zahlreiche beschlagnahmte Schriftstücke erweisen, daß Rechtsanwalt Ströbele an einem umfassenden Informationsaustausch zwischen den Angeklagten untereinander (wobei auch sinnesverwandte Gefangene, die in andere Verfahren verstrickt sind, einbezogen waren) sowie zwischen den Angeklagten und ihren Verteidigern maßgeblich mitwirkte. Insbesondere war er an der Gründung und dem Betreib einer eigens eingerichteten Informationszentrale („Info") wesentlich beteiligt. Diese Informationszentrale diente nicht – wie Rechtsanwalt Ströbele jetzt vorbringt – allein Zwecken der Verteidigung, auch nicht bei weiter (freilich immer im Rahmen von StPO und BRAO sich haltender) Auslegung dieses Begriffes. Bei Gründung der Informationszentrale bezog sich Rechtsanwalt Ströbele weitgehend auf Pläne, die der Angeklagte Baader entwickelt hatte (vgl. Rundbrief vom 16.6.1973). Hierdurch und durch die weitere Mitwirkung am „Info"-System bis in die jüngste Zeit hinein identifizierte er sich mit dem gesamten Inhalt der weitergeleiteten Nachrichten; er kann sich hiervon jetzt nicht distanzieren und von „nicht realisierten Vorstellungen einzelner Gefangener" (Schriftsatz vom 4.4.75, Seite 9) sprechen. Gerade die vom Angeklagten Baader entwickelten Gedanken sprechen aber für sich und begründen den dringenden Verdacht, vor allem dem Zusammenhalt der Vereinigung in ihrer selbstverstandenen Rolle als revolutionärer Kerntruppe zu dienen (vgl. etwa Anl. 43 bis 66 zum Antrag des Generalbundesanwalts). Gleiches gilt für die durch die Informationszentrale verbreiteten Überlegungen anderer Gefangener (vgl. etwa Anl. 73)".

Am 13.5.75 erfolgte die Ausschließung durch den 1. Senat des OLG Stuttgart, wobei inhaltlich die gleichen Gründe angeführt wurden wie bei Groenewold (vollständiger Text siehe Anmerkung 154).

Sowohl bei Groenewold als auch bei Ströbele hatte man somit deren aktive Mitarbeit am Informationssystem (an dem sich alle Anwälte beteiligten, indem sie z. B. Material sammelten und weiterleiteten) als schwerwiegenden Anhaltspunkt für den Verdacht der Unterstützung einer „kriminellen Vereinigung" und schließlich als hinreichenden Grund für ihre Ausschließung als Verteidiger von dem bevorstehenden Prozeß bewertet. Während sich die Anwälte weiter darauf beriefen, die Informationsverbreitung sei Teil der legalen und notwendigen Verteidigung, wenn man von der damals zulässigen kollektiven Verteidigung ausgehe, so sah das OLG Stuttgart darin – sich dem GBA anschließend – eine strafbare Kommunikation zwischen Mitgliedern einer kriminellen Vereinigung. Die für diese Beweisführung vom OLG gehandhabte Konstruktion – die wiederum dem GBA folgte – war identisch mit derjenigen, die anläßlich des Ausschlusses von Croissant bereits ausführlich erwähnt wurde. Jedoch waren nicht die Briefe oder Diskussionspapiere selbst strafbaren Inhalts gewesen, der Verdacht der Unterstützung beruhte vielmehr auf dem Verschicken dieses Materials mit dem Ziel, so die Unterstellung des OLG, den organisatorischen Zusammenhang und die Ziele einer kriminellen Vereinigung fördern zu wollen. Daß es sich in diesem Zusammenhang um eine kriminelle Vereinigung handele, ergebe sich aus der Annahme, daß die Gefangenen aus der RAF als Gefangene und folglich aus der Haft heraus die kriminelle Vereinigung RAF fortführen würden. Diese Annahme wurde keineswegs mit der Vorbereitung, dem Versuch oder der Ausführung von konkreten strafbaren Handlungen im Rahmen des § 129 StGB, etwa in Zusammenarbeit mit den freien Mitgliedern der RAF, begründet, sondern mit der Feststellung, daß die Gefangenen aus der RAF ihrer Gesinnung nicht abtrünnig geworden waren, und daß sie auch nach ihrer Festnahme an ihrem politischen Konzept der Stadtguerilla festhielten. Die von GBA und OLG verwendete Argumentationskette zur Ausschließung von Croissant, Groenewold und Ströbele lautet somit:

> Weil die Gefangenen aus der RAF sich auch nach ihrer Festnahme weiter als – wenn auch entwaffneten – Teil der RAF betrachten, ist davon auszugehen oder liegt zumindest der schwerwiegende Verdacht nahe, daß sie die ihrer Verhaftung zugrunde liegende Straftat aus der Haft heraus weiterhin begehen; vor allem die Hungerstreiks zielen intern auf eine Festigung des Zusammenhalts dieser kriminellen Vereinigung ab und extern auf die Werbung für die Ziele dieser kriminellen Vereinigung; weil die Anwälte die Absichten ihrer Mandanten kennen, sie diese aber trotzdem mit dem von ihnen besorgten Austausch der schriftlichen Kommunikation zwischen ihnen selbst und ihren Mandanten sowie ihren Mandanten untereinander in die Lage versetzen, vor allem bei Hungerstreiks zu einem einheitlichen Verhalten zu kommen, stehen die Anwälte aufgrund dieser Kommunikation unter dem dringenden Verdacht, die kriminelle Vereinigung ihrer Mandanten zu unterstützen.

Mit Hilfe einer dreifachen juristischen Absichts-Konstruktion wurden die Ausschließungen von Croissant, Groenewold und Ströbele begründet: die den militanten Mandanten unterstellte doppelte Absicht, auch in der Haft eine kriminelle Vereinigung aufrechtzuerhalten und zur Festigung dieser Vereinigung Hungerstreiks durchzuführen sowie die den Anwälten unterstellte Absicht, mit Hilfe der Weiterleitung von Informationsmaterial den Absichten ihrer Mandanten dienlich zu sein.

Die folgende Passage über „artificial legal devices" und „offense artifacts" aus Otto Kirchheimers Buch „Politische Justiz" trifft die oben erwähnte juristische Ausschließungskonstruktion genau:

> „Wenn Gerichte immer häufiger dazu angehalten werden, gegen politisches Verhalten einzuschreiten, in dem eine Schädigung der öffentlichen Ordnung erblickt wird, muß erkünstelten juristischen Konstruktionen (artificial legal devices – BS) erhöhte Bedeutung zukommen. Als strafbare politische Handlung erscheinen nicht mehr nur die zwei traditionellen Typen von Straftaten, das kriminelle Vergehen als politisches Werkzeug und das eigentliche politische Delikt. Immer mehr bekommen es die Gerichte mit neuen Deliktfabrikaten (offense artifacts – BS) zu tun. Kein Gesetz kann Sanktionen für alle Typen des Handelns vorsehen, von denen vermutet werden kann, daß sie in irgendeiner künftigen Situation als kriminell schädlich gelten würden. Oft genug ist infolgedessen die konkrete Tat, in der die Staatsgewalt den sträflichen Niederschlag einer staatsgefährdenden politischen Haltung oder eines staatsfeindlichen politischen Verhaltensweise sieht, nach dem bestehenden Gesetz über-

haupt nicht strafbar oder technisch so schwer zu fassen, daß sie sich der Strafverfolgung entzieht. Was dann vor Gericht abgeurteilt werden soll, ist nicht das Tun, das die Organe der Staatsgewalt unterbinden wollen, sondern sind als stellvertretend herausgesuchte Handlungen. Nicht jedes politisch anrüchige Verhalten läßt sich unter ein gesetzliches Verbot bringen. Den, der sich so verhält, kann man dennoch strafrechtlich belangen, wenn er sein Verhalten – aus freien Stücken oder notgedrungen – so bekundet, daß es zum Gegenstand einer Meineids- oder Beleidigungsklage gemacht werden kann"[155].

Für die nähere Betrachtung der Möglichkeiten und Grenzen politischer Verteidigung im gegebenen Zusammenhang ist von Bedeutung, die Diskrepanz zwischen den Gründen, mit denen die Ausschließung von Verteidigern in der Öffentlichkeit propagiert und gefordert wurde, und den Gründen, die von der Justiz benutzt wurden, hervorzuheben und zu analysieren. Seit 1972 waren die Anwälte immer wieder als Handlanger ihrer Mandanten und aktive Kuriere zwischen den Gefangenen und freien RAF-Mitgliedern dargestellt worden, die zur Vorbereitung, Planung und Ausführung konkreter Guerilla-Aktionen beitrugen. In den Ausschließungsbegründungen ist von dieser öffentlichen Verleumdung nichts mehr zu finden, vielmehr wird mittels Unterstellung einer bestimmten Gesinnung und entsprechender Ziele und Absichten ein an sich nicht strafbares Verhalten kriminalisiert. Als Ergebnis der Rufmordkampagnen, mit denen der Öffentlichkeit seit Jahren ein bestimmtes Bild der Anwälte (Kuriere, Handlanger) eingehämmert worden war, war es jedoch möglich, die Diskrepanz zwischen den Straftaten, deren die Anwälte anfänglich in der Öffentlichkeit „angeklagt" waren, und den im Prinzip nicht strafbaren Motiven, die den Anwälten unterstellt wurden, zu verschleiern. So kommentierte die FAZ am 24.4.75 die Ausschließung von Croissant:

> „Der Gerichtsbeschluß traf einen Baader-Meinhof-Verteidiger, dessen Name immer dann genannt wurde, wenn es um die sich der Gewißheit nähernden Vermutungen ging, zwischen den inhaftierten Mitgliedern der Bande und denen draußen gebe es Verbindungen, ja Befehlsübermittlung".

Die Ausschließungen wurden also nicht mit den richterlichen Begründungen legitimiert, sondern vielmehr mit der in der Öffentlichkeit bereits seit längerem bestehenden manipulierten Meinung. Kirchheimer behauptet: „Der Richter ist in den meisten Fällen mit einer Situation befaßt, die von anderen geschaffen worden ist, und gewährt oder verweigert die Legitimierung des Geschehenen"[156] („The judge, acting in most cases on a situation created by others, garants or withholds legitimacy"). Innerhalb eines konstitutionellen Systems ist dies seiner Meinung nach die wesentlichste Funktion eines Richters: „Was von Gericht erwartet wird, ist jedenfalls die Legitimierung oder ‚Illegitimierung' einer bestimmten Art des Handelns"[157] („It is as a legitimizer or an ‚illegitimizer' of particular action patterns that the court will be asked to intervene"). Die offensichtliche Diskrepanz zwischen dem tatsächlichen strafrechtlichen

Vorwurf und der öffentlichen Meinung löst sich durch die „Legitimität" der Ausschließung selbst auf. Um mit Kirchheimer zu sprechen: „Die Legitimierungsautorität beruht daruaf, daß die Allgemeinheit dem Richter die Fähigkeit zugesteht, jeder beliebigen Tat Rechtmäßigkeit zu verleihen oder abzusprechen"[158] („The ligitimizer's authority rests on the community's preparedness to recognize the judge's capacity to lend legitimacy to or withdraw it from an individual's act.") Die Bedeutung der Diskrepanz spiegelt sich dann auch vor allem in dem für den zuständigen Richter bestehenden Dilemma wider, entweder an den gelten Bedingungen strafrechtlicher Legalität und Verfahren festzuhalten, mit einer Zurückweisung der Anträge auf Ausschließung als Folge und damit Autoritäs- und Machtverlust, oder Sicherung von Autorität und Machteinfluß mit Hilfe der Einführung eines „offense artifact" und der Beantwortung der „community's preparedness".

Kapitel VI: Die „Inszenierung“ (21.5.75 – 30.9.75)

1. Das „Mehrzweckgebäude“ als Schauplatz der Handlung

„Der Schoß ist fruchtbar noch,
aus dem dies kroch“[1].

1.1. Journalistische Impressionen

Am ersten Sitzungstag eröffnet die „Süddeutsche Zeitung“ ihre Prozeßberichterstattung mit der Überschrift „Die Welt blickt nach Stammheim“. Das Ergebnis dieses internationalen Blicks auf sogenannte Mehrzweckgebäude als Ort der Handlung möchte ich anhand von Zitaten kurz illustrieren.

„Mit einem Gerichtsgebäude hat der Ort, an dem Baader, Meinhof u. a. für ihre zahlreichen Morde, Bombenanschläge und Banküberfälle zur Verantwortung gerufen werden, nichts mehr gemein“, schreibt die holländische Tageszeitung „De Telegraaf“ am 22.5. 75. „Die Gerichtsverhandlung vollzieht sich in einem ungeheuerlichen Betonbunkerkomplex“. Weiter stellt „De Telegraaf“, diesmal nicht übertreibend, fest: „Die Sicherheitsvorkehrungen sind besonders umfangreich. Auf den Dächern sind Soldaten zu sehen. Fernsehkameras registrieren alles. Helikopter halten die Umgebung im Auge. Überall Kontrollposten, bestehend aus Militär und Polizei- und Geheimdienstagenten“.

„Der Spiegel“ vom 19.5.75: „... MEK-Einsatzgruppen in Zivilwagen; berittene Polizei patroulliert in Doppelstreifen; und zu 400 Wächtern von Bund, Land, Kripo und Schutzpolizei kommt mit Prozeßbeginn noch einmal eine Hundertschaft Bundesgrenzschutz hinzu – nicht gerechnet die mehr als 300 Polizisten, die in Stuttgart und Umgebung potentiell gefährdete Politiker und Justizangehörige observieren“.

„Het Parool“ (holländische Tageszeitung) schreibt am 21.5.75: „Für 12 Millionen DM ist das Gefängnis zu einer Festung umgebaut worden, in dessen Nähe nicht einmal ein Vogel unbemerkt gelangen kann, wie ein Wächter dies ausdrückte. Maschinenpistolen oder Bomben können diesem futuristisch wirkenden Strafkomplex nichts anhaben, eventuelle Anschläge hätten bei diesem aus Eisenbeton mit winzigen Gucklöchern aus kugelsicherem Glas gebauten Komplex keine Chance, und als ob dies noch nicht genug wäre, ist die gesamte Oberfläche auch noch durch ein Netz geschützt, das eventuelle Angriffe aus der Luft abfangen soll“.

Die holländische Tageszeitung „De Volkskrant“ berichtet am 22.5.75: „Der Luftraum über Stammheim ist für die Prozeßdauer geschlossen. Folglich kam es gestern morgen zu großer Aufregung..., als plötzlich ein kleines Sportflugzeug über dem Gefängniskomplex auftauchte. Innerhalb einer Minute stiegen drei Helikopter auf, um die Verfolgung des Flugzeugs aufzunehmen. Es wurde zur Landung gezwungen. Kurz darauf wurde deutlich, daß es sich um einen Fotografen des Landesvermessungsamtes handelte, und daß der Luftraum über Stammheim erst vom heutigen Tag an für jeglichen Flugverkehr geschlossen ist".

„De Stem", eine belgische Tageszeitung, schreibt am 22.5.75: „Auf dem Parkplatz hat ein ‚privater' VW-Bus seinen ständigen Beobachterposten eingenommen; die darinsitzenden Zivilbeamten kontrollieren die Nummernschilder der an- und abfahrenden Autos, obwohl der Parkplatz nur nach zweifacher Kontrolle zu erreichen ist".

Das „Alkazar der Rechtsprechung" („Spiegel" vom 19.5.75) ist von einem 2,50 Meter hohen und 580 Meter langen Zaun und von „Spanischen Reitern" umgeben, dahinter erhebt sich eine zwei Meter hohe Betonmauer. Das Gebäude und die Umgebung werden von 54 Scheinwerfern und 23 doppelten Neonlampen erhellt.

Der Berichterstatter der holländischen Wochenzeitschrift „De Groene Amsterdammer" schildert am 8. 10. 75: „Eine Kontrolle nach der anderen. Elektronisch bediente Schleusen. Für eine x-beliebige Sitzung einer öffentlichen Verhandlung muß der Paß abgegeben werden. Und als ich in einer geschlossenen Kabine mit zwei Sicherheitsbeamten meine Hose hinunterlasse, kommt mir doch der Gedanke: ‚Ist öffentlich eigentlich noch öffentlich?' Meine Hose erzeugt offensichtlich Mißbilligung, da ihre Nähte so dick sind. Und da kann man ja offensichtlich alles mögliche drin verstecken, denken die Herren, die auch meine Geschlechtsteile sorgfältig inspizieren, obwohl der Detektor doch schon festgestellt hatte, daß ich metallfrei bin".

Die französische Tageszeitung „Le Monde" schreibt am 23.5.75: „Le premier barrage de police se situe environ 400 mètres avant l'entrée. Premier contrôle d'identité pendant que la voiture est soigneusement filmée par un policier. Avant de pénétrer dans la cellule, où les deux mains collés au mur, il subira une fouille minitieuse pratiquée par deux policiers en civil, le journaliste accrédité ne doit pas passer moins de trois contrôles d'identité (...) Seul un blocnote et un crayon sont autorisés. Tous les autres objets sont confisqués pour être rendu seulement à la sortie" („Die erste Polizeisperre ist 400 Meter vor dem Eingang zum Gerichtsgebäude postiert. Erste Ausweiskontrolle, während das Auto von einem Polizisten genau fotografiert wird. Ehe der akkreditierte Journalist in die Durchsuchungszelle vordringen kann, wo er – beide Hände gegen die Wand gestemmt – eine sorgfältige Filzerei durch zwei Zivile über sich ergehen lassen muß, hat er nicht weniger als drei Identitätsüberprüfungen hinter sich zu bringen. Erlaubt sind nur ein Notizblock und ein Bleistift. Alle anderen Sachen werden konfisziert und erst wieder am Ausgang zurückgegeben").

Die holländische Tageszeitung „Trouw" berichtet am 22.5.75, daß ein Reporter des britischen Pressebüros seinen Beinverband entfernen mußte, „um den Wächtern zu zeigen, daß sich darunter tatsächlich eine Wunde befand".

Vorfälle wie der, daß eine Frau ihre Monatsbinde entfernen mußte, veranlassen die Mailänder Zeitung „Corriere della sera" (22.5.75) zu der Frage „Tutto cio era progno necessario? Il dubbio ci sembra piu che legittimo" („War das alles wirklich notwendig? Der Zweifel scheint mehr als gerechtfertigt").

Über die Verhandlung im „Mehrzweckgebäude" berichtet die Pariser Rechtsanwältin Irène Terrel im „Quotidien de Paris" am 10.7.75: „(...) seule carte d'identité, je me retrouve devant une autre porte tournante qui me propulse dans une sorte de hall. La salle d'audience est impressionnante: c'est un immense thèâtre blanc, sans fenêtres, aux lumières blafardes. Dans cet espace technique et clos, le spectateur, privé de ses objets familiers, perd déjà un peu de son identité, de sa perception habituelle des mouvements et des choses. A travers cette sensation, il entrevoit ce que serait l'isolement sensoriel à long terme dans cette atmosphère aseptisée, oi les mots, les gestes et les signes passent toujours au crible des techniques. L'audience s'ouvre avec le ballet macabre et bouffon des juges, vêtus de noir, qui arrivent à port cadence, sur leur estrade. A gauche, drapés dans une robe mauve pâle, se tiennent les quatre procureurs fédéraux, derrière une mince paroi de verre, sorte d'hygiaphone agrandi. Devant eux, les avocats d'office semblent faire corps avec l'accusation. A droite, les accusés: Ulrike Meinhof, Gudrun Ensslin, Andreas Baader et Jean-Carl Raspe; quatre visages blafards, défaits, minés par une longue et particulière détention. Devant eux les avocats choisis" („... Nachdem man mir alles weggenommen hat, einschließlich des einzigen Ausweispapiers, komme ich zu einer anderen Drehtüre, die mich in eine Art von Halle schiebt. Der Verhandlungssaal ist beeindruckend: Es ist ein riesiger weißer Theatersaal, fensterlos, mit fahler Beleuchtung. In diesem technischen und geschlossenen Raum verliert der Zuschauer, seiner vertrauten persönlichen Sachen beraubt, schon ein wenig von seiner Identität und seiner normalen Wahrnehmung von Bewegungen und Dingen. Durch dieses Gefühl beginnt er zu begreifen, was Langzeitisolation in dieser künstlichen aseptischen Atmosphäre bedeutet, wo Worte, Gesten und Zeichen ständig den Filter der Technik passieren. Die Verhandlung wird durch das makabre und absurde Ballett der Richter eröffnet, die, ganz in Schwarz gekleidet, in gemessener Haltung auf ihrem Podium ankommen. Links stehen die vier Bundesanwälte, in malvenfarbene Roben gekleidet, hinter einer dünnen Trennwand aus Glas, einer Art vergrößerter Sprechscheibe. Vor ihnen scheinen die Pflichtverteidiger Teil der Anklage zu sein. Rechts die Angeklagten: Ulrike Meinhof, Gudrun Ensslin, Andreas Baader und Jan Carl

Raspe; vier bleiche Gesichter, ausgezehrt, gezeichnet von einer langen und besonderen Haft. Vor ihnen die Wahlverteidiger").

„De Stem" vom 22.5.75 ergänzt: „Im Sitzungssaal wird die fast greifbare Spannung noch durch die mit Maschinenpistolen ausgerüsteten Polizisten erhöht, die man hinter den Verschanzungen auf den hohen Balkonen weiß, die man aber nicht sieht...". Der Berichterstatter der Zeitung „Trouw" sieht sie sehr wohl; am 25.6.75 schreibt er: „Links hinten im Saal, über dem Publikumseingang, eine Balkonbrüstung. Dort sitzen die Scharfschützen. Vier von ihnen sind zu sehen. Ansonsten keine Waffen bei den Polizeibeamten. Zahlreiche Zivil- und/oder Staatsschutzbeamte...". In der westdeutschen Presse ist die Berichterstattung über die äußeren Bedingungen, unter denen der Prozeß stattfindet, im allgemeinen wesentlich zurückhaltender als in der ausländischen und insgesamt gesehen eher unkritisch, obschon sich im „Spiegel", der „FR" und der „FAZ" gelegentlich kritische Anmerkungen finden lassen. „Die aufwendigsten Sicherheitsvorkehrungen, die jemals einem Prozeß in der Bundesrepublik zuteil wurden, müssen reichlich abschreckend gewirkt haben. Anders läßt es sich kaum erklären, daß am Mittwoch um sieben Uhr erst etwa 20 Leute vor dem Stammheimer Gefängnis warteten, als ein Wachposten vom Dach herunter seinem Kollegen an der Besucherpforte durch das Megaphon zurief: ‚Sie können aufmachen!' Bis zum Beginn der Gerichtsverhandlung hatten sich kaum die 120 Besucher eingefunden, die außer 81 Journalisten hineingelassen werden sollten" („FAZ" vom 22.5.75). Der „Spiegel" schreibt am 19.5.75: „Ist also die eigens konstruierte Trutzburg auf dem ehemaligen schwäbischen Rübenacker nur mehr ein Reflex auf ein außerordentliches Sicherheitsrisiko – oder nicht schon Beton gewordenes Vorurteil? Kann eine Justiz, die sich für die Dauer der Verhandlung quasi selber mit einsperren muß, anders befinden als gegen die Angeklagten, die das alles bewirkt haben?" Die mit dieser Art äußerlicher justizieller Repression verbundene Problematik bringt die „London Times" am 21.5.75 zu der zentralen Frage: „Die einzige Frage, die zu beantworten übrig bleibt, lautet, ob unter den Bedingungen des Belagerungszustandes ein fairer Prozeß möglich ist". Für den englischen „The Economist" vom 17.5.75 ist die Antwort auf diese Frage nicht mehr offen. „Unter den gegebenen Umständen ist es schwer zu begreifen, wie die Modalitäten des Verfahrens in der Stammheimer Festung so beurteilt werden können, daß sie einen Prozeß im anerkannten Sinne des Wortes begründen. Niemand beklagt sich über die Mißachtung des Gerichts. Was Zeitungen angeht, wird Mördern und nicht mutmaßlichen Mördern der Prozeß gemacht. Der Zweck der besonderen Verfahrensweise hat weniger mit der Ermittlung von Schuld und Unschuld zu tun, als damit, die Länge der zu verhängenden Strafen zu bestimmen".

1.2. Die juristische Problematik

Einige Presseberichte haben die mit dem „Mehrzweckgebäude" als Schauplatz der Handlung verbundenen juristischen Probleme bereits angedeutet. Vom strafprozeßrechtlichen Standpunkt aus gesehen muß die Verhandlung eines Strafprozesses auf dem Areal eines Gefängnisses, in einem für ihn gebauten und eingerichteten Gerichtsgebäude, das paramilitärisch abgesichert ist, die Frage aufwerfen, ob ein solcher Prozeß noch den Anforderungen an ein „fair and public hearing"[2], an eine faire und öffentliche Verhandlung, genügen kann. Weiter läßt sich fragen, ob Richter, die sich dort für längere Zeit „quasi selber mit einsperren", nicht selbst den äußeren Schein einer unabhängigen Haltung gegenüber der Exekutive aufgegeben haben, einmal abgesehen von dem Einfluß, den eine solche Umgebung auf die dort Anwesenden ausüben muß. Und schließlich scheint mir eine solche Prozeßumgebung im Widerspruch zur grundgesetzlich garantierten Unschuldsvermutung zu stehen[3].

Unter anderem wegen dieser Gesichtspunkte ersuchte die Verteidigung zu Beginn des Prozesses um die Verlegung der Verhandlung in ein normales Gerichtsgebäude in Stuttgart[4]. Die Reaktion der BAW darauf war kurz[5]: Die Gewalttaten aus jüngster Zeit würden deutlich machen, daß die Sicherheitsvorkehrungen, die sich in nichts von denen auf Flughäfen unterschieden, äußerst notwendig seien, und zwar nicht nur zum Schutz der Prozeßteilnehmer, sondern gerade auch zum Schutz der Öffentlichkeit des Prozesses.

In der ebenso knappen Zurückweisung des Antrags seitens des Gerichts[6] hieß es, das normale Gerichtsgebäude sei zu klein und stünde für die zu erwartende Prozeßdauer nicht zur Verfügung; das Sicherheitsrisiko wurde mit dem Mord an dem Westberliner Richter von Drenckmann im November 1974, der Entführung des CDU-Politikers Lorenz im März 1975 und dem Angriff auf die westdeutsche Botschaft in Stockholm im April 1975 begründet. Die strafprozeßrechtlichen Bedenken wurden ohne nähere Begründung als nicht zutreffend zurückgewiesen.

Während der mündlichen Verhandlung über den Antrag der Verteidigung kam es zwischen Verteidigung und BAW zu einer kurzen und heftigen Diskussion über die rechtliche Grundlage für das Abhalten einer Gerichtsverhandlung außerhalb der normalen Gerichtsgebäude[7].

Die BAW konnte auf eine Entscheidung des BGH verweisen, in der es heißt, das Gerichtsverhandlungen „aus Zweckmäßigkeitsgründen nach Ermessen des Gerichts auch außerhalb des Gerichtssitzes möglich" sind[8]. Die Verteidigung meinte, daß mit der BGH-Entscheidung der Bau eines speziellen Gebäudes für einen bestimmten Prozeß niemals zu rechtfertigen sei, daß das Gericht sich darüber hinaus von der ausführenden Gewalt vor vollendete Tatsachen habe stellen lassen, da man mit dem Bau des kostspieligen Gefängnisflügels bereits vor Einreichung der Anklageschrift beim OLG Stuttgart Ende September 1974 begonnen habe, als offiziell noch nicht feststand, daß das OLG Stuttgart diesen Prozeß zu verhandeln habe. Auch in den Niederlanden hat 1978 – meines Wissens zum erstenmal seit der Gründung des Königreiches – eine „öffentliche" Verhandlung nach Stammheimer Muster stattgefunden. Es ging um den Gefangenen aus der RAF, Knut Folkerts, der im September 1977 in Utrecht verhaftet worden war. Folkerts war bei der Rückgabe eines Mietwagens von einem großen versteckten Polizeiaufgebot erwartet worden. Die Falle war nach Rücksprache mit dem BKA aufgebaut worden, nachdem bei einem ähnlichen früheren Vorfall in Den Haag der Fahrer eines Mietautos hatte entkommen können. Daraufhin angestellte Ermittlungen wiesen auf die RAF-Zugehörigkeit des Geflohenen und die Möglichkeit einer ähnlichen Leihwagenanmietung in Utrecht hin. Bei Folkerts Verhaftung kam während des Schußwechsels ein Polizist ums Leben, ein anderer wurde schwer verwundet.

Die Verhandlung gegen Folkerts fand im Dezember 1977 in Utrecht noch in einem „normalen" Gerichtsgebäude statt, es war jedoch für den Prozeß völlig geräumt und abgesichert worden. Auch die Behandlung des ersten Auslieferungsgesuchs der BRD an die Niederlande fand in einem genauso präparierten Gerichtsgebäude in Maastricht statt, wo Folkerts damals einsaß. Die Verhandlung über einen weiteren Antrag zur Auslieferung wurde dann vom zuständigen Gericht im Maastrichter Gefängnis terminiert.

Am 22.8.78 lag dem Maastrichter Gerichtspräsidenten ein Antrag Folkerts auf einstweilige Verfügung gegen die Abhaltung der Verhandlung im Gefängnis vor. Einen Tag später entschied der Präsident, daß die Anordnung geltendem Recht keineswegs widerstreite; im übrigen ging er nur noch auf das Problem der Öffentlichkeit der Verhandlung ein. Dazu wurde eine lapidare Überlegung vorgetragen: „Nach unserem Ermessen liegen keinerlei Gründe vor, bereits im voraus anzunehmen, daß sich bezüglich der abzuhaltenden Gerichtssitzung im Zusammenhang mit der erforderlichen Öffentlichkeit der Sitzung ein unrechtmäßiger Zustand ergeben wird. Im übrigen sind wir der Meinung, daß wir uns diesbezüglich eines Urteils zu enthalten haben. Die Beurteilung der Frage der Öffentlichkeit ist ansonsten Bestandteil des Auslieferungsverfahrens selbst"[9].

Die Herstellung der Öffentlichkeit hatte man wie folgt geregelt: Am 10.8.78 teilte der Gerichtsschreiber durch Anzeigen in sieben überregionalen und zwei regionalen Zeitungen mit, daß für die vorhandenen 34 Sitzplätze Eintrittskarten in der Reihenfolge der Anmeldungen zugeteilt würden. Von den 32 Antragstellern erschienen 19, unter ihnen sechs Journalisten. Die freigebliebenen Plätze wurden bis zum Beginn der Sitzung für die übrigen Antragsteller reserviert gehalten. Nach Sitzungsbeginn wurden aus „Sicherheitsgründen“ keine Zuschauer mehr zugelassen[10]. Infolgedessen mußten etwa 20 vor dem Gefängnis wartende Zuschauer [11] wieder nach Hause gehen. Die sechs Journalisten durften in den kleinen Sitzungssaal, die übrigen 13 Zuschauer mußten in einen Nachbarraum, der eine offene Verbindung zum Sitzungssaal hatte und mit Monitoren ausgestattet war. Im schmalen Verbindungsflur lagerten schwerbewaffnete Angehörige der Mobilen Einheit der Rijkspolitie[12]. Die Verteidigung stellte in der Verhandlung nochmals den Antrag, die Sitzung in ein normales Gerichtsgebäude zu verlegen. Nach einer kurzen Ausführung, warum das Abhalten der Gerichtsverhandlung in einem Gefängnis geltendem Recht nicht widerspreche – genannt wurden die gleichen Gründe wie im Verfahren auf einstweilige Verfügung – wurde die Ablehnung weiter begründet:

> „Der Sitzungssaal sowie die oben genannten Räumlichkeiten – Flur, Nebenraum und Eingangshalle – befinden sich in einem abgesonderten, dem Gericht für das Abhalten von Sitzungen und Verhören zugewiesenen und unter Aufsicht des Bezirksgerichtsschreibers stehenden Teil des Gefängnisses, der durch einen eigenen Eingang betreten werden kann. In diesem Sitzungssaal finden häufiger Verhandlungen und Verhöre statt. Das Gericht hat es für wünschenswert erachtet, Maßnahmen zu treffen, die einen ordnungsgemäßen und sicheren Verlauf der Sitzung garantieren. Diese Maßnahmen sind hinsichtlich der Öffentlichkeit tatsächlich in gewissem Maße einschränkend, nach Ermessen des Gerichts jedoch nicht in grundsätzlicher Art und Weise. Vielleicht hätten die Ordnungsmaßnahmen solcherart getroffen werden können, daß noch mehr Interessenten kurz vor Beginn der Sitzung Zutritt hätten erhalten können.
>
> Doch auch unter den gegebenen Umständen ist die Öffentlichkeit nach Meinung des Gerichts ausreichend garantiert und faktisch auch ausreichend realisiert.
>
> Das Gericht teilt den Eindruck des Verteidigers nicht, das Verhör finde in einer beklemmenden, unfreien und ungewöhnlichen Atmosphäre statt.
>
> Vielleicht ist es möglich, daß die getroffenen Sicherheitsvorkehrungen ein solches Gefühl hervorrufen, davon ist im Sitzungsraum selbst jedoch nichts zu verspüren. Wäre die Verhandlung in einem der Sitzungsräume des Gerichtsgebäudes abgehalten worden, so wären in jenem Gebäude übrigens die gleichen Maßnahmen getroffen worden. Angesichts obiger Erwägungen ist es dem Gericht nicht einsichtig, welche begründeten Interessen die zur Auslieferung angeforderte Person dabei haben kann, daß die Verhandlung im Gerichtsgebäude stattfindet. Demgegenüber hat das Gericht bei der Wahl des Verhandlungsortes sehr wohl in seine Überlegungen miteinbezogen, daß bei einem Abhalten der Sitzung im Gerichtsgebäude die übrige dortige Arbeit durch die zu treffenden Maßnahmen erheblich beeinträchtigt worden wäre. Weiterhin kann durch das Abhalten der Sitzung im Verhandlungsraum des Gefängnisses problemlos verhindert werden, daß Geschäftsleute in der Umgebung des Gerichtsgebäudes durch die zu treffenden Maßnahmen benachteiligt werden. Somit ist nach Urteil des Gerichts auch der Forderung nach einem fair and public hearing, wie der Vertrag von Rom dies vorschreibt, Genüge getan“.

Interessant ist, wie die BRD in dem Auslieferungsantrag deutlich zu machen versucht, daß Folkerts und seine holländische Verteidigung gerissen und gefährlich sind und deshalb gründliche Sicherheitsvorkehrungen notwendig seien. Folkerts habe u. a. im Juli 1977 (also vor seiner Festnahme) unter falschem Namen einen Mietvertrag für eine „konspirative" Wohnung abgeschlossen; mit demselben Falschnamen habe er „einen am 28. 11. 1977 aufgesetzten Kündigungsbrief unterzeichnet, der offensichtlich aus dem Maastrichter Gefängnis herausgeschmuggelt worden ist". Angesichts der vollständigen Isolation, in der sich Folkerts befand, hätten nur seine Verteidiger, A. W. M. Willems und ich, die Schmuggler sein können. Allerdings geht das Maastrichter Gericht in seinem Urteil, das die Auslieferung für zulässig erklärt, mit keinem Wort auf die Behauptung ein.

Während die Strafsache gegen Folkerts im Dezember 1977 und die ersten Auslieferungsverfahren gegen Folkerts, Wackernagel und Schneider im Januar 1978 noch in den schwer bewachten Gerichtsgebäuden der Städte Utrecht, Maastricht und Den Haag abgehandelt worden waren, war es nach dem beschriebenen Präzedenzfall in Maastricht offensichtlich auch für den Raad van State (höchste verwaltungsrechtliche Instanz in den Niederlanden) kein Problem mehr, von Den Haag nach Maastricht ins Gefängnis zu fliegen und dort am 17. 10. 78 in „öffentlicher" Sitzung den Berufungsantrag der drei Gefangenen aus der RAF gegen die Auslieferungsanordnung des Staatsekretaris van Justitie zu verhandeln. Das Bedürfnis nach Sicherheitsvorkehrungen ist durchaus verständlich. Bleibt jedoch die Frage, ob ein solches Sicherheitsbedürfnis ein nach militärischen Maßstäben gebautes, eingerichtetes und bewachtes Sonderverhandlungsgebäude wie das in Stammheim rechtfertigen kann. Sollte diese Frage mit Ja beantwortet werden, so drängt sich unmittelbar die Frage auf, ob eine solche äußerliche Militarisierung der Justiz nicht als Indikator dafür gesehen werden muß, daß der Konflikt, über den Strafrichter aufgerufen sind, zu urteilen, den rechtsstaatlichen justiziellen Rahmen bereits gesprengt hat. Dieser Rahmen, innerhalb dessen sich der Konflikt abspielt, scheint dann zutreffend mit einem Ausspruch Erich Kiesls, Staatssekretär im Bayrischen Innenministerium von 1970 bis 1978, charakterisiert zu sein: „Wir sind der Meinung, daß der Krieg gerade erst angefangen hat. Der 21. Mai 1975 ist ein entscheidendes Datum in der deutschen Nachkriegsgeschichte"[13].

Im nachstehenden Zitat deutet Dr. Horst Woesner, Richter am BGH, an, welche Stellung ein Prozeß im Spannungsfeld zwischen liberaler Strafrechtspflege und offenem Krieg einnimmt:

> „Vom ersten Augenblick an läßt die Polizei keine Zweifel darüber aufkommen, wer Herr im Lande ist. Kein Unbeteiligter wagt sich in die Nähe des stattlichen Trupps, der das Gerichtsgebäude besetzt und abriegelt. Ungute Erinnerungen an den Reichstagsbrand-Prozeß, in dem eine andere Polizeimacht äußere Regie führte, steigen auf...

Ohne ausdrückliche Erlaubnis der Polizei geht niemand durch dieses Nadelöhr. Und das ist Grund genug, sich Gedanken über die Öffentlichkeit eines Verfahrens zu machen, dem soviel sichtbare polizeiliche Fürsorge zuteil wird...

Das Verfahren (...) ist sicher kein Schauprozeß. Es ist der Versuch, einem politisch motivierten Vorgehen gegen Oppositionelle und echte Widerständler den Mantel des Rechts umzuhängen. Der Strafrichter wird zum Diener der Politik erniedrigt"[14].

Natürlich beschreibt Woesner nicht die Geschehnisse in Stammheim. Das Zitat stammt aus seinem Bericht über den sogenannten Prozeß von Marrakesch, in dem 1971 das Regime unter König Hassan von Marokko mit 195 linken politischen Gegnern abzurechnen versuchte. Woesner hatte diesen Prozeß im Auftrag von Amnesty International und der Internationalen Juristenkommission, Genf, beobachtet.

Sowohl der Bau eines speziellen Verhandlungsbunkers für einen bestimmten Prozeß als auch die paramilitärische Absicherung des Verhandlungsortes und die totale Kontrolle durch Organe der ausführenden Gewalt waren neu in der Nachkriegsgeschichte der BRD[15]. Letzteres ist nur so zu erklären, daß die Gefangenen aus der RAF und ihre Genossen, die den bewaffneten Kampf in Freiheit fortsetzten, von den Verantwortlichen als „Oppositionelle und echte Widerständler" (Woesner) betrachtet wurden; diese Einschätzung bzw. Anerkennung findet sich in der Anklageschrift der BAW wieder[16]:

„Diese Gruppe setzte sich zum Ziel, die gesellschaftlichen Verhältnisse in der Bundesrepublik Deutschland nach dem Vorbild der südamerikanischen Stadtguerillas mit allen Mitteln, insbesondere durch Gewaltmaßnahmen, zu bekämpfen".

Bleibt die Frage, ob allein schon aufgrund der äußeren Gegebenheiten die Schlußfolgerung zulässig ist, daß die Strafrichter in Stammheim bei dem Versuch der Regierung, mit Hilfe eines unter paramilitärischem Schutz ablaufenden justizförmigen Prozesses Strafrecht für politische Ziele zu mißbrauchen, „zu Dienern der Politik erniedrigt worden" sind. Es scheint mir übereilt, diese Frage schon jetzt mit Ja zu beantworten. Andererseits scheint die Fragestellung selbst auch etwas gekünstelt zu sein, so, als ob es möglich wäre, die äußeren Gegebenheiten aus ihrem historischen Kontext herauszulösen, sie völlig losgelöst zu betrachten, und die der Gerichtsverhandlung vorausgegangene Phase nicht zu beachten.

Im vorigen Kapitel wurde schon gesagt, daß die RAF auf Regierungsebene und bei den verantwortlichen Behörden als „Staatsfeind Nr. 1"[17], „die gefährlichsten Gangster, die es gibt"[18] bezeichnet wurde, deren Bekämpfung „höchste Priorität" hatte[19]. „Eine der wichtigsten Aufgaben" in diesem Kampf war, „diese Gruppe völlig zu entsolidarisieren, sie von all dem zu isolieren, was es sonst an radikalen Meinungen in diesem Land auch geben mag"[20].

Ebenso wurde bereits ausführlich berichtet, wie die Behörden von 1971 an versuchten, diese politische Aufgabe auf „rechtlicher" Ebene hinsichtlich der Gefangenen aus der RAF zu erfüllen: Durch die Isolierung untereinander, von Mitgefangenen, von der Außenwelt und durch die Kriminalisierung und Ausschließung der Anwälte, die diese Isolationspolitik am heftigsten bekämpften. Gleichzeitig wurde versucht, dieser politischen Aufgabe auf der Propagandaebene dadurch gerecht zu werden, daß die politische Dimension des bevorstehenden Prozesses gegen „Baader u. a.", sein politischer Kontext und politische Motive bei den Beschuldigten von Anfang an abgestritten, geleugnet bzw. negiert wurden. Damit nicht genug: Wer es wagte, politische Motive nicht von vornherein auszuschließen, wurde noch wenige Monate vor Beginn der Hauptverhandlung von dem höchsten Vertreter der ausführenden Gewalt, Bundeskanzler Schmidt, öffentlich „versteckter Sympathie" beschuldigt und zum „Mitschuldigen" erklärt[21]. Welcher Richter ist wohl als so unabhängig zu bezeichnen, daß er eine solche Warnung ohne weiteres zu den Akten legen könnte? Angesichts dieser Vorgeschichte ist der Eindruck, die in den äußeren Gegebenheiten dieses Prozesses zum Ausdruck kommende Militarisierung der Justiz sei ein weiterer Versuch, Strafrichter für die staatspolitischen Ziele der Entsolidarisierung mit den Angeklagten, ihrer Isolierung und Gleichsetzung „mit ganz gewöhnlichen Kriminellen" zu funktionalisieren, doch wohl schwer von der Hand zu weisen.

1.3. Politische Justiz

Die letzte Feststellung bringt uns unmittelbar auf den schmierigen Boden der politischen Justiz oder, in den Worten Kirchheimers, zu „der Verwendung juristischer Verfahrensmöglichkeiten zu politischen Zwekken"[22].

Unter anderem an Hand von Kirchheimers Standardwerk „Politische Justiz" werde ich nun einige Hypothesen über den Charakter des Strafverfahrens gegen „Baader u. a." entwickeln, um an ihnen die in diesem sowie dem folgenden Kapitel beschriebenen und kommentierten Ereignisse überprüfen zu können.

Kirchheimer beschreibt u. a. die strukturellen Veränderungen des Staatsschutzes, beginnend beim Römischen Reich über den Zeitraum des „Konstitutionalismus" (Ende 18. bis Anfang 20. Jahrhundert) bis zur Gegenwart[23]. Nach dem Ersten Weltktieg läßt sich in Westeuropa eine entscheidende Veränderung bei der Behandlung politisch oppositionellen Verhaltens feststellen. Im 19. Jahrhundert neigte man dazu, auch als Reaktion auf die französische Revolution, nur einen gewaltsamen Angriff auf die Staatsstruktur und nicht die bloße Verbreitung subversiver Ideen als strafbares Vergehen anzusehen. Dem politischen Straftäter wurde häufig sogar noch ein privilegierter Haftstatus eingeräumt, eine Art „custodia honesta". Diese relativ tolerante Handhabung geht nach dem Ersten Weltkrieg, „dem Gipfelpunkt der nationalstaatlichen Entwicklung"[24], in zunehmendem Maße verloren.

Die im 19. Jahrhundert noch vorgenommene Unterscheidung zwischen innerer und äußerer Sicherheit[25] fällt langsam weg, und die Behandlung politischer Straftäter wird in kürzester Zeit derjenigen „normaler" Straftäter angeglichen (mit Ausnahme der Auslieferung), wie Marc Ancel dies bereits 1938 dokumentiert hat [26]. Es kommt zu einer Welle von Gesetzen, vor allem seit den fünfziger Jahren, die „die politische Ordnung vor jeder in der Endwirkung auf eine Revolution gerichteten geistigen, propagandistischen und namentlich organisatorischen Aktivität bewahren (wollen)"[27]. Kirchheimer macht darauf aufmerksam, daß eine große Produktion gesetzlicher Waffen nicht notwendigerweise bedeutet, daß sie auch tatsächlich angewandt werden sollen. Jedoch: „Man entwirft eine Konstruktionsskizze, die genaueren Daten wird man je nach Bedarf später einsetzen"[28]; dabei gilt: „Auf keinem anderen Gebiet (als dem Schutz des Staates – BS) hängt die Handhabung der Praxis in noch höherem Maße ab von den Erfordernissen der Stunde, den Stimmungen der Bürokratie und der Vorausschätzung von Gewinnen und Verlusten, die sich in der Empfindlichkeit der öffentlichen Meinung und in den Reaktionen der von Sanktionen bedrohten Gruppen niederschlagen"[29]. Soweit eine stark verkürzte Wiedergabe der Kirchheimer'schen Sicht auf den heutigen abendländischen Kampf des Staats gegen seine radikalen politischen Gegner.

Wann werden nun Richter in diesem Kampf eingesetzt oder – bezogen auf den vorliegenden Fall – wann wird ein normaler Strafprozeß zu einem politischen Prozeß? Die Funktion eines normalen Strafverfahrens kann, Kirchheimer zufolge, nicht mehr sein als „die Bejahung und Bekräftigung des gesellschaftlichen Ordnungssystems vermittels der öffentlichen Gerichtsverhandlung"[30], wobei für den Staat keine Bedeutung hat, ob X, Y oder Z vor Gericht steht und der Beschuldigte wiederum nur die Absicherung seiner persönlichen Interessen im Auge hat. Wesentliches Charakteristikum des politischen Prozesses aber ist nach Kirchheimer die wie auch immer geartete Beeinflussung der jeweiligen Machtverhältnisse:

> „Das Räderwerk der Justiz und ihre Prozeßmechanismen werden um politischer Ziele willen in Bewegung gesetzt, die über die Neugier des unbeteiligten Betrachters und das Interesse des Ordnungshüters an der Erhaltung der staatlichen Ordnung hinausgreifen. Hier ist dem Geschehen im Gerichtssaal die Aufgabe zugewiesen, auf die Verteilung der politischen Macht einzuwirken. Das Ziel kann zweierlei sein: entweder bestehende Machtpositionen umzustoßen, indem man aus ihnen Stücke herausbricht, sie untergräbt oder in Stücke schlägt, oder umgekehrt den Anstrengungen um die Erhaltung dieser Macht-

positionen vermehrte Macht zu verleihen. Ihrerseits können solche Bemühungen um die Wahrung des *Status quo* vorwiegend symbolisch sein oder sich konkret gegen bestimmte, sei es potentielle, sei es bereits in vollem Ausmaß wirksame Gegner richten. Manchmal kann es zweifelhaft sein, ob ein solches gerichtliches Vorgehen die bestehende Machtstruktur wirklich festigt; es kann passieren, daß es sie schwächt“[31].

Weil die RAF als kleine, aber militante Guerillaorganisation u. a. aufgrund von Meinungsumfragen[32] als ernstzunehmende potentielle Bedrohung der bestehenden Machtverhältnisse gesehen wurde, mußte eines der dringlichsten Ziele der rechtlichen Aburteilung von Gefangenen aus der RAF die Handhabung bzw. Stabilisierung genau dieser Machtverhältnisse sein. Um dieses Ziel zu erreichen, wurden die Gefangenen und vor allem ihre vermeintlichen Anführer stellvertretend für die nicht inhaftierten illegalen Mitglieder der RAF – womit den Gefangenen gleichsam die Funktion von Geiseln zukam – behandelt und abgeurteilt: An ihnen (und, falls notwendig, auch an ihren Verteidigern) sollte und mußte der Prozeß der Entsolidarisierung, Isolierung und Entpolitisierung exemplarisch vollzogen werden. Beabsichtigt war jedoch nicht nur die „nach Regeln, die vorher festgelegt worden sind“[33] durchgeführte Eliminierung einiger politischer Feinde des bestehenden Regimes zu dessen Stabilisierung – für Kirchheimer die wesentlichste Funktion, die Richtern in der politischen Arena zukommt. Sondern ebenso wichtig war in diesem Zusammenhang die Mobilisierung der öffentlichen Meinung[34] als weiterer politischer Waffe gegen die RAF, die Ausnutzung aller Möglichkeiten, die die Massenmedien im Zusammenhang mit der gerichtlichen Aburteilung von „Baader u. a.“ bieten konnten. Die Mobilisierung der öffentlichen Meinung, um „die Bevölkerung enger an die Sache der Kriegführung zu binden und auf sie zu verpflichten“[35], impliziert fast automatisch die Notwendigkeit, die Beschuldigten in den Augen der Öffentlichkeit als zweifellos Schuldige erscheinen zu lassen, und zwar noch vor Eröffnung der eigentlichen Gerichtsverhandlung. Die soeben anhand von Kirchheimers Ausführungen entwickelten Hypothesen hinsichtlich Funktion und Bedeutung der Verfolgung und justizförmigen Verurteilung von „Baader u. a.“ im Rahmen einer sowohl politischen, polizeilichen, militärischen als auch rechtlichen Bekämpfung der RAF scheinen überraschend eindeutig von einem exzellenten Kenner der Methoden und Techniken zur Aufstandsbekämpfung bestätigt zu werden. In dem 1971 erschienenen Buch „Im Vorfeld des Krieges“[36] schreibt Frank Kitson, Kommandant der 2. Rheinarmee in der BRD, daß „Subversion und Aufruhr gegenwärtige Formen der Kriegsführung sind, auf die die Streitkräfte sich einstellen müssen“[37].

Der Brigadegeneral Kitson verfügt hinsichtlich der Unterdrückung von Befreiungskämpfen über praktische Erfahrungen, die er als britischer Offizier in Kenia, Malaysia, im Sultanat Muscat und Oman, in Zypern und

Nordirland sammelte. Ein einjähriger Sonderurlaub zwecks Studienaufenthalt an der Universität Oxford ermöglichte ihm die Produktion jenes Buches, das als militärisches Studienbuch gedacht war, denn: „Bereits heute sollten Schritte unternommen werden, die es den Streitkräften ermöglichen, in der zweiten Hälfte der siebziger Jahre Maßnahmen gegen Subversion und Aufruhr sowie zur Friedenssicherung durchzuführen“[38].

Obwohl die von ihm angeführten Beispiele noch größtenteils aus antikolonialistischen Befreiungskämpfen im zweiten Drittel dieses Jahrhunderts stammen, entwickelt er aus seinen Erfahrungen und aus dem damals noch im vollem Umfang geführten Krieg in Vietnam primär Strategien zur Unterdrückung bzw. Bekämpfung von heute möglichen Aufständen, Subversion und Guerilla-Aktionen. Kitson kann als anerkannter Counterinsurgency-Stratege des Westens betrachtet werden. Die Annahme, die mit der Guerillabekämpfung beauftragten westdeutschen Behörden hätten dieses Buch von Kitson eingehend studiert, scheint mir naheliegend zu sein.

Unter Subversion versteht Kitson „alle Maßnahmen, die von einem Teil der Bevölkerung in der Regel ohne Waffengewalt unternommen werden mit dem Ziel, die zu dieser Zeit Regierenden des Landes zu stürzen oder diese gegen ihren Willen zu bestimmten Handlungen zu zwingen. Dabei kann die Anwendung politischen oder wirtschaftlichen Drucks, die Mittel der Streiks, Protestmärsche und der Propaganda zum Tragen kommen. Desgleichen ist der begrenzte Gebrauch gewaltsamer Maßnahmen möglich, wenn widerstrebende Bevölkerungsteile zur Unterstützung gezwungen werden sollen“[39].

Bemerkenswert ist, daß die meisten der in dieser weitgefaßten Definition genannten „subversiven“ Aktivitäten legale Formen des Widerstands darstellen. Als „Aufruhr“ gilt bei Kitson, wenn „eine Gruppe von Menschen versucht, mit Waffengewalt für die unter Subversion genannten Ziele gegen die Regierung vorzugehen“[40]. Normalerweise versteht man darunter Guerilla-Aktionen.

Die von Kitson benutzten Begriffe und Definitionen sind meines Erachtens deshalb von so großer Bedeutung, weil sie deutlich machen, daß er sich sowohl in der Praxis als auch in der Theorie nicht nur mit einer Gegen-Guerilla („counter-insurgency“-)Strategie beschäftigt, sondern vielmehr mit einer Strategie, die gegen jede Form grundsätzlicher politischer Opposition, gegen den kleinsten Funken politischen Widerstands gerichtet ist, wobei sich Guerilla und andere Formen fundamentalen Widerstands nicht hinsichtlich der Ziele, sondern nur hinsichtlich der gewählten Mittel unterscheiden. Ausgehend von der Fisch-im-Wasser-Analogie Mao Tse-tungs (Der Revolutionär bewegt sich in einer sympathisierenden Bevölkerung wie der Fisch im Wasser) formuliert Kitson folgenden Auftrag: Eine Regierung muß „alle, die mit der Subversion verbunden sind, ausschalten. Wenn aber die Regierung die subversive Partei einschließlich ihrer gesamten bewaffneten und unbewaffneten Gefolgschaft ausschalten will, muß sie die Kontrolle über die Bevölkerung gewinnen“[41]. Um diesem Auftrag gerecht werden zu können, muß die betreffende Regierung „ihren Kampf auf der festen Überzeugung gründen, die subversive Bevölkerung völlig zu vernichten, und sie muß diese Tatsache ihrem Volk klarmachen“[42].

Zur Funktionalisierung der Justiz im Interesse der ausführenden Gewalt zwecks Erfüllung obigen Auftrags in einer sogenannten vorbereitenden Phase, das heißt: noch bevor direktes militärisches Eingreifen erforderlich ist, gibt Kitson zwei Alternativen an:

> „Erstens könnte die Justiz als eine der Waffen im Arsenal der Regierung benutzt werden. In diesem Fall wird sie nichts weiter als eine propagandistische Verkleidung für die Beseitigung unerwünschter Personen des öffentlichen Lebens sein. Damit das wirkungsvoll funktioniert, müssen die Tätigkeiten des Justizdienstes so diskret wie möglich in die Kriegsvorbereitungen einbezogen werden. Dies bedeutet, daß das für die Justiz verantwortliche Mitglied der Regierung entweder in dem obersten Gremium sitzt oder es seine Weisungen vom Regierungschef selbst bekommt. Bei der anderen Alternative soll das Recht unteilbar bleiben und die Justiz die Gesetze des Landes ohne Weisung der Regierung anwenden. Selbstverständlich kann die Regierung neue Gesetze für den Umgang mit Subversionen einführen, die, falls erforderlich, sehr hart sein können. Wenn diese Gesetze erlassen sind, wird die Justiz das auf ihnen beruhende Recht ausüben. Das Ergebnis ist im Vergleich zur ersten Alternative jedoch völlig anders, weil die Richter im zweiten Fall keine Unterschiede zwischen den Regierungskräften, dem Gegner oder dem unbeteiligten Teil der Bevölkerung anerkennen werden. Jeder Gesetzesbrecher wird in gleicher Weise behandelt, und das ganze Verfahren der Justiz wird einschließlich der Schutzbestimmungen für die einzelne Person auf Freund und Feind in gleicher Weise angewendet werden. Diese zweite Alternative ist in der Regel nicht nur moralisch Rechtens, sondern auch anzuraten, weil es den Zielen der Regierung mehr entspricht, die Loyalität der Bevölkerung zu erhalten. Ein Vorgehen in dieser Weise kann jedoch zu Verzögerungen führen, die man möglicherweise nicht in Kauf nehmen darf. Dies ist der Fall, wenn es zum Beispiel den Anschein hat, daß die Subversion in Verbindung mit einer konventionellen Invasion oder der Androhung einer solchen auftreten wird. Dieses Verfahren kann sich auch dann als undurchführbar erweisen, wenn es politisch nicht möglich ist, ausreichend harte gesetzliche Notverordnungen durchzusetzen“[43].

Die im vorigen Kapitel beschriebene Vorphase des Prozesses gegen „Baader u.a.“ weist verschiedene Übergangsformen auf, die sich aus diesen zwei Alternativen zusammensetzen – der Inanspruchnahme der Justiz als propagandistischem Deck-mantel für die Beseitigung unerwünschter Personen und der Aufrechterhaltung bestehender Grundsätze wie Gleichheit vor dem Gesetz und allen dem Einzelnen garantierten Rechten, seien sie auch begleitet von speziellen Notverordnungen. Vor allem die Ausgestaltung der Haftbedingungen der Beschuldigten und die

Ausschließung der Verteidiger zeigen jedoch eine starke Tendenz zur erstgenannten Alternative. Insgesamt scheinen die zur Bekämpfung der RAF verfolgten politischen Aufgaben (Entsolidarisierung, Isolierung und Entpolitisierung und die damit zusammenhängende Kriminalisierung und Ausschließung der Verteidiger) in hohem Maße mit Kirchheimers „Eliminierung politischer Feinde des Systems“ und „Mobilisierung der öffentlichen Meinung“ sowie Kitsons „totaler Vernichtung der subversiven Bewegung“ und seiner „Verdeutlichung gegenüber der Bevölkerung“ übereinzustimmen. Ob und wie weit die Justiz sich auch während der Hauptverhandlung gegen „Baader u. a.“ mehr oder weniger erfolgreich für die Erfüllung dieser Aufgaben hat instrumentalisieren lassen, möge aus diesem und dem nächsten Kapitel deutlich werden. Auf jeden Fall läßt sich schon jetzt sagen, daß die Ergebenheit, wenn nicht sogar aktive Unterstützung, mit der das Oberlandesgericht Stuttgart einen vollständig von Militär und Polizei beherrschten Gefängnisflügel als Verhandlungsort akzeptierte, eine richterliche Unabhängigkeit sowie die damit zusammenhängende Bereitschaft und Fähigkeit, sich gegen politische Instrumentalisierung zur Wehr zu setzen, auch nicht ansatzweise erkennen läßt.

2. Die „Hauptdarsteller“ und der Anklagesatz

2.1. Die „Hauptdarsteller“

An Hand der Grundrißzeichnung des Gerichtssaals sollen die zu Beginn der Hauptverhandlung teilnehmenden Personen sowie deren jeweilige Funktionen vorgestellt werden.

A. Der 2. Strafsenat des Oberlandesgerichts Stuttgart: die Richter Eberhard Foth, Hubert Maier, Dr. Ulrich Berroth, Dr. Kurt Breucker und Dr. Theodor Prinzing (Vorsitzender).

Ersatzrichter: Otto Vötsch, Heinz Nerlich, Werner Meinhold und Hans-Jürgen Freuer.

§ 226 StPO: „Die Hauptverhandlung erfolgt in ununterbrochener Gegenwart der zur Urteilsfindung berufenen Personen sowie der Staatsanwaltschaft und eines Urkundsbeamten der Geschäftsstelle“. Eventuelle Verstöße gegen diese Bestimmungen und andere Formvorschriften, z. B. die Öffentlichkeit des Verfahrens, sind in § 338 StPO aufgeführt, der alle „absoluten Revisionsgründe“ (formaljuristische Gründe) umfaßt. Der richterliche Urteilsspruch ist u. a. dann einem absoluten Revisionsgrund ausgesetzt, „wenn das erkennende Gericht nicht vorschriftsmäßig besetzt war“ (§ 338 Abs. 1 StPO). Sollte ein Richter während der mündlichen Verhandlung von Schlaf übermannt werden, so daß er nicht mehr in der Lage ist, der Verhandlung zu folgen, wird auch dies als Verstoß gegen die Quorums-Vorschrift bewertet[44].

Falls ein Richter stirbt oder aus anderen Gründen verhindert ist, muß

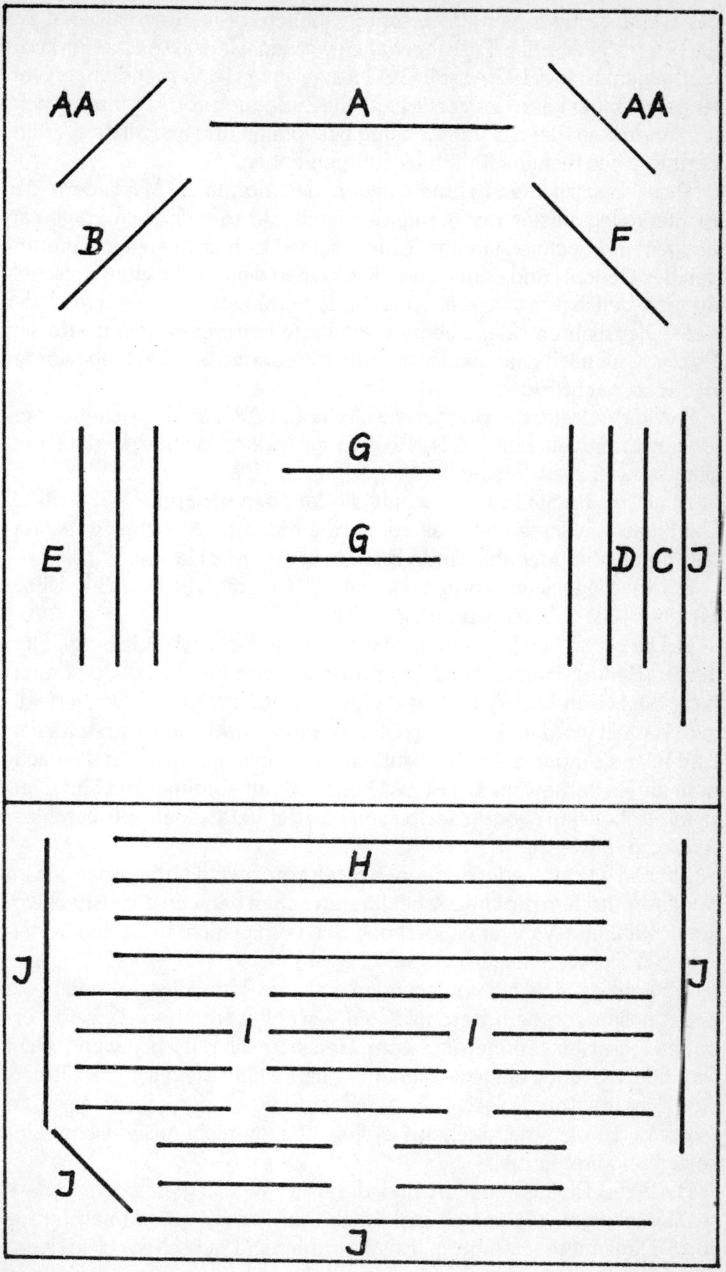
AA
A
AA
B
F
G
G
E
D C J
H
J
J
I
I
J
J

die Verhandlung erneut (in diesem Fall durch einen anderen Senat des OLG – § 354 Abs. II StPO) abgehalten werden. Um ein solches Risiko zu vermeiden, ist in § 192 Abs. II GVG festgelegt: „Bei Verhandlungen von längerer Dauer kann der Vorsitzende die Zuziehung von Ergänzungsrichtern anordnen, die der Verhandlung beiwohnen und im Fall der Verhinderung eines Richters für ihn einzutreten haben".

Diese Ersatzrichter nehmen neben den normalen Mitgliedern des Richterkollegiums an der Verhandlung teil. Sie können auch Fragen an Zeugen und Sachverständige richten, sind jedoch nicht an den Beratungen des Gerichts und dem Zustandekommen der gerichtlichen Entscheidungen beteiligt. Sollte der Vorsitzende verhindert sein, so nimmt der nach Dienstjahren oder Lebensalter älteste beisitzende Richter dessen Platz ein, wonach einer der Ersatzrichter wiederum auf den freigewordenen Platz nachrückt[45].

B. Vier Vertreter der Bundesanwaltschaft: BAW Dr. Heinrich Wunder, Oberstaatsanwalt Peter Zeis, Regierungsdirektor Werner Widera und Staatsanwalt Klaus Holland.

Auch für die Staatsanwaltschaft gilt der oben genannte § 226 StPO. Die Staatsanwaltschaft hat allerdings die Möglichkeit, sich gegebenenfalls durch einander ablösende Beamte vertreten zu lassen[46].

C. Die Angeklagten Andreas Baader (32), Gudrun Ensslin (34), Ulrike Meinhof (40) und Jan Carl Raspe (30).

D. Die gewählten Verteidiger Marie-Louise Becker (Heidelberg), Otto Schily (Berlin), Helmut Riedel und Ruppert von Plottnitz (beide Frankfurt). Becker und Schily sind beide für Gudrun Ensslin zu Pflichtverteidigern bestellt worden, Riedel für Ulrike Meinhof und von Plottnitz für Jan Carl Raspe. Andreas Baader steht ohne gewählten Verteidiger da, nachdem die Rechtsanwälte Dr. Klaus Croissant, Kurt Groenewold und Christian Ströbele kurz vor Prozeßbeginn von der Verteidigung ausgeschlossen worden waren.

Ebenso wie im niederländischen Strafprozeßrecht findet sich auch im bundesdeutschen die Unterscheidung zwischen den von dem Angeklagten gewählten (Wahlverteidiger) und den vom Gericht bestellten Verteidigern (Pflichtverteidiger).

Obwohl es sich im vorliegenden Fall um Verteidiger handelt, die ursprünglich von dem Beschuldigten gewählt waren und die sein Vertrauen besaßen, können sie vom Gericht nachträglich, „wenn nicht besondere Gründe entgegenstehen"[47], als Pflichtverteidiger bestellt werden. Das hat zur Folge, daß der Rechtsanwalt vom Staat eine (im Vergleich zu niederländischen Gepflogenheiten recht ansehnliche) Unkostenvergütung erhält.

Bei Prozeßbeginn hatten drei der vier Angeklagten noch weitere Wahlverteidiger, die jedoch nicht aktiv am Prozeß teilnahmen: Franz Josef Degenhart, Hamburg (Ensslin), Jürgen Laubscher, Heidelberg

(Raspe), Rainer Köncke, Hamburg, und Dieter Hoffmann, Berlin (beide Meinhof); Baader dagegen verfolgte wegen des Ausschlusses aller seiner gewählten Verteidiger weder über einen Anwalt seines Vertrauens noch über nachträglich zu Pflichtverteidigern bestellte gewählte Verteidiger. Am 3.2.75 war Baader der Heidelberger Rechtsanwalt Siegfried Haag, Kanzleipartner von Marie-Louise Becker, als Pflichtverteidiger beigeordnet worden, und zwar durch dieselbe Verfügung Prinzings, mit der die Bestellung der Anwälte Croissant, Groenewold und Ströbele aufgehoben wurde, da „sich nicht ausschließen (§ 1), daß sie von den Bestimmungen über den Ausschluß von Verteidigern betroffen werden könnten“[48]. Bei Prozeßbeginn war Haag noch als Pflichtverteidiger aufgeführt. Er war jedoch – nach einer Reihe von Ereignissen, auf die in Abschnitt 3.2. noch näher eingegangen wird – zehn Tage zuvor verschwunden. In einer Presseerklärung hatte er mitgeteilt, daß es an der Zeit sein, gegen ein System, das politsche Gefangene foltere und ermorde, mit anderen Mitteln zu kämpfen.

E. Acht Zwangsverteidiger, jeweils zwei für jeden der Angeklagten, die den Angeklagten gegen ihren ausdrücklichen Willen von Prinzing als Pflichtverteidiger beigeordnet worden waren.

Im Gegensatz zum niederländischen Strafprozeßrecht, das den Beistand eines Rechtsanwalts in keinem Fall zur Pflicht macht, muß nach § 140 StPO einem Angeklagten immer dann ein Anwalt zur Seite stehen, wenn eine Strafsache in erster Instanz vor einem Land- oder Oberlandesgericht verhandelt wird, wenn eine Freiheitsstrafe von einem Jahr oder länger zu erwarten ist und wenn sich der Angeklagte zum Zeitpunkt der Prozeßeröffnung mindestens drei Monate in Untersuchungshaft befindet. Das deutsche Strafprozeßrecht spricht in diesen Fällen von „notwendiger Verteidigung“. Wenn bei „notwendiger Verteidigung“ ein Anwalt für längere oder kürzere Zeit nicht zur Verfügung steht, liegt nach § 338 Satz 5 StPO wiederum ein „absoluter Revisionsgrund“ vor. Es ist jedoch nicht erforderlich, daß derselbe Anwalt auch während der gesamten Verfahrensdauer anwesend ist. Sollte ein Verteidiger gänzlich ausfallen, so kann ihn der vorsitzende Richter durch einen anderen Anwalt ersetzen (§ 145 Abs. I StPO). Sollte ein notwendiger Verteidiger der Sitzung ohne triftige Gründe fernbleiben, die Verhandlung folglich vertagt werden müssen, um einem neuen Rechtsanwalt Gelegenheit zu geben, sich in die Materie einzuarbeiten, können dem nicht erschienenen Anwalt die durch die Vertagung entstandenen Kosten berechnet werden (§ 145 Abs IV StPO).

An sich bedeutet die Institution der sogenannten notwendigen Verteidigung noch nicht, daß auch „Pflichtverteidiger“ an der Verhandlung teilnehmen. In § 140 StPO wird davon ausgegangen, daß es nicht notwendig ist, einen Rechtsanwalt beizuordnen, falls der Beschuldigte über einen gewählten Verteidiger verfügt. Der Umstand, daß in den meisten Strafsachen doch Pflichtverteidiger auftreten, erklärt sich aus Kostengründen: der von einem mittellosen Angeklagten gewählte Rechtsanwalt beantragt seine Beiordnung als Pflichtverteidiger (s. Punkt D.).

Der in der Jurisprudenz nicht bestrittene Ausgangspunkt für diese Regelung war die Überlegung, daß eine „sachdienliche" Verteidigung nur dann möglich ist, wenn eine Vertrauensbeziehung zwischen Anwalt und Mandant gegeben ist[49]. Vor den Strafprozessen gegen Mitglieder der RAF waren Anwälte nur sporadisch gegen den Willen der Angeklagten beigeordnet worden; seitdem wird jedoch von der Institution des „aufoktroyierten Verteidigers" (Zwangsverteidiger) in zunehmendem Maße Gebrauch gemacht[50]. Die Beiordnung eines solchen Verteidigers zusätzlich zu einem Wahlverteidiger ist einem BGH-Beschluß zufolge dann zulässig bzw. notwendig, wenn sich die Gefahr abzeichnen sollte, „daß ein Verteidiger die zur reibungslosen Durchführung der Hauptverhandlung erforderlichen Maßnahmen nicht treffen kann oder nicht treffen will..."[51]. Diese Möglichkeit benutzte Prinzing, indem er den Angeklagten am 29.7.74 die Stuttgarter Rechtsanwälte Schwarz, König, Eggler, Schnabel und Schlägel (neben einigen der Wahlverteidiger) und am 16.4.75 die Anwälte Linke, Künzel und Grigat als Pflichtverteidiger beiordnete. Die Angeklagten, die kein Vertrauen zu diesen Anwälten hatten, lehnten von Anfang an jeglichen Kontakt zu ihnen ab. Die Angeklagten und ihre „Vertrauensanwälte" bezeichneten diese Anwälte zutreffend als „Zwangsverteidiger"[52]. Dieser Begriff wird von mir zur besseren Unterscheidung von den zu Pflichtverteidigern bestellten gewählten Verteidigern benutzt.

F. Drei Urkundsbeamte.

Da in diesem Prozeß alles auf Band aufgezeichnet und davon eine Maschinenabschrift angefertigt wurde, hatten die Protokollführer hauptsächlich die Sprechanlage und Tonbandgeräte zu bedienen[53].

G. Zeugenstand.

H. 81 Presseplätze.

I. 120 Publikumsplätze.

J. Wach- und Sicherheitsbeamte in Uniform und Zivil, nach meiner Schätzung während der ersten Monate des Prozesses etwa 60 Mann.

2.2. Der Anklagesatz

Mit „Anklagesatz" wird der wesentliche Teil der von der Staatsanwaltschaft zu erstellenden „Anklageschrift" bezeichnet. Im Anklagesatz festgehalten sind unter anderem die Personalien der Angeklagten, Zeit, Ort, Hergang und besondere Umstände der angeklagten Straftat, die gesetzlichen Tatbestandsmerkmale sowie die anzuwendenden gesetzlichen Bestimmungen. In der Anklageschrift werden darüber hinaus die Beweismittel (einschließlich der vorzuladenden Zeugen und Sachverständigen), die zuständige richterliche Instanz und eine Zusammenfassung der Ermittlungsergebnisse, die den „hinreichenden Tatverdacht" untermauern sollen (§ 200 i.V.m. 203 StPO), aufgeführt. Die Aufnahme der Beweismittel und der Ermittlungsergebnisse in die Anklageschrift ist im Gegensatz zum niederländischen Strafprozeßrecht durch den andersartigen Aufbau des bundesdeutschen Strafprozesses bedingt. Zwischen den von der Staatsanwaltschaft geleiteten und in der Regel von der Polizei ausgeführten Ermittlungshandlungen (die gerichtliche Voruntersuchung ist seit dem 1.1.75 abgeschafft[54]) und der Hauptverhandlung liegt meistens[55] noch eine Art Zwischenphase, das sogenannte Eröffnungsverfahren. Während dieser relativ formlosen Prozedur ist es Aufgabe des zuständigen Gerichts, aufgrund der Anklageschrift und der vollständigen Akten sowie einer eventuellen Stellungnahme des Angeschuldigten oder seines Verteidigers zu überprüfen, ob und in welcher Form die Anklageschrift als Basis für eine Hauptverhandlung zugelassen werden kann (§§ 199 bis 211 StPO). Das Gericht hat die Möglichkeit, weitere Ermittlungen anzuordnen; weiter beurteilt und entscheidet es alle Fragen der richterlichen Zuständigkeit. Sollte es seine Zuständigkeit nicht bejahen, bestimmt es, welches Gericht die Strafsache zu verhandeln hat. Im Falle seiner Zuständigkeit läßt das Gericht die ursprüngliche oder abgeänderte Anklageschrift zur Hauptverhandlung zu, wenn bei „vorläufiger Tatbewertung"[56] mit einer späteren Verurteilung zu rechnen ist. Erst dann entscheidet der Vorsitzende des Gerichts, das die Strafsache verhandeln muß, wann und wo die Hauptverhandlung stattfindet (§ 213 StPO); er sorgt auch dafür, daß die benötigten Unterlagen den Angeklagten, Verteidigern, Zeugen und Sachverständigen zugesandt werden.

Dem Eröffnungsverfahren kommt gleichsam „negative Kontrollfunktion" zu: Es soll dem Angeschuldigten ersparen, sich in einer öffentlichen Hauptverhandlung verantworten zu müssen, wenn nach Sachlage mit einer Verurteilung mangels hinreichenden Verdachts nicht zu rechnen ist; es soll aber auch das erkennende Gericht von der Belastung mit einer überflüssigen Hauptverhandlung freihalten. Die Kehrseite dieser Vorprüfung ist freilich, daß das in der Hauptverhandlung erkennende Gericht, obwohl an den Eröffnungsbeschluß nicht gebunden (§§ 261, 264 Abs. 2), doch wenigstens in den Augen des Angeklagten als innerlich festgelegt erscheinen kann[57].

Der Anklagesatz gegen „Baader u. a." umfaßte in der Form, in der er – nach dem Tod von Holger Meins – im Stammheimer Prozeß vorlag, elf Seiten[58]. Auf vier Seiten werden in allgemeinen Begriffen eine große Zahl Straftatbestände aufgezählt, die die Angeschuldigten teils gemeinsam, teils einzeln begangen haben sollen; alle diese Straftaten sollen im Rahmen einer „kriminellen Vereinigung" begangen worden sein; Baader, Ensslin und Meinhof seien als deren „Rädelsführer" und Raspe als

Mitglied zu betrachten. Auf den folgenden sechs Seiten wird kurz der jeweilige Tathergang der einzelnen Straftaten wiedergegeben; hinsichtlich der „kriminellen Vereinigung" finden sich folgende Ausführungen:

> „Diese Gruppe setzte sich zum Ziel, die gesellschaftlichen Verhältnisse in der Bundesrepublik Deutschland nach dem Vorbild der südamerikanischen Stadtguerillas mit allen Mitteln, insbesondere durch Gewaltmaßnahmen, zu bekämpfen. Hierdurch sollten die Voraussetzungen für eine erfolgversprechende revolutionäre Arbeit geschaffen werden. Für ihre Tätigkeit stattete sich die bald festgefügte Gruppe durch Raub, Diebstahl und Betrug in erheblichem Umfang mit Geld, Autos und Waffen aus. In konspirativen Unterkünften, mit Decknamen, gefälschten Ausweis- und Kraftfahrzeugpapieren sowie durch falsche Kraftfahrzeugkennzeichen schirmte sie sich sorgfältig gegenüber ihrer jeweiligen Umgebung ab".

Zwischen September 1970 und Januar 1972 sollen von namentlich genannten „Mitgliedern der Bande" sechs bewaffnete Banküberfälle verübt worden sein (in einem Fall wurde ein Polizeibeamter erschossen); die Angeschuldigten hätten (auf nicht weiter ausgeführte Art und Weise) immer „an der Planung und Ausführung der Überfälle" teilgenommen. Weiter werden zwei nächtliche Einbrüche in Einwohnermeldeämter genannt, bei denen Reisepässe, Dienstsiegel und Personalausweise gestohlen worden seien, und zwar von Meinhof und zwei anderen „Bandenangehörigen" nach vorheriger Rücksprache mit Baader und Ensslin. Kernstück der Anklage sind jedoch die (in Kapitel I genannten) Sprengstoffanschläge vom Mai 1972 in Frankfurt, Augsburg, München, Karlsruhe, Hamburg und Heidelberg, wobei von der Unterstellung ausgegangen wird, daß die Angeschuldigten „insgesamt mindestens elf von ihnen hergestellte Sprengkörper entweder selbst oder durch andere Mitglieder zur Explosion (brachten)". Und schließlich wird Baader, Raspe und Ensslin noch versuchter Totschlag im Zusammenhang mit versuchtem bewaffnetem Widerstand bei ihrer Festnahme zur Last gelegt.

3. Auseinandersetzungen um die Prozeßvoraussetzungen

Die ersten 40 Prozeßtage vom 21.5.75 bis Ende September 75 können als der Abschnitt bezeichnet werden, in dem die Angeklagten und ihre Verteidiger versuchten, den in den vorangegangenen Jahren verlorenen Boden wieder zurückzugewinnen. Dieser Versuch sollte sich, prozessual gesehen, als vergeblich herausstellen: Fast alle der von ihnen vorgebrachten Anträge wurden als unbegründet oder unzulässig zurückgewiesen. In dieser Phase des Prozesses ging es nicht um die Behandlung der in der Anklageschrift aufgeführten Straftatbestände, denn mit der Beweisaufnahme sollte erst im Oktober 75 begonnen werden. Im Mittelpunkt der von den Verteidigern immer wieder zur Sprache gebrachten

Probleme standen der Gesundheitszustand der Angeklagten und die Verteidigungsbedingungen.

Das erste Problem betraf die Frage nach der Verhandlungsfähigkeit: Waren die Angeklagten überhaupt in der Lage, der Verhandlung zu folgen und sich angemessen zu verteidigen? Den Angeklagten und der Verteidigung zufolge war dies nicht oder nur in beschränktem Maße der Fall, da die Gesundheit der Gefangenen infolge der jahrelangen Isolationshaft als äußerst angegriffen bezeichnet werden mußte. Da nach westdeutschem Recht die Verhandlungsfähigkeit der Angeklagten eine der wesentlichen Voraussetzungen ist, um einen Prozeß überhaupt führen zu können, müßte Verhandlungsunfähigkeit konsequenterweise die vorläufige Beendigung des Verfahrens zur Folge haben, oder – sollte eingeschränkte Verhandlungsfähigkeit vorliegen – eine entsprechende Anpassung des Verfahrensablaufs, wobei in beiden Fällen Maßnahmen zur Besserung des Gesundheitszustandes der Angeklagten hätten ergriffen werden müssen[59].

Das zweite Problem betraf die Frage, ob eine angemessene Verteidigung überhaupt noch möglich war. Auch diese Frage wurde von den Angeklagten und ihren Verteidigern verneint. Sie verwiesen u. a. auf die öffentliche Vorverurteilung sowie die Behandlung der Verteidiger in den vorangegangenen Jahren, die von Kriminalisierung, auf den Prozeß zugeschnittenen Sondergesetzen und Ausschließung der am besten eingearbeiteten Anwälte kurz vor Beginn der Hauptverhandlung gekennzeichnet waren.

Das dritte Problem, das seitens der Verteidigung immer wieder vorgetragen wurde, betraf die Frage nach der Gesetzlichkeit, Unabhängigkeit und Unparteilichkeit der Richter, und zwar vor allem des Gerichtsvorsitzenden Prinzing.

Anhand einer Inhaltsanalyse der circa 3 000 Seiten zählenden Gerichtsprotokolle von den ersten 40 Verhandlungstagen ist es möglich, einen Eindruck von der Gewichtigkeit zu geben, die jedem der genannten Probleme während dieser ersten Verhandlungsphase zukam. Etwa ein Drittel der Protokolle handelt von der Verhandlungsfähigkeit der Angeklagten und damit zusammenhängender Dinge, wie etwa der Zulassung unabhängiger medizinischer Sachverständiger zwecks näherer Untersuchung der Angeklagten. Etwa ein Fünftel befaßt sich inhaltlich mit der Situation der Verteidigung und etwa ein Viertel mit der (Un-)Parteilichkeit der Rich-ter, letzteres vor allem auf Grund der insgesamt 20 unterschiedlichen Anträge der Verteidigung auf Ablehnung des vorsitzenden Richters „wegen Besorgnis der Befangenheit“[60].

3.1. Der Gesundheitszustand der Angeklagten

Die mit dem Gesundheitszustand der Angeklagten direkt zusammenhängende Frage nach ihrer Verhandlungsfähigkeit wurde von der Verteidigung während 18 der ersten 40 Verhandlungstage in den Mittelpunkt der gerichtlichen Auseinandersetzung gestellt. In den nun folgenden fünf Abschnitten wird chronologisch der wesentliche Streit- und Verhandlungsstoff erörtert.

3.1.1. Antrag auf Hinzuziehung medizinischer Sachverständiger

Am frühen Nachmittag des vierten Verhandlungstages begann Rechtsanwältin Becker mit der Verlesung eines ausführlich begründeten Antrags auf Anhörung medizinischer Sachverständiger und – damit zusammenhängend – auf Einstellung des Verfahrens. Drei der acht namentlich genannten Ärzte waren ausländische Wissenschaftler, die aufgrund von Untersuchungen, Publikationen und Praxiserfahrung über weitreichende wissenschaftliche Kenntnisse der psychosomatischen Auswirkungen von Isolation und sensorischer Deprivation verfügten. Die fünf deutschen Ärzte, unter ihnen zwei Internisten, waren von der Verteidigung bereits im Oktober 1974 als „Vertrauensärzte" zur Untersuchung und Behandlung der Gefangenen benannt worden. Dieser Antrag war, wie schon erwähnt[61], am 14. 10. 74 vom Oberlandesgericht unter Vorsitz Prinzings abgelehnt worden, und zwar mit der einzigen Begründung, der Antrag gebe „keinen begründeten Anhalt dafür, daß die Ärzte in den jeweiligen Vollzugsanstalten ihre Pflichten vernachlässigen würden oder ihren Aufgaben nicht gewachsen wären". Einer der beiden Internisten war Dr. Jörgen Schmidt-Voigt. Als vom Gericht bestellter medizinischer Sachverständiger hatte er im Januar 1974 im Prozeß gegen Astrid Proll[62] ein Gutachten erstattet, das Astrid Proll wegen der Folgen ihrer damals bereits zweieinhalb Jahre dauernden Isolationshaft für nicht mehr verhandlungsfähig erklärte. Eine entsprechende medizinische Untersuchung der Angeklagten im Stammheimer Verfahren werde, so die Argumentation der Verteidigung, zu der Feststellung führen, daß die Angeklagten bereits vor ihrem letzten Hungerstreik infolge der langen Isolationshaft verhandlungsunfähig gewesen seien, und daß dies immer noch zutreffe. Eine Anhörung der Wissenschaftler werde zudem ergeben, daß die über einen Zeitraum von drei Jahren fast unverändert gebliebenen Haftbedingungen „nach den gesicherten Erkenntnissen der Isolationsforschung eine die menschliche Toleranzgrenze überschreitende sensorische Deprivation darstellen", welche „eine wissenschaftlich erprobte Methode der Folter ist, die Teil der Counter-Insurgency-Programme imperialistischer Staaten ist". Diese Feststellungen müßten im Falle ihrer

Bestätigung durch die beantragte Beweiserhebung konsequenterweise die Einstellung des Verfahrens und die Entlassung der Angeklagten aus der Untersuchungshaft zur Folge haben[63].

In der Begründung des Antrags fällt auf, daß die Verteidigung sich nicht damit begnügt, die Verhandlungsunfähigkeit der Angeklagten feststellen zu lassen, sondern im gleichen Atemzug offensiv auch die ursächlichen politischen Rahmenbedingungen benennt: Isolationshaft als wissenschaftlich erprobte Foltermethode, angewandt gegen gefangene Revolutionäre und somit Teil der konterrevolutionären Programme imperialistischer Staaten. Der Antrag ist ein weiteres Beispiel für die Problematik, mit der engagierte politische Verteidigung sich immer konfrontiert sieht. Denn für Gefangene aus einer revolutionären Bewegung ist es nur dann von Interesse, ihre Verhandlungsunfähigkeit feststellen zu lassen, wenn gleichzeitig auch die ihrer Meinung nach dafür verantwortlichen politischen Gründe benannt und öffentlich zur Diskussion gestellt werden. Ihnen liegt absolut nichts daran, als „Opfer“ eines nicht weiter begründeten Auftretens staatlicher Behörden präsentiert zu werden, viel aber an der Denunziation von Rolle und Funktion genau jenes staatlichen Handelns.

In einem „normalen“ Strafverfahren bemüht sich der Verteidiger um juristische Erfolge für seinen Mandanten. Ein solches Bestreben, angewandt auf den Prozeß in Stammheim, würde bedeuten, nur die Frage der Verhandlungsunfähigkeit zu thematisieren, einen Erklärungszusammenhang, der staatliche Behörden und das Gericht selbst auf die Anklagebank verweist, jedoch zu unterlassen, um den angestrebten juristischen Erfolg nicht erheblich zu gefährden. Schließlich war die Haltung des Stuttgarter Gerichts zur Zulassung von Vertrauensärzten durch den Schlußsatz seiner Verfügung vom 14. 10. 74 mehr als deutlich geworden: „In diesem Zusammenhang sieht sich der Senat veranlaßt, darauf hinzuweisen, daß es ständige Übung des Senats ist, Eingaben mit diffamierenden Formulierungen nicht zu bescheiden“[64]. Der Senat hatte sich damals an Begriffen wie „Isolationsfolter“ und „Gehirnwäschepraktiken“ gestoßen[65]. Am 18.6.75 verlas Baader vor Gericht eine Erklärung, die den Standpunkt der Gefangenen hinsichtlich dieser Problematik wiedergibt; hier nur der Schlußteil dieser umfangreichen Erklärung:

> „naja, ich *kann* auch nicht über den, der gefoltert wird, reden. an ihm beweist sich schließlich auch *nur* in der endlich offenen liquidierung der fiktion des subjektstatus, des objekts staatlicher repression, daß die werte bürgerlicher rechtsideologie für den imperialistischen staat lästige antiquitäten sind, wenn sie den verwertungsbedingungen des kapitals nicht mehr entsprechen.
>
> zu reden ist über den, der foltert. den staat. und den prozeß, in dem die staatliche counterstrategie auf folter angewiesen ist und sich entsprechend der entwicklung eines neuen faschismus *im staatsapparat* die technologie, die apparate und immer etwas hinterherhinkend die gesetze (und schließlich die

strukturelle und organisatorische voraussetzung in der massenkommunikation, die reflexe neutralisiert) schafft, die folter institutionell voraussetzt.

wir sagen hier nochmal: folter ist *kein* revolutionärer kampfbegriff.

aufklärung darüber hat vielleicht eine schutzfunktion, aber die mobilisierung, die sie braucht, muß sich gegen die politik wenden, auf die der staat mit folter reagiert (und damit zuletzt gegen die gefangenen selbst), solange das vehikel ihrer politik der moralische reflex derer ist, die in diesem staat noch zu hause sind – und sei es, weil sie ihn als revisionisten übernehmen wollen – das heißt, die mobilisierung *muß* gegen uns laufen, wenn sie nicht mit der propaganda bewaffneter politik vermittelt ist – *ihre* moral und strategie propagiert, was *immer* heißt, *selbst* zur bewaffneten aktion kommt"[66].

Im Antrag auf Anhörung von acht Ärzten als Gutachter und auf Einstellung des Verfahrens wurden auf 45 Seiten sowie an Hand von 30 Anlagen (Dokumenten) die Isolationshaft und ihre Auswirkungen ausführlich thematisiert. An Hand zahlreicher Beispiele und konkreter Beschreibungen wurde versucht, ein genaues Bild der Haftbedingungen seit 1972 zu geben, die Unmenschlichkeit dieser Bedingungen zu verdeutlichen und die Schlüsselpositionen von BKA und GBA bei der Gestaltung der Haft hervorzuheben.

Eine Schwäche dieses Antrags ist meines Erachtens, daß vor allem hinsichtlich des wohl heikelsten Themas, des Foltervorwurfs, kaum der Versuch gemacht wird, eine mehr juristische Argumentation zu führen. Daß dies möglich gewesen wäre, zeigt die Begründung der 1977 im Namen von Baader, Ensslin und Raspe bei der Europäischen Menschenrechtskommission eingereichten Klage wegen Verletzung der Europäischen Menschenrechtskonvention[67].

Während der Verlesung des Antrags auf Anhörung der acht medizinischen Sachverständigen kam es zu einem ernsthaften Zwischenfall[68]. Gegen 16 Uhr war etwa die Hälfte des Antrags vorgetragen. Die Verteidigung bat um eine Vertagung der Sitzung auf den folgenden Tag und begründete die Bitte mit der ihrer Einschätzung nach zu dieser Zeit nicht mehr gegebenen Verhandlungsfähigkeit ihrer Mandanten und mit dem Hinweis, daß der Vorsitzende zu Beginn des Prozesses die Absicht geäußert habe, täglich nicht länger als bis 16 Uhr zu verhandeln. Prinzing bestand jedoch darauf, die Verlesung des Antrags bis 16.15 Uhr fortzusetzen; schließlich habe man eine halbe Stunde zuvor viel Zeit mit der Diskussion über dasselbe Thema, nämlich Vertagung wegen der „reduzierten Verhandlungsfähigkeit" der Angeklagten, verloren. Die fünfzehnminütige Verlängerung wurde von den Verteidigern als prozessuale Strafe für die Wahrnehmung von Verteidigungsrechten bezeichnet. Gleichzeitig erklärten sie, nicht länger an der heutigen Verhandlung teilnehmen zu wollen. Prinzing warf ihnen daraufhin Prozeßsabotage vor.

Der Vorwurf der Prozeßsabotage war schon eine halbe Stunde vorher von BAW Wunder geäußert worden; er hatte die Verteidigung gleichzeitig der „Prozeßverschleppung" bezichtigt. Auf den zu diesem Zeitpunkt vorliegenden Antrag auf Sitzungsvertagung wegen „reduzierter Verhandlungsfähigkeit" antwortete er: „Der Antrag (...) dient ganz offensichtlich der Prozeßverschleppung, denn wenn man die vier Angeklagten hier im Sitzungssaal beobachtet, wie sie sich derart rege unterhalten, dann (...) drängt sich für jeden, der fähig ist, dies zu beobachten, auf, daß nichts von dem Behaupteten der Wahrheit entspricht"[69].

Die Tatsache, daß Vorwürfe der Prozeßverschleppung und Prozeßsabotage schon an einem der ersten Sitzungstage zu hören waren, ist für die hier untersuchte Problemstellung in mindestens dreierlei Hinsicht relevant. Erstens wurde mit diesen öffentlich geäußerten und von den Medien gierig aufgegriffenen Beschuldigungen auf die seit Jahren von den verschiedensten Seiten immer wieder fallengelassene Behauptung, die Verteidigung verfolge ausschließlich das Ziel, das Strafverfahren gegen „Baader u. a." auf jede nur denkbare Art und Weise zu sabotieren[70], angespielt. Diese vor Gericht vorgetragenen Anschuldigungen, die später noch unzählige Male wiederholt wurden, dienten sozusagen als nachträgliche Legitimation für die Gesetzesänderungen vom 1.1.75, deren erklärtes Ziel u. a. die Abwehr der zu erwartenden Prozeßsabotage durch die Verteidiger gewesen war. Zudem wurden die Vorwürfe zu einem Zeitpunkt ausgesprochen, an dem sowohl im Bundestag, vor allem von der CDU/CSU-Fraktion, als auch durch eine verstärkte Hetzpropaganda in den Medien die Notwendigkeit einer Verschärfung der Ausschlußmöglichkeiten von Verteidigern u. a. wegen „Prozeßsabotage" hervorgehoben wurde. Die vor Gericht geäußerten Beschuldigungen verstärkten das sowieso schon äußerst repressive Klima gegenüber Verteidigern von Gefangenen aus der Stadtguerilla. Und schließlich bildeten diese – und die vielen noch folgenden – Anschuldigungen eine Art Rahmen, in dem es möglich sein würde, einzelne Verteidiger zu entpflichten, ihnen also die Vergütung für ihre Arbeit aus der Staatskasse zu entziehen oder ihnen standesrechtliche Verfahren anzuhängen. Bereits in den ersten Stunden hatte BAW Wunder letzteres geradezu programmatisch angekündigt. Zu einem Antrag der Verteidigung auf Zulassung von Croissant als Verteidiger von Raspe, in dem ausführlich auf die Vorgeschichte der Ausschließungen von Croissant, Ströbele und Groenewold (siehe Abschnitt 3.2.) eingegangen wurde, stellte Wunder fest: „Im übrigen gebe ich zu den polemischen Ausführungen keine Erklärung ab, bitte aber, diese Protokolle den zuständigen Anwaltskammern zuzuleiten"[71]. Daß das Einleiten disziplinarrechtlicher Verfahren gegen Verteidiger aufgrund scharf formulierter Antragsbegründungen nicht nur die Verteidiger im Stammheimer Prozeß, sondern generell Verteidiger in politischen Strafsachen einschüchtern sollte und teilweise auch eingeschüchtert hat, ist mir seit 1974 immer wieder und in zunehmendem Maße aus Gesprächen mit westdeutschen Anwälten bewußt geworden. Auf die Problematik (Androhung) standesrechtlicher Disziplinierung politischer Verteidigung werde ich in Kapitel IX zurückkommen.

Aus den Vorwürfen der Prozeßsabotage und Prozeßverschleppung entwickelte sich der erste schwere Konflikt zwischen Gericht und BAW einerseits und der Verteidigung andererseits in diesem Verfahren. Höhepunkt dieses Konflikts war das eigenmächtige Verlassen des Gerichtssaals seitens der vier Vertrauensanwälte. Mit diesem Auszug riskierten die Verteidiger immerhin, entpflichtet zu werden und ihre Einkünfte zu verlieren; angesichts der voraussichtlichen Dauer des Prozesses hätten sie ohne Honorar die Verteidigung nicht fortführen können. Als Begründung für ihren Auszug gaben die Verteidiger die nicht mehr vorhandene Verhandlungsfähigkeit ihrer Mandanten an. Westdeutschem Recht zufolge ist Verhandlungsunfähigkeit gleichzusetzen mit Abwesenheit[72]. Abwesenheit gilt als wichtiger Revisionsgrund (§ 338 Nr. 5 StPO), beinhaltet also die Möglichkeit, daß das Urteil im Revisionsverfahren aufgehoben wird. Der Beweis der Verhandlungsunfähigkeit als Revisionsgrund ist aber keine einfache Sache.

In seinem Handbuch für Strafverteidiger[73] schreibt Dahs dazu: „Sie ist nachträglich allerdings schwer zu beweisen, besonders wenn sie nicht geltend gemacht worden ist und das Gericht sie nicht selbst festgestellt hat". Und dann folgt die Warnung: „Der Verteidiger kann auch hier an der Verwirkung seiner Rüge scheitern, wenn er es verpaßt hat, eine Unterbrechung zu beantragen und einen Gerichtsbeschluß herbeizuführen, notfalls den Sitzungsaal zu verlassen". Dahs zielt hier auf die für Verteidiger in Strafverfahren bestehende Möglichkeit ab, durch eigenmächtiges Verlassen des Gerichtssaals eine Unterbrechung der Sitzung zu erzwingen. Diese Waffe war aber im vorliegenden Fall schon durch die Beiordnung von Zwangsverteidigern entschärft worden; der Vorwurf der Prozeßsabotage ließ sich also gerade vom Standpunkt des Gerichts auf keinen Fall erhärten.

3.1.2. Anstaltsarzt Henck als Gutachter

Am nächsten Tag, dem 12.6.75, ließ das Gericht den Psychiater Dr. Helmut Henck, Arzt in der Justizvollzugsanstalt Stuttgart-Stammheim, per Hubschrauber aus seinem Ferienort einfliegen, um ihn wegen der behaupteten Verhandlungsunfähigkeit als Sachverständigen anzuhören.

Henck eröffnete seine Erklärung mit der Mitteilung, daß er zwar mit der medizinischen Betreuung der Angeklagten beauftragt sei (seit Ende April 1974 zuständig für Ensslin und Meinhof, seit Anfang November 1974 für Baader und Raspe), jedoch keine einzige Untersuchung habe vornehmen können. Nur zweimal hatte er während des Hungerstreiks im November 1974 bei Ensslin und Raspe, gegen deren Willen „mit Zwang und unter Anwendung von Gewalt"[74], Blutproben entnommen. Auf

Prinzings entscheidende Frage nach der Verhandlungsfähigkeit antwortete Henck unter Hinweis auf seine Beobachtungen im Gerichtssaal vor seiner Befragung: „Also, vom äußeren Erscheinungsbild her, von der Verhaltensweise, von der Wesensmäßigkeit kann ich sicher sagen, daß eine Verhandlungsfähigkeit vorliegt“[75].

Die Vernehmung Hencks durch Verteidiger und Baader war permanent von Meinungsverschiedenheiten zwischen Gericht/BAW und Verteidigung über die Zulässigkeit bestimmter Fragen gekennzeichnet. Der Verteidigung ging es darum, Hencks Kompetenzen als medizinischer Sachverständiger zur Diskussion zu stellen, da er für sich in Anspruch nahm, ohne konkrete Untersuchungsergebnisse und vermutlich ohne Kenntnisse über die Auswirkung langwährender Isolationshaft eine Diagnose stellen zu können. So wurde z. B. auf Antrag der BAW Schilys Frage als unzulässig abgelehnt: „Herr Dr. Henck, haben Sie denn vor Beginn des Hungerstreiks überhaupt einmal Überlegungen angestellt darüber, welche gesundheitsschädigenden Auswirkungen die Isolation hat?“[76]. Die einzigen „Punkte“, die die Verteidigung sammeln konnte, waren Hencks Antworten auf die zwei Fragen, ob besonders verschärfte Haftbedingungen sich gesundheitsschädigend auswirken könnten („Das versteht sich von selbst“), und ob er während seiner 20jährigen Erfahrung als Anstaltsarzt jemals ähnliche Haftbedingungen wie die in Stuttgart-Stammheim angetroffen habe („Ist mir nicht bekannt. Nein“.)[77]. Trotzdem blieb er bei der Meinung, daß er für seine Diagnose „Verhandlungsfähig“ keine konkreten Untersuchungsergebnisse benötige: „Die würden bestenfalls (...) meine Annahme bestätigen können“[78].

Nach westdeutschem Strafprozeßrecht kann ein Sachverständiger aus den gleichen Gründen wie ein Richter abgelehnt werden[79]. Die Angeklagten beantragten denn auch die Ablehnung Hencks wegen „Besorgnis der Befangenheit“[80]. Der Verdacht der Befangenheit begründete sich vor allem darauf, daß Henck die Verhandlungsfähigkeit der Angeklagten ohne konkrete Untersuchungsergebnisse und allein aufgrund seiner Beobachtungen während der Sitzung sowie einiger etwa 30minütiger Gespräche, die früher stattgefunden hatten, bejaht hatte. Weiter warfen sie Henck vor, „die pathogene Wirkung sensorischer Deprivation durch langdauernde Isolierung unter verschärften Haftbedingungen“ nicht in seine Urteilsbildung mit einbezogen zu haben. Außerdem sei deutlich geworden, daß er das Fachgebiet nur unzureichend kenne.

Für die BAW bestanden keine Zweifel daran, daß Henck unbefangen sei und wegen seiner „unmißverständlichen und überzeugenden Ausführungen“ von einer uneingeschränkten Verhandlungsfähigkeit der Angeklagten auszugehen sei. Die Begründung des Antrags auf Hinzuziehung medizinischer Sachverständiger und auf Beendigung des

Prozesses wurde kurzweg als „nur Polemik und auf Publikumswirkung bedachte Agitation (...) mit dem Ziel, den Prozeß unter allen Umständen zu verschleppen" [81] bezeichnet.

Auch nach Meinung des Gerichts lagen keinerlei Anhaltspunkte für eine eventuelle Befangenheit Hencks[82], „einem dem Gericht bekannten, bei der Beurteilung der Haft- und Verhandlungsfähigkeit besonders erfahrenen, gewissenhaften und in seinem Urteil unabhängigen Facharzt"[83], vor. Zum Antrag auf Beendigung des Prozesses wegen Verhandlungsunfaehigkeit erklärte das Gericht, es habe an der Verhandlungsfähigkeit der Angeklagten aufgrund seiner eigenen Beobachtungen während der ersten fünf Sitzungstage keine Zweifel: „Diese Auffassung hat der Sachverständige Dr. Henck überzeugend bestätigt"[84]. Auch der Antrag auf Hinzuziehung externer Ärzte sei abzulehnen, „da an der Verhandlungsfähigkeit der Angeklagten keine Zweifel bestehen"[85]. Aus diesem Gerichtsbeschluß ging eindeutig hervor, daß weitere Anträge erfolglos sein würden, „so lange jede Untersuchung durch den Anstaltsarzt abgelehnt wird".

Es war nicht unmittelbar einsichtig, aus welchen Gründen das Gericht in diesem Punkt eine so extrem starre Haltung einnahm, zumal Henck während seiner Vernehmung durch die Verteidigung mitgeteilt hatte, daß er dem Gericht noch wenige Tage zuvor empfohlen habe, die Angeklagten von Vertrauensärzten untersuchen zu lassen[86], wenn auch in dieser Untersuchung – wie Henck später erklärte[87] – lediglich der Gesundheitszustand nach dem letzten Hungerstreik kontrolliert werden sollte. Man hätte annehmen können, daß eine solche Empfehlung des direkt verantwortlichen Anstaltsarztes ernst genommen würde. Meines Erachtens gibt es für die Haltung des Gerichts zwei plausible Erklärungen: Entweder war es aus Prestigeerwägungen der Meinung, einem Antrag auf Hinzuziehung externer Ärzte nicht nachgeben zu können, oder es fürchtete das Resultat solcher Untersuchungen durch unabhängige Mediziner.

Obwohl die oben genannten Beschlüsse des Gerichts darauf hinzudeuten schienen, daß der Punkt der eventuellen (eingeschränkten) Verhandlungsfähigkeit definitiv abgehandelt war, kam der Angeklagte Baader sechs Verhandlungstage später auf diesen Punkt zurück. Anlaß war der neuerliche Antrag seines neuen Verteidigers, den holländischen Psychiater Prof. Dr. Sjef Teuns als Sachverständigen zu der Frage, ob Baader verhandlungsfähig sei, zuzulassen[88].

Teuns war extra für diese Gelegenheit nach Stammheim gereist, um dem Gericht als „präsentes Beweismittel" vorgestellt werden zu können, so daß es für das Gericht weniger einfach sein würde, den Antrag abzulehnen[89]. Aus Gesprächen mit den Verteidigern konnte ich entnehmen, daß sie eine Zulassung von Teuns nicht für völlig ausgeschlossen hielten. Abgesehen von dem verfahrensmäßigen Druck, der von einem

„präsenten Beweismittel“ ausgeht, schien ihnen die Tatsache Grund für einen zaghaften Optimismus, daß auch Henck während der Anhörung nicht angezweifelt hatte, daß Teuns (damals am Instituut voor Ontwikkelingspsychologie der Universität Utrecht und Gastprofessor für Erziehungsberatung und Psychoanalyse an der Universität Kassel) als einer der wenigen westeuropäischen Experten auf dem Gebiet der sensorischen Deprivation und Isolation galt.

In der Diskussion über den Zulassungsantrag für Teuns erklärte Baader, Henck habe ihm nach der Verlesung seines Gutachtens vor Gericht angedeutet, er halte beschränkte Verhandlungsfähigkeit möglicherweise für gegeben. In der ablehnenden Begründung des Antrags auf Zulassung von Teuns („Die Zuziehung weiterer Sachverständiger wurde damals nicht für erforderlich gehalten, das gilt noch“[90]) teilte das Gericht mit, daß es wegen Baaders Behauptung inzwischen mit Henck telefoniert habe, mit dem Ergebnis, „er habe dem Angeklagten lediglich empfohlen, im begründeten Einzelfall eine Pause zu beantragen“. Das war für die Verteidigung der Anlaß, erneut zu beantragen, Henck noch einmal zur Frage der eingeschränkten Verhandlungsfähigkeit zu hören. Der Antrag wurde mit neuen Fakten untermauert: Henck habe den Angeklagten nach seiner Befragung vor Gericht ein neues Medikament verschrieben; die Angeklagten hätten nach einigen Verhandlungstagen einen Gewichtsverlust von etwa einem Kilo festgestellt; nach Verhandlungstagen benötigten sie 12 bis 15 Stunden Schlaf. Dieser Antrag wurde angenommen und gleichzeitig angekündigt, daß noch ein anderer Arzt gehört werden sollte. Es handelte sich um Prof. Dr. Rauschke (Professor für Rechtsmedizin in Stuttgart und Gerichtsmediziner), der, wie sich nun herausstellte, bereits seit Tagen auf Ersuchen des Gerichts als stiller Beobachter am Prozeß teilgenommen hatte.

In seiner erneuten Anhörung vor Gericht verneinte Henck, die von Baader zitierte Bemerkung gemacht zu haben und bestätigte nochmals ausdrücklich seine zuvor getroffene Diagnose der uneingeschränkten Verhandlungsfähigkeit[91]. Auffällig war, daß Henck diesmal noch weiter ging, indem er behauptete, eine zeitlich beschränkte Verhandlungsfähigkeit gebe es nicht. Er berief sich auf ein Zitat aus dem „Handbuch der forensischen Psychiatrie“, das sich jedoch ausschließlich auf die zeitlich begrenzte Verhandlungsfähigkeit von Geisteskranken bezog[92]. Gleichzeitig verneinte er jedoch auch, daß die Angeklagten simulieren würden[93].

Rauschke hingegen erklärte unumwunden, daß er ohne Untersuchungsergebnisse keine zuverlässige Diagnose stellen könne, und daß eingeschränkte Verhandlungsfähigkeit grundsätzlich nicht auszuschließen sei. Er schlug vor, die Angeklagten von Internisten (im Zusammenhang mit möglichen Gesundheitsschäden infolge des Hungerstreiks) und von Psychiatern (in Zusammenhang mit möglichen Schäden infolge der

Haftbedingungen) untersuchen zu lassen[94]. Noch während Rauschkes Anhörung gab Prinzing in einer Diskussion mit Baader zu erkennen, daß er auf den Vorschlag eingehen wolle[95]. Das war für die Verteidigung eine völlig neue Situation, denn immerhin sah es zum erstenmal seit Jahren danach aus, als ob externe Ärzte zugelassen würden. Dieser Hoffnungsschimmer wurde durch Rauschkes eindeutig bejahende Antwort auf Baaders Frage, ob er die Zuziehung eines Arztes/ Sachverständigen auf dem Gebiet der Isolation für notwendig halte, noch verstärkt[96]. Die Verteidigung stellte daraufhin erneut den Antrag, Teuns als Sachverständigen zu hören. Das Gericht lehnte den Antrag mit der Begründung, Teuns sei parteiisch, ab. Es verwies auf einen Solidaritätsaufruf, den der „Bond van Wetenschappelijke Arbeiders" (Verband wissenschaftlicher Arbeiter) erlassen hatte und in dem von „Isolationsfolter, wie sie bei politischen Gefangenen in der BRD angewandt wird", die Rede war. Das Gericht sah keinen Anlaß, seine Entscheidung zu überdenken, obwohl inzwischen klar war, daß der umstrittene Aufruf nicht von Teuns stammte, sondern vom Bond van Wetenschappelijke Arbeiders verfaßt worden war, dem Teuns einen Vortrag vom Mai 1973 zur Verfügung gestellt hatte[97].

3.1.3. Bundesanwaltschaft und Gericht zur Haftsituation

Im Anschluß an die Anhörungen von Henck und Rauschke reichte die Verteidigung am 15. Sitzungstag (9.7.75) den Antrag ein, die Isolation der Gefangenen aufzuheben und sie in den Normalvollzug zu integrieren, sie also am normalen Anstaltsleben mit allen Gemeinschaftsveranstaltungen teilnehmen zu lassen. Noch einmal wurden die gegebenen Haftbedingungen von den Angeklagten und ihren Verteidigern genau beschrieben.

Wie brisant das Thema war, zeigte bereits die sieben Seiten starke Zurückweisungsbegründung der BAW, die sich bis dahin meist mit nur wenigen Sätzen begnügt hatte[98]. Der Gerichtsbeschluß umfaßte sogar acht Seiten[99]. Die von der BAW im Ablehnungsantrag verfolgte Argumentation unterschied sich in nichts von ihren seit 1973 üblichen Antworten auf wie auch immer geäußerte Vorwürfe unmenschlicher Isolationshaft[100]. Von Isolation könne keine Rede sein: Raspe und Baader hätten die Möglichkeit, sich durch Zuruf von Zelle zu Zelle miteinander zu verständigen, sie hätten gemeinsamen Hofgang, zehn- bis fünfzehnmal pro Tag Kontakt mit Anstaltspersonal und sie würden häufig von ihren Verteidigern besucht. Im Vergleich zu anderen Gefangenen besäßen sie zahlreiche Privilegien, so z. B. größere Zellen als üblich, viele Zeitschriften und Bücher, Radio und Plattenspieler; bei einer Gleichbehandlung müßten sie auf diese Privilegien verzichten. Eine solche Gleichbehandlung und vor allem die dadurch bedingte Integration in das normale

Anstaltsleben sei jedoch wegen der Gefährlichkeit der Angeklagten unmöglich. Als „Beweis“ für die unterstellte Gefährlichkeit wurde ein dreiseitiger Befreiungsplan verlesen, der Baader zugeschrieben wurde und im Februar 1974 in einer „konspirativen“ Wohnung gefunden worden sei[101].

Die Verteidigung protestierte scharf gegen die Verlesung dieses Beweisstücks, da es Teil der Prozeßakte und noch nicht behandelt worden sei und damit nichts über den eventuellen Verfasser ausgesagt werden könne. Baader sagte dazu u. a.: „Mal unterstellt, dieses vor eineinhalb Jahren gefundene Papier sei von mir: inwiefern rechtfertigt es die Isolation von 40 Gefangenen, als Beispiel? Inwiefern rechtfertigt es die Institution der Isolation in der Bundesrepublik, die Einrichtung von (...) Isolationstrakten in zahlreichen Gefängnissen, in denen soziale und sensorische Deprivation für politische Gefangene institutionalisiert wird. Das würde ich doch wirklich gern einmal wissen. Und inwiefern würde es nun in diesem Verfahren (...) die Isolation der anderen drei Gefangenen rechtfertigen? Nur mal die Voraussetzung angenommen, es sei von mir“[102].

Am 17. Verhandlungstag (16.7.75) wurde der Antrag auf Aufhebung der Isolation per Gerichtsbeschluß abgelehnt. Die Begründung enthielt einen ausführlichen Überblick über die Haftbedingungen vom Zeitpunkt der Festnahme an. Das Gericht verwies auf den (schon genannten) Beigeherbeschluß vom 5.3.73 des Ermittlungsrichters am BGH[103]: „Offenbar hat keiner der Angeklagten von dieser Möglichkeit Gebrauch gemacht“[104]. Meinhof und Ensslin seien per Beschluß vom 4.2.74 eine Stunde gemeinsamer Hofgang pro Tag (während ihres Aufenthalts im Toten Trakt von Köln-Ossendorf[105]) und per Beschluß vom 6.5.74 vier Stunden pro Tag (unmittelbar nach ihrer Verlegung nach Stammheim[106]) zugestanden worden. Meinhof sei im August 1974 vom Gericht angeboten worden, am Hofgang einer kleinen Gruppe weiblicher Gefangener teilzunehmen; unerwähnt blieb hier, daß es nie dazu gekommen war, weil die anderen Gefangenen die damit verbundenen Sicherheitsmaßnahmen (z. B. Entkleiden vor und nach dem Hofgang) nicht akzeptiert hatten. Diese Kontaktmöglichkeiten seien Anfang März 1975 wegen der Lorenz-Entführung völlig aufgehoben worden, danach für kurze Zeit gestattet und Ende April wegen der Botschaftsbesetzung in Stockholm wieder aufgehoben worden.

In gleicher Weise wird dann über Kontakte zwischen Baader und Raspe berichtet. Sie waren jedoch erst von Mitte November 1974 an – nach ihrer Verlegung nach Stammheim – möglich geworden. Aus der Übersicht geht weiter hervor, daß die weiblichen Angeklagten während zehn der insgesamt 36 Monate Haft einige Stunden pro Tag unbeaufsichtigt Kontakt miteinander gehabt hatten und die männlichen Angeklagten während vier Monaten; diese Kontakte waren wegen Aktionen draußen während der zwei Monate vor dem Prozeß unterbrochen gewesen. Seit Prozeßbeginn hatten die Angeklagten wieder, nach Geschlecht getrennt, gemeinsamen Hofgang an Tagen, an denen keine Verhandlung stattfand. An den Verhandlungstagen konnten die Angeklagten regelmäßig vor Beginn der Mittagssitzung 45 Minuten miteinander über ihre Verteidigung reden („Das stellt ein einmaliges Entgegenkommen dar, dessen sich die Angeklagten freilich nicht bewußt zu sein scheinen“[107]). In dem Beschluß wurde als einzige Veränderung die Möglichkeit angekündigt, daß alle vier Gefangenen an zwei Wochentagen für vier Stunden zusammenkommen könnten. Weitergehende Veränderungen lehnte das Gericht wegen des Sicherheitsrisikos, das die Angeklagten darstellten, ab; es verwies dazu auf die Baader-Befreiung 1970, die von der BAW genannten Befreiungspläne, die Stockholm-Aktion und auf zu erwartende „Agitation und Aufruhr in der Haftanstalt“.

Baader bezeichnete diesen Beschluß als ein Todesurteil, „das den Vorteil hat, daß Sie es nicht aussprechen müssen“[108]. Er verwies auf wissenschaftliche Untersuchungen, aus denen hervorgehe, „daß (...) die Wirkungen der Isolation (...) unter Umständen kulminieren können beim Zusammenschluß von nur zwei Gefangenen. Daß die mindeste, kleinste soziale Gruppe, bei der kein Persönlichkeitsverfall auf die Dauer erfolgt, mindestens zehn Mann sind“[109].

3.1.4. Die Beauftragung medizinischer Sachverständiger

In Übereinstimmung mit der von Rauschke ausgesprochenen Empfehlung hatte das Gericht die Vorstände der Deutschen Gesellschaft für Innere Medizin und der Deutschen Gesellschaft für Psychiatrie um die Zusendung von Listen mit Namen medizinischer Sachverständiger gebeten. Gegen zwei vom Gericht ausgewählte Internisten hatten weder Angeklagte noch Verteidiger etwas einzuwenden. Die vom Gericht ausgewählten zwei Psychiater Erhardt und Mende gehörten aber, wie die Verteidigung recherchiert hatte, der konservativen Schule der forensischen Psychiatrie an, was fundierte Kenntnisse auf dem Gebiet der Psychologie und Psychoanalyse und vor allem psychosomatischer Krankheitsbilder infolge sozialer Gegebenheiten nicht erwarten ließ.

Die Verteidigung beanstandete, daß die vom Gericht benannten Psychiater nicht in der Lage sein würden, Phänomene wie soziale Isolation und sensorische Deprivation als pathogene soziale Bedingungen zu erkennen und diese in ihre Diagnose mit einzubeziehen, weil sie in erster Linie an kriminalpolitischen statt an wissenschaftlichen Erkenntnissen interessiert seien. Diese Psychiater könnten folglich als unqualifiziert betrachtet werden. Ihre Argumentation konnten die Verteidiger auch auf Äußerungen von Henck[110] und Rauschke[111] stützen.

Die Verteidigung belegte ihre Bedenken gegen Erhardt mit Äußerungen von ihm, die in Tillmann Mosers Buch „Repressive Kriminalpsychiatrie“ zitiert und kommentiert sind. Auch Henck hatte sich bei seiner Befragung auf Mosers Sachkenntnis berufen[112]. Der Psychiater Mende solle, so wurde festgestellt, der gleichen Schule angehören wie Erhardt.

Nachdem feststand, daß das Gericht nicht bereit sein würde, die Benennung Erhardts und Mendes zu Gutachtern rückgängig zu machen, reichte die Verteidigung formale Anträge auf Ablehnung ein. An Hand von Zitaten der Betroffenen[113] versuchte die Verteidigung zu belegen, daß sie der Meinung seien, ihre Aufgabe als Mediziner sei justiziellen und kriminalpolitischen Interessen untergeordnet bzw. von diesen Gesichtspunkten bestimmt. Zum Beispiel stellt Erhardt in diesem Zusammenhang die ärztliche Schweigepflicht in Frage[114] und rechtfertigt eine Narkose-Analyse im Rahmen gerichtsmedizinischer Untersuchungen von Beschuldigten[115]. Mende arbeitete in der Psychiatrie u. a. mit folgendem Krankheitsbild: „Seelische Abnormalitäten sind nur dann als krankhaft zu bezeichnen, wenn sie auf krankhaften Organprozessen beruhen“[116]. Als Gerichtspsychiater hatte er einem Richter empfohlen, Patienten, die an einem Konzentrationslagersyndrom litten, keine Rente zuzusprechen, „da durch Schaffung solcher Rechtsposition der Weg für eine psychotherapeutische Beeinflussung erschwert oder sogar endgültig verbaut würde. Durch eine laufende Rentenzahlung würde die Fixierung der Fehlhaltung nur noch gefördert werden“[117]. In einem Gespräch mit den Angeklagten ließ Mende verlauten, daß er sich gegenüber dem Gericht nicht an seine Schweigepflicht gebunden fühle, und daß er nicht die Absicht habe, die jahrelange Isolationshaft in seine Beurteilung mit einzubeziehen[118].

Einem Brief Erhardts an das Gericht vom 21.8.75 war zu entnehmen, daß auch er nicht beabsichtigte, die Haftbedingungen mit einzubeziehen, da die auf gerichtlichen Entscheidungen beruhenden Bedingungen sich „natürlich“ innerhalb des gesetzlichen Rahmens befänden und „demnach generell als nicht geeignet angesehen (werden können), die Verhandlungsfähigkeit eines Häftlings zu beeinträchtigen“ [119].

Die Ablehnungsanträge wurden abgelehnt. Das Gericht hatte die Benennung der beiden Psychiater zwar nicht zurückgenommen, zusätzlich aber einen dritten Psychiater benannt, „um dem Mißtrauen der Angeklagten entgegenzuwirken“[120]. Es handelte sich um Prof. Dr. Wilfried Rasch, Leiter des Instituts für forensische Psychiatrie an der Freien Universität Berlin. Die Angeklagten erklärten sich unter Protest bereit, sich von den beiden Internisten Müller und Schröder sowie von dem Psychiater Rasch untersuchen zu lassen. Den Psychiatern Erhardt und Mende wurde jedoch keine Möglichkeit für Untersuchungen gegeben. Seit der Benennung der Sachverständigen (Rasch wurde als letzter am 29.7.75 bestellt) hatte die Verteidigung viermal um Unterbrechung der Verhandlung bis zur Vorlage der medizinischen Gutachten gebeten.

Jedesmal waren die Anträge von der BAW als Prozeßverschleppung bezeichnet und vom Gericht abgelehnt worden, ebenso wie die Anträge der Verteidigung, die Zahl der Verhandlungstage pro Woche zu verringern oder an nur zwei halben Tagen pro Woche zu verhandeln. In allen Fällen waren die Angeklagten vom Gericht als „voll verhandlungsfähig" erklärt worden.

Der unten wiedergegebene Dialog zwischen Baader und Prinzing ist in zweierlei Hinsicht als charakteristisch anzusehen, und zwar einerseits für die Art, wie Prinzing den Prozeß leitete, und andererseits für den Konflikt, dem die Angeklagten sich immer dann ausgesetzt sahen, wenn sie sich nicht mehr verhandlungsfähig fühlten. Der Dialog fand am 19.8.75 gegen 15 Uhr statt, nachdem die Verteidiger (siehe Abschnitt 3.1.1.) den Gerichtssaal verlassen hatten und die Angeklagten – weil das Gericht nicht bereit war, die Verhandlung zu vertagen – ihre Ausschließung mit Hilfe von Ordnungsstörungen erzwangen:

Prinzing: Herr Baader, bitte nehmen Sie Platz und bedienen Sie sich vor allen Dingen des Mikrophons. Ich habe Sie darüber zu belehren, was in Ihrer Abwesenheit geschehen ist. Gleichzeitig ist es eine Unterrichtung darüber, was jetzt vor sich geht, für Sie persönlich.

Frau Meinhof und Herr Raspe wurden auch einzeln vorgeführt. Es ist ihnen gesagt worden, wie das jetzt auch für Sie gilt, daß zwar die Ordnungsstörung, die Sie begangen haben, nach Auffassung des Senats an sich fortdauert, daß wir aber diesen Ausschluß rückgängig machen mit Rücksicht darauf, daß wir jetzt in die Phase der Vernehmung zur Person eintreten[121]. Und es erscheint uns im Hinblick auf das Gewicht des Grundsatzes des rechtlichen Gehörs von überragendem Interesse, daß Sie die Möglichkeit haben, sich jetzt zur Person zu äußern.

Baader: Das entdecken Sie auch erst seit... nach drei Monaten.

Prinzing: Ich darf Sie noch darauf hinweisen, daß Herr Raspe und Frau Meinhof, nachdem sie hier sich wieder der Ungebühr schuldig gemacht haben, wieder ausgeschlossen worden sind.

Baader: Naja, ich sage Ihnen kurz, ich bin der Ansicht, daß Sie in diesem Verfahren den Begriff der Person überhaupt nicht mehr legitim einsetzen können, denn was ihn kennzeichnet, den Begriff der Rechtsperson, eine Vermittlung zwischen Staat und Gesellschaft oder zwischen Gesellschaft und Staat, das sind seine Rechte. Und die elementaren Grundrechte der Person verletzen Sie in diesem Verfahren permanent. Ich würde mich zur Person äußern, wahrscheinlich jeder von uns, aber unter diesen Bedingungen ist es unmöglich. Ich kann mich hier nicht verteidigen im Moment, und ich bin auch nicht verteidigt. Also schließen Sie mich aus.

Prinzing: Das heißt, Sie weigern sich, sich zur Person zu äußern?

Baader: Das haben Sie doch wohl verstanden?

Prinzing: Ja, so haben es auch Herr Raspe und Frau Meinhof gemacht. Trotzdem haben Sie jetzt, nachdem dieser Ausschluß rückgängig gemacht worden ist, die Pflicht, als Angeklagter wieder anwesend zu sein, und das Gericht die Pflicht, für Ihre Anwesenheit zu sorgen. Ich bitte...

Baader: Ja, schließen Sie mich aus.

Prinzing: Ich bitte nunmehr, Frau Ensslin vorzuführen. Was ist, Herr Baader, wollen Sie nicht teilnehmen?

Baader: Nein, ich will nicht hierbleiben, natürlich nicht.

Prinzing: Ja, das ist aber keine Frage Ihres Willens.

Baader: Ja, was erwarten Sie jetzt von mir?

Prinzing: Ich erwarte, daß Sie hier...

Baader: Ich sage Ihnen, daß ich ausgeschlossen werden will...

Prinzing: ...daß Sie hier ordentlich...

Baader: ...und daß ich diese Verhandlung, so lästig das ist, stören werde, bis Sie mich ausschließen. Genügt Ihnen das?

Prinzing: Das heißt also, Sie wollen an dieser Verhandlung nicht geordnet teilnehmen?

Baader: Nein.

Prinzing: Herr Baader, ich bitte Sie nochmals, nehmen Sie Platz und bleiben Sie im Sitzungssaal.

Baader: Ich nehme nicht Platz, schließen Sie mich...

Prinzing: Dann müssen Sie eben der Verhandlung im Stehen folgen.

Baader: Nein, aber jetzt schließen Sie mich doch gefälligst aus.

Prinzing: Herr Baader, das ist keine Frage Ihres Wunsches.

Baader: Dann legen Sie doch bitte mal einen Katalog von Störungen fest, oder muß ich Sie erst mal beschimpfen. Das fällt mir sehr schwer.

Prinzing: Ich bitte jetzt, soweit Sie frei sind, die Herren, Frau Ensslin vorzuführen.

Baader: Das heißt, Sie wollen mich zwingen, hierzubleiben?

Prinzing: Ich muß Sie zwingen, nicht ich ‚will' Sie zwingen, sondern Sie sind verpflichtet, hierzubleiben.

Baader: Na, was erwarten Sie, wollen Sie Beschimpfungen provozieren oder was?

Prinzing: Ich will gar nichts provozieren. Mir ist sympathischer, wenn Sie keine Beschimpfungen aussprechen.

Baader: Naja, dann schließen Sie mich doch aus. Ich sage Ihnen, ich werde...

Prinzing: Das ist keine Frage Ihres Wunsches und keine Frage unseres Wollens.

Baader: Ich werde die Verhandlung stören. Das ist doch ein ganz dreckiges Manöver, was Sie hier machen.

Prinzing: Das ist kein dreckiges Manöver. Es legt mir die Prozeßordnung die Pflicht auf, mich so zu verhalten, wie ich es tue[122].

Baader: Ja, was wollen Sie? Wollen Sie unbedingt, daß es hier zu physischer Gewalt kommt, oder was?

Prinzing: Sie sollen sich setzen und geordnet teilnehmen.

Baader: Das, was Sie provozieren... Ich werde mich nicht setzen, ich werde nicht geordnet an der Verhandlung teilnehmen.

Prinzing: Gut, dann müssen Sie eben im Stehen an der Verhandlung teilnehmen.

Baader: Naja, das ist doch ein ganz dreckiger Versuch hier. Sie haben die anderen beiden auch ausgeschlossen und Sie werden mich auch ausschließen müssen.

Prinzing: Herr Baader, wenn Sie in dieser Weise fortfahren, von ‚dreckigen Versuchen' zu sprechen, außerdem durch Ihr Stehen und so weiter die Verhandlung zu stören...

Baader: Es ist eine dreckige Manipulation, daß Sie mich hier zwingen, verdammt nochmal, fünf Minuten lang darauf zu beharren, daß Sie mich endlich ausschließen. Ich will hier raus, sehr einfach.

Prinzing: Es ist... es ist keine Frage Ihres persönlichen Wunsches. Sie haben die Pflicht, als Angeklagter hierzubleiben.

Baader: Naja, schön... Naja, dann machen Sie eben diese lächerliche Prozedur. Ich werde stören, solange ich hier drin bin.

Prinzing: Bis jetzt stören Sie noch nicht.

Baader: Na schön...

Prinzing: Sie können auch im Stehen mit solchen Erklärungen an der Verhandlung teilnehmen. Wenn's dann störend wird, dann werden wir schon weitersehen, aber jedenfalls weise ich Sie darauf hin, das wissen Sie ja, im Falle von Störungen müßten Sie erneut ausgeschlossen werden.

Baader: Naja, ich weise Sie darauf hin, Prinzing, daß Sie mich jetzt ausschließen werden, sonst sehe ich mich gezwungen, Sie zu beschimpfen, so wirklich lapidar das ist...

Prinzing: Herr Baader...

Baader: Ja, wollen Sie es unbedingt hören? Also Sie können das hören, Sie können das in verschiedener Form haben.

Prinzing: Ich will es nicht hören.

Baader: Naja, Sie können auch von mir hören, daß Sie ein faschistisches Arschloch sind.

Prinzing: Aha, ein faschistisches Arschloch.

Baader: Schließen Sie mich jetzt aus, ja?

Ensslin (inzwischen hereingeführt): Und mich gleich mit, altes Schwein.

Prinzing: Frau Ensslin, ich darf Sie auf folgendes hinweisen, Moment, daß sowohl Herr Raspe wie Frau Meinhof wie Herr Baader darüber unterrichtet worden sind, daß sie jetzt unter Aufhebung des vorherigen Ausschlusses die Möglichkeit haben...

Baader: Ich stelle nochmals ausdrücklich fest, Prinzing, Sie sind ein faschistisches altes Arschloch.

Prinzing: Herrn Baader bitte das Wort abzustellen. (Zu Frau Ensslin:) Daß Sie die Gelegenheit haben, sich zur Person zu äußern.

Ensslin: Wir sind verteidigungsunfähig, infolgedessen werden wir auch nicht teilnehmen, alte Sau.

Prinzing: Es haben sich die anderen Angeklagten – ja –, Frau Ensslin, es haben sich die anderen Angeklagten geäußert dahin, daß sie sich nicht zur Person einlassen wollen...

Ensslin: Ich habe das eben gesagt...

Prinzing: Sie haben gestört. Ich habe vernommen, Sie haben, glaube ich, eine „alte Sau", habe ich es richtig gehört? Oder täusche ich mich? Ich möchte das festgestellt haben, trifft es zu? Und, Herr Baader, Sie haben mich ein „faschistisches Arschloch" geheißen. Frau Ensslin, an Sie noch das letzte Wort. Wollen Sie sich zur Person äußern?

Ensslin: Altes Schwein.

Prinzing (nach geheimer Beratung): Gut. Der Senat hat aufgrund der Äußerungen gegenüber dem Vorsitzenden „faschistisches Arschloch"...

Baader: Kriegen Sie das Wort noch richtig raus?

Prinzing: ...„alte Sau" und „altes Schwein" die Angeklagten wieder von der heutigen Verhandlung ausgeschlossen[123]. Sie sind abzuführen[124].

3.1.5. Die Sachverständigengutachten

Am 20.8.75, einen Tag nach dem Auszug der Verteidiger (siehe Abschnitt 3.1.1.), dem sich der obige Dialog anschloß, wurde das Resultat des vorläufigen Gutachtens der beiden Internisten bekanntgegeben: Die Angeklagten seien nicht mehr als drei Stunden pro Tag verhandlungsfähig. Nähere Einzelheiten wurden nicht mitgeteilt; die Internisten betonten ausdrücklich, daß die noch zu erstellenden psychiatrischen Gutachten für die Bildung eines Gesamturteils von „wesentlicher" Bedeutung seien[125].

Die knapp gehaltenen vorläufigen Gutachten waren im folgenden Monat noch Anlaß für viele Verteidigungsanträge auf mündliche Anhörung der Internisten. Streitpunkt der Auseinandersetzungen war die Frage, wie die in den Gutachten empfohlenen drei Stunden zu interpretieren seien. Ging es um drei Stunden „reine" Verhandlungszeit oder um drei Stunden „brutto", also einschließlich aller Unterbrechungen und Pausen? Die Verteidigung meinte, daß die Empfehlung der Internisten nur in letzterem Sinne verstanden werden könnte, da z. B. die Unterbringung der Angeklagten während der Verhandlungspausen in den Kellerzellen des Mehrzweckgebäudes als zusätzlicher Stressfaktor betrachtet werden müsse, der die Verhandlungsfähigkeit nur noch weiter mindere. Das Gericht berief sich bezüglich seines „Netto-Standpunkts" auf ein Telefongespräch mit einem der beiden Internisten und zeigte keine Bereitschaft, die Internisten noch vor Vorlage der endgültigen Gutachten von der Verteidigung zu diesem Punkt befragen zu lassen.

In einer dreiminütigen Sitzung am 23.9.75 teilte Prinzing mit, daß die abschließenden Gutachten nun vorlägen und festgestellt werden müsse, daß „die Angeklagten nur zeitlich beschränkt verhandlungsfähig und behandlungsbedürftig sind".

Nur aus Raschs Gutachten wurde ein einziger Satz zitiert: „Die Durchführung einer Behandlung dürfte während der Dauer der Hauptverhandlung und bei Beibehaltung der jetzt gegebenen Haftbedingungen nicht möglich sein". Prinzing teilte mit, daß das Gericht angesichts dieser Situation zwischen drei Möglichkeiten zu wählen habe: unbefristete Vertagung der weiteren Verhandlung, Fortführung des Prozesses in Anwesenheit der Angeklagten, jedoch mit beschränkter Sitzungsdauer, oder Fortführung der Verhandlung in Abwesenheit der Angeklagten gemäß § 231a StPO[126]. Die Entscheidung des Gerichts sollte am 30.9.75 mitgeteilt werden (siehe Abschnitt 4), nachdem der Verteidigung und der BAW Gelegenheit gegeben worden war, die Gutachten schriftlich zu kommentieren.

Die Internisten Müller und Schröder hatten u. a. festgestellt, bei allen Angeklagten seien „deutliche Störungen der Funktion und der Arbeitsweise zentralnervöser, über das vegetative Nervensystem die einzelnen Organe steuernden Zentren vorhanden, die Einfluß auf die Verhandlungsfähigkeit haben". Feststellbare Symptome waren z. B. erhebliches Untergewicht, Übermüdung, ernsthafte Kreislaufstörungen und erhebliche Konzentrationsschwierigkeiten; über die Ursachen dafür enthielten sich die Internisten weitgehend einer eigenen Meinung; dazu müßten die psychiatrischen Gutachten herangezogen werden. Der letzte Hungerstreik habe die „vegetative Labilität" höchstwahrscheinlich noch erhöht, sei „jetzt mehr als ein halbes Jahr nach Beendigung des Hungerstreiks aber nur noch mit geringer Gewichtigkeit nachwirkend". Ausdrücklich wird festgestellt: „Klar ist, daß die Angeklagten sich seit Jahren in einer sozialen Isolation befinden", und daß der Internen Medizin die Auswirkungen besonderer Lebensbedingungen, so etwa bei einsamen alten Menschen, durchaus bekannt seien. Ihre Schlußfolgerung lautete denn auch, daß die Angeklagten nicht mehr als drei Stunden pro Tag verhandlungsfähig seien, kürzere Pausen mit eingeschlossen; eine wirksame Genesung sei jedoch nicht allein mit Medikamenten zu erreichen, sondern vielmehr mit einer Veränderung – „vor allem auch in psychologischer Hinsicht" der Gesamtsituation der Angeklagten[127].

Der Psychiater Erhardt verzichtete aufgrund der Haltung, die die Angeklagten ihm gegenüber eingenommen hatten, auf die Erstellung eines Gutachtens. Der Psychiater Mende hingegen, der ebenfalls keine Möglichkeit gehabt hatte, die Angeklagten zu untersuchen, legte dennoch ein kurzes Gutachten vor (in erster Linie jedoch unter Berufung auf die internistischen Gutachten), in dem er zu der gleichen Schlußfolgerung kam wie Müller und Schröder: drei Stunden pro Tag verhandlungsfähig. Weiter war Mende der Meinung, daß „mehr noch als die Haftbedingungen im Einzelnen die psychischen Belastungen durch die Länge der Untersuchungshaft als solcher und vor allem durch das Strafverfahren selbst" für den „offensichtlichen psycho-physischen Erschöpfungszustand" verantwortlich seien. Zu den Hungerstreiks als möglicher Ursache für die eingeschränkte Verhandlungsfähigkeit äußerte Mende sich nicht. Abschließend empfahl er, neben der Beschränkung der täglichen Sitzungsdauer auf drei Stunden und dem Einschieben von Verhandlungspausen auch „die Haftbedingungen soweit zu lockern, daß ein Abbau der sozialen Isolierung bis auf jenes unumgängliche Ausmaß resultiert, welches durch die Besonderheiten dieses Strafverfahrens bestimmt wird"[128].

Rasch, der als einziger der drei Psychiater Gelegenheit gehabt hatte, die Angeklagten zu untersuchen, war zu der Schlußfolgerung gekommen, daß alle Angeklagten für drei Verhandlungstage pro Woche und nur an den Vormittagen („also 3-4 Stunden", einschließlich Verhandlungspausen) verhandlungsfähig seien. Bei den Angeklagten hatte er u. a. festgestellt: rasche Erschöpfung, Konzentrations-, Wahrnehmungs-, Koordinations- und Orientierungsschwierigkeiten, vermindertes Leistungsvermögen, Kopfschmerzen. „Bei jedem der Untersuchten besteht ein ausgeprägter Zustand psychophysischer Reduktion mit vegetativer Disregulation und Verminderung der körperlichen und geistigen Leistungsfähigkeit". Sowohl die Hungerstreiks als auch die Haftbedingungen seien hierfür als Ursachen in Betracht zu ziehen; der jeweilige Anteil sei jedoch nicht mehr festzustellen. Im Anschluß daran schreibt Rasch:

> „Nach der umfangreichen internationalen pönologischen und psychologischen Literatur, die zu diesem Thema vorliegt, ist die Isolierung eines Menschen allein geeignet, tiefgreifende Beeinträchtigungen seiner psychischen und physischen Verfassung zu erzeugen; beschrieben wurden u. a. chronische Apathie, Initiativverlust, Gedächtnisstörungen, Müdigkeit, emotionale Verflachung, Konzentrationsstörungen, Herabsetzung der intellektuellen Leistungsfähigkeit, neurovegetative Beschwerden. Die Untersuchungen zu dieser Problematik kommen, wie anzumerken ist, zu unterschiedlichen Resultaten und differieren auch stark in ihrem wissenschaftlichen Niveau. Eine Untersuchung, die vergleichbare Bedingungen betrifft, unter denen die Angeklagten – nach meiner Kenntnis – in den letzten Jahren untergebracht waren, ist mir noch nicht bekannt geworden".

Über die von der BAW seit Jahren hervorgehobenen „Privilegien" und außergewöhnlichen Kontaktmöglichkeiten dieser Gefangenen urteilt Rasch:

> „Durch die den Angeklagten eingeräumten „Privilegien" (Zellenausstattung etc.) und Kontaktmöglichkeiten wurden die bislang existierenden und für den modernen Vollzug völlig ungewöhnlichen Haftbedingungen jedoch nicht in ihrem Kern verändert. Es besteht jetzt die besondere Situation, die vergleichbar ist mit der kleiner Gruppen unter Extrembedingungen. Die Beziehungen der Angeklagten sind jedoch weiterhin streng kanalisiert, die Angeklagten bleiben abgeschirmt von normalen oder quasinormalen Interaktionen, sie leben außerhalb der informellen Infrastruktur der Anstalt, durch die der Häftling im allgemeinen eine gewisse psychische Abstützung erfährt".

Raschs Schlußfolgerung kommt nicht überraschend:

> „Entscheidende Behandlungsmaßnahmen auf psychiatrischem Gebiet liegen in einer Änderung der Haftbedingungen mit Ermöglichung größerer sozialer Interaktionen". Aufgrund des erheblich angegriffenen Gesundheitszustands der Angeklagten müsse, so Rasch, mit einer mehrmonatigen Behandlungszeit gerechnet werden, während der der Prozeß nicht fortgesetzt werden könne[129].

Es liegt auf der Hand, daß die Verteidiger ihre seit Jahren gegen die Isolationshaft vorgebrachten Bedenken und Vorwürfe durch diese Gutachten bestätigt sahen. Fast gleichzeitig wurde im Prozeß gegen das RAF-Mitglied Irmgard Möller in Hamburg vom dortigen Gerichtsmediziner ebenfalls ein medizinisches Gutachten über ihre gesundheitliche Verfassung vorgelegt. Ihren verheerenden Gesundheitszustand führe der Gutachter unmittelbar auf die Isolationshaft zurück. Um weitere irreparable Schäden zu verhindern, müsse Irmgard Möller vollständig in das normale Anstaltsleben integriert werden, lautete die Folgerung des medizinischen Gutachters[130]. In einem Gutachten über den Gesundheitszustand der RAF-Mitglieder Grashof, Grundmann und Jünschke kam ein vom Gericht in Kaiserslautern bestellter Arzt kurze Zeit später zu gleichlautenden Schlußfolgerungen; dieser Arzt ging sogar so weit, zu sagen, daß er nach eingehender Betrachtung des Sachverhalts zu der Feststellung kommen müsse, „daß Isolationshaft eine Form der Folter ist"[131].

Eine der drei von Prinzing genannten Verfahrensmöglichkeiten, die Fortsetzung des Prozesses in Anwesenheit der Angeklagten bei eingeschränkter Sitzungszeit, würde bedeuten, daß die gesundheitliche Verfassung der Angeklagten im günstigsten Fall so bleiben würde, wie sie war; wahrscheinlicher aber schien eine weitere Verschlechterung (Rasch). Die Verfahrensweise hätte überdies zur Folge, daß der Prozeß wesentlich länger als die veranschlagten zwei bis drei Jahre dauern würde (die Verteidiger schätzten angesichts der rund 1 000 Zeugen und gut 100 Sachverständigen der BAW etwa acht Jahre).

Die Vertagung des Prozesses bis zur Genesung der Angeklagten würde beinhalten, daß der Prozeß neu eröffnet werden müßte; dies folgt aus § 229 StPO und gilt für jede länger als 30 Tage dauernde Unterbrechung einer Verhandlung.

Die dritte Möglichkeit, Fortsetzung des Prozesses in Abwesenheit der Angeklagten, schien aus mindestens vier Gründen auszuschließen zu sein. Erster und wichtigster Grund: Die Angeklagten hätten ihre Verhandlungsunfähigkeit selbst absichtlich herbeigeführt haben müssen (etwa durch Hungerstreiks); dafür ließen sich in den Gutachten jedoch keine Hinweise finden. Wohl aber für das Gegenteil: Die Gutachten hatten die Legitimität der gegen die Haftbedingungen gerichteten Hungerstreiks deutlich gemacht. Aber auch formaljuristisch schien die Anwendung von § 231a StPO nicht vertretbar zu sein, da diese Bestimmung erst während des letzten Hungerstreiks eingeführt worden war, so daß für die Angeklagten zu Beginn des Hungerstreiks eventuelle negative strafrechtliche Konsequenzen, de facto mit rückwirkender Kraft, nicht vorhersehbar waren. Weiter erfordert die Anwendung von § 231a die absichtliche Herbeiführung der Verhandlungsunfähigkeit im vollen Bewußtsein der Tatsache, daß eine Gerichtsverhandlung dadurch unmöglich gemacht wird; der letzte Hungerstreik war jedoch schon beendet, ehe bekannt wurde, wann der Prozeß beginnen würde. Und schließlich ist in § 231a von einem die „Verhandlungsfähigkeit ausschließenden Zustand" die Rede, während es sich im vorliegenden Fall um zeitlich begrenzte Verhandlungsunfähigkeit handelte.

In Abschnitt 4 wird eingehend untersucht, wie es dem Gericht dennoch möglich sein sollte, diese durch die Haftbedingungen produzierte und von den Gutachten entsicherte „Zeitbombe" unschädlich zu machen.

3.2. Zur Situation der Verteidigung

Die Frage, ob eine angemessene Verteidigung der Angeklagten überhaupt noch möglich war, stellte sich am dringlichsten für Baader. Immerhin hatte er zu Beginn des Prozesses keinen Anwalt seines Vertrauens. Die Frage lautete also, wie das ihm verbürgte Recht auf einen Wahlverteidiger, der auf diesen Mammutprozeß vorbereitet war, noch verwirklicht werden konnte. Eine Frage, die in direktem Zusammenhang stand mit der Antwort auf die Frage, ob die ihm gegen seinen Willen beigeordneten Pflichtverteidiger (Zwangsverteidiger) eine angemessene Verteidigung garantieren könnten.

Die äußerst problematische Situation war eine direkte Folge der Ausschließungsgesetzgebung und ihrer Anwendung auf die Rechtsanwälte Croissant, Groenewold und Ströbele. Eine in der Gesetzgebung entdeckte Lücke schien der empfindlich getroffenen Verteidigung jedoch eine Möglichkeit zu bieten, der Justiz die Rechnung für die Verteidigerausschlüsse zu präsentieren. Die Verhaftung der Rechtsanwälte Croissant und Ströbele sollte noch zu einer weiteren Verschärfung der Situation der Verteidigung führen.

Abgesehen von der Dezimierung der Verteidigung waren die Anwälte der Meinung, daß von einem „fair trial" für die Angeklagten ohnehin nicht mehr die Rede sein konnte, da die Vorgeschichte des Prozesses, die Behandlung der Gefangenen und ihrer Verteidiger, die Sondergesetze und die öffentliche Vorverurteilung zu einer Situation geführt hatten, die das Gerichtsverfahren zu einem Propagandainstrument werden ließ, das der Verwirklichung von vornherein feststehender politisch-militärischer Zielsetzungen dienen sollte.

In den nun folgenden Abschnitten sollen die genannten Problembereiche eingehender behandelt werden.

3.2.1. Baaders Verteidigung

Am 3.2.75 hatte Prinzing die Zuweisung der Rechtsanwälte Croissant und Groenewold als Pflichtverteidiger von Baader rückgängig gemacht, da „sich nicht ausschließen (läßt), daß sie von den Bestimmungen über den Ausschluß von Verteidigern betroffen werden könnten"[132]. Gleichzeitig hatte er Rechtsanwalt Siegfried Haag zum „Pflichtverteidiger des Vertrauens" (Wahlpflichtverteidiger) ernannt Nach der Suspendierung der Verteidigerrechte von Croissant und Groenewold am 12. bzw. 27.3.75 meldete Ströbele sich am 4.4.74 als neuer Wahlverteidiger von

Baader. Am 6.5.75 wurde auch sein Verteidigerrecht suspendiert. Am Samstag, 10.5.75, wurde Haag, der einzige noch verbleibende Vertrauensanwalt, vorläufig festgenommen.

Anläßlich der Festnahme Haags wurde noch am selben Tag eine von neun Rechtsanwälten (unter ihnen auch Haag) unterzeichnete Presseerklärung heraus gegeben[133]. Darin wurde u. a. mitgeteilt, daß der zuständige Richter des BGH den Antrag auf Erlaß eines Haftbefehls gegen Haag nach vierstündiger Beratung zurückgewiesen hatte. Haag war vorgeworfen worden, etwa zwei Monate früher an der deutsch-schweizerischen Grenze eine Tasche mit einer Maschinenpistole und drei Handgranaten von „Personen, die den anarchistischen Kreisen rund um die RAF angehören sollten", empfangen zu haben. Als Beweismittel war das Gerichtsprotokoll eines vor Gericht anonym gebliebenen Zeugen vorgelegt worden. Offensichtlich hatte auch der betreffende BGH-Richter dieses Beweismittel als unzureichend bewertet.

Nach Meinung der Rechtsanwälte war dieser „fehlgeschlagene Versuch von GBA Buback und der Staatsschutzabteilung des BKA" nichts anderes als ein Trick, Baader auch seines letzten Verteidigers noch zu berauben. Die mit der Verhaftung einhergehende Durchsuchung der Wohnung und Kanzleiräume Haags wurde von BAW Zeis geleitet (einer der Vertreter der BAW im Stammheim-Prozeß). Er beschlagnahmte u. a. den gesamten Schriftwechsel mit dem Angeklagten sowie alle Aufzeichnungen Haags über die Verteidigung im Prozeß. Seit Sonntag, 11.5.75, war Siegfried Haag nicht mehr aufzufinden. Am 13. Mai traf per Post eine Pressemitteilung in seiner Kanzlei ein:

„Generalbundesanwalt Buback und die Staatsschutzpolizei haben den Versuch unternommen, mich mit Hilfe manipulierter Verdachtskonstruktionen zu verhaften. Bei der Durchsuchung meiner Privat- und Büroräume hat die Staatsschutzpolizei unter Mitwirkung des bewaffneten Bundesanwalts Zeis sich zahlreicher Verteidigerakten, der darin enthaltenen Aufzeichnungen über Verteidigergespräche sowie des Verteidigerschriftwechsels bemächtigt, so auch meiner Handakte in dem unmittelbar bevorstehenden Prozeß gegen Andreas Baader, Gudrun Ensslin, Ulrike Meinhof und Jan Carl Raspe.

Diese gezielte Zerstörung auch des letzten Vertrauensbereichs eines inhaftierten Angeklagten – dem zu seinem Verteidiger –, hat die Qualität offen faschistischer Gewaltakte erreicht.

In einem Staat, der die Vernichtung von Revolutionären durch Gleichschaltung von Gesetzgebung, Verwaltung und Justiz zu seinem Programm erhoben hat, der politische Gefangene durch systematische Langzeitisolation foltert und der Gehirnwäsche in toten Gefängnistrakten unterzieht, in einem Staat, dessen Funktionsträger Holger Meins und Siegfried Hausner hingerichtet haben, in einem Staat, der Verteidiger mit dem ganzen Arsenal der psychologischen Kriegsführung durch die Massenmedien in Hetzkampagnen diffamiert, ausschließt, kriminalisiert und schließlich zu verhaften sucht, werde ich meine Freiheit nicht bedrohen lassen, meinen Beruf als Rechtsanwalt nicht länger ausüben.

Es ist an der Zeit, im Kampf gegen den Imperialismus wichtigere Aufgaben in Angriff zu nehmen. Haag"

Auch hier wird man wieder mit der gleichen Problematik konfrontiert, wie sie im Zusammenhang mit Rechtsanwalt Lang schon dargelegt wurde[134]. Angenommen, Haags Behauptung, es handele sich um eine manipulierte Verdachtskonstruktion, sei richtig, dann kann sein Untertauchen nur als qualitativer Sprung in einem Radikalisierungsprozeß (für den die Manipulationen sozusagen die Tropfen waren, die das Faß zum Überlaufen brachten), als abrupter Schritt von der Legalität in die Illegalität gesehen und erklärt werden. Falls es sich jedoch nicht um manipulierte Verdachtsmomente gehandelt hat, so wird das Verhalten der unterschiedlichen staatlichen Behörden, alle Verteidiger von Gefangenen aus der Stadtguerilla informell als Verdächtige zu betrachten und dementsprechend zu behandeln, verständlicher, wenn auch keineswegs gerechtfertigt. Aber auch im letzten Fall kommt man nicht umhin, sich vor Augen zu halten, daß das Schneeballsystem der Verdächtigungen bereits Mitte 1972 durch die massiven Öffentlichkeitskampagnen der staatlichen Behörden und der Presse gegen die Rechtsanwälte in Bewegung gesetzt worden war. Haags Schritt in die Illegalität traf mich völlig unerwartet; ich kannte ihn seit dem Herbst 1974. Noch wenige Wochen zuvor hatte ich mit ihm abgesprochen, daß meine damalige studentische Hilfskraft ihm in dem bevorstehenden Prozeß als Assistent zur Seite stehen würde, um dann später aufgrund teilnehmender Beobachtung einen Untersuchungsbericht schreiben zu können. Unmittelbarer Anlaß für Haags Untertauchen war – so einige andere Verteidiger – daß am Samstag unmittelbar nach der Zurückweisung des Haftantrages durchdrang, die BAW wolle noch am selben Tag gegen die Entscheidung Beschwerde einlegen. Es sei zu erwarten gewesen, daß die Beschwerdeinstanz, der 3. (politische) Senat des BGH dem Haftantrag – möglicherweise schon folgenden Sonntag – ohne weiteres stattgeben würde. Wie gesagt: Baader war zu Prozeßbeginn ohne einen Vertrauensanwalt. Am zweiten Verhandlungstag äußerte er sich dazu:

„das kann ihnen ja nicht entgangen sein, daß ich keinen verteidiger habe, bisher. und ich wollte dazu kurz was erklären und einen antrag stellen.

wir hatten gar nicht vor, auf die juristische verpackung dieser veranstaltung hier einzugehen, sie ist sekundär, und in der entwicklung dieses verfahrens vermittelt sie sich selbst als willkürlich, besser, als jede interpretation das könnte. es ist auch – was sich gezeigt hat – unmöglich, sich in einem verfahren auf verteidigung einzulassen, für das kontinuierlich gesetze geändert werden, und wo der legislative ablauf nicht nachkommt, gebeugt bzw. von der bundesanwaltschaft offen lächerlich gemacht. so hat zeis, der da drüben sitzt, angeblich in einem *anderen* verfahren, obwohl er hier die anklage vertritt, in den handakten von haag eine woche vor beginn der hauptverhandlung sich das ganze projekt unserer verteidigung verschafft – wir haben die manuskripte nicht mehr, die anklage hat sie. zu dem ganzen gibt es bisher, wie zur letzten razzia in meiner zelle – die widera geleitet hat, der auch da drüben sitzt – keinen gerichtsbeschluß.

wenn wir das jetzt anders einschätzen, dann, weil in dem lehrstück, das dieser prozeß schon durch das totale arrangement des verfahrens durch staatsschutz und regierung sein wird, auch auf dieser widerspruchsebene – die nicht unsere sache sein kann: der juristischen counterstrategie – die evidenz unserer analyse und strategie zu erklären sein wird.

dazu brauche ich einen verteidiger. da aber drei wahlverteidiger, die sich drei jahre lang auf eine als traditionell faßbare politische verteidigung vorbereitet haben, unmittelbar vor der hauptverhandlung ausgeschlossen worden sind – nach buback zum ‚taktisch richtigen zeitpunkt' (süddeutsche zeitung) – und der pflichtverteidiger mit einer konstruktion der bundesanwaltschaft kriminalisiert worden ist, und mit kriminalisierung jeder verteidiger zu rechnen hat – mal abgesehen von der hetze, die er auf sich zieht –, ist es schwierig geworden, einen zu finden. es war in der woche, die sie mir zeit gelassen haben, nicht möglich, rauszufinden, ob es einen verteidiger gibt, der die verfolgungen auf sich nimmt, die das bundeskriminalamt und die bundesanwaltschaft mit meinem mandat verbinden. . . ich habe deswegen jetzt zu beantragen, daß sie 1. die verhandlung unterbrechen, bis ich einen verteidiger gefunden habe, aber mindestens fünf tage, 2. mit den verteidigern, bevor es zu einem mandat gekommen ist, unüberwachte gespräche zulassen, in denen ich ihnen wenigstens kurz unsere vorstellungen zu verteidigung entwickeln kann.

das ist das eine. das andere ist: sie wissen, daß wir auf die kollektive anklage nur kollektiv eingehen werden. das heißt bei unserem desinteresse an diesem durchgeplanten polizeifest: wir werden für die verhandlung nur verfügbar bleiben, wenn sie in den verhandlungspausen und zwischen den verhandlungstagen beratungen zwischen uns zulassen. das ist eine bedingung, nachdem die anklage seit drei jahren jedes wort zur verteidigung in diesem prozeß kontrolliert hat: in zellendurchsuchungen, bei durchsuchungen der anwaltskanzleien, durch beschlagnahme der post und durch abhörgeräte in den besuchszellen, von denen wir seit sommer 73 wissen. der staatsschutz hat unseren kontakt mit den verteidigern immer überwacht und das gesetz jetzt legalisiert das nur.

wenn sie die kollektive arbeit an dem, was von uns in diesem prozeß zu sagen ist, nicht zulassen – wovon wir ausgehen – werden wir, nachdem die anträge der verteidiger abgelehnt sind, was sicher ist, wahrscheinlich als erklärung zur sache entwicklung und bedingung der politik, die sie hier verurteilen sollen, erklären, kaum länger als einen tag, und sie werden uns dann ausschließen, bevor die bundesanwaltschaft ihre mühsame produktion hier vorträgt, um dann zwischen 1 000 polizisten, dem militärischen apparat, der sich um dieses verfahren aufbläht – ungestört zu sein.

wir sind an der aktion, die hier möglich ist, wenig interessiert, sie ist unwichtig. der materielle zweck hat den propagandistischen in sich. er könnte hier über die dauer des verfahrens für uns nur sein: aufklärung – die transparenz des verfahrens und darüber die transparenz der reaktion und strategie, die hier verfährt. wir können das kaum besser auf den begriff bringen, als es sich in der militarisierung des verfahrens darstellt. der apparat kann die dialektik seiner selbstdarstellung nicht begreifen. er unterliegt ihr und demontiert im versuch ihrer behauptung mehr rechtsstaatsideologie als jede mögliche interpretation. die absurde überdeterminierung seiner reaktion wird ein propagandistisches mittel der insurrektion. in seiner reaktion vermittelt er transformation und verfall des bürgerlichen staates und darin auch die evidenz unserer strategie. wir müssen – wenn es nicht anders möglich ist – dazu schon nichts mehr sagen. die sprache der guerilla ist die aktion – ihr werden sie zuhören„[135].

Ich erinnere mich, daß dieser monoton vorgetragene und weitgehend vom Blatt abgelesene Text nur schwer zu verstehen war, da Baader offensichtlich Artikulation und Atmung nur schwer kontrollieren konnte. Obwohl Baaders verheerende gesundheitliche Verfassung von einigen Tageszeitungen erwähnt wurde, so war dies doch nur eine Mitteilung unter anderen, während Überschriften wie „Baader droht mit Aktionen" das Bild der Presseberichterstattung beherrschten[136]. Die der Öffentlichkeit eingetrichterte Vorstellung einer vom Gefängnis aus mit Hilfe der Verteidiger organisierten Stadtguerilla wurde so erneut und nachdrücklich verstärkt.

Baaders Antrag auf fünftägige Prozeßunterbrechung stieß bei der BAW auf Widerstand: Baader habe zwei Verteidiger (die Zwangsverteidiger – BS) „und ist damit, den gesetzlichen Bestimmungen genügend, verteidigt"[137]. Der Antrag wurde vom Gericht abgelehnt; es argumentierte zusätzlich, daß Baaders letzter Verteidiger Haag schon seit einigen Wochen verschwunden sei; deshalb „bestand ausreichend Gelegenheit, mit gewünschten Verteidigern schriftlich oder sonstwie in Verbindung zu treten"[138].

Sechs Tage danach schien Baader doch wieder einen Verteidiger gefunden zu haben: Dr. Hans-Heinz Heldmann aus Darmstadt. Als erstes stellte Heldmann den Antrag, den Prozeß für zehn Tage zu unterbrechen, um Gelegenheit zu haben, sich in die mehr als 150 Ordner umfassende Prozeßakte (ca. 50 000 Seiten Text) einarbeiten und die dringendsten Gespräche mit seinem Mandanten führen zu können. Dem Gesetz, internationalen Verträgen sowie herrschender Jurisprudenz zufolge habe ein Angeklagter das Recht auf einen Verteidiger seiner Wahl, einen Verteidiger seines Vertrauens[139], weiterhin entspreche es allgemeiner Rechtsauffassung, daß ein Verteidiger nur dann seiner Aufgabe gerecht werden könne, wenn er „den Sachverhalt ausreichend kennt, wenn er darüber unterrichtet ist, wie sich der Angeklagte zur Anklage verhält und wenn er ein klares Bild über die Möglichkeiten gewonnen hat, die für eine sachgemäße Verteidigung bestehen"[140]. Außerdem entspreche es allgemeiner Rechtsauffassung, daß dem Verteidiger hierzu – vor allem auch durch Verfügung einer Verhandlungsunterbrechung – Gelegenheit gegeben werde[141].

Auch dieser Antrag wurde vom Gericht zurückgewiesen: „Der Senat verkennt nicht, daß die vorgetragene Argumentation eindrucksvoll klingt. Sie geht aber an der Sache vorbei"[142]. Dem Gericht zufolge konnte das Recht auf einen Verteidiger eigener Wahl nicht zum Thema gemacht werden. „Sache" sei vielmehr, daß Baader sich schon seit dem

3.2.75 nach einem neuen Verteidiger hätte umsehen müssen. An jenem Tag sei immerhin entschieden worden, daß Croissant, Groenewold und Ströbele nicht mehr als Pflichtverteidiger würden auftreten können. Bei jeder folgenden Ausschließung eines Wahlverteidigers (22. April, 2. Mai und 13. Mai 1975) hätte Baader, so das Gericht, die Notwendigkeit eines Ersatzes stets deutlicher werden müssen. Das von Baader und seinem Verteidiger Heldmann vorgetragene Gegenargument, Baader habe wegen der faktisch und juristisch äußerst anfechtbaren Ausschließungsbegründungen nicht damit rechnen müssen, daß der BGH die Ausschließungen aufrecht erhalten würde, dies sei auch erst endgültig deutlich geworden, nachdem der BGH die Ausschließung Croissants am 20. Mai 1975 bestätigt und für rechtens erklärt hatte, machte auf das Gericht nicht den geringsten Eindruck. Es sei Baaders eigenes Verschulden, wenn er am 21.5.75 ohne einen Verteidiger seiner Wahl dastand, zumal er vom Untertauchen seines „Pflichtverteidigers von Vertrauen" Haag seit dem 13.5.75 über das Radio informiert sein und andere Rechtsanwälte hätte anschreiben können. Schließlich sei Baader ausreichend durch die zwei Pflichtverteidiger vertreten, auch wenn er diesen kein Vertrauen entgegenbringe. Ein Angeklagter habe zwar, so die Rechtsprechung des Bundesverfassungsgerichts, „in der Regel" ein Recht auf einen Verteidiger seiner Wahl, „nicht aber unter allen Umständen"[143].

Nicht nur die Verteidigung war über diesen harten Kurs des Gerichts erstaunt. Auch in der westdeutschen Presse ließ sich hier und da ein vorsichtig-kritischer Kommentar über die Ablehnung dieser „maßvollen Bitte nach zehntägiger Prozeßunterbrechung"[144] finden. In verschiedenen holländischen Tageszeitungen[145] wurde auf ein kurz zuvor in der Illustrierten „Stern" erschienenes Interview mit Generalbundesanwalt Buback verwiesen. Buback hatte auf die Frage, ob das Recht eines Angeklagten auf einen eingearbeiteten Verteidiger seiner Wahl im Falle Baader noch gewährleistet sei, geantwortet: „Die Frage ist doch: Gilt der Grundsatz des fairen Prozesses, den Sie angesprochen haben, auch dann, wenn der Verteidiger seine Vorrechte mißbraucht und wenn der Mandant davon gewußt oder sogar dazu angestiftet hat? Ich bin der Meinung: Nein"[146]. Heldmann zufolge war das Gericht mit seiner Entscheidung implizit dieser Buback-Doktrin gefolgt: Baader hatte sein Recht auf einen fairen Prozeß verspielt.

Heldmann strengte unmittelbar nach Bekanntgabe der Gerichtsentscheidung beim Bundesverfassungsgericht ein Verfahren wegen Verletzung des Grundrechtes auf freie Ausübung des Berufs an[147], verbunden mit einem Antrag auf Erlaß einer einstweiligen Verfügung gegen den Stammheimer Gerichtsbeschluß, der die zehntägige Prozeßunterbrechung verweigerte. Einige Wochen später entschied das Bundesverfassungsgericht, die Verfassungsbeschwerde nicht zu verhandeln, „weil sie keine hinreichende Aussicht auf Erfolg hat"[148]. Für das Bundesverfassungsgericht war offensichtlich ausschlaggebend gewesen, daß die „ordnungsgemäße Verteidigung des Angeklagten“ durch die Bestellung von Pflichtverteidigern sichergestellt sei. Prinzing maß dieser Entscheidung „große Bedeutung“ für den Prozeß bei, da sie die Auffassung des Gerichts unterstütze, „daß es zur Sicherung des Verfahrens zulässig war, Pflichtverteidiger auch gegen den Willen des Angeklagten zu bestellen und zugleich, daß mit dieser Bestellung die gesetzlich vorgeschriebene Verteidigung gewährleistet ist“[149]. Heldmann war der Ansicht, daß das Bundesverfassungsgericht „hier einmal mehr bestätigt (hat), daß es von seinen früheren Entscheidungen nichts mehr wissen will“[150]. Heldmann meinte Entscheidungen, in denen die Freiheit der Verteidigung nicht „dem gerichtlichen Terminplan untergeordnet und damit das Grundrecht der Freiheit der Verteidigung für Verteidiger und insbesondere für den Angeklagten untergebuttert (wird) unter gerichtliche Terminierung, das heißt, stillschweigend suspendiert (wird)“.

3.2.2. Die Position der „Zwangsverteidiger“

Anläßlich der Intervention eines der Zwangsverteidiger während der ersten Sitzungsstunde am ersten Verhandlungstag äußerte sich Ulrike Meinhof zu diesen Verteidigern:

> „Es handelt sich bei diesen Verteidigern um Zwangsverteidiger, die als Instrumente der Bundesanwaltschaft ohne jede Kompetenz, abhängige Staatsschutzverteidiger sind, das heißt, ihrer Funktion in diesem Prozeß nach Vertreter der Anklagebehörden und der Staatsschutzabteilung. Keiner von ihnen ist legitimiert, auch nur ein Wort in unserem Namen und in unserem Auftrag zu sagen. Sie haben dazu keine Legitimation“[151].

Die Angeklagten beließen es nicht bei dieser Erklärung; sie kündigten vielmehr an, daß sie, sobald einer der Zwangsverteidiger das Wort erhalten würde, den Saal verließen. Sie schlugen vor, Prinzing solle sie jeweils für die Zeit, in der ein Zwangsverteidiger das Wort habe, von der Sitzung ausschließen, „damit nicht diese albernen Szenen hier zustande kommen, also diese Rangeleien und Quälereien...“[152]. Da Prinzing der Meinung war, strafprozeßrechtlich nicht dazu befugt zu sein, kam es doch immer wieder zu solch unerfreulichen Szenen, wie sie schon beschrieben wurden, und die dann doch letztlich zur Ausschließung der Angeklagten führten[153].

Bereits am zweiten Verhandlungstag war es anläßlich des Antrags der Vertrauensanwälte, die Bestellung der Zwangsverteidiger zu Pflichtverteidigern rückgängig zu machen, zwischen beiden Gruppen zum offenen Konflikt gekommen. Einer der Zwangsverteidiger ließ sich zu der Aussage hinreißen, der Begriff „Zwangsverteidiger“ würde die Sachlage treffend wiedergeben, wenn die Vertrauensanwälte dem von ihnen gewählten Weg weiter folgten: Sie seien nämlich gezwungen, schweigend mitansehen zu müssen, wie die Vertrauensanwälte den Interessen ihrer Mandanten fortwährend durch endlose Verfahrensanträge schadeten[154]. Acht Verhandlungstage später unterbrach einer der Zwangsverteidiger das Schweigen, bestätigte jedoch nur die Auffassung der Angeklagten, daß diese Verteidiger ihrer Funktion nach in diesem Prozeß zu den „Vertretern der Anklagebehörden und der Staatsschutzabteilung" gehörten.

Anlaß war ein von Schily im Namen Gudrun Ensslins vorgetragener Antrag auf Ablehnung des Vorsitzenden Prinzing wegen „Besorgnis der Befangenheit". Begründet wurde dieser Antrag u. a. mit den (in Kapitel IV, 6.1., beschriebenen) Vorfällen vor dem Tod von Holger Meins am 9. 11. 74, für den Prinzing mitverantwortlich sein sollte. Der Ensslin als Pflichtverteidiger zugeteilte Rechtsanwalt Künzel, der einen Teil seiner Ausbildung bei Prinzing erhalten hatte, beschuldigte Schily daraufhin öffentlich des Rechtsmißbrauchs und teilte weiter mit, daß er beabsichtige, deswegen bei der Berliner Rechtsanwaltskammer ein Ehrengerichtsverfahren gegen Schily zu erwirken[155]. Künzels Bedenken liefen im wesentlichen darauf hinaus, daß Schily seine Mandantin nicht daran gehindert habe, den Ablehnungsantrag einzureichen und somit ihre gemeinsame Mandantin („für die ich zu denken habe") einer Strafverfolgung wegen Verleumdung preisgegeben habe[156]. Künzel verwies auf die von Rechtsanwalt von Plottnitz im November 1974 gestellte Anzeige wegen verschiedener strafbarer Handlungen im Zusammenhang mit dem Tod von Holger Meins, die schon zu ähnlichen Gegenanzeigen geführt hatte.

Dieses Eingreifen Künzels in den Prozeßverlauf ist ein anschauliches Beispiel für die unmögliche Position, in der sich ein Verteidiger wiederfindet, der einen Mandanten gegen dessen ausdrücklichen Willen vor Gericht vertritt und der neben sich einen anderen Verteidiger weiß, der das Vertrauen dieses Mandanten besitzt. Seinem Auftrag nach hat er die Interessen seines Mandanten zu wahren, ohne jedoch Gelegenheit zu haben, sich mit dem Betreffenden selbst über Form und Inhalt dieser Interessenwahrnehmung zu verständigen. Eine adäquate Aufgabenerfüllung in diesem Sinn ist nur dann möglich, wenn es sich um eindeutig feststellbare, rein objektive Interessen handelt. Selbst in einem normalen Strafprozeß werden sich solch eindeutige Interessen nur schwer finden bzw. definieren lassen, geht man davon aus, daß die Geschehnisse in der Praxis vom Verteidiger und vom Angeklagten durchaus unterschiedlich erfahren und interpretiert werden. Wenn jedoch der Angeklagte und sein Vertrauensanwalt ein Verteidigungskonzept entwickelt haben und versuchen, dieses durchzuführen, muß das aktive Eingreifen des nicht eingeweihten Verteidigers fast unvermeidlich von diesem Konzept abweichen und damit den Interessen des Angeklagten zuwiderlaufen. Selbstverständlich ließe sich behaupten, daß es hier nicht so sehr um einen Interessenskonflikt, sondern vielmehr um widerstreitende Verteidigungsmodelle gehe. Dennoch ist natürlich das Modell zu bevorzugen, das der Mandant mitentwickelt hat und das er durchgeführt wissen will. Im vorliegenden Fall hatte Rechtsanwalt Künzel seine Mandantin öffentlich des Begehens einer strafbaren Handlung (Verleumdung) und seinen Mitverteidiger eines berufsrechtlichen Vergehens beschuldigt. Er forderte Prinzing aber auch noch auf, Schily als Verteidiger von Ensslin zu entpflichten[157]. Gudrun Ensslins Reaktion:

„Paragraf 356 StGB Parteiverrat[158], kommt mir so vor, als träfe das genau zu. Ich les das mal vor: ‚Ein Anwalt oder ein anderer Rechtsbeistand, welcher bei den ihm in dieser Eigenschaft anvertrauten Angelegenheiten' – anvertraut nicht von mir allerdings, sondern vom Gericht in diesem Fall – ‚in derselben Rechtssache[159] pflichtwidrig dient' – wobei die Partei, der Künzel dient in dieser Rechtssache, die Bundesanwaltschaft ist – ‚wird mit Freiheitsstrafe von drei Monaten bis zu fünf Jahren bestraft'. Und dann 2.: ‚Handelt derselbe im Einverständnis mit der Gegenpartei' – das ist die Bundesanwaltschaft – ‚zum Nachteil seiner Partei, so tritt Freiheitsstrafe von einem Jahr bis zu fünf Jahren ein'."

Ein wegen Künzels Verhalten von Ensslin erneut vorgebrachter Antrag auf Entpflichtung wurde von Prinzing abgelehnt. Begründung: „Herrn Künzels Schritt richtete sich ausschließlich gegen das Verhalten des Rechtsanwalts Schily, das von ihm für standeswidrig gehalten wird. Er hat danach das Recht, davon die Standesorganisation zu verständigen"[160]. Diese Begründung wiederum nahm die Verteidigung zum Anlaß, im Namen Ensslins einen Antrag auf Ablehnung Prinzings wegen Besorgnis der Befangenheit einzureichen. Prinzing sei in seiner Ablehnung mit keinem Wort auf die in Ensslins Antrag angeführte Verletzung der Treuepflicht Künzels gegenüber Ensslin eingegangen; Prinzing habe dadurch zu erkennen gegeben, daß er ein der Treuepflicht widerstreitendes Handeln („jedenfalls vom subjektiven Standpunkt der Angeklagten Ensslin aus gesehen") gutheiße, sich diesem zumindest nicht widersetze[161].

Hierzu Dahs[162]: „Das Mandat des Verteidigers untersteht dem Gebot der absoluten Treuepflicht. Die Treue gegenüber dem Mandanten bildet die Grundlage des Anwaltsberufes. Die Treuepflicht ist das Spiegelbild des Vertrauens, das der Mandant dem Verteidiger entgegenbringt"[163].

Der Senat wies den Antrag auf Ablehnung Prinzings zurück; in der Begründung überging er die Frage, ob und wie schwer Künzel seine Treuepflicht gegenüber der Mandantin verletzt habe. Der Senat sah in Prinzings Verhalten „nichts, was in einem verständigen Angeklagten Zweifel an der Unparteilichkeit des Richters aufkommen lassen könnte". Und weiter:

„Hat ein Angeklagter mehrere Verteidiger, so kann es vorkommen, daß der eine von ihnen das Prozeßverhalten des anderen als für den Angeklagten schädlich bewertet, ja, daß er es für standeswidrig hält, die Verteidigung so, wie sie geschieht, zu führen. In solcher Lage kann es dem Verteidiger – der dem Wohl des Angeklagten verpflichtet ist – nicht verwehrt werden, seine Bedenken gegen das Verhalten des anderen Verteidigers in der ihm geeignet scheinenden Form vorzubringen. Das gilt auch für den Fall, daß der eine Verteidiger der Meinung ist, der Angeklagte setze sich durch sein prozessuales Verhalten der Gefahr strafgerichtlicher Verfolgung aus, und der andere Verteidiger unterlasse es pflichtwidrig, ihn davon abzuhalten“[164].

3.2.3. Eine Lücke in der Ausschließungsgesetzgebung?

Der erste unmittelbar nach Eröffnung des Prozesses am 21.5.75 von der Verteidigung gestellte Antrag betraf die Zulassung der Rechtsanwälte Croissant, Ströbele und Groenewold, die von der Verteidigung Baaders ausgeschlossen waren, als Verteidiger von Raspe, Ensslin und Meinhof. Die BAW beantragte daraufhin, gegen diese Rechtsanwälte erneut Ausschließungsverfahren gemäß § 138c Abs. 3 StPO[165] für die Verteidigung ihrer neuen Mandanten einzuleiten. Beide Anträge wurden vom Gericht zurückgewiesen; die Ausschließung der drei Rechtsanwälte von der Verteidigung Baaders beziehe sich „nach Zweck und Wortlaut der Vorschrift des § 138a StPO“ auf den gesamten Prozeß, gelte somit auch für die Verteidigung von Mitangeklagten. Nachdem die BAW „gegen diese Rechtsauffassung des Senats große Bedenken“ angemeldet hatte, widerrief das Gericht den zuvor getroffenen Beschluß, gab dem Antrag der BAW nachträglich statt und vertagte die Sitzung bis zur Entscheidung des 1. Strafsenats des Stuttgarter Oberlandesgerichts. Dieser Senat entschied am 3.6.75, die Ausschließungsanträge nicht zu behandeln; die Begründung dafür stimmte mit der Prinzings für die zuerst getroffene Entscheidung überein. Auf den ersten Blick schien das Dilemma juristisch nicht auflösbar zu sein.

Diese Probleme entstanden aus der Interpretation des taufrischen § 138a StPO. Verteidigung und BAW meinten, daß der Ausschluß eines Verteidigers in einem Strafverfahren nur personenbezogen auf einen Mandanten gelte. Das Prozeßgericht und der 1. Senat des OLG legten den neuen Paragrafen jedoch wesentlich weiter aus; beide meinten, die Ausschließung eines Anwalts von der Verteidigung eines Mandanten gelte für alle in einem Prozeß Mitangeklagten. BAW und Verteidigung argumentierten dagegen, daß eine solche Interpretation nachweislich unrichtig sei. Nicht nur müßten strafprozeßrechtliche Bestimmungen restriktiv ausgelegt werden, sondern darüber hinaus hätten sowohl verschiedene Strafrechtsgelehrte als auch die Länderjustizminister noch vor kurzem ausdrücklich erklärt, daß eine auf dieser Bestimmung beruhende Ausschließung nur auf einen Angeklagten beschränkt sei[166]. Ironischerweise fiel der Vorschlag des Bundesjustizministers, eine Ergänzungsbestimmung in § 138 StPO aufzunehmen, in die gleiche Woche, in der der 1. Senat mit seinem Beschluß implizit zu erkennen gegeben hatte, daß eine solche Ergänzung völlig überflüssig war[167]. So entstand die merkwürdige Situation, daß Gerichte mittels einer juristisch unhaltbaren Interpretation versuchten, eine Lücke in der Gesetzgebung zu schließen, während eines der gesetzgebenden Organe zum selben Zeitpunkt ausdrücklich hervorhob, daß dies ausschließlich in seine Zuständigkeit falle. Man befand sich ganz offensichtlich in einer juristischen Sackgasse, zumal die Verteidiger auch noch mit der oben erwähnten Begründung behaupteten, der Beschluß des 1. Senats des OLG Stuttgart, die neuen Ausschließungsanträge nicht zu behandeln, widerstreite bereits der StPO und müsse deshalb als null und nichtig betrachtet werden. Das Prozeßgericht (2. Senat) unter Vorsitz von Prinzing stellte noch einmal ausdrücklich fest, daß es hinter dem Beschluß des 1. Senats (der mit dem eigenen, aber widerrufenen ersten Beschluß übereinstimmte) stehe und begründete dies damit, daß Gesetzesauslegung als „die ureigenste Aufgabe eines Gerichtes" anzusehen sei, denn „hier zeigt der Rechtsstaat, ob er dafür eintritt, daß die Gerichte in der Tat in der von ihnen vorgeschriebenen Unabhängigkeit über den Inhalt von Gesetzen entscheiden können"[168]. Der 1. Senat hätte gegen den fundamentalen rechtsstaatlichen Grundsatz der Gewaltenteilung verstoßen, meinte der Prinzing-Senat, wenn er sich durch Äußerungen zum Gesetzesinhalt „aus den Kreisen der Exekutive" hätte einschüchtern lassen[169].

Die Vorgänge sind hier in dreifacher Hinsicht von Interesse. Erstens zeigt die Intervention der BAW, daß sie mehr noch als der vorsitzende Richter befürchtete, es könne in diesem Prozeß zu einem offenen Bruch mit der Legalität kommen; die wesentliche Rolle, die die BAW beim Zustandekommen der Ausschließungsgesetzgebung gespielt hat, ist sicherlich einer der Gründe für dieses Verhalten. Das Gericht hatte durch seine Entscheidungen zu erkennen gegeben, daß es einer schnellen Abwicklung des Prozesses absolute Priorität beimaß, strafprozeßrechtliche und rechtsstaatliche Grundsätze waren diesem Bestreben unterzuordnen. Prinzings Kunstgriff bestand darin, diesen Bruch mit dem Gesetz durch Berufung auf eine andere Säule des Rechtsstaates, nämlich der Lehre von der Gewaltenteilung und der daraus folgenden absoluten richterlichen Unabhängigkeit in Fragen der Gesetzesinterpretation, zu legitimieren[170]. Auch das Verhalten der Verteidigung möchte ich hier mit einigen Randbemerkungen kommentieren. Der Verteidigung war von Anfang an klar gewesen, daß Croissant, Groenewold und Ströbele auf keinen Fall zugelassen würden. So gesehen waren ihre Zulassungsanträge nicht mehr als der in prozeßgemäße Form verpackte Ausdruck des Widerstands gegen die neue Ausschließungsgesetzgebung und deren Anwendung; verfahrensmäßige Erfolge waren ausgeschlossen, politische Erfolge jedoch so gut wie sicher, wie das Gericht auch immer mit diesen Anträgen umgehen würde. Schließlich würde es entweder zu neuen Ausschließungsverfahren kommen, für deren Dauer der Prozeß unterbrochen werden müßte (§ 138c Abs. 4 StPO; eine Prozedur, die sich noch zweimal mit den anderen Angeklagten hätte wiederholen lassen), oder die Verteidigung würde in der Lage sein – wie es nun tatsächlich der Fall war – das Gericht mit guten Gründen zu beschuldigen, völlig willkürlich mit geltendem Recht zu verfahren, nach dem Motto „Stammheimer Landrecht bricht Bundesrecht".

In beiden Fällen würde der übereilte ad hoc-Charakter der Ausschließungsgesetzgebung der kritischen Öffentlichkeit noch einmal deutlich vor Augen geführt werden können.

3.2.4. Die Verhaftung der Rechtsanwälte Croissant und Ströbele

Am 23.6.75 wurden bei einer Gemeinschaftsaktion des GBA und der Staatsanwaltschaften Berlin, Stuttgart und Heidelberg die Privat- und Kanzleiräume der Rechtsanwälte Groenewold, Ströbele, Croissant und Marie-Louise Becker durchsucht. Ströbele und Croissant wurden verhaftet, Becker nach einer vorläufigen Festnahme wieder freigelassen. Bei den Kanzleidurchsuchungen wurden wie üblich Verteidigungsunterlagen, auch aus dem Prozeß in Stammheim, beschlagnahmt. Am nächsten Tag beantragte die Verteidigung in Stammheim, den Prozeß so lange zu unterbrechen, bis alle Verteidigungsunterlagen zurückgegeben worden seien. Bundesanwalt Wunder erwiderte, eine Unterbrechung sei unnötig, weil die beschlagnahmten Ordner und Unterlagen entweder nichts mit der Verteidigung in Stammheim zu tun hätten oder schon wieder zurückgegeben worden seien. Nachdrücklich wies er darauf hin, daß „die hier anwesenden Sitzungsvertreter der Bundesanwaltschaft" nichts mit den Vorfällen des Vortages zu tun gehabt hätten, damit auch keine weiteren Einzelheiten mitteilen könnten und daß die Durchsuchungen und Festnahmen überhaupt nicht mit dem Stammheimer Prozeß in Verbindung stünden [171]. Gleichzeitig teilte Wunder jedoch mit, daß die Ermittlungsbehörden für ihre Aktion bewußt einen sitzungsfreien Tag gewählt hätten, „gerade um diese Hauptverhandlung nicht zu tangieren". Die Widersprüche in den Erklärungen der BAW häuften sich zusehends, während die Verteidigung anhand von Listen der beschlagnahmten Ordner nachweisen konnte, daß sehr wohl Prozeßunterlagen festgehalten worden waren. Das Gericht sah sich gezwungen, den Prozeß erst für zwei und dann noch einmal für vier Tage zu unterbrechen.

Die Kanzlei- und Hausdurchsuchungen, die umfangreichen Beschlagnahmen (aus Croissants Büro z. B. wurden Akten und andere Unterlagen kistenweise per Lastwagen abtransportiert), die Verhaftung der beiden Anwälte machen eine nähere Betrachtung dieser Aktion erforderlich. Als erstes muß festgestellt werden, daß für keine Maßnahme neues Beweismaterial präsentiert wurde; man begnügte sich mit einem Rückgriff auf die bereits in den Ausschlußverfahren gehandhabten Beschuldigungen. Nur die vorläufige Festnahme Marie-Louise Beckers wurde mit einem neuen Anhaltspunkt begründet: Bei der Durchsuchung ihres Büros sei in einem Lippenstift eine Patrone gefunden worden.

Im allgemeinen kann Untersuchungshaft nach westdeutschem Recht nur angeordnet werden, wenn zumindest der schwerwiegende Verdacht auf eine strafbare Handlung besteht und wenn ein Haftgrund vorliegt[172]. Haftgründe sind Fluchtgefahr[173], Verdunklungsgefahr (Beseitigung von Beweismaterial)[174] und Wiederholungsgefahr[175]. Der schwerwiegende Verdacht einer strafbaren Handlung, in diesem Fall der Unterstützung einer kriminellen Vereinigung, war bei den Ausschlußverfahren gegen Croissant und Ströbele sowohl vom OLG Stuttgart als auch vom BGH bereits als gegeben angenommen worden. Die in den jetzigen Haftbefehlen genannten Beschuldigungen waren dieselben. Die in Kapitel V Abschnitt 4.4. analysierte Konstruktion des „schwerwiegenden Verdachts" wurde in beiden Haftverfahren wiederholt und bestätigt.

Im Verfahren gegen Ströbele wurde die Untersuchungshaft aber am 18.7.75 vom Amtsgericht Tiergarten aufgehoben, da ein schwerwiegender Verdacht nicht gegeben sei[176]. In der Beschwerde vom 21.7.75[177] gegen diesen Beschluß stellt die Staatsanwaltschaft Berlin fest, daß alle Ströbele zur Last gelegten Handlungen für sich genommen durchaus legalen Zwecken dienen könnten, jedoch: „Nicht zu übersehen ist (...), daß alle diese Aktivitäten neben diesem legalen Anstrich auch den oben geschilderten weiteren Zweck krimineller Art verfolgten...".

In dem Verfahren gegen Croissant wurde der Untersuchungshaftbefehl mit Beschluß vom 8.8.75[178] des Landgerichts Stuttgart zwar nicht aufgehoben, aber außer Vollzug gesetzt. Am 22.8.75 wurde dieser Beschluß vom OLG Stuttgart im Beschwerdeverfahren bestätigt[179]. Auch das OLG Stuttgart war zu der Feststellung gekommen, daß alle die Croissant zur Last gelegten Handlungen „für sich allein keine strafbaren Handlungen (sind)", jedoch: „Sie sind hier aber einbezogen in den Gesamtplan der Vereinigung, durch strafbare Gewalthandlungen die freiheitliche demokratische Grundordnung in der Bundesrepublik zu zerstören". Das Schlußstück der Begründung für die Annahme eines „schwerwiegenden Verdachts", die tatsächliche Schuldzuweisung, findet sich dann in dem Satz „Art und Umfang der genannten Unterstützungshandlungen des Beschuldigten lassen den Schluß zu, daß er subjektiv in Kenntnis aller Tatbestandsmerkmale des § 129 StGB tätig geworden ist und die Bedeutung seines Tuns erkannt hat".

Nun zu den in dem jeweiligen Verfahren angeführten Haftgründen. Im Haftbefehl gegen Croissant[180] wurde als Haftgrund Fluchtgefahr genannt; der zuständige Haftrichter meinte, erstens sei zu befürchten, daß Croissant versuchen würde, sich einem Strafverfahren zu entziehen, sobald er vom Umfang der „jetzt vorliegenden Verdachtsgründe" Kenntnis erhalten habe, und zweitens bestehe die Gefahr, dem unmittelbar bevorstehenden Ehrengerichtsverfahren, in dem ihm Berufsverbot drohe, zu entgehen. Beide Argumente sind angesichts der völligen Übereinstimmung der Verdachtsgründe mit denjenigen des Ausschlußverfahrens nur als willkürlich zu bezeichnen, zumal von einem bevorstehenden Disziplinarverfahren noch gar nichts bekannt war (und es auch noch zwei Jahre dauern sollte, bis es stattfand). Nach dem Haftprüfungstermin am 2.7.75[181] wurde die vermeintliche Fluchtgefahr dann auch anders begründet: Weil Croissant – „der sich seit Jahren erklärtermaßen politisch motiviert intensiv für die Belange dieser Gruppe einsetzt" – nach seiner Ausschließung keine „direkten Kontaktmöglichkeiten zu führenden RAF-Mitgliedern" mehr habe, könne er sich vorher dazu entschließen, „in den Untergrund zu gehen"[182]. Verwiesen wurde auf die Rechtsanwälte Lang und Haag. Was die Verteidiger von Croissant zu der Frage veranlaßte, warum dann nicht auch Groenewold, gegen den inzwischen sogar ein vorläufiges Berufsverbot ausgesprochen worden war, verhaftet worden war. Im Beschluß des LG Stuttgart vom 8.8.75[183], in dem die Verschonung Croissants von der Untersuchungshaft verfügt wurde, wurde die Annahme von Fluchtgefahr schließlich damit zu rechtfertigen versucht, daß Croissant bei einer Verurteilung mit einer „empfindlichen Freiheitsstrafe" zu rechnen habe, daß ihm Berufsverbot drohe, was den „Verlust seiner bisherigen Existenzgrundlage" zur Folge hätte, und daß „familiäre oder andere persönliche Bindungen" nur unzureichend gegeben seien (am 2.7.75 hatte der Haftrichter noch von „zweifellos vorhandenen vielfachen privaten und beruflichen Bindungen" gesprochen). Trotz allem war dieses Gericht der Meinung, einer Fluchtgefahr könne in ausreichendem Maße begegnet werden, wenn Croissant die folgenden Auflagen erfülle: Hinterlegung einer Kaution in Höhe von 80 000 Mark, zweimaliges Melden in der Woche bei der zuständigen Polizeiwache und Hinterlegung seines Reisepasses und Personalausweises.

Ströbele war am 18.7.75 aus der Untersuchungshaft entlassen worden, da ein schwerwiegender Verdacht nicht gegeben sei; nach der schon genannten Beschwerde der Staatsanwaltschaft Berlin vom 21.7.75 traf das LG Berlin am 22.7.75 erneut eine Entscheidung[184], in der wieder der „schwerwiegende Verdacht" und zusätzlich auch noch Fluchtgefahr auftauchen. Dennoch blieb auch für Ströbele die Untersuchungshaft außer Vollzug. Begründung: Seit seiner Freilassung vor vier Tagen habe er seinen Beruf wieder ausgeübt, wodurch „die Fluchtgefahr im Moment verringert (zu sein scheint)". Für Ströbele galt die Auflage, sich einmal wöchentlich bei der Polizeiwache zu melden.

Ströbeles Entlassung aus der Untersuchungshaft aufgrund unzureichender Verdachtsgründe muß in Kreisen der Justiz für beträchtliche Aufregung gesorgt haben. Immerhin hatte das Amtsgericht Tiergarten trotz derselben „Fakten" einen Beschluß gefaßt, der genau im Gegensatz zu den Beschlüssen des OLG Stuttgart und des BGH stand, die den für Ströbeles Ausschluß notwendigen schwerwiegenden Verdacht als gegeben betrachtet hatten. Der Entscheidung des Amtsgerichts Tiergarten kam zudem mehr Bedeutung zu, weil Ströbele vom Gericht selbst gehört worden war (die Behandlung der Anträge auf Ausschließung von der Verteidigung hatte in Abwesenheit der Rechtsanwälte stattgefunden)[185] und Ströbele, weil nun selbst Beschuldigter, nicht mehr an seine berufliche Schweigepflicht gebunden war[186]. Von der Möglichkeit, erstmals inhaltlich auf die Vorwürfe eingehen zu können, hatte Ströbele ausgiebig Gebrauch gemacht. Vor allem auf die 19 Rundbriefe, mit denen seine Ausschließung hauptsächlich begründet wurde (vgl. Kapitel V, 4.4.) war er ausführlich eingegangen.

Die aufgrund dieser Erklärung zustande gekommene Entscheidung, Ströbele mangels Tatverdachts aus der Untersuchungshaft zu entlassen, war für die Verteidigung in Stammheim Anlaß, am nächsten Verhandlungstag (22.7.75) zu beantragen, den Prozeß zu unterbrechen und dem 2. Senat des OLG, der die Ausschließung Ströbeles verfügt hatte, die Akte Ströbele zwecks Rücknahme der Ausschließung vorzulegen[187]. Mit Blick auf das 41 Seiten umfassende Gerichtsprotokoll aus Berlin-Tiergarten unterbrach das Gericht die Verhandlung vorläufig bis zum 24.7.75, um dann mitzuteilen, daß der Antrag der Verteidigung abgelehnt sei. Als Begründung wurde angeführt, es habe sich seit den Ausschließungsbeschlüssen nichts an der Ströbele betreffenden Beweislage geändert, und das Landgericht Berlin habe den Beschluß des Amtsgerichts Tiergarten am 22.7.75 aufgehoben und sehr wohl einen schwerwiegenden Verdacht als gegeben angesehen.

Den Antrag, die Verhandlung zu unterbrechen, um die Entscheidung des Amtsgerichts Tiergarten beizuziehen, hatte die Verteidigung in Stammheim am 22.7.75 um 9 Uhr gestellt. Nur sechs Stunden später trat das Landgericht Berlin zur Entscheidung über die Beschwerde der Staatsanwaltschaft gegen Ströbeles Freilassung zusammen. Mit einer Entscheidung war also nicht vor dem späten Nachmittag zu rechnen[188]. Weder Ströbele noch seine Verteidiger hatten Gelegenheit erhalten, auf die Beschwerde zu reagieren; den Antrag Ströbeles und seiner Verteidiger auf mündliche Anhörung[189] lehnte das Gericht ab: „Die mit einer solchen Anhörung verbundene Verzögerung der Entscheidung würde den Zweck der angeordneten Maßnahme, nämlich der Fluchtgefahr entgegenzuwirken, gefährden". Das Landgericht beließ Ströbele in Freiheit.

Nach alledem kann man sich nur schwerlich des Eindrucks erwehren, daß das Landgericht Berlin unter erheblichem Druck gestanden haben muß, um dem OLG Stuttgart aus der Klemme zu helfen, in die es durch den Beschluß des Amtsgerichts Tiergarten vom 18.7.75 geraten war. Fassen wir der Übersichtlichkeit halber kurz zusammen: Die aufsehenerregenden Festnahmen Croissants und Ströbeles beruhen auf Beschuldigungen, die bereits seit langem bekannt und zudem widersprüchlich sind. Beide werden noch während der großen Ferien gegen Auflagen aus der Untersuchungshaft entlassen.

Gleichzeitig mit den Festnahmen werden auch die Kanzleien der Anwälte Laubscher und Becker (Heidelberg) sowie Groenewold, Könke und Rogge (Hamburg) nebst Privatwohnungen durchsucht. Beschlagnahmt wird Verteidigungsmaterial zum Stammheimer Verfahren.

Die Aktion läuft auf Bundesebene, sie findet absichtlich an einem in Stammheim prozeßfreien Tag statt.

Der Haftbefehl gegen Ströbele datiert vom 20. Juni; trotz der behaupteten Fluchtgefahr wird er erst drei Tage später vollstreckt.

Als einziger der drei ausgeschlossenen Anwälte wird Kurt Groenewold nicht verhaftet.

Angesichts dieser Tatsachen kann man sich des Eindrucks nicht erwehren, daß bei dieser Aktion eher politische als kriminalistische Motive (Ermittlungen in den Strafsachen gegen die Rechtsanwälte) ausschlaggebend waren. Für diese Einschätzung sprechen noch folgende Punkte: Die Durchsuchungen und Festnahmen fanden fünf Tage nach dem ersten Ablehnungsantrag gegen Prinzing statt. Der Antrag (siehe Abschnitt 3.3.) gründete sich im einzelnen auf die dargelegte Mitverantwortlichkeit Prinzings für den Tod von Holger Meins sowie seine als ungesetzlich bezeichnete Auswahl zum Vorsitzenden des für den Prozeß gegen „Baader u. a." zuständigen Strafsenats des OLG Stuttgart. Der Antrag und die ihm zugrunde liegenden Tatbestände hatten in den Medien ein lebhaftes Echo gefunden.

Zudem hatte Croissant fünf Tage vor der Verhaftungsaktion die Presse über eine Strafanzeige informiert, die er gegen die Verantwortlichen der Bundesanwaltschaft und des BKA wegen des Verdachts der vorsätzlichen Tötung seines Mandanten Siegfried Hausner erstattet hatte. Als Mitglied des „Kommando Holger Meins" war Hausner bei der Besetzung der deutschen Botschaft in Stockholm lebensgefährlich verletzt worden. Trotz ärztlich attestierter Transportunfähigkeit war Hausner in die BRD ausgeflogen worden. Sein Leben hätte in einem Spezialkrankenhaus für Verbrennungsschäden gerettet werden können. Stattdessen ließen ihn Bundesanwaltschaft und BKA in das Stammheimer Gefängnis einliefern, in dessen völlig unzureichend ausgerüsteter Krankenstation Hausner am 4.5.75 starb. Der Anzeige zufolge hatten sie Hausner bewußt medizinisch unzureichend versorgen lassen, um zu verhindern, daß er (Sprengstoffexperte des Kommandos) jemals bezeugen könnte, nicht das Kommando, sondern ein Sonderkommando des BKA habe die Botschaft gesprengt.

Die politischen Motive für die Aktion gegen die Rechtsanwälte könnten folgende sein: Mit den Verhaftungen und den entsprechenden Begleitaktionen wurde in erster Linie beabsichtigt, die Aufmerksamkeit von der Verantwortlichkeit der BAW und des BKA für den Tod von Meins und Hausner abzulenken und gleichzeitig die Verteidiger erneut zu kriminalisieren. Der merkwürdige Umstand, daß Groenewold nicht verhaftet worden war, befindet sich dazu keineswegs im Widerspruch; Groenewold ist schließlich schon durch ein vorläufiges Berufsverbot ausgeschaltet worden und damit auch nicht mehr wie Croissant und Ströbele in der Lage, als Verteidiger der vier überlebenden Gefangenen aus dem „Kommando Holger Meins" aufzutreten.

Zudem können die Verhaftungen als vorläufiger Schlußakt einer erfolgreichen Öffentlichkeitsarbeit der Staatsschutzbehörden gegen die Verteidiger betrachtet werden; ihre Ausschließung von der Verteidigung ist – angesichts mangelnder strafrechtlicher Verurteilungen – durch die Verhaftungen faktisch bestätigt worden, wobei die anschließenden Verurteilungen vorprogrammiert waren. Die Verhaftungen, Durchsuchungen und Beschlagnahmungen legitimierten auf diese Weise nicht nur nachträglich die Ausschließungsgesetze vom 1.1.75, sondern gleichzeitig auch im voraus die gerade zur Diskussion stehenden verschärften Gesetzesvorlagen.

Die Beschlagnahmeaktionen dürften schließlich noch zwei weitere Gründe gehabt haben. Erstens war damit zu rechnen, daß in den Anwaltskanzleien Unterlagen gefunden würden, aus denen die weitere Entwicklung im Stammheimer Verfahren hervorginge. Zweitens bestand die Hoffnung, neues Beweismaterial für die laufenden Ermittlungsverfahren gegen die Rechtsanwälte zu finden. Zumindest lautete so die offizielle Rechtfertigung für die Aktionen. Daß sich diese Hoffnungen nicht erfüllten, folgt aus der Freilassung der Rechtsanwälte Croissant und Ströbele.

3.2.5. Ein „fairer Prozeß" für die Angeklagten?

Ende August 1975 beantragte die Verteidigung die Einstellung des Verfahrens, da ihrer Meinung nach ein Verfahrenshindernis im Sinne von § 260 StPO vorlag [190]. Begründet wurde der Antrag mit der Feststellung, die Behandlung der Angeklagten seit 1972 stelle eine systematische Verletzung von Artikel 6 der Europäischen Konvention zum Schutz der Menschenrechte (MRK) und Grundfreiheiten vom 4. 11. 50 dar:

> Artikel 6:
> I. Jedermann hat Anspruch darauf, daß seine Sache in billiger Weise öffentlich und innerhalb einer angemessenen Frist gehört wird, und zwar von einem unabhängigen und unparteiischen, auf Gesetz beruhenden Gericht, das über zivilrechtliche Ansprüche und Verpflichtungen oder über die Stichhaltigkeit der gegen ihn erhobenen strafrechtlichen Anklage zu entscheiden hat. Das Urteil muß öffentlich verkündet werden, jedoch kann die Presse und Öffentlichkeit während der gesamten Verhandlung oder eines Teiles derselben im Interesse der Sittlichkeit, der öffentlichen Ordnung oder der nationalen Sicherheit in einem demokratischen Staat ausgeschlossen werden, oder wenn die Interessen von Jugendlichen oder der Schutz des Privatlebens der Prozeßparteien es verlangen oder, und zwar unter besonderen Umständen, wenn die öffentliche

Verhandlung die Interessen der Gerechtigkeit beeinträchtigen würde, in diesem Falle jedoch nur in dem nach Auffassung des Gerichts erforderlichen Umfang.

II. Bis zum gesetzlichen Nachweis seiner Schuld wird vermutet, daß der wegen einer strafbaren Handlung Angeklagte unschuldig ist.

III. Jeder Angeklagte hat mindestens (englischer Text) – insbesondere (französischer Text) – die folgenden Rechte:

a) unverzüglich in einer für ihn verständlichen Sprache in allen Einzelheiten über die Art und den Grund der gegen ihn erhobenen Beschuldigungen in Kenntnis gesetzt zu werden;

b) über ausreichende Zeit und Gelegenheit zur Vorbereitung seiner Verteidigung zu verfügen;

c) sich selbst zu verteidigen oder den Beistand eines Verteidigers seiner Wahl zu erhalten und, falls er nicht über die Mittel zur Bezahlung des Verteidigers verfügt, unentgeltlich den Beistand eines Pflichtverteidigers zu erhalten, wenn dies im Interesse der Rechtspflege erforderlich ist;

d) Fragen an die Belastungszeugen zu stellen oder stellen zu lassen und die Ladung und Vernehmung der Entlastungszeugen unter denselben Bedingungen wie die der Belastungszeugen zu erwirken;

e) die unentgeltliche Beiziehung eines Dolmetschers zu verlangen, wenn er (der Angeklagte) die Verhandlungssprache des Gerichts nicht versteht oder sich nicht darin ausdrücken kann.

Kernstück des Antrags, dessen Verlesung sich über drei Verhandlungstage erstreckte, war die angeblich völlige Beseitigung des Prinzips der Unschuldsvermutung („unter Einsatz aller verfügbaren propagandistischen Mittel systematisch seitens der Staatsschutzbehörden in einem über mehr als drei Jahre geführten Feldzug der psychologischen Kriegsführung“) und des in Artikel 6 der Europäischen Konvention festgelegten Grundsatzes der „equality of arms“ (Waffengleichheit) zwischen Strafverfolgungsbehörden und Verteidigung.

Daß das Prinzip der Unschuldsvermutung von den Massenmedien seit 1972 systematisch in Form öffentlicher Vorverurteilungen verletzt worden war, ließ sich angesichts der gegen die Beschuldigten geführten Hetzkampagne anhand zahlloser Beispiele mühelos beweisen. Zur Ermordung der Gefangenen rief die überall in der BRD frei käufliche faschistische „Deutsche National Zeitung“ mit ihrer in der ersten Prozeßwoche erschienenen Ausgabe auf, deren fette Schlagzeile lautete: „An den Galgen mit den roten Mordbanditen, keine Gnade für Baader-Meinhof“. Der „Bayernkurier“ äußerte sich etwas subtiler; in einem Kommentar vom 21.5.75 ist von den mit nichts zu vergleichenden „Taten, die zur Aburteilung stehen“, die Rede. Der Kommentator gibt zwar zu, daß niemand besser als das deutsche Volk wisse, wie aus ideologischen Motiven Millionen Menschen ermordet wurden, fährt dann aber fort: „Doch damals ahnten die Massen der Ehrlichen und Anständigen nicht, was in ihrem Namen geschah. In Stuttgart-Stammheim dagegen werden Menschen zur Rechenschaft gezogen, deren Treiben den Massen nicht unbekannt ist, sie im Gegenteil in Furcht und Schrecken versetzt, sie mit dem Phänomen eines sinnlosen Todes und Hingemordetwerdens nahezu täglich und im wachsenden Maße in den letzten Jahren konfrontiert".

In den USA ist die Rechtsfigur der „pretrial publicity" entwickelt worden, derzufolge ein Angeklagter das Recht hat, die Behandlung seiner Strafsache vor einem anderen als dem in erster Linie zuständigen Gericht zu fordern, wenn ein „fair trial" vor der zuständigen Instanz nicht mehr zu erwarten ist. Dies gilt vor allem dann, wenn die öffentliche Meinung bereits vor Beginn der Verhandlung zum Nachteil des Beschuldigten beeinflußt worden ist. Ein konsequentes Festhalten an dieser Rechtsfigur hätte das Abhalten eines Prozesses gegen „Baader u. a." in der gesamten BRD unmöglich gemacht, berücksichtigt man allein die Berichterstattung in den westdeutschen Medien seit Mitte 1972. Selbstverständlich kann nicht außer Acht gelassen werden, daß dieser Rechtsfigur vor allem innerhalb des amerikanischen Systems der Geschworenen-Rechtsprechung besondere Bedeutung zukommt, während im Strafverfahren gegen „Baader u. a." ausschließlich Berufsrichter mit der Urteilsfindung befaßt waren. Dennoch muß davon ausgegangen werden, daß – selbst wenn man Berufsrichter für unbeeinflußbar hält – eine solche „pretrial publicity" nicht ohne Auswirkungen und Einfluß auf andere Prozeßteilnehmer, etwa Zeugen und Sachverständige, bleiben wird.

Juristisch gesehen war die Behauptung, Bundesbehörden unterstützten die auf Vorverurteilung und Schaffung eines Feindbildes abzielende Kampagne in den Massenmedien nicht nur, sondern steuerten sie sogar direkt und indirekt, wesentlich brisanter. Eine Unterstützung ließ sich mühelos mit etwa 30 Äußerungen von Spitzen-Politikern, allesamt Variationen zum Thema „Mörder müssen Mörder genannt werden"[191], belegen. Noch am 25.4.75 hatte Bundeskanzler Helmut Schmidt die Angeklagten in seiner Regierungserklärung nach der Aktion des „Kommando Holger Meins" in Stockholm als „Verbrecher", „Gewaltverbrecher", „skrupellose Gewalttäter" und „Banditen" bezeichnet und gesagt: „Eine Freilassung dieser Verbrecher, die zum Teil ihren Prozeß noch erwarten, hätte eine unvorstellbare Zerreißprobe für unser aller Sicherheit und für den Staat bedeutet". Implizit hatte er damit zu erkennen gegeben, daß ein möglicher Freispruch, der natürlich ebenfalls Freilassung bedeuten müßte, auf keinen Fall zu akzeptieren sei.

Die planmäßige Steuerung einer auf Vorverurteilung zielenden Öffentlichkeitskampagne war jedoch weniger einfach nachzuweisen. Als wesentlicher Anhaltspunkt für eine solche Steuerung konnte das von GBA Buback verfolgte Konzept der „offensiven Information" der Medien gelten: „Es kommt darauf an, wie, wann und welche Informationen weitergeleitet werden"[192].

Zu diesem Thema legte die Verteidigung Pressemeldungen vor, in denen die RAF seit 1972 immer wieder mit bestimmten Aktionen in Verbindung gebracht worden war[193]. Anfang Juni 1972 wurde in Stuttgart eine Art Notstand ausgerufen, weil „die RAF" am 28.5. angekündigt habe, sie wolle am 1.6. mehrere Bomben im Stadtgebiet hochgehen lassen; diese „Aktion" wurde weiterhin der RAF zugeschrieben, obwohl die Verantwortlichen beim BKA wußten, daß das unmittelbar nach der Ankündigung eingegangene Dementi der RAF echt war[194]. Ähnlich lautende Drohungen tauchten in regelmäßigen Abständen auch nach der Verhaftung der RAF-Kader in der Öffentlichkeit auf und wurden in der Regel wider besseres Wissen der RAF angehängt: Vergiftung des Trinkwassers einer Stadt, Raketenangriff auf ein Stadion während der Fußballweltmeisterschaft, Angriff mit russischen SAM-Raketen auf Stuttgart, Giftgasangriff auf den Bundestag usw. All diese Meldungen erschienen, garniert mit den fast obligatorischen Vorwürfen, die Aktionen würden vom Gefängnis aus geplant und organisiert, auf den Titelseiten der Zeitungen, und zwar nicht nur der Boulevardpresse. Dementis der RAF, deren Authentizität feststand, wurden entweder unterschlagen oder irgendwann irgendwo im Innern der Zeitungen abgedruckt.

Die Verteidigung betrachtete diese Falschmeldungen als eindeutige Bestandteile der psychologischen Kriegsführung gegen die Angeklagten. Angesichts der Behandlung dieser Meldungen durch GBA und BKA paßten sie auch durchaus in Bubacks Konzept der offensiven Information. Das Konzept ließ sich auch in der „Maihofer-Dokumentation" (Kapitel V, 2.) erkennen. Der damalige Bundesinnenminister Maihofer sagte zu dieser Dokumentation in der Fernsehsendung „Baader-Meinhof – wie groß ist die Gefahr"[195]: „Jede Zeile des publizierten Materials wird zwischen Generalbundesanwalt und dem Bundeskriminalamt abgestimmt sein, so daß wir keinen Schaden, sondern nur Nutzen stiften mit einer solchen Aufklärung der Öffentlichkeit".

Im Namen der Beschuldigten war von der Verteidigung gegen die für diese Dokumentation Verantwortlichen, insbesondere gegen Maihofer, Strafanzeige wegen eines Vergehens gegen den § 353 d Abs. 3 StGB erstattet worden. Die Veröffentlichung von Akten und Unterlagen einer Strafsache vor der Gerichtsverhandlung kann nach diesem Paragrafen mit einer Freiheitsstrafe von maximal einem Jahr oder mit Geldstrafe geahndet werden[196]. Die Staatsanwaltschaft Bonn stellte das Ermittlungsverfahren alsbald mit der Begründung ein, die Veröffentlichung der Unterlagen und der darin liegende objektive Verstoß gegen strafrechtliche Bestimmungen sei wegen des übergesetzlichen Notstands, in dem die staatlichen Behörden sich befunden hätten, als gerechtfertigt anzusehen. Von der Verteidigung wurde diese Notstandsargumentation als offener Ausdruck der Manipulation des Ausnahmezustandes bezeichnet. Die Verteidigung zitierte Adolf Arndt, einen der „Väter" des Grundgesetzes der BRD: „Der angeblich überverfassungsgesetzliche Staatsnotstand als Schein der Rechtfertigung ist nur ein Tarnwort für Verfassungsbruch"[197].

Zur zweiten Thematik des Einstellungsantrags, der Beseitigung des Prinzips der Waffengleichheit, trug die Verteidigung zwei Fakten vor: Erstens die mit Blick auf diesen Prozeß erlassene „Lex RAF" vom 1.1.75 einschließlich ihrer Vorgeschichte (Kapitel V) und den sich daraus ergebenden Konsequenzen für die Verteidigung, zweitens die Behandlung der verschiedenen für die Angeklagten auftretenden Rechtsanwälte durch staatliche Behörden, die zahlreichen Schikanen bei Gefangenenbesuchen wie etwa Rektaluntersuchungen, die zum Teil offene polizeiliche Bespitzelung, die regelmäßige Beschlagnahmung von Verteidigungsmaterial, die Kriminalisierung der Anwälte (Minister Maihofer: „Handlanger und Werkzeuge von Terroristen"[198]) und schließlich die ihnen angehängten Ausschluß- und Ehrengerichtsverfahren[199].

Nach Ansicht der Verteidigung stand nicht nur das Urteil Lebenslänglich bereits fest, sondern es waren auch schon alle Vorkehrungen für die konkrete Ausführung bzw. Umsetzung dieses Strafmaßes getroffen: In Bruchsal war vor kurzem eine vom übrigen Gefängniskomplex abgeschirmte Abteilung gebaut worden, die acht besonders ausgestattete, akustisch isolierte Zellen umfaßte. Gefangene, die beim Umbau helfen mußten, hatten Bauzeichnungen der Zellen und der Einrichtung an die Verteidigung weitergeleitet, mit der Mitteilung, daß die Bauunterlagen die Aufschrift „Baader-Meinhof" trügen. Bereits Ende Juli 1975 hatten die Verteidiger der Presse Hinweise darauf zukommen lassen. Auf Nachfragen hin bestätigte das Justizministerium von Baden-Württemberg den Bau eines mit „schallgedämpften" Zellen ausgestatteten Gefängnistrakts in Bruchsal für zu lebenslanger Freiheitsstrafe verurteilte „aufrührerische" Gefangene, die politische Agitation verfolgten. Es sei nicht auszuschließen, daß „Baader-Meinhof-Häftlinge" nach ihrer Verurteilung nach Bruchsal verlegt würden[200]. Da zu dieser Zeit in Baden-Württemberg keine zu lebenslanger Freiheitsstrafe verurteilten Gefangenen einsaßen, die politischer Agitation bezichtigt wurden, bestätigte die als Dementi gedachte Erklärung des Ministeriums die von der Verteidigung aufgestellten Behauptungen, sowohl das Urteil „lebenslänglich" als auch Haftort und Isolationszellen seien faktisch schon beschlossen.

Die Antwort der BAW auf den Einstellungsantrag war kurz: Selbst wenn sich Verstöße gegen Artikel 6 der Europäischen Menschenrechtskonvention nachweisen ließen, so könnte dies strafverfahrensmäßig nicht zur Einstellung des Prozesses führen, da die Nichterfüllung des „fair trial"-Grundsatzes kein Verfahrenshindernis im Sinne von § 260 Abs 3 StPO darstelle[201]. Einer Entscheidung des BGH aus dem Jahr 1974[202] zufolge stellten zu langwierige Vorbereitungen eines Strafverfahrens noch kein Verfahrenshindernis dar. Inhaltlich ging die BAW auf die von der Verteidigung präsentierten Rechtsverletzungen nicht weiter ein. Aus den Politikeraussagen ließe sich nur dann eine Vorverurteilung der Angeklagten ableiten, „wenn man, wie es seitens der Verteidigung geschieht, bewußt außer Acht läßt, daß diese Äußerungen jeweils in direktem Zusammenhang mit schwersten Gewalttaten gemacht worden sind"[203]. Es sei grotesk, so die BAW, von mangelnder Waffengleichheit zu sprechen, „wenn der Staat alle ihm zur Verfügung stehenden Mittel zum Schutz der Bevölkerung einsetzt"[204]. Entsprechende Abänderungen des Strafprozeßrechts seien notwendig gewesen, um in einer „wehrhaften Demokratie" auch seitens der Justiz effektiv gegen den Terrorismus auftreten zu können. Die Behauptung, der in Bruchsal kürzlich umgebaute Gefängnistrakt sei für die Angeklagten bestimmt, wurde ohne Umschweife als „blanke Spinnerei" bezeichnet [205]. Da sich die Verteidigung darüber im Klaren sein müsse, daß dieser Antrag aus formellen Gründen sowie in Ermangelung jeglicher fundierten Begründung der vorgetragenen Behauptungen nicht zu dem angestrebten Ergebnis führen könne, sei der gesamte Antrag nur als Versuch der Prozeßverschleppung zu bezeichnen[206].

In der zehn Zeilen kurzen Begründung des ablehnenden Gerichtsbeschlusses wurde inhaltlich überhaupt nicht auf den Einstellungsantrag eingegangen. Das Gericht hatte sich einfach der rein formellen Beurteilung der BAW angeschlossen, wonach eventuelle Verletzungen des „fair trial"-Grundsatzes kein Verfahrenshindernis darstellten[207].

Nach westdeutschem Strafprozeßrecht muß ein Strafverfahren prinzipiell dann per Gerichtsbeschluß eingestellt werden, wenn ein nicht zeitweiliges Verfahrenshindernis im Sinne von § 260 StPO als gegeben betrachtet wird[208]. In der Strafprozeßordnung sind mögliche Verfahrenshindernisse nicht enumerativ aufgeführt, ihre Bandbreite reicht von mangelnden Voraussetzungen für die Strafverfolgung und fehlender richterlicher Zuständigkeit bis hin zur Verhandlungsunfähigkeit des Angeklagten. Wenn auch mit der Anerkennung eines Verfahrenshindernisses wegen Verstoßes gegen Artikel 6 der Europäischen Menschenrechtskonvention nach westdeutschem Strafprozeßrecht juristisches Neuland betreten worden wäre, so wäre eine solche Entscheidung aufgrund der richterlichen Interpretationsfreiheit gleichwohl möglich gewesen. Der Umstand, daß sowohl die BAW als auch das Gericht sich in diesem Fall auf eine neuere Entscheidung des BGH beriefen, mit der die Anerkennung eines Verfah renshindernisses aus einer Verletzung eines bestimmten Abschnitts von Artikel 6 MRK verneint worden war, konnte von der Verteidigung nur als Unwille, inhaltlich auf die Begründung des Antrages einzugehen, ausgelegt werden.

3.3. Die Unparteilichkeit des Richters

Das Gebot der richterlichen Unvoreingenommenheit, Unparteilichkeit und Objektivität reicht über die Forderung hinaus, der Richter habe während des Verfahrens die Unschuldsvermutung gegenüber dem Angeklagten zu respektieren. Entscheidend sollte sein, ob ein Prozeßteilnehmer nach eingehender Betrachtung aller Gegebenheiten sich veranlaßt sieht, an der Unvoreingenommenheit und objektiven Haltung des Richters Zweifel anzumelden[209]. Nach niederländischem Strafprozeßrecht kann ein Richter sich selbst von jeder weiteren Mitwirkung in einem Strafverfahren suspendieren, „wenn hinsichtlich seiner Person bestimmte Tatbestände und Gegebenheiten vorliegen, die dem Ansehen der richterlichen Unparteilichkeit im allgemeinen Schaden zufügen könnten"[210]. Diese weitgefaßte Formulierung ermöglicht auch dann eine freiwillige Suspendierung, wenn es darum geht, den Anschein von Parteilichkeit zu vermeiden[211]. Die Ablehnung eines Richters durch den Angeklagten oder die Staatsanwaltschaft erfordert jedoch das Vorhandensein bzw. die Möglichkeit des Eintritts eines „schweren Schadens"[212].

Angesichts der Tatsache, daß Ablehnungen wegen Befangenheit in der niederländischen Strafrechtspraxis kaum eine Rolle spielen, läßt sich fragen, ob dies nicht als Ausdruck der Vernachlässigung des subjektiven Elements (Standpunkt der die Ablehnung beantragenden Partei) gesehen werden kann, was meines Erachtens wiederum als Argument für die These, der niederländische Strafprozeß sei überwiegend paternalistisch organisiert, gelten kann[213].

Innerhalb der westdeutschen Strafrechtspraxis kommt der Rechtsinstitution der Ablehnung wesentlich größere Bedeutung zu[214]. Ablehnung eines Richters wegen „Besorgnis der Befangenheit" ist dann vorgesehen, „wenn ein Grund vorliegt, der geeignet ist, Mißtrauen gegen die Unparteilichkeit eines Richters zu rechtfertigen"[215]. Der subjektiven Sicht des Angeklagten wird dabei große Bedeutung beigemessen; es ist nicht relevant, ob der betreffende Richter auch tatsächlich befangen ist[216]. In der umfangreichen Rechtsprechung finden sich z. B. Ablehnungen von Richtern, die gegenüber der Presse etwa geäußert hatten, daß die Anklage bereits erwiesene Tatsachen beinhalte[217]; die mit einer unmißverständlichen richterlichen Bemerkung kundgetan hatten, der Angeklagte sei als schuldig anzusehen[218]; die vorab kommentiert hatten, die Ermittlungsunterlagen würden deutlich machen, daß es sich bei dem Angeklagten um einen Gewohnheitsverbrecher handele[219]. Auch entsprechende Gebärden oder ein bestimmter Gesichtsausdruck eines Richters können als Ausdruck mangelnder Objektivität bewertet werden und eine Ablehnung rechtfertigen, und zwar auch dann, wenn sie, etwa als geringschätzige Gebärden, während der Rede eines Verteidigers vorgenommen werden[220].

In seinem Handbuch des Strafverteidigers geht Dahs sogar so weit, zu empfehlen, Ablehnungsanträge auch dann zu stellen, wenn die Zurückweisung eines solchen Antrags aufgrund herrschender Rechtsauffassungen zwar von vornherein feststeht, sie ihrer Funktion nach aber die Möglichkeit bieten, der richterlichen Gewalt gewisse strukturelle Mängel des Strafprozesses zu Bewußtsein zu bringen[221]. Bei ihm findet sich auch der Hinweis, daß ein Verteidiger bei der Formulierung von Ablehnungsanträgen besonders häufig Gefahr läuft, sich ein disziplinarrechtliches Verfahren einzuhandeln, etwa in Verbindung mit den sich manchmal als unumgänglich erweisenden persönlichen Angriffen gegen einen Richter[222].

Ein Ablehnungsantrag ist dann als unzulässig zurückzuweisen, wenn der Antrag zu spät eingereicht wurde[223], wenn keine Begründung gegeben wird[224] oder wenn „durch die Ablehnung offensichtlich das Verfahren verschleppt oder nur verfahrensfremde Zwecke verfolgt werden sollen“[225]. Das Gericht unter Mitwirkung des abgelehnten Richters hat zu entscheiden, ob der Antrag zulässig oder unzulässig ist[226]. Wird er als zulässig beurteilt, so entscheidet das Kollegialgericht ohne den abgelehnten Richter unter Hinzuziehung eines Vertreters über die Begründetheit des Ablehnungsantrags[227], bei Einzelrichtern an Amtsgerichten entscheidet ein anderer Richter desselben Gerichts. Diese einleitenden Erklärungen sollen verständlich machen, warum das Gericht in Stammheim beim Streit um das Vorliegen der Prozeßvoraussetzungen mit zahlreichen Ablehnungsanträgen der Angeklagten und der Verteidigung konfrontiert wurde, die sich hauptsächlich gegen den Vorsitzenden Prinzing richteten. Da die Zurückweisung von Ablehnungsanträgen das spätere Urteil in einem folgenden Revisionsverfahren „erheblich gefährden“ kann[228], kommt solchen Anträgen erhebliche Bedeutung zu. Ich werde exemplarisch einige der 20 Ablehnungsanträge aus den ersten 40 Verhandlungstagen und ihre Behandlung eingehender untersuchen.

3.3.1. Holger Meins; Prinzing als der gesetzliche Richter

Der erste Befangenheitsantrag gegen den vorsitzenden Richter Prinzing[229], von Schily im Namen Ensslins am siebten und achten Verhandlungstag (18./19. Juni 1975) gestellt, stützte sich auf zwei unterschiedliche Tatsachenkomplexe. Der erste Komplex bezog sich auf Prinzings konkret dargelegte Mitverantwortlichkeit für den Tod von Holger Meins, der zweite betraf Prinzings Bestellung zum Vorsitzenden eines Strafsenats des OLG, die nach dem Ablehnungsantrag speziell für den bevorstehenden Prozeß gegen „Baader u. a.“ vorgenommen worden war.

Zum ersten Tatsachenkomplex gab die Verteidigung einen detaillierten Überblick über die (in Kapitel IV, Abschnitt 6.1. verkürzt wiedergegebenen) Ereignisse im Zusammenhang mit dem Tod von Holger Meins. Anhand vieler Prozeßakten aus den Monaten Oktober und November 1974 wurde nachgewiesen, daß der seit dem 2. 10. 74 für die Haftsituation von Meins verantwortliche Prinzing nicht bereit gewesen war, aus seiner Kenntnis von der unzureichenden medizinischen Versorgung Meins, während des Hungerstreiks in der Haftanstalt Wittlich irgendwelche Konsequenzen zu ziehen, oder aber daß Prinzing nicht die Macht hatte, derartige Konsequenzen gegen die Staatsschutzbehörden durchzusetzen. Weiter habe er, obwohl von Croissant am 9. 11. 74 über die akute Lebensgefahr für Meins informiert, nichts unternommen, um das Leben des Gefangenen zu retten. In seiner dienstlichen Erklärung[230] versuchte Prinzing, diesem Vorwurf u. a. mit der Bemerkung zu begegnen, die medizinische Versorgung in einer Haftanstalt müsse dem zuständigen Anstaltsarzt überlassen bleiben und sei nicht an richterliche Kontrolle gebunden. Prinzing ging jedoch nicht auf die von der Verteidigung angeführte Tatsache ein, daß der betreffende Anstaltsarzt selbst schon am 18. 10. 74 dem Gericht schriftlich mitgeteilt hatte: „Eine Verlegung von Holger Meins auf eine entsprechende Fachstation eines justizeigenen Krankenhauses halte ich aus diesen Gründen (gemeint war eine medizinisch „qualifiziertere“ Zwangsernährung – BS) für notwendig“[231].

Weiter verteidigte Prinzing die entgegen einem richterlichen Beschluß von den Staatsschutzbehörden hinausgezögerte Verlegung von Meins nach Stammheimim mit der Behauptung, die Verlegung sei, „so weit ich informiert bin“, nicht aus medizinischen Überlegungen erfolgt. Ein von Prinzing stammender Brief vom 8. 11. 74 an Croissant zeigte die Unrichtigkeit dieser Behauptung[232]. Zu den Ereignissen vom 9. 11. 74 erklärte Prinzing, er habe an jenem Tag zum erstenmal von Croissant gehört, daß Meins‘ gesundheitliche Verfassung Anlaß zu höchster Besorgnis biete. Croissants Mitteilung sei für ihn völlig überraschend gekommen; „nach den teilweise grotesken Behauptungen, die Dr. Croissant zuvor im Zusammenhang mit den Hungerstreiks in Schreiben an die Gerichte und Öffentlichkeit aufgestellt hatte“, habe er sich diese Nachricht mit entsprechender Skepsis angehört. Prinzing weiter: „(Darüber hinaus) sah ich die Verantwortlichkeit für diese mich völlig überraschende, von mir immer noch skeptisch beurteilte Entwicklung weitgehend bei denen, die den Hungerstreik inszenierten“. Dennoch habe er mit der Haftanstalt Wittlich telefoniert; von dort sei ihm mitgeteilt worden, daß kein akuter Anlaß zur Besorgnis bestehe. Übrigens bestritt Prinzing, daß Croissant bei seinem Telefonanruf um unverzüglichen medizinischen Beistand gebeten habe, ging aber ansonsten nicht weiter auf Croissants detaillierte, das Gegenteil bekundende Wiedergabe dieses Telefongesprächs ein[233]. Ebenso bestritt Prinzing, daß zu einem früheren Zeitpunkt bereits Gründe dafür vorgelegen hätten, wegen der bei Meins praktizierten künstlichen Ernährung etwas zu unternehmen, obwohl Rechtsanwalt von Plottnitz in einem Schriftsatz vom 15. 10. 74 an das Gericht ausdrücklich (aber vergeblich) deshalb vorstellig geworden war[234] und auch der zuständige Anstaltsarzt in seinem Schreiben vom 18. 10. 74 dem Gericht mitgeteilt hatte, „die verabreichte Nahrungsmenge reiche zur Lebenserhaltung ‚gerade aus‘“[235].

Nach Meinung der BAW hatte der Ablehnungsantrag, „mit dem die physische und psychische Vernichtung von Richtern propagiert wird“, ganz offensichtlich die Aufgabe, „durch böswillige Diffamierung die abgelehnten Richter fertig zu machen"[236]. Inhaltlich ging die BAW nicht weiter auf den Antrag ein; Schuld am Tod von Holger Meins hätten jedoch „diejenigen Verteidiger, die noch nicht einmal den Versuch unternommen haben, die Bandenangehörigen zum Abbruch des Hungerstreiks zu veranlassen sondern im Gegenteil zur Disziplinierung der Gefangenen beigetragen haben". Schließlich wurde Schily direkt und scharf angegriffen: er habe sich gegenüber den Angeklagten profilieren müssen und deshalb den Antrag gestellt.

In seinem Beschluß übernahm das Gericht die Erklärungen der BAW und Prinzings weitgehend; Prinzings Erklärung zeige, daß er nicht die geringste Schuld am Tod von Holger Meins habe, woraus folge, daß sich kein begründeter Anlaß für eine Ablehnung ergebe[237].

Der Ablehnungsantrag gegen Prinzing erregte in der Presse große Aufmerksamkeit. In noch stärkerem Maße traf das auch für den zweiten Tatsachenkomplex der Verteidigung zu; seine Behandlung sollte in der Presse „noch lange großes Aufsehen erregen"[238]. Es ging um die Behauptung, Prinzing sei von den Staatsschutzbehörden speziell als Vorsitzender des zuständigen Strafsenats ausgewählt worden. Tatsache war, daß 1973 noch ein anderer Richter (Dr. Josef Hänle) Vorsitzender des 2. Strafsenats des OLG Stuttgart war. Tatsache war auch, daß sich der Vorsitzende des 1. Strafsenats (einem gleichwertigen Strafsenat des OLG Stuttgart) 1973 erfolgreich um die Stelle eines Ministerialdirigenten im Justizministerium Baden-Württemberg und der damalige Vorsitzende des 2. Senats ebenfalls erfolgreich um die freigewordene Stelle des Vorsitzenden des 1. Senats beworben hatten. Prinzings anschließende Bewerbung um die nunmehr offene Stelle des Vorsitzenden des 2. Senats wurde am 4.2.74 positiv beschieden.

Diese unbestreitbaren Fakten verknüpfte die Verteidigung nun mit dem Prozeß. Nachdem Bundesregierung und GBA in Rücksprache mit der baden-württembergischen Landesregierung 1973 zu der Entscheidung gekommen seien, den Prozeß gegen „Baader u. a." in Stuttgart zu führen, habe man sich auf die Suche nach einem passenden Ersatzmann für den Vorsitzenden Hänle begeben, der als für diesen Prozeß nicht geeignet beurteilt worden sei. In Prinzing, Vorsitzender einer Strafkammer am LG Stuttgart, habe man geglaubt, den geeigneten Mann gefunden zu haben. „Die Welt" schrieb am 7.5.75 über Prinzing: „Diese Erfahrungen (in Mammutprozessen – BS), sein Durchblick, sein Durchsetzungswillen und der erkennbare Ehrgeiz waren es, die auf ihn deuteten, als man 1973 in Stuttgart nach dem geeigneten Mann für den Baader-Meinhof-Prozeß suchte". Das sich daran anschließende Bäumchen-wechsle-dich-Spiel sei durch Absprachen zwischen GBA, Bundes-, Landes- und Justizbehörden sowie den Betroffenen zustande gekommen. Das allerdings konnte die Verteidigung nicht beweisen, so daß sie sich damit begnügen mußte, zu beantragen, daß die einschließlich

Prinzing elf Beteiligten bzw. Betroffenen zur Abgabe entsprechender Erklärungen veranlaßt würden.

Hätte sich die Ernennung Prinzings zum Vorsitzenden tatsächlich so abgespielt, wie die Verteidigung dies behauptete, so wäre Prinzing in der Tat als manipulierter und damit als „ungesetzlicher Richter" zu betrachten gewesen[239], was für die Angeklagten wiederum ein Grund gewesen wäre, ihn als befangen anzusehen.

Prinzing erklärte dazu, er habe „rein zufällig" von der Ausschreibung der Stelle gehört und anfänglich nicht die Absicht gehabt, sich zu bewerben, da ein anderer Bewerber wesentlich bessere Chancen gehabt hätte; ihm sei aber von Kollegen geraten worden, sich doch („angesichts der großen Zahl der sonstigen Bewerber") zu bewerben; seines Wissens nach sei damals noch nicht bekannt gewesen, daß der Prozeß gegen „Baader u. a." in Stuttgart stattfinden solle; außerdem habe er mit niemandem der zehn von der Verteidigung namentlich genannten Personen darüber gesprochen[240]. Nachdem die BAW noch einmal ausdrücklich erklärt hatte, der von der Verteidigung unterstellte Zusammenhang zwischen den einzelnen Fakten sei völlig „aus der Luft gegriffen", wurde auch dieser Ablehnungsgrund vom Gericht mit der Begründung, es sehe keinen Anlaß, Prinzings Erklärung zu mißtrauen, abgewiesen.

Angenommen, Prinzings Erklärung entspreche den tatsächlichen Gegebenheiten, so bleibt um so nachdrücklicher zu fragen, warum dem Antrag der Verteidigung, die zehn anderen genannten Personen zur Abgabe einer schriftlichen Erklärung aufzufordern, nicht stattgegeben wurde. Gängiger Rechtsprechung zufolge hatte das Gericht zwar durchaus die Möglichkeit, den Antrag abzulehnen[241], dennoch hätte man erwarten können, daß angesichts der Schwere der erhobenen Beschuldigung alles nur Mögliche versucht würde, die bestehenden Zweifel zu beseitigen. Der Umstand, daß das Gericht nicht verpflichtet war, weitere Nachforschungen vorzunehmen, ergab sich lediglich aus dem Unvermögen der Verteidigung, die behaupteten Zusammenhänge mit Beweismaterial untermauern zu können. Das Zitat aus der „Welt" reichte dafür nicht aus. Eine Äußerung des damaligen Ministerpräsidenten Hans Filbinger kann jedoch als Anhaltspunkt für die Richtigkeit der von der Verteidigung aufgestellten Behauptung gewertet werden; kurz nach Prinzings Ernennung zum Vorsitzenden hatte Filbinger im Parlament gesagt: „Selbst den Verzicht auf ein Beförderungsamt hat es schon gegeben, als absehbar war, daß mit diesem Amt die Führung eines spannungsbeladenen politischen Prozesses verbunden sein würde"[242].

3.3.2. Das Gericht und die Medien

Der elfte Antrag auf Ablehnung wegen Besorgnis der Befangenheit (5.8.75), der sich gegen alle fünf Richter richtete, betraf die Beziehungen zwischen dem Gericht und den Medien[243]. Viele Äußerungen Prinzings während der Verhandlung ließen erkennen, daß er und seine Richterkollegen sich bei der Entscheidungsbildung in erheblichem Ausmaß von den Medien beeinflussen ließen. So habe Prinzing vor Gericht und auch in Entscheidungsbegründungen wiederholt Überlegungen darüber angestellt, ob bestimmte Verfahrensvorgänge in der Presse auf Unverständnis gestoßen seien, ob in der Öffentlichkeit ein bestimmter Eindruck erweckt worden sei, ob eine bestimmte Wiedergabe des Prozeßgeschehens in der Presse richtig oder falsch gelegen habe. Anhand der Gerichtsprotokolle konnte die Verteidigung sechs Beispiele dafür zitieren[244]. Prinzing habe sich jedoch nicht nur im Gerichtssaal mit solchen Fragen beschäftigt. Er und seine Kollegen hätten auch direkt mit Schreiben und Telefonaten auf Presseveröffentlichungen sowie Radio- und Fernsehberichte über den Prozeß reagiert. Es habe sich ausschließlich um Veröffentlichungen und Sendungen gehandelt, in denen Kritik an der Einschränkung der Rechte der Angeklagten geäußert wurde. Dagegen stünde das absolute Schweigen der betreffenden Richter zu all den Veröffentlichungen, in denen eine Schuld der Angeklagten als feststehende Tatsache präsentiert bzw. vorausgesetzt wurde. Da die Richter sich einerseits von Presse, Funk und Fernsehen bei ihrer Urteilsbildung beeinflussen ließen und andererseits in umgekehrter Richtung versuchten, Einfluß auf die Prozeßberichterstattung zu nehmen, seien entsprechende Zweifel an ihrer Unvoreingenommenheit durchaus gerechtfertigt.

Bereits in einem früheren Ablehnungsantrag gegen Prinzing (30.7.75) war als einer der zahlreichen Ablehnungsgründe die Teilnahme Prinzings an einer Fernsehsendung zum bevorstehenden Prozeß gegen „Baader u. a." genannt worden [245]. Prinzing erklärte in dieser Sendung, daß der am nächsten Tag beginnende Prozeß kein politisches Verfahren sei, sondern vielmehr ein ganz „normaler Straffall". Prinzing habe damit seine formelle richterliche Unabhängigkeit eindeutig aufgegeben und sich in die Reihen derjenigen eingeordnet, die in jahrelangen Hetzkampagnen – und die Staatsschutzbehörden seien hier in erster Linie zu nennen – versucht hätten, die Vorverurteilung der Angeklagten zu verfestigen und die unrechtmäßigen, auf Vernichtung der Gefangenen zielenden Maßnahmen zu rechtfertigen.

In dem hier zur Diskussion stehenden Ablehnungsantrag vom 5.8. gegen alle Mitglieder des 2. Strafsenats wurde als Beispiel für Prinzings im besten Fall gleichgültige Haltung zur Hetze gegen die Angeklagten angeführt, daß in jener Fernsehsendung über die Angeklagten in einem Kommentar gesagt worden war: „Sie haben gemordet und geraubt". Die Richter, die über den Ablehnungsantrag zu entscheiden hatten, akzeptierten Prinzings Erklärung, dieser Satz sei ihm nicht bekannt. Sie meinten ferner, es sei nicht Aufgabe eines Richters, gegen Vorverurteilungen in den Medien anzugehen, da Angeklagte und Verteidiger dies selbst in der Hand hätten[246]. Von einer solchen richterlichen Aufgabe war aber in dem Ablehnungsantrag nicht die Rede; es ging lediglich um die schlichte Feststellung, in welchen Fällen und weshalb die Richter an die Medien herantraten und in welchen Fällen und weshalb nicht. So hatte Prinzing z. B. die Redaktion eines Senders noch während der laufenden Sendung über einen bestimmten Verhandlungstag angerufen, um mitzuteilen, daß er eine Untersuchung der Angeklagten durch externe Ärzte nicht ablehne. Prinzing erklärte in seiner Stellungnahme zu dem Vorgang, er habe sich zu dem Telefonat veranlaßt gesehen, weil in der Sendung gesagt worden sei, daß man es sich in Stammheim mit der Beurteilung der Frage nach der Verhandlungsfähigkeit offensichtlich zu einfach mache[247]. Diese „rein tatsächliche Unterrichtung" sei gegen seinen Willen in die Sendung mit aufgenommen worden. In der vor Gericht verlesenen Begründung der Zurückweisung des Antrags wurde Prinzings Erklärung übernommen; auf die schriftliche (und damit der Presse unbekannte) Stellungnahme der Verteidiger zu Prinzings Erklärung ging das Gericht jedoch nicht ein. Darin wurde der Moderator der Sendung zitiert: für Prinzings Anruf habe es keinen Anlaß gegeben, da die von Prinzing beanstandete Äußerung gar nicht gefallen sei[248]; zudem sei unverständlich, wie Prinzing behaupten könne, seine telefonische Mitteilung sei gegen seinen Willen in der Sendung erwähnt worden, denn wenn Prinzing die Redaktion nur rein privat hätte informieren wollen (mit welcher Absicht?), hätte er nicht während der laufenden Sendung anrufen müssen.

Die diversen Schreiben des Gerichts an die Redaktionen von Zeitungen, Wochenzeitschriften und eine Fernsehanstalt seien, so die Begründung des ablehnenden Bescheids, auch nicht geeignet, die Besorgnis der Befangenheit zu rechtfertigen, weil die Verteidigung die Briefe nicht vorgelegt habe; eine Besorgnis könne aber einzig und allein dem Inhalt eines Schreibens entnommen werden. Nach der Stellung des Ablehnungsantrags durch die Verteidigung beabsichtigten die Angeklagten, eine ergänzende Erklärung abzugeben. Die angeführten spezifischen Ablehnungsgründe sollten in einen breiteren politischen Rahmen eingeordnet werden, um eine Analyse des Zusammenhangs zwischen Staatsschutzjustiz, psychologischer Kriegsführung und imperialistischer Medienpolitik zu entwickeln. Wie immer, wenn die Angeklagten versuchten, zu Wort zu kommen, wurden sie von Prinzing fortwährend mit der Aufforderung, „nicht von der Sache abzuschweifen", unterbrochen, sobald ihre Erläuterungen explizit politischen Charakter annahmen. Damit war es den Angeklagten nicht möglich, zusammenhängende Erklärungen abzugeben. Im hier beschriebenen Fall kam es zu mehr als 40 Unterbrechungen; den Angeklagten wurden schließlich noch wegen Wiederholens, Abschweifens und Beleidigung (z. B. durch die Formulierung „Vernichtungsstrategie der Bundesanwaltschaft") die Mikrofone abgestellt. Ein von den Verteidigern mit diesem Verhalten Prinzings begründeter erneuter Ablehnungsantrag wurde ebenfalls zurückgewiesen; die Begründung: „Die Richter haben darauf zu achten, daß nur sachbezogene Erklärungen abgegeben werden. Es ist ihre Pflicht, Wiederholungen und Abschweifungen zu verhindern"[249].

Prinzings fortwährende Unterbrechungen, wie sie bei jeder politischen Erklärung der Angeklagten üblich waren, hatten ihre gesetzliche Grundlage in der Neufassung des § 257 StPO vom 1.1. 75. Die Herausgeber des Buchs „Texte der RAF" geben dazu folgende Erläuterung: „Erklärungen sind von Anfang an – nach einem gezielt für diesen Prozeß im Schnellverfahren erlassenen Sondergesetz – verhindert worden"[250]. Gemeint ist hier die Streichung von § 257a StPO durch die neue Gesetzgebung vom 1.1.75[251], demzufolge Staatsanwaltschaft und Verteidigung auf Antrag Gelegenheit gegeben werden mußte, in jeder Lage des Verfahrens Erklärungen abzugeben. An Stelle dieses an keine bestimmten Bedingungen gebundenen Rechts des Verteidigers traten nun zwei neue Regelungen des § 257: Eventuelle Erklärungen müssen qua Zeitpunkt und Thematik mit spezifischen Ereignissen im Prozeß verbunden sein und dürfen „den Schlußvortrag nicht vorwegnehmen". Zweifellos ist mit dieser Gesetzesänderung – in den Worten Rudolphis – „ein weiteres Stück der erst 1964 erfolgten Erweiterung der Verteidigungsrechte beseitigt worden"[252]; eine Einschränkung, die auch m. E. hauptsächlich mit Blick auf den bevorstehenden Prozeß gegen „Baader u. a." gesehen werden muß.

Bereits gemäß dem alten § 257 StPO (jetzt § 257 Abs. 1) hatte für Angeklagte gegolten, daß sie nicht jederzeit Erklärungen abgeben konnten[253]. Bedeutungsvoll ist somit in erster Linie an der neuen Bestimmung, daß Angeklagte und Verteidiger in ihren Erklärungen „den Schlußvortrag nicht vorwegnehmen" dürfen. Zu Recht stellt sich Schmidt-Leichner die rethorische Frage: „Welcher Verteidiger und Vorsitzende weiß im ersten Drittel oder Achtel der Hauptverhandlung, was im Schlußvortrag ausgeführt werden soll?"[254]. Fraglos wird einem Richter mit dieser einschränkenden Bestimmung eine extrem große Entscheidungsfreiheit verliehen, was sich vor allem für Angeklagte eines langwierigen politischen Prozesses nachteilig auswirken kann.

Hier einige Passagen aus der Erklärung der Angeklagten als Ergänzung des Ablehnungsantrags. Sie beziehen sich auf ihre von Prinzing initiierte „Knebelung". Der Text ist der für das Buch „RAF: Texte" redigierten Erklärung entnommen, da der vom Protokoll erfaßte Text infolge der vielen Unterbrechungen durch Prinzing, die Diskussionen darüber und des zeitweise abgestellten Mikrofons unverständlich und unvollständig ist:

„die kehrseite der konditionierung und beherrschung der öffentlichkeit durch den staatsschutz ist, daß er wirklich in jeder beziehung lichtscheu sein muß. prinzing muß in seiner funktion als staatsschutzrichter immer offener nach den direktiven der bundesanwaltschaft seinen unterdrückungsjob hier exekutieren, seine immer deutlicher werdende praxis, das haben wir schon ein paar mal gesagt, ist die praxis der knebelung. indem man uns hindert, zu sprechen, und indem man durch diese praxis sicherstellt, daß hier von uns die in den tatsachen begründeten zusammenhänge nicht entwickelt werden können, so sicherstellt, daß auch nur zerstörte und zerstückelte argumentationen rezipiert werden können, verhindert er öffentlichkeit. er begründet in dieser von ihm offen durchgesetzten funktion seine befangenheit, und das gilt für das ganze gericht, das diese beschlüsse trägt. er *muss* in der frage der öffentlichkeit befangen sein, weil er weiß, daß das geschlossene system, die staatsschutzgesteuerte öffentlichkeit bedingung für die strategische planung dieses verfahrens durch die bundesanwaltschaft und den staatsschutz war. so zum beispiel die presseberichte zu bückeburg – das will ich hier mal kurz reinbringen – denn bereits damals wurde offen gesagt: bückeburg sei die generalprobe für diesen prozeß hier, und für buback zeigte bückeburg offen die notwendigkeit, diese drei anwälte, croissant, ströbele und groenewold, auszuschließen als bedingung der realisierung der staatsschutzplanung. denn die öffentlichkeit, die sie für die vernichtungsstrategie der bundesanwaltschaft noch in diesem kaff – bückeburg liegt im weserbergland – hergestellt hatten, zeigte mit sicherheit, daß bei den dimensionen, die der prozeß hier durch die kampagne der bundesanwaltschaft schon hatte, die kriminalisierung der einzige weg für den staatsschutz war, die öffentlichkeit hier zu verhindern bzw. sie durch gegenpropaganda zersetzen oder neutralisieren zu können. solange die medien die ihnen zukommende funktion erfüllen, die staatliche counterstrategie und hier speziell die lüge des rechtsstaatlichen verfahrens öffentlich zu propagieren, konnte prinzing uns reden lassen. die isolation, das geschlossene system der staatsschutzöffentlichkeit war perfekt. es war so garantiert, daß kein wort, nichts, geschweige denn inhalte dessen, was wir hier entwickeln, öffentlich werden. öffentlichkeit unter der herrschaft des monopolkapitals, des transnationalen us-kapitals ist die kontrolle der gesellschaft durch den staat als funktion des kapitals. und nicht mehr: öffentlichkeit kontrolliert tendenziell den staat, sondern umgekehrt: der staat die öffentlichkeit direkt.

es gibt keine absolute kontrollierbarkeit. um sie herzustellen, führt der staat krieg, innere sicherheit ist sein kriegsziel. sein ziel ist, jede initiative zu lähmen, jede subjektive, individuelle lebensäußerung zu brechen, ihre vergeblichkeit *zu demonstrieren.*

kontrolle und erfassung – das strategische ziel von innerer sicherheit – zielt auf die vernichtung von kritischem bewußtsein; wo es relevant geworden ist, d.h. sich bewaffnet hat, auf die physische liquidation der kämpfer.

die militärische seite der folter ist, daß sie uns physisch vernichtet. das macht die brisanz der frage unserer verhandlungsunfähigkeit aus. wenn es prinzing nicht gelingt, zu verhindern, daß sie festgestellt wird, wäre einmal mehr erwiesen, wie an holger, katharina und siegfried (Holger Meins, Katharina Hammerschmidt und Siegfried Hausner – BS) erwiesen ist, daß es natürlich *auch* um unsere physische liquidation geht.

ihre propagandistische seite ist, uns verteidigungsunfähig zu machen, uns der glaubwürdigkeit zu berauben, indem wir unserer artikulationsfähigkeit beraubt werden.

wo das nicht geklappt hat – und es kann nicht klappen, weil es die wahrheit in den tatsachen ist, von der wir reden und das kann man natürlich auch noch halbtot machen, wenn man es will – muß die öffentliche rezeption manipuliert werden.

prinzing manipuliert sie, indem er uns dauernd unterbricht oder uns das wort abschneidet oder uns nicht zu wort kommen läßt – sodaß die mechanische zerstückelung von dem, was wir sagen, den zusammenhang zerstört, seine rezeption unmöglich macht – das ist das eine – wo das nicht restlos gelingt, beginnt der job des imperialistischen journalismus, der uns die worte im mund verdreht, das gegenteil aus dem macht, was gesagt worden ist, sie so gegen uns instrumentalisiert, den klischees der psychologischen kriegsführung gegen uns einpaßt.

es ist kein einziger satz von andreas von dem, was er hier in den drei monaten an politischen inhalten in das verfahren gezogen hat und durch unsere politische analyse an diesem verfahren transparent geworden ist – neben der täglichen notwendigen auflösung der lügen und tatsachenverfälschungen von prinzing – in auch nur einer einzigen zeitung erschienen, ohne den worten und ihrem sinn nach in sein gegenteil verdreht worden zu sein und zwar in das bestimmte dreckige gegenteil, und das dann als hetzkommentar, der die klischees der psychologischen kriegsführung der bundesanwaltschaft seit fünf jahren auf uns projeziert – auf keinen so total, so verbissen wie auf andreas.

in der staatlichen counterpropaganda – die funktion der psychologischen kriegsführung, der us-counterstrategie ist – ist andreas das am kontinuierlichsten und konsequentesten ausgestoßene objekt.

das ist so, weil er mit illegalität gleichgesetzt ist und das, was durch sie zum ausdruck gebracht ist: die *radikale* negation, ablehnung jeder anderen norm, jedes anderen gesetzes, jeder anderen macht als der unbeschränkten, außergesetzlichen, auf revolutionäre gewalt gestützten menschlichen macht – ist er z.b. im haß bubacks – weil er sich mit illegalität gleichsetzt. die reaktion, die bourgeoisie stößt in ihm dauernd auf die tatsache, daß das ‚legale land nicht das wirkliche land ist'.

so wird bei hill im ‚vorwärts' aus dem satz von andreas ‚was die politischen gefangenen objektiv als objekte staatlicher repression vereinigt, ist die politische justiz': ,was die gefangenen vereinigt, sind ihre tränen'. hill erfindet tränen, um den inhalt von andreas' erklärung, den politischen begriff zu denunzieren. hill stellt sich damit direkt und bewußt auf die seite der folter, weil seine gehässigkeit als rechtfertigung für sie wirkt, und er macht das, nachdem vogel, der justizminister, hill wegen seiner bisherigen prozeßberichterstattung, in der er aber auch nur mal festgestellt hat, daß das gericht sich gegenüber den anträgen der verteidigung systematisch taub stellt, eins reingewürgt hat, in derselben nummer des ,vorwärts'.

weiter: andreas hatte gesagt, daß wir von mindestens 20 gefangenen aus der raf wissen, daß ihre gesundheit durch die isolation so zerstört ist, ,daß sie sich nicht mehr erholen werden'. in der frankfurter rundschau lesen wir dann – als zitat – ,daß sie nicht mehr davonkommen werden'. das heißt, die einfache feststellung/mitteilung einer *tatsache* wird in eine brutale formulierung umgestanzt. die brutalität, die es ist, gefangene jahrelang zu isolieren, wird in der berichterstattung auf uns projeziert. die information, ihre *message* wird umgedreht, was gegen den staat spricht, wird gegen uns gedreht und gedruckt.

in der frankfurter rundschau, die von der spd als bestimmte fraktion des verfassungsschutzes in der berichterstattung gezielt eingesetzt wird, macht krumm aus genau dieser feststellung ,das geschlossene system aus staatsschutz, bundesanwaltschaft, staatstragender presse' den idiotisierenden satz ,die amseln sind permanent hinter der schlagzeile ,baaders amseln'. daß holger tot ist, die trakts, die isolation, die kriminalisierung der anwälte, die gezielten lügen der bundesanwaltschaft bildeten wir uns – suggeriert der satz – nur ein.

ebenso verfährt busche in der frankfurter allgemeinen zeitung, dem sprachrohr der großbourgeoisie, nachdem deutlich geworden war, daß prinzing einer differenzierten argumentation nicht folgen kann, wohl aber als aktivbürger ebenso seismografisch wie hysterisch auf jede spur von kritik reagiert, nachdem prinzing andreas 17mal unterbrochen hatte, damit der zweck der isolation aus der geschichte dieser drei Jahre als vernichtungszweck nicht deutlich wird – projeziert busche prinzings wüsten umgang mit dem rechtlichen, indem er ,wüste tonart' behauptet, prinzings pauschale wortentziehungen auf uns, indem er 'pauschale erklärungen, behauptet. das insistieren auf rechten wird grundsätzlich und immer als störung vermittelt, sodaß einzelne journalisten, wenn sie aus dem konformismus der berichterstattung mal punktuell aussteigen wollen, sich erstmal dafür, daß sie mal die wahrheit sagen wollen, mit der bemerkung entschuldigen, es sei eben in der berichterstattung das, was tatsächlich in dieser militärfestung abläuft, nirgendwo wiederzuerkennen.

noch ein beispiel: wir hatten hier gesagt, daß gerhard müller militär-

technisches material als provokation in das infosystem, das wir zur verteidigungsvorbereitung *legal* hatten, gegeben hat; daß er der einzige politische gefangene war, der eine richterliche genehmigung für den bezug militärtechnischer publikationsmittel hatte; daß der staatsschutz müller seit sommer 74 in der hand hat; daß es sich also bei dem material, mit dem der staatsschutz jetzt die anwälte kriminalisiert, um staatsschutzmaterial, material, das der staatsschutz selbst produziert hat, handelt. von all dem bleibt in der rundschau *nichts*. die frankfurter rundschau macht daraus dreck gegen uns. ulrike hätte gesagt, müller sei der einzige gewesen, der sich für diesen ‚militärischen kram' interessiert hat, eine formulierung, die genau in die legende und das klischee paßt, das der staatsschutz auf uns projeziert. die trennung von revolutionärer politik und revolutionärer militanz war immer – das ist dazu zu sagen – unmöglich. in dieser letzten phase des imperialismus wird das nur *evident*.

ein letztes beispiel: aus der tatsache, daß prinzing in unseren augen befangen ist, u. a., weil er in einer fernsehpropagandasendung gegen uns gesagt hat, dies sei kein politisches, es sei ein normales strafverfahren, womit er auch die dimensionen von repression abstreitet, die dieses verfahren von jedem anderen abhebt – es ist ein projekt der internationalen counterinsurgency – macht ein kommentar (süddeutscher rundfunk), wir machten prinzing den vorwurf, er setze uns mit ‚gemeinen verbrechern' gleich. da setzt uns der journalist, ein bourgeoiser affe, mit sich gleich, will die gefangenen, die von uns nur die isolation, die abriegelung wahrnehmen, gegen uns aufhetzen, einen keil zwischen sie und uns treiben.

wenn wir von politischen gefangenen sprechen, meinen wir damit nicht den begriff der bourgeoisie, die damit ihre klassenangehörigen in den gefängnissen von militärdiktaturen betreut.

jeder gefangene arbeiter ist ein politischer gefangener, weil er ein gefangener imperialistischer politik ist, also des imperialistischen staates.

jeder gefangene, egal aus welchem anlaß er kriminalisiert wurde, der die gewalt, der er unterworfen ist, politisch begreift, jeder gefangene, der den widerstand im gefängnis organisiert, jeder gefangene, der kämpft, ist einer von uns.

die gemeinen verbrecher sitzen sowieso nicht im gefängnis – sie stehen ihnen vor und füllen sie; sie sitzen auf stühlen wie prinzing, widera, wunder und zeis. gemeine, also besitzlose, proletarische gefangene sind alle gefangenen, wenn man von den paar naziverbrechern absieht.

sich im gefängnis zu wehren, zu kämpfen, bedeutet äußerste verelendung und trifft alle, die sich im gefängnis ihrer entmenschlichung aus gründen gesellschaftssanitärer staatsraison widersetzen. sie werden isoliert – der vollzug, die justiz setzt alle mittel der repression gegen sie ein, inzwischen bis zum verteidigerausschluß und demnächst der überwachung des verteidigergesprächs, also der beseitigung des einzigen kontakts, der in dem ohnehin geschlossenen gefängnissystem noch möglich war.

ein politischer gefangener hat – wie wir gesagt haben – das privileg, gefoltert zu werden, in schalltoten trakten, in besonderen gefängnisflügeln untergebracht zu sein, das privileg, daß der staatsschutz seine ermordung plant.

die anerkennung als politischer gefangener im vollzug bedeutet, zum beispiel von abschreckungsvollzug gemacht zu werden; es gibt keinen gefangenen, der das für ein privileg hält"[255].

4. Die Ausschließung der Angeklagten

In Abschnitt 3.1.5. war angedeutet worden, mit welchen Schwierigkeiten sich das Gericht angesichts der Resultate der medizinischen Sachverständigen konfrontiert sah. Juristisch gesehen lag es nahe, den Prozeß in Erwartung der Genesung der Angeklagten vorläufig einzustellen (§ 205 StPO[256]). Professor Rasch zufolge würde ein solcher Genesungsprozeß jedoch mehrere Monate dauern, folglich müßte der Prozeß danach neu begonnen werden. Die andere von Prinzing genannte Möglichkeit, die Angeklagten aufgrund von § 231a StPO von der Verhandlung auszuschließen, schien *rechtlich* gesehen überhaupt nicht in Betracht zu kommen, und wenn doch, dann käme dies einer offiziellen Anerkennung der Behauptung gleich, von Anfang an, also seit dem 21.5.75, sei gegen verhandlungsunfähige Angeklagte prozessiert worden, also trotz eines Verfahrenshindernisses im Sinne des § 260 Abs. 3 StPO[257]. Im folgenden soll versucht werden, zu analysieren, wie die bereits konstatierte Dominanz des politisch Wünschenswerten gegenüber dem rechtlich Möglichen in diesem Prozeß stets deutlichere Formen annehmen und sich letzlich auch durchsetzen sollte.

4.1. Beschluß des OLG Stuttgart vom 30.9.75 (Ausschließung der Angeklagten)

Die Begründung des Senatsbeschlusses vom 30.9.75, der die Fortsetzung der Verhandlung in Abwesenheit der Angeklagten verfügte, beginnt mit der Feststellung, die Angeklagten seien „verhandlungsunfähig im Sinne von § 231a StPO". Obwohl in den Sachverständigengutachten ausdrücklich von zeitlich begrenzter Verhandlungsfähigkeit die Rede war, ließ das Gericht wissen, der Begriff Verhandlungsunfähigkeit im Sinne von § 231a könne „nicht ohne Bezug auf das konkrete Verfahren, dessen Durchführung und Durchführbarkeit gesehen werden". Verhandlungsunfähig im Sinne von § 231a sei derjenige, so das Gericht, „dessen Verhandlungsfähigkeit so weit herabgesetzt ist, daß eine ordnungsgemäße Durchführung der Hauptverhandlung ausgeschlossen ist". Genau dies sei hier der Fall, da es angesichts des enormen Umfangs des zu verhandelnden Stoffs, der vielen Zeugen und Sachverständigen sowie der begrenzten Verhandlungsfähigkeit der Angeklagten nicht möglich sein würde, den Prozeß „in auch nur einigermaßen angemessener Zeit" abzuwickeln. Das Gericht berief sich auf das „in der Menschenrechtskonvention festgelegte Beschleunigungsgebot".

Anschließend begründete das Gericht seine Ansicht, die Angeklagten hätten „ihren heutigen Gesundheitszustand" absichtlich herbeigeführt, und zwar im vollen Bewußtsein des Umstandes, daß eine „ordnungsgemäße Durchführung" der Verhandlung in einem solchen Zustand nicht möglich sein würde. Den Sachverständigen zufolge seien, so das Gericht, mehrere Ursachen für den heutigen Gesundheitszustand verantwortlich (Das entsprach nicht den Tatsachen; die Sachverständigen hatten von „möglichen" Ursachen gesprochen und sowohl die Hungerstreiks angeführt, was der Auffassung der BAW entsprach, als auch die Haftbedingungen, was den Auffassungen der Angeklagten und ihrer Verteidiger entsprach). Aus den Gutachten der beiden Internisten gehe lediglich hervor, sie könnten sich zu den Ursachen nicht weiter äußern und würden deshalb auf das forensisch-psychiatrische Gutachten verweisen. Mende habe (vgl. Abschnitt 3.1.5.) geschrieben, daß der jetzige Gesundheitszustand der Angeklagten primär durch „die psychischen Belastungen, durch die Länge der Untersuchungshaft und vor allem durch das Strafverfahren" verursacht worden seien. Rasch sei zu der Feststellung gekommen, eine „anteilsmäßige Trennung oder Gewichtung dieser beiden Komplexe" (Hungerstreik und Haftbedingungen – BS) sei nicht mehr möglich. Die Zurückhaltung der Sachverständigen sei auch nicht weiter verwunderlich, da Untersuchungen, die sich mit der Isolierung einer Person beschäftigten, „wie sie in diesem Sinne hier gar nicht vorliegt", laut Rasch zu durchaus unterschiedlichen Ergebnissen gekommen und auch von sehr unterschiedlicher wissenschaftlicher Qualität gewesen seien.

Ohne weitere Überleitung folgte dann die Mitteilung des Gerichts, es hege keinen Zweifel daran, daß die Hungerstreiks „wenigstens mitursächlich" für die jetzige Verfassung der Angeklagten seien. Als offizielle Begründung für die Hungerstreiks sei zwar die Veränderung der Haftbedingungen propagiert worden, jedoch: „In Wahrheit war die Änderung der Haftbedingungen nur Mittel zum Zweck, um die politische Agitation in den Haftanstalten, die ‚Politisierung der Gefängnisse', den ‚Kampf gegen das kriminelle imperiale System', die Herbeiführung von ‚Revolten im Knast' zu ermöglichen". Zwecks Untermauerung dieser Behauptung präsentierte das Gericht etwa 20 Passagen aus Zellenrundschreiben, Hungerstreikerklärungen u.ä. aus den Jahren 1973/74, die überwiegend von den Angeklagten (Raspe ausgenommen) verfaßt worden sein sollten. Damit sei der eventuelle negative Einfluß der Haftbedingungen auf die Gesundheit den Angeklagten selbst zuzuschreiben. Die Haftbedingungen seien ihnen schließlich bekannt gewesen. Ebenso hätten sie gewußt, daß es den verantwortlichen Behörden (seit Oktober 1974 das Gericht selbst – BS) nicht möglich gewesen sei, diese Bedingungen anders zu gestalten, weil es galt, „politische Agitation" zu verhindern. Damit sei ihnen gleichzeitig auch bekannt gewesen, daß Gesundheitsschäden, die den Hungerstreiks zuzuschreiben sein würden, unter den gegebenen Bedingungen nicht reparabel sein könnten. Es ist schon erstaunlich, wie es dem Gericht gelang, alle Passagen der Sachverständigengutachten über den Einfluß der Haftbedingungen auf die gesundheitliche Verfassung der Angeklagten (siehe Punkt 3.1.5.) systematisch zu negieren. Obwohl die medizinischen Gutachten keinen Zweifel daran ließen, daß die Haftbedingungen, vor allem wegen der jahrelangen sozialen Isolierung, wenn auch nicht als ausschließliche, so doch als wichtigste Ursache für die schlechte Gesundheit der Angeklagten zu betrachten waren, tat das Gericht so, als ob nach Meinung der Sachverständigen die Hungerstreiks ebensogut Hauptursache seien könnten. Weiter fällt auf, daß die Empfehlung der Sachverständigen, die Isolation aufzuheben, in dem Beschluß mit keinem Wort erwähnt wurde.

Es muß betont werden, daß die Sachverständigengutachten außerhalb der Hauptverhandlung erstattet wurden und nur den direkten Prozeßteilnehmern zur Verfügung standen, sie also von den Anwälten auch nicht veröffentlicht werden konnten, während gleichzeitig alle Anträge der Verteidigung, die Sachverständigen vor Gericht zu hören und sie dazu zu befragen, vom Gericht abgelehnt worden waren[259]. Die Begründung des Gerichtsbeschlusses war dagegen in ihrer gesamten Länge einschließlich der Zitate aus den Zellenrundbriefen vor Gericht verlesen worden[260]. Zum Teil stammten die Zitate direkt aus dem Antrag der BAW, die Angeklagten aufgrund von § 231 a StPO auszuschließen. Dieser Antrag war nicht, wie üblich, von einem der an der Verhandlung teilnehmenden Bundesanwälte unterzeichnet, sondern – wie auch die Anträge auf Ausschließung der Rechtsanwälte Croissant, Groenewold und Ströbele – von Generalbundesanwalt Siegfried Buback.

Die Rundbriefe, denen die Zitate entnommen wurden, gehörten zu den Gerichtsakten und zum Beweismaterial der Bundesanwaltschaft, über das noch nicht verhandelt worden war, da die eigentliche Beweisaufnahme[261] noch bevorstand[262].

4.2. Beschluß des BGH vom 22. 10. 75 (Bestätigung der Ausschließungen)[263]

Eine beim dritten Senat des BGH von der Verteidigung eingereichte Beschwerde gegen den Beschluß des OLG Stuttgart vom 30.9.75 brachte kein anderes Ergebnis; der BGH begründete seinen Beschluß jedoch völlig anders als das OLG Stuttgart. „Eine bemerkenswerte Abweichung", kommentiert der Hochschullehrer Dr. Gerald Grünwald in der „Juristenzeitung"[264]. Während das OLG Stuttgart noch behauptet hatte, die Hungerstreiks seien als Hauptursache für die Verhandlungsunfähigkeit anzusehen (Grünwald: „Diese Behauptung war angesichts der Gutachten der Sachverständigen kaum zu halten"[265]), waren nach der Auffassung des BGH nun doch zweifellos primär die Haftbedingungen für den angegriffenen Gesundheitszustand der Angeklagten verantwortlich. Sogar von „isolierenden Haftbedingungen" ist in dem BGH-Beschluß die Rede, eine Behauptung, die das OLG in seinem Beschluß ausdrücklich als unzutreffend bezeichnet hatte und die in den vorangegangenen Jahren immer wieder als Teil der gegen die Justiz gerichteten und auf Unterstützung der Stadtguerilla abzielenden Verleumdungskampagne abgetan worden war. Die Angeklagten seien jedoch, so der BGH, selbst für die „isolierenden Haftbedingungen" und damit auch für ihre schlechte gesundheitliche Verfassung verantwortlich, denn: „Die Gefährlichkeit der Beschwerdeführer ließ den für die Gestaltung der Untersuchungshaft verantwortlichen Stellen keine andere Wahl als die, dem durch eine entsprechende Verschärfung der Haftbedingungen Rechnung zu tragen". Die unterstellte Gefährlichkeit lasse sich folgenden „Umständen" entnehmen:

> „Die Bf. (Beschwerdeführer – BS) gehören einer zahlenmäßig verschwindend geringen Gruppe der Bevölkerung an, die es im Gegensatz zu dieser für unerläßlich hält, den gewiß in mancherlei Hinsicht verbesserungsbedürftigen Zustand der Gesellschaft in der Bundesrepublik Deutschland – wie übrigens jeder Gesellschaft – nicht mit dem demokratischen Mittel der Überzeugung der Wähler, sondern gegen deren Willen unter Anwendung rücksichtsloser Waffengewalt zu verändern. Ihr augenscheinlich durch nichts zu beeinflussendes realitätsfernes Bild von den gesellschaftlichen Verhältnissen und von den tatsächlichen Möglichkeiten, auf sie einzuwirken, verführt sie zu einer fanatischen Verfolgung ihrer Ziele auch aus der Untersuchungshaft heraus. Sie verstehen sich als gefangene Mitglieder einer bewaffneten Gruppe („Rote Armee Fraktion"), die den bestehenden Staat mit allen Mitteln bekämpft, seine Gesetze nicht als für sich verbindlich anerkennt und seine Organe, insbesondere die Organe der Justiz, mißachtet. Aus dieser Haltung heraus haben sie in der Haft nicht nur mit Hilfe durch Rechtsanwälte verbreiteter Zellenzirkulare zum Zwecke der Aufrechterhaltung des Zusammenhalts ihrer Vereinigung den Kontakt zu inhaftierten Gesinnungsgenossen aufrechterhalten, sondern es auch verstanden, Kampfanweisungen an in Freiheit befindliche Terroristen gelangen zu lassen. Sie beschränken sich nicht darauf, von ihrem Recht zum Schweigen gegenüber der Anklage und zur Vorbereitung ihrer Verteidigung Gebrauch zu machen, sondern sie betreiben darüber hinaus ihre gewaltsame Befreiung. Einer von ihnen, der Angekl. B., ist schon einmal aus der Haft befreit worden, wobei ein Unbeteiligter eine schwere Schußverletzung davontrug. Der Anschlag auf die deutsche Botschaft in Stockholm, der mehrere Menschenleben forderte, diente

auch ihrer Befreiung durch Nötigung der Organe unseres und des schwedischen Staates. Durch die Entführung des Berliner Politikers Lorenz ist es Gesinnungsgenossen der Angekl. gelungen, die Freilassung mehrerer den Angekl. nahestehender Terroristen zu erzwingen. Zudem unternehmen es die Angekl., die Ordng. in der Haftanstalt empfindlich zu stören. Wie die in dem angefochtenen Beschluß zitierten Belege zeigen, ist es ihr Ziel, unter den sonstigen Insassen politisch agitieren zu können, um ‚Revolten im Knast' anzuzetteln".

Die meisten der hier aufgeführten „Umstände" gehörten zur Anklage und waren folglich erst noch zu beweisen (ausgenommen die Befreiung Baaders), während die übrigen „Gegebenheiten" Handlungen anderer Personen betrafen und zudem aus jüngster Zeit stammten, so daß sie wohl kaum für die seit Jahren üblichen Haftbedingungen verantwortlich sein konnten.

Weiter fällt auf, daß bei keiner der aufgeführten „gefährlichen" Aktivitäten aus der Haft heraus einer der Angeklagten namentlich genannt wird. Während das OLG Stuttgart noch den halbherzigen Versuch unternommen hatte, verschiedene Zellenzirkulare drei der vier Angeklagten zuzuordnen, behauptet der BGH schlichtweg, daß es auf eine solche Zuordnung nicht ankomme, es reiche vielmehr aus, zu erkennen, daß in diesen Rundbriefen die Strategie der RAF wiedergegeben werde, und „daß sich jeder von ihnen zu dieser kriminellen Vereinigung, deren Ziele weitgehend von ihnen selbst bestimmt werden, rückhaltlos bekennt".

Juristisch gesehen kommt dieser vom BGH entwickelten Argumentation die Bedeutung zu, daß die wichtigste an die Anwendung von § 231 a StPO geknüpfte objektive Bedingung, das „sich in einen seine Verhandlungsfähigkeit ausschließenden Zustand Versetzen" des Angeklagten, nicht mehr von seinem eigenen Verhalten abhängt, sondern von der Einschätzung seiner „Gefährlichkeit" durch die Justizbehörden. Somit bedarf es zur Herbeiführung ihrer Verhandlungsunfähigkeit keiner konkreten Handlungen mehr seitens der Angeklagten; ihre „rückhaltlose" Zugehörigkeit zu einer bestimmten Gruppe – ihre politische Identität – reicht aus, um sie Haftbedingungen zu unterwerfen, die ihre Gesundheit (und damit ihre Verhandlungsfähigkeit) untergraben[266]. Mit dieser Uminterpretation der objektiven, an die Anwendung von § 231 a StPO geknüpften Voraussetzungen werden die subjektiven Bedingungen („vorsätzlich und schuldhaft") vollständig ihres Sinns entleert, da die Begriffe „Vorsatz" und „Schuld" notwendigerweise an Handeln bzw. Nichthandeln gebunden sind. Die vom BGH gehandhabte Konstruktion – Kollektivhaftung aufgrund von Nichtdistanzierung von der RAF – liest sich dann wie folgt: Der Verdacht der (auch in der Haft weiter bestehenden) Mitgliedschaft in der „kriminellen Vereinigung" RAF rechtfertigt spezielle Haftbedingungen, die die Gesundheit der Angeklagten bis zu ihrer Verhandlungunsfähigkeit angreifen, so daß es gerechtfertigt ist, die auf diesem Verdacht beruhende Anklage in Abwesenheit der Angeklagten zu verhandeln[267].

Diese Auslegung gipfelt in der folgenden Argumentation des BGH-Beschlusses:

> „Die Angekl. und ihre Anwälte bezeichnen die dadurch bewirkte Haftform schon seit langem als menschenvernichtende Isolationsfolter. Das kann zwar nur als agitatorische Verleumdung verstanden werden, zumal die Haftbedingungen in ihrem Ausmaß und ihrer Dauer den Behörden erst durch das Verhalten der Angekl. aufgezwungen worden sind. Es zeigt aber, daß diese sich der nachteiligen Wirkung der Haftbedingungen bewußt sind. Es kann nicht ernstlich bezweifelt werden, daß sie angesichts ihrer überdurchschnittlichen Intelligenz auch die Auswirkungen der isolierenden Haftbedingungen auf ihre Verhandlungsfähigkeit, die durch das äußere Bild ihrer außergewöhnlichen Aktivität für die mit dem Vollzug und dem Strafverfahren befaßten Stellen zunächst verdeckt blieben, seit langem erkannt haben. Wenn sie gleichwohl seit Jahren das Verhalten fortsetzen, das die staatlichen Organe zur Anwendung dieser Haftbedingungen zwingt, so haben sie somit die Herbeiführung ihrer Verhandlungsunfähigkeit in Kauf genommen. Das genügt zur Annahme vorsätzlichen Verhaltens i.S. des § 231a Abs. 1 StPO (Kleinknecht a.a.O., Anm. 2)".

Dazu einige Anmerkungen. Als erstes ist der erstaunliche Versuch des BGH zu nennen, die für die Haftbedingungen verantwortlichen Instanzen (de facto BKA und GBA, juristisch in letzter Instanz der BGH selbst) von jeglicher Verantwortung für die Auswirkungen dieser Haftbedingungen freizusprechen. Einerseits wird behauptet, die verantwortlichen Stellen seien sich des ursächlichen Zusammenhangs zwischen Haftbedingungen und dem schlechten Gesundheitszustand der Angeklagten anfänglich nicht bewußt gewesen (was nach der gesamten Vorgeschichte, man denke nur an Astrid Proll[268], unglaubwürdig ist), andererseits bleibt der BGH bei der Auffassung, es sei notwendig, diese offensichtlich gesundheitsschädlichen Haftbedingungen aufrecht zu erhalten.

Bedeutungsvoller ist jedoch die Behauptung, „erst durch das Verhalten der Angeklagten" hätten sich diese vernichtenden Haftbedingungen als notwendig erwiesen. Diese Behauptung suggeriert, die Angeklagten seien anfangs normalen Haftbedingungen unterworfen gewesen, und erst nachträglich, wegen ihres außergewöhnlichen Verhaltens, hätten diese Bedingungen verschärft werden müssen. Für alle Angeklagten gilt jedoch, daß sie *vom ersten Tag ihrer Haft an* dem spezifischen System der Isolationshaft unterworfen waren, das jede Möglichkeit zu politischer Agitation ausschloß. Mit „Verhalten" der Angeklagten ist nichts anderes als ihre „Gefährlichkeit" gemeint, die selbst wiederum aus der Zugehörigkeit zur RAF und einem rückhaltlosen Bekenntnis zu dieser Gruppe abgeleitet wird. Letztlich entscheidend ist jedoch die Schlußfolgerung, die sich aus alldem ziehen läßt: Der BGH nimmt mit diesem Beschluß billigend in Kauf, daß inhaftierten Personen, wenn sie ihre revolutionäre

Identität nicht aufgeben und ihre Gesinnung nicht verraten, ernsthafte gesundheitliche Schäden zugefügt werden. Oder mit anderen Worten: Die offiziell vehement abgeleugnete Isolationsfolter wird vom BGH für Rechtens erklärt, die Benutzung des Begriffs selbst jedoch als „agitatorische Verleumdung" abgetan.

Die angestellte Analyse des BGH-Beschlusses (von mir an anderer Stelle „Folterbeschluß" genannt[269]), läßt sich wie folgt zusammenfassen:

– Das Vorliegen von Isolationshaft wird konstatiert („entsprechende Verschärfung der Haftbedingungen", „isolierende Haftbedingungen", „besondere Verhältnisse").

– Zugegeben wird, daß diese Isolationshaft zu ernsthaften Gesundheitsschäden führt („diese ihre Verhandlungsfähigkeit mitbedingenden Umstände", „nachteilige Wirkung").

– Gerechtfertigt wird diese Zerstörung der Gesundheit mit den Feststellungen, die Angeklagten seien nicht bereit, ihre revolutionäre Gesinnung aufzugeben („daß sich jeder von ihnen zu dieser kriminellen Vereinigung ... rückhaltlos bekennt"), sie seien durch nichts zu beeinflussen und somit gefährlich, sie müßten sich „angesichts ihrer überdurchschnittlichen Intelligenz" darüber im klaren sein, welch schädliche Auswirkungen jene „isolierenden Haftbedingungen" haben.

Die BRD dürfte der erste Staat der Welt sein, der die gesundheitliche Zerstörung politischer Gefangener durch Haftbedingungen, die unter das Folterverbot des Artikel 3 MRK[270] fallen, per höchstrichterlichem Beschluß für Recht erklären ließ. An diesem Punkt wird eine eingehendere Behandlung des Begriffs Folter notwendig. Von Folter durch staatliche Instanzen ist dann die Rede, wenn[271]: akute und ernsthafte physische oder psychische Leiden absichtlich und systematisch einer Person zugefügt werden, durch oder auf Initiative eines Obrigkeitsdieners, mit der Absicht, den (Willen des) Gefolterten oder eine(r) dritte(n) Person zu brechen (meist um ein Geständnis oder Informationen zu bekommen oder zur Bestrafung bzw. Einschüchterung).

Zumindest seit Vorlage verschiedener medizinischer Gutachten zur gesundheitlichen Verfassung der Gefangenen (Herbst 1975), erstattet von gerichtlich bestellten unabhängigen Sachverständigen, kann nicht mehr ernsthaft abgestritten werden, daß diese Gefangenen unter akuten und schwerwiegenden Gesundheitsschäden litten, deren Ursache in den systematisch angewandten, von BKA und GBA entwickelten, den jeweils höchsten richterlichen Instanzen für rechtens erklärten und den Gefängnisbehörden vollzogenen Haftbedingungen zu suchen ist. Bleibt die Frage, ob die Behauptung zutrifft, daß die Justizbehörden auch tatsächlich beabsichtigt hatten oder „billigend in Kauf nahmen", die Gefangenen physisch oder psychisch zu schädigen, und wenn ja, ob das mit dem Ziel geschehen war, ihren Willen zu brechen. Für die erste Phase des

Untersuchungshaftzeitraums könnte an einer solchen subjektiven Einstellung bzw. einer Kenntnis von den schädlichen Auswirkungen bei den Verantwortlichen vielleicht noch gezweifelt werden; hier sollte jedoch nicht vergessen werden, daß die Verteidiger spätestens seit Ende 1973 die verantwortlichen Behörden immer wieder mit stichhaltigen Argumenten auf eben diese schädlichen Auswirkungen hingewiesen hatten. Nach der spektakulären Haftentlassung von Astrid Proll infolge einer lebensgefährlichen Kreislauferkrankung durch Isolationshaft (Anfang 1974) und nach Vorlage der Sachverständigengutachten (Herbst 1975) werden Zweifel im obigen Sinne jedoch hinfällig; keine der verantwortlichen Instanzen konnte danach mehr in Unkenntnis oder mit Nichtwissen vom Zusammenhang zwischen Haftbedingungen und Gesundheitsschäden argumentieren. Mit der „willentlichen und wissentlichen" Aufrechterhaltung menschenzerstörender Haftbedingungen ist eine wesentliche Bedingung für das Vorliegen von Folter erfüllt; selbst dann, wenn man das „willentliche" Element bestreiten wollte, kann man nach der Lehre des bedingten Vorsatzes[272] zu keiner anderen Schlußfolgerung kommen.

Als schwieriger erweist sich die Überprüfung der Absicht, die Gefangenen zu brechen. Grund für die besonderen Haftbedingungen war schließlich, wie von Anfang an immer wieder offiziell bekundet wurde, die Anpassung an ein erhöhtes Sicherheitsrisiko. Mit welchem Recht könnte man zu der begründeten Annahme kommen, die angeführten Sicherheitsargumente seien nur Scheinargumente? Warum sollten die verantwortlichen Justizbehörden nicht von den in diesen Haftbedingungen zum Ausdruck kommenden Sicherheitsbedürfnissen „überzeugt" sein, zumal dann, wenn man sich die in der Hetzkampagne gegen die Gefangenen und ihre Verteidiger aufgestellten Behauptungen vor Augen hält? Es scheint von der Beantwortung dieser Fragen abzuhängen, ob es sich bei der systematisch praktizierten Isolationshaft um Folter oder „nur" um unmenschliche Behandlung handelt.

Dennoch bin ich der Ansicht, daß die Frage, wenn sie so gestellt wird, eine derartige Unterscheidung letztlich nicht zuläßt. Erstens wird ein noch einigermaßen objektivierbares Kriterium wie „Absicht" auf diese Weise aufgeweicht und durch völlig subjektive Kriterien wie „Glauben" oder „Überzeugung" ersetzt, die sich jeder rationalen Überprüfung entziehen. Die tatsächlichen Grundlagen der angeführten Sicherheitsargumente können dann nicht mehr Gegenstand näherer Untersuchungen sein. Darüber hinaus kann sich dann jede der verantwortlichen Stellen darauf berufen, sie sei auch nur ein kleines Rädchen innerhalb des großen Justizapparats und ihrerseits nicht verantwortlich für Entscheidungen, die auf falschen Informationen seitens vorgelagerter Instanzen beruhen; wahrlich ein bequemer, hinsichtlich der hier behandelten Thematik aber äußerst gefährlicher Standpunkt einzelner „Rädchen" des auf extensiver Arbeitsteilung beruhenden komplizierten Justiz- und Gefängnissystems.

Eine vergleichbare Argumentation findet sich in der von Amnesty International vorgebrachten Kritik an der wichtigen Entscheidung der Europäischen Menschenrechtskommission in der Sache Griechenland[273]. Die in dieser Entscheidung getroffene Definition von Folter wird um das Kriterium „in der besonderen Situation unberechtigt" erweitert. Zu Recht stellt Amnesty International fest, daß alle gängigen Definitionen zwar notwendigerweise subjektive Begriffe wie Absicht, Schmerz, Vorsatz usw. enthalten, sich aber doch weitgehend objektivieren lassen, während „berechtigt" oder „unberechtigt" Werturteile seien. Werturteile in eine Definition mit aufzunehmen, heißt aber, sie so gut wie unbrauchbar zu machen. Außerdem werde, so Amnesty, mit einer solchen Definition politischem Mißbrauch Tür und Tor geöffnet, da das Folterverbot dann einfach zu umgehen sei, indem auch grausame Handlungen für „in der gegebenen Situation berechtigt" erklärt werden könnten.

Meines Erachtens ist es notwendig, das Kriterium „Absicht" stärker in seiner gesellschaftlichen Bedeutung und Funktion zu begreifen. So gesehen ist die Sprache des BGH unmißverständlich: Es muß weiterhin Leid zugefügt werden, die psychische und physische Integrität der Gefangenen muß, so lange sie ihre revolutionäre Identität nicht aufgeben, weiter angetastet werden. Kurzum, wenn der Gefangene nicht abschwört und endlich redet, wird weiter „abgedichtet (...), bis man erstickt" (Rasch[274]).

Aber auch bei einer mehr subjektiven Annäherung an das Kriterium der „Absicht" kommt man nicht umhin, die zahlreichen Anhaltspunkte für berechtigte Zweifel an dem „aufrichtigen Glauben" der verantwortlichen Behörden zur Kenntnis zu nehmen. So erklärte BKA-Chef Herold schon im Juni 1972, kurz nach der Festnahme von „Baader u. a.", vor Journalisten zu der absoluten Aussageverweigerung der Gefangenen: „Einer redet immer, das war schon bei den Jüngern Jesu so"[275]. Noch deutlicher formulierte der damalige hessische Justizminister Karl Hemfler dies in einem Interview mit dem niederländischen Fernsehen Mitte 1973: auf die Frage, ob er Isolationshaft von sechs Monaten bis eineinhalb Jahren für angemessen halte, antwortete Hemfler: „Das ist nicht angemessen, aber das liegt zum Teil ja selbst in der Person der Betroffenen, die durch ihr hartnäckiges Weigern oder durch die Tendenz, alles zu verschleiern und auf keinen Fall die Wahrheit zu sagen oder die Wahrheitsfindung zu erleichtern, sich das selbst zuzuschreiben haben"[276]. Eine kleine Auswahl von Äußerungen namhafter Politiker soll die Schaffung eines Klimas dokumentieren, in dem sich ein feststellbares Rechtsvakuum hinsichtlich der Gefangenen aus der Guerilla als selbstverständlich präsentieren ließ. Der damalige Bundesinnenminister Genscher erklärte am 7.6.75 im Bundestag: „Die Anarchisten haben sich mit ihren Taten außerhalb jeder denkbaren Form von Gesellschaft gestellt". Der spätere Bundesinnenminister Maihofer übertrumpfte Genscher 1975 noch mit der Äußerung: „Sie haben sich mit ihren Taten nicht nur ins Abseits unserer Gesellschaft, sondern der Weltgesellschaft gestellt"[277]. Wenn eben dieser Minister dann auch noch erklärt, gegen die RAF müsse „das Äußerste" unternommen werden[278], dann braucht man sich keine Illusionen mehr über die Ausführung dieses Programms durch Polizei, Staatsschutz und Gefängnisbehörden zu machen. In seiner Regierungserklärung vom 13.3.75 sagte Bundeskanzler Schmidt, was Revolutionäre, die sich „als Gewaltkriminelle selbst außerhalb der Spielregeln (stellen), die unser demokratischer Rechtsstaat setzt", zu erwarten haben: „(...) härtestes Durchgreifen eines Staates, der sich in einer Verteidigungsposition nicht scheuen kann, selbst zu töten (...)". Die Tatsache, daß sich die obigen Äußerungen auf noch freie Mitglieder der Guerilla bezogen, tut der Konstatierung eines Rechtsvakuums für Gefangene aus der Guerilla keinen Abbruch; immerhin betrachteten die Justizbehörden freie und gefangene Guerilleros als Einheit, schließlich gingen sie ja sogar davon aus, daß die freie Guerilla durch ihren inhaftierten „harten Kern" und unterstützt von den Verteidigern geleitet werde. Was dies für den „harten Kern" zu bedeuten hatte, formulierte BKA-Chef Herold im Mai 1975: „Die Nervenknoten des Gegners herausisolieren, und sie dann gezielt mit Maßnahmen angehen, paralysieren, neutralisieren"[279]. Es ging jedoch nicht nur darum, die Gefangenen zu „paralysieren", sondern gleichzeitig wurde noch ein zweites Ziel anvisiert, wie Herold schon im Januar 1972 mitgeteilt hatte: „Aktionen gegen die RAF müssen immer so abgewickelt werden, daß Sympathisantenpositionen abgedrückt werden" [280]. Der zermürbte Gefangene als abschreckendes Beispiel für Sympathisanten entspricht direkt einem weiteren Folterkriterium: der Einschüchterung Dritter. Wie schon in Abschnitt 4.1. erwähnt, hatte das Gericht unter Vorsitz von Prinzing die Verteidigung nicht nur daran gehindert, die Sachverständigen in der Verhandlung zu hören, sondern ihnen auch die Möglichkeit genommen, die schriftlichen Gutachten noch vor der Beschlußfassung des Gerichts zu veröffentlichen und öffentlich zu erörtern. Nach Bekanntgabe des § 231a-Beschlusses vom 30.9.75 wurde die Verhandlung wieder unterbrochen, ohne daß weitere Diskussionen gestattet worden waren, und bis zur Bekanntgabe des BGH-Beschlusses vom 22. 10. 75 vertagt. Der erste Sitzungstag nach Vorlage des BGH-Beschlusses bot Angeklagten und Verteidigern auch erstmals wieder die Möglichkeit, in das Verfahren eingreifen zu können. Das war durch die für zulässig erklärte Fortsetzung des Prozesses in Abwesenheit der Angeklagten wiederum nur in Form eines Ablehnungsantrags gegen alle fünf am Verfahren teilnehmenden Richter möglich. Der Antrag stützte sich hauptsächlich auf die Weigerung des Gerichts, trotz aller Empfehlungen der Sachverständigen auch nur einigermaßen substantielle Veränderungen der Haftbedingungen zu beschließen. Während der Verlesung des Antrags wurde sowohl den Angeklagten als auch den Verteidigern nacheinander wegen „Weitschweifigkeit, fehlendem Zusammenhang und außerdem Beleidigung durch die Behauptung, es werde hier gefoltert", das Wort entzogen[281]. Die Absurdität des Wortentzugs liegt darin, daß die Richter abgelehnt worden waren, weil sie Folter(-haftbedingungen) anordneten und aufrechterhielten, während Verteidigung und Angeklagten das Wort entzogen wurde, weil sie genau dies auch vor Gericht aussprachen. Die Begründung des Ablehnungsantrags wurde vom Gericht also benutzt, um der Verteidigung zu verbieten, das Thema Haftbedingungen und Folter weiter einzubringen.

4.3. Beschluß des BVerfG vom 21.1.76 (Verfassungskonforme Ausschlüsse)[282]

Mit diesem Beschluß wird sowohl § 231a StPO selbst, als auch seine Interpretation durch den BGH vom Bundesverfassungsgericht für verfassungsgemäß erklärt. Die Verfassungsrichter stellten in der Begründung ihres Beschlusses fest, daß weder gegen den grundgesetzlich garantierten Anspruch auf rechtliches Gehör (Artikel 103, I GG) noch gegen das Recht auf ein faires Verfahren (Artikel 2, I i.V. mit Artikel 20, III GG) verstoßen worden sei.

Prof. Dr. Grünwald kommt in seiner Analyse des BGH-Beschlusses zur genau entgegengesetzten Schlußfolgerung: sowohl der § 231 a StPO als auch seine Auslegung und Anwendung durch den BGH könnten einer grundsätzlichen Überprüfung nicht standhalten[283]. Eine ausführliche Betrachtung von Grünwalds Analyse würde hier zu weit führen; ich beschränke mich deshalb auf nur einen markanten Punkt.

Auch der BGH ist – in Übereinstimmung mit dem OLG Stuttgart – der Auffassung, daß Angeklagte, die nur zeitlich begrenzt verhandlungsfähig sind, unter Umständen als verhandlungsunfähig im Sinn von § 231a StPO zu betrachten sind, und zwar dann, wenn in Bezug auf das konkrete Verfahren nicht mehr von einer „ordnungsmäßigen Durchführung oder Fortsetzung der Hauptverhandlung" ausgegangen werden kann. Diese Interpretation des § 231a wird nun vom BVerfG für übereinstimmend mit dem „Gebot des Rechtsstaatsprinzips, das die Aufrechterhaltung einer funktionstüchtigen Strafrechtspflege verlangt", erklärt.

Die Idee des bürgerlichen Rechtsstaats beinhaltet jedoch absolute Grenzen für eine Verfolgung staatlicher Interessen gegenüber dem Einzelnen. Grünwald: „Das Rechtsstaatsprinzip ist ein Schutzwall, an dem sich die Strafverfolgungsinteressen brechen". Mit seinem Beschluß habe das BVerfG nun die Interessen der Strafverfolgungsbehörden „in die Mauern des Rechtsstaatsprinzips" aufgenommen. In dem Augenblick jedoch, in dem traditionell rechtsstaatliche Strafverfahrensprinzipien schlichtweg gegen Strafverfolgungsinteressen abgewogen werden, sind die bestimmbaren Grenzen gegenüber den Eingriffen der Strafverfolgungsbehörden in einem Auflösungsprozeß begriffen, rational kontrollierbare Kriterien bestehen dann nicht mehr. Es stellt sich dann nur noch die Frage, welche Gewichtung Gesetzgeber oder BVerfG Strafverfolgungsinteressen zukommen lassen. Dadurch wird der Rechtsstaatsgedanke jedoch in sein Gegenteil verkehrt. Noch einmal Grünwald: „Der Rechtsstaatsbegriff wird pervertiert, wenn er gegen den Beschuldigten gelenkt und als Legitimation für Entfaltung der Staatsgewalt im Interesse der Strafverfolgung verwendet wird“[284].

Kapitel VII: Kontradiktorisches Verfahren oder Scheinveranstaltung? (28. 10. 75 bis 11.1.77)

1. Die Beweisaufnahme

In den § 244 ff. StPO ist die Beweisaufnahme geregelt. Unterschieden wird im Strafprozeßrecht zwischen einem „Strengbeweisverfahren" und einem „Freibeweisverfahren"[1]. Ersteres betrifft die Beweisaufnahme vor Gericht über den Sachverhalt, der in der Anklageschrift aufgeführt ist, etwa der Bereich der Täterschaft oder der Schuldzuweisung[2]. Diese Form der Beweisaufnahme ist durch die beiden in enger Verbindung stehenden Prinzipien der Unmittelbarkeit und der mündlichen Verhandlung gekennzeichnet. Aus dem Prinzip der Unmittelbarkeit folgt z. B., daß grundsätzlich nicht gegen einen abwesenden Angeklagten verhandelt werden darf, und daß der Angeklagte seinerseits verpflichtet ist, an der gesamten Verhandlung teilzunehmen.

Für den Richter ergeben sich aus dem Unmittelbarkeitsgrundsatz folgende Verpflichtungen: Erstens sind alle angeführten Beweise selbst durch direkte eigene sinnliche Wahrnehmung zur Kenntnis zu nehmen und festzustellen, zweitens hat er seine Meinungs- und Urteilsbildung so weitgehend wie möglich auf die Beweismittel zu stützen, die am unmittelbarsten der Wahrheitsfindung dienen können. So ist es grundsätzlich nicht gestattet, die Anhörung eines Polizeibeamten in der mündlichen Verhandlung durch das Verlesen eines von ihm zu einem früheren Zeitpunkt angefertigten Vernehmungsprotokolls zu ersetzen[3]. Andererseits widerspricht es dem Prinzip der Unmittelbarkeit nicht, einen mittelbaren Zeugen, den „Zeugen vom Hörensagen", als Beweismittel anzuerkennen, obwohl er nicht unmittelbarer Tatzeuge ist (etwa ein Polizeibeamter, der einen nicht erreichbaren Tatzeugen irgendwann einmal vernommen hat)[4]. Ebensowenig gilt, daß die Aussage eines unmittelbaren Zeugen unter allen Umständen Vorrang vor einer mittelbaren Aussage (vom Hörensagen) genießt; so wird auch die Zeugenaussage jenes Polizeibeamten vom Gericht akzeptiert, der über eine von ihm geführte Vernehmung eines Zeugen Bericht erstattet, dessen Personalien die Behörden nicht bekanntgeben wollen, und der folglich vom Gericht nicht gehört werden kann (Das gilt vor allem für die verdeckt arbeitenden Vertrauens-Leute der Polizei)[5].

Das Prinzip der mündlichen Verhandlung beinhaltet, daß ausschließlich der mündlich vor Gericht behandelte Prozeßstoff Grundlage des Urteils sein darf[6].

Der Grundsatz der Unmittelbarkeit und das Prinzip der mündlichen

Verhandlung korrelieren mit dem Grundsatz der freien Beweiswürdigung, wie er in § 261 StPO festgelegt ist. Demzufolge ist ein Richter nicht an bestimmte Beweisregeln gebunden, d.h. an gesetzliche Vorschriften, die festlegen, unter welchen Bedingungen ein Tatbestand als bewiesen gilt oder nicht[7].

Das sogenannte Freibeweisverfahren ist in erster Linie für Verfahrensfragen von Bedeutung. Die im vorigen Kapitel erörterten Probleme der Verfahrensvoraussetzungen, insbesondere die Verhandlungsfähigkeit und das Recht auf Verteidigung, waren demzufolge auch im Freibeweisverfahren abgehandelt worden. „Frei" ist in diesem Zusammenhang jedoch nicht mit „beliebig" zu interpretieren[8]. Auch hier hat das Gericht seine Aufklärungspflicht zu erfüllen; gemäß § 244 Abs. II StPO ist es von Amts wegen verpflichtet, im Interesse der Wahrheitsfindung alle Tatsachen und Beweismittel, die für seine Entscheidungen von Bedeutung sind, genau zu untersuchen. Die permanenten Angriffe der Verteidigung während der im vorigen Kapitel behandelten Prozeßphase richteten sich primär gegen die von ihr dargelegten Verstöße gegen diese richterliche Aufklärungspflicht und prozessuale Fürsorgepflicht („Die Pflicht, Verfahrensmängel zu heilen, gehört ebenfalls zur Fürsorgepflicht. . ."[9]).

Einer der wesentlichen Unterschiede zwischen dem niederländischen und dem westdeutschen Beweisrecht besteht in der Konkretisierung des Prinzips der Unmittelbarkeit gemäß § 250 StPO:

> „Beruht der Beweis einer Tatsache auf der Wahrnehmung einer Person, so ist diese in der Hauptverhandlung zu vernehmen. Die Vernehmung darf nicht durch Verlesung des über eine frühere Vernehmung aufgenommenen Protokolls oder einer schriftlichen Erklärung ersetzt werden".

Nach niederländischem Strafprozeßrecht ist dem Prinzip der Unmittelbarkeit im allgemeinen dann Genüge getan, wenn alles, was zur Beweisführung dient, während der Hauptverhandlung in Erscheinung getreten ist[10]. Das bedeutet z. B., daß als ausreichend betrachtet wird, wenn Vernehmungsprotokolle von Ermittlungsbeamten vor Gericht verlesen werden oder deren Inhalt mitgeteilt wird (ein solches Vernehmungsprotokoll kann sogar als ausschließliches Beweismittel dienen)[11]. Nach westdeutschem Strafrecht (§ 250 StPO) ist dies jedoch ausdrücklich untersagt (einige Ausnahmeregelungen enthält § 251 StPO). Zeugen und Sachverständige, die bereits vor der Hauptverhandlung Aussagen oder Erklärungen zu Protokoll gegeben haben, oder Ermittlungsbeamte, die ihre für eine Beweisführung relevanten Ergebnisse (etwa beschlagnahmte Gegenstände oder andere „stille Zeugen") in entsprechenden Ermittlungsprotokollen aufgenommen haben, müssen dazu grundsätzlich vor Gericht gehört werden. Hier liegt einer der Gründe, warum Strafsachen, die in den Niederlanden innerhalb einer Stunde vom Gericht abgehandelt werden (was für die überwiegende Zahl aller Strafsachen gilt), in der BRD mehrere Stunden, Tage oder Wochen in Anspruch nehmen können. Ein weiterer Grund für die unterschiedliche Länge von Strafverfahren ist auf das niederländische „Opportunitätsprinzip" zurückzuführen, während die Strafverfolgungsinstanzen in der BRD dem „Legalitätsprinzip" verpflichtet sind. Die Befugtheit der niederländischen Staatsanwaltschaft, nach dem Opportunitätsprinzip „aus Gründen des Allgemeininteresses"[12] von einer Strafverfolgung abzusehen, hat häufig zur Folge, daß Angeklagte nur wegen einer oder einiger weniger Straftaten verfolgt werden, obwohl es der Staatsanwaltschaft möglich wäre, eine ganze Reihe von Straftatbeständen in die Anklage aufzunehmen. Demgegenüber ist die westdeutsche Staatsanwaltschaft gemäß dem Legalitätsprinzip grundsätzlich verpflichtet, die Strafverfolgung wegen aller verfolgbaren strafbaren Handlungen (mit Ausnahme von sogenannten Ordnungswidrigkeiten, also leichten Gesetzesübertretungen) aufzunehmen, wenn begründete Anhaltspunkte vorliegen[13].

Obwohl im Lauf der Jahre zahlreiche Ausnahmeregelungen gesetzlich fixiert wurden (teilweise gebunden an ein Einverständnis der gerichtlichen Instanz, die den betreffenden Straftatbestand gegebenenfalls zu beurteilen hat[14]), ist das Legalitätsprinzip für Verbrechen noch so gut wie uneingeschränkt gültig. „Verbrechen" sind strafbare Handlungen, die mit einer Mindeststrafe von mindestens einem Jahr geahndet werden[15], wie z. B. Mord, Totschlag, Sprengstoffdelikte, Erpressung, Meineid.

Dennoch lassen sich auch hinsichtlich dieser Delikte Ausnahmeregelungen für die Anwendung des Legalitätsprinzips nennen. Die wichtigsten Regelungen sind in den §§ 154 und 154a StPO zu finden. Danach ist die Staatsanwaltschaft berechtigt, von weiterer Strafverfolgung abzusehen und sogar in einen laufenden Prozeß mit dem Antrag einzugreifen, das Verfahren einzustellen oder nur noch einen Teil der Anklage zu verfolgen, wenn der Angeklagte für eine andere Straftat oder für den verbleibenden Teil der Anklage eine so hohe Strafe erhalten oder zu erwarte hat, daß das zu erwartende Strafmaß für das nicht mehr weiter zu verfolgende Delikt „nicht ins Gewicht fällt". Nach dieser positivrechtlichen Betrachtung wird es nicht mehr weiter verwundern, daß der Stammheimer Prozeß in Abwesenheit der Angeklagten im wesentlichen der Vernehmung von Zeugen und Sachverständigen gewidmet war.

Die BAW hatte in der Anklageschrift rund 1.000 Zeugen und 100 Sachverständige als Beweismittel aufgeführt; der größte Teil der Zeugen waren Polizeibeamte. Im Prozeß wurden gut 300 Polizisten auch tatsächlich gehört. Allein zum Vorgang der Verhaftung der Angeklagten mußten 60 Zeugen und Sachverständige befragt werden; hauptsächlich ging es um Baader, Raspe und Ensslin, denen versuchter Totschlag bei der Festnahme zur Last gelegt wurde. Zu den Sprengstoffanschlägen auf die amerikanischen Hauptquartiere in Frankfurt und Heidelberg wurden 70 Zeugen gehört, zu den Anschlägen auf Polizeigebäude in Augsburg und München 50 Zeugen und zum Anschlag auf das Hochhaus des Springer-

Verlags in Hamburg 40 Zeugen. Im Juli 1976 war die Anhörung der von der BAW aufgeführten Zeugen und Sachverständigen so gut wie abgeschlossen.

Zu den im vorigen Kapitel (Abschnitt 2.2.) aufgezählten Straftaten: Banküberfälle und Einbrüche in Einwohnermeldeämter wurden keine Zeugen vernommen. Die BAW hatte Mitte Mai 1976 von der ihr nach §§ 154 und 154a StPO zustehenden Befugnis Gebrauch gemacht und das Gericht ersucht, von einer weiteren Strafverfolgung dieser Delikte abzusehen[16]. Daß das Gericht diesem Antrag stattgeben würde, ließ sich Prinzings unmittelbarer Reaktion auf die Antragstellung entnehmen: „Es ist ein sehr bedeutsamer Antrag, der für die Gestaltung des weiteren Verfahrens entscheidend an Bedeutung gewinnen kann“[17]. Das Gericht konnte damit einen umfangreichen Teil lästiger Beweisaufnahme ersparen. Noch am selben Tag entschied das Gericht denn auch, die Beweisaufnahme vorläufig auf die schon verhandelten Teile der Anklage: Widerstand bei der Festnahme, Sprengstoffanschläge und kriminelle Vereinigung zu beschränken[18]. Definitiven Charakter erhielt dieser Beschluß jedoch erst mit dem Urteil, das den Stammheimer Prozeß abschloß.

Ende Juli 1976 begann die Vernehmung der von der Verteidigung benannten Zeugen, soweit das Gericht den Anträgen, diese Zeugen zu laden, entsprochen hatte. Angehört wurden u. a. 15 Gefangene aus der RAF und der Bewegung 2. Juni, 15 Polizeibeamte (die zum Teil schon als Zeugen gehört worden waren), acht Journalisten, einige hohe Justizbeamte und mehrere Rechtsanwälte.

Formell war die Beweisaufnahme am 28.9.76 abgeschlossen; anschließend plädierte die BAW. Unmittelbar danach mußte die Beweisaufnahme aufgrund neuer Beweisanträge der Verteidigung wieder eröffnet werden[19]. Sie sollte noch bis zum Frühjahr 1977 dauern. Angesichts bestimmter Entwicklungen und Ereignisse innerhalb und außerhalb des Prozesses, auf die in diesem und im nächsten Kapitel noch eingegangen wird, sah sich die Verteidigung außerstande, ihrerseits Plädoyers zu halten.

Die Urteilsverkündung fand am 28.4.77 statt.

In diesem Kapitel soll der Prozeßverlauf bis Mitte Januar 1977 verfolgt werden. Wegen der Übersichtlichkeit habe ich den Prozeßstoff in Abschnitte unterteilt, die die Beiträge der Prozeßbeteiligten – Bundesanwaltschaft, Verteidigung, Angeklagte – näher beleuchten. Den jeweiligen Entscheidungen des Gerichts ist kein gesonderter Abschnitt zugeteilt, sie finden sich im laufenden Text. Der vorgenommene Einschnitt Mitte Januar 1977 war notwendig, weil danach Tatsachen ans Licht kamen, die von unmittelbarer Bedeutung für den Prozeß waren, wie etwa das Abhören von Gesprächen zwischen Verteidigern und Angeklagten im Stammheimer Gefängnis.

In den beiden nun folgenden Abschnitten wird noch einmal kurz auf die Auswirkungen der im vorangegangenen Kapitel behandelten Phase des Prozesses eingegangen.

1.2. Antrag auf Haftverschonung

Die Stellung dieses Antrags läßt sich als „vorläufig letztes Zucken" der Verteidigung zum Thema Haftbedingungen bezeichnen. Zwei Monate nach Vorlage der medizinischen Gutachten Mitte September 1975 waren die Haftbedingungen durch Prinzings Verfügung vom 28. 11. 75 „abschließend geregelt" worden. Diese Regelung bedeutete in der Praxis eine Verschlechterung gegenüber den früheren Bedingungen. Deshalb wurde am 10. 12. 75 im Namen von Baader und Ensslin ein Antrag auf Haftverschonung, also Freilassung, gestellt[20]. Die rechtliche Basis für diesen Antrag enthält § 116 StPO (i.V.m. § 126 Abs. II), demzufolge ein Richter befugt ist, die Vollstreckung der Untersuchungshaft auszusetzen, falls die Haftziele wie Verhinderung von Flucht oder Verdunklungsgefahr auch mit weniger einschneidenden Mitteln, z. B. durch regelmäßiges Melden bei der örtlichen Polizeidienststelle, zu erreichen sind. In der juristischen Fachliteratur wird § 116 StPO als auf die Haftsituation bezogene Ausprägung des verfassungsrechtlichen Grundsatzes der Verhältnismäßigkeit betrachtet[21]. Der Grundsatz der Verhältnismäßigkeit ist als ausschlaggebendes Kriterium für die Anordnung und Dauer der Untersuchungshaft anzusehen, welches das – so das Bundesverfassungsgericht – Spannungsverhältnis zwischen den Artikeln 2 und 104 GG (Recht auf Leben und Freiheit, Verbot der physischen und psychischen Mißhandlung inhaftierter Menschen) einerseits und der Notwendigkeit bzw. den Erfordernissen einer effektiven Strafverfolgung andererseits deutlich ausdrückt[22].

Im vorliegenden Fall argumentierte die Verteidigung wie folgt: Eine Fortsetzung der Inhaftierung unter den gegebenen Bedingungen könne nur zu einer weiteren Verschlechterung der gesundheitlichen Verfassung der Angeklagten führen und – in absehbarer Zeit – sogar zu einer absoluten Zerstörung der Vitalsubstanz. Dies verstoße gegen den Grundsatz der Verhältnismäßigkeit.

Zur Untermauerung der Behauptung berief sich die Verteidigung nicht nur erneut auf die Ergebnisse wissenschaftlicher Erforschung von sozialer und sensorischer Deprivation, sondern auch auf die medizinischen Sachverständigen, die sich dazu eindeutig geäußert hatten. Zusätzlich hatte Prof. Rasch noch am 7. 11. 75 Prinzing schriftlich mitgeteilt: „Schwer vorstellbar dürfte allerdings sein, die bei den Angeklagten bestehenden Isolationsfolgen therapeutisch anzugehen, ohne die jetzigen Haftbedingungen grundlegend zu ändern"[23]. Weiter hatte Rasch angedeutet, daß – sollte eine Integration in den Normalvollzug aus Sicherheitsüberlegungen nicht in Betracht kommen – an die Bildung einer Gruppe aus zehn bis 14 Personen gedacht werden müßte, um den minimalsten Anforderungen sozialer Interaktion gerecht werden zu können und damit die notwendigsten Voraussetzungen zu erfüllen, um eine weitere Verschlechterung der gesundheitlichen Verfassung zu verhindern.

Am 16. 12. 75 lehnte das Gericht den Antrag ohne Umschweife ab[24]. Fluchtgefahr sei in erheblichem Maße gegeben, und die Gefährlichkeit der Angeklagten erfordere darauf abgestimmte Haftbedingungen. Nur Haftunfähigkeit[25] könne zu einer Entlassung aus der Untersuchungshaft führen; sie sei von den Sachverständigen jedoch nicht festgestellt worden. Obwohl für die Entscheidung nicht relevant, ging das Gericht anschließend nochmals auf die Haftbedingungen selbst ein. Es hob die „besonderen Privilegien" der Angeklagten erneut ausdrücklich hervor: ihnen sei unter Aufsicht täglich einige Stunden Umschluß im Gefängnisflur gestattet worden, obwohl in der Regel sowohl der Mittäterschaft verdächtigte als auch weibliche und männliche Häftlinge streng getrennt gehalten würden. Außerdem sei man Raschs Empfehlung entgegengekommen, da man den Angeklagten gemeinsamen Hofgang mit einer begrenzten Zahl von Mitgefangenen gestattet habe. Die Angeklagten würden sich jedoch weigern, von dieser Möglichkeit Gebrauch zu machen. Das Gericht beendete seine Ausführungen mit der Feststellung:

> „Er (der Senat – BS) kann den Angeklagten ärztliche und sonstige bessernde Behandlung nicht aufnötigen, er kann die Angeklagten nicht einmal hindern, bewußt gesundheitsschädigende Schritte zu unternehmen. Der Senat kann nur hoffen, daß die Angeklagten und ihre Verteidiger aus der selbstschädigenden, ja selbstzerstörerischen Wirkung von vergangenen Hungerstreiks die richtigen Folgerungen gezogen haben und davon absehen, aus der ‚Krankheit eine Waffe machen' zu wollen".

Die in diesem Beschluß enthaltene Botschaft war mehr als eindeutig und wurde von der Presse dementsprechend weitergetragen[26]: Das Gericht tat, was es konnte, um eine Besserung der gesundheitlichen Verfassung der Angeklagten zu ermöglichen, es konnte nur hoffen, daß die Angeklagten und ihre Verteidiger (!) einer solchen Besserung nicht länger mutwillig entgegenwirken würden.

Die Reaktion der Verteidigung bestand im Einreichen des 29. Ablehnungsantrags wegen Besorgnis der Befangenheit des Gerichts[27]. Die Voreingenommenheit des Gerichts gehe aus den in diesem Beschluß angeführten Begründungen unmißverständlich hervor. Auf die weitere Argumentation der Verteidigung soll hier nur in einem Punkt eingegangen werden: der angeblichen Weigerung der Angeklagten, am gemeinsamen Hofgang mit anderen Gefangenen teilzunehmen. Dieses Angebot sei, so die Verteidigung, zumindest für die weiblichen Angeklagten als völlig utopisch zu bezeichnen, weil die Mitgefangenen sich weigerten, die mit dem Hofgang verbundenen Begleitmaßnahmen, z. B. völliges Entkleiden und peinliche körperliche Durchsuchungen vor und nach dem Hofgang, zu akzeptieren. Was die männlichen Gefangenen betreffe, so habe die Anstaltsleitung vorgehabt, den Hofgang auf drei bis vier ausgewählte Mitgefangene zu beschränken.

Hauptanlaß für den Ablehnungsantrag war jedoch die Formulierung der oben zitierten Schlußpassage des Gerichtsentscheids: Sie enthalte die Unterstellung, die Angeklagten hätten die Verschlechterung ihrer gesundheitlichen Verfassung bewußt herbeigeführt, und die Hungerstreiks seien für den schlechten Gesundheitszustand der Angeklagten verantwortlich. In den medizinischen Gutachten ließen sich dafür keine Anhaltspunkte finden, das Gegenteil sei der Fall.

Der Ablehnungsantrag wurde einstimmig als unzulässig zurückgewiesen, mit der sattsam bekannten Begründung, er diene lediglich der Prozeßverschleppung[28]. Auf die von der Verteidigung vorgebrachten Argumente ging das Gericht inhaltlich nicht weiter ein; zu der beanstandeten Schlußpassage teilte es nur mit, sie sei im Zusammenhang mit den „sachlich völlig unbegründeten Ausführungen der Verteidiger, die Haftbedingungen führten zum Tod der Gefangenen", zustandegekommen.

Anläßlich dieses Gerichtsbeschlusses ging Prinzing noch einmal kurz auf die Haftbedingungen der Angeklagten ein. Die Anstaltsleitung habe ihm mitgeteilt, daß von einer Beschränkung auf drei bis vier Mitgefangene nicht die Rede sein könne, sie habe den Angeklagten lediglich mitgeteilt, daß sie sich auf eine bestimmte Zahl von Mitgefangenen nicht festlegen könne, und daß es eben manchmal dann auch drei bis vier sein könnten. Auf den Hofgang der weiblichen Angeklagten ging Prinzing nicht ein; im übrigen könnten sich die Angeklagten im Rahmen der Untersuchungshaftvollzugsordnung beschweren.

1.3. Die weitere Behinderung und Zerschlagung der Verteidigung

Ebenfalls im Herbst 1975 fielen einige gerichtliche Entscheidungen, die die ohnehin kaum noch funktionsfähige Verteidigung in Stammheim weiter einschränkten und den restlichen Verteidigern Heldmann und Schily deutlich machten, daß auch ihrer Teilnahme jederzeit vom Gericht ein Ende gesetzt werden könnte. Die Rechtsanwältin Marie Louise Becker blieb inzwischen wegen Krankheit weitgehend verhindert, und auch Rechtsanwalt Helmut Riedel schien dem in Stammheim herrschenden Prozeßklima nicht mehr gewachsen zu sein. Beide ließen sich regelmäßig von anderen Rechtsanwälten oder Referendaren vertreten[29].

Wie schon im vorigen Kapitel (Abschnitt 4.2.) ausgeführt, hatte das Gericht noch vor dem Beschluß vom 30.9.75 über die Ausschließung der Angeklagten mittels Prinzings Prozeßführung verhindert, daß die medizinischen Sachverständigen vor Gericht gehört und ihre Gutachten erörtert werden konnten. Auch nach der Bekanntgabe des Beschlusses über die Ausschließung der Angeklagten war das nicht möglich gewesen, da die Sitzung unmittelbar danach, in Erwartung einer Entscheidung des BGH über die vom Gericht zu Recht erwartete Beschwerde der Verteidigung gegen die Ausschlüsse, vertagt worden war. Nach der bestätigenden Entscheidung des BGH vom 22. 10. 75 wurde die Sitzung am 28. 10. 75 wieder eröffnet. Die Verteidigung beabsichtigte, an diesem Tag die Prozeßleitung, die Ausschließungsbeschlüsse und das Ausbleiben jeglicher Veränderungen der Haftbedingungen ungeachtet der Sachverständigenempfehlungen mittels eines Ablehnungsantrags gegen alle am Prozeß teilnehmenden Richter ausführlich zu thematisieren. Zur personellen Verstärkung war beschlossen worden, weitere Rechtsanwälte hinzuzuziehen. Die Anwälte Henning Spangenberg und Armin Golzem, die bis dahin in Prozessen gegen andere Gefangene aus der RAF verteidigten, hatten in Absprache mit ihren Mandanten ihre Verteidigeraufträge beendet und sich als Wahlverteidiger von Raspe und Meinhof gemeldet, ebenso Rainer Köncke, der zugleich Wahlverteidiger von Ulrike Meinhof war, aber bisher in Stammheim noch nicht aufgetreten war. Wie bereits erwähnt (Kapitel VI, Abschnitt 4.2.), verlief die wiedereröffnete Sitzung ausgesprochen tumultartig, da Verteidigern und Angeklagten während der Verlesung des Ablehnungsantrags einem nach dem anderen das Wort entzogen wurde. Tags darauf, am 4. 11. 75, erhielt die Verteidigung die Rechnung dafür: aufgrund von § 146 StPO wurde den Rechtsanwälten Golzem, Spangenberg und Köncke verboten, weiter am Prozeß als Verteidiger teilzunehmen. Die faktische Ausschließung der drei Anwälte basierte auf folgender Auslegung des § 146 StPO: Aus dem Verbot der Mehrfachverteidigung bzw. der ihm zugrunde liegenden Absicht der Vermeidung von Interessenkollisionen folge, daß das Verbot nicht nur für die Verteidigung von mehreren Angeklagten in einem Prozeß gelte, sondern auch für die Verteidigung von mehreren Angeklagten, die in verschiedenen Prozessen wegen desselben Tatsachenkomplexes vor Gericht stehen. Die mit diesem Verbot verfolgte Absicht werde unterlaufen, würde man eine durch Mandatwechsel entstehende Sukzessivverteidigung zugestehen. Aus mehreren Gründen wurde diese Auslegung von den Verteidigern für unrichtig erachtet. Erstens sei in der für § 146 StPO geltenden Übergangsregelung ausdrücklich von einem Verteidiger mehrerer Angeklagter „in dem selben Verfahren" die Rede; halte man sich also streng an den Gesetzestext, so könne man unmöglich zu der vom Gericht gehandhabten Auslegung kommen[30]. Zweitens müsse § 146 als verfahrensmäßige Bestimmung, die sowohl den Angeklagten als auch den Verteidiger erheblich in seinen Grundrechten beschneide, auf jeden Fall restriktiv ausgelegt werden; die vom OLG gefundene Interpretation jedoch sei ganz eindeutig (zweckbestimmt-)extensiv.

Wie schon erwähnt[31], ließ das BVerfG auch diese Entscheidung des OLG unangetastet, so daß § 146 StPO bzw. dessen gerichtliche Anwendung und Auslegung zu einem der Haupthindernisse einer adäquaten Verteidigung von Angeklagten wurde, die wegen § 129 StGB vor Gericht stehen.

Vielleicht ist die nachweislich zweckgerichtete Weise, mit der diese Waffe gegen die Verteidigung in Stammheim eingesetzt wurde, noch interessanter als die juristische Begründung. So war Rechtsanwalt Könkke immerhin bereits vor Prozeßbeginn im Mai 1975 als Wahlverteidiger von Meinhof zugelassen worden; von der Anwendung des § 146 StPO wurde er jedoch erst dann betroffen, als er am 28. 10. 75 zum erstenmal als Verteidiger im Prozeß auftrat. Zudem hatten BAW und Gericht erst *nach* Ablauf eines ganzen Verhandlungstages, an dem sich vor allem Spangenberg und Golzem zu Wort gemeldet hatten, zu dieser Waffe gegriffen, obwohl alle Prozeßbeteiligten über die Mandatsverhältnisse der Rechtsanwälte genau unterrichtet gewesen waren. Schließlich wäre es dem Gericht ein leichtes gewesen, auch Schily aus den gleichen Gründen hinauszuweisen. Immerhin hatte er jahrelang Ingrid Schubert verteidigt, eine Gefangene aus der RAF, die teilweise der gleichen Straftatbestände wie Schilys Mandantin Ensslin angeklagt war. Als Schily das Gericht darauf aufmerksam machte und gleichzeitig wissen wollte, woran er nun sei, wurde ihm mitgeteilt, daß dies noch näherer Betrachtung bedürfe. Zu erwarten war jedoch, daß das Gericht nichts gegen Schily unternehmen werde; nicht nur in linksliberalen Kreisen haftete ihm das Image des integren Anwalts an; eine Ausschließung aufgrund von § 146 StPO würde allgemein Aufsehen erregen und Zweifel an der Legitimität der Prozeßführung nur noch steigern. Schließlich kannte das Gericht u. a. aus beschlagnahmten Zellenrundbriefen die kritische Haltung der Angeklagten gegenüber Schily. Eine Beendigung von Schilys Teilnahme an der Verteidigung wegen Meinungsverschiedenheiten zwischen ihm und den Angeklagten war dem Gericht zweifellos lieber als eine öffentlich nur schlecht zu verkaufende Ausschließung. Die Ausschaltung Schilys zu diesem Zeitpunkt wäre auch deshalb äußerst problematisch gewesen, weil das Gericht durch Beschluß vom 4. 11. 75 nicht nur den Rechtsanwälten Köncke, Golzem und Spangenberg die weitere Teilnahme am Prozeß untersagt hatte, sondern es hatte auch den von Anfang an am Verfahren teilnehmenden Verteidiger Raspes, Rupert von Plottnitz, durch die Rücknahme der Pflichtverteidigerbestellung faktisch ausgeschaltet. Die Verteidigung war damit auf Schily und Heldmann reduziert! Meinhof und Raspe standen ohne einen auch nur einigermaßen eingearbeiteten Verteidiger da. Am 14. 11. 75 verkündete das Gericht die Entscheidung, Schily könne bleiben; eine (nicht veröffentlichte) Entscheidung, die damit begründet wurde, daß der Prozeß gegen Ingrid Schubert bereits in der Revisionsphase sei. Eine „Kollisionsgefahr", der durch § 146 StPO begegnet werden solle, sei damit weniger schwer zu bewerten als das Interesse Ensslins an einer weiteren Verteidigung durch

Schily. Der unmittelbare Anlaß für die faktische Ausschließung von Plottnitz, lag ebenfalls im tumultartigen Ablauf der Sitzung am 28. 10. 75. Von Plottnitz hatte den Ablehnungsantrag gegen das komplette Gericht wegen Befangenheit eingebracht. Diese Befangenheit wurde mit drei in Verbindung stehenden Sachverhalten begründet: 1. der seit der Vorlage der Sachverständigengutachten konsequent verfolgten Strategie, jegliche Diskussion über diese Gutachten in der Verhandlung zu verhindern; 2. der Begründung des Ausschließungsbeschlusses vom 30.9.75; 3. den trotz gegenteiliger Empfehlungen der Sachverständigen unverändert gebliebenen Haftbedingungen.

Schon nach wenigen Minuten unterbrach Prinzing von Plottnitz und bat ihn, deutlich zu machen, worin die Unverzüglichkeit des Ablehnungsantrags bestehe[32]. § 25 Abs. 2 Satz 2 StPO zufolge muß eine eventuelle Ablehnung „unverzüglich geltend gemacht werden", d.h. ein entsprechender Antrag muß unmittelbar nach Bekanntwerden bestimmter Tatsachen und/oder Umstände, auf denen der Antrag basiert, eingereicht werden. Streng genommen traf dies nur auf den dritten Themenkomplex, die aktuellen Haftbedingungen, zu. Prinzing bestritt zwar nicht, daß im Rahmen eines unverzüglichen Ablehnungsantrags auch weiter zurückliegende Geschehnisse, die mit aktuellen Gegebenheiten im Zusammenhang stehen, angeführt werden können, war jedoch mit der Antwort von Plottnitz', die Unverzüglichkeit werde aus dem Zusammenhang noch deutlich, nicht zufrieden und bestand darauf, daß der Anwalt den dritten Themenkomplex zuerst behandele. Diese Forderung bezeichneten die Verteidiger als unzulässige inhaltliche Einmischung in die Angelegenheiten der Verteidigung, als Zensur. Auch konnten sie auf die entsprechende strafprozeßrechtliche Regelung der Ablehnung wegen Besorgnis der Befangenheit verweisen, die dem Richter allein die Möglichkeit bietet, einen verspäteten Ablehnungsantrag als unzulässig zurückzuweisen (§ 26a Abs. 1 StPO); eine Beurteilung, die jedoch erst dann möglich ist, wenn der Antrag als Ganzes vorgetragen ist. Prinzing berief sich jedoch auf vermeintlich andersartige Befugnisse, die sich aus seinem Auftrag der Verhandlungsleitung ergäben.

Der hier relevante § 238 Abs. 1 StPO, der die Verhandlungsleitung regelt, lautet:

„Die Leitung der Verhandlung, die Vernehmung des Angeklagten und die Aufnahme des Beweises erfolgt durch den Vorsitzenden".

Bei Löwe-Rosenberg ist folgender Kommentar dazu zu lesen: „Er (der Vorsitzende – BS) erteilt das Wort, und er ist befugt, die Sprechenden zu unterbrechen, um unzulässige Äußerungen, Weitschweifigkeiten und nutzlose Wiederholungen abzumahnen. Er soll die Beteiligten – insbesondere den Angeklagten – nach Möglichkeit ausreden lassen und seine Befugnisse, ihre Ausführungen einzuschränken, nur mit Zurückhaltung ausüben. Bei Mißbrauch kann er einstweilen das Wort entziehen (BGHSt 3.368). Dies gilt auch gegenüber dem Staatsanwalt, dem das Gesetz insoweit keine Sonderstellung einräumt (...). Auf die Dauer darf er das Wort allerdings nicht verweigern, da er nicht das Recht der Beteiligten, Beweisanträge zu stellen, behindern und insbesondere auch nicht die Verteidigungsmöglichkeiten des Angeklagten verkürzen darf"[33].

Prinzing war nun der Meinung, daß von Plottnitz ein Mißbrauch des Rederechts vorzuwerfen sei, so lange die Unverzüglichkeit des Ablehnungsantrags nicht anhand des dritten Tatsachenkomplexes aufgezeigt werde. Die sich ergebende Diskussion wurde immer hitziger, wozu die BAW noch mit der Bitte, von Plottnitz das Wort zu entziehen, beitrug[34]. Nachdem die Verteidiger trotz entsprechender Verwarnungen und Abschalten ihrer Mikrofone nicht zum Schweigen zu bewegen waren, sondern nachdrücklich weiter lautstark dagegen protestierten, daß die Verteidigung auf unzulässige Art und Weise in ihren Rechten eingeschränkt werde, konnte Prinzing es nicht unterlassen, noch einen extra Schuß Öl ins Feuer zu gießen, indem er drohte, die Verteidiger wegen ihres Verhaltens mit einer Anzeige wegen versuchter Nötigung (§ 240 StGB / Höchststrafe drei Jahre) in Verbindung mit Strafvereitelung (§ 258 StGB / Höchststrafe fünf Jahre) zu überziehen[35].

Nachdem von Plottnitz unbeirrt und ungeachtet der Tatsache, daß Prinzing ihm formell das Wort entzogen hatte, mit der Verlesung seines Ablehnungsantrags fortfuhr, beendete und vertagte Prinzing die Sitzung. Diesem plötzlichen Abbruch der Verhandlung hatte Prinzing noch die Bitte an die BAW vorangehen lassen, doch dazu Stellung zu nehmen, „ob Herrn Rechtsanwalt von Plottnitz weiterhin das Pflichtmandat erhalten werden kann"[36]. Es ist nicht einfach, einen eskalierenden Prozeß so auseinanderzunehmen und zu analysieren, daß verständlich wird, wann, warum und durch wen die Verhandlung außer Kontrolle geriet. Meines Erachtens lassen sich drei Ebenen unterscheiden: eine politische, eine juristische und eine psychologische. Auf der psychologischen Ebene bietet sich vordergründig eine Interpretation der Konfrontation von Gericht und BAW einerseits und Verteidigung andererseits als eine Art Prestigekampf an, weil die auf der psychologischen „Mikroebene" stattfindende Konfrontation von den Bedingungen der politischen „Makroebene" nicht zu lösen ist. Übertragen auf den Stammheimer Prozeß heißt das: Wie weit lassen die politischen Verhältnisse in einem Staat Raum für eine Thematisierung von Folter an politischen Gefangenen? Das durch diese beiden Ebenen psychologisch und politisch gekennzeichnete Spannungsfeld entlädt sich im Rahmen des gerichtlichen Geschehens notwendigerweise auf der juristischen, strafprozeßlichen Ebene. Welche juristischen Argumente sind entscheidend, und ist verfahrensmäßig hinreichend Spielraum gegeben, um diese Argumente inhaltlich abwägen zu können? Auf dieser Verfahrensebene ist der als befangen abgelehnte Richter jedoch gleichzeitig Teil der Justiz, die für die Folter mitverantwortlich gemacht wird, die aber als „unparteiisches Rechtsprechungsorgan" die von den Prozeßbeteiligten vorgebrachten unterschiedlichen Argumente abwägen muß.

Diese an sich schon äußerst problematische Situation läßt sich jedoch nicht losgelöst von dem bisherigen Prozeßverlauf betrachten. So gut wie alle Anträge der Verteidigung waren bis jetzt abgelehnt worden; die BAW hatte immer wieder betont, daß die Anträge nicht wirklich der Verteidigung, sondern „bloßer Agitation", der „Prozeßverschleppung" und der „Prozeßsabotage" dienten. Diese Abqualifizierungen tauchten regelmäßig in den Beschlüssen des Gerichts wieder auf, und zwar vor allem dann, wenn es um Ablehnungsanträge wegen Besorgnis der Befangenheit ging. Nach diesen Erfahrungen konnte die Verteidigung fast sicher sein, daß weiteren Anträgen, wie begründet sie auch immer sein würden, das gleiche Schicksal beschieden sein würde, was allerdings kein Grund sein konnte, darauf zu verzichten. Die Funktion der Anträge lag nicht in erster Linie darin, tatsächlich den Prozeßverlauf zu beeinflussen (obwohl das die meisten der Verteidiger, im Gegensatz zu ihren Mandanten, noch bis ins Jahr 1977 hinein mehr oder weniger zu glauben schienen), sondern in der Einwirkung auf die Öffentlichkeit, wenigstens deren kritischen Teil. Angesichts der Tatsache, daß es nach dem Gesetz auch zulässig ist, Ablehnungsanträge außerhalb der öffentlichen Verhandlung schriftlich bei der Geschäftsstelle des betreffenden Gerichts einzureichen (§ 26 Abs. 1 Satz 2 StPO), war Prinzing in der Verhandlung am 28. 10. 75 zumindest formal mit seiner Behauptung im Recht, der erst jetzt gestellte Ablehnungsantrag wegen der Begründung des Ausschließungsbeschlusses vom 31.9.75 sei nicht unverzüglich eingereicht worden und sein nunmehriges Vorbringen eventuell als Rechtsmißbrauch zu bewerten[37]. Der Kreis war damit geschlossen: Prinzing hatte verhindert, daß sowohl die medizinischen Gutachten als auch der Ausschließungsbeschluß in der öffentlichen Verhandlung zur Sprache gebracht werden konnten, und er hatte die Verteidiger damit auf den nichtöffentlichen Beschwerdeweg verwiesen, obwohl es der Verteidigung darauf ankam, den inhaltlichen Angriff gegen den Ausschließungsbeschluß in der Verhandlung zu führen. Etwa eine Woche nach der tumultartigen Sitzung, am 7. 11. 75, wurde von Plottnitz als Verteidiger von Raspe entpflichtet. De facto konnte diese Entpflichtung als Ausschließung betrachtet werden, da von Plottnitz keine staatliche Vergütung für seine Verteidigertätigkeit mehr erhalten würde; nur sehr wenige Rechtsanwälte können sich eine Gratistätigkeit an mindestens drei Wochentagen über eine lange Prozeßdauer leisten.

Bei der Analyse dieser die Verteidigung immer weiter einschränkenden Entscheidung Prinzings ist es sinnvoll, zwischen der rechtlichen Grundlage des Entscheidungsbeschlusses als seinem äußeren Rahmen und den Tatsachen, sozusagen der Füllung, zu unterscheiden.

Der äußere Rahmen ist vor allem deshalb von Interesse, weil das westdeutsche Recht nur wenige Gründe für die Entpflichtung eines Verteidigers nennt. Die Materie ist in den §§ 140 Abs. 3, 143 und 145 Abs. 1 StPO, die alle Bezug nehmen auf die sogenannte notwendige Verteidigung[38], geregelt, im vorliegenden Fall ist jedoch nur § 145 Abs. 1 relevant:

> „Wenn in einem Falle, in dem die Verteidigung notwendig ist, der Verteidiger in der Hauptverhandlung ausbleibt, sich unzeitig entfernt oder sich weigert, die Verteidigung zu führen, so hat der Vorsitzende dem Angeklagten sogleich einen anderen Verteidiger zu bestellen (...)".

Diese Bestimmung ist eindeutig als Vorsorgemaßnahme zur Sicherung der Verteidigung für Fälle gedacht, in denen bei notwendiger Verteidigung der zum Pflichtverteidiger bestellte Rechtsanwalt dem Gerichtssaal fernbleibt; Löwe-Rosenberg betont nachdrücklich, daß schlechtes Benehmen seitens eines Verteidigers nur mit Vertagung der Sitzung beantwortet werden kann (in Erwartung disziplinarischer Maßnahmen, vor allem eines möglichen Berufsverbots) sowie mit der Möglichkeit, dem betreffenden Rechtsanwalt die dadurch entstehenden Kosten zu berechnen[39].

Von Plottnitz' Entpflichtung konnte von Prinzing also rechtlich kaum untermauert werden. Dennoch war die Situation nicht hoffnungslos: Immerhin ließ sich in der Rechtsprechung bereits ein von Prinzing initiierter Präzedenzfall finden. Am 3.2.75 hatte Prinzing die Bestellung der gewählten Rechtsanwälte Croissant, Groenewold und Ströbele zu Pflichtverteidigern widerrufen, da „nicht auszuschließen ist, daß sie von den Bestimmungen über den Ausschluß von Verteidigern betroffen werden können"[40]. Das Bundesverfassungsgericht hatte diese Entpflichtungen als zulässig abgesegnet, da in einer solchen Situation der ordnungsgemäße Verfahrensablauf nicht mehr gewährleistet sei, was doch als eine der Hauptaufgaben des Pflichtverteidigers anzusehen sei[41]. Prinzing nahm den selbstgesponnenen Faden wieder auf, er spann ihn sogar weiter, indem er im Falle von Rechtsanwalt von Plottnitz behauptete, *jeder* Umstand, der einem ordnungsgemäßen Verfahrensablauf ernsthaft entgegenstehe, könne für die Entpflichtung eines Verteidigers in Betracht kommen[42].

Die Liste der für die Entpflichtung von Plottnitz, maßgeblichen Umstände im obigen Sinne umfaßte insgesamt zehn Seiten. Die ersten beiden Punkte enthielten den Vorwurf, von Plottnitz habe die Verhandlung zweimal eigenmächtig verlassen. Es handelte sich um den geschilderten Auszug aller Anwälte, weil sie der Meinung waren, ihre Mandanten seien nicht mehr in der Lage, der Verhandlung zu folgen. Der nächste Punkt betraf von Plottnitz' Auftreten auf der tumultartigen Sitzung vom 28. 10. 75. Als gesonderter Punkt wurde der Zwischenruf „Heil Dr. Prinzing" aufgeführt, den von Plottnitz nach Prinzings Verlesung der Begründung für den Beschluß zur Ausschließung der Angeklagten gemacht hatte. Des weiteren wurden noch drei Verhandlungstage genannt, an denen von Plottnitz den Verfahrensablauf gestört habe, in dem er ohne vorige Zustimmung das Wort ergriffen bzw. andere Redner unterbrochen habe. Abschließend folgten elf Zitate, denen zu entnehmen sei, daß es von Plottnitz „nicht auf eine sachgerechte und sachliche Verteidigung, sondern auf Behinderung der Verhandlung, dazuhin auf eine mit Verunglimpfungen, Verdächtigungen und haltlosen Unterstellungen betriebene propagandistisch-agitatorische Rolle im Verfahren ankommt. Vieles spricht dafür, daß er hiermit der Forderung der Angeklagten nach ‚politischer Verteidigung' folgt".

Die meisten der vom Gericht aufgeführten Zitate waren Begründungen und Erläuterungen entnommen, die sich auf Verteidigungsanträge bezogen, die von Plottnitz vorgetragen hatte. Bei den meisten Zitaten ließ sich der direkte Zusammenhang, in dem sie abgegeben worden waren, nicht erkennen. Nur in einem Fall wurde die gesamte Antragsbegründung zitiert; es handelte sich um den Antrag auf Verlegung der Verhandlung in ein normales Gerichtsgebäude. Hier ein repräsentativer Ausschnitt:

> „Sinnfälliger Ausdruck des Rechtsstaatsprinzips und der Unabhängigkeit der rechtsprechenden Gewalt sollte sein, daß Strafprozesse nicht in Gefängnissen, Kasernen oder Polizeihauptquartieren stattfinden. Ist wie in diesem Verfahren das Gegenteil der Fall, so kann von einem Strafprozeß nicht gesprochen werden (...). Die Antwort auf die Frage, warum dieses Novum gerade in diesem Verfahren zutage tritt, ist weniger in den Gesetzen der BRD zu suchen als in dem politischen Widerspruch, der diesem Verfahren zugrunde liegt. Die Antwort verbirgt sich in einem Satz aus der Anklageschrift vom 26.9.1974, nämlich dort, wo es im Anklagesatz auf Seite 15 heißt: ‚Diese Gruppe setzte sich zum Ziel, die gesellschaftlichen Verhältnisse in der Bundesrepublik Deutschland nach dem Vorbild der südamerikanischen Stadtguerillas mit allen Mitteln, insbesondere durch Gewaltmaßnahmen zu bekämpfen'.
>
> Dieser Satz macht deutlich, was seine Unscheinbarkeit eigentlich verschleiern soll: daß nämlich der gesamte Charakter dieses Verfahrens zentral bestimmt wird von dem Vorwurf, daß sich die Angeklagten im Zusammenhang mit den ihnen zur Last gelegten Aktionen von einer bestimmten politischen Überzeugung leiten ließen, der Überzeugung nämlich, daß „die gesellschaftlichen Verhältnisse in der BRD" nicht – wie es offizieller Lesart entspricht – gerecht, rechtsstaatlich und demokratisch sind, sondern daß diese Verhältnisse als von Kapitalismus und Imperialismus beherrschte und bestimmte prinzipiell ungerecht und deshalb zu bekämpfen sind. Es ist allein dieser Aspekt, der diesem Verfahren den Ausdruck einer exekutiven Staatsaktion statt eines realen Strafprozesses gibt. Es ist dieser Aspekt, der dazu führt, daß dieses Verfahren in Wahrheit nicht juristisch, sondern politisch und militärisch entschieden wird".

Sogar der Versuch, einen Satz aus der Anklageschrift politisch einzuordnen und zu interpretieren, wurde herangezogen, um von Plottnitz begründet entpflichten zu können.

Im folgenden noch drei Textstellen zur Veranschaulichung der vom Gericht gegen von Plottnitz angeführten Zitate:

„Die abgelehnten Richter wußten, daß sie ihr Ziel, die Gefangenen aus der Hauptverhandlung zu eliminieren, sie als verteidigungsfähige Objekte auszuschalten, mit dem Inhalt der schriftlichen Sachverständigengutachten ebensowenig begründen konnten, wie mit dem Wortlaut des § 231a StPO. Gleich zu Beginn der Begründung dieses Beschlusses vom 30.9.1975 lösen Sie dieses Problem mit einer Verdrehung der Tatsachen – man könnte auch sagen: mit einer Lüge" (TN-S. 3186).

„Und weil dem so ist, proklamieren die abgelehnten Richter mit diesen beiden Sätzen für sich und damit für die gesamten Staatsorgane der BRD das Recht auf Körperverletzung, man kann auch sagen, das Recht auf Folter gegenüber Gefangenen, die als Folge des Verdachts, eine revolutionäre Veränderung der bestehenden gesellschaftlichen Verhältnisse für notwendig zu halten und der gegenwärtigen Legalität der BRD die Anerkennung zu versagen, als besonderes Sicherheitsrisiko eingestuft werden. Folter ist jede Behandlung, die bewußt in die physische oder psychische Gesundheit von Gefangenen eingreift" (TN-S. 3188).

„In diesem Zusammenhang muß von einer Kriegserklärung der abgelehnten Richter den Gefangenen gegenüber gesprochen werden. Jedoch gäbe es für den Fall des Krieges immerhin die Genfer Konvention, deren Vorschriften die Gefangenen vor dem zu schützen hätte, was dem Beschluß der abgelehnten Richter zufolge rechtens sein soll: die vorsätzliche Zerstörung ihrer Gesundheit.

Die abgelehnten Richter haben die Gefangenen für rechtlos erklärt. Daß die Richter des BGH diese Rechtloserklärung nicht nur bestätigt, sondern sogar noch ins Zentrum der Beschwerdeentscheidung vom 22. 10. 1975 gestellt haben, entlastet nicht die abgelehnten Richter, sondern belastet vielmehr die politische Justiz der BRD insgesamt" (TN-S. 3189).

Die Art, wie und mit welchen Argumenten von Plottnitz vom Gericht ausgeschaltet wurde, ist vor allem deshalb von Bedeutung, weil auch die restlichen Vertrauensanwälte jederzeit genau so auszuschalten waren. So gut wie alle beanstandeten Verhaltensweisen galten auch für die übrigen Verteidiger, die sich insgesamt der Antragsbegründung angeschlossen hatten, und auch aus ihren Anträgen waren mindestens ebensoviele vergleichbare Zitate herauszufiltern. Die Entpflichtung und damit faktische Ausschließung von Plottnitz, war eine so offensichtliche Willkürhandlung, daß sie von den übrigen Verteidigern nur als unverblümter Hinweis des Gerichts, auch sie säßen auf einem „Schleudersitz" und könnten jederzeit abgeschossen werden (wie Schily dies formulierte), begriffen werden konnte. Die Tatsache, daß die Anwesenheit dieser Verteidiger weiterhin toleriert wurde, läßt sich nur aus politischen Opportunitätserwägungen heraus begreifen und erklären. Es sollte jedoch in dieser ersten Novemberwoche 1975 nicht allein bei der Ausschaltung der Rechtsanwälte Golzem, Spangenberg, Köncke und von Plottnitz bleiben. Auch der Referendar Dr. Gerd Temming, der die erkrankte

Rechtsanwältin Becker, Vertrauensanwältin von Ensslin, vertrat, wurde vom Gericht des Platzes verwiesen. Die Art, in der das geschah, ist vielleicht das beste Beispiel für die permanenten Versuche des Gerichts, den Verteidigern einen Maulkorb umzuhängen.

Gemäß der Verfügung des Präsidenten des Landgerichts Stuttgart vom 4. 11. 75, mit der die Vertreterbestellung Temmings für Rechtsanwältin Becker aufgehoben wurde[43], hatte Temming sich auf der zum Eklat führenden Sitzung vom 28. 10. 75 eines für einen Rechtsanwalt unwürdigen Verhaltens schuldig gemacht. Dieses Verhalten bestand ausschließlich in Temmings Wortwahl und wurde in der Verfügung zusammengefaßt:

> „Wie sich aus dem Hauptverhandlungsprotokoll dieses Tages ergibt, hat Referendar Dr. Temming bei der Begründung eines gegen sämtliche Richter des erkennenden Senats gerichteten Ablehnungsgesuchs u. a. folgendes ausgeführt: Die Gefangenen könnten von diesem Senat und diesen Richtern nichts mehr erwarten, außer langfristig ihren Tod; der äußerste und extremste Notfall (der in jedem Fall einen Ablehnungsantrag rechtfertige) sei dann gegeben, wenn die Gefangenen zu Tode gebracht würden; man müsse versuchen, die Richter, die sich bisher daran beteiligt hätten, wegzukriegen, das sei die Funktion des Ablehnungsantrags (vgl. Hauptverhandlungsprotokoll S. 3250, 3258, 3259)".

Gemäß der Bundesrechtsanwaltsordnung ist die Zulassung zur Anwaltschaft u. a. demjenigen zu untersagen, der „sich eines Verhaltens schuldig gemacht hat, das ihn unwürdig erscheinen läßt, den Beruf eines Rechtsanwalts auszuüben"(§ 7 Abs. 5 BRAO).

Die Zurücknahme der Bestellung Temmings war mit dieser Bestimmung begründet worden, angepaßt jedoch an seinen Status als Referendar (Jurist in der nachuniversitären Ausbildung). Trotzdem wurde Temming wenig später als selbständiger Rechtsanwalt zugelassen. Als er sich daraufhin im März 1976 als Verteidiger von Ulrike Meinhof legitimierte, wurde ihm die Ausübung des Mandats aufgrund von § 146 StPO wegen seines einmaligen Auftretens als gerichtlich bestellter Vertreter der Anwältin Becker (Ensslin-Verteidigerin) verwehrt[44]. Schon in der Sitzung vom 28. 10. 75 hatte die BAW § 146 StPO gegen Temmings Auftreten als Verteidiger von Ensslin angeführt, weil er schon früher als Vertreter von Rechtsanwalt Riedel für Meinhof aufgetreten war. Damals hatte das Gericht den Antrag der Bundesanwaltschaft als unbegründet zurückgewiesen: § 146 StPO könne in diesem Fall „nachfolgender (sukzessiver) Verteidigung" nicht angewandt werden, da ein Vertreter nicht als selbständiger Rechtsanwalt auftrete. Folgt man dieser Argumentation, so hätte Temming, nunmehr zugelassen, als selbständiger Verteidiger für Meinhof zugelassen werden müssen, da er für Ensslin schließlich nur als Vertreter eines anderen Verteidigers (Rechtsanwältin Becker) aufgetreten war. Die vom Gericht bestätigte Kehrtwendung erfolgte unter Berufung auf neue Entscheidungen des BGH und des BVerfG über die Auslegung des § 146 StPO. Abgesehen davon, daß diese Entscheidungen die Zurückweisung Temmings nicht rechtfertigen konnten, kommentierte die Verteidigung diesen „Trick mit Langzeitwirkung“[45] in ihrem 43. Ablehnungsantrag gegen sämtliche Richter u. a. wie folgt:

„Entweder: Die abgelehnten Richter ließen Temming als Vertreter von RAin Becker damals zur Verteidigung von Gudrun Ensslin zu, damit sie ihn jetzt als Rechtsanwalt gänzlich aus dem Verfahren katapultieren können; oder: Die abgelehnten Richter widersetzten sich damals den Interessen der Bundesanwaltschaft, Temming von der Verteidigung fernzuhalten, solange er Referendar war, geben jetzt aber der Bundesanwaltschaft nach, nachdem Temming Rechtsanwalt geworden ist und die zusätzlichen Repressionsmittel, die gegenüber Temming als Referendar ausgeübt wurden, nicht mehr zur Verfügung stehen.

Entweder waren also die abgelehnten Richter schon damals weitsichtiger als die Bundesanwaltschaft, oder aber ihre Vorstellung, Temming werde in diesem Verfahren, wenn er als Referendar sich exponiere, also sich Bundesanwaltschaft und Gericht nicht unterwerfe, gar nicht erst Rechtsanwalt werden, hat sich als falsch erwiesen, so daß die abgelehnten Richter jetzt die Interessen der Bundesanwaltschaft direkt und offensichtlich sich zu eigen machen“[46].

Es war deutlich zu merken, daß Verteidiger und Angeklagte diesmal von dem negativen Beschluß des Gerichts überrascht wurden, da sie angesichts der Entscheidung vom 28. 10. 75 keinen Grund sahen, an der Zulassung Temmings zum Verteidiger von Meinhof zu zweifeln. In seiner Beschlußbegründung war das Gericht bereits antizipierend auf diesen Überraschungseffekt eingegangen, indem es mitteilte, daß aufgrund der vorherigen positiven Entscheidung keineswegs davon auszugehen gewesen sei, daß bei einem späteren Auftreten Temmings als Verteidiger die früheren einander folgenden Vertretungen als nicht geschehen betrachtet werden könnten, „dies umso mehr, als die Bundesanwaltschaft zuvor eine der damaligen Entscheidung des Senats entgegengesetzte Rechtsauffassung äußerte“[47].

Im Grunde genommen kam in dieser Formulierung des Gerichts genau das zum Ausdruck, wogegen sich die meisten Ablehnungsanträge richteten: die Beflissenheit des Gerichts, sich letztlich immer an den Wünschen und Anweisungen der BAW auszurichten, mochten die Argumente der Verteidigung noch so richtig und zwingend sein.

2. Die Arbeitsweise der Bundesanwaltschaft

Wie in Kapitel III Abschnitt 3.1 bereits geschildert, betrachtete die BAW den Prozeß gegen „Baader u. a.“ als exemplarischen Prozeß, in dem sich „Baader u. a.“ – der „harte Kern“ der RAF – als Gründer und „Rädelsführer einer kriminellen Vereinigung“ auch für die wichtigsten

Aktionen der RAF, die Bombenanschläge vom Mai 1972 auf die amerikanischen Kommandozentralen in Frankfurt und Heidelberg zu verantworten hatten. Eine Äußerung des damaligen Generalbundesanwalts Siegfried Buback umreißt die Vorgehensweise der BAW:

> „Wir mußten in diesem Verfahren einen größeren Sachverhalt zur Anklage stellen, weil es sich ja um die führenden Leute dieser Baader-Meinhof-Bande handelte. Man mußte also vor Gericht einen repräsentativen Querschnitt ihres Tuns und Handelns ausbreiten“[48].

Die Offenherzigkeit, die der höchste Ankläger der BRD hier an den Tag legt, ist aufschlußreich. Aufgrund des in der BRD geltenden Legalitätsprinzips[49] hätte Buback eigentlich nur sagen dürfen, daß sich eine Strafverfolgung gegen „Baader u. a.“ wegen der angeklagten Straftaten als notwendig erwiesen habe, da die vorangegangenen polizeilichen Ermittlungen hinreichende tatsächliche Anhaltspunkte für den Verdacht ergeben hätten, die Angeklagten seien der Täterschaft oder Teilnahme an den Bombenanschlägen vom Mai 1972 schuldig. Das konnte Buback aber nicht sagen, weil es für eine konkrete persönliche Beteiligung der Angeklagten, was inzwischen allgemein bekannt war, keine beweisbaren kriminalistischen Anhaltspunkte gab. Die Angeklagten hatten, wie andere Gefangene aus der RAF, bis dahin jede Aussage verweigert. Aussagen von Tatzeugen gab es, der Anklage zufolge, ebensowenig wie „stumme Zeugen“ (etwa Urkunden und zum Tatnachweis geeignete Tatspuren). Nach dem Legalitätsprinzip hätte der GBA eigentlich nur sagen können, daß er nicht *weniger* anklagen konnte, als er dies getan hatte. Er erklärte jedoch, daß er „einen größeren Sachverhalt“ habe anklagen müssen, da es sich „um die führenden Leute dieser Baader-Meinhof-Bande handelt“. Somit beruhte die Notwendigkeit („wir mußten“), einen größeren Sachverhalt anzuklagen, nicht auf vorhandenen konkreten Ermittlungsergebnissen zu Lasten der Angeklagten, sondern allein auf der Vermutung, es handele sich bei den Angeklagten um RAF-Kader. Obwohl diese Vorgehensweise der BAW, rein formal gesehen, noch keinen eindeutigen Bruch mit dem Legalitätsprinzip darstellt, so bleibt doch festzustellen, daß die Entscheidung, einen „größeren Sachverhalt“ aus den der RAF als Gruppe zugerechneten strafbaren Handlungen anzuklagen, im politischen Spannungsfeld zwischen Legalität und politischer Opportunität aufgrund außerrechtlicher Erwägungen getroffen wurde.

Es ist anzunehmen, daß die oben zitierte Äußerung des höchsten Anklägers der BRD in Verbindung mit seiner Hauptaufgabe, der Verfolgung politischer Strafsachen, gesehen werden muß[50].

Nur wenn man sich diese politische Funktion des GBA vor Augen hält, wird verständlich, warum Buback sich hier offensichtlich vom Legalitätsprinzip entfernte und zwischen d i e s e n Gefangenen und den angeklagten Straftaten nicht eine rechtliche, sondern vielmehr eine unmittelbar politische Verbindung herstellte: „Die führenden Leute dieser Baader-

Meinhof-Bande“ *mußten* „vor Gericht eines repräsentativen Querschnitts“ des „Tuns und Handelns“ der illegalen Organisation RAF angeklagt werden, ohne daß es möglich wäre, die einzelnen Tatvorwürfe bestimmten Angeklagten zuzuordnen.

Den Strafverfolgungsbehörden der BRD standen drei Alternativen für die Anklageerhebung zur Verfügung: Strafverfolgung wegen Hochverrats, allein oder in Verbindung mit den zur Last gelegten Bombenanschlägen; Strafverfolgung wegen Bildung einer „kriminellen Vereinigung“ und der in diesem Rahmen begangenen einzelnen Straftaten oder Strafverfolgung ausschließlich wegen einzelner Delikte.

Wie schon erläutert[51], ist anzunehmen, daß folgende Überlegungen die Entscheidung für die zweite Alternative der Anklage herbeigeführt haben: Einerseits das Bestreben, den mit der ersten Möglichkeit notwendigerweise verbundenen politischen Prozeß – Hochverrat ist das klassische politische Delikt – zu vermeiden, andererseits der Versuch, die mit der dritten Möglichkeit verbundenen beweistechnischen Probleme mit Hilfe einer Verfolgung wegen des Organisationsdelikts „kriminelle Vereinigung“ zu überspielen, wobei man eine außerprozessuale Vorverurteilung in der Öffentlichkeit nutzen könnte. Diese Interpretation wird von einer weiteren auffallenden Gegebenheit bekräftigt: Die in der Anklageschrift vom Herbst 1974 aufgeführten Beweismittel beziehen sich in erster Linie auf Sachverständigengutachten und Zeugenvernehmungsprotokolle, die aus dem ersten Jahr nach der Verhaftung der Angeklagten stammen. Auch wenn man die vielen bürokratischen Formalitäten berücksichtigt, die mit der Vorbereitung eines solchen Mammutprozesses verbunden sind, so hätte die Hauptverhandlung dennoch spätestens eineinhalb Jahre nach der Inhaftierung der Angeklagten beginnen können. Die Frage, warum bis zur Eröffnung des Prozesses doppelt soviel Zeit verging, scheint mir mit dem Hinweis auf die behauptete Notwendigkeit des Baus eines speziellen Sicherheitsbunkers nur unzureichend beantwortet zu sein. Andere Überlegungen scheinen mir einen höheren Erklärungswert zu haben. Erstens: Die vorhandene Beweisnot nährte die Hoffnung, daß bei entsprechender Dauer einer oder mehrere Gefangene „abspringen“ und reden könnten. So antwortete GBA Buback in einem „Spiegel“-Interview noch im Februar 1976 auf die Frage nach den Gründen für die extrem lange Vorbereitungszeit: „Wir haben eben mit den Ermittlungen Neuland betreten. Außerdem hatten wir mit Angeklagten zu tun, die keinerlei Erklärung zur Sache abgegeben haben“[52]. Zweitens läßt sich vermuten, daß die verantwortlichen Behörden hofften, einer der Beschuldigten werde unter den Bedingungen der langjährigen Untersuchungshaft zusammenbrechen, was es erleichtern würde, die revolutionäre Praxis der RAF vor Gericht als aussichtslosen Wahnsinn zu präsentieren. Und drittens kann vermutet werden, daß man Zeit gewinnen wollte, um in der Öffentlichkeit eine Vorverurteilung der Angeklagten zu erreichen. Da eine überzeugende Antwort auf die Frage „Warum beginnt der Prozeß erst drei Jahre nach der Inhaftierung?" ausblieb, sah sich die Verteidigung berechtigt, den in der Hauptverhandlung immer wieder vorgebrachten Vorwurf der Prozeßverschleppung ebenso regelmäßig mit der rhetorischen Frage nach den eigentlichen Prozeßverschleppern zu beantworten.

Tatsache ist, daß während des dritten Hungerstreiks Ende 1974 eine Hoffnung von BKA und BAW in Erfüllung gehen sollte: Der gemeinsam mit Ulrike Meinhof festgenommene Gerhard Müller beendete seinen Hungerstreik, brach gleichzeitig mit der RAF und begann zu „singen". Obgleich Müllers Kronzeugen-Gesang nicht nur in den Ohren der Angeklagten und Verteidiger ausgesprochen unmelodisch klang, mußten Müllers Aussagen dazu herhalten, die Lücke in der Beweisführung der BAW auszufüllen. Ansonsten war der Anklageschrift deutlich zu entnehmen, daß die Beweisführung nahezu ausschließlich auf fragwürdigen Indizien beruhte: Keine unmittelbare Tatzeugen, die aussagen könnten, die Angeklagten bei der Ausführung der ihnen vorgeworfenen Straftaten beobachtet zu haben (mit Ausnahme des bei der Festnahme geleisteten Widerstands), sondern nur indirekte Beweismittel. Dazu Kleinknecht: „Der Indizien- oder Anzeichenbeweis ist ein Beweis, bei dem von einer mittelbar bedeutsamen Tatsache auf eine unmittelbar entscheidungserhebliche Tatsache geschlossen wird"[53]. Nun ist es keineswegs so, daß der Indizienbeweis an sich weniger überzeugend ist als der direkte Beweis. So kann etwa der Fingerabdruck auf einem am Ort des Verbrechens zurückgelassenen Auto in einer bestimmten Beweiskette durchaus hinreichend sein für die Annahme der (Mit-)Täterschaft des Besitzers des betreffenden Papillarmusters. Es gilt jedoch, daß bei einer solchen Beweiskette der Wert eines Indizes für den Beweis vom schwächsten Glied abhängig ist[54]. Daß auch GBA Buback sich noch im Februar 1976 Sorgen über die Tauglichkeit dieser Beweisführung macht, läßt sich dem erwähnten „Spiegel"-Interview entnehmen, in dem Buback sagt: „In einem so schwierigen Verfahren, wo wir fast nur auf Indizien angewiesen sind, kann es durchaus sein, daß sich das Bild, jedenfalls im Randgeschehen, tatsächlich mal verschiebt"[55].

In diesem Kapitel wird der tatsächlichen Stärke oder Schwäche der einzelnen Glieder – einschließlich der direkten Beweismittel – in der von der BAW vorgetragenen Kette der Beweismittel nicht weiter nachgegangen. Ebensowenig ist beabsichtigt, die Beweisführung der BAW sowie die entsprechenden Gegenstrategien der Verteidigung erneut vorzutragen; ganz abgesehen davon, daß ein solches Unterfangen allein wegen des Umfangs des Prozeßmaterials zum Scheitern verurteilt wäre. Dem mit diesem Kapitel verfolgten Interesse ist Genüge getan, wenn es gelingt, die Interaktionsprozesse zwischen den verschiedenen Verfahrensbeteiligten an Hand der Beweisaufnahme zu verdeutlichen. Daß bei einer solchen Vorgehensweise auch die Frage nach der Stichhaltigkeit einiger Punkte der Beweisführung angeschnitten wird, ist nur naheliegend. Dem wird jedoch nur dann gründlicher nachgegangen, wenn dies für die Frage, ob man bei diesem Prozeß von politischer Justiz sprechen kann, von Bedeutung erscheint. All diese Fragen sind grundsätzlich losgelöst von der Frage, ob die Angeklagten die ihnen zur Last gelegten Straftaten auch wirklich begangen haben.

Zunächst werde ich mich auf die allgemein als am wichtigsten geltenden Teile der Anklageschrift beschränken: die RAF als „kriminelle Vereinigung", die Rolle der Angeklagten in dieser „Vereinigung" und die von ihr verübten Bombenanschläge. Die Anschläge in Frankfurt und Heidelberg brachten den Angeklagten lebenslange Freiheitsstrafen ein. Womit nicht gesagt sein soll, daß etwa der den Angeklagten Baader, Raspe und Ensslin zur Last gelegte Mordversuch an Polizeibeamten durch bewaffneten Widerstand gegen ihre Festnahme ohne Bedeutung wäre. Die Praxis der BAW ging jedenfalls seit 1977 oft dahin, sich bei der Strafverfolgung von Mitgliedern der RAF mit einer Anklage wegen bewaffneten Widerstands bei der Festnahme zu begnügen. In der Regel bedeutete das eine Verurteilung zu lebenslanger Freiheitsstrafe: damit ersparte sich die BAW die beweistechnisch schwierigen und politisch unliebsamen Prozesse, die sie wegen der 1977 durchgeführten Aktionen der RAF gegen Buback, Ponto und Schleyer zu gewärtigen hatte. Außerdem läßt sich die Bedeutung des Anklagepunkts „Mordversuch an Polizeibeamten" an den für dieses Einzeldelikt in Stammheim ausgesprochenen Strafen ablesen: 20 Jahre für Baader, zehn Jahre für Raspe und sechs Jahre für Ensslin[56]. Schließlich sind auch Anmerkungen darüber, wie dieser Anklagepunkt in der Hauptverhandlung behandelt wurde, angebracht.

So stellte sich schon nach wenigen Verhandlungstagen heraus, daß die einzelnen Polizeibeamten vor ihrem Zeugenauftritt in einem dem BKA zur Verfügung gestellten Raum des Mehrzweckgebäudes empfangen wurden, um mittels Einsichtnahme in die Jahre zuvor von ihren Zeugenvernehmungen erstellten Protokolle ihr Gedächtnis aufzufrischen[57]. Sowohl das Gericht als auch die BAW erklärten, daß sie von diesem „unglücklichen" (Prinzing) Verlauf der Dinge keine Kenntnis gehabt hätten.

Trotz dieser „Auffrischungen" der Gedächtnisse stellte sich heraus, daß einige Polizeibeamte ganz neue, die Angeklagten in erheblichem Maße belastende Aussagen machten. So bezeugte etwa der bei Baaders Festnahme eingesetzte Polizeibeamte Stein, Baader habe damals auf ihn geschossen; dreieinhalb Jahre zuvor hatte er, so das Vernehmungsprotokoll, nur gesagt: „Es sah so aus, als ob er schießen wolle". Den so wesentlichen Unterschied erklärte Stein mit dem Versäumnis des ihn vernehmenden Ermittlungsbeamten, ihn damals danach zu fragen[58].

Auch die fünfstündige Zeugenbefragung des Frankfurter Polizeipräsidenten Knut Müller über die Festnahme von Baader, Meins und Raspe war aufschlußreich[59]. Bereits vor seiner Vernehmung war bekannt, daß die Garage in Frankfurt, vor der die Festnahmen stattfanden, schon seit etwa einer Woche unter Beobachtung gestanden und das BKA einen präzisen Schlachtplan für die beabsichtigte Festnahme unter Beteiligung von mehreren Hundertschaften Polizei entwickelt hatte. Baader selbst hatte erklärt, daß er während der Belagerung der Garage in der Umgebung etwa 150 Polizisten habe in Deckung liegen sehen[60].

Der Polizeipräsident bekundete nun als Zeuge, er sei nur als „Beobachter" am Schauplatz der Handlung gewesen und habe von einem Einsatzplan des BKA „nichts gewußt". Nur „zufällig" habe er neben dem Einsatzleiter gestanden, als der während des Belagerungszustands von einem Scharfschützen um ein Gewehr mit Zielfernrohr gebeten worden sei. Der Schütze habe eine Wohnung nur 75 bis 80 Meter von der Garage entfernt mit guter Sicht gefunden. Er, Knut Müller, habe dieses Gewehr besorgen lassen und sei – noch immer als „Beobachter" – auf Einladung des Scharfschützen mit ihm in diese Wohnung gegangen. Zu diesem Zeitpunkt sei schon bekannt gewesen, daß eine der beiden Personen in der Garage Baader war. Baader wurde von jenem Scharfschützen mit einem Schuß in die Hüfte niedergestreckt.

Wegen des gezielten Schusses, der tödlich hätte sein können, wenn etwa die Schlagader in der Hüfte getroffen worden wäre, berief sich der Schütze später auf § 5 des in Hessen geltenden Gesetzes über die Anwendung unmittelbaren Zwangs[61]:

> „Der Schußwaffengebrauch ist nur zulässig: 1. gegen Personen, die... b) sich der erfolgten oder der bevorstehenden Festnahme durch die Flucht zu entziehen versuchen oder einer Aufforderung, Waffen oder andere gefährliche Werkzeuge abzulegen, nicht Folge leisten, oder sich anschicken, sie ohne Erlaubnis wiederaufzunehmen".

Angesichts der Tatsache, daß es für Baader und Meins objektiv absolut unmöglich gewesen wäre, aus der völlig umzingelten Garage zu entfliehen, und daß den Aussagen des Schützen zufolge gleichzeitig feststand, daß er auf Baader in einer Situation geschossen hatte, in der dieser für niemanden eine direkte Gefahr darstellte, meldete die Verteidigung erhebliche Zweifel an der Rechtmäßigkeit dieses potentiell tödlichen Schusses an[62].

Vor Gericht sagte der Polizeipräsident als Zeuge dazu aus, er sei sicher, daß der Schütze mit seiner Waffe auf Baaders Hand gezielt habe, er habe nämlich über die Schulter des Schützen hinweg den Vorgang beobachtet. Abgesehen davon, daß eine solche Beobachtung bei einem von einer anderen Person angelegten Gewehr mit Zielfernrohr eine ganz außergewöhnliche Leistung wäre, hatte der Schütze ausgesagt, daß der Polizeipräsident zum Zeitpunkt des Schusses etwa eineinhalb bis zwei Meter links hinter ihm gestanden habe[63].

2.1. Indizienbeweis

In den folgenden Abschnitten sollen die wichtigsten der in der Hauptverhandlung behandelten Indizien zu sechs Sprengstoffanschlägen wiedergegeben werden. Daß es sich um die wichtigsten Indizien handelt, geht aus dem späteren Urteil hervor, in dessen Begründung sie aufgenommen und verarbeitet sind[64].

2.1.1. „RAF-Zentrale" in Frankfurt

Mitte Juni 1972 wurde in der Inheidener Straße in Frankfurt eine sogenannte RAF-Wohnung entdeckt, die offensichtlich bis Mitte Mai benutzt worden war. In der Drei-Zimmer-Wohnung im vierten Stock fand die Polizei u. a. Material für die Herstellung von Bomben. Verschiedene Gegenstände trugen Fingerabdrücke von Meinhof, Ensslin, Raspe, Baader, Meins und anderen RAF-Mitgliedern, unter ihnen auch Gerhard Müller. Weiter wurden schriftliche Notizen gefunden, die, BKA-Graphologen zufolge, Meinhof, Ensslin und Müller zuzuschreiben waren. Schlüssel für die Wohnung trugen Meinhof und Ensslin bei ihren Festnahmen bei sich. Die Wohnung war mit Hilfe eines Mittelsmannes, der in der Hauptverhandlung aussagte, im Auftrag des RAF-Mitglieds Thomas Weißbecker im Januar 1972 gemietet worden. Weißbeckers Fingerabdruck entdeckte die Polizei auf dem Nummernschild des Volkswagens, der für den Anschlag auf das amerikanische Hauptquartier in Frankfurt benutzt wurde. Die Schlußfolgerung aus diesen Tatsachen scheint eindeutig zu sein: Weißbecker war (Mit-)Täter des von der Inheidener Straße aus organisierten Anschlags auf das US-Headquarter. Wie ungemein vorsichtig man aber mit solchen auf Indizien beruhenden Schlußfolgerungen sein sollte, wird klar, wenn man weiß, daß Weißbecker schon am 2. März in Augsburg von der Polizei erschossen worden war.

Nachweisen ließ sich jedoch, daß die am 14.5.72 bei der Deutschen Presse Agentur (dpa) in München eingegangene Erklärung des RAF-Kommandos „Petra Schelm" zum Anschlag in Frankfurt auf der Schreibmaschine vom Typ „Erika" geschrieben wurde, die in der Wohnung Inheidener Straße stand. Auch ein Entwurf der Erklärung des RAF-Kommandos „Thomas Weißbecker" zu den Anschlägen in Augsburg und München sowie die Abschrift einer Erklärung des RAF-Kommandos „Manfred Grashof" zum Anschlag auf BGH-Richter Buddenberg in Karlsruhe trugen die individuellen Merkmale dieser Schreibmaschine. Die beiden letzten Schreiben hatte man in zwei mit diversen Bomben und Granaten gefüllten Tasche unter einer Brücke bei Bad Homburg, nicht weit von Frankfurt entfernt, gefunden. In der Tasche befanden sich auch zwei ebenfalls auf der „Erika" getippte Abschriften eines Papiers zum Anschlag auf das Springerhochhaus in Hamburg. Der an die Presse verschickte Text stammte jedoch von einer nicht zu ermittelnden Schreibmaschine. Unter den in Bad Homburg entdeckten Beweisstükken war noch ein von Meinhof mit Hand korrigierter Entwurf der Kommandoerklärung zum Augsburger Anschlag.

Dem BKA war schon seit Ende Januar 1972 bekannt, daß die RAF eine Schreibmaschine vom Typ „Erika" benutzte. Am 24.1.72 war ein auf dieser Maschine getippter, von Baader unterschriebener und mit seinem Daumenabdruck versehener Brief an die dpa in München geschickt worden. Baader hatte darin Gerüchte, die von den Medien verbreitet wurden, dementiert: Weder er noch irgend ein anderer aus der RAF gedenke, sich der Polizei zu stellen; der Kampf habe gerade erst begonnen.

In der Wohnung Inheidener Straße stellte die Polizei noch zwei Teile von Autokennzeichen sicher, das eine ohne und das andere mit einer Plakette der Gemeinde Fürstenfeldbruck bei München. Das Stück ohne Plakette war anscheinend am 15.4.72 aus dem Kennzeichen eines Autos dieser Gemeinde herausgeschnitten worden, von dem daneben geparkten Auto waren ebenfalls Teile des Kennzeichens, jedoch mit Plakette, gestohlen worden. Der für den Bombenanschlag am 12.5.72 auf die Polizeihauptwache München benutzte Personenwagen trug zwei Wochen alte Kennzeichen des Landkreises Fürstenfeldbruck. Es handelte sich offensichtlich um sogenannte Doubletten, das heißt um Kennzeichen, die eine bereits für ein anderes Kraftfahrzeug vergebene Buchstaben-Zahlen-Kombination trugen. Obwohl nicht nachgewiesen werden konnte, daß die auf diesen Doubletten klebenden Plaketten von den herausgeschnittenen Kennzeichenteilen stammten, lag eine solche Vermutung jedoch nahe. In einer „RAF-Wohnung" in Stuttgart wurde im Juni 1972 eine Blechschere gefunden, die nach Ansicht der BKA-Experten zum Herausschneiden der in Frankfurt gefundenen Kennzeichenteile benutzt worden war.

In der Wohnung Inheidener Straße hatte die Polizei des weiteren eine Magnetbombe gefunden, die genau so konstruiert zu sein schien, wie die am 15.5.72 unter dem Auto des BGH-Richters Buddenberg explodierte Bombe. An der in Frankfurt gefundenen Bombe hafteten drei Magnetfüße und drei Magneteisen (Magnetfüße und -eisen werden im Handel als Türfeststeller verkauft). Drei weitere gefundene Magneteisen ohne zugehörige Magnetfüße führten zu dem Schluß, daß sie ursprünglich zu den Magneteisen an der Bombe gehörten, die unter dem Buddenberg-Auto explodierte. Dort wären sie überflüssig gewesen, weil die Magnetfüße der Bombe direkt an der metallenen Bodenplatte des Autos gehaftet hätten. Dieser Schluß schien durch den Fund verschiedener Magnetsplitter am Ort der Explosion in Karlsruhe bekräftigt zu werden.

Auch wurden Beweisstücke gefunden, die eine Verbindung zum Anschlag auf das Springergebäude in Hamburg vom 19.5.72 nachzuweisen schienen. Es handelte sich u.a. um ein abgesägtes, zylinderförmiges Stück Plastik, das von Material und Form her einem Stück Plastik entsprach, das für die Konstruktion einer nicht explodierten Bombe in Hamburg benutzt worden war. Zwei leere Schachteln für elektrische Schalter stimmten mit der Sorte eines in Hamburg benutzten und eines in Bad Homburg gefundenen Schalters überein. Ein aus Spachtelmasse mit eingegossenen Zünddrähten bestehendes Formstück war baugleich mit der Abdeckung an einer in Hamburg nicht detonierten Bombe.

Die Verbindung zwischen der Wohnung Inheidener Straße und dem Anschlag vom 24.5.72 auf das US-Hauptquartier in Heidelberg schien eindeutiger zu sein. In der Wohnung befanden sich zwei Nummernschilder, die zu einem Anfang Mai 1972 gestohlenen Auto gehörten, in dem vor dem Eingang des Heidelberger Computerzentrums der US-Army eine Bombe explodierte.

In Frankfurt und Umgebung spürte die Polizei noch weitere „RAF-Wohnungen" sowie zwei „RAF-Garagen" auf. In einer dieser Wohnungen fanden sich Fingerabdrücke von Ensslin und Müller; einen zu dieser Wohnung passenden Schlüssel trug Ulrike Meinhof bei der Festnahme bei sich.

Bei und in einer dieser Garagen waren Raspe, Baader und Meins festgenommen worden. Dort lagerte Material zur Herstellung von Bomben. Ein in dieser Garage gefundenes kleines Seriennummernschild aus Metall war BKA-Technikern zufolge mit einem in der Inheidener Straße gefundenen Schraubenzieher von einer der Gasflaschen entfernt worden, die – mit Sprengstoff gefüllt – bei dem Heidelberger Anschlag benutzt worden waren. Der Porsche, mit dem Baader, Raspe und Meins vor die Garage fuhren, wies eine gefälschte Karosserienummer auf. Die zur Fälschung benutzten Stanzeisen lagen wiederum in der Wohnung Inheidener Straße.

In der zweiten „RAF-Garage" fand die Polizei außer zwei gestohlenen Autos und Sprengstoff auch Fingerabdrücke von Raspe und anderen RAF-Mitgliedern.

Der Sprengstoff in den ganz oder fast gebrauchsfertigen Bomben, die in Frankfurt gefunden wurden, bestand zum Teil aus einer bis dahin in Westeuropa unbekannten roten Mischung. Auch die nicht explodierten Bomben in Hamburg und Augsburg hatten teilweise diesen roten Sprengstoff enthalten. Rückstände von Aluminiumpulver, einem Bestandteil des Sprengstoffs, hatten Baader und Raspe bei ihrer Festnahme unter den Fingernägeln und in ihrer Kleidung. Rezepte für die Mischung des roten Sprengstoffs lagen sowohl in der Inheidener Straße als auch in dem „Depot" bei Bad Homburg. Zudem stellten Sachverständige des BKA fest, daß die nicht detonierten Bomben in Hamburg und Augsburg, die Magnetbombe in der Inheidener Straße, die in Karlsruhe explodierte

Bombe und die in Karlsruhe, Frankfurt und Bad Homburg gefundenen Handgranaten vom selben Hersteller mit den gleichen Halbfabrikaten gebaut worden waren. Diese Erkenntnis sollte schon relativ früh zu Beginn der Beweisaufnahme vom zweiten „Kronzeugen" Dirk Hoff (Abschnitt 2.2.2.) bestätigt werden. Hoff schien der „Bombenbauer" der RAF zu sein. Ein zu seiner Werkstatt passender Schlüssel fand sich in Bad Homburg.

Alle in Frankfurt und Umgebung entdeckten „RAF-Wohnungen" waren unter Decknamen in dem sogenannten „Ensslin-Kassiber" verzeichnet, den Meinhof bei ihrer Festnahme bei sich trug und der kurze Zeit danach zur Ausschließung Schilys als Verteidiger von Ensslin führte (vgl. Kapitel II, 3.2.). Da der Ensslin-Brief auf einer unbekannten Schreibmaschine getippt worden war, konnte er in dieser Form nicht direkt aus dem Gefängnis geschmuggelt worden sein. Die präzise Schilderung von der Festnahme und dem Transport Gudrun Ensslins stimmte jedoch geradezu frappierend mit den Tatsachen überein, so daß die Vermutung naheliegt, daß der Text tatsächlich von Ensslin verfaßt wurde.

2.1.2. Weitere „RAF-Wohnungen"

Außer der Wohnung in Stuttgart, deren Schlüssel Ensslin bei ihrer Festnahme besaß, wurde im Juni 1972 noch eine weitere „RAF-Wohnung" in Stuttgart entdeckt, in der jedoch keine nennenswerten Spuren gesichert werden konnten. Auch in Hamburg war ebenfalls im Juni 1972 eine Wohnung entdeckt worden (Ohlsdorfer Straße), in der verschiedene Mitglieder der RAF (nicht jedoch die Angeklagten) Spuren hinterlassen hatten und von der Meinhof bei ihrer Festnahme ebenfalls einen Schlüssel dabei hatte. In dieser Wohnung fand die Polizei einen Zündschlüssel, der zu dem ausgetauschten Zündschloß des für den Anschlag auf das US-Hauptquartier in Frankfurt benutzten Volkswagens paßte. Außer einem von Meinhof mit der Hand korrigierten Schreibmaschinentext der RAF-Schrift „Das Konzept Stadtguerilla" und von ihr stammende Notizen über Autokennzeichen wurde dort auch ein roter Damenhandschuh gefunden, dessen Gegenstück Ensslin bei ihrer Festnahme bei sich hatte.

Im Oktober 1972 wurde in Hamburg eine zweite „RAF-Wohnung" entdeckt (Paulinenallee), zu der ein in der Ohlsdorfer Straße gefundener Schlüssel paßte. Auch Ensslin hatte bei ihrer Festnahme ein passendes Exemplar in ihrer Handtasche. In der Wohnung wurden Fingerabdrücke von Ensslin und anderen RAF-Mitgliedern festgestellt. Offensichtlich war auf der dort stehenden Olympia-Schreibmaschine u. a. auch die Kommandoerklärung zum Heidelberger Anschlag geschrieben worden, ebenso wie zwei von Ende Mai datierte Erklärungen, in denen die RAF sich von den ihr in den Medien zugeschriebenen Bombendrohungen gegen die Stadt Stuttgart distanzierte, sowie Entwürfe für eine Erklärung, die – von Meinhof auf Tonband gesprochen – am 31.5.72 auf einer Veranstaltung der „Roten Hilfe“ Frankfurt in der Universität abgespielt worden war. Auch in dieser Wohnung fand man auf Notizblöcken, in Büchern, auf Zeitungen vom März und Mai 1972 und wiederum in einem Exemplar der Schrift „Das Konzept Stadtguerilla“ schriftliche Vermerke von Ulrike Meinhof.

2.1.3. Ergänzungszeugen

Aufgrund der Menge an Indizien ließ sich ohne weiteres feststellen und nachweisen, daß die fünf Angeklagten innerhalb der RAF als Organisation aktiv gewesen waren; ebenso lag die Vermutung nahe, daß jeder von ihnen an einem oder mehreren der Sprengstoffanschläge persönlich beteiligt gewesen war. Die erste Feststellung gleicht jedoch dem Einrennen offener Türen, da sich die Angeklagten von Anfang an zu ihrer aktiven Mitgliedschaft in der RAF bekannt hatten. Die zweite Feststellung stellt *rechtlich* jedoch nicht mehr als den Verdacht auf eine Beteiligung der Angeklagten an konkreten Straftaten dar; aufgrund der vorhandenen Indizien konnte für keinen der Angeklagten die Täterschaft oder auch nur die Beteiligung an einem oder mehreren Anschlägen als rechtlich erwiesen gelten. Selbst wenn man unterstellen würde, daß Ulrike Meinhof die diversen Kommandoerklärungen verfaßt hatte, so wäre das nicht ausreichend, um sie in einem Strafprozeß konkret der Teilnahme an den Anschlägen zu überführen. Die BAW hoffte deshalb auch in ihrer offensichtlichen Beweisnot auf Zeugen, die aussagen sollten, daß sie die Angeklagten in den entscheidenden Monaten April und Mai 1972 in der Nähe der „RAF-Zentrale“ in Frankfurt oder kurz vor bzw. nach einem Anschlag am Tatort gesehen hätten.

Raspes Anwesenheit in Frankfurt ließ sich zumindest für einige Tage im April und Mai 1972 relativ einfach nachweisen. Der Zeuge Pracht (Student) hatte ausgesagt, Raspe in dieser Zeit mehrmals getroffen zu haben, um die Miete zu kassieren[65]. Die Zeugin Sauer (Hausfrau) erklärte, Raspe als den Mann wiederzuerkennen, den sie einmal – wahrscheinlich im Mai 1972 – in der Nähe der Wohnung Inheidener Straße aus einem Porsche hatte aussteigen sehen[66], der dort während einiger Wochen immer wieder gestanden habe. Und auch der Zeuge Hoff war mit Raspe in den Monaten April und Mai mehrmals in seiner Werkstatt zusammengetroffen. Die Zeugenaussage Hoffs erleichterte es dem Gericht, Raspe wegen Beteiligung an den Bombenanschlägen zu verurteilen; darüber später mehr.

Von Ensslins Anwesenheit in der Inheidener Straße während der Monate April/Mai 1972 konnte aufgrund der Zeugenaussagen zweier Verkäuferinnen eines in unmittelbarer Nähe gelegenen Lebensmittelgeschäfts ausgegangen werden[67]. Eine dieser Verkäuferinnen hatte die Polizei angerufen, nachdem sie am Tag der Festnahme Ensslins im Fernsehen Fotos von ihr gesehen hatte. Der Besitzer einer Autoreparaturwerkstatt in Heidelberg bekundete, daß Ensslin am Tag nach dem Heidelberger Anschlag in der Werkstatt erschienen sei, um sich nach einem in Reparatur gegebenen Personenwagen zu erkundigen. Der Zeuge war sich dessen vor Gericht vollkommen sicher; er habe sie auch später bei einer Gegenüberstellung im Gefängnis wiedererkannt. Bei der Vernehmung der Autobesitzerin vor Gericht stellte sich heraus, daß sie und ihre Freundin sich nach dem Wagen erkundigt hatten und daß der Werkstattbesitzer die Freundin mit Ensslin verwechselt haben mußte[68]. Ein gutes Beispiel für die Zuverlässigkeit von Augenzeugen, zumal dann, wenn die Medien Fotos der Beschuldigten immer wieder veröffentlichen. Ähnlich erging es der BAW mit einem Eierverkäufer, der sich in der polizeilichen Vernehmung hundertprozentig sicher gewesen war, Ensslin knapp eine Stunde nach dem Anschlag auf das Landeskriminalamt in München in einem vorbeifahrenden Auto erkannt zu haben, vor Gericht jedoch völlige Unsicherheit zugeben mußte[69].

Etwas mehr Erfolg hatte die BAW mit einer Zeugin aus Frankfurt, die Baader anhand eines Fotos in der Illustrierten „Stern" „mit Sicherheit" als den Mann erkannt hatte, der etwa 20 Minuten nach dem Anschlag auf das IG Farben-Haus vom Gelände lief und sie fast umgerannt habe. Zuvor hatte sie Baader als Ärztin verkleidet am Krankenbett besucht, ihn jedoch genau so wenig zu identifizieren vermocht wie bei der Vorlage von Polizeifotos. Monate danach erkannte die Zeugin Baader bei einer Gegenüberstellung „mit ziemlicher Sicherheit" wieder. Ihre Aussage floß in die Begründung des späteren Urteils ein. Die Tochter der Zeugin reduzierte ihre anfängliche hundertprozentige Sicherheit, Baader als den laufenden Mann erkannt zu haben, in der Befragung vor Gericht auf Null. Auf entsprechende Fragen gab sie offen zu, es sei gut möglich, daß sie von all den Photos, die man ihr vorgelegt hatte, so stark beeinflußt worden sei, daß sie Baader als den Mann identifiziert habe, den sie damals in Frankfurt sah[70].

Nebenbei erzählte die Mutter vor Gericht, daß bei der ersten „Gegenüberstellung" im Krankenhaus nicht nur sie selbst, sondern auch mehrere Polizeibeamte als Krankenhauspersonal verkleidet waren. Ein anderer Zeuge wußte die gleiche Geschichte zu erzählen[71]. Nach diesen Aussagen stellte die Verteidigung nochmals den Antrag, Vertrauensärzte als behandelnde Ärzte (und nicht als Sachverständige des Gerichts) zuzulassen; der Antrag wurde jedoch ohne Begründung zurückgewiesen[72]. Zudem sah die Verteidigung in dieser Art von Gegenüberstellung eine Übertretung von § 136a StPO[73], der auf Täuschung beruhende Ermittlungs- und Verhörmethoden für unzulässig und so gewonnene Ermittlungsergebnisse für unverwertbar erklärt.

Schließlich hatte die BAW noch den Zeugen Kühn geladen, der

Baader in Heidelberg am Tag des Anschlags gesehen haben wollte, und zwar in unmittelbarer Nähe des amerikanischen Hauptquartiers. Vor Gericht sagte Kühn, er könne mit „fast absoluter" Sicherheit sagen, Baader damals gesehen zu haben. Auf Antrag der Verteidigung wurden daraufhin auch die Polizisten geladen, die Kühn damals vernommen, ihm Fotos von Baader vorgelegt und ihn bei der Gegenüberstellung im Krankenhaus – ebenfalls als Ärzte verkleidet – begleitet hatten. Die Aussagen der Beamten machten aber deutlich, daß auch Kühn höchstwahrscheinlich der in jener Zeit erzeugten Angstpsychose[74], der psychologischen Kriegsführung in den Medien und zweifelhaften Ermittlungsmethoden erlegen war[75]. Seine für die BAW auf den ersten Blick so günstige Aussage tauchte im Urteil nicht mehr auf. Angesichts dieser Erfahrungen mit Zeugenaussagen verwundert es nicht weiter, wenn der damalige BKA-Chef Herold in einem Interview Ende 1980 sagte, ihm schwebe eine Weiterentwicklung der Kriminalistik vor, die Zeugen für den eigentlichen Strafprozeß überflüssig mache, da „der Zeuge ein absolut untaugliches Beweismittel ist". Herold ging noch weiter: „Nach meiner Theorie wäre, so schrecklich das klingt, auch der Richter entbehrlich"[76].

2.1.4. Urkundenbeweis

Aus dem bisher Gesagten wird deutlich, daß der für die BAW gegebene Ermittlungsnotstand trotz der versuchten Verbindung zwischen Indizienbeweis und Ergänzungszeugen unverändert fortbestand. Es ist anzunehmen, daß die BAW angesichts der Ergebnisse aus den Vorermittlungen gehofft hatte, das lückenhafte Puzzle einer tatsächlichen persönlichen Beteiligung der Angeklagten an den verschiedenen Anschlägen mit den Aussagen der Ergänzungszeugen irgendwie auffüllen zu können. Sollten solche Erwartungen bestanden haben, so wurden sie in der Hauptverhandlung fast völlig zunichte gemacht. Sicher ist sich die BAW bewußt gewesen, daß auch mit „standhaften" Zeugen vor Gericht die persönliche Beteiligung immer noch äußerst schwierig zu beweisen wäre.

Offensichtlich beabsichtigte die BAW, dieses Problem gemäß der in der Anklageschrift verfolgten „Rädelsführertheorie" (die Angeklagten als Begründer und Anführer der „Rote Armee Fraktion") aufzulösen. Diese Theorie, seit 1970 in den Medien immer wieder unter dem Schlagwort „Baader-Meinhof-Bande" aufgefrischt und verstärkt, versuchte die BAW mit dem Einbringen beschlagnahmter Zellenrundbriefe, einiger Kassiber und verschiedener RAF-Schriften zu untermauern.

Die Gefangenen aus der RAF hatten sowohl mündlich als auch schriftlich immer wieder betont, daß Voraussetzung für die Zugehörigkeit zur Guerilla die freiwillige Entscheidung jedes Einzelnen sei; weiter seien kollektive Entscheidungs- und Lernprozesse als notwendige Bedingung für den Bestand und die Aktionsfähigkeit der Guerilla anzusehen. Die einzelnen Kommandos (sechs bis acht Leute) verfolgten politisch zwar das Konzept der RAF, kämpften jedoch weitgehend autonom. Ihren Erklärungen war zu entnehmen, daß die RAF an das von dem brasilianischen Guerillero Carlos Marighuela im „Minihandbuch“[77] beschriebene Organisationsmodell anknüpfte, aufgrund der anderen Bedingungen in Westeuropa seien jedoch Abänderungen notwendig gewesen. Sollte die RAF tatsächlich seit 1970 so organisiert gewesen sein, so würde dies bedeuten, daß einzelne Mitglieder weder aktiv an den Anschlägen beteiligt gewesen sein noch von ihnen vorher gewußt haben müs sen.

Die BAW entwarf jedoch das Bild einer streng hierarchisch aufgebauten Organisation mit klassischer militärischer Befehlsstruktur, an deren Spitze selbstverständlich die Angeklagten gestanden hätten und immer noch stünden. Nach dieser Version war es fast unerheblich, ob die Angeklagten selbst direkt an den Anschlägen beteiligt waren oder nicht; als „Befehlshaber“ der RAF hätten sie jeden Anschlag ausgedacht, vorbereitet, organisiert und befohlen. Sollte sich eine solche Organisations- und Befehlsstruktur nachweisen lassen, so könnten die Angeklagten auch ohne den Nachweis persönlicher Tatausführung vor Ort für die Anschläge und ihre Folgen strafrechtlich voll verantwortlich gemacht werden, zumindest als Anstifter.

Nun soll der Versuch der BAW, eine solche Organisations- und Befehlsstruktur vor Gericht durch die Verlesung von Schriftstücken (sogenannter Urkundenbeweis[78]) zu beweisen, näher betrachtet werden. Es werden ausschließlich die Beweisstücke behandelt, denen das Gericht so große Bedeutung beimaß, daß sie zu Prozeßende in der Urteilsbegründung berücksichtigt wurden.

2.1.4.1. Zellenrundbriefe, RAF-Schriften und Kassiber

Die Zellenrundbriefe, die herangezogen wurden, um die „Rädelsführerschaft“ der Angeklagten in der RAF zu dokumentieren, entstammten ganz überwiegend dem sogenannten Infosystem. Dieses Infosystem, von den Gefangenen kurz „Info“ genannt, wurde schon im Zusammenhang mit der Beschreibung der ersten Zellendurchsuchungen und der Ausschlußgesetzgebung behandelt. Aus dem Kontext gerissene Passagen wichtiger Rundbriefe finden sich in den Beschlüssen des OLG Stuttgart zum Ausschluß der Rechtsanwälte Croissant, Groenewold und Ströbele. Wie aber gedachte die BAW mit der schriftlichen Kommunikation von *Gefangenen* deren „Rädelsführerposition“ zu beweisen? Auch hier griff die BAW auf die Konstruktion zurück, die sie mit Erfolg für ihre Anträge auf Durchsuchung der Zellen, die Beschlagnahme von Verteidigungsunterlagen und die Ausschließung von Verteidigern angewandt hatte: Die Gefangenen würden die kriminelle Vereinigung in der Haft und aus der

Haft heraus fortsetzen. Dabei stützte sich die BAW auf Rundbriefe, denen zu entnehmen war, daß die Ansichten der Angeklagten über die diskutierten Themen (Haftbedingungen, Hungerstreiks, Prozeßvorbereitung) für die anderen Gefangenen aus der RAF von großer oder ausschlaggebender Bedeutung waren. Also argumentierte die BAW weiter: Man müsse sich nur vor Augen halten, welch großen Einfluß diese Angeklagten auf die anderen Gefangenen aus der RAF hätten; ihre Anführerposition sei damit ganz eindeutig dokumentiert, folglich müßten sie auch schon vor ihrer Verhaftung die Anführer gewesen sein.

Zu Baaders „Rädelsführerschaft" griff die BAW zum Beispiel darauf zurück, daß die Idee, ein „info" zu schaffen, von ihm stamme. Auch der Besuch Jean-Paul Sartres bei Baader im Herbst 1974 während des Hungerstreiks wurde als Bestätigung dieser These gewertet (über das Gespräch mit Sartre hatte Baader einen kurzen Bericht für das Info geschrieben). Auch der nicht verwirklichte Vorschlag, im Info nur noch Decknamen zu verwenden, wurde von der BAW in obigem Sinn interpretiert; immerhin sollte Baaders Deckname „Ahab" sein (Ahab ist der Kapitän in Melvilles Roman „Moby Dick" – BS).

Gleichzeitig mußte dieser – wahrscheinlich von Ensslin stammende – Vorschlag auch als Beleg für Ensslins einflußreiche Position in der RAF herhalten. Weitere Beweisstücke waren Zellenrundbriefe, in denen Ensslin inhaltlich ausgearbeitete Vorschläge für ein neues RAF-Papier über „stadtguerilla und metropole brd" unterbreitet hatte, ein Konzept, das vor allem von Baader, Meinhof und ihr selbst geschrieben werden solle. Auch Rundbriefe, in denen Ensslin mit entschiedenem Ton ihre Meinung über die Planung des dritten großen Hungerstreiks ausdrückte und einige Gefangene auf ihr Verhalten in Hungerstreiks und gegenüber Anwälten kritisierte, wurden als „Beweise" für ihre Schlüsselposition in der RAF genannt.

Weiter wurden vor Gericht lange Auszüge aus den seit 1970 veröffentlichten RAF-Schriften verlesen, darunter die Texte „Das Konzept Stadtguerilla", „Den anti-imperialistischen Kampf führen" und „Dem Volke dienen". Die BAW hatte keine Zweifel daran, daß Meinhof die Verfasserin dieser Schriften war; sie verwies nachdrücklich auf ihre Vorgeschichte als bekannte linke Journalistin. Ihre in der Monatszeitschrift „Konkret" erschienenen Artikel waren von Freund und Feind als Meisterwerke politischer Analyse und journalistischen Könnens anerkannt worden. Aber auch ihre handschriftlichen Korrekturen auf verschiedenen Entwürfen von Kommandoerklärungen und anderen Papieren mußten dazu herhalten, ihre „Rädelsführerschaft" innerhalb der RAF zu belegen. Hinzu kam noch, daß Ensslin in einem bei einer Zellendurchsuchung gefundenen Brief an Meinhof geschrieben hatte: „jeder weiß, daß du die stimme warst, bist, sein wirst...", wonach die Aufforderung folgte, Meinhof solle ein Konzept für ihre Prozeßerklärung im Baader-Befreiungs-

Prozeß vor dem Landgericht Berlin schreiben. Diese Prozeßerklärung, die zu Prozeßbeginn am 13. September 1974 von Meinhof vorgelesen wurde, sei der Auftakt zum dritten großen Hungerstreik gewesen, kommentierte die BAW. Zu Baaders Befreiung wird in dieser Erklärung u. a. gesagt:

> „unsere aktion am 14. mai 1970 ist und bleibt die exemplarische aktion der metropolenguerilla. in ihr sind/waren schon alle elemente der strategie des bewaffneten antiimperialistischen kampfes enthalten: es war die befreiung eines gefangenen aus dem griff des staatsapparats. es war eine guerilla-aktion, war die aktion einer gruppe, die zum militärpolitischen kern wurde durch den entschluß, die aktion zu machen. es war die befreiung eines revolutionärs, eines kaders, der für den aufbau der metropolenguerilla unentbehrlich war und ist, nicht nur wie jeder revolutionär in den reihen der revolution unentbehrlich ist, sondern weil er schon damals alles das, was die guerilla, die militärpolitische offensive gegen den imperialistischen staat erst ermöglicht, schon verkörperte: die entschlossenheit, den willen zu handeln, die fähigkeit, sich selbst nur und ausschließlich über die ziele zu bestimmen, dabei den kollektiven lernprozeß der gruppe offenzuhalten, von anfang an führung als kollektive führung zu praktizieren, die lernprozesse jedes einzelnen kollektiv zu vermitteln“[79].

Das Bild, das sich aufgrund der vor Gericht verlesenen Dokumente (RAF-Schriften, –Briefe und –Prozeßerklärungen) von den Angeklagten abzeichnen sollte, war eindeutig: Die Angeklagten stellten die „militärische Leitung“ der RAF dar; Baader war der unumstrittene Führer, Ensslin seine Cheforganisatorin, Meinhof seine Chefideologin und Propagandaministerin. Daß dieses „Führungsgremium“ nicht erst während der Gefangenschaft gebildet worden sei, sondern schon vor der Inhaftierung bestanden habe und weiter die noch in Freiheit operierenden RAF-Mitglieder kommandiere, versuchte die BAW durch die Vorlage dreier Kassiber glaubhaft zu machen, die Ensslin und Baader zugeschrieben wurden.

Der sogenannte Ensslin-Kassiber, den Meinhof bei ihrer Festnahme in Hannover am 15.6.72, also acht Tage nach der Festnahme Ensslins, bei sich trug, enthielt neben Einzelheiten ihrer Festnahme auch Anweisungen, was die Illegalen nun zu tun hätten, und zwar vor allem hinsichtlich der Überprüfung oder Auflösung bestimmter Wohnungen. Sowohl die noch freien Genossen als auch die betreffenden Wohnungen waren nur mit ihren Decknamen bezeichnet, einige dieser Decknamen konnten jedoch entschlüsselt werden. Weiter enthielt das Papier noch einige kurze Vorschläge für Aktionen zur Befreiung von „Valentin“. Die Möglichkeit einer Geiselnahme wurde erwähnt, unter Hinweis auf den damaligen Beschluß der Bundesinnenministerkonferenz, daß das Leben von Geiseln als vorrangig gegenüber dem Ergreifen der Entführer zu betrachten sei. Und schließlich findet sich noch ein Hinweis für einen „Ha“: „noch 2 x * davon 1 mal Amerika (möglichst) und 1 mal wie besprochen(. . .)". Geht man davon aus, daß das Papier tatsächlich von Ensslin stammt und mit dem Sternchen ein Bombenanschlag gemeint sein sollte, so ließe sich aus den Worten „1 mal wie besprochen" schließen, daß Ensslin zumindest an der Planung von Bombenanschlägen beteiligt gewesen war.

Immer vorausgesetzt, daß Ensslin tatsächlich die Verfasserin war, so läßt sich diesem Schriftstück entnehmen, daß sie nicht nur über viele interne Informationen aus der Guerilla verfügte, sondern auch in der Lage war, Anordnungen zu erteilen. Angesichts der Schilderungen der Organisationsstruktur durch die Angeklagten und andere Gefangene bleibt aber die Frage offen, ob aus diesem Umstand mehr abgeleitet werden kann als die Eigenschaft, eine von mehreren Kaderangehörigen zu sein, der eine besondere organisatorische Verantwortung zukam.

Zwei weitere „Kassiber", deren Verfasser Baader sein sollte, waren im Februar 1974 in einer der sogenannten konspirativen Wohnungen in Frankfurt gefunden und zum größten Teil in der „Maihofer-Dokumentation" veröffentlicht worden. Diese aus dem Gefängnis herausgeschmuggelten Briefe enthielten u. a. eine genaue Beschreibung der Situation, in der der Verfasser sich zu jenem Zeitpunkt befand (einschließlich Lageskizzen) und daran anknüpfend ziemlich detaillierte Vorschläge für mögliche Befreiungsaktionen. Daß es sich bei dem Verfasser um einen der Kader der RAF gehandelt haben muß, war aus den umfassenden Kenntnissen auf operativem Gebiet und Sätzen wie „und darunter läuft nichts, was raf heißt(. . .)" (bezogen auf das Niveau zukúntiger Aktionen) und „ihr müßtet nur sagen ne offensive auf der linie so und so viele kommandos + wir können euch ein konzept entwickeln" mit ziemlicher Sicherheit zu schließen. Die auf einem der „Kassiber" handschriftlich angebrachten Skizzen ordnete einer der BKA-Graphologen „mit an Sicherheit grenzender Wahrscheinlichkeit" Baader zu[80]. Geschrieben waren sie „wahrscheinlich" (BKA) auf der Baader im Gefängnis zur Verfügung stehenden Schreibmaschine[81]. Gesetzt den Fall, Baader sei der Verfasser dieser „Kassiber" gewesen, so mußte die von der BAW damit begründete „Rädelsführertheorie" – Baader als der auch in der Haft noch mit Befehlsgewalt ausgestattete Anführer der RAF – trotzdem eine äußerst fragwürdige Konstruktion bleiben. Jeder Gefangene, gleich ob RAF-Kader oder nicht, konnte ebenfalls Ideen für bestimmte Aktionen, insbesondere zu seiner eigenen Befreiung, entwickeln. Zuverlässige Rückschlüsse auf seine „Rädelsführerschaft" in einer in Freiheit operierenden RAF konnte die BAW daraus nicht ziehen.

2.2. Zeugen der Anklage

2.2.1. Die Rechtsfigur des Kronzeugen

Trotz aller Bemühungen der BAW hatte sich der Indizienbeweis, auf dem ihre Beweisführung hauptsächlich beruhte, selbst bei höchster Strapazierung der „freien Beweiswürdigung" als unzureichend für die vorprogrammierte Verurteilung der Angeklagten wegen der Bombenanschläge erwiesen. Es kann deshalb nicht überraschen, wenn im Frühjahr 1975 drei verschiedene Gesetzesentwürfe zur Einführung der Rechtsfigur des sogenannten Kronzeugen im Bundestag eingebracht wurden[82]. Der Zeitpunkt für die Einführung dieser neuen Rechtsfigur war ausgesprochen günstig; kurz zuvor war der Westberliner CDU-Politiker Peter Lorenz von einem Kommando der „Bewegung 2. Juni" entführt und die westdeutsche Botschaft in Stockholm von dem RAF-Kommando „Holger Meins" besetzt worden.

Bei der aus dem anglo-amerikanischen Rechtssystem stammenden Rechtsfigur des Kronzeugen geht es im wesentlichen darum, daß der Kronzeuge selbst keine oder nur eine symbolische Strafe für die von ihm begangenen Straftaten erhält, wenn er einen entsprechenden Beitrag zur Ergreifung und/oder Verurteilung der Mittäter leistet. An eine Einführung des Kronzeugen war in den Gesetzesentwürfen nur in Zusammenhang mit einem verschärften § 129 StGB gedacht, dem heutigen § 129a StGB, der die „terroristische Vereinigung" betrifft. Übergangsregelungen sollten ermöglichen, daß Kronzeugen auch in den schon laufenden Prozessen nach § 129 StGB auftreten könnten. Die Einführung dieser dem westdeutschen Strafprozeßrecht völlig wesensfremden Rechtsfigur des Kronzeugen wurde mit dem „Ermittlungsnotstand" begründet, der für die Aufklärung strafbarer Handlungen einer „terroristischen Vereinigung" typisch sei. Ganz offen war in verschiedenen westdeutschen wissenschaftlichen Publikationen davon die Rede, daß diese Gesetzesentwürfe „nicht zuletzt eine Reaktion auf die sog. Baader-Meinhof-Verfahren" seien[83]. Nach Meinung der Bundesregierung konnte das Absehen von einem Strafverfahren bzw. die Aussicht auf Strafminderung die Bereitschaft zu Hinweisen aus Kreisen der „kriminellen Vereinigung" enorm anregen. Die beabsichtigte Regelung sollte gleichzeitig das gegenseitige Vertrauen der Mitglieder und damit den organisatorischen Zusammenhalt krimineller Vereinigungen untergraben.

Schon in den Jahren 1973[84] und 1974[85] erschienen in der BRD juristische Publikationen zur Rechtsfigur des Kronzeugen, die sich jedoch auf die Bekämpfung der Drogenkriminalität bezogen. Als größtes Problem für eine eventuelle Aufnahme in das westdeutsche Rechtssystem wird in diesen Publikatione die Gefährdung des geltenden Legalitätsprinzips genannt; schließlich würde der Kronzeuge, vielleicht sogar bei schwersten Delikten, straffrei davonkommen. Als weiterer wichtiger Einwand wird die höchst zweifelhafte Beweiskraft einer Zeugenaussage angeführt, die aufgrund der Zusage bzw. in Erwartung weitgehender Straffreiheit bzw. Strafminderung zustande kommt. Renommierte kriminologische Untersuchungen hätten übereinstimmend ergeben, daß man auf „gekaufte" Zeugenaussagen „nicht bauen" könne[86]. Anders gesagt: „Wer von seiner Aussage Vorteile erhofft, sagt gern, was gefällt"[87].

Selbst der höchste Ankläger der BRD, der damalige GBA Siegfried Buback, schien ein „entschiedener Gegner der Kronzeugenlösung" zu sein, „weil ich sie für eine ganz unnötige Kapitulation des Rechtsstaates halte. Dafür gibt es überhaupt keinen Anlaß". So jedenfalls drückte sich Buback in dem „Spiegel"-Interview vom Februar 1976 aus. Er hatte auch Bedenken praktischer Art; Kronzeugen benötigten eine neue Identität und lebenslangen persönlichen Schutz. Vielleicht hatte Buback die rund 800 bodyguards vor Augen, die – so der „Spiegel" – im Dienst der amerikanischen Behörden Tag und Nacht die etwa 300 Kronzeugen in den USA zu bewachen haben[88]. Seine Meinung, es gebe keinen Anlaß für die mit der Einführung des Kronzeugen verbundene „ganz unnötige Kapitulation des Rechtsstaates" gründet wahrscheinlich auf Erfahrungen, die Buback mit zwei ehemaligen RAF-Helfern, Karlheinz Ruhland und Peter Konieczny, gemacht hatte. Sie waren auch ohne die praktisch lästige und rechtlich zweifelhafte Kronzeugenregelung zu wertvollen Helfern der Polizei und Justiz geworden.

Schenkt man den Erzählungen der beiden über die Art und Weise ihrer Kehrtwendung Glauben, dann kommen jedoch Zweifel an Bubacks Äußerungen auf. In ausführlichen „Spiegel"-Interviews[89] hatten Ruhland und Konieczny 1976 zu Versprechungen von Polizei- und Justizbeamten Stellung genommen. Ruhland war noch in der Aufbauphase der RAF, im Dezember 1970, festgenommen worden; er soll Autos gestohlen, einen Banküberfall verübt haben und in Rathäuser eingebrochen sein. Nach zweieinhalb Jahren Haft befand er sich wieder auf freiem Fuß. Trotz dieser für westdeutsche Begriffe relativ geringen Haftdauer war Ruhland – u. a. Kronzeuge praeter legem im Baader-Befreiungs-Prozeß[90] – keineswegs gut auf die Behörden zu sprechen. Er klagte über unzureichende finanzielle Vergütungen, mangelnden Schutz sowie über den Zwang, als Zeuge auftreten zu müssen, was bis dahin schon in 30 bis 40 Prozessen der Fall gewesen war und in den kommenden fünf Jahren wohl auch so weitergehen werde. Erst dann erhalte er eine neue Identität. Zukünftigen Kronzeugen gab er den Rat: „(...)auf keinen Fall darf man mündlichen Zusagen trauen".

Konieczny wurde vorgeworfen, falsche Papiere für die RAF hergestellt zu haben; er war Mitte 1972 festgenommen worden. Bereits einen Tag nach seiner Verhaftung lieferte er die RAF-Mitglieder Irmgard Möller und Klaus Jünschke der Polizei aus. Auch er behauptete nach vier Jahren, daß er von Polizei und Justiz in jeder Hinsicht getäuscht worden sei. Sie hätten ihm „das Blaue vom Himmel versprochen": Sofortige Freilassung nach entsprechenden belastenden Aussagen, eine ganz geringe Strafe, eine Belohnung von zigtausend Mark sowie effektive Schutzmaßnahmen. Konieczny war zwar nach nur sieben Wochen Untersuchungshaft mit einem Vorschuß vom 3.000 Mark freigelassen worden, doch damit sei das Entgegenkommen der Behörden auch schon zu Ende gewesen. Er hatte mit finanziellen Problemen zu kämpfen und ging davon aus, noch bis 1981 als Freigänger von Polizei und Justiz leben zu müssen, denn sein Strafverfahren war 1976 noch nicht abgeschlossen; trotzdem mußte er wie Ruhland am laufenden Band in RAF-Prozessen als Zeuge auftreten.

Sollte sich tatsächlich alles so abgespielt haben, wie es von den beiden geschildert wurde, dann wären in beiden Fällen Ermittlungsmethoden, die laut § 136a StPO unzulässig sind (u. a. „das Versprechen eines gesetzlich nicht vorgesehenen Vorteils"), angewandt worden[91].

Wie in Abschnitt 2.1.3. schon erwähnt, werden unzulässige Ermittlungsmethoden strafprozessual dadurch sanktioniert, daß ihre Ergebnisse nicht für die Beweisaufnahme verwandt werden dürfen, auch wenn nicht auszuschließen ist, daß sie tatsächlich der Wahrheit entsprechen. Vor allem hinsichtlich des Wahrheitsgehalts von Ermittlungsergebnissen, die durch das „Versprechen eines Vorteils" zustande gekommen sind, lassen sich dieselben Fragen stellen wie zur Rechtsfigur des Kronzeugen. Von daher war die Entstehung der Aussagen von Ruhland und Konieczny für die Verteidigung von besonderem Interesse. Falls sich nachweisen ließe, daß diese Zeugen damals „gekauft" wurden, müßte es möglich sein, daß auch die Vorgeschichte der für den Stammheimer Prozeß schwerwiegenden Aussagen der Zeugen Dierk Hoff und Gerhard Müller einer genauen Überprüfung unterzogen würden[92].

Ruhland, von der Verteidigung in Stammheim als Zeuge aufgerufen, berief sich auf das Recht der Aussageverweigerung gemäß § 55 StPO, da wegen verschiedener Aussagen in anderen Prozessen mehrere Anzeigen wegen Meineids gegen ihn liefen. Das Gericht akzeptierte seine Berufung auf diesen Paragraphen, was zur Folge hatte, daß er keine Frage beantwortete[93].

Die ebenfalls in den Zeugenstand gerufene Freundin Ruhlands, eine Journalistin, bestätigte vor Gericht, daß Ruhland seit seiner Entlassung monatlich 700 bis 1.000 Mark „von dritter Seite" erhalten habe[94]. Sie habe keine Ahnung, von wem das Geld stamme; seit der Veröffentlichung des „Spiegel"-Interviews werde das Geld von einem gewissen Werner Freund aus Bad Godesberg überwiesen, und nach dem, was sie gehört habe, handele es sich um einen Beamten des BKA, das in Bad Godesberg – neben Wiesbaden – seinen zweiten Sitz hat. Ruhland wohne seit eineinhalb Jahren mietfrei im Jagdhaus seines Rechtsanwalts. Die ganz offensichtlich auf Vorinformationen beruhende Frage der Verteidigung, ob sie jemals für einen Geheimdienst, insbesondere für die

CIA gearbeitet habe, wollte sie erst nach einem Telefonat mit ihrem Anwalt beantworten. Danach teilte sie mit, sie sei nicht verpflichtet, diese Frage zu beantworten, da „kein Sachzusammenhang“ gegeben sei. Das Gericht, das vor der Telefon-Pause noch anderer Meinung gewesen war, ließ diese Aussageverweigerung nunmehr gelten.

Drei ehemalige Mitgefangene bestätigten als Zeugen, daß Ruhland ihnen erzählt habe, wie er unter Druck gesetzt worden sei: bei belastenden Aussagen sollte seine Strafe sehr gering bleiben, für den umgekehrten Fall sei ihm mit einer extrem langen Freiheitsstrafe gedroht worden[95]. Zwei Mitgefangenen hatte er erzählt, so ihre Aussage in Stammheim, daß er Horst Mahler deswegen zu Unrecht belastet habe. Tatsächlich war Mahler vor allem aufgrund von Ruhlands Aussagen wegen Teilnahme an einem Banküberfall verurteilt worden. Von weiteren drei ehemaligen Mithäftlingen Ruhlands lagen inhaltlich gleichlautende schriftliche Erklärungen vor. Das Gericht verzichtete auf die Anhörung dieser Zeugen, indem es die behaupteten Tatsachen „als wahr unterstellte“ (§ 244 Abs. 3 StPO)[96].

Aufgrund meiner eigenen Tätigkeit als Verteidiger eines Gefangenen aus der RAF bin ich davon überzeugt, daß BKA-Beamte sich verbotener Ermittlungsmethoden bedienen. Am 22.9.77 wurde in Utrecht das RAF-Mitglied Knut Folkerts verhaftet. Während meines ersten Gesprächs mit ihm schilderte er mir ausführlich seine nach der Festnahme gemachten Erfahrungen. So erzählte er, wie er von BKA-Beamten unter Druck gesetzt worden war, um ihn zu veranlassen, an der Ermittlung des Aufenthaltsortes des am 5.9.77 von einem RAF-Kommando entführten westdeutschen Arbeitgeberpräsidenten Hanns Martin Schleyer mitzuarbeiten. Ein BKA-Beamter habe ihm „unter vier Augen“ angeboten, bei entsprechender Mitarbeit werde er mit neuen Personalpapieren und einer Million Mark aus der Haft enlassen, andernfalls werde man ihn „aufhaengen“. Seine Schilderung erschien mir absolut glaubwürdig. Spaeter wurde auch klar, dass im Krisenstabe erwogen wurde, israelische und britische „Verhoerspezialisten“ hinzuziehen und Psychopharmaka gegen Folkerts anzuwenden.

Mit welchen Schwierigkeiten Anwälte zu rechnen hatten, wenn sie versuchten, unrechtmäßige Ermittlungsmethoden anzuprangern, wird an der Reaktion des BKA deutlich, nachdem ich Folkerts Schilderung in Form einer Pressemitteilung veröffentlichte. In einer dpa-Meldung vom 24.9.77 teilte das BKA mit, Folkerts Geschichte sei frei erfunden, außerdem sei dem BKA schon länger bekannt, daß „Bakker Schut seit Jahren konspirative Kontakte mit westdeutschen Terroristen unterhält“. Diese Beschuldigung wiederholte der Pressesprecher des BKA, Fuchs, wenige Tage danach noch einmal gegenüber der Presse; Fuchs sagte aber auch, daß er „keine Begründung geben könne und wolle, warum diese Anschuldigung gegen Bakker Schut vorgebracht worden sei“ – so die holländische Tageszeitung „De Volkskrant“ vom 4. 10. 77. Falls ich mich beschweren wolle, müsse ich mich an die westdeutschen Behörden wenden, als Anwalt kennte ich ja wohl meine Rechte, „besser als seine Pflichten, würde ich mal sagen“, legte Fuchs noch zu.

Die Saat dieser psychologischen Kriegsführung ging schnell auf, bereits kurz danach wurde ich in verschiedenen westdeutschen und niederländischen Zeitschriften (darunter „Elseviers Magazine“ und „Accent“) unverblümt als „Terrorist in Anwaltsrobe“ bezeichnet. Ende Oktober 1977 folgte die zweite Hetzkampagne. In allen großen westdeutschen Zeitungen erschienen auf Wunsch der BKA-Pressestelle ganzseitige Fahndungsaufrufe mit Fotos und näherer Beschreibung von 16 gesuchten RAF-Mitgliedern; von den RAF-Mitgliedern Susanne Albrecht, Sigrid Sternebeck und Angelika Speitel wurde behauptet, sie hätten „engen Kontakt zum Büro des Rechtsanwalts Bakker-Schut in Holland“. Meine schriftliche Bitte um Aufklärung von Ende Oktober beantwortete der Bundesinnenminister am 20.2. 78. In dem Brief wird schlichtweg geleugnet, daß eine „Fahndungsbroschüre“ existiere „in der Sie (...) mit gesuchten terroristischen Gewalttätern in Zusammenhang gebracht werden“. Meine „langjährigen konspirativen Kontakte mit westdeutschen Terroristen“ wies mir der Minister kurz und bündig nach: „Diese Feststellung wird durch Ihre Kontakte zu dem mit Haftbefehl gesuchten Ralf Friedrichs und Ihren öffentlichen Sympathie-Kundgebungen für die Baader-Meinhof-Bande und andere terroristische Gruppierungen in der Bundesrepublik Deutschland belegt“. Als „Beweise“ für meine „langjährigen konspirativen Kontakte“ zur RAF genügten also die unbestrittenen Tatsachen, daß ich mit Friedrichs, einem der früheren Mitarbeiter der Kanzlei Croissant, Verbindung gehabt hatte, als er noch legal und unbeschuldigt lebte, und daß ich mich als Verteidiger von Gefangenen aus der RAF öffentlich für eine menschenwürdigere Behandlung meiner Mandanten eingesetzt hatte.

Die Reaktion des Bundesinnenministeriums bzw. des ihm unterstellten BKA habe ich deshalb so ausführlich geschildert, weil an ihr der Mechanismus deutlich wird, der seit 1971 die Konfrontation zwischen Gefangenen aus der Stadtguerilla und ihren Verteidigern einerseits und den westdeutschen Staatsschutzbehörden andererseits kennzeichnet. Die Verteidiger bezeichnen bestimmte Tatsachen des Verfahrens gegen ihre Mandanten, insbesondere die Haftbedingungen, öffentlich als unzulässig und unrechtmäßig; daraufhin leugnen die Staatssschutzbehörden die Existenz der beanstandeten Tatsachen; um ihrem Leugnen Nachdruck zu verschaffen, diffamieren sie gleichzeitig die Verteidiger öffentlich als willige Handlanger ihrer Mandanten. Die auf diese Weise angegriffenen Anwälte können das Vorgehen der Behörden nur in politischen Begriffen interpretieren und bringen dies dann in mehr oder weniger scharf formulierten Erklärungen auch zum Ausdruck. Die erste Anschuldigung des BKA gegen mich definierte ich in einer Pressemitteilung vom 27.9.77 als „neuerlichen Beweis für die psychologische Kriegsführung, wie sie von den westdeutschen Behörden seit Jahren gegen jeden, der die faschistischen Entwicklungen in der BRD öffentlich kritisiert, angewandt wird“. Nicht zuletzt aufgrund der benutzten Sprache werden solche Erklärungen von den Staatsschutzbehörden dann wieder als „öffentliche Sympathiekundgebungen für die Baader-Meinhof-Bande“ bezeichnet, womit der Kreis geschlossen wäre und die Konfrontation weiter eskalieren kann.

Berücksichtigt man die erwähnten Erfahrungsberichte von Ruhland und Konieczny, so läßt sich Bubacks verbaler Widerstand gegen eine gesetzliche Kronzeugenregelung auch dadurch erklären, daß er der

Auffassung war, das Auffinden bzw. Produzieren von Kronzeugen sei auch ohne gesetzliche Regelung durchaus möglich. Die mit einer gesetzlichen Regelung verbundenen Nachteile könnten so vermieden werden. Verstöße gegen 136a StPO (unzulässige Ermittlungsmethoden) würden aber immer schwer nachzuweisen sein, da unzulässige Versprechungen von Vorteilen selbstverständlich nur mündlich gegeben werden. Ließen sich solche Verstöße dennoch nachweisen, so kann die Justiz ihre Hände einfach in Unschuld waschen und, falls notwendig, den Ermittlungsbeamten, der „eigenmächtig" seine Kompetenzen überschritten hat, fallenlassen.

Es hat eher den Anschein, daß Buback sich nicht so sehr um eine eventuelle „Kapitulation des Rechtsstaates" sorgte, als vielmehr um die Effektivität polizeilichen und gerichtlichen Handelns in dieser Art von Staatsschutzsachen, wobei mögliche Verstöße gegen § 136a schlichtweg mit in Kauf genommen werden. Für diese These spricht Bubacks Äußerung im „Spiegel" zu Gesetzesänderungen im Bereich des Staatsschutzes:

> „Der Staatsschutz lebt davon, daß er von Leuten wahrgenommen wird, die sich dafür engagieren. Und Leute, die sich dafür engagieren, wie Herold (Chef des BKA – BS) und ich, die finden immer einen Weg. Wenn Sie eine gesetzliche Regelung haben und sie mal strapazieren müssen, funktioniert sie ja meistens doch nicht".

Die vorgelegten Gesetzesentwürfe zur Kronzeugen-Regelung wurden allesamt verworfen. Sie waren aber vor allem wegen des Zeitpunktes ihrer Einreichung von Bedeutung, für die Verteidigung bestanden keine Zweifel daran, daß die seit Anfang 1975 in den Medien angekündigten und diskutierten Vorschläge ganz wesentlich zur Produktion der – wie sich später herausstellte – gleichzeitig in Gang kommenden „Geständnisse" Hoffs und Müllers beigetragen hatten. Höchstwahrscheinlich weckte die Diskussion über eine gesetzliche Kronzeugenregelung bei diesen Zeugen die Hoffnung, von einer solchen Regelung profitieren bzw. gemachten Versprechungen auch tatsächlich vertrauen zu können.

2.2.2. Der Zeuge Hoff

Gut zwei Monate nach Beginn des Prozesses gegen „Baader u. a." wurde am 3.7.75 Dierk Hoff festgenommen; wie sich später herausstellte, führten Aussagen des bereits seit geraumer Zeit mit der Polizei zusammenarbeitenden Gerhard Müller zu Hoffs Festnahme. Hoff, der in Frankfurt eine Werkstatt für Metallverarbeitung betrieb („Für besondere Wünsche", wie er in seinen Anzeigen warb), habe – so die Presse – für die RAF Bomben gebastelt. „Baader gab ihm Aufträge" schrieb die „Welt" am 24.7.75. Hoff jedoch stritt alles ab, und monatelang war von ihm nichts mehr zu hören. Am 2.12.75 veröffentlichte die „Welt" einen zweiseitigen Artikel über den Prozeß in Stammheim, der auf der Titelseite mit den Schlagzeilen „Wende im Prozeß Baader-Meinhof / Bombenbauer gesteht" angekündigt wurde. In dem Artikel stand u. a., daß die Aussagen des Kronzeugen Hoff die schwierige Beweislage der BAW mit einem Schlag verändern würde. Die laut „Welt" für die BAW bislang noch offene Frage, wer die Bombenanschläge ausgeführt habe, sei endlich beantwortet. Das „noch geheim gehaltene Geständnis" Hoffs beweise überzeugend die direkte Beteiligung von Baader und Meinhof an den Anschlägen vom Mai 1972.

Nach dem Erscheinen des Artikels versuchte die Verteidigung in der Hauptverhandlung am 3. 12. 75 zweimal, einen Antrag auf Einsichtnahme in die Akte Hoff und auf gleichzeitige Vertagung der Verhandlung zu stellen. Beide Male wurde der Verteidigung noch vor Verlesung der Antragsbegründung das Wort entzogen; die Behandlung des Antrags wurde abgelehnt. Begründet wurde dies mit der Notwendigkeit, erst das vollständige Programm der Zeugenvernehmungen abwickeln zu müssen[97]. Auch die Versuche, an den folgenden Prozeßtagen zwei weitere gleichlautende Anträge zu stellen, waren zum Scheitern verurteilt[98]. Jedesmal wurde Antragsteller Schily von Prinzing darauf verwiesen, daß er Anträge erst nach Beendigung der vorrangig durchzuführenden Zeugenvernehmungen stellen könne.

Aus vier Gründen weigerte Schily sich jedoch konsequent, seinen Antrag erst nach Beendigung der Zeugenbefragung einzureichen. Erstens war er der Auffassung, daß ein Antrag auf Vertagung der Verhandlung auch direkt behandelt werden müsse; er berief sich auf die gängige Rechtsprechung. Zweitens seien die Mandanten aufgrund ihrer angegriffenen Gesundheit nach den zeitraubenden Zeugenvernehmungen nicht mehr in der Lage, dem Vertagungsantrag zu folgen und ihn eventuell durch eigene Beiträge zu ergänzen. Drittens sei die Öffentlichkeit nach der Zeugenvernehmung nicht mehr gewährleistet, da die Journalisten zu diesem späten Zeitpunkt normalerweise in den Redaktionen saßen; angesichts der presseöffentlich mit Schlagzeilen angekündigten „entscheidenden Wende" im Prozeß habe die Verteidigung ein Recht darauf, daß die Begründung ihres Antrags ebenfalls von der Presse wahrgenommen werde. Und viertens weigerte Schily sich, einen vom Gericht verordneten „Nachtdienst" abzuleisten. Nachdem aber auch der vierte Antrag scheiterte, griff die Verteidigung zu ihrer letzten Waffe, der Ablehnung Prinzings wegen Besorgnis der Befangenheit[99]. Auch dieser 28. Ablehnungsantrag wurde nur als Prozeßverschleppung bewertet und demzufolge verworfen; schließlich habe die Abwicklung der Zeugenvernehmungen eindeutig Vorrang, und Schily habe zudem dreimal abends die Möglichkeit gehabt, seinen Antrag vorzutragen.

Erst am 10. 12. 75 um 16.30 Uhr erhielt Schily Gelegenheit, die

Begründung seines Antrags auf Vertagung vorzutragen[100]. Rechtlich beruhte der Antrag auf § 265 Abs. 4 i.V.m. § 246 Abs. 2 StPO.

Gemäß § 265 Abs. 4 StPO ist ein Richter verpflichtet, die Verhandlung zu vertagen, „falls dies infolge der veränderten Sachlage zur genügenden Vorbereitung der Anklage oder der Verteidigung angemessen erscheint". Die veränderte Sachlage, die auch auf prozessualem Gebiet liegen kann[101], sei im vorliegenden Fall aufgrund des „angekündigten" Erscheinens eines unerwarteten Kronzeugen gegeben. Gemäß § 246 Abs. 2 StPO ist es dann möglich, einen Antrag auf Vertagung zu stellen, wenn ein Zeuge erst so spät bekannt wird, daß es einer der Prozeßparteien „an der zur Einziehung von Erkundigungen erforderlichen Zeit gefehlt hat". Zweck und Absicht der Bestimmung ist vor allem, eine mögliche Überrumpelung einer der Parteien zu verhindern[102] sowie durch Vertagung Gelegenheit zu bieten, die persönliche Glaubwürdigkeit eines kurzfristig geladenen Zeugen noch vor dessen Auftreten vor Gericht überprüfen zu können[103]. Der einschlägigen Fachliteratur zufolge ist eine Vertagung gemäß § 246 StPO in den meisten Fällen weitgehend identisch mit einer Vertagung gemäß § 265 Abs. 4 StPO, sodaß beim Zusammentreffen mit § 246 Abs. 2 StPO der Richter im Prinzip verpflichtet ist, die Verhandlung zu vertagen[104].

Die BAW bestätigte den Abschluß der polizeilichen Vernehmung Hoffs und fügte hinzu, er werde zur Zeit gerade wegen des Verdachts der Unterstützung einer kriminellen Vereinigung richterlich vernommen. Erst nach Abschluß der richterlichen Vernehmung sei es möglich, zu beurteilen, wie weit Hoffs Aussagen für den laufenden Prozeß relevant seien. Im Augenblick sei eine Einsichtnahme in die Akte Hoff wegen der noch andauernden Vernehmung nicht möglich. Die BAW rechne damit, die Akte Anfang 1976 vorlegen zu können. Es sei keineswegs beabsichtigt, den Beschuldigten Hoff zu irgendeinem späteren Zeitpunkt als „Überraschungszeugen" zu präsentieren, stellte die BAW nachdrücklich fest[105]. Das Gericht schloß sich diesen Ausführungen an und lehnte den Antrag der Verteidigung ab[106].

Am ersten Verhandlungstag des Jahres 1976, dem 12. Januar, konfrontierte Prinzing die Verteidigung mit der Verfügung, am 22. Januar beginne die gerichtliche Vernehmung Hoffs. Um diese auf drei Tage angesetzte Vernehmung zu ermöglichen, verschob Prinzing das bis Mitte März festgelegte Programm für die Zeugenvernehmungen um eine Woche. Ein Antrag auf Anhörung des Zeugen Hoff war von der BAW schriftlich am 5.1.76 eingereicht worden; gleichzeitig hatte sie einen Teil der Akte Hoff an die Verteidiger geschickt. Die hatten aber das gut 300 Seiten starke Vernehmungsprotokoll zum Teil noch gar nicht erhalten oder durcharbeiten können, da sie gerade erst aus dem Weihnachtsurlaub zurückgekehrt waren. Jedenfalls war es keinem von ihnen bis dahin möglich gewesen, die umfangreiche Akte mit seinem Mandanten zu besprechen. Das sollte nun in den wenigen Tagen, die nach Abzug der bis zum 22. Januar noch angesetzten fünf Verhandlungstage übrig blieben, geschehen.

Die Empörung der Verteidiger ist leicht vorstellbar; sie bezeichneten den Vorgang als „Blitzkriegmanöver", als Überrumpelung der Verteidigung. Unmittelbar darauf beantragten sie die Vertagung der Verhandlung für die Dauer von zwei Monaten zur entsprechenden Bearbeitung des umfangreichen Materials; rechtliche Grundlage dieses Antrags war wiederum § 265 Abs. 4 in Verbindung mit § 246 StPO.

Löwe-Rosenberg kommentiert § 246 Abs 2 StPO so: Die aufgrund der Anwendung dieser Bestimmung bewirkte Sitzungsvertagung müsse garantieren, daß keiner der Prozeßteilnehmer „bei der Beweisaufnahme durch Vernehmung eines vorher nicht namhaft gemachten Zeugen oder durch Einbeziehung einer neuen Tatsache in die Beweisaufnahme überrumpelt werde. Sie sollen Gelegenheit haben, sich mit den neuen Beweisen kritisch auseinanderzusetzen und über Wert oder Unwert der Beweismittel Erkundigungen einzuziehen"[107].

Weiter griff die Antragsbegründung auf die sich aus dem Grundsatz des „fair trial" ergebende Forderung nach Waffengleichheit zurück: Immerhin habe die BAW sechs Monate Zeit gehabt, sich auf die Vernehmung Hoffs vorzubereiten (später stellte sich heraus, daß die polizeilichen Vernehmungen schon seit Anfang August 1975 „erfolgreich" gelaufen waren), während der Verteidigung nur wenige Tage zur Verfügung stünden. Die Tatsache, daß das Gericht dem Antrag der BAW, Hoff noch im Januar anzuhören, stattgegeben hatte, weil der Beschuldigte Hoff – so jedenfalls die BAW – wegen andernorts terminierter Zeugenaussagen sonst vorläufig wahrscheinlich nicht mehr als Zeuge in Stammheim zur Verfügung stehe, war der Verteidigung ein besonderer Dorn im Auge. Die BAW sei selbst für diese Planung verantwortlich, und die Übernahme dieser Argumentation durch das Gericht bedeute nichts anderes, als daß die BAW die Prozeßführung bzw. den Prozeßverlauf bestimme.

Die BAW beantwortete den Antrag der Verteidigung mit der Behauptung, gut eine Woche Zeit sei ausreichend, um eine 300 Seiten umfassende Akte durchzuarbeiten [108]. Außerdem hätten auch die vor Gericht auftretenden Vertreter der BAW die Akte nur wenige Tage früher erhalten; eine Aussage, die von der Verteidigung stark angezweifelt wurde.

Das Gericht lehnte die Anträge der Verteidigung ab: die Vorbereitungszeit sei ausreichend, und für die Anforderung weiterer Ermittlungsunterlagen (zusätzlich zu den Vernehmungsprotokollen) bestehe „kein Anlaß"[109]. Wegen der Verzögerung bei der Versendung der Akte wolle es der Verteidigung jedoch entgegenkommen und mit der Vernehmung Hoffs erst am 27. Januar beginnen. Dierk Hoff sagte vor Gericht aus: 1968 habe er in Frankfurt bei seinem Nachbarn Tratter zufällig und nur für wenige Sekunden einen jungen Besucher getroffen, von dem er heute wisse, daß es Holger Meins war. Tratter habe ihm später erzählt, sein Gast studiere an der Berliner Filmakademie. Ende 1971 habe Meins ihn in der Werkstatt besucht und sich als „Erwin" vorgestellt. Erwin bot ihm an, für ein Filmprojekt einige technische Aufträge auszuführen. Einige Wochen später habe ihn Erwin wieder besucht, diesmal in Begleitung eines „Lester", von dem er heute wisse, daß es Raspe war. Gemeinsam habe man über die von Hoff auszuführenden Aufträge gesprochen. Wiederum einige Wochen später habe Erwin dann die erste konkrete Bestellung in Auftrag gegeben: ein Werkzeug zur Entfernung von Hohlsplinten in sechsfacher Ausführung. Dann seien die ersten Aufträge für „Film-Requisiten" hereingekommen. Man habe ihm erzählt, es handele sich um einen Film über eine fiktive Revolution. Er solle nach einem Muster Teile von Granaten herstellen; wichtig sei, daß alles „funktionsfähig" sein müsse. Auch diesen Auftrag habe er ausgeführt. Der nächste Auftrag habe ebenfalls mit dem Film zu tun gehabt: die Herstellung eines Bombenhalters, mit dem eine Frau eine Bombe an einem Gürtel so tragen könne, als ob sie schwanger sei, und der einen aufblasbaren Ballon für den Rückweg nach dem Deponieren der Bombe enthalte. Danach habe er ein Jagdgewehr in ein Maschinengewehr umbauen müssen. Bei diesem technisch komplizierten Vorhaben sei ihm aufgefallen, daß Erwin über eindrucksvolle technische Kenntnisse verfügte. Erst dadurch sei sein Interesse an dem Film und an seinen Auftraggebern geweckt worden. Als Erwin das umgebaute Gewehr abholte und er, Hoff, gerade nach näheren Einzelheiten fragen wollte, hätten Freunde geklingelt; Erwin sei daraufhin schnell mit der Waffe durch einen Seitenausgang verschwunden, ganz offensichtlich habe er niemandem begegnen wollen. In diesem Augenblick sei ihm klar geworden, daß da etwas nicht stimme, er habe nun befürchtet, „daß ich es also mit Kriminellen irgendeiner Art zu tun hatte". Beim nächsten Besuch habe er Erwin und Lester um Aufklärung gebeten und erklärt, sie sollten ihm entweder alles zurückgeben, oder er werde zur Polizei gehen. Erwin habe ihn daraufhin mit einer Pistole bedroht, ihm wütend mitgeteilt, er, Hoff, würde nach den schon ausgeführten Aufträgen selbst bis zum Hals in der Sache stecken, und zur Polizei könne er deshalb sicher nicht gehen. Nach einigen beschwichtigenden Worten von Lester seien beide verschwunden. Aus Angst vor Rache sei er nicht zur Polizei gegangen. Nach einigen Tagen sei Lester wiedergekommen und habe ihm sehr freundlich erklärt, daß er über den letzten Besuch nicht so recht glücklich sei. Lester habe ihm dann eine ziemlich abgegriffene und schmuddelige RAF-Broschüre mit der Bemerkung „das ist von uns", er solle sie sich mal in Ruhe durchlesen, dagelassen. Er habe die Broschüre durchgeblättert, einige Mao-Zitate entdeckt und sie daraufhin weggelegt, weil er sich nicht für politische oder linke Literatur interessiere; ihm sei wohl bekannt gewesen, daß die RAF etwas mit Baader-Meinhof zu tun hatte, er habe sich jedoch gefragt, ob sich seine Auftraggeber nicht vielleicht mit fremden Federn schmückten. Beim nächsten gemeinsamen Besuch von Erwin und Lester hätten die beiden ihm gesagt, daß mit den anderen über die Angelegenheit geredet worden sei; er würde die von ihm hergestellten Teile nicht zurückbekommen, er stecke selbst so tief mit in der Sache, daß er seinen Mund halten müsse, und seinen Hausschlüssel werde er erst dann zurückbekommen, wenn er noch weitere Aufträge erledigt habe. Aus Angst habe er in den folgenden Monaten noch Bestellungen ausgeführt: Handgranatenhülsen und –verschlüsse, lederne Gerätegürtel, Apparate zum Knacken von Autoschlössern, metallene Bombenhüllen mit Zubehör, Magnetbomben usw, alles zusammen für etwa 3.500 Mark.

Während dieser Monate sei ab und zu noch eine dritte Person, ein „Harry" mitgekommen. Nur einmal sei, zusammen mit Erwin und Lester, noch ein Vierter dabeigewesen, von dem er heute wisse, das es Baader war. Es sei eine merkwürdige Situation gewesen: Baader, der ihm nicht vorgestellt worden sei, habe schweigend seine Werkstatt inspiziert, um nach einer guten Viertelstunde mit dem anderen wieder zu verschwinden.

In dieser Zeit, in der er fast täglich aufgesucht wurde, habe er die ihm erzählte Geschichte geglaubt, alle die von ihm hergestellten Gegenstände dienten nur zum Test neuer Gruppenmitglieder, die die Geräte in ihrer Wohnung zu verbergen hätten und deren Reaktion man so überprüfen wolle.

Am 11.5.72 habe Harry am späten Nachmittag schließlich die letzten Sachen – einige große Bombenzubehörteile – abgeholt. Er selbst, Hoff, habe vorgehabt, an diesem Tag in Urlaub zu fahren. Während er – etwa zwei Stunden nach Harrys Weggang – noch damit beschäftigt gewesen sei, sein Auto zu packen, habe er aus Richtung des „IG-Farben-Hauses" (US-Hauptquartier) drei Explosionen gehört. Zuerst habe er zwar einen Zusammenhang vermutet, dann jedoch den Gedanken fallengelassen, da es ihm unmöglich erschien, aus dem gerade abgeholten Bombenzubehör in so kurzer Zeit fertige Bomben herzustellen. Am nächsten Tag sei er mit seiner Freundin, die von all dem nichts gewußt habe, in Urlaub gefahren. Einige Tage später habe er sich in der Nähe von Saint Tropez einen „Spiegel" gekauft und darin Fotos von Bombenteilen gesehen, die er hergestellt habe. Da erst sei ihm bewußt geworden, „was die Uhr geschlagen hatte", und er sei in Panik geraten. Während der folgenden Wochen habe er abwechselnd daran gedacht, unterzutauchen oder sich der Polizei zu stellen. In dieser Zeit völliger Verwirrung seien Meins, Baader und Raspe verhaftet worden. Aufgrund der Zeitungsfotos habe er nun gewußt, mit wem er es zu tun gehabt hatte. Weiter habe er Artikeln entnehmen können, daß das von ihm angefertigte Waffenarsenal fast komplett von der Polizei entdeckt worden war; daraufhin habe er den Gedanken, sich der Polizei zu stellen, fallengelassen. Diese Erklärung gab Hoff in einem zweieinhalb Stunden langen Monolog ab. Als

Hoff einmal kurz zögerte, rief Meinhof ihm die Seite des polizeilichen Vernehmungsprotokolls zu, an der er angehalten hatte. Nach Beendigung der Zeugenaussage wollte Meinhof, die das Vernehmungsprotokoll vorliegen hatte, von Prinzing wissen, wann die Angeklagten Fragen zu dem „auswendig gelernten Polizeiprotokoll" stellen könnten[110]. Selbst Prinzing gab zu, es sei „sehr auffällig", wie Hoffs Aussage von Aufbau und Inhalt her „bis zu einzelnen Formulierungen mit dem Vernehmungsprotokoll (...) übereingestimmt hat"[111], woraufhin er von Hoff wissen wollte, ob er dazu etwas zu sagen habe. Hoff meinte, er habe ein sehr gutes Gedächtnis, und außerdem habe er seine Geschichte schon dreimal erzählt (seinem Anwalt, der Polizei und dem Richter) und die Vernehmungsprotokolle kürzlich noch einmal durchgelesen.

Das Interesse der Angeklagten und Verteidiger betraf weniger den Inhalt von Hoffs Aussage als ihr Zustandekommen. Inhaltlich äußerten sich die Angeklagten nur zu zwei Punkten: Erstens habe Hoff von Anfang an freiwillig und engagiert an den Aufträgen gearbeitet; er sei sich ebenfalls von Anfang an über den Verwendungszweck seiner Produktion im Klaren gewesen und deshalb auch niemals eingeschüchtert oder bedroht worden. Zweitens habe der von Hoff geschilderte Besuch Baaders nicht stattgefunden. Interessant an dieser knappen inhaltlichen Einlassung der Angeklagten ist vor allem, daß Hoffs Rolle als Bombenbauer der RAF darin implizit zugegeben wird, ebenso wie die damit zusammenhängenden – wie auch immer gearteten – Kontakte zu Meins und Raspe. So erklärte Raspe vor Gericht:

> „Hoff war also mal mit Holger befreundet, und er kannte ihn seit 1968. Er wußte, daß er für die RAF gearbeitet hat, und er hat die Sachen, die er gemacht, also seine Arbeit, natürlich im Bewußtsein dessen gemacht, daß es Waffen sind, und zwar freiwillig mit Initiative und engagiert. Das ist die Grundlage der Connection, und zwar so wie Interesse, Initiative, Freiwilligkeit, also die Möglichkeit des Lernprozesses – das heißt die Negation von Zwang, den Hoff wahnhaft immer noch behauptet, obwohl es längst vollkommen absurd geworden ist, in den Widersprüchen, die er produziert hat. Interesse, Initiative, Freiwilligkeit, also die Möglichkeit des Lernprozesses, bilden die Basis jeder Beziehung zwischen Guerilla und ihren Sympathisanten"[112].

Zuvor hatte Raspe Hoff gefragt, wer eigentlich auf die Idee gekommen sei, die sogenannte „Babybombe" zu bauen, eine Idee, die ihnen allen damals „ziemlich skurril" erschien[113]. Die Frage zielte in erster Linie auf Hoffs aktive Beteiligung an der Waffenherstellung (was Hoff aber abstritt), konnte aber auch als Bestätigung der Kenntnis Raspes von der Herstellung des Bombenhalters begriffen werden.

Hoff hatte sich als naiv, weltfremd und politisch desinteressiert geschildert; erst hatte man ihm etwas vorgelogen, um ihn dann später unter Druck setzen zu können. Den Angeklagten lag offensichtlich viel daran, dieses zweckbestimmte Selbstbildnis Hoffs zu demaskieren und deutlich zu machen, daß seine Aussage das Ergebnis monatelanger Bemühungen der Staatsschutzbehörden sei, auch wenn sie sich selbst und vor allem Raspe mit ihren Einlassungen belasteten. Baaders ominösen Besuch in Hoffs Werkstatt habe man sich ausgedacht, um das Bild einer streng hierarchisch organisierten Vereinigung mit Baader an der Spitze noch einmal akzentuieren zu können. So sei der seit Hoffs Festnahme in den Medien regelmäßig wiederholten Behauptung, „Baader erteilte Hoff Aufträge" wenigstens noch den Anschein von Glaubwürdigkeit gegeben (Hoff bezeichnete die Behauptung vor Gericht selbst als falsch). Auch die Behauptung, Hoff sei von der RAF unter Druck gesetzt worden, diene nur dazu, das Schreckensbild von einer skrupellosen Bande an die Wand zu malen, die nicht davor zurückschrecke, Sympathisanten oder ahnungslose Personen als „nützliche Idioten" zu mißbrauchen. Weiter werde versucht, Meins als die Personifizierung dieses Schreckensbildes darzustellen, um seine Ermordung im Hungerstreik nachträglich zu legitimieren.

Nach den Aussagen der Angeklagten hätte Hoff ohne weiteres als Mittäter verfolgt werden können, wobei die Aussicht auf eine entsprechende Verurteilung, rechtlich gesehen, groß gewesen wäre. Sollte jedoch Hoffs Version Glauben geschenkt werden, so müßte er in seinem späteren Verfahren wahrscheinlich als in die Irre geführter unwissender Unterstützer relativ gut wegkommen. Der Zeuge Hoff, dessen Aussagen gegen die Angeklagten im Stammheimer Prozeß sowie in seiner eigenen Strafsache von größter Bedeutung waren, bewegte sich de facto in der spezifischen Situation des Kronzeugen.

Während der Befragung Hoffs durch die Verteidigung wurde schnell klar, daß Hoff und die ihn vernehmenden Staasschützer sich schon unmittelbar nach der Festnahme darüber unterhalten hatten, wie Hoff von der geplanten Kronzeugenregelung am besten profitieren könne[114]. Diese Gesprächen fanden schon statt, als Hoff sich nach Rücksprache mit seinem Verteidiger noch weigerte, auszusagen.

Hoff sagte vor Gericht weiter aus[115], daß er noch am Tag seiner Festnahme von einem Staatsanwalt auf die Möglichkeit hingewiesen worden sei, durch ein Geständnis Strafnachlaß zu erhalten; die juristische Grundlage dafür sei die (in den Niederlanden unbekannte) Rechtsfigur der „tätigen Reue". Danach kann einem Täter (bei einer beschränkten Anzahl von Straftaten[116]) die Strafe teilweise oder ganz erlassen werden, wenn er freiwillig und aktiv an der Verhinderung geplanter Straftaten mitarbeitet. Da Hoff eine derartige „tätige Reue" nicht mehr entwickeln konnte, was ihm auch wenige Tage später von seinem Anwalt gesagt wurde, stellte der Versuch, ihm mit Versprechungen dieser Art ein Geständnis zu entlocken, eine unzulässige Verhörmethode dar (§ 136a StPO).

Soweit Hoff sich erinnern konnte, hatten die Gespräche über die Kronzeugenregelung wahrscheinlich anläßlich der Veröffentlichungen in den Medien stattgefunden. Eine Zeit lang habe er geglaubt, vielleicht von einer solchen Regelung profitieren zu können. Als jedoch später deutlich wurde, daß aus der Regelung wahrscheinlich nichts würde, habe er sich nicht mehr weiter darum gekümmert: Schließlich habe er sich zu jenem Zeitpunkt schon entschieden gehabt, eine Aussage zu machen, „und zurück gibt es für mich sowieso nicht mehr“[117]. Durchaus erwähnenswert erscheint mir noch die Aussage Hoffs, er habe gehört, daß mit der Anklageschrift in seiner eigenen Sache erst im Mai 1976 zu rechnen sei, also erst geraume Zeit nach Abschluß seiner Zeugenauftritte in mehreren Prozessen[118]. Zwar mag ein Zusammenhang zwischen dem möglichen Inhalt der noch zu erstellenden Anklageschrift gegen Hoff und seiner Effektivität als „Kronzeuge“ nicht nachweisbar sein. Es läßt sich jedoch kaum bezweifeln, daß Hoff selbst einen solchen Zusammenhang sah, und zwar mit allen Konsequenzen, die sich daraus für die Glaubwürdigkeit seiner Zeugenaussagen ergeben.

Hoffs helles Selbstbildnis eines naiven, apolitischen Menschen, der aber auch gar nichts von Waffen versteht, wurde von der Aussage eines Zeugen der Verteidigung erheblich verdüstert. Es handelte sich um Hoffs Nachbar Alois Tratter. Er hatte Holger Meins zusammen mit anderen Studenten der Berliner Filmakademie während eines Streiks an dieser Akademie kennengelernt. Tratter sagte vor Gericht aus[119], Hoff sei in der Zeit, in der sie sich regelmäßig gesehen hätten (1968), ausgesprochen selbstbewußt gewesen und hätte großes Interesse an dem „aktionistischen“ Teil der damaligen außerparlamentarischen Opposition gezeigt. Die damals recht zahlreichen Zusammenstöße mit der Polizei habe Hoff als „Kissenschlachten“ bezeichnet; es komme aber darauf an, „Nägel mit Köpfen“ zu machen. In diesem Zusammenhang habe Hoff auf seine Erfahrungen aus der Zusammenarbeit mit der algerischen Befreiungsbewegung angespielt. Auch habe Hoff in einer Frankfurter Kneipe, die ausschließlich von linkem Publikum besucht wurde, einem Studentensprecher, der damals bedroht worden war, angeboten, für ihn als Leibwache aufzutreten.

Tratter sagte weiter aus, Hoff habe eine selbstgebaute Gas-Maschinenpistole besessen, die er in einem genialen Versteck aufbewahrte. Alles zusammengenommen, habe Hoff ihm als „anerkannter Revolutionär von früher“ imponiert. Und schließlich teilte Tratter auch noch mit, daß Baader und Ensslin schon 1969 auf einer Fete bei Hoff gewesen seien. Tratter kannte Ensslin von der gemeinsamen Arbeit in einem alternativen Kinderschutzprojekt her. Baader, Ensslin und Thorwald Proll hatten damals mit ihrem Brandanschlag auf ein Frankfurter Kaufhaus einiges Aufsehen erregt. Nach ihrer Entlassung Mitte 1969 bat Hoff seinen Nachbarn Tratter, Baader und Ensslin zu einem Fest einzuladen, da er die beiden gern kennenlernen wollte. Baader und Ensslin seien tatsächlich gekommen, erinnerte sich Tratter, und Baader habe gemeinsam mit Hoff die Werkstatt besichtigt. Tratter teilte dies auf entsprechende Fragen Ensslins in der Verhandlung mit. Er erinnerte sich auch noch daran, daß Hoff damals Baader sogar die schon erwähnte Gas-Maschinenpistole gezeigt habe, was insofern erstaunlich gewesen sei, als Hoff sonst immer sehr geheimnisvoll damit umgegangen sei. Eine genaue Befragung Tratters durch Heldmann brachte noch weitere Einzelheiten zutage: Hoff hatte eine zweite Schußwaffe und einen Katalog mit Abbildungen und Beschreibungen fast aller jemals gebauten Maschinenpistolen besessen.

Weiter erinnerte Tratter sich, daß er Hoffs Freundin schon 1969/1970 an Hoffs Nähmaschine hatte arbeiten sehen. Hoff aber hatte zuvor ausgesagt, er habe seiner Freundin erst lange nach 1972 die Bedienung der Maschine erklärt. Aus Fragen der Angeklagten ging ebenfalls hervor, daß sie wußten, daß Hoffs Freundin mit der Nähmaschine 1972 am Gürtel der sogenannten Babybombe gearbeitet hatte. Auch sie, eine Amerikanerin, war 1975 gleichzeitig mit Hoff festgenommen, jedoch nach wenigen Tagen wieder freigelassen und ungewöhnlich schnell als Besucherin von Hoff zugelassen worden. Als Hoff mit seinen Aussagen begann, verlobten sich die beiden; damit brauchten sie nicht mehr über den anderen auszusagen. Hoff selbst hatte erklärt, er habe anfangs nur deshalb geleugnet, um gewiß zu sein, daß seine Freundin „in Sicherheit" sei. Inzwischen war sie denn auch in die USA zurückgekehrt.

Die Verteidigung dachte darüber ganz anders: Staatsschutzbeamte hätten Hoff auf zweierlei Art unter Druck gesetzt, um von ihm Aussagen zu erhalten, einmal mit Hinweisen auf die Vorteile eines Kronzeugen und einmal mit der Drohung, bei mangelnder Kooperation die Freundin als Mittäterin zu verfolgen und/oder ihr die Aufenthaltsgenehmigung zu entziehen. Letzteres wurde ganz unerwartet von dem Zeugen Jacobs, einem ehemaligen Mithäftling Hoffs, bestätigt, der sich unaufgefordert bei Gericht für eine Aussage gemeldet hatte[120]. Jacobs sagte aus, er sei mehrere Monate lang in der Zelle neben Hoff untergebracht gewesen und habe mit ihm viele Gespräche durch das Fenster führen können. Hoff habe ihm dabei erzählt, daß das BKA ihn gedrängt habe, als Kronzeuge aufzutreten, und daß vor allem die Aufenthaltsgenehmigung der Freundin dabei eine große Rolle gespielt habe. Die aggressive Haltung des Zeugen Jacobs gegenüber dem Gericht machte es der BAW jedoch leicht, seine Aussage als unbrauchbar abzuqualifizieren. So nannte Jacobs, der sich als politischer Gefangener betrachtete, das Gericht mehrmals „Sondergericht" und die Richter „Arschlöcher", was ihm drei Tage bzw. eine Woche Haft einbrachte. Außerdem weigerte er sich „aus Prinzip", sich vereidigen zu lassen: „Wenn ich eine Aussage mache, setzt das voraus, daß ich die Wahrheit sage".

Hoff, der nach Tratter noch einmal befragt wurde[121], hielt an seiner anfänglich gemachten Aussage fest. Bei der Gas-Maschinenpistole habe es sich lediglich um eine Spielerei gehandelt. Auf eine direkte Frage

Baaders nach einer dritten Waffe im Versteck zog sich Hoff auf sein Aussageverweigerungsrecht zurück. Von Heldmann nach einer Pistolenlieferung an Meins im Frühjahr 1971 gefragt, antwortete Hoff, davon sei ihm nichts bekannt. Zu Tratters Aussagen erklärte Hoff, daß Tratter sich zwar „nichts aus den Fingern saugt“[122], offensichtlich aber einen falschen Eindruck von ihm habe, vielleicht, weil er, Hoff, sich damals ganz gern ein bißchen wichtig getan habe. Mit der algerischen Befreiungsbewegung habe er nie etwas zu tun gehabt, und das Angebot an den bedrohten Studentensprecher sei sicherlich in angeheitertem Zustand als Witz gemacht worden. Anfangs blieb Hoff dabei, Baader zum erstenmal bei den von ihm beschriebenen Besuch in seiner Werkstatt 1972 gesehen zu haben, ein Besuch, der den Angeklagten zufolge nie stattgefunden hatte. Später meinte Hoff jedoch, es sei nicht auszuschließen, daß Baader und Ensslin schon 1969 einmal bei ihm zu Besuch gewesen seien, er habe damals häufiger ausschweifende Feste mit vielen ihm völlig unbekannten Gästen gegeben, auf jeden Fall habe er Baader und Ensslin dabei nicht bewußt wahrgenommen.

Auf alle Fragen, die mit seiner Freundin zu tun hatten, verweigerte Hoff kategorisch die Antwort. Die Gespräche mit seinem ehemaligen Mithäftling Jacobs bestätigte er, nicht aber den Inhalt, wie er von Jacobs wiedergegeben worden war.

Der öfter wiederholte Antrag der Verteidigung, Hoffs Freundin als Zeugin zu laden, wurde mit der Begründung, sie sei „unerreichbar“, abgelehnt (§ 244 Abs. 3 StPO); dem Gericht zufolge kannte das BKA zwar ihren Aufenthaltsort, verweigerte jedoch genauere Auskünfte darüber[123].

2.2.3. Der Zeuge Müller

Zwei Monate nach der zweiten Vernehmung Hoffs beantragte die BAW im Juni 1976, das ehemalige RAF-Mitglied Gerhard Müller als Zeugen zu hören[124]. Aus dem mehr als 150 Seiten umfassenden Protokoll neuerer polizeilicher Vernehmungen Müllers gehe hervor, daß die Angeklagten alle ihnen zur Last gelegten Bombenanschläge gemeinschaftlich geplant und angeordnet hätten sowie an deren Ausführung beteiligt gewesen seien.

Diesem „überraschenden“ Beweisantrag der BAW (so die „Frankfurter Rundschau“ vom 10.6.76) stimmte Prinzing sofort zu, ohne die Verteidigung anzuhören: Müller solle schon in drei Wochen vernommen werden. Die Verteidigung reagierte auf diese ihrer Meinung nach völlig übereilte Vorgehensweise mit dem 50. Ablehnungsantrag gegen Prinzing[125]; er wurde als „unbegründet“ zurückgewiesen[126]. Müller, der Mitte 1972 zusammen mit Ulrike Meinhof festgenommen wurde, war im März 1976 von einem Hamburger Schwurgericht wegen Mitgliedschaft in einer kriminellen Vereinigung in Tateinheit mit Beihilfe zum Mord, wegen Bombenanschlägen, Urkundenfälschung und illegalem Waffenbesitz zu zehn Jahren Freiheitsstrafe verurteilt worden. Von dem schwersten Vorwurf der Anklage, dem Mord an dem Hamburger Polizeibeamten Norbert Schmidt im Oktober 1971, war Müller jedoch, in Übereinstimmung mit dem Plädoyer der Staatsanwaltschaft, freigesprochen worden. Hoff hatte im Prozeß gegen Müller als Zeuge erklärt, Müller nicht als jenen „Harry" wiederzuerkennen, der ihn mehrmals aufgesucht hatte und der noch unmittelbar vor dem Frankfurter Bombenanschlag die letzten Bombenteile abgeholt hatte; Müller selbst bekundete, Hoff nur vom Hörensagen zu kennen. Damit war Müller das Risiko los, als Mittäter und nicht nur wegen Beihilfe an den Bombenanschlägen verurteilt zu werden.

Die Verteidigung zweifelte deshalb Müllers Glaubwürdigkeit sofort an. Sie vermutete, die BAW habe nach entsprechender Vorarbeit des BKA mit dem in dreieinhalb Jahren Isolationshaft völlig zermürbten Müller einen „deal" abgeschlossen: Müller würde in seinem Prozeß glimpflich davonkommen, wenn er als Gegenleistung im Prozeß gegen „Baader u. a." als Kronzeuge auftrete. Müllers Interesse an einer Zusammenarbeit mit den Behörden gehe schon aus einem von ihm verfaßten und am 23.9.75 in der (heute nicht mehr existierenden) Berliner Zeitschrift „Extra-Dienst" erschienenen Brief hervor. Darin hatte Müller erklärt, es reiche nicht aus, „sich nur von diesen Gruppen (RAF und Bewegung 2. Juni – BS) zu distanzieren", man müsse sie „mit dem Messer bis auf die Knochen" bekämpfen.

Am 8.7.76, kurz vor der ersten Vernehmung Müllers in Stammheim, ging die Verteidigung in die Offensive. Sie präsentierte dem Gericht eine schriftliche Erklärung der Inhaftierten Margit Schiller, in der sie als Augenzeugin berichtete, wie Gerhard Müller am 22. 10. 71 in Hamburg den Polizeibeamten Schmidt erschossen hatte[127]. Sie selbst war kurz nach dem Schußwechsel in einer nahegelegenen Telefonzelle verhaftet worden. Die ausführliche Beschreibung stimmte völlig mit der Aussage eines Kollegen von Schmidt überein, der sich ebenfalls am Tatort aufgehalten hatte. Im Prozeß gegen Müller als Zeuge befragt, war sich dieser Beamte seiner Sache jedoch nicht mehr so sicher gewesen. Mit der polizeilichen Vernehmung Müllers in der Strafsache gegen „Baader u. a." hatte das BKA – den der Verteidigung zur Verfügung gestellten Vernehmungsprotokollen zufolge – anscheinend erst am 31.3.76 begonnen, zwei Wochen nach der Urteilsverkündung in seinem Strafverfahren. Vor dieser Vernehmungsperiode wäre es der BAW noch möglich gewesen, gegen den Freispruch Müllers von der Anklage wegen Mordes Revision einzulegen; diese Möglichkeit blieb jedoch ungenutzt[128]. Müller hatte dagegen Revision eingelegt; als Zeuge in anderen Verfahren hatte er damit die Möglichkeit, Aussagen zu verweigern, wenn er befürchten mußte, sich durch eine wahrheitsgemäße Beantwortung selbst zu belasten (§ 55 StPO).

Deshalb sprach die Verteidigung von einem „illegalem Einkaufen des Kronzeugen Müller“ durch die BAW[129] und forderte sofortige Einsichtnahme in alle Vernehmungsprotokolle, einschließlich solcher aus der Zeit vor dem 31.3. 76. Die Verteidigung verlangte weiter, Margit Schiller als Zeugin zu hören[130]. Bundesanwalt Wunder reagierte darauf mit der Drohung, die Vorwürfe des Verteidigers Heldmann könnten „nicht ohne Konsequenzen bleiben“[131]. Es stellte sich jedoch heraus, daß tatsächlich aus der Zeit vor dem 31.3.76 Protokolle über die Vernehmung Müllers als „Kronzeuge“ in der Strafsache „Baader u. a.“ existierten, daß sie jedoch schon am 23.1.76 auf Antrag von GBA Buback vom Bundesjustizminister „im Interesse der Bundesrepublik“ zu Geheimdokumenten erklärt worden waren. Auch die Hamburger Richter, die Müller verurteilt hatten, kannten diese Akten nicht[132]. Obwohl BAW Wunder angeblich den Inhalt der zum Staatsgeheimnis erklärten Vernehmungsprotokolle selbst nicht kannte, gab er die Versicherung ab, sie enthielten kein Material, aus dem auf eine Täterschaft Müllers am Mord des Polizeibeamten Schmidt geschlossen werden könne[133]. Das Gericht wies daraufhin die Anträge der Verteidigung zurück. Die Vernehmung des Zeugen Müller konnte beginnen[134]. Müller begann seine Aussage mit einer ausführlichen Schilderung seiner Tätigkeit und Funktion in der RAF seit dem Frühjahr 1971. Die Gruppe habe damals aus etwa 20 Personen bestanden und über viele Wohnungen in Frankfurt, Stuttgart, Berlin, Heidelberg, Mannheim, Karlsruhe und Freiburg verfügt. Von Anfang an sei Baader der Anführer der Gruppe gewesen; Meinhof, Raspe, Ensslin und Meins bildeten den „inneren Kern“. Erste Pläne über eventuelle Bombenanschläge seien nach dem Tod von Petra Schelm im Juli 1971 aufgetaucht. Von Ende 1971 an sei er am Einkauf und Transport von Material für die Herstellung von Bomben beteiligt gewesen. Frankfurt, vor allem die Wohnung Inheidener Straße, sei die Bombenzentrale gewesen. Das Rezept für den roten Sprengstoff habe man über den Rechtsanwalt Hans-Christian Ströbele aus Jordanien bekommen. Hoffs Funktion sei ihm bekannt gewesen, er sei Hoff aber nie begegnet. In der Gruppe habe es niemand mit dem Decknamen „Harry“ gegeben, er selbst habe den Namen „Hardy“ geführt. Müller betonte ausdrücklich, die RAF habe als „offene Gruppe“ gearbeitet, jedes Mitglied habe auf Nachfrage alle Informationen über Vorbereitung und Ausführung bestimmter Pläne erhalten können. Deshalb könne er auch diejenigen benennen, die die einzelnen Bombenanschläge der „Mai-Offensive“ 1972 ausgeführt hätten. Der erste Bombenanschlag gegen das 5. US-Armeekorps in Frankfurt sei als Vergeltung für die am selben Tag bekanntgewordene Verminung der nordvietnamesischen Häfen gedacht gewesen. Der Vorschlag stamme von Ensslin; sie, Raspe, Meins und Baader hätten den Anschlag ausgeführt. Er habe selbst gesehen, wie sie sich mit zwei Autos auf den Weg gemacht hätten. Am nächsten Morgen seien Baader, Meins und Ensslin mit der Absicht nach München gefahren, als Vergeltung für die Erschießung von Thomas Weißbecker einen Bombenanschlag gegen die Polizeileitstelle zu verüben. Am selben Tag sei aus demselben Grund auf Anweisung Baaders ein Bombenanschlag auf die Polizeileitstelle Augsburg verübt worden. Ausführende in Augsburg seien Irmgard Möller und Angela Luther gewesen. Den Anschlag auf Richter Buddenberg in Karlsruhe hätten Baader, Raspe und Meins gemacht, zumindest sei ihm das am nächsten Morgen erzählt worden. Der Anschlag auf das Springerhochhaus in Hamburg sei Meinhofs Idee gewesen. Nach Rücksprache mit Baader, Ensslin und Raspe habe Meinhof den Anschlag mit Hausner und Jünschke durchgeführt. Am Bombenanschlag auf das Heidelberger US-Hauptquartier seien Baader, Meins, Luther und Möller beteiligt gewesen; er habe sie abfahren gesehen und bei ihrer Rückkehr vom Ergebnis der Unternehmung gehört.

Müller schilderte am nächsten Tag ausführlich die über Rechtsanwälte laufenden Kommunikationswege zwischen den einzelnen Gefangenen aus der RAF. Prinzing war der Meinung, daß eine Aussage zu diesem Thema für die Aufklärung des Anklagepunktes „Fortsetzung der kriminellen Vereinigung aus der Haft heraus“ notwendig sei. Müller erklärte, Kern der Kommunikationsstränge sei die Rechtsanwaltskanzlei Groenewold gewesen. Das „Info“ habe hauptsächlich dazu gedient, Baader eine Kontrolle der anderen Gefangenen zu ermöglichen, vor allem bei Hungerstreiks. Er, Müller, sei Ende November 1974 vom Info ausgeschlossen worden, nachdem er für sich den Hungerstreik beendet und mit seinen Genossen „Schluß gemacht“ habe. Aufgabe des Hungerstreiks sei die Gewinnung neuer Mitglieder gewesen. Ohne Info hätte es einen Zusammenhalt der Gruppe in der Gefangenschaft nicht geben können. Zehn Rechtsanwälte seien für das Info besonders aktiv gewesen. Vor allem Ströbele habe der RAF sehr positiv gegenübergestanden; weiter sei von Plottnitz zu nennen, der quasi als Psychologe versuchte, die Gefangenen „bei der Stange zu halten“. Im Herbst 1974 habe Groenewold ihm, Müller, erzählt, daß Befreiungsaktionen vorbereitet würden; weiter sei er davon überzeugt, daß der dritte Hungerstreik auch der Vorbereitung der Botschaftsbesetzung in Stockholm im April 1975 gedient habe.

Am dritten Tag kam Müller noch einmal – nach Rücksprache mit einem ihn ständig betreuenden Rechtsanwalt – auf seine Aussagen über den Zeugen Hoff zurück, da seine Glaubwürdigkeit in diesem Punkt so offentlichtlich zu wünschen übrig ließ, daß selbst in der bürgerlichen Presse bereits kritische Kommentare erschienen waren. Müller gab nun zu, „Harry“ gewesen zu sein und auch mehrfach mit Hoff Kontakt gehabt zu haben[135]. Er verneinte aber ausdrücklich, durch irgendwelche Versprechungen zu seinen „Geständnissen“ bewegt worden zu sein. Er habe zuvor nur deshalb falsch ausgesagt, weil er Konsequenzen für sein Strafverfahren befürchtete. Die Verteidigung hatte mit ihrer Befragung

Müllers wenig Erfolg. Viele Antworten verweigerte Müller unter Berufung auf sein Aussageverweigerungsrecht, das ihm vom Gericht auch fast immer zugestanden wurde[136]. Der „Spiegel" bemerkt dazu:

> „Solche Aussage-Abstinenz macht es der Verteidigung nahezu unmöglich, Angaben, die auf Befragen der anderen Prozeßbeteiligten gemacht werden, zu hinterfragen. Und der Kronzeuge, der gar kein Kronzeuge ist, wird so zur gespaltenen Persönlichkeit: freundlich, hilfsbereit, höflich gegenüber dem Gericht und der Bundesanwaltschaft, aggressiv, abweisend und verschlossen gegenüber den Verteidigern"[137].

Wohl bestätigte Müller, dem BKA schon in den ersten Monaten 1976 gesagt zu haben, daß er Hoff kenne. Diese Aussage gehörte damit zu den vom Bundesjustizminister als „Staatsgeheimnis" deklarierten Vernehmungsprotokollen. Auch stritt Müller nicht ab, daß er damals von Hoff selbst gehört habe, dieser habe für die RAF Waffen nach Frankreich geschmuggelt.

Noch einmal wehrte Müller sich gegen den Vorwurf, ihm seien von den Behörden Versprechungen gemacht worden, wenn er als Belastungszeuge im Prozeß gegen „Baader u. a." auftrete; er habe nur eine Erlaubnis für seine Kontakte zur Presse erhalten, die ihn für die vielen Interviews nach seinem Bruch mit der RAF honoriert habe. Müller bestätigte, daß das BKA ihm den Rechtsanwalt, der ihn ständig begleitete, empfohlen hatte. Schilys Frage, ob dieser Anwalt ebenfalls aus der Staatskasse bezahlt werde, ließ Prinzing nicht zu, weil eine eventuelle Antwort das Vertrauensverhältnis zwischen Anwalt und Mandant beeinträchtigen könnte[138]. Aus diesem Grund wurden auch alle anderen Fragen Schilys nach einer eventuell mit Hilfe dieses Anwalts zustande gekommenen Übereinkunft zwischen Müller und Behörden immer wieder zurückgewiesen. Noch einmal der „Spiegel":

> „Müllers Dilemma wurde dadurch deutlich: Obgleich es in der Bundesrepublik die Institution des Kronzeugen nicht gibt, ist der gesprächsbereite Abweichler in diese Rolle gedrängt worden – ohne jedoch der Vorteile sicher zu sein, die ein Kronzeuge in einem amerikanischen Verfahren automatisch genießt"[139].

Nach dem Tod von Ulrike Meinhof am 9.5.76 (siehe 4.2.) nahmen die Angeklagten nicht mehr am Prozeß teil; auch bei Müllers Auftritt erschienen sie nicht. Die Verteidigung wollte sich dennoch nicht mit der für sie äußerst unbefriedigend verlaufenden Konfrontation mit dem Zeugen Müller zufriedengeben.

3. Die Arbeitsweise der Verteidigung

In Kapitel III Abschnitt 3 wurden schon die wichtigsten Ausgangspunkte für die Arbeit der Verteidiger aufgezählt: Das Recht auf Verteidigung impliziert das Recht, als Beschuldigter selbst bestimmen zu können, wie die Verteidigung – im Rahmen der rechtlich gegebenen Möglichkeiten – auszusehen hat; der Verteidiger hat die Aufgabe, darauf zu achten, daß die konkreten Haftbedingungen die Gesundheit seiner Mandanten und (damit) ihre Möglichkeiten, sich auf den Prozeß vorzubereiten, nicht negativ beeinflussen; der Verteidiger hat darüber zu wachen, daß das rechtsstaatliche Gebot eines fairen Verfahrens nicht von vornherein durch öffentliche Vorverurteilung zur Illusion wird.

Aus dem bisher Gesagten geht hervor, daß die Verteidigung zu Beginn der Hauptverhandlung nur noch feststellen konnte, daß es ihr infolge des aufeinander „abgestimmten" Verhaltens von BKA, BAW, Gerichten, Politikern, Gesetzgeber und Medien unmöglich gemacht worden war, entsprechend dieser Ausgangspunkte zu handeln. Die gewählte Art der Verteidigung, das „wie", vor allem jedoch die Blockverteidigung der sich als Mitglieder eines politischen Kollektivs verstehenden Angeklagten durch Verteidiger ihrer Wahl waren infolge der Kriminalisierung und der Ausschließung der unbequemsten Verteidiger völlig zunichte gemacht worden. Jedoch nicht nur die von den Angeklagten bevorzugte Art und Weise der Verteidigung war als rechtliche Möglichkeit ausgeschaltet worden. Es war zumindest fraglich, ob eine grundlegende Prozeßvoraussetzung, nämlich die Verteidigungsfähigkeit der Angeklagten, nicht schon zu Beginn der Hauptverhandlung fehlte. Die einige Monate später vorgelegten medizinisch-psychiatrischen Sachverständigengutachten bestätigten die Befürchtungen, daß die Angeklagten wegen jahrelang systematisch betriebener Isolationshaft nicht mehr in der Lage waren, der zumeist ganztägigen Hauptverhandlung zu folgen. Die dritte Aufgabe der Verteidigung, für einen „fair trial" zu sorgen, scheint angesichts dieser Sachlage eine so gut wie unmöglich zu erfüllende Aufgabe zu sein; im vorigen Kapitel wurde dargelegt, wie die Verteidigung trotzdem alles versucht hat, sich dieser Sisyphusarbeit zu stellen.

Mit Recht läßt sich fragen, welche Perspektiven hinsichtlich der Verteidigung den Angeklagten und den wenigen, zum Teil kaum eingearbeiteten Anwälten angesichts dieser kläglichen Ausgangsposition zu Beginn der Hauptverhandlung überhaupt noch vor Augen standen. Einige Anhaltspunkte gab Baaders schon zitierte Erklärung am zweiten Prozeßtag[140], in der er u. a. sagte:

> „wir sind an der aktion, die hier möglich ist, wenig interessiert, sie ist unwichtig. der materielle zweck hat den propagandistischen in sich. er könnte hier über die dauer des verfahrens nur sein: aufklärung – die transparenz des verfahrens und darüber die transparenz der reaktion und strategie, die hier verfährt. wir können das kaum besser auf den begriff bringen, als es sich in der militarisierung des verfahrens darstellt. der apparat kann die dialektik seiner selbstdarstellung nicht begreifen. er unterliegt ihr und demontiert im versuch ihrer behauptung mehr rechtsstaatsideologie, als jede mögliche interpretation. die absurde überdeterminierung seiner reaktion wird ein propagandistisches

mittel der insurrektion. in seiner reaktion vermittelt er transformation und verfall des bürgerlichen staates und darin auch die evidenz unserer strategie".

Obwohl eine kollektive Verteidigung wegen der Neufassung des § 146 StPO formal nicht mehr möglich war, setzten die Verteidiger doch alles daran, um sie gleichwohl inhaltlich aufrechtzuerhalten, indem sie intensiv zusammenarbeiteten und auch die ausgeschlossenen Verteidiger in die gemeinsamen Beratungen mit einbezogen.

Im nächsten Abschnitt sollen anhand interner Diskussionspapiere die Auffassungen der Angeklagten über die von ihnen gewünschte und angestrebte Art der Verteidigung betrachtet werden. Weiter wird ein von Rechtsanwalt Temming vorgelegtes Verteidigungskonzept behandelt. Dieses unveröffentlichte Konzept für einen „dramaturgischen Verteidigungsrahmen", von Temming ausdrücklich als Diskussionsvorlage gedacht, wurde im Juni 1975 bei einer Durchsuchung der Anwaltskanzlei Groenewold beschlagnahmt und sollte später noch in mehreren Ehrengerichtsverfahren gegen Verteidiger, unter ihnen Heldmann und von Plottnitz, eine Rolle spielen. Einem Brief des GBA vom 25.3.76 an die Staatsanwaltschaft Frankfurt zufolge, hatten vor allem die beiden letztgenannten Verteidiger sich bis dahin im Stammheimer Prozeß strikt an dieses Konzept gehalten, das vom GBA als „Richtlinien zur Verschleppung der Hauptverhandlung" bezeichnet wurde.

3.1. Aus der internen Diskussion über die Verteidigung

In einem vom 22.2.73 datierten Rundbrief bat Ströbele die von ihm verteidigten Gefangenen, sich Gedanken über die Funktion der Verteidiger in den bevorstehenden Prozessen sowie über die von ihnen gewünschte Verteidigung zu machen. Dazu bemerkte Ströbele: „Aber bitte realistische! Die Anwälte als Speerspitze der Revolution oder der RAF oder der verlängerte Arm der RAF-Genossen, die inhaftiert sind? Wohl kaum! Oder dann eben keine juristische Hilfe mehr!"[141] In einem Brief vom 23. 12. 73 skizziert einer der in Stammheim einsitzenden Angeklagten „unsere Linie zur politischen Verteidigung":

> „im prozess: skandal, lehrstück, propaganda. was uns angeht erklärung bewaffneter politik. was euch angeht die darstellung und analyse des faschismus an der vernichtungsstrategie gegen gefangene revolutionäre in der brd – durch den prozeß, die urteile, den vollzug, die fahndungsmobilisierung und die psychologische kampfführung (bis hin zu den mordversuchen beim hungerstreik, durch szintigraphie, durch äthernarkose, den trakt, isolation etc.) und das als mittel der darstellung des internationalen zusammenhangs der unterdrückung, ihrer ursachen, bedingungen + strategie – ihre internationale organisation im imperialismus und der waffe dagegen: der internationale zusammenhang der guerillabewegung – der revolution so schlicht + wenn wir auch jeden satz *vor*schreiben außerhalb der prozesse:
>
> a) mobilisierung, kampagne, öffentlichkeit für die prozesse also das, was an

ihnen zu vermitteln ist und gegen folter. der schutz der gefangenen. die linie muß werden: (freiheit für die gefangenen revolutionäre der raf) – freiheit für alle gefangenen revolutionäre, + nicht für alle politischen gefangenen (oder war das nicht ein deutlicher witz, als in ner stuttgarter veranstaltung typen die schnauze aufgerissen haben, die freiheit für rudolf hess wollten. warte, hab ich gelacht)

b) das überlebensprogramm der politischen gefangenen in der isolation: kollektive schulung, diskussion, information – ein wort: kommunikation."[142]

Zwischen Dezember 1973 und dem Beginn der Hauptverhandlung im Mai 1975 verschlechterte sich die Situation für Angeklagte und Verteidiger erheblich. In Stammheim war ein Bunker speziell für den Prozeß gebaut worden, einer der Angeklagten, Holger Meins, war gestorben, die Verteidigung lag nach der neuen Ausschlußgesetzgebung weitgehend lahm und eine Neuformierung war wegen der anderen Änderungen des Strafprozeßrechts, aus Zeitmangel, aber auch aus Angst vor Repressalien bei potentiellen neuen Verteidigern fast nicht möglich. Zudem verschlechterte sich auch das politische Klima kurz vor Prozeßbeginn nach der Aktion eines RAF-Kommandos gegen die westdeutsche Botschaft in Stockholm noch mehr.

Das oben genannte Diskussionspapier von Temming enthielt denn auch nicht viel mehr als einige Thesen zur Entwicklung eines dieser Situation angepaßten Verteidigungskonzepts. Hauptaufgabe der Verteidigung müsse sein, den Prozeß selbst „transparent" zu machen, also die Strafverfolgung als Bestandteil des unter der Regie der Staatsschutzbehörden geführten politischen Kampfes gegen die RAF deutlich zu machen. Zur Strategie der Staatsschutzbehörden gehöre die Ausblendung der politischen Dimension der Straftaten, als Taktik diene die Zergliederung in politische Beweggründe, Hintergründe, Ziele und strafrechtliche Tatbestände, „also Reproduktion der Gewaltenteilung formal-rechtsstaatlicher Definition". Angestrebt werden die Verschleierung der gesamtgesellschaftlichen Zusammenhänge, das heißt der kapitalistisch-imperialistischen Struktur, die Verschleierung der Gleichschaltung und unumschränkten Zusammenarbeit aller staatlichen Organe sowie die Verschleierung der „Überdeterminierung" (Althusser) durch die Staatsschutzbehörden. Gegenstrategie müsse sein, genau diese Zusammenhänge aufzuzeigen, ebenso wie die ihnen eigenen, quer zur Gewaltenteilung verlaufenden Mechanismen der Um- und Durchsetzung und die daraus folgenden inhaltlich und personell angepaßten konkreten Maßnahmen. Nach dieser theoretischen Skizzierung der Situation kommt Temming zu einigen Vorschlägen, wie eine Gegenstrategie im Prozeß konkret aussehen könnte, wobei er davon ausgeht, daß die Verteidigung auf die einzelnen Anklagepunkte in der Sache nicht weiter eingehen wird. Auf jeden Fall gelte es, eine Reihe von Anträgen einzureichen, und zwar Anträge auf sofortige Einstellung des Verfahrens wegen zahlreicher

Verfahrenshindernisse, Verlegung der Verhandlung in ein normales Gerichtsgebäude, Aussetzung der Verhandlung bis zur Wiederherstellung einer sowohl in sachlicher (Vorlage aller zurückgehaltenen Ermittlungsakten) als auch personeller Hinsicht (Zulassung der ausgeschlossenen Verteidiger) funktionsfähigen Verteidigung, Ablehnung des Vorsitzenden Prinzing (ungesetzlicher Richter, mitverantwortlich für den Mord an Holger Meins), Ablehnung der übrigen Richter (die alle die bisher getroffenen Maßnahmen mitzuverantworten haben), Entlassung der Zwangsverteidiger, Zulassung ausländischer Verteidiger.

Alle Anträge betrafen Fragen, die in der der Beweisaufnahme vorgelagerten Phase des Prozesses anzuschneiden sein würden. Zu der Frage, was danach passieren sollte, sagte Temmings Skizze nichts. Im vorigen Kapitel ist beschrieben, wie die Verteidigung versuchte, ihre Offensive zum Thema Prozeßvoraussetzungen in die Tat umzusetzen und welche Resultate sie erzielen konnte. Inzwischen waren die Angeklagten, so weit ihnen dies möglich war, damit beschäftigt, die weiteren Schritte zu diskutieren. Die Notwendigkeit, darüber miteinander zu kommunizieren, wurde umso dringender, je weniger die Angeklagten wegen ihrer sich weiter verschlechternden Gesundheit selbst am Prozeß teilnehmen konnten, der nach dem „Folterbeschluß" des BGH vom 22. 10. 75 auch in ihrer Abwesenheit fortgesetzt werden durfte. Die Angeklagten, so war zu befürchten, würden die Kontrolle über den weiteren Prozeßverlauf verlieren, wenn es nicht gelänge, mit den noch verbliebenen Verteidigern konkrete Absprachen über die zukünftige Linie der Verteidigung zu treffen. Aber gerade die zunehmende Konfrontation zwischen Angeklagten/Verteidigern und dem gesamten Staats- und Justizapparat, die damit einhergehenden Einschüchterungsversuche bis hin zur Androhung von Ehrengerichtsverfahren, Ausschließung von der Verteidigung und Berufsverboten, sollten zur Folge haben, daß die Verteidiger immer mehr geneigt waren, von konkreten Absprachen abzusehen und eine Festlegung auf eine eindeutige Verteidigungsstrategie zu vermeiden. Einige zogen sich unter dem zunehmenden Druck ganz aus der Verteidigung in RAF-Prozessen zurück. In der Phase allgemeiner Perspektivlosigkeit seitens der Verteidigung warfen einige Anwälte den Angeklagten vor, sie würden versuchen, sie wie Marionetten zu behandeln, während andere Verteidiger sich vorwarfen, für bzw. gegen die RAF zu sein. Zu diesen Auseinandersetzungen äußerten sich die Angeklagten in einem internen Diskussionspapier:

> „man muß damit anfangen, daß es solche auseinandersetzungen, in denen die frage zwischen den anwälten und zwar *falsch* stand – ob man für oder gegen die raf ist – schon mal gab. sie taucht immer dann auf, wenn die anwälte begreifen, daß anträge nichts nützen, daß die raf nicht justiziabel ist, daß sie in den verfahren gegen die gefangenen aus der raf als organe der rechtspflege, also als funktion des justizapparats machtlos sind.

für uns existiert diese frage nicht. sie verklausuliert, egal wie ideologisch rationalisiert, die identifikation mit dem staat und zwar dem imperialistischen staat des multinationalen us-kapitals.

die raf ist keine partei. man kann nicht für oder gegen sie seine stimme abgeben. sie *ist* nicht wählbar, sie ist illegal. sie ist ein verhältnis wie sie praxis ist, das verhältnis einer gruppe antiimperialistischer kämpfer zum staat, das seinen ausdruck, d.h. seine realität und wirklichkeit im kampf gegen den staat hat. ihre realität ist ihre politik, d.h. ihre praxis, und sie ist der strategische kern proletarischer politik in der metropole bundesrepublik.

die raf steht aber gar nicht zur diskussion. zur diskussion steht die verteidigung der gefangenen aus der raf und zwar ihre verteidigung gegen das projekt der bundesanwaltschaft, die gefangenen zu vernichten.

das heißt, es geht nicht um die verteidigung der gefangenen *vor* einer instanz dieses staates, die dann schließlich entscheidet, urteilt, es geht um die verteidigung *gegen* – weil das ziel der bundesanwaltschaft nicht ist, zu einem rechtsstaatlichen urteil zu kommen. die prozedur ist nur die hülse, sie ist tarnung. das ziel ist die ausrottung der guerilla vermittels der ausrottung der personen, der einzelnen kämpfer, die der staatsschutz in seiner gewalt hat.

die anwälte, auf dem terrain der justiz stehend, haben in der form der verteidigung *vor*, also in der form ihrer eigenschaft als organe der rechtspflege die funktion der verteidigung *gegen* – das ist der punkt, die funktion, die gefangenen *gegen* das vernichtungsprojekt der baw und das heißt des gerichts, der regierung, des staats zu ‚verteidigen' – was hier heißt: den staat, die baw, das gericht angreifen, entlarven, mit den tatsachen, die sie geschaffen haben konfrontieren, mit dem ziel, ihnen das leben, die möglichkeit der gefangenen, gegen ihre vernichtung zu kämpfen, zu entreißen. sie ist ihrem inhalt nach: schutz des lebens und der gesundheit der gefangenen, oder sie ist beteiligung an der vernichtung der gefangenen"[143].

Die Angeklagten waren ferner der Auffassung, das Gericht habe eindeutig bewiesen, daß es seine Unabhängigkeit und damit seine Hauptfunktion – Wahrung und Schutz der Grundrechte, der körperlichen Unversehrtheit, usw. – aufgegeben habe. Die letztgenannte Funktion sei nun nur noch von der Verteidigung wahrzunehmen, womit „also im prozeß der faschisierung eine aufwertung der funktion der verteidiger stattfindet". Angesichts der Tatsache, daß das Gericht den Boden des Strafprozeßrechts bereits verlassen habe, könne und dürfe es der BAW nicht gestattet werden, den Prozeß als Counter-Insurgency-Projekt weiterzuführen, während die Verteidiger weiterhin versuchten, „normalen strafprozeß zu spielen".

„in diesem widerspruch: neuer begriff der verteidigung oder überhaupt keine verteidigung, entweder verteidigung *gegen* – oder die anwälte spielen das spiel der bundesanwaltschaft, weil es keine instanz mehr gibt, *vor* der verteidigt werden *könnte* – bewegt sich die clique der anwälte, und die diskussion für oder gegen die raf hat zum *inhalt*: für oder gegen die vernichtung der gefangenen aus der raf.

anders gesagt: verteidigung wird politische opposition, *widerstand* gegen die politik der bundesanwaltschaft, die innerstaatliche strategie des neuen faschismus: counterinsurgency, oder sie ist teil des projekts der bundesanwaltschaft, indem sie an deren verschleierung mitwirkt – ihrer verschleierung in der form des vorgetäuschten ‚normalen strafverfahrens'„[144].

Paradox an diesem Versuch, die Rolle der Verteidigung zu bestimmen, scheint auf den ersten Blick zu sein, daß die Verteidiger vor der Wahl stünden, entweder gegen die Vernichtungsstrategie des Staatsschutzapparats zu sein und folglich auch dagegen zu kämpfen, oder Teil dieses Systems und folglich für die Vernichtung der RAF zu sein; aber: während die erste Möglichkeit beinhaltet, gegen den Staat offensiv aufzutreten, was unmittelbar zur Folge haben würde, daß die Konfrontation und mit ihr die Intensität der Isolationshaft zunimmt, kann die zweite Möglichkeit nicht diskutiert werden, da, wie die Angeklagten betonten, die RAF selbst nicht zur Diskussion stehen kann. Der Widerspruch scheint lösbar zu sein, wenn man sich vor Augen hält, daß die Angeklagten, ausgehend von ihrem Selbstverständnis als revolutionäre Guerilla, nicht in erster Linie von sich selbst sprechen, sondern von allen heutigen und zukünftigen Gefangenen aus dem Kollektiv RAF. So heißt es denn auch in einem anderen Diskussionspapier der Angeklagten:

„wir bestimmen unser verhältnis zu den anwälten nach den kriterien proletarischer bündnispolitik. nach den kriterien – weil es bündnispolitik natürlich nicht mit den teilen des staatsapparates gibt und weil hinter den anwälten sozial oder politisch oder ideologisch nichts steht.

wir bestimmen es aus unserem interesse, durch das moment der öffentlichkeit, das die anwälte in dem verfahren gegen uns sind – gegen die vernichtungsstrategie der bundesanwaltschaft geschützt zu werden, aus unserem interesse und so auch verantwortung gegenüber der legalen und so auch internationalen öffentlichkeit, an stammheim die struktur der reaktion, der konterrevolutionären mobilisierung als counterinsurgency, wie sie in der bundesrepublik der sozialdemokratie aus ihrer funktion für das us-kapital nur möglich ist: als demobilisierung sichtbar zu machen und aus dem interesse der anwälte, politische verteidiger zu bleiben bzw. auch nach stammheim noch sein zu können.

stammheim hat richtlinienfunktion für alle politischen prozesse in der brd und westberlin – das heißt: für die politische justiz. wie sich die staatsschutzmaschine, ihr machtzentrum: bundesanwaltschaft und politische polizei an und in stammheim durchsetzt, konditioniert das vorgehen der gerichte, staatsanwaltschaften, des vollzugs und der politischen polizei gegen die gefangenen aus der stadtguerilla überhaupt. das ziel ist: politische verteidigung auszuschalten und die gefangenen zu vernichten. die methoden sind: verteidigerausschluß, sukzessivverbot, berufsverbote, beseitigung des instituts des amtlich bestellten vertreters, die ökonomische vernichtung der kanzleien – schließlich die vernichtung des instituts der wahlverteidiger überhaupt.

und was die imperialistischen medien längst propagieren, daß die brd nach stammheim ein anderer staat sein wird, als sie es vor stammheim war, kann auch den linken anwälten nicht entgangen sein"[145].

Angesichts ihrer zum Teil jahrelangen Erfahrungen mit der Behandlung von Gefangenen aus der RAF kamen die Verteidiger nicht umhin, die Tatsachen der auf Vernichtung angelegten Haftbedingungen und der Zerstörung der Verteidigung zu bestätigen; problematisch war jedoch die von den Gefangenen vorgenommene politische Analyse dieser Tatsachen. Zur Frage, wer die Öffentlichkeit des Prozesses für sich nutzen müsse, erklärten die Angeklagten:

> „sie oder wir, die baw für die durchsetzung ihrer vernichtungsstrategie gegen die stadtguerilla auf dem terrain der justiz, oder wir für die durchsetzung politischer verteidigung, wie sie nur möglich ist: aus dem internationalen zusammenhang, in dem die stadtguerilla kämpft. was auch heißt: daß politische verteidigung ein moment von antiimperialistischem kampf ist – aus ihrer schutzfunktion für das leben und die ‚körperliche unversehrtheit' der kämpfer und aus ihrer aufklärungsfunktion, die wahrheit über den neuen faschismus, wie sie an stammheim sichtbar gemacht werden kann, sichtbar zu machen"[146].

Die meisten der Verteidiger reagierten auf den Begriff „neuer Faschismus" allergisch. Den Angeklagten ging es darum,

> „daß die staatsschutzmaschine sichtbar gemacht wird, die dimension der innerstaatlichen repression, faschismus als institutionelle strategie – an den operationen der bundesanwaltschaft im rechtlichen vakuum zwischen dem bürgerlich verfaßten rechtsstaat und dem offenen faschismus der notstandsverfassung also: der transformationsprozeß, in dem sich die staatsschutzmaschine zum zentrum der politischen macht in der brd entwickelt – als militärapparat"[147].

Daß politische Verteidigung Bestandteil des antiimperialistischen Kampfes war, wurde von den Anwälten nicht bestritten. Problematisch war jedoch die von den Angeklagten vorausgesetzte „proletarische Bündnispolitik", die nach Meinung einiger Anwälte bedeutete, daß sie, wenn sie zu dem für die Verteidigung notwendigen engen Vertrauensverhältnis mit ihren Mandanten gelangen wollten, mit der These von dem sich entwickelnden „Faschismus als institutionelle Strategie" übereinstimmen müßten. Eine solche These zu bejahen, würde jedoch für marxistisch geschulte Anwälte heißen, daß sie legal nicht mehr arbeiten könnten. Schließlich kann man Faschismus nicht legal bekämpfen. Die von den Mandanten formulierte Notwendigkeit ihrer Verteidigung durch politisch engagierte Anwälte schien damit nicht mehr gewährleistet zu sein: Verteidiger drohten abzuspringen, oder sie versuchten, was noch schlimmer war, ihre eigenen Vorstellungen von politischer Verteidigungsstrategie unabhängig von oder konträr zu den Konzeptionen ihrer Mandanten durchzusetzen, wobei jeweils das individuelle „politische Engagement" des Verteidigers ausschlaggebend war. Das grundsätzliche Dilemma, in dem sich politische Verteidiger befinden, die die Verteidigung gefangener Sozialrevolutionäre im bürgerlichen Rechtsstaat übernommen haben, formulierte Baader im Juli 1975:

> „die sozialistischen anwälte sind in der grotesken situation, die letzten verteidiger des bürgerlichen rechtsstaats zu sein. wir nehmen ihre argumentation hin

– obwohl die konservierung des bürgerlichen staates, rechtsstaates, um diesen euphemismus zu benutzen, sicher nicht unser problem ist, solange die aktion der anwälte öffentlich und im gerichtssaal auf die revolutionäre seite des widerspruchs verweist – sie propagiert indem sie aufzeigt daß die verfassung mit ihrem grundsätzlichen widerspruch der sich im kapitalistischen restaurationsprozeß verschärfen mußte jetzt zum antagonismus wird gegen die machtpolitik des kapitals die ihre verwirklichung von anfang an verhindert hat, nicht zu verteidigen ist. nicht verteidigt werden kann wo sie der veränderten funktion des staates im reproduktionsprozeß des kapitals nicht mehr entspricht.

das heißt auch – wo die aktion der anwälte auf die revolutionäre *lösung* verweist, in der brüchigkeit jenes versuchs die intentionen der verfassung gegen den faschisierungsprozeß zu schützen – der aussichtslosigkeit, vermittelt sich für uns die notwendigkeit zu ihrer radikalen negation zu kommen: revolutionäre politik“[148].

Ausgehend von der Idee des bürgerlichen Rechtsstaats, waren die Verteidiger nicht nur berechtigt, sondern sogar verpflichtet, sich für die Wahrung der strafverfahrensmäßigen und der grundgesetzlich verbrieften Rechte ihrer Mandanten einzusetzen. Sie hatten es jedoch mit Mandanten zu tun, die aufgrund ihrer Erfahrungen mit der Justiz und ihrer von eben diesen Erfahrungen weiter untermauerten politischen Analyse davon ausgingen, daß der bürgerliche Staat den rechtsstaatlichen Rahmen im Umgang mit Gefangenen aus sozialrevolutionären Bewegungen zwangsläufig verlassen mußte. Diese Mißachtung der geltenden Gesetze und Rechtsgrundsätze durch den Staat selbst, die mit Hilfe der Verteidiger immer wieder aufgedeckt wurde, war für die Angeklagten Teil der Bestätigung ihrer These vom Faschisierungsprozeß in der BRD als notwendigem Bestandteil der kapitalistischen Restauration. Die Faschisierung des Staatsapparats als Reaktion auf antiimperialistischen Widerstand bestätigte gleichzeitig die Notwendigkeit „revolutionärer Politik“. Ein zentraler Punkt in dieser Analyse war der Begriff „Counterinsurgency“, mit dem die vom westlichen Imperialismus entwickelte Strategie zur Unterdrückung oder Bekämpfung von Aufruhr (Insurgency) bzw. Befreiungskämpfen bezeichnet wird. Auch in der BRD sei Counterinsurgency inzwischen Teil staatlicher Politik geworden, was vor allem an der Legitimierung von Folter an politischen Gefangenen sichtbar werde. Damit sei es nicht mehr ausreichend, die tatsächlichen Verhältnisse bloßzulegen, sondern es komme darauf an, den Staat anzugreifen, in Stammheim also aus der Defensive zu einer offensiven Verteidigung zu kommen, die den Staat explizit wegen seiner Vernichtungsstrategie gegen politische Gefangene attackiert. Der Analyse zufolge mußte eine solche Offensive möglich sein, ausgehend von dem internationalen Rahmen, in dem die Stadtguerilla in der BRD ihren Kampf führe, da der Staat damit auf der Ebene des Völkerrechts angreifbar werde. Für die Gefangenen aus der RAF gab es folglich zwei Hauptverteidigungslinien. Erstens: Ausgehend von der Anklageschrift und vor allem von den Angriffen gegen die US-

Armee in Heidelberg und Frankfurt, gelte es, ein völkerrechtlich begründetes Widerstandsrecht zu entwickeln – worunter die Angeklagten den auf proletarischen Internationalismus gegründeten Widerstand verstanden. Zweitens: Ausgehend von der Vernichtungshaft und dem Ausnahmecharakter des Stammheimer Prozesses sei die Forderung zu entwikkeln, die Gefangenen aus sozialrevolutionären Bewegungen zukünftig entsprechend den in der Genfer Konvention über die Behandlung von Kriegsgefangenen festgelegten Minimalrechten inhaftiert zu halten.

Soweit in groben Zügen die Wiedergabe der internen Meinungsbildung bei den Gefangenen aus der RAF über die politische Stoßrichtung ihrer Verteidigung, wie sie in Stammheim in dem vom Staat selbst als Richtlinienprozeß bezeichneten Verfahren gegen „Baader u. a." konkretisiert werden sollte.

3.2. Die wichtigsten Initiativen während der Beweisaufnahme

Mitte Januar 1976 verlasen die Angeklagten ihre Prozeßerklärung. Diese Erklärung, die noch gesondert betrachtet wird (vgl. 4.1.), enthielt eine umfassende Analyse der Entwicklung des weltpolitischen Geschehens des letzten Jahrzehnts, der Rolle des westlichen Imperialismus unter Führung der USA im Kampf gegen die Befreiungsbewegungen der Dritten Welt und des damit einhergehenden Faschisierungsprozesses, eine Analyse des bewaffneten Kampfs in den „Metropolen" und der sich daraus ergebenden Theorie und Praxis der RAF als Stadtguerilla.

Die Angeklagten hatten zwei Tage lang das Wort, um diese Prozeßerklärung vortragen zu können. Danach stellte die Verteidigung den Antrag, das Verfahren einzustellen und die Angeklagten unmittelbar in Kriegsgefangenschaft zu überführen. Dieser Antrag, Teil der „zweiten Verteidigungslinie", wird in Abschnitt 3.2.2. behandelt.

Die erste und offensivere Linie des Verteidigungskonzepts der Angeklagten fand ihre Umsetzung in den am 4.5.76 eingereichten Anträgen auf Anhörung von Richard Nixon, Melvin Laird, Willi Brandt, Helmut Schmidt, Ludwig Erhard, KurtGeorg Kiesinger und Gustav Heinemann als Zeugen zum Vietnam-Krieg und zur aktiven Unterstützung der USA durch die BRD. Die westdeutsche Unterstützung der völkerrechtswidrigen Intervention der USA in Vietnam wurde mit einem weiteren Beweisantrag über die Praktiken der CIA ergänzt. Diesem Antrag folgte später der Antrag auf Vernehmung von vier ehemaligen CIA-Agenten als „präsente Zeugen" im Stammheimer Prozeß. Im nächsten Abschnitt werden diese sogenannten Vietnam-Anträge behandelt. In Abschnitt 3.2.3. werden die Initiativen der Verteidigung näher betrachtet, die dazu führten, daß von der Glaubwürdigkeit des Kronzeugen Müller nichts mehr übrig bleiben sollte. Im selben Abschnitt wird auch über die Anhörung der von der Verteidigung als Zeugen benannten RAF-Mitglieder berichtet. Diese

Gefangenen gaben vor allem nähere Auskunft über Organisationsform und innere Struktur der RAF.

3.2.1. Vietnam-Anträge

Der kurzgefaßte Inhalt dieser Anträge: Von 1954 bis mindestens 1974 hatten die Regierungen der USA durch ihr militärisches Eingreifen und ihre Kriegsführung in Indochina Verbrechen im Sinne des Völkerrechts begangen: Verbrechen gegen den Frieden, Kriegsverbrechen sowie Verbrechen gegen die Menschlichkeit. Diese Kriegsverbrechen seien zu einem großen Teil von der BRD aus organisiert und unterstützt worden. Die damaligen Regierungen der BRD hätten vor allem im Jahr 1972 sowohl aktiv als auch passiv an diesen Kriegshandlungen mitgewirkt, wohl wissend, daß sie als völkerrechtliche Verbrechen anzusehen waren. Wegen dieser von den genannten Zeugen und Sachverständigen zu bestätigenden Tatsachen müsse das Gericht zu dem Schluß kommen, daß die Anschläge in Heidelberg und Frankfurt aufgrund eines völkerrechtlich begründeten Widerstandsrechtes als ultima ratio gerechtfertigt waren. Ausgehend von der Anerkennung des Individuums als Subjekt des Völkerrechts müsse das dem Individuum (oder einer Gruppe) zustehende Recht auf Notwehr gegen die völkerrechtliche Verletzung seiner oder anderer Menschen Rechte notwendig zu einer Interpretation führen, die in Übereinstimmung stehe mit dem in Artikel 51 der UN-Charta festgelegten „naturgegebenen Recht zur individuellen oder kollektiven Selbstverteidigung".

Die einzelnen Beweisanträge:

1. Beantragt wurde die Vorladung des Oberbefehlshabers der US-Armee in Europa, General Michael S. Davison. Davison könne bestätigen, daß die amerikanischen Militäroperationen in Indochina, vor allem jedoch die Luftangriffe, der Nachschub und die Auswechslung der Truppenverbände, im Mai 1972 mit Hilfe des im Heidelberger US-Hauptquartier installierten Computers koordiniert wurden. Weiter könne er bestätigen, daß die Zerstörung dieses Computers durch den Bombenanschlag zu einer erheblichen Beeinträchtigung der militärischen Operationen in Indochina geführt hatte[149].

Während der Beweisaufnahme zum Heidelberger Anschlag hatte der amerikanische Armeeangehörige Kosalko, zuständig für Computerwartung, vor Gericht ausgesagt, ihm sei bekannt, daß der Logistikcomputer damals tatsächlich beschädigt worden war[150].

2. Auch der ehemalige US-Präsident Nixon, der ehemalige US-Verteidigungsminister Laird, der ehemalige stellvertretende Verteidigungsminister Daniel James und der ehemalige Oberbefehlshaber der amerikanischen Streitkräfte in Vietnam, General Creighton Abrams, sollten als

Zeugen gehört werden[151]. Sie könnten bestätigen, daß 1972, zusätzlich zu den Bombenanschlägen der RAF, noch weitere Bombenanschläge auf amerikanische Einrichtungen innerhalb und außerhalb der USA verübt worden waren, und daß diese Anschläge in nicht unerheblichem Maße mitverantwortlich für den Rückzug der amerikanischen Truppen aus Indochina gewesen seien. Auch müßten diese Zeugen bestätigen können, daß sie, gemeinsam mit anderen, Vietnamesen getötet oder verwundet hatten, mit der Absicht, das vietnamesische Volk gänzlich oder teilweise zu vernichten; dies alles in den Jahren 1968 bis 1974, und zwar als Fortführung der von den früheren US-Präsidenten Eisenhower, Kennedy und Johnson begonnenen Politik.

Anschließend präsentierte die Verteidigung die diesen Zeugen vorzulegenden Tatbestände über den Vietnamkrieg, die zum Teil offiziellen amerikanischen Quellen, zum Teil den Unterlagen des Russell-Tribunals über Vietnam entnommen waren[152]. Hier nur eine kleine Auswahl:

> Allein von April 1972 bis Januar 1973 flog die US Air Force mehr als 54.000 Bombenangriffe auf Nordvietnam und warf Bomben mit einer Gesamtsprengkraft von 20 Atombomben des Typs Hiroshima ab. Ziele dieser Angriffe waren überwiegend Städte und Dörfer, die zum größten Teil dem Erdboden gleichgemacht wurden. Auch alle Industriezentren waren systematisch bombardiert worden, ebenso wie das ausgedehnte und lebensnotwendige Wasserversorgungssystem von Deichen und Kanälen.
>
> Zwischen 1969 und 1971 wurden über Indochina (vor allem über Vietnam) mehr Bomben abgeworfen als während des gesamten Zweiten Weltkriegs. In derselben Zeit verseuchte die US-Armee mehr als zwei Millionen Hektar fruchtbares Agrarland mit Gift. Zwischen 1965 und 1973 verbrauchten die USA in Indochina 14 Millionen Tonnen Munition (gleich 720 Hiroshima-Atombomben), sieben Millionen Tonnen Bomben und Raketen sowie 200 Millionen Tonnen Napalm.
>
> Von 1961 bis Januar 1973 gab es unter der Zivilbevölkerung mehr als zwei Millionen Tote, elf Millionen mußten flüchten.
>
> In enger Zusammenarbeit mit der Marionettenregierung Thieu verwandelten die Nordamerikaner Süd-Vietnam in ein riesiges Niemandsland mit mehr als 1.000 Gefängnissen und Konzentrationslagern. Mit ihrem sogenannten Pazifizierungsprogramm töteten, verwundeten oder vertrieben sie ein Drittel (5,8 Millionen) Vietnamesen.

3. Paul Ignatius, hoher Beamter im US-Verteidigungsministerium, sollte bezeugen können[153], daß 1972 in den USA 6.000 Fabriken mit etwa vier bis sechs Millionen Arbeitnehmern ausschließlich mit der Produktion von Waffen für den Krieg in Vietnam und gleichzeitig ein Drittel aller amerikanischen Wissenschaftler (darunter 40 Prozent Naturwissenschaftler) ausschließlich mit der Entwicklung neuer Vernichtungswaffen beschäftigt wurden, und daß die Kriegsführung allein zwischen 1963 und 1969 mehr als 410 Milliarden Dollar gekostet habe. Weiter könne

Ignatius exakte Angaben über die gigantische Menge an Munition und Bomben machen, die im Lauf der Jahre für den Vietnamkrieg produziert und benutzt worden waren.

4. Der deutsche Psychiater Erich Wulff, der Vietnam während des Krieges mehrmals besuchte (u. a. auch in Zusammenarbeit mit dem Medisch Comite, NederlandVietnam), könne als Zeuge über die Foltermethoden berichten, die unter amerikanischer Aufsicht systematisch an Kriegsgefangenen und Zivilisten angewandt wurden[154].

5. Zwei Mitglieder des amerikanischen Kongresses, Augustus Hawkins und William Anderson, könnten detaillierte Aussagen machen über die 1972 vorhandenen 1.000 vietnamesischen Gefängnisse, in denen permanent 115.000 bis 200.00 Gefangene unter grausamen Bedingungen festgehalten wurden[155].

Die amerikanische Regierung hätte für diese Gefängnisse, zu denen auch die berüchtigten „Tigerkäfige" in Puolo Condor gehörten, mindestens eine halbe Million Dollar ausgegeben. Mindestens 2.000 Gefangene kamen bei Massenexekutionen ums Leben.

6. Der amerikanische Arzt Dr. Casselmann und der Journalist William Pepper könnten bezeugen, daß zwischen 1961 und 1966 mehr als eine Million Kinder in Vietnam getötet oder verwundet wurden.

7. Der amerikanische Soldat Ronald Ridenhour solle als Zeuge über das Massaker von My Lay (567 Tote) berichten und der frühere Kommandant der 11. Brigade der amerikanischen Division in Vietnam, Oberst Henderson, solle als Zeuge seine Erklärung bestätigen: „Jede Einheit von Brigadegröße hat ihr My Lay irgendwo versteckt"[156].

8. Rechtsanwalt Joe Nordmann, Generalsekretär der Internationalen Vereinigung Demokratischer Juristen (AIJD) in Paris und Professor Richard Falk von der Princeton University sollten als Sachverständige für den völkerrechtlichen Aspekt des Krieges in Indochina gehört werden[157]. Außerdem wurden noch vier weitere westdeutsche Völkerrechtsexperten als Sachverständige genannt: Prof. Dr. Walter Rudolf (Bochum), Dr. Maier-Tasch (München), Dr. Karl-Josef Partsch (Bonn) und Dr. Wolfgang Abendroth (Marburg). Auch sie sollten über die permanenten schweren Verstöße der USA gegen das Völkerrecht, gegen nationale und internationale Verträge aussagen und folgende Punkte bestätigen:

> Von 1945 bis 1956 unterstützten die USA den französischen Kolonialkrieg in Indochina mit 2,6 Millionen Dollar. Nach der Niederlage Frankreichs brachen die USA den auch sie bindenden „Genfer Vertrag über die Beendigung der Feindseligkeiten inIndochina vom 20. Juli 1954" vom ersten Tag an, indem sie z. B. durch die Einsetzung des Marionetten-Regimes Ngo Diem die vertraglich vorgesehenen freien Wahlen verhinderten, oder indem sie militärische Stützpunkte errichteten. Bis 1968 schafften die USA eine halbe Million Soldaten in das Land. Die von ihnen durchgeführten „Pazifizierungsprogramme" („Speedy Expreß", „Phoenix-Program") waren in Wirklichkeit Tötungs-

programme. In den von den USA eingerichteten Konzentrationslagern wurden gefangene Sodaten und Zivilisten gefoltert. Die landwirtschaftliche Produktion wurde mit Chemikalien zerstört. Luftangriffe mit Nervengas und Napalm auch gegen zivile Siedlungen waren von den USA präzise eingeplant.

9. Der frühere Bundeskanzler Willy Brandt und sein Verteidigungsminister Helmut Schmidt sollten bezeugen, daß die BRD aktiv und passiv am Vietnamkrieg beteiligt war[158]. Sie habe den Nordamerikanern ihr Territorium für logistische Zwecke zur Verfügung gestellt und sowohl für finanzielle als auch für materielle Militärhilfe gesorgt, und zwar vor allem in den Jahren 1970 bis 1973, als andere westliche Regierungen den von den USA betriebenen Völkermord an Vietnam immer heftiger anprangerten. Amerikanische Soldaten seien in Westdeutschland für ihren Einsatz in Vietnam ausgebildet worden, ein Spezialtraining in Guerilla-Bekämpfung habe dazugehört. Logistische Überlegungen und Maßnahmen, militärische Operationen sowie der Hin- und Rücktransport amerikanischer Truppen seien von der BRD aus geplant und organisiert worden, und zwar mit aktiver Unterstützung oder passiver Duldung der Bundesregierung. Angesichts der geschichtlichen Tatsachen zum Vietnamktrieg stellte die Verteidigung folgende Überlegungen an:

„Obwohl also klar war, daß RAF eine Antwort auf Vietnam ist oder gerade weil das klar war, wurde bis zum heutigen Tage von allen mit der Strafverfolgung und dem Strafverfahren befaßten Organen alles unternommen, um dem Verfahren diesen seinen Mittelpunkt zu rauben. Um das Verfahren durch die Anordnung von Nebenkriegsschauplätzen zu dem gewünschten Ziele gelangen zu lassen. Die Beweisanträge sind also geeignet, nicht nur etwas beiläufig Unterlassenes nachzuholen, sondern dieses Verfahren auf seinen zentralen Gegenstand zu bringen, nämlich auf die Frage, ob derjenige, der sich dem Kampf gegen die Mörder von Vietnam gestellt hat und der diesem Kampf mit vergleichsweise bescheidenen Mitteln aufzunehmen bereit war, vor geltendem Recht als mordendes Mitglied einer kriminellen Bande anzusehen ist. Mit den gestellten Anträgen werden die historischen Dimensionen markiert, um die es in diesem Verfahren geht und mit denen dieses Verfahren in die Geschichte eingehen wird. Während die Geschichte schon heute über diejenigen hinweggegangen ist, die die Aggression in Vietnam verübt haben“[159].

10. Im nächsten Beweisantrag benannte die Verteidigung die drei ehemaligen Bundeskanzler Ludwig Erhard, Kurt-Georg Kiesinger und Willy Brandt, den ehemaligen Bundespräsidenten Gustav Heinemann und den ehemaligen Außenminister Walter Scheel als Zeugen[160]. Sie könnten bezeugen, daß ihre Regierungen von 1964 bis 1972 wußten, daß die USA einen Agressionskrieg gegen das vietnamesische Volk führten, der im absoluten Widerspruch zum Völkerrecht und zum Genfer Vertrag über Indochina aus dem Jahr 1954 stand, und in dessen Verlauf die USA in großem Umfang Kriegsverbrechen und Verbrechen gegen die Menschlichkeit begangen hatten. Dennoch hätten die verschiedenen Bundesregierungen die amerikanische Kriegspolitik unterstützt und ge-

fördert. Es folgten einige Zitate von Erhard, Kiesinger, Brandt und Scheel, die die Unterstützung der amerikanischen Kriegspolitik in Vietnam belegten. Weiter verwies die Verteidigung auf die Rolle Willy Brandts beim Kongreß der Sozialistischen Internationale im Mai 1971, auf dem er sich mit Erfolg gegen die Verabschiedung einer Resolution eingesetzt hatte, die gegen eine „einseitige Verurteilung" des Vorgehens der USA in Südostasien gerichtet war. Die Verteidigung erinnerte weiter an die Tatsache, daß die BRD mit der Regierung in Saigon stets enge Kontakte gepflegt, den USA eine Finanzhilfe von 50 Milliarden Mark im Hinblick auf ihre infolge des Vietnamkriegs entstandenen Wirtschaftsprobleme gewährt hatte und den amerikanischen Bündnispartnern im Vietnam-Krieg, Thailand und Süd-Korea sowie der Regierung in Saigon großzügige finanzielle und wirtschaftliche Hilfen hatte zukommen lassen. Die Bedeutung dieser und weiterer Tatbestände für das Stammheimer Verfahren faßte die Verteidigung zusammen:

> „Dadurch, daß die BRD es nicht nur unterlassen hat, der verbrecherischen Aggression der USA entgegenzuwirken, sondern diese im Gegenteil durch aktives Tun tatkräftig unterstützte, somit keinerlei Aussicht bestand, daß die, wie bereits dargestellt, völkerrechtlich gebotene Nothilfe von dem Völkerrechtssubjekt Bundesrepublik Deutschland ausgeübt wurde, war gewaltsames Vorgehen gegen die Aggressionsmacht USA aus dem Gesichtspunkt des völkerrechtlich begründeten Nothilferechts auch für Gruppen von Individuen gerechtfertigt"[161].

11. Zwei ehemalige Chefs der amerikanischen Central Intelligence Agency (CIA), William E. Colby und Richard Helms, sowie vier ehemalige CIA-Agenten und ein ehemaliger Agent der National Security Agency (NSA), Barton Osborne, Philip Agee, Victor Marchetti, Gary Thomas und Winslow Peck, sollten ebenfalls als Zeugen bzw. Sachverständige gehört werden[162]. Ihre Aussagen würden bestätigen, daß die BRD im Verhältnis zu den USA über keine nationale Souveränität verfüge, eine Folge ihrer Entstehung nach dem Zweiten Weltkrieg unter völliger wirtschaftlicher, militärischer und politischer Abhängigkeit von den USA. Staat und Gesellschaft in der BRD würden auf allen Ebenen von der CIA kontrolliert. Aufgabe der CIA sei nicht so sehr die Gewinnung geheimer Informationen, als direkte und indirekte Einflußnahme auf die Angelegenheiten anderer Staaten zur Absicherung der amerikanischen Weltmachtpolitik. Die größte Niederlassung der CIA außerhalb den USA befinde sich in der BRD. Im Gegensatz zu anderen Staaten, in denen die CIA tätig sei, könne sie sich in der BRD ersparen, die bestehenden selbständigen politischen Organisationen (z. B. politische Parteien und Gewerkschaften) zu infiltrieren, da die politische, wirtschaftliche und gesellschaftliche Struktur der BRD nach 1945 von den USA selbst gestaltet wurde. So habe die CIA direkt und indirekt politische Parteien, Gewerkschaften, Politiker und Funktionäre aller relevanten politischen,

wirtschaftlichen und kulturellen Einrichtungen finanziert und geschult. Aufgabe der CIA sei, die vorhandene US-konforme politische Struktur der BRD aufrechtzuerhalten, um einer eventuellen amerikanischen Interessen widerstreitenden politischen Kursveränderung sofort entgegenwirken zu können. Für die USA sei wesentlich, das Territorium der BRD als strategische Basis für offene und geheime Operationen gegen andere Staaten benutzen zu können. Die genannten Zeugen würden bestätigen, daß alle relevanten Militär und Geheimdienst-Operationen der USA gegen Staaten des Warschauer Pakts, gegen parlamentarisch legitimierte Regierungswechsel in westeuropäischen Staaten, gegen antiimperialistische Befreiungsbewegungen im Nahen und Mittleren Osten, in Afrika und Südostasien vom Staatsgebiet der BRD aus geplant, organisiert, begleitet, unterstützt und kontrolliert worden seien.

> Insbesondere habe das IG-Farben-Haus (US-Hauptquartier) in Frankfurt während der gesamten Dauer des Vietnamkrieges als Zentrale mehrerer amerikanischer Geheimdienste gedient. Die in diesem Gebäude untergebrachten Geheimdienste hätten den Einsatz amerikanischer Truppen in Indochina auf operativer und logistischer Ebene sowie die Operationen der Geheimdienste geplant, koordiniert und geleitet. Eine Beschreibung der einzelnen Aufgaben des im IG-Farben-Haus stationierten Hauptquartiers der NSA ist in der von Winslow Peck außerhalb des Prozesses abgegebenen Erklärung (Kapitel I) enthalten.

Schließlich beantragte die Verteidigung, zu dem gleichen Beweiskomplex noch drei weitere Wissenschaftler als Sachverständige zu hören: David Horowitz aus Washington, Johan Galtung vom Stockholm International Peace Research Institute (SIPRI) und Dieter Senghaas vom Institut für Friedensforschung in Frankfurt. Nach Ansicht der Verteidigung sollte dieser Beweisantrag ergeben,

> „daß die BRD während des Indochinakriegs aufgrund ihrer historisch durchgängigen Verwobenheit mit dem Aggressor USA zu keinem Zeitpunkt in der Lage oder willens war, gegen die Benutzung ihres Territoriums für permanente logistische Aktivitäten/Operationen durch den Aggressor einzuschreiten; daß alle Versuche von Bürgern der BRD, die den völkerrechtswidrigen, verbrecherischen Charakter der US-Intervention in Indochina erkannt hatten, die politischen Instanzen der BRD bis hin zur Bundesregierung unter Einflußnahme auf den sogenannten politischen Willensbildungsprozeß dazu zu bewegen, gegen den auf dem Territorium der BRD tätigen Aggressor einzuschreiten, von vornherein zum Scheitern verurteilt waren; daß daher Gewalt gegen den auch vom Territorium der BRD aus operierenden Aggressor als ultima ratio nach den Normen des Völkerrechts zulässig war“[163].

Im Vorgriff auf die Gutachten der Sachverständigen, deren Ladung als Völkerrechtsexperten das Gericht später ablehnte, trug Heldmann schließlich noch eine acht Seiten starke Antragsbegründung[164] vor. Darin war die Schlußfolgerung begründet, daß (sollten die genannten Zeugen und Sachverständigen die in den Beweisanträgen aufgeführten

Tatbestände vor Gericht bestätigen) gewaltsamer Widerstand gegen bestimmte militärische Einrichtungen der USA, die auch von der BRD aus operierten, aus völkerrechtlichen Gründen als „ultima ratio" und somit als gerechtfertigt betrachtet werden müsse. Diese Argumentation der Verteidigung war sicherlich nicht nur „politisch" gemeint. Falls bewaffneter Widerstand aus völkerrechtlichen Gründen für gerechtfertigt angesehen werden konnte, bedeutete dies für den Strafprozeß, daß den Angeklagten für die ihnen zur Last gelegten Handlungen, also den Konkretisierungen eines rechtmäßigen Widerstandes, die Berufung auf den Rechtfertigungsgrund Notwehr in Form der Nothilfe (Abwehr des Angriffs auf einen Dritten) zugestanden werden müßte.

Die UN-Charta enthält in Artikel 2 Absatz 4 den für alle Mitgliedsstaaten verpflichtenden völkerrechtlichen Grundsatz, in internationalen Beziehungen keine Gewalt anzuwenden. Die einzige Ausnahme steht in Artikel 51: Bei einem bewaffneten Angriff wird ausdrücklich „das naturgegebene Recht zur individuellen oder kollektiven Selbstverteidigung" zugestanden.

In dem von den USA am 8.8.45 unterzeichneten Londoner Abkommen werden folgende Verbrechen im Sinne des Völkerrechts genannt (Art. 6 der Statuten des Internationalen Militärtribunals[165]): a) Verbrechen gegen den Frieden: nämlich Planung, Vorbereitung, Auslösung oder Führung eines Angriffkrieges oder eines Krieges, der internationale Verträge verletzt; ferner Zustimmung oder Teilnahme an einem gemeinsamen Plan oder einer Verschwörung, die irgendeine der oben genannten Handlungen ermöglichen soll.

b) Kriegsverbrechen: nämlich Verletzungen des Kriegsrechts oder Kriegsbrauchs. Solche Verletzungen schließen ein: Mord, Mißhandlung oder Verschleppung der Zivilbevölkerung besetzter Gebiete in Arbeitslager oder zu irgend einem anderen Zweck; Mord oder Mißhandlung von Kriegsgefangenen oder Schiffbrüchigen, Plünderung öffentlichen Eigentums, willkürliche Zerstörung von Stadtzentren, Städten oder Dörfern oder nicht durch militärische Erfordernisse gerechtfertigte Verwüstungen...

c) Verbrechen gegen die Menschlichkeit, nämlich Mord, Völkermord, Versklavung, Verschleppung und andere unmenschliche Handlungen, die an der Zivilbevölkerung vor dem Krieg oder während des Krieges begangen wurden...

Am 11.12.46 wurden die UN-Charta und die in den Urteilen des Nürnberger Gerichtshofes angewandten völkerrechtlichen Normen von den Vereinten Nationen einstimmig angenommen und bestätigt. Am 12.1.51 (für die BRD am 22.2.55) trat die UN-Konvention über die Verhütung und Bestrafung von Völkermord in Kraft. In dieser Konvention wird ausdrücklich auf die oben genannte UN-Resolution vom 11.12.46 Bezug genommen, wobei auch „Teilnahme an Völkermord" (Artikel IIIe) zu den völkerrechtlichen Verbrechen gezählt wird. Strafrechtlich ist es auch möglich, die Nichterfüllung einer Rechtspflicht als Teilnahmehandlung zu bewerten. Obigen Konventionen liegt die Rechtsauffassung zugrunde, daß völkerrechtliche Verpflichtungen als vorrangig gegenüber nationalen Verpflichtungen (z. B. Gehorsam gegenüber einem militärischen Befehl) zu betrachten sind. Ausgehend von den Menschenrechten beabsichtigen diese Konventionen zudem, das Individuum zu schützen, und zwar auch dort, wo dieser Schutz an die Zugehörigkeit zu einer bestimmten Gruppe gekoppelt ist, wie etwa in der Völkermord-Konvention.

Das Recht auf kollektive Selbstverteidigung gemäß Artikel 51 der UN-Charta und das Recht anderer Staaten, einem angegriffenen Staat gegen einen Aggressor zu Hilfe zu kommen, entspricht auf der Ebene des Individuums das Recht auf Notwehr oder Nothilfe gegen einen gegenwärtigen rechtswidrigen Angriff auf sich oder dritte Personen.

Schon 1967 erschienen in der ganzen Welt Dokumentationen über die amerikanische Kriegsführung in Indochina, in denen dieser Krieg von seinen Zielen, Mitteln und Auswirkungen her als Völkermord bezeichnet wurde. Auch die Abschlußberichte der Vietnam-Tribunale in Schweden und Dänemark sowie völkerrechtliche Studien, etwa die des Amerikaners Quincy Wright, sprachen eindeutig von Völkermord[166]. Trotzdem beschloß US-Präsident Johnson noch im März 1968, die Bombenangriffe auf Indochina auszuweiten, und trotzdem blieb die BRD bei ihrer Unterstützung für die amerikanische Kriegsführung.

Völkerrechtlich ergeben sich aus dieser Situation zwei Möglichkeiten. Wenn die BRD sich gegenüber den kriegführenden Parteien als neutraler Staat betrachtet, ihr Territorium aber für Militäroperationen nutzen läßt, dann stellt dies eine Verletzung des Völkerrechts dar, gegen die völkerrechtliche Maßnahmen der Selbstverteidigung (einschließlich des individuellen Rechts auf Nothilfe oder Notwehr) zum Zuge kommen können. Wenn die BRD als dritter Staat jedoch nicht in der Lage ist, eine solche Benutzung ihres Territoriums zu verhindern, ist sie als Außenposten des angreifenden Staates zu betrachten[167], was dieselben Konsequenzen hätte. Die Verteidigung argumentierte nun weiter: Weil sowohl das nationale Rechtswesen, als auch die demokratischen Institutionen in der BRD sich durchgängig als unfähig erwiesen hätten, eine Fortsetzung der mit Unterstützung der BRD begangenen Völkerrechtsverbrechen zu verhindern, könne die RAF sich für ihre Aktionen in Frankfurt und Heidelberg auf das Widerstandsrecht als „ultima ratio" berufen. Bei Fritz Bauer findet sich dieser Gedankengang wieder:

„Das Widerstandsrecht erschöpft sich nicht im innerstaatlichen Bereich, es überschreitet die nationalstaatlichen Grenzen. Es steht nicht nur jedermann zu, sondern kann auch zu Gunsten von jedermann ausgeübt werden"[168].

Nach Stellung der Vietnam-Beweisanträge erklärte Gudrun Ensslin:

„Hier nochmal einfach: Wir sind auch verantwortlich für die Angriffe auf das CIA-Hauptquartier und das Hauptquartier des 5. US-Corps in Frankfurt und auf das US-Hauptquartier in Heidelberg insofern, wie wir in der RAF seit 70 organisiert waren, in ihr gekämpft haben und am Prozeß der Konzeption ihrer Politik und Struktur beteiligt waren. Insofern sind wir sicher auch verantwortlich für Aktionen von Kommandos, z. B. gegen das Springer-Hochhaus, deren Konzeption wir nicht zustimmen und die wir in ihrem Ablauf abgelehnt haben. Zu erwägen ist nicht ein Widerstandsrecht in der Bundesrepublik, wie es hier nicht um Rechte geht, sondern was die Politik der RAF ausdrückt, ist das

Bewußtsein der Pflicht zum Widerstand in der Bundesrepublik. Und das exakt war zwei Tage lang Inhalt unserer Erklärung zur Sache, wie das heißt, also nicht nur die Erklärung von Verantwortung, sondern was Verantwortlichkeit gegenüber imperialistischer Politik nur sein kann – Widerstand, Kampf"[169].

Nach zwei Wochen gab das Gericht seine Entscheidung bekannt, die Beweisanträge in Sachen Vietnam in ihrer Gesamtheit zurückzuweisen, da sie „ohne Bedeutung für die Entscheidung" (vgl. § 244 Abs. 3 StPO) seien. Die Ablehnung dieser für Angeklagte und Verteidiger so zentralen Beweisanträge begründete das Gericht kurz:

„Ein Nothilfe- oder Widerstandsrecht, daß solche Anschläge gerechtfertigt hätte, bestand nicht(...). Mit der Frage, ob die Angeklagten subjektiv der Meinung waren, es verhalte sich so, wie in den Beweisanträgen dargestellt, hat das nichts zu tun; diese Frage bleibt offen. Zu ihrer Beantwortung können die benannten Zeugen und Sachverständigen nichts beitragen"[170].

Drei Wochen später kam die Verteidigung auf die Vietnam-Anträge zurück, indem sie die ehemaligen NSA/CIA-Agenten Peck, Osborne, Thomas und Agee selbst laden und als „präsente Beweismittel" gemäß §§ 220 i.V.m. 245 StPO vor Gericht erscheinen ließ.

Löwe-Rosenberg weist in seinem Kommentar zu § 245 StPO ausdrücklich darauf hin, daß die in § 244 StPO genannten Gründe für eine eventuelle Ablehnung von Beweisanträgen nicht für „präsente Beweismittel" gelten[171]. Auch Kleinknecht schreibt: „Die unmittelbar geladene Person muß nach § 245 ohne weiteres vernommen werden"[172].

Nach allgemeiner Rechtsauffassung soll § 245 Angeklagten und Verteidigern die Möglichkeit bieten, im Interesse einer „umfassenden Wahrheitsforschung"[173] selbständig an der Beweisaufnahme mitzuwirken. Für die Anhörung „präsenter Zeugen" läßt § 245 nur zwei Ausnahmen zu; von einer Anhörung kann abgesehen werden, wenn „die Beweiserhebung unzulässig oder zum Zweck der Prozeßverschleppung beantragt ist". Ein Beweisantrag ist dann unzulässig, wenn er ungesetzlich, unrechtmäßig, unmöglich oder absurd ist bzw. ausschließlich „verfahrensfremden Zwecken" dient[174]. Da das Gericht den ersten Antrag, die ehemaligen CIA-Agenten zu laden, nicht als unzulässig zurückgewiesen hatte, sondern ihn als „ohne Bedeutung für die Entscheidung" abgelehnt hatte, schienen ihm nun nur noch zwei Möglichkeiten offenzustehen: entweder die anwesenden Zeugen anzuhören, oder den Antrag wegen willentlicher Prozeßverschleppung abzulehnen.

Die BAW unterlag einem Irrtum, als sie in ihrer Reaktion auf die Ladung und Präsentierung der Zeugen durch die Verteidigung argumentierte: wenn das Gericht den vorherigen Beweisantrag abgelehnt habe, sei folglich auch die Anhörung der nunmehr anwesenden Zeugen unzulässig[175]. Weiter war die BAW der Meinung, die Präsentierung der Zeugen sei nur als Rechtsmißbrauch der Verteidigung und als weiterer Versuch der Angeklagten zu werten, den gegen sie geführten Prozeß „in eine Bühne agitatorischer Selbstdarstellung umzuwandeln".

Das Gericht argumentierte demgegenüber um eine Nuance differenzierter: Eine Vernehmung der Zeugen durch die Verteidigung sei als solche nicht unzulässig, wohl aber sei eine Befragung „zu den genannten Beweisthemen" als unzulässig abzulehnen. Es berief sich nicht direkt auf den § 244 oder § 245 StPO, sondern auf §241 Abs. 2, demzufolge „nicht zur Sache gehörende Fragen" zurückgewiesen werden können[176]. Schließlich seien die Beweisthemen „unter keinem rechtlichen Gesichtspunkt, auch nicht zur Begründung eines Rechtfertigungsgrundes, von Belang. Der Vietnamkrieg ist nicht Gegenstand dieses Verfahrens"[177]. Einziges Ziel der Antragsteller sei, daß „unter dem Anschein der Beweiserhebung aus Gründen der Agitation die US-Politik in der Welt und die Beteiligung der Bundesrepublik hieran angegriffen werden"[178]. Die Angeklagten hätten selbst in den verschiedensten Tonarten deutlich gemacht, daß die RAF nicht justiziabel sei, daß sie eine Beweisaufnahme über die ihnen zur Last gelegten Taten nicht interessiere und daß sie die Rechtsordnung der BRD grundsätzlich ablehnten usw. Dies beweise hinreichend, daß es den Angeklagten nicht „um die Beweiserhebung und Wahrheitsfindung im Strafverfahren (geht), sondern um politische Agitation mit durchaus pauschaler Richtung. Daß hier gerade der Vietnamkrieg in den Vordergrund gerückt wird, ist mehr zufällig"[179]. Der Tenor dieser Argumentation war nach Interpretation der Verteidigung eindeutig: Da die Angeklagten sich als Revolutionäre betrachten, haben sie sich selbst außerhalb der Rechtsordnung gestellt, somit brauchen wir – Richter – uns auch kein Kopfzerbrechen mehr über Rechtfertigungs- und Schuldausschließungsgründe zu machen.

Weiter stellte die Verteidigung fest, daß mit diesem Beschluß noch einmal unmißverständlich deutlich geworden sei, daß die Angeklagten vogelfrei seien, daß sie nicht verteidigt werden könnten, weil sie nicht verteidigt werden dürften.

Den nächsten Verhandlungstag eröffnete Prinzing mit der Zitierung und Kommentierung eines Zeitungsberichts über den vorangegangenen Sitzungstag:

> „Es hat in der Zeitung geheißen, über die Gründe, warum wir diese amerikanischen Zeugen nicht gehört haben: ‚Der Senatsvorsitzende zitierte zahlreiche Äußerungen der Angeklagten, die belegen sollten, daß diese ohnehin jede Rechtsordnung ablehnten. Deshalb könnten sie sich auch nicht auf ein Widerstandsrecht berufen', das für diese Angeklagten geltend gemacht worden sei"[180].

Diesen Bericht, der fast vollständig mit der oben wiedergegebenen Interpretation der Entscheidung übereinstimmte, nannte Prinzing ein Mißverständnis. Er bat die Presse, Korrekturen vorzunehmen. Mit dem Zitieren von Äußerungen der Angeklagten habe er keineswegs beabsichtigt, den Angeklagten die Berufung auf ein Widerstandsrecht als Rechtfertigungsgrund streitig zu machen, er habe nur darlegen wollen, „daß es den Angeklagten nicht darum gegangen ist, mit diesem Beweisantrag einen solchen Rechtfertigungsgrund zu belegen, sondern daß es ihnen um die angedeutete politische Agitation gegangen ist".

3.2.2. Die Angeklagten als Kriegsgefangene?

„if international law is... the vanishing point of law, the law of war is even more conspiciously the vanishing point of international law"[181]. Sir Hersch Lauterpacht

Während die zuvor behandelten Vietnambeweisanträge einschließlich der daraus abgeleiteten rechtlichen Konsequenzen – dem Bestehen eines Rechtfertigungsgrundes für die Anschläge in Frankfurt und Heidelberg – auf der Grundlage des positiven Rechts zu verteidigen waren (völkerrechtlich: Widerstandsrecht; strafrechtlich: Recht auf Notwehr oder Nothilfe), so war der Ausgangspunkt für den Antrag, das Verfahren einzustellen und die Angeklagten in Kriegsgefangenschaft zu überführen, ein völlig anderer: Positivrechtlich ließ sich dieser Antrag im Januar 1976 schwerlich begründen. Dies scheint mir auch der Grund dafür gewesen zu sein, daß sich die Verteidiger Schily und Heldmann nicht dem von Professor Axel Azzola im Namen Ulrike Meinhofs eingereichten Antrag anschlossen; sie teilten lediglich mit, daß sie zu gegebener Zeit „einen ähnlichen Antrag" stellen würden. Meinhofs Antrag markierte eine grundsätzlich veränderte Haltung der Angeklagten gegenüber ihren Haftbedingungen. Bis zu diesem Zeitpunkt hatten sie stets gefordert, wie alle anderen Gefangenen behandelt zu werden. Aufgrund ihrer trotz allen juristischen und persönlichen Einsatzes gemachten negativen Erfahrungen optierten sie nun für eine Behandlung als Kriegsgefangene. Sie müssen in speziellen Lagern untergebracht werden, ihre Internierung unterliegt internationaler Kontrolle.

Der Antrag ist für den dialektischen Verlauf der Konfrontation zwischen (den Gefangenen aus) der RAF und dem westdeutschen Staat charakteristisch. Die RAF als kleine antiimperialistische Stadtguerillagruppe hat dem BRD- und US-Imperialismus den Krieg erklärt und diese Kriegserklärung mit ihren Aktionen in die Tat umgesetzt. Dieser politisch-militärische Angriff wird von den westdeutschen Behörden offiziell geleugnet, in allgemeine strafrechtliche Begriffe übersetzt und mit polizeilich-justitiellen Mitteln bekämpft. Die Gefangenen aus der RAF werden von den Politikern, Strafverfolgern und Polizeifunktionären einerseits als „Terroristen" bezeichnet, andererseits als zwar besonders gefährliche, aber dennoch „gewöhnliche Kriminelle". Als „Terroristen" werden sie im Vergleich zu „gewöhnlichen Kriminellen" in der Haft einer Sonderbehandlung unterworfen, die auf die Zerstörung ihrer politischen Identität angelegt ist. Diese Sonderbehandlung besteht in einem bis zur Perfektion betriebenen System der Isolationshaft, dem die Gefangenen nur dadurch entgehen können, indem sie ihren politischen Ideen und Zielen abschwören und ihre Identität als Kämpfer aufgeben.

Wenn also der westdeutsche Staat gegen die RAF nach den Regeln einer politisch-militärisch konzipierten Aufstandsbekämpfung vorgeht, sei es auch unter dem Deckmantel polizeilicher und straf(prozeß)rechtlicher Maßnahmen, so beinhaltet die verdeckte militärische Komponente dieser Vorgehensweise die Vernichtung der Gefangenen, die an ihrer politischen Identität festhalten. Dies ist aber genau die Situation, die das humanitäre Völkerrecht verhindern will: Die menschenunwürdige Behandlung des bei einem bewaffneten Konflikt gefangengenommenen Gegners, dessen Vernichtung in Freiheit militärisches Ziel ist. Nach fünf Jahren vergeblichen Kampfs um eine Aufhebung der Isolationshaft ist es deshalb nicht mehr verwunderlich, wenn die Gefangenen aus der RAF schließlich eine Behandlung wie Kriegsgefangene nach den humanitär völkerrechtlichen Bestimmungen fordern. De facto sind sie als Gefangene von Anfang an wie politisch-militärische Gegner behandelt worden, jedoch ohne den Schutz der Genfer Konvention über die Behandlung von Kriegsgefangenen zu erhalten.

Abgesehen von einer 1976 noch fehlenden positivrechtlichen Grundlage im Sinn des Völkerrechts, die eine Anwendung der Genfer Konvention auf Guerilla-Kämpfer gestattet hätte, scheint es mir unzweifelhaft zu sein, daß der westdeutsche Staat kaum auf eine solche Forderung eingehen konnte und kann. Denn das würde mit der de-facto-Anerkennung der RAF als politisch-militärischem Gegner die Aufgabe der bis dahin praktizierten straf(prozeß)rechtlichen Verschleierungstaktik für die tatsächlich betriebene Verfolgung der RAF nach den Regeln der Aufstandsbekämpfung (counterinsurgency!) bedeuten. Die Überführung in Kriegsgefangenschaft würde schließlich die Errichtung von Lagern oder Sonderhaftanstalten für Gefangene aus der Stadtguerilla zur Folge haben. Lager und/oder Spezialgefängnisse aber setzen zwangsläufig Assoziationen mit den Konzentrationslagern des Dritten Reichs frei.

Die Forderung, wie Kriegsgefangene behandelt zu werden (nicht: als Kriegsgefangene anerkannt zu werden) könnte, so die damalige Einschätzung einiger Verteidiger, zu einer noch härteren Haltung der westdeutschen Behörden gegenüber den Gefangenen führen.

Von 1977 an bis heute ist diese Forderung immer wieder in verschiedenen Hungerstreiks die zentrale Forderung gewesen. Stets wurde von den Gefangenen deutlich gemacht, daß sie diese Forderung dann als erfüllt betrachten würden, wenn sie in Gruppen von mindestens 15 Gefangenen aus der Stadtguerilla in einem oder mehreren Gefängnissen zusammengeführt seien. Wie in Abschnitt 1.2 ausgeführt, hatte Prof. Rasch diese Zusammenlegung schon Ende 1975 als medizinisch unbedingt notwendigen Schritt dringend angeraten, wenn die Integration in den Normalvollzug von den Behörden weiterhin abgelehnt würde. Die

Tatsache, daß in der Folgezeit keine Verbesserungen der Haftbedingungen erfolgten, bestätigte die Gefangenen in ihrer Gewißheit, daß der Staat sein Vernichtungsprogramm unter allen Umständen durchführen würde. Diese Entwicklung war für den Schritt einiger Sympathisanten der RAF in die Illegalität sicherlich ausschlaggebend: Wer überzeugt ist, daß die RAF mit ihren Aktionen gegen den Vietnamkrieg einen legitimen Beitrag zum antiimperialistischen Kampf, dem er sich selbst auch verpflichtet fühlt, geliefert hat, wer dann im Lauf der Jahre stets deutlicher erkennt, daß die gefangenen illegalen Kämpfer langsam aber sicher und vor allem bewußt vernichtet werden, für den ist es nur konsequent, dem System, in dem Vernichtung offensichtlich legal ist, endgültig den Rükken zu kehren und den antiimperialistischen Kampf zukünftig auf illegale Art und Weise zu führen. Daß unter diesen Umständen Aktionen, die auf die Befreiung ihrer gefangenen Genossen abzielen, für die Stadtguerilla von höchster Priorität sind, scheint verständlich.

Ein weiterer Grund für die Auseinandersetzung mit dem Antrag, die Angeklagten wie Kriegsgefangene zu behandeln, ergibt sich aus dem Umstand, daß die Begründung dieses Antrags ausdrücklich auf eine schon damals abzusehende Entwicklung innerhalb des Völkerrechts Bezug nimmt. Dazu Rechtsanwalt Azzola (gleichzeitig Professor für öffentliches Recht an der Universität Darmstadt)[182]: „Aus der Erklärung der Angeklagten zur Sache ergibt sich, daß, selbst wenn man die Anklageschrift als bewiesen unterstellte, die Angeklagten freigesprochen werden müßten, weil die in der Anklageschrift bezeichneten Taten im Kriege nicht strafbare Handlungen sind.

I. Die Angeklagten befanden sich im Kriegszustand.

1. Bezeichnung der Gegner:

a) Der Imperialismus des internationalen Kapitals und seine Agenten.

b) Die den proletarischen Internationalismus praktizierenden Befreiungsbewegungen. Diese Befreiungsbewegungen sind sozialrevolutionär, antiimperialistisch und, da sie antikolonialistisch bzw. antihegemonistisch sind, national.

2. Der Konflikt ist international, denn das Kapital ist international organisiert und das Proletariat organisiert sich zu einem gemeinsamen, d.h. internationalen Widerstand.

3. Unbeschadet seiner Internationalität wird dieser kriegerische Konflikt an verschiedenen Orten und zu verschiedenen Zeiten mit den unterschiedlichsten Mitteln ausgekämpft, nämlich sowohl mit klassischen Mitteln kriegerischer Auseinandersetzung als auch mit modernen Mitteln, die neuerdings rechtliche Anerkennung erfahren haben, wie z. B. der Partisanenkrieg, als auch mit so neuen Mitteln wie die Stadtguerilla (letztere regelmäßig in den Metropolen kämpfend, d.h. in den Basis-Machtzentren des internationalen Kapitals), so daß deren rechtliche Anerkennung

a) wegen der grundsätzlichen zeitlichen Abfolge zwischen Faktizität und Verrechtlichung

b) wegen der fortbestehenden Stärke des Kapitals in den Metropolen (das sich selbstverständlich einer Verrechtlichung dieses Widerstandes mit allen Mitteln entgegenstellt) noch nicht durchgesetzt werden konnte.

II. „Krieg“ als rechtliche Kategorie

Der Krieg ist keine absolute, von gesellschaftlichen Verhältnissen unabhängige, geschichtslose Kategorie. Dies gilt selbstverständlich auch für die *Kategorie* des Krieges als der das Kriegsrecht des bürgerlichen Zeitalters konstituierenden Kategorie.

Die bürgerliche Kategorie des Krieges war selbst von der feudalstaatlichen der Söldnerheere grundlegend verschieden, nämlich als bürgerlicher Volkskrieg, wie ihn beispielhaft und erfolgreich die Französische Revolution als „levée en masse“ hervorgebracht hat in ihrer Auseinandersetzung mit den Truppen der reaktionären europäischen Interventionsmächte. Rechtliche Konsequenzen aus dieser veränderten Lage wurden erst Jahrzehnte später, ja zum Teil erst über ein Jahrhundert später, gezogen, nämlich in der Ersten Genfer Konvention bzw. in der Ersten Haager Landkriegsordnung. Dabei entsprach die Verknüpfung der Kategorie des Krieges mit der Kategorie der Nation zum Zwecke der Bestimmung der legitimerweise kriegführenden Partei der Tatsache, daß sich das Bürgertum in der Nation politisch konstituierte, wie sich in der Französischen Revolution das „parliament“ zur „assemblée nationale“ erklärte. Daneben hat es im bürgerlichen Zeitalter zwar auch die Kategorie des Bürgerkrieges gegeben, diese war aber gerade nicht sozial bestimmt und so mit historischem Inhalt gefüllt, sie war dementsprechend nicht verrechtlicht und mit bürgerlichen Kategorien auch noch nicht verrechtlichungsfähig, so daß ihre Bestimmtheit noch erst gewonnen werden muß, bzw. als anti-bürgerliche Kategorie in der Kategorie des Klassenkrieges tendenziell bereits gewonnen ist.

III. Die Veränderung der rechtlichen Kategorie des Krieges

Damit sind die kriegführenden Parteien nicht mehr im Horizont der Kriegführung durch Nationen bestimmt, sondern tendenziell weltweit, nämlich, wo immer sich diese Klassen auseinandersetzen. Inhaltlich bedeutet diese Neubestimmung die Einbeziehung aller Formen, die diese Auseinandersetzung annehmen könnten. Dies entspricht der nicht in nationalen Grenzen beschränkten Konstitution der am Kampf beteiligten Klassen, ihrer weltweiten Existenz. Demgegenüber haben die veränderten gesellschaftlichen Machtverhältnisse schon jetzt für die nationalen Befreiungsbewegungen, d.h. für die antiimperialistischen und antihegemonialen Kämpfe an der Peripherie jedenfalls zu einer tendenziellen Verrechtlichung geführt und auch zu politischer Anerkennung, was bewiesen wird sowohl durch die Neubestimmung des Kombattanten in den Genfer Konventionen als auch (indirekt) durch die Terrorismus-Diskussion in der UN-Vollversammlung 1972 bis hin zu der Verleihung des UN-Mitgliederstatus an die PLO (mit Ausnahme des Stimmrechts) aus Anlaß der Nahost-Debatten des UN-Sicherheitsrats. Diese rechtliche Anerkennung geschah freilich mit allen Brüchen, ja inneren Widersprüchen, die eine solche Inkorporation revolutionärer Postulate in herrschendes Recht nach sich ziehen muß, etwa hinsichtlich der Frage der Neubestimmung des Völkerrechtssubjekts und der hieran zu knüpfenden Rechtsfolgen. In den vergangenen Jahrzehnten ist es den Völkern der Dritten Welt durch ihren weltweit gestiegenen Einfluß gelungen, die Anwendung des Kriegs- und Völkerrechts in Konflikten zwischen der Kolonialmacht und der sich gewaltsam befreienden Kolonie schrittweise durchzusetzen, d.h. der sich befreienden Kolonie, der Befreiungsbewegung und ihrem Kampf einen rechtlichen Status zuzuerkennen, vergleichbar demjenigen der internationalen Konflikte, mit allen Privilegien, die hieran für die Freiheitskämpfer, insbesondere bei ihrer Gefangennahme, geknüpft sind. Vor allem sind sie als Kriegsgefangene zu behandeln und nicht als kriminelle Häftlinge.

Bestimmend für kriegerische Konflikte dieses neuen Typs ist, daß Inhalt der kriegerischen Auseinandersetzung heute einmal das Streben der unterdrückten Völker ist, sich zu befreien und unabhängige nationale Staaten zu gründen.

Damit sind diese Kämpfe aber gleichzeitig internationalistisch, da sie das imperialistische Weltsystem schwächen, das gerade das Streben der Staaten der 3. Welt nach Unabhängigkeit zu negieren versucht (vgl. die Stellungnahme Schlesingers zur Interventionsmöglichkeit in den arabischen Staaten anläßlich der Ölkrise).

Zum anderen haben kriegerische Auseinandersetzungen heute zum Inhalt den vom Klassenkampf zum Klassenkrieg gesteigerten inneren Widerspruch in den imperialistischen Zentren.

Dieser Krieg hat ebenfalls, obwohl auch er in national begrenzten Formen geführt wird, einen internationalistischen Inhalt, da die Ziele dieses Klassenkrieges direkt die weltweite imperialistische Herrschaft treffen". Anschließend zitierte Azzola Mao Tse-tung, Ho Tschi Minh, Khieu Sampan und Amilcar Cabral, die alle Anführer nationaler Befreiungsbewegungen und später Regierungschefs gewesen waren und die obige These ausgearbeitet hatten. Azzola fuhr fort: „Diesem neuen Inhalt kriegerischer Konflikte muß auch eine brauchbare Definition dessen, was völkerrechtlich als Krieg zu betrachten ist, Rechnung tragen.

Auf das hergebrachte formale Kriterium, daß Nationalstaaten die Konfliktpartner sein müssen, kann es nicht mehr ankommen.

Vielmehr ist entscheidend, daß jede kriegerische Auseinandersetzung auch völkerrechtlich als Krieg zu bezeichnen ist, die sich in das Koordinatensystem der weltweit sich antagonistisch entgegenstehenden Kräfte von imperialistischer Unterdrückung auf der einen Seite, dem Streben nach nationaler Befreiung, staatlicher Unabhängigkeit und revolutionärer Emanzipation der Völker auf der anderen Seite einfügt.

In der Terrorismusdebatte der UN wurde deutlich, daß auch die negative Abgrenzung des kriegerischen Konflikts durch die Bestimmung dessen, was Terror ist, ohne genau diese inhaltlichen Kriterien nicht möglich ist.

Ein allein formale Kriterien verwendender Versuch der Definition diente offensichtlich den Interessen der selbst Terror ausübenden Staaten: so vertraten vor allem die Vertreter Brasiliens, Südafrikas und Israels die These, Terror sei Terror, jede darüber hinaus gehende Bestimmung sei von Übel.

Im Gegensatz dazu stand die ganz überwiegende Zahl der in den UN vertretenen Staaten, die auch die Ursachen und Gründe gewaltsam ausgetragener Konflikte unter Hintanstellung formaler Kriterien in die Definition des Terrors aufnehmen wollten".

Zur Verdeutlichung der letzten Position zitierte Azzola einige lange Passagen aus dem Beitrag des chinesischen Delegierten; hier nur der erste Abschnitt:

„Was ist internationaler Terrorismus? Die Unterdrückung der Völker aller Länder durch den Imperialismus, die gnadenlose Bombardierung durch die amerikanischen Imperialisten in Vietnam, die Ermordung und Verfolgung der Palästinenser durch die israelischen Zionisten, die brutale kolonialistische Beherrschung der afrikanischen Völker durch die Kolonialbehörden Portugals, Südafrikas und Rhodesiens und ihre Verbrechen des Rassismus und der Rassentrennung – das alles ist großangelegter Terrorismus im eigentlichen Sinn".

Dann ging Azzola auf die Stadtguerilla ein:

„IV. Der Krieg der Stadtguerilla

Merkmale des Krieges bzw. der kriegführenden Parteien sind danach heute neben den und anders als die klassischen Merkmale – insbesondere die vom Klassenkampf zum Klassenkrieg gesteigerte Auseinandersetzung, sowohl der unterdrückten Völker und ihrer Protagonisten, aber auch deren Verbündeter in den Metropolen als Protagonisten des Weltproletariats, als die Protagonisten der nur im Weltmaßstab als politischer Klasse konstituierbaren Klasse der Ausgebeuteten, Elenden und Entrechteten. Dies gerade dort und insoweit, wo dieser Kampf nicht aus einer Position von Arbeiter-Aristokratie zugunsten der Erzielung partieller Erfolge insbesondere auf der Konsumebene im Rahmen nationaler Grenzen geführt wird, sondern wo Inhalt und Ziel des Kampfes in totaler Negation der bürgerlichen Gesellschaft und ihrer Integrationsstrategien bewußt und ausschließlich zugunsten des Citoyen-Proletaire und damit zugunsten des ersten Weltbürgers geführt wird, selbst wenn dies zeitweilig im Widerspruch zu stehen scheint mit den Bedürfnissen und Interessen eines nationalen Proletariats, dieser Kampf also auch nur bedingt von diesem akzeptiert und in dieses integriert wird: Dann liegt die Massenbasis dieses Kampfes und dann liegen seine befreiten Gebiete eben nicht in den Grenzen eines bestimmten Nationalstaates, sondern dort, wo die Gewalt der Völker der Gewalt der imperialistischen Staaten schon entscheidende Niederlagen zufügen konnte, neuestens in Vietnam, Kambodscha und Laos, auch in Guinea-Bissau, in Mozambique, Sao Tome, und Principe.

Diejenigen, die in den Metropolen den Klassenkrieg führen, fallen also unter den Schutz der Genfer Konvention, weil sie Verbündete von nationalen Befreiungsbewegungen sind, für die wiederum die Regeln der internationalen bewaffneten Konflikte angewendet werden sollen. Die Vorschläge des internationalen Roten Kreuzes sehen eine Regelung vor, wonach solche bewaffnete Auseinandersetzungen wie internationale Konflikte behandelt werden sollen, ‚in denen Völker gegen Kolonialherrschaft und fremde Besetzung und gegen rassistische Regimes kämpfen'.

Die RAF als Subjekt der Kriegsführung

Die Gefangenen befanden sich nach ihrer eigenen Erklärung im Kriegszustand mit den imperialistischen Kräften des Kapitals auf dem Boden der BRD als Verbündete solcher Befreiungsbewegungen, insbesondere der FNL (nationalen Befreiungsbewegung) Vietnams, der Neo Lao Haksat (nationalen Befreiungsbewegung) in Laos, der FUNK (nationalen Einheitsfront) Kambodschas, der Frelimo (der Bewegung zur Befreiung Mozambique), der PAIGC (Befreiungsbewegung) in Guinea-Bissau, der PLO und der IRA.

Darum wurden sie auch von der Regierung der BRD und dem reaktionären Teil der Öffentlichkeit dieser Gesellschaft zum Staatsfeind Nr. 1 erklärt und mit allen zur Verfügung stehenden militärischen und quasimilitärischen Mitteln bekämpft.

Dies nicht nur in Erklärungen, sondern auch im Verhalten einer riesigen Konterguerillaaufrüstung, einer quasi-kriegsrechtlichen Neufassung der Strafprozeßordnung bis hinein in das militärische Gepränge dieses Verfahrens in und um dieses Mehrzweckgebäude, das bestenfalls geeignet ist, mehrfach demselben Zweck zu dienen.

Die Totalität dieses Konflikts ergibt sich aus seinem Inhalt: Als erste und bisher einzige Gruppe hat die RAF diejenige Verfassungsfrage von Grund auf wieder aufgerollt, von deren endgültiger Entscheidung jede Verfassung ausgeht, obwohl ersichtlich ist und ersichtlich sein muß, daß dies nichts anderes sein kann als eine Fiktion: die Machtfrage. Dies freilich nicht im Gewande der Staatsgewalt, sondern an ihrer Wurzel, nämlich der Frage der Träger der sozialen Gewalt, die so lange gestellt werden wird, wie Menschen über Menschen soziale Gewalt ausüben, so lange also Menschen der Rechtfertigungsideologien bedürfen zum Zwecke der Legitimation der Ausübung solcher Herrschaft, während andere Menschen den Kampf aufnehmen gegen diese Legitimität und ihre Rechtfertigungsideologie auf der Ebene des Rechts: die Legalität.

Militärisch gesprochen handelt es sich um einen Krieg, juristisch um den fundamentalen Verfassungskonflikt schlechthin, der auf dem Boden einer bestehenden Verfassung sich der Integration versagt und darum total ist, unter dem Gesichtspunkt des Fortbestands dieser Verfassung nicht lösbar, aber auch: militärisch nur scheinbar entscheidbar, wobei selbstverständlich der Versuch, diesen Konflikt mit Hilfe von Kriminalisierung zugunsten der bestehenden Herrschaftsverhältnisse zu entscheiden, nichts als die Zerstörung einzelner bewirken kann, weil auch dieser Versuch an den Ursachen des Konflikts nichts zu ändern vermag.

In diesem Kontext, der jedenfalls primär ein verfassungsrechtlicher ist, haben sich die Gefangenen in ihrer Erklärung zur Sache nicht nur auf Widerstandsrecht berufen, sondern Widerstandsrecht selbst bestimmt. Danach ist Widerstandsrecht so lange leere Hülse, als Widerstandsrecht nicht mit sozialem Inhalt gefüllt wird, d.h. auf soziale Bedingungen zurückgeführt wird. Widerstandsrecht ist also als herrschendes Recht notwendigerweise Phrase, deren Funktion es ist, Legitimationsdefizite der Ausübung von sozialer Herrschaft zu beheben. Herrschendes Widerstandsrecht ist immer Widerstandsrecht der Herrschenden, also auch: zugunsten bestehender Herrschaft. Widerstandsrecht ist aber hier gemeint als die legitime Gegenstrategie der Unterdrückten gegen den Faschismus als institutionelle Strategie.

Das gleiche gilt grundsätzlich für die rechtliche Kategorie der Notwehr: Auch auf sie haben sich die Gefangenen berufen, nicht im Sinne einer Notwehr zugunsten der Verteidigung bestehender Verhältnisse, sondern gerade zum Zwecke ihrer Beseitigung".

Aus seiner Argumentation zog Azzola den Schluß:

„Es wäre Sache der Bundesanwaltschaft, darzulegen, daß die Gefangenen mit den ihnen zur Last gelegten Taten strafbare Handlungen im Sinne des Kriegsrechts begangen haben, denn nur diesem Kriegsrecht unterliegen die Handlungen der Angeklagten, und nur nach diesem Kriegsrecht können sie beurteilt werden. Da sich weder aus der Anklageschrift noch aus dem bisherigen Verhalten der Bundesanwaltschaft ähnliches ergibt, ist zunächst davon auszugehen, daß auch die Bundesanwaltschaft erkannt hat, daß es an solchen strafbaren Handlungen im Sinne des Kriegsrechts mangelt. Da die angeklagten Kriegsgefangenen selbst dann freigesprochen werden müßten, wenn die ihnen zur Last gelegten Taten als bewiesen anzusehen wären, bedarf es keiner weiteren Beweisaufnahme, die insoweit nur einer Prozeßverschleppung dienen könnte.

Es wird daher beantragt, die ergangenen Beweisbeschlüsse, soweit die Beweisaufnahme noch nicht durchgeführt worden ist, als rechtlich irrelevant aufzuheben, die Beweisaufnahme abzuschließen, und die Gefangenen unverzüglich in Kriegsgefangenenschaft zu überführen".

Bundesanwalt Wunders Reaktion auf diesen Beweisantrag bestand aus der Bemerkung, das geltende Recht lasse keinen Raum für solche „Denkgebilde und Wunschträume“[183]; in diesem Zusammenhang von einem legitimen Widerstandsrecht zu sprechen, sei „fast beleidigend für all diejenigen, die im Dritten Reich zulässigen Widerstand geleistet haben, leisten mußten und dankenswerterweise geleistet haben“. Das Gericht begründete die Ablehnung des Antrags mit einem Satz: „Für eine Überführung der Angeklagten in Kriegsgefangenschaft fehlt es an jeder rechtlichen Grundlage“[184].

Es scheint mir notwendig, diese lapidare Behauptung des Gerichts im Rahmen einer historischen Perspektive der Entwicklung des humanitären Kriegsrechts näher zu betrachten. Die Geschichte des Kriegsrechts ist umfangreich und kompliziert. Für diese Untersuchung interessiert jedoch nur die Frage, welche Stellung dem Guerillakämpfer und Partisan im humanitären Kriegsrecht zukommt und ob ihm eine Behandlung als Kriegsgefangener zusteht. Aus Bierzaneks[185] Studie von 1968 geht hervor, daß der Partisan bis in die Mitte des 19. Jahrhunderts hinein völkerrechtlich den gleichen Status innehatte wie der gewöhnliche Soldat. Erst in der zweiten Hälfte des 19. Jahrhunderts lasse sich eine zunehmende Neigung, dem Partisanenkampf den Charakter legitimer Kriegsführung abzuerkennen, feststellen: „Infolge der Entwicklung regulärer Armeen und unter dem ideologischen Einfluß der Heiligen Allianz“[186]. Diese Entwicklung spiegelt sich wider in der ersten bedeutenden Kodifizierung des Kriegsrechts, der Haager Konvention Nr. IV von 1907 und der dazugehörigen Landkriegsordnung. Die (europäischen) Großmächte wünschten, den Kombattanten-Status, der für eine eventuelle Behandlung als Kriegsgefangener ausschlaggebend war[187], auf die Mitglieder der regulären Armeen zu beschränken. Ihrer Meinung nach war es bereits sehr weitreichend, daß dieser Status gemäß Artikel 1 der Landkriegsordnung auch Angehörigen von Milizen und Freiwilligenkorps sowie – gemäß Artikel 2 – der sich beim Näherrücken von Invasionstruppen spontan bewaffnenden Zivilisten zugestanden wurde. Die vier Bedingungen für Milizen und Freiwilligenkorps waren: 1. Ein für seine Untergebenen verantwortlicher Kommandant; 2. Tragen eines aus Entfernung zu erkennenden Kennzeichens; 3. öffentliches und sichtbares Tragen von Waffen; 4. Verhalten entsprechend den Kriegsgesetzen und –bräuchen.

Diese Bedingungen waren vor allem mit dem Ziel formuliert worden, Vorfälle bestrafen zu können, wie sie sich während des Krieges von 1870 zwischen Frankreich und Preußen ereignet hatten. Nach der militärischen Niederlage Frankreichs führten die sogenannten franctireurs einen Guerillakrieg gegen die Preußen, die gefangene Partisanen wie Verbrecher bestraften[188].

Das „Recht auf Besetzung“ wird von der Landkriegsordnung (Abschnitt III, Art. 42) anerkannt: „Un territoire est considére, comme occupé lorsqu'il se trouve placé de fait sous l'autorité de l'armée ennemie" („Ein Territorium gilt als besetzt, wenn es sich unter tatsächlicher Herrschaft der feindlichen Armee befindet" – BS).

Die kleinen an dieser vorwiegend europäischen Versammlung[189] teilnehmenden Staaten wünschten ausdrücklich, auch dem vereinzelten oder organisierten Widerstandskämpfer gegen eine fremde Besatzungsmacht den Kombattantenstatus zuzuererkennen; sie begnügten sich nicht mit dem Hinweis auf „das Gebiet des ungeschriebenen Völkerrechts"[190]. Ergebnis dieser Auseinandersetzung war die Aufnahme der ausgesprochen verschwommen formulierten „Martensclausule" (benannt nach dem russischen Delegierten Martens, der diese Klausel als Kompromißvorschlag eingebracht hatte) in die Präambel der Haager Konvention; darin wurde in den Fällen, die von den verabschiedeten Regelungen nicht erfaßt werden („dans les cas non compris dans les dispositions réglementaires adoptées"), auf völkerrechtliche Grundsätze verwiesen, so wie sie sich aus den Bräuchen und Erfordernissen im öffentlichen Bewußtsein ergeben („tels qu'ils résultent des usages et des exigences de la conscience publique"[191]).

Diese Klausel und ihre Entstehungsgeschichte führt Bierzanek zu dem Schluß, daß es keinen berechtigten Grund gibt, Partisanen und Guerillakämpfer vom Schutz des humanitären Völkerrechts auszuschließen[192]. Die völkerrechtlichen Bräuche (usages) hatten schließlich jahrhundertelang keinen diskriminierenden Unterschied zwischen Partisanen und anderen Kriegführenden gekannt. Die seit der Jahrhundertwende herrschende Völkerrechtslehre negierte jedoch diese Bräuche und Traditionen und verkündete ihre für Guerillakämpfer nachteilige Lehre: Wer die in den Artikeln 1 und 2 der Landkriegsordnung aufgeführten Bedingungen nicht erfüllt, kann keine Ansprüche auf den Kombattantenstatus geltend machen. Trotz der grauenhaften Erfahrungen mit der Exekution von Partisanen („Terroristen") in den beiden Weltkriegen blieb diese Völkerrechtslehre weitgehend unverändert. Was den Schutz der Zivilbevölkerung in Kriegszeiten betrifft, so hatte sich das humanitäre Kriegsrecht zweifellos als absolut unzureichend erwiesen. Während im ersten Weltkrieg noch fast achtmal mehr Soldaten als Zivilisten starben, verloren im zweiten Weltkrieg fast 17 Millionen Soldaten und mehr als 34 Millionen Zivilisten ihr Leben[193].

Vor allem der zweite Weltkrieg war Anlaß für eine Reformierung des humanitären Völkerrechts. Die vier Genfer Konventionen des Jahres 1949 – Regeln für den Schutz von Kranken, Verwundeten, Kriegsgefangenen und Zivilbevölkerung brachten erhebliche Verbesserungen. Zum erstenmal wurden auch die organisierten Widerstandsbewegungen („mouvements de résistance organisés") ausdrücklich genannt und Milizen und Freiwilligenkorps gleichgestellt, jedoch auch diesmal galt, daß sie die oben genannten und in der Praxis kaum zu erfüllenden vier Bedingungen erfüllten.

In den allen vier Genfer Konventionen gemeinsamen Artikeln 2 und 3 wurde weiter zwischen internationalen Konflikten (Artikel 2) und nicht-internationalen Konflikten (Artikel 3) unterschieden. Als internationale Konflikte wurden im Prinzip nur die Auseinandersetzungen zwischen den Hohen Vertragsschließenden Parteien („les Hautes Parties Contractantes“), also den der Konvention beigetretenen Staaten, bezeichnet.

Die nicht-internationalen Konflikte wurden – trotz endloser Diskussionen – nicht genauer definiert. Vorschläge, etwa Bürger- oder Kolonialkriege als Beispiele aufzunehmen, stießen bei vielen Delegationen auf entschiedenen Widerstand. Der Haupteinwand lautete, daß „die volle Anwendung der Konventionen auf Konflikte im eigenen Land die Fähigkeit des Staates, die inländische Ordnung aufrecht zu erhalten, erheblich untergraben könnte“ (Übers. BS)[194]. Ferner fand man den Gedanken, vorgetragen von der französischen Delegation, beängstigend, daß es bei einer ausdehnenden Anwendung der Konvention möglich sein würde, „für Formen von Unruhe, Anarchie oder Räuberei den Schutz der Konventionen unter einem politischen oder irgend einem anderen Vorwand anzufordern“[195].

Ebenso fehlte jegliches Kriterium für die Frage, wann jemand als „Konfliktpartei“ zu betrachten sei. Innere Unruhen („troubles intérieurs“) oder interne Konflikte („conflits internes“) waren bereits ausdrücklich vom Anwendungsbereich der Konvention ausgeschlossen worden. Den Staaten sollte es selbst überlassen bleiben, zu definieren, wann innerhalb ihres eigenen Territoriums ein nicht-internationaler Konflikt im Sinne des Artikels 3 vorliege, wer als Konfliktpartei zu betrachten sei und welche Personen eventuell als Kriegsgefangene zu behandeln sein würden.

Viele Völkerrechtsgelehrte lobten die Genfer Konvention in den höchsten Tönen. Es zeigte sich jedoch, daß die kritischen Stimmen recht behalten sollten. So kam etwa Francois zu der Schlußfolgerung: „Die Konvention von 1949. . . enthält keine Lösung“[196]. Auch Baxter folgerte, sich vor allem auf Spione, GuerillaKämpfer und Saboteure beziehend, die Konventionen „hätten jedoch, anstatt den Status dieser Individuen zu klären, das wenige an bestehendem Recht zerstört. . . Die Konventionen sind dort am schwächsten, wo sie die verschiedenen Kategorien von Personen bestimmen, die ihren Schutz genießen“[197].

Während der Befreiungskriege nach dem zweiten Weltkrieg, die überwiegend als Kriege gegen die alten Kolonialmächte geführt wurden, zeigte sich, was die Genfer Konventionen wert bzw. nicht wert waren. Den großen Kolonialmächten wie Großbritannien, Frankreich und Portugal galten diese Konflikte nicht als „internationale“, da die Gegenpartei schließlich weder ein bestehender, anerkannter Staat, eine „Haute Partie Contractante", war, noch als eine Konfliktpartei („Puissance en Conflit") im Sinne von Artikel 2 Abs. 3 anerkannt wurde. Ebensowenig wurden diese Konflikte von den Kolonialmächten als „nicht-internationale" betrachtet; für sie handelte es sich um „innere Unruhen" bzw. „interne Konflikte". Dies hatte u. a. zur Folge, daß Angehörige von Befreiungsbewegungen, meistens in Guerilla-Einheiten organisiert, „als Kriminelle aufgrund ihrer Handlungen gegen die öffentliche Ordnung"[198] behandelt wurden.

Aber nicht nur die 3. Genfer Konvention über Status und Behandlung von Kriegsgefangenen sollte keine Schutzwirkung für die Aufständischen entfalten, auch gegen die 4. Konvention über den Schutz der Zivilbevölkerung in Kriegszeiten wurde systematisch verstoßen. So wurden etwa ganze Dorfgemeinschaften, die verdächtig waren, mit der Guerilla zu sympathisieren, bedroht, angegriffen und ausgerottet. In den verschiedenen Befreiungskriegen ließen sich kaum Unterschiede feststellen; als Beispiele seien nur Kenia (1952-1955), Cypern (1955-1959), Algerien (1954-1959) und das Vorgehen Portugals in Angola, Mozambique und Guinea-Bissau bis zum Sturz der Salazar-Diktatur am 25.4.74 genannt. Genau wie bei den niederländischen „Polizeiaktionen" in Niederländisch-Indien unmittelbar nach dem zweiten Weltkrieg stellten sich die Kolonialmächte im allgemeinen auf den Standpunkt, daß es sich um die polizeiliche Bekämpfung von „Terroristen", bestenfalls „Rebellen", handele. Die von Hitlers Propagandaminister Dr. Joseph Goebbels zu Beginn des zweiten Weltkriegs erlassene offizielle Anordnung für die Medien, Widerstandskämpfer seien in der Öffentlichkeit konsequent als „Terroristen" zu bezeichnen, fand überall Nachahmer. Das Vorgehen Englands in Kenia, Malaysia und Cypern und das von Frankreich in Algerien „veranlaßte die hervorragende Autorität in Kriegsrecht, den Oberst G. I. A. D. Draper, mit charakteristisch englischer Zurückhaltung zu bemerken, daß ‚die Weigerung Frankreichs und des Vereinigten Königreichs, anzuerkennen, daß diese Konflikte unter Artikel 3 fallen, durch politische Erwägungen und nicht durch irgend eine objektive Rechtsvorschrift bestimmt wurde'"[199]. Die Auffassung, solche Konflikte seien als internationale Konflikte im Sinne von Artikel 2 der Genfer Konvention anzusehen, wurde damals fast ausschließlich von kommunistischen Kriegsrechtssachverständigen vertreten[200].

Das Verhalten der USA im Vietnamkrieg kann als bekannt vorausgesetzt werden. Im Juni 1965 ersuchte das Internationale Komitee vom Roten Kreuz (IKRK) die Regierungen der USA, Süd- und Nordvietnams sowie die vietnamesische Befreiungsfront FNL um Anwendung der Genfer Konventionen[201]. Die Antworten der USA und Südvietnams waren positiv. Die Antwort Nordvietnams enthielt u. a. die gegen die amerikanische Regierung und „ihre Agenten in Saigon" gerichtete Beschuldigung der Piraterie; implizit anerkannte die nordvietnamesische Regierung die

Genfer Konventionen, indem sie Vorbehalte gegen Artikel 85 der 3. Genfer Konvention vorbrachte und sich weigerte, amerikanische Piloten, die nach Bombenangriffen auf Nordvietnam gefangen worden waren, wie Kriegsgefangene zu behandeln (Artikel 85 zufolge stehen Kriegsgefangene auch nach ihrer Verurteilung entsprechend den Gesetzen der sie gefangen haltenden Macht unter dem Schutz der 3. Genfer Konvention). Die vietnamesische Befreiungsfront antwortete, die Genfer Konventionen, an deren Entstehung sie nicht mitgewirkt habe, enthielten Bestimmungen, die weder mit ihren Aktionen noch mit der Organisationsform ihrer Streitkräfte in Übereinstimmung stünden; dennoch erklärte sie, Gefangene „human und barmherzig" zu behandeln.

Die von Nordvietnam geäußerten Vorbehalte waren für amerikanische Völkerrechtler Anlaß, sich lautstark über „die schlechte Behandlung von Kriegsgefangenen in Vietnam" aufzuregen[202]. Folgender Ausschnitt aus einem Artikel Casellas in „Le Monde" (9.7.70) charakterisiert den desolaten humanitär-völkerrechtlichen Aspekt der Vietnam-Frage genau: „Was den Vietnamkrieg angeht. . . so lassen die Genfer Konventionen, die ihren Schutz den gesamten kämpfenden amerikanischen und südvietnamesischen Kräften gewähren, praktisch neun Zehntel der Kämpfer der Befreiungsfront ohne Schutz. Unter diesen Umständen können sich Saigon und Washington nichts vergeben, wenn sie die Genfer Konventionen für anwendbar erklären"[203].

Die nationalen Befreiungskriege nach 1945 sollten jedoch auch auf dem Gebiet des geschriebenen Kriegsvölkerrechts ihre Spuren hinterlassen.

Friedrich Engels hatte bereits ein Jahrhundert zuvor die theoretischen Grundlagen für die 1977 erfolgten Abänderungen des Kriegsvölkerrechts entwickelt: „In einem Volkskrieg können die Mittel, die von den Aufständischen benützt werden, nicht an den gemeinhin anerkannten Regeln regulärer Kriegsführung gemessen werden, ebenso wie an irgend einem anderen abstrakten Kriterium, sondern an dem Grad der Zivilisation, den die aufständische Nation erreicht hat"[204]. Aufgrund historischer und soziologischer Überlegungen entwickelte Engels folgende Argumentation: Die sogenannten primitiven Völker könnten und dürften nicht an Kriegsgesetze gebunden werden, die einseitig von den „zivilisierten" Mächten aufgestellt wurden, und die deren Wertvorstellungen und deren Niveau technischer Entwicklung widerspiegelten. Die gegenteilige Betrachtungsweise sei unlogisch, unpraktisch und unehrlich. Gleichzeitig müßten die entwickelteren Länder aber die von ihnen selbst festgelegten Vorschriften anwenden, die schließlich ihre eigenen Ansichten von einem angemessenen Verhalten in Zeiten bewaffneter Konflikte enthielten. Die objektive Realität fordere, daß jede der beiden Parteien bei ihren militärischen Operationen den Regeln folge, die am ehesten ihrem eigenen Wertsystem entsprächen.

Für die an einem bewaffneten Konflikt beteiligten Parteien ist der Begriff der aufständischen Nation („insurgent nation") von Bedeutung. Während nach traditioneller Lehrmeinung das Völkerrecht die Beziehungen zwischen Staaten untereinander regelt, wird hier ein Nicht-Staat, die „insurgent nation", als Subjekt des Völkerrechts eingeführt. Der Marxismus-Leninismus hat daraus später das Konzept des legitimen Verteidigungskrieges gegen Sklaverei, Unterdrückung und Abhängigkeit entwickelt[205]. Selbstverständlich war der antikoloniale Befreiungskrieg als ein solcher gerechter Krieg („iustum bellum") zu betrachten: „Das unterdrückte Volk, das auf dem durch den imperialistischen Staat annektierten Territorium lebt, hat jederzeit das Recht, einen nationalen Befreiungskrieg gegen diesen imperialistischen Staat zu beginnen"[206].

Nach der Gründung der Vereinten Nationen im Jahr 1945 beriefen kommunistische Autoren sich immer wieder auf verschiedene Bestimmungen der UN-Charta, die bestätigen würden, daß auch international geltendem Recht zufolge ein nationaler Befreiungskrieg gerechtfertigt sei und demzufolge auch das humanitäre Kriegsvölkerrecht auf bewaffnete Konflikte angewendet werden müsse. Sie verwiesen u. a. auf den auf Vorschlag der UdSSR aufgenommenen Grundsatz der „equal rights and self-determination of peoples" sowie auf die den Kolonialmächten zukommende Verpflichtung, in ihren Kolonien „self-government" zu ermöglichen. Obwohl in der UN-Charta noch zwischen „self-government" und „independance" unterschieden wird, waren die kommunistischen Autoren der Meinung, daß „self-government" und „self-determination" logischerweise auf der gleichen Ebene wie völlige politische Unabhängigkeit in Form eines eigenständigen Staates anzusiedeln seien. Da das allen Völkern zukommende Recht auf Selbstbestimmung von diesen Autoren als einer der wichtigsten Grundsätze heutigen internationalen Rechts bewertet wurde, ist die Schlußfolgerung nur konsequent, daß „bewaffnete Intervention, die darauf abzielt, ein Volk von der Verwirklichung seines Selbstbestimmungsrechts abzuhalten,Aggression ist, das schlimmste internationale Verbrechen"[207].

Bis in die sechziger Jahre wurde der nationale Befreiungskrieg von der Mehrzahl der westlichen Völkerrechtsgelehrten bestensfalls als nichtinternationaler Konflikt im Sinne von Artikel 3 der Genfer Konvention betrachtet. Die 1960 von der Generalversammlung der Vereinten Nationen mit überwältigender Mehrheit angenommene „Declaration on the granting of independance to colonial countries and peoples" (Erklärung über die Gewährung der Unabhängigkeit für koloniale Länder und Völker)[208] war jedoch ein entscheidender Wendepunkt. Diese Resolution (Nr. 1514) verurteilte den Kolonialismus in jeder Form. Der Text enthielt die oben wiedergegebene Argumentation marxistisch-leninistischer Autoren[209]. Während die kolonialen Eroberungskriege noch als völlig irrelevant für internationales Recht betrachtet worden waren[210], mußten die meisten Völkerrechtsgelehrten, die seit 1971 vom IKRK im Rahmen neuerlicher Diskussionen über das humanitäre Kriegsvölkerrecht um ihre Meinung gebeten wurden, anerkennen, daß (koloniale) Befreiungskriege als internationale Konflikte und demzufolge Befreiungsbewegungen als Subjekte im Sinne des Völkerrechts zu betrachten waren[211].

Die UN-Resolution Nr. 1514 von 1960 veränderte die Praxis der Kriegsführung kaum, und auch die seitdem von der UN-Vollversammlung mehrfach ausgesprochene Meinung, die Resolution habe zur Konsequenz, daß gefangene Freiheitskämpfer als Kriegsgefangene zu behandeln seien, konnte daran wenig ändern[212]. Die betroffenen Staaten ignorierten diese Aussprachen schlicht[213]. Da UN-Resolutionen im allgemeinen als gewichtige Empfehlungen betrachtet werden, die jedoch keine formalgesetzlichen Verpflichtungen darstellen, wurde es notwendig, die Genfer Konventionen entsprechend abzuändern und anzupassen. Auf einer Konferenz von Regierungsexperten 1971 zum Kriegsvölkerrecht standen die auftretenden Rechtsprobleme, u. a. zur Frage des Befreiungskrieges, zur Diskussion. 1972 faßte die Konferenz den Beschluß, den Genfer Konventionen zwei Ergänzungsprotokolle hinzuzufügen, die vom IKRK auszuarbeiten waren und internationale bzw. nichtinternationale Konflikte zum Thema hatten. Die Mitte 1973 eingereichten IKRK-Vorschläge wichen allerdings nur wenig von den 1949 formulierten Auffassungen ab. Ein halbes Jahr später nahm die UN-Vollversammlung die Resolution 3103/XXVIII an, die als die bis dahin deutlichste bezeichnet werden kann: Der Kampf der Völker gegen „koloniale und Fremdherrschaft und rassistische Regimes“ („domination coloniale et e,trange're et les re'gimes racistes“) ist legitim, entspricht dem Völkerrecht und ist als internationaler Konflikt im Sinne der Genfer Konvention zu betrachten; gefangenen Kämpfern kommt in solchen Konflikten der Status von Kriegsgefangenen zu[214]. Diese Resolution wurde mit 83 Ja-Stimmen, 13 Nein-Stimmen und 19 Enthaltungen angenommen; mit Nein stimmten Österreich, Belgien, Frankreich, Brasilien, BRD, Israel, Italien, Luxemburg, Portugal, Süd-Afrika, England, USA und Uruguay. 1974 begann in Genf auf diplomatischer Ebene die Konferenz über die vom IKRK entworfenen Ergänzungsprotokolle. Sie dauerte drei Jahre. Die gegensätzlichen Auffassungen über Befreiungskriege zwischen den westlichen Staaten einerseits (Norwegen ausgenommen) und dem Sowjet-Block und zahlreichen Staaten der Dritten Welt andererseits waren kaum in Einklang zu bringen.

Die westlichen Staaten benutzten vier Argumente, um die von den anderen Staaten beabsichtigte Erweiterung des Begriffs „internationaler Konflikt“ zu torpedieren.

Das erste Argument entsprach der klassischen Auffassung, nationale Befreiungskriege seien eindeutig und ausschließlich interne Konflikte[215].

Der Delegierte der USA bemerkte dazu: „Wenn man den inländischen Terrorismus als internationalen Konflikt qualifiziert, so kann das den Terrorismus gleichwohl nicht legitimieren. Begriffe wie ‚Fremdherrschaft' und ‚rassistische Regime' bedürfen immer noch der Definition“[216].

Das zweite Argument schien gewichtiger: die Genfer Konvention sei kein geeignetes Mittel, um solche Konflikte zu humanisieren. Die sich aus der Genfer Konvention ergebenden Verpflichtungen seien schließlich nur von Staaten zu erfüllen; so würden nach Meinung des amerikanischen Delegierten Befreiungsbewegungen z. B. niemals Artikel 23 der 3. Konvention genügen können und wollen. Dieser Artikel bestimmt, daß Kriegsgefangene in Lagern untergebracht werden, die äußerlich deutlich zu erkennen sind, die weitab von der umkämpften Zone liegen, gegen Luftangriffe Schutz bieten und deren Lage dem Gegner bekanntgegeben wird [217].

Diese Feststellung ist zwar nicht falsch, dennoch gilt, wie der „nach einem längeren und erbitterten Streit“[218] zu dieser Konferenz zugelassene Vertreter der Frelimo (Befreiungsbewegung von Mozambique) konstatierte: „Wenn man die Regeln anpassen muß, so wegen der besonderen Bedingungen des Guerilla-Krieges, und nicht, weil die Konfliktparteien Staaten sind oder nicht“[219]. Das Argument des US-Delegierten hat somit nichts mit der Art eines Konflikts (international oder nicht-international) zu tun, sondern mit der Methode (klassische Kriegsführung oder Guerillakrieg) und der de facto gegebenen Ungleichheit der in einem Guerillakrieg einander gegenüberstehenden Parteien[220].

Zudem ist es durchaus fraglich (siehe auch Salmon[221]), ob 1974, zum Zeitpunkt der Diskussion, nicht etwa die Frelimo, die PAIGC (Befreiungsbewegung in Guinea-Bissau) und die vorläufige Regierung von Südvietnam wesentlich eher in der Lage sein würden, die Genfer Konventionen einzuhalten, als etwa Zwergstaaten wie der Vatikan, San Marino, Liechtenstein und Monaco, die alle als Partei den Konventionen beigetreten waren, ohne daß andere westliche Staaten dagegen Bedenken geäußert hätten.

Das dritte Argument war im Grunde genommen eine Variante des zweiten und wurde am eindringlichsten von dem niederländischen Delegierten, dem Völkerrechtsexperten F. Kalshoven, vorgetragen[222]. Die Erweiterung des Begriffs „internationaler Konflikt“ auf Befreiungskriege sei diskriminierend, da sich für die unterschiedlichen Parteien „nicht wechselseitige Verpflichtungen“ („obligations non synallagmatiques“) ergäben. Da man davon ausgehen müsse, daß Befreiungsbewegungen häufig nicht in der Lage seien, den Verpflichtungen der Genfer Konventionen nachzukommen, würde der fundamentalen Vorstellung von Rechtsgleichheit zwischen Parteien Gewalt angetan, sollte der Begriff „internationaler Konflikt“ zukünftig auch für die Befreiungskriege gelten.

Ganz eindeutig wurde bei dieser Argumentation eine Entwicklung mit einbezogen, die Engels schon angekündigt hatte. Das entsprechende Gegenargument liegt nahe: Das geltende Recht ist diskriminierend, weil es den Mitgliedern von Befreiungsbewegungen, trotz des internationalen Charakters des Konflikts, keinen Schutz bietet[223]. Völlig negiert wurde in Kalshovens Argumentation die allgemein bekannte Tatsache, daß auch die traditionellen Armeen in zunehmendem Maße Guerillatechniken anwenden und den offenen Krieg so weit wie möglich vermeiden[224]. Ch. de Rousseau schrieb schon 1957: „Zahlreiche Militärfachleute sehen in den Aktionen der Guerilla und der Widerstandsbewegungen eine der wahrscheinlichsten Formen des zukünftigen Krieges“[225].

Das Postulat der Rechtsgleichheit von Konfliktparteien, auf dem Kalshovens Argument gründet, kann in einer Situation faktischer Ungleichheit nur als Rechtsformalismus bezeichnet werden[226]. Konsequenz seiner Betrachtungsweise ist, daß Freiheitskämpfer „in den ersten Phasen einer aus einer Position der Schwäche heraus operierenden Widerstandsbewegung“ von der Gegenpartei nach Gutdünken behandelt werden können, während sie im „letzten Stadium“ – zumeist wenn die Befreiungsbewegung schon über befreites Gebiet verfügt – wie Kriegsgefangene behandelt werden müssen; letzteres also in jener Phase, in der der Befreiungskampf so gut wie beendet ist und der Gegner kaum noch Kriegsgefangene machen kann[227].

Das vierte von den Staaten des Westblocks vorgebrachte Argument war die Behauptung, mit der Einführung von subjektiven und politischen Begriffen wie „Kampf gegen Kolonialherrschaft, fremde Besatzungsmächte oder rassistische Regimes“ in das humanitäre Völkerrecht werde der Schutz der Kämpfenden abhängig von den jeweiligen Motiven für den Kampf. Auf diese Weise gehe der Begriff des „gerechten Krieges“, des „iustum bellum“, in das humanitäre Völkerrecht ein[228]. In den Worten Ginsbergs: „Die Tür wird dann wieder für jede Regierung und jede politische Bewegung weit offen stehen, um – bildhaft gesprochen – an den Himmel zu appellieren und, fest ein Banner tragend, worauf eine angemessene inspirierende Botschaft enthalten ist, sei es ‚Gott mit uns‘ oder ‚Dialectical Historical Materialism is on Our Side‘, fortzufahren, mit dem Schwert die Vorteile ihrer überlegenen Kultur zu verbreiten und ihre zivilisierende Mission an ihren unwissenden Nachbarn zu erfüllen“[229].

Dieses Argument klingt u. a. angesichts der geschilderten Entwicklung der kommunistischen Völkerrechtslehre überzeugend, ist es letztlich aber doch nicht, wie verschiedene Autoren inzwischen nachgewiesen haben[230]. Zum einen berief sich nur eine kleine Minderheit der Befürworter der Erweiterung des Begriffs „internationaler Konflikt“ auf die „iustum bellum“-Theorie[231]. Auch ging es ihnen nicht um das Völkerrecht als Ganzes, sondern allein um die Bestimmungen, die den Kombattanten- und Kriegsgefangenenstatus betreffen, da sie zu Recht feststellten, daß die Garantien des humanitären Kriegsvölkerrechts auf Befreiungskriege so gut wie nicht anzuwenden waren und die Kolonialmächte dazu auch nicht bereit seien[232]. Es gab jedoch ein Gegenargument grundsätzlicher Art. Thema der Debatte war die Unterscheidung zwischen internationalen und nicht-internationalen Konflikten. Die Unterscheidung selbst ist eindeutig eine politische, schließlich gilt: „Regierungen sind viel weniger, falls überhaupt, daran interessiert, daß auf Aufstände innerhalb ihres Territoriums Völkerrecht angewendet wird. Ihre Hauptsorge ist, daß sie genügend Freiheit haben, schnell jede Art von Aufstand zu zerschlagen“[233]. Es ist somit auch nicht zufällig, daß der Schutz von Gefangenen in einem „internationalen“ Konflikt relativ gut und genau geregelt ist, während dieser Schutz in einem „nicht-internationalen“ Konflikt so gut wie nicht besteht. Wäre es den an den Genfer Konventionen Beteiligten tatsächlich um ein objektives *humanitäres* Kriterium gegangen, dann hätten sie Umfang oder Intensität eines Konflikts – international oder intern — zum Ausgangspunkt nehmen müssen. Während der diplomatischen Genfer Konferenz in den siebziger Jahren stand die norwegische Delegation mit dieser Sichtweise allein.

In der Schlußsitzung dieser Konferenz 1977 wurden schließlich mit einer Gegenstimme (Israel) und elf Enthaltungen folgende Konflikte als „internationale“ im Sinne der Genfer Konventionen angenommen: „Bewaffnete Konflikte, in denen die Völker in Ausübung ihres Selbstbestimmungsrechts gegen Kolonialherrschaft, eine fremde Besatzungsmacht und gegen rassistische Regimes kämpfen“ („Conflits armés dans lesquels les peuples luttent contre la domination coloniale et l'occupation étrangère et contre les régimes racistes dans l'exercice du droit des peuples à disposer deux-mêmes“)[234].

Es bleibt fraglich, ob dieser Sieg der Länder des Ostblocks und der Dritten Welt auf politischer Ebene tatsächlich als wichtiger Beitrag auf dem Weg zur Realisierung eines humanitären Völkerrechts gesehen werden kann. Schließlich ist diese Erweiterung des Begriffs „internationaler Konflikt“ ausdrücklich auf drei Kategorien von Konflikten beschränkt: Den Kampf gegen koloniale Fremdherrschaft, fremde Besatzungsmächte und rassistische Regimes. Auf der konkreten Ebene internationaler Politik zielte die Erweiterung vornehmlich auf den Kampf der Palästinenser und auf den Befreiungskampf in Südafrika ab[235]. Die Annahme des ursprünglichen Vorschlags der Dritte-Welt-Länder, ganz allgemein „bewaffnete Kämpfe, die von den Völkern zur Ausübung ihres Selbstbestimmungsrechts geführt werden“ („luttes armées menées par les peuples en vue d'exercer leur droit à disposer deux-mêmes“) zu „internationalen Konflikten“ zu ernennen, wäre weit wünschenswerter gewesen. Eine Erweiterung in diesem Sinne wäre, wie Salmon bemerkt, geeigneter gewesen, „sich in Zukunft neuen Konfliktsituationen, die die Geschichte nicht abschließt, zu öffnen“[236]. Aufgrund der oppositionellen

Haltung der Staaten des Westblocks hatte dieser Vorschlag dem von den Ostblockländern formulierten und letztlich auch angenommenen Text weichen müssen.

Selbstverständlich war die Frage, wann Freiheitskämpfer (und vor allem Guerilleros) als Kombattanten zu gelten hatten und damit bei Gefangennahme als Kriegsgefangene zu behandeln waren, mit der erreichten Begriffserweiterung noch keineswegs geklärt. Es lag nahe, daß die Staaten des Westblocks in künftigen Debatten erneut versuchen würden, die für Guerillakämpfer unerfüllbaren Bedingungen der Genfer Konvention so weit wie möglich beizubehalten, „indem sie ein Rückzugsgefecht führten, das sich hinter juristisch-humanistischen Reden versteckte"[237]. Diese Erwartung sollte auch nicht enttäuscht werden; die von 1974 bis 1977 andauernden Debatten waren „lang, kompliziert, verwirrend und manchmal ätzend"[238].

Auch hier war die Trennung zwischen den beiden sich gegenüberstehenden Lagern eindeutig, ihre Wortführer waren – bezeichnenderweise – der amerikanische Delegierte (Berichterstatter der betreffenden Kommission und als solcher Vorsitzender der vorbereitenden Arbeitsgruppe) und der vietnamesische Delegierte[239]. Die beiden Herren kannten einander noch von den Pariser Friedensverhandlungen über Vietnam. Alle Beteiligten waren sich bewußt, daß das Ergebnis der Debatten auf praktischer Ebene einschneidende Konsequenzen zur Folge haben könnte; die Erweiterung des Begriffs „internationaler Konflikt" war nur das erste und inzwischen überwundene Hindernis gewesen. Wenn man von dieser langfristigen Strategie ausgeht, wird verständlich, warum die nicht-westlichen Teilnehmer eine so große Kompromißbereitschaft zeigten. Schließlich konnte eine nur mit Stimmenmehrheit durchgeboxte radikale Änderung der Bestimmungen über Kombattanten und Kriegsgefangene noch kein effektives Völkerrecht schaffen; zahlreiche Staaten würden sich weigern, einen solchen Entwurf zu ratifizieren. Schließlich wurde dann auch ein sehr komplizierter und ambivalenter, die unterschiedlichsten Interpretationen ermöglichender Kompromißvorschlag angenommen und als Resultat dieser Arbeitsgruppe vorgelegt.

Dieser Kompromißcharakter gilt noch am wenigsten für die Definition der an einem Konflikt teilhabenden Streitkräfte: „Alle bewaffneten und organisierten Streitkräfte, Gruppen und Einheiten" („toutes les forces, tous les groupes et toutes les unités armés et organisés") in Artikel 43 Abs. 1, worin zwei an den Kombattantenstatus geknüpfte Bedingungen genannt werden: „Eine verantwortliche Führung" („Un commandement responsable"), die von der Gegenpartei nicht anerkannt zu werden braucht, und „eine interne Disziplinarregelung" („un régime de discipline interne"), die vor allem die Einhaltung und Respektierung der Regeln des internationalen Rechts garantieren sollten. Artikel 43 Abs. 2 zufolge sind die Angehörigen solcher Streitkräfte „Kombattanten, das heißt sie haben das Recht, direkt an den Feindseligkeiten teilzunehmen" („des combattants, c'est-à-dire, ont le droit de participer directement aux hostilités").

Damit sind die an den Kombattantenstatus geknüpften Bedingungen für Angehörige ständiger Streitkräfte und Guerillakämpfer dieselben: Verantwortliche Befehlsführung und interne Disziplin. Der in Artikel 1 der Haager Landkriegsordnung implizit enthaltene Grundsatz, daß Kombattanten nicht schon für ihre Teilnahme an den feindlichen Auseinandersetzungen bestraft werden können, ist damit noch einmal ausdrücklich bestätigt worden (was eine eventuelle Bestrafung wegen kriegsverbrecherischer Handlungen selbstverständlich nicht ausschließt). Dieser Artikel 43 wurde einstimmig angenommen.

Dies sah beim „schwierigsten aller Probleme"[240] jedoch ganz anders aus: Hier handelte es sich um die in Artikel 44 aufzunehmende Regelung der Frage, unter welchen Bedingungen gefangengenommene Kombattanten als Kriegsgefangene zu betrachten waren.

Die endgültige Formulierung von Artikel 44[241] wurde von der Vollversammlung 1977 mit 73 Ja-Stimmen, einer Nein-Stimme (Israel) und 21 Enthaltungen (in erster Linie Staaten des Westblocks und Lateinamerikas) angenommen[242].

Obwohl diese Regelung wegen der „vorbereitenden Arbeiten" („travaux préparatoires"; Art. 32 der Vienna Convention on the Law of Treaties) eine ausführliche Analyse[243] verdient hätte, werde ich mich mit einer kurzen Zusammenfassung begnügen. Von entscheidender Bedeutung sind die Absätze 3 und 4 dieses Artikels, die Ausnahmeregeln für Guerillakämpfer in nicht weiter umschriebenen besonderen Situationen enthalten. In solchen Situationen ist es für einen Guerillakämpfer ausreichend, sich von der Zivilbevölkerung dadurch zu unterscheiden, daß er seine Waffen öffentlich sichtbar trägt, dies auch nur während der Ausführung einer militärischen Aktion und – wenn er sich im Blickfeld des Gegners befindet – während der einer solchen Aktion unmittelbar vorgelagerten Phase. Sollte er auch diese Bedingungen nicht erfüllen, so verliert er seinen Kombattantenstatus (Artikel 44 Abs. 2) und kann für seine Teilnahme an den Feindseligkeiten (nach Kriegsrecht oder auch normalem Strafrecht) bestraft werden; letzteres gilt jedoch nur dann, wenn er während einer militärischen Aktion oder einer unmittelbaren Vorbereitungsphase gefangen genommen wurde (Artikel 44 Abs. 4 und 5). Aber selbst dann ist der Gefangene – obwohl er seinen Status als Kriegsgefangener verspielt hat – noch in jeder Hinsicht wie ein Kriegsgefangener zu behandeln. Artikel 44 Absatz 4 sieht dafür Schutzbestimmungen vor, „die in jeder Hinsicht denen entsprechen, die Kriegsgefangenen gewährt werden" („protections équivalentes à tous égards à celles qui sont accordées aux prisonniers de guerre"). Wie eine Erfüllung dieser

Verpflichtungen konkret auszusehen hat, ist an keiner Stelle genauer definiert.

Betrachten wir nun die Position der (Gefangenen aus der) RAF auf dem Hintergrund dieser Ausführungen. Die RAF ging unmittelbar aus dem außerparlamentarischen Widerstand gegen den Krieg der USA (und gegen die Beteiligung der BRD an diesem Krieg) in Vietnam hervor. Die wichtigsten Anschläge der RAF vom Mai 1972 galten amerikanischen Militäreinrichtungen in der BRD, die direkt in die Kriegsführung integriert waren. Dem hart umkämpften Artikel 1 Absatz 1 des Genfer Ergänzungsprotokolls I von 1977 zufolge stellte dieser Krieg der USA, auch soweit er vom BRD-Territorium aus geführt wurde, zweifellos einen „internationalen Konflikt" dar. Damit stellt sich die Frage, ob die RAF – die selbst ihre Aktionen ausdrücklich als Bestandteil dieses Konflikts betrachtete – als Teil der gegnerischen Partei in diesem Konflikt, der vietnamesischen Befreiungsbewegung, gesehen werden konnte. Auf den ersten Blick muß diese Frage wegen Art. 43 des Ergänzungsprotokolls negativ beantwortet werden, denn danach wäre erforderlich, daß die „bewaffneten und organisierten Einheiten" („unités armées et organisées") der RAF im militärischen Sinn unter der Verantwortung eines FNL-Kommando standen.

Dennoch läßt sich eine positive Beantwortung begründet verteidigen, und zwar vor allem mit den vielen in der Völkerrechtsdiskussion enthaltenen Verweisen auf die ähnlich gelagerte Problematik von Guerillakämpfern in einem nationalen Befreiungskrieg einerseits und Widerstandskämpfern gegen eine fremde Besetzungsmacht andererseits[244]. Während der in die Genfer Konventionen von 1949 mündenden diplomatischen Vorbereitungskonferenz war ausdrücklich betont worden, daß die Bindung an eine „Partei" in einem Konflikt als faktische Frage zu sehen ist und nicht an formalen Kriterien wie etwa Zugehörigkeit zu den „regulären" Streitkräften oder zu derselben Nation. „Das kann allein durch stillschweigende Übereinkunft seinen Ausdruck finden, wenn es sich um Operationen handelt, aus denen klar hervorgeht, für welche Seite die Widerstandsbewegung kämpft"[245]. Die Seite, auf der die RAF kämpfte, war spätestens nach ihren Aktionen in Frankfurt und Heidelberg und ihren Kommandoerklärungen dazu eindeutig.

Wenn aber für Widerstandskämpfer gegen eine fremde Besatzungsmacht nach den rigiden Regeln der Konventionen von 1949 bereits galt, daß sie als „Partei" betrachtet werden konnten, und zwar ausschließlich aufgrund des Charakters ihrer Aktionen, dann müßte dies gemäß den weitaus liberaleren Ergänzungsprotokollen von 1977 in noch stärkerem Maße für Guerillakämpfer in einem internationalen Konflikt wie dem Vietnamkrieg gelten. In einem solchen Konflikt ist die Befreiungsbewegung – zumindest im Anfangsstadium – häufig noch nicht nach streng formalisierten militärischen Regeln organisiert; sie besteht (teilweise) noch aus selbständig operierenden Kommando-Einheiten. Warum sollten die westdeutschen RAF-Kommandos, die die Aktionen gegen amerikanische Militäreinrichtungen in Frankfurt und Heidelberg zu verantworten hatten, in diesem Sinne nicht als Kommando-Einheiten betrachtet werden können? Für die Anwendung eines formalen Kriteriums von der Art der Zugehörigkeit zur selben Nation (hier Vietnam) scheint es mir in einem solchen (internationalen) Konflikt noch weniger Gründe zu geben als etwa bei Widerstandskämpfern gegen eine fremde Besatzungsmacht. Gleiches gilt auch für die Anwendung anderer formaler Kriterien, wie z. B. dem, den bewaffneten Streitkräften einer Konfliktpartei anzugehören; bereits während der Debatten der Genfer diplomatischen Konferenzen vor 1949 über den Status von Widerstandskämpfern „wurde klar herausgestellt, daß die Bindung an die Konfliktpartei als Tatsachenfrage und nicht nach formalen Kriterien behandelt werden sollte"[246].

Im folgenden wird davon ausgegangen, daß die RAF auf Seiten einer an dem internationalen Konflikt in Vietnam beteiligten Parteien kämpfte, und daß die Mitglieder der RAF deshalb beanspruchen konnten, als Kombattanten im Sinne von Artikel 43 Absatz 2 des Genfer Protokolls I von 1977 behandelt zu werden. Daraus folgt, daß sie nicht für ihre Teilnahme an den feindlichen Auseinandersetzungen bestraft werden durften, es sei denn, sie hätten in diesem Zusammenhang (Kriegs-)Verbrechen begangen. Daraus ergibt sich als nächstes die Frage nach dem völkerrechtlichen Charakter der von der RAF verübten Anschläge. In der Analyse muß zwischen den bei diesen Anschlägen verfolgten Zielen und den jeweils angewandten Methoden unterschieden werden. Die Ziele: Zweifellos sind die Anschläge gegen Personen und Sachen der US-Armee zu den normalen Feindlichkeiten in dem Konflikt zu rechnen: „Die einem Angriff ausgesetzten Truppen umfassen nicht nur die Einheiten im Frontabschnitt, die in den laufenden Kampf verwickelt sind oder für ihn bereitstehen, sondern auch feindliche Truppenkonzentrationen im Hinterland, gleich, ob sie unterwegs oder kaserniert sind"[247].

Was den Anschlag auf den Militär-Computer in Heidelberg betrifft, so läßt sich ergänzend sagen, daß Artikel 52 Absatz 2 des Protokolls I unter der Kategorie „militärische Objekte" aufführt: „Sachen, die durch ihre Beschaffenheit, ihre Aufstellung, ihre Bestimmung oder ihre Benutzung für militärische Aktionen einen effektiven Beitrag leisten, so daß ihre ganze oder teilweise Zerstörung, ihre Erbeutung oder Ausschaltung im jeweiligen Fall einen präzisen militärischen Vorteil bedeutet" („biens qui, par leur nature, leur emplacement, leur destination ou leur utilisation apportent une contribution effective à l'action militaire et donc la destruction totale ou partielle, la capture ou la neutralisation offre en l'occurence un avantage militaire précis").

Die vier anderen Anschläge der RAF vom Mai 1972 werden dagegen auch nach den Ergänzungsprotokollen als Verstöße gegen das Kriegsrecht zu gelten haben. Der Anschlag auf das Springer-Hochhaus war ein Anschlag auf ein Zivilgebäude und damit vom Kriegsrecht nicht mehr umfaßt, auch wenn der Springerkonzern in erheblichem Ausmaß an der psychologischen Kriegsführung gegen die RAF beteiligt gewesen war (Die Tatsache, daß bei dem Anschlag 17 Menschen verletzt wurden, beruhte auf der falschen Einschätzung, die Geschäftsleitung werde das Gebäude nach zwei frühzeitig telefonisch gegebenen Warnungen räumen lassen).

So eindeutig ist die Sachlage beim Anschlag auf die zivile Amtsperson Buddenberg jedoch nicht. Der BGH-Richter war zwar rein formal gesehen ein Zivilist. Als Verantwortlicher für die auf Vernichtung angelegten Haftbedingungen gegen die Gefangenen aus der RAF hatte er aber der Sache nach eine militärische Funktion bei der Bekämpfung der (Gefangenen aus der) RAF inne.

Schwieriger ist die Beurteilung der beiden Anschläge auf die Polizeipräsidien. Man könnte argumentieren, daß die BRD wegen ihrer tatsächlichen Unterstützung der USA im Vietnamkrieg als eine der Parteien in diesem internationalen Konflikt zu betrachten sei. Daraus würde folgen, daß die zur Bekämpfung der Kombattanten der RAF eingesetzten Polizeibeamten als Teil der „bewaffneten Kräfte" („forces armées") der Konfliktpartei BRD betrachtet werden müßten. Eine solche abstraktlogische Argumentation erscheint jedoch problematisch. Die Anschläge waren als Vergeltung für die Erschießung der RAF-Mitglieder Petra Schelm und Thomas Weißbecker deklariert; bis dahin aber konnte aus den Aktionen der RAF noch nicht gefolgert werden, daß die RAF sich als Partei im Vietnamkonflikt betrachtete. Die RAF befand sich damals (März 1972) im Endstadium ihrer Aufbauphase und hatte nach meinen Informationen noch keinen in direktem Zusammenhang mit dem Vietnamkrieg stehenden Anschlag ausgeführt.

Die Beantwortung der Frage, wie die Anschläge der RAF aufgrund der angewandten Methoden unter kriegsrechtlichem Aspekt zu beurteilen sind, bringt wieder ganz andere Probleme mit sich. Angesichts obiger Ausführungen wird in diesem Zusammenhang hier nur auf die Anschläge in Frankfurt und Heidelberg eingegangen, für die jeweils Zeitbomben benutzt wurden.

Die von Juristen in Zweifelsfällen immer arg strapazierte allgemeine Lebenserfahrung spricht sicher nicht dafür, daß die Bomben für jeden erkennbar in die Gebäude gebracht und dort unter öffentlicher Kenntnisnahme deponiert wurden. Wenn die RAF-Mitglieder diese Aktionen aber als normale Zivilisten getarnt ausgeführt haben, dann verspielten sie ihren Kombattantenstatus, weil sie den genannten Minimalanforderungen gemäß Artikel 44 Abs. 3 des Protokolls I nicht genügten. Zudem machten sie sich der in Art. 37 Absatz 1 genannten strafbaren „Perfidie" schuldig, genauer (Satz c) „der Vortäuschung des zivilen oder Nichtkombattantenstatus“ („feindre d‘avoir le statut de civil ou de non-combattant“). Sie hätten also nicht nur ihren Kombattantenstatus verloren, sondern könnten auch noch wegen verbrecherischer Handlungen nach Kriegsrecht oder lokalem Strafrecht belangt werden.

Diese Schlußfolgerungen aber sind rein spekulativ, denn bis heute besteht keine Klarheit über die Ausführung dieser Aktionen. Damit ist nicht auszuschließen, daß eine nicht verbotene sogenannte Kriegslist benutzt wurde. Diese „Kriegslisten“ („ruses de guerre“) sind in Art. 37 Abs. 2 als Handlungen definiert, „die zum Ziel haben, den Gegner zu einem Irrtum zu verleiten oder ihn Unvorsichtigkeiten begehen zu lassen, die aber keine völkerrechtliche Regel bei bewaffneten Konflikten verletzen“ („Les actes qui ont pour but d’induire adversaire en erreur ou de lui faire commettre des imprudences, mais qui n‘enfreignent aucune règle du droit international applicable das les conflits armés. . .“). Von entscheidender Bedeutung ist jedoch, daß keiner der in Stammheim Angeklagten während oder unmittelbar vor der Ausführung einer dieser militärischen Aktionen gefangen genommen wurde. Daraus folgt (vgl. Art. 44 Abs. 4 und 5 des Protokolls), daß Baader, Ensslin, Meinhof, Meins und Raspe wegen der Anschläge in Frankfurt und Heidelberg als Kombattanten zu betrachten gewesen wären, wenn das Ergänzungsprotokoll I von 1977 bereits damals geltendes humanitäres Kriegsvölkerrecht gewesen wäre. Dann hätten sie nicht nur Recht auf eine Behandlung als Kriegsgefangene gehabt, sondern auf alle sich aus dem Kriegsgefangenenstatus ergebenden Rechte[248].

Ich habe hier versucht, den Rahmen abzustecken, in dem sich der Antrag der Verteidigung auf Einstellung des Verfahrens und Überführung der Angeklagten in Kriegsgefangenschaft bewegte. Andere Interpretationen können zu anderen Ergebnissen führen. So ließen sich etwa angesichts der Möglichkeit, vier der sechs Anschläge auch nach den Ergänzungsprotokollen von 1977 als Verstöße gegen das Kriegsrecht zu bewerten, noch Fragen hinsichtlich der für den Kombattantenstatus notwendigen „internen Disziplin“ der RAF im Jahr 1972 stellen. Eine solche Fragestellung impliziert jedoch, daß der Fragesteller den Bereich des Strafrechts bereits verlassen hat und er den Konflikt RAF ./. BRD aus der Perspektive des humanitären Kriegsvölkerrechts betrachtet. Eine strafrechtliche Betrachtungsweise hat zwar den eindeutigen Vorteil, daß jede problematische Situation als zeitlich und örtlich beschränkte Kasuistik innerhalb des vertrauten formaljuristischen Rahmens aufgelöst werden kann. Die damit einhergehende Reduktion sozialer Wirklichkeit führt allerdings schon in gewöhnlichen Strafsachen oft zu Spannungen, da die Angeklagten „ihre“ Wirklichkeit darin nicht wiedererkennen können; sicherlich gilt dies noch mehr für politisch geprägte Strafsachen. Betrachtet man eine politisch so überlagerte Strafsache wie die gegen „Baader u. a.“ aus der völkerrechtlichen Perspektive, so wird deutlich, daß die soziale Wirklichkeit „Krieg“ auf die strafrechtliche Kategorie „Mord“ reduziert wurde. Mir ging es aber in erster Linie darum, aufzuzeigen, daß es legitim ist, den Konflikt RAF ./. BRD im Bereich des humanitären Kriegsvölkerrechts anzusiedeln und sich ihm von dort aus zu nähern; gleichzeitig wird so auch der von den Stammheimer Angeklagten eingenommene Standpunkt, dieser Konflikt sei auf der strafrechtlichen Ebene nicht justiziabel, verständlich.

Noch vor nicht mehr als einem Jahrhundert beschäftigte sich das humanitäre Kriegsvölkerrecht fast nur mit Krieg zwischen Staaten. Infolge der internationalen politischen Entwicklungen der letzten Jahrzehnte sind Kriege von Völkern zur Verwirklichung ihres Rechts auf Selbstbestimmung in den Mittelpunkt völkerrechtlichen Interesses gerückt. Aus nationalen Befreiungsbewegungen im Kampf gegen Kolonialismus und Fremdherrschaft sind junge Nationalstaaten hervorgegangen. Es ist nicht zu sehen, daß die Entwicklung des humanitären Völkerrechts bei dieser Verschiebung der Konflikte von „Staaten“ zu „Völkern“ oder „Nationen“ ihr Ende erreicht hat. Denn die Verschiebung spiegelt nur veränderte Machtverhältnisse wider, die den „Besitzenden“ (den Industriestaaten des Westblocks) von den „Besitzlosen“ (meist Ländern der Dritten Welt) in bewaffneten Auseinandersetzungen abgetrotzt wurden. Nicht zuletzt als Folge dieser veränderten Kräfteverhältnisse ist auch der Klassenkampf zwischen den Besitzenden und den Besitzlosen in ein fortgeschrittenes Stadium getreten. Daß dieser Klassenkampf aber ebenfalls internationalen Charakter hat (wiederum – um noch einmal Kalshoven zu zitieren – nur im „Endstadium“?), daran kann angesichts der internationalen Wirtschaftsverflechtungen wohl kein Zweifel bestehen. Noch nicht vorherzusagen ist, wie die einander gegenüberstehenden Lager zusammengesetzt sein werden; es läßt sich jedoch annehmen, daß die Trennungslinien quer durch die bestehenden „Staaten“ und „Nationen“ verlaufen werden. Daß bei diesem Kampf Waffen benutzt werden, ist angesichts der auf dem Spiel stehenden Interessen mehr als wahrscheinlich. In diesem Fall ließe sich von einem internationalen Klassenkrieg als einem – so der Groninger Professor für Konfliktforschung, Hylke Tromp – „dritten Weltkrieg“ sprechen[249]. Tromp dazu ausführlicher:

> „Möglicherweise wird die Welt in zunehmendem Maße lernen müssen, mit einem Terrorismus zu leben, der teilweise sogar an die Stelle klassischer Kriegsführung treten wird und der häufig eine neue Form revolutionärer Kriegsführung ist. ‚Weltbürgerkrieg‘ ist einer der Begriffe, die zur Benennung dieser Entwicklung benutzt werden. Es könnte sich dabei um einen ‚dritten Weltkrieg‘ handeln, der die völlig überraschende Form eines langwierigen Krieges (‚protracted warfare‘) mit terroristischen Methoden angenommen hat, jedoch keine eindeutigen Fronten, keine eindeutigen Ziele und vor allem nicht zwei deutlich zu unterscheidende Parteien aufweisen kann. Ein Krieg, der auch

nicht auf einer Landkarte mitverfolgt werden kann, da die diversen Parteien nicht an ein Territorium gebunden sind und es ihnen auch nicht um die Eroberung von Territorium geht".

Tromp scheint in seiner Analyse die ökonomischen Hintergründe dieses „dritten Weltkriegs" weitgehend außer Acht gelassen zu haben, was zur Folge hat, daß er in seinen Überlegungen von einer zum Scheitern verurteilten „revolutionär-terroristischen" Strategie ausgeht, die sich dann allerdings trotzdem in seiner Schlußfolgerung wiederfindet. Angesichts der komplizierten Entwicklung der Weltgeschichte reicht es sicher nicht aus, sich dazu nur auf einen Gedanken August Bebels aus dem Jahr 1898 zu berufen. Nicht „beweisbar", aber ebensowenig auszuschließen ist, daß die Ende 1900 im zaristischen Rußland verübten Attentate Einfluß auf den Bewußtwerdungsprozeß (der dem eigenen „praktischen" Lernprozeß vorausgeht) jener Avantgarde hatten, die Jahre danach die große Revolution in Gang brachte.

Als Beispiel für die politische Ineffektivität der „revolutionär-terroristischen Strategie" nennt Tromp den Kampf der Palästinenser; er geht davon aus, „daß die terroristischen Aktionen der Palästinenser der palästinensischen Sache mehr geschadet als genützt haben" und betont, die PLO habe erst dann einen offiziell anerkannten Status erlangt, nachdem sie dem „Terrorismus" offiziell abgeschworen hatte. Da bleibt die Frage unbeantwortet, ob es ohne die vorherige „terroristische" Phase jemals zu einer solchen Anerkennung der PLO gekommen wäre; dies gilt übrigens für fast alle Befreiungsbewegungen. Zum „offiziellen" Abschwören läßt sich anmerken, daß es für die PLO relativ einfach ist, sich ganz allgemein gegen „Terrorismus" zu kehren, da dies noch nichts über die mögliche Betrachtung einzelner von anderen als „terroristisch" etikettiertten Aktionen als legitime Widerstandshandlungen aussagt. Aber auch die faktische Abhängigkeit der PLO von einer Reihe arabischer Staaten darf nicht vergessen werden; denkt man an die noch stark feudal gefärbten Strukturen etwa eines Landes wie Saudi-Arabien, dann ist es nicht weiter verwunderlich, wenn von letzteren die „Propaganda der Tat" (Tromp) heftig abgelehnt wird, und zwar aus berechtigter Furcht vor einem Überspringen dieses Funkens in das eigene Pulverfaß. Somit kann ich nur feststellen, daß Tromp die internationalen polit-ökonomischen Verhältnisse als Generator dieses internationalen Klassenkrieges – wie kompliziert und wenig eindeutig die Beziehungen zwischen den verschiedenen „Parteien" in diesem Konflikt auch immer sein mögen – nur unzureichend berücksichtigt.

Eine Verschiebung des völkerrechtlichen Interesses von „Staaten" zu „Nationen"(Völkern) als möglichen Parteien eines internationalen Konflikts hat, wie wir gesehen haben, für die antikolonialen Befreiungsbewegungen kaum zu einem effektiven Schutz geführt. Die Glaubwürdigkeit des humanitären Kriegsvölkerrechts wird von der Antwort auf die Frage abhängen, ob die staatlichen Subjekte des Völkerrechts eine weitergehende Verschiebung hin zu „Klassen" rechtzeitig zulassen können. Die Geschichte des humanitären Völkerrechts stimmt in dieser Hinsicht wenig hoffnungsvoll.

3.2.3. Der Kronzeuge Müller

Auch wenn die ersten Zeugenvernehmungen Gerhard Müllers im Juli 1976 nicht zu den von der Verteidigung erhofften Resultaten geführt hatten, so waren damals doch einige der von Angeklagten und Verteidigern vorgebrachten, von der Gegenseite jedoch immer abgestrittenen Tatsachenbehauptungen bestätigt worden.

Fest stand inzwischen, daß Müller nicht erst Ende März 1976 mit seinen belastenden Aussagen als „Kronzeuge" begonnen hatte, also nicht erst nach Ablauf der Frist, innerhalb der die BAW das gegen ihn ergangene Strafurteil noch mit der Revision hätte anfechten können. Der Verteidigung standen zwar nur polizeiliche Vernehmungsprotokolle ab Ende März 1976 zur Verfügung, nach eigenen Angaben aber hatte Müller schon seit Anfang 1975 in etwa 15 bis 25 Gesprächen mit dem BKA „informelle Angaben" gemacht[250]. Eine Überraschung stellte diese Information allerdings nicht dar, weil Müller in seinen vielen Interviews seit Anfang 1975 schon mitgeteilt hatte, daß er mit Polizei und Justiz zusammenarbeitete. Im „Stern" vom 20.3.75 war von und über Müller zu lesen: „‚Nein, nein', sagte er, ‚ich sage auch vor Gericht nichts', dann denkt er nach, und ihm fällt wieder der Feind ein, den er haßt, als habe der ihm alles eingebrockt und sein Leben verpfuscht, er sagt: ‚Baader würde ich schon belasten'". Im Januar 1975 schrieb er in einem Brief, „daß mein Haß auf die RAF und bestimmte Leute sehr viel stärker ist, als z. B. auf die Leute, die gegenwärtig für meine Haftbedingungen verantwortlich zeichnen"[251]. Dennoch suggeriert GBA Buback noch im Februar 1976 in einem „Spiegel"-Interview[252], daß Müller bis zu diesem Zeitpunkt noch keine Aussagen gemacht habe: „Müller geht es wohl auch darum, wieviel sich für die publizistische Verwertung seiner Aussagen herausschlagen läßt. Da kann die Justiz nicht mithalten".

Müllers damalige Aussagen waren zum Teil in jenen Vernehmungsprotokollen (Akte 3 ARP 74/75 I) niedergelegt, die im Januar 1976 auf Anraten Bubacks vom Bundesjustizminister gemäß § 96 StPO zu Geheimdokumenten erklärt wurden. Auch das Hamburger Gericht, das die Strafsache gegen Müller zu verhandeln hatte, durfte diese Protokolle nicht einsehen. Während der Zeugenvernehmung Müllers in Stammheim hatte sich gezeigt, daß die Hamburger Richter dadurch zumindest in Bezug auf Müllers persönliche Kontakte zu Hoff hinters Licht geführt worden waren. Müller hatte diese Kontakte in seinem eigenen Strafverfahren, in den BKA-Verhören nach dem 31.3.76 und in den ersten

Vernehmungen in Stammheim stets geleugnet. Es hatte sich aber um durchaus intensive Kontakte gehandelt (siehe 2.2.3.), und Müller hatte einen ihn „informell“ vernehmenden BKA-Beamten schon Anfang 1975 davon informiert. Merkwürdig ist, daß aus den Ende März 1976 beginnenden Vernehmungsprotokollen nicht hervorgeht, ob die vernehmenden BKA-Beamten Müller mit seinen früheren, völlig anders lautenden Aussagen über seine Kontakte mit Hoff konfrontiert hatten oder nicht[253]. Demnach hatte auch das BKA ein Interesse, diese Kontakte geheimzuhalten, woraus sich nur schlußfolgern läßt, daß es darüber eine Absprache zwischen BKA und Müller gegeben haben muß. Zweifellos hätte das Strafmaß gegen Müller höher ausfallen müssen, wenn bestimmte Tatbestände nicht geheim geblieben wären. Das Bemühen der Verteidigung um eine Aufhebung der Geheimhaltung der Akte 3 ARP 74/75 I hatte jedoch einen anderen Grund: Müller war in seinem Strafverfahren vom schwerwiegendsten Punkt der Anklage, dem Mord an einem Polizeibeamten, freigesprochen worden. Dieser Freispruch schien der Verteidigung äußerst dubios; sie vermutete, daß die Geheimakte 3 ARP 74/75 I ein Mordgeständnis Müllers enthalte. Diese Vermutungen wurden durch die Aussage der inhaftierten Margrit Schiller, sie habe gesehen, daß und wie Müller den Polizisten erschoß, noch erhärtet. Die Verteidigung ging deshalb davon aus, daß GBA und BKA mit Müller (wahrscheinlich über seinen Rechtsanwalt) einen Deal abgeschlossen hatten: Freispruch von der Anklage auf Mord durch Geheimhaltung des Mordgeständnisses gegen ein Auftreten als Kronzeuge der BAW im Stammheimer Verfahren.

Wie in Abschnitt 2.2.3. ausgeführt, hatte Müller die RAF als eine streng hierarchisch strukturierte Organisation mit Baader an der Spitze und Meinhof, Raspe, Ensslin und Meins als den übrigen Mitgliedern des „harten Kerns“ geschildert. Gleichzeitig sei die RAF aber auch eine „offene Gruppe“ gewesen, in der jedes Mitglied prinzipiell alle Informationen über Vorbereitung und Ausführung konkreter Aktionen bekommen konnte. Diese Beschreibung der RAF-Organisation entsprach vollständig dem von der BAW gezeichneten Bild. Eine Bestätigung dieses Bilds war notwendig, um die in der Anklage aufgestellte Rädelsführertheorie beweisen zu können, damit die Angeklagten auch dann, wenn sich ihre unmittelbare persönliche Beteiligung an den Bombenanschlägen nicht vollständig nachweisen ließe, dennoch strafrechtlich als (Mit-)Täter verurteilt werden konnten. Die von der BAW während der Beweisaufnahme eingebrachten schriftlichen Beweismittel ließen ein derartiges Konzept mehr als deutlich erkennen. In Abschnitt 2.1.4. war schon darauf hingewiesen worden, daß die Schilderung der Angeklagten über Organisationsform und Struktur der RAF den von der BAW aufgestellten Behauptungen völlig widersprachen. An den möglichen rechtlichen Konsequenzen, die aus ihrer eigenen Schilderung abgeleitet werden konnten, waren die Angeklagten nicht weiter interessiert; es ging ihnen allein darum, offenzulegen, daß und weshalb BKA, BAW und bürgerliche Medien von der RAF das Bild einer hierarchisch aufgebauten Organisation, die ihre Mitglieder und Sympathisanten manipuliert und unter Druck setzt, hatten konstruieren müssen.

Müllers Aussagen zu diesem Thema veranlaßten die Verteidigung, die Vernehmung von zwölf überwiegend zur RAF gehörenden Gefangenen als Zeugen zu beantragen.

3.2.3.1 Gefangene aus der RAF als Zeugen

Die erste Gefangene aus der RAF, die als Zeugin in Stammheim gehört wurde, war Brigitte Mohnhaupt. Sie saß wie die Angeklagten seit Juni 1972 in Untersuchungshaft. Im August 1974 war sie vom Landgericht Berlin wegen Vergehens gegen § 129 StGB (kriminelle Vereinigung) in Tateinheit mit illegalem Waffenbesitz und Urkundenfälschung zu einer Freiheitsstrafe von viereinhalb Jahren verurteilt worden. Am Tag ihrer Zeugenaussage in Stammheim, am 22.7.76, konnte sie davon ausgehen, daß sie innerhalb eines Jahres aus der Haft entlassen würde.

Zu Beginn ihrer Aussage erklärte sie, daß sie nur auf die Fragen der Vertrauensanwälte antworten werde, da es „absurd" sei, auf Fragen der Richter oder der BAW einzugehen: „Für das Verhältnis zwischen uns und dem Gericht, der Justiz, der Bundesanwaltschaft, ist der genaue Begriff Krieg; und der deutlichste Ausdruck davon ist, daß vier von uns tot sind, als Gefangene ermordet worden sind". Gemeint waren Katharina Hammerschmidt (29.6.75), Holger Meins (9.11.74), Siegfried Hausner (4.5.75) und Ulrike Meinhof (9.5.76 – siehe 3.3.2.). Brigitte Mohnhaupt fuhr fort:

> „warum überhaupt einer von uns nach ulrikes tod hier noch herkommt, ist, weil wir es für notwendig halten, die tatsächliche struktur der gruppe transparent zu machen durch das, was wir hier sagen können, also wie sie real war und ist.
>
> nicht dieses destillat der psychologischen kriegsführung, das müller in seiner aussage darstellt, das da behauptet wird – also ne faschistische struktur praktisch, ums mal auf den begriff zu bringen. und daran wird natürlich auch diese ganze konstruktion zerbrechen, ulrike hätte überhaupt selbstmord begehen können.
>
> es geht uns auf gar keinen fall darum, zu beweisen, wie müller lügt oder daß er lügt. diese ebene: kriminalistik – um die gehts ganz sicher nicht. es geht uns einfach um den inhalt, den inhalt der politik darzustellen, den inhalt der struktur wie sie wirklich war. das ist natürlich ziemlich schwierig hier, aber man muß es versuchen, indem mans einfach beschreibt.
>
> das werd ich jetzt mal machen. ich will anfangen mit dem kern der aussage müllers, worauf sie zielt; also seine aussage in bezug auf die anschläge und seine zuordnung – die zuordnung, die der staatsschutz für notwendig hält, um

überhaupt hier zu verurteilungen kommen zu können. dazu ist zu sagen, daß die strategische konzeption, die die raf 72 entwickelt hat, sich gegen die militärische und politische us-präsenz in der bundesrepublik gerichtet hat, daß die einzelnen taktischen operativen schritte dazu der angriff auf das cia-headquarter in frankfurt, der angriff auf das headquarter der us-armee in heidelberg und die entführung der drei stadtkommandanten in berlin waren. daß diese entscheidung, dieses konzept entwickelt worden ist im kollektiven diskussionsprozeß von allen, die in der raf organisiert waren, das heißt, es gab darüber konsens aller gruppen, aller einzelnen einheiten in den städten. und so ein klares bewußtsein von jedem, was das bedeutet, die funktion dieser angriffe.

insofern sind wir alle für diese angriffe auf die militärische präsenz der usa in der bundesrepublik verantwortlich, das heißt, wir sind alle verantwortlich für die anschläge, für die angriffe auf die headquarters.

das sagt alles über die struktur schon aus. darin wird unheimlich deutlich, was müller versucht: dieser quatsch, zu sagen, sechs leute hätten das überhaupt gekonnt: alle anschläge machen, die gelaufen sind – vollkommen absurd. in dem zusammenhang der strategischen konzeption steht auch das projekt, die alliierten stadtkommandanten gefangenzunehmen und auszutauschen – die eskalation die das darstellt und die eskalation, die durch die reaktion in dem plan enthalten war; darüber will ich allerdings hier nicht reden. darüber gibts hier auch nichts zu sagen.

diese entscheidung, die konzeption dieser angriffe und unsere verantwortung dafür, erklärt sich aus nem wesentlichen bestandteil unserer eigenen geschichte: der politisierung durch die mobilisierung der studentenbewegung als opposition zum vietnamkrieg. daß da einfach ne klare vermittlung war für uns, ein begriff von der notwendigkeit und von der begrenztheit der vietnammobilisierung, ihrer objektiven grenze: was sie erreichen konnte und was sie nicht erreichen konnte, bevor sie zerschlagen und integriert wurde.

man kann sagen: es ist diese erfahrung der notwendigkeit, bewaffnet zu kämpfen, das heißt, das niveau zu erreichen, das der situation entspricht, in der wir hier in der bundesrepublik als einer us-kolonie, einem strategischen subzentrum des us-imperialismus sind – die situation, die die raf konstituiert hat; naja, die ganze argumentation, die hier schon in der erklärung entwickelt worden ist. ich glaub nicht, daß ich das nochmal wiederholen muß. mir gehts jetzt darum, das aus der gruppe raus zu erklären“[254].

Bemerkenswert war, daß Mohnhaupt eine offensichtlich 1972 ausgearbeitete, jedoch nicht realisierte RAF-Aktion preisgab: Die Entführung der drei alliierten Stadtkommandanten von Westberlin zur Befreiung von Gefangenen, „die damals schon verhaftet waren und gegen die damals schon Isolation und physische Folter eingesetzt worden ist“. Vorher hatte nur Müller diesen Plan in einem Interview mit dem „Stern“ kurz erwähnt. In Müllers Vernehmungsprotokollen fand sich darüber kein Wort; Mohnhaupt war der Auffassung, dies sei damit zu erklären, daß eine öffentliche Thematisierung des Plans der von den Behörden verfolgten Absicht entgegengestanden hätte, die 1972 von der RAF betriebene Politik aus der öffentlichen Diskussion herauszuhalten. Mohnhaupt sagte weiter, die RAF habe dieser „schwierigen“ Aktion einen großen Stellenwert beigemessen. Die Aktion habe kurz vor ihrer Ausführung gestanden, als Baader, Meins, Raspe und wenig später Ensslin festgenommen wurden. Mohnhaupt:

„aber wichtig ist: das war die sache, mit der wir beschäftigt waren, an der wir dran waren – besonders andreas und gudrun. der staatsschutz läßt müller deswegen gerade darüber nicht mehr sprechen, damit er behaupten kann, andreas und gudrun wären an den angriffen auf die polizeipräsidien beteiligt gewesen.

das ist dreck, quatsch. es entspricht einfach nicht den tatsachen. andreas und gudrun waren zu der zeit mit mir in berlin, und wir haben die sache dort organisiert"[255].

Müller habe schlichtweg gelogen, als er aussagte, Baader und Ensslin seien an dem Bombenanschlag auf das Landeskriminalamt in München am 12.5.72 beteiligt gewesen. Auch Meins habe nicht daran teilgenommen.

Mohnhaupt beschrieb dann die Struktur der RAF von 1971/72:

„die raf war damals so organisiert: es gab acht gruppen in sechs städten. davon zwei starke gruppen in zwei städten. eine gruppe war in münchen. die gruppen, die einzelnen einheiten, waren in das logistiksystem integriert. es gab nen diskussionszusammenhang zwischen den einzelnen einheiten, aber sie waren autonom in ihrer entscheidung über die operative durchführung.

das genaue ziel, planung, checken, zeitpunkt war den einzelnen gruppen überlassen – kann auch gar nicht anders sein. und es war natürlich so, daß wir von diesen angriffen vorher konkret nichts gewußt haben – das heißt, auch wenn wir es gewußt hätten, hätten wir es nicht verhindert, weil – naja, es ist einfach nicht sache, was zu verhindern, was ne gruppe sich vorgenommen hat. nur – wir hätten es auch gar nicht verhindern können. weder zeitlich noch technisch, das war nicht möglich unter den bedingungen. es war klar, der sinn der anschläge war: ne antwort darauf, daß die fighter auf der straße erschossen worden sind. also petra und tommy. es hätte also auch niemals unsere absicht sein können, das zu verhindern"[256].

Ähnlich äußerte Mohnhaupt sich zum Anschlag auf das Springerhochhaus in Hamburg am 19.5.72, der, Müller zufolge, Meinhofs Idee gewesen war und an dem sie sich auch beteiligt habe. Mohnhaupt ging auch auf Müllers Behauptung ein, Meinhof habe eine eigene Stadtguerilla-Organisation geplant gehabt, weil sie mit der „Baader-Ensslin-Linie" nicht einverstanden gewesen sei:

„tatsache war, daß wir, als die aktion in hamburg durchgeführt wurde – und das ist hier in diesem prozeß auch schon erklärt worden – davon nichts wußten aufgrund der ganzen struktur: es war eine autonome entscheidung und ne autonom durchgeführte aktion der hamburger gruppen.

nach der aktion gab es starke kritik in den anderen gruppen. ulrike ist daraufhin nach hamburg gefahren, um dort genau rauszufinden, regelrecht zu ermitteln, wie das möglich war, weil die raf grundsätzlich nie aktionen mit der implikation konzipiert hat, daß dabei zivilisten getroffen werden könnten. das war ein wesentlicher grundsatz in allen diskussionen, und die kritik an der gruppe in hamburg war, daß sie die aktion durchgeführt hat, ohne sich darüber klar zu sein, ohne in ihre konzeption mit einzubeziehen, daß springer natürlich nicht räumen lassen wird. also genau darauf nicht gefaßt war. zu diesem zweck ist ulrike damals nach hamburg gefahren, um das zu klären, herauszufinden. und nach ihren feststellungen hat sie dann die erklärung zu dem anschlag formuliert, in der das auch auftaucht – der ganze ablauf, warnung, springer räumt nicht usw. das heißt also, was müller behauptet – naja, was man schon weiß, zu welchem zweck; und bei ulrike jetzt, daß er behauptet, sie hätte überhaupt die absicht gehabt, haben können, aktionen zu machen gegen die anderen – also völlig irre – das entspricht genau der linie, die jetzt propagandistisch durchgezogen wird: spannungen etc. diese ganze fiktion, die den mord an ulrike legitimieren soll. die behauptung, es hätte spannungen gegeben, die eine geschichte haben, die zurückreicht – was müller hier bringt – die zurückreicht bis hamburg, bis in die struktur der gruppe 71-72, das ist einfach ein ganzes gebäude, das hier aufgebaut wird zu dem einzigen zweck, den mord zu legitimieren. . .“[257].

Auf entsprechende Fragen der Verteidigung ging Mohnhaupt dann noch einmal ausführlich auf die Organisationsform der RAF ein:

„wenn einer nen führungsanspruch gehabt hätte, dann hätte er sich nur lächerlich gemacht. also ein anspruch, zu führen, das ist einfach nur lächerlich. die sache ist, wie sie war und wie wir das begriffen haben: daß führung ne funktion sein kann und in bestimmten situationen auch sicher notwendig sein kann, z.b. in aktionen. so haben wir das bestimmt, und natürlich hat andreas die funktion von führung. einfach, weil er nen unheimlich genauen begriff von situationen entwickeln kann und aus diesem begriff, aus der analyse von situationen ne taktik konzipieren kann, einen bestimmten ablauf und so linien festlegen kann, also die taktische linie und die strategie. aber das ist einfach ne sache, die niemals im alleingang oder im einsamen ent schluß von einem stattfindet, sondern so ne konzeption, wenn sie einer entwirft, ist natürlich der diskussion von allen unterworfen, denn alle sind an der praxis ja konkret beteiligt, also auch an der linie. sie müssen die linie diskutieren, sie müssen sie begreifen, sie müssen sie weiterentwickeln, jeder muß sie bestimmen können in jeder situation. denn in bestimmten situationen biste eben alleine, und wenn du es da nicht begriffen hast – naja, dann läuft nix mehr. was andreas gemacht hat, ist im diskussionsprozeß von allen festgelegt, genau bestimmt und weitergemacht worden. und in dem moment, wo es festgelegt war als linie, in dem moment war er natürlich dieser linie genauso unterworfen bzw. an sie gebunden – aber nicht als zwang, sondern einfach aus dem begriff, daß es notwendig ist, daß es richtig ist, daß es die richtige perspektive ist, ne richtige taktik – wie jeder andere auch. da ist es dann auch völlig aufgehoben gewesen. das heißt, führung hat immer ne bestimmte funktion, und die ist natürlich für die, die sie benutzen, wie für die, an denen sie hängenbleibt, nur erträglich, wenn sie keine herrschaft ist, wenn sie völlig bestimmt ist über das, was alle wollen. sowieso ist das prinzip in der organisation freiwilligkeit, das heißt, daß jeder das eben auch können muß und können will. wir haben das kaderlinie genannt: daß jeder dahin kommen muß, ob er nun lange in der raf war oder nicht so lange, egal, also, daß jeder genau dahin kommen muß, sowas selber zu können. das heißt nicht dieser schwachsinn, den müller behauptet hier mit offener gruppe – also praktisch, daß alle an allen arbeitsprozessen beteiligt sind. das gibts nicht, aber es gehört zur konstruktion seiner aussage, weils bedeuten würde, daß jeder alles weiß und konkret eben, daß müller alles weiß, aber müller weiß wenig. müller war kein kader. das ist einfach nur seine behauptung in dem bestimmten zweck, den der staatschutz damit verfolgt"[258].

Zu Müllers Aussage, Baader habe „absolute Befehlsgewalt" über die RAF gehabt, erklärte Mohnhaupt, daß aus rein funktionalen Erwägungen heraus nur während einer vorher kollektiv bestimmten Aktion Befehle erteilt wurden, „und Befehl ist dann eigentlich nur noch Koordination". Baader als „Befehlshaber der RAF" sei nichts als ein von den Staatsschutzbehörden erfundenes und von Müller willfährig reproduziertes Märchen. Ansonsten, so Mohnhaupt, sei die politische Struktur der RAF offen, kollektivistisch gewesen, d.h. zwischen den einzelnen Gruppen habe es völlig offene Diskussionen über Strategie und Taktik, über Theorie, Praxis, Ausgangspunkt und Ziele der RAF als Stadtguerillaorganisation gegeben.

„Und aus dieser Diskussion kann ja überhaupt dann erst die konkrete Linie in Bezug auf Aktionen – d.h. wie diese Linie dann in der Praxis realisiert wird, operativ, militärisch – entwickelt werden. Und daran, an den konkreten Operationen, wie die organisiert werden, sind natürlich die beteiligt, die das machen und sonst keiner"[259].

Gerade weil es sich bei der RAF um eine militärische Organisation handele, könne von einer „offenen Gruppe" im Sinn der Behauptung Müllers nicht die Rede sein. Jeder wußte von den Aktionen nur das, was er für die Erfüllung seiner eigenen Aufgabe im Rahmen einer konkreten Aktion unbedingt wissen mußte, „weil man natürlich damit rechnen muß, wenn man gefangengenommen wird, daß es Verräter geben kann, daß sie erpreßt werden, gefoltert werden(...) Sonst wärs ein Haufen Idioten".

Auch Müllers Aussagen über das Infosystem als Disziplinierungsinstrument wies Mohnhaupt als völlig falsch zurück:

„das info war weder beim hungerstreik noch sonst irgendwann ein disziplinierungsmittel – von wem auch, von wem denn, von jedem, oder was? das info war keine peitsche, mit der die leute eingetrieben worden sind. sondern ne waffe für jeden von uns, die er brauchte. das heißt: als mittel zur kommunikation war es waffe, obwohl es einfach papier war. vielleicht ist es lächerlich, zu sagen: waffe. aber genau so ist die situation der gefangenen. daß sie wirklich keine andere möglichkeit haben in der isolation.

und konkret im hungerstreik ist natürlich kein druck ausgeübt worden. der hungerstreik ist das praktische beispiel dafür, daß überhaupt kein druck ausgeübt werden kann. weil sonst aktionen unmöglich werden. der hungerstreik ist sehr lange diskutiert worden von uns, ob wir ihn überhaupt machen, und wie die bedingungen aussehen von der gruppe, das heißt von jedem einzelnen in der gruppe. und da die bundesanwaltschaft diese ganzen sachen beschlagnahmt hat, weiß sie das natürlich auch. deswegen sind ihre ganzen behauptungen sowieso natürlich nur mittel zur diffamierung, aber egal auch, jedenfalls der hungerstreik war das produkt, das ergebnis der diskussion. und in der diskussion hat sich jeder klar gemacht: kann ich den hungerstreik machen, will ich den hungerstreik machen, weil für uns klar war, was das heißt: das wirklich die situation sein kann, wo du stirbst. das heißt daß das ne bedingung ist wie es immer ne bedingung von kämpfen ist: daß man stirbt, daß man erschossen wird. daß das im knast nicht anders ist, ist ne erfahrung von uns. jedenfalls war das die entscheidung von jedem einzelnen, und nur so konnte es laufen. das kann man im info grade feststellen, daß jeder geschrieben hat, ob er ihn machen will und warum, ob er meint, daß er ihn machen kann, ob er es richtig findet natürlich, die taktik usw. überhaupt hungerstreik, ob das ein mittel sein kann, ne waffe sein kann von gefangenen. wir sind dahin gekommen, daß es eine ist, einfach von uns, weil wir keine andere haben. und zum durststreik, wo es noch kürzer läuft, da ist es ja ganz klar – z.b. die erklärung von ulrike in berlin, daß wir in den durststreik gehen werden, wenn andreas das wasser nochmal entzogen wird wie in schwalmstadt, das heißt, er damit natürlich stirbt, sofort. das waren alles entscheidungen, die kollektiv gelaufen sind. das ist auch sehr einfach. man könnte es auch beweisen. aber das ist sicher nicht das, was wir wollen: kriminalistische beweisführung gegen die fälschungen und lügen der staatsschutzpresse. daran, das wir ihn machen konnten, zeigt sich, daß es stimmt. und die, die zusammengebrochen sind unter der bedingung des hungerstreiks, also unter der totalen konfrontation, die sind natürlich auch das beispiel dafür, daß da wirklich kein zwang ist. sie haben aufgehört, und ihr verständnis davon war, daß sie die ganze politik, also die form der konfrontation, die diese politik – guerilla – notwendig beinhaltet, ohne die sie gar nicht denkbar ist – so sind die bedingungen – daß sie diese konfrontation nicht mehr wollen, um jeden preis leben wollen – und sei es nur noch vegetieren wie ein tier, wie ne pflanze in der isolation“[260].

Ich habe Mohnhaupts Aussagen so ausführlich wiedergegeben, weil sie repräsentativ sind für die anderen vor Gericht als Zeugen gehörten Gefangenen Helmut Pohl, Margrit Schiller, Ronald Augustin, Ali Jansen, Ilse Stachowiak, Christa Eckes (alle RAF), Ralf Reinders und Rolf Pohle (2. Juni). Das im März 1972 verhaftete und Anfang 1976 aus der Haft entlassene RAF-Mitglied Carmen Roll wurde Anfang September 1976 auf Antrag der Verteidigung vom westdeutschen Konsul in Mailand verhört. Sie arbeitete in Italien als Krankenschwester. Ihre Aussage [261] entsprach im wesentlichen den anderen Aussagen. Ebenso wie die anderen Zeugen betonte auch Roll, daß das Infosystem nicht Disziplinierungsmittel, sondern „Überlebensmittel“ gewesen sei: „Zum Beispiel wäre ich heute selbst nicht in der Lage, diese Aussage zu formulieren, als Ausdruck eines Restes von politischer Identität, wenn es das Info nicht gegeben hätte“.

Weil die Aussagen dieser Zeugen inhaltlich weitgehend übereinstimmten, ließ die BAW alsbald die Vermutung laut werden, die Zeugen hätten ihre Aussagen aufeinander abgestimmt (selbstverständlich mit Hilfe ihrer Anwälte), um die Angeklagten zu entlasten. Die Verteidigung reagierte empört auf diesen neuen Angriff: es sei doch wohl naheliegender, die Ursache für die festgestellte große Übereinstimmung im Wahrheitsgehalt zu suchen. Margrit Schiller, von Prinzing darauf hingewiesen, daß sie über das Info dasselbe berichte wie zuvor Helmut Pohl, antwortete: „Wenn dieselbe Erfahrung da ist, dann kommt man natürlich auf dasselbe Ergebnis“[262]. Daß die BAW nicht ohne weiteres von ihrem Standpunkt zurückweichen wollte, war verständlich; schließlich hätte sie sonst anerkennen müssen, daß der Kronzeuge Müller in allen wesentlichen Punkten die Unwahrheit gesagt hatte. Dazu kam noch, daß Ralf Reinders[263] und Rolf Pohle[264] ausgesagt hatten, Müller selbst habe ihnen erzählt, daß er im Oktober 1971 den Ham burger Polizeibeamten Norbert Schmidt erschossen habe. Auch Margrit Schiller hatte vor Gericht als Augenzeugin detailliert geschildert, wie Müller den Beamten erschoß[265].

Sollte das Gericht den Zeugenaussagen der 14 zum Teil ehemaligen Gefangenen aus der RAF und der Bewegung 2. Juni Glauben schenken, dann schien eine Verurteilung der Angeklagten als unmittelbar Verantwortliche für die Bombenanschläge im Mai 1972 unmöglich zu sein. Ende November 1976 war aber schon klar, daß es den Aussagen „keinerlei Beweiswert“ zuerkennen würde. Die Verteidigung hatte beantragt, zwei schon einmal als Zeugen gehörte Gefangene erneut über bestimmte Tatbestände zu vernehmen. Die Anträge wurden abgelehnt[266]. Das Gericht meinte in der Begründung der Ablehnung, die Zeugen würden sich selbst als Mitglieder der RAF betrachten, einige von ihnen hätten als Zeugen erklärt: „Das Verhältnis zu diesem Gericht ist Krieg“, und im allgemeinen seien auch nur Fragen der Vertrauensanwälte beantwortet worden; eine solche Haltung impliziere, daß die Zeugen sich nicht verpflichtet fühlten, die Wahrheit zu sagen, sie vielmehr nur darauf aus seien, für die RAF günstige Erklärungen abzugeben. Solcherlei Aussagen könnten jedoch nicht als Beiträge zur Wahrheitsfindung angesehen werden.

3.2.3.2 Ehemalige Rechtsanwälte Müllers als Zeugen

Die Verteidigung ließ einige von Müllers früheren Rechtsanwälten als Zeugen aufrufen, um sie zu den Aussagen Müllers über ihr Auftreten als Verteidiger inhaftierter RAF-Mitglieder und über die Funktion des Infosystems zu hören. Sie hatten alle Gerhard Müller über einen längeren Zeitraum betreut und standen nun vor einem fast unlösbaren Dilemma. Mit seinen Aussagen hatte Müller zehn namentlich genannte Rechtsanwälte erheblich belastet, gleichzeitig aber ausdrücklich betont, daß er sie nicht von ihrer Schweigepflicht entbinde. Nach westdeutschem Strafrecht ist das unbefugte Brechen der anwaltlichen Schweigepflicht strafbar (§ 203 Abs. 1 Satz 3 StGB); damit liefen die Anwälte, sollten sie als Zeugen zu den von Müller angeschnittenen Punkten aussagen, Gefahr, strafrechtlich verfolgt zu werden. Selbstverständlich stand ihnen frei, sich als Zeugen auf das ihnen zustehende Aussageverweigerungsrecht gemäß § 53 StPO zu berufen, nur würden dann die von Müller öffentlich geäußerten und von den Medien ausführlich wiedergegebenen Anschuldigungen gegen sie unwidersprochen bleiben. Rechtsanwalt Ströbele, am 27.7.76 als Zeuge aufgerufen, schilderte diese Problematik:

„Ich hatte zweieinhalb Jahre das Mandat als Verteidiger von Gerhard Müller. Ich war jahrelang Verteidiger der hier angeklagten Gefangenen aus der RAF. Ich war fünf Jahre und mehr Verteidiger von anderen Gefangenen aus der RAF und bin es zum Teil heute noch.

Alles, was ich im Rahmen dieser Mandatsverhältnisse erfahren habe, fällt unter die anwaltliche Schweigepflicht. Nach § 203 StGB setze ich mich der Strafverfolgung aus, wenn ich unbefugt davon aussage. Nach § 53 StPO steht mir ein umfassendes Aussageverweigerungsrecht zu.

Ich bin von keinem Mandanten von der Schweigepflicht entbunden.

Auch eine Entbindung von der Schweigepflicht durch einzelne Mandanten ermöglicht mir kaum, etwas zu sagen, denn die Komplexe der einzelnen Mandatsverhältnisse sind nicht zu trennen.

Aber durch die Aussagen des Gerhard Müller bin ich selbst in diesem Verfahren aufs Schwerste belastet worden.

Die Presse hat darüber eine Woche lang umfassend berichtet. In Rundfunk und Fernsehen war täglich von diesen Beschuldigungen zu hören und zu sehen.

Da die Behauptungen des Kronzeugen Müller unwidersprochen und unwiderlegt blieben, wurden sie von Tag zu Tag mehr als bewiesene Tatsachen öffentlich dargestellt. Einige Kommentatoren gingen dazu über, beim Gebrauch des Wortes Kronzeuge Müller ständig das Adjektiv ‚glaubwürdig‘ beizufügen. Einige Publikationsorgane forderten, nun müßten die Rechtsanwälte als Zeugen in dem Stammheimer Prozeß Stellung nehmen, audiatur et altera pars.

Die Bild-Zeitung und die Berliner BZ riefen nach dem Staatsanwalt: ‚Herr Staatsanwalt, greifen Sie ein!‘ (15. Juli).

Und der Staatsanwalt hat eingegriffen. Der ebenfalls von Müller belastete Kollege Dr. Croissant ist aufgrund dieser Aussage verhaftet worden (siehe 4.2.1. – BS). Mir droht dasselbe. Damit wird in diesem Verfahren praktisch auch über die Beschuldigungen gegen die Rechtsanwälte, also auch über die Beschuldigungen gegen mich entschieden. Deshalb habe ich mich nach eingehender Prüfung der Rechtslage, nach Rücksprache mit meinen Verteidigern, nach Konsultation des Vorstandes der Rechtsanwaltskammer Berlin entschlossen, unter Bruch des Anwaltsgeheimnisses hier in diesem Verfahren auszusagen; allerdings nur insoweit, als dies zu Widerlegungen von strafrechtlich relevanten Beschuldigungen gegen mich selbst unbedingt geboten ist.

Zur Aussage insoweit sehe ich mich befugt an, weil dies zur Wahrung meiner eigenen Interessen unerläßlich ist. Fragen zu anderen Komplexen kann ich nicht beantworten.

Ich bin mir bewußt, daß meine Aussage eine Gratwanderung wird zwischen der Strafandrohung des § 203 StGB einerseits und dem Rufmord durch den Zeugen Müller und die danach drohende Verhaftung andererseits“[267].

Danach sagte Ströbele, der Vorstand der Berliner Rechtsanwaltskammer habe ihm geraten, das Gericht „um eine klarstellende Meinungsäußerung dazu im Rahmen seiner Fürsorgepflicht gegenüber Zeugen" zu bitten. Prinzing meinte, das Gericht sehe sich dazu nicht in der Lage, weil es „nach allgemeiner Meinung eine persönliche Entscheidung des nicht entpflichteten Geheimnisträgers ist, ob er aussagen will, ob die überwiegenden Interessen, die er sieht und nur er sehen kann, ihn dazu veranlassen, die Schweigepflicht hintanzustellen"[268].

Anhand der von der Verteidigung angegebenen Beweisthemen schilderte Ströbele nun ausführlich seine mit Müller gemachten Erfahrungen[269]. Die Anhörung Ströbeles dauerte einen ganzen Verhandlungstag. Müller habe ihm seit seinem ersten Besuch Mitte 1972 unmittelbar nach der Festnahme immer wieder erzählt und geschrieben, daß und wie vor allem BKA-Beamte versuchten, ihn unter Druck zu setzen. Ströbele:

> „Sie haben auf der einen Seite ihm immer wieder, es war eigentlich der Wortlaut immer wieder derselbe, 50 Prozent Straferlaß, Geld, was bei ihm eine ganz erhebliche Rolle spielte – Geld – versprochen, und die Vermittlung an die Presse, an ein großes Presseorgan. Im Gespräch waren der ‚Spiegel' und der ‚Stern'. Eine Geschichte sollte durch das Bundeskriminalamt diesen Herren vermittelt werden, mit dem Ziel, ihm weiter Geld zukommen zu lassen und mit dem Ziel, ihn berühmt zu machen. Das war für ihn ein ganz wesentlicher Punkt. Und diese Versuche sind gleich zu Beginn nach seiner Inhaftierung, nach der Bekundung von Müller, mit ihm unternommen worden, mehrfach"[270].

Diese Aussage untermauerte Ströbele mit Zitaten aus Briefen Müllers. Die „Aussageerpressung" (Müller) lief darauf hinaus, daß man Müller mehrmals habe wissen lassen, „entweder du arbeitest mit uns zusammen, oder du hast mit einer langjährigen, wenn nicht gar lebenslangen Freiheitsstrafe zu rechnen"[271].

An sich war diese Geschichte über Müller und das BKA nicht neu. Schon im Dezember 1972 (!) hatte Müller als Zeuge in der Strafsache gegen Mahler in Berlin entsprechende Äußerungen getan[272]. Dreieinhalb Jahre danach, als Zeuge in Stammheim, stritt er jedoch hartnäckig ab, vom BKA jemals unter Druck gesetzt worden zu sein[273]. Folglich mußte er in einem der beiden Verfahren die Unwahrheit gesagt haben. Auch aufgrund der Aussage Ströbeles und der vielen Briefe Müllers aus den Jahren 1972 bis 1974[274] ist anzunehmen, daß Müller in Stammheim gelogen hatte.

Zu Müllers Kontakten mit der Presse sagte Ströbele, daß ein Journalist namens Franz Ruch bereits kurz nach Müllers Verhaftung Mitte 1972 eine Besuchserlaubnis erhalten habe. Da dies noch bei keinem anderen Gefangenen aus der RAF vorgekommen war, hatten Müller und die Gefangenen damals vermutet, es handele sich um einen Versuch des BKA (damals noch „Sicherungsgruppe Bonn"), ihn mit Hilfe Ruchs zum Reden zu bringen. Ruchs Besuch war Müller auch vom BKA angekündigt worden. In ausführlichen Briefen an Ströbele hatte Müller damals mitgeteilt, er habe von seinen Eltern gehört, daß Ruch ihnen gut 10.000

Mark versprochen habe, wenn sie ihren Sohn dazu bewegen würden, ihm ein Interview zu geben. Ströbele zufolge stellte sich später heraus, daß Ruch tatsächlich Mitarbeiter des Staatsschutzes war. Das könnte auch erklären, wie es möglich war, daß Ruch in „Bild am Sonntag" vom 4.5.75 schreiben konnte:

„Ein Mitglied der Baader-Meinhof-Bande will auspacken, wenn er als Kronzeuge anerkannt wird. Der Terrorist Gerhard Müller, ehemaliger Geliebter der Ulrike Meinhof, hat der Bundesanwaltschaft in Karlsruhe ein glattes Geschäft vorgeschlagen: Freies Geleit, einen neuen Namen mit dazu passenden Personalpapieren, genug Geld, um im Ausland ein zweites Leben aufbauen zu können, Straffreiheit oder zumindest nur eine geringe Strafe für sich"[275].

Als dieser Artikel erschien, war Müller, wie später bekannt wurde, gerade damit beschäftigt, dem BKA unter strengster Geheimhaltung „informelle Angaben" zu machen; die Geheimakte 3 ARP 74/75 I, in der all diese Aussagen gesammelt sind, legte die BAW jedoch erst am 8.6.75 an. Demzufolge mußte Ruch tatsächlich sehr enge Kontakte zum BKA haben. Vor Gericht als Zeuge gehört, weigerte Ruch sich jedoch, seinen damaligen Informanten zu nennen; er berief sich auf sein Aussageverweigerungsrecht als Journalist gemäß § 53 Nr. 5 StPO. Gleichzeitig äußerte er jedoch Zweifel an der Vertrauenswürdigkeit seines Informanten[276].

Im ersten Jahr nach der Inhaftierung besuchte Ströbele seinen Mandanten Müller häufig und unterhielt eine umfangreiche Korrespondenz mit ihm, hauptsächlich über die Haftbedingungen und die dagegen möglich erscheinenden Maßnahmen. Ganz allmählich sei Müller dann, so Ströbele, immer aggressiver geworden, und zwar sowohl ihm selbst als auch dem Anstaltspersonal und anderen gegenüber. Er, Ströbele, habe dies damals mit dem vergeblichen Kampf gegen die Isolationshaft erklärt. Von Anfang 1974 an habe sich Müllers aggressives Verhalten dann noch einmal gesteigert. Ströbele las zur Veranschaulichung einige Zitate aus Müllers Briefen vor. Müller bezeichnete ihn darin unter anderem als „ein ganz übles bourgeoises Schwein"[277]. Müller warf ihm vor allem vor, nicht radikal genug gegen die Haftbedingungen zu kämpfen. So schrieb er im März 1974: „Was du bist, wissen wir doch. Du windest dich, taktierst, kreist um den Punkt, um nur das zu bleiben, was du bist, Advokat, Juso, Bourgeois, Marzipan in den toten Trakt und ein Klumpatsch von unpolitischer, dreckiger, verkümmerter, verwaschener, sozialer Sensibilität"[278].

Daraufhin habe er mit Müller eine heftige Auseinandersetzung gehabt und ihn nicht mehr besucht. Erst im November 1974, nachdem Müller seinen Hungerstreik abgebrochen und gleichzeitig der RAF abgeschworen hatte, habe Müller ihn wieder um einen Besuch gebeten. Er habe Müller damals in einem, so Ströbele, „ganz desolaten, total verwirrten Zustand"[279] angetroffen. Auch im Dezember 1974 und Januar 1975 habe er Müller besucht; er sei der einzige Anwalt gewesen, dem Müller noch (besser: wieder) vertraute, allen anderen hatte er das Mandat entzogen. In den Gesprächen und im Schriftverkehr mit Müller sei auffällig gewesen, „daß er überhaupt nur noch eines im Kopf hatte, den unversöhnlichen, unerbittlichen Kampf gegen Andreas Baader. Und zwar mit allen Mitteln; ununterbrochen kreisten seine Gedanken nur noch da drum und alles, was er dazu gesagt hat“[280]. Vor dieser Zeit sei ihm, Ströbele, nie etwas von diesem „grenzenlosen Haß auf Andreas Baader“ aufgefallen, ihm sei dies neu und unverständlich gewesen: „Im November ’74 muß irgendwas mit ihm psychisch, innerlich vorgefallen sein. . .“[281]. Woraufhin Prinzing einwand – offensichtlich in Anlehnung an Müllers Behauptung, Baader habe die Hungerstreiks mehr oder weniger organisiert – ob Müllers Haß auf Baader nicht vielleicht mit dem von ihm verspürten Druck Baaders, den Hungerstreik fortzusetzen, zusammenhängen könne. Eine Vermutung, die von Ströbele unmißverständlich zurückgewiesen wurde. Wiederum an Hand von Zitaten aus Briefen Müllers legte er dar, daß es gerade Müller gewesen sei, der beim vorletzten Hungerstreik nicht aufhören wollte und danach von allen Gefangenen am stärksten darauf gedrungen habe, einen erneuten Hungerstreik zu beginnen[282].

Der Haß auf Baader sei sogar so weit gegangen, daß Müller ihm, Ströbele, sowohl mündlich als auch schriftlich mitgeteilt habe, er werde alle Anwälte, die weiterhin für Baader aufträten, „fertig machen“[283]. Es sei Müller merkwürdigerweise nicht um ihn, Ströbele, sondern vor allem um Croissant, Groenewold und Marie Luise Becker gegangen. Dies hätte Müller die drei auch wissen lassen; Müller habe noch hinzugefügt, er besitze noch belastendes Schriftmaterial. Als Ströbele ihn danach fragte, habe Müller geantwortet, daß dies nicht stimme. Das sei aber auch nicht notwendig, denn „ich kann über die erzählen, was ich will, man wird mir das alles glauben, weil man auf so einen Zeugen ja sicherlich gewartet hat“.

Die Aussagen Ströbeles waren vor allem deswegen interessant, weil Müller als Zeuge in Stammheim Ströbele als den Anwalt bezeichnet hatte, der „die RAF-Linie“ am stärksten vertreten habe und damit – entsprechend der von Müller beschriebenen Organisationsstruktur der RAF – sich auch am deutlichsten an Baader orientiert habe. Müllers erneuertes Vertrauen zu Ströbele, der auch nach Müllers Bruch mit der RAF weiter Baader vertrat, stand dazu jedoch in krassem Widerspruch. Außerdem konnte Ströbeles Aussagen entnommen werden, daß zumindest an der Glaubwürdigkeit von Müllers Aussagen über die Rolle der Anwälte, vor allem Croissants, Groenewolds und Beckers, erhebliche Zweifel angebracht waren.

Nicht zu Unrecht fragte Prinzing, wie es denn zu erklären sei, daß Müller Ende 1974, nach seinem Bruch mit der RAF und angesichts der früheren feindlichen Einstellung, Ströbele wieder Vertrauen geschenkt habe. Ströbele: „Weil er wußte, daß ich in meiner Haltung zu den

Gefangenen, zu Mandanten überhaupt, auch zu politischen Gefangenen, ein sehr juristisch verstandenes Mandatsverhältnis hatte"[284].

Ströbele erhielt Anfang März 1975 den letzten Brief von Müller. Müller teilte ihm mit, daß er von der ihn finanziell unterstützenden Gefangenenhilfsorganisation künftig kein Geld mehr brauche, da er seit Mai 1975 über eine neue Geldquelle verfüge; diese „Quelle" war nicht näher bezeichnet[285]. In allen Einzelheiten erläuterte Ströbele dann die Entstehungsgeschichte und Aufgabe des sogenannten Infosystems. Es sei in erster Linie als „Überlebensprogramm" im Kampf gegen die Haftbedingungen gedacht gewesen[286]. Müllers Behauptung, das Info habe vor allem dazu gedient, Baader eine Kontrolle der anderen Gefangenen zu ermöglichen, bezeichnete Ströbele als „absoluten Unsinn"[287]. Er schilderte ausführlich die Ohnmacht der Anwälte bei ihren Versuchen, eine Verbesserung der zerstörenden Haftbedingungen mit rechtlichen Mitteln oder – wie während der verschiedenen Hungerstreiks – mit Interventionen zu erreichen. Resultat dieser vielen erfolglosen Bemühungen sei schließlich das Info gewesen.

Die Vernehmung Ströbeles verlief nicht ohne Störungen. Wiederholt reklamierte die BAW die Benutzung des Begriffs „Isolationshaft"; es handele sich ausschließlich um „Polemik und Agitation"[288]. Das Gericht reagierte schließlich mit einem Beschluß, der es den Verteidigern untersagte, Fragen zu stellen, in denen der Begriff „Isolationshaft" vorkam:

> „Trotz wiederholter Belehrung verwendet Rechtsanwalt Dr. Temming bei der Befragung des Zeugen den Begriff der ‚Isolationshaft', der zum Schlagwort einer seit langem gegen die Justiz geführten Kampagne geworden und dadurch so vorgeprägt ist, daß er zur Beeinflussung eines Zeugen geeignet erscheint und damit die Wahrheitsfindung beeinträchtigt"[289].

Dieser Beschluß war Anlaß für den 51. Ablehnungsantrag der Verteidigung. Wie alle früheren wurde auch dieser Antrag als „offensichtlich nur der Prozeßverschleppung (dienend)" zurückgewiesen[290].

Auch die Rechtsanwälte Golzem, Laubscher und von Plottnitz erschienen später im Zeugenstand. Ebenso wie Ströbele gaben sie vor Gericht ihre Sichtweise der verschiedenen Geschehnisse und Tatbestände wieder, zu denen Müller Aussagen gemacht und wobei er die genannten Anwälte mehr oder weniger persönlich angegriffen hatte[291]. Müllers Aussagen wurden von ihnen in allen Punkten widerlegt.

3.2.3.3 Die Geheimakte 3 ARP 74/75 I

Während des Strafverfahrens gegen Gerhard Müller vor dem Hamburger Schwurgericht (Az. [97] 7/75) wurde bekannt, daß von Müllers Vernehmung im Ermittlungsverfahren Protokolle existieren mußten, die nicht in der Strafakte enthalten waren. Der Vorsitzende des Schwurgerichts bat deshalb Anfang November 1975 und nochmals Mitte Dezember 1975 GBA Buback um Zusendung der fehlenden Protokolle. Aus der Antwort ging hervor, daß die BAW den Bundesjustizminister gebeten hatte, die diese Protokolle enthaltende Akte 3 ARP 74/75 I gemäß § 96 StPO für geheim zu erklären.

Diesem § 96 StPO zufolge dürfen Dokumente und Akten nicht freigegeben werden, wenn die „oberste Dienstbehörde erklärt, daß das Bekanntwerden des Inhalts dieser Akten oder Schriftstücke dem Wohl des Bundes oder eines deutschen Landes Nachteile bereiten würde". Am 23.1.76 gab Bundesjustizminister Dr. Jochen Vogel (SPD) die gewünschte „Sperrerklärung" ab.

Wie in den Abschnitten 2.2.3 und 3.2.3 erwähnt, hatte die BAW die überraschende Ankündigung des Auftritts Müllers als Zeuge in Stammheim am 9.6.76 mit der kurz zuvor abgeschlossenen Zeugenvernehmung Müllers begründet. Mit diesen Vernehmungen hatte man offiziell am 31.3.76 begonnen, also wenige Tage nach Ablauf jener Frist, bis zu der die BAW noch Revision gegen das Urteil einlegen konnte, durch das Müller vom Schwurgericht Hamburg zu zehn Jahren Freiheitsstrafe verurteilt worden war. Für die gerichtliche Vernehmung des Zeugen Müller in Stammheim legte die BAW ein gut 150 Seiten starkes Vernehmungsprotokoll vor, das wiederum Bestandteil einer Ermittlungsakte (1 BJs 7/76) „gegen Unbekannt" war. Aus der fortlaufenden Numerierung dieser Akte ging hervor, daß die BAW große Teile dieser Akte zurückgehalten hatte.

Noch vor Beginn der gerichtlichen Vernehmung des Zeugen Müller beantragte die Verteidigung die Aushändigung der Akte 3 ARP 74/75 I, der fehlenden Seiten der Akte 1 BJs 7/76 sowie aller weiteren Müller betreffenden Schriftstücke, die noch im Besitz der BAW, des BKA und/oder anderer (Geheimdienst-)Behörden seien. Die Zeugenvernehmung Müllers sei solange zu verschieben. Der Antrag wurde abgelehnt; die Akte 3 ARP 74/75 I unterliege weiter der Sperrerklärung, die vorgelegte Akte 1 BJs 7/76 enthalte nach Angabe der BAW alle für den Prozeß „relevanten" Teile, die übrigen Schriftstücke seien im Antrag zu ungenau bezeichnet[292].

Von nun an bis etwa Anfang 1977 stellte die Verteidigung intensive Nachforschungen über Inhalt und Zustandekommen der beiden Akten an. Sie vermutete, daß die Geheimakte ein Geständnis Müllers über die Erschießung des Polizeibeamten Schmidt und daß die neuere Akte entscheidende Falschaussagen zu seinem Vorteil und zum Nachteil der Angeklagten enthielten. Sollten sich diese Vermutungen als richtig erweisen, so stünde fest, daß selbst höchste politische Stellen und Justizorgane an einer ungesetzlichen Manipulierung Müllers zum Kronzeugen beteiligt waren und bewußt unwahre Aussagen gebilligt, wenn nicht sogar selbst Formulierungshilfe geleistet hatten. Die Gründe für die Geheimhaltung wären damit auch ausgesprochen einleuchtend: das Bekanntwerden solcher Manipulationen würde dem „Wohl des Bundes“ zweifellos abträglich sein.

Der erste Versuch der Verteidigung, die Geheimhaltung der Akte 3 ARP 74/75 I zu durchbrechen, konkretisierte sich in mehreren Anträgen auf Anhörung von GBA Buback als Zeugen. Unmittelbar nach der Ankündigung der BAW, Müller in Stammheim als Zeugen aussagen zu lassen, teilte Schily mit, die Verteidigung beabsichtige, Buback aufgrund von § 220 StPO als „präsenten Zeugen“ vorzuladen. Im Juni 1976 sandte Schily an Bundesjustizminister Vogel ein Gesuch um Erteilung einer Aussagegenehmigung für Buback.

§ 54 StPO regelt über die „besonderen beamtenrechtlichen Vorschriften“, ob und wie Richter, Beamte und „andere Personen des öffentlichen Dienstes“ sich als Zeugen zu Vorgängen äußern können, die unter ihre (amtliche) Schweigepflicht fallen. Nach diesen Vorschriften ist in allen Fällen eine „Aussagegenehmigung“ beim jeweiligen Dienstherren des zu hörenden Zeugen zu beantragen[293]. In einem solchen Antrag muß genau aufgeführt werden, zu welchen Beweisthemen der Zeuge gehört werden soll. Zustimmung kann dann verweigert oder nur teilweise erteilt werden, „wenn die Aussage dem Wohl des Bundes oder eines deutschen Landes Nachteile bereiten oder die Erfüllung öffentlicher Aufgaben ernstlich gefährden oder erheblich erschweren würde“[294]. Gegen die gänzliche oder teilweise Verweigerung der Zustimmung können die Antragsteller (Polizei, Staatsanwaltschaft, Richter oder Angeklagte) wiederum bei dem nächst höheren Dienstherren, falls vorhanden, Beschwerde einlegen. Darüber hinaus steht es Angeklagten grundsätzlich frei, gegen eine Verweigerung auf verwaltungsrechtlichem Weg vorzugehen[295].

Als Beweisthema hatte Schily angegeben: 1. Umfang und Inhalt der gesamten Ermittlungsakten aus dem sogenannten Baader-Meinhof-Komplex, insbesondere der Spurenakten; 2. Inhalt der zwischen Bundesregierung und GBA über das Strafverfahren geführten Gespräche oder eines entsprechenden Briefwechsels; 3. Inhalt der Verhandlungen und Gespräche, die von Ermittlungsbeamten oder Angehörigen anderer Behörden mit den Zeugen Karlheinz Ruhland, Dierk Hoff und Gerhard Müller geführt wurden, insbesondere Form und Inhalt von Versprechungen, Zusagen und anderen Einflußnahmen auf die genannten Zeugen[296].

Ende Juli 1976 wurde bekannt, daß Vogel die Aussagegenehmigung für Buback generell verweigerte, weil Aussagen über die angegebenen Themen „die Erfüllung öffentlicher Aufgaben ernstlich gefährden (würden)“[297].

Noch vor Eingang des ablehnenden Bescheids hatte die Verteidigung bei Prinzing zusätzlich einen Antrag auf Anhörung von GBA Buback als Zeugen eingereicht. Sie wollte zweigleisig fahren: Sollte der Bundesjustizminister keine Aussage für Buback genehmigen und Bubacks Vorladung damit sinnlos werden, so würde das Gericht – vorausgesetzt, es habe Schilys Antrag stattgegeben – von Amts wegen verpflichtet sein, sich selbst beim Minister um eine Aussagegenehmigung zu bemühen. Im Antrag der Verteidigung wurden fünf Beweisthemen genannt[298]: Buback könne bestätigen, 1. daß zwischen den in den Akten 3 ARP 74/75 I und 1 BJs 7/76 festgehaltenen Aussagen Müllers vor allem über die Bombenanschläge erhebliche Unterschiede bestünden; 2. daß Müller vor dem 31.3.76 den Ermittlungsbeamten mitgeteilt habe, er kenne Hoff und habe ihn in seiner Werkstatt besucht, daß man aber nach dem 31.3.76 ganz bewußt die völlig anders lautende Aussage Müllers in das vorliegende Vernehmungsprotokoll aufgenommen habe, um die Widersprüche zwischen den Aussagen Hoffs und Müllers zu verschleiern; 3. daß Müller bei seiner ersten „informellen" Vernehmung ausgesagt habe, Baader habe die aus der RAF ausgetretene Ingeborg Barz erschossen, daß die daraufhin angestellten Ermittlungen jedoch ergebnislos geblieben seien; 4. daß die Ermittlungsbehörden Müller als Gegenleistung für entsprechende Aussagen 50 Prozent Strafnachlaß, bezahlte Kontakte mit der Presse angeboten und mit einer lebenslangen Freiheitsstrafe gedroht hätten, falls er auf dieses Angebot nicht eingehe; 5. daß Müller in Absprache mit den Ermittlungsbehörden das Urteil seiner eigenen Strafsache, in dem er vom Mord an dem Polizeibeamten Schmidt freigesprochen worden war und den Verzicht der BAW auf eine Revision abgewartet hatte, ehe er begann, Aussagen zu machen.

Das Gericht nahm auf diesen Beweisantrag hin selbst Kontakt mit dem Bundesjustizminister auf. Am 26.8.76 gab das Gericht die Antwort des Ministers bekannt[299]: GBA Buback könne zu den angeführten Beweisthemen keine auf eigener Wahrnehmung beruhenden Zeugenaussagen machen, allerhöchstens könne er als oberster Leiter der BAW aussagen. Der feine Unterschied besteht darin, daß Buback im ersten Fall persönlich als Zeuge hätte erscheinen müssen, im zweiten Fall jedoch gemäß § 256 StPO nur eine schriftliche Erklärung des GBA als „öffentlicher Behörde" genügen würde. Der Minister genehmigte eine schriftliche Erklärung aber auch nur für die beiden letzten Beweisthemen, da die drei ersten in Verbindung mit der für geheim erklärten Akte stünden.

Selbstverständlich wollte die Verteidigung den GBA persönlich als Zeugen befragen, ihn direkt mit Widersprüchen konfrontieren können; eine nicht weiter zu diskutierende schriftliche Aussage würde es Buback aber relativ leicht machen, sich hinter allgemeinen Formulierungen zu verstecken. Entgegen den ausdrücklichen und ausführlich begründeten Protesten der Verteidigung entschied das Gericht jedoch, den vom Bundesjustizminister vorgezeigten Weg zu gehen[300]. In einem kurzen Schreiben bestritt Buback, daß die BAW Müller eines der in den Beweisthemen 4 und 5 genannten Angebote gemacht oder ihm gedroht oder Absprachen mit ihm getroffen habe[301]. Die Verteidigung betrachtete dieses Schreiben nur als Bestätigung für die Unzulänglichkeit des vom Gericht beschrittenen Verfahrensweges, denn die gesetzeswidrigen Handlungen brauchten nicht unbedingt Beamte der BAW begangen haben, sie konnten genau so gut von den Beamten des BKA, dem amtlichen „Hilfsorgan“ der BAW, ausgeführt worden sein.

Auf diese Zweifel der Verteidigung hin bat das Gericht Buback um Aufklärung in diesem Punkt. Buback wiederum antwortete, daß er dafür „keine Anhaltspunkte“ habe[302]. Unter anderem aufgrund dieser schriftlichen Erklärungen wies das Gericht den Antrag, Buback als Zeugen zu laden, am 8.9.76 ab[303].

Inzwischen hatte die Verteidigung beim Verwaltungsgericht Köln Klage gegen die vom Bundesjustizminister Ende Juli 1976 ausgesprochene Ablehnung des von Schily eingereichten Antrags auf Erteilung einer Aussagegenehmigung für GBA Buback erhoben[304]. Gleichzeitig wurde beim Verwaltungsgericht beantragt, die für die Akte 3 ARP 74/75 I geltende Sperrerklärung aufzuheben. Ende September 1976 konnte die Verteidigung einen Teilerfolg verbuchen. Der Antrag auf Aufhebung der Sperrerklärung wurde zwar abgelehnt, andererseits war das Verwaltungsgericht jedoch der Meinung, daß die vollständige Verweigerung einer Aussagegenehmigung für BGA Buback als unzulässig zu betrachten war[305].

Der vom Verwaltungsgericht Köln zurechtgewiesene Bundesjustizminister hatte, wie schon erwähnt, als Grund für seinen ablehnenden Bescheid die „ernstliche Gefährdung der Erfüllung öffentlicher Aufgaben“ (§ 62 Abs. 1 Bundesbeamtengesetz/BBG) angegeben. Dazu meinte das Verwaltungsgericht (VG), bei den im Gesetz angeführten Verweigerungsgründen handele es sich „nach der in Literatur und Rechtsprechung herrschenden Meinung um unbestimmte Rechtsbegriffe, deren Anwendung durch die Verwaltungsbehörden der gerichtlichen Kontrolle unterliegt“.

Das VG fährt dann mit folgender prinzipiellen Überlegung fort:

> „Daß Gefährdung i.S.v. § 62 Abs. 1 BBG nicht bei jeglicher Aussage zu den von der Klägerin genannten Beweisthemen auftreten können, erhellt bereits aus dem Umstand, daß offenbar keine Bedenken bestanden haben, dienstliche Äußerungen der Bundesanwaltschaft in dem Stuttgarter Strafverfahren zu einzelnen dieser Fragen vorzulegen. Auch im übrigen ist nicht ersichtlich, daß alle von der beantragten Aussagegenehmigung umfaßten Themenbereiche gem. § 62 Abs. 1 BBG geheimhaltungsbedürftig sind. Es muß vielmehr grundsätzlich davon ausgegangen werden, daß die Klärung von Zweifeln über Form, Inhalt und Umfang von Ermittlungstätigkeiten in einem anhängigen Strafverfahren bzw. über Einflußnahmen auf den Ablauf dieses Verfahrens nicht die Erfüllung öffentlicher Aufgaben gefährdet, sondern im öffentlichen Interesse liegt“[306].

Diese grundsätzliche Stellungnahme für die Erteilung der Aussagegenehmigung wird vom VG in seinen weiteren Ausführungen jedoch wieder abgeschwächt:

> „Allerdings ist es entgegen der Ansicht der Klägerin auch nicht ausgeschlos-

sen, daß Teilbereiche oder Einzelfragen aus den von der beantragten Aussagegenehmigung umfaßten Komplexen der Geheimhaltung bedürfen. Dies gilt insbesondere im Hinblick auf die Interessen polizeilicher Gefahrenabwehr. Ebenso ist es denkbar, daß Identität oder Aufenthaltsort von Informanten unbekannt bleiben müssen. Mithin kann das Gericht die von der Klägerin beantragte Verpflichtung der Beklagten zur Erteilung einer unbeschränkten Aussagegenehmigung nicht aussprechen, denn die Sache ist insoweit noch nicht spruchreif. Das Gericht sieht auch keine Veranlassung, die Sache in diesem Verfahren spruchreif zu machen. Zwar ist es gem. § 86 Abs. 1 VwGO Aufgabe des Gerichts, den Sachverhalt von Amts wegen zu erforschen. Diese Aufklärungspflicht findet ihre Grenze jedoch dort, wo das Gericht bei der Erforschung des Sachverhalts unangemessen die Aufgaben der Verwaltungsbehörden wahrnehmen würde. Dies wäre hier der Fall"[307].

Das VG beendete seine Ausführungen mit der Schlußfolgerung, der Bundesjustizminister müsse die Sache erneut entscheiden; „im Einzelnen (wird er) prüfen müssen, wo im konkreten Fall die Grenzen der Geheimhaltungsbedürftigkeit bei den von der Klägerin genannten Themenkreisen liegen".

Ausgestattet mit diesem Beschluß des VG, beantragte die Verteidigung am 28. 9.76 erneut, GBA Buback als Zeugen zu laden, hauptsächlich zur Klärung der Frage, ob der Zeuge Müller auf irgendeine unrechtmäßige Weise dazu gebracht worden war, bestimmte Aussagen zu machen[308]. Wie immer, wenn es um Müllers Aussagen ging, verfolgte die Verteidigung zwei Ziele: Sollte diese Frage mit Ja beantwortet werden, so wäre nachgewiesen, daß unrechtmäßige Vernehmungsmethoden benutzt worden waren (womit Müllers Aussagen vor Gericht gemäß § 136a StPO als Beweismittel nicht verwertbar wären), und gleichzeitig wäre der Beweis für die Unglaubwürdigkeit des Zeugen Müller geführt.

Der Antrag wurde noch am selben Tag vom Gericht abgelehnt; der Beschluß des VG habe die strafprozeßrechtliche Situation seit der Ablehnung des vorhergehenden Beweisantrags nicht verändert[309].

Zwei Wochen später folgte der Bundesjustizminister der rechtlichen Beurteilung des VG und erteilte Buback doch noch eine eingeschränkte Aussagegenehmigung. Buback durfte u. a. nach eventuell vorhandenen Widersprüchen zwischen den in der Geheimakte 3 ARP 74/75 I enthaltenen und den nach dem 31.3.76 angefertigten Vernehmungsprotokollen befragt werden. Anläßlich dieser Zustimmung reichte die Verteidigung beim Gericht einen erneuten Antrag auf Beiziehung der Geheimakte zu den Prozeßakten ein[310]. Das Gericht vertagte seine Entscheidung über diesen Antrag auf die Zeit nach der gerichtlichen Vernehmung des Zeugen Buback, die für den folgenden Tag, den 14. 10. 76, angesetzt worden war. Buback gab sich während der Vernehmung durch Heldmann und Schily als Vertreter „der schweigsamsten Behörde der Welt" zu erkennen, wie am nächsten Tag die „Frankfurter Rundschau" kommentierte: „Nur zu gern schien sich Buback auf die Aussagebeschränkung zu berufen..." Wenige Tage danach stand im „Spiegel", die Befragung des Zeugen Buback sei nur als „Elfmeterschießen auf ein Nadelöhr" zu bezeichnen[311]. Auf die meisten Fragen der Verteidiger blieb Buback die Antwort schuldig: Entweder wußte er von nichts oder hatte es vergessen oder er berief sich auf seine beschränkte Aussagegenehmigung, was ihm das Gericht auch in allen Fällen erlaubte[312].

Bubacks großes Schweigen war für die Verteidigung aber nicht überraschend. Im Verwaltungsgerichtsverfahren waren die Verteidiger auf eine Notiz des Bundesjustizministeriums über ein am 2.7.76 geführtes Telefongespräch gestoßen, in dem Buback ganz offensichtlich darauf gedrungen hatte, ihm die von Schily beantragte Aussagegenehmigung zu verweigern, da es sich bei Schilys Gesuch „um einen Propagandaantrag handele, der insbesondere dazu dienen soll, die in der nächsten Woche anstehende Vernehmung des Zeugen Müller zu torpedieren"[313].

Ansonsten war diese Notiz nicht weiter ausgearbeitet worden, so daß unklar blieb, warum Buback befürchtete, daß seine Befragung vor Gericht die Glaubwürdigkeit des Zeugen Müller gefährde. Während seiner Zeugenvernehmung auf diese Notiz angesprochen, berief Buback sich, wie üblich, auf seine Aussagebeschränkung[314].

Dennoch tat Buback vor Gericht einige Äußerungen, die für die Verteidigung wichtig waren. Zu Beginn der Vernehmung hatte Buback seine schon Ende 1974 von den Medien zitierte Behauptung[315] wiederholt, daß die Prozeßakten „alle Unterlagen" enthielten, „die für dieses Verfahren auch nur im Entferntesten von Bedeutung sein können"[316]. Konfrontiert mit der Tatsache, daß ein BKA-Beamter in einem anderen Zusammenhang einmal geäußert hatte, die Ermittlungsunterlagen über den „Baader-Meinhof-Komplex" würden rund 1.800 Aktenordner umfassen, während im aktuellen Prozeß nur 200 Ordner vorlägen, korrigierte Buback diese Aussage und sprach nunmehr von „allen relevanten Unterlagen" – relevant natürlich aus der Sicht der BAW und des BKA; undeutlich blieb, wie weit das BKA bereits eine Vorauswahl getroffen hatte[317]. Weiter wurde zum erstenmal offiziell bestätigt, daß die Geheimakte 3 ARP 74/75 I „relevante" Ermittlungsunterlagen enthielt [318]. Obgleich ihm diese Akte nicht „bis zum letzten Detail" erinnerlich sei, meinte Buback, aussagen zu können, daß zwischen den in dieser Akte festgehaltenen und den nach dem 31.3.76 abgegebenen Aussagen Müllers keine Widersprüche von Bedeutung bestünden[319]. Die Unrichtigkeit dieser Aussage wurde offenkundig, nachdem die für die Akte 3 ARP 74/75 I geltende Sperrerklärung doch noch teilweise aufgehoben worden war. Das galt auch für Bubacks Behauptung, es sei ausgeschlossen, daß Ermittlungsbeamte protokollarisch festgehalten hätten, Müller kenne Hoff nicht, falls ihnen das Gegenteil bekannt gewesen sein sollte[320]. Gefragt, warum er viele Fragen, die unter seine Aussagegenehmigung fielen, nicht beantworten könne oder wolle, sagte Buback, er habe sich nicht immer auch persönlich mit dieser Sache beschäftigt. Auf die weitere Frage, wer das denn wohl getan habe, nannte er zögernd die Namen der Bundesanwälte Krüger und Kaul sowie einiger „Sachbearbeiter" der Akte 1 BJs 7/76. Allen Beteiligten war unmittelbar klar, daß die Verteidigung auch diese beiden Bundesanwälte im Zeugenstand sehen wollte.

Die nur mit Mühen zustandegekommene und noch mühsamer verlaufene Vernehmung des Zeugen Buback sollte sich als Schlüssel für das Schloß zur Geheimakte 3 ARP 74/75 I erweisen. Das VG Köln hatte schon indirekt zu erkennen gegeben, daß nicht einsichtig sei, warum die gesamte Akte für geheim erklärt worden war, und auch Buback hatte, wenn auch äußerst vorsichtig, vor Gericht mehrmals auf den Inhalt dieser Akte verwiesen. Zurückkommend auf den Antrag der Verteidigung, die Geheimakte zur Verfahrensakte zu nehmen, wandte sich das Gericht an den Bundesjustizminister mit der Frage, ob die „Sperrerklärung" auch weiterhin für die gesamte Akte gelte; das Gericht vermerkte jedoch ausdrücklich[321], es sei selbst nicht weiter an der Akte interessiert. Etwa vier Wochen nach der Vernehmung Bubacks gab Prinzing – mitten in der Befragung des inzwischen als Zeugen aufgerufenen BAW Krüger – ein Fernschreiben des Bundesjustizministers bekannt, wonach die Sperrerklärung nur noch für zwölf der mehr als 200 Seiten der Akte 3 ARP 74/75 I gelte[322].

Die zur Einsichtnahme freigegebenen Teile der Akte bestätigten einige Vermutungen der Verteidigung und waren deshalb Grund für weitere Beweisanträge. Einer der Anträge betraf die Anhörung der Kriminalbeamten, die Müller von März 1975 an vernommen hatten. Dem in die Akte 3 ARP 74/75 I aufgenommenen Vernehmungsprotokoll von vier Ermittlungsbeamten, davon zwei aus dem BKA[323], war zu entnehmen, daß Müller sehr wohl Hoff und seine Freundin persönlich gekannt und Hoff auch in seiner Werkstatt besucht hatte[324]. Weiter hatte Müller erzählt, daß er innerhalb der Gruppe auch „Harry" genannt worden war[325]. Dem BKA und damit auch der BAW mußte auf jeden Fall schon damals bekannt gewesen sein, daß Müller selbst kurz vor dem ersten Bombenanschlag am 11.5.72 in Frankfurt die letzten Bombenteile bei Hoff abgeholt hatte.

Wie schon erwähnt, hatten die Vernehmungsbeamten seit Ende März 1976 Müllers Aussagen, weder Hoff noch einen gewissen „Harry" gekannt zu haben, ohne Vorhaltungen oder Kommentar zu Protokoll genommen, obwohl fast immer Beamte an diesen Vernehmungen teilnahmen, die Müller auch früher schon vernommen hatten.

In den späteren Vernehmungen sagte Müller auch, Hoff habe über den wirklichen Verwendungszweck der von ihm angefertigten Bomben nichts gewußt; zuvor hatte Müller – den nun freigegebenen Protokollen zufolge – jedoch erklärt, „Pfirsich" (Hoffs Deckname) habe gewußt, wozu sie benutzt werden sollten[326].

Aber nicht nur über Hoff und „Harry" ergaben Müllers verschiedene Aussagen „eklatante Widersprüche", wie schließlich sogar Prinzing einräumen mußte[327]. In den späteren Aussagen Müllers zur Täterschaft bei verschiedenen Straftaten wurden von ihm „plötzlich andere Personen benannt und belastet als vorher", wie die „Frankfurter Allgemeine Zeitung" am 27. 11. 76 richtig feststellt[328]. Müller wußte manchmal nicht nur andere Täternamen, sondern auch mehr angebliche Täter als vorher. So erzählte er der freigegebenen Akte zufolge, der Bombenanschlag in Frankfurt sei von Ensslin und zwei anderen ihm bekannten Mitgliedern der RAF, deren Namen er im Augenblick nicht nennen könne, ausgeführt worden. Als Zeuge in Stammheim hatte er aber außer Ensslin noch drei andere RAF-Mitglieder, Baader, Raspe und Meins, genannt[329]. In den Vernehmungsprotokollen der Geheimakte hatte Müller übrigens bei seinen ausführlichen Beschreibungen von Banküberfällen und Bombenanschlägen regelmäßig einen oder mehrere Mittäter nicht nennen wollen. Die Beschreibungen waren in einigen Fällen so detailliert, daß sich, wie der „Spiegel" formulierte, „der Rückschluß aufdrängt, der Erzähler müsse mit von der Partie gewesen sein", und die Nichtnennung von Namen sei vielleicht nur Selbstschutz gewesen[330]. Eine solche Erklärung lag sicherlich für den Frankfurter Anschlag mehr als nahe, wenn man an Hoffs Aussagen über „Harry" denkt; das aber würde bedeuten, daß Müller zumindest zwei der Angeklagten vor Gericht zu Unrecht beschuldigt hatte.

Die Befragung von Bundesanwalt Krüger brachte die Verteidigung nicht viel weiter, obwohl Krüger vor Gericht angab, sowohl Sachbearbeiter der Akte 3 ARP 74/75 I als auch der Akte 1 BJs 7/76 gewesen zu sein[331]. Er selbst habe am 9.6.75 angeordnet, die Akte 3 ARP 74/75 I als Sammelakte aller Aussagen Müllers anzulegen[332]. Aus eben dieser Akte ging jedoch hervor, daß die Sammlung keineswegs vollständig war; so wurde etwa auf ein von Müller unterschriebenes Protokoll verwiesen, das nicht in dem freigegebenen Teil jener Akte aufzufinden war, das aber auch nicht unter die Sperrerklärung fallen konnte[333]. Krüger hatte dafür keine Erklärung. Auf die Widersprüche zwischen den verschiedenen Akten angesprochen, antwortete Krüger, er könne sich an solche nicht erinnern, „zumal ich auch nicht klar trennen kann zwischen den Dingen, die ich aus dem Vorgang 3 ARP 74/75 I im Gedächtnis habe und den präziseren Schilderungen, die Herr Müller in dem Verfahren 1 BJs 7/76 (...) gemacht hat"[324]. Nicht einmal der „eklatante Widerspruch" (Prinzing) zwischen Müllers Aussagen über seine Kontakte zu Hoff war dem Bundesanwalt aufgefallen:

> „Zu dem Widerspruch in beiden Akten sagte Krüger, über die Identifizierung in der ARP-Akte habe es dort nur einen Beamtenvermerk gegeben. Beamtenvermerke aber seien interpretationsfähig. Auf die Frage, wie ein Beamtenvermerk über eine stattgehabte Lichtbildidentifizierung interpretiert werden könne, antwortete Krüger, das könne er ‚so genau' nicht erklären"[335].

Krügers Vernehmung an zwei Tagen im November zog sich ebenso mühsam dahin wie die seines Dienstherren Buback: Krüger wußte nichts, konnte sich auch nicht erinnern oder berief sich auf seine Aussagebeschränkung[336]. Dieser unerquickliche Vorgang wiederholte sich bei der Zeugenvernehmung von Bundesanwalt Kaul im Februar 1977[337].

Ähnliche Probleme ergaben sich auch bei den Vernehmungen der Polizeibeamten, die Müller in den Jahren 1975 und 1976 verhört hatten. Sie alle verneinten kategorisch, daß mit Müller Absprachen getroffen und daß ihm Vorteile versprochen worden waren, wenn er mitarbeite; auch sei ihm nicht gedroht worden. Kurzum, keine der in § 136a StPO genannten ungesetzlichen Ermittlungsmethoden war bei Müller benutzt worden. Die Verteidigung interessierte sich vor allem für die Aussagen von Kriminalhauptkommissar Opitz und Kriminaloberkommissar Petersen, beides Beamte der Staatsschutzabteilung der Kripo Hamburg, die von Ende Februar bis Ende Juni 1975 mit der Vernehmung Müllers beauftragt gewesen waren. Ihre Protokolle bildeten den Hauptteil der von der BAW am 9.6.75 angelegten Geheimakte. Sie hatten, wenn auch als Zuhörer, an den meisten BKA-Vernehmungen seit dem 31.3.76 teilgenommen.

Die Verteidigung war übrigens, wie vorher bei Buback, gezwungen gewesen, einen Prozeß beim Verwaltungsgericht Hamburg anzustrengen, um Opitz als Zeugen vor das Gericht zu bekommen[338]. Sie wollte von Opitz hören, wie es möglich war, daß Müller in seinen späteren Verhören unwidersprochen hatte aussagen können, er habe Hoff nicht gekannt. Opitz vermutete, er sei bei dem betreffenden Verhör nicht dabei gewesen, bekundete jedoch gleichzeitig, in solchen Fällen die Protokolle meist nachher noch durchgelesen zu haben[339]. Weiter vermutete Opitz, die anderen Vernehmungsbeamten hätten den eklatanten Widerspruch wahrscheinlich nicht thematisiert, um die Vernehmung nicht abbrechen zu müssen: Müller habe darauf bestanden, daß alles genau so aufgeschrieben wurde, wie er es formulierte[340]. Die Möglichkeit, man habe ganz bewußt bestimmte Dinge weggelassen, um Widersprüche zwischen den Aussagen Hoffs und Müllers zu verdecken und Müller glimpflich davonkommen zu lassen, schloß Opitz aus; es könnte allerdings „eine Laschigkeit von uns gewesen sein"[341]. Solche „Laschigkeiten" schienen Opitz kein besonderes Kopfzerbrechen zu bereiten, denn des öfteren meinte er, „wenn es in den Protokollen nicht steht, hab ich es wohl versäumt hineinzuschreiben"[342] oder „es kann ja auch vielleicht mal ein Vermerk vergessen werden"[343].

Kriminaloberkommissar Petersen war den Vernehmungsprotokollen zufolge bei der späteren Vernehmung Müllers durch das BKA auf jeden Fall „zeitweilig anwesend". Als Zeuge zeigte sich Petersen überrascht von der Tatsache, daß Müller dem Vernehmungsprotokoll zufolge seine Bekanntschaft mit Hoff abgestritten hatte: „Nach meiner Meinung hat er auch bei späteren Vernehmungen immer bestätigt, daß er Hoff kenne"[344]. Diese Überraschung Petersens ist unverständlich, wenn man berücksichtigt, daß einer der zwei Beamten des BKA, die Müller vernommen hatten und später als Zeugen gehört wurden, aussagte, daß „bis auf wenige Augenblicke" immer entweder Opitz oder Petersen anwesend waren"[345], und dem Vernehmungsprotokoll zufolge muß dies beim Punkt Hoff-Bekanntschaft Petersen gewesen sein. Weiter sagten die beiden BKA-Beamten ohne Umschweife als Zeugen aus, daß sie Müllers Aussagen über Hoff und über seinen Decknamen „Harry" ohne weiteren Kommentar zu Protokoll genommen hatten, wohl wissend, daß er die Unwahrheit sagte[346]. Zwar hätten sie Müller noch seine früheren anderslautenden Aussagen vorgehalten, von einem Vermerk im Protokoll jedoch abgesehen, da Müller das niemals akzeptiert hätte. Kriminaloberkommissar Freimuth meinte, das Interesse an einer ungestörten Vernehmung und das Bemühen, „ein gespanntes Verhältnis zu Herrn Müller zu vermeiden"[347], seien dafür ausschlaggebend gewesen; Kriminalhauptkommissar Habekost kommentierte, daß es „gerade in diesem Punkte nicht so sehr wesentlich war, daß Herr Müller in etwa die Wahrheit gesagt hat"[348]. Obwohl beide Beamte während der Vernehmungen immer davon ausgegangen sein wollten, „daß Herr Müller das, was er sagte, vor Gericht wiederholen mußte"[349], wiesen sie die Möglichkeit, sie hätten die so offensichtlich unwahren Aussagen absichtlich so und nicht anders zu Protokoll genommen, entrüstet von sich.

Die Akte 3 ARP 74/75 I enthielt jedoch noch weitere Passagen, die von der Verteidigung aufgegriffen wurden, um die Unglaubwürdigkeit des Zeugen Müller zu beweisen.

So hatte Müller auch ausgesagt, Baader habe das RAF-Mitglied Ingeborg Barz im Februar/März 1972 erschossen, weil sie aus der RAF aussteigen wollte. Diese Information habe er, Müller, sowohl von Baader selbst als auch von Meins erhalten[350]. Die Behauptung war schon Anfang 1975 in der Hamburger Presse aufgetaucht; als Quelle kam nur die Staatsschutzabteilung, damals noch Abteilung K 4 der Hamburger Kriminalpolizei, in Frage. Die Angeklagten werteten diese Behauptung als Teil der psychologischen Kriegsführung, mit der die RAF als rücksichtslose Killerorganisation und Baader als der große Buhmann dargestellt werden sollten. Die Akte 3 ARP 74/75 I enthielt Müllers Aussage, er selbst habe den Ort ausgesucht, an dem Barz von anderen begraben wurde.

Die Verteidigung ließ verschiedene Polizeibeamte und Bundesanwälte nach den Ergebnissen der Leichensuche befragen. An der von Müller bezeichneten Stelle wurde trotz umfangreicher Grabereien und trotz des Einsatzes von Spürhunden keine Spur entdeckt. Unbeeindruckt davon gab die BAW vor Gericht weiter zu verstehen, daß sie Müllers Aussage auch in diesem Punkt glaube; unklar blieb, worauf sie diesen Glauben stützte[351].

Dieses Beharren der BAW auf Müllers Glaubwürdigkeit zwang die Verteidigung, zu versuchen, der „Sache Barz" bis in alle Einzelheiten nachzugehen. Was als Konsequenz wiederum zahlreiche Beweisanträge zur Folge hatte, denen zum Teil auch stattgegeben wurde.

Am 29.4.75 berichtete die „Welt", Barz habe sich zwischen Weihnachten 1973 und dem Neujahrstag 1974 in einem Hotel in Belfast (Nordirland) aufgehalten. Als Zeuge vor Gericht sagte der Autor des Artikels, seine vertraulichen Informationen stammten von der nordirischen Polizei; ansonsten berief er sich auf sein Aussageverweigerungsrecht als Journalist[352].

Des weiteren beantragte die Verteidigung, drei Gefangene aus der RAF als Zeugen zu hören; sie könnten aussagen, Barz noch im März 1972 bzw. noch nach Baaders Festnahme getroffen zu haben[353]. Das Gericht lehnte die Vernehmung von Irmgard Möller und Klaus Jünschke wegen Unglaubwürdigkeit (vgl. 3.2.3.1) ab. Möller und Jünschke schrieben daraufhin dem Gericht Briefe, in denen sie über ein Treffen mit Barz am 6.6.72, also einige Tage nach Baaders Verhaftung, berichteten. Die inhaltlich völlig übereinstimmenden Briefe enthielten genaue Einzelheiten über das Treffen[354]. Die in Übereinstimmung mit der Gruppe im Frühjahr 1972 aus der RAF ausgetretene Ingeborg Barz hielt sich damals versteckt; als sie in Geldnot geriet, hatte sie über einen für solche Situationen abgesprochenen Kanal mit der RAF Kontakt aufgenommen und 5.000 Mark bekommen. Trotz dieser Angaben wollte das Gericht die zwei Gefangenen nicht als Zeugen vorladen.

Gehört wurde jedoch die seit Februar 1975 inhaftierte Inga Hochstein, die u. a. der Mitgliedschaft bzw. der Unterstützung der RAF verdächtigt wurde. Sie bezeugte vor Gericht, Barz Ende November 1973 und im Januar 1975 in Hamburg getroffen zu haben[355]. Barz, die sie seit 1971 kannte, habe sich beim ersten Treff mit der Bitte an sie gewandt, ihr beim Absetzen ins Ausland zu helfen; da sie, Hochstein, damals aber noch legal lebte, habe sie nicht helfen können. Beim zweiten Kontakt sei es um die Beschaffung von Medikamenten gegangen.

Die Zeugenvernehmung Hochsteins fand am 1. 12. 76 statt. Auf Zeitungsberichte über diese Vernehmung hin meldete sich ein Mann, der Ende Februar 1977 als Zeuge gehört wurde. Ausführlich schilderte der Zeuge Wüst, der Barz von früher sehr gut kannte, drei zufällige Begegnungen mit ihr[356]. Im September 1973 habe er sie in einem Hotel bei Belfast getroffen. Wüst besuchte Nordirland seit Jahren dienstlich und privat. Er habe gewußt, daß die deutsche Polizei nach ihr suche. Sie habe ihm erzählt, daß sie sich in Nordirland aufhalte, um einen englischen Pass zu bekommen, und daß sie schon lange nichts mehr mit dem linken Untergrund zu tun habe. Das aber habe er nicht so einfach glauben können, weil sie eine Pistole in der Handtasche hatte. Zwei Wochen später sei sie ihm auf dem Londoner Flughafen begegnet. Dann habe er sie noch einmal Ende Februar/Anfang März 1974 auf einer Bahnreise getroffen.

Wie sich in der Vernehmung herausstellte, hatte Wüst die ganze Geschichte schon 1974 Fahndungsbeamten in München erzählt. Das Vernehmungsprotokoll darüber habe er noch vor einer Woche bei einem BKA-Beamten gesehen, der ihn wegen der bevorstehenden Zeugenvernehmung besucht hatte. Aufschlußreich war diese Information insofern, als die Monate zuvor der Prozeßakte beigefügte Akte Barz gerade dieses Vernehmungsprotokoll nicht enthielt[357]. Einige Wochen nach der Vernehmung Wüsts in Stammheim meldete sich ein Frankfurter, der Mitte 1972 zur Polizei gegangen war, um zu melden, daß er die steckbrieflich gesuchte Ingeborg Barz gerade in der Stadt gesehen habe. Auch dieses Vernehmungsprotokoll fehlte in der Akte Barz[358]. Alles in allem sah die Verteidigung ihre von Anfang an offen geäußerte Vermutung, die Prozeßunterlagen seien manipuliert, erneut bestätigt.

Noch einmal unternahm die Verteidigung einen Versuch, Aufklärung über die Zusammenstellung der Prozeßunterlagen zu erhalten. Es gelang ihr auch, trotz Ablehnung eines ersten Antrags[359], den Chef des BKA, Dr. Horst Herold, am 13. 3. 77 in den Zeugenstand zu bekommen[360]. Herold sollte zu folgenden Beweisthemen befragt werden: 1. Hatte das BKA, eigenständig oder in Rücksprache mit dem GBA, eine Auswahl der Prozeßunterlagen einschließlich der Akten 3 ARP 74/75 I und 1 BJs 7/76 vorgenommen und dabei wesentliche Teile zurückgehalten[361]; 2. hatten die Ermittlungsbehörden Müller Zusagen gemacht bzw. Absprachen mit ihm getroffen für den Fall, daß er bereit sein würde, als Zeuge auszusagen? Bereits mit seiner ersten Bemerkung zu den angeführten Beweisthemen machte Herold klar, daß von ihm nicht viel an Aufklärung zu erwarten war: „Die einzelnen Punkte betreffen Beweisgegenstände, die nicht zu meinem unmittelbaren Aufgabenbereich gehören(. . .) Ich verfüge nicht über eigenes Sachwissen“[362]. Seine Untergebenen hätten ihm jedoch versichert, keine Unterlagen zurückgehalten zu haben. Ebenso gehe er davon aus, daß der BAW das gesamte Material bekannt sei[363]. Die Möglichkeit, daß BKA-Beamte Müller Zusagen oder Versprechungen gemacht hätten, schloß Herold grundsätzlich aus: „Der Kriminalbeamte weiß kraft Ausbildung, daß derartige Zusagen nicht zulässig sind“[364].

Damit blieb die Akte 3 ARP 74/75 I auch weiterhin im dunkeln. Der „Spiegel“ vom Mai 1979 bemerkt dazu:

> „Ein Teil jener Geheimakte 3 ARP 74/75 I ist noch heute unter strengstem Amtsverschluß – etwa 15 Blatt. Prozeßbeteiligte aus Terroristenverfahren vermuten in den Papieren noch weitere Details über den Handel von Sicherheitsbehörden mit Verbrechern. Womöglich auch Vorgänge, die, würden sie ruchbar, den Zeugen Müller noch einmal auf die Anklagebank brächten – zum Beispiel ein Geständnis über den Hamburger Polizistenmord“[365].

Mysteriös blieb ebenfalls, warum der größte Teil der Akte eineinhalb Jahre lang unter Verschluß bleiben mußte. Denn auch nach der Freigabe im November 1976 ging aus dem nunmehr bekannten Inhalt nicht hervor, warum eine Bekanntgabe zu einem früheren Zeitpunkt geeignet gewesen war, „dem Wohl des Bundes Nachteile zu bereiten". Völlig unverständlich wird der ganze Vorgang, wenn man weiter berücksichtigt, daß – wie einer der „Zwangsverteidiger" vor Gericht zu Recht bemerkte – Müller sehr wohl gestattet worden war, einen Großteil der als „vertraulich" geltenden Aussagen 1975 und 1976 in ausführlichen Interviews zu verkaufen[366]. Die Verteidigung vermutete von Anfang an – und dies scheint mir eine der wenigen plausiblen Erklärungen zu sein – daß BKA und/oder BAW beabsichtigten, die Beziehung Müller-Hoff und andere Widersprüche so lange wie möglich, auf jeden Fall aber bis nach den Zeugenaussagen Hoffs und Müllers in Stammheim, geheimzuhalten, um die Glaubwürdigkeit ihres Kronzeugen nicht zu beeinträchtigen, und daß sie Müller die Möglichkeit bieten wollten, von seiner Mitarbeit sowohl finanziell als auch strafrechtlich zu profitieren.

Mitte Februar 1979 wurde Müller aus der Haft entlassen. Seine Freilassung wurde vom „Spiegel", der den Geschehnissen und Verwicklungen rund um den Fall Müller im Mai 1979 einen gut dokumentierten Artikel widmete, wie folgt kommentiert:

> „Daß er nun nicht mehr in seiner Zelle sitzt, ist das Resultat einer beispiellosen Manipulation des Rechts. Wohl vor jedem deutschen Schwurgericht wäre Gerhard Müller unter normalen Umständen die lebenslange Freiheitsstrafe sicher gewesen – aufgrund seiner eigenen Aussagen. Doch es ging nicht mit rechten Dingen zu. Das Lebenslang wurde ihm geschenkt: Es war der Kaufpreis, um seine Zunge zu lösen.
>
> Beide Seiten, die Justiz und ihr Kronzeuge, haben ihre Leistungen inzwischen erbracht. Der Handel ist perfekt, und zwar so, daß er in Zukunft juristisch unangreifbar ist. Nur läßt er sich jetzt nicht länger verdunkeln.
>
> Das Geschäft mit Gerhard Müller war ein planmäßig vollzogener Rechtsbruch. In die Affäre verstrickt sind Justizangehörige wie Politiker von hohem Rang"[367].

Dazu ein Sprecher der BAW: „Die in Ihrem Artikel aufgestellte Behauptung, die Justiz habe mit dem früheren RAF-Mitglied Gerhard Müller ein ‚Geschäft' abgeschlossen, das ein planmäßig vollzogener Rechtsbruch sei, entbehrt jeder Grundlage"[368].

Das Bundesjustizministerium teilte mit, die Sperrerklärung für die 200 Seiten umfassende Akte 3 ARP 74/75 I sei notwendig gewesen, „weil das Bekanntwerden dieser Aktenteile zum damaligen Zeitpunkt eine erhebliche persönliche Gefährdung für darin enthaltene Personen bedeutet und die Aufklärung schwerer Straftaten in einem dem Wohl des Bundes abträglichen Maße erschwert hätte"[369]. Weiter verwies das Ministerium noch darauf, daß wegen der Freigabe der verbleibenden elf Seiten durch alle Instanzen erfolglos prozessiert worden sei.

In der Zwischenzeit hatte Müller noch in einigen anderen Strafsachen gegen Mitglieder oder ehemalige Mitglieder der RAF als Zeuge ausgesagt. In zwei Fällen waren die Angeklagten trotz eindeutig belastender Aussagen Müllers von wesentlichen Punkten der Anklage freigesprochen worden[370]. In beiden Fällen handelte es sich um Angeklagte, die mit der RAF gebrochen hatten. Kurze Zeit nach seiner Freilassung schien Müller dann als Zeuge nicht mehr zur Verfügung zu stehen. Dazu noch einmal der „Spiegel“:

„Angeblich, so die offizielle Version der Strafverfolger, ist Müller heute unauffindbar. Zwar sind Haftentlassungen nach Verbüßung von zwei Drittel der Strafe üblich, doch muß der Freigelassene Anschrift und jeden Wohnungswechsel angeben. Andernfalls wird er wieder eingefangen und muß den Strafrest absitzen. Gerhard Müller aber ist zur Fahndung nicht ausgeschrieben.

Im März wollte eine Karlsruher Strafkammer ihn als Zeugen vernehmen – die Ladung lief leer. Mitte April wurde in Frankfurt ein Kunstprofessor, kurz darauf, ebenfalls in Frankfurt, eine Buchhändlerin freigesprochen – immer dasselbe: Der Belastungszeuge Müller fehlte.

In allen Fällen ging es um RAF-Unterstützung, irgendwann früher mal ein Nachtquartier für Baader & Co. – zu läppisch, um dabei den ‚Kronzeugen‘ zu verschleißen?“[371]

4. Stellungnahme der Angeklagten

Die Angeklagten nahmen an dem Prozeß teil, wenn ihre gesundheitliche Verfassung das zuließ; sie kamen auch dann noch, als der Prozeß wegen „selbstverschuldeter Verhandlungsunfähigkeit“ in ihrer Abwesenheit fortgesetzt werden konnte. Im Lauf der Zeit sollte diese Teilnahme ständig zurückgehen. Hauptgrund war die Verschärfung der Prozeßführung durch Prinzing. Schließlich genügte oft schon der bloße Protest gegen Prinzings Gewohnheit, Antragsbegründungen fortwährend zu unterbrechen, um wegen Störung der Ordnung für alle in dem jeweiligen Monat noch anstehenden Verhandlungstage ausgeschlossen zu werden. Nach dem Tod von Ulrike Meinhof am 9.5.76 erschienen die Angeklagten von sich aus nur noch sporadisch im Sitzungssaal.

4.1. „Erklärung zur Sache“

Mitte Januar 1976 verlasen die Angeklagten zwei Sitzungstage lang, einander abwechselnd, ihre etwa 200 Manuskriptseiten umfassende „Erklärung zur Sache“[372].

Im Vorwort gehen die Angeklagten kurz auf die Bedeutung des Organisationsdelikts § 129 StGB als Grundlage für die Anklageerhebung ein. Es folgt eine Beschreibung der von ihnen mit ihrer Erklärung verfolgten Absichten und Ziele:

„wir versuchen die analyse auf zwei linien – in ihrer dialektik zueinander, die gleichzeitig über die möglichkeit und aktualität revolutionärer politik in der metropole spricht.

das ist 1. die innere linie. das ist der zusammenbruch des kapitalverhältnisses durch die militärische, politische, ökonomische offensive proletarischer politik ausgehend von der front – dem befreiungskrieg der völker der 3. welt, der in eins gesetzt ist mit der sozialen revolution an der peripherie.

das ist 2. ihre wirkung auf die äußere linie, die krise, die reagierende kapitalbewegung und ihr politischer ausdruck, der überdeterminierte staat des kapitals in den akkumulationszentren. so die prozesse der konzentration des kapitalistischen kommandos, die prozesse der neuzusammensetzung des kapitals, damit den technologischen prozeß, die erhöhung der maschinerie – den krisenhaften versuch der kontinuität kapitalistischer entwicklung aus der *defensive*. damit auch die neuzusammensetzung des proletariats und neue formen des klassenkampfes in der metropole, also neue formen der repression und insurrektion in der metropole: die notwendigkeit bewaffneter politik.

wir gehen dabei von *einer* front des klassenkampfs, dem befreiungskrieg aus:

einer demarkationslinie innerhalb der metropole und einer demarkationslinie zwischen sozialistischem block und kapital. zu erklären ist – d.h. das wird der versuch sein, und zwar historisch – notwendig und strukturell *möglich*, wie wir, ausgehend von der offensive proletarischer politik des revolutionskrieges und der sozialen revolution, in den zentren zu kämpfen haben, um die demarkationslinien des klassenkampfes hier in eine offene front zu verwandeln, die globale ökonomische krise in die endliche politische".

Und wenig später:

„andreas hat gesagt am 26. august: wenn der faschismus als institutionelle strategie des kapitals die reaktionäre vermittlung des im weltmaßstab antagonistisch gewordenen kapitalverhältnisses ist, dann ist der internationalismus der insurrektion, der stadtguerilla, der aufbau einer politisch-militärischen front in den zentren des imperialismus, der revolutionäre ausdruck des bruchs *in den metropolen* und *seine* strategie oder er wird es sein.

man kann aber auch – worum es geht – an einem, wohl dem bekanntesten marx-zitat entwickeln, demjenigen, an dem die gesamte mindestens europäische linke seit der II. internationale ihre strategiediskussion führt, daß nämlich, sagt marx, auf einer gewissen stufe ihrer entwicklung die materiellen produktivkräfte der gesellschaft in widerspruch mit den vorhandenen produktivverhältnissen treten oder, was nur ein juristischer ausdruck dafür ist, mit den eigentumsverhältnissen, innerhalb deren sie sich bisher entwickelt hatten. es tritt dann eine epoche sozialer revolution ein... und weiter: ‚eine gesellschaftsformation geht nie unter, bevor alle produktivkräfte entwickelt sind, für die sie weit genug ist, und neue höhere produktionsverhältnisse treten nie an die stelle, bevor die materiellen existenzbedingungen derselben im schoß der alten gesellschaft ausgebrütet worden sind. daher stellt sich die menschheit immer nur aufgaben, die sie lösen kann, denn genauer betrachtet wird sich stets finden, daß die aufgabe selbst nur entspringt, wo die materiellen bedingungen ihrer lösung schon vorhanden oder wenigstens im prozeß ihres werdens begriffen sind'.

marx hat nie einen zweifel daran gelassen, daß die befreiung von den zur fessel gewordenen produktionsverhältnissen sache der aktion der sich befreienden klasse ist in einem langwierigen prozeß der umwälzung, der krieg ist, in dem die kräfte der reaktion in dem maß, in dem sie von der insurrektion angegriffen und zerrüttet werden, zunehmen oder wie lenin in paraphrase zu marx formuliert hat: ,der revolutionäre fortschritt bricht sich bahn i n der erzeugung einer geschlossenen und mächtigen konterrevolution, das heißt, indem er den gegner zwingt, sich zu seiner verteidigung immer extremerer mittel zu bedienen'.

für das verhältnis von revolutionärem prozeß und faschistischer reaktion des kapitals, heute im weltmaßstab, heißt das, daß es nur in den kategorien der materialistischen dialektik zu fassen ist und nicht in denen von bilanzdenken und opportunitätskalkül. es gibt in diesem umwälzungsprozeß keinen automatismus und wenn, das ist die geschichtliche erfahrung, sich die linke nicht zu seinem subjekt macht, ist der ökonomisch zwingende automatismus, der aus der nicht gemachten revolution folgt, die friktion, die es dem system ermöglicht, die spirale aus zyklus und krise fortzusetzen – in faschismus und krieg".

Im Telegrammstil umreißen die Angeklagten anschließend ihre Argumentationslinie: Die Oktoberrevolution 1917 als Einbruch in das Kapitalverhältnis; seine Verteidigung, der Zwang zur Akkumulation, führte und führt, analog zur Kapitalbewegung, zu Ungleichzeitigkeit, deren vollendeter Ausdruck die verselbständigte Maschinerie, das einander gegenüberstehende Overkill-Potential, ist. Von der Oktoberrevolution ausgehend wird die Entwicklung der Kräfteverhältnisse in den Metropolen (USA, Westeuropa, Japan) und deren Geschichte angerissen: Revisionismus, die Entwaffnung der Auseinandersetzung in der Ökonomie, in den ökonomischen Kämpfen, in denen der Klassenantagonismus zum Motor der kapitalistischen Entwicklung werden konnte. Aus der Oktoberrevolution heraus ergab sich damit auch der zähe Prozeß der Entkolonisierung, die Veränderung des globalen Kräfteverhältnisses. Beide Entwicklungen treffen zusammen im Augenblick des strategischen Gleichgewichts und des Kippens in die strategische Defensive des Kapitals, dem Vietnamkrieg.

Dann werden der Imperialismus untersucht, die imperialistische Staatenkette und in ihr die Reproduktion der Hegemonie des amerikanischen

Kapitals, die seine Herrschaft charakterisierenden Produktionsbedingungen in den Akkumulationszentren des Kapitals. Es folgt eine Betrachtung über die Gründung der Bundesrepublik als politischer Kolonie des US-Imperialismus und Counter-Staat im kalten Krieg.

Die Ohnmacht der alten Linken wird analysiert, ihre Defensive aus ihrer Befangenheit im Ost-West-Gegensatz bis zum Ende der Restaurationsperiode, dem Bruch zwischen Produktions- und Zirkulationssphäre in den Krisen der 60er Jahre in allen Akkumulationszentren des Imperialismus, bestimmt durch die Befreiungskriege an der Peripherie.

Es folgt eine Untersuchung des Vietnamkrieges, seiner Signalwirkung, seiner Kosten und „Produktivität": Elektronik, Technologie überhaupt bestimmen den Versuch der strategischen Rekonstruktion des Kapitals, also: Intensivierung der Ausbeutung, Verlagerung der Investitionsschwerpunkte, Entwicklung neuer Repressionstechnologien.

Die Angeklagten:

„weil der prozeß widersprüchlich reagierend verläuft, entsteht eine intelligenz, die im widerspruch zwischen bürgerlicher wissenschaftsideologie (zb an der organisation und der ausbildung technischer intelligenz) und den verwertungsbedingungen ihrer technischen fertigkeiten ein radikales bewußtsein ihrer proletarisierung entwickelt.

sie findet in diesem *prozeß* der proletarisierung (wie er zuerst erscheinen muß: deklassierung, enteignung)/politisierung zu einer natürlichen orientierung nicht am entpolitisierten, unpolitisch gehaltenen proletariat der metropole (dem sie näher kommt, wie es ihr, durch die dequalifizierung der arbeit im produktions- wie im reproduktionssektor usw), sondern am subjekt dieses prozesses: den befreiungsbewegungen. sie ‚identifiziert' sich und wird über das, was beaufré[373] ‚psychologische rückwirkungen' – die große mobilisierung von 67 bis 71 – nennt, verbündeter. denn ihre politik zersetzt den gesamtkonsens in allen metropolen, realisiert zum erstenmal eine neue form des widerstands und der aktion, die massenhafte verweigerung in der metropole als *bewegung* und als ne möglichkeit".

Zur Rolle der Sozialdemokratie wird in diesem Zusammenhang festgestellt:

„dagegen die sozialdemokratie – ihre funktion für die rekonstruktion des kapitals in seiner strategischen defensive und ihr projekt: verrechtlichung und verstaatlichung der gesellschaft, vergesellschaftung der repression, faschismus als institutionelle strategie innerstaatlich und zwischenstaatlich, festgemacht an der methode der herrschaftssicherung, die das kapital gegen die befreiungsbewegungen an der peripherie entwickelt hat: counterinsurgency. ihre funktion als regierungspartei der imperialistischen führungsmacht in westeuropa für die strategie des amerikanischen kapitals, in der eg und der nato als organisator der sozialdemokratischen internationale, als organisator neuer unterwerfungsstrategien des kapitals gegen die befreiungsbewegungen an der peripherie".

Daraus ergibt sich die notwendige Entwicklung von Gegenbewegungen:

„stadtguerilla als die taktik, ihr klassenbegriff – weltproletariat – und das als die politisch-militärische funktion der insurrektion in den metropolen – die zwei füße der stadtguerilla: 1. protagonist der klassenauseinandersetzungen in den metropolen zu sein, aus der geschichte und den niederlagen des proletariats, hier seiner unterwerfung unter den imperialistischen staat, vermittels der vom us-kapital gekauften sozialdemokratie und vom cia beherrschten gewerkschaften – motor der revolutionären proletarisierung der gesellschaft und der 2. fuß: politisch-militärische funktion der offensive proletarischer politik in den befreiungsbewegungen der völker der dritten welt, *funktion* des proletarischen internationalismus.

auf der ebene der klasse fehlt hier das moment der taktik. das zu der frage des verhältnisses revolutionärer organisation, stadtguerilla, zu den massen. die *klasse ist nur strategie*.

und das als objektive form. eine strategische perspektive wie die verweigerung die sich tatsächlich massenhaft in allen gesellschaftlichen bereichen durchsetzt – ist so materieller bestandteil der gesellschaftlichen arbeitermassen. aber sie ist passiv und sie kann nur anfangen, subjektiv, also in bewußter weise in einer praktischen form zu leben, wenn sie bewegung, front wird und schließlich die ebene der kämpfenden, der revolutionären organisation erreicht.

aus der demarkationslinie der repressiven befriedigung, die die politik des kapitals (durch unterdrückung und entfremdung der bedürfnisse) setzt und durch die institutionelle strategie – also die repressiven und ideologischen staatsapparate – befestigt, kann gegen die (strukturelle) gewalt und die nirgends so wie in der bundesrepublik durchgesetzten repressionstechnologien des imperialismus nur eine *front* werden durch bewaffneten kampf und gegen die konterrevolutionäre legalität organisierten widerstand, den er entwickelt.

guerilla in der metropole also ist taktik. als der kleine motor, der den großen in gang setzt, als der initiator des prozesses der rekonstruktion der klasse, subjektives moment der wiedereroberung des klassenstandpunkts; durch sie beginnt die klasse als (potentiell) antagonistischer prozeß zur strategie des kapitals, der totalen institutionalisierung und verrechtlichung des produktionsverhältnisses zu funktionieren, durch sie wird diese potenz für das kapital – seinen staat – gefährlich, durch sie entwickelt sich in der dialektik von repression und widerstand *klassenbewußtsein*. wenn aber die klasse strategie ist, ist klassenbewußtsein das moment proletarischer politik, ihrer autonomen organisation (u n d des proletarischen internationalismus) der einheit des kampfes gegen den imperialismus an allen fronten".

Zum Verhältnis von politischer Theorie und politischer Praxis heißt es in der Erklärung:

„sicher, was theoretisch richtig scheint, kann politisch falsch sein. theorie ist verständnis und voraussicht, kenntnis also – sei sie auch noch so einseitig – der objektiven tendenz des prozesses. politik ist dagegen wille, diesen prozeß umzuwälzen, umfassende ablehnung seiner objektivität, subjektive aktion, damit diese objektivität sich nicht durchsetzt und siegt.

politik ist eingreifen und dieses eingreifen nicht bei dem ansetzen zu müssen, was man antizipiert hat, sondern bei dem, was ihm vorausgeht, dem unmittelbaren moment der kräfteverhältnisse – darin liegt die notwendigkeit der taktischen bestimmungen. das ist die dimension der stadtguerilla – entsprechend ihrer möglichkeiten als *konzept*.

so müssen theorie und politik immer im widerspruch zueinander sein, ihre identität ist gerade der opportunismus, der reformismus, der passive gehorsam gegenüber der objektiven tendenz, die nur zu erkennen und zu besitzen ist als wissenschaft, einer wissenschaft, die sich selbst in einer unbewußten vermittlung des kapitalistischen standpunkts auflöst durch die arbeiter, durch proletarische politik selbst.

als gehorsam gegenüber der objektiven tendenz ist opportunistische theorie, das ist eines ihrer merkmale, immer falsch. denn der klassenkampf findet auch statt, wenn er ohne bewußte führung ist und ist in seinen resultaten nicht berechenbar. die schemata opportunistischer politik verfälschen so den prozeß, den sie gerade exakt zu beschreiben vorgeben.

die wissenschaft des proletariats, proletarischer politik ist unmöglich, wenn sie nicht vom moment der praxis unterschieden und ihm *untergeordnet* wird. wenn sie selbst als klassenkampf begriffen wird, wenn sie sich *alle* politischen aufgaben subsummieren will, regrediert sie zu einem bürgerlichen mythos.

nur als wissenschaft, die krankheit der ghettoisierten marxistischen intelligenz in der brd, ist sie eine adaption, ein verfall der kapitalistischen bestimmung der wissenschaft: nichts anderes zu sein, als eine notwendigkeit des kapitals, die theoretische artikulation, die es braucht, um seinen eigenen standpunkt aufzubauen. hier liegt tatsächlich ein widerspruch unserer bestimmung – neben der gefahr, der praktischen gefahr, der repression waffen zur erkenntnis ihres eigenen feldes zu liefern, ohne daß wir es schaffen, der klasse *für* die wir kämpfen als ihr teil waffen anderen typs, waffen des kampfes und der organisation zu liefern".

Die Angeklagten entwickeln nun, beginnend bei der Oktoberrevolution, ihre Sichtweise der Entwicklung der Kräfteverhältnisse in den Metropolen in Verbindung mit den Dekolonialisierungsprozessen sowie dem strategischen Nutzen, der dem Kapital aus der in die Praxis umgesetzten Organisationstheorie Taylors zukommt, wodurch eine Organisation des Proletariats als Klasse „für sich" letztlich verhindert wurde.

„wenn wir feststellen, daß die etablierung des monopolkapitalismus über den konkurrenzkapitalismus zur dominanz des politischen, das heißt des staates über das ökonomische führt, so bedeutet das auf der ebene der fabrik, daß die technologie unmittelbar repressionstechnologie wird; ihr zweck als kapital ist nicht mehr nur konsumption lebendiger arbeitskraft, also kapitalverwertung, sondern technologie wird unmittelbar herrschaftsinstrument. diese neuen formen der arbeitsteilung durch die handarbeit gleichzeitig zerlegende und intensivierende systeme zieht eine neue schicht von arbeiteraristokraten in die fabrik – den techniker, der gleichzeitig den arbeitsprozeß und den arbeiter überwacht.

die folge dieser neustrukturierung des proletariats durch dequalifizierung der arbeit und neuer technologie als operator der hierarchisierung der arbeitsprozesse, in einem wort: der *politisierung* der produktion war zwangsläufig die aushöhlung der traditionellen politischen arbeiterorganisationen – parteien und gewerkschaften. was sich von da an in diesen alten formen abspielt, ist organisierung der arbeiter für das kapital, weil die bedingung der organisierung für das proletariat – eine bestimmte arbeitsorganisation (produktionsorganisation und so strategie) – dem proletariat jetzt entzogen war".

Weitere Ausführungen sind der aktuellen Bedeutung der Marxschen politökonomischen Theorien gewidmet, wobei es den Angeklagten vornehmlich um die Zyklustheorie in Verbindung mit der Annahme vom tendenziellen Fall der Profitrate als den zwei wesentlichen Komponenten der Defensive des Kapitals und der heutigen Krise geht:

"die krise ist die bedingung und notwendige funktion des produktionsprozesses des kapitals, ihre notwendigkeit ist *total*.

marx sagt: ‚die krisen sind immer nur momentane gewaltsame lösungen der vorhandenen widersprüche, gewaltsame eruptionen, die das gleichgewicht für den augenblick wieder herstellen'.

und wir können sagen: wieder herstellen sollen – denn die ökonomische krise des kapitals ist inzwischen definiert durch den militärischen ausdruck der zerstörung seines gleichgewichts, der störung der ökonomischen potenz seiner gewalt durch die offensive des befreiungskriegs der massen der dritten welt. der versuch, auf dieser ebene das gleichgewicht wiederherzustellen, die ‚gewaltsame eruption', hat angesichts seines nuklearen vernichtungsarsenals allerdings eine katastrophische perspektive. die zu fürchten wir, die unterdrückten und ausgebeuteten, keinen grund haben. denn bedeutet sie in jedem fall auch das ende des imperialismus, so bedeutet der imperialismus in jedem fall unser ende. unser standpunkt zur perspektive nuklearer vernichtung ist, erstens, daß wir sie nicht fürchten und, zweitens, daß wir sie nur durch den revolutionären krieg verhindern können und verhindern werden – ,woran wir festhalten (sagt che), ist, daß wir auf dem weg der befreiung bleiben müssen, selbst wenn er durch einen atomkrieg millionen opfer kostet'".

Das grundsätzliche Problem, das sich hinter den letzten Äußerungen verbirgt, wird mit Zitaten von Antonio Gramsci und Walter Benjamin illustriert. Die Erklärung geht dann weiter mit der Frage:

„wie sich das proletariat aus dem repressiven netz der kapitalistischen entwicklung lösen kann? der proletarische prozeß kann sich, um sich zu konkretisieren, nur praktisch an den problemen der kämpfenden organisation entwickeln. in dieser dimension ist die frage nach der funktionsweise einer gegenmacht zu stellen, die aus der krise entsteht und in ihr interveniert.

als organisator eines genau determinierten angriffs auf das politische system der kapitalistischen macht, also direkt gegen den staat, seine funktion als inhaber der extremen und entscheidenden gewalt des kapitals.

die antworten werden wir sicher und nur aus dem sieg oder der niederlage, die der augenblick der wahrheit für den angriff ist, bekommen. trotzdem sprechen wir eine gewißheit aus und definieren das problem, an dem durch die raf die diskussion wieder aufgenommen worden ist.

wir sind sicher: jede theorie der revolution in der gesellschaft der kapitalistischen entwicklung, des kapitalistischen planstaats, ist steril, wenn sie nicht ausgeht vom bruch des kapitalistischen zyklus, in dem besonderen und notwendigen moment der entwicklung, der die krise ist, um zu der besonderen historisch möglichen form revolutionärer gewalt, proletarischer gegengewalt zu kommen, die dem staatlichen gebrauch der gewalt entspricht – in dem auf umsturz ausgerichteten verständnis des komplexes von repressiven wechselbeziehungen, denen gegenüber die massenaktion nur sinn bekommt, wenn sie die präzise erfahrung der front des globalen bewaffneten kampfes integriert. je mehr das kapital für sich organisiert und seinen zyklus im staat plant, stellt sich mit der erfahrung, daß die macht nur aus den gewehrläufen kommt, das problem: der artikulation einer aktion, die die entwicklung hier vorantreibt – der ökonomisch-politischen und der politisch-militärischen aktion einer revolutionären avantgarde, die in die krise hier direkt eingreift und ihren verlauf, ihre lösung *für* die internationale offensive bestimmt.

rauszufinden, in welcher positiven beziehung beide funktionen schon bestehen können, wo wir anzugreifen haben, um die verbindung herzustellen – das ist das problem, der gegenstand unserer analyse".

Bevor die Angeklagten zur eigentlichen Ausarbeitung der bis dahin nur angerissenen Themengebiete übergehen, geben sie noch kurz an, aus welcher Situation die Stadtguerilla in Westeuropa kämpft.

„im moment des strategischen gleichgewichts, der defensive des imperialismus durch seine niederlage in vietnam, ist die situation, in der wir kämpfen, bestimmt von drei linien und ihrer dialektik: – dem befreiungskrieg, der sozialen revolution an der peripherie, die zur militärisch-politischen offensive, zur FRONT gegen den imperialismus entwickelt ist; – von der demarkationslinie ost-west, die ihren ausgangspunkt in der oktoberrevolution, dem einbruch in das kapitalverhältnis hat; – von der sich durch die ökonomischen, politischen, ideologischen rückwirkungen der politischen krise des imperialismus an der peripherie zum antagonismus entwickelnden demarkationslinie zwischen kapital und arbeit in den metropolen.

die vergesellschaftung der arbeit im weltmaßstab vermittels der internationalisierung des kapitals und so des globalen charakters des kapitalistischen produktionsverhältnisses unter der dominanz der usa verlangt revolutionäre initiativen, die sich direkt aus dem internationalen kontext des klassenkampfs bestimmen – aktionen im rahmen von proletarischem internationalismus. die stadtguerilla in den metropolen handelt, indem sie als teil des weltproletariats handelt, als avantgarde proletarischer politik in den metropolen.

die form, die die klassenkämpfe in england, frankreich und italien angenommen haben – relativ hohe lohnforderungen, fabrikbesetzungen, streiks gegen den staat wegen der inflation und absentismus – sind ausdruck der weigerung des proletariats, weiterhin als produktivkraft für den profit des kapitals zu fungieren.

je mehr das kapital mit dem fall der profitrate an die schranke seiner entwicklung stößt, desto schrankenloser wird der einsatz seines gewaltpotentials und wird darin dessen zweck deutlich: die massen zu organisieren gegen die in der vollständigen vergesellschaftung der produktion enthaltene tendenz zur insurrektion gegen die private aneignung, gegen verstaatlichung – das ist, verkürzt, der prozeß, in dem die herrschaft des kapitals und offener terror gegen die massen im faschismus identisch werden.

wir wollen hier kaum die geschichte der arbeiterbewegung erklären, aber man kann den begriff proletarischer politik, den standpunkt der untersten massen, nicht *real* einnehmen, wenn man nicht von der reaktion des imperialismus als eines einheitlichen systems ausgeht. von der tatsache, daß die klasse in den metropolen in der vergangenheit geschlagen wurde, in klassenkämpfen niederlagen erlitt und ihre führung korrumpiert werden konnte, weil das kapital in den kolonien superprofite machen konnte. von der tatsache, daß das proletariat in den metropolen die völker der dritten welt in ihrem kampf gegen den imperialismus allein ließ, sich als klasse aufgab und somit der bürgerlichen ideologie, rassistischer, chauvinistischer, antikommunistischer hetze erliegen *mußte*. daß es klasse nur *werden* kann, das bewußtsein seiner geschichtlichen bedingungen, klassenbewußtsein entwickeln, seine autonomie und integrität gewinnen und wiedergewinnen kann, wenn und indem es den imperialismus als einheitliches system begreifen und bekämpfen lernt – das bedeutet: sich die dimension des proletarischen internationalismus wieder erobert als bedingung seines kampfes und sieges über das imperialistische kapital im eigenen land.

auf dem höhepunkt der studentenbewegung – in den solidaritätsaktionen mit dem vietnamesischen befreiungskrieg – war das artikuliert als antizipation. ‚die rede von der weltrevolution darf in eben dem maß beanspruchen, keine mystifikation zu sein, in dem die avantgarde an den verschiedenen fronten ein bewußtsein davon hat, daß ihr einzelner kampf nur die besonderheit eines allgemeinen ist', hieß es im kursbuch 1968.

weil das proletariat der metropolen seine kämpfe ohne das bewußtsein geführt hat, nur die besonderheit eines allgemeinen zu sein, konnte es vom kapital, 1918, 1933 und in der rekonstruktionsperiode nach 45 geschlagen werden.

anders: man kann nicht zum begriff des kapitalverhältnisses kommen, wenn man den teil der welt raus läßt, den das kapital sich in seiner historischen entwicklung subsummiert hat, und seit 45 ist das kapital in seiner entwickeltsten form der multinationalen konzerne das subjekt dieser subsumption.

soviel zum ausgangspunkt der analyse. kritik an ihr könnte sich nur darauf beziehen, daß wir an einem punkt ihrer entwicklung den strategischen, den standpunkt der untersten massen – der basis der pyramide – aus den augen verlieren, was gleichbedeutend wäre, immer gleichbedeutend ist mit: die niederlage in der praxis in der theorie zu antizipieren.

ohne strategie gibt es keine taktik".

Ausführlich dokumentieren die Angeklagten anschließend an Beispielen aus dem politischen, wirtschaftlichen und militärischen Bereich die Entwicklung der BRD zu einem vollständig unter amerikanischer Kontrolle stehenden Gebiet. Weiter wird aufgezeigt, wie die westdeutsche Wirtschaft sich von 1955 bis 1966 zu einem monopolkapitalistischen System entwickelte, das sich immer mehr in den von den USA dominierten Imperialismus integriert. Es folgt eine Phase, in der es, unter dem militärischen Schutz der USA, zu einer westdeutschen Kapitaloffensive in die als Stützpunkte des Westblocks fungierenden Länder der Dritten Welt (Brasilien, Iran, Südafrika, Taiwan, Chile, Indonesien, Israel) kommt, während die westdeutsche Wirtschaft gleichzeitig durch umfangreiche amerikanische Kapitalexporte in die BRD noch stärker an die der USA gebunden wird.

„das grundsätzliche schema dieser strategie, die errichtung von subzentren, ist eine politische entscheidung des us-imperialismus aus seiner erkenntnis, daß die faschistischen counterinsurgency-programme seit dem sieg der kubanischen revolution den siegreichen vormarsch der befreiungsbewegungen nicht hatten aufhalten können, daß die kämpfenden völker der drei kontinente den übergang zu ihrer strategischen offensive vollzogen haben. das schema ist eine transformation der kolonialisierungsstrategie, die ihre ursache in den strategien der multinationalen konzerne hat, in deren entscheidungen, den kapitalexport in die metropolen und in einige subzentren zentral zu lenken, die von seinen staatsapparaten in den metropolen bis an die zähne bewaffnet werden: politisch, ideologisch, militärisch.

ökonomisch ist diese strategie der konzerne notwendig geworden, weil ein breit gestreuter kapitalexport es schließlich unmöglich macht, die sicherheit der investitionen zu garantieren – das würde von anfang an schon zu einer völligen zersplitterung des potentials der militärmaschine führen.

die counterinsurgency-aufgaben in der jeweiligen region sind jetzt zunächst die sache des subzentrums, das dabei nicht zuletzt auch seine regionalen partikularen interessen im rahmen des imperialistischen staatensystems zu sichern versucht, mit seinen anti-guerilla-truppen, die von us-militär oder auch brd-polizisten ausgebildet und beraten werden. während die ökonomische herrschaft des imperialistischen kapitals im subzentrum durch die beherrschung der schlüsselsektoren und – in wachsendem maße – durch das technologiemonopol gesichert ist, kann es der abhängigen bourgeoisie des subzentrums (tendenziell) überlassen werden, in den übrigen ländern der region projekte durchzuführen, um diese länder zu kolonisieren, wobei die finanzierung dieser projekte auch sache des subzentrums wird.

nach innen versucht die abhängige bourgeoisie des subzentrums diese aktivität zu benutzen, um den von ihr unterdrückten massen eine propaganda von ‚unabhängigkeit, selbständiger entwicklung' usw. zu verkaufen und chauvinistischen nationalismus zu erzeugen.

das ganze ist die taktische offensive der transnationalen konzerne und ihrer politischen und militärischen instrumente: konzentriert im pentagon – *aus* der strategischen defensive, in die sie, ihre profitraten, gedrängt wurden von den befreiungskriegen der völker der dritten welt".

Am zweiten Tag der Verlesung gehen die Angeklagten auf die Entstehungsgeschichte der RAF ein; sie untersuchen die Studentenbewegung der 60er Jahre, die Rolle der SPD und der Sozialistischen Internationale vor allem auf ihr Verhältnis zur Dritten Welt, die Rolle der BRD und der USA in Vietnam sowie die Gegensätze zwischen der Sowjetunion und China. Den letzten zusammenfassenden Ausführungen der Angeklagten zum proletarischen Internationalismus als Strategie sowie zur Notwendigkeit und Möglichkeit von Interventionen der Stadtguerilla, um den Initiativen des Kapitals bei dessen Versuchen der Restrukturierung zuvorzukommen, ist schließlich noch eine für die Selbstdarstellung der RAF wichtige Passage entnommen:

„die umwälzung der komplexen realität des kapitalistischen prozesses, der mit der kontinuität der entwicklung – für die kontinuität der entwicklung – die gleichgewichtsstrategie der krise, die in der substantiellen form der staatlichen gewalt *konzipiert* ist, vereint, verlangt die politisch-militärische organisation, die organisation für den bruch – für die zerschlagung der maschine.

die sprunghafte ausdehnung des kapitals (seiner kontrolle) kann ihre umwälzung nur in der sprungweisen entwicklung des angriffs finden.

bei lenin steht, das schwächste glied der kette muß zerbrochen werden, und er zeigt als schwächsten punkt der kette den, der innerhalb eines allgemeinen kapitalistischen zyklus ein besonderes stadium anbricht – hier der zyklus des multinationalen monopolkapitals und seiner internationalen konzentration.

also wenn wir die weltweite dimension der konfrontation, der krise und der kapitalistischen strategie, von der unsere bestimmung ausgeht, sehen – soll genau jetzt diese veränderung laufen: das kapital und das imperialistische staatensystem – der us-imperialismus – versucht ökonomisch, politisch und militärisch nach dem einbruch der niederlage in indochina eine allgemeine neustrukturierung. die entwicklung braucht die ökonomische krise, braucht den direkten vom staat organisierten zusammenstoß zwischen kapital und arbeit.

das *kann* – mehr ist jetzt nicht zu sagen – der schwache punkt der kapitalistischen kette werden, wenn das subjektive moment zu einem sprengenden politischen druck gegenüber der kapitalistischen organisation im staat entwickelt wird. darin, daß die unsicherheit, die labilität des hauptverhältnisses überwunden werden muß, indem es auf einer höheren entwicklungsebene gegen die massen organisiert und qualitativ verschieden durchstrukturiert werden muß, darin, daß die institutionellen, ökonomischen und politischen aspekte und selbst die struktur des staates in frage gestellt werden muß, darin liegt das schwächste glied der kette: und nicht, weil es von hier an nur zur rekonstruktion, zu einer stärkeren repressiven struktur kommen kann. nicht weil das kapital in katastrophische spannungen verstrickt ist, sondern weil es genau der punkt ist, an dem minoritäre positionen des widerstands, proletarische politik, quantitativ kleine gruppen qualitative entwicklungen auslösen können, in denen die arbeiterklasse tendenziell stärker wird, wenn das kapital gezwungen wird, sich als motor der krise, ursache von zerstörung und elend zu zeigen. wenn es in seinem ausdruck auf repression, den häßlichen staat, auf den staatlichen terror reduziert ist".

4.2. Der Tod von Ulrike Meinhof

Am Sonntag, 9. Mai 1976, wurde Ulrike Meinhof in den frühen Morgenstunden tot in ihrer Zelle gefunden. Sie hing in einer Schlinge aus Handtuchstreifen, die am Fenstergitter befestigt war. Schon knapp zwei Stunden später wurde offiziell bekannt gegeben, Meinhof habe Selbstmord durch Erhängen begangen. Bundesanwalt Kaul glaubte auch bereits den Grund zu kennen: „Spannungen innerhalb der Gruppe"; einigen von Meinhof hinterlassenen Briefen sei das eindeutig zu entnehmen[374]. Die von Prof. Dr. Rauschke durchzuführende Obduktion hatte zu diesem Zeitpunkt noch nicht begonnen.

Am selben Tag hielten die Rechtsanwälte Croissant, Schily, Heldmann, Oberwinder, Ströbele und Prof. Azzola, drei ausländische Rechtsanwälte, der westdeutsche Arzt Stöwsand und die Schwester von Ulrike Meinhof, Wienke Zitzlaff, in Stuttgart eine Pressekonferenz ab, auf der die offizielle Selbstmordthese bezweifelt wurde. Die Rechtsanwälte teilten mit, daß man ihnen, insbesondere Croissant als dem Testamentsvollstrecker Meinhofs, und der Schwester Wienke Zitzlaff eine Teilnahme an der Obduktion verweigert hatte. Sie durften die Leiche überhaupt nicht sehen. Auch die Zelle durften sie nicht besichtigen.

Die ersten von den Behörden bekanntgegebenen Fakten über die Auffindung der Leiche ergaben fünf verschiedene Versionen, die einander ausschlossen. Das von der BAW angeführte Motiv „Spannungen in der Gruppe" werteten die Anwälte aufgrund eigener Kenntnisse als Propagandalüge. Der italienische Anwalt Giovanni Capelli, der Meinhof noch zwei Tage zuvor besucht hatte, berichtete, sie habe keinen lebensmüden Eindruck gemacht, vielmehr habe sie ihm mit Vehemenz und Überzeugung die politischen Vorstellungen der Gruppe erläutert. Der Bericht, den Meinhof für die anderen Gefangenen über dieses Gespräch geschrieben hatte, das letzte von ihr gefundene Schriftstück, konnte nur als Bestätigung von Capellis Eindruck gesehen werden[375].

Am nächsten Tag hielten der Justizminister und die Staatsanwaltschaft des Landes Baden-Württemberg eine Pressekonferenz ab. Sie teilten mit, daß die Obduktion gemäß den geltenden Vorschriften durchgeführt worden war, daß die Anwesenheit dritter Personen dabei nicht gestattet sei, weiter, daß nicht mehr zu rekonstruieren sei, an welchem der vielen in der Zelle gefundenen Papiere Meinhof zuletzt gearbeitet habe (sie habe noch bis etwa 22 Uhr getippt), daß es am Tage zuvor keine besonderen Vorkommnisse gegeben habe, und daß ihnen von Spannungen in der Gruppe nichts bekannt sei. Aber selbst dann, „wenn Spannungen da waren und so weit sie da waren, waren sie ja sicher schon ältere und länger zurückliegender Natur und haben ja bisher auch nicht zu der Reaktion geführt, mit der wir uns heute beschäftigen"[376]. Auf viele wichtige Fragen blieben die Veranstalter der Pressekonferenz die Antwort schuldig.

Am Dienstag, 11. Mai, ging die Hauptverhandlung weiter. Der Senat wies den Antrag der Verteidigung, die Verhandlung wegen des Todes Meinhofs für zehn Tage zu unterbrechen, ohne Umschweife zurück. Daraufhin erklärten die Vertrauensanwälte, daß sie frühestens nach der Beisetzung Meinhofs wieder an der Verhandlung teilnehmen würden. Raspe gab eine kurze Erklärung ab (Prinzings Unterbrechungen sind weggelassen)[377]:

„ich habe nicht viel zu sagen.

wir glauben, daß ulrike hingerichtet worden ist. wir wissen nicht, wie, aber wir wissen, von wem, und wir können das kalkül der methode bestimmen. ich erinnere an herolds satz ‚aktionen gegen die raf müssen immer so abgewickelt werden, daß sympathisantenpositionen abgedrängt werden' und buback: ‚der staatsschutz lebt davon, daß sich leute für ihn engagieren. leute wie herold und ich finden immer einen weg'.

es war eine kalt konzipierte hinrichtung – wie holger hingerichtet worden ist, wie siegfried hausner hingerichtet worden ist.

hätte ulrike sich entschlossen zu sterben, weil sie als letzte möglichkeit sah, sich – revolutionäre identität – gegen die langsame zerstörung des willens in der agonie der isolation zu behaupten – hätte sie es uns gesagt, auf jeden fall andreas: so war die beziehung.

ich glaube, die hinrichtung ulrikes jetzt – in diesem moment – hat ihren grund in der kulmination – einem ersten politischen durchbruch der internationalen auseinandersetzung guerilla – imperialistischer staat bundesrepublik. darüber sprechen informationen, über die ich jetzt nicht reden will. sie liegt auf der strategischen linie aller staatlichen bewältigungsversuche seit sechs jahren: physische und moralische vernichtung der raf, und sie zielt auf die guerillagruppen in der bundesrepublik, für die ulrike eine wesentliche ideologische funktion hat.

zu sagen ist noch die ganze zeit, die ich die beziehung zwischen ulrike und andreas kenne – und ich kenne sie seit sieben jahren – war ihr signal intensität und zärtlichkeit, sensibilität und genauigkeit.

und ich glaube, daß es genau dieser charakter der beziehung war, aus dem ulrike die acht monate trakt durchgehalten hat.

es war eine beziehung, wie sie sich zwischen geschwistern entwickeln kann – orientiert an einem identischen ziel, als funktion dieser politik.

so war sie frei – weil freiheit nur möglich ist: im kampf um befreiung.

es gab in diesen jahren in ihrem verhältnis keinen bruch. er wäre nicht möglich gewesen, weil es bestimmt war über die politik der raf.

und wenn in der gruppe überhaupt grundsätzlich widersprüche entstanden sind, waren sie definiert durch konkrete praxis. in dem theoretischen arbeitsprozeß, wie er im gefängnis nur möglich ist, können sie aus der identischen situation des kampfes und der geschichte der gruppe keine basis haben. daß das genauso war, beweisen die diskussionen, ulrikes briefe und manuskripte bis zum freitag abend. sie drücken den wirklichen charakter dieser beziehung aus.

jetzt ‚spannungen', ‚entfremdung' zwischen ulrike und andreas, zwischen ulrike und uns zu behaupten, um mit dieser primitiven und dunklen infamie das projekt der hinrichtung ulrikes der psychologischen kriegsführung verfügbar zu machen: das ist buback. und es ist bubacks dummheit: keiner dieser versuche hat bis jetzt zu was anderem geführt als zum immer deutlicheren begriff der reaktion in der bundesrepublik als faschismus".

Den letzten Satz konnte Raspe nicht mehr vortragen, weil ihm „wegen fortgesetzter Beleidigung des Generalbundesanwalts" das Wort entzogen worden war.

Ensslin verlas vor Gericht einen Bericht, den sie geschrieben hatte, nachdem allen Mitangeklagten mitgeteilt worden war, daß Meinhof tot sei[378]. Die vier Angeklagten hätten am Samstagmittag noch wie gewöhnlich Umschluß gehabt, über Texte von Gramsci und Lenin diskutiert und – was vom Anstaltspersonal auch bestätigt wurde – wie üblich gelacht, berichtete Ensslin. Anschließend hätten sie noch abgesprochen, was für Montag vorzubereiten war und daß am Sonntag ein von Meinhof zu schreibendes Papier diskutiert werden sollte. Noch gegen 22 Uhr habe sie sich mit Meinhof durchs Zellenfenster darüber unterhalten, daß den Geräuschen nach zu schließen ein Hubschrauber gelandet sein müsse, was seit Monaten nicht mehr vorgekommen war. Nachts sei sie dann noch einmal von Musik aus Meinhofs Zelle geweckt worden, was schon häufiger geschehen sei.

Baader erhielt keine Möglichkeit, eine Erklärung abzugeben, da er sich weigerte, das, was er zu sagen hatte, in den formalen Rahmen einer ergänzenden Begründung des von der Verteidigung eingereichten Antrags auf Unterbrechung der Verhandlung zu kleiden.

Die meisten westdeutschen Zeitungen erschienen in jenen Tagen wegen eines Druckerstreiks nicht; die Öffentlichkeit war also auf Informationen aus Radio und Fernsehen angewiesen. Als die Zeitungen wieder normal erschienen, stellte sich heraus, daß BAW oder BKA der Presse eine Reihe von Fragmenten aus undatierten Briefen von Meinhof und Ensslin zugespielt hatte, denen entnommen werden konnte, daß es zwischen beiden erhebliche Spannungen gegeben hatte. Diese Ausschnitte wurden mit den entsprechenden Kommentaren in allen großen Zeitungen und später auch in der Illustrierten „Stern" wiedergegeben. Eventuelle Zweifel an der offiziellen Selbstmordthese wurden damit in den Bereich des Absurden gerückt. Die Verteidiger versuchten, dieser Diffamierung zu begegnen, indem sie der Presse die Briefe, aus denen die Fragmente stammten, komplett fotokopiert zur Verfügung stellten und indem sie darauf hinwiesen, daß die Fragmente aus einer über Jahre hinweg auf einige tausend Blatt angewachsenen Korrespondenz stammten und keinesfalls jüngeren Datums waren bzw. aus dem Nachlaß stammten, wie die BAW behauptet hatte. Späteren Briefen sei eindeutig zu entnehmen, daß Meinhof und Ensslin die früher tatsächlich vorhandenen persönlichen Spannungen auf die damals noch nicht erkannten Auswirkungen der Isolationshaft zurückführten.

Sechs Wochen vor ihrem Tod hatte Ulrike Meinhof einem anderen Gefangenen aus der RAF noch geschrieben:

> „folter ist ne waffe im krieg, den die counter-insurgency-maschine aus bka, bundesanwaltschaft, justiz, vollzug, regierung, gegen uns führt. psychiatrisch durchkonstruierte folter die methode der sozialdemokratie. die verwissenschaftlichung der waffen die methode des imperialismus in der defensive. der legitimationsverlust des systems erzwingt unterschleichungsmethoden, methoden der manipulation. gegenüber der öffentlichkeit machen sie das, indem sie – so war das geplant – uns heimlich vernichten, um uns – kretinisiert – vorzuführen, so daß die leute denken müssen, weil sie nicht wissen, was dazwischen liegt – die folter – wir wären so: kretins. die tücke ist, daß wo wir selbst nicht begreifen, was mit uns gemacht wird, das ding auch läuft. so war es im turm – wie überhaupt in berlin die counter-insurgency-methoden durchexerziert worden sind, in westdeutschland dann perfektioniert – so war es mit gudrun und mir".

Die westdeutsche Presse ignorierte das von den Anwälten zur Verfügung gestellte Material völlig. Stattdessen erschienen die von der BAW oder dem BKA als „bisher unbekannte Dokumente" gelieferten Fragmente am 9. bzw. 10.5.77 erneut in den Tageszeitungen „Hamburger Morgenpost" und „Frankfurter Rundschau": In groß aufgemachten Artikeln versuchte Ulrike Meinhofs früherer Ehemann Klaus Rainer Röhl die „Stammheimer Mord-Legende" aus der Welt zu schaffen und Meinhofs Mitangeklagte für ihren Tod direkt verantwortlich zu machen.

Auf den ersten Blick mutet es merkwürdig an, daß – selbst in den Überschriften dieser Artikel – von der „Mord-Legende" die Rede ist. Schließlich galt die Selbstmordthese in der westdeutschen Presse als zweifelsfrei bewiesen. Nicht nur die offizielle Obduktion der Leiche hatte diese These bestätigt, auch die im Auftrag von Wienke Zitzlaff durchgeführte Nachobduktion hatte keine Anhaltspunkte für eine andere Interpretation der Todesursache ergeben, wenn auch berücksichtigt werden muß, daß die zweite Obduktion nicht vollständig sein konnte, weil die bei der ersten Obduktion vorgenommenen Eingriffe nicht mehr rückgängig zu machen und bestimmte Untersuchungen deshalb auch nicht mehr nachzuholen waren.

Tenor und Tendenz der Artikel deuteten jedoch klar darauf hin, daß mit den „bisher unbekannten Dokumenten" vor allem das Ziel verfolgt wurde, Anwälte, Sympathisanten und kritische ausländische Stimmen zum Schweigen zu bringen. In den zwölf Monaten seit Ulrike Meinhofs Tod war es in der BRD und anderen westeuropäischen Ländern nicht nur zu vielen teils gewalttätigen Demonstrationen und zu Bombenanschlägen auf westdeutsche Einrichtungen gekommen, es waren auch Komitees gebildet und Pressekonferenzen abgehalten worden. Im April 77 hatte ein RAF-Kommando „Ulrike Meinhof" den GBA Buback auf offener Straße erschossen. Im Ausland waren die von den Anwälten aufgezeigten Widersprüche, Ungereimtheiten und ungeklärten Fragen zum Tod von Ulrike Meinhof bekannt geworden, die die Zweifel an der Selbstmordversion verstärkten. Dies alles, so „Frankfurter Rundschau" und „Hamburger Morgenpost", „obwohl der ‚Spiegel', der für seine sorgfältigen Recherchen bekannt ist, alle diese Behauptungen in seiner Ausgabe Nr. 35/76 widerlegte(...)".

Es ist von politischem und geschichtlichem Interesse, ob eine politische Gefangene sich selbst tötet oder ob sie ermordet wird, selbst wenn eine Selbsttötung angesichts vernichtender Haftbedingungen ebenso ein staatliches Verbrechen wäre wie ein gedungener Mord. Auch aus diesen Überlegungen entschloß sich das Internationale Komitee für die Verteidigung politischer Gefangener in Westeuropa (IVK), in dem ich die niederländische Sektion vertrat, im August 1976 zur Bildung einer internationalen Untersuchungskommission aufzurufen. Unter Aufsicht dieser Kommission, der 14 prominente westeuropäische Persönlichkeiten angehörten[379], wurden zwei Jahre lang teils überaus mühsame Nachforschungen betrieben. Die westdeutschen Behörden waren nicht zur Mitarbeit bereit, sie behinderten dafür die Arbeit der Kommission[380]. Dennoch machte die Kommission – allein schon bei der genauen Betrachtung des zur Verfügung stehenden offiziellen Untersuchungsmaterials – zahlreiche beunruhigende Entdeckungen. Eine dieser Entdeckungen wurde erstmals in einer Pressemitteilung am 7.5.77 anläßlich des ersten Todestages von Ulrike Meinhof publiziert:

> „Die Obduktionsgutachten weisen aus, daß den Obduzenten ein bereits verfälschtes Strangwerkzeug vorgelegt worden ist. Bei der Erstbesichtigung der Leiche hing diese in einer Schlaufe von ca. 80 cm Länge, die einen Kreisdurchmesser von ca. 26 cm aufwies. Dem Obduzenten wurde aber eine Schlaufe von nur 51 cm vorgelegt. In einer Schlaufe dieser Länge ist ein Erhängungsvorgang vorstellbar. Sie schließt sich eng um den Hals, der Kopf kann aus ihr nicht herausfallen. Tatsächlich aber – die vorgelegten Photografien und die Maßangaben bei der Erstbesichtigung bestätigen dies – war die Schlaufe so groß, daß bei eintretender Bewußtlosigkeit der Kopf durch das Körpergewicht aus der Schlaufe herausfallen mußte. Dieses Problem konnte vom Gutachter durch die Kürzung des vorgelegten Strangwerkzeugs nicht erkannt werden. Deshalb wurde eine völlig willkürliche Darstellung bei den Einzelheiten über den angeblichen Selbstmord gegeben".

Dieser weit verbreitete Pressebericht wurde von den westdeutschen Medien vollständig ignoriert, und auch die übrigen westeuropäischen Medien widmeten ihm so gut wie keine Aufmerksamkeit.

Dasselbe Schicksal war dem erst im Januar 1979 im französischen Verlag Maspero herausgegebenen Abschlußbericht der Kommission beschieden[381]. Zu berücksichtigen bleibt dabei jedoch, daß der Tod von Ulrike Meinhof inzwischen durch die „Selbstmorde" ihrer drei Mitgefangenen Andreas Baader, Gudrun Ensslin und Jan Carl Raspe überschattet wurde (siehe Kap. VIII, 5). In ihrem 80 Seiten umfassenden Abschlußbericht, in dem das medizinische und kriminalistische Untersuchungsmaterial analysiert wird, kam die Kommission zur Untersuchung des Todes von Ulrike Meinhof zu folgenden Schlußfolgerungen:

„Die Behauptung der staatlichen Behörden, Ulrike Meinhof habe sich durch Erhängen selbst getötet, ist nicht bewiesen, und die Ergebnisse der Untersuchungen der Kommission legen den Schluß nahe, daß sich Ulrike Meinhof nicht selber erhängen konnte.

Die Ergebnisse der Untersuchungen legen vielmehr den Schluß nahe, daß Ulrike Meinhof tot war, als man sie aufhängte, und daß es beunruhigende Indizien gibt, die auf das Eingreifen eines Dritten im Zusammenhang mit diesem Tode hinweisen.

Die Kommission kann keine sichere Aussage über die Todesumstände von Ulrike Meinhof machen. Trotzdem ist jeder Verdacht gerechtfertigt angesichts der Tatsache, daß die Geheimdienste – neben dem Gefängnispersonal – Zugang hatten zu den Zellen des 7. Stocks, und zwar durch einen getrennten und geheimen Eingang“[382].

Auch englische Ärzte kamen aufgrund ihrer Analyse der Obduktionsgutachten zu der Schlußfolgerung, daß Ulrike Meinhof nicht durch Selbsterhängung zu Tode gekommen sein konnte; die festgestellten Widersprüche seien jedoch erklärbar, wenn man von Fremdeinwirkung, wahrscheinlich Tod durch Erwürgen, ausgehe:

„Die behördliche Obduktion erwähnt in dem Bericht, daß Ulrike Meinhofs Leichnam mit der linken Ferse immer noch auf dem Stuhl ruhend gefunden wurde, auf den sie angeblich gestiegen war, um sich zu erhängen. Mit anderen Worten, ein ‚Fallen' des Körpers aus nennenswerter Höhe hat nicht stattgefunden. Wenn dies Selbstmord war, dann hätte die Todesart mit höchster Wahrscheinlichkeit Tod durch Asphyxie, durch Erstickung, sein müssen, und nicht die häufigere Ausrenkung des Rückgrats im Bereich der oberen Halswirbel, wie sie beim gerichtlichen Tod durch den Strang erfolgt (Tatsächlich waren die Halswirbel nicht gewaltsam verschoben – Anm. d. Übers.). Eines der wichtigsten Kennzeichen der Strangulationsaphyxie ist die Verhinderung des Rückfließens von Blut aus dem Kopf.

Das Merkmal einer solchen Verhinderung ist das Vorhandensein von Blutungen in den Augenbindehäuten. Beide Obduktionsbefunde erwähnen, daß keine solchen Blutungen gefunden wurden.

Noch auch war in den Befunden das Vorquellen der Augen oder der Zunge oder Cyanose (blaue Verfärbung) des Gesichtszustandes zu finden, wie sie beim Erstickungstod allgemein zu sehen sind.

Obwohl das Zungenbein an der Zungenwurzel gebrochen war, fand sich keine Quetschung am Hals im Bereich der Einschnürung, die der ‚Handtuchstrick' gemacht hatte, mit dem sich die Gefangene angeblich erhängt haben soll. Diese negativen Befunde sind, um das allermindeste zu sagen, ungewöhnlich für einen Tod durch Asphyxie. Hingegen passen sie ins Bild des Todes durch Behinderung des Vagus, d.h. Tod durch Druck auf die Carotis (Halsschlagader), der als Reflex zum Stillstand des Herzens führen kann“[383].

Auch der österreichische Professor für Pathologie und Anatomie, Prof.

Dr. Jarosch, Direktor des Gerichtslaboratoriums in Linz, kam zu der Schlußfolgerung, daß es aufgrund des Obduktionsgutachtens nicht gerechtfertigt war, davon auszugehen, daß Meinhof vor der Aufhängung noch lebte. Gleichzeitig schloß er einen Tod durch Ersticken mit Sicherheit aus[384]. Sein Sekundärgutachten wies eindeutig in Richtung Tod durch Erwürgen.

Der westdeutsche Neurologe und Psychiater Dr. H. J. Meyer kam nach dem Studium des gesamten zur Verfügung stehenden Untersuchungsmaterials unter allen der Kommission vorgelegten Gutachten zu der eindeutigsten Schlußfolgerung: Zum Zeitpunkt der Aufhängung lebte Meinhof schon nicht mehr:

„Das Erhängungswerkzeug (die Schlaufe) war nicht, wie es im Obduktionsbericht heißt, 26 und 25 cm (51 cm) lang. Tatsächlich gibt Prof. Rauschke in seinem Bericht von der rechtsmedizinischen Leichenschau, die zwei Stunden vor der Obduktion stattfand, als Maß zweimal 34 cm (68 cm) an. Der Strang ist also zwischen den beiden Messungen verkürzt worden.

Die erstgenannte Messung (51 cm) wurde vorgenommen, nachdem der Strang beim Herunternehmen der Leiche durchtrennt worden war. Der Schnitt wurde im Abstand von 1 cm vom Aufhängepunkt am Fenstergitter gemacht. Die 26 und 25 cm sind also die Maße der Strangstücke vom nicht geöffneten Doppelknoten bis zur Schnittstelle. Die zweitgenannte Messung (68 cm), die vorgenommen wurde, während die Leiche noch hing, ist eine mit 2 multiplizierte (gerade) Strecke: der Abstand zwischen dem Aufhängepunkt des Stranges am Gitter und dem Doppelknoten, der die Schlaufe unter dem Kinn zusammenschloß.

Allerdings gibt dieses Maß immer noch nicht die ursprüngliche Länge der Schlaufe an, denn es berücksichtigt den tatsächlichen Verlauf der Schlaufe um den Hals nicht. Um diese Länge zu erhalten, muß man an jeder Seite bis zu 6 cm hinzurechnen, also bis zu 12 cm. Die ursprüngliche Schlaufe maß also ungefähr 80 cm (68 und 12 cm). In solch einer Schlaufe wurde Ulrike Meinhof aufgehängt.

Indem man den Gutachtern eine Schlaufe von 51 cm Umfang vorlegte, d.h. eine um einen Anteil von 29 cm (80 – 51 cm) verkürzte Schlaufe, hinderte man sie daran, überhaupt die Problematik der Aufhängung von Frau Meinhof zu erkennen und führte sie in die Irre. Dadurch kamen Mallach und Rauschke zu ihrer Darstellung des Erhängungsvorganges, die nur unter der Voraussetzung, daß die Schlaufe so kurz war, wie sie bei der Sektion vorlag – 51 cm – richtig war"[385].

Aufgrund obiger Befunde kam Meyer zu folgenden Überlegungen:

„Eingangs wurde bereits darauf hingewiesen, daß die Erhängungssituation dadurch falsch dargestellt worden ist, daß man die Schlaufe, in der Ulrike Meinhof hing, um 29 cm verkleinert hat. Tatsächlich wurde Ulrike Meinhof in eine Schlaufe gehängt, die einen Umfang von 80 – 82 cm hatte und demgemäß einen Kreisdurchmesser von 26 cm. Jedermann kann sich leicht davon überzeugen, daß eine Schlaufe von diesem Durchmesser leicht über den Kopf gestreift werden kann und daß man den Kopf ebenso leicht wieder herausziehen kann. Tatsächlich handelt es sich bei einer solchen Schlaufe im Prinzip um nichts anderes als um eine Glissonschlinge, deren Anwendung in der Medizin sehr verbreitet ist und bei der keine Gefahren bestehen. Um sich in ihr zu erhängen, muß man den Kopf nach vorne nehmen und das Kinn auf die Brust führen, weil sonst die Schlinge keinen Halt für den Körper hat. Diese Kopf- und Kinnhaltung kann man jedoch nur so lange beibehalten, als man noch bei Bewußtsein ist. Mit Eintritt der Bewußtlosigkeit aber sind Willkürbewegungen nicht mehr möglich, der Muskeltonus verschwindet in zunehmendem Maße, und die so hängende Person fällt aus der Schlinge heraus, gemäß dem Zug, den der hängende Körper auf den Kopf ausübt. Der Kopf würde nach hinten geneigt, die Schlinge würde das Kinn und den Kopf ebenfalls nach oben drücken. Damit wäre eine Fixierung der Schlinge am Hals nicht mehr möglich. Die Schlinge würde auch keine Strangulierungsmarke wie die, die bei U. M. bestand, hervorrufen können, denn sie liegt um den vorderen Teil des Halses und würde sich über den seitlichen Halsteil frei hinwegspannen, weil sie auseinandergehen muß, denn sie wird nicht um den Hinterkopf herumgeführt. Sie könnte wahrscheinlich noch nicht einmal zur Drosselung der Blutgefäße führen.

Ganz anders liegen die Verhältnisse, wenn die Schlinge nur einen Umfang von 51 cm hat. Dann kann der Kopf nicht mehr durchgesteckt werden und ebenfalls nicht mehr herausfallen. Der Aufhängepunkt liegt dann auch nicht mehr in der Höhe des Hinterkopfes, sondern hinter dem Hals, führt tatsächlich zu einer tiefen Strangmarke auch seitlich am Hals. Dieser Eindruck wurde den Gutachtern auch durch die Verkürzung des Schlaufenumfanges erweckt. Er entspricht aber nicht den tatsächlichen Gegebenheiten.

Die Aufhängung in einer so weiten (80-82 cm) Schlinge ist nach dem oben Ausgeführten nicht nur ein wenig taugliches Mittel zur Erhängung eines Menschen, sondern ist auch nicht geeignet dazu, eine Leiche stundenlang in der Hängelage zu halten, denn sie würde nach den gleichen physikalischen Gesetzen aus der Schlinge herausfallen wie der lebende Mensch, soweit er bewußtlos ist. Eine einigermaßen sichere Aufhängung ist nur dann möglich, wenn man die Totenstarre dazu benutzt, den Kopf in eine Haltung zu bringen, durch die die Schlaufe nicht mehr abgestreift werden kann. Man muß dazu den Kopf ganz leicht nach vorne nehmen und vor allem das Kinn auf die Brust führen, so daß Kinn und Hals eine Rinne bilden, in der der Strick liegen kann, ohne den Kopf herauszuwerfen. Mit Hilfe der Totenstarre lassen sich die Kopfhaltungen imitieren, die es dem lebenden, noch nicht bewußtlosen Menschen auch ermöglichen, in der Schlinge zu hängen. Diese Erhängung ist einigermaßen stabil, solange die Totenstarre anhält, kann aber in der Zeit der Tonuserschlaffung vor Eintritt der Leichenstarre nicht bestanden haben. Im Fall der U. M. scheinen denen, die sie erhängt haben, auch Zweifel an der Stabilität der Aufhängung gekommen zu sein. Jedenfalls haben sie die Aufhängung dadurch stabiler gemacht, daß sie den linken Fuß der Leiche auf den vor ihr stehenden Stuhl aufsetzten. In der Leichenstarre wirkt das ausgestreckte Bein wie ein Holzstab, mit dem man ein darüberliegendes Gewicht stützen kann. Dadurch wurde ein Teil des Körpergewichts abgestützt und die Zugkraft des hängenden Körpers vermindert. Weiterhin wurden die Schultern der Leiche nach vorn genommen, sodaß das Gegengewicht gegen die Zugkraft vergrößert wurde. Daß das linke Bein erst im Zustand der Leichenstarre auf den Stuhl gesetzt wurde, erkennt man daran, daß der Fuß in seiner normalen Haltung geblieben ist. Hätte er unmittelbar nach dem Tode bereits so gestanden, dann wäre im Stadium der Tonusaufhebung der Fuß umgeknickt und durch die Leichenstarre in dieser Haltung fixiert worden. Das war aber nicht der Fall.

In dem Arrangement von Leiche, Stuhl und Stuhlunterlagen hat der Stuhl eine Stützfunktion für die Leiche. Das erkennt man auch daran, daß außer der Matratze noch Wolldecken unter den Stuhl gelegt wurden, damit das Podest die genügende Höhe für das linke Bein bekam. Daß diese Stützfunktion auch wirkte, erkennt man im übrigen auch daran, daß die rechte Stuhlseite deutlich tiefer steht als die linke, neben der der rechte Fuß herunterhängt.

Was das Erhängungswerkzeug selbst betrifft, erscheint es ganz klar, daß ein Strang von solcher Länge (80 cm für die Schlaufe, ohne den Doppelknoten und die beiden freien Enden mitzurechnen, die für unsere Darstellung nicht erwähnt zu werden brauchten) nicht aus einem Streifen, der von einem Handtuch von 75 cm Länge abgerissen worden war, ohne eine Naht hergestellt werden konnte. Dies ist ein weiterer Punkt, in dem die offizielle Berichterstattung fragwürdig ist. Und das zerschnittene Handtuch sowie seine Lage über dem Fensterrahmen unmittelbar links von der Leiche hatten ja wohl den Zweck, bei der Auffindung der Leiche den Eindruck des Selbstmordes zu verstärken. Dieser Eindruck würde sofort durch die Kenntnis der Maße des Strangwerkzeuges zerstört.

Merkwürdigerweise hat niemand daran gedacht, die Länge des Strangwerkzeuges zu messen. Rauschke begnügte sich mit der Messung eines Abstandes. Bei keiner amtlichen Erwähnung der Maße des Strickes wird eine Stricklänge genannt, die größer als 73 cm ist"[386].

Von den vielen im Abschlußbericht der Kommission aufgeführten Widersprüchen und Ungereimtheiten der kriminalistischen Untersuchung werden hier zur Illustration nur drei Beispiele genannt:

Der als Strangwerkzeug dienende Handtuchstreifen war ohne geeignete Hilfsmittel nicht an dem Fenstergitter zu befestigen.

'Das Maschengitter hat Quadrate von 9mm/9mm – es ist unmöglich, ohne Hilfsinstrument einen derartigen Streifen durch das Gitter nach außen, um eine Strebe herum und wieder nach innen zu ziehen. Ein dazu geeignetes Instrument, wie Pinzette zum Beispiel, wurde nicht gefunden...

Um den gedrehten Strick durch das Gitter wieder nach innen ziehen zu können, ist eine Pinzette notwendig. Mit keinem anderen Instrument (wie Gabel/Löffel) klappt es, da die Quadrate zu klein sind' (Aus den Mitteilungen der Stammheimer Gefangenen).

Zum Bericht der Kriminal-Technischen Untersuchungsstelle (KTU) Stuttgart vom 11.5.76 bemerkte Jürgen Saupe: „Zum Strangwerkzeug: Die Kripo findet in der Zelle 719 (in der Ulrike Meinhof starb, Anm.d.Übers.) unter anderem zwei blaukarierte Handtücher. Eines ist 45 mal 75 cm groß und zeigt 'Fremdanhaftung'. Ein zweites – offenbar ohne 'Fremdanhaftung', also sauber – ist 38 mal 75 cm groß. Von seiner 'Breitseite', so die kriminaltechnische Untersuchungsstelle Stuttgart, 'wurde ein Streifen abgeschnitten. Bei dem abgeschnittenen Streifen dürfte es sich mit Sicherheit um das Tatmittel handeln'. Wenn man davon ausgeht, daß die Anstaltshandtücher alle gleich groß sind, so wäre ein 7 cm breiter Streifen von dem zweiten Handtuch abgetrennt worden[387]. Da das Strangwerkzeug aber nur 4 cm breit ist, fehlt ein 3 cm breiter Handtuchstreifen. In der Zelle wurde er nicht gefunden. Gefunden wurden in der Zelle von Frau Meinhof als einzige Schneidewerkzeuge eine Schere und ein Besteckmesser. Bei der kriminalistischen Untersuchung konnten an beiden keine Textilfasern nachgewiesen werden[388,389].

Bei der am 10.5.76 stattfindenden Untersuchung von Meinhofs Zelle hatte man in der Schreibtischlampe eine Glühbirne mit Spuren von Fingerabdrücken gefunden und an die kriminaltechnische Untersuchungsstelle des BKA geschickt[390]. Tags zuvor hatte Renate Frede, Assistentin zur Anstellung im Strafvollzugsdienst, bei ihrer ersten Vernehmung durch die Kripo erklärt:

„Entsprechend der Anordnung der VZA (Vollzugsanstalt – BS) Stammheim habe ich gestern abend um 22 Uhr die Zelle der Frau Ensslin und der Frau Meinhof geöffnet, um mir wie jeden Tag die Neonröhren und Glühbirnen von den Beleuchtungskörpern in den Zellen geben zu lassen"[391].

In Meinhofs Zelle hätte also keine Glühbirne sein dürfen. Den Widerspruch, den die Anwälte so bald wie möglich öffentlich bekannt machten, erklärten die staatlichen Behörden mit der Vermutung, Meinhof müsse die Glühbirne versteckt gehalten haben. Fest steht, daß Meinhof – einmal angenommen, sie habe sich selbst erhängt – die Lampe im entscheidenden Augenblick nicht benutzt haben kann, da am Morgen des 9.5.76 kein Licht in ihrer Zelle brannte[392]. Bedeutungsvoller ist jedoch das Ergebnis der daktyloskopischen Untersuchung: Es handele sich zwar um „Fragmentabdrücke, die nicht für Identifikationszwecke geeignet sind", dennoch sei festzustellen, daß Vergleiche mit Fingerabdrücken von Meinhof „keine Anhaltspunkte für Übereinstimmung" ergeben hätten[393].

Das letzte Beispiel betrifft die Kleidung der Verstorbenen. Der Journalist Jürgen Saupe berichtet in der linken Monatszeitschrift „Konkret" im September 1976 unter der Überschrift „Fakten zum Vorwurf Mord":

„Aus den Protokollen der Vernehmungen und Aussagen von Gudrun Ensslin geht hervor, daß Ulrike Meinhof am Abend mit einer verwaschenen Jeanshose und einer roten Bluse bekleidet war. Als man sie erhängt fand, trug sie eine schwarze Cordhose und eine graue langärmelige Baumwollbluse. So bleiben zwei Fragen: 1. Warum zieht sich jemand um, der sich aufhängen will? 2. Warum wurde von Kripo und Staatsanwaltschaft nicht festgestellt, wo die von Ulrike Meinhof am Abend getragenen Kleidungsstücke geblieben sind?"[394].

Nach der Wiedergabe der Sekundäranalysen der medizinischen und kriminalistischen Untersuchungsunterlagen findet sich im Abschlußbericht der Kommission folgendes Zwischenergebnis:

„Aus der Zusammenschau der aufgeführten und von uns belegten Widersprüche, Fakten und Indizien sowohl auf der medizinischen wie auf der kriminalistischen Ebene muß Selbstmord als Todesursache ausgeschlossen werden. Selbst ein deutsches Gericht erkannte an, daß die logische Konsequenz aus der Zusammenstellung dieser Fakten, die zu ziehen jeder durchschnittliche Leser fähig wäre, die Erhebung des Mordvorwurfs sein müßte[395]. Es wies mit dieser Begründung den Anspruch auf Gegendarstellung zurück, den Jürgen Saupe gegen die ‚Bunte' geltend machen wollte, da diese in der Ausgabe vom 4. 11. 76 behauptet hatte, Jürgen Saupe habe ‚noch in der Septembernummer des linksradikalen Magazins ‚konkret' zu beweisen versucht, daß Ulrike Meinhof in ihrer Zelle ermordet worden sei'. Das Gericht ging damit in seinen Schlußfolgerungen weiter als Saupe selbst, der nach eigenem Verständnis in seinem Artikel ‚Fakten zum Vorwurf Mord' ‚lediglich auf Nachlässigkeiten, Widersprüche und Ungereimtheiten bei den Ermittlungen der Todesursache von Ulrike Meinhof' hinweisen wollte. Das Resultat der dargelegten Untersuchungen ist notwendigerweise die Annahme, daß Ulrike Meinhof aufgrund von Fremdeinwirkung starb. Hiermit wird die Frage zentral, wer in der Nacht vom 8. auf den 9.5.76 Zugang zur Zelle von Ulrike Meinhof gehabt haben könnte; eine Frage, der die Staatsanwaltschaft zu keinem Zeitpunkt ihrer Ermittlungen nachgegangen ist"[396].

Eine Beantwortung der letzten Frage muß spekulativ bleiben, da es bis heute an eindeutigen Indizien fehlt. Anfänglich wußte man nicht mehr, als daß mehrere zu den Zellentüren der Angeklagten passende Schlüssel im Umlauf waren und daß – einem der beiden in jener Nacht diensttuenden Wachbeamten zufolge – die Tür zwischen dem Dienstraum der Beamten und dem Gang, an dem die Zellen der Angeklagten lagen, nachts normalerweise verschlossen war[397].

Am 17.3.77 gaben der Justizminister und der Innenminister des Landes Baden-Württemberg, Bender und Schieß, auf einer Pressekonferenz öffentlich zu, daß mehrmals seit 1975 im 7. Stock des Stammheimer Gefängnisses Gespräche zwischen Verteidigern und Angeklagten abgehört worden waren (siehe Kap. VIII.2). Die Angeklagten hatten übrigens schon zu Beginn der Hauptverhandlung erklärt, ihnen sei bekannt, daß ihre Gespräche untereinander und mit den Verteidigern abgehört würden – was damals noch „als die übliche Propaganda gegen die BRD" abgetan worden war. Die nicht weiter beschriebene Abhöranlage war ohne Wissen des Anstaltspersonals von einem Agenten des Bundesnachrichtendienstes (BND) in Zusammenarbeit mit dem Bundesamt für Verfassungsschutz installiert worden. Damit stand fest, daß zumindest die genannten Geheimdienste ungehinderten und unkontrollierten Zugang zum 7. Stock hatten, in dem die Angeklagten untergebracht waren.

Die Angeklagten und ihre Verteidiger brachten diese nun offiziell bestätigten Fakten mit einer direkt neben Meinhofs Zelle liegenden normalerweise unbenutzten Tür in Verbindung, die zu einer Feuertreppe führte, welche wiederum in einem Innenhof des Gefängniskomplexes begann. Bereits unmittelbar nach dem Tod von Ulrike Meinhof hatten die Anwälte vergeblich versucht, das Vorhandensein dieser Tür in der Öffentlichkeit bekannt zu machen.

Hierzu folgendes aus einem internen Papier („die facts") zum Tode von

Ulrike Meinhof, das die drei verbliebenen Angeklagten Mitte Mai 1976 den Verteidigern überließen: „ – der hubschrauber am samstagabend. (dazu ist auch wichtig: unmittelbar neben den zellen von 4 und 9 ist ein treppenhaus, das – jedenfalls hier im 7. stock – nicht benutzt wird)“.

Der Verdacht ging dahin, daß am Samstagabend ein spezielles Killerkommando mit einem Hubschrauber in der Nähe des Stammheimer Gefängnisses gelandet und dann in der Nacht zum Sonntag unbemerkt über den Innenhof, die Feuertreppe und durch die „normalerweise nicht benutzte“ Tür in den 7. Stock und in Meinhofs Zelle gelangt war.

Auch im März 1977, nach dem ministeriellen Eingeständnis des Abhörskandals, sahen sich die Medien nicht veranlaßt, diese Tür in ihren Berichten zu erwähnen, ebensowenig wie im Oktober 1977, als Schily auf einer Pressekonferenz am 19. 10. 77 nach dem Tod von Baader, Ensslin und Raspe zum drittenmal nachdrücklich auf das Vorhandensein dieser Zugangsmöglichkeit verwies[398].

Erst am 4. 11. 77 war in der „Frankfurter Rundschau“ zu lesen:

> „Bei einer Ortsbesichtigung des Zellentrakts im 7. Stock der Vollzugsanstalt, in dem die Terroristen inhaftiert waren, entdeckten die baden-württembergischen Landtagsabgeordneten eine zweite Tür, die direkt vom ‚Umschlußraum‘, wo sich die Gefangenen treffen konnten, in den Gefängnishof führt. Es handelt sich um die Tür zu einer Feuertreppe mit Türen in jedem Stockwerk, die allerdings von innen gar nicht und von außen nur mit einem besonderen Schlüssel geöffnet werden können. Sollte diese Tür zum 7. Stock doch geöffnet werden, so schrillt eine Alarmanlage, die aber – wie eingeräumt wurde – auch abgestellt werden kann. Die Tür zur Feuertreppe, die in den Zellenflur, der auch als ‚Umschlußraum‘ diente, mündet, konnte nicht vom normalen Wachraum eingesehen werden, in dem sich das Wachpersonal auch während der Nacht zum 18. 10. aufhielt. Bisher war immer versichert worden, es gäbe nur einen Zugang zum 7. Stock“[399].

Schon vor dem Bekanntwerden der Abhöraffäre in Stammheim waren die westdeutschen Geheimdienste sowie der für sie verantwortliche Bundesinnenminister Maihofer anläßlich des sogenannten Lauschangriffs auf den Atomwissenschaftler Dr. Klaus Traube ins Gerede gekommen.

Am 26.2.77 hatte der „Spiegel“ einen gut dokumentierten Artikel veröffentlicht, in dem über einen in der Sylvesternacht 1976/77 vom westdeutschen Geheimdienst verübten Einbruch in die Wohnung Traubes berichtet wurde. Die Einbrecher hatten dort Abhörgeräte installiert. Wenige Wochen danach sei dann erneut eingebrochen worden, um die Geräte wieder zu entfernen, da das Abhören zu keinem Ergebnis geführt hatte[400]. Der „Spiegel“ hatte die Informationen offensichtlich von Personen erhalten, die mittelbar oder unmittelbar mit dem Staatsschutz zu tun hatten. Anlaß für den rechtlich unzulässigen „Lauschangriff“, der Maihofers Zustimmung hatte, war die Befürchtung, Traube könne in eine zu erwartende Befreiungsaktion für Gefangene aus der RAF verwickelt sein.

Diese Befürchtung stützte sich auf das Wissen um die freundschaftliche Beziehung Traubes zu einer Rechtsanwältin, die früher Gefangene verteidigt hatte, die mit der RAF in Verbindung gebracht wurden, und über die Traube im Herbst 1975 mit Hans Joachim Klein in Kontakt kam. Klein war später untergetaucht und hatte Ende Dezember zu dem aus Palästinensern, Lateinamerikanern und Westdeutschen zusammengesetzten Kommando gehört, das die in Wien tagenden OPEC-Minister für kurze Zeit als Geiseln nahm.

Wochenlang war die Berichterstattung über den „Fall Traube" auf den Titelseiten zu finden; auch wurde heftig über eine eventuelle Kabinettskrise spekuliert, unter anderem wegen zahlreicher sich einander widersprechender Erklärungen der verschiedenen verantwortlichen Politiker[401]. Dann kamen auch Gerüchte auf, daß es noch andere Abhöraktionen, u. a. auch in Gefängnissen, gegeben habe. Ausgehend von diesen Gerüchten stellte Schily am 15.3.77 in Stammheim den Antrag, Maihofer zum Beweis der Tatsache, daß auch in Stammheim Gespräche abgehört worden waren, vor Gericht als Zeugen zu hören[402]. In äußerst schroffem Ton – so schroff, daß Prinzing, völlig ungewöhnlich, eine Rüge erteilte[403] – trat die BAW diesem „haltlosen" Antrag entgegen. Er wurde mit der Begründung abgelehnt, das Gericht habe etwas Besseres zu tun, als einer Mischung aus „konkreten Anhaltspunkten und Spekulationen" nachzugehen[404]. Zwei Tage später enthüllten die Minister Schieß und Bender selbst die Abhöraktion in Stammheim, um einer drohenden Veröffentlichung im Nachrichtenmagazin „Der Spiegel" zuvorzukommen.

Der „Fall Traube" war aber auch hinsichtlich der von den staatlichen Behörden in den Debatten benutzten Argumentationen von Interesse. Gegen einen zu erwartenden Versuch zur Befreiung von Gefangenen aus der RAF war „das Äußerste" zu unternehmen, waren „äußerste nachrichtendienstliche Mittel" einzusetzen[405]. Formulierungen, die Maihofer auch schon unmittelbar nach der fehlgeschlagenen Aktion des RAF-Kommandos in Stockholm im April 1975 benutzt hatte[406].

Auf einer Pressekonferenz zum „Fall Traube" am 1.3.77 bestätigte Maihofer, daß die westdeutschen Nachrichtendienste sich „internationaler Techniken" bedienten; auf die Frage, ob „unter den Begriff ‚nachrichtendienstliche Mittel' alle Methoden fallen, die Nachrichtendienste weltweit anwenden", antwortete Maihofer, „daß sie hier so wie die andere Seite jede technische Perfektion anwenden"[407].

Bei der 1975 von einer Kommission des amerikanischen Senats unter Leitung von Senator Frank Church durchgeführten Befragung hatten hohe (ehemalige) CIA-Funktionäre klargestellt, was im Jargon westlicher Nachrichtendienste unter „äußersten nachrichtendienstlichen Mitteln" im Extremfall zu verstehen ist: Mord[408]. Ohne weiteres waren in diesen Befragungen auch fünf Mordanschläge auf Politiker aus der Dritten Welt zugegeben worden. Allerdings:

„Es ist sicher, daß die CIA an einer weit größeren Anzahl von Mordanschlägen auf Politiker (erfolgreich oder nicht) beteiligt war, als an den fünf, die in dem Bericht erwähnt werden. Es ist ebenso sicher, daß sich die Morde auch auf andere Arten von Feinden erstreckt haben. Es ist jedoch sehr wahrscheinlich, daß einerseits nur eine sehr kleine Gruppe von Verantwortlichen der CIA oder der amerikanischen Regierung auf dem Laufenden war und man andererseits kaum eine Spur davon in den Archiven findet"[409].

Weiter ist inzwischen hinlänglich bekannt, daß CIA-Agenten direkt an den Festnahmen Che Guevaras in Bolivien und Marighelas in Brasilien, die beide anschließend ermordet wurden, beteiligt waren[410]. Aber auch in Europa seien, so der ehemalige CIA-Agent Victor Marchetti in einem Interview 1975, Leute, zu deren Person Marchetti jedoch keine näheren Angaben machte, auf Anregung und unter Mitwirkung der CIA ermordet worden[411].

„Mit einer Versessenheit, die gewöhnlich den Mördern des KGB zugeschrieben wird, haben die Geheimagenten der CIA die meisten von denen verfolgt und umgebracht, die – seien es nun Kommunisten, Sozialisten oder Nationalisten – eine potentielle Gefahr für die politische, von der amerikanischen Regierung vorgeschriebene Linie darstellten"[412].

Der Inhalt dieses Zitats ist insoweit ungenau, als inzwischen nachgewiesen ist, daß die CIA aus naheliegenden Gründen bei „covert actions" vorzugsweise nichtamerikanische Agenten (Polizeiangehörige, Agenten anderer Geheimdienste, „gewöhnliche" Kriminelle, usw) für ihre Zwekke einsetzt[413].

Aus der Sicht der Gefangenen aus der RAF und anderer, die daran festhalten, daß Ulrike Meinhof ermordet wurde, ist dieser Mord wie folgt zu erklären:

– Den westdeutschen Behörden war es trotz eines bis in alle Einzelheiten vorprogrammierten fünf Jahre dauernden Gehirnwäscheprogramms, bestehend aus sozialer Isolation, sensorischer Deprivation und Streßsituationen, nicht gelungen, die politische Identität der Gefangenen aus der RAF zu zerstören (Müller ausgenommen).

– Vor allem Ulrike Meinhof, die der „ideologische Kopf der RAF" sein sollte, war diesem Programm in seinem ganzen Umfang ausgesetzt gewesen. Eine Gehirnoperation konnte unter dem Druck der Öffentlichkeit nicht durchgeführt werden (ein Eingriff, der schon in den 50er Jahren in dem CIA-Projekt „Blauer Vogel" als Methode der Willensbrechung politischer Gefangener untersucht worden war).

– Durch konkrete Hinweise auf bevorstehende Befreiungsaktionen und durch die Entwicklung im Stammheimer Prozeß unter Druck geraten, war es im Rahmen der psychologischen Kriegsführung gegen die RAF notwendig geworden, eine effektvolle „counterinsurgency"-Aktion vorzunehmen: den verzweifelten Selbstmord eines prominenten Gefangenen aus der RAF.

– In Zusammenarbeit mit der CIA wurde diese Aktion von einem speziellen Geheimkommando durchgeführt. Unzweifelhaft steht fest, daß der BND und andere Geheimdienste unkontrollierten Zugang zum 7. Stock des Gefängnisses hatten, weiter, daß der BND quasi als „Zweigniederlassung" der CIA betrachtet werden muß[414], womit eine Beteiligung der CIA an dieser Aktion äußerst wahrscheinlich ist.

– Es ist wenig wahrscheinlich, daß die Bundesregierung und andere verantwortliche Politiker sich der Tragweite der von ihnen gehandhabten Terminologie[415] nicht bewußt waren. Die Forderung nach Anwendung „extremster Mittel" wird von den Geheimdiensten quasi als Vollmacht interpretiert, zur (verdeckten) Tat zu schreiten. Angesichts der vielen Widersprüche in der Untersuchung der Todesumstände Ulrike Meinhofs scheint es unwahrscheinlich, daß man seitens der Bundesregierung die Möglichkeit eines Mordes nicht „billigend in Kauf" genommen hat. Mit ihrer Haltung vor und nach dem Tod der Stammheimer Gefangenen hatte die Bundesregierung gleichzeitig auch eventuelle zukünftige Morde an Gefangenen aus der RAF legitimiert, jedenfalls so weit sie selbst dadurch nicht bloßgestellt wird.

Die internationale Untersuchungskommission zum Tod von Ulrike Meinhof schreibt in ihrem Abschlußbericht:

> „Der Stammheimer Prozeß hatte der BRD im internationalen Maßstab schweren Schaden zugefügt. Die Haftbedingungen der politischen Gefangenen und die Sondergesetze zur Einschränkung der Verteidigung waren als Teil der reaktionären Entwicklung der BRD begriffen worden. Die internationale Juristenkommission in Genf hatte in ihrem im Dezember 1975 erschienenen Bericht die BRD neben Staaten wie Chile, Indien, Indonesien, Rhodesien und dem Spanien der Franco-Zeit gestellt wegen ihrer Gesetzgebung, die bei der Einschränkung der Verteidigerrechte ohne Beispiel im Rechtssystem sei. Gemeint war damit das kurz vor Beginn des Stammheimer Verfahrens durchgezogene Sondergesetz, die sog. ‚lex RAF', durch das seit Beginn des Jahres 1975 eine politische und kollektive Verteidigung unmöglich gemacht wurde bei gleichzeitiger Blockanklage.
>
> Am 4.5.76 hatten die Gefangenen im Stammheimer Prozeß Beweisanträge gestellt, bei deren Erarbeitung Ulrike Meinhof maßgeblich beteiligt war. Eine Linie dieser Anträge beinhaltete die Entlarvung gewisser Persönlichkeiten aus Politik und Gewerkschaft; so wollte Ulrike Meinhof im Prozeß Beziehungen zwischen dem SPD-Vorsitzenden und ehemaligen Bundeskanzler Brandt und dem amerikanischen Geheimdienst CIA belegen und dazu auch Brandt als Zeugen laden lassen.
>
> Die Bundesanwaltschaft als Vertreter der Interessen der Bundesregierung wurde durch diese Anträge vor das Problem gestellt, daß ihre Absicht – Entpolitisierung des Prozesses, die 4 Jahre lang durch Isolationstortur, Hetze, Sondergesetze, Liquidierung der Verteidigung etc. vorbereitet worden war – durchkreuzt worden wäre. Die Unterdrückung der politischen Inhalte und die reibungslose Aburteilung der RAF-Gefangenen schien in Frage gestellt. Es wurde klar, daß die Konfrontation an diesem Punkt des Prozesses ihren Höhepunkt erreicht hätte"[416].

Gegeben war somit die Konstellation für einen politischen Mord, der sich angesichts der gegen eine Selbsttötung sprechenden konkreten Gründe aufdrängt. Gesucht sind in diesem Fall – neun Jahre nach der Tat – immer noch die Täter.

4.2.1. Die zweite Verhaftung von Klaus Croissant

Wie erwähnt, hatten die Anwälte sofort versucht, einen Teil der Widersprüche und Ungereimtheiten in der offiziellen Untersuchung und den Verlautbarungen zum Tod von Ulrike Meinhof öffentlich zu machen. An dieser Öffentlichkeitsarbeit hatte Klaus Croissant als Meinhofs Testamentsvollstrecker und als Rechtsanwalt Wienke Zitzlaffs, der Schwester Ulrike Meinhofs, wesentlichen Anteil. Am 24.6.76 beantragte Croissant bei dem Stuttgarter Staatsanwalt Heissler, der für das amtliche Todesermittlungsverfahren zuständig war und es bereits als Selbstmordfall abgeschlossen hatte, schriftlich Einsichtnahme in die gesamten Ermittlungsunterlagen: „Die Akteneinsicht ist dringlich, da zahlreiche konkrete Anhaltspunkte dafür bestehen, daß es sich nicht um einen Suizid, sondern um ein Tötungsverbrechen handelt".

Am 12.7.76 erschien in den „Stuttgarter Nachrichten" ein groß aufgemachter Artikel mit dem Titel „Im Fadenkreuz der Terroristen: Stuttgart. Die Chefs des Anarcho-Untergrunds haben einen neuen Standort bezogen". Der Artikel begann mit der Feststellung, das Anwaltsbüro Croissants habe in dieser „heimlichen Hauptstadt der Terroristenszene... die Rolle der Schaltstelle" eingenommen.

Der Verfasser berief sich auf direkte Informationen aus Kreisen der Polizei und des Staatsschutzes, die beobachtet hatten, daß in diesem Büro ein „sehr lebhafter" Betrieb herrschte und „Pakete von unterschiedlicher Größe hin und her geschleppt wurden". Weiter seien in und um Stuttgart in der letzten Zeit eine Reihe „konspirativer" Wohnungen gemietet worden, und unter den Stuttgart regelmäßig besuchenden Touristen sei in zunehmendem Maße namentlich bekannte „Terror-Prominenz" zu signalisieren.

Noch am selben Tag reagierte Croissant mit einer Presseerklärung, in der er den betreffenden Artikel als „typisch nachrichtendienstliches Manöver" bezeichnete, dessen Ziel es sei, „eine neue Durchsuchungsaktion gegen meine Kanzlei sowie meine erneute Verhaftung in der Öffentlichkeit psychologisch vorzubereiten". Croissant verwies darauf, daß in seinem Büro auch die Sektion BRD des Internationalen Komitees zur Verteidigung Politischer Gefangener in Westeuropa (IVK) untergebracht war und daß dieses Komitee die Aufgabe hatte, alle für die Verteidigung von Gefangenen aus sozialrevolutionären Bewegungen notwendigen Informationen zu sammeln. Seine Erklärung beendete Croissant mit der Feststellung:

„Das Erscheinen des Artikels gerade jetzt hat seinen Grund darin, dem von der Bundesanwaltschaft zuerst einer Gehirnwäsche unterzogenen, danach zum Kronzeugen aufgebauten Zeugen Gerhard Müller im Stammheimer Prozeß entgegen den von der Verteidigung vorgebrachten Tatsachen dennoch Glaubwürdigkeit zu verschaffen und den Aufbau eines internationalen Untersuchungsausschusses zur Aufklärung des Todes von Ulrike Meinhof sowie die Erstattung einer Strafanzeige wegen Mordes zu verhindern".

In dieser Zeit wurde Croissant offen observiert, sobald er Kanzlei oder Wohnung verließ. Auch mir entging das nicht, als ich im Juni 1976 die „Schaltstelle der Terroristenszene" besuchte. Daß es dort „sehr lebhaft ein und aus" ging und „zahlreiche Pakete von unterschiedlicher Größe hin und her geschleppt wurden", war auch für nicht kriminalistisch vorprogrammierte Augen ohne weiteres zu sehen.

Am 16.7.76 beantragte Croissant eine einstweilige Verfügung gegen den staatlichen Dienstherren seiner Überwacher. Der Antrag enthielt eine detaillierte Beschreibung der Observationsmethoden inclusive der amtlichen Kennzeichen der dazu benützten Autos. In dem Antrag schrieb Croissant:

„Der Antragsteller ist einer so totalen Überwachung in seiner gesamten beruflichen und privaten Sphäre unterworfen, daß er praktisch schon jetzt – noch ehe das zuständige Gericht über den laufenden Antrag entschieden hat – mehr gefangen als frei ist".

Zu einer gerichtlichen Behandlung des laufenden Antrags kam es jedoch nicht mehr. Noch am Abend desselben Tages wurde Croissant gegen 22 Uhr in einem Restaurant festgenommen und auf Antrag des Staatsanwalts Heissler erneut in Untersuchungshaft eingeliefert.

Croissants Untersuchungshaft war im August 1975 nicht aufgehoben, sondern vorläufig ausgesetzt worden (siehe Kapitel VI, 3.2.4): Gegen eine Kaution in Höhe von 80.000 Mark und Abgabe seines Reisepasses. Die Auflage, sich wöchentlich zweimal bei der Polizei zu melden, entfiel im März 1976. Es stellte sich heraus, daß Heissler am 12.7.76, dem Tag der Veröffentlichung des oben erwähnten Artikels, beim Amtsgericht Stuttgart die erneute Inhaftierung Croissants beantragt hatte. Noch am selben Tag lehnte das Amtsgericht diesen Antrag durch Beschluß ab. Kurz danach reichte Heissler bei der zuständigen Staatsschutzkammer des Landgerichts Stuttgart die Anklageschrift gegen Croissant ein, womit nun dieses Gericht befugt war, über die beantragte erneute Verhängung von Untersuchungshaft zu entscheiden(§ 125 Abs. 2 StPO). Außerdem hatte die Staatsanwaltschaft am 14.7.76 beim Landgericht Stuttgart einen Antrag auf Verhängung eines vorläufigen Berufsverbots gegen Croissant eingebracht (§ 132a StPO i.V.m. § 70 StGB); der Antrag enthielt dieselben Verdachtsmomente, die in der Anklageschrift aufgeführt waren. Im Wesentlichen stimmten die Beschuldigungen wiederum mit den (in Kapitel V, 4.3 genannten) für die Ausschließung Croissants von der Verteidigung Baaders geltend gemachten Gründen überein; neues Beweismaterial fand sich nicht. Am 16.7.76 gab das Landgericht Stuttgart Heisslers Antrag statt, Croissant erneut in Untersuchungshaft zu nehmen.

Die Begründung der Staatsanwaltschaft für ihren Antrag, Croissant erneut „zur Untersuchungshaft zu bringen“, bestand in der Behauptung, bei Croissant sei erhöhte Fluchtgefahr gegeben[417]. Dies wiederum wurde mit den von Müller im Prozeß gegen „Baader u. a.“ gemachten Aussagen begründet; Müller hatte zehn namentlich genannte Rechtsanwälte – unter ihnen Croissant – der aktiven Unterstützung der RAF beschuldigt. Noch am 15.7.76, einen Tag vor der erneuten Inhaftierung Croissants, kommentierte „Bild“ unter der Überschrift „Herr Staatsanwalt, greifen Sie ein!“ Müllers Aussagen:

> „Was bisher nur vager Verdacht war, ist im Stuttgarter Baader-Meinhof-Prozeß von einem Mann erhärtet worden, der es eigentlich wissen muß: 10 Rechtsanwälte waren jahrelang Helfershelfer der Terroristen, sagte Kronzeuge Müller. Wie lange wollen Bundesanwaltschaft und Anwaltskammern eigentlich noch warten, bis jenen Anwälten, die wirklich BM-Komplizen sind, das Handwerk gelegt wird?“

Fast unmittelbar nach der erneuten Inhaftierung legte die Staatsanwaltschaft der zuständigen Staatsschutzkammer einen Antrag auf Ausschluß der bis dahin Croissants Interessen wahrnehmenden Rechtsanwälte Heldmann, Schily und Temming von der Verteidigung Croissants vor. Auch diesem Antrag wurde stattgegeben, weil der Prozeß gegen „Baader u. a.“ und das Verfahren gegen Croissant als ein Verfahren zu betrachten seien, so daß die in § 146 StPO genannten Ausschlußbestimmungen angewandt werden konnten.

Am 16.8.76 hatte das Landgericht Stuttgart über die Frage zu entscheiden, ob Croissant weiter in Untersuchungshaft bleiben müsse (§ 207 Abs. IV StPO). Die inzwischen neu formierte Verteidigung äußerte die Auffassung, die Anschuldigungen an sich seien schon unhaltbar; aber selbst wenn man darüber anderer Meinung sei, so gebe es keine Gründe, die ein Festhalten in Untersuchungshaft rechtfertigten. Auch von erhöhter Fluchtgefahr könne keine Rede sein. Denn Croissant seien die von Müller vorgebrachten Beschuldigungen schon sechs Wochen vor seiner erneuten Verhaftung bekannt gewesen, was die Staatsanwaltschaft auch gewußt habe. Ebenso wie den im Prozeß gegen „Baader u. a.“ auftretenden anderen Anwälten hätten Croissant Müllers polizeiliche Vernehmungsprotokolle schon vor dessen Auftritt im Prozeß zur Verfügung gestanden. Wenn Croissant also gewollt hätte, wäre er schon längst weg gewesen. Ausführlich schilderten die Verteidiger die der zweiten Verhaftung Croissants vorausgegangenen Ereignisse. Besonders erstaunlich war die Tatsache, daß Staatsanwalt Heissler Croissants Reisepaß noch am 16.6.76 herausgerückt hatte, damit Croissant einer Einladung der Sozialistischen Partei Frankreichs folgen konnte. Die Reiseerlaubnis war Croissant von Heissler bewilligt worden, obwohl der Staatsanwalt wissen mußte, daß Croissant die Anschuldigungen Müllers kannte.

Die Verteidigung Croissants folgerte aus allem, daß seine wohlvorbereitete erneute Inhaftierung vor allem den Zweck hatte, seine Nachforschungen über den Tod von Ulrike Meinhof und sein weiteres Auftreten als Verteidiger von Gefangenen aus dem Kommando Holger Meins in dem damals vor dem OLG Düsseldorf laufenden Prozeß zu verhindern, sowie dem Zeugen Müller doch noch Glaubwürdigkeit zu verleihen.

Am 19.8.76 entschied das Landgericht Stuttgart, Croissant mit denselben Auflagen wie früher aus der Untersuchungshaft zu entlassen; eine Entscheidung, die vom OLG Stuttgart am 3.9.76 bestätigt wurde[418]. Wegen des „dringenden Verdachts" verwies das OLG auf die früheren Gerichtsentscheidungen aus dem Jahr 1975. Es fügte jedoch noch hinzu:

> „Bereits in seinem Beschluß vom 22. August 1975 hat der Senat ausgeführt, daß das Verhalten des Angeschuldigten nicht mehr durch eine auch besonders engagierte Verteidigung gedeckt ist. Es besteht vielmehr der dringende Verdacht, daß sich der Angeschuldigte mit Mitgliedern der Organisation Baader-Meinhof, die zum Teil wegen Gewalttaten bereits rechtskräftig verurteilt sind, zum Teil solcher Straftaten dringend verdächtig sind, identifiziert hat. Der Angeschuldigte hat sich nicht nur das Gedankengut der Mitglieder der genannten Organisation zu eigen gemacht, worauf zuletzt seine im Haftprüfungstermin vom 16. August 1976 abgegebene Erklärung hinweist. Er bedient sich auch der Terminologie der Mitglieder der Organisation. Bereits in der ‚Erklärung der Verteidiger der Gefangenen aus der RAF' vom 17. September 1974 hat der Angeschuldigte von ‚Vernichtungshaft, Isolationsfolter, Aussageerpressung und Umerziehungsfolter und faschistischem Polizeiterror' gesprochen. In welche – offensichtlich auch persönliche – Abhängigkeit er bereits geraten ist, zeigt die Tatsache, daß der Angeschuldigte in der Vergangenheit mehrfach von Mitgliedern der Organisation beleidigt worden ist (. . .).
>
> Mit einer unabhängigen Verteidigung lassen sich solche beleidigenden Angriffe und deren offensichtliche stillschweigende Billigung und widerspruchslose Hinnahme durch den Angeschuldigten schlechterdings nicht vereinbaren. Daraus kann vielmehr der Schluß gezogen werden, daß der Angeschuldigte die Ziele und Bestrebungen der Organisation Baader-Meinhof billigt".

Weiter war das OLG der Ansicht, Fluchtgefahr sei gegeben; es begründete diese Meinung jedoch nicht mehr mit Müllers Aussagen, sondern – ebenso wie bei Croissants erster Verhaftung – mit der zu erwartenden erheblichen Freiheitsstrafe. Dennoch sei das Gericht zu der Überzeugung gelangt, daß durch dieselben Auflagen wie im August 1975 der Fluchtgefahr hinreichend begegnet werden könne.

Kapitel VIII: Der Zusammenbruch einer Veranstaltung (10. Januar bis 18. Oktober 1977)

1. Prinzings Abgang

In der ersten Januarwoche 1977 erhielt Schily ein Dokument zugespielt, das – wenn auch indirekt – zum Ausscheiden von Prinzing als Gerichtsvorsitzendem führte. Es handelte sich um die Kopie eines Briefes von Bundesrichter Albrecht Mayer an Dr. Herbert Kremp, Chefredakteur der Tageszeitung „Die Welt". Mayer war als Vizepräsident des 3. Strafsenats des BGH von Anfang an an den zahlreichen Beschwerdeentscheidungen in der Sache gegen „Baader u. a." beteiligt. Aus dem Brief ging hervor, daß Mayer Fotokopien von Dokumenten aus den Gerichtsakten und von Sitzungsprotokollen an „Die Welt" geschickt hatte. Mayers ausdrückliches Anliegen war die Veröffentlichung eines Artikels in „Die Welt", mit dem sowohl Schily als auch die Wochenzeitschrift „Der Spiegel" unglaubwürdig gemacht werden sollten. Die einschlägigen Passagen des Briefes vom 20.7.76:

„Lieber Cartellbruder Kremp! Vielleicht erinnerst Du Dich noch an mich: Wir hatten im Frühjahr 1973 ein Telefongespräch, dessen Gegenstand eine von mir vorgeschlagene Veröffentlichung über experimentelle Untersuchungen der Sicherungsgruppe des Bundeskriminalamtes gewesen ist, mit denen die Möglichkeit überprüft worden war, ob der bekannte Ensslin-Kassiber, aus dem Zellenfenster gehalten, vom nahegelegenen Landgericht Essen aus mit einem Fernglas abgelesen oder mit einem Teleobjektiv hatte aufgenommen werden können. Die Welt berichtete dann über diese Untersuchungen. In derselben Sache wende ich mich heute wiederum an Dich (. . .). Ich übersende Dir als Anlagen

1. auszugsweise Ablichtungen der kriminalpolizeilichen Vernehmung Müllers (Seite 46, 95, 180).

2. Auszug aus dem... Wortprotokoll vom 13. Juli 1976.

Der ‚kleine Dicke' ist der in Entebbe getötete Wilfried Böse. Daß es sich bei dem von ihm übergebenen Papier um den wenige Tage später der Meinhof abgenommenen Ensslin-Kassiber handelte, hat sich in der Verhandlung klar ergeben. Möchte sich die ‚Welt' nicht unter dem Aspekt dieser neuen Erkenntnisse noch einmal mit dem Aufsatz im ‚Spiegel' vom 4.9.1972 (Nr. 37) Seite 67 befassen? Nicht um meinetwillen, sondern um einmal wieder die Haltung und die Praktiken dieses Blattes deutlich werden zu lassen, das sich seinerzeit mit eilfertiger Bereitwilligkeit die – wie sich nun zeigt – von Ströbele und Müller ausgeheckte Entlastungslegende zu eigen machte und das den Baader-Meinhof-Leuten soviel publizistische, gelegentlich sogar materielle Unterstützung (Honorare für Interviews aus der Untersuchungshaft) zuteil werden ließ. Vielleicht könnte diese Aufgabe gar einen Chefredakteur reizen? (. . .) Es wäre mir lieb, wenn die übersandten Unterlagen, mit Ausnahme der Beschlußabschrift, falls Ihr auf sie Wert legt, nach Ausgebrauch vernichtet würden. Der Übersendung eines Belegexemplares, falls die angeregte Betrachtung erscheinen sollte, bedarf es nicht: ich habe die ‚Welt' abonniert. Solltest Du in der Sache noch eine Frage haben: ich bin im allgemeinen (...) von 9 bis 12 Uhr (...) beim BGH, ab 16 Uhr (...) in meiner Wohnung erreichbar. Ich sah Dich im übrigen kürzlich zu mitternächtlicher Stunde in Jahn's Keller nach dem Festkommers in München und wechselte, neben Dir stehend, mit Franz-Josef Strauß ein paar Worte. Ich hätte Dich gerne begrüßt, wollte aber nach dieser Störung die ersichtlich angeregte Unterhaltung zwischen Dir und FJS nicht noch länger unterbrechen.

Mit herzlichen Grüßen bin ich Dein gez. Albrecht Mayer"[1].

Augenscheinlich beabsichtigte Mayer, eine alte, noch offenstehende Rechnung mit Schily und dem „Spiegel" zu begleichen. Mayer war 1972 als Bundesrichter mitverantwortlich für die auch vom „Spiegel" heftig kritisierte Ausschließung Schilys als Verteidiger von Gudrun Ensslin, die später vom Bundesverfassungsgericht rückgängig gemacht wurde. Aus den von Mayer an Kremp geschickten Fotokopien von Dokumenten (Verhören Gerhard Müllers durch Polizei und Gericht) sollte nun hervorgehen, daß die Ausschließung Schilys damals doch zu Recht vorgenommen worden war. Allerdings schien selbst „Die Welt" an Müllers Glaubwürdigkeit zu zweifeln (zumal Müller in dieser Sache keine eindeutigen Aussagen gemacht hatte), so daß es nie zu der von Mayer angestrebten Veröffentlichung kam.

Mayer hatte mit diesem Vorgehen nicht nur gegen § 39 des Deutschen Richtergesetzes[2] verstoßen, sondern sich gleichzeitig auch in den Verdacht einer strafbaren Handlung nach § 353 d Satz 3 StGB gebracht[3]. Aus der Tatsache, daß Mayer seinen Cartellbruder Kremp darum bittet, die Dokumente „nach Ausgebrauch" zu vernichten, ist anzunehmen, daß er sich dieser Vergehen bewußt war. Für die Verteidigung war in erster Linie wichtig zu erfahren, wie Mayer in den Besitz dieser Dokumente gelangte. Immerhin gehörten sie nicht zu den Bestandteilen eines der Beschwerdeverfahren; Mayer konnte also auch nicht „von Amts wegen" über sie verfügen. Die Antwort auf diese Frage ergab sich aus den Mayers Brief an Kremp beigelegten Protokollkopien: sie kamen direkt von Prinzing. Eines der Protokolle hatte Prinzing mit einem insinuierenden Begleitkommentar versehen, der Schilys Abwesenheit während eines Verhörs des Zeugen Müller betraf: „Da fehlt einer wie übrigens immer, wenn es um den Ensslin-Kassiber gegangen ist. Ca. 15 Min. nach dessen Erörterung erschien der Fehlende!". Aufgrund dieses Materials ging die Verteidigung in den ersten Verhandlungswochen des Jahres 1977 erneut an drei Fronten in die Offensive.

In erster Linie schien nun die Ablehnung Prinzings erfolgversprechend. Außerdem untermauerte die Mayer-Affäre die von der Verteidigung schon früher aufgestellte Behauptung, daß die Entscheidungen des OLG in Stuttgart und die des 3. Strafsenats des BGH als zuständiger

Beschwerdeinstanz nach wechselseitigen Absprachen zustande kamen. Schließlich bedeutete die seit Beginn des Prozesses offensichtlich vorhandene Befangenheit des Bundesrichters Mayer, daß das Verfahren aufgrund eines nicht mehr gutzumachenden Verfahrenshindernisses beendet werden müßte. Diese Offensive endete mit einem Pyrrhus-Sieg der Verteidigung.

Prinzing eröffnete den ersten Sitzungstag des Jahres 1977 (Montag, 10. Januar) mit der Bemerkung, er vermute, daß „nach dem, was ich gelesen habe, gehört habe in den Nachrichten", Schily sicherlich das Wort haben wolle. Nachdem die Verteidigung auf einer Pressekonferenz Mayers Brief an Kremp bekanntgemacht hatte, war in den Medien schon ausführlich über den „Fall Mayer" als sensationelle Entwicklung in Stammheim berichtet worden („Muß das Stammheimer Verfahren wiederholt werden?" – Frankfurter Rundschau vom 10.1.77). Das Präsidium des BGH hatte auf Schilys Mitteilung hin (enthalten in einer Dienstaufsichtsbeschwerde) unverzüglich mit der Versetzung Mayers vom 3. (politischen) zum 4. Strafsenat reagiert.

Schily begründete den unvermeidlichen Ablehnungantrag[4] mit dem Sachverhalt, daß Prinzing die Vernehmungsprotokolle „dritten am Prozeß nicht beteiligten Personen" privat zugeschickt hatte und gegenüber dem Empfänger „durch eine bestimmte Kommentierung des Inhalts der Unterlagen den unterzeichneten Verteidiger der Angeklagten Ensslin herabzusetzen versucht (hat)".

Daß es sich um ein privates Vorgehen handelte, ging aus der Tatsache hervor, daß die Aktenübersendung in den Gerichtsakten nicht vermerkt war. Sie enthielten außerdem keine Kopie des Begleitschreibens an Mayer. Später wurde zusätzlich bekannt, daß auch beim BGH kein Vermerk über den Eingang zu finden war, wie dies bei Dienstkorrespondenzen üblich ist. Daß das Versenden von polizeilichen Vernehmungsprotokollen („die weder durch Vorhalt noch durch Verlesung in die Hauptverhandlung eingeführt sind") unzulässig ist, ergibt sich eindeutig aus den Bestimmungen von § 353 d Satz 3 StGB; obwohl das Versenden solcher Unterlagen nicht gleichzusetzen ist mit der strafbaren Veröffentlichung, so ist es unter Umständen doch als Ermöglichung einer solchen anzusehen. In Bezug auf die gerichtlichen Protokolle hatte Prinzing selbst wiederholt während der Verhandlung betont, daß „zum Schutz der Angeklagten" eine Weitergabe an Dritte unzulässig sei[5]. Die Versendung an Mayer war deshalb umso tadelnswerter, als er nicht irgendein Dritter war, sondern Richter bei der Beschwerdeinstanz; Prinzing hatte dabei „mindestens in Kauf genommen (...), daß die Unvoreingenommenheit des Bundesrichters Mayer beeinträchtigt und infolge dessen eine vorurteilsfreie Überprüfung der Entscheidungen des 2. Strafsenats des OLG Stuttgart vereitelt wird". In diesem Zusammenhang stellte Schily die Behauptung auf, daß Mayer einer der Gesprächspartner war, mit denen

Prinzing sich vor wichtigen Entscheidungen des Gerichts (wie etwa der Ausschließung von Verteidigern oder der Ausschließung der Angeklagten) zu beraten pflegte.

Schon ein halbes Jahr zuvor, am 29.7.76, war Prinzing in einem Ablehnungsantrag vorgeworfen worden, daß er solche Gespräche mit Richtern höherer Instanzen führe. Anlaß für diesen 60. Ablehnungsantrag[6] war ein Gespräch Prinzings mit zwei von ihm eingeladenen Journalisten gewesen, das noch vor der Zeugenvernehmung Müllers stattgefunden hatte. Prinzing soll in diesem Gespräch gesagt haben: „Der Prozeß ist gelaufen". Damit gab er zu erkennen, daß der Ausgang des Verfahrens bereits feststand, unabhängig vom weiteren Auftreten der Verteidigung. Kurze Zeit nach diesem Gespräch soll Prinzing sich an einen der Journalisten gewandt haben mit der Bitte, diese Bemerkung nicht zu veröffentlichen, zumindest aber seinen Namen nicht zu erwähnen, sondern höchstens zu berichten, „wie aus Justizkreisen zu erfahren war". In seiner dienstlichen Erklärung (§ 26 Absatz III StPO) bestätigte Prinzing dieses Gespräch, „das lediglich der Erläuterung eines rechtlich schwierigen Senatsbeschlusses dienen sollte". Weiter bestätigte er die nachträgliche Bitte an die Journalisten, seinen Namen nicht zu nennen. Prinzings Rechtfertigungsversuch: „Erfahrungsgemäß nehmen ja Prozeßbeteiligte Zeitungsäußerungen zum Anlaß für Erörterungen in der Hauptverhandlung". Die anstößige Bemerkung selbst wurde weder bestätigt, noch abgestritten: „Möglicherweise habe ich dabei zum Ausdruck gebracht (...), daß sich das vom Gericht vorgesehene Beweisprogramm dem Ende nähere. Eine Äußerung, die so hätte verstanden werden können, daß das Ergebnis des Prozesses feststehe und es auf Handlungen anderer Prozeßbeteiligter nicht mehr ankomme, ist mit Sicherheit nicht gefallen". Prinzings dienstlicher Erklärung entnahm die Verteidigung allerdings eine noch größere Voreingenommenheit, als vorher schon unterstellt worden war. Immerhin schien Prinzing es nicht nur für gerechtfertigt zu halten, sich außerhalb der öffentlichen Verhandlung privat mit einigen Journalisten zu treffen, um ihnen seine Entscheidungen noch einmal zu verdeutlichen, sondern er sorgte auch noch dafür, daß den Angeklagten und ihren Verteidigern seine Urheberschaft an den zu veröffentlichenden „nachträglichen Erläuterungen" verborgen blieb.

Prinzings Reaktion auf den zweiten Teil des Ablehnungsantrags (das Führen von Gesprächen mit Richtern der Berufungsinstanzen vor allen wichtigen Entscheidungen) war kurz angebunden: „Ich gebe aus grundsätzlichen Erwägungen über private Gespräche, auch wenn sie sich mit Rechtsproblemen befaßt haben, keine Äußerungen ab". Daß solche Gespräche stattgefunden hatten, wurde also auch nicht bestritten. Dies wäre für Prinzing allerdings auch schwierig gewesen, da er – nach Informationen der Verteidigung – geplaudert hatte: Prinzing hatte einem Reporter unter dem Mantel absoluter Vertraulichkeit erzählt, er telefoniere vor wichtigen Entscheidungen mit dem BGH[7].

Das Gericht (ohne Prinzing) weist den Ablehnungsantrag vom 29.7.76 als unbegründet zurück[8]. Es meinte, es sei nicht hinreichend erwiesen, daß Prinzing die gerügte Äußerung getan habe; es sei auch unbedenklich, wenn Prinzing Journalisten einlade, um ihnen rechtlich schwierige Entscheidungen zu erläutern. Schließlich mochte das Gericht nicht einsehen, warum „informative Rechtsgespräche mit Richtern des BGH oder des BVerfG, selbst wenn sie geführt worden wären", die Besorgnis der Befangenheit begründen könnten.

Die Verteidigung stellte daraufhin einen Ablehnungsantrag wegen Besorgnis der Befangenheit gegen die verantwortlichen Kollegen Prinzings (Foth, Maier und Berroth)[9]. Auf die Begründung des Antrags ging das Gericht nicht weiter ein; es lehnte ihn einstimmig ab, da er nur dem Ziel der Prozeßverschleppung diene[10].

In seiner dienstlichen Erklärung zum Ablehnungsantrag wegen der Mayer-Affäre gab Prinzing zu, Unterlagen an Mayer geschickt zu haben; er sei aber nicht mehr sicher, ob sich auch polizeiliche Vernehmungsprotokolle darunter befunden hätten[11]. Mayer habe ihn unmittelbar nach der Zeugenvernehmung Müllers angerufen und ihm gesagt, „‚uns' oder ‚den Senat' würde der den Ensslin-Kassiber betreffende Teil der Aussage Müllers interessieren". Für Prinzing „lag das berechtigte amtliche Interesse (...) klar auf der Hand", so daß er Mayer die gewünschten Unterlagen „mit Dienstpost" schicken ließ. Prinzing erklärte, daß er Mayer „seit eineinhalb Jahrzehnten als äußerst korrekten gewissenhaften Richter" kenne und überzeugt davon gewesen sei, daß die Unterlagen „ausschließlich der dienstinternen Information des 3. Strafsenats dienen würden". Zusätzlich betonte er: „Eine andere Verwendung entsprach weder meinem Wissen noch meinem Wollen". Außerdem könne die Weiterleitung für Schily „keineswegs abträglich" sein, da doch „die fraglichen Aussagen Müllers eher erleichternd für Rechtsanwalt Schily" seien. Genau dies habe er mit seiner Randbemerkung auf einer der Fotokopien („da fehlt einer..." usw.) ausdrücken wollen.

Wegen der erneut von der Verteidigung vorgebrachten Beschuldigung, er bespreche anstehende Gerichtsentscheidungen vorher mit Richtern höherer Instanzen, kam Prinzing noch einmal auf seine ein halbes Jahr vorher abgegebene Erklärung zurück, daß er sich „über private Gespräche aus grundsätzlichen Erwägungen nicht äußern" wolle. Die aktuellen Umstände zwängen ihn jedoch, „auf die Wahrung meiner Privatsphäre zu verzichten".

Prinzing erklärte nun, daß er Entscheidungen des Gerichts mit keinem Richter einer höheren Instanz, auch nicht mit Mayer, abgesprochen habe. Mit Ausnahme von Mayer kenne er auch keinen dieser Richter persönlich: „Meine Gespräche mit Herrn Mayer hatten aber, sehe ich von der Bitte um die Übersendung ab, sonst nur privaten Charakter". Trotz eines ausführlichen Kommentars der Verteidigung, der die Unhaltbarkeit dieser Erklärung darlegte[12], übernahmen erst die Bundesanwaltschaft[13] und später auch Prinzings Kollegen, die über den Ablehnungsantrag entscheiden mußten, seine Sichtweise; der Antrag wurde als „unbegründet" abgelehnt[14]. Diese Ablehnung veranlaßte die Verteidigung wiederum, Prinzings Kollegen Foth, Maier und Berroth abzulehnen; ohne Erfolg. Auch in den folgenden Tagen stellte sie vor allem aufgrund Prinzings dienstlicher Erklärung noch mehrere – erfolglose – Ablehnungsanträge gegen Prinzing und seine Kollegen.

In dieser Antragsflut befand sich ein Ablehnungsantrag, der besondere Aufmerksamkeit verdiente, und der sie in der Öffentlichkeit auch erhielt. Weniger der Inhalt des Antrags als der Antragsteller selber erregte dieses Aufsehen: einer der Zwangsverteidiger. Obwohl das Auftreten der Zwangsverteidiger in der bisherigen Beschreibung des Prozeßgeschehens kaum thematisiert wurde, ist festzustellen, daß sich einige von ihnen nach Kräften an ihm beteiligt hatten. Vor allem während des kriminalistischen Teils der Beweisaufnahme kam es regelmäßig zu teilweise aggressiven Befragungen der von der BAW aufgerufenen Zeugen und Sachverständigen. Aber auch das Gericht selbst blieb von ihrer Kritik nicht verschont. So mußte sich das Gericht schon im Frühjahr 1976 einen ungewöhnlich scharfen Angriff eines der Zwangsverteidiger wegen seiner kritiklosen Übernahme von Untersuchungsergebnissen des BKA anhören[15].

Schon Ende 1975 bemerkten Prozeßbeobachter, daß Prinzings Verhandlungsleitung einigen Zwangsverteidigern unverständlich war. Im Verlauf des Jahres 1976 wurde aus diesem Unverständnis Bestürzung und unter vier Augen geäußerte Übereinstimmung mit so manchem Ablehnungsantrag der Vertrauensverteidiger. Hierüber und auch über die Frustrationen, die aus der eigenen bizarren Position entstanden, redeten einige Zwangsverteidiger mit den regelmäßig am Prozeß teilnehmenden Journalisten. Aber auch einige der Vertrauensanwälte hatten Kontakte zu den Zwangsverteidigern. Axel Azzola z. B. sprach regelmäßig in den Verhandlungspausen mit Manfred Künzel, dem Zwangsverteidiger von Gudrun Ensslin, bevor Azzola Ende Juli 1976 sein Mandat aus Angst vor der Verfolgung durch die BAW niederlegte („In diesem Verfahren kann man nicht mehr angstfrei reden, und ohne freies Wort gibt es keine Verteidigung... Ich habe vitale Angst“[16]). Diese letztgenannten Kontakte sollten Prinzing seinen Stuhl kosten.

Die Unzufriedenheit einiger Zwangsverteidiger mit Prinzings Verhandlungsleitung und den Entscheidungen des Gerichts hatte bis 1976 nicht zu Ablehnungsanträgen von ihrer Seite geführt. Die Geschehnisse am 10. Januar rund um den Fall Mayer waren für einen von ihnen allerdings der Tropfen, der das Faß zum Überlaufen brachte. Es handelte sich um Künzel, dessen Auftreten am zehnten Verhandlungstag „als Vertreter der Anklagebehörden und der Staatsschutzabteilung“ Anlaß gegeben hatte für den bereits geschilderten heftigen Konflikt mit den Vertrauensanwälten(Kap. VI, 3.2.2).

Am 10. Januar wurde die Sitzung um 17 Uhr geschlossen und bis zum 13. Januar vertagt. Am 12. Januar um 20 Uhr deponierte Künzel einen Antrag auf Ablehnung von Prinzing im Nachtbriefkasten des Gerichts[17].

Künzel verwies in dem Schriftsatz auf einen offensichtlichen Widerspruch zwischen Prinzings dienstlicher Erklärung vom 29. Juli 1976 und derjenigen vom 10. Januar 1977. Die erste Erklärung konnte nur so verstanden werden, daß Prinzings Kontakte zu Richtern höherer Instanzen – soweit er solche unterhielt – ausschließlich privaten Charakter hatten. In der zweiten Erklärung betonte Prinzing jedoch, daß sein telefonischer Kontakt mit Mayer und die folgende Versendung von Unterlagen dienstlichen Charakter hatten. Außerdem ging aus den Unterlagen deutlich hervor, daß der sogenannte dienstliche Kontakt mit Mayer genau eine Woche vor Prinzings Erklärung vom 29.7.76 stattgefunden hatte, in der er mitteilte, daß er nur Privatkontakte mit Richtern höherer Instanzen unterhalte. Künzels Schlußfolgerung war ebenso logisch wie vernichtend: Prinzing hatte am 29.7.76 gelogen. Für diese Lüge hatte Künzel drei mögliche Erklärungen, die einander nicht ausschlossen und deshalb auch kumulative Geltung haben konnten. Prinzing hatte verhindern wollen, daß ein „heißer Draht" zwischen ihm und dem 3. Strafsenat des BGH bloßgelegt werde. Weiter wollte er verhindern, daß die Befangenheit eines Mitgliedes des Beschwerdegerichts ans Licht komme. „Denn", so Künzel, „mit wahrer richterlicher Unabhängigkeit eines BGH-Senats ließe sich schwerlich vereinbaren, daß er außerhalb eines geordneten Rechtsganges bei einem untergeordneten Gericht Akten aus einem dort laufenden Verfahren anfordert". Und schließlich wäre – durch Erwähnung des Gesprächs mit Mayer – der insinuierende Kommentar Prinzings („Da fehlt einer...") auf einem der Schriftstücke bekannt geworden; dieser Kommentar „muß die Befürchtung der Angeklagten bestärken, es bestehe ein reger Austausch zwischen dem Senatsvorsitzenden und dem 3. Strafsenat des BGH". Zudem stehe dieser Kommentar „in unerträglichem Widerspruch zum Inhalt der Erklärung vom 10.1.77, nach welcher zum Ausdruck gebracht worden sein soll, daß eher erleichternde Umstände erkennbar wurden".

Zehn Minuten vor Beginn der Verhandlung am 13. Januar erhielt Künzel die Entscheidung über seinen Ablehnungsantrag[18]. Die Richter Prinzing, Foth und Maier lehnten ihn als unzulässig ab, weil er zu spät eingereicht worden sei.

Die Prozeßteilnehmer hatten die dienstliche Erklärung Prinzings am 10.1.77 um 12.15 Uhr erhalten, so daß erst von diesem Zeitpunkt an die Möglichkeit bestand, „den behaupteten Widerspruch" zwischen den beiden dienstlichen Erklärungen in einem Ablehnungsantrag zu formulieren. Diese Zurückweisung aus formalen Gründen (ausgehend von einer sehr engen Auslegung des Begriffs „unverzüglich" in § 25 Abs. 2 Satz 2 StPO) veranlaßte einen sichtlich mitgenommenen Künzel, unverzüglich zu Beginn der Verhandlung die Richter, die an dieser Entscheidung mitgewirkt hatten, abzulehnen[19]. Künzel legte ausführlich dar, warum er seinen ersten Ablehnungsantrag nicht eher hatte vorbringen können, daß die Richter dies auch wissen müßten, daß der Antrag deshalb „ganz offensichtlich“ nicht zu spät eingereicht worden sei und daß es ihnen augenscheinlich darum gehe, „einen Schutzraum um den vorsitzenden Richter zu schaffen“. Wie zu erwarten war, wurde auch dieses Gesuch als unzulässig abgelehnt[20]. Ein Unterschied in der Rechtsauffassung über den Begriff „unverzüglich“ könne nicht als Grund für eine Ablehnung gelten; Künzel verfolge mit seinem letzten Antrag „offensichtlich nur verfahrensfremde Zwecke“.

Auch dieser einzigartige Angriff auf Prinzing, einzigartig deshalb, weil zum erstenmal ein Zwangsverteidiger ihn führte, schien im Sumpf des „Stammheimer Landrechts“ zu versacken. Gerade diese Besonderheit aber führte dazu, daß Prinzings „nicht zu bändigende Neigung zum Telefonieren“[21] wieder einmal zum Durchbruch kam, trotz seiner schlechten Erfahrungen auf diesem Gebiet.

Noch am Abend des gleichen Tages rief Prinzing bei Künzel an, um mit ihm über den Ablehnungsantrag zu sprechen. Der Inhalt des Gesprächs bestärkte Künzel unmittelbar in seiner Auffassung von der Befangenheit Prinzings. Nach Künzels Schilderung hatte Prinzing ihm gesagt, sein Antrag sei das Schlimmste gewesen, was er in den zwei Jahren mitgemacht habe, und „daß es für ihn einen Unterschied mache, von welcher Seite ein solcher Antrag käme“[22]. Nach kurzer Überlegung beschloß Künzel, Prinzing einen Brief zu schreiben: Entweder ziehe Prinzing sich als Richter aus diesem Prozeß zurück (§ 30 StPO), oder das Gericht entlasse ihn, Künzel, aus seiner Pflicht, weiter am Prozeß teilnehmen zu müssen. Künzel informierte Azzola über das Telefongespräch. Beide kamen überein, den Vorfall bis auf weiteres für sich zu behalten. Diese Rücksichtnahme, die Prinzing die Gelegenheit bieten sollte, sich ehrenvoll zurückzuziehen, wurde jedoch überflüssig, als einige Tage später bekannt wurde, daß Prinzing die Entpflichtung Heldmanns beschlossen hatte.

Schon ein Jahr zuvor hatte die BAW wegen Heldmanns scharfem Auftreten als Verteidiger dessen Entpflichtung beantragt. Völlig unerwartet verfügte Prinzing nun diese Entpflichtung, begründete sie jedoch anders, nämlich mit einer regelmäßigen grundlosen Verhandlungsabwesenheit[23].

Prinzings Entscheidung vom 13.1.77 über die Entpflichtung Heldmanns als Anwalt von Baader zählt 26 Verhandlungstage auf (von insgesamt 173), an denen Heldmann teilweise oder ganz gefehlt haben sollte, und zwar ohne berechtigte Gründe. In 25 Fällen hatte Heldmann zwar Gründe genannt, sie waren von Prinzing aber nicht akzeptiert worden. Vier davon hatten mit der von der Verteidigung behaupteten Verhandlungsunfähigkeit der Angeklaten zu tun, fünf mit unverzüglich zu verrichtenden Anwaltstätigkeiten in anderen Rechtssachen; an acht aufeinander folgenden Verhandlungstagen war Heldmann wegen des Todes von Ulrike Meinhof abwesend, an zwei Tagen wegen

Krankheit, an einem wegen einer Autopanne; einmal war Heldmann verhindert wegen des unerwarteten Ausfallens seines Vertreters, dreimal im Zusammenhang mit verschärften Kontrollmaßnahmen gegen ihn vor Besuchen bei Baader, einmal wegen der Zurückweisung eines Ablehnungsantrags und einmal wegen eines telegrafisch eingereichten Gesuchs, die Sitzung wegen der Mayer-Affäre zu vertagen.

In der Entscheidungsbegründung richtete Prinzing seine Aufmerksamkeit vor allem auf die stundenweise Abwesenheit Heldmanns an drei Verhandlungstagen im Dezember 1976 wegen verschärfter Kontrollen. Heldmann sollte seinen Hosenschlitz für weitergehende Untersuchungen öffnen, weil der Metalldetektor – wie üblich – wegen des metallenen Reißverschlusses piepte. Der Anwalt weigerte sich grundsätzlich, der Aufforderung zur Entkleidung zu folgen, weshalb ihm ein Besuch bei Baader verweigert wurde. Nachdem Heldmann mehrmals vergeblich gegen diese von Prinzing sanktionierte Maßnahme protestiert hatte, weigerte er sich dreimal, an der Verhandlung teilzunehmen, da er sich ohne vorherige Gespräche nicht ausreichend vorbereiten könne. Prinzing ließ diesen Grund nicht gelten, da „durch das Tragen metallfreier Kleidung jedenfalls das Öffnen des Hosenbundes von vornherein überflüssig gemacht werden konnte".

Für viele Prozeßbeobachter sowie für Künzel und Azzola war völlig klar, daß diese plötzliche faktische Ausschließung Heldmanns eine Strafmaßnahme Prinzings gegen die zwei noch verbliebenen Vertrauensanwälte war, da sie Prinzing und das Gericht wegen der Mayer-Affäre ständig angriffen[24]. Azzola unterrichtete daraufhin Schily und Heldmann über das Telefongespräch Prinzings mit Künzel.

Am 20.1.77 reichte Heldmann, nun als Wahlverteidiger nicht mehr auf Kosten der Staatskasse auftretend, den 85. Antrag auf Ablehnung Prinzings wegen Befangenheit ein[25]. Der Antrag basierte auf einem Gespräch Prinzings „mit einem der Verteidiger in diesem Verfahren". In dem Gespräch soll Prinzing sich folgendermaßen geäußert haben:

„1. Es mache einen Unterschied aus, ob ein Ablehnungsgesuch von dieser oder von jener Seite der Verteidigerbänke gestellt werde.

2. Den Ablehnungsanträgen lägen ohnehin nur die Vorstellungen der antragstellenden Verteidiger zugrunde.

3. Hingegen käme es den Angeklagten doch auf Ablehnungsgründe gar nicht an.

Damit hat der abgelehnte Richter erneut seine Befangenheit gegenüber den Angeklagten und auch in seinem Verhältnis zu deren Verteidigern offenbart. Seine Äußerungen begründen die Besorgnis seiner Befangenheit gegenüber dem Angeklagten Baader auch insoweit, a) daß der abgelehnte Richter Anträge der von den Angeklagten gewählten Verteidiger gegenüber denen der anderen Verteidiger von vornherein geringer bewertet und – sind es Ablehnungsanträge Unabhängiger – in ihrem Inhalt als zumindest unbegründet würdigt; dem entspricht im übrigen seine Praxis, diesen für Ablehnungsanträge ganz regelmäßig jegliche Pause zu verweigern, wo er an anderer Stelle, gegenüber einem anderen, antragsgemäß Pause gewährt hat, und b) daß der abgelehnte Richter für die Angeklagten eine Besorgnis der Befangenheit von vornherein ausschließt – beziehe also auf Punkt 3 des Tatbestands – was zu der bekannten Folge führt, daß die Bestimmungen der Strafprozeßordnung über die Richterablehnung in diesem Verfahren nach Richterermessen als unanwendbar behandelt werden. Das ist ungesetzlich, das weiß – wie jeder Jurist – auch der abgelehnte Richter".

Prinzings dienstliche Erklärung zu diesem Ablehnungsantrag endete mit dem Satz „Ich fühle mich nicht befangen". Sie bestätigte im wesentlichen das Gespräch mit Künzel:

„Ich habe betont, welcher Belastung das Gericht und speziell ich gegenwärtig im Zusammenhang mit der Aktenanforderung des Herrn RiBGH Mayer ausgesetzt seien und daß es eine zusätzliche Belastung bedeute, wenn von Seiten der nicht von den Angeklagten gewählten Pflichtverteidiger auch derartig schwerwiegende Vorwürfe in der Öffentlichkeit vorgetragen würden. Damit sprach ich lediglich die zu erwartende – und wohl auch eingetretene – besondere Aufmerksamkeit an, die nach früheren Erfahrungen Anträge von dieser Seite der Verteidigerbank in der Öffentlichkeit finden. Eine unterschiedliche Bedeutung der Anträge ‚von dieser oder jener Seite' für das entscheidende Gericht war damit nicht gemeint; ich kenne diesen Unterschied auch nicht.

Herr Rechtsanwalt Künzel bestätigte mir meine Vermutung, daß ihm die Antragstellung schwergefallen sei. Er verwies dabei darauf, er müsse als Anwalt alles aus der Sicht seiner Mandanten sehen. – Ich füge hier ein, daß ich Begegnungen mit Anstaltsbediensteten der VA Stuttgart häufig dazu benütze, um Fragen nach dem Gesundheitszustand der Angeklagten und der Auswirkung des Prozeßgeschehens auf ihren Zustand zu stellen. Dazu halte ich mich, nachdem ich keinen eigenen Eindruck von den Angeklagten gewinnen kann, als Haftrichter für verpflichtet. Einen oder zwei Tage vor dem Ablehnungsantrag vom 13.1. erfuhr ich auf eine solche Frage, der Zustand der Angeklagten sei unverändert, von den bekanntgewordenen Vorgängen im Zusammenhang mit der sogenannten Akten-Affäre zeigten sie sich merkwürdig unberührt und ohne Interesse, Baader habe sogar geäußert, was das ‚wieder für eine Kiste' eines Rechtsanwalts sei. – Herrn Rechtsanwalt Künzels Hinweis (Sicht der Angeklagten) veranlaßt mich, ihm als Verteidiger diese Kenntnis mitzuteilen. Es kann sehr wohl sein, daß ich daraus ihm gegenüber die Schlußfolgerung gezogen habe, daß die Angeklagten (bisher) kein Interesse gezeigt und keine eigenen Vorstellungen eingebracht hätten.

Daß es den Angeklagten generell auf Ablehnungsgründe nicht ankäme oder daß für sie die Akten-Affäre grundsätzlich bedeutungslos wäre, war damit weder gesagt noch gemeint. Es ging hier nur um die augenblickliche Situation hinsichtlich eines vom Gericht bereits entscheidungsmäßig beurteilten Vorganges. Auf die zukünftige Verteidigertätigkeit Herrn Rechtsanwalts Künzels habe ich nicht einwirken wollen, sieht man davon ab, daß ich den Hinweis auf eine mögliche bessere Sorgfalt gegeben habe"

Künzels schriftliche Reaktion auf diese dienstliche Erklärung versetzte Prinzing schließlich den Gnadenstoß (mit Ausnahme des Ablehnungsantrags wurden alle folgenden Prozeßhandlungen schriftlich außerhalb der Hauptverhandlung vollzogen):

„Herr Dr. Prinzing sagte mir, daß mein Antrag das Schlimmste gewesen sei, was er in den zwei Jahren mitgemacht habe, und brachte zum Ausdruck, daß es für ihn einen Unterschied mache, von welcher Seite ein solcher Antrag käme. Herr Dr. Prinzing hielt mir weiter vor, daß jetzt die Presse wieder über ihn herfalle. Ich erklärte Herrn Dr. Prinzing, daß seine Stellungnahme vom 29.7.76 in einem Ablehnungsverfahren für alle Beteiligten unverständlich gewesen sei. Dadurch, daß er auf die Vorwürfe, er habe Kontakt zu Richtern übergeordneter Instanzen, lediglich erklärt habe, er sage über private Gespräche, auch wenn sie sich mit Rechtsfragen befassen, nichts aus, habe er doch der Vermutung Nahrung gegeben, daß solche Kontakte tatsächlich bestanden.

Ich bat Herrn Dr. Prinzing, sich doch einmal in die Lage der Frau Ensslin zu versetzen, die sich nun sagen müsse, daß eine zukünftige Revision sinnlos ist und die sich später immer sagen müsse, daß ihre Revision sinnlos gewesen sei, weil ja ein Austausch zwischen den beteiligten Senaten stattgefunden habe (mit dem Ziel, ein revisionssicheres Urteil zu erstellen).

Herr Dr. Prinzing sagte darauf wörtlich: ‚Das ist doch der Frau Ensslin egal; das kommt doch alles von Rechtsanwalt Schily'.

Ich sagte, daß ich mir das nicht vorstellen könne, wenn ich versuche, mir die Lage der Frau Ensslin zu vergegenwärtigen. Herr Dr. Prinzing sagte darauf, das würde ich abstrakt sehen, er wisse konkret, daß es Frau Ensslin egal sei.

Von Herrn Baader war in dem ganzen Gespräch nicht die Rede. Aber auch dieser Hinweis wäre nicht geeignet gewesen, meine im Telefonat zum Ausdruck gebrachte Besorgnis zu entkräften. Wenn mir Herr Dr. Prinzing schon in dem Telefonat zur Begründung seiner vermeintlichen Unbefangenheit eine Äußerung von Herrn Baader entgegengehalten hätte (nach einem Zitat vom Hörensagen), dann hätte ich gerade darin erneut einen Ausdruck der Befangenheit des Vorsitzenden Richters gesehen und dies zum Ausdruck gebracht.

Es mag sein, daß der Vorsitzende Richter auf meine zukünftige Verteidigertätigkeit keinen Einfluß nehmen wollte. Auf mich hat dieses Gespräch anders gewirkt und mußte anders wirken, zumal da Herr Dr. Prinzing sagte: ‚Wenn ich das nicht durchhalte, Herr Künzel...' Ein Richter, der diese Sorge hat, sie einem anderen gegenüber äußert und dies gegenüber einem Verteidiger, der gerade einen Ablehnungsantrag gegen ihn gestellt hat, will auf die Verteidigung einwirken"[26].

Die BAW plädierte ungerührt weiter für die Zurückweisung des Ablehnungsantrags gegen Prinzing: „...Anlaß und Gegenstand dieses Gesprächs (war) sein berechtigtes Bestreben, den Verteidiger über ‚Informationslücken' zu unterrichten und diese auszufüllen"[27]. Aber auch eine zweite dienstliche Erklärung, in der er Künzels Wiedergabe des Gesprächs nicht anzweifelte, nützte Prinzing nichts mehr[28]. Gegen 17 Uhr wurde die Öffentlichkeit wieder zur Verhandlung zugelassen. Informationen darüber, was sich inzwischen hinter verschlossenen Türen abgespielt hatte, gab es nicht (oben wurde nur aus den wichtigsten Erklärungen der Prozeßbeteiligten zitiert).

Daß das 85. Ablehnungsgesuch ins Schwarze getroffen hatte, wurde vom neuen Vorsitzenden Dr. Eberhard Foth bekanntgegeben. „Mit unsicherer Stimme und bleichem Gesicht"[29] verkündete er, warum die Ablehnung Prinzings diesmal begründet war:

„Darauf, ob Dr. Prinzing befangen ist oder sich befangen fühlt, kommt es entscheidend nicht an. Maßgebend ist, ob aus der Sicht der Angeklagten vernünftigerweise Mißtrauen in die Unparteilichkeit des Richters gesetzt werden kann. Diese Befürchtung ist nicht ganz von der Hand zu weisen, wenn Dr. Prinzing – nach seiner dienstlichen Erklärung – Rechtsanwalt Künzel seine ‚Kenntnis' mitgeteilt hat, die Angeklagten zeigten sich von den bekanntgewordenen Vorgängen im Zusammenhang mit der sog. Akten-Affäre merkwürdig unberührt und ohne Interesse, Baader habe sogar geäußert, was das wieder für eine Kiste eines Rechtsanwaltes sei, oder – nach der Erinnerung von Rechtsanwalt Künzel – ‚Das ist doch der Frau Ensslin egal, das kommt doch alles von Rechtsanwalt Schily'. Ging der abgelehnte Richter von einem solchen Sachverhalt aus, ohne daß eine Klärung stattgefunden hätte, und brachte er ihn im Zusammenhang mit vorausgegangenen Anträgen der Verteidigung, so ist aus der Sicht der Angeklagten die Befürchtung nicht unbegründet, Dr. Prinzing messe aufgrund eines solchen ungeprüften Vorganges derartigen Anträgen eine geringere Bedeutung bei, als ihnen sonst zukäme.

Da dieser Grund geeignet ist, die Ablehnung zu begründen, kommt es auf die sonst geltend gemachten Ablehnungsgründe nicht an"[30].

Anschaulich beschreibt ein Kommentar der „Frankfurter Rundschau" vom 22.1.77, weshalb es sich um einen „Pyrrhus-Sieg" der Verteidigung handelte:

„Als Richter Foth den Auszug Prinzings verkündete, ging ein hörbares Aufatmen durch die Reihen der Besucher und Journalisten. Man konnte sogar entspannte Gesichter bei den Justizbeamten und Polizisten sehen. Zumindest die Optik in diesem Strafprozeß erscheint nun gewahrt".

Ähnliche Reaktionen fanden sich in weiten Teilen der Medien. Gegenstand der Kommentare war nicht der Inhalt des Prozesses, sondern sein Erscheinungsbild, „die Optik". Allenthalben wurde Prinzing als ein Richter beschrieben, der „einer solchen auch psychologisch schwierigen Konfrontation"[31] im Endeffekt nicht gewachsen zu sein schien. Mit den Worten der „FAZ" vom 22.1.77: „Was von ihm gefordert wurde, ging über menschliche Kraft hinaus"; die Schlagzeile der „Rheinpfalz" vom selben Tag: „Zuletzt versagten Prinzings Nerven". Es sei der Verteidigung (und damit den Angeklagten!) schließlich doch geglückt, „durch böswilligste Diffamierung den abgelehnten Richter fertigzumachen" und „die physische und psychische Vernichtung von Richtern" zu erreichen. Deshalb sei es für das „weitere, sinnvolle Amtieren des Senats" unvermeidlich gewesen, „sich von seinem Vorsitzenden, dem Richter Prinzing, zu trennen"[32]. Auch für die „Süddeutsche Zeitung" vom 22.1.77 war die erkämpfte Ablehnung Prinzings deshalb kein Sieg der Verteidigung: „Ein später Sieg, vielleicht nur ein Etappensieg, ist sie jedoch für den Rechtsstaat".

Der Widerstand der Angeklagten gegen eine geräuschlose Liquidierung durch die Justiz und die oft hartnäckige prozessuale Unterstützung, die sie von ihren Rechtsanwälten erhielten, hatten dazu geführt, daß zumindest einige Aspekte der staatlichen Behandlung der Gefangenen aus der RAF bekannt geworden waren. Vor allem im Ausland betrachteten die Medien regelmäßig und kritisch Haftsituation, Sondergesetze und Anwaltsbehandlung. Seit Mai 1975 konzentrierte sich diese Aufmerksamkeit auf die Vorgänge rund um den Prozeß in Stammheim, wodurch der vom Staat von Anfang an als exemplarisch geführte Prozeß wie ein Bumerang zu wirken begann[33]. Nicht zuletzt durch das Auftreten der Verteidigung war Prinzing vordergründig zur Symbolfigur für die sich auf den Prozeß konzentrierende Kritik geworden. Der Pyrrhus-Charakter des Siegs der Verteidigung entwickelte sich deshalb vor allem aus der oberflächlichen Meinung, mit dem Auszug Prinzings seien der Prozeß und seine Vorgeschichte von allem Übel gereinigt worden. Inhaltlich aber hatte sich nichts zum Positiven verändert. Das Gegenteil trat ein. Die Haftsituation der Gefangenen sollte noch verschärft werden, ebenso die Beeinträchtigung der Rechtsanwälte, während gleichzeitig neue, schärfere, sogenannte Anti-Terror-Gesetze, die unter anderem die erleichterte Ausschließung von Rechtsanwälten und Angeklagten in „Terroristenprozessen" betreffen, eingeführt würden[34].

Der Prozeß in Stammheim konnte nun „normal" weitergeführt werden: Wesentliche Beschlüsse, wie die zur Ausschließung von Verteidigern und Fortführung des Prozesses in Abwesenheit der Angeklagten, an deren Zustandekommen Prinzing und Mayer zumindest einen wichtigen Anteil hatten, blieben weiterhin gültig, obwohl an der Unparteilichkeit der verbleibenden Richter angesichts ihrer Versuche, Prinzing bis zum Schluß zu decken, schwerwiegende Zweifel bestanden. Auch der Anlaß für Prinzings endgültigen Abgang blieb unaufgeklärt: das Ausmaß der Zusammenarbeit zwischen dem Gericht in Stammheim (in der Person von Prinzing) und dem politischen Senat des BGH (in der Person von Mayer).

Wie immer auch die Zusammenarbeit ausgesehen hat, mit der Aktenversendung an Springers „Welt" war auf jeden Fall deutlich geworden, daß Bundesrichter Mayer hochgradig befangen war. Mayer hatte als Richter des 3. (politischen) Senats des BGH an allen Beschwerdeentscheidungen in der Sache „Baader u. a." mitgewirkt. An dem sogenannten Folterbeschluß des BGH über die Ausschließung der Angeklagten gemäß § 231a StPO vom 22. 10. 75 hatte Mayer sogar als Berichterstatter und als stellvertretender Vorsitzender des 3. Senats mitgewirkt.

Viele Erwägungen dieses Beschlusses bildeten schon für sich genommen – wie in Kapitel VI, 4.2. dargelegt – ein Monument der Befangenheit der mitwirkenden Richter. Heldmann nahm Mayers maßgebliche Mitwirkung an diesem Grundsatzbeschluß sowie die offensichtlich gewordene Befangenheit Mayers zum Anlaß für den Antrag, den Prozeß „nach § 206a StPO wegen eines Verfahrenshindernisses einzustellen". Der volle Wortlaut dieses Antrags ist in Anmerkung 35 wiedergegeben. Hier kurz die juristische Argumentation: Aufgrund geltender Gesetze muß ein

Strafverfahren beendet werden, wenn nach der Qualität des Verfahrensmangels und dem Stand des Verfahrens es nicht möglich ist, dieses noch auf die richtige Bahn zu bringen. Das Prozedieren vor einem „ungesetzlichen" Richter ist ein Verfahrenshindernis, wobei „richterliche Unbefangenheit Essentiale des gesetzlichen Richters" ist – beides wird durch Gesetze, Jurisprudenz und herrschende Rechtsauffassung bestätigt. Heldmanns Schlußfolgerung:

> „Der Beschluß des BGH zur Fortsetzung der Hauptverhandlung in Abwesenheit der Angeklagten ist ungesetzlich zustande gekommen, weil Bundesrichter Mayer seiner Pflicht zur Selbstablehnung nicht nachgekommen ist (§ 30 StPO). Der Beschluß verletzt Verfassungsrecht: den grundrechtsgleichen Anspruch der Gefangenen auf den gesetzlichen Richter (Art. 101 I 2 GG).
>
> Der Beschluß wirkt fort: die Hauptverhandlung in Abwesenheit der Angeklagten geht weiter.
>
> Die Zwischenentscheidung nach § 231 a StPO ist unanfechtbar geworden. Wo sie als Grundlage dieser Hauptverhandlung in Abwesenheit der Angeklagten als rechtswidrig erkannt ist, ist, weil dieser Rechtsmangel in diesem Verfahren nicht mehr geheilt werden kann, das Verfahren wegen fortwirkenden Verfahrenshindernisses einzustellen".

Die Begründung, mit der das Präsidium des BGH die Versetzung Mayers vom 3. zum 4. Strafsenat rechtfertigte, schien Heldmanns Argumentation großenteils zu bestätigen. Nach dem GVG wird in der Regel – im Hinblick auf den Grundsatz, daß niemand seines gesetzlichen Richters beraubt werden darf – zu Beginn eines jeden Jahres festgestellt, welche Richter welchem Kollegium zugeteilt sind. Eine der wenigen Ausnahmen von dieser Regel ist in § 21 e GVG festgelegt. Er besagt, daß dann, wenn ein Richter „dauernd verhindert" ist, er zwischenzeitlich ersetzt werden kann. Genau dies war nun nach Meinung des BGH-Präsidiums bei Mayer der Fall, da zu erwarten war, daß er von nun an fortwährend und wahrscheinlich erfolgreich in „den politischen Prozessen, die zum täglichen Brot des dritten Strafsenats zählen" als befangen abgelehnt werden würde. Die FAZ vom 19.1.77, der auch das vorhergehende Zitat entnommen ist, formuliert dies so: „Denn ein befangener Richter ist, so wird man gesehen haben, nicht der gesetzliche Richter, den das Grundgesetz jeder Partei, jedem Angeklagten garantiert". Der ablehnende Bescheid über Heldmanns Antrag, den Prozeß abzubrechen, wurde vom Stammheimer Gericht am 28.4.77 bei der Urteilsverkündung bekannt gegeben (§ 260 Abs. III StPO). Auf Heldmanns grundsätzliche Argumentation ging das Gericht allerdings nicht ein. Es wurde lediglich ausgeführt, daß die Mitwirkung eines BGH-Richters, den die Verteidigung nachträglich als befangen ansieht, an dem BGH-Beschluß vom 22. 10. 75, keinen Grund für ein Abbrechen des Prozesses darstelle: „Zum einen kann ein Richter nachträglich nicht abgelehnt werden, zum anderen kommt es nicht darauf an, wer an jener Entscheidung mitgewirkt hat".

Die vielen Befangenheitsanträge gegen Prinzing hatten noch eine einschneidende Gesetzesänderung zur Folge. In § 29 StPO ist festgelegt, daß ein abgelehnter Richter bis zur Entscheidung über den Ablehnungsantrag nur diejenigen Handlungen verrichten darf, die unmittelbar notwendig sind; die unverzügliche Vertagung der Sitzung zwecks Behandlung des Ablehnungsantrags war damit vorgeschrieben. Mitte 1978 wurde § 29 um einen zweiten Absatz dahingehend erweitert, daß nun eine Sitzung weitergeführt werden kann, „bis eine Entscheidung über die Ablehnung ohne Verzögerung der Hauptverhandlung möglich ist", und zwar „spätestens bis zum Beginn des übernächsten Verhandlungstages und stets vor Beginn der Schlußvorträge". Bundesjustizminister Dr. Jochen Vogel begründete die Notwendigkeit dieser Gesetzesänderung wie folgt: „Von den 192 Verhandlungstagen im ersten Stammheim-Prozeß sind etwa 50 Tage – das sind rund 25 Prozent – allein für Ablehnungsgesuche und Verhandlungen und Entscheidungen darüber verloren gegangen". Hierzu Ingo Müllers Kommentar in „Kritische Justiz": „Der zum Beleg der Notwendigkeit einer neuerlichen Erschwerung der Ablehnung eines befangenen Richters angeführte Fall des Vorsitzenden Prinzing (...) eignete sich eher als Argument für eine erleichterte Richterablehnung"[36].

2. Die Abhöraffäre

Schon 1974 erklärten Gefangene aus der RAF, sie hätten Anhaltspunkte dafür, daß seit Sommer 1973 Besuche von Rechtsanwälten abgehört würden. Anfang Juli 1975 wiederholte Baader diese Vorwürfe öffentlich im Stammheimer Prozeß[37]. Prinzings Aufforderung, „Roß und Reiter" zu nennen, beantwortete Baader mit der Feststellung, daß es unmöglich sei, schriftliches Beweismaterial vorzulegen, daß es aber „ne relativ einfache Methode gibt, durch Deduktion rauszukriegen, ob etwas überwacht wird", also „ganz gezielt sozusagen in seinem Gespräch was zu entwickeln, was den Ermittlungsbehörden Veranlassung gibt zu bestimmten Aktionen"[38]. Bundesanwalt Wunder erklärte kategorisch, das Abhören von Anwaltsgesprächen sei völlig aus der Luft gegriffen. Baader wollte daraufhin von Wunder wissen, ob er sich nicht vorstellen könne, daß z. B. „befreundete Dienststellen" ohne Wissen der BAW abhörten, „obwohl uns das ja unwahrscheinlich vorkommt". Wunder: „Herr Baader, dann hätte es doch gar keinen Sinn, Sie abzuhören"[39]. Baader deutete an, die Gefangenen würden das Abgehörtwerden noch während des laufenden Prozesses beweisen. Es sollte noch gut anderthalb Jahre dauern, bevor der endgültige Beweis auf dem Tisch lag. Die Justiz- und Innenminister des Landes Baden-Württemberg lieferten ihn nolens volens (Kap. VII, 4.2). Noch bevor der Prozeß am 21. Mai 1975 begann, waren Rechtsanwaltsbesuche in Stammheim bereits vom Staatsschutz abgehört worden.

2.1. Tatbestände

Am 27. Februar 1975 wurde der Berliner CDU-Politiker Peter Lorenz von einem Kommando der westdeutschen Stadtguerillagruppe „Bewegung 2. Juni" entführt. Zehn Tage später wurde Lorenz freigelassen, nachdem die Forderung, fünf Gefangenen aus dieser Bewegung freie Ausreise ins Ausland zu gewähren, von der Bundesregierung erfüllt worden war.

Obwohl niemand der freizulassenden Gefangenen des „2. Juni" in Stammheim saß, wandte sich der Innenminister des Landes Baden-Württemberg, Karl Schieß, noch am Tag der Entführung über das Landesamt für Verfassungsschutz an das Bundesamt für Verfassungsschutz (BfV): er bat um Hilfe beim Anbringen von Abhörgeräten in Stammheim[40]. Diese Bitte wurde am 1., 2. und 3. März 1975 erfüllt. Nach einer Mitteilung des Justizministers von Baden-Württemberg, Traugott Bender, sind diese Geräte erstmals am 25.4.75 benutzt worden, also einen Tag nach der Beendigung der Besetzung der westdeutschen Botschaft in Stockholm durch das RAF-Kommando „Holger Meins"[41]. Die Botschaftsbesetzer hatten – wenn auch vergeblich – die Freilassung ihrer Stammheimer Genossen gefordert. Der Mitteilung Benders ist noch zu entnehmen, daß das Abhören von Gesprächen zwischen Gefangenen und Verteidigern am 9.5.75 beendet wurde.

Den offiziellen Mitteilungen ist nicht eindeutig zu entnehmen, welche Stelle(n) mit dem Abhören beauftragt war(en). Einer Erklärung der Bundesregierung zufolge hatte der Bundesnachrichtendienst (BND) Anfang Mai 1975 auf Bitten des Landeskriminalamts (LKA) von Baden-Württemberg „technische Hilfe" beim Abhören geleistet[42]. Auch hier waren wiederum zwei Mitarbeiter des BfV beteiligt. Das Bundeskanzleramt unter Leitung des SPD-Staatssekretärs und Koordinators der Geheimdienste Manfred Schüler hatte der Mitarbeit des BND zugestimmt.

Mit Sicherheit steht also nur fest, daß das Abhören durch die unmittelbare Zusammenarbeit zwischen verschiedenen Nachrichtendiensten und dem baden-württembergischen LKA zustandegekommen war. Die Arbeitsteilung (wer installierte die Geräte und wer übernahm das tatsächliche Abhören?) bleibt unklar.

Der schon erwähnten Mitteilung Benders zufolge soll noch einmal vom 6. 12. 76 bis zum 21.1.77 abgehört worden sein; Anlaß dafür sei die Festnahme des Rechtsanwalts Siegfried Haag und seines Begleiters Roland Mayer gewesen.

Die Minister Bender und Schieß erklärten ausdrücklich, Ziel des Abhörens sei in beiden Fällen ausschließlich „die Abwehr von konkreten

Gefahren für Leib und Leben unschuldiger dritter Personen" gewesen, da unmittelbar zu befürchten gewesen sei, daß mit Hilfe der Rechtsanwälte von Stammheim aus neue Geiselnahmen geplant würden[43].

Die Vertreter der Bundesanwaltschaft im Prozeß gegen „Baader u. a." erklärten kategorisch, kein Mitarbeiter der BAW, auch GBA Buback nicht, habe von den Abhörvorgängen etwas gewußt[44].

Die offiziellen Erklärungen zum Tathergang der Abhöraktion wurden von weiten Teilen der Medien nur sehr skeptisch aufgenommen. Immerhin strotzten auch die offiziellen Erklärungen anläßlich des gerade bekanntgewordenen „Lauschangriffs" auf den Atomphysiker Klaus Traube von offenen Widersprüchen, Ungereimtheiten und Unwahrscheinlichkeiten[45]. Man bezweifelte in erster Linie, daß das Abhören auf die zwei erwähnten Zeiträume beschränkt geblieben sei und daß nicht einmal die mit der Strafverfolgung beauftragten Instanzen, BAW und/oder BKA, darüber unterrichtet waren. So schreibt die „Süddeutsche Zeitung" am 18.3.77:

> „Sodann wird es wenig glaubwürdig, daß eine im Frühjahr 1975 installierte ‚Wanze' bis jetzt ausschließlich zweimal in Betrieb gewesen sein soll, und dies ausgerechnet an Tagen n a c h einer unmittelbaren terroristischen Gefährdung. Wenn es denn wirklich eine Rechtfertigung gegeben haben sollte, unter der man mit ‚Wanzen' einer Gefangenenbefreiung hätte vorbeugen dürfen, dann hätte es schon die Natur der Sache verlangt, die Anlage ständig in Betrieb zu halten. Und dies sollten die zuständigen Behörden nicht gewußt haben?"

Die BAW und die ihr unterstellten Ermittlungsbehörden hatten dafür zu sorgen, daß sich eben jene „befürchtete Geiselnahmen" nicht ereignen konnten, die die Verantwortlichen – den Ministern Schieß und Bender zufolge – im Auge hatten, als sie den Beschluß faßten, in Stammheim abzuhören. Und trotzdem soll die BAW davon nichts gewußt haben, wie am 22.3.77 noch einmal ausdrücklich in der Verhandlung betont wurde! Selbst Minister Schieß wollte nicht so weit gehen; in seiner Pressekonferenz vom 17.3.77 erklärte er, daß GBA Buback „womöglich" etwas gewußt habe[46].

In diesem Zusammenhang sei noch einmal an die oben wiedergegebene Diskussion zwischen Baader und BAW Wunder Anfang Juli 1975 erinnert; sie fand einige Monate n a c h der Installation und offiziellen ersten Benutzung der Abhöranlage statt. BAW Wunder hatte damals deutlich gesagt, daß ein Abhören von Verteidigerbesuchen in Stammheim nur dann sinnvoll sei, wenn die Ergebnisse auch der BAW zur Verfügung stünden. Zu diesem Zeitpunkt, so behaupteten jedenfalls die Minister Bender und Schieß, gingen von Stammheim „konkrete Gefahren" aus, weil die Gefangenen mit Hilfe ihrer Rechtsanwälte aus dem Gefängnis heraus Befreiungsaktionen organisierten. Es muß also davon ausgegangen werden, daß die BAW über die „geplanten Befreiungsaktionen" und die dagegen eingesetzte Abhörerei informiert war. Dies umso mehr, als die beim Abhören gewonnenen „Fakten" für die Beweisführung eines Teils der Anklage, die „Fortführung einer kriminellen Vereinigung vom Gefängnis aus", bedeutsam gewesen wären. Schließlich hätte eine sichere Beweisführung in diesem Punkt auch zentrale Bedeutung für die Rechtfertigung der Ausschlüsse von Anwälten erlangen können.

Aus verschiedenen Gründen ist es unwahrscheinlich, daß die Minister Schieß und Bender den Beschluß abzuhören, selbständig getroffen haben. Viel eher kann angenommen werden, daß das BKA (unter anderem wegen seiner Weisungsbefugnis gegenüber den Landeskriminalämtern bei der Terrorismusbekämpfung) diesen Beschluß erwirkt hat. Es ist sehr wohl möglich, daß die Minister selbst von der Richtigkeit der vom BKA angeführten Begründung, dem Verdacht, von mit Hilfe der Verteidiger geplanten Geiselnahmen (der das Abhören aufgrund des „übergesetzlichen Notstands" rechtfertigen würde), überzeugt waren. Aufgrund meiner Untersuchung dieser „Notstands"-Konstruktion in Zusammenhang mit der Ausschließung von Verteidigern (s. Kapitel V, 4 bis 4.4) ist es aber äußerst unwahrscheinlich, anzunehmen, daß das BKA seiner eigenen Begründung Glauben schenkte. Glaubwürdiger dagegen ist, daß das BKA sich dieser Konstruktion wiederum mit dem Ziel bediente, die einzige Lücke in seiner fast totalen Kontrolle über die Gefangenen – die Kommunikation mit den Rechtsanwälten – zu schließen, nachdem der Bundestag (noch) nicht bereit war, die dazu erforderliche gesetzliche Grundlage zu liefern. Die „übergesetzliche" Grundlage „Notstand" bezieht sich aus dieser Sichtweise nicht auf konkrete Gefahren wie z. B. vom Gefängnis aus organisierte Aktionen, sondern spiegelt eher den „Beweisnotstand" der Ermittlungsbehörden angesichts des bevorstehenden Prozesses in Stammheim wieder. So gesehen ist es ebenfalls unwahrscheinlich, daß das Abhören auf die zwei genannten Zeiträume beschränkt gewesen sein soll

2.2. Die Rechtslage

In der Debatte über die Rechtmäßigkeit der Abhöraktion waren sich alle Beteiligten zumindest darüber einig, daß für die Abhörmaßnahmen keine gesetzliche Grundlage vorhanden gewesen war[47]. Außerdem war § 148 StPO, der die (damals noch) unkontrollierte Kommunikation zwischen einem sich in Haft befindenden Verdächtigen und seinem Verteidiger garantierte, eindeutig verletzt worden. Verschiedene Gründe gaben zu der berechtigten Vermutung Anlaß, daß sich zahlreiche Beamte und Politiker, bis hin in höchste Regierungskreise (Bundeskanzleramt), des Amtsvergehens nach § 201 StGB, der Verletzung der Vertraulichkeit des Wortes, schuldig gemacht hatten. Diese Verdächtigungen sozusagen vorwegnehmend, beriefen die Minister Schieß und Bender sich auf den „übergesetzlichen Notstand" im Sinne von § 34 StGB, um die unter ihre Verantwortlichkeit fallende Abhöraktion zu rechtfertigen[48].

Die entscheidende Passage des 1969 eingeführten und 1975 in Kraft getretenen § 34 StGB lautet: „Wer in einer gegenwärtigen, nicht anders abwendbaren Gefahr für (...) ein (...) Rechtsgut eine Tat begeht (...), handelt nicht rechtswidrig, wenn bei Abwägung der widerstreitenden Interessen (...) das geschützte Interesse das beeinträchtigte wesentlich überwiegt". Die Jurisprudenz erkannte diese Bestimmung schon ein halbes Jahrhundert lang als übergesetzlichen Rechtfertigungsgrund an[49]; in der Praxis war das Hauptanwendungsgebiet die Schwangerschaftsunterbrechung aufgrund einer medizinischen Indikation[50].

Schon sechs Wochen vorher hatte Bundesinnenminister Maihofer den Weg für diesen Rechtfertigungsgrund geebnet, als er mit dem unter seine Verantwortung fallenden Abhörskandal um den Atomwissenschaftler Traube konfrontiert wurde. Damals schon führte die Berufung auf § 34 StGB zu heftigen Reaktionen; sie wurde von der liberalen Presse überwiegend als Verfassungsbruch abgelehnt[51], häufig unter Hinweis auf Adolf Arndts Worte aus dem Jahr 1961: „Der angebliche überverfassungsgesetzliche Staatsnotstand als Schein der Rechtfertigung ist nur ein Tarnwort für den Verfassungsbruch"[52]. Fast alle Beiträge befragter Staatsrechtslehrer bestanden in Variationen über dieses Thema Arndts.

Merkwürdigerweise führt uns der Name Arndt zurück zur Entstehung der RAF. Dieser Top-Jurist der SPD ist in den sechziger Jahren immerhin einer der großen Befürworter für eine Notstandsgesetzgebung gewesen. Gerade die Vorbereitung der Notstandsgesetze aber war neben dem Vietnamkrieg Hauptzielscheibe der radikalen Studentenbewegung, aus der die RAF hervorging. Die Notwendigkeit einer Notstandsgesetzgebung ergab sich für Arndt aus seiner Ablehnung des Rechtsbegriffs „überverfassungsgesetzlicher Notstand". Für ihn sollten die Notstandsgesetze sicherstellen, daß bei Eintreten eines Notstands „keine übermäßige Spannung zwischen Verfassungsrecht und Verfassungswirklichkeit" entstehen könne[53]. Nach Bekanntwerden der Abhörereien bei Traube und in Stammheim folgerten Staats- und Strafrechtslehrer, sich Arndt anschließend, daß der Staat auf keinen Fall einen „übergesetzlichen" oder „überverfassungsgesetzlichen" Notstand geltend machen könne, weil die Notstandsgesetze von 1969 das rechtmäßige Handeln von Staatsorganen in Notstandssituationen genau geregelt und eingegrenzt hätten. Der Staat könne sich ebensowenig auf § 34 StGB berufen, da diese Bestimmung – berücksichtigt man ihren Wortlaut, ihren Standort innerhalb des Strafgesetzbuches und ihre Geschichte – nur beabsichtige, einen Rechtfertigungsgrund des materiellen Strafrechts zu formulieren und somit den Schutz des Bürgers v o r dem Staat zum Inhalt habe. Die Tatsache, daß auch ein einzelner Polizeibeamter und selbst ein Geheimdienstler *als angeklagter Bürger* sich, nach Überschreitung seiner

Befugnisse, unter Umständen mit Erfolg auf diesen Rechtfertigungsgrund berufen könne, bedeute selbstverständlich noch nicht, daß der Staat oder Staatsorgane dieser Bestimmung direkte Befugnisse zu verfassungswidrigem Handeln entlehnen könnten; ganz abgesehen davon, daß auf diese Weise der bei der Notstandsgesetzgebung durch die konstitutionelle Vordertür endgültig verabschiedete Rechtsbegriff des „überverfassungsgesetzlichen Notstands" durch die strafrechtliche Hintertür hereingelassen würde. Solche und ähnliche Töne waren nicht allein von den liberalen Medien, Staats- und Strafrechtslehrern zu vernehmen, auch der Präsident des OLG Braunschweig, Rudolf Wassermann, der ehemalige Präsident des OLG Stuttgart, Richard Schmid und einige Staatsanwälte lehnten eine Berufung auf § 34 StGB ab[54].

Wassermann, unter anderem auch Vorsitzender der Arbeitsgemeinschaft Sozialdemokratischer Juristen, erinnerte daran, daß man in der Weimarer Zeit mit dem „übergesetzlichen Notstand" selbst „Fememorde und den Aufbau der Schwarzen Reichswehr gerechtfertigt (hat)"[55]. Der innerhalb der SPD recht einflußreiche Staatsrechtslehrer E. W. Böckenförde kommt in seiner Ende 1978 in der „Neue Juristische Wochenschrift" veröffentlichten Analyse zu der Schlußfolgerung, daß das Akzeptieren der Berufung auf § 34 StGB einer „offenen Generalermächtigung" der betreibenden Macht gleichkäme, die noch über das berüchtigte Ermächtigungsgesetz, Art. 48 II WRV, der Weimarer Zeit hinausgehe und die nichts anderes „als die Auflösung der Integrität der rechtsstaatlichen Verfassung und die Preisgabe des Prinzips des Verfassungsstaates" beinhalte[56].

Alle diese Meinungsäußerungen, in der Fachpresse ausführlich diskutiert und dokumentiert[57], haben die Hinnahme der Berufung auf § 34 StGB allerdings nicht verhindern können. Minister Schieß erklärte die Abhöraktion nicht nur für rechtmäßig, sondern kündigte auch noch an, ähnliche Aktionen „in vergleichbaren Situationen in gleicher Weise" wieder vorzunehmen[58]. Nicht nur der baden-württembergische Ministerpräsident Hans-Karl Filbinger und die Mehrheit des Bundesrates stellten sich bedingungslos hinter die Minister Schieß und Bender[59], auch Bundeskanzler Helmut Schmidt teilte mit, daß er ihr Verhalten „sehr wohl für vertretbar" halte[60]. Schmidt ging somit noch entschieden weiter als sein in die Affäre verstrickter Chef des Bundeskanzleramts, Schüler, der seine Mitverantwortlichkeit zu beschönigen versuchte, indem er erklärte, er habe, als er dem BND seine Zustimmung gegeben habe, Abhörgeräte in Stammheim zu installieren, nicht gewußt, daß Verteidigergespräche abgehört werden sollten.

Man ging also auf höchster politischer Ebene von ungeschriebenem Staatsnotrecht aus, wobei § 34 StGB nur „als kodifizierte Bestätigung dafür, daß Notstandslagen mit einer Güterabwägung ausgeräumt werden dürfen", benutzt wurde, wie Prof. Dr. M. Schröder in einem weitgehenden Artikel in „Archiv für öffentliches Recht"[61] zustimmend formulierte.

Nachdem diese grundsätzliche Hürde erst einmal genommen ist, haben verbleibende Fragen, wie etwa die nach den Kriterien für eine Güterabwägung in der tatsächlichen Situation, kaum noch praktische Bedeutung. Diese Güterabwägung zwischen der inneren Sicherheit der BRD und dem Schutz betroffener Grundrechte „kann nämlich nur *situationsbezogen und vorausschauend* erfolgen"; impliziert wird nach Schröder somit „eine von den Gerichten zu respektierende *Einschätzungsprägorative* der entscheidenden Instanzen"[62]. Diese „Einschätzungsprägorative" bedeutet also, daß sich die betreffenden politischen Instanzen in jedem x-beliebigen Fall unbegründet, unkontrolliert und ungestraft auf einen „rechtfertigenden Notstand" berufen können. Der § 34 StGB wird damit zur „Mehrzweckwaffe für allerlei staatliche Eingriffe in die Grundrechte des Bürgers"[63]. Es mutet bizarr an, wenn Schröder, der versucht hat, die Anwendung von ungeschriebenem Staatsnotrecht auf Grund von § 34 StGB theoretisch zu untermauern, in seinem Urteil über die Abhöraktion mit wenigen Worten zu der Schlußfolgerung kommt, daß sie keineswegs mit § 34 StGB zu rechtfertigen war. Aufgrund der zur Verfügung stehenden Tatsachen konnte Schröder zu keinem anderen Ergebnis kommen als dem, daß das Abhören nicht der „Gefahrenabwehr" gedient hatte, sondern dem *Ermitteln* von (möglichen) Gefahren: „Auf keinen Fall kann aber § 34 StGB eine Kompetenz zur Aufspürung von Gefahren begründen. Er kann auch nicht bei nur entfernter Möglichkeit eines Schadenseintrittes herangezogen werden. Auf dieser Grundlage lassen sich die Abhöraktionen Traube und Stammheim, in denen bei Einschreiten des Verfassungsschutzes offen war, ob überhaupt eine Gefahr, und zwar eine konkrete Gefahr, bestand, nicht unter Berufung auf § 34 StGB rechtfertigen"[64]

Schröder übersieht merkwürdigerweise, daß es, folgt man seinem eigenen Modell („Einschätzungsprägorative der entscheidenden Instanzen"), für die Rechtfertigung illegaler Aktionen auf der Grundlage eines „übergesetzlichen Notstands" völlig unerheblich ist, ob die Kriterien des § 34 StGB erfüllt *sind*; ausschlaggebend ist vielmehr, ob die politischen Instanzen *sagen*, daß sie erfüllt sind, da ausschließlich die letztgenannten bestimmen, *ob* die Kriterien von § 34 StGB erfüllt sind oder nicht.

Diese ganze Diskussion um den „überverfassungsgesetzlichen Notstand" als Rechtfertigung für Abhöraktionen ist allerdings von ausgesprochen akademischem Charakter, denn nur ein verschwindend kleiner Bruchteil von ihnen wird überhaupt öffentlich bekannt. Der „Spiegel" dokumentierte während der ganzen Aufregung um Traube und Stammheim noch weitere neun Fälle von Lauschaktionen [65]. Einer der Berichte betraf eine Abhöraktion des BND in einem Mainzer Hotel, in dem der Nationalrat der Panhellenischen Befreiungsbewegung (PAK) im Januar 1973 unter Leitung des heutigen Ministerpräsidenten von Griechenland, Papandreou, tagte. Obwohl die SPD unter Leitung des damaligen Bundeskanzlers Willy Brandt diese Widerstandsbewegung gegen die griechische Junta finanziell unterstützte, wird die PAK gleichzeitig vom damaligen Bundesinnenministerium unter Hans-Dietrich Genscher als linksextremistische Gruppierung eingestuft, „von der terroristische Aktionen drohten“. Nachdem Papandreou 1977 aus dem „Spiegel“ (!) von der Lauschaktion erfuhr, wurde ihm einiges klarer: „Die deutschen Geheimdienste haben von uns Geheimnisse geklaut und an die Junta verraten“.

Im April 1977 erstatteten fünf der abgehörten Rechtsanwälte bei der Staatsanwaltschaft des Landgerichts Stuttgart Anzeige gegen die Minister Schieß und Bender wegen eines Vergehens gegen § 201 StGB („Verletzung der Vertraulichkeit des Wortes“): Ein Versuch, die Abhöraffäre in Stammheim doch noch auf gerichtlicher Ebene zu klären. Im November 1977 beschloß die Staatsanwaltschaft, keine Verfolgung einzuleiten, da beide Minister wegen des bestehenden Notstandes im Sinne von § 34 StGB befugt gewesen seien, abzuhören[66]. Gegen diesen Beschluß legten die Rechtsanwälte beim Generalstaatsanwalt des OLG Stuttgart Beschwerde ein (§ 172 Absatz 1 StPO), der im September 1978 im Sinne der Vorinstanz entschied[67]. Schließlich erwirkten die Rechtsanwälte dazu noch eine Entscheidung des Oberlandesgerichts Stuttgart[68]. Auch das Gericht entschied im Februar 1979 ablehnend, und zwar wieder unter Hinweis auf § 34 StGB: Der Notstand habe in der Befürchtung bestanden, „daß die auf freiem Fuß befindlichen Gesinnungsgenossen der Angeklagten alsbald weitere Geiseln nehmen und Anschläge auf das Leben anderer verüben, wobei diesen Gefahren in beiden Fällen nur durch Abhörmaßnahmen zu begegnen war, da ein anderes erfolgversprechendes Mittel nicht zur Verfügung stand“[69].

2.3. Der Prozeß

Es wurde schon erwähnt (Kap. VII, 4.2), daß Schily nach Bekanntwerden der Traube-Affäre beim Stammheimer Gericht am 15.3.77 beantragt hatte, Bundesinnenminister Maihofer zur Frage, ob auch in Stammheim Gespräche abgehört wurden, als Zeugen zu hören. Dieses Gesuch war abgelehnt worden. Während der Mittagspause der Sitzung am 17.3.77 brachte der Rundfunk einen Bericht von der sensationellen Pressekonferenz der Minister Schieß und Bender über die Abhöraktionen in Stammheim. Bei der Wiedereröffnung der Sitzung wurde wieder einmal deutlich, daß die Medien materiell als Verhandlungspartei zu betrachten waren. Auf den Radiobericht verweisend, eröffnete Foth die Verhandlung mit der Mitteilung: „Dieser Umstand (das Abhören – BS) kann unter Umständen das Verfahren berühren, deshalb wird der Senat der Sache nachgehen“.

Sowohl die Vertrauensanwälte als auch die Zwangsverteidiger gaben sich mit dieser Ankündigung nicht zufrieden; sie verlangten einhellig eine Vertagung der Sitzung bis zur vollständigen Aufklärung aller die Abhöraktion betreffenden Umstände. Nach einer kurzen Philippika gegen diese „Eskalation von Beseitigungen rechtsstaatlicher Grundsätze" erklärte Schily, die Vertrauensanwälte könnten nicht mehr verantworten, „auch nur eine Minute länger in dem Verfahren mitzuwirken, um hier noch vielleicht als eine Art Alibi dafür aufzutreten, daß es noch so etwas gebe wie eine Verteidigung"[70]. Als Foth dennoch versucht, die geplanten Zeugenvernehmungen abzuwickeln, verlassen sie unter Protest den Saal[71]. Auf Drängen der Zwangsverteidiger, vornehmlich Künzels, beschließt Foth dann doch, die Verhandlung für die Dauer von fünf Tagen zur weiteren Informationsgewinnung zu unterbrechen. In seinem Brief an Bender verweist Foth auf den bestehenden § 148 StPO, „der den unüberwachten mündlichen Verkehr zwischen Angeklagten und Verteidiger gewährleistet". Foth ersucht Bender, dem Gericht mitzuteilen, „zu welchen Zeiten, auf welche Weise, zwischen welchen Personen und zu welchen konkreten Zwecken Gespräche abgehört wurden"[72]. Vom Inhalt der Gespräche wünscht das Gericht nicht unterrichtet zu werden, „da solche Unterrichtungen dem § 148 StPO (dessen Sinn nicht zuletzt darin besteht, den Angeklagten davor zu schützen, daß seine Äußerungen gegenüber dem Verteidiger zur Kenntnis des in der Sache entscheidenden Gerichts gelangen) zuwiderliefen". Benders Antwort war so mager, daß auf Ersuchen der Zwangsverteidiger – die Vertrauensanwälte waren nicht erschienen – die Verhandlung noch einmal für eine Woche unterbrochen wurde, um von Bender ergänzende Informationen anzufordern. Sie wurden in der Verhandlung am 29.3.77 verlesen[73].

Bender teilte mit, daß in den bereits erwähnten Zeiträumen Gespräche zwischen den Gefangenen Baader, Meinhof, Ensslin, Raspe und ihren Vertrauensanwälten mit Hilfe von Mikrophonen durch das Landeskriminalamt Baden-Württemberg abgehört worden waren. Jedoch: „Die Zahl der Gespräche ist nicht mehr feststellbar, da die Aufzeichnungen, soweit sich aus ihnen keine Erkenntnisse über bevorstehende schwerste Verbrechen ergaben, sofort vernichtet wurden"[74]. Aus dem gleichen Grund sei nicht mehr zu rekonstruieren, welche Verteidigergespräche abgehört wurden. Bender war aber – aufgrund der Besucherliste in Stammheim – in der Lage, mitzuteilen, daß es sich um insgesamt 15 Verteidiger handeln könnte[75]. Nach diesen Informationen schien es so, als habe die ganze Abhöraktion zu keinem greifbaren Ergebnis geführt, was natürlich berechtigte Fragen nach der „Notwendigkeit" des Abhörens hervorrufen könnte, ganz abgesehen von seiner Rechtmäßigkeit („konkrete Gefahrenabwehr"), wenn § 34 StGB schon als juristischer Aufhänger hingenommen werden soll. Diese Fragen sozusagen vorwegnehmend, teilte Bender – die ausdrückliche und später noch einmal wiederholte Bitte des Gerichts ignorierend, keine Informationen über den Inhalt der Gespräche erhalten zu wollen – mit, daß noch eine Bandaufnahme vorhanden sei, und zwar die von einem Gespräch am 29.4.75 zwischen Ulrike Meinhof „und einem inzwischen aus anderen Gründen gemäß § 138a StPO vom Verfahren ausgeschlossenen Verteidiger. Dabei hat Ulrike Meinhof die Möglichkeit der Geiselnahme eines Kindes erwähnt"[76].

Diese Information war nicht ganz neu. Schon in der ersten Presseerklärung am 17.3.77 und in dem folgenden Fernsehinterview hatten Bender und Schieß zur Rechtfertigung der Abhöraktion erklärt, in dem Gespräch zwischen einer Gefangenen und einem Anwalt über das Thema Gefangenenbefreiungsaktionen sei die Geiselnahme eines oder mehrerer Kinder auf einem Kinderspielplatz besprochen worden[77]. Diese Mitteilung verursachte verständlicherweise einige Aufregung und wurde von den Medien als schlagzeilenmachende Nachricht verkauft. Eine Pressekonferenz der Verteidigung, in der diese Nachricht als eine erneute Maßnahme der psychologischen Kriegsführung bezeichnet wurde, konnte daran nichts ändern.

Einige Zeit später wurde bekannt, daß Verteidiger Croissant und Ulrike Meinhof dieses Gespräch geführt hatten. Im Herbst tauchte schließlich das Band im Rahmen des schon erwähnten Klageerzwingungsverfahrens der fünf Rechtsanwälte gegen Schieß und Bender auf[78]. Die Aufnahme war „von sehr schlechter Tonqualität" und das Gespräch „nur bruchstückhaft" zu verstehen, so das Gerichtsprotokoll[79].

Croissant: „. . .ich hab wieder ein Interview. . . Krüger. . . Schweiz. . . (Lachen). . . irgendwie immer kindischer, die haben. . . Pop-Show. . . mit Franz Schlüter, einem Typ, der. . . das müßte aber ziehen. . . es könnte auch ein Kind sein, das die Terroristen nehmen. Kind, ja. Und dann ist die Entscheidung genau so schwierig für die Regierung. Könnte auch ein Kind sein, vom Spielplatz weg. Und das war mir dann zuviel. . . da habe ich dann geschrieen".

Meinhof: „Also ich will mal sagen".

Croissant: „Aber das ist wohl zu blöd mit. . ."

Meinhof: „. . .ganz einfach. . . also wirklich mit 'nem Kind uns auszulösen. . . also ich bitte dich, . . .tun".

Kurz, ein Verteidigergespräch vom April 1975 über die Methoden psychologischer Kriegsführung gegen die RAF, in dem die in den Medien verbreitete Hetzparole einer möglichen Kindergeiselnahme als Beispiel für eben diese Methoden genannt wurde, wird, völlig aus dem Zusammenhang gerissen, zwei Jahre später dazu benutzt, um die psychologische Kriegsführung gegen die Gefangenen aus der RAF und ihre Anwälte verstärkt fortzusetzen und um illegale Abhöraktionen zu rechtfertigen.

Für die angeblich zwingende Notwendigkeit des Abhörens („die Abwehr von konkreten Gefahren") konnte Bender keine Tatsachen anführen; seine „Begründung" für das Abhören direkt nach der mißlungenen RAF-Aktion in Stockholm lautete:

„Es bestand der konkrete Verdacht, daß in unmittelbarem Zusammenhang mit diesem Anschlag weitere Terrorakte und Geiselnahmen bevorstanden. Dabei mußte nach den damaligen polizeilichen Erkenntnissen davon ausgegangen werden, daß die beabsichtigten Straftaten – genauso wie die Aktion in Stockholm selbst – aus den Zellen der Vollzugsanstalt Stuttgart heraus geplant wurden"[80].

Nach dem ministeriellen Eingeständnis der Abhöraktionen erschienen auch die Angeklagten wieder zur Verhandlung; es sollte ihr letztes öffentliches Auftreten sein. Ensslin teilte mit, daß sich die Gefangenen wegen ihrer Haftbedingungen ab sofort wieder im Hungerstreik befänden. Eine Erklärung dazu wurde ihr verweigert[81]. Baader verlas eine offensichtlich schon seit längerem vorbereitete ausführliche Erklärung, in der er die Bekämpfung der RAF seit 1972 in den Rahmen einer „grundgesetzwidrigen Konzeption der antisubversiven Kriegsführung (...), die technisch, methodisch und organisatorisch dem internationalen Standard der amerikanischen Counterinsurgency entspricht", stellte. Diese Erklärung war in die Form eines Beweisantrages gekleidet, der zum Ziel hatte, Willy Brandt und Helmut Schmidt als Kanzler der Regierungen Brandt/Scheel und Schmidt/Genscher zu den in diesem Antrag zusammengefaßten und miteinander in Verbindung stehenden 21 Beweisthemen als Zeugen zu hören. Nacheinander behandelten die Themen die Counterinsurgency-Zusammenarbeit zwischen den USA und der BRD, u. a. mit Hilfe der Nato, die benutzten Methoden der psychologischen Kriegsführung und eine davon ausgehende Analyse des Prozeßverlaufs, die Funktion der „Lex RAF", die Haftsituation, den Tod von Ulrike Meinhof und anderen sowie die Rolle der Medien. Der Beweisantrag [82] wurde von einer etwa 65 Seiten umfassenden Dokumentation begleitet[83].

Weiter beantragte Baader, die Minister Schieß und Bender als Zeugen über die Abhöraffäre zu hören. Ihre Vernehmung sollte ergeben, daß alle Behauptungen über Verbindungen zwischen den Gefangenen und Kommandos „draußen", über die sogenannte Kindergeiselnahme usw. „tatsächlich Zwecklügen sind, die rechtfertigen sollen", daß das Gericht von BND, BAW, Verfassungsschutz und Justizministerium über den Inhalt der Gespräche laufend informiert wurde[84].

Raspe schließlich wollte im Anschluß an Baaders Beweisantrag noch einige andere Personen als Zeugen wegen der Abhöraffäre laden lassen. Bundesinnenminister Maihofer solle erscheinen, um zu erklären, aus welcher Quelle er geschöpft habe, als er in der Parlamentsdebatte vom 16.3.77 über die Traube-Affäre wörtliche Zitate von Baader benutzte[85]. Die entsprechenden Äußerungen seien in einem Gespräch zwischen Baader und einem nicht näher genannten Gesprächspartner im Juli 1976 gefallen, obwohl, den offiziellen Beteuerungen zufolge, während dieses Zeitraums nicht abgehört wurde. Staatssekretär Schüler als Chef des Bundeskanzleramts und BND-Präsident Wessel sollten bestätigen, daß sie von Anfang an wußten, daß – so die SPD-Wochenzeitschrift „Vorwärts" – „die Abhöranlagen im 7. Stock in Stammheim seit diesem Datum (10.5.75 – BS) kontinuierlich vom Bundesnachrichtendienst gewartet wurden bis in jüngere Zeit“[86]. Unter Hinweis auf Maihofers Baader-Zitate aus dem Juli 1976 fügte Raspe noch hinzu, „das heißt, daß der BND kontinuierlich und unkontrolliert im 7. Stock in Stammheim arbeiten konnte, also auch zum Zeitpunkt des Todes von Ulrike“. Auch Prinzing solle als Beweisperson gehört werden, und zwar wegen seiner Kenntnis des Abhörens und dem Erhalt von inhaltlichen Informationen, was – so Raspe – eindeutig aus den von Prinzing benutzten und verfälschten Zitaten aus Gefangenengesprächen abzuleiten sei. Raspe verwies auch auf die dienstliche Erklärung, die Prinzing zu Fall brachte und in der er Baader zitiert hatte („was das ‚wieder für eine Kiste‘ eines Rechtsanwalts sei“) sowie auch auf Künzels Reaktion, derzufolge Prinzing telefonisch versichert habe, „er wisse konkret, daß es Frau Ensslin egal sei“. Weiter könnten drei hohe Gefängnisbeamte bezeugen, daß sie über die Abhörmaßnahmen und „dienstinternen Anweisungen“ informiert waren, die besagten, daß mit dem Abhören beauftragte „anstaltsfremde Personen ungehindert und jederzeit freien Zugang zur Abhöranlage im 7. Stock“ erhielten[87].

Schließlich müßten die Vernehmungen von BAW Zeis, BKA-Präsident Herold, der Gefangenen Margrit Schiller und ihrer Anwältin Gisela Gebauer als Zeugen den Beweis dafür bringen, daß die Aufzeichnungen von Gesprächen zwischen den Gefangenen untereinander und mit ihren Verteidigern im Prozeß benutzt werden, um Zeugen auf die Befragung durch die Verteidiger vorzubereiten und um sich widersprechende Zeugenaussagen (z. B. die von Hoff und Müller) „ausbügeln“ zu können[88]. Als eklatantes Beispiel nannte Raspe den Fall Schiller, die dazu schon früher in Stammheim als Zeugin ausgesagt hatte[89]. Nachdem Mitte Juni 1976 bekanntgeworden war, daß der Gefangene Gerhard Müller in Stammheim als Kronzeuge auftreten wollte, hatte Margrit Schiller in der Untersuchungshaft ihrer Verteidigerin Gebauer gesagt, sie habe gesehen, wie Müller in Hamburg den Polizisten Schmidt erschoß, und sie sei bereit, darüber in Stammheim auszusagen (Kap. VII, 2.2.3, 3.2.3.1). Ihre Absicht war, Müller als eingekauften Kronzeugen zu entlarven. Anwältin Gebauer sprach darüber mit Kollegen in Stammheim, die wiederum mit ihren Mandanten darüber redeten. Kurze Zeit später erhielt Margrit Schiller unter Umgehung der richterlichen Zensur einen Drohbrief von Müller, der darauf abzielte, ihre Aussage in Stammheim zu verhindern. Am selben Tag explodierte im Büro von Schillers Zwangsverteidiger eine Bombe, die nach Ansicht der Polizei von der „Terroristenszene“ und nach Meinung der Gefangenen vom Staatsschutz selber gelegt worden war, um Margrit Schiller einzuschüchtern. Über ihre Bereitschaft, gegen Müller auszusagen, war bislang nur gesprochen worden, und zwar ausschließlich in den Besuchszellen in Hamburg und Stammheim sowie zwischen den Anwälten.

Einhellig ersuchten die Zwangsverteidiger um die Vertagung der Verhandlung zwecks näherer Untersuchung des Abhörfalles. Ausdrücklich verwiesen sie auf die öffentlichen Erklärungen von Schieß und Bender, wonach sich das LKA strikt an die Bestimmungen gemäß § 34 StGB gehalten habe und „in vergleichbaren Situationen in gleicher Weise" gehandelt werden sollte[90]. Alle Anträge wurden am 12. und 14. April 1977 abgelehnt, nachdem Minister Bender dem Gericht schriftlich mitgeteilt hatte, es werde nicht weiter abgehört und die Geräte seien entfernt worden[91]. Bender, der unverändert auf der Notwendigkeit und Rechtmäßigkeit der Abhöraktionen beharrte, begründete den Verzicht darauf damit, daß diese Maßnahme nun bekanntgeworden sei und deshalb „nach Auffassung der zuständigen Sicherheitsbehörden ohnehin als geeignetes Mittel zur Gefahrenabwehr aus(scheide)".

Für das Gericht war die Sache damit erledigt, und die Zwangsverteidiger nahmen dies – mit Ausnahme von Künzel – hin. Ebenso wie die Vertrauensanwälte sollte Künzel nicht mehr am Prozeß teilnehmen. Er war ohnehin so gut wie zu Ende.

Heldmann reichte schriftlich noch den Antrag ein, den Prozeß aufgrund der Abhöraffäre zu beenden. Ebenso wie bei der Mayer-Affäre begründete Heldmann sein Gesuch mit dem Vorhandensein eines Verfahrenshindernisses im Sinne der §§ 206 und 260 III StPO. Dieses Gesuch, dessen juristischer Teil in Anmerkung 92 nachzulesen ist, wurde im abschließenden Urteil verworfen: „Eine Einschränkung der Verteidigung im Sinne der StPO (vgl. § 338 Nr. 8 StPO) könnte nur vorliegen, wenn die Abhörungen auf einer gerichtlichen Entscheidung beruht hätten oder wenigstens mit Wissen oder Duldung der Gerichte geschehen wären. Beides ist nicht der Fall"[93].

2.4. Die konstitutionellen Aspekte

Es erscheint mir möglich, sowohl die Abhöraffäre selbst als auch die rechtspolitische Diskussion darüber in den Rahmen einer weitergreifenden Perspektive zu stellen, nicht zuletzt deshalb, weil diese Affäre – wie allgemein anerkannt ist – keineswegs als Einzelfall gewertet werden darf, sondern vielmehr im Rahmen einer in den westeuropäischen Staaten immer größere Dimensionen annehmenden „Politik der inneren Sicherheit" gesehen werden muß[94]. Es geht nicht um mehr oder weniger bewußte Reaktionen auf sich als neu manifestierende (Staats-)Sicherheitsbedürfnisse. Die beachtliche Ausweitung des Personal- und Materialbestands, die ausufernden Befugniserweiterungen und die Steigerung der zum Teil illegalen Aktivitäten der Sicherheitsbehörden entstehen primär aus dem Bedürfnis der „präventive(n) Sicherung des sozialen status quo vor demokratischen Veränderungen"[95].

Die Präventivsicherung des (kapitalistischen) status quo in Westeuropa steht, so Poulantzas, in unmittelbarem Zusammenhang mit der Internationalisierung der westlichen Kapitalbeziehungen unter der Hegemonie des amerikanischen Kapitals:

„Die Veränderungen der Rolle der europäischen Nationalstaaten mit dem Ziel, die internationale Reproduktion des Kapitals unter der Herrschaft des amerikanischen Kapitals in die Hand zu nehmen, und die politischen und ideologischen Bedingungen dieser Reproduktion *haben entscheidende institutionelle Transformationen dieser Staatsapparate zur Folge*. Es unterliegt keinem Zweifel, daß einerseits die besonderen Formen des ‚starken (autoritären, Polizei-)Staats', die man mehr oder weniger überall in Europa entstehen sieht, und andererseits die Häufung von Bedingungen möglicher Faschisierungsprozesse der Ausdruck sowohl des Klassenkampfes in diesen Formationen sind als auch ihrer Stellung in der neuen Abhängigkeitsstruktur"[96].

Die Transformation der Staatsapparate sei notwendig, um die möglichen Folgen einer zunehmenden sozialen und ökonomischen Krise „unter dem Einfluß der weltweiten Klassenkämpfe, die nun auch die Metropolen erreicht haben", vorwegnehmen zu können[97].

Agnoli betont in diesem Zusammenhang, eine solche Transformation von Staatsapparaten komme nicht durch die *rechtliche* Veränderung der Konstitution zustande, sondern durch die *praktische* Transformation der konstitutionellen Organe und Mechanismen[98].

Jedenfalls bleibt unübersehbar, daß in den westeuropäischen Staaten eine zunehmende Aushöhlung der konstitutionellen Rechte stattfindet. Diese Aushöhlung geht Hand in Hand mit der Erzeugung eines Angstklimas[99]. Die Geschichte des sogenannten (Anti-)Radikalen-Beschlusses der Ministerpräsidenten der Länder und des Bundesinnenministers vom 28.1.72 ist dafür beispielhaft[100].

Die Geschichte der praktischen Verwirklichung der Berufsverbote in der BRD ist vor allem auch exemplarisch für die Art und Weise, wie die westdeutsche Verfassungsordnung ausgehöhlt wird, ohne daß sie im positiv-rechtlichen Sinne verändert wird. Für diesen Prozeß ist das Bundesverfassungsgericht eines der wichtigsten Instrumente, weil es eindeutig verfassungswidrige Praktiken mit Hilfe der „genialen Fähigkeit westdeutscher Revisionsgerichte, fehlende gesetzliche Grundlagen durch ‚Interpretation' zu ersetzen" (Abendroth) absegnet[101].

Hier als Beispiel nur ein Aspekt aus dem sogenannten „Radikalen-Beschluß" des Bundesverfassungsgerichts vom 22.5.75[102].

Artikel 33 Abs. 2 GG lautet: „Jeder Deutsche hat nach seiner Eignung, Befähigung und fachlichen Leistung gleichen Zugang zu jedem öffentlichen Amt". Artikel 33 Abs. 2 stellt – ebenso wie Abs. 1, demzufolge alle Bürger gleiche Rechte und staatsbürgerliche Pflichten haben, sowie Abs. 3, in dem das Verbot der Diskriminierung religiöser Überzeugungen etc. festgelegt ist – eine Vorschrift zum Schutz des Bürgers dar. Unmittelbar auf diese Bestimmung stützt nun das Bundesverfassungsgericht (ebenso wie das Bundesverwaltungsgericht in einer ähnlichen Sache schon einige Monate früher[103]) seinen Beschluß, demzufolge Bewerbern der Zugang zum öffentlichen Dienst verwehrt werden kann, wenn Zweifel an ihrer Loyalität gegenüber dem Staat bestehen.

Auf dem dritten Russell-Tribunal wurde diese Interpretationsakrobatik so beurteilt: „Aus einer Bestimmung des Grundgesetzes, die den Schutz der Bewerber für den öffentlichen Dienst bezweckt, wird eine Norm des Staatsschutzes, die sich in das Gewand der charakterlichen Eignung flüchtet und gegen die Bewerber richtet. Dabei wird die Form der Argumentation noch nicht einmal offengelegt. Sie läuft verdeckt, indem man einfach den Begriff der Eignung in diesem Sinne verwendet"[104]. Die „Zweifel" an der Loyalität gegenüber dem Staat werden sodann häufig aus der Mitgliedschaft in einer Organisation oder Partei, die als „verfassungsfeindlich" eingestuft ist, abgeleitet. Was das Feststellen der „Verfassungsfeindlichkeit" angeht, so gibt es keine objektiven Kriterien: „Behörden und Gerichte orientieren sich an den Feststellungen des Verfassungsschutzes und des Bundesinnenministeriums, die programmatische Aussagen dieser Parteien und Organisationen selektiv und willkürlich auswerten"[105].

Der Begriff der „verfassungsfeindlichen" Organisation oder Partei ist ein Musterbeispiel für die praktische Transformation der Verfassungsordnung.

Artikel 9 GG garantiert jedem das Recht, (politische) Parteien und Organisationen zu gründen. Artikel 21 Abs. 2 GG sieht vor, daß das Bundesverfassungsgericht Parteien, die gegen die freiheitlich-demokratische Grundordnung gerichtet sind, durch Urteil als „verfassungswidrig" erklären kann. Das konstitutionell verankerte sogenannte Parteienprivileg bedeutet also, daß jede Teilnahme an einer politischen Partei bis zu einem solchen Urteil legal und jedem freigestellt ist. Die Liquidation des Parteienprivilegs zugunsten der Staatstreue wurde vom Bundesverfassungsgericht selbst angekündigt, als es beifällig konstatierte, daß die BRD ein demokratischer Staat sei, der „Feinde dieser Grundordnung, auch wenn sie sich formal im Rahmen der Legalität bewegen, nicht toleriert"[106].

Ulrich K. Preuss definierte Legalität als „Inbegriff einer rechtlichen Struktur, deren Elemente einen Grad der Bestimmtheit haben, daß ihr Vorliegen im Rahmen gesicherter Methoden in überprüfbarer Weise festgestellt werden und ein bestimmtes Verhalten daran überprüft werden kann"[107]. Die staatlichen Maßnahmen, die seit 1972 gegen „Radikale" getroffen und 1975 vom BVerfG gutgeheißen wurden, gründen aber keineswegs auf dieser legalen Struktur, sondern vielmehr auf einer darüberliegenden Ebene, die von Preuss „Legitimität" genannt wird, von Otto Kirchheimer „Superlegalität" und von Günter Frankenberg „Meta-Legalität": „Meta-Legalität bezeichnet die höhere Ebene, auf der die prinzipiellen Fragen der Geltung und Auslegung von Rechtsnormen abgelagert und von der aus sie beantwortet werden. Meta-Legalität ist also der Inbegriff jener der Legalordnung vorgelagerten und übergeordneten Wertordnung, deren Elemente – die überpositiven Rechtsgrundsätze – einen Grad der Unbestimmtheit haben, daß ihr Vorliegen im Rahmen gesicherter Methoden in überprüfbarer Weise nicht festgestellt noch ein bestimmtes Verhalten daran gemessen werden kann"[108]. Die zentralen Begriffe dieser „Wertordnung" sind unter anderem „freiheitlich-demokratische Grundordnung" und „streitbare Demokratie". Auch dieser zweite Begriff wurde seit 1952 vom Bundesverfassungsgericht formuliert, entwickelt und benutzt, und zwar zur „manifesten Schrankenbildung gegenüber grundrechtlich verbürgten Freiheiten"[109]. Noch einmal das dritte Russell-Tribunal: „Nicht die Grundrechte interpretieren Ausmaß und Grenzen der ,streitbaren Demokratie', sondern das verfassungsgerichtlich definierte Konzept interpretiert Ausmaß und Grenze der Grundrechte und ihre Geltung für den einzelnen".

Die Berufsverbotspraxis gegenüber Beamten und Bewerbern für den öffentlichen Dienst wurde vom Bundesverfassungsgericht mittels einer Interpretation von Artikel 33 Abs. 5 GG bestätigt, derzufolge Bewerber die Gewähr dafür bieten müssen, daß sie jederzeit für die freiheitliche demokratische Grundordnung eintreten. Der inzwischen berühmt-berüchtigt gewordene Begriff „freiheitlich-demokratische Grundordnung" ist nirgendwo definiert. Das Ausmaß der als notwendig angesehenen „Beamtentreue" aber läßt sich mit folgenden Zitaten aus dem Radikalenbeschluß des Verfassungsgerichts illustrieren: „Gemeint ist die Pflicht zur Bereitschaft, sich mit der Idee des Staates, dem der Beamte dienen soll(...), zu identifizieren"(S. 347 f.).

„Unverzichtbar ist, (...) daß der Beamte den Staat – ungeachtet seiner Mängel – und die geltende verfassungsrechtliche Ordnung, so wie sie in Kraft steht, bejaht, sie als schützenswert anerkennt, in diesem Sinne sich zu ihnen bekennt und aktiv für sie eintritt". (S. 348) „Die politische Treuepflicht – Staats- und Verfassungstreue – fordern mehr als nur eine formal korrekte, im übrigen uninteressierte, kühle, innerlich distanzierte Haltung gegenüber Staat und Verfassung(...)". (S. 348) „Vom Beamten wird erwartet, daß er diesen Staat und seine Verfassung als einen hohen positiven Wert erkennt und anerkennt, für den einzutreten sich lohnt". (S. 348) Politische Treue verlangt vom Beamten, Partei für den Staat zu ergreifen (S. 349), „Verantwortung für diesen Staat, für ,seinen Staat zu tragen bereit' (zu) sein" (S. 349), „sich in dem Staat, dem er dienen soll, zu Hause zu fühlen" – und zwar sofort, nicht erst nach entsprechenden von der Verfassung zugelassenen Veränderungen (S.349)[110].

Hier wird die abstrakte „Staatstreue" zur höchsten Verhaltensnorm erhoben, und das „Meta-Grundrecht" des Staates wird zum Bezugsrahmen für Geltung und Interpretation der Grundrechte des Individuums genommen[111]. Abendroth formuliert anhand des Radikalenbeschlusses die äußerste Konsequenz einer solchen Vorgehensweise: „Diese ,Treue zum Staat' geht soweit, daß vom Beamtenanwärter zu erwarten (und der Beamte verpflichtet) sein soll, sich von allen Gruppierungen zu ,distanzieren', die diesen ,Staat' und seine ,Organe' (das aber ist auch die Regierung!) ,angreifen'. Da es gerade die Funktion jeder Opposition in der parlamentarischen Demokratie ist, die Regierung ,anzugreifen', ist es damit trotz aller Nebenbemerkungen zur Anerkennung ,legaler Opposition' in das Belieben jeder ,Anstellungsbehörde' (also der Exekutive) gestellt, welche Art von Opposition sie tolerieren will und welche nicht"[112].

Was die Schaffung eines Klimas der Angst betrifft, so sind die tatsächlich auferlegten Berufsverbote selbst von geringerer Bedeutung als die ihnen vorgelagerte Praxis, wonach der Bundesverfassungsschutz und die Landesämter für Verfassungsschutz berechtigt sind, jeden Angehörigen und Anwärter des öffentlichen Dienstes zu überprüfen. Bundesanwalt Träger formuliert diesen Auftrag in der Zeitschrift „Das Parlament" vom 17.1.76: „Der moderne Staatsschutz muß nahezu alle Bereiche des sozialen Lebens umfassen". Einen Tag vor dieser Veröffentlichung verkündete Ministerialdirigent Alfred Stümper, Leiter der Polizeiabteilung des baden-württembergischen Innenministeriums, in der Tageszeitung „Die Welt" programmatisch: „Entscheidend kommt es darauf an, eine kriminalpolitische Gesamtstrategie zu entwerfen, die – vorbeugend wie betreuend – auch den gesellschaftspolitischen, den ganzen menschlichen Bereich umfaßt". Auf was die damit unvermeidbar verbundene „praktische Transformation" der Geheimdienste und des Verfolgungsapparats hinauslaufen würde, prophezeite Abendroth schon 1975:

> „Welche nach deren eigenen soziologischen Gesetzen kaum vermeidlichen Folgen aber die zahlenmäßige Erweiterung solcher Geheimdienste hat, vor allem, wenn ihnen die permanente Überwachung zunächst der ganzen studierenden Jugend und danach noch großer Teile der sonstigen Bevölkerung zur Aufgabe gestellt wird, hat die Entartung der amerikanischen CIA zur Morde organisierenden kriminellen Organisation wohl ausreichend bewiesen..."[113].

Die sich stetig verschärfende ökonomische, soziale und politische Krise führt zur Herrschaft von Ausnahmeregelungen[114], die sich auf der Ebene des positiven Rechts in einer „Transformation des Rechts der Normallage durch fortwährende Vergesetzlichung von Ausnahme-Maßregeln in einen neuen, ausnahmeprägenden Normalzustand" (Böckenförde) befinden[115]. In den zwischen 1973 und 1976 in den Bundesländern eingeführten neuen Verfassungsschutz-Gesetzen ist unter anderem festgelegt, daß alle Beamten, auch die Richter, aufgefordert und unaufgefordert, alle Informationen „über Angelegenheiten, deren Aufklärung zur Wahrnehmung ihrer Aufgaben erforderlich ist", an die zuständigen Dienststellen des Verfassungsschutzes weiterleiten müssen. Letztere sind befugt, ihre Informationen auch an nichtstaatliche Einrichtungen weiterzureichen. In der Praxis heißt das z. B., daß Arbeitgeber und Vermieter via Verfassungsschutz über ihre Arbeitnehmer bzw. Mieter „informiert" werden können. Was die Praxis der Geheimdienste betrifft, so findet die Zuspitzung des „ausnahmegeprägten Normalzustandes" unter der Rubrik „Aufklärung im Vorfeld der Terrorismusbekämpfung" statt. Diese „Vorfeldarbeit" beinhaltet z. B. die Observierung „als radikal bekannter Personen", Kontakte mit Vermietern und Vermittlern von Appartements und Wohnungen oder die Beschaffung und Analyse von „Flugblättern, die im Zuge von Flugblattaktionen in Universitäten, im Freien usw. verteilt wurden"[116]. Programmatisch und öffentlich wird als Teilaufgabe der permanenten, präventiven Konterrevolution propagiert, „potentielle Guerillas" mit anderen Worten: alle „als radikal bekannten Personen" – zu terrorisieren:

> „Vorfeldarbeit muß durch ausgesuchte Beamte ständig betrieben werden und zwar auch dort, wo mit Guerillatätigkeit nicht zu rechnen ist, da die Örtlichkeiten der Bandenbildung und schließlich die der Aktionen verschieden sein können. Wichtig ist, daß die potentiellen Guerillas die polizeiliche Aktivität

bemerken und dadurch in einem Maße verunsichert werden, daß es zu einer Bandenbildung erst gar nicht kommt“[117].

Der Einfluß der BRD auf das Sicherheitsdenken in den Niederlanden manifestiert sich u. a. in dem Begleittext zu dem im März 1982 eingereichten Gesetzesentwurf über die Geheimdienste und Staatsschutzbehörden. Der typisch deutsche Begriff „Vorfeld“ wird dort wörtlich übersetzt und tritt zum erstenmal in den Erläuterungen zu Artikel 25, der die Zusammenarbeit zwischen Staatsschutzbehörden, Polizei und Staatsanwaltschaft beschreibt, in Erscheinung: „Die jüngsten Erfahrungen mit schwerwiegenden terroristischen Handlungen haben das Interesse an einer frühzeitigen Warnung durch die mit der Fahndung nach und Verfolgung von Straftätern beauftragten Organe bezüglich bestimmter Entwicklungen ‚in het voorterrein‘ gezeigt“[118].

Von meiner „teilnehmenden Beobachtung“ des Stammheimer Prozesses als „potentieller Guerilla“ ausgehend, möchte ich zur Illustration dieses Staatsterrors einige meiner Erfahrungen wiedergeben.

Im Juni 1975 nahm ich als Prozeßbeobachter am RAF-Prozeß in Stammheim teil. Nachts, auf der Heimfahrt vom Büro Croissant zu meinem Hotel, wurde mein Auto von zwei zivilen Personenwagen des – wie später klar wurde – Mobilen Einsatz-Kommandos (MEK), einer speziellen Antiterroreinheit, eingekeilt. Etwa acht mit Maschinenpistolen bewaffnete Figuren umzingelten mein Auto. Einer der Bewaffneten zog mich hinter dem Lenkrad hervor und drückte mich auf die bei uns aus Polizeifilmen bekannte Weise gegen das Auto, trat meine Beine auseinander und durchsuchte Kleidung und Körper. Andere nahmen mein Auto auseinander. Auf die Frage, was das zu bedeuten habe, erhielt ich die Antwort: „Allgemeine Fahndungsaktion“. Der Gesetzentwurf, der solche Aktionen legalisieren sollte, war damals noch nicht verabschiedet. Nach einer dreiviertel Stunde wurde mir erlaubt weiterzufahren, nachdem Personalien und Kraftfahrzeugdaten registriert worden waren.

Im Februar 1976 fuhr ich in Begleitung einer studentischen Hilfskraft nach Hannover, wo mein Mandant Ronald Augustin im Gefängnis einsaß. An der Grenze wurde mein Reisepaß in das Übertragungsgerät zum BKA-Computer in Wiesbaden gelegt. Das Ergebnis: Zwei bewaffnete Bundesgrenzschutzbeamte richteten ihre Maschinenpistolen auf uns. Dann wurden wir der oben bereits beschriebenen Sonderbehandlung unterzogen. Als nächstes wurde jeder von uns in eine Zelle verfrachtet und zum Ausziehen aufgefordert. Als ich mich weigerte, wurde ich eingeschlossen. Später erfuhr ich, daß die Grenzpolizisten den mich begleitenden Studenten mit Erfolg eingeschüchtert hatten. Es folgte die Autodurchsuchung; auch die Verteidigerakte wurde durchgesehen. Die Antwort auf meinen Protest lautete: „Sie befinden sich auf deutschem Boden“. Nach etwa einer Stunde durften wir die Reise in die BRD fortsetzen. Die Tatsache, daß meine Weigerung, mich auszuziehen, der späteren Weiterreise nicht im Wege gestanden hatte, macht den rein einschüchternden Charakter dieses „hold up“ deutlich.

Auf Fragen, die in der Tweede Kamer (Zweite Kammer des niederländischen Parlaments) wegen dieses Vorfalls gestellt wurden, übernahm Außenminister van der Stoel vollständig die offizielle deutsche Version: „Ein bedauernswertes Mißverständnis", denn mein Begleiter habe einem flüchtigen Anarchisten geähnelt. Van der Stoel hatte zu diesem Zeitpunkt bereits einen ausführlichen Bericht von mir vorliegen. Beigefügt war die Erklärung eines Journalisten, der, bevor das westdeutsche Innenministerium den Grenzschutzbeamten ein Sprechverbot auferlegte, von den Beamten erfahren hatte, daß es bei der Aktion um mich als Verteidiger der „Baader-Meinhof-Bande" gegangen war.

Es kostete den Minister keine besondere Mühe, unsere detaillierten Tatsachenaussagen als teilweise zusammenphantasiert zu betrachten, obwohl diese Schilderungen auch noch von einem Dritten in ihrem zentralen Punkt bestätigt wurden.

Ein drittes Erlebnis während der Schleyer-Fahndung im Herbst 1977 habe ich in Kapitel VII (2.2.1.) geschildert: Die Veröffentlichung des BKA-Presseberichts, in dem behauptet wurde, daß „Bakker-Schut seit Jahren konspirative Kontakte mit westdeutschen Terroristen unterhält", und die einen Monat später folgende Veröffentlichung eines millionenfach verbreiteten Fahndungsberichts mit der Behauptung, daß drei namentlich genannte und gesuchte weibliche RAF-Mitglieder „engen Kontakt zum Büro des Rechtsanwalts Bakker-Schutt in Holland haben".

Das BKA ging aber noch weiter, indem es versuchte, seinen Verdächtigungen Substanz zu geben, um seine psychologische Kriegsführung nachträglich legitimieren zu können. So zeigte mir ein deutscher Kollege im Frühjahr 1982 eine Mappe mit 89 Fahndungsfotos überwiegend von RAF-Mitgliedern, unter denen auch ein Foto von mir war. Diese Lichtbildmappe wurde mindestens 1977 einer unbekannten Zahl von Menschen zur Täteridentifizierung vorgelegt. Ich brauchte also nur noch auf den Zeugen zu warten, der mich als Täter „erkennt".

Es kann übrigens bestätigt werden, daß die verschiedenen BKA-Aktionen in meinem Fall zu der gewünschten Einschüchterung Dritter führten. Der holländische Außenminister weigerte sich, bei der BRD wegen der Angriffe zu intervenieren, die während und nach der Schleyer-Entführung gegen mich geführt und von Teilen der holländischen Medien übernommen wurden. Auch die Tatsache, daß zahlreiche als „links" bekannte holländische Rechtsanwälte, die ich im Herbst 1977 wegen einer gemeinsamen Verteidigung der in den Niederlanden gefangengenommenen RAF-Mitglieder angesprochen hatte, nicht zur Annahme eines solchen Mandats bereit waren, steht mit einer erreichten Einschüchterung sicherlich in Zusammenhang; nur wenige von ihnen gaben aber offen zu, Angst zu haben, während die meisten auf mehr oder weniger gute Ausreden verfielen.

Daß die niederländische Staatssicherheitsbehörde, der BVD, vom BKA aktiviert wurde, ist naheliegend. Im Juni 1982 zeigte sich, daß ich schon seit Jahren in BVD-Kursen für die Polizei als „Spinne im Netz" der staatsgefährdenden Gruppen und Organisationen präsentiert worden war[119]. Etwa zur gleichen Zeit erfuhr ich, daß der BVD Anfang 1980 versucht hatte, auf dem Dachboden des gegenüberliegenden Hauses Abhörgeräte zu installieren. Die bevorstehende Krönung der heutigen holländischen Königin und die dafür zu treffenden Sicherheitsmaßnahmen wurden jenem Nachbarn, dem Direktor eines multinationalen Konzerns, als Begründung genannt. Es ist allerdings wahrscheinlicher, daß es dem BVD nur darum ging, die Gespräche zwischen mir und meinem Mandanten Ronald Augustin abhören zu können. Kurze Zeit zuvor hatte Augustin – wegen Stadtguerillaaktivitäten in der BRD verurteilt – seine sechsjährige Freiheitsstrafe abgesessen und war von der BRD über die Grenze abgeschoben worden. Es war den westdeutschen und holländischen Staatssicherheitsbehörden offenbar nicht entgangen, daß mich mein Mandant nach seiner Freilassung regelmäßig besuchte.

In einem bewußt erzeugten Klima der Angst und Einschüchterung entwickelt der Geheimdienst „eine unkontrollierbare Eigendynamik, die ihn potentiell allzuständig und allanwesend macht und ihm überlegale Legitimität verleiht“[120]. Während die Notstandsgesetze die Funktion haben, dem Staat in „Ausnahmefällen“ ein offen repressives Auftreten zu ermöglichen, hat der „überverfassungsgesetzliche Notstand“ die Funktion, „das verdeckte Tätigwerden des Staates in der Grauzone zu legitimieren, in der das Staatsschutzsystem heimlich und flexibel, ohne gesetzliche Grundlage, einzig an Effizienzkriterien orientiert, in grundrechtlich geschützte Freiheitsräume eingreift“[121]. Immer vorausgesetzt, daß ein solches Vorgehen des Staatsschutzsystems in der Öffentlichkeit überhaupt bekannt wird. So lange dies nicht der Fall ist, kann die Fiktion des „Normalzustandes“ aufrecht erhalten bleiben, während sich gleichzeitig die „Verinnerlichung des Ausnahmezustandes“ weiter fortentwikkelt.

Diese Verinnerlichung als notwendige Voraussetzung für eine institutionalisierte Befriedungsstrategie wurde schon 1974 von Willy Brandt offen ausgesprochen: „Da wir die politische Kriminalität möglichst im Keim ersticken wollen, geht unser Bestreben in erster Linie dahin, die Gesellschaft zu immunisieren (...) in der ruhigen und entschlossenen Behauptung des Normalzustandes“[122].

Brandts Formulierung liegt in deutlicher Nähe zum Anti-Subversions-Konzept des schon erwähnten Counter-Insurgency-Experten Kitson (Kap. VI, 1.3). Der Begriff „Immunisierung der Gesellschaft“ findet sich bei Kitson in eher positivem Gewand:

> „Es ist das Ziel der Regierung, die Loyalität der Bevölkerung, falls notwendig, wiederzugewinnen und sie dann zu erhalten. Zu diesem Zweck muß die Regierung alle, die subversiv tätig sind, eliminieren. Wenn aber die Regierung die subversive Partei einschließlich ihrer gesamten bewaffneten und unbewaffneten Gefolgschaft ausschalten will, muß sie die Kontrolle über die Bevölkerung gewinnen. (...) Wenn die Regierung daher Erfolg haben soll, muß sie ihre Kampagne auf den Entschluß gründen, die subversive Bewegung völlig zu vernichten, und sie muß diese Tatsache ihrem Volk verständlich machen“[123].

3. Die Plädoyers

In Kapitel VII, Punkt 1, wurde schon erwähnt, daß die BAW Anfang Oktober 1976 an drei aufeinanderfolgenden Tagen ihre Schlußvorträge gehalten hatte. Danach wurde aufgrund neuer Beweisanträge der Verteidigung die Beweisaufnahme noch einmal eröffnet. Am 14.4.77 wird die Beweisaufnahme erneut und nunmehr endgültig geschlossen, nachdem alle übrigen Beweisanträge, unter ihnen die zur Abhöraffäre (s. 2.3.), abgelehnt worden waren. Für die ergänzenden Plädoyers desselben Tages benötigte die BAW gut zehn Minuten[124]. Am 21. April 1977 hielten fünf der sechs Zwangsverteidiger ihre Plädoyers. Die beiden Rechtsanwälte von Baader sprachen zusammen etwa eine Stunde lang, ebenso die von Raspe. Der nach dem Auszug Künzels noch verbleibende Zwangsverteidiger von Ensslin hatte nach zwei Sätzen schon ausgeredet[125]. Die Vertrauensanwälte Heldmann, Oberwinder, Weidenhammer und Schily hielten ihre „Plädoyers" am 27.4.77 auf einer Pressekonferenz in einem Stuttgarter Hotel.

3.1. Das Plädoyer der Anklage

In seinem ergänzenden Schlußvortrag verwies BAW Wunder vor allem auf die ausführlichen Plädoyers von Anfang Oktober 1976. Diese waren allerdings nicht in die Tonbandprotokolle aufgenommen worden: „Die Bundesanwaltschaft lehnte es überraschend ab, daß ihre Plädoyers wie alle bisherigen Prozeßäußerungen auf einem Tonband aufgezeichnet werden"[126]. Auf all die von der Verteidigung seitdem in ihren Beweisanträgen aufgeworfenen Fragen nach der Glaubwürdigkeit des Zeugen Gerhard Müller ging die BAW somit nicht ein.

In den Schlußvorträgen vom Oktober, bei denen die vier Vertreter der BAW sich gegenseitig abwechselten, wurde zuerst das Entstehen der „Baader-Mahler-Meinhof-Bande" geschildert; dann folgte die Erörterung der Beweisaufnahme zu den Anklagepunkten unter besonderem Hinweis auf die „stummen Zeugen" und vor allem auf die Aussagen Gerhard Müllers.

Ein großer Teil dieser Ausführungen war von einem „Thema" geprägt, „von dem man schon vor Beginn des Verfahrens meinen durfte, daß es im Baader-Meinhof-Prozeß nicht zur Debatte stehe"[127]. Nicht als eigenständiger Punkt des Plädoyers, sondern durch allerlei Zwischenbemerkungen wiesen die Ankläger immer wieder darauf hin, daß es sich bei den Angeklagten keineswegs um „politische Straftäter" handele. Es sei, so Oberstaansanwalt Zeis, der „größte Etikettenschwindel des Jahrzehnts", daß die Angeklagten sich als Revolutionäre betrachteten. Nichts sei politisch an diesen Angeklagten – die einzige politische Assoziation, die sie hervorrufen könnten, sei die völlige Unmenschlichkeit der Nazi-Verbrecher. Diese in verschiedenen Versionen wiederholte Behauptung ging Hand in Hand mit „einer Fülle von persönlichen Herabsetzungen und grimmig-ironischen Charakterisierungen der Angeklagten“[128]. Dazu ein kurzer Ausschnitt aus Heldmanns Hotel-Plädoyer:

„Da reicht dem Oberstaatsanwalt Holland nicht der Superlativ ‚schwerstkriminelle Gewaltverbrecher vom Schlage der Gudrun Ensslin‘, da befördert er ‚auf die tiefste Stufe sittlicher Wertung‘, findet, noch tiefer, eine ‚Gesinnung, in der nichts Menschliches mehr ist‘, erblickt da ‚seelische Abgründe, die auch langjährige Strafpraktiker erschaudern lassen‘, gewiß jedenfalls den Zuhörer solcher Tiraden. Als sein Amtsbruder Widera mit seinen Anklagen unstillbarer Mordlust – ‚möglichst viele Menschen töten‘, ‚möglichst viele amerikanische Soldaten (sollten) getötet werden‘, ‚auf niedrigster Stufe‘, lustmörderisch ‚Detonationen (...) einem Orgasmus ähnlich mit sinnlicher Freude erlebt‘ seine Klimax erreicht hatte, kam er auf die Füße zurück und klagte wegen des Verzehrs ‚exquisiter Lebensmittel in großen Mengen‘ an sowie des Tragens einer ‚Lederjacke aus besonders feinem Leder‘ wegen – um dahinter zu entdecken: den ‚Teufelskreis, gedacht, Terror durchzusetzen‘, um ‚für die Bevölkerung als Ganzes die Freiheit (zu) beseitigen‘.“[129]

Sowohl diese als auch andere Zitate aus den Plädoyers der BAW wurden von den westdeutschen Medien begierig aufgenommen. Vor allem auf Baader hatte es die BAW abgesehen. Einleitende Feststellung war, seine Entwicklung sei dadurch negativ beeinflußt worden, „daß nur seine Mutter für seine Erziehung verantwortlich gewesen ist“ (Wunder). Deswegen habe er in Schule und Berufsausbildung immer wieder versagt. Er sei nur darauf ausgewesen, eine „Terrorgang zu seinem Vorteil zu machen“ (Widera). Politische Ziele habe er nicht besessen, „politisches Wissen hat er sich erst in der Haft erworben“. Die zwei tragenden Säulen von Baaders Persönlichkeit seien Arroganz und Feigheit. Diese Feigheit drücke sich unter anderem dadurch aus, daß er – und Müller habe dies bestätigt – andere die Drecksarbeit habe machen lassen. Deshalb finde man bei Baader – so Holland – meistens nur eine „Tatbeteiligung, die kaum noch Raum ließ für persönliches Risiko“. Es bleibt undeutlich, wie die BAW diese Feigheit mit dem Verhalten von Meins und Baader in der Belagerungssituation vor ihrer Festnahme in Übereinstimmung bringen wollte: „Beide lachten und schienen die Situation geradezu zu genießen“ (Zeis). En passant wurde Baader – außerhalb der Anklageschrift – auch noch die Schuld am Tod von Holger Meins zugeschrieben: „Baader hat den Tod von Holger Meins auf dem Gewissen – wenn er ein solches hat!“ (Holland). Und auch Ulrike Meinhof hätten Baader und Ensslin indirekt „in Verzweiflung und schließlich in den Tod getrieben“ (Widera). Schon seit dem Frühjahr 1972 habe Meinhof eine neue Gruppe aufbauen wollen, „um sich von der Bande zu trennen, um nicht länger Baader und Ensslin als Führungsleute anerkennen zu müssen“. Meinhof sei zu Beginn vielleicht noch wirklich revolutionär gewesen, ihre Tragödie aber sei darin zu sehen, daß sie zu spät eingesehen habe, „gänzlich apolitischen Kriminellen aufgesessen zu sein und als Feigenblatt mißbraucht zu werden". Die Ausführungen gipfelten „in der moralischen Diskreditierung der Angeklagten, denen von der Bundesanwaltschaft expressis verbis vorgehalten wurde, wie ein richtiges revolutionäres Bewußtsein auszusehen hätte" – so die „FAZ" am 9. 10. 76[130].

Hinsichtlich der Bombenanschläge meinte die BAW, die persönliche Mitwirkung jedes einzelnen der Angeklagten sei ausreichend bewiesen. Die Zeugen Müller und Hoff seien dafür nicht einmal nötig gewesen, denn die „stummen Zeugen" hätten ausreichend Beweise für eine Täterschaft der Angeklagten geliefert. Trotzdem führte die BAW (Anfang Oktober 1976!) eingehend aus, warum Müller als glaubwürdig anzusehen sei; sie bezog sich bei der Bewertung des Beweismaterials fortwährend auf seine Aussagen[131]. Die gegenteiligen Zeugenaussagen der Gefangenen aus der RAF seien „hemmungslos gelogen", wenn man ausgehe von ihrer „Verachtung staatlicher Organe – sollen sie staatlichen Organen die Wahrheit sagen?" (Wunder). Um das noch einmal zu unterstreichen, teilte die BAW mit, daß gegen Brigitte Mohnhaupt ein strafrechtliches Ermittlungsverfahren „wegen des Verdachts falscher uneidlicher Aussage vor Gericht und Strafvereitelung" eingeleitet worden sei. Sie hatte immerhin ausgesagt, Baader und Ensslin seien zur Zeit der Münchner und Augsburger Anschläge in Berlin gewesen „selbst angesichts des erwiesenen Gegenteils" (Holland). Dennoch seien die RAF-Zeugen nicht völlig nutzlos gewesen: Sie hätten sich in bezug auf Baaders Rolle im Sinne der Anklage „verplappert".

Auch die „sogenannten Vertrauensanwälte der Bande" (Holland) bekamen ihr Fett ab. Die Angriffe gegen den Zeugen Müller würden dem Grundsatz „semper aliquid haeret" folgen, und die Ablehnungsanträge hätten nur dazu gedient, die öffentliche Meinung mit Hilfe der Medien gegen das Gericht aufzuhetzen. Schily habe bezüglich der Anschläge in Frankfurt und Heidelberg „mit dem Pathos eines Schauspielers das Hohelied des Angeklagten gesungen", statt sich mit dem Anschlag auf Buddenberg zu beschäftigen – „er hätte an seine Tochter denken sollen" (Widera).

Im Zusammenhang mit dem Anklagepunkt „Fortführung der kriminellen Vereinigung aus der Haft heraus" war die vorletzte Stunde der Plädoyers überwiegend den Vertrauensanwälten gewidmet. Seit 1972 waren mit Hilfe dieser Konstruktion unter anderem die Isolationshaft, die ersten Zellenrazzien, die „Lex RAF", die Fortführung des Prozesses in Abwesenheit der Angeklagten und die Ausschließung von Verteidigern als notwendig proklamiert und später gerechtfertigt worden. In der Darlegung des für die Verteidigung so zentralen Teils der Anklage kamen die Angeklagten selbst kaum vor. Der „Beweis" wurde direkt aus dem mehrjährigen Auftreten und den Äußerungen der verschiedenen Vertrauensanwälte vor Gericht abgeleitet. Hier einige Beispiele für die von der BAW beanstandeten Äußerungen, die, wie Ankläger Zeis mitteilte, für alle Verteidiger zu Ehrengerichtsverfahren wegen Verunglimpfung der Justiz geführt hatten:

Zu Heldmann: „Entmündigungsverfahren", „juristischer Nulltarif", „Verhalten des Gerichts in offenen Rechtsbruch umgeschlagen", „eine Rechtswidrigkeit jagt in diesem Saal die andere".

Zu von Plottnitz: „Bundeswehrgeneral zum Vorsitzenden machen und Offiziere zu Beisitzenden", „Stammheimer Landrecht".

Zu Schily: „Folter", „faschistische Methode" (zur Festnahme von Stroebele), „militärisches Aufgebot", „zu Unrecht ordentliches Gerichtsverfahren", „Sie diffamieren sich selbst", „schon wieder in dieser Kleinlichkeit sich produzieren".

Zu Spangenberg: „Dieser Beschluß ist die Demaskierung dieses Verfahrens", „den Mund halten Sie jetzt".

Zu Kopp: verlas Erklärung Raspes, ein „übles Pamphlet" als eigene, „zynische Menschenverachtung".

Zu Temming: „Gericht sei der Vorverurteilung voll erlegen", „Vorverurteilung voll eingestehen".

Zu Riedel: „Vorsitzender sei der Appendix des Staatsschutzes".

Heldmann unterbrach Zeis mehrmals; er ersuchte Prinzing, einzugreifen, und wollte wissen, „(...)ob ich hier Angeklagter oder Verteidiger bin. Daß die Bundesanwaltschaft das eine mit dem anderen liebend gerne identifiziert, um die Verteidigung weiter zu diffamieren, was ihre Lieblingsbeschäftigung ist, wissen wir alle hier. Aber was hat das jetzt mit dem Verfahren gegen Baader, Ensslin, Raspe zu tun, frage ich abermals"[132]. Prinzing betrachtete Zeis' Ausführungen als „die Charakterisierung derjenigen Stellen, die Sie (Zeis – BS) für verantwortlich halten, daß die kriminelle Vereinigung fortgesetzt werden kann" und wies Heldmanns Beschwerden zurück[133].

Den Abschluß des Schlußvortrags der BAW bildete der „Strafantrag":

1. „Für die bei den Sprengstoffanschlägen in Frankfurt und Heidelberg verübten in Tateinheit mit der Herbeiführung von Explosionen und Mordversuchen stehenden gemeinschaftlichen Morde schreibt das Gesetz, Paragraph 211 StGB, die absolute, einheitlich und unveränderlich für jeden Mörder geltende Strafe, eine lebenslange Freiheitsstrafe vor. Diese erscheint auch angemessen für den Mordversuch an dem Richter Buddenberg.

Die Angeklagten Baader, Ensslin und Raspe haben für jede dieser drei Straftaten eine lebenslange Freiheitsstrafe verwirkt. Ich beantrage, sie schuldig zu sprechen und entsprechend zu verurteilen.

2. Daneben ist es erforderlich, auf weitere Strafen zu erkennen:

a) Wegen der drei in Augsburg, München und Hamburg tateinheitlich mit der Herbeiführung von Explosionen verübten gemeinschaftlichen Mordversuche beantrage ich für jeden der Angeklagten je eine nach dem

Paragraphen 211 in Verbindung mit den Paragraphen 23, 49 Absatz eins StGB zu entnehmende Freiheitsstrafe von 14 Jahren;

b) für die aus Anlaß der Festnahmen der Angeklagten tateinheitlich mit Widerstandshandlungen begangenen Mordversuche, wobei die Strafe wiederum den Paragraphen 211 in Verbindung mit den Paragraphen 23, 49 Absatz eins StGB zu entnehmen ist, beantrage ich, und zwar für die beiden Handlungen Baaders je eine Freiheitsstrafe von zehn Jahren, für den Angeklagten Raspe eine Freiheitsstrafe von zehn Jahren und für die Angeklagte Ensslin eine Freiheitsstrafe von acht Jahren; c) diese zeitigen Freiheitsstrafen beantrage ich gemäß Paragraph 54 StGB bei allen Angeklagten auf eine Gesamtstrafe von 15 Jahren zurückzuführen"[134].

3.2. Die Plädoyers der Verteidigung

3.2.1. Die Zwangsverteidiger

Am 21.4.77 hielten die Zwangsverteidiger ihre Plädoyers[135]. Schwarz, der erste für Baader sprechende Verteidiger, plädierte für eine Beendigung des Prozesses wegen Verfahrenshindernissen. In seiner 45 Minuten dauernden Rede zählte er drei Gründe auf. Erstens habe an diesem Prozeß indirekt „ein offensichtlich befangener Richter" mitgearbeitet; gemeint war Albert Mayer. Zweitens habe das Gericht unzureichend untersucht, ob die gesetzlichen Voraussetzungen für die Fortführung des Prozesses in Abwesenheit der Angeklagten auch jedesmal während der Gesamtdauer des beinahe zweijährigen Prozesses erfüllt waren. Und drittens habe die Abhöraktion die Verteidigung als Ganzes auf unannehmbare Weise behindert. Baaders zweiter Verteidiger, Schnabel, schloß sich Schwarz an, forderte das Gericht allerdings nur auf, „eine gerechte Entscheidung zu fällen". Ansonsten kritisierte er vor allem die „schlechte Optik" des Prozesses, die gekennzeichnet war von den Gesetzesänderungen vor Prozeßbeginn, der ungesetzlichen „indirekten Einführung von Kronzeugen", der mehrmaligen Weigerung staatlicher Behörden, ihren als Zeugen geladenen Beamten Aussagegenehmigungen zu erteilen, dem Anlegen einer „Geheimakte" mit den Aussagen des „Kronzeugen Müller" und der Bestellung von Sachverständigen, die fast ausnahmslos BKA-Bedienstete waren.

Auch Schlägel und Grigat, die beiden Verteidiger von Raspe, plädierten für eine Beendigung des Prozesses wegen Verfahrenshindernissen und Verfahrensmängeln. Schlägel schilderte die problematische Situation der „Pflichtverteidiger", die keine Möglichkeit gehabt hätten, mit ihren „Mandanten" zu sprechen. Dennoch ersuchte er das Gericht ausdrücklich, Raspe auf keinen Fall wegen des ihm zur Last gelegten Mordversuchs (bei seiner Festnahme) zu verurteilen.

Einer der beiden Verteidiger von Ensslin, Künzel, war nicht gekommen. Er hatte einige Tage zuvor wegen der Abhöraffäre und wegen des schlechten Gesundheitszustands seiner „Mandantin" um seine Entpflichtung gebeten. Sein Gesuch war abgelehnt worden. Fernschriftlich hatte er dem Gericht mitgeteilt, daß er sich aus den gleichen Gründen nicht in der Lage sehe, an der Verhandlung teilzunehmen[136]. Wäre Eggler, der zweite Verteidiger von Ensslin, ebenso konsequent gewesen wie Künzel, hätte der Prozeß gegen Ensslin wiederholt werden müssen.

Eggler hatte allerdings einen Stellvertreter geschickt. Er beschränkte sein Plädoyer auf den lapidaren Satz: „Ich schließe mich den Ausführungen meiner Herren Vorredner an" und beantragte ebenfalls, den Prozeß wegen eines Verfahrenshindernisses zu beenden[137].

Foth, dem die Verhandlungsleitung oblag, beendete die Sitzung mit dem Hinweis, daß die Verhandlung am 28.4.77 fortgesetzt werde: „Die Fortsetzung kann in der Verkündung eines Urteils bestehen"[138].

3.2.2. Die Vertrauensanwälte

Einen Tag vor der Urteilsverkündung, am 27.4.77, veranstalteten die Rechtsanwälte Schily, Heldmann, Oberwinder und Weidenhammer in einem Stuttgarter Hotel eine Pressekonferenz. Schily und Heldmann sprachen über den Prozeß, Oberwinder und Weidenhammer über den zu diesem Zeitpunkt schon wieder vier Wochen dauernden und kritisch werdenden Hunger- und teilweisen Durststreik von etwa 60 Gefangenen aus der RAF gegen Isolationshaft und für Zusammenlegung in Gruppen von mindestens 15 Personen.

Schily analysierte den Prozeß als „ein Instrument innerhalb eines großangelegten Feldzuges psychologischer Kriegsführung gegen die RAF" und als Teil einer „politisch-militärischen Auseinandersetzung zwischen Staatsapparat und RAF". Er ging auch auf die Rolle der Geheimdienste in und um den Prozeß ein; auch aus diesem Grund sei in Stammheim „von der rechtsstaatlichen Fassade nichts, aber auch gar nichts mehr übriggeblieben". Ausgehend von der Frage „Waren es nicht politische Verbrechen, die gegen eine verbrecherische Politik eingesetzt wurden?" behandelte er die Anschläge vom Mai 1972 gegen die amerikanischen Militärbasen in der BRD. Es habe sich als unmöglich erwiesen, die politische Motivation der Angeklagten im Prozeß zum Thema zu machen.

Heldmann nannte sein Plädoyer „eine erste Nachrede auf das Justizverfahren in Stammheim, das fortgesetzter juristischer Auszehrung erlegen ist". Alle „Rechtsbrüche" des Prozesses wurden von ihm behandelt, wobei nacheinander das Verfahren als „innerstaatliche Feinderklärung", die Gesetzesänderungen, das Sonderrecht und –gericht, der voreingenommene Richter, die Verhandlung trotz Verhandlungsunfähigkeit, die

Zerstörung der Verteidigung, die Beweisvereitelungsmethoden und das „Vorurteil als Endurteil" zur Sprache kamen.

4. Das Urteil (28.4.77)

Die drei Angeklagten werden in allen Anklagepunkten für schuldig erklärt: des gemeinschaftlichen Begehens von sechs Bombenanschlägen in Tateinheit mit vier Morden und 34 Mordversuchen (bei den Anschlägen verwundete Personen), des Begehens von Mordversuchen wegen des bei der Verhaftung geleisteten Widerstands: Baader und Raspe jeweils an zwei Polizisten, Ensslin an einem Polizisten. All dies in Tateinheit mit der Gründung einer „kriminellen Vereinigung". In der Urteilsbegründung wurde für jeden strafbaren Sachverhalt das Strafmaß gesondert aufgeführt. Da für Mord aber unter allen Umständen eine lebenslange Freiheitsstrafe auferlegt werden muß (§ 211 StGB), wurde allein dieses Strafmaß in die „Urteilsformel" aufgenommen.

Die Urteilsbegründung, in der die herangezogenen Beweismittel verarbeitet waren, bestand aus einer dreistündigen „mündlichen Mitteilung ihres wesentlichen Inhalts"[139]. Wegen der Länge des Prozesses gab sich das Gericht sechs Monate Zeit, um das schriftliche Urteil zu verfassen[140]. Anfang Oktober lag das endgültige Urteil auf 319 Seiten vor. Nach der Zustellung des Urteils hatte die Verteidigung einen Monat lang Zeit, die bereits eingelegte Revision schriftlich zu begründen[141]. Dazu sollte es allerdings nicht mehr kommen, weil der Prozeß während dieses Zeitraums durch das „stärkste Verfahrenshindernis"[142], den Tod aller Angeklagten am 18. Oktober 1977, beendet wurde. Das war auch die „Lösung" für jenes Problem, welches die ‚Süddeutsche Zeitung" schon am 2.10.77 angesprochen hatte: „Wer nach dem Urteil auf eine gründliche Revision hofft, der wird sich täuschen. Dieser Prozeß ist einfach nicht wiederholbar, auch wenn der Bundesgerichtshof das alles unbefangen und ungerührt betrachten sollte (was er gar nicht kann)".

Die in der Urteilsbegründung verfolgte Argumentation stimmte häufig mit der in der Anklageschrift bis ins Detail überein[143]. Die „Beweiswürdigung" der Indizien (Vgl. Kap. VII, 2) begann mit der Feststellung, die Angeklagten hätten wiederholt deutlich gemacht, daß sie zur RAF gehörten, und sie hätten sich sogar für die Anschläge vom Mai 1972 verantwortlich erklärt – so Ensslin – und zwar „insofern, wie wir in der RAF seit 1970 organisiert waren, in ihr gekämpft haben und am Prozeß der Konzeption ihrer Politik und Struktur beteiligt waren". Das Gericht kommentierte diese Erklärung:

„Jedenfalls kommt in dieser Erklärung zum Ausdruck, daß sie sich mit den Sprengstoff-Anschlägen innerlich identifizieren und daß sie das allgemeine Konzept, solche Anschläge zu begehen, mit entwickelt haben, und sie bestreiten im Rahmen ihrer umfangreichen Teil-Einlassung zur Anklage nicht, die ihnen vorgeworfenen Sprengstoff-Anschläge als verantwortliche Urheber begangen zu haben"[144].

Auf 40 Seiten geht das Gericht dann auf die oben beschriebene Art (vgl. Kap. VII, 2.4.1. und 2.4.1.1.) anhand von Zitaten aus „Kassibern" und Zellenrundbriefen auf die „wichtige Rolle" ein, die vor allem Baader und Ensslin gespielt haben sollen, und zwar nicht nur innerhalb der Gruppe der Gefangenen aus der RAF, sondern – aufgrund von Dokumenten, die aus der Zeit nach ihrer Festnahme stammten – auch vor ihrer Haft. In der Beweiskette folgt die Feststellung, die Angeklagten hätten sich im Frühjahr 1972 in Frankfurt aufgehalten (vgl. Kap. VII. 2.1.1 und 2.1.3). Von allen drei Angeklagten seien in der sogenannten RAF-Zentrale und von Raspe und Ensslin auch noch in anderen Frankfurter Unterkünften Fingerabdrücke gefunden worden. Außerdem seien dort Notizen von Ensslin gefunden worden; sie selbst habe bei ihrer Festnahme einen Briefkastenschlüssel der „Zentrale" bei sich getragen. Raspes Anwesenheit in Frankfurt an verschiedenen Tagen im April und Mai 1972 werde auch von Hoff bestätigt. Zwei Lebensmittel-Verkäuferinnen wollen Ensslin in dieser Zeit mehrere Male gesehen haben. Die Anwesenheit Baaders in Frankfurt sei für das Gericht noch dadurch bewiesen, daß ihn dort kurz nach der Explosion am 11.5.72 die Zeugin Siemsen gesehen habe. Zudem seien Baader und Raspe in Frankfurt verhaftet worden.

Vor allem auf diesen Indizien und Zeugenaussagen basierte die Feststellung des Gerichts, die Angeklagten hätten im Frühjahr 1972 in der Frankfurter „RAF-Zentrale" gewohnt. Den Beweis dafür, daß diese Wohnung auch wirklich als Zentrale benutzt worden war, leitete das Gericht aus den dort und an anderen Stellen in oder nahe Frankfurt gefundenen Materialien zur Herstellung von Bomben und der Nähe zu Hoffs Werkstatt ab. Hoff habe die Bomben für alle Anschläge gebaut. Schließlich hätten sich in dieser Wohnung verschiedene mit Autokennzeichen zusammenhängende Spuren gefunden, die auf die Anschläge in München und Heidelberg verwiesen. Das Gericht nahm die Spuren noch zum Anlaß, um ganz nebenbei die Aussagen der Angeklagten und Zeugen über die RAF-Struktur vom Tisch zu wischen, soweit das bei der Beschreibung der „wichtigen Rolle der Angeklagten innerhalb der RAF" noch nicht gelungen war: „Örtlichen Gruppen, die mit der ‚autonomen' Ausführung einzelner Anschläge befaßt gewesen wären, hätte es nach Auffassung des Senats leicht fallen müssen, die vergleichsweise einfache Aufgabe der Beschaffung und Zubereitung von Tatfahrzeugen selbständig zu bewältigen"[145].

Für das Gericht war auch erwiesen, daß die Angeklagten alle an den Vorbereitungen der Bombenanschläge beteiligt waren. Baader und Raspe seien in der Nähe einer Werkstatt, die offensichtlich für den Bau von Bomben benutzt worden sei, festgenommen worden; unter ihren Fingernägeln und an ihrer Kleidung hätten sich Spuren von Sprengstoffbestandteilen (Aluminiumpulver) gefunden. Raspe sei von Hoff stark belastet worden und Baader durch einen „Kassiber", in dem er seine detaillierten Kenntnisse über die Herstellung von Bomben fixiert habe. Solche und ähnliche Anhaltspunkte gab es zwar für die in Hamburg festgenommene Ensslin nicht, daher folgerte das Gericht: „Kein Grund ist ersichtlich, warum sie als führendes RAF-Mitglied, das sich nicht nur vorübergehend in der Bombenzentrale aufhielt, dort nicht auch in das umfassende Beschaffungs- und Fertigungsprogramm für die Herstellung von Sprengkörpern einbezogen werden sollte"[146]. Dazu verwies das Gericht noch auf die in der Gruppe hoch bewertete „Verbindung von Theorie und Praxis" und auf Ensslins „besonders stark entwickelten Drang, aktiv zu sein, sich zu engagieren, etwas zu bewerkstelligen". Auch der sogenannte Ensslin-Kassiber wurde abschließend aufgeführt (s. Kap. VII, 2.1.4.). Aus alledem zog das Gericht den Schluß auf die tatsächliche Beteiligung aller Angeklagten an den verschiedenen Bombenanschlägen, obwohl eine solche Beteiligung „nicht auf jeden Angeklagten in jedem Fall zutrifft"[147]; „Auf die Beteiligung bei der Ausführung der Anschläge kommt es dem Senat im einzelnen nicht an"[148]. Konkret kam das Gericht bei der Bewertung des Beweismaterials auch nicht über eine unterstellte Beteiligung Baaders bei dem Bombenanschlag vom 11.5.72 in Frankfurt hinaus, und dies auch nur aufgrund der Aussage der Zeugin Siemsen (vgl. Kap. VII Abs. 2.1.3). Wesentlich war nach Meinung des Gerichts, „daß die drei Angeklagten in jedem Falle zu den Urhebern der Anschläge gehören"[149]. Immerhin handele es sich um die Anführer der Gruppe, die sich im Frühjahr 1972 in Frankfurt zur Organisation der Anschläge und Herstellung der dafür benötigten Bomben aufgehalten hätten:

> „Wenn aber schon die so motivierten Angeklagten die verwendeten Sprengkörper unter Mühen und Gefahren, voller Einfälle und Initiativen zündfertig hergestellt hatten, so liegt es nahe, daß sie dafür sorgten, daß die Taten, die sie auf diese Weise vorbereitet hatten, dann auch ausgeführt wurden"[150].

Bei Absprache und Organisation der Anschläge hätten die drei Angeklagten – „möglicherweise noch mit anderen"[151] – zusammengearbeitet. Wichtig sei auch noch, daß der kollektive Entscheidungsprozeß „ein zentrales Anliegen der Gruppe ist", wie diverse Äußerungen und Dokumente dies betonten. Daraus folgerte das Gericht:

> „Wenn ein Bedürfnis für eine Verständigung unter Gruppenmitgliedern bestand, so ist ein Grund mehr vorhanden, daß alle drei Angeklagten an den in Frankfurt getroffenen Entscheidungen für die einzelnen Anschläge beteiligt waren. In welchem Umfang die Angeklagten bei dieser Absprache jeweils mitgewirkt haben – wer Initiativen entwickelte, sich mehr oder weniger ausführlich äußerte oder einfach nur Zustimmung kundgab –, ist im einzelnen nicht festzustellen. Darauf kommt es in diesem Zusammenhang auch nicht an. Wichtig ist, daß die – wie auch immer geartete – Zustimmung eines jeden der drei Angeklagten für den Senat feststeht und daß diese Zustimmung zu der dargelegten umfassenden Verständigung führte"[152].

Damit war das Gericht, nach seinen Worten, zu der Überzeugung gekommen, daß die drei Angeklagten „alle sechs Sprengstoffanschläge im einzelnen verabredet und mit Hilfe der von ihnen fertiggestellten Sprengkörper organisiert haben“[153]. Erst jetzt, ab Seite 220, werden in der Urteilsbegründung die Aussagen von Gerhard Müller herangezogen: „Das so gewonnene Bild wird durch die Aussagen des früheren ‚RAF‘-Mitglieds Gerhard Müller bestätigt und abgerundet“.

Aufgrund der Tatsache, daß Müller zusammen mit Meinhof festgenommen worden war, daß seine Fingerabdrücke und Handschrift in der „RAF-Zentrale“ gefunden wurden, ebenso weitere Fingerabdrücke in anderen Frankfurter Wohnungen – und aufgrund seiner Kontakte zu Hoff bezeichnete das Gericht ihn als „kompetenten Zeugen“, jedoch mit der Einschränkung: „Allerdings ist er kein Unbefangener, er ist ein problematischer Zeuge“, und zwar, so das Gericht weiter, wegen seiner tatsächlichen Mitarbeit bei der Vorbereitung der Bombenanschläge und seiner eventuellen Voreingenommenheit gegenüber den Angeklagten[154]. Die Schlußfolgerung des Gerichts:

> „Deshalb hat der Senat seine Aussagen mit besonderer Vorsicht gewürdigt. Er verwertet sie zu Lasten der Angeklagten nur dann, wenn sie entweder im einzelnen in anderen Beweisanzeichen eine für die Überzeugungsbildung genügende Stütze finden, oder insofern als sie im Endergebnis ohnehin nur bestätigen, was für den Senat anderweitig bereits bewiesen ist; auch diese Aussagen – daß nämlich die drei Angeklagten zu den Urhebern aller sechs Sprengstoffanschläge gehören – lassen sich im einzelnen durch Beweisanzeichen vielfach abstützen und auf ihre Glaubwürdigkeit überprüfen“[155].

Auch nach Müllers Aussagen „(soll) nicht jeder Angeklagte bei jedem Anschlag bei der Ausführung am Tatort beteiligt gewesen sein“. Gleichwohl, das Gericht ficht das nicht an: „Indes kommt es darauf dem Senat im einzelnen nicht an. Entscheidend ist für ihn vielmehr, daß nach den glaubhaften Aussagen Müllers die Absprache, wo, wann und mit welchen Sprengkörpern die sechs Sprengstoffanschläge verübt werden sollten, jeweils in Frankfurt unter Mitwirkung der drei Angeklagten getroffen und dann mit den von den Angeklagten gemeinsam fertig- und bereitgestellten Sprengkörpern ausgeführt wurde“[156].

Abschließend geht das Gericht in einer 40 Seiten umfassenden Abhandlung auf die Glaubwürdigkeit des Zeugen Müller ein[157]. Zuerst wird auf die große Übereinstimmung zwischen Müllers detaillierten Aussagen über die verschiedenen Bombenmaterialien und dem Bild, das sich das Gericht anhand der „Indizien“ machen konnte, verwiesen. Dann betont das Gericht, daß Müller sich mit seinen Aussagen über seine Mitarbeit an der Vorbereitung der Anschläge selbst schwer belastet habe:

> „Das ist selbst dann beachtlich, wenn er davon ausgegangen sein sollte, insoweit, nach seiner eigenen Verurteilung und da die Staatsanwaltschaft kein Rechtsmittel eingelegt hat, keine rechtlichen Auswirkungen befürchten zu müssen; rechtskräftig war das Urteil zur Zeit seiner Aussagen noch nicht“[158].

Mit den in vielen Punkten anders lautenden Zeugenaussagen der

Gefangenen aus der RAF sei „schlechterdings nichts anzufangen"[159]. Deren Aussagen seien „durch Haß, Verzweiflung und die Heilserwartung eines ‚neuen Menschen'", „Feindseligkeit gegen den Rechtsstaat", „maßlose Beleidigungen und Verleumdungen" gekennzeichnet. Auch die vielen anderen von der Verteidigung angeführten Belege über die Unglaubwürdigkeit des Zeugen Müller (vgl. Kap. VII, 3.2.3. / 3.2.3.3.) wurden Punkt für Punkt abgetan.

Foth, der das Urteil mündlich begründete, schloß mit der Bemerkung, daß einige Zuhörer sich wahrscheinlich fragen würden: „Wo bleibt die Politik?". Seine Antwort sei: „Dort, wo sie hingehört, nämlich draußen vor der Tür des Gerichtssaales"[160].

5. Zwischen Urteil und Tod von Baader, Ensslin und Raspe (18. 10. 77)

Trotz der medizinischen Sachverständigen-Gutachten vom Herbst 1975 (vgl. Kap. VI, 3.1.5.) hatte sich an den Haftbedingungen der etwa 100 Gefangenen aus sozial-revolutionären Bewegungen nichts verändert. Zum Teil befanden sich die Gefangenen immer noch in strenger Einzelhaft, zum Teil – so wie in Stammheim – in einer Situation, „die vergleichbar ist mit der kleiner Gruppen unter Extrembedingungen" (Rasch). Nach Ulrike Meinhofs Tod waren die Gefangenen Ingrid Schubert und Irmgard Möller in den Hochsicherheitstrakt der siebten Etage des Stammheimer Gefängnisses verlegt worden, so daß dort nun zwei Männer und drei Frauen untergebracht waren.

Noch im Juni 1976 hatte Prof. Rasch, Direktor des Instituts für Forensische Psychiatrie an der Freien Universität Berlin, diese Haftbedingungen in einem wissenschaftlichen Artikel eingehend behandelt[161]. Nach Beginn des Prozesses waren Rasch und die Internisten Schröder und Müller vom Gericht im Herbst 1975 als Sachverständige mit der Untersuchung beauftragt. In seiner Abhandlung aus 1976 kommt Rasch zu folgender Typisierung der Haftsituation:

> „Das Gerüst der Sicherheitsvorkehrungen ist wie ein Glassturz über die Gefangenen gestülpt und schafft eine Art Extraterritorialität, in der sich die zum Ausgleich der besonderen Haftbedingungen gedachten ‚Vergünstigungen' – Tischtennis, Fernsehen, Plattenspieler usw. – wie Zufälligkeiten ausnehmen, die mit der realen Situation eigentlich nichts zu tun haben.
>
> Diese Grundvoraussetzungen werden auch nicht durch die Gewährung stundenweiser Kontakte einiger Häftlinge untereinander bei der Freistunde oder durch Umschluß aufgehoben"[162].

Die „gesundheitsschädigende Wirkung" war nach Raschs Meinung mit nur einer Maßnahme zu vermeiden, und zwar mit der Zusammenlegung von „politisch motivierten Tätern" in besonderen Abteilungen verschiedener „normaler Gefängnisse": „Durch die Zusammenlegung einer Gruppe von 15 bis 20 Häftlingen würde ein soziales Feld angeboten, das ein realisierbares Maß an Interaktion erlaubt"[163]. Es handelte sich um dieselbe Empfehlung, die die medizinischen Sachverständigen schon im Herbst 1975 gegeben hatten, mit deren Verwirklichung aber Anfang 1977 nicht einmal begonnen worden war. Am 14.4.77, einen Monat nach dem Platzen der Abhöraffäre, schrieb der Stammheimer Anstaltsarzt Henck einen Brief an das Gericht in Stammheim, in dem er seine äußerste Besorgnis über den Gesundheitszustand der Häftlinge ausdrückte. Seiner Meinung nach hatte sich ihr Allgemeinzustand ständig verschlechtert. Ausdrücklich verwies Henck darauf, daß die Sachverständigengutachten nun schon eineinhalb Jahre lang vorlägen, und daß „die Fortdauer der Untersuchungshaft unter nahezu gleichbleibenden Bedingungen zweifellos keine Besserung des psychischen Befindens zur Folge hat". Als Beispiele für die Verschlechterung nannte er unter anderem drei in erster Linie physische Symptome: weiterer Gewichtsverlust (trotz zusätzlicher Nahrung), viel zu niedriger Blutdruck (und als Folge: große Müdigkeit, Kopfschmerzen, Konzentrationsstörungen), ernstzunehmende Augenbeschwerden (u. a. wegen des ständigen Neonlichts). Hencks Schlußfolgerung: „Infolgedessen ist es meines Erachtens dringend erforderlich, die derzeitigen Haftbedingungen zu korrigieren(...)". Noch einmal wiederholte er nachdrücklich, daß die Sachverständigen eine „Ermöglichung größerer sozialer Interaktion" empfohlen hätten.

5.1. Der vierte kollektive Hungerstreik

Wie erwähnt (Absatz 2.3.), erklärte Ensslin am 29.3.77 inmitten der Verwirrung über die Abhöraffäre, daß sich die Gefangenen von diesem Tag an wieder im Hungerstreik befänden:

> „angesichts der tatsache, daß der staat die auseinandersetzung im rechtsfreien raum des permanenten ausnahmezustands führt und daß sich in den sechs jahren staatsschutzjustiz gezeigt hat, daß die menschen- und grundrechte in der fahndung, in den prozessen gegen uns und in den gefängnissen ein fetzen papier sind, fordern wir für gefangene aus den antiimperialistischen widerstandsgruppen, die in der bundesrepublik kämpfen, eine behandlung, die den mindestgarantien der genfer konvention von 1949 entspricht, im besonderen artikel 3, artikel 4, artikel 13, artikel 17 und artikel 130.
>
> wir fordern konkret 1. die abschaffung der isolation und der gruppenisolation in den gefängnissen der bundesrepublik und die auflösung der besonderen isolationstrakte, in denen gefangene zusammengebracht werden, um ihre kommunikation elektronisch auszuschnüffeln und auszuwerten, was für die politischen gefangenen in hamburg, kaiserslautern, köln, essen, berlin, hannover, straubing, aichach und stammheim zumindest bedeuten würde, daß sie nach den forderungen aller von den gerichten in den prozessen gegen die raf bestellten gutachter zu interaktionsfähigen gruppen von mindestens 15 gefangenen zusammengefaßt werden"[164].

Die Gefangenen verlangten also primär eine Verwirklichung der Gutachterempfehlung. In wenigen Tagen schlossen sich 35 Gefangene dem Hungerstreik an. Die Zahl erhöhte sich in den folgenden Wochen auf etwa 100 (unter ihnen wiederum viele „normale" Gefangene).

Am Tag nach Beginn des Hungerstreiks schrieb Anstaltsarzt Henck dem Gericht, daß wegen des Hungerstreiks „mit einer fortschreitenden Verschlechterung des ohnehin angegriffenen Gesundheitszustands der Gefangenen zu rechnen (ist)", und daß es nicht möglich sei, auch nur annähernd festzustellen, „ab welchem Zeitpunkt bei den Gefangenen eine akute Lebensgefahr eintritt". Nochmals wies er nachdrücklich darauf hin, daß eine solche Lebensgefahr ausschließlich dadurch zu verhindern sei, „daß die bereits in meinem Schreiben vom 14.3.77 für erforderlich gehaltenen Veränderungen der Haftbedingungen unverzüglich in Angriff genommen und durchgeführt werden".

Am selben Tag erhielt das Gericht ein Schreiben des Anstaltsleiters wegen des zu erwartenden Widerstands der Gefangenen gegen eine eventuelle Zwangsernährung: „Aus diesem Grunde sollte für den Fall des Widerstands gegen eine etwaige Zwangsernährung schon jetzt die Frage der Trennung der Gefangenen geprüft werden". Die Gefangenen reagierten auf diese Anregung mit der Ankündigung, sich sofort in einen Durststreik zu begeben, wenn ihnen untereinander kein Kontakt mehr zugestanden würde.

Einige Tage danach, am 5.4.77, untersuchten die medizinischen Sachverständigen Rasch, Müller und Schröder die Gefangenen, nachdem das Gericht ein entsprechendes Gesuch Hencks bewilligt hatte. Rasch schreibt am 6.4.: „Objektiv – das heißt aus medizinischer Sicht – ist bei den drei Gefangenen eine weitere Verschlechterung des Gesundheitszustandes eingetreten". Es folgen weitere alarmierende Einzelheiten; Ensslin gehe es besonders schlecht. Rasch schreibt weiter: „Nach dem überschaubaren Verlauf ist davon auszugehen, daß die festzustellende Verschlechterung des Gesundheitszustandes der Untersuchten unmittelbare Folge der besonderen Haftbedingungen ist, denen sie ausgesetzt sind". Er kommt dann zu dem Resultat: „Bei Beibehaltung der jetzigen Haftbedingungen, die nicht das notwendige Maß sozialer Interaktion gewährleisten, ist (...) ein weiteres Fortschreiten der gesundheitlichen Schäden zu erwarten, das schließlich zur Haftunfähigkeit führt". Ebenso lauten die Schlußfolgerungen der Internisten Müller und Schröder, die in ihrem Bericht vom 8.4.77 feststellen, „daß eine weitgehende Eingliederung in den normalen Strafvollzug wünschenswert wäre".

Trotz dieser übereinstimmenden medizinischen Begutachtung verwarf der Gerichtsvorsitzende Foth in seinem Beschluß vom 15.4.77 die erneuten Anträge der Verteidiger auf Veränderung der Haftbedingungen. In der Begründung schreibt Foth:

> „Von den Angeklagten ist eine erhebliche Gefährdung für die Sicherheit und Ordnung der Anstalt und darüber hinaus zu befürchten. So verbietet sich

zunächst der unbeschränkte Umgang der Angeklagten mit anderen Anstaltsinsassen. Es kommt also von vornherein nur eine abgesonderte Unterbringung der Angeklagten und eine Einschränkung des Verkehrs mit anderen Anstaltsinsassen in Betracht“[165].

Die eindringlichen Warnungen der Ärzte vor schweren gesundheitlichen Schäden als Folge der Haftbedingungen kommentiert Foth mit der lapidaren Bemerkung: „(...) von den bestehenden Haftbedingungen geht keine Lebensgefahr aus“. Heldmann bezeichnete diese Verfügung in seinem zwei Wochen später gehaltenen „Hotelplädoyer“ als das Todesurteil für die Gefangenen[166].

Inzwischen war GBA Buback am 7.4.77 bei einem Anschlag des RAF-Kommandos „Ulrike Meinhof“ erschossen worden. In einer Kommandoerklärung[167] bezeichnete die RAF Buback als „direkt verantwortlich für die Ermordung von Holger Meins, Siegfried Hausner und Ulrike Meinhof“.

Die BAW reagierte unmittelbar darauf mit der telefonischen „Bitte“ an den stellvertretenden Gerichtsvorsitzenden, die Angeklagten vollständig voneinander und von der Außenwelt zu isolieren und Anwaltsbesuche zu verbieten. Innerhalb von fünf Minuten kam der Richter diesem Wunsch nach[168]. Für das Verbot von Verteidigerbesuchen gab es (damals noch) keine gesetzliche Grundlage – in der Verfügung war auch nur von „Sicherheitsbelangen“ die Rede[169]. Als diese Anordnungen drei Tage später größtenteils wieder zurückgenommen wurden, stellte sich heraus, daß die Angeklagten in den Durststreik getreten waren, wie sie das für den Fall verschärfter Isolation angekündigt hatten. Ihnen schlossen sich 36 weitere Gefangene aus der RAF an, die in anderen Gefängnissen saßen[170].

Es wurde deutlich, welche Linie nunmehr gegen die Gefangenen eingeschlagen werden sollte. Sie wurde später von dem Strafrechtler Stratenwerth als „Kampfmittel der sich selbst behauptenden Staats- und Gesellschaftsordnung, als Notwehr gegen den inneren Feind, als eine Art Kriegsgefangenschaft im inneren Krieg“ definiert [171].

Schon zwei Tage nach Beginn des Hungerstreiks hatte der Gerichtsvorsitzende Foth dem Gefängnisarzt Henck seine Zustimmung zur Zwangsernährung erteilt, falls er, Henck, sie für notwendig halte.

Am 1.1.77 trat das neue Strafvollzugsgesetz (StrVollzG) in Kraft. In § 101 ist festgelegt, wann Zwangsernährung von Gefangenen zulässig und/oder vorgeschrieben ist. Die Regelung gilt aufgrund von § 178 auch für Untersuchungshäftlinge. Die letzte Phase der parlamentarischen Debatten über dieses Gesetz begann unmittelbar nach dem Tod von Holger Meins im November 1974. Meins war infolge unzureichender Zwangsernährung während des dritten kollektiven Hungerstreiks gestorben. Die Arbeit des Parlaments begleitete „eine hitzige und emotional bewegte Debatte der Zwangsernährung“[172] in den Massenmedien.

Vor allem die CDU/CSU unter Leitung des späteren Bundespräsidenten

Carstens argumentierte lautstark, daß Zwangsernährung unmenschlich sei. Sie forderte zu der Überlegung auf, „ob es nicht humaner wäre, diejenigen gewähren zu lassen, die sich im vollen Besitz ihrer Geisteskräfte entschlossen hätten, sich das Leben zu nehmen“[173]. Diese und andere Plädoyers für ein „Grundrecht auf Selbsttötung“[174] erscheinen auf den ersten Blick als äußerst liberal. Betrachtet man sie aber in ihrem gesellschaftlichen Kontext, so sind sie nichts anderes als ein Aufruf, Hungerstreiks politischer Gefangener und die mit diesen Streiks verbundenen Forderungen einfach zu ignorieren, das Problem also sich selbst „lösen“ zu lassen. Zudem konnte bei diesen Hungerstreiks nicht von Selbstmordversuchen die Rede sein, sondern vom genauen Gegenteil: Es ging darum, Haftbedingungen (interaktionsfähige Gruppen) zu erzwingen, die ein (Über-)Leben ermöglichten.

Das Ergebnis der parlamentarischen Auseinandersetzung war ein Kompromiß, demzufolge „der schwarze Peter prompt beim Arzt liegt“[175]. Die erste, wichtigste Vorschrift des § 101 StrVollzG lautet: „Medizinische Untersuchung und Behandlung sowie Ernährung sind zwangsweise nur bei Lebensgefahr, bei schwerwiegender Gefahr für die Gesundheit des Gefangenen oder bei Gefahr für die Gesundheit anderer Personen zulässig; die Maßnahmen müssen für die Beteiligten zumutbar und dürfen nicht mit erheblicher Gefahr für Leben und Gesundheit des Gefangenen verbunden sein. Zur Durchführung der Maßnahmen ist die Vollzugsbehörde nicht verpflichtet, solange von einer freien Willensbestimmung des Gefangenen ausgegangen werden kann, es sei denn, es besteht akute Lebensgefahr“.

An Foths Verfügung, die Hungerstreikenden nach ärztlichem Ermessen zwangsweise zu ernähren, war formaljuristisch nichts auszusetzen, weil davon ausgegangen werden kann, daß – wie in den früheren Berichten Hencks und der medizinischen Sachverständigen schon prognostiziert – eine „schwerwiegende“ Gefahr für die Gesundheit der Gefangenen vorlag. Der Gefängnisarzt befand sich jedoch in dem Dilemma, daß es ihm nicht möglich war, festzustellen, ob akute Lebensgefahr bestand, da die Gefangenen Untersuchungen von ihm strikt ablehnten. Bei akuter Lebensgefahr wäre er aber nicht nur berechtigt, sondern vielmehr verpflichtet gewesen, zur Zwangsernährung überzugehen, denn die Unterlassung einer solchen Maßnahme könnte beim Tod eines Gefangenen für den Arzt möglicherweise ein Verfahren wegen „fahrlässiger Tötung“ zur Folge haben[176]. Um dieses Risiko zu vermeiden, konnte der Arzt zwar unmittelbar Zwangsuntersuchungen und/oder die Zwangsernährung vornehmen, das aber hätte wiederum wegen der Gegenwehr der Gefangenen, mit der zu rechnen war, eine bis dahin noch nicht vorhandene akute Lebensgefahr hervorrufen können, womit sich das Mittel in sein Gegenteil verkehrt hätte.

Am 20.4.77 wird im Hamburger Gefängnis mit der zwangsweisen Untersuchung und Ernährung der dort einsitzenden sechs weiblichen und drei männlichen Häftlinge begonnen. Die genauen Beschreibungen der Gefangenen machen deutlich, warum Zwangsernährung von Gefangenen, die die Forderung ihres Hungerstreiks für gerechtfertigt halten und deshalb Widerstand gegen die Zwangsernährung leisten, als Folter erfahren wird[177]. Helmut Pohl:

„Am frühen Nachmittag läuft die ze (Zwangsernährung – BS) an.

Schröder, der Abteilungsleiter an dem Tag, kommt als erster in die Tür, verkündet, tritt zur Seite, und ein Haufen Knastbullen – wieviel, krieg ich gar nicht mehr mit – die Zelle ist voll – stürmt und stürzt sich auf mich.

Es sind die aus dem Schlägerkommando, Hetris, Wess(e)ling – der Truppführer und der Killer, und die anderen Fressen, deren Namen ich nicht weiß. Draußen steht alles voll, die ganze Knasthierarchie, Zivile.

Sie reißen mir zu viert die Füße weg, je zwei an den Armen, und einer nimmt noch meinen Kopf in den Schwitzkasten und dreht.

Das für 3 Meter, aus der Zelle zur fahrbaren Pritsche, die vor der Tür steht. Sie pressen mich bäuchlings auf die Pritsche, das Gesicht in das Kissen, und verdrehen Arme und Beine auf der Fahrt ins zkh (Zentralkrankenhaus – BS).

Das sind keine ‚Haltegriffe', sondern von Anfang an und von allen Bullen gezieltes Quälen.

Bis man hinten im zkh angekommen ist, ist man physisch halbwegs fertig.

Als sie mich vor dem Loch, wo sie es machen wollen, von der Pritsche zerren, seh ich noch 5, 6 Zivile vor der Tür, die aussehen, als wären sie vom Justizsenat.

8 Bullen werfen mich auf die andere Pritsche und halten mich drauf fest. Die Arme nach hinten-unten, die Füße nach außen gedreht, und die Kniegelenke gleichzeitig in Gegenrichtung. Immer voller Druck.

Zwei andere, ein Sani, ein Knastbulle, an meinem Kopf. Sie drücken den Kopf flach zur Seite und Friedland versucht, den Schlauch durch die Nase zu stoßen. Nachdem ich alles mit Blut und Rotz vollgespuckt hatte, versuchen sie es durch den Mund.

Sie nehmen einen Holz- und Hartgummikeil und versuchen durch Hebeln und Schlagen aufs Zahnfleisch, meine Zähne auseinanderzukriegen.

Dann will Friedland wieder durch die Nase. Reichlich Blut.

Wieder Versuch durch den Mund. Sie kugeln mir fast die Arme und die Kniegelenke aus, drücken mit vollem Gewicht mit den Handballen seitlich auf den Unterkiefer und bohren die Daumen hinter die Ohren. Und dabei dauernd mit den Keilen gegen die Zähne und Zahnfleisch.

Schließlich kriegen sie irgendwie den Schlauch in den Mund. Friedland jagt ihn mit 3, 4 Stößen durch.

Ich würge und kotze unwillkürlich während der ganzen Tortur. Und die Bullen verbiegen weiter mit ganzer Kraft die Knochen.

Solche Torturen werden in den folgenden Tagen, manchmal zweimal täglich, wiederholt. Nach fünf Tagen wird die Zwangsernährung eingestellt. Mündlich wird den Gefangenen in Hamburg mitgeteilt, daß die Gefängnisleitung aufgrund von § 101 StrVollzG zu dieser Entscheidung gekommen ist, da infolge des aktiven Widerstands die Maßnahmen nicht mehr „zumutbar" und außerdem lebensgefährlich seien[178]. Ein Bericht Ingrid Schuberts über die Situation in Stammheim bestätigt diese Sachlage[179]. Sie erwähnt ein Gespräch der Gefangenen mit dem Gefängnisarzt Henck vom 26.4.77. Darin habe er ihnen mitgeteilt, daß er, nach telefonischer Rücksprache mit dem Gefängnisarzt in Hamburg wegen der dortigen Entwicklung, zu dem Entschluß gekommen sei, keine

Zwangsernährung vorzunehmen. Der Hamburger Arzt habe ihm erzählt, daß er die Zwangsernährung wegen der teilweise gefährlichen Verwundungen, die dabei entstanden – Blutungen, Lungenverletzungen ausgeschlagene Zähne (bei Werner Hoppe) – einstellen wolle.

Der Hungerstreik war nun in die entscheidende Phase getreten. Nach Meinung des medizinischen Sachverständigen Schröder, von dem Gudrun Ensslin sich am 26. April hatte untersuchen lassen, konnte die Gefangene innerhalb weniger Tage sterben[180]. Die latente Lebensgefahr, in der Ensslin sich befand, werde durch Zwangsernährung und ihren Widerstand dagegen höchstwahrscheinlich in eine akute Lebensgefahr umschlagen. Gefängnisarzt Henck weigerte sich deshalb, eine solche Maßnahme zu treffen. Andererseits war zu erwarten, daß Zwangsernährung nach Eintritt des Komas, wenn kein Widerstand mehr geleistet werden kann, zu spät kommen würde. Der kritische Zeitpunkt wäre dann längst überschritten, und zwar z. B. wegen irreparabler Schädigung des Rückenmarks und anderer Funktionen, wie die Obduktion der Leiche von Holger Meins ergeben hatte.

Wenn die wichtigste Forderung des Hungerstreiks nicht erfüllt werde, so sei zu erwarten, daß Gudrun Ensslin in Kürze als erste Gefangene sterbe. Mit dieser Botschaft konfrontierte Schröder den Justizminister des Landes Baden-Württemberg, Traugott Bender.

Am 28.4.77 schickte das Executive Comittee von Amnesty International in London gleichlautende Telegramme an die Bundesregierung in Bonn, den Bundesjustizminister, den Justizminister von Baden-Württemberg und den Direktor des Gefängnisses in Stammheim. In ihnen drückte Amnesty International seine große Besorgnis aus, verwies auf die UNO-Bestimmungen über Folter und unmenschliche Behandlung und bat, die Gefangenen gemäß den medizinischen Gutachten zu behandeln. Schon seit Wochen wurden westdeutsche Persönlichkeiten mit offenen Briefen überschüttet; Absender waren u. a. 80 Theologen, 128 amerikanische Rechtsanwälte, 100 französische und belgische Richter und Anwälte, 23 englische Verteidiger. Sie alle unterstützten die Hungerstreikforderung nach Zusammenlegung. Koordiniert wurde diese Kampagne vom Internationalen Komitee zur Verteidigung politischer Gefangener in West-Europa. Die westdeutsche Sektion dieses Komitees verschickte laufend Pressemitteilungen, in denen detailliert über den Verlauf des Hungerstreiks und die Reaktionen der Behörden berichtet wurde.

Am 30.4.77 teilte das Justizministerium von Baden-Württemberg den Gefangenen in Stammheim mit:

> „Das Justizministerium hat sich entschlossen, eine gewisse Konzentration von Gefangenen, die wegen Straftaten nach den § 129, 129a StGB verfolgt werden, in Stuttgart-Stammheim vorzunehmen. Es ist an Gefangene, die in Baden-Württemberg einsitzen, und an solche, um deren Übernahme andere Länder uns bitten, gedacht. Die Verlegung einer Gruppe solcher Leute wird in

die Wege geleitet. Vorgesehen ist auch, die hierzu erforderlichen Vergrößerungen der Hafträume zu schaffen“[181].

Der Stammheimer Gefängnis-Direktor überbrachte den Gefangenen diese Zusage, die vom Ministerialdirektor des Justizministeriums, Kurt Rebmann, der wenig später zum Nachfolger von GBA Buback ernannt wurde, ausgearbeitet worden war. Die Gefangenen beendeten daraufhin ihren Hungerstreik. Zeitungsberichten zufolge hatte das Justizministerium mitgeteilt, daß eine Veränderung der Haftbedingungen nun zu verantworten sei, weil im Hinblick auf das Urteil gegen „Baader u. a.“ nun „eine Zäsur“ eingetreten sei[182]. Tatsächlich wurde einige Zeit danach mit dem Umbau des siebten Stockwerks in Stammheim für die Belegung mit 16 Gefangenen begonnen. Die Verlegung weiterer Gefangener aus anderen Haftanstalten in diese Abteilung ließ jedoch monatelang auf sich warten, so daß der Eindruck entstand, die Zusage würde nicht eingehalten. Verschiedene Gefangene außerhalb von Stammheim traten deshalb im Mai, Juni und Juli 1977 erneut in den Hungerstreik.

In Stammheim saßen damals auch Sabine Schmitz und Verena Bekker wegen Straftaten nach §129 bzw. 129a StGB ein, allerdings nicht im siebten Stock. Sie hatten miteinander Kontakt. Am 24.5.77 wurde Sabine Schmitz ohne Angabe von Gründen in ein anderes Gefängnis verlegt; Beckers Verlegung wurde angekündigt. Beide traten daraufhin sofort wieder in den Hungerstreik. Unter Berufung auf Rebmanns Zusage forderten sie, in den siebten Stock zu Ensslin und den anderen Gefangenen verlegt zu werden. Sabine Schmitz wurde am 8.6.77 nach Stammheim zurückgebracht. Weil beide aber immer noch nicht ins siebte Stockwerk verlegt wurden, setzten sie ihren Hungerstreik fort. Der zuständige Untersuchungsrichter am BGH gab am 16.6.77, als der Gesundheitszustand der beiden Gefangenen wegen des vorausgegangenen Hungerstreiks wieder kritisch zu werden drohte, per Beschluß seine Zustimmung zur Unterbringung von Becker und Schmitz in einer Gemeinschaftszelle und zum Umschluß mit Ensslin, Schubert und Möller – aber nicht im siebten Stock. Die Begründung: „Inzwischen sind die Ermittlungen in beiden Verfahren so weit fortgeschritten, daß es zur Verhinderung der Verdunklungsgefahr einer strengen Einzelhaft nicht mehr bedarf“. Die Begründung für die Ablehnung des Umschlusses auch mit Baader lautete: „Es ist gerichtsbekannt, daß der Rädelsführer der unter den Namen ‚Rote Armee Fraktion‘ und ‚Baader-Meinhof-Bande‘ bekanntgewordenen kriminellen Vereinigung, der in erster Instanz verurteilte Andreas Baader, auf Gesinnungsgenossen einen starken Einfluß ausübt“. Die Frauen verweigerten nun den Umschluß außerhalb der Spezialabteilung im siebten Stock, „weil die Gruppe der politischen Gefangenen in Stammheim damit nicht vergrößert wird, sondern gespalten. Das Angebot bedeutet nicht größere Interaktionsmöglichkeiten entsprechend den Forderungen der Gutachter, sondern die Einrichtung eines zweiten Isolationstrakts in Stammheim und eine Kanalisierung unserer Kommunikation, die nur den Zweck haben kann, das Verbot des 2. Strafsenats des OLG Stuttgart, die Gespräche der Gefangenen abzuhören (mal angenommen, es wird überhaupt beachtet), das sich nur auf den 7. Stock bezieht, zu umschiffen"[183].

Der Hungerstreik ging weiter.

Der (stellvertretende) Generalbundesanwalt entschloß sich daraufhin am 21.6. 77 zu einem ungewöhnlichen Schritt: Er erstattete bei der Stuttgarter Staatsanwaltschaft Anzeige gegen die Verteidiger von Schmitz und Becker, Arndt Müller und Armin Newerla, wegen „versuchten Mordes" an ihren Mandantinnen und deren „Mißhandlung". Müller und Newerla würden, so die Begründung, ihre Mandantinnen „in dem Vorhaben, die staatlichen Organe zu erpressen oder sich zu Tode zu hungern, unterstützen und damit den Tod ihrer Mandanten billigend in Kauf nehmen"[184]. Der Pressebericht der BAW über diese Strafanzeige fand weiträumige Verbreitung in den Tageszeitungen[185]. Entrüstet reagierten die Anwälte mit der Gegenbehauptung, daß nicht sie, sondern die BAW und der zuständige Untersuchungsrichter beim BGH den Tod ihrer Klienten in Kauf nähmen. Sie bezeichneten die Anzeige als „übliche Strategie zur Kriminalisierung der Verteidiger". Die Gefangenen Schmitz und Becker entzogen ihren Anwälten sofort das Mandat, „weil wir nicht wollen, daß unser Tod, der offenbar beschlossene Sache ist, zum Anlaß wird, die wenigen Verteidiger zu kriminalisieren, die in der BRD noch den Mut haben, Gefangene aus der RAF gegen die Politik des Mordes und der Folter, die die Bundesanwaltschaft seit 1972 in Staatsschutzverfahren verfolgt, zu verteidigen"[186].

Am 26.6.77 wurden Schmitz und Becker in den 7. Stock verlegt, allerdings nicht in die besonders gesicherte Abteilung von „Baader u. a.", aber immerhin in die Nähe. Ensslin, Möller und Schubert erhielten die Erlaubnis, sich bei ihnen aufzuhalten. Daraufhin brachen die zwei Frauen ihren Hungerstreik ab. Merkwürdig an dieser Konstruktion war, daß dadurch, daß man Ensslin, Möller und Schubert erlaubte, sich außerhalb der Abteilung bei Schmitz und Becker aufzuhalten, das Sicherheitskonzept der isolierten Abteilung in Frage gestellt wurde.

Die Gruppe der fünf Gefangenen in der Isolationsabteilung wurde am 6.7.77 um drei Gefangene aus Hamburg, Helmut Pohl, Wolfgang Beer und Werner Hoppe, erweitert. Gesuche anderer Gefangener wurden jedoch systematisch abgelehnt oder hinausgezögert, was den Eindruck verstärkte, daß die Behörden nicht beabsichtigten, ihre Zusage voll einzuhalten. Die Vermutung bestätigte sich, als Bubacks Nachfolger Kurt Rebmann Ende Juli auf einer der wöchentlichen Pressekonferenzen der BAW die Haftsituation der Gefangenen als „gerecht und human" bezeichnete und behauptete, mit der Vergrößerung der

Gruppe in Stammheim sei den medizinischen Empfehlungen Genüge getan[187].

5.2. Muß Croissant zum drittenmal ins Gefängnis?

Während des vierten kollektiven Hungerstreiks und danach wurde der Druck, den die Staatsschutzbehörden bis dahin schon auf das Anwaltsbüro Croissant ausgeübt hatten, noch wesentlich verstärkt. In dem Büro befand sich auch die westdeutsche Sektion des Internationalen Komitees zur Verteidigung politischer Gefangener in West-Europa (IVK). Schon der Verfassungsschutzbericht für 1976 kommentiert die Tätigkeit dieses Büros folgendermaßen: „Sie richtet sich wie schon 1975 darauf, die Bundesrepublik Deutschland in der internationalen Öffentlichkeit als ‚präfaschistischen Polizeistaat' politisch zu diskriminieren"[188]. Wahrscheinlich war den Behörden nicht entgangen, daß das IVK wesentlich an der Entscheidung der Lord-Bertrand-Russell-Peace-Foundation in London beteiligt war, ein Tribunal über die Verletzung der Menschenrechte in der BRD abzuhalten. Mir ist bekannt, daß die Anregung, ein solches Tribunal zu veranstalten, von den Gefangenen stammte.

Ebensowenig wird den Behörden entgangen sein, daß die Intervention von Amnesty International während des Hungerstreiks, die vielen internationalen Proteste, die äußerst kritische Berichterstattung in der liberalen westeuropäischen Presse usw. vor allem von diesem Komitee initiiert waren.

Folgt man dem Schema, wie es anläßlich der ersten und zweiten Festnahme Croissants in den Sommermonaten 1975 und 1976 beschrieben wurde, so ließ sich absehen, daß die Rechtsanwälte der westdeutschen Sektion des IVK im Sommer 1977 wiederum mit Verhaftungen zu rechnen hatten. In dieses Bild fügt sich das oben erwähnte Ermittlungsverfahren des GBA gegen Müller und Newerla anläßlich des Hungerstreiks ihrer Mandantinnen nahtlos ein.

Nachdem das Ehrengericht der Stuttgarter Anwaltskammer sich weigerte, gegen Croissant im Stammheimer „Mehrzweckgebäude" einen Berufsverbotsprozeß zu führen, erließ die 12. Strafkammer des Landgerichts Stuttgart (vor der Croissant seit Juli 1976 angeklagt war) auf Antrag der Staatsanwaltschaft Ende Juni 1977 ein strafrechtliches vorläufiges und teilweises Berufsverbot[189]. Noch laufende Strafverfahren ausgenommen, war es ihm nicht mehr gestattet, in Strafsachen nach §§ 129 und 129a StGB – Staatsschutzsachen – tätig zu werden. Von daher war es ihm nur noch möglich, im sogenannten Stockholm-Prozeß gegen die überlebenden Mitglieder des Kommandos „Holger Meins" aufzutreten. Dieser Prozeß war jedoch so gut wie abgeschlossen.

Als Verteidiger in Staatsschutzsachen war Croissant damit endgültig ausgeschaltet. Er ging davon aus, daß seine dritte Verhaftung kurz bevorstehe und es äußerst unwahrscheinlich sei, ein drittesmal vor der Urteilsverkündung in dem ihm bevorstehenden Strafverfahren, das lange dauern konnte, freigelassen zu werden.

Am 7.7.77 setzte sich Croissant über das seit dem Sommer 1975 für ihn bestehende Verbot, die BRD zu verlassen, hinweg, reiste nach Paris und gab dort auf einer Pressekonferenz im Büro des Rechtsanwalts J. J. de Félice bekannt, daß er in Frankreich politisches Asyl beantragen werde.

5.3. Reaktionen auf die Erschießung von Ponto

Jürgen Ponto, einer der einflußreichsten Bankiers in der BRD und persönlicher Ratgeber von Bundeskanzler Helmut Schmidt, wurde am 30.7.77 bei einem mißglückten Entführungsversuch von einem RAF-Kommando erschossen. Die Täter konnten entkommen. Die Identität einer Beteiligten stand allerdings fest: Susanne Albrecht. Ihr Vater und Ponto kannten sich vom Studium her, sie selbst war jahrelang mit einer Tochter des Ehepaars Ponto befreundet. Frau Ponto hatte Albrecht, die ihr Kommen telefonisch avisiert hatte, zusammen mit „deren Freunden" nichtsahnend eingelassen. Den Staatsschutzbehörden war bekannt, daß Albrecht seit Jahren unter anderem im Hamburger „Komitee gegen Folter", um menschenwürdige Haftbedingungen für die Gefangenen aus der RAF gekämpft hatte. In diesem Zusammenhang hatte sie auch Kontakt mit der westdeutschen Sektion des IVK. Diese Sektion hatte ihren Sitz im selben Gebäude wie Croissants Büro. Viele andere Linke hatten ebenfalls Kontakte zu diesem Komitee; einige von ihnen hatten aktiv in ihm mitgearbeitet.

Mehrere dieser Personen setzten sich 1976/77 ab, und es war anzunehmen, daß sie den Schritt in die Illegalität getan hatten (was sich in den darauffolgenden Jahren bestätigen sollte). Der Staatsschutz, mit der Observation des Anwaltsbüros und Komitees „rund um die Uhr" beschäftigt, revanchierte sich auf seine Weise. Nach Croissants Flucht nach Frankreich ließ das BKA durch die Medien (in diesem Falle „Der Spiegel") mitteilen:

> „Croissant steuert nicht nur seit Jahren mit trickreicher Desinformation über angebliche ‚Isolationsfolter' und die ‚Hinrichtung politischer Gefangener' eine Mitleids- und Rechtfertigungskampagne der Terroristen in der Öffentlichkeit, er koordinierte nach der Überzeugung von BKA-Präsident Horst Herold und ‚TE'-Chef-Fahnder Gerd Boeden auch den ‚Zusammenhalt zwischen den Kadern in den Gefängnissen und in Freiheit', sorgt für den ‚wachsenden Beistand' einer 5000köpfigen Umfeld-Szene und vermittelt ‚Pläne für neue Gewalttaten'"[190].

GBA Rebmann wußte schon unmittelbar nach dem Anschlag auf Ponto, wer dafür verantwortlich war: die „Gruppe Croissant", der auch eine Anzahl „ehemaliger Mitarbeiter“ Croissants – unter ihnen Susanne Albrecht – angehörte[191]. Gleichzeitig wurden überall in der BRD wieder wie üblich Wohnungen und Büros durchsucht, selbstverständlich auch Croissants Büro, jene „Informationszentrale der deutschen Terroristen“. Ordner, Dokumentationsmaterial, alle Tonbandaufnahmen von Pressekonferenzen und Listen mit Anschriften von Journalisten wurden beschlagnahmt. Dann verbreitete die BAW die Nachricht, in Croissants Büro sei „möglicherweise der Original-Bekennerbrief zum Attentat auf Buback gefunden worden“, und daß „zu den Autoren möglicherweise Gudrun Ensslin gehört“[192]. Gefunden hatte man allerdings nur eine Kopie der Kommandoerklärung mit einem abgestempelten Briefumschlag, wie sie an zahlreiche Medien, Anwälte usw. verschickt worden waren. Das Durchsuchungsprotokoll ließ daran auch keinen Zweifel[193]. Kurz gesagt, es wurden absichtlich falsche Nachrichten verbreitet, um die in der Öffentlichkeit geführte Offensive gegen Croissants Büro und die Konstruktion von einer aus den Zellen geleiteten Stadtguerilla zu untermauern.

Gleichzeitig erhöhten sich die Aggressionen des Gefängnispersonals gegenüber den acht Stammheimer Gefangenen[194]. Der Bericht Helmut Pohls stimmt inhaltlich mit anderen Gefangenenberichten überein:

> „man konnte es einfach sehen – wie das, was der staatsschutz über die medien angedreht hatte, direkt in den trakt einzog: an den kurzen wortwechseln mit den bullen, an der schärfe, mit der sie die bewegungen jedes einzelnen von uns beim umschluß verfolgten, am verhalten schreitmüllers, wenn wir mit ihm sprechen wollten, usw. also genau den ablauf, wie sich eine zentral gesteuerte kampagne umsetzt in aggressivität der bullen“.

Am Freitag, 5.8.77, ereignete sich in Stammheim ein Vorfall, über den die Gefangenen Ingrid Schubert, Irmgard Möller, Helmut Pohl, Wolfgang Beer, Werner Hoppe und Jan Carl Raspe ausführlich, sich gegenseitig ergänzend und in der Kernaussage gleichlautend, berichteten. Schilderungen der Gefangenen Andreas Baader und Gudrun Ensslin kenne ich nicht. Ingrid Schubert schreibt:

> „freitagabend, während gudrun noch beim anwalt ist, geht andreas während der ausgabe des abendessens in gudruns zelle, um irgendwas zu holen, wie es bei allen jeden tag ein paarmal läuft. das müssen praktisch alle grünen gesehen haben. kurz danach kommt g. und geht in ihre zelle, etwas später kommt gabi (möller), die in der zelle war, wo das obst ist, und – das undenkbare muß hier gedacht werden – a. ist mit zwei ‚eiskalt kalkulierenden scharf gedrillten mörderfrauen‘ (leitartikler zehm) in einer zelle. die bullen, die das gesehen haben, schließen die tür abrupt vor meiner nase zu. was wir angesichts des ärgers, den sie sonst machen, wenn zwei von uns nicht zu sehen sind, ziemlich komisch fanden. ich stand unmittelbar vor der tür, und es war völlig klar, daß sie wußten, wo a. ist. es fiel mir auf, daß sie alle nervös waren und vor dem glaskasten rumtuschelten. die drei in der zelle waren offenbar auch erstaunt, denn sofort danach leuchtete die rufanlage auf und die tür wird

wieder aufgeschlossen. gabi kommt raus, geht in ihre zelle und holt irgendwas. münzing, oberverwalter, der seit einer woche dienst hat hier, geht vor mir in die zelle, quer durch, klopft an beiden fenstern an die stäbe, dreht sich dann um und geht an a., der offensichtlich in den mappen vor dem bücherregal gewühlt hatte, einen apfel aß und ihn beobachtet. also überhaupt nicht versteckt ist, vorbei und vor mir wieder raus. ich bespreche mit ga. kurz, daß ich nachts zu r. rübergehe, die in einem anderen teil des stockwerks von uns isoliert wird, die wir aber über mittag und nachts sehen können. dann gehe ich raus zum tisch in der mitte des flurs und münzing schließt augenblicklich und wortlos die tür hinter mir ab. während sich das sittendrama entfaltet, stehen mindestens fünf schließer im trakt. wir haben uns später klargemacht. daß zu dem zeitpunkt keiner von uns wußte, was das ganze bedeutet. ich habe keine lust zu erklären, warum wir nach sechs jahren isolation was dafür übrig haben, zusammen zu sein – und wenn schon in einer gewalt, die jedes gefühl, jeden gedanken und jede bewegung unwirklich oder zu dieser wirklichen qual machen soll, zu der wir folter sagen, weil sie bewußt, beabsichtigt, wissenschaftlich geplant ist.

wir waren verblüfft, fandens dann aber auch, weil's nicht unsre sache ist, das dreckige skopische kalkül, das jede unserer bewegungen verfolgt und registriert, durchzusetzen, ganz witzig. tatsächlich ist es nämlich in den eineinhalb jahren, in denen wir hier zusammen sind, so, daß der schließer, der uns – alle 20 minuten abgelöst – ununterbrochen beobachten muß – am anfang waren es drei, die auf drei stühlen nebeneinander saßen und stierten – wenn zwei von uns (nicht desselben geschlechts) einen augenblick nicht zu sehen sind, anfängt laut zu werden und gleichzeitig drei andere, die hinter dem vorhang bereitschaft sitzen, in den trakt schickt, um 'unverzüglich einzuschreiten,. außerdem haben die eine strichliste, auf der sie – falls nur 1 nicht zu sehen ist – notieren, in welcher der beiden offenen zellen er ist. es ist ein infames und perfektes system totaler kontrolle, dem keine lebensäußerung im trakt entgehen kann.

was gemeint war, bekamen die anderen 1 stunde später, als sie a. aus der zelle holten, mit und dann am nächsten morgen, samstag. die provokation und aggressivität, die sie seit pontos tod drauf haben, laufen jetzt mit einem fettigen grinsen, und sie ziehen jetzt die sache weiter hoch; kündigen an, daß am montag ‚der rest folgt'; die beiden türen. die bisher offen waren, bleiben geschlossen bzw. die grünen bleiben so lange im trakt stehen bis die tür zu ist, mit dem ergebnis, daß während der gesamten umschlußzeit am wochenende meistens drei, manchmal vier beamte drohend im trakt stehen, außer dem, der im schußsicheren cockpit sitzt. auf die frage, warum sie auf ärger aus sind und warum sie die sache am freitag eingefädelt haben, reagieren sie drohend aggressiv ‚wir werden ja sehen', ‚hier wird sich was ändern' (emil)".

Auf was dies alles abzielte, wurde am Montag, 8.8.77, deutlich. Irmgard Möller berichtet:

„am samstag konnten wir dann sehen, worauf die provokation rauslief: erstmal wollten sie durchsetzen, daß alle zellentüren geschlossen bleiben während wir umschluß haben, als das nicht lief, standen sie zwei tage lang zu dritt im trakt.

montag morgen waren sie entschlossen, es mit gewalt durchzusetzen: beim aufschluß um halb 10 kamen nicht wie sonst zwei oder drei grüne in den trakt, sondern gleich sechs, die sich mit aggressivem gehabe vor a's tür aufbauten, um sie in nem günstigen moment zuzuschlagen. nachdem jan ihnen erklärt hatte, daß sie abhauen sollen und wir geschlossene türen nicht hinnehmen werden – sie höchstens abends zu zweit in ihrer sicherheitskanzel sitzen können, ging münzing nach einiger zeit los, um das schreitmüller auszurichten. wir saßen dann zu sechst am tisch oder schleppten zeug aus den zellen rein und raus, die grünen zogen sich ein paar meter zurück.

als a. ihnen gerade nochmal klar gemacht hatte, daß sie abhauen sollen und was für konsequenzen das hat, wenn sie sich weigern, stürmten nusser und schreitmüller mit nem haufen von mindestens 40 bis 50 stiernackigen bullen, die wir noch nie gesehen hatten, in den trakt – gleich auf die offene tür von a's zelle zu. die grünen besetzten den ganzen flur und bauten sich in klumpen um die türen herum auf. nach einigem hin und her – wir machten ihnen klar, daß der ärger für sie nicht mehr aufhören würde, wenn sie diese sorte maßnahmen nicht lassen – versuchten sie, uns wegzudrängeln. a., der am tisch stand und kaffee trank, warf seine tasse ans gitter, nachdem schreitmüller das kommando für die grünen gebrüllt hatte, die türen zuzumachen. sie stürzten sich sofort auf ig. und jan, die in der tür standen, drehten ihnen die arme um, zogen ihnen die beine weg, einer drückte ig. mit dem ellbogen die brille ins gesicht, gleichzeitig packten sie werner, der n stück weg stand, an armen und beinen, schleppten ihn mit fußtritten und fausthieben rüber zu meiner zelle und schleuderten ihn rein.

während die grünen nina und mich an den haaren rissen und in die ecke drückten, konnte ich sehen, wie grossmann und fünf andere bullen a. packten und in verschiedene richtungen zerrten. auf der anderen seite schlugen sechs bullen auf leo ein. in der ecke vor a's zelle konzentrierten sich immer mehr bullen, jan und ig. lagen am boden und über ihnen und um sie rum waren haug und die besonders fetten bullen aus den anderen abteilungen und schlugen auf sie ein, während einer von ihnen mit dem absatz ig's brille zertrat.

als nina, g und ich uns aus der ecke befreien wollten, stürzten sie sich sofort auf uns, rissen uns an den haaren nach hinten, schlugen uns die beine weg, ich hörte g halb erstickt schreien und konnte sehen, daß ein schwarzhaariger bulle ihr das gesicht eindrückte und sie mit den anderen hand am hals würgte, sie lag am boden und ich wurde auf sie drauf geschleudert. sie schlugen auf uns ein und warfen g und mich dann in die zelle von a., während nina von sechs schränken an armen und beinen auf die andere seite geschleppt und da an den haaren gerissen wurde, einer hatte ihr ohr. in der zelle schien es mir, als sei g bewußtlos nen moment. sie hatte einen krebsroten hals, ein angelaufenes gesicht und konnte erst keine luft kriegen".

Beabsichtigt war also, ein von den Bewachern inszeniertes Einschließen Baaders in die Zelle von Ensslin später als Argument für die Einschränkung der Bewegungsfreiheit der Gefangenen benutzen zu können. Zum Beispiel sollte es ihnen nicht mehr möglich sein, während des Umschlusses das in Leerzellen aufbewahrte Dokumentationsmaterial zu benutzen. Daß sich die Gefangenen einer solchen Willkürmaßnahme widersetzen würden, stand außer Frage, und darauf spekulierte man. Genau dieser Widerstand wurde dann auch zum Anlaß genommen, die nur teilweise erfüllte Zusage, Gefangene zu „interaktionsfähigen Gruppen" zusammenzulegen, vollständig rückgängig zu machen.

Ein Hinweis dafür, daß die Verschärfung der Haftsituation geplant war, ist einer Meldung der „Frankfurter Neue Presse" vom 22.8.77 zu entnehmen: „Die jetzigen Entscheidungen der zuständigen Behörden, die Gefangenengruppe in Stammheim aufzulösen, ist vermutlich nicht nur eine Folge des derzeitigen Hunger- und Durststreiks... Bereits von Ende Juli – also vor Beginn des laufenden Streiks der Häftlinge – datiert ein bisher geheimgehaltenes Schreiben des BKA an die Landesjustizminister, größere Haftgruppen zu vermeiden".

Nachdem die Gefangenen wieder total isoliert waren, traten sie erneut sofort in einen Hunger- und Durststreik. In den folgenden Tagen schlossen sich etwa 30 andere Gefangene diesem Streik an. Am 10. August bittet der GBA den Präsidenten des Stuttgarter Gerichts, Foth, schriftlich um Ausführung von Disziplinierungsmaßnahmen gegen die Gefangenen (u. a. Fortsetzung der völligen Isolation) und um die Verlegung eines Teils der Stammheimer Gefangenen in andere Gefängnisse: „Zu welchen Auswüchsen die von den Ärzten vorgeschlagene Interaktionsmöglichkeit geführt hat, nämlich zu einer Gefangenenrevolte im 7. Stock der Vollzugsanstalt, dürfte spätestens nach diesen Vorfällen jedem Einsichtigen klar geworden sein". Gleichzeitig wird in den Medien genüßlich und mit dicken Schlagzeilen über den Anlaß der „Gefangenenrevolte" berichtet; die Schlagzeile von „Bild" am 11.8.77 lautet: „Terrorist Baader bei der Ensslin im Bett". „Bild am Sonntag" schreibt am 14.8.77: „Revolte nach der Liebesstunde".

Die Gefangenen Beer, Pohl und Hoppe wurden am 12.8.77 zurück nach Hamburg geflogen. Mit Ausnahme von Stammheim wurden in den anderen Gefängnissen die hunger- und durststreikenden Gefangenen zum Teil wieder zwangsernährt. Die Rechtsanwälte Müller und Newerla gaben eine Pressemitteilung heraus, in der den Verantwortlichen vorgeworfen wurde, die Gefangenen in Stammheim ermorden zu wollen. GBA Rebmann in einem Interview mit der „Welt" am 14.8.77 zum möglichen Tod eines oder mehrerer Gefangener: „(...) das wäre die Konsequenz, die den Gefangenen und ihren Verteidigern klargemacht wurde und klar ist". Und: „Man sollte sich durch Hunger- und Durststreiks nicht erpressen lassen. Ich weiß, daß die Bevölkerung gar nicht daran interessiert ist, ob diese Leute Hunger- und Durststreiks begehen. Die Bevölkerung will, daß man diese Leute hart anfaßt, so, wie sie es nach ihren brutalen Taten verdienen". Wie dieses Credo in die Praxis umgesetzt wurde, machen die vielen detaillierten Berichte der Gefangenen über die Zwangsernährung deutlich. Gleichzeitig lief erneut eine Kampagne gegen die Zwangsernährung, überwiegend von rechten Medien und Politikern unterstützt, und zwar unter dem Motto: „Gerade in einem liberalen Staat sollte der Wille eines Gefangenen respektiert werden"[195]. Auch wurden „die gewaltigen Kosten eines Hungerstreiks", „viele Millionen Mark an unseren Steuergeldern", hervorgehoben[196]. Während die Gegner der Zwangsernährung manchmal die gleiche Sprache benutzten wie die Gefangenen, so z. B. der rechte Rechtsanwalt Josef Augstein: „Die Zwangsernährung wird zur Folter"[197], argumentierten ihre Befürworter, der Staat dürfe „keine Märtyrer schaffen"[198].

Die Rechtsanwälte Müller und Newerla hatten inzwischen liberale und kritische Persönlichkeiten und Gruppen mobilisiert. Unter anderem wurden in Amsterdam, Brüssel und Paris Pressekonferenzen und demonstrative Versammlungen veranstaltet, an denen Rechtsanwälte aus der BRD, Vertreter von Amnesty International, der Menschenrechtsliga und der Internationalen Juristenkommission teilnahmen.

Hunderte von Hochschullehrern, Rechtsanwälten, Schriftstellern, Künstlern, Theologen, Ärzten, die Bertrand-Russell-Peace-Foundation, Amnesty International appellierten eindringlich in Briefen und Telegrammen an die Verantwortlichen, den Hunger- und Durststreik durch die Erfüllung der Zusage vom 30.4.77, interaktionsfähige Gruppen bilden zu wollen, zu beenden. Abschriften solcher Briefe, an Gefangene adressiert, kamen nicht durch die richterliche Zensur:

> „Der beanstandete offene Brief ist geeignet, die Untersuchungsgefangene Irmgard Möller in der von ihr ergriffenen Maßnahme des Hungerstreiks zu bestärken, was eine weitere Gefährdung der Gesundheit der Untersuchungsgefangenen befürchten ließe. Die Ordnung in der Vollzugsanstalt Stuttgart-Stammheim erfordert daher, den offenen Brief nicht an die Untersuchungsgefangene Möller weiterzuleiten"[199].

In der Nacht vom 14. zum 15. August 1977 explodierte im Anwaltsbüro von Müller und Newerla, dem ehemaligen Büro Croissant, eine Bombe, die das Büro größtenteils zerstörte. Das BKA spielte den Medien die Information zu, es bestünden „Vermutungen, nach denen die Bombenexplosion vielleicht nur ein ungewollter ‚Betriebsunfall' gewesen sei", möglicherweise sei die RAF selbst dafür verantwortlich[200]. Die Anwälte dagegen schrieben den Anschlag als „Methode der internationalen Counterinsurgency" dem Staatsschutz zu. Die Anspielungen des BKA bezeichneten sie als „Absurdität und Infamie"; sie verwiesen darauf, daß das Büro „Tag und Nacht observiert wird und jeder, der sich ihm nähert oder sich entfernt, fotografiert wird"[201]. Der Staatsschutz selbst hatte im Sommer 1976, kurz vor Croissants zweiter Festnahme, bekannt gegeben, daß das Büro Croissant unter völliger Kontrolle stünde. Es erscheint äußerst unwahrscheinlich, daß diese Kontrolle ausgerechnet während der extremen Zuspitzung der gesamten Situation, im August 1977, nicht bestanden haben sollte.

Am Abend des 20.8.77 wurden sieben Teilnehmer an einer Arbeitsgruppe des Russell-Tribunals nach ihrem Treffen auf dem Weg in eine Gaststätte von einer Anti-Terror-Einheit des BKA festgenommen[202].

Einer von ihnen war Rechtsanwalt Newerla. Sie wurden „erkennungsdienstlich behandelt“ (Fotoaufnahmen, Fingerabdrücke) und 24 Stunden festgehalten. In Newerlas Auto, in dem zum Zeitpunkt der Festnahme er und drei andere Versammlungsteilnehmer saßen, fand die Polizei 80 Exemplare der linksradikalen Frankfurter Zeitschrift „MOB“. Das Heft enthielt mehrere kurze Artikel, in denen mit kaum verhohlener Zustimmung über das Attentat auf Buback geschrieben und gleichzeitig suggeriert wurde, seinem Nachfolger Rebmann werde dasselbe widerfahren[203]. Am nächsten Tag teilte die BAW der Presse mit, daß gegen Newerla und seine Mitfahrer aufgrund dieses Fundes ein strafrechtliches Ermittlungsverfahren wegen des Verdachts der Unterstützung einer terroristischen Vereinigung eingeleitet worden sei. Verschiedene Tageszeitungen, vorneweg „Bild“, entrüsteten sich daraufhin über Newerlas Freilassung [204].

Newerla wird am 30.8.77 erneut festgenommen, und zwar wegen „MOB“. Seine Erklärung, er habe von der Zeitung in seinem Auto nichts gewußt, er kenne nicht einmal ihren Inhalt, zählte ebenso wenig wie die Erklärung eines Mitfahrers, daß er die Zeitungen mit ins Auto genommen habe. Newerla sollte das Gefängnis bis 1981 nicht mehr verlassen. Die anderen Gründe dafür werden noch erörtert.

Inzwischen ging der Hunger- und Durststreik der Gefangenen weiter. Durch Zufall wurde bekannt, daß die westdeutsche Sektion von Amnesty International unter Leitung von Bischof Frenz mit Zustimmung von Amnesty International London den für diese Organisation ungewöhnlichen Versuch unternommen hatte, zwischen den Gefangenen und den verantwortlichen Behörden zu vermitteln. Am 22.8.77 teilte das Justizministerium des Landes Baden-Württemberg der Presse mit, Gudrun Ensslin habe in einem Gespräch mit Frenz angekündigt, daß im Fall des Todes eines der Gefangenen mit „terroristischen Aktionen erheblichen Ausmaßes“ zu rechnen sei. Amnesty reagierte darauf sofort mit einer Presseerklärung, in der dem Justizministerium vorgeworfen wird, die ausdrücklich vereinbarte Vertraulichkeit des Vermittlungsversuchs verletzt zu haben und daß die von ihm veröffentlichten Informationen „in aller Form definitiv falsch“ seien.

Dieser Vorfall ist aus zweierlei Gründen wichtig. Erstens machte der Vertrauensbruch gegenüber Amnesty klar, daß die verantwortlichen Behörden nicht beabsichtigten, von der harten Linie des GBA Rebmann abzuweichen. Es ist anzunehmen, daß in einer derart heiklen Angelegenheit wegen Amnesty International nicht ohne Absprache zwischen Justizministerium und Rebmann gehandelt wurde. Schwerwiegender ist der zweite Aspekt. Mit Ensslins „Ankündigung“ (Baader soll sich, der Falschinformation aus dem Ministerium zufolge, gegenüber Frenz ähnlich geäußert haben) sollte wieder einmal propagiert werden, daß die Illegalen der RAF von Stammheim aus, über die Verteidiger, gesteuert würden. Um dieses Ziel zu erreichen, schreckten die verantwortlichen Behörden also nicht einmal mehr vor dem Risiko zurück, wegen der Verbreitung von Falschmeldungen von einer weltweit bekannten Organisation wie Amnesty International blamiert zu werden.

Dazu jedoch noch eine Randbemerkung. Das Ministerium hatte sich bei seiner Berichterstattung über die Gespräche zwischen Gefangenen und Amnesty auf die Berichte der Staatsschutzfunktionäre gestützt, die diese Gespräche überwacht hatten[205]. Das staatliche Interesse an der Verbreitung einer Falschmeldung liegt auf der Hand. Es bleibt festzustellen, daß es dem Staatsschutz gelungen war, seine falsche Version als „Wahrheit" durchzusetzen. Die zentrale Konstruktion, nämlich daß die Gefangenen in Stammheim die Stadtguerilla mit Hilfe ihrer Verteidiger organisierten und steuerten, war vom BKA bereits 1972 in Umlauf gesetzt worden; nacheinander hatten Bundesanwaltschaft, Richterschaft, Regierung und Parlament diese Konstruktion übernommen. Die Ausformung der Haftsituation beruhte vollständig auf dieser Konstruktion; ebenso waren die vielen seit Januar 1975 eingeführten Anti-Terrorismus-Gesetze sowie die Ausschlüsse der Verteidiger mit dieser Konstruktion gerechtfertigt worden. Polizei, Staatsanwaltschaft, Medien, Richter, Politiker, Gefängnispersonal, Regierungen des Bundes und der Länder wurden auf die Konstruktion eingeschworen. Das BKA konnte darauf vertrauen, daß jede dieser Konstruktion Auftrieb gebende Nachricht, auch wenn sie nachweislich noch so falsch war, auf fruchtbaren Boden fallen würde. Nach fünf Jahren gezielter Propaganda war es schließlich undenkbar geworden, die Glaubwürdigkeit dieses BKA-Produkts zur Diskussion zu stellen.

Am 25.8.77 wird der mißlungene Bombenanschlag eines RAF-Kommandos auf das Gebäude der BAW in Karlsruhe entdeckt. Das Kommando hatte sich mit Hilfe einer List Zugang zu einer benachbarten Wohnung verschafft und dort, nachdem die beiden Bewohner gefesselt waren, eine Art Raketenwerfer mit Zeitzünder installiert. Die Anlage funktionierte jedoch nicht.

Am 2.9.77 brachen die gut 30 Gefangenen ihren Hunger- und Durststreik ab. Zuvor hatte Jan Carl Raspe über das IVK in einer Presseerklärung mitgeteilt:

> „Im Lauf der Woche haben wir von einem Mitglied von Amnesty International erfahren, daß der Vermittlungsversuch, den das International Executive Comittee unternommen hat, um humane, d.h. Haftbedingungen, die den Forderungen der Ärzte entsprechen, durchzusetzen und den Hungerstreik zu beenden, abgebrochen wurde, weil ‚die Situation total verhärtet ist' und ‚in den Behörden von oben nach unten die Linie durchgesetzt wurde, nach den Anschlägen gegen die Bundesanwaltschaft und Ponto an den Gefangenen ein Exempel zu statuieren'.
>
> Das entspricht den Ankündigungen Rebmanns. Die Gefangenen haben

daraufhin – um das Mordkalkül nicht zu erleichtern – am 26. Tag ihren Streik unterbrochen. Sie haben sich dazu entschlossen, nachdem sie damit endlich offen zu Geiseln des Staatsschutzes erklärt worden sind".

5.4. Die Schleyer-Entführung

Das RAF-Kommando „Siegfried Hausner" entführte am Montag, 5.9.77, Dr. Hanns-Martin Schleyer, „den mächtigsten Wirtschaftsführer Deutschlands" (Bild). Vier Personen kamen bei dieser Aktion in Köln ums Leben: drei Sicherheitsbeamte Schleyers und sein Fahrer. Schleyer war Präsident des Bundesverbandes der Deutschen Industrie (BDI) und der Bundesvereinigung der Deutschen Arbeitgeberverbände (BDA). Seine markante Nazi-Vergangenheit wurde von der westdeutschen Presse verschwiegen oder lapidar als „Jugendtorheit" bezeichnet[206]. Schleyer war zu Ende des Zweiten Weltkriegs 30 Jahre alt. 1976 erschien eine sozialwissenschaftliche Untersuchung mit dem Titel „Macht und Herrschaft der Unternehmerverbände BDI, BDA und DIHT"[207]. Über Schleyer ist dort zu lesen:

> „Im Alter von 16 Jahren trat er der faschistischen Bewegung bei. Nach dem Abitur ging er an die Universität Heidelberg, wo er als Leiter des NS-Studentenwerkes maßgebend ‚an der Gleichschaltung und Reinigung der Universitäten Heidelberg und Freiburg von Nazigegnern, Judenstämmlingen und Miesmachern' mitwirkte. Nach dem ‚Anschluß' Österreichs an Hitler-Deutschland nahm er als frischgebackener SS-Untersturmführer (SS-Mitgliedsnummer 227014) gleiche Aufgaben als Leiter des NS-Reichsstudentenwerks in Innsbruck wahr. Nach dem Überfall auf die Tschechoslowakei siedelte er nach Prag über, wo er ebenfalls die Leitung des NS-Reichsstudentenwerkes an der alten Karlsuniversität übernahm. 1941 avancierte er als knapp 26jähriger zum Leiter des Präsidialbüros im Zentralverband der Industrie für Böhmen und Mähren. Er war dort u. a. für die rassische und wirtschaftliche Eingliederung des tschechoslowakischen Industriepotentials in die deutsche Kriegswirtschaft zuständig.
>
> Nach Kriegsende schaffte der Nazi-Manager einen nahtlosen Übergang in Führungspositionen der westdeutschen Wirtschaft"[208].

Am Tag nach der Entführung erhielt das BKA eine Erklärung der Entführer, aus der hervorging, daß Schleyer freigelassen werde, sobald elf Gefangene aus der RAF, darunter Baader, Ensslin und Raspe, in ein Land ihrer Wahl ausgeflogen seien. Wenige Tage später folgte eine Video-Aufzeichnung, die Schleyer als „Gefangenen der RAF" zeigte und auf der er die Bundesregierung ansprach.

Schleyers Entführung hatte „die politische Landschaft grundlegend verändert", wie die „Frankfurter Rundschau" (FR) schon am 8.9.77 feststellte; weiter wurde vorausschauend und beipflichtend behauptet: „Die Zeichen stehen (...) auf Härte. Gefragt ist das gesamte Arsenal staatlicher Macht"[209]. Für die „FR" stand auch außer Frage, wogegen dieses Arsenal einzusetzen war: „In der Tat sind einige Anwälte zum neuralgischen Punkt der gesamten Terrorszene geworden".

Der „Krisenstab" unter Leitung von Bundeskanzler Helmut Schmidt traf sofort nach Eingang der Erklärung zwei einschneidende Maßnahmen. Ebenso wie nach den Attentaten auf Buback und Ponto wurden mehr als 100 wegen § 129(a) StGB oder in Zusammenhang damit verfolgte Gefangene – also nicht nur diejenigen, deren Freilassung gefordert wurde – einer totalen Kontaktsperre unterworfen: Es gab keinen Umschluß mehr, Radio und Fernseher wurden weggenommen bzw. abgeschaltet, Briefe und Zeitungen zurückgehalten, Verteidigerbesuche verboten. Die zweite Maßnahme bestand erstmals in einer totalen Nachrichtensperre für alle Medien[210]. Die Regierung hüllte sich „in strengstes Stillschweigen" („FAZ" vom 8.9.77) über alles, was mit der Schleyer-Entführung in Zusammenhang stand oder stehen konnte. Außerdem wandte sie sich auch wiederholt direkt an alle Chefredakteure der Tages- und Wochenzeitungen, des Rundfunks und Fernsehens sowie der Presseagenturen mit der dringenden Bitte, „nichts zu tun, was die Anstrengungen der Sicherheitsorgane des Bundes in irgendeiner Weise beeinträchtigen und dazu beitragen könnte, die Gefahrenlage zu verschärfen"[211]. Im Zweifelsfall solle man mit dem Pressereferat des Bundesinnenministeriums Kontakt aufnehmen. Auch der Deutsche Presserat wandte sich mit einem ähnlich lautenden Aufruf an die Medien und ersuchte die Redaktionen, „die Maßnahmen der Polizei- und Sicherheitsorgane zu unterstützen". Die „FR" vermerkt dazu am 20.9.77: „Und der Generalsekretär des Presserates (...) verweist auf Paragraph 34 des Strafgesetzbuches: den rechtfertigenden Notstand".

Die gesamte westdeutsche Presse leistete während des beinahe siebenwöchigen Zeitraums der Entführung Selbstzensur. Im Ausland, vor allem in Frankreich, lehnten Zeitungen und Presseagenturen eine derartig gravierende Beschneidung ihrer öffentlichen Kontrollfunktion ab. Die französische Zeitung „Libération" begründet ihre Haltung:

> „Man erlebt eine seltsame Zeit. Hätte man sich vorstellen können, daß ein früherer Nazi, der Chef der deutschen Arbeitgeber geworden ist, ‚Libération' benutzt, um sich an seine Frau zu wenden? Grund dieses Paradoxons ist die Vermittlung der Roten Armee Fraktion, die Hanns-Martin Schleyer heute seit 33 Tagen gefangen hält. Es ist das zweitemal, daß sich die Entführer an ‚Libération' wenden, um mit deutschen Behörden eine Nachricht auszutauschen, ohne daß ihre Botschaft abgefangen, ganz oder teilweise in den Redaktionen der geschriebenen Presse zensiert wird, die immer noch, was diese Affäre angeht, einer direkten Zusammenarbeit mit der Regierung unterworfen ist. Diese Situation, die die Information in die Abhängigkeit der politischen Macht bringt, untersagt es der Presse jenseits des Rheins, ihre Rolle zu spielen. Daher haben wir uns völlig frei zur Veröffentlichung dieser Dokumente bezüglich einer Sache entschlossen, in der die Geheimhaltung einem unblutigen Ausgang nur schaden kann. Im Gegenteil, die Verschwiegenheit ist hier wie

anderswo die Waffe all jener, die eine Gewaltlösung wünschen."(Zitiert nach FAZ, 10. 10.)[212]

Nachträglich stellte sich heraus, daß die Nachrichtensperre als informationspolitisches Mittel wirksam funktioniert hatte. Während gegenüber der Öffentlichkeit und den Entführern fortwährend der Eindruck erweckt wurde, ein Austausch werde erwogen, hatten die Verantwortlichen in Bonn jedoch schon am 6.9.77, also einen Tag nach der Entführung, beschlossen, die Gefangenen auf keinen Fall freizulassen[213]. Sowohl die Nachrichtensperre als auch die Kontaktsperre wurden stets mit dem Schutz des Lebens von Schleyer begründet. Die nachträglich von der Bundesregierung herausgegebenen Rechenschaftsberichte zeigen jedoch, daß eine ganz andere Überlegung Priorität hatte, nämlich „die Handlungsfähigkeit des Staates und das Vertrauen in ihn im In- und Ausland nicht zu gefährden; das bedeute auch: die Gefangenen, deren Freilassung erpreßt werden sollte, nicht freizugeben"[214].

Nachrichten- und Kontaktsperre dienten also dem vorläufigen Vertuschen dieser harten Linie der Regierung, um Zeit für die Fahndung zu gewinnen und Schleyers Aufenthaltsort eventuell durch einen Zufallstreffer herauszubekommen. Eine Woche nach seiner Entführung äußerte sich Schleyer in einem seiner vielen, erst nach seinem Tod veröffentlichten Tonband- und Videoaufnahmen dazu:

> „Ich habe immer die Entscheidung der Bundesregierung, wie ich ausdrücklich schriftlich mitgeteilt habe, anerkannt. Was sich aber seit Tagen abspielt ist Menschenquälerei ohne Sinn. Es sei denn, man versucht mit naiven Tricks meine Entführer zu fangen. Das wäre zugleich mein sicherer Tod und ich kann mir nicht vorstellen, daß man zwar die offizielle Ablehnung der Forderungen scheut, aber Vorbereitungen trifft, um mich still um die Ecke zu bringen, das man dann vielleicht als technische Panne ausgeben könnte. Seit man Tag und Nacht berät, ich frage mich eigentlich worüber noch, hat man mir den Eindruck vermittelt, man würde die Forderungen annehmen. Alles redet zudem vom Leid der Familie und bekundet den Wunsch, mein Leben zu erhalten. Man verlangt aber ständig neue Lebenszeichen von mir und verleugnet die vorliegenden oder zweifelt die Authentizität grundlos an"[215].

Zur Zeit der Nachrichtensperre – und sicherlich als Ausgleich gedacht – waren die Medien jedoch eifrig bemüht, „die freigiebig dargebotenen Hinweise aus Quellen der Geheimdienste und der Polizei"[216] auf die Illegalen und die sogenannte Sympathisantenszene zu veröffentlichen. In ihrem Buch „Ein deutscher Herbst" dokumentieren die Herausgeber anschaulich diesen unkritischen und willfährigen Journalismus als „beobachtende Fahndung"[217]. Vorreiter war „Der Spiegel". Daß die Hexenjagd auf „Sympathisanten" einem Preisschießen ähnelte, wird von den Antworten auf die Frage „Wer kann schon sicher sein, nicht als ‚Sympathisant' verdächtigt zu werden?" eindrucksvoll illustriert:

> „‚Sympathisant' kann jeder sein: schon wer ‚Baader-Meinhof-Gruppe' (statt: ‚-Bande') sagt (so Bernhard Vogel, laut FR vom 14.9.); schon wer vom

Kapitalismus spricht, schaffe damit ‚gleitende Übergänge‘ zur Entführung von Wirtschaftsvertretern (so die ‚Welt‘ am 6.9. über Peter von Oertzen). Auch Nichtstun schützt vor Sympathisantismus nicht: Über die 48 Mescalero-Herausgeber und den Schriftsteller Erich Fried schrieb die FAZ am 2.8.: ‚Diese Sympathisanten, die nie einem Terroristen Nachtlager und Reisegeld gegeben haben, sind die wirklich gefährlichen. Sie haben... ‚nichts getan‘, sie haben nur ihre Meinung gesagt, sie haben nur nachgedacht‘. Selbst wer gegen Gewalt und Terror auftritt, kann ein Sympathisant sein – und zwar gerade deswegen. So schrieb ‚Bild‘ am 4. 10. über Günter Wallraff: ‚Ich verabscheue Gewalt und Terror – so beginnt Günter Wallraff im modischen Sympathisanten-Stil sein teures Taschenbuch (16,80 DM)‘‘‘[218].

5.4.1. Die Kontaktsperre[219]

Noch in der Nacht vom 5. zum 6.9.77, nur wenige Stunden nach der Entführung, traf man die Entscheidung, alle wegen Straftaten gegen § 129 verfolgten Gefangenen einer totalen Isolation zu unterwerfen. Aus einer Reihe von Gründen erscheint es mir wichtig, diese Maßnahmen näher zu betrachten. Erstens war die Isolation nun weitaus einschneidender als alle bis zu diesem Zeitpunkt praktizierten Formen, obwohl die medizinischen Gutachter zu dem Ergebnis gekommen waren, daß die bis dahin bestehenden Haftbedingungen schon zu weitgehender Gesundheitsschädigung geführt hatten und auf die Dauer den Tod bewirken könnten. Im Zusammenhang damit beinhaltete die Kontaktsperre zweitens, daß den Gefangenen die Grundrechte auf körperliche und geistige Unversehrtheit, auf Menschenwürde, auf freie Verteidigung, auf Information und Kommunikation entzogen worden waren. Und schließlich ist festzustellen, daß nach Ablauf dieser fast siebenwöchigen absoluten Isolation die drei Personen, die als Anführer dieser Gruppe von Gefangenen ausgegeben worden waren, tot in ihren Zellen gefunden wurden.

Folgende Fragen sollen untersucht werden: Wie ist die Entscheidung, zu totaler Isolation überzugehen, zustande gekommen; auf welcher rechtlichen Grundlage und auf welchen hierfür angeführten Sachverhalten beruhte die Entscheidung; warum wurde es notwendig, dieser Entscheidung nach einigen Wochen mit Hilfe eines Blitzgesetzes eine legale Grundlage zu verschaffen?

Der im November 1977 erschienenen Dokumentation der Bundesregierung über die Ereignisse und Entscheidungen während der Zeit der Schleyer-Entführung zufolge wurden die wesentlichen Entscheidungen von der Regierung selbst vorbereitet und getroffen[220]. Daneben gab es zwei sogenannte Beratungsgremien: die „Kleine Lage“ und der „große politische Beratungskreis“, auch „Kleiner“ bzw. „Großer Krisenstab“ genannt. Ständige Teilnehmer der „Kleinen Lage“ waren der Bundeskanzler, die Bundesminister des Inneren und der Justiz, Staatsminister

Wischnewski und Staatssekretär Schüler (Chef des Bundeskanzleramts und verantwortlich für die Koordinierung der Geheimdienste), Horst Herold (Präsident des BKA) und GBA Rebmann. Die „Kleine Lage“ trat meist zweimal täglich zusammen, und „in kritischen Phasen tagte sie fortdauernd“. Teilnehmer des großen politischen Beratungskreises waren neben den Mitgliedern der „Kleinen Lage“ und des kompletten Kabinetts die Fraktions- und Parteivorsitzenden und die Ministerpräsidenten der Länder, in denen Gefangene, deren Freilassung gefordert wurde, saßen. Die Versammlung traf sich ein- bis zweimal wöchentlich. Hinsichtlich des Inhalts der Sitzungen des Kabinetts und der beiden Beratungsgremien ist die Regierungsdokumentation wenig informativ.

Die Präsentation dieser Informationen, die Permanenz der einander folgenden Sitzungen und die Tatsache, daß die Regierung selbst weitaus seltener als der große politische Beratungskreis zusammenkam, lassen unmißverständlich erkennen, daß die entscheidenden Beschlüsse keineswegs von der Regierung selbst vorbereitet und getroffen wurden. Der tatsächliche Entscheidungsprozeß ist anhand der Kontaktsperre-Maßnahme deutlich nachzuvollziehen. Sie wurde vorbereitet und entschieden vom „Kleinen Krisenstab“, nach ihrer Ausführung vom „Großen Krisenstab“ gebilligt und schließlich von der Bundesregierung als Notstandsakt abgesegnet.

Bereits in der Nacht vom 5. zum 6. September 1977 „trifft die Bundesanwaltschaft strafprozessuale Eilmaßnahmen, um Kontakte jener Häftlinge, gegen die sie wegen des Verdachts terroristischer Umtriebe Verfahren führt oder geführt hat, zur Außenwelt zu unterbinden“[221]. Diese Eilmaßnahmen bestanden aus dem Antrag an den Ermittlungsrichter des BGH, eine Kontaktsperre zu erlassen. Das BKA schlug gleichzeitig einen direkteren und, wie sich nachträglich erwies, effektiveren Weg ein. Aus seiner „Beurteilung der Gefahrenlage“ folgte, „daß das Bundeskriminalamt im Einvernehmen mit dem Bundesminister des Inneren die betroffenen Landesjustizverwaltungen am 6. September 1977 fernschriftlich dringend ersucht hat, ab sofort jede Kommunikation zwischen den Häftlingen und ihren Verteidigern zu unterbinden“[222]. Etwa 100 Gefangene waren davon betroffen. In der Nacht vom 6. zum 7.9.77 fand eine (erste) Sitzung des „Großen Krisenstabs“ statt, in der man sich darüber einigte, „daß rechtliche Maßnahmen zur Unterbindung von Kontakten solcher Straf- und Untersuchungsgefangener, die wegen terroristischer Aktivitäten rechtskräftig verurteilt oder solcher Straftaten dringend verdächtig sind, in der gegenwärtigen Gefahrensituation vordringlich sind“[223]. Erst am 7.9. beriet die Regierung selbst über die Schleyer-Entführung. Der Bundesinnenminister teilte mit, „er habe eine zentrale Einsatzleitung unter Führung des Präsidenten des Bundeskriminalamtes eingerichtet“, und der Bundesjustizminister berichtete über die von ihm, das heißt: vom GBA/BKA getroffenen Maßnahmen zur Durchführung einer Kontaktsperre; der folgende Satz in der Regierungsdokumentation lautet: „Das Kabinett nimmt von beiden Vorträgen Kenntnis und billigt die getroffenen Maßnahmen“[224].

So wird schließlich nicht nur deutlich, daß der „Kleine Krisenstab“, ein in der Verfassungsordnung der BRD nicht vorgesehenes politisches Organ, die Regierungsgewalt übernommen hatte, sondern auch, daß die dort getroffenen Entscheidungen im wesentlichen vom BKA und vom Bundeskanzleramt vorprogrammiert waren. Entscheidungen wurden jeweils nach „Berichten zur Lage“ und einer anschließenden „Beurteilung der Lage“ getroffen. Die in der Regierungsdokumentation aufgezählten Themen, über die jedesmal Bericht erstattet werden mußte, legen die Vermutung nahe, daß das BKA und das Bundeskanzleramt für diese Berichterstattung zuständig und somit in der Lage waren, den Entscheidungsprozeß wesentlich zu beeinflussen[225].

Bei der Untersuchung der Frage nach der Rechtsgrundlage der erlassenen totalen Kontaktsperre fällt als erstes auf, daß die BAW bezüglich des Kontakts zwischen Gefangenen und Verteidigern offensichtlich einen anderen Kurs verfolgte als ihre Hilfsbehörde, das BKA. Der Ermittlungsrichter am BGH erließ am 6.9.77 einen Kontaktsperrebescheid, fügte aber hinzu: „Dies gilt nicht für Verteidigerbesuche“. Noch am 9.9.77 teilte BAW Kaul, Leiter der „Abteilung Terrorismus“ bei der BAW, einem Berliner Richter telefonisch mit, daß es ihm nicht um ein Verbot von Verteidigerbesuchen gehe, „weil er eine solche Maßnahme für rechtlich nicht zulässig halte“[226]. Außer in West-Berlin wurde den Verteidigern jedoch inzwischen überall infolge des oben erwähnten direkten BKA-Ersuchens von den Gefängnisdirektionen der Besuch bei ihren Mandanten verweigert, und zwar im Einvernehmen mit dem jeweils zuständigen Landesjustizminister.

Anders als bei den Abhöraffären Traube und Stammheim verwiesen die Behörden diesmal zur Rechtfertigung der totalen Kontaktsperre von Anfang an auf den „Rechtsgedanken des rechtfertigenden Notstandes“, wie er in § 34 StGB formuliert ist. Am 15.9.77 begründete der Bundesjustizminister die Mißachtung des § 148 StGB (Gewährleistung der freien Verteidigung):

> „Mit Rücksicht auf die nach den bisherigen Erkenntnissen bestehende Kommunikation zwischen inhaftierten terroristischen Gewalttätern und in Freiheit befindlichen Gesinnungsgenossen war es nicht nur gerechtfertigt, sondern auch geboten, jegliche Möglichkeit eines unerlaubten Kontakts nach außen für die Dauer der gegenwärtigen von den Entführern ausgehenden Bedrohung zu verhindern. Die zuständigen staatlichen Stellen erfüllten damit ihre Rechtspflicht zum Schutz des Lebens von H. M. Schleyer und zur verantwortlichen Bewältigung der durch den terroristischen Anschlag herbeigeführten außerordentlichen Situation“[227].

Es ist naheliegend, daß bei diesen „bisherigen Erkenntnissen“ wiederum auf die oben schon mehrfach diskutierte Konstruktion des BKA zurückgegriffen wurde: die Gefangenen leiteten die RAF vom Gefängnis aus weiterhin mit Hilfe einiger Verteidiger. Dem BKA gelang es nun mit Hilfe dieser Konstruktion, alle Verteidiger von politischen Gefangenen auf einen Schlag auszuschalten. Endgültig hatte sich eine Linie durchgesetzt, zu der der westdeutsche Historiker Prof. Dr. Golo Mann die Verantwortlichen am 7.9.77 aufgefordert hatte:

> „Die notwendigen Sofortmaßnahmen: Sämtliche Vertrauensanwälte der Terroristen sind unter dem dringenden Verdacht der Komplizenschaft auszuschließen. Von nun an darf es nur noch Pflichtanwälte geben (...)“[228].

Da diese Maßnahme aber unangenehme Erinnerungen an das „Dritte Reich“ wachrief, bemühte sich die Bundesregierung nach Ablauf der Schleyer-Entführung, ihr Verhalten mit neuen Tatsachenbehauptungen zu legitimieren. Die Regierung führte in ihrer Dokumentation deshalb drei Gegebenheiten an, von der allerdings nur die erste aus der Zeit unmittelbar vor dem Erlaß der Kontaktsperre stammte. Dieser „Beweis“ war eine Handskizze, die am 5.9.77 in dem Auto des Rechtsanwalts Newerla gefunden worden sein soll: „Sie konnte nach ersten Prüfungen für eine schematische Darstellung der Zufahrt und der näheren Umgebung der Kölner Wohnung Dr. Schleyers gehalten werden“[229]. Diese angebliche Skizze ist übrigens im Verfahren gegen Newerla (siehe Kap. VIII, 5.6.1.) nicht mehr aufgetaucht. Ich erinnere daran (siehe 5.3.), daß Newerla schon am 20.8.77 festgenommen und sein Auto durchsucht worden war, wonach er am 30.8.77 erneut festgenommen worden war.

Die zweite Gegebenheit datiert zwar erst vom 10.9.77, schien aber auf den ersten Blick stichhaltiger zu sein. In der Regierungsdokumentation heißt es: „Die Entführer erklärten an diesem Tag, Baader werde nach Freilassung der Häftlinge ein Codewort sagen, das den Entführern die Erfüllung aller Forderungen signalisiere“[230]. Dazu Rechtsanwalt Dieter Adler im Einstellungsantrag vom 13. 12. 84 im Verfahren gegen Brigitte Mohnhaupt und Christian Klar:

> „Als Beleg wird hierfür der Telefonanruf des Kommandos vom 10.9.77 bei Payot in folgender Fassung wiedergegeben (ich zitiere die entsprechende Passage): ‚Sobald die Gefangenen sowie Herr Payot und Herr Niemöller ihr Flugziel erreicht haben, wird Andreas Baader ihnen einen Satz sagen, der ein Wort enthält, der dem Kommando überbracht wird und diesem erlaubt, zu identifizieren und zu versichern, daß sie gut angekommen sind, damit Schleyer freigelassen werden kann.‘ (Regierungsdokumentation S. 30 f).
>
> Diese angeblich authentische Mitteilung ist nachweisbar eine Fälschung.
>
> Es handelt sich um eine Kombination aus zwei Anrufen, einem eindeutig *nicht* authentischen Anruf vom 10.9.1977, 11.05 Uhr, beim WDR in Köln. Dieser ist auch nie als authentisch behandelt worden, da sich der Anrufer (im Gegensatz zu allen anderen Kontakten mit ‚Kommando Hausner‘ (nicht ‚Kommando Siegfried Hausner‘) meldete und keinerlei Identifikation gab, die ihn als authentisch qualifiziert hätte. Aber in diesem Anruf vom 10.9. heißt es wört-

lich: ‚Code-Wort' (SAO-S-40, 169). Dieses Zitat ‚Code-Wort' wurde dann mit Text aus der tatsächlichen Mitteilung des Kommandos bei RA Payot umrankt. Diese echte Mitteilung findet sich nicht in den beiden angeblich vollständig wiedergegebenen telefonischen Kommunikationen. Für den 10.9. ist dort nur der erwähnte falsche Anruf beim WDR angegeben.

Die wirkliche Mitteilung vom 10.9.77 an Payot lautete wie folgt (Auszug SAO-S-53.1/217): ‚Sobald die Gefangenen gelandet sind, kommen Payot und Niemöller zurück und geben uns über TV einen Satz von Andreas bekannt, der eine Assoziation enthalten muß, die für einen aus dem Kommando identifizierbar ist.' Diese Fassung der Mitteilung befindet sich bei den Akten im Band SAO-S-53.1, Blatt 217 als Asservat aus einem Depot-Fund und ist so auch an Payot durchgegeben worden.

Daran kann es keinen Zweifel geben, denn Payot selbst bezieht sich bei späteren Gesprächen darauf (SAO-S-40, 223 + 255). Aber in die Akten ist er nicht gelangt. Auf SAO-S-39, 1 findet sich der Hinweis, daß sich die für das Ermittlungsverfahren relevante telefonische Kommunikation in einem Asservatenverzeichnis befindet (SAO – S – 25.2, 341 bis 396). Auch dort findet sich keine Spur dieser telefonischen Mitteilung.

Der Text in dem Wortlaut, wie er in der Regierungsdokumentation unzutreffend als authentisch wiedergegeben ist, findet sich schließlich unter der ominösen Rubrik ‚Kontakte zu RA Payot' in SAO-70, S-45, 25. Dort wird schließlich auch deutlich, daß es sich nicht etwa um die wörtliche Wiedergabe der Mitteilung handelt, sondern lediglich um einen Aktenvermerk des KHK Klein vom BKA über die Tatsache einer Mitteilung und deren ungefähren Wortlaut.

Aus einem ‚Satz, der eine Assoziation enthalten muß', wurde also ‚ein Satz, der ein Wort enthält...' und schließlich ‚Code-Wort'. Diese Manipulation war notwendig, weil nur ein bestimmtes Wort eine Absprache zwischen Kommando und den Gefangenen voraussetzt, während eine Identifizierung durch eine ‚Assoziation' auf die persönlichen Beziehungen zwischen Gefangenen vor ihrer Festnahme und Kommandomitgliedern aus jüngerer Vergangenheit abstellte."

Die dritte „Tatsachenbehauptung" der Regierung:

„Mitteilungen über die Aktivitäten von Terroristen in den Niederlanden deuteten auf eine parallel laufende Aktion zur Unterstützung der Entführer hin. Zufällig mitgehörte Gespräche von terroristischen Häftlingen beim Hofgang in einer Berliner Vollzugsanstalt ließen den Schluß zu, daß diesen Häftlingen diese Aktion bekannt geworden war"[232].

Es handelte sich um ein am 23.9.77 im Frauengefängnis Berlin durch Zurufe vom Zellenfenster aus geführtes Gespräch zwischen Ilse Jandt und Monika Berberich. Beamte hätten gehört, wie „die Damen über ihre baldige Freilassung nach einem neuen Anschlag in Holland spekulierten"[233]. Es ging vor allem um die Monika Berberich zugeschriebene Äußerung: „(...)nicht daß wir etwa bis zur Grenze gebracht werden und von der anderen Seite einkassiert werden, dann müßte ein Auslieferungsantrag gestellt werden"[234]. Die beiden Frauen sagten dazu, eine Gefangene habe ihnen vom Hof aus zugerufen, daß Knut Folkerts in den Niederlanden verhaftet worden sei, und sie hätten sich daraufhin durchs

Fenster über die Frage unterhalten, ob er einfach über die Grenze in die BRD abgeschoben werde oder ob ein Auslieferungsprozeß wie bei Rolf Pohle in Griechenland stattfinden müsse[235]. Es erscheint völlig unwahrscheinlich, daß sich die Frauen, die nicht auf der Liste der Freizulassenden standen, durch das Fenster über eine Guerillaaktion zu ihrer Befreiung unterhalten würden.

Angesichts der Qualität dieser drei „Tatbestände" zur Legitimierung der Kontaktsperre stellt sich die Frage, wie weit die Regierung selbst der BKA-Konstruktion von der Steuerung der Guerillaaktionen aus den Zellen Glauben schenkte. Dasselbe gilt für den vom GBA behaupteten „hohen Entwicklungsstand des Informationsflusses, der die inhaftierten terroristischen Gewalttäter mit den noch in Freiheit befindlichen Tätern verbindet"[236]. Einige Aufhellung in dieses Zwielicht bringt ein Interview des Bundesjustizministers Anfang 1978 mit dem italienischen Fernsehen. Auf die Frage, ob die Schleyer-Entführung von den Zellen aus gelenkt worden sei, antwortet der Minister:

„Nein. Das haben wir seinerzeit schon nicht angenommen, und es hat sich keine Bestätigung dafür gefunden. Natürlich hat man immer wieder die Forderung gestellt, daß etwas geschieht, damit man frei wird. Ich kann auch nicht ausschließen, daß bei dem einen oder anderen Gespräch kleinere Hinweise gegeben wurden, die für eine solche Unternehmung von Bedeutung sein könnten, Hinweise auf eine konspirative Wohnung, Hinweise auf Waffen und Material. Aber eine Planung oder überhaupt eine Steuerung im Detail aus der Zelle heraus, dafür gibt es keine Beweise"[237].

Der für die Kontaktsperre angeführte Grund, die Verhinderung eines Informationsaustauschs zwischen Gefangenen und Illegalen über die Verteidiger, um das Leben von Schleyer zu retten, scheint unhaltbar zu sein. Wichtig ist die Kontaktsperre jedoch für das „Grundkonzept von Herolds Verhaltenstaktik, das er sich noch in der Nacht nach der Entführung vom Bundeskanzler absegnen läßt. Die Entführer hinhalten, Antworten verzögern, auf Zeitgewinn arbeiten"[238]. Mit dieser Zielsetzung wäre die Kontaktsperre aber öffentlich nicht begründbar gewesen. Blieb noch der Einsatz der beliebten „Mehrzweckwaffe für allerlei staatliche Eingriffe in die Grundrechte des Bürgers", nämlich der in § 34 StGB formulierte „übergesetzliche Notstand", dessen Basis das inzwischen unantastbar gewordene BKA-Konstrukt bildete. Es war keineswegs davon auszugehen, daß die Berufung auf diesen Paragraphen von den Instanzen ohne weiteres akzeptiert würde, die in einem Rechtsstaat traditionsgemäß die Exekutive kontrollieren sollen: Parlament, öffentliche Meinung und richterliche Gewalt. Das Parlament hatte sich aber selbst schon weitgehend ausgeschaltet, indem es den Krisenstäben faktisch alle Befugnisse übertrug. Die öffentliche Meinung war durch die Nachrichtensperre ausgeschaltet. Offen blieb lediglich die Frage, ob die richterliche Gewalt die „Einschätzungsprärogative der entscheidenden Instanzen" (Schröder) respektieren und dem Regierungsdruck auf Verhängung einer auch für die Verteidigung geltenden Kontaktsperre nachkommen würde. Es zeigte sich, daß dies anfänglich nicht überall der Fall war. In den ersten Wochen nach der Entführung weigerten sich die meisten Richter, Verteidigerbesuche zu verbieten, da ein solches Verbot dem in § 148 StPO formulierten Recht des Gefangenen auf freien Umgang mit seinem Verteidiger zuwiderlaufen würde. Ein Westberliner Richter bemerkte dazu:

„Eine Verteidigerbesuchssperre kann allenfals mit § 148 StPO dann vereinbar sein, wenn sie sich auf Mißbrauch der Rechte aus § 148 StPO stützen läßt (...). Tatsachen, die auf einen solchen Mißbrauch hindeuten, sind dem Haftrichter weder vorgetragen worden, noch sind sie ihm sonstwie bekannt geworden"[239].

Eine gleichlautende Argumentation verfolgt das OLG Frankfurt bei seiner Entscheidung vom 16.9.77, wobei das Gericht sich zu einer möglichen Anwendbarkeit des „übergesetzlichen Notstands" nach § 34 StGB nicht äußert[240]. Wenige Tage später zieht das OLG Frankfurt in einem anderen, ähnlich gelagerten Fall diese Möglichkeit zwar in Betracht, meint jedoch, daß in casu nur unzureichend konkrete Hinweise für eine „konspirative Tätigkeit" von Gefangenen und Verteidigern vorlägen[241]. Die Anträge der Verteidiger auf Erlaß einer einstweiligen Anordnung hatte das OLG Frankfurt (nach §§ 21ff Einführungsgesetz zum Gerichtsverfassungsgesetz) für zulässig erklärt, nachdem sich gezeigt hatte, daß der nach § 119 StPO zuständige Haftrichter nicht in der Lage gewesen war, den Verteidigerbesuch durchzusetzen. Andere Oberlandesgerichte (Stuttgart, Hamm) erklärten sich jedoch für nicht zuständig, da allein der Haftrichter befugt sei, darüber zu entscheiden; falls dessen Entscheidung nicht ausgeführt werde, bleibe nur eine Dienstaufsichtsbeschwerde übrig[242].

In der „schwersten Krise des Rechtsstaates seit Bestehen der BRD" – so Kanzler Schmidt – mußten Rechtsanwälte und Richter feststellen, daß die meisten Justizministerien der Länder ganz offen alle richterlichen Entscheidungen ignorierten und die Gefängnisleitungen bei der Ausführung des „dringenden" BKA-Ersuchens unterstützten. Selbst der höchste Haftrichter der BRD, Ermittlungsrichter Kuhn am BGH, mußte feststellen, „er könne seine haftrichterliche Verfügung vom 6.9.77 (neun Gefangene betreffend – BS) nicht durchsetzen, er könne ja nicht mit einer Gruppe von Justizbeamten gegen die Anstalt vorgehen"[243]. Damit hatte die BRD „ihren ersten Staatsstreich erlebt"[244].

Die Krisenstruktur im „übergesetzlichen Notstand" war nicht mehr kontrollierbar, diente nicht dem Zweck, Menschenleben zu retten, sondern sie diente dazu, die außergesetzlichen Maßnahmen zu ermöglichen, die politische Machtfrage zu gewinnen. Dem heutigen Bundesinnenminister Friedrich Zimmermann zufolge befand sich die BRD damals im „Kriegszustand" („Stern" 39/1977). Richter Simon vom 1. Senat des

Bundesverfassungsgerichts rief die von „Terroraktionen gefährdeten Personen aus Politik und Wirtschaft“ dazu auf, „ein begrenztes Risiko zu tragen – wie wir vom Soldaten im Krieg erwarten, daß er Opfer bringt“ („Stern“ 40/1977). Später erklärte Bundeskanzler Schmidt im „Spiegel“ (15.1.79): „Ich kann nur nachträglich den deutschen Juristen danken, daß sie das alles nicht verfassungsrechtlich untersucht haben“.

Weil die meisten Anwälte nicht darüber informiert wurden, daß ihre Mandanten einer Kontaktsperre unterlagen, entstanden absurde Situationen. Oft erfuhren sie davon erst – manchmal nach langer Anreise – an der Gefängnispforte. Als eine Rechtsanwältin das Risiko einer vergeblichen langen Anreise nicht auf sich nehmen wollte, am Telefon aber vom Richter und vom Gefängnis nur sich widersprechende Auskünfte erhalten hatte, bat sie die Gefängnisleitung schriftlich um eindeutige Informationen. Die schriftliche Antwort lautete, sie müsse sich an das Justizministerium wenden, da die Gefängnisleitung aufgrund der Nachrichtensperre keine Auskünfte geben dürfe. „Klartext: Die Auskunft, ob der Gefangene der Kontaktsperre unterliegt, fällt unter die Nachrichtensperre“[245].

In der Regierungsdokumentation ist über das wegen der Kontaktsperre herrschende juristische Chaos die euphemistische Bemerkung zu lesen:

„Schwierigkeiten bereitete der Umstand, daß nach Anordnung der Kontaktsperre voneinander abweichende gerichtliche Entscheidungen ergingen(...) Die einheitliche Durchführung der Kontaktsperre und damit das mit ihr verfolgte Ziel waren gefährdet“[246].

Um diesen Schwierigkeiten begegnen zu können, beschloß der „Kleine Krisenstab“ am 12.9.77 die Einführung eines Kontaktsperregesetzes[247]. Noch bevor dieses Gesetz Ende September 1977 „in einem sonst ganz ungewöhnlichen Eilverfahren“ [248] vom Bundestag durchgezogen wurde, half der 3. (politische) Senat des BGH dem Krisenstab mit einer am 23.9.77 gefällten Urteilsentscheidung[249]. Diese Entscheidung betraf ein von GBA Rebmann eingeleitetes Beschwerdeverfahren gegen die oben erwähnte Entscheidung des BGH-Ermittlungsrichters Kuhn vom 6.9. 77, derzufolge Verteidigerbesuche und -post von der Kontaktsperre auszunehmen waren. Der 3. Senat übernahm ohne Einschränkungen die Sichtweise des GBA. Zur Kommunikation zwischen Inhaftierten und Illegalen mit Hilfe der Anwälte schrieb der GBA:

„Es sei in diesem Zusammenhang nur an den sog. Ensslin-Kassiber, an die zahlreichen Erklärungen und Aufrufe der führenden‚RAF‘-Angehörigen, insbesondere an die sog. Hungerstreikerklärungen, die ausnahmslos unter Umgehung der Postzensur an die Öffentlichkeit gelangt sind, und nicht zuletzt auch an das ersichtlich gegenseitig abgestimmte Verhalten inhaftierter terroristischer Gewalttäter während des gemeinsamen Hungerstreiks erinnert“.

Auf diesen schon erwähnten „hohen Entwicklungsstand des Informationsflusses“ zwischen Gefangenen und Illegalen gründete der BGH in Hinblick auf den entführten Schleyer den „rechtfertigenden Notstand“.

Immerhin gelte es, der Gefahr entgegenzuwirken, „daß der weiterhin freie Zugang der Anwälte zu einer Steigerung der Bedrohung für das Entführungsopfer werden kann. Denn diese Gefahr betrifft das höchste Gut unserer Rechtsordnung, das menschliche Leben, gegenüber dem die zudem nur vorübergehend beeinträchtigte freie Verteidigung weitaus weniger gewichtig ist". Daß dadurch alle betroffenen Verteidiger zu eventuellen Mittätern der Guerilla erklärt wären, wurde vom BGH bestritten: „Die Generalisierung liegt im übrigen im wohlverstandenen Interesse der betroffenen Verteidiger. Denn sie führt dazu, daß mit der getroffenen Maßnahme kein persönliches Werturteil verbunden ist". Dennoch hielt auch der BGH die Konsequenz seiner Entscheidung („daß die Beschuldigten völlig ohne rechtlichen Beistand sind") für zu weit gehend. Die von ihm gefundene Lösung könnte direkt aus dem Arsenal des Nazi-Volksgerichtshofes stammen: „in einer solchen Situation muß dem davon betroffenen Beschuldigten auf seinen Antrag oder von Amts wegen ein anderer Verteidiger bestellt werden". Aber auch mit diesem Beschluß des BGH, den der GBA noch am selben Tag fernschriftlich an alle Justizbehörden durchgeben ließ, konnte noch kein einheitliches Vorgehen erzielt werden. Der Justizsenator von West-Berlin weigerte sich bis auf weiteres, die Verteidigung in die Kontaktsperre einzubeziehen, und auch einige erstinstanzliche Gerichte blieben bis zum Inkrafttreten des angekündigten Kontaktsperregesetzes bei ihrer Entscheidung[250].

Das Bundesverfassungsgericht war die letzte Hoffnung der Verteidiger. Verschiedene Anwälte hatten dort am 10.9.77 in eigenem und im Namen ihrer Mandanten eine einstweilige Anordnung zur Aufhebung der Kontaktsperre wegen Verfassungswidrigkeit beantragt. Bereits am 19.9.77 lagen dem 2. Senat des Verfassungsgerichts die ausführlichen Stellungnahmen der Justizminister des Bundes und des Landes Baden-Württemberg und des GBA vor. Aber erst am 4. 10. 77, wenige Tage nach dem Inkrafttreten des Kontaktsperregesetzes, traf das Gericht seine Entscheidung[251].

Auf das Gesetz ging das Bundesverfassungsgericht nicht im einzelnen ein; lediglich sein Inhalt wurde zusammengefaßt wiedergegeben. Nach bestehender Rechtsprechung des BVerfG war der Senat in einem solchen Verfahren auch nicht genötigt, auf die Frage, ob die beanstandete Kontaktsperre dem Grundgesetz widerspreche, einzugehen; Aufgabe des Richterkollegiums war allein eine Abwägung der Folgen, „die eintreten würden, wenn eine einstweilige Anordnung nicht erginge, der Antrag in der Hauptsache aber Erfolg hätte, gegenüber den Nachteilen, die entstünden, wenn die begehrte einstweilige Anordnung erlassen würde, dem Antrag in der Hauptsache aber der Erfolg zu versagen wäre". Die vom Gericht benutzte Argumentation zur Begründung dieser Entscheidung glich jedoch haargenau der des GBA und des BGH, mit dem Ergebnis, daß das Urteil de facto auf eine Rechtmäßigkeitserklärung für die ohne gesetzliche Grundlage getroffenen Kontaktsperremaßnahmen und eine Erklärung, daß das inzwischen erlassene Kontaktsperregesetz mit dem Grundgesetz vereinbar sei, hinauslief[252].

Diese Entscheidung des 2. Senats des Bundesverfassungsgerichts nahm Gefangenen und Verteidigern die letzte Möglichkeit einer Gegenwehr gegen die Verteidigeraussperrung. Der „Krisenstab" hatte auch die dritte Gewalt auf seine Seite gebracht. Beschleunigt hatte diesen „Anpassungsprozeß" sicherlich das schnelle Zustandekommen des Kontaktsperregesetzes. Der „übergesetzliche Notstand" hatte damit immerhin wieder gesetzliche Proportionen angenommen. Martin Hirsch, Mitglied des 2. Senats am Bundesverfassungsgericht, hatte als SPD-Abgeordneter während der zweiten Lesung der Notstandsgesetze am 16.5.68 noch gesagt:

„Wir wollen verhindern, daß jemals eine Bundesregierung unter Berufung auf die alliierten Vorbehaltsrechte oder auf den übergesetzlichen Notstand sich zum Diktator aufschwingen kann"[253].

5.4.2. Das Kontaktsperregesetz

Der Regierungsdokumentation folgend, ist der Erlaß dieses Gesetzes „weder überhastet noch ohne gründliche Vorbereitung getroffen worden". Diese Bemerkung läßt jeden erstaunen, der sich an die Monate und manchmal Jahre erinnert, die in der BRD zwischen dem Einreichen eines Gesetzesentwurfs und der endgültigen Verabschiedung des Gesetzes zu verstreichen pflegen. In diesem Fall benötigte der parlamentarische Apparat für die gesamte Prozedur drei Tage[254].

Der Gesetzesentwurf wurde am 28.9.77 im Bundestag eingereicht, am selben Tag in erster Lesung behandelt und mit geringfügigen Veränderungsvorschlägen an den Rechtsausschuß weitergeleitet. Der Ausschuß und der Rechtsausschuß des Bundesrates berieten auch noch am selben Tag. Schon am nächsten Tag lagen die jeweiligen Beratungsergebnisse dem Bundestag vor; er nahm das Gesetz in zweiter und dritter Lesung an. Schon vor dieser letzten parlamentarischen Behandlung war der Entwurf im Bundesgesetzblatt abgedruckt worden. Am 30.9.77 nahm der Bundesrat das Gesetz an, und der Bundespräsident unterzeichnete es noch am selben Tag. Die amtliche Publikation des Gesetzes erfolgte im Bundesgesetzblatt vom 1 10. 77 (Teil 1, Nr. 66), am 2. 10. 77 trat es in Kraft.

Im Gegensatz zur Bundesregierung sprachen die meisten Beobachter folglich von einem „ausgesprochenen Notstandsgesetz"[255], von einem „Kraftakt des Rechtsstaates"[256], welcher „sowohl nach seinem Inhalt wie nach der Art seines Zustandekommens in der Geschichte der Bundesrepublik einmalig ist"[257]. Sogar die Springerpresse konnte nicht umhin, zuzugeben: „Hier wird in der Tat ein schwerer Eingriff in die Rechte von Beschuldigten legalisiert, der üblicherweise ein Kriterium für Diktaturen darstellt"[258].

Ausgangspunkt des Gesetzes ist – wie dies aus der Begründung entnommen werden kann[259] – die Behauptung, daß „zwischen Gefangenen und in Freiheit befindlichen Mitgliedern terroristischer Vereinigungen ein Kommunikationsnetz besteht, das die Planung und Durchführung von Anschlägen erleichtert und die Gefahren, die von solchen Vereinigungen ausgehen, erheblich erhöht"[260]. Eine vorübergehende Kontaktsperre ist deshalb „aus dem Rechtsgedanken der Güterabwägung gerechtfertigt", nämlich „zur Abwehr von Gefahren für höchste Rechtsgüter in besonderen Gefahrenlagen"[261]. In der gesetzlichen Regelung geht es ausdrücklich „um eine Konkretisierung des Grundgedankens des § 34 StGB"[262]. Der Kernsatz des Gesetzes (Offizielle Bezeichnung: § 31 – § 38 des Gesetzes zur Änderung des Einführungsgesetzes zum Gerichtsverfassungsgesetz EGGVG vom 30.9.1977), § 31 Satz 1, lautet:

> „Besteht eine gegenwärtige Gefahr für Leben, Leib oder Freiheit einer Person, begründen bestimmte Tatsachen den Verdacht, daß die Gefahr von einer terroristischen Vereinigung ausgeht, und ist es zur Abwehr dieser Gefahr geboten, jedwede Verbindung von Gefangenen untereinander und mit der Außenwelt einschließlich des schriftlichen und mündlichen Verkehrs mit dem Verteidiger zu unterbrechen, so kann eine entsprechende Feststellung getroffen werden".

Das Treffen einer solchen „Feststellung" fällt in die Zuständigkeit des Bundesjustizministers oder – für den äußerst unwahrscheinlichen Fall, der Bundesminister mache von seiner Befugnis keinen Gebrauch – der betroffenen Länderregierung(en)[263]. Die Feststellung muß innerhalb von zwei Wochen von einem BGH-Senat (oder OLG-Senat) bestätigt werden[264]. Einzig der Bundesjustizminister ist in einem solchen „Bestätigungsverfahren" als Prozeßpartei zugelassen, nicht jedoch die von der Kontaktsperre allein betroffenen Rechtssubjekte: die Gefangenen und ihre Verteidiger[265]. Weder gegen die „Feststellung" noch gegen die „Bestätigung" stehen Rechtsmittel zur Verfügung. Zwar können der (die) Gefangene und/oder sein (ihr) Verteidiger die Rechtmäßigkeit spezifischer Ausführungsmodalitäten der Kontaktsperre bei einem OLG und auch über ein Amtsgericht anzweifeln (natürlich ohne dazu miteinander in Kontakt treten zu können!), sobald aber innerhalb dieses Rahmens die (Un)Rechtmäßigkeit der bestätigten Feststellung zur Sprache kommt und das OLG der Meinung sein sollte, daß die Kontaktsperre nicht (mehr) gerechtfertigt sei, ist das OLG verpflichtet, die Sache an den BGH zu verweisen[266]. Somit wäre der Vorgang wieder bei der Instanz gelandet, die die angefochtene Feststellung anfänglich bestätigt und damit für rechtmäßig erklärt hat. Eine einmal festgestellte und bestätigte Kontaktsperre kann ohne zeitliche Begrenzung mit Hilfe derselben Prozedur immer wieder verlängert werden, „wenn die Voraussetzungen noch vorliegen"[267].

Das Kontaktsperregesetz ist also tatsächlich eine „Konkretisierung" der Berufung auf § 34 StGB, und zwar in dem Sinn, daß die „offene Generalermächtigung" (Böckenförde) mit dem Mantel allgemein geltender Gesetzesvorschriften überdeckt wird. Allgemein geltende Gesetze sind im rechtsstaatlichen Sinne immerhin auch dadurch gekennzeichnet, daß bestimmte Rechtsfolgen an das Vorhandensein bestimmter, genau umschriebener und somit richterlich kontrollierbarer Tatbestandsmerkmale angebunden werden (können). Die Möglichkeit der richterlichen Kontrolle ist vor allem dann von Wichtigkeit, wenn es bei der Handhabung des Gesetzes zu einem möglichen Eingriff in die Grundrechte des einzelnen Bürgers kommen kann. Funktion des Gesetzes ist, die Bedingungen für einen solchen Eingriff und seinen Umfang im voraus festzulegen, um so eine richterliche Überprüfung zu ermöglichen. Die inhaltliche Unbestimmtheit der im oben zitierten § 31 (Satz 1) benutzten Begriffe führt jedoch dazu, daß einer bestimmten Gruppe von Gefangenen durch eine einzige „Feststellung" (Rechtsfolge?) die wesentlichsten Grundrechte entzogen werden können, und zwar aufgrund von Gefahreneinschätzungen durch bestimmte Behörden und nicht aufgrund von richterlich kontrollierbaren Tatsachengegebenheiten[258]. Es ist offensichtlich, daß dem BGH in einer solchen Situation nichts anderes übrig bleibt, als die „Einschätzungsprärogative der entscheidenden Instanzen" (Schröder) zu respektieren, da nur sie beim BGH als Prozeßpartei auftreten dürfen. Die im Gesetz benutzte Sprache ist zumindest ehrlich; es ist nicht von einer Rechtmäßigkeitskontrolle die Rede, sondern von der „Bestätigung der Feststellung".

Es ist deshalb nicht verwunderlich, wenn der eine und andere Beobachter in der BRD der Kontaktsperre eine andere Funktion als die der Abwehr von Gefahren für Leib und Leben oder Freiheit einer Person zuschreibt. Einer der Autoren des Buchs „Ein deutscher Herbst" kommt zu folgender Einschätzung:

> „Es geht trotz aller gegenteiligen Beschwörungen und legislativer Festlegung nicht um das Leben der Geisel, sondern es geht um die Möglichkeit, den staatlichen Repressionsapparat in Aktion treten zu lassen. Gegen die Geiselnahme setzt der Staat heute die Zwangsgewalt gegen die Gefangenen, die Qual der totalen Isolation, und zwar *auch* als erpresserische Gegengewalt gegen die Entführer.
>
> ‚Jedem seine Geiseln!' überschrieb damals ‚Le Monde' einen Artikel. Das beschreibt das repressive Grundmuster, dem alle Seiten aufsitzen oder – ganz einfach – entsprechen. Jedenfalls: Das Kontaktsperregesetz ist nicht bloß ein Kontaktsperregesetz, auch nicht bloß ein Isolationsgesetz; es ist ein Gesetz zur Gegengeiselnahme.
>
> Mit dem Kontaktsperregesetz als Freibrief kann man die Gefangenen wegschaffen, aus dem Blick. Sie treten nicht mehr in Erscheinung. Keiner darf mehr nach ihnen fragen, wie es diese Verteidiger immer tun; die können nicht mehr dazwischenreden. Und man kann ihnen – den Gefangenen und allen anderen – endlich zeigen, daß es nichts nützt, ärztliche Gutachten zur Verfü-

gung zu haben; daß es nichts nützt, Verteidiger des Vertrauens zu haben; daß es nichts nützt, die internationale Öffentlichkeit auf sich aufmerksam gemacht zu haben; daß es schließlich aber auch nichts nützt, ihre Freilassung zu verlangen, denn dann geht es *denen* sofort viel schlimmer, als es denen ohnehin schon geht.

Also sag mir keiner, die Kontaktsperre sei ohne Auswirkungen geblieben, nutzlos: Die Tode von Stammheim beweisen das Gegenteil. Ohne Kontaktsperre lebten die Gefangenen heute bestimmt noch“[269].

Noch in der Nacht zum 2. Oktober 1977 traf der Bundesjustizminister die für 72 Gefangene geltende Feststellung nach § 31 EGGVG; sie wurde elf Tage später vom 3. Senat am BGH für 68 Gefangene bestätigt.

Rechtsanwalt Arndt Müller war einer der Gefangenen, für die die Feststellung Geltung hatte. Dieser letzte Anwalt des Büros Croissant war zwei Tage vorher, am Abend des 30.9.77, verhaftet worden. Anschließend wurde das Büro wieder einmal stundenlang durchsucht. Müllers Rechtsanwalt Wolfgang Reder wurde am 1. 10. 77 (bevor das Kontaktsperregesetz rechtswirksam war) der Zugang zu seinem Mandanten verweigert und auch am Haftprüfungstermin durfte Reder nicht teilnehmen. Ihm wurde lediglich mitgeteilt, sein Mandant werde der Unterstützung einer terroristischen Vereinigung beschuldigt. Der Ermittlungsrichter am BGH verweigerte Reder die Einsichtnahme in die Haftakte und jede Information über die Vorwürfe gegen Müller. Erst drei Wochen später, nach Aufhebung der Kontaktsperre, konnte der Verteidiger dem Haftbefehl entnehmen, daß der Verdacht ausschließlich auf den „Erkenntnissen“ beruhte, daß Müller mit Croissant vor dessen Flucht nach Frankreich und mit Newerla vor dessen Inhaftierung zusammengearbeitet hatte, und daß sich verschiedene Mitarbeiter des Anwaltsbüros der RAF angeschlossen hätten. „In der Gesamtschau“ ergab sich daraus der dringende Verdacht,

„daß das Büro Dr. Croissant/Müller/Newerla in Fortsetzung der langjährigen Unterstützungstätigkeit mit Wissen und Wollen der verantwortlichen Anwälte seit Spätsommer 1976 eines der wesentlichen Sammelbecken darstellt, aus dem sich die Mitglieder der neuen terroristischen Vereinigung rekrutiert haben und fortlaufend weiter rekrutieren und in dem sie unter dem Deckmantel der Mitarbeit in einem Anwaltsbüro und unter Ausnutzung seiner personellen und materiellen Möglichkeiten ihre Kontakte und Planungen abwickeln konnten und können. – Die verantwortliche Tätigkeit des Beschuldigten im gemeinschaftlichen Anwaltsbüro schließt seine Arglosigkeit aus“[270]

Als „zusätzliche Bestätigung“ dieser Verdachtsmomente wurde noch die Tatsache angeführt, daß Müller am 2.9.77 Newerlas Wagen, in dem die oben erwähnte „Handskizze“ entdeckt worden sein soll, benutzt hatte.

Durch Müllers Verhaftung war das Rechtsanwaltsbüro Croissant/Müller/Newerla endgültig ausgeschaltet und damit auch die deutsche Sektion des Internationalen Komitees zur Verteidigung von politischen Gefangenen in West-Europa. Bei der Durchsuchung vom 2. bis 7. 10. 77 wurden die Kanzleiräume weitgehend leergeräumt.

5.5. Die „Nacht von Mogadischu“

Am 13. 10. 77 wurde die Lufthansa-Boeing 737 „Landshut“ mit 86 Passagieren an Bord während eines Fluges von Mallorca nach Frankfurt von einem palästinensischen Kommando entführt. Bereits in der Nacht zum 14. Oktober wurde die Verbindung zur Schleyer-Entführung mit dem Eingang des ersten Ultimatums deutlich: das Kommando „Martyr Halimeh“ forderte die Freilassung derselben Gefangenen wie das Kommando „Siegfried Hausner“, zusätzlich aber noch die Freilassung von zwei Gefangenen aus der „Front for the Liberation of Palestina“ aus einem türkischen Gefängnis und ein Lösegeld von 15 Millionen US-Dollar an die Freigelassenen. Falls diese Forderung nicht bis Sonntag, 16. 10. 77, 8 Uhr, erfüllt sei, würden Schleyer, Passagiere und Besatzung der „Landshut“ getötet. Nach einer stundenlangen Nachtsitzung des „Kleinen Krisenstabs“ brauchte die Regierung etwa 45 Minuten, um zu der Entscheidung zu finden, die Freilassungen abzulehnen und einen Befreiungsversuch zu riskieren[271].

Für derartige Spezialkommandos war seit 1972 beim Bundesgrenzschutz die „GSG 9“ (Grenzschutzgruppe 9) aufgebaut worden. Anlaß für die Bildung dieser Anti-Guerilla-Einheit war der Anschlag des palästinensischen Kommandos „Schwarzer September“ im September 1972 auf das israelische Team während der Olympischen Spiele in München gewesen. Nach dem Gesetz gehört der BGS zwar zur Bundespolizei, in der Praxis aber ist er Teil des militärischen Apparats. In diesem Rahmen stellt die 350 Mann starke GSG 9 eine Elite-Truppe zur Guerilla-Bekämpfung dar, die inzwischen sogar von israelischen und amerikanischen Counterinsurgency-Experten als vorbildlich bezeichnet wird[272]. Das Organisationskonzept der GSG 9 berücksichtigt ausdrücklich die Ratschläge des Brasilianers Carlos Marighela für eine effektive Organisation von Stadtguerillaeinheiten[273].

Nach Zwischenlandungen in Rom, Zypern, Bahrein und Dubai landete die „Landshut“ schließlich in den frühen Morgenstunden des 17. 10. 77 in Mogadischu, der Hauptstadt Somalias. Westdeutsche Flugzeuge, in denen sich Minister Wischnewski vom Bundeskanzleramt – vom Krisenstab ausgestattet „mit jeder Summe“ und 40 Millionen DM für sofort fällig werdende Forderungen bar im Gepäck („Spiegel“ 44/77 und „Stern“ 52/77) – und die GSG 9 befanden, waren der „Landshut“ gefolgt. Wischnewski erreichte in seinen Funkkontakten mit dem palästinensischen Kommando mehrfach eine Verlängerung der abgelaufenen Ultimaten, indem er dem Kommando scheinbar glaubwürdig versicherte, es sei in so kurzer Zeit technisch nicht möglich, die freizulassenden

Gefangenen auszufliegen. Die Verlängerung des letzten Ultimatums bis Dienstag, 1.30 Uhr, verschaffte der westdeutschen Regierung die nötige Zeit, um die Zustimmung der somalischen Regierung zu einer Befreiungsaktion mit deutschen Kräften auf ihrem Boden auszuhandeln.

Dazu Rechtsanwältin Anke Brenneke-Eggers in dem Einstellungsantrag vom 13. 12.84 im Verfahren gegen Brigitte Mohnhaupt und Christian Klar:

„Nach der Landung der ‚Landshut' in Mogadischu intervenierten die USA und Großbritannien in Abstimmung miteinander bei der somalischen Regierung (SZ, 18. 10. 77, La Republica, 20. 10. 77).

Außenminister Owen empfing in London den somalischen Botschafter und richtete an ihn die dringende Bitte um Zusammenarbeit (La Republica, 20. 10. 77). Präsident Carter schickte dem somalischen Staatspräsidenten Siad Barre mehrere Botschaften, die diesem vom amerikanischen Botschafter persönlich überbracht wurden, die letzte wenige Stunden vor dem Sturm der GSG 9 auf die Maschine. In ihnen setzte sich Carter persönlich dafür ein, daß die Aktion stattfinden konnte (Welt, 20. 10. 77, La Republica, 20. 10. 77). In Riad intervenierte der CSU-Vorsitzende Strauß bei König Khaled, der mehrmals den erheblichen Einfluß Saudi-Arabiens auf Somalia geltend machte (SZ, Welt, FR, Tsp, FAZ, 18. 10. 77). Somalia, das sich am 14. 10. 77 offiziell bereit erklärt hatte, die Gefangenen aufzunehmen (Stern Nr. 2/78, FR, 17. 10. 77) – wie sich schon früher Algerien bei Wischnewskis Reise in die Aufnahmeländer entgegen den Verlautbarungen der Bundesregierung (SZ u. FR, 17. 10. 77) aufnahmebereit gezeigt hatte (Stern Nr. 49/77) – gab schließlich der von Schmidt und Wischnewski vorgetragenen Forderung nach Einsatz der GSG 9 nach.

Andere Bonner Pläne, die Konfrontation unter internationaler Beteiligung ohne Freilassung der Gefangenen zu beenden, brauchten nicht mehr ausgeführt zu werden. So der Plan, die Gefangenen in ein befreundetes Land auszufliegen, in dem zu ihrer Täuschung die Attrappe eines der gewünschten Zielflughäfen aufgebaut worden wäre, und sie nach der Freilassung Schleyers vom israelischen Geheimdienst Mossad und/oder der CIA liquidieren zu lassen (Spiegel 44/77 und 7/80, Stern 49/77). Gedacht war z. B. an die westafrikanische Republik Togo, mit deren Präsidenten Eyadema der CSU-Vorsitzende Strauß enge Freundschaftsbeziehungen pflegte, oder an die damals von Israel besetzte Sinai-Wüste. Israel hatte laut Stern (Nr. 49/77) seine Mithilfe und sein Territorium angeboten und auch Togos Präsident Eyadema, der sich Mitte September 77 zwei Tage lang in der BRD aufhielt (SZ 17.9.77), würde, wie Wischnewski laut Spiegel (Nr. 7/80) erklärte, mitgespielt haben. Alfred Stümper, damals Stuttgarts Polizeichef, sagte: ‚Das Ganze ist durchaus realisierbar' (Stern 49/77). Wie konkret diese Pläne schon vorbereitet waren, zeigt ein Vorfall, der sich während Wischnewskis Reisen im September 77 in die von den Gefangenen genannten Aufnahmeländer ereignete. Der Stern (Nr. 49/77) schreibt: ‚Bei einer Zwischenlandung auf dem amerikanischen Stützpunkt Guam sieht er sich plötzlich von GI's, die MP im Anschlag, umzingelt. Beim Fernschreib-Verkehr zwischen Bonn und Washington muß es ein Durcheinander gegeben haben. Jedenfalls: Die amerikanische Dienststelle in Anchorage meldete fälschlich nach Guam, daß Wischnewski mit elf terroristischen Häftlingen an Bord landen werde. Der Flughafenoffizier will deshalb von den Deutschen immer wieder wissen: „Where are the prisoners? – Wo sind die Gefangenen?“, Für das schließliche Einverständnis Somalias mit der militärischen Aktion der GSG 9 wird dem Einfluß Saudi-Arabiens, von dem Somalia damals finanziell unterstützt wurde, eine wichtige Rolle beigemessen. Am 7. 11. 77 schrieb die Süddeutsche Zeitung: ‚Middle East Reporter berichtet: Aus Anerkennung für die Rolle von Saudi-Arabien im Zusammenhang mit Somalia will die BRD Saudi-Arabien den Leopard verkaufen‘. Für die Lieferung des vom Flick-Konzern hergestellten Panzers an Saudi-Arabien ist später die CSU immer wieder eingetreten; die Vermutung liegt nahe, daß Strauß die Lieferung damals zugesagt hat, um Saudi-Arabien zur Einflußnahme zu bewegen.

Großbritannien arbeitete nicht nur politisch, sondern auch militärisch mit der BRD zusammen. 2 Offiziere der Spezialtruppe SAS (Special Air Service Regiment) der britischen Armee, die schon auf eine Bitte Schmidts um Unterstützung kurz nach der Entführung Schleyers vom Premierminister Callaghan zum GSG 9-Stützpunkt Hangelar entsandt worden waren, trafen in Dubai mit dem GSG 9-Kommandanten Wegener und mit Wischnewski zusammen und beteiligten sich dort und dann in Mogadischu an den operativen Planungen für den Angriff auf die Maschine (Stern 53/77, La Republica 20. 10. 77).

Der Spiegel (Nr. 44/77) schreibt: ‚England schickte mit den SAS-Männern Morrison und Davis vom Besten. Sie gehören zum Joint Intelligence Committee, einer Gruppierung von Geheimdienstspitzen, die direkt dem Premier Callaghan untersteht‘. Es werden Spezialisten gewesen sein, die sich im Nahen Osten auskennen, vielleicht schon im Südjemen eingesetzt waren, als es noch englische Kolonie war – die also operative Kenntnisse hatten, die für den Krisenstab bzw. den GSG-Einsatz nützlich waren.

Wie der Figaro (nach SZ 4. 11. 77) schreibt, wurde die Rolle Präsident Carters dem somalischen Regierungschef gegenüber als entscheidend beschrieben, und laut La Republica (20. 10. 77) ‚gibt (es)... Indizien, daß die USA einiges mehr gemacht haben auf dem Gebiet der Unterstützung als man zugeben will‘. Anzunehmen ist, daß für Somalia, das sich im Krieg mit Äthiopien befand, die Zusage militärischer Unterstützung durch die USA den Ausschlag gab, der Aktion der GSG zuzustimmen; diese Militärhilfe hatten die USA ein halbes Jahr früher versprochen, aber bis dahin mit Rücksicht auf die anderen afrikanischen Staaten hinausgezögert (Spiegel 45/77).

Auch für die Durchführung der Aktion der GSG leisteten die USA praktische Hilfe. Bei dem Hearing des US-Senats ‚An Act to Combat International Terrorism‘ erklärte der damalige US-Außenminister Vance am 23.1.78: ‚... während der Entführung der Japan Airlines und des Lufthansaflugzeugs im letzten Herbst haben wir die Richtlinien für den Schutz und die Befreiung der Geiseln geliefert‘ (Protokolle des Hearings before the Committee on Governmental Affairs United States Senate, ‚An Act to Combate International Terrorism‘, 23. 1.78).“

Der GSG 9 gelang es, das Kommando zu überraschen, seine Mitglieder zu töten bzw. kampfunfähig zu schießen und alle Geiseln zu befreien. Die um Mitternacht begonnene Aktion dauerte nur 12 Minuten.

5.6. Selbstmord oder Mord?

Am Morgen nach dieser Nacht wurden die Gefangenen Andreas Baader und Gudrun Ensslin tot in ihren Zellen gefunden. Jan Carl Raspe war schwerverletzt und starb wenige Stunden später in einem Stuttgarter Krankenhaus. Irmgard Möller hatte Stichwunden in der Brust. Während der Nacht hatten sich nur diese vier Gefangenen im Sicherheitstrakt des Gefängnisses befunden. Baader und Raspe waren von Schüssen aus Handfeuerwaffen, die in unmittelbarer Nähe ihrer Körper gefunden wurden, tödlich getroffen worden. Bei Raspe fand man die Waffe – laut Aussage des Beamten, der ihn entdeckte[274] – in seiner rechten Hand liegend, ein klassisches Schulbeispiel für vorgetäuschten Selbstmord. In Baaders Zelle wurden drei Patronenhülsen sichergestellt. Ensslin hing am Gitter des Zellenfensters in einer Schlinge aus Radiokabel. Innerhalb einer Stunde nach Entdeckung der Leichen ließ das Justizministerium von Baden-Württemberg über dpa mitteilen, Baader und Ensslin hätten Selbstmord begangen. Der Sprecher der Bundesregierung bestätigte die Meldung am Mittag. Die Obduktion fand erst am Abend an einem anderen Ort statt, vorgenommen von den Professoren Mallach und Rauschke (der auch Ulrike Meinhofs Leiche obduziert hatte).

An der Obduktion nahmen die Verteidiger und drei auf Empfehlung der Bundesregierung hinzugezogene ausländische Sachverständige teil. Am späten Nachmittag hatten sie alle die Zellen besichtigt, in denen noch die Leichen von Baader und Ensslin lagen. Die Leichenschau ergab nach Meinung der Obduzenten keine Hinweise auf Fremdverschulden. Damit war die schon im voraus verbreitete offizielle Selbstmordthese bestätigt.

> Erst Mitte 1977 hatte die internationale und die westdeutsche Presse ausführlich über geheime CIA-Dokumente berichtet, in denen verschiedene Methoden beschrieben wurden, wie Menschen getötet werden können, ohne daß eine gründliche Obduktion nachträglich ein Fremdverschulden aufdecken kann[275]. Diese Methoden blieben bei den Untersuchungen in Stammheim unberücksichtigt.

Die offizielle Selbstmordversion hatte auch zur Folge, daß der parlamentarische Untersuchungsausschuß des Landes Baden-Württemberg in erster Linie mit der Frage beschäftigt war, *wie* sich die Gefangenen selbst hatten umbringen können. Verständlicherweise lauteten die wichtigsten Fragen: 1) Wie hatten Baader und Raspe in dem am besten abgesicherten Gefängnis Westeuropas an Schußwaffen kommen und wie hatten sie diese trotz täglicher Zellendurchsuchungen und regelmäßiger Verlegungen behalten können? 2) Wie hatten sie trotz Kontaktsperre diesen „kollektiven Selbstmord" absprechen können?[276] Die Überlegungen gingen davon aus, daß Baader und die anderen in der Nacht vom 17. zum 18. Oktober 1977 irgendwie von der geglückten Aktion in Mogadischu gehört haben mußten.

Unmittelbar nach dem Tod der Gefangenen folgte ein „Wunder von Stammheim“ dem anderen. Am 20. 10. 77 fand sich, so die Staatsanwaltschaft, in Raspes Zelle unter einem Pullover ein Taschenradio. Weiter fand sich ein Kommunikationssystem, bestehend aus versteckten Elektroleitungen und einem selbstgebastelten Morseapparat mit Batterien. Zwei Tage später kam die Nachricht, hinter der Fußleiste einer seit der Kontaktsperre nicht mehr benutzten Zelle seien 300 Gramm Sprengstoff gefunden worden. Noch einmal zwei Tage später spürte man 400 Gramm Sprengstoff und drei Zünder auf. Am 18. 11. 77 fand sich *in* der Wand einer seit Mitte August 1977 nicht mehr benutzten Zelle sogar ein Revolver mit passender Munition. Selbst im Dezember 1977 und Januar 1978 wurde man noch fündig: die Entdeckungen reichten von meterlangen Schwachstromleitungen zwischen einigen Zellen über Munition und Sprengstoff bis hin zu einem als Sender und Empfänger ausgelegten Mini-Lautsprecher.

Ebenso wie nach dem Tod von Ulrike Meinhof ergaben die Obduktionsberichte, die parlamentarische Untersuchung und die Nachforschungen der Behörden wichtige und bis heute nicht aufgeklärte Widersprüche[277]. Zur Illustration einige Beispiele:

1. Aufgrund der Beschaffenheit von Baaders Schußwunden am Kopf und der speziellen Waffenart kamen die Obduzenten zu dem Ergebnis, daß Baader von einem Schuß aus einer direkt am unteren Hinterkopf aufgesetzten Pistole getötet worden sei. Das Projektil sei schräg nach oben, etwas oberhalb der Stirn, wieder aus dem Kopf ausgetreten. Obwohl es sich um eine komplizierte und bei Selbstmord ungewöhnliche Vorgehensweise handele, habe Baader die Pistole selbst festhalten können, indem er sie mit beiden Händen umgekehrt, also mit dem Griff nach oben, gegen seinen Hinterkopf drückte. Nachdem alle Untersuchungen offiziell abgeschlossen waren, gab das BKA im Juli 1978 noch ein sogenanntes „Vergleichsschuß-Gutachten“ heraus, das besagte, der Schuß sei aus einem Abstand von 30 bis 40 Zentimeter abgefeuert worden. Diese Feststellung ergab sich u. a. aus der Pulverdampfkonzentration an der Einschußwunde und der Tatsache, daß das Haar um die Wunde nicht im geringsten angesengt war. Damit war die offizielle Selbstmordversion nicht mehr haltbar (die Pistole maß immerhin 17 Zentimeter). Folgt man schließlich den Lehrbüchern, dann ist die für eine direkt aufgesetzte Pistole zu geringe Pulverdampfkonzentration an der Einschußstelle nur mit der Benutzung eines Schalldämpfers zu erklären[278]. Die bei Baader gefundene Pistole trug keinen Schalldämpfer.

2. Weiter widersprach ein kriminaltechnisches Gutachten der Obduktionsversion von einer beidhändig und umgekehrt aufgesetzten Pistole. Aufgrund der Pulverdampfspuren an Baaders rechter Hand sowie der Lage der ausgeworfenen Patronenhülsen kommt das Gutachten zu dem Schluß, Baader, ein Linkshänder, müsse die Waffe mit der rechten Hand

und mit dem Griff nach unten gehalten haben. In einem vom 15. Juni 1978 (!) datierten Bericht stellt das BKA aber eindeutig fest, daß trotz Benutzung aller bekannten wissenschaftlichen Analysemethoden keine Pulverdampfspuren an Baaders Hand festzustellen waren.

3. Die Schlußfolgerung der Obduzenten lautete, das tödliche Projektil habe erst den Schädel durchschlagen, sei dann gegen die gegenüberliegende Wand geprallt und schließlich rechts neben Baaders Körper auf den Boden gefallen. Dort war tatsächlich eine Kugel gefunden worden. Die Abprallstelle an der Wand enthielt Gewebeteilchen und/oder Blut und wurde als „Spur 6" bezeichnet. Im kriminaltechnischen Gutachten wird jedoch behauptet, das Projektil habe seine Energie beim Durchschlagen des Schädels größtenteils verloren und sei unmittelbar nach dem Austritt neben die Leiche gefallen, ohne die Wand zu berühren.

4. Ensslins Leichnam zeigte zahlreiche leichte Verwundungen und Blutergüsse im Nacken, an der linken Brust, an den Handgelenken, in der Leiste, am Oberschenkel und an beiden Kniescheiben. Zum Teil wurden diese „Quetschungen" von den Obduzenten damit erklärt, daß der Körper nach der Selbsterhängung infolge von Todeskrämpfen heftig gegen harte Gegenstände gestoßen sei. Die meisten Verwundungen ließen sich so allerdings nicht erklären.

Bei der Untersuchung von Ensslins Zelle am Nachmittag des 18. 10. 77 hatten die Obduzenten vor der am Fenster hängenden Leiche einen Stuhl gesehen. Ensslin sei, so folgerten sie, von diesem Stuhl heruntergesprungen. Nach dem Sprung muß der Stuhl aber von jemand verschoben worden sein, da er zu weit vom Fenster entfernt stand, um von Ensslin benutzt worden zu sein. Die vier Gefängnisbeamten, die Ensslin am Morgen als erste gesehen hatten, und der stellvertretende Gefängnisarzt erklärten jedoch, den Stuhl – ohne den Selbsterhängung unmöglich war – nicht gesehen zu haben.

5. Bei dem Versuch, die Leiche Gudrun Ensslins aus der Schlinge zu heben, brach das Elektrokabel an der Stelle, an der es durch das Fenstergitter lief. Das Kabel soll vom Plattenspieler stammen. Ob dieses für Zugkräfte naturgemäß nicht ausgelegte Kabel eine so starke Belastung hätte auffangen können, wie sie beim Fall eines menschlichen Körpers entsteht, wurde nicht untersucht. Auch auf die Routine-Feststellung, ob die Schnittenden des Kabels mit den Enden am Plattenspieler übereinstimmen, wurde verzichtet.

6. Ebenso wie bei Ulrike Meinhof wurde auch bei Gudrun Ensslin ein sogenannter Histamintest unterlassen. Als einziger Test bringt er mit an Sicherheit grenzender Wahrscheinlichkeit Auskunft darüber, ob ein noch lebender oder bereits toter Mensch aufgehängt wurde.

7. Bei der Annahme, die Gefangenen seien ermordet worden, ist es selbstverständlich, davon auszugehen, daß sie vorher betäubt wurden, da keine Kampfspuren gefunden wurden. Tatsächlich hat Prof. Mallach

eine toxikologische Untersuchung vorgenommen. Er schreibt in seinem Bericht aber, daß sich diese Untersuchung nur auf eine begrenzte Zahl von Giftstoffen beschränkte[279]. In diesem Zusammenhang ist der Bericht des Neuropathologen Pfeiffer wichtig, der an allen drei Leichen gewisse Veränderungen in den Gehirnen feststellte. Pfeiffer schreibt dazu: „Mit Wahrscheinlichkeit handelt es sich hierbei um Begleiterscheinungen eines möglicherweise im Abklingen begriffenen Infektes. Diese Veränderungen erreichen nicht einen Grad, der die Diagnose einer Enzephalitis rechtfertigen würde".

8. Schließlich noch eine äußerst merkwürdige Beobachtung: Einer der ausländischen Sachverständigen entdeckte an Baaders Schuhsohle eine Schicht leichten, feinkörnigen Sandes.

Die inzwischen weitgehend genesene Irmgard Möller bestritt am 16.1.78 vor der parlamentarischen Untersuchungskommission in einer ausführlichen Zeugenaussage[280] die These von einem Selbstmordkomplott. Ebenso bestritt sie, sich die vier Stichwunden in der linken Brust zugefügt zu haben. Die ärztliche Untersuchung hatte ergeben, daß der gefährlichste Stich (7 Zentimeter tief) mit dem abgerundeten Gefängnismesser, das neben ihr gefunden wurde, geführt worden sein mußte [281]. Irmgard Möller erzählte, daß sie in der Nacht bis etwa 5 Uhr bei Kerzenlicht gelesen habe. Danach sei sie eingedämmert. Kurz nach 5 Uhr habe sie zweimal „gedämpft" einen Knall gehört und danach „ein leises Quietschen". Sie habe sich aber nicht weiter darum gekümmert und sei dann eingeschlafen. Das letzte, woran sie sich erinnerte, bevor sie verletzt aufwachte, war „ein starkes Rauschen im Kopf, also ein Gefühl von einem unheimlich konzentrierten – von innen heraus, nicht von außen – also ein Gefühl von Rauschen, von – ich weiß nicht was das ist, was das war"[282]. Möller versicherte, daß während der Kontaktsperre die einzigen Kontakte zwischen den Gefangenen in Zurufen durch die Luftspalte unter der Zellentür und gelegentlich bei Begegnungen auf dem Weg von oder zur „Freistunde" auf dem Dach bestanden hätten. Die peinlich genauen Protokolle über diese Zurufe wurden während der Untersuchung verlesen.

Möller wußte mit Sicherheit, daß weder Raspe noch einer der anderen Gefangenen über ein Radio oder Waffen verfügt hatten. Sie sei die einzige gewesen, die über den Gefängnisfunk Nachrichten hatte hören können. Die zentrale Radioleitung war schon viel früher auf Antrag der Gefangenen abgeschaltet worden, weil sie fürchteten, über diese Leitung abgehört zu werden. In ihrer Zelle befand sich jedoch die Schnittstelle des Radiokabels, so daß sie den zu ihrem Plattenspieler gehörenden Kopfhörer direkt an den noch funktionierenden Teil des Netzes anschließen konnte. Um die Gefängnisleitung nicht aufmerksam zu machen, habe sie den Kopfhörer in einem

Hohlraum unter dem Waschbecken versteckt. Da das Gefängnisradio spätabends abgeschaltet wird, hatte sie von der Aktion der GSG 9 in Mogadischu nichts erfahren.

Diese Aussagen wurden vom Untersuchungsausschuß als „unglaubwürdig“ abgetan. Erstens sei bei Raspe ein Taschenradio gefunden worden, und zweitens hätten die Gefangenen Untersuchungsberichten zufolge während der Kontaktsperre mittels eines ausgeklügelten Systems ungehindert miteinander kommunizieren können. Dieses System habe bestanden aus der abgeschnittenen Radioleitung, einer zusätzlichen Schwachstromleitung, Kopfhörern und manipulierten Verstärkern[283]. So sei auch zu erklären, daß Möller vor der Untersuchungskommission über ein von ihr durch den Türspalt mitgehörtes Gespräch von etwa zehn Minuten Dauer zwischen Baader und Ensslin berichtet habe, das nach Aussagen der Gefängnisbeamten jedoch nicht länger als eine Minute gedauert haben konnte. Die Aussage des Stammheimer Elektrikers Halovska, er habe die Radioleitung so abgeklemmt, daß sie nicht, wie 1974 schon einmal, als Interkommunikationsanlage benutzt werden konnte, wurde von der Kommission nicht weiter berücksichtigt[284]. Die Tatsache, daß der Pullover, den Möller trug, nicht von dem Messer durchbohrt worden war, wertete die Kommission als weiteren Hinweis auf einen Selbstmordversuch, denn „Selbstmörder pflegen ihre eigenen Kleider zu schonen“[285]. Schließlich wurde noch die Glaubwürdigkeit ihrer Aussagen bestritten, weil ein Gefängnispfleger und der stellvertretende Gefängnisarzt berichteten, sie hätten Möller in ihrer Zelle bei Bewußtsein angetroffen, während sie selbst sich nur daran erinnerte, auf dem Flur kurz wach gewesen zu sein. Möllers Glaubwürdigkeit wurde nur bei solchen Aussagen nicht angezweifelt, die bestimmte Varianten einer Mordtheorie widerlegten. So hatte der Sand an Baaders Schuhen in der BRD, vor allem aber im Ausland, zu der Spekulation Anlaß gegeben, Baader sei nachts nach Mogadischu geflogen worden, um das palästinensische Kommando in die Irre zu führen. Möller erklärte jedoch, sie habe um 23 Uhr gehört, wie Baader seine übliche Abendmedizin (Schlaf- und Schmerzmittel) empfangen habe. „Die Spekulationen über Baaders Aufenthalt in Mogadischu“ waren somit nichtig geworden, vermerkte „Die Zeit“ am 27.1.78. Aus einem anderen Grund war Möller „absolut sicher, daß er keinen Schritt ohne uns gemacht hätte, eben weil er wußte und davon ausging, daß sie ihn dann umlegen“[286].

Übereinstimmende und nicht dementierte Berichte in den Wochenzeitschriften „Der Spiegel“ und „Stern“ Ende 1977 geben Anlaß, Baaders „Wissen“ nicht ohne weiteres ins Reich der Phantasie zu verweisen[287]. In diesen oben schon erwähnten Artikeln wird berichtet, wie auf allerhöchster Regierungsebene „alle nur denkbaren Möglichkeiten“ untersucht worden waren, um die Schleyer-Entführung „ohne Rücksicht auf außenpolitische Komplikationen, ohne Rücksicht selbst auf das

Grundgesetz“ beenden zu können[288]. Zu den „ernsthaft diskutierten“ Plänen gehörte z. B. die Erschießung der ausgetauschten Gefangenen im Ausland, direkt nach ihrer Freilassung, eventuell auch mit Hilfe ausländischer Geheimdienste wie dem CIA und des israelischen Mossad[289].

Schon kurz nach der Entführung Schleyers hatte der SPD-Ministerpräsident von Nordrhein-Westfalen, Heinz Kühn, gedroht: „Die Terroristen müssen wissen, daß die Tötung von Hanns-Martin Schleyer auf das Schicksal der inhaftierten Gewalttäter, die sie mit ihrer schändlichen Tat befreien wollen, schwer zurückwirken müßte“[290]. Im Fernsehmagazin „Panorama“ wies der Historiker Prof. Golo Mann am Abend des 17. 10. 77 auf die Möglichkeit hin, gefangene „Terroristen“ unter Umständen als Geiseln zu exekutieren, ein Vorschlag, den CSU-Wortführer schon früher gemacht hatten[291]. Die FAZ stellte noch am 18. 10. 77 die Frage, ob es nicht an der Zeit sei, „über ein Notrecht gegen Terroristen nachzudenken“. Ob dieses Notrecht in derselben Nacht schon praktiziert wurde, ist niemals gezielt untersucht worden. BKA-Kriminaloberrat Günter Textor, Leiter der „Sonderkommission Stammheim“, die mit der Untersuchung der Todesfälle in Stammheim beauftragt wurde, erklärte noch Ende 1980, für ihn habe von Anfang an festgestanden, daß es sich um Selbstmorde handele. In anderer Richtung „haben wir nie ermittelt, und von der Staatsanwaltschaft haben wir auch keine entsprechenden, über Selbstmord hinausgehenden Ermittlungsaufträge bekommen“[292]. Bei einer solchen Einstellung wundert es nicht, daß Widersprüche, wie sie oben genannt wurden, bei den verantwortlichen Behörden zu vernehmbaren Zweifeln am Wert der „äußerst sorgfältigen Aufklärung“, wie sie von der Bundesregierung angekündigt worden war, nicht führen konnten. Widersprüche, die ad libitum ergänzt werden können: – So schlossen die Behörden von Anfang an die Möglichkeit aus, daß trotz der computergesteuerten Video- und Tonüberwachungsanlage, die bei unvorhersehbaren Bewegungen im Korridor zwischen den Zellen automatisch Alarm auslöste, interessierte Dritte unbemerkt durch den (im Bericht über den Tod von Ulrike Meinhof schon erwähnten) Notausgang in das 7. Stockwerk hätten eindringen können. Diese Haltung war auch nicht durch das Resultat einer Untersuchung vom November 1977 zu erschüttern: die Anlage funktionierte nur unzureichend, war in den vorangegangenen Monaten mehrmals defekt gewesen – möglicherweise also auch in der Nacht zum 18. 10. 77[293]. Einmal ganz abgesehen von den Möglichkeiten, die „Fachleuten“ zur Verfügung stehen, um eine solche Anlage bei Bedarf abzuschalten.

– So wurde ignoriert, daß Raspe während der Schleyer-Entführung erst am 4. 10. 77 in die Zelle Nr. 716 verlegt worden war, in der er tot gefunden wurde. In dieser Zelle war seit der gründlichen baulichen Veränderung von Mai/Juni 1977 keiner der vier Stammheimer Gefangenen mehr untergebracht gewesen[294]. Es ist aber wohl kaum anzunehmen, daß Raspe mit seinen Sachen auch die Pistole „mitgeliefert“ bekam.

– So blieb ungeklärt, wie vier Patronen in den Fußboden einer von Baader benutzten Zelle gelangten. Sie waren sauber in den Estrich eingegossen und stammten nachweislich aus den Beständen der rheinland-pfälzischen Polizei. Ein Sprecher dieses Bundeslandes meinte, sie seien wohl gestohlen worden. . .[295] Für die Behörden gab es im Grunde nur eine Frage, auf die unbedingt eine plausible Antwort gefunden werden mußte: Wie gelangten Waffen, Munition und Sprengstoff ins 7. Stockwerk des Stammheimer Gefängnisses?

5.6.1. Der Waffenschmuggel

Schon Ende November 1977 hatte GBA Rebmann vor der parlamentarischen Untersuchungskommission die Richtung, in welcher man nachzuforschen habe, angegeben: die Verteidiger. Eine Aufklärung dieser äußerst heiklen Frage schien ihm innerhalb weniger Monate möglich, allerdings, „die beiden schwachen Stellen seien (. . .) der Intimbereich und die Prozeßakten“[296]. Am 10.1.78 teilte Rebmann dem Kommissionsvorsitzenden schriftlich mit, daß das Rätsel gelöst sei; am 12.1.78, wenige Tage vor der geplanten Vernehmung Irmgard Möllers, sagte Rebmann, der sich mehrmals vergewissert hatte, ob „auch für alle Journalisten genügend Platz vorhanden“ sei[297], vor der Kommission aus. Verschiedene Fernsehteams waren extra zu Rebmanns spektakulärem Auftritt erschienen.

Aufgrund der Aussagen von Informanten, deren Namen geheim bleiben mußten, konnte Rebmann mitteilen, daß der Verteidiger Arndt Müller die bei Baader und Raspe gefundenen Faustfeuerwaffen in präparierten Aktenordnern im Frühjahr 1977 ins „Mehrzweckgebäude“, dem Tagungsort des Gerichts, geschmuggelt habe. Außerdem hätten Müller und Armin Newerla in ihren Unterhosen Sprengstoffstäbe im Format 21 x 4 x 2 Zentimeter hineingeschafft[298]. Im Gerichtsgebäude seien die Gegenstände dann den Angeklagten zugesteckt worden, und die Angeklagten hätten sie dann ungehindert in ihre Zellen mitnehmen können, da sie bei der Rückkehr in den 7. Stock meist nicht durchsucht wurden. Bei der Kontrolle am Eingang zum Mehrzweckgebäude hätten die Verteidiger die Aktenordner selbst in der Hand gehalten und vor den Augen der kontrollierenden Beamten oberflächlich durchgeblättert. Auch sei es nicht üblich gewesen, die Ordner mit der Metallsonde zu prüfen. Soweit Rebmann.

Am nächsten Tag brachten so gut wie alle Tageszeitungen die schon am Vorabend ausgestrahlte „Rebmann-Story“ als groß aufgemachte Titelgeschichte; die Behauptungen von Rebmanns anonymen Informanten wurden als feststehende Tatsachen präsentiert: „Zwei Anwälte schmuggelten die Waffen“ („Hamburger Morgenpost“)[299].

Die Verteidiger von Gefangenen aus der RAF staunten. Wir alle kannten die Praxis der Eingangskontrollen, wie sie seit Jahren überall in der BRD geübt wurden, bestens: Tasche mit Verteidigungsunterlagen hinstellen, alle Jacken- und Hosentaschen ausleeren, Jacke ausziehen und einem der beiden Beamten übergeben, Überprüfung der Jacke und des gesamten Körpers einschließlich des Geschlechtsbereichs mit Hilfe einer Metallsonde, Abtasten der Jacke, Abtasten des gesamten Körpers einschließlich des Geschlechtsbereichs, Überprüfung der ausgezogenen Schuhe mittels Metallsonde und durch Biegen, Überprüfung aller losen Gegenstände (z. B. bei Kugelschreibern durch Aufschrauben, Zigaretten durch Betasten), danach – oder zwischendurch – Überreichen der mitzunehmenden Papiere und Ordner an einen der Beamten, der die Ordner mit dem Rücken nach oben hält (um dem Vorwurf des Lesens von Verteidigerunterlagen zu entgehen) und sie von unten durchblättert, Prüfung der Ordner mit der Metallsonde.

Daß die Kontrolle in Stammheim und dem angebauten „Mehrzweckgebäude" noch strenger war als anderswo, wußte jeder Verteidiger. Es war unmöglich, mit präparierten Leitz-Ordnern diese Kontrolle ungehindert zu passieren – in Stammheim schon allein deshalb, weil dort der Inhalt normaler Ordner auch noch in dünne Gefängnisordner umgeheftet wurde.

Die „Öffentlichkeit" jedoch war keineswegs erstaunt. Immerhin war ihr seit 1972 das Bild waffenschmuggelnder Verteidiger eingehämmert worden. Endlich wurde dieses Bild nach fast sechs Jahren bestätigt. Außer den Verteidigern schienen aber auch die gut 50 Polizeibeamten, die im Lauf der Jahre mit den Kontrollen im „Mehrzweckgebäude" betraut waren, von Rebmanns Aussagen einigermaßen verblüfft zu sein. Stellvertretend für diese Gruppe wurden drei Polizeibeamte einige Tage nach Rebmanns Auftritt von der parlamentarischen Untersuchungskommission gehört[300]. Sie bestätigten die oben beschriebene Überprüfungspraxis in allen Einzelheiten und schlossen die Möglichkeit ausdrücklich aus – und darum ging es bei der Befragung – daß Verteidiger die Leitz-Ordner auch nur einmal selber hätten durchblättern dürfen[301].

In ihrem Abschlußbericht kam die parlamentarische Untersuchungskommission zu dem Ergebnis, daß nicht zu klären sei, wie die Gefangenen in den Besitz von Waffen und Sprengstoff gelangten[302]. Trotzdem hielt die Kommission Rebmanns „Informanten" für glaubwürdig. Ihre Hinweise hätten – so Rebmann – auch zur Entdeckung des Sprengstoffs und der dritten Waffe in Stammheim sowie zur Auffindung von acht Waffenlagern in den Wäldern südlich von Stammheim geführt.

Schon ein halbes Jahr später, im Herbst 1978, standen die „Informanten" Rebmanns als aussagewillige Angeklagte vor Gericht, und zwar vor demselben Staatsschutzsenat, der „Baader u. a." verurteilt hatte und vor dem im Frühjahr 1979 der Prozeß gegen die Rechtsanwälte Müller und

Newerla begann. Die „Informanten" hießen Joachim Dellwo und Volker Speitel. Sie gehörten zu den Mitarbeitern des ehemaligen IVK und waren kurz vor bzw. während der Schleyer-Entführung wegen des Verdachts der Unterstützung einer terroristischen Vereinigung festgenommen worden.

Hinsichtlich des Waffenschmuggels ist nur Speitels Aussage von Interesse. Er selber wollte die Ordner präpariert haben, in denen dann zwei Pistolen und ein Revolver versteckt waren. Arndt Müller habe diese Ordner im Gerichtssal Gudrun Ensslin übergeben, ohne selber etwas von diesem brisanten Inhalt gewußt zu haben. Den Sprengstoff habe Newerla, so Speitel, in seiner Unterhose eingeschmuggelt.

Im Prozeß gegen Dellwo und Speitel wurden weder die beiden beschuldigten Anwälte noch die kontrollierenden Polizeibeamten als Zeugen gehört.

Mit dem am 14. 12. 78 ausgesprochenen Urteil gegen Speitel und Dellwo wurde nicht nur die Selbstmordthese zur aktenkundigen Wahrheit, es stand darüber hinaus auch unumstößlich fest, daß Müller und Newerla wegen Waffenschmuggels verurteilt würden. Trotz des auch in der „liberalen" Presse ausgesprochenen Verdachts, das milde Urteil gegen Speitel und Dellwo könne nur Ergebnis eines „Deals" zwischen ihnen und der BAW sein[303], sollte genau das geschehen. Im Prozeß gegen die Rechtsanwälte wiederholte Speitel als Zeuge die wesentlichen Punkte seiner im eigenen Prozeß gemachten Aussage. Der Senat ließ sich von den vielen Beweisanträgen nicht beeindrucken, in denen Müller, Newerla und ihre Verteidiger die gravierenden Widersprüche in Speitels Aussagen vor dem Ermittlungsrichter, in seinem eigenen Prozeß und als Zeuge im laufenden Prozeß dokumentierten[304]. Ebensowenig Eindruck machten die Aussagen der auf Antrag der Verteidiger geladenen gut 40 Polizeibeamten (dreiviertel aller Kontrollbeamten aus dem „Mehrzweckgebäude") und der wichtigsten Kontrollbeamten des Stammheimer Gefängnisses auf den Senat, obwohl sie die von Speitel geschilderte Schmuggeltechnik ausnahmslos als unmöglich bezeichneten[305]. Alle Verteidiger, auch Arndt Müller, hätten immer die Aktenordner aus den Händen geben müssen, und diese Ordner seien stets auf die übliche genaue Weise durchsucht worden; und Sprengstoffstäbe hätten beim Abtasten zweifellos entdeckt werden müssen.

Kapitel IX: Die Justiz als Instrument der präventiven Konterrevolution.

1. Die Problematik politischer Verteidigung

In der Berufsgruppe der Rechtsanwälte wird schon bei nicht politischen Strafsachen sehr unterschiedlich über die Frage geurteilt, wie weit sich Verteidiger bei der Prozeßvorbereitung und –führung nach den Wünschen und Auffassungen ihrer Mandanten richten dürfen oder müssen. Zum Beispiel dann, wenn der Mandant die ihm vorgeworfene Tat abstreitet, der Anwalt aber aufgrund des vorliegenden Beweismaterials mit einer Verurteilung rechnen muß. Falls der Mandant in einem solchen Fall dem Anwalt gegenüber gesteht, vor Gericht jedoch weiter leugnen will, kann es für den Anwalt schwierig werden, sich mit Überzeugung seiner Aufgabe – der kritischen Betrachtung und Auswertung des Beweismaterials – zu widmen. In einem solchen Fall werden viele Anwälte dazu neigen, ihre Mandanten davon zu überzeugen, daß es in „ihrem Interesse" liege, die Tat einzugestehen, um sich wenigstens den Vorteil einer milderen Strafe zu verschaffen. Dieses Interesse des Angeklagten geht übrigens Hand in Hand mit dem Interesse des Anwalts, keine „aussichtslosen" Strafsachen verteidigen zu müssen. Es gibt auch Anwälte, die – wenn sie nicht in der Lage sind, ihren Mandanten zu einem Geständnis vor Gericht zu bewegen – ihr Mandat niederlegen, nachdem sie ihrem Mandanten noch die Empfehlung mit auf den Weg gegeben haben, dem nächsten Anwalt die Tat nicht einzugestehen, um die Verteidigung nicht subjektiv zu erschweren. Einige wenige Anwälte lösen das Problem, wie ich vor einigen Jahren in einer holländischen Strafsache erlebte, daß sie als Teil ihres Plädoyers dem Gericht mitteilen, es sei auch für sie unbegreiflich, daß ihr Mandant ungeachtet der vorliegenden Beweissituation weiterhin leugne.

Mit dieser Art von Problemen befinden wir uns bereits mitten auf dem schlüpfrigen Gebiet der Berufsethik. Zu der oben skizzierten Problematik finden sich in der westdeutschen Fachliteratur zahlreiche Veröffentlichungen; schließlich stellte man sich auch seitens der Rechtsprechung und der Ehrengerichte auf den Standpunkt, daß der Rechtsanwalt als Verteidiger berechtigt ist, die Verteidigung des schuldigen Angeklagten auch bei Kenntnis der Tatschuld mit dem Ziel des Freispruchs zu führen[1]. Die Art und Weise, wie ein Rechtsanwalt eine solche Verteidigung führt, bleibt jedoch ausschlaggebend dafür, ob er ehrengerichtlich belangt werden kann oder nicht. Diese Rechtslage entspricht der Kompromißformel des § 68 Abs. 2 der Richtlinien für die Ausübung des Anwaltsberufs: „Wenn der Rechtsanwalt, der die Schuld des die Tat oder seine Schuld im Verfahren leugnenden Beschuldigten durch dessen Geständnis oder auf andere Weise kennt oder erfährt, gleichwohl die Verteidigung führen will, so legt ihm diese Gewissensentscheidung die Beachtung der Pflichten nach Abs. 1 (Pflicht zur Wahrheit und Verbot der Lüge) besonders nahe“[2]. Im allgemeinen läßt sich auch in den Niederlanden eine vergleichbare Sichtweise dieser Problematik wiederfinden[3].

1.1. Der Prozeß als Integrationsmechanismus

Die meisten Rechtsanwälte betrachten es als ihre Aufgabe, ihren Mandanten, sofern ein Freispruch nicht erzielbar ist, mit einer möglichst geringfügigen Strafe davonkommen zu lassen. In fast allen Fällen wird dies mit den Interessen des Mandanten übereinstimmen, was für den Anwalt eine permanente Bestätigung seiner beruflichen Aufgabe bedeutet. Eine solche Sichtweise läßt sich jedoch in dem Moment nicht länger aufrecht erhalten, in dem der Mandant ausdrücklich erklärt, eine niedrigere Strafe weniger wichtig zu finden als die Verdeutlichung seines Eintretens für bestimmte Werte („mein Verhalten war deshalb legitim“). Anders gesagt, die Verteidigung eines bestimmten (politischen) Standpunkts, der den vom Staat vertretenen Rechtsvorstellungen zuwiderläuft, kann für einen Mandanten angesichts äußerster Strafandrohungen wie lebenslängliche Haft eindeutig vorrangig sein. Eine solche Haltung von Angeklagten ist typisch für die meisten politischen Prozesse.

In Kapitel III Punkt 1. habe ich schon darauf hingewiesen, daß die Haltung, die ein Rechtsanwalt in solchen Prozessen einnehmen wird, in direktem Zusammenhang steht mit seiner Interpretation des Begriffs „Organ der Rechtspflege“ oder auch „Officer of the Court“: Geht es primär um Loyalität gegenüber anerkannten Rechtsgrundsätzen und –werten als fundamentalen Orientierungspunkten der Rechtspflege, oder geht es um Loyalität gegenüber der Rechtspflege als Instrument des Staates, um die von ihm gewünschte Gesellschaftsordnung durchsetzen zu können? An gleicher Stelle habe ich darauf verwiesen (u. a. anhand von Luhmanns „Legitimation durch Verfahren“), daß vor allem Anwälte mit radikal-demokratischen, sozialistischen oder kommunistischen Einstellungen, die mehr oder weniger gleichgesinnte Mandanten in politischen Strafsachen verteidigen, nicht darum herumkommen, ihrer Verpflichtung zu „streng einseitiger“ Interessenvertretung auf spezifische Art und Weise Ausdruck zu geben. Letzteres kann jedoch – wie gerechtfertigt die jeweilige Konkretisierung dieser Verpflichtung auch immer sein mag – leicht zu erstaunten, ja selbst feindlichen Reaktionen führen, die mit der Unterstellung einhergehen, die betreffenden Anwälte verstießen dabei gegen die Berufsethik.

Geht man von einer Situation aus, in der das Vertrauensverhältnis zwischen Anwalt und Mandant durch den oben genannten Konflikt gegensätzlicher Wertvorstellungen zwischen Angeklagtem und Justiz so wenig wie möglich belastet ist, so sind für einen politisch motivierten Mandanten zwei Typen von Verteidigern denkbar. Der erste ist der an den bürgerlichen Grundrechten orientierte, klassisch liberale Anwalt, der die politische Mündigkeit seines Mandanten respektiert und ihn als selbständiges Prozeßsubjekt bei der Artikulation dieser Mündigkeit unterstützen wird, und zwar auch dann, wenn dies seiner Einschätzung nach zu einer Erhöhung des Strafmaßes führen könnte. Insofern ein solcher Verteidiger überhaupt bei seinen Interventionen oder Plädoyers auf politische Zusammenhänge eingeht, so werden Sätze gebraucht wie „Mein Mandant ist der Meinung, daß...". Bei dem zweiten Typ des Verteidigers handelt es sich um den Anwalt, der aufgrund seiner eigenen politischen Einstellung in der Lage ist, mehr oder weniger weitgehend Verständnis für die Tatmotive seines Mandanten aufzubringen – ein Verstehen, das selbstverständlich nicht als Einverständnis oder Billigung der konkreten Tat zu werten ist, deren der Mandant verdächtig oder angeklagt ist[4]. Ein solcher Anwalt wird, zumindest solange es nicht zu einer einschneidenden Diskrepanz zwischen seiner eigenen politischen Einstellung und der seines Mandanten kommt, selbst aktiv auf die Gestaltung der politischen Verteidigung einwirken.

Bei beiden Typen von Verteidigern kann dem Interesse des Mandanten an einer politischen Verteidigung grundsätzlich genügt werden, für den Verteidiger können die Probleme jedoch alsbald nach Übernahme des Mandats beginnen, da er sich mit den bereits angedeuteten Reaktionen seitens der staatlichen Behörden – vor allem der Justiz – und der Medien auseinanderzusetzen hat. Schließlich ist die Legitimität des Interessengegensatzes zwischen Staat und Angeklagtem zwar in einem mehr oder weniger stark kontradiktorisch strukturierten Verfahren institutionalisiert, jedoch in den meisten Strafsachen auf den oben skizzierten Gegensatz zwischen einer möglicherweise hohen und der üblicherweise gewünschten niederen Strafzumessung reduziert, und zwar mit Einverständnis aller Beteiligten. Eine solche Reduzierung ist für den Staat, vertreten durch Staatsanwaltschaft und Gericht, durchaus funktional: schließlich beinhaltet sie, daß die Justitiabilität des sozialen Konflikts nicht prinzipiell zur Diskussion gestellt wird. Dabei wird das rechtliche Ergebnis gleichsam bereits im voraus akzeptiert, was wiederum einer Stärkung der staatlichen Autorität als Ausdruck der herrschenden Machtverhältnisse gleichkommt. Anders gesagt: Durch die Reduktion der Gegensätze zwischen Staat und Angeklagtem auf die Frage eines höheren oder niedrigeren Strafmaßes wird ein auf möglicherweise unterschiedlichen Wertvorstellungen beruhender Konflikt in einen handhabbaren Interessenkonflikt umgewandelt, der das Erreichen eines Kompromisses prinzipiell möglich macht[5]. Bei politischen Überzeugungstätern jedoch kann der Prozeß als Integrationsmechanismus nicht funktionieren: um mit Luhmann zu sprechen, fehlt diesen dazu die notwendige „Lernbereitschaft", also die Bereitschaft, sich, anstatt am eigenen Rechtsempfinden festzuhalten, an dem zu orientieren, was innerhalb des Verfahrens und gemessen an den Begriffen des geltenden Systems möglich und akzeptabel ist. Damit wäre der *erste Aspekt* der Problematik politischer Verteidigung kurz umrissen.

1.2. Das „Konzept Rechtsstaat"

Der Verteidiger, der sich außerhalb des vertrauten Rahmens des oben bezeichneten Interessenkonflikts begibt, wird schon bald mit Argwohn beobachtet, da er nicht nur versuchen wird, von der herrschenden Rechtsordnung anerkannte Interessen zu vertreten, sondern auch andersgeartete gegensätzlicher Wertesysteme zu verdeutlichen.

Dabei wird es mehr von den äußeren Umständen, der politisch-gesellschaftlichen Situation, als von ihm selbst und seinem Auftreten abhängen, ob seine Verteidigung als rechtsstaatliche Konsequenz des möglichen Bestehens völlig gegensätzlicher Wertvorstellungen auf Seiten des Angeklagten und des Staates (Justiz) wahrgenommen wird, oder eher als möglichst schnell abzuwehrende Bedrohung der für selbstverständlich gehaltenen Legitimität des herrschenden Systems. Die äußeren Umstände werden u. a. bestimmt durch das historisch und kulturell bedingte Ausmaß des Eingebundenseins liberaler Traditionen, das hiermit zusammenhängende Ausmaß der Bereitschaft, Konflikte als ein kreatives Element innerhalb der Rechtskultur zu sehen[6], den Tolerierungsgrad bei der Infragestellung der Legitimität herrschender Machtstrukturen durch eine Gemeinschaft sowie der von den einflußreichsten Interessenverbänden (und deren Repräsentanten innerhalb des Staatsapparates) wahrgenommenen Bedrohung derselben und durch das augenblickliche politische Klima. Es bedarf wenig Einbildungskraft, um sich vorzustellen, daß es für den Verteidiger in dem Maß, in dem die äußeren Umstände einer politischen Verteidigung Fesseln anlegen oder anzulegen versuchen, notwendig wird, sich auf diese Bedingungen bei der Verteidigung seines Mandanten – sei es innerhalb oder außerhalb des Gerichtssaals – einzustellen.

Verliert der Strafprozeß seine Funktion als handhabbarer Interessenkonflikt, so kann die Verteidigung auf volle inhaltliche (politische) Konfrontation ausgerichtet werden und versuchen, im Weg des Rollentausches den Staat selbst oder dessen Organe einschließlich ihrer Ideologie auf die Anklagebank zu zwingen, um zu verdeutlichen, daß das angeklagte Handeln des Mandanten aufgrund bestimmter Umstände verständlich, legitim, gerechtfertigt oder vielleicht sogar gesellschaftlich notwendig war. Eine solche Verteidigung läuft jedoch schnell Gefahr, von

Staat, Justiz und Medien zunehmend als Bedrohung der staatlichen Sicherheit und Ordnung gesehen zu werden. Die Behandlung des Verteidigers, anfänglich vielleicht noch von spontanem Mißtrauen geprägt, wird sich verändern. Es muß wohl nicht weiter betont werden, daß das oben Gesagte insbesondere für Verteidiger von Mandanten – wie den Mitgliedern der RAF – zutreffen wird, die in Wort und Tat, ausgehend von ihrer politischen Theorie und Praxis, das Gewaltmonopol des Staates im kapitalistischen System als Herrschaftsinstrument der Bourgeoisie bekämpfen. Verteidiger solcher Mandanten können, wie sich gezeigt hat, in kürzester Zeit von staatlichen Behörden und Medien zu „Terroristen in Robe" abgestempelt werden.

In Hinblick auf das hier zu behandelnde Thema, die Verteidigung von Mitgliedern der RAF, muß an dieser Stelle daran erinnert werden (siehe auch Kapitel II, 3.), daß sich eine solche Diffamierung der Verteidiger schon 1972, noch vor den Verhaftungen der RAF-Kader im Juni, vollzogen hatte. In diesem Fall handelte es sich also *nicht* um das Ergebnis eines langwährenden Strafverfahrens, sondern vielmehr um eine recht plötzliche Veränderung. In den Kapiteln II bis V wurde ausführlich dargelegt, daß die Staatsschutzbehörden, vor allem das BKA, als die Initiatoren dieser Diffamierung der Verteidiger gelten müssen. Abwechselnd wurden die Verteidiger als „Handlanger" ihrer Mandanten, als „Kuriere" zwischen den inhaftierten und freien RAF-Mitgliedern oder als „Anführer" der Stadtguerilla in der BRD beschrieben. Des weiteren ist in den betreffenden Kapiteln festgehalten, daß den Hetzkampagnen des Staatsschutzes politische Motive zugrunde lagen; ob das von den Anwälten gezeichnete Bild mit der Wirklichkeit Bekämpfung der RAF, die Isolierung, Lähmung und Eliminierung des zu bekämpfenden Gegners sinnvoll oder funktional zu sein schien. Ebenso wie bei dem Bild, das von den Mitgliedern der RAF entworfen wurde, so spekulierte man auch hier auf mögliche Ängste in der Bevölkerung, um sie gegen die Mitglieder der RAF und deren Verteidiger nutzen zu können. Die Tatsache, daß die westdeutschen Medien dieses Bild so problemlos übernahmen und zum Teil noch verstärkten, hat meiner Meinung nach mehr mit kommerziellen als mit politischen Erwägungen zu tun: Sensationsgeschichten lassen sich nun mal gut verkaufen! Die informationsträchtige Verbindung zwischen politisch motiviertem Staatsschutz und kommerziell motivierten Medien bewirkt schließlich, daß das planvoll konstruierte Bild zur öffentlichen Wahrheit wird. Es dauerte dann auch nicht lange (1972!), bis es von den verantwortlichen Politikern übernommen wurde.

Es ist nun angebracht, auf einen *zweiten Aspekt* der Problematik politischer Verteidigung hinzuweisen. In Diktaturen ist schon eine normale strafrechtliche Verteidigung häufig äußerst problematisch, eine politische Verteidigung jedoch undenkbar. Innerhalb solcher Systeme ist ausschließlich Platz für die offiziell gültigen Wahrheiten und Werte, eine

Auseinandersetzung um sich widerstreitende Wertesysteme also prinzipiell unmöglich. Demgegenüber ist in sogenannten rechtsstaatlichen Systemen im Prinzip sehr wohl Raum für eine politische Verteidigung, da das dort gehandhabte Konzept des „rule of law" den für die Interpretation von subjektiven Wahrheiten und – eventuell widersprüchlichen – Werten benötigten Spielraum zumindest prinzipiell zur Verfügung stellt. Die konkreten gesetzlichen Spielräume sind jedoch letztlich nicht immer ausschlaggebend, wichtiger sind – zumindest theoretisch – Grundrechte und allgemeine Rechtsgrundsätze, die sich von den gesetzlich festgelegten Verhaltensregeln durch ihre vielseitigen Interpretationsmöglichkeiten sowie ihre eigenen Anwendungskriterien unterscheiden[7]. In der Praxis bleibt das „Konzept Rechtsstaat" jedoch ein unsicheres Ausbalancieren von Ordnung und Recht. Oder, wie der Utrechter Rechtssoziologe Peters formuliert: Eine Rechtsordnung ist nicht irgendeine Ordnung, sondern rechtlich genormte Ordnung, „d.h., daß Recht nicht mit Ordnung identisch ist, sondern vielmehr eine Eigenschaft von Ordnung ist, die letztere haben kann oder auch nicht"[8]. Nun gut, in dem Konflikt RAF / BRD wird das Konzept Rechtsstaat von beiden Parteien gänzlich zur Seite geschoben. Seitens des Staates wird der Umgang mit den Gefangenen aus der RAF auf ein „Ordnungs"-Problem reduziert, das eine repressive Vorgehensweise erfordert. Die Gefangenen selbst proklamieren den totalen Konflikt mit dem Staat, der von ihrer Seite mit keiner Loyalität rechnen kann. Somit geht es auch nicht mehr um unterschiedliche Interpretationen hinsichtlich der Möglichkeiten, die das „Konzept Rechtsstaat" bietet; denkbar wäre z. B. eine Situation – wie sie von Nonet und Selznick beschrieben wird – daß die eine Partei einen „high-risk view of law and order" handhabt, während die andere Partei offensichtlich mit einem „low-risk view" operiert[9]. Im vorliegenden Fall haben beide Parteien dem Konzept Rechtsstaat eine Absage erteilt, sei es auch mit dem Unterschied, daß dies von der einen Partei offen kundgetan wird, während die andere dies leugnet, aber gleichwohl ständig die tradierten Regeln des Rechtsstaats bricht, bis hin zur Schaffung von ad hoc-Gesetzen für die justitielle Bewältigung des Konflikts. In einer Situation, in der sowohl die Strafverfolgungsinstanzen als auch die Angeklagten deutlich werden lassen, daß sie sich ganz vom „Konzept Rechtsstaat" losgesagt haben, ist anzunehmen, daß eine politische Verteidigung im klassischen Sinn kaum noch Erfolgschancen haben kann.

1.3. Die Funktion der Disziplinarrechtsprechung

Oben war von dem Propaganda-Schlagwort der Verteidiger als „Terroristen in Robe" die Rede; es wurde festgestellt, daß dieses Bild letztlich zur „öffentlichen Wahrheit" avancierte. Was in der Öffentlichkeit als Wahrheit gilt, wird in Gesellschaftssystemen wie der BRD oder den

Niederlanden jedoch erst dann als Wahrheit anerkannt, wenn die gerichtlichen Instanzen diese Wahrheit bestätigen. Somit ist es auch im vorliegenden Fall von Bedeutung, ob und, wenn ja, wann dies geschehen ist.

Die berufsrechtliche Behandlung der Verteidiger von Gefangenen aus der RAF ist folglich ein weiterer, *dritter Aspekt* der Problematik politischer Verteidigung. In Kapitel II, 4, wurde schon erwähnt, daß der Vorstand der Bundesrechtsanwaltskammer noch im Dezember 1974 feststellte, daß seitens der Staatsanwaltschaften bis zu diesem Zeitpunkt bei den dafür zuständigen Ehrengerichten noch kein Verfahren auf Ausschluß von der Anwaltschaft angestrebt worden war, „offenbar weil das Beweismaterial nicht ausreicht". Demgegenüber hatte es schon viele Disziplinarverfahren unterhalb der Schwelle von Ausschließungsanträgen gegeben. In einer jüngeren Untersuchung zum Thema „Standesrecht und Politische Prozesse"[10], die im Auftrag des Bundesinnenministeriums durchgeführt, aber nie veröffentlicht wurde, sind zahlreiche solcher Disziplinarverfahren analysiert worden. Die sich im Zusammenhang mit der Disziplinierung politischer Verteidigung ergebende Problematik wird dabei sehr nuanciert beschrieben:

> „Wegen ihrer beliebigen Ausfüllbarkeit bieten sich die Formeln auch als Instrumente der rigiden, die Skala von Beliebigkeit bis zur Willkür ausschöpfenden Sanktionierung einer jeden Abweichung an, wobei die Definition des normgemäßen Verhaltens durchaus von aktuellen politischen oder anderen leitenden Interessen nicht frei zu sein braucht. Jedenfalls verfügt das System der Ehrengerichtsbarkeit über keinen internen Mechanismus, der die Instrumentalisierung auch zu politischen Zwecken prinzipiell auszuschließen geeignet wäre"[11].

Eine solche Instrumentalisierung der Ehrengerichtsbarkeit für politische Zwecke wird verfahrensmäßig vor allem dadurch erleichtert, daß in der BRD (§ 121 BRAO) nur die Staatsanwaltschaft, also die Instanz, die „als der geborene Widersacher oder Widerpart einer jeden Verteidigung und gerade einer Strafverteidigung anzusehen ist"[12], ein Ehrengerichtsverfahren initiieren kann. Das Spannungsfeld zwischen staatlichen Ordnungsinteressen und der Interessenwahrnehmung der Verteidigung ist also von einer strukturellen Asymetrie gekennzeichnet. Diese ist u. a. dafür verantwortlich, daß es der Staatsanwaltschaft mit Hilfe der Generalklausel des § 43 („Der Rechtsanwalt hat seinen Beruf gewissenhaft auszuüben. Er hat sich innerhalb und außerhalb des Berufs der Achtung und des Vertrauens, welche die Stellung des Rechtsanwalts erfordert, würdig zu erweisen".) möglich ist, die Ehrengerichtsbarkeit als Einschüchterungswaffe einzusetzen.

Beispielhaft ist der Fall von Rechtsanwalt Ströbele, der im Zusammenhang mit seiner Verteidigung von Gefangenen aus der RAF in 30 Ehrengerichtsverfahren angeklagt war. Nur zwei dieser 30 Verfahren wurden überhaupt bis zu Ende geführt; in beiden Fällen wurde die kleinstmögliche Sanktion, die Verwarnung, ausgesprochen[13].

Der später von der RAF erschossene Generalbundesanwalt Buback ging sogar so weit, die durch Entgegennahme einer Blanko-Vollmacht erklärte Bereitschaft eines Anwalts, sich als Verteidiger Gefangenen aus der RAF zur Verfügung zu stellen, als standeswidrig zu bezeichnen[14]. Schon 1974 drohten die Aktivitäten der Verteidiger im Rahmen der Blockverteidigung unter einer Flut von Ehrengerichtsverfahren zu erstikken[15]. Aus der oben zitierten Studie des Innenministeriums sowie weiterer einschlägiger Literatur[16] ist zu entnehmen, daß seit 1970 – abgesehen von einer zahlenmäßig signifikanten Zunahme der Ehrengerichtsverfahren[17] – zwei Entwicklungstendenzen konstatiert werden können. Zum einen läßt sich feststellen, daß immer mehr *Straf*verteidiger ehrengerichtlich belangt werden; zum anderen, daß ein Großteil dieser Ehrengerichtsverfahren auf Tätigkeiten des Verteidigers beruht, die Teil des Strafprozesses selbst waren, also Plädoyers, Beweisanträge, Ablehnungsanträge usw. Dafür wird immer wieder das aus § 43 BRAO abgeleitete Sachlichkeitsgebot bemüht. Was dies letztlich bedeutet, wurde von der höchsten Instanz der Ehrengerichtsbarkeit Ende 1978 deutlich gemacht: Jedwede Formulierung oder Erklärung, der eine politische und/ oder ideologische Bedeutung zukommt, ist per Definition „unsachlich" und damit „standeswidrig":

> „Dem Strafverteidiger als Organ der Rechtspflege ist es verboten, die Verteidigung anders zu führen, als es dem sachlich begründeten Schutzinteresse seines Auftraggebers entspricht. Der Aufgabe, dem Recht zu dienen, gebührt der unbedingte Vorrang vor sachfremden, politischen oder ideologischen Interessen des Mandanten, die dieser im Strafverfahren vielleicht verfolgen will"[18].

Jede Darlegung, die die Rechtsstaatlichkeit bestimmter Zustände, vor allem auf Justizebene, in Zweifel zieht, läuft Gefahr, als „standeswidrig" etikettiert und damit sanktionierbar zu werden. Die Argumentation dafür geht aus dem von Juristen so oft bemühten Denkmuster der Gleichsetzung von „sein und sollen" hervor, das heißt, von der Gleichsetzung normativer Rechtsansprüche (wie sie sich vor allem im Grundgesetz formuliert finden) mit der gesellschaftlichen Wirklichkeit. Wer versucht, auf den Widerspruch zwischen Verfassung und Verfassungswirklichkeit hinzuweisen, läuft Gefahr, ehrengerichtlich belangt zu werden. Ein Beispiel:

> „Rechtsanwalt E. hat aber über das Ziel der Unterstützung seines Mandanten hinaus in der Öffentlichkeit wider besseres Wissen den Eindruck zu erwekken versucht, daß mißliebige Verdächtige im Moabiter Untersuchungsgefängnis rechtswidriger ‚psychischer Tortur' ausgesetzt wurden. Diese bewußte Verunglimpfung der Strafrechtspflege verstößt in grobem Maße gegen die Pflichten eines Rechtsanwalts"[19].

In der oben erwähnten Abhandlung Dreiers zum Thema „Standesrecht und Politische Prozesse" heißt es – und in diesem Punkt stimme ich mit dem Verfasser überein – „die Funktion ehrengerichtlicher Verfahren (wie von Standesrecht überhaupt) besteht in der Ausfüllung der Lücke, die – soziologisch gesprochen – zwischen Sozial- und Systemintegration[20], philosophisch gewendet, zwischen Moralität und Legalität (Kant) liegt". Abgesehen von der „Transformation legaler Freiheit in eine Verpflichtung zum funktionsgemäßen Gebrauch" (Preuß)[21] geht es vor allem um die „Strategie einer kontrollierbaren Eingrenzung von sozialen Folgen individuellen Verhaltens" (Preuß)[22]. Das Legalitätssystem des formellen Rechtsstaats verfügt aber nicht über die Mittel, Individuen mit solchen Verantwortungslasten zu überbürden. Mit der Durchsetzung des Prozesses der Internalisierung aber wird es möglich – so Preuß – „den Individuen ‚sozialverantwortliches' Verhalten im Sinne einer bestimmten inhaltlichen Idee von Gemeinwesen"[23] abzuverlangen. Standesrecht, so ließe sich mit Dreier formulieren, ist eine berufsspezifische Form der Internalisierung. Für Verteidiger in politischen Strafsachen bedeutet das:

> „Die leerformelhafte Bezugnahme auf das objektive Recht, das als von allen politischen Elementen frei gedacht wird und folgerichtig auch gehalten werden muß, die Suggerierung der Möglichkeit einer rein sachlichen Behandlung eines Prozeßstoffes, in dem die Angeklagten aus eindeutig politisch/ideologischen Motiven gehandelt haben, führt konsequenterweise dazu, daß scharfe Kritik am bestehenden Gesellschaftssystem, in Sonderheit der Justiz, als unsachlich, weil nicht den als unpolitisch definierten Gegenstand des Verfahrens betreffend, diskreditiert und sanktioniert wird"[24].

So gesehen haben standesrechtliche Repressalien gegen Verteidiger in politischen Prozessen wenig oder gar nichts mehr mit der Berufsethik der Anwaltschaft als solcher zu tun, sondern einzig und allein mit dem vorrangigen Bedürfnis, den Strafprozeß zu entpolitisieren.

1.4. Der Prozeß als kommunikatives Geschehen

Ein weiterer, *vierter Aspekt* der Problematik politischer Verteidigung bezieht sich auf das, was Watzlawick u. a. „Die pragmatischen Aspekte menschlicher Kommunikation" genannt haben[25]. Jegliches Verhalten ist Kommunikation, und gleichzeitig gilt auch: „Jede menschliche Kommunikation enthält einen Inhalts- und einen Beziehungsaspekt, wobei letzterer den erstgenannten klassifiziert und somit eine Form der Meta-Kommunikation ist"[26].

Der Strafprozeß ist in diesem Sinn ein kommunikatives Geschehen, dessen *inhaltlicher* Aspekt durch den Anspruch gekennzeichnet ist, daß zwei einander gleichgestellte Parteien vor einer unparteilichen richterlichen Instanz anhand allgemeiner Regeln ihre Diskussion führen. Der *Beziehungsaspekt* dieses kommunikativen Geschehens, also die metakommunikative Ebene, ist demgegenüber jedoch eher durch die Ungleichheit der beiden Parteien gekennzeichnet. Diese Spannung zwischen beanspruchter egalitärer Diskussion und tatsächlichem autoritärem Kontext, die im Prinzip in jedem Strafprozeß vorhanden ist, kann in politischen Strafsachen dann unerträgliche Formen annehmen, wenn die Angeklagten im Rahmen ihrer (politischen) Verteidigung – unterstützt von ihren Verteidigern – gerade die durch eine „egalitäre" Diskussion gegebenen Möglichkeiten nutzen wollen, um den autoritären Kontext derselben zum *eigentlichen* Thema dieser Diskussion zu machen.

Die so entstandene Situation weist nun alle Merkmale eines – so Watzlawick – „pragmatischen Paradoxon" auf: Der strafrechtliche Aspekt des Prozesses beinhaltet u. a., daß Verteidigung zugelassen, in gravierenden Strafverfahren sogar gesetzlich für notwendig gehalten wird, der autoritäre Aspekt des Prozesses macht es aber erforderlich, eine politische Verteidigung im obigen Sinn im Keim zu ersticken. In einer solchen Situation ist das Gebot „Sie sollen sich verteidigen lassen" widersinnig. Es kommt zu einer sogenannten double-bind-Situation, wie sie etwa von Bateson u. a. 1956 im Rahmen einer Untersuchung über schizophrene Kommunikation analysiert wurde[27]. So beinhaltet z. B. das Gebot „Sei spontan!", daß dagegen erst verstoßen werden muß, um ihm Folge leisten zu können. Charakteristisch ist für „double-bind"-Situationen weiter, daß der Empfänger des unausführbaren Gebots (in diesem Fall die Gefangenen aus der RAF) bei dessen Nichterfüllung verstärkt dem Risiko der Bestrafung oder gar der Gefahr ausgesetzt wird, für zurechnungsunfähig erklärt zu werden, wenn der Empfänger indirekt oder direkt zu erkennen gibt, daß er sich der Widersprüchlichkeiten des Gebots (der Gebots-Situation) bewußt ist.

In dem hier zur Diskussion stehenden Fall wird das Paradoxe des (Verteidigungs-)Gebots quasi dadurch aufgehoben, daß der Gebotsgeber (Legislative und Justiz) den Kraftakt vollbringt, seine Definition von dem, was „Verteidigung" beinhaltet (nämlich, sich nicht *politisch* zu verteidigen), als allgemein anerkannt durchzusetzen. Im folgenden Abschnitt wird noch deutlich werden, daß man in den Staatsschutzverfahren gegen die Rechtsanwälte Groenewold und Croissant versucht hat, genau im obigen Sinne vorzugehen.

1.5. Die deutsche Haltung gegenüber dem Phänomen „Konflikt"

In der Behandlung des „Konzepts Rechtsstaat" habe ich auch auf die kulturell unterschiedliche Bedeutung hingewiesen, die dem Phänomen „Konflikt" als kreativem Element des Rechtsgeschehens beigemessen wird. Diesen Punkt möchte ich hier als *fünften Aspekt* der Problematik politischer Verteidigung etwas eingehender behandeln, da ich – u. a. aufgrund eigener Erfahrungen als Verteidiger in einigen westeuropäischen Ländern – den Eindruck habe, daß man in deutschen sozialen und politischen Institutionen das Phänomen „Konflikt" traditionell für bedrohlicher hält als in anderen Ländern. Aufschlußreich ist in diesem Zusammenhang ein im Jahr 1962 gehaltener Vortrag von Ralf Dahrendorf über Konflikt und Freiheit[28], in dem der sozial-historische Kontext der politischen Kultur in Deutschland, die gerade nicht von einer starken Liberalität gekennzeichnet ist, knapp und prägnant dargelegt wird. Dahrendorf beginnt seinen Aufsatz mit einer kurzen Skizzierung des deutschen Strafprozesses (in Gegenüberstellung zum englischen), wobei ihm die in deutschen Juristenkreisen gängige Bezeichnung der Staatsanwaltschaft als „objektivste Behörde der Welt" als Metapher für die Charakterisierung der deutschen Sozialstruktur dient:

„Wo immer widersprüchliche Interessen sich in der deutschen Gesellschaft begegnen, gibt es eine Neigung zur Suche nach autoritativen und inhaltlichen statt experimenteller und formaler Lösungen. Viele Institutionen der deutschen Gesellschaft waren und sind so beschaffen, dass sie implizieren, daß ein einzelner oder eine Gruppe von Menschen ‚die objektivste Behörde der Welt' und daher in der Lage sei, endgültige Lösungen für alle Fragen und Konflikte zu finden"[29].

Diese These wird von Dahrendorf dann exemplarisch an den gesellschaftlichen Institutionen des Rechts- und Schulsystems, der Familie, der Kirche und des Verhältnisses Arbeitgeber/Arbeitnehmer untersucht.

Die deutsche Haltung gegenüber dem Phänomen „Konflikt" weist in Bezug auf das hier zur Diskussion stehende Thema „Politische Verteidigung" teilweise bizarre Formen auf. In einem Festvortrag über „Strafverteidigung" zog ein Rechtsanwalt namens Dr. Egon Müller auf dem 41. Deutschen Anwaltstag 1981 in Mainz „vor dem Hintergrund einer heftigen Diskussion um Leitbilder der Strafverteidigung" eine Zwischenbilanz[30]. Feststellbar sei u. a.: Ein verändertes Verteidigerverhalten, ein Trend zur Konfliktverteidigung, schikanöse Maßnahmen der Justizorgane, exzessiver Gebrauch, ja sogar gezielter Mißbrauch von Verfahrensrechten, eine Klimaverschlechterung im Gerichtssaal. Leider sei der gesamte Hintergrund dieser Entwicklung empirisch „nicht ausgeleuchtet":

„Die Gesetzesänderungen der letzten Jahre – zum Beispiel die ins Detail gehende Regelung über die Ausschließung des Verteidigers, für die es im Ausland kein Gegenstück gibt[31], Überwachung des schriftlichen Verkehrs, Trennscheibe, Kontaktsperre, die Umgestaltung des § 245 StPO, die Einführung der Rügepräklusion nach den §§ 222a und b StPO – werden daher von den einen als Folge, von den anderen als Ursache dieses veränderten Klimas interpretiert[32]"[33].

Obwohl Müller dies in seiner Rede mit keinem Wort erwähnt, läßt seine eigene Aufzählung der Gesetzesänderungen doch keinen Zweifel daran, daß die von ihm bedauerte Klimaverschlechterung eindeutig im Zusammenhang mit den seit 1970 laufenden Verfahren gegen Gefangene aus westdeutschen Stadtguerillagruppen stand. Seine gutgemeinten

Reformvorschläge hinsichtlich einer Stärkung der Verteidigerposition waren denn auch nicht mehr als fromme Wünsche, und zwar gerade deshalb, weil er sich nicht an eine (eventuell empirische) Erklärung der seit 1975 immer weiter ausgehöhlten Position der westdeutschen Strafverteidigung heranwagte. Stattdessen meinte er, daß die verschiedenen Wissenschaftsdisziplinen den Strafverteidiger vernachlässigt hätten und daß „wir über die Rolle und das Verhalten des Verteidigers in der Verfahrenswirklichkeit sehr wenig wissen“[34]. Letzteres ist allgemein eine immer noch gültige Aussage, dennoch läßt sich jene Verfahrenswirklichkeit, die ausschlaggebend für die von Müller festgestellte Klimaver schlechterung war, sehr wohl benennen und analysieren: Das hier abgehandelte Strafverfahren gegen Andreas Baader, Gudrun Ensslin, Ulrike Meinhof, Holger Meins und Jan Carl Raspe.

Dieser Prozeß hatte für alle weiteren Verfahren gegen Gefangene aus der Stadtguerilla Richtlinienfunktion und war ebenfalls ausschlaggebend für alle von Müller genannten Gesetzesänderungen. Müllers Klage, die verschiedenen Wissenschaftsdisziplinen hätten eine eingehende Beschäftigung mit der konstatierbaren Klimaverschlechterung, der Rolle und des Verhaltens des Verteidigers in der Verfahrenswirklichkeit usw. sträflich vernachlässigt, wird damit erklärbar. Schließlich mußte und muß festgestellt werden, daß gerade *diese* ausschlaggebende Verfahrenswirklichkeit des Strafprozesses gegen „Baader u. a.“, einschließlich der Rolle und des Verhaltens der Verteidiger in diesem Prozeß, in der BRD bisher kein Thema eingehender öffentlicher Reflektion sein konnte. Indirekt und unbewußt hat Müller übrigens selbst in seiner Rede die Tabuisierung dieses Themas zu erklären gewußt, indem er feststellte, „daß Verteidigung jene Institution des Strafverfahrens ist, in der sich die Autonomie des Beschuldigten verwirklicht, in der sich seine Stellung als Prozeßsubjekt erst konstituiert“[35].

Gerade letzteres wurde von den westdeutschen Justizbehörden bei dem Prozeß gegen „Baader u. a.“ jedoch als dermaßen bedrohlich erfahren, daß mit allen – in der vorliegenden Studie beschriebenen – Mitteln versucht wurde, diese Konstituierung des (antagonistischen) Prozeßsubjekts zu verhindern. Der Konflikt zwischen Gefangenen aus der RAF und der BRD wurde nicht nur verdrängt (da er schließlich nicht gelöst werden konnte), sondern selbst die speziell dafür geschaffenen adhoc-Maßnahmen (vom Ausschluß von Verteidigern bis hin zur Kontaktsperre) durften oder konnten nicht mehr mit den damit verfolgten Zielen in Verbindung gebracht werden. Damit wären wir beim letzten und wichtigsten Aspekt der Problematik politischer Verteidigung angelangt.

1.6. Das grundsätzliche Dilemma politischer Verteidigung

Dieser letzte, *sechste Aspekt* steht in engem Zusammenhang mit den schon behandelten Aspekten (zwischen denen es zahlreiche inhaltliche Querverbindungen gibt), weist jedoch auch eindeutig andersartige Merkmale auf. Es geht um das interne Dilemma eines politischen Verteidigers, also nicht im Sinne externer „Systemfunktionen" (vgl. 1.3.), sondern vielmehr ausgehend von seiner internen Position als Verteidiger. Anhand der von Max Weber geprägten Begriffe „Verantwortungsethik" und „Gesinnungsethik", die von ihm als die zwei sich grundsätzlich voneinander unterscheidenden und in unversöhnlichem Widerspruch zueinander stehenden Formen von Ethik, welche jeglichem ethischen Handeln zugrunde liegen, herausgearbeitet wurden[36], läßt sich das interne Dilemma des Verteidigers – welche Wahlmöglichkeiten hat er, welche Entscheidungen muß er treffen? – eingehender untersuchen. Der Begriff „Verantwortungsethik" beinhaltet,daß der Handelnde sich selbst gegenüber Rechenschaft ablegt über die möglichen und wahrscheinlichen, zumindest vorhersehbaren Folgen seines Handelns der Begriff „Gesinnungsethik" bezieht sich ausschließlich auf die Reinheit der Handlung selbst, welche Folgen sie auch immer haben mag.

In der Beziehung Verteidiger-Mandant wird der Verteidiger sich immer an Verantwortungsethik orientieren müssen. Schließlich muß er zumindest in der Lage sein, die folgenden Fragen beantworten zu können: Welche Ziele will der Mandant erreichen; welche Mittel stehen mir als Anwalt zur Verfügung; welche Resultate und/oder Nebeneffekte positiver und negativer Art lassen sich beim Einsatz dieser Mittel erwarten? Der Mandant muß über die Antworten informiert werden, da er sie bei seiner Entscheidung für eine bestimmte Art der Verteidigung mit einbeziehen muß. Diese Verantwortlichkeit, die normative Richtschnur für das Handeln des Verteidigers in der Beziehung zu seinem Mandanten, wird von der eigenen Gesinnung des Anwalts mehr oder weniger stark beeinflußt, zum Beispiel durch Abneigung gegen oder Verständnis für die Handlungen, die seinem Mandanten vorgeworfen werden.

Die in den Verfahren gegen „Baader u. a." auftretenden Verteidiger bestimmten ihr Handeln primär vom Bewußtsein ihrer Verantwortung her für die Folgen, die ihre Verteidigung für die Mandanten haben würde. Die Justiz konnte ihr Handeln jedoch nicht anders denn als reine Gesinnungsethik wahrnehmen. So behauptete die Verteidigung etwa, daß die Gefangenen einer Isolationsfolter unterlägen, währen die Justiz den Verteidigern Verleumdung vorwarf, weil es sich bei den Isolationshaftbedingungen um notwendige Sicherheitsmaßnahmen handele; oder die Verteidigung vertrat die Auffassung, daß eine politische Strafsache verhandelt werde, während die Justiz nur ein gewöhnliches Strafverfahren sehen wollte.

Anders gesagt: Der Verteidiger läßt sich in den Augen der Justiz für die Propagierung des revolutionären Selbstverständnisses seines Mandanten instrumentalisieren, wobei ihm die verheerenden Folgen seines Verhaltens völlig gleichgültig seien, so etwa die „Verunglimpfung“ der Justiz und die mögliche Wirkung seiner Äußerungen auf labile und unzufriedene Geister. Falls die Verteidiger ihre Angriffe gegen Staat und Justiz fortsetzten, könnten Regierung und Justiz nur die Schlußfolgerung ziehen, daß die Anwälte eine Kampagne gegen die Staatsorgane führten, um Sympathisanten für die Guerilla zu gewinnen. Damit wäre die Metamorphose vom Verteidiger zum „Terroristen in Robe“ vollzogen. Im folgenden wird noch näher darauf eingegangen, wie die Richter in den Strafverfahren gegen Croissant und Groenewold diese „Wahrheit“ justitiell absegneten.

Zunächst ist jedoch der Frage nachzugehen, ob es nicht zur verantwortungsbewußten Aufgabenerfüllung der Verteidiger (als „Organen der Rechtspflege“) gehört hätte, zu verhindern, daß es überhaupt so weit kommen mußte. Schließlich hatten diese Anwälte schon 1972 bemerkt, wie Staatsschutz und Justiz auf den engagierten Einsatz für die Mandanten reagierten; ihnen war durchaus klar, daß ihre Angriffe gegen die mit der Strafverfolgung gegen ihre Mandanten befaßten Staatsorgane als Verstoß gegen bestehende Regeln und Gepflogenheiten wahrgenommen wurden. Die frühere oder spätere Präsentation der Rechnung war für sie vorhersehbar. Muß es dann nicht als „unverantwortlich“ bezeichnet werden, wenn die Anwälte gleichwohl ihre Prozeßstrategie der grundsätzlichen Konfrontation zur herrschenden Rechtsordnung unvermindert fortsetzten, obwohl sie doch wußten, daß ihrer Strategie kein Erfolg im herkömmlichen Sinn beschieden sein konnte? Meine Antwort lautet eindeutig: Nein. Ausgehend von ihrer Verantwortung für den Schutz der körperlichen und geistigen Integrität ihrer Mandanten, wozu auch die Wahrung der politischen Identität als wesentlicher Bestandteil von Integrität zählt, gab es für die Verteidiger keine andere Alternative, als den Konflikt mit Regierung und Justiz zu wagen und – notfalls mit allen Konsequenzen – durchzustehen. Sie waren sich der möglichen Folgen wie Kriminalisierung, Ausschließung, Inhaftierung durchaus bewußt, erreichten jedoch den Punkt, an dem auch derjenige, der sich primär von Verantwortungsethik leiten läßt, sich sagt: Hier stehe ich, ich kann nicht anders.

Dies ist nun jene Ausnahmesituation, von der Max Weber sagt, daß „Gesinnungsethik“ und „Verantwortungsethik“ nicht im Widerspruch zueinander stehen, sondern einander wesentlich ergänzen, und daß ihre Gemeinsamkeit erst den wirklichen Menschen konstituiert.

An dieser Stelle muß noch einmal darauf hingewiesen werden, daß die Verteidiger, die schon seit 1972 von offizieller Seite ebenso wie von den Medien als „Terroristen in Robe“ bezeichnet und geschildert wurden, in zunehmendem Maße auch standesrechtlich unter Druck standen. Für einen Verteidiger scheint es nur zwei Auswege aus einer solch schwierigen Situation zu geben, die die Erfüllung seiner Aufgabe in hohem Maße beeinträchtigen oder auch unmöglich machen kann. Die erste wäre der Rückzug, die Niederlegung des Mandats; für ihn selbst mag das die einzige Rettung sein, für seinen Mandanten käme sie einem Verrat gleich. Die zweite Möglichkeit wäre ein öffentliches Bekenntnis des Inhalts, daß er als Verteidiger nicht nur im Interesse seines Mandanten von den Möglichkeiten des bürgerlichen Rechtsstaates Gebrauch mache, sondern daß er sich selbst als Person zu dem durch diesen Rechtsstaat geschützten „pluralistischen Gesellschaftssystem" bekenne, zumindest jedoch, daß er – ausgehend von der verfassungsmäßig verbürgten „freiheitlich-demokratischen Grundordnung" – der Überzeugung sei, für die Selbstbestimmung der Menschen gewähre der bürgerliche Rechtsstaat ein ausreichendes Maß an Freiheit. Mit einem solchen Treuebekenntnis kann der Verteidiger jedoch durch eine Problemverschiebung vom Regen in die Traufe geraten, da er in Gefahr gerät, das Problem politischer Verteidigung zu Lasten seines Mandanten auszutragen. In welcher anderen Strafsache wird der Verteidiger jemals wegen seiner *persönlichen* Meinungen zum Staat und zum Rechtssystem sowie wegen der Position seines Mandanten zur Verantwortung gerufen? Solche Ehrenbezeugungen beinhalten fast unvermeidlich eine Stellungnahme gegen den Mandanten, für den der Rechtsstaat allein ein Instrument ist, um die bestehenden Macht- und Besitzverhältnisse aufrecht zu erhalten. Infolge derartiger Unterwerfungserklärungen bliebe das Vertrauensverhältnis zu dem Mandanten als notwendige Voraussetzung für jede freie Verteidigung (eine der „Säulen" des Rechtsstaats) auf der Strecke. Hinzu kommt noch, daß ein Anwalt, der als Verteidiger ständig rechtsstaatlichen Grundsätzen gegenüber staatspolitischen (Sicherheits-)Interessen zum Durchbruch verhelfen will, jede Loyalitätsbekundung zu einem Staat, der seine eigenen Rechtsgrundsätze im Konfliktsfall mißachtet, als unzumutbar ablehnen wird. Schließlich verficht er gegenüber der übergesetzlichen Staatsraison die grundrechtliche und strafprozessuale Position des Angeklagten, deren fundamentale Bedeutung für einen Rechtsstaat niemand anzweifelt, und gerade dieses Handeln wird ihm zum Vorwurf gemacht.

So weit die Skizzierung jener Situation, die ich das *doppelte Paradoxon der Verteidigung in politischen Strafsachen* nennen möchte: Um in politischen Strafsachen als Verteidiger weiterhin arbeiten zu können, kann es notwendig scheinen, ein persönliches Glaubensbekenntnis zum Staat als Rechtsstaat abzugeben; das hat höchstwahrscheinlich das Ende des Vertrauensverhältnisses zwischen dem Mandanten und ihm zur Folge, was ein weiteres Auftreten als Verteidiger in politischen Strafsachen unmöglich macht, was wiederum das Bekenntnis falsifiziert. Anders gesagt, weniger paradox und mehr in Begriffen, denen eine Akzeptanz des „Konzepts Rechtsstaat" zugrundeliegt: In politischen Strafsachen befindet sich der Verteidiger fortwährend in einem Spannungsfeld zwischen Loyalität gegenüber dem System, in dem er arbeitet und das er benutzt und der Loyalität gegenüber seinen Mandanten, die dieses System ganz oder teilweise ablehnen und entsprechende Ziele verfolgen; er will und/oder kann sich aber weder von den Mandanten noch von deren Zielen distanzieren. Dies ist das Dilemma, dem kein Verteidiger in politischen Strafsachen entkommt.

In der vorliegenden Studie habe ich aufzuzeigen versucht, wie die Verteidiger von Gefangenen aus der RAF von Anfang an und systematisch von Seiten des Staates mit Maßnahmen und Methoden konfrontiert wurden, die im Widerspruch zu Grundrechten, Rechtsprinzipien und gesetzlichen Vorschriften standen. Fast alle in diesen Strafverfahren tätigen Anwälte sind anfänglich als der Typ des an den Grundrechten orientierten klassisch-liberalen bis radikaldemokratischen Verteidigers aufgetreten; zumeist beruhte ihre politische Identität auf der Verabscheuung des Nationalsozialismus, der Ablehnung von gesellschaftlicher Restauration und Remilitarisierung und – damit in Verbindung stehend – auf dem Widerstand gegen die Notstandsgesetzgebung und den Vietnamkrieg.

Im Lauf der Staatsschutzverfahren gegen Gefangene aus der RAF haben sich jedoch einige der Verteidiger, die den ungleichen Kampf nicht schon früher oder später aufgegeben hatten, mehr in Richtung des eindeutig politisch engagierten und politisch Position beziehenden Verteidigers entwickelt. Unter dem Eindruck ihrer konkreten Erfahrungen und Konfrontationen mit dem Staatsapparat kamen sie immer stärker zu der Überzeugung, daß die vielgepriesene Rechtsstaatlichkeit nichts anderes als eine Fassade war, hinter der sich, was ihre Mandanten betraf, ein brutaler Machtstaat verbarg, der selbst vor der Vernichtung des gefangenen politischen Gegners nicht zurückschreckte. Diese Anwälte, für die Croissant ein gutes Beispiel war, taten schließlich genau das Entgegengesetzte von dem, was dem „doppelten Paradoxon" zufolge von ihnen zu erwarten gewesen wäre: An Stelle eines Bekenntnisses zum Rechtsstaat brachten sie ihre Überzeugung auch zum Ausdruck. Die spätere Ausschaltung dieser Anwälte von der Verteidigung oder von einer weiteren Berufsausübung überhaupt konnte von ihnen nur als eine weitere Bestätigung der Richtigkeit ihrer Auffassung über den wahren Charakter des bürgerlichen Rechtsstaates gesehen werden.

2. Die Strafverfahren gegen Groenewold und Croissant

Die Ausschließung der Rechtsanwälte Croissant, Groenewold und Ströbele von der Verteidigung im Stammheimer Prozeß ist in Kapitel V erörtert worden. Ihre Begründung basierte auf der juristischen Konstruktion von drei Unterstellungen über die Gesinnung der Anwälte bzw. der Gefangenen: Die Fortführung der „kriminellen Vereinigung" RAF aus der Haft heraus; das Abhalten von Hungerstreiks zu diesem Zweck; die Unterstützung der RAF seitens der Verteidiger durch Versenden von Informationsmaterial an ihre inhaftierten Mandanten. Von den seit 1972 seitens der Staatsschutzbehörden und Medien fortwährend gegen diese Anwälte ausgestreuten Verdächtigungen war zum Zeitpunkt ihrer Ausschließung nichts übrig geblieben. Es ist deshalb interessant, zu untersuchen, ob diese Verdächtigungen in den Strafprozessen gegen diese Anwälte substantiiert wurden.

2.1. Die Strafsache gegen Kurt Groenewold

Der Prozeß gegen Groenewold begann am 18.1.78 vor dem Staatsschutzsenat des OLG Hamburg. Wegen der besonderen Bedeutung (§§ 74a i.V.m. 142a GVG) hatte die BAW diese Strafsache nicht abgegeben, sondern die Anklage selbst erhoben und vertreten.

Im Juli 1976 wurde bekannt, daß von Ende April 1975 bis zum Mai 1976 alle Kanzlei- und Privattelefonanschlüsse Groenewolds von der BAW mit Zustimmung des Ermittlungsrichters des BGH abgehört worden waren: Rund 15 000 Telefongespräche wurden inhaltlich festgehalten. Die BAW benutzte diese Informationen (z. B. Gespräche zwischen Groenewold und seinen Verteidigern in dem damals gegen ihn laufenden Berufsverbotsverfahren) nachweislich noch während dieses Zeitraums, um in das Ehrengerichtsverfahren gegen Groenewold einzugreifen. Da Groenewold jedoch schon seit dem März 1975 – nach seinem Ausschluß von der Verteidigung in Stammheim – keine Gefangenen aus der RAF mehr verteidigte, stellt sich die Frage, wie diese Abhöraktion wohl begründet wurde. In seinem Abhörbeschluß vom 29.4.75 hatte der Ermittlungsrichter des BGH als Begründung angeführt, daß „die beweismäßig abgesicherten Verbindungen zwischen den Wahlverteidigern der Baader-Meinhof-Vereinigung den dringenden Verdacht (begründen), daß der Beschuldigte sich dennoch weiterhin für diese kriminelle Vereinigung in strafbarer Weise einsetzen wird"[37]. Wie man sich letzteres vorstellte, nachdem Groenewold keine Kontakte mehr zu Gefangenen aus der RAF hatte, bleibt offen. Obwohl gegen Groenewold bereits am 12.6.75 ein vorläufiges Berufsverbot ausgesprochen worden war, wurde die Erlaubnis zum Abhören danach dreimal verlängert. Die entsprechenden Beschlüsse wurden damit begründet, daß sich der dringende Verdacht, Groenewold setze die Versendung von Info-Verteidigungspost an „Baader u. a." fort, noch verstärkt habe. Obwohl Groenewold also nicht mehr Verteidiger war, konnte er weiter Verteidigerpost verschicken! Per Telefon vermutlich, denn seine Post wurde nicht kontrolliert.

Es liegt nahe, diese recht merkwürdigen Begründungen dahingehend zu interpretieren, daß sie lediglich als Vorwand dienten, um Groenewold telefonisch überwachen zu können. Der tatsächliche Grund lag höchstwahrscheinlich in dem Bemühen, Einblick in seine Kanzlei zu erhalten, in ihre Struktur, Klientel und Arbeitsweise. Denn Kanzleipartner Groenewolds traten noch bis zum Januar 1976 für verschiedene Gefangene aus der RAF als Verteidiger auf. Ergebnis dieser Aktion war auf jeden Fall, daß für den Zeitraum eines Jahres jegliche Vertrauensbeziehung zwischen den drei in der Kanzlei Groenewold arbeitenden Rechtsanwälten und ihren Mandanten de facto zunichte gemacht worden war. Die BAW nahm von rund 15 000 aufgezeichneten Telefonaten 19 als Beweismittel in ihre Anklageschrift auf, und zwar in erster Linie als zusätzliche Beweise für ihre Behauptung, Groenewold und andere Anwälte hätten Rundbriefe an ihre Mandanten verschickt, was niemals bestritten worden war, sowie für die Feststellung, welche Kanzleimitarbeiter daran beteiligt waren.

„Gesprächsinhalte, die den normalen Kanzleibetrieb betreffen und die offenkundig nicht im Zusammenhang mit strafbaren Handlungen des Beschuldigten stehen", sollten laut Abhörbeschluß des Ermittlungsrichters von der Aufzeichnung ausgenommen oder sofort gelöscht werden[38]. Die BAW hatte diese richterliche Auflage jedoch schlichtweg mißachtet. Die Strafrechtsprofessoren Welp und Hassemer, die vor dem OLG Hamburg ein Gutachten über die Abhöraktion erstatteten, kamen zu der Schlußfolgerung, daß „auch bei äußerster Anspannung kriminalistischer Phantasie nicht vorstellbar" gewesen sei, in welchem Zusammenhang der überwiegende Teil der aufgezeichneten Gespräche mit der Strafsache Groenewold stehe: „Auch bei außerordentlich vorsichtiger Schätzung dürfte der Anteil der Gespräche mit bedeutungslosem Inhalt bei weit über 95 Prozent der insgesamt aufgezeichneten Gespräche liegen"[39].

Die 19 von der BAW als Beweismittel angeführten Telefongespräche sollten hauptsächlich beweisen, daß Groenewold in seiner Kanzlei ein „Infosystem" organisiert hatte. Zu den Telefongesprächen, die von der BAW in der Anklageschrift weitergehend interpretiert wurden, meinten die genannten Sachverständigen, daß die vorgenommene Auslegung „nicht plausibel" sei bzw. daß „nicht ersichtlich (sei), worin deren Beweiswert bestehen soll"[40]. Außerdem waren sie der Auffassung, daß der Großteil dieser Gespräche aus technisch-juristischen Gründen als Beweismittel „unverwertbar" sei, da es sich um Anwalts- bzw. Mandantengespräche handele (§146 StPO a.F.)[41].

Im August 1976 reichte die BAW die Anklageschrift gegen Groenewold beim BGH ein, kurz danach wurden wesentliche Teile ihres Inhalts in der Presse veröffentlicht. Gemäß § 353 d Nr. 3 StGB wird bestraft (maximal ein Jahr Freiheitsstrafe), wer die Anklageschrift „ganz oder in wesentlichen Teilen im Wortlaut öffentlich“ zur Kenntnis gibt, bevor sie vom Gericht behandelt wurde. Mit dieser Vorschrift soll „die Unbefangenheit von Verfahrensbeteiligten (. . .), aber auch der Schutz vor Bloßstellungen der Beteiligten“ sichergestellt werden[42]. Tatsache war jedoch, daß unmittelbar nach Vorlage der Anklageschrift äußerst tendenziöse Artikel über das bevorstehende Strafverfahren gegen Groenewold, das erst eineinhalb Jahre später eröffnet wurde, in der überregionalen Presse erschienen[43]. Formulierungen in diesen Berichten erlaubten den Rückschluß, daß die Anklageschrift einigen Journalisten zur Verfügung gestanden haben mußte. Daraufhin ersuchte Groenewold das Bundesjustizministerium um entsprechende Auskunft. Erst vier Monate später, nachdem Groenewold das Verwaltungsgericht eingeschaltet hatte, da die Hetze gegen ihn unvermindert weiterging, bestätigte das Ministerium den Verdacht, daß die Anklageschrift Journalisten zur Verfügung gestellt worden war. Das habe sich als notwendig erwiesen, „um die Journalisten rechtzeitig in die Lage zu versetzen, sich mit der vorauszusehenden öffentlichen Kampagne gegen die Anklage aufgrund vollständiger Informationen auseinanderzusetzen“[44]. Demnach führte nicht die Justiz eine Kampagne gegen Groenewold – sie reagierte vielmehr nur präventiv auf eine von ihm zu erwartende Kampagne gegen die Justiz [45]. Eine Auskunft, welche (sechs) Journalisten die Anklageschrift erhalten hatten, verweigerte der Bundesjustizminister. Ein Beschluß des Verwaltungsgerichts Köln vom Mai 1977[46], das den Minister zur Auskunft verurteilte, blieb ohne Wirkung: Der Minister ging dagegen in Berufung, und zum Zeitpunkt der Eröffnung der Hauptverhandlung gegen Groenewold war das Verfahren immer noch nicht abgeschlossen.

Die Vorgehensweise des Bundesjustizministeriums zeigte indessen die gewünschte Wirkung, nämlich, in den Worten des Verwaltungsgerichts Köln, „daß durch Presseberichte, die auf dem Hintergrund der Anklage gegen den Kläger entstehen, der Kläger in der öffentlichen Meinung – wie er es ausdrückt – ‚vorverurteilt‘ wird“[47]. Die in Presseartikeln, Radio- und Fernsehsendungen stattfindende Vor-verurteilung ging noch weit über die in der Anklageschrift enthaltene Anschuldigung hinaus[48]. Kern der Anklage war, Groenewold habe eine kriminelle Vereinigung, die von Gefangenen aus der RAF aus der Haft heraus fortgeführt würde, durch die Verbreitung schriftlicher, für die Verteidigung irrelevanter Informationen zwischen den Gefangenen unterstützt. In den Medien tauchte jedoch fortwährend die alte Anschuldigung auf, das Info-System diene der Aufrechterhaltung der Verbindungen zwischen gefangenen und freien RAF-Mitgliedern. Der GBA wiederholte diese Behauptung noch einmal öffentlich am 21. 12. 77, einen Monat vor Beginn der Hauptverhandlung, in seinem sogenannten Jahresbericht[49]. Von Groenewold darauf angesprochen, erklärte der GBA, es habe sich um ein „Mißverständnis" gehandelt; die Anschuldigung solle zukünftig nicht wiederholt werden.

Sehr wahrscheinlich ist, daß mit dieser offensiven Informationspolitik von GBA, BKA und Bundesjustizministerium noch ein anderes Ziel verfolgt wurde. Dies stellte sich in einem Gespräch zwischen Groenewold, seinem Kanzleipartner Rainer Köncke und Gerhard Boeden, dem Leiter der Terrorismus-Abteilung des BKA, im August 1977[50] heraus. Groenewold und Köncke waren von Boeden zu diesem Gespräch eingeladen worden, weil sie in ihren Beschwerden über die gegen Groenewold laufende Pressekampagne auf das BKA als eindeutige Quelle für die unwahren Informationen hingewiesen hatten. Während dieser Unterhaltung bedauerte Boeden die Pressekampagne und sagte zu, daß vom BKA künftig keine falschen Informationen mehr an die Presse weitergeleitet würden. Schließlich warf Boeden die Frage auf, und dies kann als der eigentliche Grund für die vom BKA gewünschte Unterhaltung gesehen werden, ob Groenewold und seine Kanzleipartner sich nicht öffentlich von der Politik ihrer ehemaligen Mandanten distanzieren und die sich in Freiheit befindenden Mitglieder der RAF aufrufen könnten, ihre Aktivitäten einzustellen.

Der Prozeß gegen Groenewold wurde international aufmerksam verfolgt. So hatte etwa Amnesty International den niederländischen Strafrechtsgelehrten Rüter als Prozeßbeobachter geschickt. Der Prozeß dauerte fast sechs Monate; Groenewold und seine vier Verteidiger, unter ihnen ein französischer Rechtsanwalt, erhielten ausreichend Gelegenheit, auf die Anklageschrift einzugehen[51]. Am 10.7.78 verurteilte der Staatsschutzsenat des OLG Hamburg Groenewold schließlich „wegen Unterstützung einer kriminellen Vereinigung in einem besonders schweren Fall" zu einer Freiheitsstrafe von zwei Jahren; die Strafe wurde wegen „mildernder Umstände von besonderem Gewicht (...), die Ausnahmecharakter haben"[52], zur Bewährung ausgesetzt. Als „Genugtuung für das begangene Unrecht" (§ 56b StGB) erhielt Groenewold die Bewährungsauflage, 75 000 Mark an den Witwen- und Waisenfonds der Hamburger Polizei zu bezahlen.

Die 124seitige Urteilsbegründung wurde in der westdeutschen Fachpresse von Jürgen Seifert und Heribert Ostendorf äußerst kritisch erörtert[53]. Dennoch erscheint es mir sinnvoll, das Urteil kurz zu kommentieren:

1. Ausgangspunkt der Anklageschrift war die Behauptung, „Baader u. a." hätten ihre kriminelle Vereinigung „aus der Haft heraus" fortgeführt, indem sie „mit Agitation, Disziplinierung und Befehlen sowie mit umfangreichen Schulungsprogrammen nicht nur die inhaftierten Mitglieder organisatorisch zusammenhielten, sondern auch den kriminellen Zweck der Vereinigung weiterverfolgten und Zusammengehörigkeitsgefühl und Zukunftspläne der Inhaftierten hierauf ausrichteten".

Ein Ausgangspunkt, der für das Gericht durchaus nicht unproblematisch war. Einerseits wird die kriminelle Vereinigung nicht auf die gefangenen Mitglieder der RAF beschränkt. Somit soll die kriminelle Vereinigung aus zwei Untergruppen bestehen, einer inhaftierten und einer nicht inhaftierten, andererseits betraf aber das Verhalten durch das die kriminelle Vereinigung fortgeführt worden sein soll, nur den Informationsaustausch zwischen inhaftierten RAF-Mitgliedern.

Die juristischen Sachverständigen Welp und Hassemer gingen in ihrem dem Gericht vorgelegten Gutachten ausführlich auf diese Problematik ein. Darin sagen sie, daß „tatsächlicher Zusammenschluß, gemeinsame Willensbildung, arbeitsteiliges Zusammenwirken, Dauer" in Literatur und Rechtsprechung als „die tatbestandlichen Merkmale" des Vereinigungsbegriffs genannt werden[54]. Gehe man von diesen Merkmalen aus, so sei eine Fortsetzung der kriminellen Vereinigung „aus der Haft heraus" *im Prinzip* möglich, und zwar „in krimineller Kollusion mit einer relevanten Teilgruppe der Vereinigung, die sich in Freiheit befindet"[55]. Konkret könne dies etwa so aussehen:

> „Bei entsprechender Nachlässigkeit der Behörden ist es beispielsweise möglich, daß inhaftierte Mitglieder einer kriminellen Vereinigung nicht inhaftierten Mitgliedern Ratschläge oder Anweisungen zu relevanten Straftaten erteilen. In Bezug auf diese konkrete und in regelmäßigen Kassibern realisierte Verbindung zwischen Mitgliedern einer kriminellen Vereinigung wird letztere ‚fortgesetzt', und zwar von den inhaftierten Mitgliedern ‚aus der Haft heraus'. Dabei versteht es sich, daß die erwähnten Ratschläge oder Anweisungen im konkreten Fall noch auf ihre Tathandlungsqualität im Rahmen des § 129 I StGB überprüft werden müssen"[56].

Weiter könne ihrer Meinung nach ausgeschlossen werden, daß von einer *selbständigen* kriminellen Vereinigung gesprochen werden könne, wenn es sich bei den betreffenden Personen ausschließlich um Gefangene handele, da die für den Begriff der Vereinigung geltenden tatbestandlichen Merkmale in der Gefangenschaft unmöglich zu verwirklichen seien. Die gegenteilige Auffassung würde beinhalten, daß *allein* das Vorhandensein krimineller Absichten, unabhängig von der „Realisierbarkeit des kriminellen Zwecks", für die Annahme des Bestehens einer kriminellen Vereinigung als ausreichend betrachtet werde; eine solche Auffassung „liefe jedoch auf reines Gesinnungsstrafrecht hinaus"[57]. Weiter: „Unter den zugänglichen Entscheidungen und wissenschaftlichen Äußerungen zu § 129 StGB findet sich denn auch keine, die § 129 I nur auf den kriminellen Zweck stützte"[58].

Mit dem Urteil in der Strafsache gegen Groenewold hat diese Feststellung jedoch ihre Gültigkeit verloren. Dem OLG Hamburg zufolge hatten die Gefangenen aus der RAF bereits dadurch eine kriminelle Vereinigung gebildet, daß sie an dem „Konzept Stadtguerilla" festhielten. Ein Musterbeispiel für „reines Gesinnungsstrafrecht", wovor die Strafrechtsexperten Welp und Hassemer im selben Prozeß ausdrücklich gewarnt hatten.

Diese Urteilsfindung des Gerichts kann nur in ihrem politischen Zusammenhang verstanden werden: ein Freispruch wäre der Verurteilung der Justiz und ihren jahrelangen Verfolgungsmaßnahmen gegen die Verteidiger gleichgekommen. Zu offenkundig war, daß auf der Grundlage der Anklageschrift und der angeführten Beweismittel eine Verurteilung weder in Frage kommen konnte, weil eine kriminelle Vereinigung „aus der Haft heraus" fortgeführt worden war, noch – in den Worten von Welp und Hassemer – „für die inhaftierte Teilgruppe der Vereinigungsmitglieder eine weitere, nicht inhaftierte Teilgruppe als möglicher Kollusionspartner bereitsteht, mit dessen Hilfe Zwecke oder Tätigkeit der kriminellen Vereinigung erreichbar bleiben"[59]. Die Anklage der BAW war – um einen vor allem im Zivilrecht gebräuchlichen Ausdruck zu verwenden – von Anfang an unschlüssig. Sie hätte deshalb gar nicht zur Hauptverhandlung zugelassen werden dürfen. Für die Verurteilung Groenewolds (und später Croissants) war das Gericht somit auf die Konstruktion einer kriminellen Vereinigung „in der Haft" *angewiesen*.

2. Der nächste vom Gericht vorzunehmende Schritt, der Nachweis der strafbaren Unterstützung *dieser* kriminellen Vereinigung „in der Haft" durch Groenewold, war dann relativ einfach. Das Gericht verneinte keineswegs, daß die Blockverteidigung und das hierfür nötige Infosystem *für sich betrachtet* rechtlich nicht zu beanstanden waren. Weiter gab es zu, daß das Vorhandensein eines solchen Infosystems es unvermeidlich mache, daß „dadurch automatisch ein gewisses Zusammengehörigkeitsgefühl der ehemaligen Mandanten des Angeklagten bestärkt (wird) und wenn sie in ihrer kriminellen Haltung aufrechterhalten werden"[60]. Der nächste Schritt war dann logischerweise die Auseinandersetzung mit dem Konzept der Verteidigung in Stammheim. Schließlich mußte das Gericht zwecks Beurteilung der Frage, ob Groenewold sich einer strafbaren Unterstützung *dieser* kriminellen Vereinigung schuldig gemacht hatte, genau untersuchen, welche der vielen Infomaterialien „nicht mehr der Verteidigung, sondern der Aufrechterhaltung und Förderung der kriminellen Vereinigung (dienten)"[61]. Dabei ging es um die von Februar 1973 bis zur Ausschließung Groenewolds von der Verteidigung in Stammheim (Mai 1975) verschickten und von der BAW bei Zellenrazzien und Kanzleidurchsuchungen beschlagnahmten Rundbriefe. 13 dieser Rundbriefe konnten dem Gericht zufolge einer entsprechenden Überprüfung nicht standhalten, wobei das Gericht das zugrunde gelegte Kriterium so umschreibt:

> „Es ist weder Pflicht noch Recht eines Anwalts, ein Selbstverständnis (als „Stadtguerilla" – BS) und eine politische Identität zu unterstützen und aufrecht zu erhalten, die verfassungsfeindlich und auf künftige Gewalt gerichtet ist. Die Darstellung eines solchen Selbstverständnisses vor Gericht ist keine Verteidigung, sondern dient nur der Umfunktionierung eines Prozesses in staatsfeindliche Propaganda und Aufruf zur Gewalt. Als unabhängiges Organ der Rechts-

pflege soll der Verteidiger mithelfen, das Recht zu verwirklichen. Damit tritt er an die Seite der Gerichte und der Staatsanwaltschaft (...). Dem Angeklagten ist zuzugeben, daß er nicht verpflichtet ist gegen das ‚Selbstverständnis' seiner Mandanten einzuschreiten und ihr Zensor zu sein. Er durfte sie aber nicht durch Weiterleitung ihrer ‚Selbstverständnispapiere' unterstützen"[62].

Die Sprache des Gerichts ist eindeutig. Erstens habe ein Verteidiger nicht das Recht, seinem Mandanten bei der Vorbereitung einer politischen Verteidigung behilflich zu sein, wenn sie auf den Versuch der Rechtfertigung revolutionärer Gewalt hinauslaufe und *sich daraus eine auch in Zukunft unveränderte Haltung des Mandanten ableiten lasse.* Zweitens dürfe ein Verteidiger das politische Selbstverständnis seines Mandanten nur dann unterstützen, *wenn dieses Selbstverständnis nicht als verfassungsfeindlich betrachtet werden könne.*

Ein solches Kriterium läuft darauf hinaus, daß nicht der Verteidiger, sondern *die Justiz über Inhalt und Grenzen der (politischen) Verteidigung bestimmen (können) soll.*

3. Diesem Kriterium zufolge ist es einigermaßen erstaunlich, daß das Gericht nur 13 der mehrere Tausende zählenden Info-Schriftstücke als Beweisurkunden für den Groenewold gemachten Vorwurf der Unterstützung einer kriminellen Vereinigung heranzog. Um welche Papiere handelte es sich? Die ersten fünf Dokumente weisen, so das Gericht, „in die Zukunft und dienen nicht der Verteidigung, sondern nur noch dem Selbstverständnis der ehemaligen Mandanten als ‚Stadtguerilla'"[63]. Es handelte sich um die von Ulrike Meinhof verlesene Hungerstreikerklärung vom September 1974 und das zugehörige sogenannte Kampfprogramm, das „die Selbstorganisation kollektiver Gegenmacht in den Gefängnissen" sowie eine revolutionäre „Gefängnisbewegung im Knast" zum Thema hatte. Des weiteren ging es um einen kurzen, im Telegrammstil abgefaßten Kommentar eines Gefangenen zu diesem „Kampfprogramm" und einige ebenso kürzelhafte Zeilen eines anderen Gefangenen zur „dialektik von faschistischer sozialisation und revolutionärer erziehung" (Mai 1975). Und schließlich um zwei kurze Papiere von Gefangenen über die Aktion in Stockholm (wiederum im Telegrammstil von zusammen nicht mehr als 33 Zeilen); daraus ein Ausschnitt:

> „die erklärung stg. (Prozeßerklärung Stuttgart-Stammheim – BS) muß die analyse stockholm sein, in dem rahmen alles, was wir uns vorgenommen haben; moment ham wir weder zeitungen noch radio; trotzdem war es keine niederlage, stärkste antiimperialistische aktion des deutschen proletariats überhaupt. aus den erniedrigungen und beleidigungen durch faschismus, us-imperialismus, krieg und sozialdemokratie hat das deutsche proletariat in stockholm seine ehre, seine revolutionäre identität als klasse, die den imperialismus stürzen wird, wiedergefunden"[64].

Dieses Zitat kann als repräsentativ für die Art der Info-Beiträge gelten, die das Gericht als nicht verteidigungskonform beanstandete, obwohl aus diesem Zitat der Zusammenhang mit der Verteidigung im Stammheimer Prozeß deutlich wird.

In seinem Artikel über das Groenewold-Urteil beendet Heribert Ostendorf, Richter von Beruf, seine Betrachtung der beanstandeten Info-Schriftstücke mit der Bemerkung: „Derartige Positionspapiere haben bei politisch motivierten Delikten Verteidigungscharakter, der nicht dadurch wegfällt, daß sie gleichzeitig den Kampfwillen und die Solidarität der Gruppenmitglieder bestärken"[65].

Weitere vier Dokumente beschäftigen sich mit Sprengtechnik, Bomben, Polizei und Grenzschutz[66]. Dem Gericht zufolge waren diese von Gefangenen erstellten Papiere nur als „reine Schulungspapiere zur Vorbereitung künftiger Gewaltakte" zu betrachten[67]. Verschiedene Gefangene hatten sich in diesen Papieren mit allgemein zugänglichen Quellen entnommenen Fachartikeln über neue Techniken auf dem Gebiet von Zündmechanismen sowie über die Organisation von Polizei und Bundesgrenzschutz auseinandergesetzt.

> Die entsprechende Fachliteratur war nicht nur allgemein zugänglich, sondern den Gefangenen auch direkt über die Justizbehörden zugestellt worden. Im Zusammenhang mit ihrer jeweiligen Prozeßvorbereitung hatten verschiedene Gefangene die Gerichte oder Haftanstalten um Erlaubnis für den Bezug dieser Fachzeitschriften und Fachbücher gebeten. Den Gefangenen war es gestattet, insgesamt 41 ausgesprochen technische Fachzeitschriften (Wehrtechnik, Waffenrevue, Militärtechnik, Kriminalistik, Innere Sicherheit, Die Polizei, Funktechnik, Funkschau, Electronik, usw) zu abonnieren[68]. Auch wurden Bücher mit militärtechnischen, polizei- oder geheimdienstlichen Themen über die Justizbehörden selbst bestellt und an die Gefangenen weitergeleitet[69].

In den Jahren 1973 bis 1975 hatten Staats- und Bundesanwaltschaft verschiedentlich versucht, per Gerichtsbeschluß zu erreichen, daß den Gefangenen der Bezug derartigen technischen Informationsmaterials untersagt würde[70]. Diese Anträge waren jedoch stets mit der Begründung, solche Materialien könnten für die Vorbereitung der Verteidigung von Bedeutung sein, zurückgewiesen worden. Deshalb konnten Groenewold und seine Verteidiger auch auf die im Stammheimer Prozeß eingebrachten Beweisanträge verweisen, in denen solche Materialien verarbeitet worden waren; vor allem der von Baader am 29.3.77 eingebrachte Antrag auf Vorladung der ehemaligen bzw. amtierenden Bundeskanzler Brandt und Schmidt als Zeugen beruhte auch auf derartigem Informationsmaterial. Dessen Verarbeitung für die Verteidigung im Prozeß sollte mit Hilfe des Infosystems arbeitsteilig ermöglicht werden.

Die beanstandeten vier technischen Dokumente befaßten sich mit den Möglichkeiten der Umsetzung von akustischer in elektrische Energie und ihrer Anwendung für Zündmechanismen, weiter mit den Eigenschaften eines bestimmten Transistorradios, der organisatorischen und personellen Zusammensetzung verschiedener Polizei- und Geheimdienste, und schließlich ging es auch noch um Zeitungsausschnitte über den Bundesgrenzschutz, Teile des Verfassungsschutzberichts 1973 über „palästinensische Terroristen“ und die von ihnen benutzten Bomben. Keinem dieser Papiere war auch bei äußerster Anspannung kriminalistischer Phantasie ein Hinweis auf die konkrete Planung strafbarer Handlungen zu entnehmen. Über einige dieser Dokumente ließe sich höchstens sagen, daß die darin vermittelten Informationen von Gefangenen nach ihrer *eventuellen* Freilassung für die *Planung* konkreter Straftaten benutzt werden *könnten*. Dennoch behauptete das Gericht schlichtweg: „Sie (die Dokumente – BS) enthalten keine Auseinandersetzungen mit Anklagepunkten, sondern sind reine Schulungspapiere zur Vorbereitung künftiger Gewaltakte“.

Die Sachverständigen Welp und Hassemer hatten in ihrem Gutachten schon auf die „absurde Konsequenz“ einer solchen Beweisführung verwiesen[71]. Mit dem Versand solcher Informationsmaterialien hätten die Verteidiger eine kriminelle Vereinigung „in der Haft“ unterstützt, obwohl sie nicht davon ausgegangen waren und aufgrund der entsprechenden Fachliteratur und Jurisprudenz auch nicht davon ausgehen *mußten*, daß es eine kriminelle Vereinigung in diesem Sinn überhaupt geben könnte. Hatten nicht die Justizbehörden, die die Auffassung vertraten, daß die Gefangenen eine kriminelle Vereinigung „aus der Haft heraus“ fortsetzen würden, den Bezug der Fachlektüre erlaubt und sich damit in weit höherem Ausmaß der Unterstützung einer kriminellen Vereinigung schuldig gemacht? Letzteres gilt nicht zuletzt auch für jene richterlichen Beschlüsse, die den Gefangenen erlaubten, täglich für mehrere Stunden miteinander Kontakt zu haben. Berücksichtigt man den mehrmals etwa vom OLG Stuttgart oder dem BGH formulierten Verdacht auf Fortsetzung einer kriminellen Vereinigung „aus der Haft heraus“, so hätten die betreffenden Richter doch konsequenterweise annehmen *müssen*, daß die von ihnen gutgeheißenen täglichen Treffen der Gefangenen „zur Vorbereitung künftiger Gewaltakte“ mißbraucht würden.

Im Gegensatz zu Welp und Hassemer[72] vertritt Ostendorf die Auffassung, daß die Verschickung der Papiere zumindest objektiv als strafbare Unterstützungshandlung bewertet werden konnte. Er bezweifelte jedoch, ob Groenewold auch den „subjektiven Tatbestand“ strafbaren Verhaltens erfüllt habe, anders gesagt, daß er mit Vorsatz oder bedingtem Vorsatz gehandelt habe. Ostendorf weiter:

> „Das muß jedoch nachgewiesen und darf nicht auf Vermutungen gestützt werden. Das Gericht selbst billigt dem Angeklagten sein Bemühen zu, ‚nur verteidigungsrelevante Papiere in seinem ‚Info-System‘ umlaufen zu lassen und Papiere, die er für bedenklich hielt oder nicht für verteidigungsrelevant zurückzuhalten‘[73]. Bei dem ‚chaotischen‘ System und der ‚Unzahl von Beiträgen‘ ist die Einlassung des Angeklagten, er habe manches kritiklos übernommen oder übersehen, nicht von vornherein unglaubhaft, zumal bei einem

‚gewaltigen Einsatz' der ‚Großteil rechtmäßig' war. Das ‚Gesamtmosaikbild', von dem nach Presseberichten[74] in der mündlichen Urteilsbegründung die Rede war, spricht gegen die gerichtliche Würdigung. Dabei wird von dem Gericht das Bild einer ansonsten integeren Gesamtpersönlichkeit gezeichnet, und es wird von einem einsatzfreudigen, engagierten Rechtsanwalt, der neue Wege gesucht hat, gesprochen. Die Übernahme der Verteidigung wird als ehrenwert charakterisiert. Weiterhin hat das Gericht mit dankenswert deutlichen Worten die schwierige psychische Situation herausgehoben, die aufgrund einer Vorverurteilung durch die veröffentlichte Meinung eingetreten war. Für den Verfasser bleibt es unschlüssig, wie unter diesen Prämissen ein Wissen und Wollen bzw. ein Fürmöglichhalten herauszuinterpretieren ist"[75].

In den letzten vier beanstandeten Dokumenten geht es um die Hungerstreiks, die von Gefangenen geäußerte Befürchtung, daß dabei jemand sterben könne („man muß sich darüber klar sein, daß bei diesem Hungerstreik einer oder zwei sterben *können*...")[76] sowie um die Ergebnisse einer über das Infosystem gelaufenen schriftlichen Diskussion über das gemeinsame Vorgehen während einem der Hungerstreiks („Niemand soll sich gegen Zwangsernährung wehren – es sei denn, einheitlich")[77]. Nach Meinung des Gerichts dienten solche Texte „nicht mehr der Verteidigung oder einer berechtigten Sorge um die Gesundheit seiner Mandanten. Es handelte sich vielmehr um einen Beitrag, der der Förderung des Gruppenzusammenhalts dient". Oder auch: „Das revolutionäre Gruppenbewußtsein wird durch den Hinweis auf den Tod und den bewaffneten Kampf (siehe Erklärung von Ulrike Meinhof) gestärkt"[78].

Sowohl Seifert als auch Ostendorf geben in ihren jeweiligen Besprechungen des Urteils deutlich zu erkennen, daß sie eine solche Argumentation, die darauf hinausläuft, daß die Unterstützung eines an sich nicht strafbaren Hungerstreiks strafbar wird, rechtlich für verfehlt halten. Ostendorf:

> „Der Hungerstreik ist in der Geschichte als politisches Kampfmittel anerkannt[79]. Er gehört als ultima ratio zu den Selbstschutzrechten des Menschen und ist zugleich ein Ausfluß des Autonomieprinzips[80]"[81].

Weiter verweist er auf einen Widerspruch in der Argumentation des Gerichts. Schließlich hatte es keineswegs in Abrede gestellt, daß die Gefangenen sich mit ihren Hungerstreiks „gegen diese besonderen Haftbedingungen" wandten, sei es auch mit dem Zusatz, daß die Gefangenen „gleichzeitig aber auch darüber hinausgehende politische Ziele (verfolgten)". Wie schon erwähnt, hatte das Gericht jedoch zum Info-System festgestellt, daß es „hinzunehmen (ist), wenn dadurch automatisch ein gewisses Zusammengehörigkeitsgefühl der ehemaligen Mandanten des Angeklagten bestärkt und wenn sie in ihrer kriminellen Haltung aufrechterhalten werden". Wieso in Bezug auf die Hungerstreiks diese „automatische" Bestärkung des revolutionären Bewußtseins nun plötzlich *nicht* mehr „hinzunehmen ist", bleibt unverständlich.

4. Zusätzlich zu der Weiterleitung der 13 Dokumente kreidete das Gericht Groenewold auch noch „die Übernahme der Wortwahl der Gefangenen durch den Angeklagten (Isolationsfolter, Vernichtungshaft, Bullen, Schwein etc.)“[82] als strafbares Verhalten an. Eine solche Wortwahl sei geeignet, die Gefangenen „in ihrer Gesinnung zu bestärken und zu unterstützen, da sie sich in ihrer Haltung und Ansicht nicht alleingelassen fühlten“. Ostendorf ist demgegenüber der Meinung, daß „ernsthaft nicht behauptet werden (kann)“, mit dieser Wortwahl sei eine strafbare Unterstützungshandlung im Sinne der „Stärkung der kriminellen Gefährlichkeit“ erfüllt. Außerdem stellt er fest:

> „Indirekt wird damit von Seiten des Gerichts eine Abgrenzung des Verteidigers vom Mandanten gefordert (...). Vom rechtlichen Standort kann sie nicht verlangt werden. Im Gegenteil, wenn Rachestreben und Hysterie um sich greifen, ist es gerade auch eine Aufgabe des Verteidigers, dem Mandanten psychische Unterstützung zu gewähren“[83].

Meines Erachtens enthält dieser Kommentar Ostendorfs schon die *politische* Erklärung für das ungewöhnliche Strafmaß von zwei Jahren: die Grenze für Freiheitsstrafen, die zur Bewährung ausgesetzt werden können. Ausgehend von dem dargelegten „doppelten Paradoxon politischer Verteidigung“ wird (angeklagten) Verteidigern von Gefangenen aus sozialrevolutionären Bewegungen mittelbar abverlangt, daß sie sich öffentlich von der Gesinnung ihrer Mandanten distanzieren. Erfüllen sie diese Forderung nicht, so werden sie als Unterstützer ihrer Mandanten, die selbst noch in der Haft eine kriminelle Vereinigung darstellen, angeklagt und verurteilt. Groenewold war für das Gericht die Schlüsselfigur für die „Unterstützung“ einer kriminellen Vereinigung in einem „besonders schweren Fall“. In ihrem Abschlußplädoyer ging die BAW sogar so weit, zu behaupten, ohne Groenewold „wäre die kriminelle Vereinigung RAF auseinandergebrochen“[84]. Eine nicht mehr auf Bewährung aussetzbare Freiheitsstrafe von mehr als zwei Jahren schien damit unvermeidbar zu sein. Der Umstand, daß das Urteil gegen Groenewold dennoch unterhalb dieser Grenze blieb, ist meines Erachtens nur damit zu erklären, daß er sich *während der Hauptverhandlung* doch noch ausdrücklich von der Gesinnung seiner ehemaligen Mandanten distanzierte. Das Gericht selbst führte als Begründung für das Aussetzen der Gefängnisstrafe zur Bewährung „besondere Umstände in der Person und in der Tat des Angeklagten“ [85] an: Er habe sich „bei der Verteidigung seiner ehemaligen Mandanten in einer Ausnahmesituation“ befunden, verstärkt durch den „Verurteilungsdruck (von der Öffentlichkeit und den Massenmedien)“ sowie einer „sehr schlechten körperlichen Verfassung“; es habe sich um eine „außergewöhnlich umfangreiche Verteidigung“ gehandelt, wobei Blockverteidigung und Info-System als „erlaubt“ anzusehen waren. Die anschließenden Ausführungen des Gerichts enthalten die für die Festsetzung des Strafmaßes und die Strafaussetzung zur Bewährung wesentlichen Gründe:

„Es ist mit nahezu völliger Sicherheit zu erwarten, daß der Angeklagte sich schon die Verurteilung zur Warnung dienen lassen und künftig keine Straftaten mehr begehen wird. Der Angeklagte steht den Mandanten und Aktivitäten der damaligen Zeit seit Jahren fern“[86].

Diesem Zitat gehen die Erwägungen des Gerichts voran, die für die Strafmilderung ausschlaggebend waren[87]:

„Schließlich war zu bedenken, daß sich der Angeklagte in der Hauptverhandlung von den Ansichten seiner ehemaligen Mandanten deutlich distanziert hat, sich als bürgerlichen Anwalt bezeichnet hatte und daß ein Kontakt zwischen ihm und der ‚Anarchistenszene‘, wie ihm zu glauben ist, seit Jahren nicht mehr besteht“[88].

Obwohl Groenewolds öffentliche Distanzierung von den Ansichten seiner ehemaligen Mandanten in der Begründung des Gerichts nur als ein Argument unter anderen für die Strafmilderung angeführt wird, so macht der Vergleich mit dem Urteil, das in der späteren Verhandlung gegen Croissant gefällt wurde, deutlich, daß genau diese Distanzierungserklärung als tragender, wenn nicht gar alleiniger Grund für ein Urteil anzusehen ist, das im Vergleich mit dem Ausmaß der öffentlichen Vorverurteilungskampagne einem verkappten Freispruch gleichkommt.

5. Abschließend muß darauf hingewiesen werden, daß dem Hamburger Staatsschutzsenat – politisch gesehen – für einen Freispruch kein Spielraum zur Verfügung stand. Ein Freispruch hätte beinhaltet, daß die seit 1972 laufende, von staatlicher Seite gesteuerte oder unterstützte Kampagne gegen die Gefangenen und ihre Verteidiger jeder strafrechtlichen Fundierung entbehrte; weiter, daß die für die einschneidenden Gesetzesänderungen vom Januar 1975 („Lex RAF“) angeführten Gründe ohne tatsächliche Grundlage waren, daß man „Baader u. a.“ zu Unrecht ihrer gewählten Verteidiger beraubt hatte, daß Groenewold zu Unrecht ein (vorläufiges) Berufsverbot auferlegt worden war, daß Croissant und Ströbele zu Unrecht festgenommen worden waren und ebenfalls freigesprochen werden mußten.

In diesem Zusammenhang wird verständlich, warum Groenewold gegen das Urteil nicht in Berufung ging – wie Seifert dazu bemerkt „vermutlich in richtiger Einschätzung des BGH“[89]. Eine verständliche Entscheidung, jedoch sicherlich nicht konsequent, weil dieses Urteil nichts anderes als „eine Preisgabe des durch definierte Tatbestandsmerkmale bestimmten Strafprozesses“ (Seifert)[90] bedeutete, also genau die Art von Pervertierung der Strafrechtspflege, die Groenewold jahrelang bekämpft hatte. Die in dieser Hinsicht unbeugsame Haltung Croissants hatte neben einem vierjährigen Berufsverbot eine Freiheitsstrafe von zweieinhalb Jahren zur Folge, die er bis auf den letzten Tag in Stammheim hinter sich bringen mußte.

2.2. Die Strafsache gegen Klaus Croissant

Wie in Kapitel VI, 3.2.4, ausführlich geschildert, war Croissant am 23.6.75 aufgrund eines Haftbefehls des Amtsgerichts Stuttgart verhaftet und am 12.8.75 durch Beschluß des LG Stuttgart wieder gegen Auflagen (80 000 Mark Kaution, Hinterlegung des Reisepasses und Personalausweises, Meldung zweimal wöchentlich bei der Polizei) freigelassen worden. Am 16.7.76 war (s. Kapitel VII, 4.2.1) der Haftbefehl im Beschwerdeverfahren durch Beschluß der Staatsschutzkammer des LG Stuttgart wieder in Vollzug gesetzt und Croissant am selben Tag erneut verhaftet worden; nach mündlicher Haftprüfung setzte ihn die Staatsschutzkammer am 19.8.76 unter denselben Auflagen wie früher wieder auf freien Fuß. Inzwischen hatte die Staatsanwaltschaft die Anklageschrift vom 16.7.76 gegen Croissant bei der Staatsschutzkammer des LG Stuttgart eingereicht. Zur Last gelegt wurden ihm die Unterstützung einer kriminellen Vereinigung in einem besonders schweren Fall gemäß § 129 Abs. 1 und 4 StGB. Die Anklageschrift umfaßte 263 Seiten, von denen nur vier auf die eigentliche Anklage[91] und der Rest auf die „wesentlichen Ermittlungsergebnisse" entfielen. Diese Ermittlungsergebnisse sind eine Aneinanderreihung von Zitaten aus Zellenrundbriefen und Diskussionspapieren. Ebenso wie bei Groenewold bestand auch in diesem Fall der Hauptanklagepunkt in dem Vorwurf, Croissant habe „vor allem zusammen mit den Rechtsanwälten Groenewold und Ströbele" für die kriminelle Vereinigung „Baader-Meinhof-Bande" geworben und sie durch seine Mitarbeit an dem sogenannten Info-System unterstützt. Des weiteren habe er sich deshalb strafbarer Unterstützungshandlungen schuldig gemacht, weil er an „Baader u. a." wenige Monate vor ihrer Festnahme Informationen über geplante polizeiliche Maßnahmen weitergeleitet habe[92]. Und schließlich habe er sich, wiederum zusammen mit Groenewold und Ströbele, dadurch schuldig gemacht, daß er entscheidend mitgearbeitet hatte

> „an der sogenannten Öffentlichkeitsarbeit der Bande, indem er öffentliche Veranstaltungen und Interviews vorbereitete und abhielt, deren Gegenstände sich lediglich zum Teil auf die Verteidigung bezogen und in erster Linie dazu bestimmt waren, das Interesse der Öffentlichkeit an den angeblich politischen Zielen der Vereinigung zu wecken und Mitglieder und Unterstützer der Bande anzuwerben, wozu er u. a. auch Schriften der Baader-Meinhof-Bande an sympathisierende Personen weiterleitete"[93].

Nach Einreichung der Anklageschrift vom 16.7.76 (und der zweiten Verhaftung Croissants) ersuchte die Staatsanwaltschaft die Staatsschutzkammer, Croissant die Ausübung des Rechtsanwaltsberufs vorläufig zu untersagen (§ 132 a StPO i.V. m. § 70 StGB). Fast ein Jahr später, am 27.6.77, traf die Staatsschutzkammer ihre Entscheidung[94]. Croissant erhielt ein Teil-Berufsverbot auferlegt, das sich auf „Ermittlungs- und Strafverfahren, die Straftaten im Sinne der §§ 74a, 120 GVG zum Gegenstand haben", beschränkte. Croissant durfte als Verteidiger nicht mehr in Staatsschutzsachen, also in allen politischen Prozessen, die zur Zuständigkeit von Staatsschutzkammern bei Landgerichten oder Staatsschutzsenaten bei Oberlandesgerichten gehörten, auftreten.

Anfang Juli 1977 wird Croissant das gegen ihn verfügte Teil-Berufsverbot vom 27.6.77 zugestellt. Gleichzeitig teilt die Staatsschutzkammer ihm mit, daß sie den Antrag der Staatsanwaltschaft, ihn erneut zu verhaften, abgelehnt habe. Croissant geht daraufhin zum Vorsitzenden der Staatsschutzkammer, um zu erfahren, ob die Staatsanwaltschaft nun im Beschwerdeweg versucht, seine dritte Verhaftung zu erreichen. Die Auskunft fällt unklar aus. Croissant ist fest entschlossen, sich nicht zum drittenmal verhaften zu lassen. Seine wiederholt abgegebene Erklärung, er werde der Staatsanwaltschaft den Prozeß nicht ersparen, hatte zur selbstverständlichen Voraussetzung, daß er sich in der Hauptverhandlung als freier Mann verteidigen könne[95].

Ich habe in dieser akuten Situation mit Croissant über die Möglichkeit gesprochen, in den Niederlanden politisches Asyl zu beantragen. Die Erfolgschancen schienen uns in den Niederlanden jedoch geringer zu sein als in Frankreich; seine vielen Kontakte und die Beherrschung der Landessprache würden ihm dort zusätzlich von Nutzen sein. Croissant begibt sich deshalb am 8. Juli 1977 nach Frankreich.

In Paris hält Croissant am 12.7.77 eine Pressekonferenz ab, in der er seinen Antrag auf politisches Asyl begründet. Unmittelbar danach ersucht die BRD Frankreich, Croissant sofort in Auslieferungshaft zu nehmen.

Im nächsten Abschnitt wird kurz auf das Auslieferungsverfahren eingegangen. Anschließend werden die Strafsachen gegen Croissant und Groenewold auf Gemeinsamkeiten und Unterschiede hin untersucht.

2.2.1. Die Auslieferung Croissants

Nach fast drei Monaten Aufenthalt in Frankreich wird Croissant am 30.9.77 bei Freunden in Paris verhaftet. Während dieser Zeit hatte er verschiedenen Zeitungen und dem französischen Fernsehen Interviews gegeben, in denen er auf die politische Entwicklung in der BRD, die Haftsituation seiner ehemaligen Mandanten und die Position der Verteidigung in der BRD einging. Zur selben Zeit nahm die Hetzkampagne gegen Croissant und sein ehemaliges Anwaltsbüro in Stuttgart eine bisher noch nicht erlebte Intensität an[96]. Der in Freiheit befindliche Teil der RAF hatte am 30.7.77 den Generaldirektor der Dresdner Bank, Jürgen Ponto, erschossen und am 5.9.77 den Präsidenten des Bundesverbandes der Deutschen Industrie, Hanns-Martin Schleyer, entführt. In einem Fernschreiben an die französischen Behörden bezeichnete das BKA Croissant „als eine Zentralfigur des internationalen Terrorismus". Die westdeutschen Medien warfen den französischen Behörden fast einhellig ein zu laxes Vorgehen vor[97]. Sie unterstellten, daß Croissant wahrscheinlich von dem damaligen Oppositionsführer Mitterand protegiert werde[98]; weiter herrschte große Empörung über das in Frankreich vorhandene „verzerrte Deutschland-Bild"[99] und über Croissants Beurteilung als „Freiheitsheld"[100]. Nachdem der „gesuchte" Croissant, um das Maß voll zu machen, auch noch wenige Tage nach der Schleyer-Entführung vom französischen Staatsfernsehen zur Situation in der BRD und den Gründen für die Entstehung der RAF interviewt worden war (und in diesem Interview wegen der Kontaktsperre seine Furcht um das Leben seiner ehemaligen Mandanten ausgedrückt hatte), erklärte die westdeutsche Regierung über ihren Pressesprecher Klaus Bölling, „sehr irritiert"[101] zu sein. Die Irritationen hatten offensichtlich solche Dimensionen angenommen, daß der damalige Präsident Giscard d'Estaing es für notwendig hielt, den ehemaligen französischen Innenminister Poniatowski als seinen Sonderbotschafter nach Bonn zu entsenden[102]. In einem Ende September 1977 mit dem „Spiegel" geführten Interview wehrte sich der amtierende französische Innenminister Bonnet entschieden gegen den Vorwurf, man habe Croissant aus Nachlässigkeit immer noch nicht verhaftet, schließlich sei den französischen Behörden erst im Lauf der Zeit Croissants tatsächliche Bedeutung klar geworden, „nämlich nachdem die deutschen Behörden uns über die Rolle aufgeklärt haben, die der Anwalt in der Baader-Meinhof-Bande gespielt haben könnte"[103]. Was Bonn über diese Rolle Croissants behauptet hatte, sagte Bonnet nicht, wohl aber ließ er wissen, daß es „Vermutungen" („Neue Zürcher Zeitung" vom 24.9.77) gebe, Croissant habe „als Nachrichtenzentrale für die Entführung Schleyers fungiert". Wie dem auch sei, wenige Tage später wurde Croissant verhaftet, womit der juristische und medienpolitische Kampf um seine Auslieferung begann. Etwa zwei Wochen danach, am 16. 11. 77, erklärte die französische Justiz durch die „Chambre d'Accusation de la Cour d'Appel à Paris" nach zwei tumultartigen öffentlichen Sitzungen die Auslieferung für zulässig. Der Pariser Appelationshof akzeptierte jedoch nur eines von zwei Auslieferungsersuchen. Das am Tag seiner Verhaftung nachgereichte zweite Auslieferungsersuchen vom 30.9.77 wegen zusätzlicher Unterstützung einer terroristischen Vereinigung lehnte die französische Justiz ab. Gleichwohl erließ die französische Regierung aufgrund des für zulässig erklärten ersten Auslieferungsantrags eine Auslieferungsverfügung. Sie wurde noch in der folgenden Nacht vollstreckt. Am 17. 11. 77 war Croissant wieder Gefangener in Stammheim.

Der Kampf um die Auslieferung Croissants war also trotz heftiger Proteste seitens französischer Rechtsgelehrter und juristischer Berufsorganisationen (Syndicat de la Magistrature/Richtergewerkschaft, Confédération Syndicale des Avocats/Anwaltsgewerkschaft, Jeunes Avocats/Vereinigung Junger Anwälte, Mouvement d'action Judicaire/Bewegung Justizaktion, Association Francaise des Juristes Démocrates/Vereinigung Demokratischer Juristen, usw.) auf der juristischen Ebene zu Croissants Nachteil entschieden worden. Dennoch dauerte die Diskussion darüber noch monatelang an; der damalige französische Justizminister Alain Peyrefitte mußte seine Amtsführung immer wieder gegen die starke Kritik verteidigen[104].

Unmittelbar nach Croissants Auftauchen in Frankreich war zwar der alte Haftbefehl des Amtsgerichts Stuttgart vom 23.6.75 durch Beschluß der Staatsschutzkammer des LG Stuttgart vom 12.7.77 wieder in Vollzug gesetzt worden. Interessanterweise beruhte der Antrag auf Auslieferung von Croissant jedoch *nicht* auf *diesem* Haftbefehl, sondern auf einem zweiten, neuen Haftbefehl des LG Stuttgart, der vom 15.7.77 datierte, also schon drei Tage nach der Wiederinvollzugsetzung des alten Haftbefehls erlassen worden war[105]. Der wesentliche Unterschied gegenüber dem alten Haftbefehl bestand darin, daß Croissant nun auch wegen seiner Mitarbeit am Info-System *strafrechtlich* belangt werden sollte, weil er „jenen Häftlingen die heimliche, ungehinderte Kommunikation untereinander *und mit in Freiheit befindlichen Mitgliedern der Vereinigung*" (Hervorhebung: BS) ermöglicht habe. Ein Vorwurf, der bis dahin gegen Croissant nie erhoben worden war und offenbar allein dazu dienen sollte, seine Auslieferung zu erreichen. In der Anklageschrift gegen Croissant sowie in dem späteren Urteil der Staatsschutzkammer des LG Stuttgart vom 16.2.79 war von dieser Anschuldigung auch nichts mehr zu finden. Das Urteil enthält sogar eine genau gegenteilige Erwägung: „Insbesondere ist nicht davon auszugehen, daß in Freiheit lebende Terroristen nach einem Verteiler Infomaterial erhalten hätten"[106].

Entsprechend der Entscheidung der Anklagekammer des Appelationshofes Paris, der Auslieferungsantrag sei nur bedingt zulässig, lautete das Auslieferungsdekret:

> „Die Auslieferung von Klaus Croissant wird den bundesdeutschen Behörden zur Vollstreckung des Haftbefehls vom 15. Juli 1977 bewilligt, wobei die Wirkungen der Auslieferung auf den Vorwurf beschränkt sind, Croissant habe zum Aufbau und Funktionieren eines Informationssystems ‚INFO' durch Broschüren, Bücher, Notizen, Anweisungen und Unterlagen aller Art beigetraten und durch Lieferung von Korrespondenz die Handlungen einer kriminellen Vereinigung begünstigt"[107].

Die Verteidigung war aus mehreren Gründen der Ansicht, daß Artikel 16 Abs. 1 Satz 1 des Auslieferungsvertrags zwischen der BRD und Frankreich vom 29. 11. 51[108] einer strafrechtlichen Verurteilung Croissants entgegenstehen würde. Nach dieser Vorschrift darf ein Ausgelieferter wegen einer Tat, die vor der Auslieferung begangen und nicht Gegenstand des Auslieferungsersuchens ist, weder verfolgt noch verurteilt werden. Die Vorschrift betrifft sinngemäß auch die Verfolgung wegen einer Tat, auf die sich das Auslieferungsersuchen erfolglos erstreckt[109].

In ihrer Revisionsbegründung beim BGH erhob die Verteidigung denn auch die Rüge, die Auslieferung sei erschlichen worden. Der im Haftbefehl enthaltene Hinweis, Croissant habe „jenen Häftlingen die heimliche, ungehinderte Kommunikation untereinander *und mit in Freiheit befindlichen Mitglidern der Vereinigung* ermöglicht, sei durch das Ermittlungsergebnis nicht gedeckt gewesen und habe nur dem Zweck gedient, fälschlich ein tatbestandsmäßiges Verhalten nach Artikel 367 code pénal darzulegen[110]. Diese Vorschrift stellt unter anderem das Zurverfügungstellen von Kommunikationsmitteln an Mitglieder einer „Vereinigung von Übeltätern" im Sinne des Artikels 265 code pénal[111] („association de malfaiteurs" = Kriminelle Vereinigung) unter Strafe. Aber auch Frankreich kennt ebenso wie die BRD bis zum Groenewold-Urteil keine ausschließlich aus Gefangenen bestehende „association de malfaiteurs".

Durch Urteil vom 14. 11. 79 wies der BGH die Revision Croissants gegen das Urteil der Stuttgarter Staatsschutzkammer zurück. In der Urteilsbegründung erklärte der BGH demgegenüber jedoch, Croissant habe die Voraussetzungen des Artikels 367 code pénal schon dadurch erfüllt, daß er „nicht der Verteidigung dienende Materialien an inhaftierte Mitglieder der ‚RAF' weiterleitete"[112]. Offensichtlich hielt der BGH die simple strafrechtliche Subsumption doch für etwas zweifelhaft, weil unmittelbar danach eine Passage folgt, in der der Versuch unternommen wird, die umstrittene Anschuldigung, Croissant habe die heimliche Kommunikation mit in Freiheit befindlichen Mitglieder der Vereinigung „ermöglicht", wenigstens als mittelbar verursachten Beitrag zu einer solchen Kommunikation darzustellen:

> „Durch diesen Beitrag zur Aufrechterhaltung des Informationssystems, den geleistet zu haben der Angeklagte schon bei der Stellung des Auslieferungsersuchens dringend verdächtig war, ‚ermöglichte' er auch den Kontakt der inhaftierten Mitglieder der ‚RAF' mit den in Freiheit befindlichen Anhängern; denn die ‚RAF' war in der Lage, die ‚in der Haft über das ‚info'-System erarbeiteten Grundsatzpapiere zu veröffentlichen und damit die Verbindung zu den in Freiheit befindlichen Gruppen aufrechtzuerhalten'"[113].

Der vom BGH am Ende der Passage zitierte Satzausschnitt ist der Urteilsbegründung der Staatsschutzkammer des LG Stuttgart in der Strafsache Croissant entnommen. Dieser Urteilsbegründung zufolge (S. 247) ging es bei den über das Infosystem erarbeiteten „Grundsatzpapieren" zum Beispiel um Ulrike Meinhofs Prozeßerklärung vom 13.9.74 im Baader-Befreiungsprozeß sowie um das „Spiegel"-Interview vom Januar 1975. Bei dem Versuch des BGH, die Revisionsrüge zu entkräften, die französischen Richter und Behörden im Auslieferungsverfahren seien bewußt irregeführt worden, verstieg der BGH-Senat sich somit in der bizarren Konstruktion, den Croissant gemachten Vorwurf der „heimlichen" Kommunikation mit den in Freiheit befindlichen RAF-Mitgliedern aus der Veröffentlichung von Prozeßerklärungen und einem Zeitungsinterview abzuleiten. Abgesehen von dem hier offensichtlich vorliegenden Widerspruch zwischen „heimlich" und „öffentlich" bleibt zu berücksichtigen, daß die Anklagekammer des Appelationshofes Paris ausdrücklich betont hatte, daß Artikel 365 i.V.m. Artikel 367 code pénal

> „es nicht zulassen, einen strafbaren Tatbestand nach französischem Recht weder in den Initiativen zu sehen, die Croissant auf dem Gebiet der Hungerstreiks ergriffen hat, noch in seiner Propaganda anläßlich öffentlicher Versammlungen zu Gunsten der RAF, noch in der recht mysteriösen Affaire des Baader-Interviews durch den ‚Spiegel', in welcher Croissant anscheinend entgegen einer gerichtlichen Entscheidung gehandelt hat, die ihm diese Veröffentlichung untersagte, was ihm jedoch in strafrechtlicher Hinsicht anscheinend nicht entgegengehalten werden kann, unter anderem aus dem unbestrittenen Grund, daß die Zeitschrift bei dieser Veröffentlichung keine Schwierigkeiten gehabt hätte"[114].

Obwohl die Anklagekammer des Appelationshofes Paris also zu dem Urteil gekommen war, daß eine eventuelle Mitarbeit Croissants bei der Veröffentlichung von „Grundsatzpapieren" nach französischem Recht nicht strafbar war, war der BGH-Senat der Auffassung, daß allein schon die Tatsache, daß solche Grundsatzpapiere veröffentlicht worden waren (ohne daß von einer Mitwirkung Croissants auch nur die Rede gewesen wäre), schon ausreiche, um zu beweisen, daß Croissant durch seine Mitarbeit an dem Info-System die heimliche Kommunikation mit den in Freiheit befindlichen Mitgliedern der Vereinigung „ermöglicht" hatte.

Das französische Gericht hatte übrigens auch wegen des im Auslieferungsantrag aufgeführten Anklagepunktes, Croissant habe Anfang 1972 „Baader u. a." vor deren Festnahme Informationen über geplante polizeiliche Maßnahmen zukommen lassen (vgl. Abschnitt 2.2) „wegen des Fehlens genauerer Einzelheiten" für unzulässig erklärt.

Damit war von den im Haftbefehl vom 15.7.77 genannten Anschuldigungen nur noch Croissants Mitwirkung am Info-System übrig geblieben.

Bleibt noch zu erwähnen, daß die BAW über den Ermittlungsrichter beim BGH den Versuch unternahm, mit einem ausführlichen und gänzlich neuen Haftbefehl vom 30.9.77 der begehrten Auslieferung eine zweite, stabilere Basis zu verschaffen [115]. Dieser Haftbefehl war noch am Tag der Verhaftung Croissants erlassen und sofort von einem Bundesanwalt als Sonderkurier nach Paris gebracht worden. Croissant wurde in diesem Haftbefehl beschuldigt, die terroristische Vereinigung „Haag-Mayer-Bande" (RAF – BS) unterstützt zu haben. Mit Hilfe von Beschuldigungen gegen ehemalige Mitarbeiter des Internationalen Komitees zur

Verteidigung politischer Gefangener in Westeuropa und regelmäßige Besucher der Kanzlei Croissants versuchte die Strafverfolgungsbehörde, Croissant mit den Anschlägen auf Buback und Ponto sowie mit der Entführung Schleyers in Verbindung zu bringen. Die äußerst vagen Formulierungen der entsprechenden Passagen des Haftbefehls veranlaßten das Pariser Appelationsgericht dann auch zu dem Ausspruch, „daß der deutsche Untersuchungsrichter sich vielfach entweder im Konditionalis ausdrückt oder aber die Verben ‚scheint' oder ‚soll' verwendet".

Der zweite Haftbefehl wurde von diesem Gericht in vollem Umfang für unzureichend erklärt, der darauf gestützte zusätzliche Auslieferungsantrag verworfen[116].

2.2.2. Die Strafsachen gegen Croissant und Groenewold im Vergleich

Ein wesentlicher strafprozessualer Unterschied zwischen den Staatsschutzsachen gegen Groenewold und Croissant besteht darin, daß die BAW im Fall Groenewold noch eine „besondere Bedeutung" (§§ 74a i.V.m. 142a GVG) gesehen, das Verfahren deshalb übernommen und vor dem Hamburger Oberlandesgericht angeklagt hatte. Der Croissant-Prozeß wurde „in seiner Bedeutung eine Etage niedriger gehängt, der örtlichen Justiz überlassen und kann in seinem Kaliber nun wohl schwerlich noch einmal aufgebläht werden", kommentierte der „Spiegel"[117]. Schon im September 1974 hatte die BAW das Verfahren gegen Croissant an die Staatsanwaltschaft Stuttgart mit der Begründung abgegeben, eine besondere Bedeutung des Falles liege nicht vor (§ 142a Abs. 4 GVG).

Aber auch inhaltlich waren die Anklagepunkte gegen Croissant von erheblich leichterer Art als die gegen Groenewold. Erstens durfte das LG Stuttgart wegen der Entscheidung des Pariser Appelationsgerichts die Croissant vorgeworfene Unterstützung der Hungerstreiks seiner ehemaligen Mandanten strafrechtlich nicht mehr berücksichtigen; es tat dies dann auch tatsächlich nicht[118]. Zweitens ging es in dem Verfahren gegen Croissant nur um einen geringen Teil der insgesamt über das Info-System gelaufenen Schriftstücke, da ihm im Gegensatz zu Groenewold nur vorgeworfen werden konnte, von mehr als 30 Gefangenen nur einen, Bernhard Braun, mit Info-Material versorgt zu haben, und auch dies nur während eines relativ kurzen Zeitraums von Juni 1973 bis Dezember 1974.

Schließlich – und dies ist sicherlich der wesentlichste Unterschied – war von Anfang an deutlich gewesen, daß der Beitrag Croissants zum Info-System in keinem Verhältnis stand zu dem seiner getrennt angeklagten Kollegen. So wird im Croissant-Urteil denn auch als strafmildernder Grund vermerkt,

„daß der Beitrag des Angeklagten deutlich unter den Tatbeiträgen seiner Mittäter Rechtsanwalt Groenewold und Ströbele blieb. Im Gegensatz zu diesen hat er beim Aufbau des ‚Info'-Systems keine führende Rolle gespielt. Während diese die Diskussion koordinierten und die Durchführung der von den ‚RAF'-Gefangenen geplanten Projekte besorgten, beschränkte sich die Tätigkeit des Angeklagten auf die Weiterleitung von Zellenzirkularen an einen von über 30 ‚RAF'-Gefangenen. Nach Errichtung des ‚Info'-Systems befand sich die ‚Info'-Zentrale im Büro des Rechtsanwalts Groenewold (...). Nach Errichtung des ‚In fo'-Systems war der Angeklagte bis Ende 1974 im wesentlichen auch nur für das inhaftierte ‚RAF'-Mitglied Bernhard Braun zuständig, das zudem nicht zu den Rädelsführern der ‚RAF' zählte"[119].

Gleichwohl wurde Croissant während der gesamten Dauer des gegen ihn laufenden Verfahrens in Untersuchungshaft gehalten, während es Groenewold möglich gewesen war, seinen Prozeß in Freiheit vorzubereiten und abzuwickeln. Nicht zuletzt ist dies als Grund dafür anzusehen, daß der Croissant-Prozeß nach Abschluß des Pilotverfahrens gegen Groenewold kaum noch nennenswertes internationales Interesse wekken konnte. Weiter hatte die Inhaftierung Croissants in Stammheim zur Folge, daß er nicht von ausländischen Rechtsanwälten verteidigt wurde. Zwei französische Rechtsanwälte hatten um die Zulassung als Verteidiger gebeten, was ihnen auch von der zuständigen Staatsschutzkammer gestattet worden war. Vor Beginn der Hauptverhandlung am 9.3.78 erließ der Vorsitzende der Kammer jedoch eine sitzungspolizeiliche Verfügung, wonach die Verteidiger vor Betreten des „Mehrzweckgebäudes" zu durchsuchen waren[120]. Aufgrund der Verteidigerproteste ließ der Gerichtsvorsitzende ein Gutachten der Stuttgarter Rechtsanwaltskammer einholen. In diesem ausführlichen Gutachten[121] heißt es u. a.:

„Das bei Verwendung der Metallsonde nahezu immer indizierte Öffnen des ‚Hosenladens' (weil nahezu jede Hose am Verschluß vorne Reißverschluß oder Haken und Öse, also Metallteile enthält – BS) männlicher Personen bedeutet – jedenfalls nach der jetzigen Regelung – daß sich der Verteidiger – Organ der Rechtspflege – dem Kontrollpersonal ohne Schuhwerk, im Genitalbereich nur mit der Unterhose bekleidet, präsentieren muß. Dies ist entwürdigend".

Der Vorstand der Anwaltskammer kommt dann zu einem Kompromißvorschlag: man solle sämtliche Prozeßbeteiligten mit Ausnahme der Mitglieder des erkennenden Gerichts diesen sitzungspolizeilichen Maßnahmen unterwerfen. Dennoch änderte der Vorsitzende diesen sogenannten Hosenladenerlaß nicht ab. Die Staatsanwaltschaft hatte inzwischen erklärt, daß sie sich auf keinen Fall durchsuchen lassen werde, eine Haltung, die am 7.4.78 durch einen entsprechenden Beschluß des Bundesverfassungsgerichts gutgeheißen wurde[122]. Zu der Verfassungsbeschwerde der Verteidiger, die umstrittene Verfügung verletze sie im Gegensatz zu anderen prozeßbeteiligten Organen der Rechtspflege „in ihrem Anspruch auf Gleichbehandlung" (Artikel 3 Abs. 1 GG), stellte das Verfassungsgericht fest:

„Von prozeßbeteiligten Vertretern des Staates, die nicht nur zur Verfolgung und Wahrung des staatlichen Strafanspruchs im Rahmen rechtsstaatlicher Verfahrensregeln berufen, sondern zugleich kraft ihres Amtes zur Fürsorge für die Angeklagten verpflichtet sind, geht keine Gefahr für die Ordnung in strafgerichtlichen Hauptverhandlungen aus. Dies behaupten auch die Beschwerdeführer nicht. Die Vorstellung, die prozeßbeteiligten Richter oder Staatsanwälte müßten sich einer Durchsuchung unterziehen, ist abwegig".

Die betroffenen deutschen Verteidiger mußten sich dieser Entscheidung beugen, die französischen Anwälte, unter ihnen der spätere französische Justizminister Robert Badinter, hielten jedoch im Einvernehmen mit den Empfehlungen der Pariser Anwaltskammer an dem Standpunkt fest, nicht unter Bedingungen aufzutreten, die die Verteidigung diskriminieren. Der Prozeß gegen Croissant dauerte vom 9.3.78 bis zum 16.2.79, also fast doppelt so lange wie der Prozeß gegen Groenewold. Die juristischen Auseinandersetzungen um die Bedeutung des Auslieferungsdekrets können dafür nur teilweise verantwortlich gemacht werden. Im Gegensatz zum Groenewold-Verfahren legte die Staatsschutzkammer im Prozeß gegen Croissant großen Wert auf das Verlesen einer erheblich größeren Anzahl von Dokumenten aus dem beschlagnahmten Info-Material.

In der Urteilsbegründung (359 Seiten) folgte die Staatsschutzkammer Stuttgart weitgehend der vom Staatsschutzsenat Hamburg beim Groenewold-Urteil aufgestellten juristischen Argumentation. Auch das zentrale Kriterium für die Beurteilung des strafbaren Charakters der Mitarbeit Croissants am Info-System war weitgehend mit dem in Hamburg benutzten Kriterium identisch:

„Durch die Weiterleitung der angeführten Zellenzirkulare und Info-Schriftstücke überschritt der Angeklagte die Grenzen rechtlich zulässiger Verteidigung. Ein Verteidiger ist nicht nur zur Wahrung der Interessen seiner Mandanten mit allen legalen Mitteln verpflichtet, sondern auch zur Wahrung der verfassungsmäßigen Ordnung und zur gewissenhaften Erfüllung seiner Pflichten als Rechtsanwalt. Es gehört deshalb nicht zu den Pflichten und Rechten eines Verteidigers, ein Selbstverständnis und eine politische Identität von Mandanten zu unterstützen und aufrechtzuerhalten, die gegen die bestehende Rechtsordnung und auf künftige Gewalt gerichtet sind. Dies gilt auch, soweit die weitergeleiteten Schriftstücke bei der Vorbereitung von Prozeßreden Verwendung fanden oder finden sollten, in denen die angeklagten ‚RAF'-Mitglieder ihr Selbstverständnis als Stadtguerilla mit dem Ziel einer Propaganda für die Fortsetzung des bewaffneten Kampfes nach dem ‚Konzept Stadtguerilla' darstellen wollten. Es gehört zu den fundamentalen Rechten eines Angeklagten, sich zu dem der gerichtlichen Entscheidung zugrundeliegenden Sachverhalt vor Gericht frei zu äußern (Art. 103 Abs. 1 GG). Dieses Recht haben die Gefangenen mit der Einbringung ihrer „Selbstverständnis"-Erklärungen, die lediglich der Propaganda für die Fortsetzung des bewaffneten Kampfes dienen sollten, jedoch mißbraucht. Dem Angeklagten war bekannt, daß gerade diese Propaganda das von den Angeklagten mit ihren Prozeßreden angestrebte Ziel war. Wenn seine Mandanten von ihm auch insoweit eine Unterstützung verlangten, war er als Rechtsanwalt verpflichtet, seine Mitarbeit zu verweigern und Schriftstücke, in denen es ausschließlich um die Festigung der in der Haft bestehenden Guerillaorganisation und um die Fortsetzung der kriminellen Tätigkeiten der ‚RAF' ging, nicht weiterzuleiten"[123].

Der bis zur Willkür dehnbare Charakter dieses Kriteriums zeigte sich schließlich bei der Anwendung auf das beanstandete Info-Material. In der mündlichen Urteilsbegründung hatte die Staatsschutzkammer schon mitgeteilt, daß sie in Bezug auf zahlreiche Info-Schriftstücke zu einer anderen Einschätzung gekommen sei als der Hamburger Senat. Nach Auffassung der Staatsschutzkammer seien etwa 100 Dokumente zu nennen, die nicht dem Verteidigungsinteresse gedient hätten, sondern „ausschließlich dem Zusammenhalt der Vereinigung und der Fortsetzung ihrer kriminellen Bestrebungen". Selbstverständlich zählten dazu auch die Info-Schriftstücke, deren Übermittlung an die Gefangenen bereits im Groenewold-Prozeß als strafbare Unterstützungshandlungen gewertet worden waren, mit Ausnahme – als Folge der Auslieferungsentscheidung – der Hungerstreikpapiere. Die übrigen etwa 90 Dokumente, die der Staatsschutzsenat Hamburg nicht beanstandet hatte, bestanden zum großen Teil aus Zellenzirkularen, die die politischen Diskussionen der Gefangenen untereinander über Imperialismus, Guerilla, die Position der RAF, die politische Haltung der Gefangenen und ähnliche Themen enthielten, ebenso wie die dazugehörige, oft schonungslose Kritik und Selbstkritik. Des weiteren ging es um eine Reihe von Zellenzirkularen mit sogenanntem Schulungsmaterial, das heißt Besprechungen, Ausarbeitungen, Zeitschriftenartikel oder Bücher, welche die Gefangenen direkt über die richterliche oder anstaltsinterne Zensur erhalten hatten. Stein des Anstoßes war hier zum Beispiel eine Rezension des Buches „Im Vorfeld des Krieges" von Frank Kitson. Diese Lektüre gehörte aber zum Kernbereich politischer Verteidigung, da der Autor sich mit dem Thema der Aufstandsbekämpfung befaßte, zu der die Gefangenen – auch unter Einschaltung der Justiz – einiges zu sagen hatten.

Nach alledem ist die hohe Strafe für Croissant nur damit zu erklären, daß er es – im Gegensatz zu Groenewold – nicht nur ablehnte, sich von seinen ehemaligen Mandanten und deren politischen Vorstellungen zu distanzieren, sondern selbst seine eigene Verteidigung noch dazu benutzte, die Rechtsbrüche des Gesetzgebers, von Regierung und Justiz bei der Verfolgung seiner Mandanten öffentlich anzuprangern. So findet sich dann auch in der Urteilsbegründung folgender Strafverschärfungsgrund:

> „Ferner konnte nicht unberücksichtigt bleiben, daß der Angeklagte in keiner Weise Distanz zu seiner Tat oder gar Reue hat erkennen lassen; sondern ausdrücklich erklärt hat, daß er sich künftig nicht anders verhalten werde" [124].

Mit einer ähnlich lautenden Erwägung begründete die Staatsschutzkammer auch ihr vierjähriges Berufsverbot für Croissant.

Croissants konsequente Haltung wurde noch einmal im Juni 1979, also vier Monate nach dem Urteilsspruch, deutlich, als er sich für einige Wochen dem fünften kollektiven Hungerstreik der Gefangenen aus der RAF gegen die fortgesetzte und inzwischen noch verschärfte Isolationshaft anschloß, um ihn als ehemaliger Verteidiger solidarisch zu unterstützen. Diese „erhebliche Uneinsichtigkeit", die die Staatsschutzkammer Croissant in ihrem Urteil vorwarf, hatte für ihn zur Folge, daß er im Gegensatz zu der allgemein üblichen Regelung, gefangene „Ersttäter" nach Verbüßung von zwei Dritteln ihrer Haft auf Bewährung zu entlassen, die gesamte Strafzeit in Haft gehalten wurde.

In seiner für Croissant negativen Revisionsentscheidung vom 14. 11. 79 betonte der BGH, daß es unbedeutend sei, „ob der Vereinigung durch die Weiterleitung von Schriftstücken im Rahmen des vom Angeklagten mitbetriebenen Informationssystems meßbarer Nutzen entstanden ist". Ausreichend sei vielmehr, „daß die Hilfe der Vereinigung irgendwie vorteilhaft war oder die Mitglieder in dem Entschluß stärkte, die von der Vereinigung in Aussicht genommenen Straftaten zu begehen".

In der Berichterstattung der Medien über das Urteil gegen Croissant läßt sich das gleiche Phänomen feststellen, das schon bei den Verteidigerausschlüssen von Croissant, Groenewold und Ströbele im Frühjahr 1975 zu beobachten gewesen war (vgl. auch Kapitel II, 4.4): Die Ausschlußentscheidungen wurden in der Presse nicht mit den Begründungen der Gerichtsbeschlüsse gerechtfertigt, sondern mit dem in der Öffentlichkeit inzwischen fest verankerten, vorprogrammierten Bild, das man von der Tätigkeit dieser Anwälte hatte. So wurde auch in der Berichterstattung über das Croissant-Urteil fast einstimmig behauptet, Croissant sei wegen Unterstützung der RAF verurteilt worden, da er unter dem Deckmantel des sogenannten Info-Systems für den Informationsfluß zwischen den gefangenen und den in Freiheit befindlichen Mitgliedern der RAF gesorgt habe. Auch hier also wieder ein nahtloser Übergang zwischen der aktuellen Berichterstattung und einer seit 1972 systematisch betriebenen Diffamierungskampagne, mit der die Anwälte als Verbindungsleute zwischen der RAF „drinnen und draußen" dargestellt wurden. Das diese hartnäckige „Berichterstattung" durch das Urteil nicht bestätigt wurde – wen kümmerte das noch? Selbst in den allgemein als „ernstzunehmend" betrachteten holländischen Medien wie NOS-TV-journaal, „NRC-Handelsblad" und „Volkskrant" (vom 17.2.79) oder in der französischen Tageszeitung „Le Monde" war der vorherrschende Tenor der Berichterstattung über das Urteil falsch. Der Mythos vom „Terroristen in Robe", vom Botschafter zwischen Legalen (Gefangenen) und Illegalen, war unzerstörbar geworden.

Anhang

Anmerkungen

Einleitung

1 Tilman Fichter/Siegwald Lönnendonker, Kleine Geschichte des SDS, Rotbuch, Berlin 1977; Hans Manfred Bock, Geschichte des linken Radikalismus in Deutschland, Suhrkamp, Frankfurt 1976; Booudewijn Chorus, Als op ons geschoten wordt..., Pamflet, Groningen 1978; Dieter Claesens/Karin de Ahna, Das Milieu der Westberliner „Szene" und die Bewegung 2. Juni, in Analysen zum Terrorismus, Bd. 3, W. von Baeyer-Katte u. a., Gruppenprozesse, Westdeutscher Verlag, Opladen 1982; Fritz Sack, Die Reaktion von Gesellschaft, Politik und Staat auf die Studentenbewegung, in: Analysen zum Terrorismus, Bd. 4/2, F. Sack u. a., Protest und Reaktion, Westdeutscher Verlag, Opladen 1984.

2 Diether Posser, Politische Strafjustiz – Aus der Sicht des Verteidigers, Müller-Verlag, Karlsruhe 1961, S. 15. Posser entnimmt seine Angaben „verschiedenen Veröffentlichungen in den Jahren 1959/1960 unter Vorlage exakten Materials" und verweist (Anm. 50) auf: Polizei im Lande Nordrhein-Westfalen, Mitteilungsblatt der Bezirksfachabteilung Polizei, Heft Februar 1960, S. 4, Hg. Gewerkschaft Öffentliche Dienste, Transport und Verkehr – Polizeifachabteilung. Posser war damals Verteidiger in vielen politischen Strafverfahren, später wurde er Justizminister des Landes Nordrhein-Westfalen.

3 Alexander von Brünneck, Politische Justiz gegen Kommunisten in der Bundesrepublik Deutschland 1949 – 1968, Suhrkamp, Frankfurt 1978.

4 Neuer Vorwärts vom 3.12.54; Quellenangabe bei Jürgen Kuczynski, Das große Geschäft, Berlin 1967, S. 176.

5 Vgl. Gehlen, Der Dienst, 1971; Zolling/Höhne, Pullach Intern, Mohn 1971; Walde, ND-Report, Piper 1971.

6 Konkret 18/1960; Ulrike Meinhof, Dokumente einer Rebellion, Hamburg 1972, Seite 13 – In diesem Buch sind Kolummnen von Ulrike Meinhof gesammelt, die sie als Mitarbeiterin der Zeitschrift „Konkret" schrieb.

7 Claessens/de Ahna, a. a. O.

8 Konkret 5/1968; Dokumente a. a. O., S. 81 – siehe zu Osterunruhen auch: Wolfgang Kraushaar, Notizen zu einer Chronologie der Studentenbewegung. Über die Gebrauchsschwierigkeiten einer Chronologie, in: P. Mosler, Was wir wollten, was wir wurden, Reinbek 1977, S. 249–295.

9 Ebenda, S. 87

10 Ulrike Meinhof, Bambule, Rotbuch/Wagenbach, Berlin 1971.

11 Sozialistisches Patientenkollektiv, Aus der Krankheit eine Waffe machen, Trikont, München 1972.

12 Alain Labrousse, Les Tupamaros – Guérilla Urbaine en Uruguay, Seuil, Paris 1971.

13 Harold Jacobs Ed., Weathermen, Ramparts Press 1970.

14 D. B. Rjazanov, Zur Frage des Verhältnisses von Marx zu Blanqui, van

Houden, Utrecht 1973, S. 22–44; RAF, Texte, Bo Cavefors, Malmö 1977, S. 337–367.

15 Rjazanov, a. a. O., S. 25; RAF a. a. O., S. 340–341. Der in diesem Zitat erwähnte „Mordversuch“ bezieht sich vermutlich auf den Verdacht, daß RAF-Mitglieder bei mißlungenen Festnahmeversuchen an Schußwechseln mit der Polizei beteiligt gewesen seien.

16 a. a. O., S. 32 resp. S. 351

17 Ebenda

18 Ebenda, S. 35 resp. S. 355

19 Ebenda, S. 38 resp. S. 359

20 Ebenda, S. 37 resp. S. 357

21 Ebenda, S. 36 resp. S. 356

22 Ebenda

23 Ebenda, S. 26 resp. S. 342

24 Ebenda, S. 37 resp. S. 358

25 Ebenda, S. 40 resp. S. 362

26 Ebenda, S. 43 resp. S. 365

27 Ebenda, S. 43 resp. S. 366

28 Rjazanov, a. a. O., S. 45–112

29 Ebenda, S. 113–173; RAF, a. a. O., S. 368–410.

30 Rjazanov, a. a. O., S. 254–279; RAF, a. a. O., S. 411–447.

31 A. A. G. Peters, Individuele vryheid en de positie van verdachten in het strafproces, Praesidium Libertatis, Kluwer, Deventer 1975, S. 175–203 (198–199).

32 Otto Kirchheimer, Politische Justiz, Luchterhand, Neuwied und Berlin 1965.

33 Kirchheimer, a. a. O., S. 84

34 Rechtsanwalt Dr. Egon Müller in einem Festvortrag über „Strafverteidigung“ auf dem 41. Deutschen Anwaltstag 1981 in Mainz, NJW 1981, S. 1801–1807 (1804).

35 Die Juristische Fakultät der Rijksuniversiteit Utrecht hat die Protokolle über die Verteidiger im Stammheimer Verfahren gegen „Baader u. a.“ beschaffen können. Dafür bin ich Verteidigern, Fakultätsrat und Fakultätsvorstand dankbar. Die Protokolle sind zugänglich in der Bibliothek des Willem Pompe Instituut voor Strafrechtswetenschappen, Janskerkhof 16, Utrecht.

36 Peter L. Berger/Thomas Luckmann, Die gesellschaftliche Konstruktion der Wirklichkeit, eine Theorie der Wissenssoziologie, Fischer, Frankfurt 1970.

Kapitel I

1 RAF, Texte, Bo Cavefors, Malmö 1977, S. 448

2 Ebenda, S. 496–502

3 Aus der Kommandoerklärung vom 20.5.72; RAF, a. a. O., S. 449: „(...) Buddenberg, das Schwein, hat Grashof zu einem Zeitpunkt vom Krankenhaus in die Zelle verlegen lassen, als der Transport und die Infektionsgefahr im Gefängnis

noch lebensgefährlich für ihn waren. Er hat den Mordversuch an Grashof, der den Bullen nicht gelungen ist, an dem wehrlosen Grashof wiederholt. Buddenberg, das Schwein, ist dafür verantwortlich, daß Carmen Roll narkotisiert worden ist, um sie zum Reden zu bringen. Der voraussehbare Verlauf der Narkose hat bewiesen, daß das ein Mordversuch war. Buddenberg, das Schwein, kümmert sich einen Dreck um geltende Gesetze und Konventionen. Die strenge Isolation, in der die Gefangenen gehalten werden, um sie psychisch fertig zu machen: Einzelhaft, Einzelhofgang. Redeverbot mit Mitgefangenen, permanente Verlegungen, Arreststrafen, Beobachtungszelle, Briefzensur, Unterschlagung von Briefen, Büchern, Zeitschriften, die Maßnahmen, mit denen sie physisch fertiggemacht werden: grelle Zellenbeleuchtung nachts, häufiges Wecken und Durchsuchen, Fesselung beim Hofgang, körperliche Mißhandlungen – das sind nicht die Schikanen von kleinen, frustrierten Gefängniswärtern, das sind Buddenbergs Anordnungen, um die Gefangenen zur Aussage zu erpressen. Das ist der bereits institutionalisierte Faschismus in der Justiz. Das ist der Anfang von Folter (...)".

4 RAF, a. a. O., S. 450: „Gestern, am Freitag den 19. Mai um 15 Uhr 55 sind zwei Bomben im Springerhochhaus in Hamburg explodiert. Weil trotz rechtzeitiger und eindringlicher Warnungen das Haus nicht geräumt worden ist, sind dabei 17 Menschen verletzt worden. Um 15 Uhr 29 ist unter der Nummer 3471 die erste Warnung durchgegeben worden mit der Aufforderung, das Haus wegen Bombenalarm binnen 15 Minuten zu räumen. Die Antwort war: Hören Sie auf mit dem Blödsinn. Es wurde aufgelegt. Zweiter Anruf um 15 Uhr 31: Wenn Sie nicht sofort räumen, passiert etwas Fürchterliches. Aber die Telefonistinnen hatten offenbar Anweisung, solche Anrufe nicht zu beachten. Der dritte Anruf um 15 Uhr 36 ging an die Bullen: Sorgen Sie, verdammt nochmal, dafür, daß endlich geräumt wird. Weil der Springerkonzern die Tatsache, daß er gewarnt worden ist, nicht unterschlagen kann, verdreht er die Nachricht: Es sei nur ein Anruf gewesen und der sei zu spät gekommen. Zwei Telefonistinnen und die Bullen können bestätigen daß die Springerpresse einmal mehr lügt. Springer ging lieber das Risiko ein, daß seine Arbeiter und Angestellten durch Bomben verletzt werden als das Risiko, ein paar Stunden Arbeitszeit, also Profit durch Fehlalarm zu verlieren. Für die Kapitalisten ist der Profit alles, sind die Menschen, die ihn schaffen, Dreck. – Wir bedauern, daß Arbeiter und Angestellte verletzt worden sind."

5 Nicht veröffentlicht

6 RAF, a. a. O., S. 503–505

7 Peter Brückner, Ulrike Meinhof und die deutschen Verhältnisse, Wagenbach, Berlin 1977, S. 154.

Kapitel II

1 Th. Kleinknecht, Strafprozeßordnung mit GVG und Nebengesetze, C. H. Beck, München 1975; Anm. 5 zu § 74a GVG.

2 Ebenda, Anm. 3 zu § 74a GVG

3 Ausschluß der Verteidiger – wie und warum?; Merve Arbeitspapiere Nr. 17, Berlin 1975; S. 57.

4 Löwe-Rosenberg, Die Strafprozeßordnung und das Gerichtsverfassungsgesetz mit Nebengesetzen, Groß-Kommentar, Berlin 1973; Anm. 3a zu § 74a GVG; Anm. zu § 120 Abs. 1 GVG.

5 So ist das OLG Hamburg zuständig für Hamburg und Bremen, das OLG Koblenz für Rheinland-Pfalz und Saarland.

6 BGBl I, S. 739

7 Carl Nedelmann, Die Gewalt des politischen Staatsschutzes und ihre Instanzen, in: G. Schäfer/C. Nedelmann (Hg.), Der CDU-Staat, Bd. 1, Frankfurt 1969, S. 75: „Seine Entscheidungen haben faktisch Gesetzeskraft, denn er besitzt ein Rechtsprechungsmonopol, das in der übrigen Strafjustiz ohne Beispiel ist". Vgl. Diether Posser, Erfahrungen aus Vorverfahren, Hauptverhandlungen und Strafvollzug bei politischen Überzeugungstätern, in: Veröffentlichung der I. Arbeitstagung des erweiterten Initiativ-Ausschusses für die Amnestie und der Verteidiger in politischen Strafsachen, verantw. Walter Ammann, Heidelberg 1957.

8 Löwe-Rosenberg, a. a. O., Anm. 2 zu § 120 Abs. 1 GVG: „Praktisch zwingt der der Zuständigkeitskonzentration zugrunde liegende Gedanke, daß Richter mit besonderer Sachkunde und breiter Erfahrung auf dem Gebiet der Staatsschutzstrafsachen zur Aburteilung zur Verfügung stehen sollen, auch zu einer Konzentration im Wege der Geschäftsverteilung".

9 Ebenda.

10 Eberhard Schmidt, Lehrkommentar, 1960; Anm. 4 zu § 74a GVG.

11 Ludwig Martin, Zur allgemeinen Einführung eines zweiten Rechtszugs in Staatsschutzstrafsachen, NJW 1969, S. 713 ff. (718).

12 Martin, a. a. O., S. 718

13 Kleinknecht, a. a. O.

14 Niederlande: Artikel 17 Grundgesetz; BRD: Artikel 101 Abs. 1 GG i.V.m. Artikel 16 GVG; E. Schmidt, a. a. O., Anm. 3 zu § 16 GVG: „Der Kampf um den gesetzlichen Richter richtet sich ja gerade dagegen, daß nach der Tatbegehung unter Umgehung der ordentlichen Zuständigkeitsregelung in Hinblick auf individuelle Besonderheiten der Tat oder des Angeklagten durch Exekutivordnung ad hoc die Spruchkörper überhaupt in ihrer konkreten Zusammensetzung gebildet werden; denn erfahrungsgemäß sind solche ad hoc gebildeten Spruchkörper dem sie bildenden Exekutivorgan willfährig". – Vgl. Kühnert, Recht und Gesellschaft, 1971/1972, S. 322.

15 Kleinknecht, a. a. O., Anm. 2 zu § 169 StPO

16 Auch der damalige Präsident des BGH, Fischer, nahm – wenn zum Teil auch aus anderen Gründen – scharf Stellung gegen die Verteilung der richterlichen Zuständigkeit in Staatsschutzsachen der ersten Instanz (NJW 1969, S. 445 ff).

17 § 162 Abs. 3 StPO: „Der Richter hat zu prüfen, ob die beantragte Handlung nach den Umständen des Falles gesetzlich zulässig ist".

18 Martin, a. a. O., S. 715–717

19 Bundesanwalt Kohlhaas (Zulässigkeit, Brauchbarkeit und Preisgabe vertraulicher Gewährsleute im Strafverfahren, JR 1957, S. 42) „Über die Problematik der agent provokateur soll hier genau so wenig gesprochen werden, wie eine Kritik an gewissen Methoden ausgedrückt werden soll. Daß es V-Männer, untergetauchte Polizeibeamte, Agenten, Doppelagenten usw. gibt, muß hingenommen werden".

20 BVerfGE 8, 174, 182

21 BGHSt 13, 379

22 P. H. Bakker Schut, Politieke Justitie in de BRD, in NJB 1975, S. 203 ff. (207).

23 C. F. Rüter, Een „Lex Baader-Meinhof", in Delikt en Delinkwent, 1975, S. 329.

24 Wolfgang Idel, Die Sondergerichte für politische Strafsachen, Diss. Freiburg 1935, S. 39 bzw. 36; Idel war nach 1945 Landgerichtsdirektor in Düsseldorf (Braunbuch, Kriegs- und Naziverbrecher in der BRD, Berlin 1965, S. 111).

25 Crohne, Deutsche Justiz, Jg. 1933, S. 384.

26 Deutscher Bundestag, Verhandlungen, 1. Wahlperiode, 1949, Stenografischer Bericht, Bd. 8, Sitzung 158, S. 6303.

27 Von Brünneck, Politische Justiz gegen Kommunisten in der Bundesrepublik Deutschland 1949–1968, Suhrkamp, Frankfurt 1978. – Siehe zur Funktion der Anwendung von § 129 StGB in dieser Bekämpfung auch: Rote Hilfe Nr. 1, Dez. 71; gekürzter Nachdruck daraus in: Rote Robe, Jg. 3, Nr. 1 (1972), Heidelberg.

28 Werner Johe, Die gleichgeschaltete Justiz, EVA, Frankfurt 1967, S. 82

29 Von Weber, MDR 1951, S. 645

30 Johe, a. a. O., S. 106

31 § 3 des Gesetzes über die Zulassung zur Rechtsanwaltschaft, RGBL I, S. 188: „Personen, die sich im kommunistischen Sinne betätigt haben, sind von der Zulassung zur Rechtsanwaltschaft ausgeschlossen. Bereits erteilte Zulassungen sind zurückzunehmen".

32 Verordnung vom 20. Juli 1933: „Die Verteidigung oder Vertretung von Angehörigen der kommunistischen Partei ist nur dann als Betätigung im kommunistischen Sinne anzusehen, wenn dies nach den besonderen Verhältnissen, insbesondere der Häufigkeit derartiger Verteidigung oder Vertretung, der Art ihrer Führung oder den Umständen, unter denen die Verteidigung oder Vertretung übernommen wurde, gerechtfertigt ist".

33 Erwin Noack, Kommentar zur Reichs-Rechtsanwaltsordnung in der Fassung vom 21.2.36, Leipzig 1937, § 1 Anm. 2 C.

34 So Prof. Ehmke (SPD), als Kanzleramtsminister zuständig für die Koordination der Geheimdienste, am 7. Juni 1972 im Bundestag.

35 Das BKA ist sozusagen der hauseigene Ermittlungs- und Geheimdienstapparat des Generalbundesanwalts. Vgl. auch § 4 III Nr. 3, § 7 des Gesetzes über die Einrichtung eines Bundeskriminalpolizeiamtes vom 29.6.73 (BGBL I 704, III 21901); Änderungsgesetz vom 19.12.74 (BGBL I 3393); Sartorius I Nr. 450.

36 Bei einer nicht-inhaltlichen Änderung des § 81 StGB in 1974 wurden die Wörter „wegen Hochverrats gegen den Bund" vor „mit lebenslanger Freiheitsstrafe" gestrichen.

37 Dreher, Strafgesetzbuch mit Nebengesetzen und Verordnungen, C. H. Beck, München 1977, Anm. 6 und 7 zu § 81 StGB; weitere Jurisprudenz und Literatur dort angegeben.

38 a. a. O., Anm. 8 zu § 81 StGB

39 Ebenda, Anm. 2 zu § 83 StGB

40 Ebenda, Anm. 3 zu § 83 StGB

41 So der BGH (LM Nr. 1); Zitat nach Dreher, a. a. O., Anm. 4 zu § 83 StGB.

42 Beschluß des Landgerichts Kaiserslautern vom 12.12.74, Az. 1 AK 34/74,

in der Strafsache gegen Klaus Jünschke u. a., s. Fotokopie der zitierten Stellen in den Stammheimer Protokollen S. 11733 u. 11734.

43 Joachim Wagner, Terrorismus, Hochverrat und Abhörgesetz, NJW 1980, S. 914.

44 BGHSt 7, 11 ff = NJW 1955, 110.

45 Friedrich-Christian Schröder, Moabiter Landrecht oder Hamburger juristische Spökenkiekerei?, NJW 1980, S. 920.

46 Schröder, a. a. O.

47 Ebenda, S. 921

48 Martin, Juristenzeitung 1975, S. 313

49 G.P.M.F. Mols, Strafbare samenspanning – een rechtshistorisch en rechtsvergelykend onderzoek (diss), Gouda Quint, Arnhem 1982, S. 108–142.

50 Notes: Development in the law – Criminal Conspiracy, Harvard Law Review, 1959, S. 920–1008.

51 L. Hand, Harrison vs. USA, 7 F. 2d 259, 263 (2d Cir. 1925).

52 Notes: The Conspiracy Dilemma: Prosecution of Group Crime or Protection of Individual Defendants, Harvard Law Review, 1948, S. 277.

53 Abraham S. Goldstein, Conspiracy to Defraud the United States, The Yale Law Journal, 1959, S. 409.

54 Philip E. Johnston, The Unnecessary Crime of Conspiracy, California Law Review, 1973, S. 1139.

55 Mols, a. a. O., S. 104–107

56 Siehe Anmerkung 38

57 „Der Spiegel" Nr. 19/1977 zum Urteil des OLG Stuttgart gegen „Baader u. a.": „(...) Zu den Sprengstoffanschlägen in Frankfurt und Heidelberg (vier Tote) hatten sich die Stammheimer drei sogar selber bekannt – allerdings auf ihre Art: durch 'Übernahme der politischen Verantwortung'. Was die Ankläger darüber hinaus als Beweismaterial präsentierten, war nicht viel mehr, als schon in der Anklageschrift stand – ausreichend für den eindeutigen Nachweis, daß die lange Latte schwerer Straftaten zumindest pauschal auf BM-Konto geht. Doch wer jeweils wo, auf welche Weise und durch welchen konkreten Tatbeitrag an welchen Verbrechen beteiligt war oder auch nicht, stand schon damals nicht im Papier und blieb bis zum Schluß noch weitgehend im dunkeln. 'Unser Recht kennt keine Kollektivschuld', notierte auch die lokale Stuttgarter Zeitung, 'jedem einzelnen muß seine Tatbeteiligung nachgewiesen werden'. Doch Stammheim blieb eben ein Sonderfall (...) Das 'Stammheimer Landrecht', wie die Stuttgarter Art des eher großflächigen Schuldnachweises bespöttelt wurde, legte mitunter den Eindruck nahe, als verführen die Richter hier nach der Devise 'Augen zu und durch' (...)".

58 Die Baader-Meinhof-Gruppe, Walter de Gruyter, Berlin 1973, S. 29 ff.; hier begründet Bundesinnenminister Genscher auch die Benutzung des seit Mai 1970 offiziell für die Fahndung nach der RAF benutzten Begriff „Baader-Meinhof-Bande"; Helmut Schmidt in seiner Regierungserklärung vom 31.3.75: „Diese und andere Vorkehrungen haben damals zur Festnahme des sogenannten harten Kerns der Baader Meinhof-Terroristen geführt", Deutscher Bundestag, Stenografischer Bericht, 155. Sitzung, 13.3.75, S. 10733.

59 Wagner, a. a. O., S. 914

60 Dr. Posser, SPD-Justizminister von Nordrhein-Westfalen, in „Der Spiegel"

vom 24.1.72: „Der Weg der Baader-Meinhof-Gruppe führt von schein-revolutionären Phrasen über einen blinden Aktionismus in die – mühsam, aber vergeblich politisch frisierte – Kriminalität„; Generalstaatsanwalt Günther Weinmann von Baden-Württemberg betont in „Die Polizei-Zeitung Baden-Württemberg“, April 1974, daß „wir es hier nicht mit einem politischen Prozeß zu tun haben werden, sondern daß es um rein kriminelle Handlungen geht“. Weinmann zufolge sollte das auch in der Öffentlichkeit im Rahmen einer aktiven Medienpolitik immer wieder klargestellt werden, um „Akzentverschiebungen“ in der Beurteilung des Baader-Meinhof-Komplexes zu verhindern. – Helmut Schmidt, Regierungserklärung vom 13.3.75, Deutscher Bundestag, Stenografischer Bericht, 155. Sitzung, 13.3.75, S. 10737: „Dies muß auch denjenigen gesagt werden, die es ja auch gibt – es sind nicht so ganz viele Menschen in unserem Lande – die immer noch glauben, daß die Terroristen eigentlich einen politischen Anspruch erheben könnten, daß sie leider nur die falschen Mittel wählten. Es muß Schluß sein mit solcher Art von versteckter Sympathie. Wer da liebäugelt, macht sich mitschuldig“.

61 Bundesinnenminister Genscher laut „Süddeutsche Zeitung“ vom 15.2.71.

62 Z.n.: Kurt Groenewold, Angeklagt als Verteidiger, Attica, Hamburg 1978, S. 19–20. – Horst Herold, Präsident des BKA, im „Stern“ Nr. 27/1972, S. 132, auf die Frage, ob „das Problem Baader-Meinhof“ gelöst sei, wenn alle Mitglieder der Gruppe festgenommen wären: „Nein, wir haben es hier mit einem gesellschaftspolitischen Problem zu tun. Wir müssen dem Anarchismus den Boden entziehen. Und dies wird nur dann gelingen, wenn längst fällige Reformen in der BRD durchgesetzt werden. Wenn die Revolution in nächster Zeit nicht von oben kommt, dann kommt sie mit Sicherheit in nächster Zeit von unten“.

63 Z.n.: Groenewold, a. a. O., S. 20

64 Kepplinger, Die Sympathisanten der Baader-Meinhof-Gruppe, Kölner Zeitschrift für Soziologie und Sozialpsychologie, Nr. 4/1974; Institut für Demoskopie, Allensbach, Bericht Nr. 18/1971.

65 CDU-Abgeordneter Carl Carstens, Bundestagsdebatte vom 25.4.75: Es komme darauf an, „eine scharfe, unzweideutige, klare Trennung zwischen den Mitgliedern dieser Bande und der gesamten übrigen Bevölkerung“ zu ziehen. – Bundeskanzler Schmidt, Deutscher Bundestag, Stenografischer Bericht, 155. Sitzung, 13.3.75, S. 10733: „Es kommt – ich spreche es aus – auf Infiltration in die Sympathisantengruppen hinein an“. – BKA-Präsident Horst Herold im Januar 1972 während der Bundesinnenministerkonferenz (vgl. Anmerkungen 123–126): „Aktionen gegen die RAF müssen immer so abgewickelt werden, daß Sympathisantenpositionen abgedrückt werden“.

66 Art. 6 Abs. 2 der Europäischen Menschenrechtskonvention. – Art. 84 Abs. 2 der UN-Standard Minimum Rules for the Treatment of Prisoners: „Unconvicted prisoners are presumed to be innocent and shall be treated as such“.

67 Art. 1 Abs. 1 GG: „Die Würde des Menschen ist unantastbar. Sie zu achten und zu schützen ist Verpflichtung aller staatlichen Gewalt“; Art. 104 Abs. 1 GG: „Die Freiheit der Person kann nur aufgrund eines Gesetzes und unter Beachtung der darin vorgeschriebenen Formen beschränkt werden. Festgehaltene Personen dürfen weder seelisch noch körperlich mißhandelt werden“.

68 § 119 StPO: I. Der Verhaftete darf nicht mit anderen Gefangenen in demselben Raum untergebracht werden. Er ist auch sonst von Strafgefangenen, soweit möglich, getrennt zu halten. II. Mit anderen Untersuchungsgefangenen

darf er in demselben Raum untergebracht werden, wenn er es ausdrücklich schriftlich beantragt. Der Antrag kann jederzeit in gleicher Weise zurückgenommen werden. Der Verhaftete darf auch dann mit anderen Gefangenen in demselben Raum untergebracht werden, wenn sein körperlicher oder geistiger Zustand es erfordert. III. Dem Verhafteten dürfen nur solche Beschränkungen auferlegt werden, die der Zweck der Untersuchungshaft oder die Ordnung in der Vollzugsanstalt erfordert. IV. Bequemlichkeiten und Beschäftigungen darf er sich auf seine Kosten verschaffen, soweit sie mit dem Zweck der Haft vereinbar sind und nicht die Ordnung in der Vollzugsanstalt stören. V. Der Verhaftete darf gefesselt werden, wenn 1. die Gefahr besteht, daß er Gewalt gegen Personen oder Sachen anwendet, oder wenn er Widerstand leistet, 2. er zu fliehen versucht oder wenn bei Würdigung der Umstände des Einzelfalles, namentlich der Verhältnisse des Beschuldigten und der Umstände, die einer Flucht entgegenstehen, die Gefahr besteht, daß er sich aus dem Gewahrsam befreien wird, 3. die Gefahr des Selbstmordes oder der Selbstbeschädigung besteht und wenn die Gefahr durch keine andere, weniger einschneidende Maßnahme abgewendet werden kann. Bei der Hauptverhandlung soll er ungefesselt sein. VI. Die nach diesen Vorschriften erforderlichen Maßnahmen ordnet der Richter an. In dringenden Fällen kann der Staatsanwalt, der Anstaltsleiter oder ein anderer Beamter, unter dessen Aufsicht der Verhaftete steht, vorläufige Maßnahmen treffen. Sie bedürfen der Genehmigung des Richters.

69 Theodor Grunau, Kommentar zur Untersuchungshaftvollzugsordnung (UVollzO), Carl Heymanns, 1972, S. 22; der inzwischen veraltete Kommentar galt in der Zeit der Inhaftierung von „Baader u. a." als Standardwerk.

70 Die Untersuchungshaftvollzugsordnung kam zustande als Vereinbarung zwischen den Justizministern der Länder und ist folglich kein Bundesgesetz. Sie trat am 1.5.53 in Kraft als Richtlinie für richterliche Beschlüsse über die Gestaltung der U-Haft. Am 1. Januar 1966 wurde die Verordnung erheblich abgeändert. – Grunau, a. a. O., S. V, VI, 21 ff., Kleinknecht, a. a. O., Anm. 1 zu § 119 StPO.

71 BVerfG, NJW 74, S. 26, 27; Kleinknecht, a. a. O., Anm. 4 zu § 119 StPO.

72 Kleinknecht, a. a. O., Anm. 2 zu § 58 GVG.

73 § 125, 126 StPO i.V.m. § 162, 169 StPO. – Kleinknecht, a. a. O., Anm. 1 zu § 125 StPO, Anm. 1 zu § 126 StPO, Anm. 3 zu § 162 StPO, Anm. 1–5 zu § 169 StPO; aus Anm. 4 zu § 169 StPO: „Der Ermittlungsrichter des AG (§162) wird nach dem Sinn des § 169 im allgemeinen nur eingeschaltet, wenn zur Ausführung des Ersuchens keine besondere Erfahrung in Staatsschutzsachen notwendig ist".

74 Kursbuch 32, Folter in der BRD, Zur Situation der politischen Gefangenen, Hsg. Hans Magnus Enzensberger/Karl Markus Michel, Kursbuch, Berlin 1973.

75 Ausführliche Dokumentation in Kursbuch 32, a. a. O., S. 12 ff.; Heinrich Hannover, Klassenherrschaft und Politische Justiz, VSA, Hamburg 1978, S. 22 ff.; Hannover spricht hier von „terroristischen Haftbedingungen".

76 Grunau, a. a. O., S. 131–133

77 Kursbuch 32, a. a. O., S. 25, 26

78 Ebenda, S. 32, 33

79 Ebenda, S. 31

80 Spiegel-Gespräch „Der Rechtsstaat auf dem Hackklotz", in „Der Spiegel" 8/

76: „W i r sind auch nicht erst durch die Ärzte dazu gebracht worden, Hafterleichterungen zu schaffen" (Hervorhebung – BS).

81 Dokumentation: Vorbereitung der RAF-Prozesse durch Presse, Polizei und Justiz, Rote Hilfe Berlin, 1972, S. 62–66. Die Rote Hilfe von 1972 war eine nicht parteigebundene linke Organisation mit Arbeitsgruppen in fast allen größeren Städten. Jura-Studenten, ehemalige Gefangene und Intellektuelle halfen – nicht nur politischen – Gefangenen mit Lebensmittel- und Büchersendungen, Zeitungsabonnements und Öffentlichkeitsarbeit z. B. über ihre Verfahren und Haftbedingungen.

82 § 336 StGB: „Ein Richter, ein anderer Amtsträger oder ein Schiedsrichter, welcher sich bei der Leitung oder Entscheidung einer Rechtssache zugunsten oder zum Nachteil einer Partei einer Beugung des Rechts schuldig macht, wird mit Freiheitsstrafe von einem Jahr bis zu fünf Jahren bestraft". Auch wurde Anzeige erstattet wegen § 340 StGB (Körperverletzung im Amt), § 239 StGB (Freiheitsberaubung) und § 343 StGB (Aussagenerpressung).

83 Am 27.4.72 berichtete die FR über das Strafverfahren gegen einen Hamburger Hafenarbeiter. In einem Brief an den Polizeipräsidenten von Hamburg hatte er die Ereignisse auf der Pressekonferenz mit Gestapomethoden verglichen. Wegen Beleidigung der Polizei wurde er zu 150 DM Geldstrafe verurteilt. – Über die Pressekonferenz berichtete die FR:„(...) Diese junge Frau war nach ihrer Festnahme im Zusammenhang mit einer Schießerei mit der Baader-Meinhof-Gruppe (bei der ein Polizeibeamter erschossen worden war) gewaltsam vor eine Pressekonferenz gezerrt worden. Fernsehkameras filmten den Vorgang, und abends zeigte die ARD-Tagesschau die peinliche Vorführszene mit der sich wehrenden Gefangenen in aller Deutlichkeit... Der Hamburger Sozialdemokrat und Publizist Achim von Borries nannte die Vorführung der Studentin in einem offenen Brief einen 'eklatanten Verstoß gegen Menschenwürde und Rechtsstaatlichkeit'."

84 § 119 Abs. 1 Satz 2 StPO, ausgearbeitet in Nr. 22 und 23 der UVollzO; Vgl. Grunau, a. a. O., S. 58–63; konform mit Artikel 85 der UN-Standard Minimum Rules.

85 Kleinknecht, a. a. O., Anm. 2 zu § 119 StPO: „Das ist als Vorzug gedacht, den der Strafgefangene nicht hat. Der 'Raum' in I S. 1 ist die Wohnzelle. S. 2 ('auch sonst') bezieht sich auf die Wohnzelle und den Tagesablauf". Konform mit Artikel 86 der UN-Standard Minimum Rules.

86 UVollzO Nr. 22

87 Grunau, a. a. O., Anm. 6 zu Nr. 22 UVollzO: „Dafür, daß die Haftgewohnten nicht mit erstmalig Inhaftierten, gefährliche oder gewalttätige Gefangene nicht mit harmlosen, möglicherweise geistig Gestörte nicht mit geistig Gesunden zusammengelegt und Homosexuelle überhaupt in Einzelhaft gehalten werden, trägt (...) die Vollzugsgeschäftsstelle die Verantwortung (...)".

88 Grunau, a. a. O., S. 111–112, 122–124

89 Ebenda, Anm. 2 zu Nr. 60 UVollzO

90 Ebenda, Anm. 1 zu Nr. 60 UVollzO

91 Kursbuch 32, a. a. O., S. 20, 23–25

92 Ebenda, S. 18–20

93 Politische Prozesse ohne Verteidigung?, Wagenbach, Berlin 1976, S. 29.

94 „Die Untersuchungsgefangene Meinhof wurde am 16. Juni 1972 aus

Sicherheitsgründen in dem von der Untersuchungsgefangenen Proll geräumten Haftraum in der Psychiatrischen Untersuchungsabteilung für weibliche Gefangene untergebracht". So Justizminister Posser am 18.2.74 im Landtag von Nordrhein-Westfalen, zitiert nach: Der Kampf gegen die Vernichtungshaft, Hsg. Komitees gegen Folter an politischen Gefangenen in der BRD, 1975, S. 177, 183, 184.

95 Ebenda, S. 177

96 Peter Brückner, Ulrike Meinhof und die deutschen Verhältnisse, Wagenbach, Berlin 1975, S. 154, 155. – Mit „Mandantinnen" meint Preuss Ulrike Meinhof und Astrid Proll. Der Brief von Preuss ist auch veröffentlicht in: Der Kampf gegen die Vernichtungshaft, a. a. O., S. 168–174.

97 „Die Zellenwände und das Mobilar (...) sind aus hygienischen Gründen hell gestrichen", so Oberstaatsanwalt Eulencamp, Köln, in einem Aktenvermerk vom 28.3.74 zu einer Anzeige von Preuss gegen Posser und Bücker (Anstaltsleiter in Köln-Ossendorf) wegen Mißhandlung; zitiert nach: Der Kampf gegen die Vernichtungshaft, a. a. O., S. 179.

98 „Es trifft zu, daß die Fenster von außen mit 'Fliegendraht' bespannt sind"; aus einem Bericht des Anstaltsleiters Bücker vom 27.8.73, zitiert nach: Der Kampf gegen die Vernichtungshaft, a. a. O., S. 179.

99 „Die Anordnung der Anstaltsleitung, die Zellenbeleuchtung nachts durchgehend brennen zu lassen, beruhte auf der Erwägung, eine jederzeitige Beobachtung der Gefangenen zu gewährleisten. Diese war erforderlich, um der bei der Gefangenen Meinhof in besonders starkem Maße gegebenen Fluchtgefahr wirksam begegnen zu können"; Bericht des Oberstaatsanwalts Eulencamp, zitiert nach: Der Kampf gegen die Vernichtungshaft, a. a. O., S. 176.

100 „Außerdem ist die Zelle zu kalt"; aus einem Bericht des Gefängnisarztes Allies vom 23.1.73 an die Anstaltsleitung, zitiert nach: Der Kampf gegen die Vernichtungshaft, a. a. O., S. 179.

101 Mehr darüber Kap. IV, 4.2.

102 Die Verordnung ist vollständig abgedruckt in: Der Kampf gegen die Vernichtungshaft, a. a. O., S. 65.

103 Grunau, a. a. O., Anm. 1 zu Nr. 21 UVollzO

104 Ebenda, Anm. 1 zu Nr. 21 UVollzO

105 Ebenda, Anm. 1 zu Nr. 6 UVollzO: „Bemerkenswert ist die (die Vorschrift Nr. 6 – BS) vor allem, weil sie feststellt, daß dem Richter eine Aufgabe der vollziehenden Gewalt obliegt".

106 Ebenda, Anm. 2 zu Nr. 8 UVollzO

107 Ebenda, S. 64–93

108 Ebenda, S. 97–102

109 Ebenda, Anm. 2 zu Nr. 25 UVollzO

110 Ebenda, Anm. 2 zu Nr. 27 UVollzO

111 Ebenda, Anm. 2 zu Nr. 28 UVollzO

112 Ebenda, Anm. 3 zu Nr. 31 UVollzO und Anm. 1–4 zu Nr. 34 UVollzO; Grunau bestreitet die Meinung Baumanns (DRiZ 59, 379), die Ordnung in der Anstalt könne durch Briefe nicht gestört werden, und behauptet, „daß unwahre oder grob übertriebene Mitteilungen in ausgehenden Briefen über Vorkommnisse oder Verhältnisse in der Anstalt eine auf das Leben in der Anstalt zurückstrahlende Beunruhigung der Öffentlichkeit verursachen können„. Auch in eingehender Post könnten „ebenfalls alarmierende Nachrichten, die den Anstaltsbetrieb betreffen,

mitgeteilt werden oder Geldnoten enthalten sein, mit deren Besitz ernstliche Störungen der Ordnung in der Anstalt bewirkt werden können".

113 z. B. Erklärung der Mutter des RAF-Mitglieds Manfred Grashof (inhaftiert seit dem 3.3.72) auf einer Pressekonferenz am 7.4.74 in Düsseldorf; zitiert nach: Der Kampf gegen die Vernichtungshaft, a. a. O., S. 206–207.

114 Das Gutachten von Prof. Witter ist näher analysiert in: Ulrike Meinhof ein Selbstmord?, Antifaschistisches Komitee, Marburg 1976, S. 13–19; an mehreren Stellen bezieht sich das Gutachten unmittelbar auf „Vermerke, die von den überwachenden Justizbeamten über diese Gespräche niedergelegt wurden..." (S. 22 des Gutachtens).

115 Kursbuch 32, a. a. O., S. 51–67: Hier wird die politische Zensur von Postsendungen an und von politische(n) Gefangene(n) anhand 16 richterlicher Beschlüsse dokumentiert.

116 Kursbuch 32, a. a. O., S. 56

117 Nach § 94 StPO ist die Beschlagnahmung von Gegenständen, die als Beweismittel für die Untersuchung von Bedeutung sein können, zulässig. Nach § 98 StPO dürfen Beschlagnahmungen nur von einem Richter angeordnet werden. Die einzige Ausnahme: bei „Gefahr im Verzuge" können auch die Staatsanwaltschaft und ihre Hilfsbeamten (die Polizei; vgl. Kleinknecht, a. a. O., Anm. 1–5 zu § 152 GVG) beschlagnahmen; der Betroffene kann aber jederzeit eine richterliche Entscheidung beantragen.

118 Kursbuch 32, a. a. O., S. 53; es geht um einen Brief von Brigitte Asdonk an Monika Berberich (beide am 8.10.70 wegen Verdachts der Beteiligung an einer kriminellen Vereinigung und an einem Bankraub verhaftet).

119 Kursbuch 32, a. a. O., S. 55

120 Ebenda, S. 65

121 Ebenda, S. 74

122 siehe auch: Frank Rühmann, Anwaltsverfolgung in der Bundesrepublik 1971–1976, Neue Politik, Hamburg 1977, S. 12–25.

123 Am 27.1.72 berichtete BKA-Präsident Herold vor der Konferenz der Innenminister der Länder über Verteidiger in §-129-Verfahren. Bruno Merk, Innenminister von Bayern, berichtet über diese Konferenz (anläßlich der Bundestagsdebatte vom 13.3.75 über die Entführung des CDU-Politikers Lorenz): „In der Innenministerkonferenz vom Januar 1972 wurde das Bundeskriminalamt noch deutlicher und stellte fest, daß die *Kommunikation innerhalb der Bande* und mit Dritten weitgehend von *linksradikalen Anwälten* vermittelt und getragen wird. Er hat z. B. festgestellt, daß sie Zeugen präparieren, den Transport von Gegenständen übernehmen, die der Ausübung von Straftaten dienen, Nachrichten aus den Gefängnissen transportieren, Kassiber vermitteln, Nachrichten über Polizeibeamte und Richter sammeln usw."; Deutscher Bundestag, Stenografischer Bericht, 13.3.75, S. 1075310754.

124 Der Wortlaut ist zum Teil identisch mit dem Bericht von Merk am 13.3.75 im Bundestag, s. Anmerkung 123.

125 Herolds Referat sickerte zu einem günstigen Zeitpunkt aus der Innenministerkonferenz in „Bild am Sonntag" durch. BKA und Innenminister hatten im Januar auch darüber beraten, wann eine Großfahndung nach RAF-Mitgliedern sinnvoll sein könnte. Genscher zufolge schien der Januar nicht dazu geeignet zu sein, denn „diese öffentliche Fahndung müsse vielmehr, um ausreichende Beach-

tung zu finden, an ein spektakuläres Ereignis angeknüpft werden" (Deutscher Bundestag, Stenografischer Bericht, 13.3.75, S. 10758). Das „spektakuläre Ereignis" der Mai-Offensive der RAF 1972 wurde dann als Anlaß für die erste Großfahndung genommen; später, im November 1974, wurde die „Aktion Winterreise" (s. Kapitel V, 1) mit der Erschießung des Berliner Richters von Drenckmann begründet.

126 In der Bundestagsdebatte am 13.3.75 bestätigt der ehemalige Bundesinnenminister Genscher, daß Merk „den *Bericht* zitiert (hat), den *Herr Präsident Herold* vor der Innenministerkonferenz der Länder *über Kontakte* und über Bewegungsmöglichkeiten *der in Untersuchungshaft befindlichen Angehörigen der Baader-Meinhof-Bande* gegeben hat" (Deutscher Bundestag, Stenografischer Bericht, 13.3.75, S. 10759).

127 Vgl. Heinrich Hannover, Strafanzeige gegen Springer wegen Volksverhetzung, Kritische Justiz, 1972, S. 278 ff., eine ausführliche Dokumentation über die Hetzkampagne der Springer-Presse gegen linke Anwälte; siehe auch: Rühmann, a. a. O.

128 Vgl. Hannover, Ausschließung von Verteidigern wegen Teilnahmeverdachts, Kritische Justiz, 1974, S. 135 ff. (140).

129 Vgl. Hannover, Kritische Justiz, 1972, S. 278 ff.

130 „Presseerklärung: Strafanzeige gegen Generalbundesanwalt Ludwig Martin. Was sich Generalbundesanwalt Martin mit seiner Presseerklärung über die Tätigkeiten von Anwaltskollektiven und ihre 'organisatorischen Zusammenhänge' mit der RAF geleistet hat, ist eine böswillige Verleumdung und nichts anderes als eine bereitwillige Erfüllung der Verfolgungsforderungen der Springer-Presse. Seine Denunziation ist zugleich eine Vorwärtsverteidigung gegen unsere Strafanzeige gegen Springer, Boenisch und Beamte des BKA (Bundeskriminalamts) wegen der Verleumdung, Verteidiger von RAF-Mitgliedern transportierten Sprengstoff und präparierten Zeugen. Bereits in unserer Strafanzeige vom 24.5.72 haben wir vorausgesagt: In der jetzigen Situation bedeutet die Verbreitung solcher Lügen und Behauptungen die Freigabe von Rechtsanwälten zur öffentlichen Verurteilung. Das ist schlicht Hetze, die zum Ziel hat, die Bereitschaft von Strafverfolgungsbehörden zu provozieren, unter Mißachtung gesetzlicher Vorschriften oder unter Benutzung von fadenscheinigen Vorwänden Rechtsanwälte zu kriminalisieren und von der Verteidigung politisch verfolgter Personen auszuschalten. Generalbundesanwalt Martin hat mit seiner Presseerklärung die Erwartungen erfüllt, die die Springer-Presse an die Justiz stellt. Da der Posten des Generalbundesanwalts nur von einem Volljuristen besetzt sein darf, weiß Martin genau, daß sich Strafverteidiger weder durch die Beratung noch durch die Annahme von Vollmachten von Personen, gegen die ein Haftbefehl besteht, strafbar machen. Im Gegenteil: Das gehört zu ihren Berufspflichten. Wie RA Reinhard bereits gegenüber der Deutschen Presse Agentur erklärt hat, lassen Martins Behauptungen nur die Interpretation zu, daß er ein gestörtes Verhältnis zu den im Strafverfahrensrecht und im Grundgesetz enthaltenen Rechtsgarantien für Beschuldigte hat. Tatsächlich ist GBA Martin nicht der einzige, der sich zum Vollstrecker der Verfolgungsstrategie der Springer-Presse macht. Bereits vor zehn Tagen hat die Hamburger Polizei das Haus, in dem Frau und Kinder von RA Groenewold wohnen, umstellt und unter Bedrohung mit Maschinengewehren von jedem, der das Haus verließ, Personal- und Kfz-Papiere kontrolliert. Ebenso

hat die Bildzeitung die Anschrift Hochallee 21, die sich aus den Papieren von Gudrun Ensslin ergeben soll, verleumderisch als „Anwaltsadresse" bezeichnet, obwohl sie weiß, daß sich das Anwaltsbüro seit 1965 in der Osterstraße 120 befindet und Groenewold nur Miteigentümer des Hauses Hochallee 21 ist, ohne dort zu wohnen oder je gewohnt zu haben. Die jetzigen Verfolgungsmaßnahmen gegen Rechtsanwälte unterscheiden sich nicht von den Verfolgungsmaßnahmen gegen Rechtsanwälte in der Nazizeit. Wer damals politisch Verfolgte, Kommunisten oder Sozialdemokraten, verteidigte, wurde selbst als Staatsfeind verfolgt. Gegen Generalbundesanwalt Martin haben wir Strafanzeige erstattet." – Dokumentation: Vorbereitung der RAF-Prozesse..., a. a. O., S. 11

131 Hannover, Kritische Justiz, 1974, S. 140.

132 Mit „Bandenbegünstigung" ist hier die Begünstigung einer kriminellen Vereinigung (§ 129 StGB) gemeint. Bis 1975 machte sich einer „Begünstigung" (§ 257 StGB alte Fassung) strafbar, wer „nach Begehung eines Verbrechens oder Vergehens dem Täter oder Teilnehmer wissentlich Beistand leistet, um denselben der Bestrafung zu entziehen oder um ihm die Vorteile des Verbrechens oder Vergehens zu sichern". Die Leistung wissentlichen Beistands, um jemanden der Bestrafung zu entziehen, ist nach § 258 StGB als „Strafvereitelung" gesondert strafbar durch das Einführungsgesetz zum Strafgesetzbuch (EGStGB) vom 2.3.74 (Art. 19 Nr. 131–133), BGBL I 469.

133 Hannover, Kritische Justiz, 1974, S. 140

134 Vgl. Anmerkungen 123, 124, 126

135 Hannover, Kritische Justiz, 1974, S. 140.

136 Deutscher Bundestag, Stenografischer Bericht, 13.3.75, S. 10759.

137 Vgl. Wochenzeitschrift Accent vom 8.10.77, Leitartikel mit dem Titel „mr. P. H. Bakker Schut: 'Een terrorist in toga'".

138 So Prof. Dr. Uwe Wesel, Verteidiger von Otto Schily, in der gegen die Ausschließung Schilys gerichteten Beschwerde vom 26.6.72, vollständig veröffentlicht in Dokumentation: Vorbereitung der RAF-Prozesse..., a. a. O., S. 8–41. Nach § 33 Abs. 3 StPO ist vor jeder richterlichen Entscheidung, die außerhalb einer Hauptverhandlung ergeht, „ein anderer Beteiligter" anzuhören, bevor zu seinem Nachteil Tatsachen oder Beweisergebnisse verwertet werden. Eine Ausnahme ist nur möglich (Abs. 4), wenn die vorherige Anhörung den Zweck der Entscheidung gefährden würde; z. B. bei Anordnung der Untersuchungshaft.

139 Der Beschluß, in Fotokopie veröffentlicht in Dokumentation: Vorbereitung der RAF-Prozesse..., a. a. O., S. 6 und 7, lautet: „Nach dem Ergebnis der bisher durchgeführten Ermittlungen besteht der dringende Verdacht, daß Rechtsanwalt Schily, den die Beschuldigte Gudrun Ensslin mit ihrer Verteidigung beauftragt hat, sich an der kriminellen Vereinigung, der die Beschuldigte angehört, als Mitglied beteiligt oder diese zumindest unterstützt und sich damit der Mittäterschaft gemäß § 129 Abs. 1, 47 StGB schuldig gemacht hat. Dieser Verdacht gründet sich auf den Umstand, daß bei der Festnahme der Mitbeschuldigten Meinhof eine umfangreiche Mitteilung der Beschuldigten Ensslin mit Anweisungen für die weitere verbrecherische Tätigkeit der kriminellen Vereinigung sichergestellt worden ist, die – wie die Ermittlungen ergeben haben – nur durch Rechtsanwalt Schily, der als einziger Besucher der Beschuldigten Ensslin Gelegenheit gehabt hat, diese unbeaufsichtigt zu sprechen, aus der Haftanstalt herausgeschmuggelt und der Beschuldigten Meinhof übermittelt worden sein kann.

Rechtsanwalt Schily muß deshalb wegen des dringenden Verdachts der Beteiligung an der der Beschuldigten Ensslin zur Last gelegten Tat als Verteidiger ausgeschlossen werden".

140 BGH NJW, 1972, S. 2140; vgl. Wuttke, NJW, 1972, S. 1884 ff und Seebode, NJW, 1972, S. 2257 ff.

141 Palmström ist eine Fantasiegestalt des Dichters Christian Morgenstern. Gemeint ist hier das Gedicht „Die unmögliche Tatsache" aus den „Galgenliedern", Insel, Leipzig 1940, S. 165:

Palmström, etwas schon an Jahren,
wird an einer Straßenbeuge
und von einem Kraftfahrzeuge
überfahren.

„Wie war" (spricht er, sich erhebend
und entschlossen weiterlebend)
„möglich, wie dies Unglück, ja – :
daß es überhaupt geschah?

Ist die Staatskunst anzuklagen
in bezug auf Kraftfahrwagen?
Gab die Polizeivorschrift
hier dem Fahrer freie Trift?

Oder war vielmehr verboten,
hier Lebendige zu Toten
umzuwandeln – kurz und schlicht:
Durfte hier der Kutscher nicht?"

Eingehüllt in feuchte Tücher
prüft er die Gesetzesbücher
und ist also bald im klaren:
Wagen durften dort nicht fahren.

Und er kommt zu dem Ergebnis:
Nur ein Traum war das Erlebnis.
Weil, so schließt er messerscharf,
nicht sein *kann*, was nicht sein *darf*.

142 „Der Spiegel" (Nr. 40/1972) kommentierte diese Argumentation: „Der forsche Pauschalverdacht in linke Richtung, der hier mit Schily einen Strafverteidiger eher liberaler Prägung trifft, kann kaum überraschen. Denn maßgeblich beteiligt an dem Richterspruch des Dreierkollegiums ist mit Bundesrichter Albrecht Mayer, dem stellvertretenden Senatsvorsitzenden, ein Mann, der seiner rechten Gesinnung kaum richterliche Zurückhaltung anlegte. Als überzeugter Anhänger des unverhüllt rechts-reaktionären ‚Deutschland-Magazins' gab er sich in einem Leserbrief selber zu erkennen:
‚Da ich das Deutschland-Magazin für eine Zeitschrift halte, der weiteste Verbrei-

tung zu wünschen ist und die tatkräftige Unterstützung verdient, habe ich mir weitere Exemplare kommen lassen und sie an Freunde versandt und verteilt. Bundesrichter Albrecht Mayer'."

143 Juristische Wochenschrift, 1926, S. 2756–2757; Deutsche Richter Zeitung, 1928, S. 470–472.

144 Strafverfolgungen wegen „literarischen Hochverrats" waren in der Weimarer Republik gang und gäbe; Autoren, Buchhändler, Verleger und Drucker wurden wegen „seelischer Vorbereitung der Revolution" von einer offenen Gesinnungsjustiz verurteilt. – Seltsame Beispiele dieser Form politischer Justiz sind ausführlich beschrieben in: Traditionen deutscher Justiz, Politische Prozesse 1914–1932, Wagenbach, Berlin 1978, S. 237 ff.; Heinrich Hannover/Elisabeth Hannover-Drück, Politische Justiz 1918–1933, Attica, Hamburg 1977, S. 238 ff.

145 Zitat aus einem Kommentar des Rechtsanwalts Dr. Erich Ehck in der „Vossischen Zeitung" vom 18.7.28, zitiert nach: Deutsche Richter Zeitung 1928, S. 472.

146 siehe Kap. I, 3.2.3.

147 BVerfGE 34, S. 293 ff.

148 Heinrich Hannover in: Ausschließung von Verteidigern wegen Teilnahmeverdachts, Kritische Justiz, 1974, S. 135 ff.: „Alle überlieferten Fälle, in denen sich Gerichte das Recht, einen Verteidiger wegen Teilnahmeverdachts auszuschließen, ohne gesetzliche Grundlage angemaßt hatten, betreffen politische Strafsachen, und immer wurde der angebliche Teilnahmeverdacht damit begründet, daß der Verteidiger eine politische Organisation oder – um es in der Sprache der Herrschenden zu sagen: – eine kriminelle Vereinigung unterstützt habe oder von dieser abhängig sei". – Schmidt-Leichner, Der Ausschluß des Verteidigers, NJW 1973, S. 969 ff.: „Es handelte sich auch in der Weimarer Zeit durchweg nicht um Alltagsfälle der Verteidigung, sondern um solche, in denen politische oder zumindest rechtspolitische Brisanz lag".

149 Rechtsprechung und Literatur angegeben in: Ulsenheimer, Zur Regelung des Verteidigerausschlusses in §§ 138a-d, 146 n.F. StPO, Goltdammer Archiv, 1975, S. 103 ff (Anmerkung 3). – Vgl. Hannover, Kritische Justiz 1974, S. 136.

150 Rechtsprechung und Literatur angegeben in: Ulsenheimer, a. a. O., S. 104 (Anmerkung 4). – Vgl. Schmidt-Leichner, Der Ausschluß des Verteidigers, NJW, 1973, S. 969 (Anmerkung 23) – Vgl. Hannover, Kritische Justiz 1974, S. 137–139.

151. BVerfGE 22, 114 = NJW 67, S.2051; BVerfGE 15, 226; 16, 214 = NJW 63 S. 1771 - In der letztgenannten Entscheidung war das Bundesverfassungsgericht noch der Meinung: „Da ein rechtzeitiges Eingreifen des Ehrengerichts bei der gegenwärtigen Rechtslage nicht gewährleistet ist, muß das Prozeßgericht die Möglichkeit haben, den Verteidiger auszuschließen(...)" (!).

152 „Wäre schon in der ersten Entscheidung des BVerfG von 1961 festgestellt worden, daß es ein 'Gesetz' im Sinne von Art. 12 GG – auch in Form eines 'vorkonstitutionellen Gewohnheitsrechts' – schlechterdings nicht gibt, wie es jetzt heißt, wären wir heute weiter"; Schmidt-Leichner, a. a. O., S. 971.

153 Schmidt-Leichner, a. a. O., S. 972.

154 Wuttke, NJW, 1972, S. 1884, spricht von einem „eine gewisse Patina tragenden Problem", Gross, ZRP 1974, S. 25, von einem „nicht gerade taufrischen Thema".

155 Nach § 97 StPO gehören Verteidigungsunterlagen zu den sogenannten beschlagnahmefreien Gegenständen. Das gilt nicht, wenn der Verteidiger einer Teilnahme, Begünstigung oder Hehlerei verdächtig ist oder wenn es sich um Gegenstände handelt, die durch ein Verbrechen oder Vergehen hervorgebracht oder bestimmt sind oder die aus einer solchen Straftat herrühren.

156 Die Strafanzeige von Croissant, das Gutachten des Ärztlichen Direktors der Anästhesieabteilung des Stuttgarter Katharinen-Hospitals und der ausführlich begründete Einstellungsbeschluß der Staatsanwaltschaft beim Landgericht Augsburg sind veröffentlicht in: Kursbuch 32, a. a. O., S. 83 ff.

157 Kursbuch 32, a. a. O., S. 86.

158 Dokumentation: Vorbereitung der RAF-Prozesse..., a. a. O., S. 66.

159 FR, 18.3.72.

160 Dokumentation: Vorbereitung der RAF-Prozesse..., a. a. O., S. 68.

161 Ein Schöffengericht besteht aus einem Berufsrichter bei einem Amtsgericht und zwei Laienrichtern; Kleinknecht, a. a. O., §§ 29–58 GVG mit Anmerkungen. Ein Schöffengericht darf bis zu drei Jahre Freiheitsentzug aussprechen (§ 24 Abs. II GVG).

162 Urteil vom 16.6.75 (AK 115/1974 31 LS 3/1974 – nicht veröffentlicht). Die Tagespresse versah die 400 DM Geldstrafe durchgängig mit einer zusätzlichen Null (z. B. FAZ vom 19.6.75, Augsburger Tagblatt vom 29.6.75, Augsburger Allgemeine vom 6.7.75).

163 Die Akten des Strafverfahrens gegen Croissants und das Gutachten erhielt ich zur Einsichtnahme von Croissants Verteidiger Dr. H. H. Heldmann. Die Augsburger Allgemeine (2. und 6.7.75) berichtete ebenfalls, daß der Sachverständige der Universität Ulm, Prof. Dr. Ahnefeld, die Zwangsnarkose bei Roll als „schwer kunstfehlerhaft" und „lebensgefährlich" bezeichnet habe.

164 Beschluß des Landgerichts Augsburg vom 2.3.78 (Ns 31 Ls 3/74), mit dem das Verfahren vorläufig eingestellt wurde unter Hinweis auf das nach Croissants Auslieferung Ende 1977 vor dem Landgericht Stuttgart laufende Verfahren (Siehe Kap. VII, 4.2.1 und Kap. IX, 2). Gemäß § 154 StPO kann das Gericht auf Antrag der Staatsanwaltschaft ein Verfahren in jeder Lage vorläufig einstellen, wenn das zu erwartende Strafmaß gegenüber einer in einem anderen Verfahren zu erwartenden Strafe „nicht ins Gewicht fällt".

165 Vgl. Berichterstattung in Neue Württembergische Zeitung und Bildzeitung vom 13.5.72, Fotokopie in Dokumentation: Vorbereitung der RAF-Prozesse..., a. a. O., S. 70–71. Schon im Oktober 1971 waren Büro und Wohnung eines Heidelberger Rechtsanwalts wegen des Verdachts der Unterstützung einer kriminellen Vereinigung durchsucht worden. Diese Vereinigung war benannt mit „Innerer Kreis des Sozialistischen Patienten-Kollektivs" (SPK). Der Anwalt soll diesem „Kreis" eine Mappe mit Fotos von Heidelberger Polizeibeamten zur Verfügung gestellt haben, lautete die Beschuldigung.

166 Neue Württembergische Zeitung vom 13.5.72, zitiert in: Dokumentation: Vorbereitung der RAF-Prozesse..., a. a. O., S. 71; der Dokumentation sind auch die übrigen Zitate entnommen.

167 „Der Spiegel", Nr. 31/1972

168 „Rote Robe", Nr. 4/1972, zitiert nach: Dokumentation: Vorbereitung der RAF-Prozesse..., a. a. O., S. 76.

169 Frank Rühmann, a. a. O., S. 21.

170 Vgl. Robert K. Merton, Social Theory and Social Structure, Free Press, New York 1968, S. 475 ff. zur „self-fulfilling prophecy".

171 Rühmann, a. a. O., S. 29–32

172 Merton, a. a. O., S. 477

173 Kraft Bundesrechtsanwaltsordnung (BRAO) vom 1.8.59 (BGBL I S. 98) ist die westdeutsche Advokatur – wie die niederländische – korporativ organisiert. Die im Bereich eines OLG oder beim BGH zugelassenen Rechtsanwälte bilden gemeinsam eine Rechtsanwaltskammer (RAK). Die RAK haben öffentlichrechtliche Kompetenzen. Die größten RAK München und Hamburg haben beide mehr als 3 000 Mitglieder (in den Niederlanden gibt es insgesamt rund 4 000 Rechtsanwälte). Die Bundesrechtsanwaltskammer (BRAK) wird gebildet aus Vertretern aller RAK. Der BRAK obliegt u. a. (§ 177 BRAO):
– in Fragen, welche die Gesamtheit der Rechtsanwaltskammern angehen, die Auffassung der einzelnen Kammern zu ermitteln und im Wege gemeinschaftlicher Aussprache die Auffassung der Mehrheit festzustellen;
– die Gesamtheit der Rechtsanwaltskammern gegenüber Behörden und Organisationen zu vertreten;
– die allgemeine Auffassung über Fragen der Ausübung des Anwaltsberufs in Richtlinien festzustellen.
Die neuesten Richtlinien, derzeit als „Grundsätze des anwaltlichen Standesrechts" bezeichnet, sind festgestellt am 21. Juni 1973. Sie sind kein Gesetz, aber sie stellen eine „Sammlung der Grundsätze dar, die sich herausgebildet haben. Auch in der Rechtsprechung sind die Richtlinien stets nur als Erkenntnisquelle dafür, was im Einzelfalle nach der Auffassung angesehener und erfahrener Standesgenossen der Meinung aller anständigen und rechtdenkenden Anwälte und der Würde des Anwalts entspricht, angesehen werden" (BGH in AnwBl. 1963, 51 – 1. X. 1962). Ausführlich zu Organisation und Standesrecht(sprechung) der westdeutschen Rechtsanwaltschaft: Isele, Kommentar zur Bundesrechtsanwaltsordnung, Juristischer Fachbuchverlag, Essen 1976.

174 Ausschluß der Verteidiger..., a. a. O., S. 68.

Kapitel III

1 Ausschluß der Verteidiger – wie und warum?, Merve Arbeitspapiere Nr. 17, Berlin 1975, S. 73

2 § 1 BRAO: „Der Rechtsanwalt ist ein unabhängiges Organ der Rechtspflege". Vgl. Isele, Kommentar zur Bundesrechtsanwaltsordnung, Juristischer Fachbuchverlag, Essen 1976, S. 2 ff.; Dr. Wolfgang Knapp, Der Verteidiger – ein Organ der Rechtspflege?, Saarbrücken, 1974; Dr. Rolf Schneider, Der Rechtsanwalt, ein unabhängiges Organ der Rechtspflege, Duncker und Humboldt, Berlin 1976; Dr. Hans Dahs, Handbuch des Strafverteidigers, Dr. Otto Schmidt KG, Köln 1977, S. 19 ff. mit Verweis auf Literatur.

3 Dahs, a. a. O., S. 8; Th. Kleinknecht, Strafprozeßordnung mit GVG und Nebengesetze, C. H. Beck, München 1975, S. 429.

4 In dieser Auffassung beinhaltet der Begriff „Organ der Rechtspflege" nichts

weiter als eine Erläuterung und Wiedergabe seiner prozessualen Position. So auch Eb. Schmidt: „Läßt sich somit die Stellung des Verteidigers weder vom Gericht her noch vom Beschuldigten her prozeßrechtlich erfassen, so muß festgestellt werden, daß der Verteidiger im Interesse der Wahrheitsermittlung und der Justizförmlichkeit des Verfahrens eine eigene, selbständige Aufgabe und Funktion hat: Als Beistand des Beschuldigten ist er ein selbständiges Organ der Rechtspflege", zitiert nach: Gross, Zeitschrift für Rechtspolitik, 1974, S. 29.

5 Schneider, a. a. O., S. 63 ff.

6 In Deutschland ausgearbeitet von Otto von Gierke, Die Grundbegriffe des Staatsrechts und die neuesten Staatsrechtstheorien, Tübingen 1915, S. 94 ff.; Schneider, a. a. O., S. 64.

7 § 2 Abs. 1 BRAO: „Der Rechtsanwalt übt einen freien Beruf aus".

8 Schneider, a. a. O., S. 76, Anm. 94 mit weiterer Rechtsprechung und Literatur.

9 BVerfGE 38, 105 (119); kritisch Krämer, Der Rechtsanwalt – ein staatlich gebundener Vertrauensberuf?, NJW 1975, S. 849 ff.

10 Schneider, a. a. O., S 35 ff., 63 ff.; Knapp, a. a. O., S. 44 ff.; Krämer, a. a. O., S. 850, dazu: „Der von Knapp vermittelte Überblick über die Entwicklung dieser Formel bestätigt die Vermutung, daß der Begriff in der Tat je nach dem konkreten Begründungszusammenhang beliebig verwendbar ist, wenn er auch meist dazu diente, die Pflichtenbindung des Anwalts zu charakterisieren".

11 Schneider, a. a. O., S. 36

12 Ebenda, S. 63; EGH I, 140 ff.

13 Ebenda, S. 39 ff.; Hanssen, DR 1944, 355: „Der Rechtsanwalt erfüllt in seiner gesamten beruflichen Tätigkeit staatlicher Aufgaben", er steht gegenüber dem Staat „in demselben besonderen Treueverhältnis, das die Stellung des Beamten charakterisiert".

14 Vgl. die Stellungnahme eines Frankfurter Anwaltskollektivs in: Kritische Justiz, 1972, S. 274 ff.

15 Niklas Luhmann, Legitimation durch Verfahren, Luchterhand, Neuwied/Berlin 1969, S. 114 ff.

16 Luhmann, a. a. O., S. 116

17 Ebenda, S. 121

18 Abraham S. Blumberg, The practise of law as confidence game, in Band: Sociology of Law, Penguin Books, 1972, S. 321 ff.

19 Ebenda, S. 322

20 Talcott Parsons, The Law and Social Control, in: William M. Evan, Law and Sociology, The Free Press of Glencoe, New York 1962, S. 56 ff.

21 David Sudnov, Normal Crimes: Sociological Features of the Penal Code in a Public Defender Office, in der Zeitschrift: Social Problems, 1964, S. 255ff.

22 Blumberg, a. a. O., S. 322

23 Ebenda, S. 321

24 Dahs, a. a. O., S. 129–131, 177–178, 227–228, 272, 433–436; Kleinknecht, a. a. O., Einl. 1 E und 7 A, i.V.m. Anm. 9 Art. 6 MRK, Anm. 4 § 119 StPO i.V.m. Anm. 1 C Art. 3 MRK.

25 BVerfGE 9, 89, 95, 26, 66, 71; Kohlmann, Waffengleichheit im Strafprozeß, Festschrift für Karl Peters z. 70. Geburtstag, 1974, S. 311 ff.

26 Dahs, a. a. O., S. 74

27 Siehe Traditionen deutscher Justiz: Große politische Prozesse in der Weimarer Zeit, Wagenbach, Berlin 1978; Alexander von Brünneck, Politische Justiz gegen Kommunisten in der Bundesrepublik Deutschland 1949–1968, Suhrkamp, Frankfurt 1978, S. 258 ff, 313 ff; Heinrich Hannover, Klassenherrschaft und Politische Justiz, VSA, Hamburg 1978, S. 30 ff, 92 ff.

28 siehe Kap. IV, 6.1.

29 Dokumentation: Vorbereitung der RAF-Prozesse durch Presse, Polizei und Justiz, Rote Hilfe Berlin, 1972, S. 185 ff.

30 Dominique Poncet, La protection de l'accusé par la Convention Européenne des Droits de l'Homme, Etudes de droit comparé, Georg, Genève 1977.

31 Art. 285 Abs. 2 WvSv.

32 Art. 298 i.V.m. 299 WvSv.

33 Art. 311 WvSv.

34 Kleinknecht, a. a. O., Anm. 8 zu § 243 StPO.

35 § 257 StPO

36 Vgl. Prozeßerklärung von Croissant in: Der Prozeß gegen Klaus Croissant, Fantasia, Stuttgart 1979, S. 9.

37 Mitte 1974 erklärten Beamte des BKA gegenüber der Illustrierten „Der Stern" (Nr. 20/1974, S. 29) und als Zeugen vor der Staatsschutzkammer des LG Stuttgart (25.6.74), daß mehr als 1800 Ordner mit Ermittlungsmaterial gefüllt seien. Zu Beginn der Hauptverhandlung gegen „Baader u. a." standen Richtern und Anwälten aber „nur" 134 Ordner zur Verfügung. Anhand der Durchnummerierung der ihnen zur Verfügung stehenden Dokumente wiesen die Verteidiger nach, daß etwa 90 Prozent des Materials fehlte. Vgl. dazu der Antrag zur Einsichtnahme in dieses Material, in: Ulf Stuberger, In der Strafsache gegen Andreas Baader, Ulrike Meinhof, Jan Carl Raspe, Gudrun Ensslin wegen Mordes u. a., Dokumente aus dem Prozeß, Syndicat, Frankfurt 1977, S. 145 ff.

38 Soziale Isolation = Erhebliche bzw. totale Beschränkung normaler Kontakte zu anderen Menschen.

39 Sensorische Deprivation = Unterbindung sinnlicher Wahrnehmungen durch Einschränkung aller äußerlichen Reize.

40 Peter Brückner, Ulrike Meinhof und die deutschen Verhältnisse, Wagenbach, Berlin 1976. S. 156 ff.

41 C. Kelk, Recht voor gedetineerden, Samsom, Alphen aan de Rijn 1978, S. 166, 182 ff. – Im Abschlußbericht vom 30.4.71 (DPC/CEPC VIII-70–3-Final) des Sub-Comittee Nr. VIII des European Committee on Crime Problems, zur Vorbereitung der Anpassung dieser Rechtsregeln an die europäischen Verhältnisse bemerkt diese Kommission u. a. zu Artikel 91: „These provision is designed purely to enable an untried prisoner, who is entitled under article 84 to the same rights as a free man, to choose his own doctor"; dieser Paragraph „does not imply a lack of confidence in prison medical and dental staff".

42 Der Anstaltsarzt untersteht dem Anstaltsleiter. Der Anstaltsleiter hat zwar im medizinischen Bereich keine Weisungsbefugnis, er kann aber vom Anstaltsarzt Auskünfte fordern und ihm „Anregungen" geben; der Anstaltsarzt ist gegenüber dem Anstaltspersonal nicht an seine Schweigepflicht gebunden. Theodor Grunau, Kommentar zur Untersuchungshaftvollzugsordnung (UVollzO),Carl Heymanns, 1972, S. 124 ff.

43 RAF, Texte, Bo Cavefors, Malmö 1977, S. 155/156.

44 Henck: Anstaltsarzt in Stuttgart-Stammheim.

45 Die Informationen über den Fall Hammerschmidt stammen aus Rechtsanwalt Schilys Anzeige gegen die Anstaltsärzte vom 9.1.74, seiner Pressemitteilung vom 10.1.74, dem Gutachten des Internisten Neubauer, der Notiz über ein Gespräch zwischen Hammerschmidt und Anwalt Ströbele vom 2.1.74 und ergänzenden Notizen vom 21.1.74, dem Heidelberger Tageblatt und der Süddeutschen Zeitung vom 12.1.74, der Illustrierten „Stern" vom 17.1.74; vgl. Der Kampf gegen die Vernichtungshaft, Hsg. Komitees gegen Folter an politischen Gefangenen in der BRD, 1975, S. 144–146.

46 Vgl. zum Fall Proll: Der Kampf gegen die Vernichtungshaft, a. a. O., S. 147 ff., in dem die wichtigsten Passagen des Gutachtens von Internist Dr. Schmidt Voigt zitiert sind.

47 Folter durch sensorische Deprivation, Komitee gegen Folter, Hamburg 1973, S. 50.

48 Der Kampf gegen die Vernichtungshaft, a. a. O., S. 85.

49 Ebenda, S. 86.

Kapitel IV

1 Vgl. zum Begriff „Spätkapitalismus": Claus Offe, Strukturprobleme des kapitalistischen Staates, Suhrkamp, Frankfurt 1973, S. 7 ff.; Jürgen Habermas, Legitimationsprobleme im Spätkapitalismus, Suhrkamp, Frankfurt 1973.

2 Isaac D. Balbus, The Dialectics of Legal Repression, Russell Sage Foundation, New York 1973, S. 3.

3 Siehe Kap. II, Anm. 68

4 Der Kampf gegen die Vernichtungshaft, Hsg. Komitees gegen Folter an politischen Gefanggnen in der BRD, 1975, S. 180.

5 Kursbuch 32, Folter in der BRD, Zur Situation der politischen Gefangenen, Hsg. Hans Magnus Enzensberger/Karl Markus Michel, Kursbuch, Berlin 1973, S. 118 ff.

6 Kursbuch 32, a. a. O., S. 137 ff

7 Die Hungerstreikerklärung ist vollständig abgedruckt in: Kursbuch 32, a. a. O., S. 175 ff.

8 Der Kampf gegen die Vernichtungshaft, a. a. O., S. 107 ff.

9 Ebenda, S. 109.

10 Ebenda, S. 109.

11 Vgl. HR 6 februari 1951, NJ 1951, Nr. 475.

12 Vgl. zum Begriff „bedingter Vorsatz": Dreher, Strafgesetzbuch mit Nebengesetzen und Verordnungen, C. H. Beck, München 1977, Anm. 9–11 zu § 15 StGB, mit weiteren Verweisen.

13 Der Kampf gegen die Vernichtungshaft, a. a. O., S. 116; mit diesem Beschluß wurde ein ablehnender Beschluß des Amtsgerichts (nicht veröffentlicht) aufgehoben.

14 Vgl. zum Verhältnismäßigkeitsgrundsatz als allgemeinem Rechtsprinzip: BVerfGE 16, 302; NJW 66, 244; 68, 979; BGH 20, 232; NJW 75, 1232. – Th.

Kleinknecht, Strafprozeßordnung mit GVG und Nebengesetze, C. H. Beck, München 1975, S. 5: „Aus dem Rechtsstaatsprinzip, namentlich aus dem Wesen der Grundrechte, ergibt sich mit Verfassungsrang der Grundsatz der Verhältnismäßigkeit von Mittel und Zweck (im Sinne eines Berechtigungsgrundes), Methode und Ziel, Stärke des Zugriffs und Gemeinwohlnutzen (...) Dieses 'Verbot des Übermaßes' setzt die Zulässigkeit eines sonst zulässigen Eingriffs bei dessen Anordnung, Vollziehung und Fortdauer eine Grenze (...)".

15 Aus der Pressemitteilung einiger Anwaltskollektive vom 2.7.73, zitiert nach: Der Kampf gegen die Vernichtungshaft, a. a. O., S. 118–119: „(...) In zwei Fällen, nämlich gegenüber Carmen Roll und Siegfried Hausner, hat ein Gericht, das LG Karlsruhe, unmittelbar als Folge des Hungerstreiks, die Aufhebung der Isoliermaßnahmen angeordnet (Hausner wog schließlich nur noch 36 kg). Der BGH und die anderen Gerichte dagegen haben sich geweigert, die Isolierhaft aufzuheben. Das LG Hamburg weigerte sich sogar, die seit über zwei Jahren bestehende Fesselung von Werner Hoppe während des Hofgangs aufzuheben (...)".

16 Dieses Rundschreiben vom 16.6.73 ist wiedergegeben in: Dokumentation über Aktivitäten anarchistischer Gewalttäter in der Bundesrepublik Deutschland, Hsg. Bundesminister des Inneren, Bonn 1974 (sog. Maihofer-Dokumentation), S. 30 ff. Im Antrag des GBA an den Ermittlungsrichter des BGH auf Genehmigung einer Zellendurchsuchung wurde behauptet, das Rundschreiben sei am 21.6.73 in der Vorbergstraße, Berlin, gefunden worden. Die Verteidiger waren dagegen der Meinung, das Schreiben sei von den Staatsschutzbehörden auf illegale Weise beschafft worden, um die Anwälte belasten zu können. Gefangene und Anwälte gingen schon früher davon aus, daß die Anwaltspost von der Polizei mitgelesen wurde. Am 7.7.73 (bevor also bekannt wurde, daß sein Rundschreiben vom 16.6.73 „gefunden" worden war) erwähnte Ströbele in einem Brief an die Gefangenen einen Artikel in der FR, in dem über neue technische Geräte berichtet wurde, mit denen Briefe ungeöffnet gelesen werden könnten: „Aus der FR wissen wir ja jetzt, wie die die Briefe lesen, ohne Mühe auf das Öffnen des Umschlages verwenden zu müssen. Deshalb können wir uns das besondere Zukleben wohl sparen. Ich überlege, ob wir der Sicherungsgruppe nicht gleich von jedem Brief einen Durchschlag schicken, dann erreicht euch die Post wenigstens schneller. Dagegen spricht, daß wir wenigstens im Prozeß noch auf Anwaltsgeheimnis und Unverwertbarkeit pochen können (...)"; zitiert nach: Berufsverbot gegen Verteidiger?, Hsg. Rechtsanwalt Henning Spangenberg, Berlin 1977, S. 66.

17 Nach § 102 StPO kann beim Verdächtigen „eine Durchsuchung der Wohnung und anderer Räume sowie seiner Person und der ihm gehörenden Sachen sowohl zum Zweck seiner Ergreifung als auch dann vorgenommen werden, wenn zu vermuten ist, daß die Durchsuchung zur Auffindung von Beweismitteln führen werde". § 105 StPO regelt die Zuständigkeit für Durchsuchungshandlungen. § 168a StPO besagt, daß über jede richterliche Untersuchungshandlung ein Protokoll aufzunehmen ist und regelt die Modalitäten.

18 Kursbuch 32, a. a. O., S. 78.

19 Urteil des BGH vom 13.8.73; NJW 73, S. 2035 ff.; dazu kritisch Rechtsanwalt Dr. Gerhard Specht in: NJW 1974, S. 65 ff.; vgl. die Anmerkung von Prof. Dr. Jürgen Welp in: Juristenzeitung 1974, S. 423 ff. Die Verfassungsbeschwerde wurde vom Bundesverfassungsgericht nicht behandelt, „weil offensichtlich unbegründet".

20 Berufsverbot gegen Verteidiger?, a. a. O., S. 173.

21 Vgl. seine Erklärung vom 2.7.75 zu seiner Verhaftung, veröffentlicht in: Berufsverbot gegen Verteidiger?, a. a. O., S. 172 ff.

22 So ausdrücklich der BGH in seinem bestätigenden Beschluß: NJW 73, S. 2035 ff.: „Die Tätigkeit der Rechtsanwälte S., G. und B., wie sie sich nach dem Rundbrief darstellt, diente nicht der Verteidigung, sondern dem umfassenden Austausch von Mitteilungen und Instruktionen zur Fortsetzung des gewaltsamen Kampfes gegen die bestehende, grundgesetzlich geschützte Ordnung und der Aufrechterhaltung des organisatorischen Zusammenhalts der Roten-Armee-Fraktion als einer kriminellen Vereinigung“.

23 Oriana Fallaci, A man, Simon and Schuster, New York 1981, S. 83.

24 Veröffentlicht in: Der Kampf gegen die Vernichtungshaft, a. a. O., S. 168 ff.

25 Die Erklärung der Ärzte und Psychologen aus Frankfurt, Hamburg, Heidelberg, Köln, Münster, München und den Niederlanden über diese Demonstration ist veröffentlicht in: Der Kampf gegen die Vernichtungshaft, a. a. O., S. 186–187.

26 Les Temps Modernes, März 1974; vgl. den Bericht über totale Isolation und sensorische Deprivation in: Le Monde Diplomatique, 4.6.74.

27 Das Protokoll der Pressekonferenz ist veröffentlicht in: Der Kampf gegen die Vernichtungshaft, a. a. O., S. 193 ff.

28 Der Kampf gegen die Vernichtungshaft, a. a. O., S. 217–218, 220 ff. mit den Namen der Unterzeichner.

29 Die Anordnung des Anstaltsleiters vom 2.5.74 und der bestätigende Beschluß des Richters Haakmann am Amtsgericht vom 8.5.74 sind veröffentlicht in der Broschüre: Folter an dem politischen Gefangenen Ronald Augustin, Komitee gegen Folter an politischen Gefangenen in der BRD, Hamburg 1974, S. 13 ff.

30 Der Antrag von Croissant und der ablehnende Beschluß des Haftrichters sind veröffentlicht in: Folter an dem politischen Gefangenen..., a. a. O., S. 18 ff.

31 Folter an dem politischen Gefangenen..., a. a. O., S. 236–237.

32 Ebenda, S. 23

33 Brief mit den Namen der Unterzeichner, u. a. Peter O. Chotjewitz, Dorothee Sölle, Gerhard Zwerenz, in: Folter an dem politischen Gefangenen..., a. a. O., S.27

34 Folter an dem politischen Gefangenen..., a. a. O., S. 28–29.

35 Der Kampf gegen die Vernichtungshaft, a. a. O., S. 240.

36 Ebenda, S. 240.

37 Offener Brief mit ausführlicher Anlage in: Der Kampf gegen die Vernichtungshaft, a. a. O., S. 243 ff.

38 Ebenda, S. 242–243.

39 Berichte der FR vom 13. und 14.9.74, abgedruckt in: Der Kampf gegen die Vernichtungshaft, a. a. O., S. 251.

40 Die Daten der 1972 im SFB 115 und den Teilbereichen A 7 und A 8 geplanten Untersuchungen, die wegen der Haftbedingungen am meisten interessierten, sind entnommen: Folter durch sensorische Deprivation, Komitee gegen Folter, Hamburg 1974. Siehe auch: I. Gross, P. Kempe, Ch. C. Reimer, Wahn bei sensorischer Deprivation und Isolierung, in: Psychiatrische Universitätsklinik Hamburg, Vortrag, gehalten auf der Robert-Gaupp-Gedächtnistagung in Tübingen 1971; I. Gross, I. M. Burchard, P. Kempe, Sensorische Deprivation, eine spezielle Form der Verhaltensforschung, in: Psychiatria, Neurologia, Neurochirur-

gia, Bd. 73 (1970), S. 189 ff.; P. Kempe, Bedingungen halucinatorischer Phänomene bei Experimenten mit sensorischer Deprivation, Habilitationsschrift, Kiel 1973, S. 29 ff., 36 ff.; aufschlußreich ist die Studie: H. Hansen und H. Peinecke, Reizentzug und Gehirnwäsche in der BRD, Libertäre Assoziation, Hamburg 1982, in der das Projekt SFB 115 in einen historischen Zusammenhang von der Isolationshaft 1972 bis zur Haft in Hochsicherheitstrakten 1982 gesetzt wird.

41 Hugo Kükelhaus, Organisation und Technik, Walter, 1971, S. 34; Kükelhaus beschreibt diesen Prozeß am Beispiel eines Raumfahrt-Experiments, in dem Versuchspersonen in einer „camera silens" sinnlich absolut isoliert wurde. Die Experimente mußten jeweils nach 10 bis 15 Minuten abgebrochen werden, weil der Organismus der Versuchspersonen die Belastung nicht aushielt. Kükelhaus folgert daraus, daß der Mensch eindeutig abhängig ist von der sinnlichen Wechselwirkung der ihn umgebenden Außenwelt.

42 Ian Gross und Ludwig Svab, Soziale Isolation und sensorische Deprivation und ihre gerichtspsychologischen Aspekte, Prag 1967, in: Folter durch sensorische Deprivation, a. a. O., S. 53 ff. – Die für das hier behandelte Thema wichtigste Passage (Gross/Svab, a. a. O., S. 68 ff.):
„In der zweiten Hälfte der sechsstündigen Versuchsdauer kam es zu einer Veränderung: die stärker sozial isolierte Gruppe äußerte eine bedeutende Senkung der guten Stimmung, es kam zum Auftreten von Unruhe, von Ängstlichkeitsgefühlen und bis zu einem gewissen Grad auch zu aggressiven Affekten: in der jetzt empfundenen sozialen Isolation hat wahrscheinlich der Aspekt der verminderten Möglichkeit, eine unmittelbare Hilfe von außen zu gewinnen, überwogen. Aus dieser und aus der Erfahrung anderer Autoren kann man schließen, daß unter den Bedingungen der begrenzten sensorischen Stimulation das Moment der sozialen Isolation respektive der Möglichkeit eines sozialen Kontaktes eine besondere Bedeutung gewinnt. Der Mangel an Möglichkeiten, die Realität selbst zu prüfen, macht die sensorisch deprivierte Person in erhöhtem Maße von der Person des Experimentators abhängig, und die Bedeutung der sozialen Kommunikation als eines Trägers der gesellschaftlich vermittelten Information und Tatsachen – auch in der rudimentären Form der interkommunikativen Mitteilungen – gewinnt für sie an Wichtigkeit. Unter diesem Gesichtspunkt ist es auch notwendig, die Bedeutung der erleichterten Beeinflußbarkeit und Suggestibilität der Versuchspersonen zu verstehen, wie es die Versuche von Hebb und Scott mit der spiritistischen Propaganda gezeigt haben, und wie es auch die späteren Versuche von Südfeld 1964 bestätigten. Dieses Moment kann sicher eine positive Rolle in der Poenologie spielen, und zwar dort, wo es um die Umerziehung des Einzelnen oder einer Gruppe geht, und wo die empfindliche Ausnutzung derartiger Abhängigkeiten und die Manipulation mit solchen Zuständen wirksam den Prozeß der Umerziehung beeinflussen können. Auch in der Kriminalistik bei der Untersuchung von Angeklagten oder Zeugen gehört die Ausnutzung der Abhängigkeit von dem Untersucher beim Gewinn des Schuldgeständnisses oder für das Erreichen der Mitteilung verschwiegener Tatsachen zur traditionellen Untersuchungstechnik. Hier jedoch machen die Erfahrungen und Erkenntnisse aus den Experimenten mit sensorischer Deprivation auf ernste Gefahren aufmerksam, die aus einer sehr willkürlichen Ausnutzung solcher Praktiken hervorgehen. Erhöhte Suggestibilität eines isolierten Individuums kann ein Hindernis bezüglich des Wahrheitsgehalts seiner Mitteilungen sein, und es kann passieren, daß der Unter-

suchende eher das feststellt, was er hören will, als das, was geschah. Dabei muß es überhaupt nicht um eine bewußte Bemühung des Untersuchenden gehen, ein unwahres Geständnis oder eine Selbstbeschuldigung des Untersuchten zu gewinnen, wie es in den Fällen der ungesetzlichen Untersuchungsmethoden in der Vergangenheit war (...). Solche Erfahrungen aus den Experimenten weisen auf gefährliche Klippen in der Untersuchungspraxis hin, die an der Verifizierung ihrer eigenen Hypothesen interessiert ist und die trotz Voraussetzung guten Willens seitens des Untersuchenden und des Bemühens um Feststellung objektiver Daten zu unerwünschten Ergebnissen führen kann. Das sind nur einige der möglichen Anwendungsmöglichkeiten der Ergebnisse aus Experimenten mit sensorischer Deprivation und sozialer Isolation für die Problematik der Kriminologie und Poenologie. Weitere Forschung über diese Fragen kann jedoch viel interessante und nützliche Anregung bringen".

43 Folter durch sensorische Deprivation, a. a. O., S. 98.

44 Ebenda, S. 105.

45 Der Kampf gegen die Vernichtungshaft, a. a. O., S. 141–142.

46 J. H. Schultz, Das autogene Training, Georg Thieme Verlag, Stuttgart 1950.

47 Der sogenannte Beigeherbeschluß ist veröffentlicht in: Kursbuch 32, a. a. O., S. 111 ff.

48 Weitere Informationen ebenda, a. a. O., S. 115–116.

49 Weitere Informationen, vor allem die wichtigsten Passagen aus dem Briefwechsel zwischen BAW, Anstaltspsychiater Dr. Bernd Götte in Köln-Ossendorf und dem Direktor des Instituts für Gerichtsmedizin und Psychiatrie an der Universität Homburg/Saar, Prof. Dr. K. W. Witter, zwischen Januar und September 1973, siehe Dokumentation: Ulrike Meinhof, ein Selbstmord?, Hsg. Antifaschistisches Komitee, Hamburg 1977.

50 Der Kampf gegen die Vernichtungshaft, a. a. O., S. 129.

51 Ebenda, S. 132 ff.

52 „Ich glaube deshalb nicht, daß sich von den 27 000 Fachärzten für Anästhesie in der Welt (und nur ein Anästhesist dürfte nach heutiger Auffassung eine solche Risikonarkose durchführen) einer bereitfinden wird, eine 'Zwangsnarkose' vorzunehmen", so Prof. Dr. Frey in seinem Gutachten vom 22.8.73, zitiert nach: Ulrike Meinhof, ein Selbstmord?, a. a. O., S. 12; vgl. die Meinung von Prof. Dr. Erich Wulff in seinem Gutachten vom 29.7.73, abgedruckt in: Ulrike Meinhof, ein Selbstmord?, a. a. O., S. 10.

53 Der Brief vom 9.8.73 ist abgedruckt in: Der Kampf gegen die Vernichtungshaft, a. a. O., S. 133–134.

54 Hungerstreikerklärung, in: Der Kampf gegen die Vernichtungshaft, a. a. O., S. 14 ff.

55 Ulf Stuberger, In der Strafsache gegen Andreas Baader, Ulrike Meinhof, Jan Carl Raspe, Gudrun Ensslin wegen Mordes u. a., Dokumente aus dem Prozeß, Syndicat, Frankfurt 1977, S. 174.

56 Ebenda, S. 154 ff., dort sind einige dieser Anträge wiedergegeben.

57 Ebenda, S. 161.

58 Ebenda, S. 162–163, die wichtigste Passage aus dieser Strafanzeige.

59 Ebenda, S. 160–161, die wichtigsten Passagen aus dem Antrag vom 7.10.74.

60 Ebenda, S. 163.

61 Ebenda, S. 164, vollständige Begründung.

62 Ebenda, S. 165.

63 Ebenda.

64 Ebenda, S. 167 ff., ein detaillierter Bericht über die Ereignisse am 8. und 9.11.74; vgl. die Wiedergabe der Pressekonferenz der Anwälte am 10.11.74 anläßlich des Todes von Holger Meins, in: Der Kampf gegen die Vernichtungshaft, a.a.O., S. 275 ff.

65 Der Kampf gegen die Vernichtungshaft, a. a. O., S. 275 ff. – Siehe auch den Beschluß des OLG Koblenz vom 2.6.77 in: NJW 1977, S. 1461, mit Anmerkung Joachim Wagner in: Juristische Rundschau 1977, S. 471; Rolf Dietrich Herzberg, Zur Strafbarkeit der Beteiligung am frei gewählten Selbstmord, dargestellt am Beispiel des Gefangenen-Suizids und der strafrechtlichen Verantwortung der Vollzugsbediensteten, in: Zeitschrift für die gesamte Strafrechtswissenschaft 1979, S. 557.

66 Stuberger, a. a. O., S. 172ff., die wichtigsten Passagen aus dieser Anzeige.

67 Eine komplizierte Rolle spielt in diesem Komplex der Anstaltsarzt, der im wesentlichen darüber entscheidet, wann und in welcher Form die (Zwangs)-Ernährung angewendet werden soll; vgl. van Geuns/Lachinsky/Menges/Smeulers, Hongerstaking, Wereldvenster, Baarn 1977. Die World Medical Association hat auf ihrer Jahrestagung im Oktober 1975 folgende Bestimmung zur künstlichen Ernährung bei Hungerstreiks gebilligt:
„Where a prisoner refuses nourishment and is considered by the doctor as capable of forming an unimpaired and rational judgement concerning the consequences of such a voluntary refusal of nourishment, he or she shall not be fed artificially. The decision as to the capacity of the prisoner to form such a judgement should be confirmed by at least one other independent doctor. The consequences of the refusal of nourishment shall be explained by the doctor to the prisoner".

68 Diese Situation ist für die Behörden problematisch, weil sie – wie sie auch entscheiden – immer eine „falsche" Entscheidung treffen, so lange sie die Forderungen nicht erfüllen. Andererseits sollte die problematische Situation eine Anregung für die Behörden bedeuten, die Motive der Hungerstreikenden besonders zu beachten. Dazu Van Geuns u. a., a. a. O., S. 17–18: „Um eine *lange* Ernährungsverweigerung durchhalten zu können, muß nicht nur die Motivation eines Hungerstreikenden sehr stark sein, auch die Umstände, die ihn dazu veranlassen, müssen oft unerträglich sein. Im allgemeinen handelt es sich um einen Beschluß von jemanden, der über keine anderen Mittel mehr verfügt, um sich zu verteidigen(...), der den Hungertod gegenüber dem geistigen Tod als Folge der Einzelhaft bevorzugt (Moroz). Auch die Zwangsernährung wird meistens als Folter erfahren, weil sie das Leben in einer unerträglichen Situation verlängert, während die Umstände, die den Hungerstreik ausgelöst haben, nicht oder kaum beachtet werden. Der über lange Zeit Hungerstreikende geht durch die Hölle, oft in absoluter Einsamkeit". (Übers. BS)

69 Fallaci, a. a. O., S. 137.

70 Vgl. zur Problematik unechter Unterlassungsdelikte: Dreher, a. a. O., § 13 StGB und Anmerkungen mit weiteren Verweisen; vgl. zum „bedingten Vorsatz" Anmerkung 12.

71 Vgl. zum Begriff „prozessuale Fürsorgepflicht": Kleinknecht, a. a. O., S. 37 ff. mit weiteren Verweisen.

72 In Anbetracht der später erwähnten Ergebnisse der Obduktionen scheint der letzte Satz nicht haltbar zu sein.

73 Siehe Anmerkung 65

74 Joachim Wagner, Selbstmord und Selbstmordverhinderung. Zugleich ein Beitrag zur Verfassungsmäßigkeit der Zwangsernährung, C. F. Müller, Juristischer Verlag, Karlsruhe 1976.

75 Wagner, Anmerkung zum Beschluß des OLG Koblenz vom 2.6.77, Juristische Rundschau 1977, S. 475.

76 Stuberger, a. a. O., S. 172.

Kapitel V

1 Zitiert nach: Holger, der Kampf geht weiter, Dokumente und Diskussionsbeiträge zum Konzept Stadtguerilla, Politladen Verlagsgesellschaft, Gaiganz/Oberfranken, 1975, S. 106.

2 Diese Entscheidung traf die Bundesregierung am 27.11.74 im Anschluß an eine Konferenz der Justizminister des Bundes und der Länder am 15.11.74 in Stuttgart; Bulletin der Bundesregierung Nr. 144 vom 29.11.74, S. 1445/1446.

3 Den aus der Nazi-Zeit bekannten Begriff „Razzia" für größere Fahndungsaktionen mit Durchsuchungen und Personenüberprüfungen haben die Behörden in der BRD für denselben Zweck übernommen. BKA-Chef Herold z. B. benutzt den Begriff in diesem Sinn (FR vom 3.5.79 / „Krise des Sicherheitsgefühls, nicht der Sicherheitslage"): „Desgleichen bleiben Razzien, massierten Kontrollen oder intensiven Fahndungseinsätzen der vom großen Aufwand her eigentlich zu erwartende durchschlagende Erfolg meist versagt, die positive Beeindruckung der Bevölkerung ist jedoch meßbar".

4 Der Text der Pressemitteilung:

„am 16. september 1974 soll vor der staatsschutzkammer stuttgart ein prozeß gegen mich wegen sogenannter unterstützung einer 'kriminellen vereinigung' in szene gesetzt werden.

an diesem prozeß werde ich nicht teilnehmen.

der prozeß gegen mich ist bestandteil der psychologischen kriegsführung, mit der der staatsschutzapparat der brd die widerlichen schauprozesse gegen die rote armee fraktion (raf) vorbereitet. einer der verteidiger soll vorab exemplarisch abgeschossen, die übrigen damit diszipliniert werden.

– deshalb jetzt der prozeß gegen einen anwalt, zweieinhalb jahre nach dem anlaß der verlogenen anklage.

– deshalb ausschließlich belastungszeugen, die unter dem druck der polizei stehen und sich selbst dadurch straflosigkeit erkaufen müssen, daß sie mitwirken, den dreck der polizei auf andere abzuladen.

– deshalb einmal mehr gezinkte akten, in denen sämtliche aussagen zur agententätigkeit des hauptbelastungszeugen unterschlagen sind.

– deshalb dieselbe staatsschutzkammer, deren richter sich bereits dadurch als figuren der politischen polizei bewährt haben, daß sie den prozeß gegen den killer des ermordeten macleod schon im vorverfahren abgewürgt haben.

daß die justiz der brd als herrschaftsinstrument des kapitals funktioniert, zeigt schon ihr alltag:

die teuren parteistreitigkeiten, in denen das kapital die justiz und ihre puffer benutzt, um hinter aller juristischer begriffshuberei per saldo stets seine interessen durchzusetzen;

der strafprozeß, wo im namen des volkes das volk selbst unter die ausbeutungs und eigentumsordnung diszipliniert wird;

der 'reform'strafvollzug, wo in den vollzugs- und psychiatrischen anstalten jeder rest von widerstand und leben erstickt oder abgespritzt wird und alle isoliert werden, die sich nicht abrichten lassen; die klassenmentalität der richter und staatsanwälte;

ihr opportunismus; ihr zynismus, wo es darum geht, menschen auf jahre zu internieren und zu vernichten; die käuflichkeit der anwälte; ihre abhängigkeit; ihre furcht; ihre geldschneiderei.

diese volksfeindliche justiz beweist in den verfahren gegen die gefangenen aus der raf, daß ihre faschistische kontinuität ungebrochen ist.

es ist dieselbe justiz. sie spricht ihren eigenen angehörigen, den blutrichter am volksgerichtshof rehse von seinen mordtaten frei, weil – nicht obwohl – er freisler nie zu widersprechen gewagt hat. sie deckt heute die morde der mobilen einsatzkommandos. sie vollstreckt die vernichtungsstrategie der politischen polizei gegenüber den antiimperialistischen kämpfern der raf mit beispiellosen terrorurteilen.

es ist dieselbe konterrevolutionäre justiz. sie hat es für rechtens erklärt, daß der kommunistische arbeiter und antifaschist fiete schulz in der brd als mörder beschimpft werden darf, sie verhetzt heute die revolutionäre raf als kriminelle bande.

es ist dieselbe braune justiz. der bundesgerichtshof dieses staates hat jetzt den 'euthanasie'arzt borm vom mord an unzähligen menschen freigesprochen, da er die vergasung für einen akt der barmherzigkeit gehalten und in guter absicht an ihr mitgewirkt habe. dieser bundesgerichtshof, dieser braune gansterhaufen, ist verantwortlich für die hunderte von gerichtsbeschlüssen, aufgrund derer die sonderkommissionen der politischen polizei und ihre handlanger das programm von isolationsfolter, gehirnwäsche und vernichtung an politischen gefangenen durchführen.

eine solche justiz, nicht die raf, ist eine kriminelle vereinigung.

die rote armee fraktion hat mit ihren wirkungsvollen schlägen in die zentren der us-militärbasen in west-europa die einzige moralisch und strategisch angemessene antwort unseres volkes auf den unvorstellbar grausamen vernichtungskrieg gefunden, den der imperialismus seit jahren gegen das volk von vietnam und damit gegen alle völker führt und führen läßt. der kampf der raf hat nicht nur in der dritten welt und ihren befreiungsbewegungen, sondern auch in den metropolen offen und insgeheim achtung und anerkennung gefunden.

die beispiellose hetze, mit der der staatsapparat der brd, die geheimdienste, die regierung, die krisenstäbe und sonderkommissionen, sicherungsgruppen und bgs-einsatzkommandos, die gesamte kapitalistische presse den antiimperialistischen kampf der raf verfolgt haben und verfolgen, beweist nur, daß dieser staat selbst eine vom us-imperialismus besetzte kolonie und seine diener und bosse dessen agenten sind.

das konzept der perfekten jahrelangen isolationsfolter gegen die politischen gefangenen; die isolations-, konzentrations-, gehirnwäschetrakts, die heute in die gefängnisse eingebaut werden; das als gerichtsgebäude getarnte konzentrationslager in stuttgart-stammheim beweisen nur, daß der faschismus nicht nur das rezept des imperialismus zur ausbeutung und unterdrückung der völker der dritten welt ist; daß der faschismus auch das programm ist für den bürgerkrieg gegen das volk hier.

in den immer zahlreicheren politischen prozessen haben die justizorgane die funktion von bloßen schaltstellen, von marionetten des staatsschutzapparats übernommen. dieser ist der herr des verfahrens. der justiz verbleibt die aufgabe, die strategie der gewalt als recht zu verbrämen, machtpolitik in urteilen und gerichtsbeschlüssen mit brief und siegel einzurahmen. der untaugliche juristische pomp, die gefälschten aktenberge dienen lediglich der rechtsstaatlichen tarnung, der täuschung des volkes.

die maßnahmen, die diese politik der justiz in willfähriger unterwerfung unter die politik des imperialismus anordnet, die rechtfertigungsideologie, die sie ihr liefern muß, stehen an unmenschlichkeit der vernichtungsstrategie der alten faschisten gegen juden und kommunisten in nichts nach. aufrüstung, gleichschaltung, sozialhygiene, manipulation des rechts, folter und mord sind nur wissenschaftlich und technisch perfektioniert.

im rahmen einer justiz, die sich dem imperialismus und seiner polizei verschrieben hat, wird die position nichtkorrupter verteidiger, die auf dem boden des rechtsstaats für das leben und die rechte ihrer mandanten kämpfen, kriminalisiert und liquidiert.

das gesetzliche recht auf akteneinsicht wird dadurch zur farce, daß die staatsschutzorgane lediglich bruchstücke der akten vorlegen. die verteidigerpost wird geöffnet, zensiert, beschlagnahmt. ihr inhalt dient der konstruktion neuer anklagen. nahezu sämtliche anwälte der raf-gefangenen werden inzwischen selbst strafrechtlich verfolgt. alles wird unternommen, um die anwälte von den gefangenen zu trennen. ronald augustin werden seit märz 1974 selbst die besuche seiner verteidiger abgeschnitten, damit er perfekter isoliert und gefoltert werden kann. den zugang zu andreas baader konnten sich die anwälte eine zeitlang nur dadurch erkaufen, daß sie sich vor kz-wärtern nackt auszogen.

inzwischen liegen faschistische gesetze 'zum schutz der rechtspflege' im entwurf vor, die es erlauben, den anwälten in politischen prozessen das wort zu verbieten oder sie einfach von der verteidigung auszuschließen.

kooperation mit dieser justiz heißt kollaboration. wo eine rechtsstaatliche verteidigung unmöglich geworden ist, dienen der anwalt und seine robe als lächerliches dekor.

die konsequenz heißt:

– zwischen sich und der politischen justiz den trennungsstrich ziehen.

– die rechtlosigkeit und unmenschlichkeit dieses staates begreifen.

– erkennen, daß dieses ganze system von ausbeutung/profit/konsum/bestechung/lüge/rüstung/gewalt keine zukunft hat.

– den antifaschistischen kampf fortführen, den imperialismus angreifen.

– dem volke dienen.

FREIHEIT FÜR DIE RAF".

5 § 353d StGB: Mit Freiheitsstrafe bis zu einem Jahr oder mit Geldstrafe wird bestraft, wer (...) 3. die Anklageschrift oder andere amtliche Schriftstücke eines

Strafverfahrens, eines Bußgeldverfahrens oder eines Disziplinarverfahrens, ganz oder in wesentlichen Teilen, im Wortlaut öffentlich mitteilt, bevor sie in öffentlicher Verhandlung erörtert worden sind oder das Verfahren abgeschlossen ist.

6 BGBl I, S. 3686 ff.

7 Ein „...geradezu amtemberaubender parlamentarischer Parforceritt...", so Ulsenheimer, Zur Regelung des Verteidigerausschlusses in §§ 138a-d, 146 n. F. StPO, Goltdammer Archiv 1975, S. 103 ff; Dahs (NJW 1975, 1385) kommentiert ähnlich: „Die in großer Hektik konzipierten (...) Vorschriften des Ergänzungsgesetzes zum 1. St.VRG...".

8 § 138a. (Ausschluß des Verteidigers)

(1) Ein Verteidiger ist von der Mitwirkung in einem Verfahren auszuschließen, wenn er dringend oder in einem die Eröffnung des Hauptverfahrens rechtfertigenden Grade verdächtig ist, an der Tat, die den Gegenstand der Untersuchung bildet, beteiligt zu sein oder eine Handlung begangen zu haben, die für den Fall der Verurteilung des Beschuldigten Begünstigung, Strafvereitelung oder Hehlerei wäre.

(2) Ein Verteidiger ist von der Mitwirkung in einem Verfahren auszuschließen, wenn er

1. dringend verdächtig ist, daß er den Verkehr mit dem nicht auf freien Fuß befindlichen Beschuldigten dazu mißbraucht, Straftaten, die im Höchstmaß mit mindestens einem Jahr Freiheitsstrafe bedroht sind, zu begehen, oder

2. den Verkehr mit dem nicht auf freiem Fuß befindlichen Beschuldigten dazu mißbraucht, die Sicherheit einer Vollzugsanstalt erheblich zu gefährden. Solange ein Verteidiger nach Satz 1 ausgeschlossen ist, kann er den Beschuldigten, der sich nicht auf freiem Fuß befindet, auch in einem anderen gesetzlich angeordneten Verfahren nicht verteidigen.

(3) Die Ausschließung ist aufzuheben, sobald ihre Voraussetzungen nicht mehr vorliegen.

§ 138b (Ausschluß wegen Gefährdung der Staatssicherheit) Von der Mitwirkung in einem Verfahren, das eine der in § 74a Abs. 1 Nr. 3, § 120 Abs. 1 Nr. 3 des Gerichtsverfassungsgesetzes genannten Straftaten oder die Nichterfüllung der Pflichten nach § 138 des Strafgesetzbuches hinsichtlich der Straftaten des Landesverrates oder einer Gefährdung der äußeren Sicherheit nach den §§ 94 bis 96, 97a, 100 des Strafgesetzbuches zum Gegenstand hat, ist ein Verteidiger auch dann auszuschließen, wenn auf Grund bestimmter Tatsachen die Annahme begründet ist, daß seine Mitwirkung eine Gefahr für die Sicherheit der Bundesrepublik Deutschland herbeiführen würde. § 138a Abs. 3 gilt entsprechend.

§ 138c (Verfahrensregelung für den Verteidigerausschluß)

(1) Die Entscheidungen nach §§ 138a, 138b trifft das Oberlandesgericht. Werden im vorbereitenden Verfahren die Ermittlungen vom Generalbundesanwalt geführt oder ist das Verfahren vor dem Bundesgerichtshof anhängig, so entscheidet der Bundesgerichtshof. Ist das Verfahren vor einem Senat eines Oberlandesgerichtes oder des Bundesgerichtshofes anhängig, so entscheidet ein anderer Senat.

(2) Das nach Absatz 1 zuständige Gericht entscheidet im vorbereitenden Verfahren auf Antrag der Staatsanwaltschaft, nach Erhebung der öffentlichen Klage auf Vorlage des Gerichts, bei dem das Verfahren anhängig ist. Die Vorlage erfolgt auf Antrag der Staatsanwaltschaft oder von Amts wegen durch Vermittlung der

Staatsanwaltschaft. Soll ein Verteidiger ausgeschlossen werden, der Rechtsanwalt ist, so ist eine Abschrift des Antrages der Staatsanwaltschaft nach Satz 1 oder die Vorlage des Gerichts dem Vorstand der Rechtsanwaltskammer mitzuteilen, der der Rechtsanwalt angehört. Er kann sich im Verfahren äußern.

(3) Das Gericht, bei dem das Verfahren anhängig ist, kann anordnen, daß die Rechte des Verteidigers aus den §§ 147, 148 bis zur Entscheidung des nach Absatz 1 zuständigen Gerichts über die Ausschließung ruhen. Vor Erhebung der öffentlichen Klage trifft die Anordnung nach Satz 1 das Gericht, das über die Ausschließung des Verteidigers zu entscheiden hat. Die Anordnung ergeht durch unanfechtbaren Beschluß. Für die Dauer der Anordnung hat das Gericht zur Wahrnehmung der Rechte aus den §§ 147, 148 einen anderen Verteidiger zu bestellen. § 142 gilt entsprechend.

(4) Legt das Gericht, bei dem das Verfahren anhängig ist, gemäß Absatz 2 während der Hauptverhandlung vor, so hat es zugleich mit der Vorlage die Hauptverhandlung bis zur Entscheidung durch das nach Absatz 1 zuständige Gericht zu unterbrechen oder auszusetzen. Die Hauptverhandlung kann bis zu dreißig Tagen unterbrochen werden.

(5) Ist der Verteidiger von der Mitwirkung in dem Verfahren ausgeschlossen worden, so können ihm die durch die Aussetzung verursachten Kosten auferlegt werden. Die Entscheidung hierüber trifft das Gericht, bei dem das Verfahren anhängig ist.

§ 138d (Mündliche Verhandlung; sofortige Beschwerde)

(1) Über die Ausschließung des Verteidigers wird nach mündlicher Verhandlung entschieden.

(2) Der Verteidiger ist zu dem Termin der mündlichen Verhandlung zu laden. Die Ladungsfrist beträgt eine Woche; sie kann auf drei Tage verkürzt werden. Die Staatsanwaltschaft, der Beschuldigte und in den Fällen des § 138 c Abs. 2 Satz 3 der Vorstand der Rechtsanwaltskammer sind von dem Termin zur mündlichen Verhandlung zu benachrichtigen.

(3) Die mündliche Verhandlung kann ohne den Verteidiger durchgeführt werden, wenn er ordnungsgemäß geladen und in der Ladung darauf hingewiesen worden ist, daß in seiner Abwesenheit verhandelt werden kann.

(4) In der mündlichen Verhandlung sind die anwesenden Beteiligten zu hören. Den Umfang der Beweisaufnahme bestimmt das Gericht nach pflichtgemäßem Ermessen. Über die Verhandlung ist eine Niederschrift aufzunehmen; die §§ 271 bis 273 gelten entsprechend.

(5) Die Entscheidung ist am Schluß der mündlichen Verhandlung zu verkünden. Ist dies nicht möglich, so ist die Entscheidung spätestens binnen einer Woche zu erlassen.

(6) Gegen die Entscheidung, durch die ein Verteidiger aus den in § 138a genannten Gründen ausgeschlossen wird oder die einen Fall des § 138b betrifft, ist sofortige Beschwerde zulässig. Dem Vorstand der Rechtsanwaltskammer steht ein Beschwerderecht nicht zu. Eine die Ausschließung des Verteidigers nach § 138a ablehnende Entscheidung ist nicht anfechtbar.

9 § 137 (Wahl eines Verteidigers)

(1) Der Beschuldigte kann sich in jeder Lage des Verfahrens des Beistandes eines Verteidigers bedienen. Die Zahl der gewählten Verteidiger darf drei nicht übersteigen.

(2) Hat der Beschuldigte einen gesetzlichen Vertreter, so kann auch dieser selbständig einen Verteidiger wählen. Absatz 1 Satz 2 gilt entsprechend.

10 § 146 (Gemeinschaftlicher Verteidiger) Die Verteidigung mehrerer Beschuldigter durch einen gemeinschaftlichen Verteidiger ist unzulässig.

11 § 231a (Abwesenheit des Angeklagten wegen Herbeiführung der Verhandlungsunfähigkeit)

(1) Hat sich der Angeklagte vorsätzlich und schuldhaft in einen seine Verhandlungsfähigkeit ausschließenden Zustand versetzt und verhindert er dadurch wissentlich die ordnungsmäßige Durchführung oder Fortsetzung der Hauptverhandlung in seiner Gegenwart, so wird die Hauptverhandlung, wenn er noch nicht über die Anklage vernommen war, in seiner Abwesenheit durchgeführt oder fortgesetzt, soweit das Gericht seine Anwesenheit nicht für unerläßlich hält. Nach Satz 1 ist nur zu verfahren, wenn der Angeklagte nach Eröffnung des Hauptverfahrens Gelegenheit gehabt hat, sich vor dem Gericht oder einem beauftragten Richter zur Anklage zu äußern.

(2) Sobald der Angeklagte wieder verhandlungsfähig ist, hat ihn der Vorsitzende, solange mit der Verkündung des Urteils noch nicht begonnen worden ist, von dem wesentlichen Inhalt dessen zu unterrichten, was in seiner Abwesenheit verhandelt worden ist.

(3) Die Verhandlung in Abwesenheit des Angeklagten nach Absatz 1 beschließt das Gericht nach Anhörung eines Arztes als Sachverständigen. Der Beschluß kann bereits vor Beginn der Hauptverhandlung gefaßt werden. Gegen den Beschluß ist sofortige Beschwerde zulässig; sie hat aufschiebende Wirkung. Eine bereits begonnene Hauptverhandlung ist bis zur Entscheidung über die sofortige Beschwerde zu unterbrechen; die Unterbrechung darf, auch wenn die Voraussetzungen des § 229 Abs. 2 nicht vorliegen, bis zu dreißig Tagen dauern.

(4) Dem Angeklagten, der keinen Verteidiger hat, ist ein Verteidiger zu bestellen, sobald eine Verhandlung ohne den Angeklagten nach Absatz 1 in Betracht kommt.

12 Als sog. „Formulierungsvorschläge für eine gesetzliche Regelung der Ausschließung des Strafverteidigers", veröffentlicht in einem Aufsatz von Lantzke (Juristische Rundschau 1973, S. 357 ff.).

13 Auch schon vorgeschlagen von Rudolph (Deutsche Richter Zeitung 1973, S. 257 ff.) und Gross (Zeitschrift für Rechtspolitik, 1974, S. 25 ff.) in ihren sehr kritischen Betrachtungen über eine eventuelle gesetzliche Regelung des Ausschlusses von Verteidigern.

14 Vgl. DAV in Anwaltsblatt 1973, S. 89 ff. (Schmidt-Leichner in NJW 1973, S. 969, Anmerkung 6 zufolge stimmte die nichtveröffentlichte Stellungnahme der BRAK damit überein); Schmidt-Leichner, NJW 1973, S. 973; Schumann, JZ 1973, S. 316 ff.; Lantzke, JR 1973, S. 357 ff.; Holtz, JR 1973, S. 362 ff.

15 Als Teil (Art. 1 Nr. 57d) des Ersten Gesetzes zur Reform des Strafverfahrensrechts (1. StVRG) vom 9.12.74, am 11.12.74 in BGBl I. 3393 (Nr. 132) veröffentlicht und am 1.1.75 in Kraft getreten; vgl. Lampe, Ermittlungszuständigkeit von Richter und Staatsanwaltschaft nach dem 1. StVRG, NJW 1975, 195 ff.; vgl. auch Herrmann, Die Strafprozeßreform vom 1.1.1975, Juristische Schulung 1976, S. 413 ff. mit weiterer Literatur; der Kritik, daß weder Beschuldigter noch Verteidiger das Recht haben, bei der Anhörung von Zeugen und Gutachtern anwesend zu sein, begegnet Herrmann mit dem Argument, die Staatsanwaltschaft würde die

Kriminalpolizei mit der Anhörung beauftragen, wenn ein Anwesenheitsrecht gegeben wäre, „auch für polizeiliche Vernehmungen ein Anwesenheitsrecht zu fordern, ginge aber wegen der damit verbundenen Belastung der Ermittlungstätigkeit zu weit" (!), S.414.

16 Als Teile des Entwurfs eines Zweiten Gesetzes zur Reform des Strafverfahrensrechts, Bundestagsdrucksache 7/2526.

17 Hermann Vinke und Gabriele Witt, Die Anti-Terror-Debatten im Parlament, Protokolle 1974–1978, Rowohlt, Reinbek 1978, S. 20.

18 MdB Dr. Lenz (CDU/CSU) im Bundestag am 18.12.74, zitiert nach Vinke und Witt, a. a. O., S. 53.

19 Der Spiegel 48/74.

20 Vinke und Witt, a. a. O., S. 53

21 C. F. Rüter, „Een Lex Baader-Meinhof"?, in: Delikt en Delinkwent, 1975, S. 335 und 345/346; Bundesjustizminister Vogel bestätigte diese Erklärung 1979 in einem Vortrag vor dem 40. Deutschen Anwaltstag, Anw.Bl. 1979, S. 294.

22 Das sog. Anti-Terrorismus-Gesetz vom 18.8.76 (BGBl I, S. 2181 ff.) änderte § 148 StPO und verordnete die im neuen § 148a StPO ausgearbeitete richterliche Überwachung des schriftlichen Verkehrs zwischen einem wegen Verdachts einer Straftat nach § 129a StGB Inhaftierten und seinem Verteidiger. Der neue Straftatbestand § 129a StGB (terroristische Vereinigung) wurde mit demselben Gesetz eingeführt; kraft Übergangsregelung sollte die Überwachungsregelung auch in schon wegen § 129a eingeleiteten Verfahren angewendet werden.

23 vgl. zum Recht auf Verteidigung als Teil des Fundaments eines „rechtsstaatlichen Strafverfahrens" BVerfGE 26, 66 (71) = NJW 69, S. 1423.

24 Rüter, a. a. O., S. 335.

25 Vinke und Witt, a. a. O., S. 43.

26 Deutscher Bundestag, 7. Wahlperiode, 138. Sitzung, Stenografischer Bericht, 18.12.74, S. 9500; Vinke und Witt, a. a. O., S. 62.

27 Deutscher Bundestag, 7. Wahlperiode, 138. Sitzung, Stenografischer Bericht, 18.12.74, S. 9515; Vinke und Witt, a. a. O., S. 52.

28 Deutscher Bundestag, 7. Wahlperiode, 138. Sitzung, Stenografischer Bericht, 18.12.74, S. 9517; Vinke und Witt, a. a. O., S. 56.

29 Deutscher Bundestag, 7. Wahlperiode, 253. Sitzung, Stenografischer Bericht, 24.6.76, S. 17990; siehe auch 3. Internationales Russell-Tribunal, Bd. 4, Rotbuch, Berlin 1979, S. 40.

30 Siehe Anmerkung 8.

31 Deutscher Bundestag, 7. Wahlperiode, 138. Sitzung, Stenografischer Bericht, 18.12.74, S. 9513.

32 Rüter, a. a. O., S. 345

33 BVerfG 4.7.75, NJW 1975, S. 2341; zu Croissant.

34 Den auch inhaltlichen ad-hoc-Charakter einiger Ausschließungsgründe bestätigt ohne Umschweife Prof. Dr. Joachim Herrmann in: Juristische Schulung, 1976, S. 418 („...teils eigens für die Baader-Meinhof-Verfahren geschaffene Ausschlußgründe").

35 Rüter, a. a. O., verweist namentlich auf K. H. Gross, Der erweiterte Verteidigerausschluß nach § 138a II StPO – eine Fehlentscheidung des Gesetzgebers, NJW 1975, S. 422 ff. und E. Schmidt-Leichner, Strafverfahrensrecht 1975 – Fortschritt oder Rückschritt?, NJW 1975, S. 417 ff., beide schon früher von F. W.

Grosheide in: Advocatenblad 1975, S. 203 ff., zitiert. In der westdeutschen Fachpresse erschienen später Abhandlungen über die Verteidigerausschließung u. a. von Klaus Ulsenheimer, Goltdammer Archiv 1975, S. 103 ff.; Hans Dahs, NJW 1975, S. 1385 ff.; Knapp, Anwaltsblatt 1975, S. 371 ff.; Lampe, MDR 1975, S. 529 ff; Dünnebier, NJW 1976, S. 2 ff.; Herrmann, Juristische Schulung 1976, S. 413 ff.

36 Siehe Kap. II, Anm. 149 und 150. Veröffentlichungen seit der Entscheidung des Bundesverfassungsgerichts vom 14.2.73 im Fall Schily u. a.: Schumann, Juristen Zeitung 1973, S. 314 ff.; Schmidt-Leichner, NJW 1973, S. 969 ff.; Rudolph, Deutsche Richter Zeitung 1973, S. 257 ff.; Lantzke, Juristische Rundschau 1973, S. 357 ff.; Holtz, Juristische Rundschau 1973, S. 362 ff.; Knapp, Juristische Schulung 1974, S. 20 ff.; Friedrichs, Juristische Rundschau 1974, S. 177 ff.; Hannover, Kritische Justiz 1974, S. 135 ff.; Waller, Deutsche Richter Zeitung 1974, S. 177 ff.; Gross, Zeitschrift für Rechtspolitik 1974, S. 25 ff.

37 BVerfGE 34, 293, 302: „Der Ausschluß von der Verteidigung ist die schärfste Maßnahme, die im Strafverfahren gegenüber dem Anwalt des Beschuldigten überhaupt in Betracht kommt".

38 „Der Strafverteidiger ist damit – wenn auch nicht allein – eine Art Garant der Unschuldsvermutung des Art. 6 II MRK, der Rechtssicherheit und mittelbar ein Förderer des gerechten Urteils", Dahs, Ausschließung und Überwachung des Strafverteidigers – Bilanz und Vorschau, NJW 1975, S. 1385 ff (1386); auch: Kern-Roxin, Strafverfahrensrecht, 14. Aufl. 1976, S. 83.

39 BVerfG E 34, 307

40 Ronald Dworkin, Taking Rights Seriously, in N. Y. Review of Books XV, 11 (17.12.70), S. 23 ff.; ders.: Taking Rights Seriously, Harvard University Press, Cambridge/Massachusetts, 1977 – in dieses wichtige Buch ist der zuvor genannte Aufsatz als Kapitel 7 aufgenommen worden.

41 Dworkin, a. a. O., S. 28; ders., a. a. O., S. 200

42 a. a. O., S. 29, ders., a. a. O., S. 200

43 Müller, Der Grundsatz der Waffengleichheit im Strafverfahren, NJW 1976, S. 1063; vgl. Schmidt-Leichner, NJW 1975, S. 47 ff, und Jung, JuS 1975, S. 261 ff.

44 Dahs, NJW 1975, S. 1385 ff (1389).

45 Baumann, ZRP 1975, S. 38 ff (39).

46 Rüter, a. a. O., S. 345.

47 a. a. O., S. 346: „Ausschließung in solchen Fällen wird noch merkwürdiger, wenn man bedenkt, daß der westdeutsche Legalitätsgrundsatz nicht aufrechterhalten wird und die Strafverfolgung eingestellt werden kann, wenn dem Täter z. B. beim Delikt Strafvereitelung oder Unterstützung einer kriminellen Vereinigung nur ein geringer Schuldvorwurf gemacht werden kann (§ 153 StPO)".

48 § 257 Abs. 1 StGB: „Wer einem anderen, der eine rechtswidrige Tat begangen hat, in der Absicht Hilfe leistet, ihm die Vorteile der Tat zu sichern, wird mit Freiheitsstrafe bis zu fünf Jahren oder mit Geldstrafe bestraft".

49 Auseinandergenommen und Text inhaltlich verändert durch das Einführungsgesetz zum Strafgesetzbuch (EGStGB) vom 2.3.74 (Art. 9 Nr. 131 bis 133); BGBl I 469.

50 Dahs, Handbuch des Strafverteidigers, Dr. Otto Schmidt, Köln 1977, S. 34. Siehe auch: Wolfgang Strzyz, Die Abgrenzung von Strafverteidigung und Strafvereitelung, Minerva, München 1983.

51 Vgl. Holtz, JR 1973, S. 362; auch schon Scanzoni, JW 1932, S. 3583: „§ 257 StGB schwebt dauernd wie das Schwert des Damokles über dem Kopf des Verteidigers".

52 Gallas, Grenzen zulässiger Verteidigung im Strafprozeß, ZStW 1934, S. 256 ff.

53 JW 1929, S. 568.

54 Dahs, a. a. O., S. 34: „Der Verteidiger befindet sich ständig in der Nähe strafbarer Strafvereitelung".

55 a. a. O., S. 34 ff.

56 Bizarr ist, daß Rüter (a. a. O., S. 347/348) in seiner Betrachtung der Ausschließung von Croissant durch das OLG Stuttgart zwar die Frage aufwirft, „ob hier nicht zu leichtfertig ein 'unterstützen von' einer oder 'werben für' eine kriminelle(n) Vereinigung angenommen wurde", die Beantwortung dieser Frage aber nicht im Zusammenhang mit den „Konsequenzen der Formulierung des § 138 a,1" sieht. Gerade um diesen Zusammenhang geht es aber!

57 Vgl. Anmerkung 36.

58 Rudolph, Deutsche Richter Zeitung 1973, S. 257 ff.

59 Schmidt-Leichner, NJW 1973, S. 969 ff; die vorgeschlagene Generalklausel lautet: „Der Rechtsanwalt ist als Verteidiger ausgeschlossen, wenn gegen ihn auf Grund bestimmter Tatsachen der dringende Verdacht besteht, daß er an der Tat des Angeklagten oder ihren Folgen in einer Weise beteiligt war oder ist, die seine Unabhängigkeit als Organ der Rechtspflege in dieser Sache so beeinträchtigt, daß auch seine Berufspflicht eine weitere Tätigkeit als Verteidiger in dieser Sache verbietet" (S. 973).

60 Gross, ZRP 1974, S. 25 ff (31).

61 Rüter, a. a. O., S. 346, 349.

62 F. W. Grosheide, Onder verdenking, Advokatenblad 1975, S. 58 ff.

63 a. a. O., S. 63.

64 P. H. Bakker Schut, Lex Baader-Meinhof, Advokatenblad 1975, S. 67 ff (77).

65 So auch SPD-Abgeordnete während der Debatten über die Problematik des Verteidigerausschlusses im Bundestag 1959 und 1963, vgl. (zustimmend) Schmidt-Leichner, NJW 1973, S. 969 ff. Vgl. Adolf Arndt, Umwelt und Recht, NJW 1964, S. 2146 ff. Seebode, NJW 1972, S. 2258/59, weist auf die Möglichkeit eines „bereits mehrfach vorgeschlagenen und diskutierten ehrengerichtlichen Schnellverfahrens" hin. Auch Knapp, Verteidigung des Rechtsstaats durch Bekämpfung des Verteidigers?, Anwaltsblatt 1975, S. 371 ff., hält „mittlerweile die Ausschlußkompetenz des ordentlichen statt des anwaltlichen Berufsgerichts für ein Übel". Die herrschende Auffassung war aber dem immer entgegengesetzt. Literatur seit 1925 bei Ulsenheimer, a. a. O., S. 119 (seine Anmerkungen 104 und 106).

66 S. Anm. 9

67 Vgl. Rüter, a. a. O., S. 339.

68 Grosheide, a. a. O., S. 60.

69 Rüter, a. a. O., S. 340.

70 Ablehnend auch Dahs, NJW 1975, S. 1387; Quack, Sinn und Grenzen Anwaltlicher Unabhängigkeit heute, NJW 1975, S. 1337 ff. (1339) und in den Niederlanden: Veegens, Grensproblemen van de verdediging in strafzaken, NJB 1975, S. 809 ff. (812). Übrige Autoren zustimmend, wobei meist die Begründung des Gesetzgebers wiederholt wird; so z. B. J. Herrmann, JuS 1976, S. 417: „Die Beschränkung der Zahl der Verteidiger auf drei (...) war eine unmittelbare Antwort des Gesetzgebers auf die Schwierigkeiten in den Baader-Meinhof-Verfahren, in denen einzelne Beschuldigte zwischen zehn und sechzehn Verteidiger beauftragt hatten. Hierdurch sind nicht nur die Vorverfahren in die Länge gezogen worden, sondern es war auch abzusehen, daß es in den Hauptverhandlungen zu Verzögerungen kommen würde, ja die Prozeßverschleppung war von den Beschuldigten geradezu beabsichtigt.

71 Schmidt-Leichner, NJW 1975, S. 419, 420.

72 S. Anm. 10

73 Deutscher Bundestag, 7. Wahlperiode, 138. Sitzung, Stenografischer Bericht, 18. 12. 74, S. 9499–9519.

74 In der Begründung wird weiter noch als Argument aufgeführt, es könne für den Richter im Einzelfall schwierig sein, zu beurteilen, ob ein Ausschließungsgrund vorliegt und ob eine spätere Ausschließung zu prozessualen Komplikationen führen kann; ein vollständiges Verbot der gemeinschaftlichen Verteidigung sei deshalb eindeutiger als es ein Ausschließungsgrund sein könne.

75 Deutscher Bundestag, 7. Wahlperiode, 138. Sitzung, Stenografischer Bericht, 18.12.74, S. 8234; Vinke und Witt, a. a. O., S. 27.

76 Deutscher Bundestag, 7. Wahlperiode, 138. Sitzung, Stenografischer Bericht, 18.12.74, S. 8234; Vinke und Witt, a. a. O., S. 32.

77 Nach § 14 Abs. 1 BRAO sind ehrengerichtliche Maßnahmen: 1. Warnung, 2. Verweis, 3. Geldbuße bis DM 20.000, 4. Ausschließung aus der Rechtsanwaltschaft. Nach Abs. 2 können die Maßnahmen des Verweises und der Geldbuße nebeneinander verhängt werden. Nach § 45 BRAO darf ein Rechtsanwalt nicht tätig werden (u. a.), „2. wenn er eine andere Partei in derselben Rechtssache bereits im entgegengesetzten Interesse beraten oder vertreten hat“. Nach Isele (Kommentar zur Bundesrechtsanwaltsordnung, Juristischer Fachbuchverlag, Essen 1976, S. 848) bleibt davon unberührt: „der sicherlich bedeutsamste und schlimmste Fall, daß ein Rechtsanwalt gleichzeitig für die eine und die andere Partei im entgegengesetzten Interesse tätig ist“. Dieser Fall verstößt gegen die „Generalklausel“ des § 43 BRAO: „Der Rechtsanwalt hat seinen Beruf gewissenhaft auszuüben. Er hat sich innerhalb und außerhalb des Berufs der Achtung und des Vertrauens, welche die Stellung des Rechtsanwalts erfordert, würdig zu erweisen“. Vgl. dazu: Isele, „Entgegengesetzte Interessen“ (S. 563–575) und „Verteidigung“ (S. 756–759: „Der Advocatus inhabilis“).

78 § 356 StGB: „1. Ein Anwalt oder ein anderer Rechtsbeistand, welcher bei den ihm in dieser Eigenschaft anvertrauten Angelegenheiten in derselben Rechtssache beiden Parteien durch Tat oder Beistand pflichtwidrig dient, wird mit Freiheitsstrafe von drei Monaten bis zu fünf Jahren bestraft.“ Vgl. Geppert, Der strafrechtliche Parteiverrat, Darmstadt 1961, S. 78 ff., zur Beziehung zwischen den §§ 356 StGB und 45/43 BRAO.

79 Rüter, a. a. O., S. 343.

80 Dokumentation über Aktivitäten anarchistischer Gewalttäter in der BRD, Bonn 1974, S. 153.

81 Hans Dahs jun., Das rechtliche Gehör im Strafprozeß, München 1965, S. 53.

82 Peters, Der neue Strafprozeß, Darstellung und Würdigung, Müller, Karlsruhe 1975, S. 103.

83 Herrmann, Die Strafprozeßreform vom 1.1.1975, JS 1976, S. 418, Anm. 83.

84 OLG Düsseldorf, MDR 76, 687 Nr. 78; LG Hannover, AnwBl 75, 405; LG Krefeld, NJW 1976, S. 1415 = MDR 76, 600. Vgl. Krämer, Die gemeinschaftliche Verteidigung i. S. des § 146 StPO, NJW 1976, S. 1664 ff (1667).

85 BVerfG NJW 1977, S. 99 = AnwBl 1977, S. 32.

86 Isele, a. a. O., S. 757.

87 LG Düsseldorf, AnwBl 1975, S. 1366.

88 Vgl. auch Isele, a. a. O., S. 757: „Schon die Beratung mehrerer Beschuldigter ist nicht gestattet, denn sie bedeutet bereits, wenn auch zunächst nach außen nicht erkennbar, ein Verteidigen. Der Beginn des Verbotes ist letztlich nur vorverlegt und soll verhindern, daß die in allen solchen Fällen gegebene Kollisionsgefahr gar nicht erst auftritt".

89 Mitteilung des Rechtsanwalts an das Gericht, daß er einen bestimmten Mandanten vertritt.

90 Ein Pflichtverteidiger ist ein vom Vorsitzenden des Gerichts beigeordneter Verteidiger. Die Rechtsfigur ist vergleichbar mit dem niederländischen „toegevoegde raadsman" (beigeordneter Verteidiger), obwohl letzterer, anders als in der BRD, gleich nach der Festnahme eines Verdächtigen, also bereits bei der Einlieferung in Polizeigewahrsam, von der öffentlichrechtlichen Institution Bureau voor Rechtshulp (Büro für Rechtshilfe) beigeordnet wird. In den Niederlanden ist ein Verdächtigter aber nie verpflichtet, sich verteidigen zu lassen. Das westdeutsche Strafverfahrensrecht kennt dagegen in § 140 Abs. 1 StPO acht Fälle von „notwendiger Verteidigung"; in § 140 Abs. 2 StPO werden weitere Fälle genannt, in denen der Vorsitzende eines Gerichts entscheiden kann, ob Verteidigung „notwendig ist". Notwendige Verteidigung ist z. B. dann gegeben, wenn die Hauptverhandlung im ersten Rechtszug vor einem OLG oder LG stattfindet, wenn dem Beschuldigten ein Verbrechen (Delikt mit Strafandrohung von einem Jahr oder mehr Freiheitsstrafe) zur Last gelegt wird oder wenn der Beschuldigte sich mindestens drei Monate lang in Untersuchungshaft oder einer Heil- und Pflegeanstalt befunden hat. Ein Pflichtverteidiger wird nur dann beigeordnet, wenn noch kein Wahlverteidiger auftritt. Wie in den Niederlanden ist es auch in der BRD üblich, daß ein schon auftretender gewählter Verteidiger einem Angeklagten, der das Honorar für seinen Anwalt nicht zahlen kann, als Pflichtverteidiger beigeordnet wird (wie in diesem Fall Heldmann); der Verteidiger erhält dann sein Honorar vom Staat (in der BRD erheblich mehr als in den Niederlanden) und der Angeklagte verfügt über einen Rechtsanwalt seines Vertrauens. Wird der Angeklagte ganz oder teilweise schuldig gesprochen, holt sich der Staat von ihm – sofern er Vermögen hat – den Honorarvorschuß vom Verurteilten ganz oder teilweise zurück. In der BRD muß der Pflichtverteidiger – anders als in den Niederlanden – während der ganzen Dauer der Hauptverhandlung anwesend sein. Auch wenn kein Vertrau-

ensverhältnis besteht, soll der Pflichtverteidiger die Interessen des Angeklagten gegen dessen Willen vertreten.

91 Heldmann, Von neuem Strafprozeß und altem Grundgesetz, Demokratie und Recht Nr. 3/1975, S. 315 ff. (dasselbe in: Vorgänge Nr. 15/1975, S. 15 ff.).

92 BVerwGE 10, 282 = NJW 1960, S. 1588.

93 BVerfGE 18, 429, 439; 30, 250, 267; 31, 222, 226; 36, 73, 82.

94 BVerfGE 39, 156 = NJW 1975, S. 1013.

95 Herrmann, JuS 1976, S. 413 ff. (418).

96 Dahs, NJW 1975, S. 1385 ff. (1387).

97 Krämer, NJW 1976, S. 1665.

98 Schmidt-Leichner, NJW 1975, S. 417 ff. (419).

99 Herrmann, JuS 1976, S. 413 ff (418).

100 Dahs, NJW 1975, S. 1385 ff (1387).

101 Ulsenheimer, GA 1975, S. 103 ff (115). – Kritisch auch Roesen, AnwBl 1975, S. 132; Zuck, NJW 1975, S. 434 ff.; Quack, NJW 1975, S. 1339; Jung, JuS 1975, S. 263; Dünnebier, NJW 1976, S. 7; Kogel, MDR 1976, S. 686; Löwe-Rosenberg, Die Strafprozeßordnung und das Gerichtsverfassungsgesetz, Groß-Kommentar, Bd. 2 §§ 112 bis 212 b / Bearb.: Dünnebier, 23. Aufl., Berlin/New York, de Gruyter 1978, Anm. 1 zu § 146 StPO.

102 Begründung zum Gesetzentwurf der Bundesregierung, Bundestagsdrucksache 7/2526, S. 11.

103 Bakker Schut, Lex Baader-Meinhof, Adv. blad 1975, S. 67 ff (76); ders., Politieke Justitie in de Bondsrepubliek Duitsland, NJB 1975, S. 203 ff.

104 Wie z. B. der CDU/CSU-Abgeordnete Dr. Lenz am 18.12.74; vgl. Vinke und Witt, a. a. O., S. 49 ff.

105 So der SPD-Abgeordnete Dürr; vgl. Vinke und Witt, a. a. O., S. 56.

106 Löwe-Rosenberg, a. a. O., Anm. 5 zu § 146 StPO.

107 Löwe-Rosenberg, a. a. O., Bd. 3, §§ 213–358 / Bearb.: Gollwitzer; Meyer, 23. Aufl. 1978, Anm. 3 zu § 264 StPO (1. Gegenstand der Urteilsfindung ist die in der Anklage bezeichnete Tat, wie sie sich nach dem Ergebnis der Verhandlung darstellt).

108 a. a. O., Anm. 4 zu § 264 StPO.

109 Siehe Kap. VIII, 5.2.2. und 5.4.1.

110 RAF, Texte, Bo Cavefors, Malmö 1977.

111 Über dieses Gesetz schrieb ich den Aufsatz „Een Muilkorfwet“ in: Recht, Macht en Manipulatie, Het Spektrum, Utrecht/Antwerpen 1976, S. 230 ff.

112 A.H.J. Swart, Die Auslieferung von Folkerts, Wackernagel und Schneider, Zeitschrift für die gesamte Strafrechtswissenschaft, 1979, S. 773 ff; Siehe auch: Bulletin Nr. 11 des Medisch-Juridisch Comité voor Politieke Gevangenen, Utrecht.

113 Ausführlich dazu: Bulletin Nr. 13 des Medisch-Juridisch Comité voor Politieke Gevangenen, Utrecht.

114 Vgl. L'Affaire Croissant, Maspero, Paris 1977, S. 153 ff; siehe Kap. IX, 2.2.1.

115 BVerfG (Dreierbeschluß – I BvR 883/75), NJW 1976, S. 231.

116 OLG München (28.11.75 – 1 WS 1304/75), NJW 1976, S. 252.

117 Vertretung durch einen sogenannten unterbevollmächtigten Verteidiger ist dann möglich, wenn die Verhinderung des eigentlichen Verteidigers „ohne weite-

res erkennbar oder bewiesen" ist. Ein unterbevollmächtigter Verteidiger wird von der Beschränkung der Wahlverteidigerzahl auf drei nicht betroffen. Vgl. Kleinknecht, a. a. O., Anm. 6 vor und Anm. 2 B zu § 137 StPO.

118 Kritisch dazu, Krämer, NJW 1976, S. 1665.

119 Vgl. Anm. 90

120 Näheres bei Löwe-Rosenberg, a. a. O., Anm. 72 bis 95 zu § 338 StPO.

121 Vinke und Witt, a. a. O., S. 66. Bundesjustizminister Jochen Vogel äußerte sich am selben Tag ähnlich, vgl. Vinke und Witt, a. a. O., S. 44. Herrmann in JuS 1976, S. 419: „Wegen dieser Einschränkungen drohte der Hungerstreik in den Baader-Meinhof-Verfahren die Gerichte in Schwierigkeiten zu bringen, denn es war zu befürchten, daß die Angeklagten schon vor ihrer Vernehmung zur Anklage nicht verhandlungsfähig sein würden. Hier wurde Abhilfe durch § 231a geschaffen, der die Hauptverhandlung ohne den Angeklagten auch für den Fall vorsieht, daß er noch nicht über die Anklage vernommen ist". Kritisch Rudolphi, ZRP 1976, S. 165 ff. (172–173).

122 Johan van Minnen in der holländischen Wochenzeitung „Vrij Nederland" vom 1.2.75: „De lex Baader-Meinhof in première bij een Keuls zigeunerproces"; „Der Spiegel", 27.1.75: „Zwar sollte der Gesetzeszusatz vor allem verdächtigte Anwälte der Baader-Meinhof-Gruppe treffen, erstmals angewandt worden ist er nun allerdings in einem unpolitischen Prozeß...".

123 Es handelte sich um einen heftigen Streit in einer Zigeunerfamilie; Nachbarn hatten die Polizei wegen Belästigung gerufen. Vgl. OLG Köln, NJW 1975, 459.

124 Richter Victor Henry de Somoskeoy hatte schon Mitte 1974 als Vorsitzender Richter im Strafverfahren gegen Beate Klarsfeld wegen seines rüden Verhaltens u.a. gegenüber Zeugen aus Frankreich international Schlagzeilen gemacht. Beate Klarsfeld war damals angeklagt wegen ihrer Aktionen gegen den Kölner Bananenkaufmann Kurt Lischka, der wegen seiner maßgeblichen Beteiligung am Terror der nationalsozialistischen Besetzer von der französischen Justiz nach 1945 in Abwesenheit zum Tod verurteilt worden war.

125 Dazu Schmidt-Leichner, NJW 1975, S. 420, 421: „Wie verlautet, soll er mit Zeugen 'gesprochen haben', die er selbst in das Verfahren einführen wollte. Dies wäre nicht nur sein Recht, sondern seine Pflicht gewesen, denn der Verteidiger hat sein 'eigenes Ermittlungsverfahren' zu führen und muß – wenn dies mit lauteren Mitteln geschieht – das überkommene Mißtrauen von Richtern und Staatsanwälten ignorieren". Vgl. Dahs, Handbuch, a. a. O., S. 114–117.

126 OLG Köln, NJW 1975, S. 459 ff.

127 AnwBl 1975, S. 98; vgl. dazu Quack, Sinn und Grenzen anwaltlicher Unabhängigkeit heute, NJW 1975, S. 1339.

128 BGH, NJW 1973, S. 2035 ff (2036).

129 Kurzinformation zu den Ausschlußanträgen gegen die Verteidiger von Andreas Baader Rechtsanwälte Klaus Croissant und Kurt Groenewold im Stuttgarter Verfahren gegen Mitglieder der RAF vom 20.3.75, Ausgabe des Anwaltsbüros Groenewold, Hamburg, S. 11.

130 § 148 StPO (alte Fassung): „Dem Beschuldigten ist, auch wenn er sich nicht auf freiem Fuß befindet, schriftlicher und mündlicher Verkehr mit dem Verteidiger gestattet".

131 Michael Empell, Zur Kampagne für das Verteidigerausschlußgesetz und

gegen die Verteidigung von Gefangenen aus der RAF, Ausgabe des Anwaltsbüros Groenewold, Hamburg 1975, S. 23.

132 Vgl. Ausschaltung Politischer Verteidigung, Broschüre der Regionalinitiative Politischer Verteidiger und Asta Universität Frankfurt, Frankfurt 1977, S. 18. Vgl. auch BVerfGE 39, 238 = NJW 1975, S. 1015 = AnwBl 1975, S. 212.

133 § 138c Abs. 2 StPO: „Das Gericht, bei dem das Verfahren anhängig ist, kann anordnen, daß die Rechte des Verteidigers aus den §§ 147, 148 bis zur Entscheidung des nach Absatz 1 zuständigen Gerichts über die Ausschließung ruhen".

134 Politische Prozesse ohne Verteidigung, Wagenbach, Berlin 1976, S. 25; OLG Stuttgart, 12.3.75, 2 ARS 81/75.

135 Deutscher Bundestag, 7. Wahlperiode, 135. Sitzung, Stenografischer Bericht, 13.3.75, S. 10734.

136 a. a. O., S. 10735.

137 OLG Stuttgart, 9.4.75, NJW 1975, S. 1669.

138 „Der Spiegel" vom 21.4.75 zitiert in einem Bericht über das „Geheimverfahren hinter Sicherheitsschleusen und verschlossenen Türen" mehrere prominente westdeutsche Anwälte (darunter den Vorsitzenden des Deutschen Anwaltsvereins), die sich ebenfalls geweigert hätten, an einem derartigen Verfahren teilzunehmen. Den Antrag Croissants vom 29.4.75, ihm mitzuteilen, auf welcher Grundlage die Durchsuchungsanordnung beruhe, beantwortete der Präsident des OLG am 9.5.75: „Auf Ihre obengenannte Anfrage teile ich Ihnen mit, daß für das Mehrzweckgebäude in Stuttgart-Stammheim eine schriftliche Hausordnung nicht besteht. Am 14. April 1975 habe ich folgende Anordnung getroffen: ‚Im Einvernehmen mit dem Justizministerium (Telefongespräch mit Ministerialdirektor Dr. Rebmann am 14.4.1975) bleibt es auch während der mündlichen Verhandlung im Ausschlußverfahren gegen Rechtsanwalt Dr. Croissant bei der Anordnung, daß sämtliche Personen, die das Mehrzweckgebäude in Stuttgart-Stammheim betreten, von der Polizei zu durchsuchen sind, sofern die Polizei ein Sicherheitsrisiko nicht ausschließen kann'." Wegen der architektonischen und organisatorischen Kombination von Vollzugsanstalt und Gerichtsgebäude („Mehrzweckgebäude") verschiebt sich die Verfügungsgewalt der richterlichen Instanzen über die Benutzung ihrer eigenen Räume zwangsläufig zur Exekutive, zur Polizei. Ein solcher Präzedenzfall fördert eine derartige Verschiebung, so daß nach einiger Zeit derartige Maßnahmen auch für Gerichtsgebäude ohne Vollzugsfunktionen getroffen werden. Das ist inzwischen tatsächlich der Fall.

139 „1. Mit hinreichender Deutlichkeit ergibt sich jedenfalls aus dem Schreiben des Verteidigers vom 2. November 1974 an den Angeklagten Baader (Bl. 74; Anlage 12 der Antragsschrift), daß Rechtsanwalt Dr. Croissant das in Berlin inhaftierte Mitglied Braun der kriminellen Vereinigung wegen des Aufgebens im Hungerstreik durch Vorenthalten von Informationsmaterial disziplinierte, dafür die Zustimmung des als Rädelsführer beschuldigten Angeklagten Baader nachsuchte und weitere Maßnahmen gegen Braun vorschlug. In Anbetracht der Bedeutung sowohl des Informationsmaterials (z. B. Bl. 32 ff; Anlage 6 der Antragsschrift), das alle inhaftierten Mitglieder der kriminellen Vereinigung durch ihre Verteidiger erhielten, als auch wegen der Bedeutung des Hungerstreiks (z. B. Bl. 37–52; Anlagen 7 und 8 der Antragsschrift), der nicht nur dem vordergründigen Ziel diente, Hafterleichterungen durchzusetzen, sondern überdies selbst auf die

Gefahr der Aufopferung einzelner Mitglieder den Zusammenhalt der kriminellen Vereinigung in der Haft stärken, evident und so zum öffentlichen Werbefaktor für ihre gewaltpolitischen Zielsetzungen machen sollte, stellt das Vorgehen des Verteidigers gegen Braun ein Unterstützen der kriminellen Vereinigung im Sinne des § 129 Abs. 1 Strafgesetzbuch dar.

2. Gleiches gilt für das Auftreten des Verteidigers am 8. November 1974 auf einem Gesprächsabend der 'Kirchlichen Bruderschaft in Württemberg' (Bl.121; Anlage 27 der Antragsschrift). Rechtsanwalt Dr. Croissant forderte die Anwesenden auf, durch einen dreitägigen 'Sympathiehungerstreik' die Forderungen der 'RAF-Gefangenen' zu unterstützen. Bezeichnend für diese Einstellung des Verteidigers ist es, daß er bei dieser Gelegenheit von 'Vernichtungsmaschinerie', 'Isolationsfolter', 'Vernichtungshaft' und 'Vernichtungsinteresse der Bundesanwaltschaft und der Staatsschutzbehörden' sprach. Er hat sich in Form und Inhalt seiner Äußerungen (Vorwurf des Mordes am Bandenmitglied Meins gegenüber dem Vorsitzenden des 2. Strafsenats und dem Generalbundesanwalt) der Ausdrucksweise der Mitglieder der kriminellen Vereinigung angeglichen (Bl. 89; Anlage 18 der Antragsschrift), die er mit 'Du' und dem Vornamen anzuschreiben pflegt (Bl.32 und 74; Anlage 6 und 12 der Antragsschrift). Dabei war Rechtsanwalt Dr. Croissant bei seinem fast täglichen schriftlichen und persönlichen Umgang mit den von ihm vertretenen Angeklagten klar, daß es sich bei diesen haltlosen und von ihm übernommenen Vorwürfen des Mordes an Holger Meins nur darum handelt, von der Verantwortung der Rädelsführer der kriminellen Vereinigung, die nicht nur die Parole zum Hungerstreik selbst auf die Gefahr des Todes eines Mitglieds ausgegeben hatten, sondern auch Beginn und Dauer desselben bestimmten, abzulenken. Hierdurch sollte die beherrschende Position der Rädelsführer nach innen und außen bei den wegen der rigorosen Vorgehensweise mißtrauisch und unsicher gewordenen übrigen Mitgliedern wiederhergestellt oder zumindest erhalten werden. – Durch das Auffordern zum 'Sympathiehungerstreik' für die Mitglieder der kriminellen Vereinigung hat sich der Verteidiger ein weiteres Mal dem dringenden Verdacht der Unterstützung dieser Vereinigung ausgesetzt, vgl. BGHSt 20, 89f.

3. Rechtsanwalt Dr. Croissant bestreitet nicht, das sogenannte 'Spiegel-Interview' des Angeklagten Baader und anderer Mitangeklagter (die schriftliche Beantwortung von 13 Fragen eines Journalisten) unter Umgehung der Zensur des Haftrichters vermittelt und an der Abfassung der entsprechenden Verträge mit dem Verlag maßgebend mitgewirkt zu haben (Bl. 76–120; Anlagen 14–26 der Antragsschrift). Auch deshalb steht er im dringenden Verdacht, eine kriminelle Vereinigung unterstützt oder zumindest für diese geworben zu haben. Zwar dürfte dieses Interview auf den Großteil der Leser eher abstoßend und erschreckend gewirkt haben, jedoch zielte die Veröffentlichung insbesondere auf die 'Sympathisantenszene' und war darauf abgestellt, dort und im Verbreitungsgebiet der Zeitschrift außerhalb der Bundesrepublik Gesinnungsgenossen anzusprechen und zu beeindrucken (Bl. 119; Anlage 26 der Antragsschrift; 'internationaler Multiplikator'). Die Privilegien des Verteidigers und das Recht auf freie Meinungsäußerung vermögen die Unterstützung einer kriminellen Vereinigung auch auf diese Weise nicht zu rechtfertigen (Art. 5 Abs. 2 GG). § 129 Abs. 1 StGB stellt ausdrücklich das Werben für eine kriminelle Vereinigung neben das Unterstützen als besondere Form der verselbständigten Beihilfe. Es spricht nichts dafür, daß die

wirksamste Art der Werbung, nämlich diejenige durch Massenmedien, davon ausgenommen sein sollte.

Es steht daher mit hinreichender Sicherheit fest, daß Rechtsanwalt Dr. Croissant dringend verdächtig ist, wiederholt die kriminelle Vereinigung des Angeklagten Baader und anderer Mitangeklagter unterstützt zu haben; er hat deshalb wegen dieses dringenden Verdachts der Beteiligung an einer Tat, die den Gegenstand der Untersuchung bildet, den Tatbestand des § 138 a Abs. 1 StPO verwirklicht. Zugleich liegt auch der Ausschlußgrund des § 138a Abs. 2 Nr. 1 StPO vor, da der Verteidiger dringend verdächtig ist, den Verkehr mit dem nicht auf freiem Fuß befindlichen Angeklagten Baader durch die Vermittlung des 'Spiegel-Interviews' zur Unterstützung einer kriminellen Vereinigung mißbraucht zu haben, Verdacht eines Vergehens, das im Höchstmaß mit fünf Jahren Freiheitsstrafe geahndet werden kann". AnwBl. 1975, S. 213 ff.

140 BGH 20.5.75, AnwBl 1975, S. 243.

141 „Da es sich insoweit um ein Dauerdelikt handelt, sind Gegenstand des anhängigen Strafverfahrens nicht nur die Zeitabschnitte vor der Anklage, sondern auch alle weiteren Tatbestandsverwirklichungen bis zum Ende der letzten Tatsachenverhandlung".

142 „Ein Fall unzulässiger Rückwirkung liegt nicht vor. Insbesondere greift der Rechtsgedanke des Vertrauensschutzes gegenüber der 'unechten' Rückwirkung eines Gesetzes nicht durch; abgesehen davon, daß die Möglichkeit des Verteidigerausschlusses bis zum Erlaß des Gesetzes vom 20. Dezember 1974 zumindest umstritten war, stand nach der Entscheidung des Bundesverfassungsgerichts vom 14. Februar 1973 (BVerfGE 34, 293 ff, 306/7) eine gesetzliche Regelung des Ausschlusses unmittelbar bevor".

143 Zitiert nach dem Antrag des GBA vom 3.3.75 auf Ausschließung von Croissant.

144 Vgl. meine Bemerkung Kap. V, 2 zu Rüters Reaktion auf ein Rundschreiben von Groenewold.

145 Kritisch auch Rüter, a. a. O., S. 348. Veegens, a. a. O., S. 813, billigt unter Umständen sogar den selbständigen Aufruf von Verteidigern an ihre Mandanten, einen Hungerstreik zu beginnen, jedoch: „Das Ausüben von Druck auf einen Gefangenen, bis zum Tode durchzuhalten, ginge aber – wenn es tatsächlich so geschehen ist – zu weit".

146 Veegens, wie in obiger Anmerkung angegeben. Kritisch auch Rüter, a. a. O., S. 348.

147 Rüter, a. a. O., S. 348.

148 Veegens, a. a. O., S. 812.

149 BVerfG 4.7.75, NJW 1975, S. 2341. Die Beschwerde von Croissant ist nicht veröffentlicht.

150 OLG Stuttgart, 27.3.75, 2 ARs 90/75, nicht veröffentlicht.

151 II. Rechtsanwalt Groenewold ist von der Mitwirkung im Verfahren gegen den Angeklagten Baader auszuschließen, § 138 a Abs. 1 und 2 Nr. 1 StPO.

1) Zumindest seit Februar 1973 hat der Verteidiger durch umfassende Kommunikation unter den der „RAF" zugerechneten Gefangenen in verschiedenen Haftanstalten der Bundesrepublik – teilweise als Verteidigerpost getarnt – für den organisatorischen Zusammenhalt der kriminellen Vereinigung gesorgt und damit deren Ziele gefördert. Er hat Diskussionsbeiträge, Anfragen, Pläne und Befehle,

die mit Fragen der Verteidigung wenig oder nichts zu tun hatten, unter Mißbrauch seiner privilegierten Verteidigerstellung weitergeleitet.

„7. und als Befehl: keiner spricht mit bullen. Kein wort. Keiner spricht mit Journalisten. Wenn sie sprechscheine haben, weigern wir uns, sie zu sehen. Wenn ein Interview, läuft das so: wir suchen über das info einen aus, es wird ein vertrag über die anwälte gemacht, die fragen sind schriftlich zu stellen und werden schriftlich beantwortet. Das manuskript fragen/antworten läuft über das info. Wenn nur einer was dagegen hat, wird es nicht veröffentlicht. Wie in dem letzten Papier: keiner nimmt an einem prozeß teil. Es gibt eine erklärung am tag zur raf, justiz, anklage, haftbedingungen.

Danach bleiben wir in der kiste.

Das manuskript läuft mindestens 4 wochen vorher über das info. Keiner macht zeugenaussagen. Wenn das von den anwälten dem gericht vermittelte nicht genügt, um die vorführung, den transport zu verhindern, genügt ein satz vor dem tisch. Zieht das unbeteiligt ab, ist scheiße, denen das tier zu zeigen, das sie vorführen wollen." (Anl. 16, Bl. 48/9).

Überdies hat er nicht nur demonstrativ an einem sogenannten „Sympathiehungerstreik" vor dem Bundesgerichtshof in Karlsruhe teilgenommen, sondern hat Anfang und Ende eines weiteren „Hungerstreiks", mit dem die Justiz erpreßt werden sollte, den Untersuchungshäftlingen bekanntgegeben (Anl. 6, Bl. 20, und Anl. 12, Bl. 37, Nr. 4: „Mit Freitag, den 29.6.73 ist der Hungerstreik beendet. Wir erklären das. Wer kann – und unterbrochen hat – sollte bis Freitag nochmal anfangen. Die in Hamburg machen es so.")

Zugleich hat er für die Synchronisierung dieses Hungerstreiks mit einer entsprechenden Pressekonferenz in Paris am 29. Juni 1973 gesorgt (Anl. 13 – 15, Bl. 38 ff).

Im Zuge der Vorbereitung der planmäßigen Verteilung von Informationen und Schulungsmaterial an die inhaftierten Mitglieder der kriminellen Vereinigung hat Rechtsanwalt Groenewold eine von ihm selbst oder von einem Rädelsführer ausgedachte konspirative „vertrauliche Nummerierung" der Häftlinge bekannt gemacht (Anl. 16, Bl. 51) und die Auswertung des Informations- und Schulungsmaterials unter den Untersuchungsgefangenen nach Sprach- und Fachkenntnissen aufgeteilt, sowie monatliche Arbeitsberichte erbeten (Anl. 27, Bl. 95 – 98; Anl. 49, Bl. 174).

2) Das Informationsmaterial, das auf diese Art über das Büro des Verteidigers bis in die jüngste Zeit („tütenweise", Anl. 57, Bl. 225) verteilt wurde, enthielt außer programmatischen Beiträgen der Angeklagten Baader, Ensslin, Hoppe und anderer Berichte über den Stand verschiedener Prozesse und über Beteiligung am Hungerstreik auch Auszüge, Ablichtungen und Zusammenfassungen von Artikeln aus Militär- und Polizeifachzeitschriften, zum Beispiel über Flammenwerfer und neue Pistolen (Anl. 28, Bl. 99 ff), Untergrundkampf in der Großstadt (Anl. 31, Bl. 111), Minispione (Anl. 41/2, Bl. 147 ff), Gliederung des Bundesgrenzschutzes (Anl. 46, Bl. 168) und die Verhinderung des Entschärfens von Bomben mit thermo-elektrischen Methoden (Anl. 51, Bl. 212 f): „(zu thermoelektrisch fällt mir noch ein, wenn die anfangen die dinger (gemeint sind offensichtlich Sprengladungen) einzufrieren, um sie so besser zu entschärfen, dann kann man auch eben mit diesen thermowiderständen operieren, d.h. bei nem bestimmten kältegrad schließt sich der stromkreis, bevor das alles richtig eingefroren ist – man könnte

eventuell auch mit den neuen siemens-relais in dem neuen fernsprechsystem operieren, die kontakte bei diesem relais sind wie bei ner radioröhre in ner glasröhre das mit nem bestimmten gas gefüllt ist.) In erster linie ist die ganze chose wohl interessant, um ne entschärfung der dinger zu verhindern (ist doch immer schade um die arbeit und den einsatz) und in zweiter linie halt für spezielle, besondere anwendungszwecke.").

Wenn es auch nicht auszuschließen ist, daß waffentechnische Informationen nicht in dem Umfang vom Büro des Verteidigers versandt werden sollten, wie es anscheinend versehentlich der Fall war (vgl. das Schreiben von Rechtsanwalt Groenewold vom 27.8.1974 in Anl. 57, Bl. 225, als Antwort auf ein Schreiben des Untersuchungsgefangenen Hoppe vom 23.8.1974: „zu Waffenprospekten war nicht klar warum sie vervielfältigt u. übers info laufen müssen. Wenn dazu jetzt einer schreibt, es sei eh egal, so haben wir das bisher so nicht bestimmt. Gruß KG"), so ergibt sich doch aus den beschlagnahmten Unterlagen, daß der Verteidiger über Inhalt und Umfang des versandten Materials unterrichtet war (Anl. 56, Bl. 223; Anl. 57, Bl. 224).

3) Rechtsanwalt Groenewold ist in seiner Stellung als Verteidiger gegenüber dem Angeklagten Baader nicht mehr unabhängig, sondern an Weisungen gebunden. Dies zeigt, wie weit sich Rechtsanwalt Groenewold von seiner Verteidigerposition entfernt hat und sich in das kollektive Unterordnungsgefüge der kriminellen Vereinigung einbauen ließ. Mit der Stellung des Verteidigers als unabhängigem Organ der Rechtspflege ist es nicht zu vereinbaren, daß dem Verteidiger die Art der Prozeßführung von Mitgliedern der kriminellen Vereinigung vorgeschrieben wird, wie die aus programmatischen Erklärungen des Angeklagten Baader und anderer Mitangeklagter hervorgeht, vgl. Anl. 53, Bl. 216/17; Baader am 16. Januar 1974: „koch also auch das frankfurter anwaltskollektiv weiß jetzt daß auch diese mandate entzogen werden – wenigstens bis klar ist ob die angeklagten anwälte ausgeschlossen werden oder in der hauptverhandlung (und nicht nur in stuttgart sondern auch carl. e.t.c. und harry/gaby) verteidigen können. *Der grund*: die bundesanwaltschaft zu zwingen die verteidiger die unsere mandate drin haben drinzulassen oder den skandal (denn das ist in dem stuttgarter mammutprozeß ganz sicher ein internationaler skandal) von bullenverteidigern in kauf zu nehmen. Ich habe mit ihm auch über die politischen differenzen geredet – also das ganze programm:

1) die gefangenen bestimmen + zwar kollektiv über das info – oder anders – die prozeßstrategie. Wenn sie es für richtig halten legen die verteidiger demonstrativ die verteidigung im prozeß nieder – auch wenn das bedeutet, daß ihnen die kosten aufgehängt werden. Dem hat er zugestimmt.

2) die linie der verteidigung (faschismusanalyse z. B.) und der gefangenen zur propaganda in den prozessen (wir: dazu z. B. dialektik bewaffneter politik) ergänzen sich. Darüber laufen diskussionen mit ihnen vor und während der prozesse. 3) der schutz – die verteidigung der gefangenen läuft IN ERSTER LINIE über den außerprozessualen job der anwälte: mobilisierung, kampagne, u n d das überlebensprogramm: info, kommunikation, kollektive schulung, information."; (s. auch Anl. 21, Bl. 70 ff; Anl. 24, Bl. 77 ff.). Nach der Entscheidung des Senats über den Ausschluß des Verteidigers Rechtsanwalt Dr. Croissant hat auch Rechtsanwalt Groenewold in seinem Ausschlußverfahren weder eine Erklärung abgegeben, noch ist er in der mündlichen Verhandlung vor dem Senat aufgetreten.

Bezeichnend ist in diesem Zusammenhang auch der Umgangston, in dem Angeklagte gelegentlich mit Rechtsanwalt Groenewold und anderen Verteidigern verkehren (Anl. 56, Bl. 223 „KG – Du Arschloch"...; Anl. 61 Bl. 247 „Christian (das ist Rechtsanwalt Ströbele), Du bist wirklich 'ne Sau..."). Für die Einstellung des Verteidigers zu den dem Angeklagten Baader zur Last gelegten Straftaten und den entsprechenden Sicherheitsmaßnahmen spricht ferner die Art, wie er in Robe den „Hungerstreik" der Angeklagten vor dem Bundesgerichtshof zu unterstützen versuchte (Anl. 5, Bl. 15 ff). Ähnliches gilt für den Vorwurf des Mordes und des Mordversuchs (Anl. 58, Bl. 226: „Info v. 23.10.74... und es ist immer aktuell, der mord, ..."), den der Verteidiger nach dem Tod des Angeklagten Meins in Presseinformationen und in einem Schriftsatz im Strafverfahren gegen Augustin vor dem Schwurgericht Osnabrück gegen Richter, Staatsanwälte und Anstaltsärzte erhebt, obwohl er den Hungerstreik, dessen Opfer Meins geworden ist, selbst mitorganisiert hat (Anl. 62, Bl. 248; Anl. 63, Bl. 250, 251; Anl. 66, Bl. 254, 270).

III. Rechtsanwalt Groenewold ist daher dringend verdächtig, sich an der Tat, die den Gegenstand der Untersuchung bildet, beteiligt zu haben, indem er nach der Verhaftung des Angeklagten Baader unter weitgehender Aufgabe seiner Position als Verteidiger die kriminelle Vereinigung des Angeklagten und anderer Mittäter durch die Organisation der Verteilung von Informations- und Schulungsmaterial sowie auf andere Weise unterstützt und den Zusammenhalt der kriminellen Vereinigung gestärkt hat. Er hat damit den Tatbestand des § 138 a Abs. 1 StPO verwirklicht und ist von der Mitwirkung als Verteidiger im Strafverfahren gegen den Angeklagten Baader auszuschließen. Zugleich liegt auch der Ausschlußgrund des § 138 a Abs. 2 Nr. 1 StPO vor, da der Verteidiger dringend verdächtig ist, den Verkehr mit dem nicht auf freiem Fuß befindlichen Angeklagten Baader zur Unterstützung einer kriminellen Vereinigung mißbraucht zu haben, Verdacht eines Vergehens, das im Höchstmaß mit fünf Jahren Freiheitsstrafe geahndet werden kann".
Nicht veröffentlicht.

152 entfällt

153 OLG Stuttgart, 6.5.75, 2 ARs 148/75. – Nicht veröffentlicht.

154 II. Rechtsanwalt Ströbele ist von der Mitwirkung im Verfahren gegen den Angeklagten Baader gemäß § 138 a Abs. 1 und Abs. 2 Nr. 1 StPO auszuschließen, weil die von der Bundesanwaltschaft vorgelegten Beweismittel den dringenden Verdacht begründen, daß Rechtsanwalt Ströbele die kriminelle Vereinigung des Angeklagten Baader u. a., die sog. Rote Armee Fraktion (RAF), jedenfalls nach dessen Festnahme mindestens unterstützt hat.

1. Seit dem 5. Februar 1973 hat der Verteidiger durch wenigstens 19 Rundbriefe, die er verfaßt und in der Regel als Verteidigerpost getarnt an Gefangene, die der „RAF" zugerechnet werden, versandt hat, mit für den organisatorischen Zusammenhalt dieser kriminellen Vereinigung gesorgt und dadurch deren Ziele gefördert. Zentrales Thema eines Teils dieser Rundbriefe, die mit Fragen der Verteidigung wenig oder gar nichts mehr zu tun haben, ist der von diesen Gefangenen durchgeführte Hungerstreik und dessen erwartete Auswirkungen auf die Behörden und die öffentliche Meinung. Zweck des Hungerstreiks war nicht etwa das vordergründige Bestreben, Hafterleichterungen, legitime Ziele, wie der Verteidiger in seinem Schriftsatz vom 4. Mai 1975 meint, durchzusetzen. Vielmehr diente der Hungerstreik in erster Linie dem Ziel, den Zusammenhalt der kriminel-

len Vereinigung auch in der Haft zu dokumentieren und dadurch in der Öffentlichkeit, zu der auch die Insassen der Vollzugsanstalt zu zählen sind, für die gewaltpolitischen Zielsetzungen der Bande zu werben und ihren Mitgliedern die Möglichkeit zur Agitation in den Vollzugsanstalten zu eröffnen. Dies ergibt sich klar aus einer bereits am 9. März 1973 vom Angeklagten Baader verfaßten und insbesondere Rechtsanwalt Ströbele zur Kenntnis gelangten schriftlichen Äußerung (Anlage 24 der Antragsschrift), in der der Angeklagte Baader u. a. ausführt:

„in meiner einschätzung die sich nicht ändert hat dieser streik nur einen zweck: er soll die typen aus der isolation befreien, damit sie eine möglichkeit zu agi tation, organisation und aktion im knast haben. die einzige chance außer büchern und akten war zu lernen und zu politischer arbeit zu kommen. wenn das unmöglich ist, zu warten ohne kaputt zu gehen. und sage nicht sofort, daß das einfach ist. nach dem was ich in zehn gefängnissen begriffen habe hörst du besser erst mal ein halbes jahr zu. Du sprichst nie über die raf. du brauchst mindestens soviel schläue information disziplin geduld identität wie in der stadt. der hungerstreik ist als, wie wir gesagt haben, kampfmaßnahme schwach, immer defensiv. wenn er was erreicht dann immer noch durch unsere verkäuflichkeit in den medien.“

So war auch der Verteidiger bemüht, den Hungerstreik „halbwegs gut“ in der Öffentlichkeit zu „verkaufen“; das geht aus einem „an die Genossen“ gerichteten Rundbrief vom 22. Februar 1973 hervor, in welchem Rechtsanwalt Ströbele u. a. folgendes ausführt (Anlage 7 der Anklageschrift):

„Der Abbruch des Hungerstreiks wurde von uns nicht befürwortet und entsprechendes weitergeleitet, weil der Erfolg da war, sondern die kleinen Teilerfolge bei wahrscheinlich 3, 4 Leuten wurden genommen, um den Abbruch halbwegs gut verkaufen zu können. Es soll doch keiner so tun, als wäre nach wenigen weiteren Tagen ein umfassender Sieg über die Klassenjustiz erfolgt. Die wären doch froh, wenn sie Euch auf diese Weise ausschalten könnten. Vor dem Verhungern hätten die Euch keiner bewahrt, aber Dauerschäden wären nicht zu vermeiden gewesen. Das hätten die mit ein paar Erklärungen der Justizpressestelle schon richtig verkauft und wenn gar nicht anders möglich hätten die eben einem Anstaltsbeamten oder Arzt alles zugeschoben. Haben wir doch alles schon gehabt! Außerdem die ‚Front' war schon am zusammenbrechen. Hauptsächlich wegen der Gesundheit einzelner. Dazu näheres aber nicht per Post. Recht habt Ihr darin, daß die Sache endgültig geklärt werden muß. Wir beginnen nun auch schon, uns in Fraktionskämpfen aufzureiben. Vielleicht macht Ihr Euch bis zu meinem nächsten Besuch im Lauf der nächsten Woche auch mal grundsätzliche Gedanken zur Funktion der Anwälte, Eurer Anwälte in den kommenden Verfahren und überhaupt. Aber bitte realistische! Die Anwälte als Speerspitze der Revolution oder der RAF oder als der verlängerte Arm der RAF-Genossen, die inhaftiert sind? Wohl kaum! Oder dann eben keine juristische Hilfen mehr! Übrigens ein eigenartiges Kämpfen: Selbstzerfleischung!“.

Mit diesen 19 Rundbriefen, die der Verteidiger zwischen dem 5. Februar 1973 und dem 25. März 1974 an eine wechselnde Zahl von RAF-Gefangenen, zum Teil auch an deren Verteidiger versandt hat und von denen sich die meisten mit dem Hungerstreik und dessen Werbewert für die kriminelle Vereinigung befassen, hat der Verteidiger, seinen Absichten entsprechend, einen gewichtigen Beitrag für den Zusammenhalt der Vereinigung und der vom Angeklagten Baader in dem erwähnten Schriftstück vom 9. März 1973 beschworenen Solidarisierung der

Mitglieder der Vereinigung („unerträglich ist, daß nicht jeder typ in der letzten zelle hungert wenn wir sagen: ein hungerstreik. sie sollen das erklären: jahn, vodoo, hilde und so weiter. zum kotzen".) geleistet. Diese Tätigkeit des Verteidigers, der übrigens an dem Sympathiehungerstreik von Rechtsanwälten vor dem Gebäude des Bundesgerichtshofs in Karlsruhe in Robe teilgenommen hat, wie er im Rundbrief vom 22. Februar 1973 (Anlage 7 der Antragsschrift) selbst mitteilt, begründet sonach den dringenden Verdacht der Unterstützung der kriminellen Vereinigung im Sinne des § 129 Abs. 1 StGB.

2. Darüber hinaus hat der Verteidiger etwa seit Februar 1973 am Aufbau eines „Info-Systems" der kriminellen Vereinigung maßgeblich mitgewirkt, wie sich aus seinem Rundbrief vom 2. März 1973 (Anlage 9 der Antragsschrift), in welchem er übrigens auch auf Grund eigener Initiative oder nach Absprache mit Rädelsführern auf den Beginn eines neuen Hungerstreiks im April 1973 hinweist, ergibt: „Einheitlich wird an den Anwälten kritisiert, daß sie 3 Wochen lang nichts wesentliches getan haben, um den Hungerstreik öffentlich zu machen; schlechte Kommunikation und Koordination unter den Anwälten. Um Abhilfe zu schaffen, soll über das Büro der Hamburger Anwälte eine regelmäßige ständige Kommunikation in Form eines kurzen Rundschreibens mit entsprechenden Anlagen geschaffen werden. Außerdem soll verstärkt Kontakt mit linken Gruppen aufgenommen werden, um diese über die Situation der politischen Gefangenen besser zu informieren und Anstöße zu Aktivitäten zu geben".

Dieses Info-System, dessen Betrieb Rechtsanwalt Groenewold aus Hamburg übernommen hatte (vgl. den allen Beteiligten bekannten Beschluß des Senats vom 2. Mai 1975), diente einer umfassenden Kommunikation aller der „RAF" zugerechneten Gefangenen, die in verschiedenen Haftanstalten der Bundesrepublik einsitzen. Mit den im Rahmen dieses Systems versandten Rundschreiben wurden u. a. Diskussionsbeiträge, Anfragen, aber auch Befehle insbesondere des Angeklagten Baader an alle Gefangenen unter Mißbrauch der Verteidigerrechte übermittelt. Auf diesem Wege gelangten nicht nur programmatische Überlegungen von Mitgliedern der Vereinigung, sog. Zellenzirkulare, die eine Vielzahl von Vorschlägen für die Fortführung der – auch Gewaltmaßnahmen umfassenden – Aktivitäten der Vereinigung enthielten, zur Kenntnis der Häftlinge und deren Verteidiger, sondern auch Schriftstücke, die sich mit der von den Verteidigern erwarteten Tätigkeit und möglichen Disziplinierungen befassen. So wird in einem derartigen Zirkular (Anlage 27 der Antragsschrift) von den Anwälten verlangt, daß diese in den Komitees mitarbeiten, während in einem weiteren Schriftstück dieser Art (Anlage 41 der Antragsschrift) die Prozeßstrategie und die Forderungen, die die Rädelsführer der Vereinigung an ihre Verteidiger stellen, – mehrfach – wie folgt festgelegt sind:

„1.) die gefangenen bestimmen die prozeßstrategie und zwar kollektiv.

2.) auch wenn das bedeutet, daß bei bestimmten entwicklungen die anwälte kollektiv die verteidigung für unmöglich erklären und rausgehen. Diese möglichkeiten legen wir vorher in der diskussion mit allen anwälten, die verteidigen werden, fest.

3.) alle anwälte die besuche machen und verteidigen arbeiten an dem info mit das heißt, füttern es und verteilen es.

4.) falls ein legitimierter verteidiger ausgeschlossen wird legen alle verteidiger sofort die mandate nieder. Dazu eine gemeinsame erklärung."

Im übrigen bringt dieses Zirkular zum Ausdruck, daß der Verteidiger, der sich nicht an dieses Programm hält, das Mandat verliert.

Dieses Informationssystem gewann alsbald tragende Bedeutung für den Zusammenhalt der kriminellen Vereinigung und die Fortführung ihrer Bestrebungen aus der Haft heraus. Da sich der Verteidiger, den Weisungen des Angeklagten Baader folgend (Anlage 41 der Antragsschrift), an diesem System beteiligt hat – er hat in seinen Rundbriefen mehrfach zum Ausdruck gebracht, daß „Info-Treffen" mit anderen Verteidigern stattfinden (z. B. Anlage 9, 17, 18 der Antragsschrift), auch ist davon in einem Rundschreiben von Rechtsanwalt Groenewold (Anlage 39 der Antragsschrift) die Rede – und er überdies selbst Info-Material an Mitglieder der kriminellen Vereinigung – z. B. an die Mitglieder Braun und Möller (Anlage 26 der Antragsschrift) sowie Asdonk („= karameh", Anlage 71 der Antragsschrift) weitergegeben hat, besteht der dringende Verdacht, daß der Verteidiger auch insoweit unter Mißbrauch seiner privilegierten Verteidigerstellung die kriminelle Vereinigung unterstützt hat.

Gleiches hat für den Zeitraum zu gelten, in welchem der Schwerpunkt der auf diese Weise übermittelten Informationen nicht mehr bei Berichten über den Hungerstreik und der Beurteilung von dessen Auswirkungen auf die öffentliche Meinung lag, sondern ein Schulungsprogramm für die Mitglieder der Vereinigung und die Zusammenstellung einer Dokumentation mit Hilfe des Info-Systems in die Wege geleitet wurde. Rechtsanwalt Ströbele kündigt dieses neue Programm in seinem Rundbrief vom 16. Juni 1973 (Anlage 14 der Antragsschrift) an, nachdem er zuvor den Entschluß des Angeklagten Baader gegeben hatte:

„Baader ist für Abbruch,

1. weil draußen nichts wesentliches mehr läuft

2. weil ohne Druck von außen keine Reaktion der zuständigen Stellen bezüglich der Forderungen zu erwarten sind

3. weil der Kopf während des H-Streiks leer ist, produktive Arbeit nur sehr beschränkt möglich

4. Info bzw. Schulungsprojekt viel wichtiger ist. Großes neues Projekt, das Arbeit für alle für Monate und Jahre bringt: Info-Zentrale in HH und Erstellung von Analysen und konkrete Gruppenschulung. Nach einer ganzen Reihe gleichlautender Anregungen Plan mit Einzelheiten aus Schwalmstadt. Dort soll noch genaues Schema erstellt werden. Außerdem soll ich mich mit Gr. + Be. treffen und näheres besprechen, eigentlich schon an diesem Wochenende. Aber ich finde die Typen nicht. Vielleicht klappt es doch noch. Auf jeden Fall gibt es dann ausführliche Nachricht vom Ergebnis unserer Besprechung".

Das nunmehr im Rahmen des Info-Systems zur Verteilung gekommene Informationsmaterial enthielt außer programmatischen Beiträgen von Mitgliedern der kriminellen Vereinigung, Berichten über den Stand verschiedener Prozesse, insbesondere Auszüge, Ablichtungen oder Zusammenfassungen von Artikeln aus Militär- und Polizeifachzeitschriften, die von Mitgliedern der Vereinigung aus den diesen zuvor zugewiesenen Arbeitsgebieten ausgewählt und für das Info bestimmt worden waren. Darunter befinden sich z. B. neben Artikeln über Flammenwerfer, automatische Gewehre und neue Pistolen (Anlage 43), über den Spähpanzer XIII 800 (Anlage 44), über militärische Befehlssysteme (Anlage 45), Kriegführung in der Stadt (Anlage 46), Sperrenbau mit technischen Gerät (Anlage 49), Funküberwachung und Funkaufklärung (Anlage 55), über Minispione (Anlage 56), den

Aufbau des Grenzschutzes und der Länderpolizeien (Anlage 60, 61 und 63), über Alarmanlagen und Werkschutz (Anlage 63), auch die von einem Mitglied der kriminellen Vereinigung gefertigte Zusammenstellung der Verwendungsmöglichkeiten von Meßwandlern und Relais bei der elektrischen Zündung von Sprengladungen (Anlage 66), in der u. a. folgendes ausgeführt wird:

„(zu thermoelektrisch fällt mir noch ein, wenn die anfangen die dinger (gemeint sind offensichtlich Sprengladungen) einzufrieren, um sie so besser zu entschärfen, dann kann man auch eben mit diesen thermowiderständen operieren, d.h. bei nem bestimmten kältegrad schließt sich der stromkreis, bevor das alles richtig eingefroren ist – man könnte eventuell auch mit den neuen siemens-relais in dem neuen fernsprechsystem operieren, die kontakte bei diesem relais sind wie bei ner radioröhre in ner glasröhre das mit nem bestimmten gas gefüllt ist.) In erster linie ist die ganze chose wohl interessant, um ne entschärfung der dinger zu verhindern (ist doch immer schade um die arbeit und den einsatz) und in zweiter linie halt für spezielle, besondere anwendungszwecke."

„Die im Schriftsatz des Verteidigers vom 4. Mai 1975 geäußerte Meinung, die Beschaffung dieser Informationen sei zur Vorbereitung der Verteidigung geboten gewesen, vermag der Senat nicht zu teilen.

4. Schließlich geht aus einem Rundschreiben des Rechtsanwalts Groenewold vom 27. August 1974 (Anlage 72), das auch an den Verteidiger gerichtet ist, hervor, daß Rechtsanwalt Ströbele bis in die jüngste Zeit hinein die Mitglieder der kriminellen Vereinigung neben den über das Info-System fließenden Nachrichten unter Mißbrauch seiner Verteidigerstellung laufend mit weiteren Informationen versorgt hat. Rechtsanwalt Groenewold führt dazu aus:

„4. das Zeug anderer Anwälte wird verschickt. Das stand nicht in Frage und auch nicht im Brief, sondern es geht um Rundbriefe an alle. Wenn die über mich gehen, kriegen einige sie Tage später. Die Diskussion darüber zwischen den RAen entstand, weil einige Gef. Stroe Briefe mal bekamen, mal nicht. Cr. schreibt ja kaum welche u. die anderen sachen: Beschlüsse laufen. Ich habe zuletzt mit Stroe besprochen (Stg.PK), daß er solche Briefe direkt wie früher an alle schickt, soweit er kann."

Einige dieser bereits erwähnten mindestens 19 Rundschreiben des Verteidigers befassen sich nicht nur mit dem unter Abschnitt II, 1 dargelegten Thema Hungerstreik, vielmehr geht der Verteidiger, der auch über seine Arbeit in den Komitees und über von ihm und Agnoli gehaltene „Agitationsreden" berichtet (Anlage 13), auf die im Aufbau begriffene Dokumentation und das herauszugebende „Kursbuch" der Vereinigung (Anlage 11) ein, auch gibt er die Anregung der Angeklagten Meinhof, die letzte Hungerstreikerklärung als Plakat drucken zu lassen (Anlage 12), weiter. In seinem Rundschreiben vom 28. Juni 1973 (Anlage 16) weist er darauf hin, daß das Ende des Hungerstreiks mit einer entsprechenden Pressekonferenz in Paris am 29. Juni 1973 synchronisiert werden müsse, während er in dem Rundschreiben vom 21. Juni 1973 (Anlage) nicht nur bekannt gibt, daß die Vorschläge des Angeklagten Baader für das Info bei den Mitgliedern der kriminellen Vereinigung angekommen sind, sondern auch die folgende Anweisung des Angeklagten Baader hinsichtlich des Verkehrs mit Journalisten den Mitgliedern der Vereinigung zur Kenntnis bringt:

„Zu Journalisten: Ba.: Keiner spricht ein Wort mit denen oder empfängt auch nur. Enßl. und Gra. grundsätzlich selbe, meinen aber, man könne vielleicht was über H-Str. und Iso. unterbringen. Halte ich für abwegig. Die Gefahr besteht, daß sie aus bloßem Empfang auch ohne Sprechen schon was machen. Wie abgemagert, verzweifelt, haßerfüllt oder reuig ihr ausgesehen hättet usw. Meinh. hat dpa-Typ und Busche durch Seibert an Becker verweisen lassen. Also nichts von Einverständnis mit Besuch! Ba.: Schweigen in Berlin und gegenüber Journ. als Befehl."

Auch dieser Teil der Tätigkeit des Verteidigers diente nicht der Vorbereitung der Verteidigung, sondern der Kommunikation der Mitglieder der kriminellen Vereinigung. Da dadurch der organisatorische Zusammenhalt der Vereinigung und damit auch deren Zielsetzung gefördert wurde, besteht der dringende Verdacht, daß der Verteidiger auch hierdurch absichtsgemäß die kriminelle Vereinigung unterstützt hat.

5 Rechtsanwalt Ströbele läßt sich unter Androhung des Mandatsentzugs die Prozeßstrategie von den Mitgliedern der kriminellen Vereinigung vorschreiben (vgl. Anlage 41); er gebraucht die Sprache und Schlagworte der Angeklagten, die er in vielen Rundbriefen mit „liebe Genossen" anzureden pflegt, und läßt sich Beleidigungen gefallen („Christian – Du bist wirklich ne Sau", Anlage 75), er überläßt ihm zugängliche Gerichtsakten (Abschriften) den Mitgliedern der kriminellen Vereinigung (z. B. Anlage 22) und bietet im Rundschreiben vom 12. Juli 1973 (Anlage 18) den Angeklagten an, von der Zensur entfernte Zeitungsausschnitte zu beschaffen und zu übersenden. Dies alles zeigt, daß sich Rechtsanwalt Ströbele von seiner unabhängigen Verteidigerposition distanziert hat und daß er sich in das kollektive Unterordnungsgefüge der kriminellen Vereinigung hat einbauen lassen.

III. Rechtsanwalt Ströbele ist deshalb dringend verdächtig, sich dadurch an der Tat, die den Gegenstand der Untersuchung bildet, beteiligt zu haben, daß er nach der Verhaftung des angeklagten Baader unter weitgehender Aufgabe seiner Verteidigerposition die kriminelle Vereinigung des Angeklagten durch seine Beiträge zur Schaffung einer umfassenden Kommunikation der Gefangenen sowie auf andere Weise unterstützt und hierdurch den Zusammenhalt der Vereinigung gefördert hat. Auf Grund der genannten Tätigkeiten des Verteidigers ist dieser auch dringend verdächtig, den Verkehr mit dem nicht auf freiem Fuße befindlichen Angeklagten Baader zur Unterstützung der kriminellen Vereinigung mißbraucht zu haben. Der Verteidiger ist daher gemäß § 138 a Abs. 1 und Abs. 2 Nr. 1 StPO von der Verteidigung des Angeklagten Baader auszuschließen„.

– Nicht veröffentlicht.

155 Otto Kirchheimer, Political Justice, Princeton University Press, Princeton 1961, deutsche Ausgabe: Politische Justiz, Luchterhand, Neuwied und Berlin 1965, S. 89.

156 a. a. O., S. 264.

157 Ebenda, S. 265.

158 Ebenda, S. 266.

Kapitel VI

1 Bertolt Brecht zum Gespenst des Faschismus am Ende seines Theaterstücks „Der aufhaltsame Aufstieg des Arturo Ui“ (1941).

2 Vgl. Art. 6 Abs. 1 Europäische Menschenrechtskonvention.

3 Vgl. Art. 6 Abs. 2 Europäische Menschenrechtskonvention.

4 Protokolle (des Stammheimer Verfahrens) S. 2013–2030

5 a. a. O., S. 2012, 2031

6 a. a. O., S. 2062, 2063

7 a. a. O., S. 2031–2038

8 BGHE 22, S. 250

9 Den Vorwurf, einen gesetzeswidrigen Beschluß erlassen zu haben, widerlegte der Präsident mit der Bemerkung, „daß den Bestimmungen des Art. 50 Abs. 1 des Gesetzes über die Richterliche Organisation, demzufolge Bezirksgerichte (...) ihre Sitzungen in der Hauptstadt des Bezirks abhalten, Genüge getan ist“ (Übersetzung BS).

10 Dieses und das folgende ausführliche Zitat sind dem Protokoll nach Artikel 25 ff. des holländischen Auslieferungsgesetzes entnommen.

11 Eigene Beobachtung

12 Eigene Beobachtung

13 Frankfurter Allgemeine Zeitung, 7.3.75

14 Der Spiegel 38/71

15 Dagegen könnte eingewendet werden, daß doch auch die Hauptverhandlung im Strafverfahren gegen meinen damaligen Mandanten Ronald Augustin im Frühjahr 1975 unter ähnlichen Umständen stattgefunden habe: In einem eigens dafür gebauten Gefängnisflügel in Bückeburg statt im normalen Gerichtsgebäude in Osnabrück, umgeben von Sperren und Nato-Stacheldraht, bewacht von Hunden und berittener Polizei, Richter, die täglich mit Hubschraubern „eingeflogen“ wurden, usw. Dieser „Aufwand“ muß aber meines Erachtens eher als Generalprobe für das bevorstehende große Verfahren in Stammheim bewertet werden.

16 Anklageschrift vom 26.9.74, S. 15

17 Damaliger Bundesinnenminister Genscher; Welt am Sonntag, Februar 71; Der Spiegel 10.5.71, S. 93.

18 Horst Ehmcke, als damaliger Minister des Bundeskanzleramts Koordinator der drei Geheimdienste; Der Spiegel 9/72 S. 76.

19 Der damalige Bundesinnenminister Werner Maihofer am 12.6.75 im Bundestag: „Die Bundesregierung räumt in Übereinstimmung mit den Ländern der Bekämpfung des Terrorismus erste Priorität (...) ein“.

20 Zitat von Kanzleramtsminister Ehmke am 7.6.72 im Bundestag.

21 Vgl. Kap. II, Anm. 60

22 Otto Kirchheimer, Politische Justiz, Luchterhand, Neuwied/Berlin 1965.

23 a. a. O., S. 51–79

24 a. a. O., S. 67

25 Vgl. Schmidt, zitiert nach FAZ vom 21.1.75: „Im Hinblick auf das atlanti-

sche Bündnis müsse jedes Land im Auge behalten, daß es innenpolitisch fähig bleibt, seine aussenpolitischen Verpflichtungen zu erfüllen".

26 M. Ancel, Le Crime Politique et le Droit Pénal du Vingtième Siècle, Révue d'Histoire Politique et Constitutionelle, Vol. 2 (1938), S. 82 ff.

27 Kirchheimer, a. a. O., S. 74. Auf Seite 71 behauptet Kirchheimer, daß die Neigung überwiegt, daß „die frühesten Äußerungen einer feindlichen Haltung, die in sich vielleicht gar keine Folgen einschließen, im Keime (erstickt werden sollen)".

28 a. a. O., S. 78

29 a. a. O.

30 a. a. O., S. 84

31 a. a. O., S. 85

32 Vgl. Kap. II, 1.1.

33 Kirchheimer, a. a. O., S. 26

34 a. a. O., S. 27

35 a. a. O., S. 103. Das Zitat bezieht sich auf die Affaire Caillaux in den Jahren 1917/1918; der französische Staatspräsident Poincaré und der Regierungschef Clemenceau erreichten damals die Entfernung des Kriegsgegners Caillaux aus der Öffentlichkeit mit einer äußerst fragwürdigen Verfolgung wegen Landesverrats. Während im Zitat die „Sache der Kriegsführung" auf die Rolle Frankreichs im ersten Weltkrieg verweist, meine ich in diesem Zusammenhang den „Krieg" gegen die RAF.

36 Frank Kitson, Low Intensity Operations: Subversion, Insurgency and Peace keeping, Faber and Faber, London 1971; deutsche Ausgabe: Im Vorfeld des Krieges, Abwehr von Subversion und Aufruhr, Seewald, Stuttgart-Degerloch 1974.

37 Kitson, a. a. O., deutsche Ausgabe, S. 33

38 a. a. O., S. 16

39 Ebenda, S. 18

40 Ebenda

41 Ebenda, S. 79

42 Ebenda

43 Ebenda, S. 101–102.

44 BGHE 2, 14

45 BGHE 21, 108

46 BGHE 21, 85, 90 = JR 67, 228 Anm. Hanack

47 BVerfGE 9, 36, 38

48 Vgl. Kap. V, 4.2

49 „Sachdienliche Verteidigung setzt auch voraus, daß der Angeklagte dem Verteidiger Vertrauen entgegenbringt", Th. Kleinknecht, Strafprozeßordnung mit GVG und Nebengesetze, C. H. Beck, München 1977, Anm. 1 zu § 142 StPO. Vgl. BVerfGE 9, 36, 38.

50 Erstmals: BGHSt 15, 306, 309; siehe auch Römer, ZRP 1977, 92, 95 ff. und Welp, Der Verteidiger als Anwalt des Vertrauens, ZStW 1978, 101, 122 ff.

51 BGH, NJW 73, 1985

52 Die Benutzung dieses Wortes durch Anwälte gilt als „standeswidrig" und kann zur Anwendung von Disziplinarmaßnahmen gemäß § 18 Abs. 1 und 3 der Grundsätze des anwaltlichen Standesrechts führen:

§ 18 (1) Der Rechtsanwalt hat sich kollegial zu verhalten und auf die berechtigten Interessen der Kollegen die gebotene Rücksicht zu nehmen.

§ 18 (3) Unsachliche Angriffe gegen die Person eines Kollegen in Wort oder Schrift sind ein Verstoß gegen die Pflichten zur Kollegialität.

Allerdings hat das Wort „Zwangsverteidiger" in der juristischen Fachpresse Eingang gefunden; vgl. Welp, a. a. O., S. 122 ff.

53 Die Aufnahme eines Protokolls von einer Hauptverhandlung ist geregelt in den §§ 271–273 StPO. Eine wörtliche Niederschrift (und Verlesung) ist nach § 273 Abs. III nur erforderlich, wenn es „auf die Feststellung eines Vorgangs in der Hauptverhandlung oder des Wortlauts einer Aussage oder einer Äußerung an-(kommt)", mit anderen Worten (so Kleinknecht, a. a. O., Anm. 7 A zu § 273 StPO): wenn daran „ein von der Rechtsordnung anerkanntes Interesse" besteht. Der Inhalt eines Verhandlungsprotokolls ist besonders wichtig, wenn die Strafsache von einer höheren richterlichen Instanz behandelt werden soll. Obwohl die Stammheimer Verhandlung komplett auf Tonband mitgeschnitten wurde und die Reinschrift nach drei Tagen vorlag, war der Anspruch gemäß § 273 Abs. III StPO nach wie vor wichtig, weil erst später zu entdeckende technische Störungen nicht ausgeschlossen werden konnten.

54 Vgl. Kap. V, Anm. 15

55 Die Ausnahme ist das sogenannte beschleunigte Verfahren (§ 212–212 b StPO), wobei in einfachen Strafsachen eine Anklageschrift nicht erforderlich ist. In derartigen Fällen kann eine Freiheitsstrafe bis zu einem Jahr ausgesprochen werden.

56 BGH 23, 304, 306. Vgl. Kleinknecht, a. a. O., Anm. 2 zu § 203 StPO.

57 Löwe-Rosenberg, Die Strafprozeßordnung und das Gerichtsverfassungsgesetz, Groß-Kommentar, Bd. 1 Einleitung; §§ 1 bis 111 n / Bearb.: Schäfer, 23. Aufl., Berlin/New York, de Gruyter 1976, Einl. Kap. 13 Rdn. 6–7.

58 Protokolle, 2155–2166

59 Kleinknecht, a. a. O., Einl. 4 B in Verbindung mit Einl. 7 C, vgl. auch die Anmerkungen zu §§ 205 und 206a; Löwe-Rosenberg, a. a. O., Einl. Kap. 6 Rdn. 21–24, Kap. 12 Rdn. 97–101, vgl. auch die Anmerkungen zu § 205 (u. a. Rdn. 9) und § 206a (Einl. Kap. 10, B 6, Prot. 1255, Anm. 72).

60 §§ 24–29 StPO. Kleinknecht, a. a. O., Anm. 2 zu § 24 StPO: „Entscheidend ist ausschließlich, ob ein am Verfahren Beteiligter bei vernünftiger Würdigung aller Umstände Anlaß hat, an der Unvoreingenommenheit und objektiven Einstellung des Richters zu zweifeln (BVerfGE 32, 288, 290; BGH 24, 336, 338; Arzt, Der befangene Strafrichter, Tübingen, 1969)".

61 Vgl. Kap. IV, 6.1

62 Vgl. Kap. III, 3.2.1

63 § 260 Abs. 3 StPO: „Die Einstellung des Verfahrens ist im Urteil auszusprechen, wenn ein Verfahrenshindernis besteht". „Verhandlungsunfähigkeit" wird als absolutes „Verfahrenshindernis" betrachtet; vgl. Anm. 59.

64 Ulf Stuberger, In der Strafsache gegen Andreas Baader, Ulrike Meinhof, Jan Carl Raspe, Gudrun Ensslin wegen Mordes u. a., Dokumente aus dem Prozeß, Syndicat, Frankfurt 1977, S. 161.

65 Vgl. Stuberger, a. a. O., S. 157

66 RAF, Texte, Bo Cavefors, Malmö 1977, S. 89 ff.

67 Europäische Kommission für Menschenrechte, Beschwerden Nr. 7572/76,

7586/76, 7587/76; Übersetzung in holländischer Sprache: Baader, Ensslin, Raspe in Straatsburg, Informatiebulletin Nr. 10, Medisch-Juridisch Comité Politieke Gevangenen, Utrecht, Februar 1978. In diesen Beschwerden wurde die Isolationshaft als Verletzung des Verbots der Folter (Art. 3 MRK) gerügt; weiter wurden gerügt, die Grundsätze der Unschuldsvermutung, des fair trial und des Rechts auf unbehinderte Verteidigung seien verletzt. Die Kommission wies am 8.7.78 alle Rügen als offensichtlich unbegründet zurück: European Commission of Human Rights, Decisions and Reports, 14, 1979, S. 64 ff. Seitdem benutzt die Bundesregierung diese Entscheidung dazu, die Aufrechterhaltung und Verschärfung der Isolationshaft zu rechtfertigen. Zum Beweis ihrer Behauptung, in der BRD gebe es keine Folter, beriefen sich die Vertreter der Bundesregierung mehrfach vor dem Menschenrechtsausschuß der Vereinten Nationen auf diese Entscheidung: CCPR/C/SR. 92, para. 4 u. 7; 96, para. 19; A/33/196/Add. I, S. 25, para. 2 (4.10.78). Die Entscheidung der Kommission ist jedoch weder tatsächlich zutreffend noch rechtlich haltbar, wie diese Studie zeigen soll. Zum Foltervorwurf: u. a. Kap. VI, 4, 4.1. und 4.2. Siehe auch die Kritik an der Entscheidung der Kommission in: Todesschüsse, Isolationshaft, Eingriffe ins Verteidigungsrecht, Hg. Rambert/Binswanger/Bakker Schut, 2. Aufl. 1985, S. 14 ff.

68 Protokolle, 324–327, 334–338, 346–350

69 Protokolle, 325–326

70 Erich Koch, Starreporter für Strafverfahren bei der Bild-ähnlichen größten holländischen Tageszeitung „De Telegraaf", berichtete am 12.6.75 aus Stammheim nicht nur ausführlich über das „üble Verhalten" der Anwälte als „Verzögerungsspezialisten", sondern verfälschte auch den Grund für „das Weglaufen aus der Sitzung" ;er gibt Verzögerungstaktik an, indem die Verteidigung „wieder Aufschub der Verhandlung erzwingt", angeblich als Protest gegen die Nichtaushändigung von Akten.

71 Protokolle, 37

72 Vgl. Anm. 59. Siehe auch Hans Dahs, Handbuch des Strafverteidigers, Dr. Otto Schmidt KG, Köln 1977, Rz. 788.

73 Dahs, a. a. O., Rz. 788

74 Protokolle, 358

75 Protokolle, 363

76 Protokolle, 390

77 Protokolle, 384

78 Protokolle, 483

79 Vgl. § 74 StPO

80 Protokolle, 517–522

81 Protokolle, 535–536

82 Protokolle, 538–539

83 Protokolle, 589

84 Protokolle, 589–590

85 Protokolle, 611

86 Protokolle, 400

87 Protokolle, 964–965

88 Protokolle, 906–911

89 Vgl. Kleinknecht, a. a. O., Anm. 5 zu § 245 StPO i.V.m. Anm. 3 B zu § 244 StPO

90 Protokolle, 911
91 Protokolle, 982
92 Protokolle, 994–996
93 Protokolle, 961
94 Protokolle, 1103–1113
95 Protokolle, 1121
96 Protokolle, 1127
97 Protokolle, 1247–1249
98 Protokolle, 1320–1325, 1328–1329
99 Protokolle, 1379–1387
100 Vgl. Kap. IV, 2.1
101 Vgl. Kap. V, 2
102 Protokolle, 1399
103 Vgl. Kap. IV, 4.3 (Anm. 47)
104 Protokolle, 1380
105 Vgl. Kap. IV, 4.1
106 Ebenda
107 Protokolle, 1385
108 Protokolle, 1397
109 Protokolle, 1397; vgl. Kap. IV, 4.3

110 Protokolle, 509: „Nein. Es ist ja auch nicht nur ein psychiatrisches oder ein medizinisches Problem; es ist ja ein gemischtes Problem. Das geht bis in das Psychologische oder gar Tiefenpsychologische hinein, wie Sie selbst schon feststellten".

111 Protokolle, 1127
112 Vgl. Protokolle, 1517–1522, 1551–1552
113 Vgl. Protokolle, 2548–2562, 2595–2602
114 Protokolle, 2559
115 Protokolle, 2560–2562
116 Protokolle, 2597
117 Protokolle, 2597–2599
118 Protokolle, 1602
119 Protokolle, 2729–2730
120 Protokolle, 1571

121 Vgl. § 243 Abs. 2 StPO. Die Vernehmung des Angeklagten „über seine persönlichen Verhältnisse„ hat in erster Linie die Identitätsfeststellung zum Zweck. Außerdem geht es noch um die Klärung von Prozeßvoraussetzungen, die in der Person des Angeklagten begründet sind (Ist der Angeklagte verhandlungsfähig?). Vgl. Kleinknecht, a. a. O., Anm. 5 zu § 243 StPO.

122 Vgl. § 231 StPO
123 Vgl. § 231 b StPO

124 Protokolle, 2147–2153. Der Dialog ist auch – wörtlich – nachzuschlagen in: Stuberger, a. a. O., S.201–205; das angegebene Datum (11.11.75) stimmt aber nicht.

125 Protokolle, 2169–2170
126 Vgl. Kap. V, Anm. 11
127 Gutachten vom 17.9.75. Nicht veröffentlicht.
128 Gutachten vom 15.9.75. Nicht veröffentlicht.

129 Gutachten vom 10.9.75. Nicht veröffentlicht.

130 Gutachten vom 16.9.75 von Dr. med. W. Naeve. Nicht veröffentlicht.

131 Gutachten vom 11.12.75 von Volker Stöwsand. Nicht veröffentlicht.

132 Vgl. Kap. V, 4.2 und Kap. VI, 2.1 unter „D"

133 „Am 10.5.75 hat Richter WOESNER vom BGH den Erlaß eines Haftbefehls gegen Rechtsanwalt Siegfried Haag aus Heidelberg abgelehnt.

Während der 4-stündigen Verhandlung vor dem BGH in Karlsruhe war das Gebäude von etwa 40 schwerbewaffneten Beamten umstellt. Rechtsanwalt Haag ist der einzige Verteidiger, der Andreas Baader nach dem Ausschluß der Rechtsanwälte Klaus Croissant (Stuttgart) und Kurt Groenewold (Hamburg) verblieben ist. Rechtsanwalt Hans-Christian Ströbele (Berlin), der nach diesen Ausschlüssen von Andreas Baader als Verteidiger gewählt worden war, wurde schon wenige Tage später ebenfalls mit einem Ausschlußantrag überzogen, seine Verteidigerrechte suspendiert. Der Vorwurf gegen Rechtsanwalt Haag, der zur Durchsuchung seiner Wohn- und Büroräume führte, stützt sich auf die angeblichen Angaben eines anonym gebliebenen Zeugen, Rechtsanwalt Haag habe am 4./5.3.1975 in Waldshut von Personen, die dem anarchistischen Kreis um die RAF zuzuordnen seien, eine Reisetasche mit einer Maschinenpistole, 3 Handgranaten und einer Sprengpatrone übernommen. Es bestehe „auf Grund der Gesamtumstände" der erhebliche Verdacht, daß er dieses Waffenmaterial einer kriminellen Vereinigung zur Verfügung gestellt oder es jedenfalls für derartige Zwecke beschafft habe.

Der fehlgeschlagene Versuch von Generalbundesanwalt Buback und der Staatsschutzabteilung des Bundeskriminalamts, Rechtsanwalt Haag aufgrund angeblicher Bekundungen eines anonymen Zeugen zu verhaften, wurde aus propagandistischen Gründen nach einem Feuergefecht in Köln unternommen, in dessen Verlauf ein Polizeibeamter und ein 'Terrorist' erschossen wurden. Mit diesem Trick sollte die Öffentlichkeit darüber hinweggetäuscht werden, daß die Verhaftung allein zu dem Zweck erfolgen sollte, Andreas Baader auf diesem Wege seines letzten Verteidigers zu berauben.

Die Staatsschutzpolizei hat neben den Handakten anderer Gefangener aus der RAF, so Klaus Jünschke, Wolfgang Grundmann, Margrit Schiller und Helmut Pohl, auch die Verteidigerakte für Andreas Baader durchgelesen und alle handschriftlichen Aufzeichnungen und den gesamten Schriftwechsel daraus mitgenommen. Die Durchsuchungsaktion wurde von dem – mit einer Pistole bewaffneten – Bundesanwalt Zeis geleitet, der in dem unmittelbar bevorstehenden Stuttgarter Prozeß die Anklage vertreten soll.

Am gleichen Tag drangen gegen 13 Uhr sechs männliche und weibliche Kriminalbeamte plötzlich in die Anwaltssprechzelle der JVA Bochum ein, in der Rechtsanwältin Marie Louise Becker aus Heidelberg mit der Untersuchungsgefangenen Hanna Krabbe das erste Verteidigergespräch nach den Ereignissen in Stockholm führte. Rechtsanwältin Becker wurde eröffnet, sie und Hanna Krabbe müßten auf Grund einer Anweisung aus Karlsruhe körperlich durchsucht werden, alle Aufzeichnungen und Unterlagen auf dem Besprechungstisch und in der Aktentasche müßten durchgesehen werden. Die weitere Forderung der weiblichen Kriminalbeamten, sich vollständig zu entkleiden, lehnte Rechtsanwältin Becker ab.

Darauf drohten ihr die Beamtinnen, die männlichen Beamten zu holen und sie mit Gewalt auszuziehen. Nachdem Rechtsanwältin Becker sich dieser Nötigung gebeugt hatte, durchsuchten die Kriminalbeamten ihre Handakten und nahmen gegen ihren Protest sämtliche handschriftlichen Aufzeichnungen über die Verteidigerbesprechung mit Hanna Krabbe sowie alle Notizen über Verteidigerbesprechungen aus Handakten in anderen Strafverfahren an sich. Hanna Krabbe wurden bei der Durchsuchung selbst ihre Wundverbände an Brust, Oberschenkel, Wade und Fuß abgenommen.

Die vom Generalbundesanwalt angeordneten Maßnahmen der Staatsschutzpolizei haben durch diese Rechtsbrüche die Qualität faschistischer Akte erreicht. Die vorsätzliche Zerstörung des Anwaltsgeheimnisses, die zynische Mißachtung des elementaren Rechts auf Achtung eines letzten Vertrauensbereichs – dem zu seinem Verteidiger – würde in Rechtsstaaten mit einer gefestigten demokratischen Tradition einen Prozeß gegen die betroffenen Angeklagten unmöglich machen.

Rechtsanwälte: Siegfried Haag, Heidelberg, Marielouise Becker, Heidelberg, Klaus Croissant, Stuttgart, Kurt Groenewold, Hamburg, Rainer Köncke, Hamburg, Jürgen Laubscher, Heidelberg, Rupert von Plottnitz, Frankfurt, Helmut Riedel, Frankfurt, Petra Rogge, Hamburg."

134 Vgl. Kap. II, 3.3

135 RAF, Texte, a. a. O., S. 140–143

136 z. B. NRZ, 6.6.75

137 Protokolle, 148

138 Protokolle, 167

139 §§ 137 und 138 StPO; Art. 6 Europäische Menschenrechtskonvention; BVerfG 8.10.74, NJW 75, S. 103.

140 BGH 25.6.65, NJW 65, S. 2165

141 § 145 Abs. 3 i.V.m. § 265 Abs. 4 StPO; BVerfGE 13, 190; BGH 25.6.65 NJW 65, S. 2164.

142 Protokolle, 292

143 BVerfGE 9, 36

144 Vgl. Der Spiegel Nr. 25/1975

145 De Volkskrant, 6.6.75; De Waarheid, 7.6.75.

146 Der Stern Nr. 24/1975, S. 128

147 Art. 12 Abs. 1 GG

148 BVerfG 23.7.75, 2 BvR 557/75; Protokolle, 1566–1568

149 Protokolle, 1565

150 Protokolle, 1576

151 Protokolle, 825

152 Protokolle, 205

153 §§ 231 i.V.m. 231 b StPO; siehe 3.1.4 dieses Kapitels.

154 Protokolle, 216

155 Protokolle, 835–836

156 Protokolle, 922–923

157 Protokolle, 923

158 Vgl. Kap. V., Anm. 78

159 Hierzu Dahs, a. a. O., Rdz. 63: „'Rechtssache' ist vielmehr jedes einheitliche Lebensverhältnis".

160 Protokolle, 925

161 Protokolle, 930–931

162 Dahs, a. a. O., Rdz. 60

163 Vgl. § 356 StGB, § 45 Nr. 2 BRAO und § 46 der Grundsätze des anwaltlichen Standesrechts.

164 Protokolle, 939

165 S. Kap. V, Anm. 8

166 Vgl. Baumann in: Stuttgarter Zeitung vom 5.6.76, Bundesjustizminister Vogel in: Der Spiegel 22/1975, S. 81 und 23/1975, S. 162, Beschluß der 45. Konferenz der Länderjustizminister vom 7.5.75 in Mainz, zitiert in Protokolle, 113.

167 Vgl. Protokolle, 114; durch Art. 2 Buchst. b des Gesetzes zur Änderung des Strafgesetzbuches, der Strafprozeßordnung, des Gerichtsverfassungsgesetzes, der Bundesrechtsanwaltsordnung und des Strafvollzugsgesetzes vom 18.8.76 (BGBl I 2181) wurde Absatz 5 angefügt an § 138a StPO. Dadurch sollten „Zweifel, die bei der Anwendung in der Praxis aufgetreten sind, ausgeräumt werden" (Bericht des BTRAusschusses, BTDrucks. 7/5401 zu Nummer 1 [§ 138] StPO Abs. 3 Satz 2, S. 71). Abs. 5: „1) Ein Verteidiger, der nach Absatz 1 ausgeschlossen worden ist, kann in demselben Verfahren auch andere Beschuldigte nicht verteidigen; das gleiche gilt für einen Verteidiger, der nach Absatz 2 ausgeschlossen worden ist, hinsichtlich der Beschuldigten, die sich nicht auf freiem Fuß befinden. 2) Ein Verteidiger, der nach Absatz 2 ausgeschlossen worden ist, kann in anderen Verfahren, die eine Straftat nach § 129a des Strafgesetzbuches zum Gegenstand haben und die im Zeitpunkt der Ausschließung bereits eingeleitet worden sind, Beschuldigte, die sich nicht auf freiem Fuß befinden, nicht verteidigen. 3) Absatz 4 gilt entsprechend.

168 Vgl. Protokolle, 120–121

169 Protokolle, 121

170 Vgl. Kap. IV Abs. 1, Die Problematik der rechtlichen Repression, zu dem dieser Vorgang ein schönes Beispiel bietet.

171 Protokolle, 776–777

172 Vgl. StPO § 112 ff.

173 § 112 Abs. 2 Satz 2 StPO

174 § 112 Abs. 2 Satz 3 StPO

175 § 112 a StPO

176 Beschluß AG Tiergarten (Haftrichter), Berlin, vom 18.7.75, 352 Gs 1255/75.

177 Die Beschwerde wurde am Tag der Aufhebung der Untersuchungshaft (18.7.75) eingereicht, aber erst am 21.7.75 begründet.

178 Beschluß LG Stuttgart vom 8.8.75, VII QS 71/75

179 Beschluß OLG Stuttgart vom 22.8.75, 2a WS 2/75

180 Haftbefehl vom 23.6.75, Richter am AG Stuttgart (gez. Hausel), B 21 Gs 1140/75.

181 Vgl. § 117–118 b StPO. Der Beschuldigte, der in Untersuchungshaft ist, kann jederzeit die gerichtliche Prüfung beantragen, ob der Haftbefehl aufzuheben oder dessen Vollzug auszusetzen ist.

182 Beschluß AG Stuttgart (Haftrichter, gez. Dr. Onnen), vom 2.7.75 (kein Aktenzeichen auf meiner Kopie).

183 Vgl. Anm. 178

184 Beschluß LG Berlin vom 22.7.75, 502 Qs 7/75

185 Vgl. Kap. V, 4.3 und 4.4

186 Vgl. Dahs, a. a. O., Rdz. 35–40, vor allem 39, und § 203 Abs. 1 Satz 3 StGB.

187 § 138 a Abs. 3 i.V.m. § 138 c Abs. 2 Satz 2 (analog angewendet) StPO.

188 Vgl. Protokolle, 1448–1449

189 Vgl. § 33 Abs. 3 StPO, der vorschreibt, daß „ein anderer Beteiligter zu hören (ist), bevor zu seinem Nachteil Tatsachen oder Beweisergebnisse, zu denen er noch nicht gehört worden ist, verwertet werden". Abs. 4 benennt als Ausnahme, „wenn die vorherige Anhörung den Zweck der Anordnung gefährden würde".

190 Protokolle, 2244–2255, 2275–2300, 2326–2330, 2335–2345.

191 Prof. Dr. Carl Carstens, Chef der CDU/CSU-Opposition im Deutschen Bundestag (im Dritten Reich Mitglied der NSDAP, später Bundespräsident) in einem Interview mit der „Berliner Morgenpost" vom 23.11.74. Vgl. Protokolle, 2250–2255, 22772288.

192 Zitiert nach FAZ, 22.2.75

193 Vgl. Protokolle, 2251–2255, 2276–2277

194 Die Androhung eines Anschlags vom 28.5.75 wurde von der RAF am 29.5.75 mit einer von BKA-Experten als authentisch bezeichneten Erklärung dementiert: „Die beiden aus Buchstaben zusammengestückelten Bombendrohungen für den 2. Juni, für den nächsten Freitag in Stuttgart, stammen nicht von der Roten Armee Fraktion. Die echten Erklärungen der Kommandos der Stadtguerilla sind in ihrem Inhalt und ihren Formulierungen nach bei einem Vergleich mit anderen Veröffentlichungen der Roten Armee Fraktion leicht als authentisch zu identifizieren. Sie sind auf Schreibmaschinen geschrieben worden, die die Bullen schon kennen. Die falschen Erklärungen stammen ihrem Inhalt, ihrer Absicht, ihrem Geist, ihrer Machart nach eher von den Bullen selber. Das wissen sie, das wissen die Springerjournalisten die sie vorbehaltlos publiziert haben, das wissen Filbinger, Krause und Klett. Die treffen ihre vorsorglichen Maßnahmen nur zum Schein, um neue Polizeiaktionen vorzubereiten, um den Nervenkrieg auf die Spitze zu treiben. Weil die Fahndungsbehörden keine Resonanz finden, greifen sie jetzt zum Mittel faschistischer Provokation. Man muß ihnen zutrauen, daß, wenn sie bis Freitag keine Fahndungserfolge haben, sie die Verbrechen, die sie angekündigt haben, auch durchführen werden". Vgl. Protokolle, 2253.

195 Protokolle, 2387–2388

196 Siehe Kap. 5, Anm. 5

197 Adolf Arndt, NJW 1961, S. 900

198 Protokolle, 2390

199 Alles ausführlich im Antrag dokumentiert; vgl. Protokolle, 2288–2300, 2335–2341, 2388–2394.

200 Vgl. Stuttgarter Zeitung, 30.7.75; Protokolle, 2394

201 Protokolle, 2373

202 BGHE 24, S. 239 (25.6.74, 1 StR 607/73).

203 Protokolle, 2375

204 Protokolle, 2377

205 Protokolle, 2373, 2412

206 Protokolle, 2374, 2377

207 Vgl. Protokolle, 2436

208 Vgl. Kleinknecht, a. a. O., Einl. 6 Anm. 6 zu § 260 StPO.

209 Vgl. BVerfGE 32, 288, 290; BGH 24, 336, 338; Arzt: Der befangene Strafrichter, Tübingen 1969.

210 Art. 512 WvSv

211 Melai, Wetboek van Strafvordering, Gouda Quint, Arnhem, Anm. 2 zu artt. 512–524

212 Art. 516 WvSv

213 Vgl. A. A. G. Peters, Individuele vryheid en de positie von verdachten in het Strafproces, in: Praesidium Libertatis, Kluwer, Deventer 1975, S. 175 ff.

214 Vgl. Dahs, a. a. O., Rdz. 141 ff mit Literaturverweis.

215 § 24 Abs. 2 StPO

216 Vgl. Kleinknecht, a. a. O., Anm. 2 zu § 24 StPO; Dahs, a. a. O., Rdz. 143.

217 BGHSt 4, 264 = NJW 1953, S. 1358 = JZ 1954, S. 50

218 BGH, Gold A 62, 282

219 BGH, LM § 24 StPO Nr. 4

220 OVG Lüneburg, AnwBl 1974, S 132; kritisch Redeker/v. Oertzen, VwGO, § 54 Rdz. 10; Kleinknecht, a. a. O., Anm. 2 zu § 24 StPO.

221 Dahs, a. a. O., Rdz. 145

222 a. a. O., Rdz. 141

223 § 25 i.V.m. § 26 a Abs. 1 Satz 1 StPO

224 § 26 Abs. 2 i.V.m. § 26 a Abs. 1 Satz 2 StPO

225 § 26 a Abs. 1 Satz 3 StPO. In diesem Fall muß der Beschluß gemäß § 26 a Abs. 2 StPO einstimmig gefaßt werden.

226 § 26 a Abs. 2 StPO

227 § 27 StPO; vgl. Kleinknecht, a. a. O., Anm. 1 und 2 zu § 27 StPO

228 Dahs, a. a. O., Rdz. 141

229 Stuberger, a. a. O., S. 154–180; Protokolle 620–668 (mit Anlagen)

230 Protokolle, 677–683; § 26 Abs. 3 StPO: „Der abgelehnte Richter hat sich über den Ablehnungsgrund dienstlich zu äußern".

231 Protokolle, 706–707

232 Zitiert in Protokolle, 631 (a). In diesem Brief teilt Prinzing auf Croissants Anfrage vom 7.11.74 mit, daß Baader zwischenzeitlich nach Stammheim verlegt wurde; „auch Meins und Raspe werden in absehbarer Zeit folgen". Prinzing fügt hinzu: „Da die Voraussetzungen der ärztlichen Versorgung in der Vollzugsanstalt Stammheim anders liegen, als in Schwalmstadt u.s.w., geht der Senat davon aus, daß Ihre Anträge vom 7.11.74 überholt sind". Die Anträge vom 7.11. beinhalteten die Forderungen nach sofortiger Verlegung von Baader, Meins und Raspe nach Stammheim und zum soundsovielten Male auf Untersuchung von Baader durch einen Arzt seines Vertrauens, diesmal wegen der am 4.11.74 beendeten Zwangsernährung.

233 Aus der „eidesstattlichen Erklärung" Croissants vom 19.6.75 (Protokolle, 702–704):

Ich habe Herrn Dr. Prinzing darauf hingewiesen, daß es seine Pflicht sei und in seiner Verantwortung liege, daß er sofort durch einen Anruf in der Justizvollzugsanstalt Wittlich den Besuch von Rechtsanwalt Haag bei Holger Meins sicherstelle und außerdem anordne, daß ein Arzt des Vertrauens sofort zu Holger Meins vorgelassen werde.

Herr Dr. Prinzing erklärte mir, es sei ja bereits beschlossen, daß Ärzte des

Vertrauens für die fünf Angeklagten nicht zugelassen werden, dabei müsse es bleiben; ich möge Holger Meins doch zuraten, den Hungerstreik abzubrechen und zu essen. Auf meinen Hinweis, daß die Situation bei Holger Meins doch dadurch gekennzeichnet sei, daß der Anstaltsarzt bereits wegen gefährlicher Körperverletzung und grober Verletzung seiner ärztlichen Pflichten angezeigt worden sei, daß ihm diese Strafanzeige vorliege, daß es in seiner Hand liege, den Beschluß auch wieder abzuändern, erklärte Herr Dr. Prinzing, das könne er nicht alleine tun, das könne nur der Senat, dieser sei aber jetzt nicht zusammenzutrommeln, ich möge versuchen, mich an den Bereitschaftsrichter zu wenden. Auf meine erneuten Hinweise, daß niemand anders als er zuständig und zu raschem und effektivem Handeln in der Lage sei, versprach Herr Dr. Prinzing, die Justizvollzugsanstalt Wittlich anzurufen.

234 Protokolle, 628 (a)

235 Protokolle, 706

236 Protokolle, 692

237 Protokolle, 722

238 Stuberger, a. a. O., S. 153

239 Art. 101 Abs. 1 Satz 2 GG i.V.m. § 16 GVG; vgl. BVerfGE 4, 416; 17, 299; 21, 145

240 Protokolle, 681–683

241 Vgl. BGHSt 21, 346

242 „Das Parlament", 23.2.74

243 Protokolle, 1861–1865

244 Vgl. Protokolle, 1939–1940

245 Vgl. Protokolle, 1659–1698

246 Protokolle, 1953–1954

247 Protokolle, 1927

248 Protokolle, 1941

249 Protokolle, 1956

250 RAF, Texte, a. a. O., S. 112; vgl. Ausschluß der Verteidiger – wie und warum?, Merve Arbeitspapiere Nr. 17, Berlin 1975, S. 86, 93.

251 Art. 1 Nr. 14 Ges. z. Erg. der 1. StVRG v. 20.12.74 (BGBl I, 3688)

252 Rudolphi, ZRP 1976, S. 167

253 Daraus folgert Eberhardt Schmidt, daß eine solche Freiheit für Verteidiger ebensowenig auf § 257 a StPO gegründet werden kann; Eb. Schmidt, Lehrkommentar zur Strafprozeßordnung, Nachtragsband I zu Teil II, Göttingen 1957, Anm. 1–7 zu § 257 a. Anders Kleinknecht, JZ 1965, S. 159; Schwarz-Kleinknecht, Strafprozeß ordnung, Gerichtsverfassungsgesetz, Nebengesetze und ergänzende Bestimmungen, 26. Auflage 1966, § 257 a, Anm. 2; Müller-Sax, Kommentar zur Strafprozeßordnung und zum Gerichtsverfassungsgesetz und Ordnungswidrigkeitengesetz, 6. Aufl. 1966, § 257 a Anm. 2.

254 Schmidt-Leichner, NJW 1975, S. 420, Anm. 36

255 RAF, Texte, a. a. O., S. 121–127

256 § 205 StPO: „Steht der Hauptverhandlung für längere Zeit die Abwesenheit des Angeschuldigten oder ein anderes in seiner Person liegendes Hindernis entgegen, so kann das Gericht das Verfahren durch Beschluß vorläufig einstellen(...)„.

257 § 260 StPO: „Die Einstellung des Verfahrens ist im Urteil auszusprechen,

wenn ein Verfahrenshindernis vorliegt". Vgl. Kleinknecht, a. a. O., Anm. 6 zu § 260 i.V.m. Einl. 4 B a, Einl. 6 C a, Anm. 1 zu § 205, Anm. 1 zu § 206 a.

258 Protokolle, 3124–3140

259 Protokolle, 3171–3173

260 Vgl. § 35 StPO

261 Vgl. § 244 ff. StPO

262 Vgl. Kap. V, 2, zur selben Problematik für die Verteidigung bezüglich der „Maihofer-Dokumentation".

263 BGHSt 26, 228; NJW 1976, 116 ff. und JZ 1976, S. 766–773, mit kritischen Anmerkungen von Gerald Grünwald. Siehe auch H. H. Heldmann in KJ 1977, S. 193 ff. (197 ff., 202 ff.).

264 Grünwald, JZ 1976, S. 767

265 a. a. O., S. 767

266 So auch fast wörtlich Grünwald, a. a. O., S. 768

267 Vgl. das Gutachten „Strafprozeß und Staatsraison" von Sebastian Cobler, eingereicht Anfang Januar 1978 beim Dritten Internationalen Russell-Tribunal zum Thema „Menschenrechte in der BRD"; 3. Internationales Russell-Tribunal, Bd. 4, S. 42, Rotbuch, Berlin 1979.

268 Astrid Proll mußte schon drei Monate nach ihrer Festnahme am 6. Mai 1971 wegen der Folgen der Isolationshaft medizinisch behandelt werden. Trotzdem wurde sie weitere drei Monate später in den Toten Trakt des Gefängnisses Köln-Ossendorf verlegt. Ihre „Gefährlichkeit" konnte nicht der Grund dafür sein, denn weder innerhalb noch außerhalb der Anstalt hatte sich etwas ereignet, das mit ihr in Verbindung gebracht werden konnte.

269 A. Lehning, H. Wielek, P. H. Bakker Schut, Duitsland: voorbeeld of waarschuwing?, Wereldvenster, Baarn 1976, S. 69.

270 Siehe aber Anm. 67 dieses Kapitels

271 Vgl. Amnesty International, Bericht über die Folter, Fischer, Frankfurt 1975, S. 34–40; siehe auch Art. 1 der „Convention against torture and other cruel, inhuman or degrading treatment or punishment" vom 10.12.84, General Assembly of the United Nations, G.A. Res. 39/46.

272 Vgl. Kap. IV, 2.3. und Anm. 12

273 Europarat, Europäische Menschenrechtskommission, Der Fall Griechenland, Bericht der Kommission, Bd. 2, Teil 1, S. 1. Vgl. Amnesty International, Bericht über die Folter, a. a. O., Frankfurt 1975, S. 36–37.

274 Prof. Dr. W. Rasch in „Der Stern" vom 20.5.76 zur glasglockenähnlichen Situation der Gefangenen aus der RAF in Stammheim.

275 Stuberger, a. a. O., S. 98

276 a. a. O., S. 98

277 Der Spiegel 19/1975

278 Bonner Perspektiven, 27.4.75: „Da gilt für mich der alte Polizeigrundsatz auch als Innenminister: (...) das Äußerste dagegen zu unternehmen".

279 Das sogenannte Fünfte Hessenforum wurde am 27.5.75 in Darmstadt zum Thema „Terrorismus und Gewaltkriminalität, Herausforderung an den Rechtsstaat" veranstaltet. Teilnehmer waren u. a. Herold (BKA), Hübner (Polizeipräsident Westberlin), Schwarz (Innenminister Baden-Württemberg), Vogel (CDU-MdB), Horchem (Präsident Verfassungsschutz Hamburg) und einige Journali-

sten. Eine Niederschrift der Tonbandaufnahme, die, soweit ich informiert bin, nie veröffentlicht wurde, ist in meinem Besitz.

280 Bericht von Herold auf der Innenministerkonferenz, Januar 1972, schon erwähnt in Kap. II, 3.1. (Anm. 123, 125, 126).

281 z. B. Protokolle, 3247; vgl. Protokolle, 3197–3274

282 BVerfGE 41, 246

283 Grünwald, a. a. O., S. 770–773

284 Vgl. die Argumentationslinie von Dworkin, wiedergegeben in Kap. V. 3.2.1.; in den Niederlanden: A. A. G. Peters, Het rechtskarakter van het strafrecht, Kluwer, Deventer 1972.

Kapitel VII

1 Löwe-Rosenberg, Die Strafprozeßordnung und das Gerichtsverfassungsgesetz, Groß-Kommentar, 23. Aufl., Berlin/New York, de Gruyter 1976/1978, Anm. 1 und 2 zu § 244 StPO; Th. Kleinknecht, Strafprozeßordnung mit GVG und Nebengesetze, C. H. Beck, München 1975, Anm. 3 zu § 244 StPO.

2 Löwe-Rosenberg, a. a. O., Einl. Kap. 13, Rdn. 56–67, Anm. 1–6 zu § 250 StPO; Kleinknecht, a. a. O., Anm. 1 zu § 250 StPO, Anm. 2 B zu § 261 StPO.

3 Löwe-Rosenberg, a. a. O., Einl. Kap. 13, Rdn. 64; Kleinknecht, a. a. O., Anm. 1B zu § 250 StPO, für Ausnahmen siehe § 251 StPO.

4 Löwe-Rosenberg, a. a. O., Einl. Kap. 13, Rdn. 65, Anm. 5 zu § 250 StPO; Kleinknecht, a. a. O., Anm. 1 B-D zu § 250 StPO.

5 Löwe-Rosenberg, a. a. O., Einl. Kap. 13, Rdn. 65 Fn. 44, Einl. Kap. 14, Rdn. 58 Fn. 10 und Anm. 5 b zu § 250 StPO; Kleinknecht, a. a. O., Anm. 1 D zu § 250 StPO.

6 Löwe-Rosenberg, a. a. O., Einl. Kap. 13, Anm. 1; Kleinknecht, a. a. O., Anm. 2B zu § 261 StPO.

7 Kleinknecht, a. a. O., Anm. 1 zu § 250 StPO und Anm. 3 zu § 261 StPO; vgl. Löwe-Rosenberg, a. a. O., Rdn. 55–111 zu § 261 StPO.

8 Löwe-Rosenberg, a. a. O., Rdn. 4 zu § 244 StPO.

9 Löwe-Rosenberg, a. a. O., Einl. Kap. 6, Rdn. 21–24; Kleinknecht, a. a. O., Einl. 7 A-F.

10 Minkenhof, De Nederlandse Strafvordering, Tjeenk Willink, Haarlem 1967, S. 184; Van Bemmelen, Ons Strafrecht 4, Tjeenk Willink, Alphen a. d. Rijn 1977, S. 72–74.

11 Art. 344 Abs. 2 WvSv.

12 Art. 167 Abs. 2 und Art. 242 Abs. 2 WvSv.

13 § 152 Abs. 2 StPO; Löwe-Rosenberg, a. a. O., Einl. Kap. 13, Rdn. 26–40, Anm. zu §§ 152–154 c StPO; Kleinknecht, a. a. O., Einl. I Bc, Anm. zu §§ 152–154 c StPO.

14 Vgl. §§ 153–153 c und §§ 154–154 c StPO.

15 § 12 StGB

16 Protokolle, S. 9859–9861

17 Protokolle, S. 9861

18 Protokolle, S. 9867

19 Vgl. Löwe-Rosenberg, a. a. O., Rdn. 3–9 zu § 258 StPO („Der Schluß der Beweisaufnahme hat stets nur vorläufigen Charakter (...)").

20 Protokolle, S. 5079–5088

21 Vgl. Kap. IV, Anm. 14; zum § 116 StPO: BVerfGE 19, 342; vgl. die niederländischen Artikel 80 ff. WvSv.

22 BVerfGE 19, 342 (347)

23 Protokolle, S. 5083

24 Protokolle, S. 5219–5221

25 Vgl. § 455 StPO

26 Zum Beispiel berichtete die FR am 17.12.75 über die Ablehnung des Antrags: „Der Senat kann nach Angaben seines Vorsitzenden Theodor Prinzing ‚nur hoffen, daß die Angeklagten davon absehen, aus der Krankheit eine Waffe zu machen'. Das Gericht habe keine Möglichkeit, sie zu einer ärztlichen Behandlung zu zwingen. Die Angeklagten weigerten sich darüber hinaus auch, gemeinsam mit zehn bis 14 anderen Häftlingen im Hof der Haftanstalt Stammheim ihre sogenannte Freistunde zu nehmen. Prinzing teilte mit, daß die Angeklagten zum Ausgleich für die aus Sicherheitsgründen notwendigen besonders harten Haftbedingungen nach Geschlechtern getrennt täglich acht Stunden gemeinsam verbringen und zusätzlich zu viert jeden Tag zweieinhalb Stunden gemeinsam in einer Zelle verbringen könnten".

27 Protokolle, S. 5369–5380

28 Protokolle, S. 5382

29 Vgl. Hans Dahs, Handbuch des Strafverteidigers, Dr. Otto Schmidt KG, Köln 1977, Rdz. 21, 346, 384.

30 Vgl. Kap. V, 3.2.3

31 Vgl. Ebenda

32 Protokolle, S. 3164

33 Löwe-Rosenberg, a. a. O., Rdn. 3 zu § 238 StPO.

34 Protokolle, S. 3175

35 Protokolle, S. 3177–3179

36 Protokolle, S. 3182

37 Siehe Löwe-Rosenberg, a. a. O., Rdn. 28 zu § 25 StPO: „Da die Hauptverhandlung ein mündliches Verfahren ist (Schäfer, Einl., Kap. 13, 56), wird man den Beteiligten, obwohl die Ablehnung zu Protokoll der Geschäftsstelle erklärt werden kann (§ 26 Abs. 1, 2. Halbsatz), in der Regel zugestehen müssen, daß sie Ablehnungsanträge in der Hauptverhandlung vorbringen. Daher ist die Ablehnung regelmäßig auch dann noch unverzüglich, wenn der Beteiligte während einer Unterbrechung der Hauptverhandlung nicht zur Geschäftsstelle geht, sondern wartet, bis die Hauptverhandlung wieder begonnen hat [2].". Anmerkung 2 besagt: „In einem Einzelfall ist bei einer größeren Unterbrechung (zehn Tage) und einer Häufung von Anträgen, die das Verfahren schwierig machten, weil der Ablehnungsantrag erst bei Wiederbeginn der Hauptverhandlung angebracht wurde, die Unverzüglichkeit verneint worden (BGHSt. 21 344). Solche Fälle werden selten vorliegen, der besonders gelagerte Einzelfall darf nicht verallgemeinert werden".

38 Vgl. Kap. VI, 2.1, E

39 Löwe-Rosenberg, a. a. O., Rdn. 33 zu § 145 StPO.

40 Vgl. Kap. V, 4.2 und Kap. VI, 2.1, D

41 BVerfGE 39, 238 = NJW 1975, 1015 = AnwBl 1975, 212.

42 So die (nicht veröffentlichte) Verfügung vom 7.11.75 von Prinzing zu Plottnitz.

43 Aufgrund § 53 Abs. 8 und 4 i.V.m. § 7 BRAO i.V.m. Ziffer V 1 Satz 1 der AV des Justizministeriums Baden-Württemberg vom 1.12.59 (Die Justiz 1959, S. 260).

44 Vgl. Protokolle, S. 8054–8065

45 So Oberwinder, Wahlverteidiger von Meinhof, am 23.3.76; Vgl. Protokolle, S. 8057.

46 Protokolle, S. 8059

47 Protokolle, S. 8062

48 Zitat aus einem Interview mit GBA Buback im „Interview der Woche" des Deutschlandfunks am 27.6.76, 11.30 Uhr.

49 Vgl. Anm. 13

50 Vgl. Kap. II, 1

51 Siehe Kap. II, 1.1

52 Der Spiegel 8/76, Seite 34.

53 Kleinknecht, a. a. O., Anm. 7 zu § 261 StPO; vgl. Löwe-Rosenberg, a. a. O., Rdn. 74–77.

54 Kleinknecht, a. a. O., Anm. 7 zu § 261 StPO.

55 Der Spiegel 8/76, Seite 31.

56 Diese Strafen werden erwähnt in den „Urteilsgründen" (S. 309) des nicht veröffentlichten Urteils vom 28.4.77, 2 StE (OLG Stuttgart) 1/74. In die „Urteilsformel" ist unter Anwendung von § 260 Abs. IV Satz 5 nur die für die Anschläge in Heidelberg und Frankfurt auferlegte lebenslängliche Gefängnisstrafe aufgenommen.

57 Protokolle, S. 3745–3746, 3844–3848

58 Protokolle, S. 4208–4212 (u. a. 4209)

59 Protokolle, S. 8244–8372

60 Protokolle, S. 8362

61 Protokolle, S. 4246

62 Protokolle, S. 4245

63 Protokolle, S. 4255

64 Das Urteil vom 28.4.77, 2 StE (OLG Stuttgart) 1/74 ist 319 Seiten stark und, wie die Protokolle der Hauptverhandlung, im Besitz der Bibliothek des Willem Pompe Instituut voor Strafrechtswetenschappen der Universität Utrecht.

65 siehe Protokolle, S. 9524 ff. zur Vernehmung Prachts

66 siehe Protokolle, S. 7345 ff. zur Vernehmung Sauers

67 siehe Protokolle, S. 8446 ff. zur Vernehmung der Verkäuferinnen

68 siehe Protokolle, S. 6994 ff. zur Vernehmung der Zeugen

69 siehe Protokolle, S. 7938 ff. zur Vernehmung des Eierverkäufers

70 siehe Protokolle, S. 7376 ff. zur Vernehmung der Mutter und Tochter

71 Der Zeuge Kühn, siehe Protokolle, S. 6886

72 Protokolle, S. 6938–6939

73 Verbotene Vernehmungsmittel / 136 a I Die Freiheit der Willensentschließung und der Willensbetätigung des Beschuldigten darf nicht beeinträchtigt werden durch Mißhandlung, durch Ermüdung, durch körperlichen Eingriff, durch

Verabreichung von Mitteln, durch Quälerei, durch Täuschung oder durch Hypnose. Zwang darf nur angewandt werden, soweit das Strafverfahrensrecht dies zuläßt. Die Drohung mit einer nach seinen Vorschriften unzulässigen Maßnahme und das Versprechen eines gesetzlich nicht gesehenen Vorteils sind verboten.

II Maßnahmen, die das Erinnerungsvermögen oder die Einsichtsfähigkeit des Beschuldigten beeinträchtigen, sind nicht gestattet.

III Das Verbot der Absätze 1 und 2 gilt ohne Rücksicht auf die Einwilligung des Beschuldigten. Aussagen, die unter Verletzung dieses Verbots zustande gekommen sind, dürfen auch dann nicht verwertet werden, wenn der Beschuldigte der Verwertung zustimmt.

74 So der Zeuge Boieck, Kriminalhauptkommissar beim BKA, Protokolle, S. 5845.

75 Siehe Protokolle, S. 6880 ff., S. 6970 ff. und vor allem 7545–7546 bezüglich des Zeugen Kühn.

76 Das Interview ist veröffentlicht im Novemberheft 1980 der Zeitschrift „Transatlantik", herausgegeben von Hans Magnus Enzensberger, Gaston Salvatore und Karl Markus Michel, als Wiedergabe eines Teils der stundenlangen Gespräche zwischen Herold und dem Autor Sebastian Cobler. Das Interview sollte ursprünglich in „Kursbuch 61" veröffentlicht werden; der Verlag lehnte eine Veröffentlichung ab, weil Herold das vom Tonband abgetippte Manuskript so gründlich umformuliert hatte, daß nur noch eine „Mischung aus amtlicher Verlautbarung, Fahndungsblatt und schlechtem Feuilleton" übrig blieb. Das in „Transatlantik" veröffentlichte Interview (auch in „Blatt – Stadtzeitung für München", Nr. 184, S. 12 ff.) ist also die nicht von Herold umformulierte Version.

77 Carlos Marighela, Minihandbuch der Stadtguerilla

78 Siehe § 249 StPO

79 RAF, Texte, Bo Cavefors, Malmö 1977, S. 65.

80 Protokolle, S. 9908

81 Protokolle, S. 9853–54, 9898

82 Entwürfe des Landes Nordrhein-Westfalen (BT-Drucksache 7/3734), der Bundesregierung (BT-Drucksache 7/4005) und der Bundestagsfraktionen von SPD und FDP (BT-Drucksache 7/3729).

83 Z. B. Meyer, Brauchen wir den Kronzeugen?, ZRP Februar 1976, S. 25 ff.

84 Middendorf, ZStW (1973), S. 1102 ff.

85 Jung, Straffreiheit für den Kronzeugen?, Schriftenreihe Annales Universitatis Saraviensis, Rechts- und wirtschaftswissenschaftliche Abteilung, Bd. 77, Carl Heymans, Köln 1974.

86 Vgl. Meyer, a. a. O., S. 27

87 Ebenda, S. 26

88 Der Spiegel 10/76, S. 36

89 Mit Ruhland in „Der Spiegel" Nr. 10/76; mit Konieczny in „Der Spiegel" 41/76. Siehe zu Ruhland auch die Interviewserie in „Die Welt" 20.5. bis 9.6.75.

90 Im Baader-Befreiungsprozeß November 1974 sagte Ruhland als Zeuge, nach seiner Haftentlassung sei er dem ehemaligen Nazi-General Reinhard Gehlen begegnet (Gehlen: Generalleutnant, Leiter der Abteilung „Fremde Heere Ost" im Generalstab der Wehrmacht, die später in die geheime Abwehr überging und 1945 von den US ohne Entnazifizierung unter dem Namen „Organisa-

tion Gehlen“ als westdeutsche Filiale des CIA installiert wurde; Vorgänger des BND – vgl. Thomas Walde, ND-Report, Piper, München 1971, vor allem S. 60–68).

91 Vgl. Anm. 73

92 Vgl. Ziffer 3.2.3.3.

93 Vgl. Protokolle, S. 12326 ff., vor allem 12338–12339.

94 Vgl. Protokolle, S. 12501 ff., 12569 ff.

95 Vgl. Protokolle, S. 12530 ff., 12544 ff., 12557 ff.

96 Vgl. Protokolle, S. 12361 und 12368 i.V.m. 12607; 12369 i.V.m. 12607–12611.

97 Protokolle, S. 4540, 4548–4549

98 Protokolle, S. 4792 ff., 4949 ff.

99 Protokolle, S. 5051 ff.

100 Protokolle, S. 5091 ff.

101 Löwe-Rosenberg, a. a. O., Rdn. 101–105 zu § 265 StPO; vgl. Kleinknecht, a.a.O., Anm. 10 A zu § 265 StPO.

102 Löwe-Rosenberg, a. a. O., Rdn. 3 zu § 246 StPO.

103 Kleinknecht, a. a. O., Anm. 2 zu § 246 StPO.

104 Vgl. Löwe-Rosenberg, a. a. O., Rdn. 5 zu § 246 StPO.

105 Protokolle, S. 5095

106 Protokolle, S. 5166

107 Löwe-Rosenberg, a. a. O., Rdn. 3 zu § 246 StPO; vgl. OLG Hamburg 16.12.65, NJW 1966, S. 844; BGH 24.5.55, MDR 1955, S. 530; Maunz-Dürig-Herzog, Anm. 65 und 70 zu Art. 103 GG; BGH 28.4.58, NJW 1958, S. 1186 „Die Versagung einer Vertagung bedeutet in einem solchen Falle (Akte von rund 350 Seiten – BS) praktisch die Versagung des rechtlichen Gehörs“.

108 Protokolle, S. 5604–5606

109 Protokolle, S. 5632–5633

110 Protokolle, S. 5982

111 Protokolle, S. 6066–6067

112 Protokolle, S. 8840

113 Protokolle, S. 6481–6482

114 Protokolle, S. 6180

115 Protokolle, S. 6070

116 § 129 Abs. 6 StGB: „Das Gericht kann die Strafe nach seinem Ermessen mildern (§ 49 Abs. 2) oder von einer Bestrafung nach diesen Vorschriften absehen, wenn der Täter 1. sich freiwillig und ernsthaft bemüht, das Fortbestehen der Vereinigung oder die Begehung einer ihren Zielen entsprechenden Straftat zu verhindern, oder 2. freiwillig sein Wissen so rechtzeitig einer Dienststelle offenbart, daß Straftaten, deren Planung er kennt, noch verhindert werden können; erreicht der Täter sein Ziel, das Fortbestehen der Vereinigung zu verhindern, oder wird es ohne sein Bemühen erreicht, so wird er nicht bestraft“.

117 Protokolle, S. 8745

118 Protokolle, S. 6183

119 Protokolle, S. 7468 ff.

120 Protokolle, S. 6262 ff.

121 Protokolle, S. 8709 ff.

122 Protokolle, S. 8720

123 Protokolle, S. 9313–9314
124 Protokolle, S. 10035 ff.
125 Protokolle, S. 10038 ff.
126 Protokolle, S. 10041
127 Vgl. Protokolle, S. 10200–20201
128 Vgl. Protokolle, S. 10475
129 Protokolle, S. 10201
130 Protokolle, S. 10200–10205
131 Protokolle, S. 10209
132 Vgl. Protokolle, S. 10208, 10211 und 10214–10215; die sog. Sperrerklärung basiert auf § 96 StPO.
133 Protokolle, S. 10209
134 Protokolle, S. 10215 ff.
135 Protokolle, S. 10405 ff.
136 Protokolle, S. 10437 ff.
137 Der Spiegel 30/76
138 Vgl. Protokolle, S. 10497–10502
139 Der Spiegel 30/76
140 Vgl. Kapitel VI, 3.2.1
141 Siehe Kap. 5, Anm. 154
142 Dokumentation über Aktivitäten anarchistischer Gewalttäter in der Bundesrepublik Deutschland, Bundesministerium des Inneren, Bonn 1974 (sog. Maihofer-Dokumentation, s. Kap. V, 2), S. 115–116.
143 RAF, a. a. O., S. 533–534
144 a. a. O., S. 535
145 a. a. O., S. 546–547
146 a. a. O., S. 547
147 a. a. O.
148 Dieser Text stammt aus einem Kommentar Baaders anläßlich der Verhaftungen von Croissant und Ströbele im Juni 1975. Während der Erklärung Baaders am 1.7.75 wurde ihm wegen Beleidigung („...die Ermordung von Holger Meins...“) das Wort entzogen; vgl. Protokolle, S. 896.
149 Protokolle, S. 9379–9380
150 Protokolle, S. 7296
151 Protokolle, S. 9383–9389; zum Teil in Ulf Stuberger, In der Strafsache gegen Andreas Baader, Ulrike Meinhof, Jan-Carl Raspe, Gudrun Ensslin wegen Mordes u. a., Dokumente aus dem Prozeß, Syndicat, Frankfurt 1977, S. 243 ff.
152 siehe z. B. Ton Regtien/Maarten van Dullemen, Het Vietnam-tribunal Stockholm-Roskilde 1967, Polak en Van Gennep, Amsterdam 1968.
153 Protokolle, S. 9390–9393
154 Protokolle, S. 9394–9396; in dem Antrag wurden sieben dieser Foltermethoden detailliert beschrieben.
155 Protokolle, S. 9397–9400
156 Protokolle, S. 9402
157 Protokolle, S. 9403–9416; Stuberger, a. a. O., S. 244–250.
158 Protokolle, S. 9418–9420
159 Protokolle, S. 9420
160 Protokolle, S. 9421–9424

161 Protokolle, S. 9424

162 Protokolle, S. 9434–9443

163 Protokolle, S. 9443

164 Protokolle, S. 9425–9433; Stuberger, a. a. O., S. 251–255

165 Zitiert nach: Protokolle, S. 9426–9427

166 Siehe Anm. 152 und Quincy Wright, Legal Aspects of the Viet-Nam Situation, AJIL 60 (1960), S. 750 ff; auch in: The Vietnam War an International Law, Vol. I, Ed. Richard A. Falk, Princeton University Press, Princeton, New Jersey, 1968, S. 272 ff. Siehe auch: Walter Rudolf, Völkerrechtliche Aspekte des Vietnam-Konflikts, Völkerrecht und Außenpolitik I, Gehlen, Berlin 1967.

167 entfällt

168 Fritz Bauer, Widerstandsrecht und Widerstandspflicht des Staatsbürgers (1963), in: Widerstandsrecht, Hsg. Arthur Kaufmann, Darmstadt 1972, S. 494.

169 Protokolle, S. 9449–9450

170 Protokolle, S. 9865–9866

171 Löwe-Rosenberg, a. a. O., Rdn. 1 zu § 245 StPO.

172 Kleinknecht, a. a. O., Anm. 1 zu § 220 StPO.

173 Siehe Anm. 171

174 Löwe-Rosenberg, a. a. O., Rdn. 151–182 zu § 244 StPO.

175 Protokolle, S. 10127

176 Protokolle, S. 10137 i.V.m. 10152

177 Protokolle, S. 10152

178 Protokolle, S. 10137

179 Protokolle, S. 10138–10140

180 Protokolle, S. 10157

181 Mit diesem Zitat des verstorbenen Sir Hersch Lauterpacht, ehemaliger Richter am Internationalen Gerichtshof, begann G. I. A. D. Draper am 2.8.79 vor einem Seminar der Haagse Academie voor Internationaal Recht einen Vortrag zum Thema „The implementation of the Geneva Conventions of 1949 and the two additional Protocols of 1977".

182 Vgl. Protokolle, S. 5673–5699

183 Protokolle, S. 5702

184 Protokolle, S. 5782

185 R. Bierzanek, Le status juridique des partisans et des mouvements de résistance armée: évolution historique et aspects actuels, in: Mélanges, offerts à Juraj Andrassy, Nijhoff, La Haye 1968, S. 54–77.

186 Ebenda, S. 74: „Par suite du développment des armées régulières et sous l'influence de l'idéologie de la Sainte Alliance".

187 Zum Unterschied zwischen diesen Begriffen und ihrem Zusammenhang siehe: G. I. A. D. Draper, The legal classification of belligerent individuals, Centre de Droit International de l'Université de Bruxelles, 1970, Doc. R/3, S. 12.

188 Vgl. H. Fujita, La guerre de libération nationale et le droit international humanitaire, in: Revue de droit international, 1975, S. 81–142, vor allem S. 108–109 und seine Anmerkung 90.

189 Vgl. Ebenda, seine Anmerkung 96: die Teilnehmer an der Haager Konferenz waren 13 europäische Staaten, die USA, China, Japan, Persien und Siam.

190 Ebenda, S. 109: „le domaine du droit de gens écrit"; vgl. auch Georges Abi Saab, Wars of National Liberation and the Laws of War, in: Annales d'Etudes

Internationales, 1972, S. 93–117, vor allem S. 109; F. Kalshoven, 8 NYIL (1977), S. 119–120.

191 Vgl. Fujita, a. a. O., S. 109; Bierzanek, a. a. O., S. 61–64.

192 Im gleichen Sinne Fujita, a. a. O., namentlich S. 110.

193 H. W. Tromp, Politiek terrorisme, in: Transaktie, Jg. 7, Nr. 1, 1978.

194 Tom Farer, Definition of International Armed Conflict, in: Revue Belge de Droit International, 7, 1971, S. 31: „that full application of the Conventions to domestic conflict might seriously erode the state's capacity to maintain internal order".

195 Ebenda, S. 32: „for forms of disorder, anarchy or brigandage to claim the protection of the Convention under a mask or politics an any other pretext".

196 J. P. A. Francois, l'Annuaire de l' I. D. P., 1957 II, S. 355: „La convention de 1949... ne donne aucune solution".

197 Baxter, So-called unprivileged belligerency: spies, guerillas and saboteurs, BYIL, 1957, S. 327: „have, however, instead of clarifying the status of these individuals, destroyed what little certainty existed in law... the Conventions are at their weakest in delineating the various categories of persons, who benefit from the protection of each„.

198 Fujita, a. a. O., S. 94: „comme criminels à cause de leurs actes contre l'ordre public".

199 Tom Farer, a. a. O., S. 35: „moved that eminent authority on the laws of war, Colonel G. I. A. D. Draper, to remark with characteristic English restraint that ‚The refusal of France and the United Kingdom to recognize that these conflicts fall within Article 3 has, it is thought, been determined by political considerations and not by any objective assessment of law'".

200 Vgl. George Ginsbergs, Wars of National liberation and the modern law of nations – the Soviet thesis, in: Law and Contemporary Problems, Vol. 29, 1964, S. 910–942.

201 Fujita, a. a. O., S. 120; auch nachfolgende Angaben zu Vietnam sind Fujitas Aufsatz entnommen.

202 Wie angegeben in Fujita, a. a. O., Anm. 144: H. S. Levie, Maltreatment of prisoners of war in Vietnam, in: The Vietnam war and International War, ed. R. A. Falk, Vol. 2, S. 361; The Geneva Convention and the treatment of prisoners of war in Vietnam, Harvard Law Review, 80 (1), 1966–1967, S. 851–852.

203 Zitiert nach Fujita, a. a. O., S. 139 (seine Anm. 144): „Au sujet de la guère du Vietnam... les Conventions de Genéve, qui accordent leur protection à la totalité du personnel combattant amèricain et sudvietnamien, laissent en fait sans protection pratiquement les neuf dixièmes des combattant du Front. Das ces conditions, Saigon et Washington ne s'exposaient guère en déclarant applicables les Conventions de Genève".

204 Friedrich Engels, Persia and China, New York Daily Tribune, 5.6.1857: „In a popular war the means used by the insurgent nation cannot be measured by the commonly recognized rules of regular warfare, nor by any other abstract standard, but by the degree of civilisation only attained by that insurgent nation".

205 Vgl. Ginsbergs, a. a. O., S. 920 und 932–938.

206 So USSR-Völkerrechtsexperte Sharmanazashvili in 1957, zitiert nach Ginsbergs, a. a. O., S. 914: „At any moment the oppressed people, living on the

territory annexed by the imperialist state, have the right to launch a national liberation struggle against this imperialist state".

207 So der USSR-Völkerrechtsexperte Baratashvili, zitiert nach Ginsbergs, a.a.O., S. 926: „armed intervention aimed at preventing a people from realizing the right to self-determination is aggression, that is, the gravest international crime".

208 Resolution 1514 (XV), Resolutions adopted by the General Assembly during its 15th Session, Vol. I, Supplement No. 16 (A/4684), S. 66 (1961).

209 Vgl. Ginsbergs, a. a. O., S. 940–941, die diese Entwicklung aber scharf ablehnt und als eine „Travestie des Rechts" (travesty of law) bezeichnet.

210 Ginsbergs, a. a. O., S. 942; vgl. Fujita, a. a. O., S. 83–87, vor allem Anm. 4, 13 und 14.

211 Vgl. Fujita, a. a. O., S. 85

212 Jean A. Salmon, La Conférence Diplomatique sur le réaffirmation et le développement du droit international humanitaire et les guerres de libération nationale, in: Revue belge de droit international, Vol. XII (1976), S. 27–52, nennt (S. 33, Anm. 3) folgende Resolutionen: 2383 (XXIII) du 7 novembre 1968; 2508 (XXIV) du 21 novembre 1969; 2547 (XXIV) du 11 décembre 1969; 2652 (XXV) du 3 décembre 1970; 2678 (XXV) du 9 décembre 1970; 2707 (XXV) du 14 décembre 1970; 2795 (XXVI) ou 2796 (XXVI) du 10 décembre 1971 et 2871 (XXVI) du 20 décembre 1971.

213 So F. Kalshoven, Zwijgt het recht als de wapens spreken, in: Vredesvraagstukken, De Bezige Bij, Amsterdam 1974, S. 86.

214 Vgl. Salmon, a. a. O., S. 34

215 So der italienische Delegierte Prof. Cassese, zitiert nach Salmon, a. a. O., S. 39: „(il) ne croit pas que les luttes menées pour les peuples dans l'exercise de ce droit (des peuples à disposer d'eux-mêmes) soient des conflits internationaux... car à en juger objectivement ce sont des conflits internes".

216 Zitiert nach Salmon, a. a. O., S. 39: „Qualifier le terrorisme intérieur de conflit international ne saurait le légitimer pour autaunt. Des notions comme celles de ‚domination étrangère' et de ‚régime raciste' attendent toujours d'être définies".

217 Vgl. Salmon, a. a. O., S. 40–44

218 F. Kalshoven, 8 NYIL (1977), S. 108: „after a prolonged and bitter fight".

219 Zitiert nach Salmon, a. a. O., S. 42, Anm. 25.: „S'il faut aménager les règles, c'est en fonction des conditions particulières de la guerre de guerilla et non parce que les parties sont ou non des Etats".

220 So Salmon, a. a. O., S. 42–43.

221 Ebenda, S. 43

222 Ebenda, S. 48–49; vgl. Kalshoven, Zwijgt het recht als de wapens spreken?, a. a. O., S. 87.

223 Vgl. Salmon, a. a. O., S. 48–49; Fujita, a. a. O., vor allem S. 117–124.

224 Vgl. Salmon, a. a. O., S. 48; Georges Abi Saab, a. a. O., S. 110; Bierzanek, a. a. O., S. 70–71.

225 Ch. de Rousseau, L'Annuaire de L' I. D. P., 1957, S. 428, zitiert nach Bierzanek, a. a. O., S. 71: „De nombreux techniciens militaires voient dans les activitès des guerillas et des mouvements de rèsistance l'une des formes les plus vraisemblables de la guerre future".

226 Vgl. Salmon, a. a. O., S. 49; Fujita, a. a. O., S. 122.

227 Vgl. Kalshoven, Zwijgt het recht..., a. a. O., S. 87

228 Vgl. Salmon, a. a. O., S. 44–47

229 Ginsbergs, a. a. O., S. 939: „The door will then again stand wide open for every government and every political movement to appeal to heaven, figuratively speaking, and, firmly bearing aloft a banner inscribed with an appropriately inspirational message, be it 'Gott mit Uns' or 'Dialectical Historical Materialism is on Our Side', proceed to spread by the sword the advantages of its superior culture and fulfill its civilizing mission among its benighted neighbairs".

230 Salmon, a. a. O., S. 44–47; Fujita, a. a. O., S. 117–122; anders F. Kalshoven, 8 NYIL (1977), S. 122.

231 Vgl. Salmon, a. a. O., S. 45

232 Vgl. Fujita, a. a. O., S. 122

233 A. Cassese, Current trends in the development of the law of armed conflict, in: Rivista trimestriale di diritto publico, XXIV, No. 4, 1974, S. 1411 ff., zitiert nach Salmon, a. a. O., S. 45: „Governments are much less, if at all, interested in having rebellions within their territory governed by international law. Their mainconcern is to retain enough freedom to crush promptly any form of insurrection".

234 Sitzung der Diplomatischen Konferenz vom 22.3.74; 70 Ja-Stimmen, 21 Nein-Stimmen, 13 Enthaltungen. Nein-Stimmen: Südafrika, Belgien, Kanada, Dänemark, Spanien, USA, Frankreich, Israel, Italien, Japan, Liechtenstein, Luxemburg, Monaco, Neuseeland, Niederlande, Portugal, Südkorea, BRD, England, Schweiz, Uruguay. Enthaltungen: Australien, Österreich, Birma, Brasilien, Chile, Kolumbien, Griechenland, Guatemala, Irland, Philippinen, Vatikan, Schweden, Türkei. In der Schlußsitzung der Konferenz 1977 wurde der Text angenommen mit 87 Ja-Stimmen, einer Nein-Stimme (Israel) und elf Enthaltungen, „mostly from Western countries (who in the meantime had 'learned to live' with the idea)" – F. Kalshoven, 8 NYIL (1977), S 115, Anm. 17.

235 Vgl. Kalshoven, 8 NYIL (1977), S. 121–122.

236 Salmon, a. a. O., S. 49–50: „à souvrir dans l'avenir à des nouvelles situations conflictuelles que l'histoire n'arrête pas".

237 Ebenda, S. 49: „en menant un combat d'arrière-garde caché derrière un discours juridico-humaniste".

238 Kalshoven, 8 NYIL (1977), S. 123: „long, complicated, confusing and at times acrimonious".

239 Ebenda, S. 123

240 Ebenda, S. 125: „the most delicate issue of all".

241 1. Tout combattant, au sens de l'article 43, qui tombe au pouvoir d'une Partie adverse est prisonnier de guerre.

2. Bien que tous les combattants soient tenus de respecter les régles du droit international applicable dans les conflits armés, les violations de ces régles ne privent pas un combattant de son droit d'être considéré comme combattant ou, s'il tombe au pouvoir d'une Partie adverse, de son droit d'être considéré comme prisonnier de guerre, sauf dans les cas prévus aux paragraphes 3 et 4.

3. Pour que la protection de la population civile contre les effets des hostilités soit renforcée, les combattants sont tenus de se distinguer de la population civile lorsqu'ils prennent part à une attaque ou à une opération militaire préparatoire d'une attaque. Etant donné, toutefois, qu'il y a des situations dans les conflits

armés ou, en raison de la nature des hostilité's, un combattant armé ne peut se distinguer de la population civile, il conserve son statut de combattant à condition que, dans de telles situations, il porte ses armes ouvertement: a) pendant chaque engagement militaire; et b) pendant le temps o il est exposé à la vue de l'adversaire alors qu'il prend part à un déploiement militaire qui précéde le lancement d'une attaque à laquelle il doit participer. Les actes qui répondent aux conditions prévues par présent paragraphe ne sont pas considérés comme perfides au sens de l'article 37, paragraphe 1, alinéa c.

4. Tout combattant qui tombe au pouvoir d'une Partie adverse, alors qu'il ne remplit pas les conditions prévues à la deuxième phrase du paragraphe 3, perd son droit à être considéré comme prisonnier de guerre, mais bénéficie néanmoins de protections équivalentes à tous égards à celles qui sont accordées aux prisonniers de guerre par la IIIe Convention et par le présent Protocole. Cette protection comprend des protections équivalentes à celles qui sont accordées prisonniers de guerre par la IIIe Convention dans le cas ou une telle personne est jugée et condamnée pour toutes infractions qu'elle aura commises.

5. Le combattant qui tombe au pouvoir d'une Partie adverse alors qu'il ne participe pas à une attaque ou à une opération militaire préparatoire d'une attaque ne perd pas, en raison de ses activités antèrieures, le droit d'être considéré comme combattant et prisonnier de guerre.

6. Le présent article ne prive personne du droit d'être considéré comme prisonnier de guerre aux termes de l'article 4 de la IIIe Convention.

7. Le présent article n'a pas pour objet de modifier la pratique des Etats, généralement acceptée, concernant le port de l'uniforme par des combattants affectés aux unités armèes réguliéres en uniforme d'une Partie au conflit.

8. Outre les catégories de personnes visées à l'article 13 des Ire et IIe Conventions, tous les membres des forces armées d'une Partie au conflit, tels qu' ils sont définis à l'article 43 du présent Protocole, ont droit à la protection accordée par lesdites Conventions s'ils sont blessés ou malades, ou dans le cas de la IIe Convention, s'ils sont naufragés en mer ou en d'autres eaux.

242 Kalshoven, 8 NYIL (1977), S. 126

243 Siehe Jean A. Salmon, La Conférence Diplomatique sur la réaffirmation et le développement du droit international humanitaire et les guerres de libe'ration nationale; Deuxième Partie: Le Statut Combattant legitime dans les Guerres Libération Nationale, in: Revue belge de droit international, Vol. XIII (1977), S. 353–378.

244 Dazu Georges Abi Saab, a. a. O., S. 109–110.

245 Pictet (ed.), Commentary, III, S. 57, zitiert nach Georges Abi Saab, a.a.O., S. 110: „It may find expression merely by tacit agreement, if the operations are such as to indicate clearly for which side the resistance organization is fighting".

246 Georges Abi Saab, a. a. O., S. 110: „it was clearly pointed out that the link with the party to the conflict should be assessed as a question of fact and not according to formal criteria".

247 F. Kalshoven, 9 NYIL (1978), S. 110: „...troops open to attack comprise not only those enemy units in the front line which are engaged in – or poised for actual battle, but also concentrations of enemy soldiers in the rear, wether on the road or in camp".

248 Vgl. L. C. Green, Double Standards in the United Nations: The Legaliza-

tion of Terrorism, in: Archiv für Völkerrecht 1979, S. 129–148. Dieser Professor für Internationales Recht an der University of Alberta interpretiert die einschlägigen Bestimmungen des Ergänzungsprotokolls ähnlich wie ich, hält sie aber gerade deswegen für abwegig: „Once again, we have the situation where international law has granted legal status to terrorists and legalized their terrorist activities" (S. 46). Als (erstmals gescheiterte) „apparent implication" dieser Bestimmungen erwähnt er dann „the Folkerts Case before the District Court of Utrecht in 1977", in dem ich mich als Verteidiger Knut Folkerts' in seinem Strafverfahren (Green verwechselt es mit dem Auslieferungsverfahren) auf die Ergänzungsprotokolle berufen hatte.

249 Tromp, a. a. O. (Übers. BS)

250 Protokolle, S. 10510–10513

251 Protokolle, S. 10562–10563

252 Der Spiegel 8/76

253 Vgl. Protokolle, S. 10537

254 RAF, a. a. O., S. 209–210; vgl. Protokolle, S. 10712–10714.

255 Ebenda, S. 211; vgl. Protokolle, S. 10715

256 Ebenda, S. 212; vgl. Protokolle, S. 10716

257 Ebenda, S. 213; vgl. Protokolle, S. 10716–10717

258 Ebenda, S. 219–220; vgl. Protokolle, S. 10735–10736

259 Protokolle, S. 10748

260 RAF, a. a. O., S. 228–230; vgl. Protokolle, S. 10753–10754

261 Protokolle, S. 11486–11489

262 Protokolle, S. 11047

263 Protokolle, S. 11374 ff.

264 Protokolle, S. 11801 ff.

265 Protokolle, S. 11024 ff.; der größte Teil der Aussage Schillers ist nicht in den Protokollen enthalten, weil die Zeugin es ablehnte, ihre Aussage auf Tonband aufnehmen zu lassen.

266 Protokolle, S. 12795–12801

267 Protokolle, S. 10784–10786

268 Protokolle, S. 10789

269 Protokolle, S. 10790–10910

270 Protokolle, S. 10793

271 Vgl. Protokolle, S. 10882

272 Vgl. Protokolle, S. 12311–12312

273 Vgl. Protokolle, S. 10463–10467

274 Vgl. Protokolle, S. 10793–10798

275 Vgl. Protokolle, S. 11213

276 Vgl. Protokolle, S. 11210–11211

277 Vgl. Protokolle, S. 10879

278 Vgl. Protokolle, S. 10791–10792

279 Protokolle, S. 10879

280 Protokolle, S. 10880

281 Protokolle, S. 10800

282 Vgl. Protokolle, S. 10800–10801

283 Vgl. Protokolle, S. 10790 und 10801

284 Protokolle, S. 10792

285 Vgl. Protokolle, S. 10798 und 10883
286 Vgl. Protokolle, S. 10802 und 10884 ff.
287 Protokolle, S. 10888
288 Vgl. Protokolle, S. 10895 und 10899
289 Protokolle, S. 10902
290 Protokolle, S. 10907
291 Vgl. Protokolle, S. 10761 ff.; 10937 ff.; 11109 ff.
292 Protokolle, S. 10211–10212
293 Vgl. Löwe-Rosenberg, a. a. O., Rdn. 1–17 zu § 54 StPO; Kleinknecht, a. a. O., Anm. 1–3 zu § 54 StPO.
294 Vgl. Löwe-Rosenberg, a. a. O., Rdn. 7 und 16 zu § 54 StPO; Kleinknecht, a.a.O., Anm. 3 zu § 54 StPO.
295 Vgl. Löwe-Rosenberg, a. a. O., Rdn. 22–25 zu § 54 StPO; Kleinknecht, a. a. O., Anm. 4 zu § 54 StPO.
296 Protokolle, S. 11425
297 Ebenda
298 Protokolle, S. 10649
299 Protokolle, S. 11398–11399
300 Protokolle, S. 11400; 11444–11449; 11452–11458; 11461–11465; 11473
301 Protokolle, S. 11450–11451
302 Protokolle, S. 11480–11481
303 Protokolle, S. 11473 und 11482–11483
304 Vgl. Protokolle, S. 11426–11440
305 Vgl. Protokolle, S. 11697–11703
306 Protokolle, S. 11701
307 Ebenda
308 Protokolle, S. 11704–11705
309 Protokolle, S. 11753–11754
310 Protokolle, S. 11849 ff.
311 Der Spiegel 43/76, S. 124.
312 Vgl. Protokolle, S. 11874–12018
313 Vgl. Protokolle, S. 13268–13269; 13296–13299
314 Protokolle, S. 11881–11882; 11959
315 Interview im Deutschlandfunk, 27.10.74; Vgl. Protokolle, S. 11888.
316 Protokolle, S. 11874
317 Protokolle, S. 11882–11906; 11933–11934
318 Protokolle, S. 11904–11906
319 Protokolle, S. 11876
320 Protokolle, S. 11876–11877
321 Protokolle, S. 12216
322 Protokolle, S. 12305–12306
323 Protokolle, S. 12782
324 Vgl. Protokolle, S. 12942–12944
325 Ebenda
326 Ebenda
327 Protokolle, S. 12762
328 Vgl. Protokolle, S. 12385 ff., 12788 ff., 12942

329 Vgl. Protokolle, S. 10267 ff.
330 Der Spiegel 20/79, S. 105
331 Vgl. Protokolle, S. 12412, 12423
332 Protokolle, S. 12435–12436
333 Protokolle, S. 12438–12440
334 Protokolle, S. 12419
335 FAZ, 27.11.76; Vgl. Protokolle, S. 12456–12457.
336 Vgl. Protokolle, S. 12285 ff., 12383 ff.
337 Vgl. Protokolle, S. 13307 ff.
338 Vgl. Protokolle, S. 11539, 11632, 11795–11796
339 Protokolle, S. 13036
340 Protokolle, S. 12762
341 Protokolle, S. 12763
342 Protokolle, S. 13036
343 Protokolle, S. 13034
344 Protokolle, S. 12785–12786
345 Protokolle, S. 12925
346 Protokolle, S. 12672–12675, 12889
347 Protokolle, S. 12676
348 Protokolle, S. 12892
349 Protokolle, S. 12677; vgl. S. 12927
350 Vgl. Protokolle, S. 11855–11869
351 Protokolle, S. 11869–11870
352 Vgl. Protokolle, S. 12354–12361
353 Protokolle, S. 12660
354 Vgl. Protokolle, S. 13073–13074; 13102–13103
355 Vgl. Protokolle, S. 12803–12808
356 Vgl. Protokolle, S. 13444–13463
357 Vgl. Protokolle, S. 11870
358 Vgl. Protokolle, S. 13672–13691
359 Vgl. Protokolle, S. 13424–13427
360 Protokolle, S. 13617–13657
361 Vgl. Protokolle, S. 13272–13273
362 Protokolle, S. 13617–13618
363 Protokolle, S. 13621
364 Protokolle, S. 13623
365 Der Spiegel 20/79, S. 114
366 Vgl. Protokolle, S. 13354–13358
367 Der Spiegel 20/79, S. 97
368 Der Spiegel, 21/79, S. 10
369 Ebenda
370 Urteil vom 2.6.77 des LG Kaiserslautern, Ks 2/75, i.S. Grundmann; Urteil vom 31.5.79 des LG Heidelberg, Ks 1/77 i.S. Braun.
371 Der Spiegel 20/79, S. 114
372 Die Erklärung zur Sache ist nicht in den Protokollen enthalten, weil die Angeklagten die gerichtliche Tonbandaufnahme ablehnten. Nach mehreren negativen Erfahrungen mit ihren aufgezeichneten und abgetippten Erklärungen gingen sie davon aus, daß die Wiedergabe nicht korrekt sein würde. Die Erklärung

zur Sache ist von Anwaltsgehilfen aufgenommen und abgetippt worden; sie wurde mir zur Verfügung gestellt.

373 André Beaufre, La guerre révolutionnaire, Arthème Fayard, Paris 1972; deutsche Ausgabe: Die Revolutionierung des Kriegsbildes, Neue Formen der Gewaltanwendung, Seewald, Stuttgart 1973.

374 Der Tod Ulrike Meinhofs, Bericht der Internationalen Untersuchungskommission, IVA Tübingen 1979, S. 71

375 Der Tod Ulrike Meinhofs, a. a. O., S. 79–80

376 So Justizminister Bender der abgetippten Tonbandaufnahme von der Pressekonferenz zufolge.

377 Zitiert nach einem Gedenkposter zu Ulrike Meinhof; vgl. Protokolle, S. 9609–9613

378 Protokolle, S. 9614–9619

379 Prof. Lelio Basso, Rome; Rechtsanwältin Michèle Beauvillard, Paris; Simone de Beauvoir, Paris; Prof. Georges Casalis, Antoni; Pastor Robert Cavezies, Paris; Rechtsanwältin Jacqueline de Cumont, Brüssel; Schriftsteller John McGuffin, Belfast; Prof. Joachim Israel, Kopenhagen; Rechtsanwalt Panayotis Kanelakis, Athen; Journalist Henrik Kaufholz, Aarhus; Journalist Johan van Minnen, Breukelen; Prof. Lolle Nauta, Groningen; Rechtsanwalt Denis Payot, Geneve; Regisseurin Margarethe von Trotta, München. – Wegen Überlastung, organisatorischer Probleme und Meinungsverschiedenheiten über die Arbeit des dänischen Sekretariats zogen einige Mitglieder, darunter die niederländischen, sich im zweiten Jahr der Kommissionsarbeit zurück.

380 Vgl. Der Tod Ulrike Meinhofs, a. a. O., S. 8–9.

381 La Mort d'Ulrike Meinhof, Maspero, Paris 1979; Der Tod Ulrike Meinhofs a. a. O., ist die deutsche Übersetzung.

382 Der Tod Ulrike Meinhofs, a. a. O., S. 5–6.

383 Ebenda, S. 20

384 Ebenda, S. 23–25

385 Ebenda, S. 27–28

386 Ebenda, S. 29–32

387 Ingrid Schubert, Gefangene aus der RAF (die am 12.11.77 in der JVA München Stadelheim angeblich Selbstmord verübte), bestätigte am 27.5.77 (Der Tod Ulrike Meinhofs, a. a. O., S. 36–37), daß alle Handtücher in der JVA Stammheim die gleiche Größe hatten; sie berichtete weiter über eine selbst angestellte Untersuchung, die eine unzureichende Tragfähigkeit und Länge des aus diesen Handtüchern hergestellten Stranges ergaben – Anm. BS.

388 Jürgen Saupe, Fakten zum Vorwurf „Mord", in: Monatszeitschrift Konkret 9/76, S. 9 ff.

389 Der Tod Ulrike Meinhofs, a. a. O., S. 39–40.

390 Ebenda, S. 41, Anm. 6: Staatsanwaltsakte, Schreiben des Kriminalhauptkommissars Vinnai vom 25.5.76 an BKA-KTU Wiesbaden.

391 Ebenda, S. 41, Anm. 5: Staatsanwaltsakte, Vernehmungsprotokoll vom 9.5.76, Schreiben der Landespolizeidirektion Stuttgart II an die Staatsanwaltschaft Stuttgart.

392 Ebenda, S. 33

393 Ebenda, S. 42, Anm. 7: Staatsanwaltsakte, Schreiben des BKA an das LKA Baden-Württemberg vom 10.6.76.

394 Ebenda, S. 42

395 Ebenda, S. 43, Anm. 10: Urteil des OLG Karlsruhe, 14. Zivilsenat in Freiburg, vom 11.2.77, Az: 14 U 136/76 – 20 395/76.

396 Ebenda, S. 43

397 Ebenda, S. 45–48

398 Der Tod Ulrike Meinhofs, a. a. O., S. 49.

399 Ebenda, S. 49

400 Der Spiegel 10/77, S. 19–34.

401 Vgl. u. a. FR vom 7.3.77, 9.3.77, 16.3.77; FAZ vom 2.3.77; Der Spiegel 10/77, 11/77 (darin Pressestimmen aus 13 Tageszeitungen) und 12/77.

402 Protokolle, S. 13658

403 Protokolle, S. 13661

404 Vgl. Der Spiegel 13/77, S. 26

405 Vgl. Der Spiegel vom 14.3.77, worin behauptet wird, daß Maihofer in einem Telefongespräch aus seinem Ferienort erklärt habe, daß „er sich damals bewußt gewesen sei, daß zu äußersten nachrichtendienstlichen Mitteln auch der Einsatz von Lauschmitteln gezählt habe..." In der Bundestagsdebatte vom 16.3.77 über Traube wiederholte Maihofer: „Wenn wir damals nicht das Äußerste unternommen hätten..."; so hatte er sich auch schon am 29.12.75 seinem Staatssekretär Fröhlich gegenüber geäußert: „...nunmehr im Fall Traube das Äußerste unternommen werden müsste, um zu einer schnellen Aufklärung zu gelangen..." (zitiert nach FAZ vom 9.3.77).

406 Vgl. Bonner Perspektiven vom 27.4.75.

407 Vgl. FR vom 10.3.77 mit dem wörtlichen Protokoll dieser Pressekonferenz.

408 Siehe die ausführlich dokumentierende Studie „CIA – Geheime Macht oder modernes Regierungsinstrument", Geo-Verlag, Düsseldorf 1976, Kap. 6, „Die Ausführung": Der institutionalisierte Mord, S. 311 ff.

409 Ebenda, S. 311

410 Ebenda, S. 327

411 Interview mit Oliver Todd (Übersetzung BS) in: Le Nouvel Observateur vom 17.3.75.

412 CIA – Geheime Macht..., a. a. O., S. 327

413 Ebenda, S. 326

414 Gehlen, der Dienst, 1971; Zolling/Höhne, Pullach Intern, Mohn, 1971; Walde, ND-Report, Piper, 1971.

415 Vgl. Helmut Schmidt in seiner Regierungserklärung vom 24.4.75 zur Aktion des RAF-Kommandos in Stockholm: „...diese Gruppe zu tilgen...", „...mit aller Härte..." und „...alle Mittel..." anzuwenden. Schmidt in seiner Regierungserklärung vom 13.3.75 zur Lorenz-Entführung: „...härtestes Durchgreifen eines Staates, der sich in einer Verteidigungsposition nicht scheuen kann, selbst zu töten..."

416 Der Tod Ulrike Meinhofs, a. a. O., S. 69–70.

417 Beschluß des LG Stuttgart vom 16.7.76, Az: XII KLs 97/76, S. 3.

418 Beschluß des OLG Stuttgart vom 3.9.76, Az: 2 aWs 5/76.

Kapitel VIII

1 Protokolle, S. 13156–13157; Ulf Stuberger, In der Strafsache gegen Andreas Baader, Ulrike Meinhof, Jan-Carl Raspe, Gudrun Ensslin wegen Mordes u. a., Dokumente aus dem Prozeß, Syndicat, Frankfurt 1977, S. 206–207.

2 DRiG § 39: Der Richter hat sich innerhalb und außerhalb seines Amtes, auch bei politischer Betätigung, so zu verhalten, daß das Vertrauen in seine Unabhängigkeit nicht gefährdet wird.

3 § 353 d StGB: Mit Freiheitsstrafe bis zu einem Jahr oder mit Geldstrafe wird bestraft, wer (1)..., (2)..., (3) die Anklageschrift oder andere amtliche Schriftstücke eines Strafverfahrens (...) ganz oder in wesentlichen Teilen im Wortlaut öffentlich mitteilt, bevor sie in öffentlicher Verhandlung erörtert worden sind oder das Verfahren abgeschlossen ist.

4 Protokolle, S. 13135–13141; Stuberger, a. a. O., S. 209–212.5 Protokolle S. 2912–29146 Vgl. Protokolle, S. 10984 ff.7 Vgl. Protokolle, S. 13198–131998 Protokolle, S. 11000–110019 Protokolle, S. 11002–11008

10 Protokolle, S. 11011

11 Protokolle, S. 13142–13145; Stuberger, a. a. O., S. 212–214.

12 Protokolle, S. 13148–13155

13 Protokolle, S. 13146–13147

14 Protokolle, S. 13162–13164

15 Protokolle, S. 9210–9211

16 FR vom 21.7.76

17 Protokolle, S. 13172–13174

18 Protokolle, S. 13174

19 Protokolle, S. 13171–13176

20 Protokolle, S. 13178–13179

21 Der Spiegel 5/77, S. 72.

22 Protokolle, S. 13223

23 Protokolle, S. 13188–13189

24 Vgl. FR vom 22.1.77: „Gefangen im Gestrüpp der Aktenaffäre um Mayer, nahm Prinzing ganz offensichtlich Rache an ‚jenen' (...) Diese als Strafe gedachte Sanktion (...)".

25 Protokolle, S. 13209–13210; Stuberger, a. a. O., S. 219–220.

26 Protokolle, S. 13223–13225; Stuberger, a. a. O., S. 224–225.

27 Vgl. Protokolle, S. 13221–13222; Stuberger, a. a. O., S. 223.

28 Protokolle, S. 13243–13244; Stuberger, a. a. O., S. 225–226.

29 FR vom 22.1.77.

30 Protokolle, S. 13261–13262; Stuberger, a. a. O., S. 227.

31 FR vom 21.2.77.

32 Der Spiegel 5/77, S. 72.

33 Vgl. Kirchheimer, wie zitiert in Kap. VI, 1.3.

34 Siehe dazu: Kritische Justiz, Heft 3, 1978, S. 301–306.

35 Az: 2StE 1/74 – zur Strafsache gegen Andreas Baader: beantrage ich, das Verfahren nach § 206 a StPO wegen eines Verfahrenshindernisses einzustellen.

1. Die Blätter 13156 und 13157 der Tonbandniederschrift beweisen, daß Bundesrichter Mayer gegenüber den Angeklagten in diesem Verfahren und den von ihnen gewählten Verteidigern befangen war (sein Schreiben vom 20.7.1976 an Dr. Kremp); auch und gerade als Beschwerderichter am 3. Strafsenat des BGH. Als stellvertretender Senatsvorsitzender und Berichterstatter war Bundesrichter Mayer maßgeblich beteiligt an dem Beschluß vom 22.10.1975, nach § 231 a StPO die Hauptverhandlung in diesem Verfahren ohne die Angeklagten fortzusetzen (vgl. oben S. 119–129).

1.1 In jenem Beschluß finden sich u. a. die folgenden Ausführungen: „Bedingt durch zahlreiche – auch die angebliche Befangenheit der Mitglieder des Gerichts betreffende – Verfahrensanträge und schwere Störungen der Hauptverhandlung seitens der Angeklagten hat die Beweisaufnahme bisher nicht begonnen." (Blatt 2)

„Seine Auslegung (§ 231 a StPO) darf nicht dazu führen, daß die Absicht des Gesetzgebers vereitelt wird, dem Tatrichter die Durchführung der Hauptverhandlung auch gegen solche Beschuldigte zu ermöglichen, die den staatlichen Organen jede Achtung versagen und mit allen Mitteln den geordneten Ablauf eines Verfahrens zu stören suchen." (Blatt 4)

„Sie (die Gutachten der psychiatrischen Sachverständigen) ergeben auf alle Fälle, daß die Hauptursachen des Zustandes der Angeklagten in deren eigenem Verantwortungsbereich liegen." (Blatt 12) (Anmerkung hierzu: Jeder, der diese Gutachten kennt, weiß, daß diese Behauptung eine völlige Umkehrung der Tatsachen ist.)

„Die Beschwerdeführer leben unter anderen Haftbedingungen. Sie müssen Beschränkungen auf sich nehmen, die nach dem Urteil von Prof. Rasch durch die ihnen gewährten 'Privilegien' nicht aufgewogen werden. Indes haben sie diese ihre Verhandlungsunfähigkeit mitbedingenden Umstände selbst zu verantworten. Die Beschwerdeführer gehören einer zahlenmäßig verschwindend geringen Gruppe der Bevölkerung an, die es im Gegensatz zu dieser für unerläßlich hält, den gewiß in mancherlei Hinsicht verbesserungsbedürftigen Zustand der Gesellschaft in der Bundesrepublik Deutschland – wie übrigens jeder Gesellschaft – nicht mit dem demokratischen Mittel der Überzeugung der Wähler, sondern gegen deren Willen unter Anwendung rücksichtsloser Waffengewalt zu verändern. Ihr augenscheinlich durch nichts zu beeinflussendes realitätsfernes Bild von den gesellschaftlichen Verhältnissen und von den tatsächlichen Möglichkeiten, auf sie einzuwirken, verführt sie zu einer fanatischen Verfolgung ihrer Ziele auch aus der Untersuchungshaft heraus...

Aus dieser Haltung heraus haben sie in der Haft nicht nur mit Hilfe durch Rechtsanwälte verbreiteter Zellenzirkulare zum Zwecke der Aufrechterhaltung des Zusammenhalts ihrer Vereinigung den Kontakt zu inhaftierten Gesinnungsgenossen aufrechterhalten, sondern es auch verstanden, Kampfanweisungen an in Freiheit befindliche Terroristen gelangen zu lassen." (Blatt 13)

„Die Gefährlichkeit der Beschwerdeführer, die in den genannten Umständen zum Ausdruck kommt, ließ den für die Gestaltung der Untersuchungshaft verantwortlichen Stellen keine andere Wahl als die, dem durch eine entsprechende Verschärfung der Haftbedingungen Rechnung zu tragen...

Wenn sie gleichwohl seit Jahren das Verhalten fortsetzen, das die staatlichen Organe zur Anwendung dieser Haftbedingungen zwingt, so haben sie somit die

Herbeiführung ihrer Verhandlungsunfähigkeit in Kauf genommen. Das genügt zur Annahme vorsätzlichen Verhaltens im Sinne des § 231 a Abs. 1 StPO." (Blatt 15)

„Die Beschwerdeführer müssen sich wie jeder Rechtsunterworfene mit unanfechtbaren Entscheidungen abfinden. Daß sie es nicht tun, liegt an ihrer grundsätzlichen Nichtachtung rechtsstaatlicher Entscheidungsprozesse und deren unter rechtstreuen Bürgern friedenstiftenden Funktion und ist ihnen daher zuzurechnen. Die Argumentation der Verteidigung, die diesen Zusammenhang leugnet, läuft auf die Zumutung hinaus, den Angeklagten entweder durch entsprechende Haftbedingungen die Fortsetzung ihrer kriminellen Vereinigung einschließlich der Vorbereitung ihrer Befreiung zu erleichtern oder auf die Durchführung einer Hauptverhandlung gegen sie zu verzichten. Das kann nicht rechtens sein." (Blatt 16)

Diese Textstellen sind als Bestandteile einer richterlichen Zwischenentscheidung noch vor Beginn der Beweisaufnahme in der Hauptverhandlung eine einzigartige Dokumentation richterlicher Voreingenommenheit. Der BGH-Beschluß vom 22.10.1975 zu § 231 a StPO heißt, zusammengefaßt, in seinem Kern: Wegen der besonderen Gefährlichkeit dieser Angeklagten, insbesondere wegen der Fortführung krimineller Vereinigung aus der Haft heraus mit Hilfe von Verteidigern, haben sie Haftbedingungen zu erleiden, welche für ihre Verhandlungsunfähigkeit zumindest mit-ursächlich sind.

Daß diese Haftbedingungen vom jeweils ersten Tag der Haft an bereits exekutiert worden waren, verschweigt jener Beschluß, führt damit irre über das wahre Verhältnis von Ursache und Wirkung.

Voreingenommenheit gegen die Angeklagten und ihre uneingeschränkte Vorverurteilung durch die beteiligten Richter ist dem Beschluß vom 22.10.1975 der Bundesrichter Scharpenseel, Mayer, Schauenburg unmittelbar abzulesen. Vor Kenntnis der Beschlußgründe war den Angeklagten in diesem Verfahren die am 10.1.1977 offenkundig gewordene Befangenheit des Bundesrichters Mayer nicht mit einer für die Richterablehnung hinreichenden Bestimmtheit bewußt. Der Brief vom 20.7.1976 von Bundesrichter Mayer an Welt-Chefredakteur Kremp belegt nunmehr dessen Befangenheit gegenüber den Angeklagten in diesem Verfahren und Verteidigern ihrer Wahl:

„In derselben Sache wende ich mich heute wiederum an Dich. Vorige Woche ist in Stgt.-Stammheim das frühere Bandenmitglied Gerhard Müller als Zeuge vernommen worden. Ich übersende Dir als Anlagen

1. auszugsweise Ablichtungen der kriminalpolizeilichen Vernehmung Müllers (S. 46, 95, 180),

2. Auszug aus dem (vom Tonband übertragenen) Wortprotokoll vom 13. Juli 76. Der 'kleine Dicke' ist der in Entebbe getötete Wilfried Böse. Daß es sich bei dem von ihm übergebenen Papier um den wenige Tage später der Meinhof abgenommenen Ensslin-Kassiber handelte, hat sich in der Verhandlung klar ergeben. Möchte sich die 'Welt' nicht unter dem Aspekt dieser neuen Erkenntnisse noch einmal mit dem Aufsatz im 'Spiegel' vom 4.9.72 (Nr. 37) befassen? Nicht um meinetwillen, sondern um einmal wieder die Haltung und die Praktiken dieses Blattes deutlich werden zu lassen, das sich seinerzeit mit eilfertiger Bereitwilligkeit die – wie sich nun zeigt – von Ströbele und Müller ausgeheckte Entlastungslegende zu eigen machte und das den Baader-Meinhof-Leuten soviel publizistische,

gelegentlich sogar materielle Unterstützung (Honorare für Interviews aus der Untersuchungshaft) zuteil werden ließ. Vielleicht könnte diese Aufgabe sogar einen Chefredakteur reizen?

Zum – etwa noch nötigen – besseren Verständnis der Zusammenhänge füge ich eine Abschrift des damaligen Beschlusses des Bundesgerichtshofs bei. Der handschriftliche Vermerk auf dem Wortprotokollauszug stammt übrigens vom Vorsitzenden und bezieht sich eben auf Schily."

1.2 § 206 a StPO sieht die Verfahrenseinstellung durch Beschluß vor, wenn sich nach Eröffnung des Hauptverfahrens ein Verfahrenshindernis herausstellt. Verfahrenshindernis ist ein Umstand, welcher den Erlaß eines Sachurteils, aber auch schon, sobald dieser Umstand erkannt ist, das weitere Prozedieren mit dem Ziel eines Sachurteils ausschließt. Es liegt dann vor, wenn eine Bedingung dafür fehlt, daß es zulässig ist, in einem bestimmten Verfahren zu einem Sachurteil in einer bestimmten Sache zu gelangen. Inhaltlich gehört zum Begriff der Prozeßvoraussetzung, daß es sich um einen Umstand handelt, der nach dem ausdrücklich erklärten oder aus dem Zusammenhang ersichtlichen Willen des Gesetzes für das Strafverfahren so schwer wiegt, daß von seinem Vorhandensein oder Nichtvorhandensein die Zulässigkeit des Verfahrens im ganzen abhängig gemacht werden muß. (Schäfer in: Löwe/Rosenberg, 23. Aufl. 1976, Einleitg. Kap. 11, Rz. 5 und 6.)

(Anmerkung aus Eberhard Schmidt, Lehrkommentar, I, 2. Aufl. 1964, Rz. 127: „Wenn nun auch im allgemeinen beim Fehlen von Prozeßvoraussetzungen die Einstellung des Verfahrens die gebotene gerichtliche Entscheidung ist, so ist doch nicht gesagt, daß die StPO nicht in besonderen Fällen eine andere Maßnahme vorschreiben kann, zumal dann, wenn das Verfahren nicht völlig unzulässig überhaupt ist, sondern es sich nur darum handelt, es noch 'auf die richtige Bahn' zu bringen. In diesem Sinne sind die §§ 16–18, 269, 270 StPO zu verstehen. Es dürfte also kaum ein zwingender Grund bestehen, die sachliche und örtliche Zuständigkeit den Prozeßvoraussetzungen nicht zuzuzählen. Gerade diese Prozeßvoraussetzungen sind von um so größerer Bedeutung, als es von ihrem Gegebensein abhängt, ob im konkreten Fall dem rechtsstaatlichen Grundprinzip des GG Art. 101 Abs. 1 S. 2 ('Niemand darf seinem gesetzlichen Richter entzogen werden') Rechnung getragen wird.")

1.3 Prozeßhindernis: ungesetzlicher Richter Kriterium also, in Anlehnung an Eberhard Schmidts Formulierung, für die Einstellung des Verfahrens: wenn nach der Qualität des Verfahrensmangels der Stand des Verfahrens nicht möglich macht, dies noch auf die richtige Bahn zu bringen. Die StPO hat als ein Prinzip das Verbot des Prozedierens vor dem ungesetzlichen Richter – verschieden normiert, als Prinzip geschlossen: sachliche, örtliche, funktionale Unzuständigkeit, Richterausschluß kraft Gesetzes. Ausnahmen davon Fristenversäumung, Verwirkung – knüpfen an Einverständnis oder dessen Fiktion: volenti non fit iniuria. Diesem Prinzip ist ohne Unterschied in der juristischen Qualität das Ablehnungsrecht gegenüber dem befangenen Richter zuzurechnen. Es wird erhärtet zum Schutz des Angeklagten durch die Selbstablehnungspflicht des befangenen (oder als befangen zu besorgenden) Richters, wobei der Richter allein bereits auf die Möglichkeit einer Besorgnis der Befangenheit abzustellen hat (Dünnebier in: Löwe/Rosenberg, 23. Aufl. 1976, Rz. 9–11 zu § 30 StPO). Zwar ist Richterablehnung wegen Befangenheit nach der richterlichen Entscheidung ausgeschlossen.

Ob die unanfechtbar gewordene Zwischenentscheidung unter Mitwirkung des befangenen Richters revisibel ist, also zusammen mit dem Urteil durch Revision anfechtbar, kann hier dahinstehen. Der Rechtsmangel des § 231a-Beschwerdebeschlusses ist jedenfalls nicht durch formelle Rechtskraft geheilt. Vielmehr wirkt dieser Beschluß durch weitere Verhandlung in Abwesenheit der Angeklagten fort.

Er ist auch nicht etwa, wie rechtsirrtümlich schon einmal gesagt worden ist, vom Bundesverfassungsgericht „bestätigt" worden. In seinem Beschluß vom 21.1.1976 hat das Bundesverfassungsgericht lediglich festgestellt, daß § 231 a StPO verfassungsgemäß sei und daß seine Auslegung durch den BGH keinen Verfassungsverstoß erkennen lasse. In jenem Verfahren allerdings hatten die Beschwerdeführer nicht gerügt, weil sie Tatsachen für eine solche Rüge nicht gekannt hatten: daß ein befangener Richter am BGH-Beschluß mitgewirkt hat.

2. Der befangene Richter: ungesetzlicher Richter

Richterliche Unbefangenheit ist Essentiale des gesetzlichen Richters, ist, als spezifisch richterliche Verhandlungsfähigkeit, Prozeßvoraussetzung. Als solche ist sie im Zweifel in jedem Stadium des Verfahrens von Amts wegen zu prüfen. Fehlt sie, so ist der Richter nicht mehr gesetzlicher Richter im Sinne des Art. 101 I 2 GG.

Richterliche Unbefangenheit hat Verfassungsrang. In einer Reihe von Entscheidungen hat gerade das das Bundesverfassungsgericht hervorgehoben:

Band 21, 146: Nach dem Grundsatz des gesetzlichen Richters muß auch gewährleistet sein, daß der Rechtssuchende nicht vor einem Richter steht, der die gebotene Neutralität und Distanz vermissen läßt – ich erinnere hierzu an den 'Cartellbruder-Brief', wo die Rede ist von der 'von Ströbele und Müller ausgeheckte Entlastungslegende': Neutralität und Distanz?

Band 30, 152 f.: „Nach feststehender Rechtsprechung des Bundesverfassungsgerichts soll Art. 101 Abs. 1 Satz 2 GG der Gefahr vorbeugen, daß die rechtsprechenden Organe durch Manipulierung sachfremden Einflüssen ausgesetzt werden, gleichgültig von welcher Seite die Manipulierung ausgeht, ob von außerhalb oder innerhalb der Justiz. Deshalb gilt der Grundsatz, daß sich der für den Einzelfall zuständige Richter möglichst eindeutig aus einer allgemeinen Norm ergeben muß (BVerfGE 22, 254 (258) mit weiteren Nachweisen).

Zu den allgemeinen Normen gehören die gesetzlichen Vorschriften, die bestimmen, unter welchen Voraussetzungen ein Richter von der Ausübung seines Richteramtes ausgeschlossen ist. Nach Art. 101 Abs. 1 Satz 2 GG muß gewährleistet sein, daß der Rechtsuchende nicht vor einem Richter steht, der aus bestimmten Gründen die gebotene Neutralität und Distanz vermissen läßt. Im System der normativen Vorausbestimmung des gesetzlichen Richters muß deshalb Vorsorge dafür getroffen sein, daß im Einzelfall ein Richter, der nicht die Gewähr der Unparteilichkeit bietet, von der Ausübung seines Amtes ausgeschlossen ist oder im Ablehnungsverfahren ausgeschlossen werden kann."

In der Begründung ihrer vom Senatsbeschluß abweichenden Meinung definieren die Verfassungsrichter Leibholz, Geiger, Rinck als das „Ziel" der Ablehnungsbestimmungen, „das Strafverfahren nicht nur gegen Voreingenommenheit zu schützen, sondern mit Rücksicht auf das Ansehen der Strafrechtspflege schon den Anschein eines Verdachts der Parteilichkeit zu vermeiden" (E 30, 164).

Aus E 40, 271: „Ziel der ... Ausschließungsgründe ist es daher (nämlich, a. a. O.: nach „dem verfassungsrechtlichen Gebot..., daß der Richter die Gewähr der Unparteilichkeit bieten muß und nicht die erforderliche Neutralität und Distanz gegenüber den Beteiligten vermissen lassen darf"), den – wenn auch möglicherweise objektiv unbegründeten – Verdacht der Parteilichkeit bei dem Betroffenen auszuräumen".

Aus E 42, 78: „Die richterliche Unabhängigkeit ist kein wertfreies Prinzip, sondern an den Grundwerten der Verfassung orientiert."

Aus E 24, 61: „Der Beschwerdeführer kann nicht darauf verwiesen werden, zunächst das Verfahren vor einem Richter fortzusetzen, dessen Zuständigkeit möglicherweise auf verfassungswidrigen Entscheidungen über Ablehnungsgesuche beruht."

Ergebnis:

Der Beschluß des BGH zur Fortsetzung der Hauptverhandlung in Abwesenheit der Angeklagten ist ungesetzlich zustande gekommen, weil Bundesrichter Mayer seiner Pflicht zur Selbstablehnung nicht nachgekommen ist (§ 30 StPO). Der Beschluß verletzt Verfassungsrecht: den grundrechtsgleichen Anspruch der Angeklagten auf den gesetzlichen Richter (Art. 101 I 2 GG).

Der Beschluß wirkt fort: die Hauptverhandlung in Abwesenheit der Angeklagten geht weiter.

Die Zwischenentscheidung nach § 231 a StPO ist unanfechtbar geworden. Wo sie als Grundlage dieser Hauptverhandlung in Abwesenheit der Angeklagten als rechtswidrig erkannt ist, ist, weil dieser Rechtsmangel in diesem Verfahren nicht mehr geheilt werden kann, das Verfahren wegen fortwirkenden Verfahrenshindernisses einzustellen.

Auch veröffentlicht in Stuberger, a. a. O., S. 228–233.

36 Kritische Justiz, Heft 3, 1978, S. 303.

37 Protokolle, S. 1274–1277

38 Protokolle, S. 1274

39 Protokolle, S. 1276

40 So Regierungssprecher Klaus Bölling am 18.3.77 laut FR vom 19.3.77.

41 Brief vom 18.3.77 von Dr. Bender an Dr. Foth, Protokolle, S. 13725.

42 Siehe Anm. 40

43 Siehe Anm. 41 und Pressemitteilung Nr. 61/1977 des Innenministeriums BadenWürttemberg.

44 U.a. Protokolle, S. 13732

45 Vgl. Der Spiegel 12/77, S. 21–33

46 Der Spiegel 13/77, S. 26

47 Vgl. Seifert, Die Abhöraffäre und der überverfassungsgesetzliche Notstand, Kritische Justiz 1977, 105 ff.; weiter: De Lazzer/Rohlf, Der Lauschangriff, Juristen Zeitung 1977, 207 ff.; Borgs-Maciejewski, Parlament und Nachrichtendienste, in: Aus Politik und Zeitgeschichte, B 6/77 vom 12.2.77, 12 ff.; Rossnagel, Der alltägliche Notstand, Kritische Justiz 1977, 257 ff.; Dahs, Wehrhafter Rechtsstaat und freie Verteidigung – ein Widerspruch?, Zeitschrift für Rechtspolitik 1977, 164 ff. (derselbe, Anw.Bl. 1977, 362 ff.); Amelung, Erweitern allgemeine Rechtfertigungsgründe, insbesondere § 34 StGB, hoheitliche Eingriffsbefugnisse des Staates, NJW 1977, 833 ff; derselbe, Nochmals § 34 StGB als öffentlichrechtliche Eingriffsnorm, NJW 1978, 623 ff.; Schwabe, Zur Geltung von Rechtfertigungsgründen des StGB für Hoheitshandeln, NJW 1977, 1902 ff.; Lange, Terrorismus kein Notstandsfall?, Zur Anwendung des § 34 StGB im öffentlichen Recht, NJW 1978, 784 ff.; Sydow, Forum: § 34 StGB – kein neues Ermächtigungsgesetz,

Juristische Schulung 1978, 222 ff.; Böckenförde, Der verdrängte Ausnahmezustand, NJW 1978, 1881 ff.; Schröder, Staatsrecht an den Grenzen des Rechtsstaates, Archiv für öffentliches Recht 103 (78), 121 ff.

48 Pressemitteilung 61/1977 vom 17.3.77 des Innnenministeriums Baden-Württemberg; vgl. Seifert, a. a. O., S. 113.

49 Vgl. Sydow, a. a. O., S. 222

50 Dreher, Strafgesetzbuch mit Nebengesetzen und Verordnungen, C. H. Beck, München 1977, Rdn. 20 zu § 34 StGB.

51 Vgl. Seifert, a. a. O., S. 107–112

52 Z.B. Der Spiegel 10/1977, S. 30, mit einem Auszug aus dem Artikel von Arndt, Der Rechtsstaat und sein polizeilicher Verfassungsschutz, in: NJW 1961, 897 ff. (900).

53 Adolf Arndt, Demokratie – Wertsystem des Rechts, in: Arndt und Freund, Notstandsgesetze – aber wie?, Köln 1962, S. 13, zitiert nach Seifert, a. a. O., S 107.

54 Vgl. Rudolf Wassermann, Rechtsstaat aber ist wie das tägliche Brot..., in: FR vom 8.6.77, S. 10; Richard Schmid, Im Quadrat der Heimlichkeit, in: Der Spiegel 15/77, S. 70; Sydow, a. a. O.

55 Wassermann, Interview mit Panorama, ARD, 21.3.77, 20.15 Uhr, zitiert nach Seifert, a. a. O., S. 118.

56 Böckenförde, a. a. O., S. 1883; Seifert hatte schon anderthalb Jahre zuvor bedauert, daß eine öffentliche Stellungnahme Böckenfördes zum „übergesetzlichen Notstand" bis dahin ausgeblieben war (a. a. O., S. 121).

57 Vgl. Anm. 47; von den erwähnten Autoren unterstützten den Rechtsbegriff „übergesetzlicher" oder „überverfassungsgesetzlicher Notstand": Schwabe, Lange und Schröder. Die meisten Kommentierungen zum StGB gehen seit 1977 von der Möglichkeit für Staatsorgane aus, sich zur Rechtfertigung von Handeln in gefährlichen Situationen auf den § 34 StPO zu berufen, so z. B. Lenckner in: Schönke-Schröder, 20. Aufl. 1980, § 34 Rdnr. 7 (ausführlich), Dreher, a. a. O., Rdn. 2, 22 (ohne Begründung), Maurach-Zipf, Strafrecht, 5. Aufl. 1977, AT Bd. 1, S. 402 (ohne Begründung). In der Rechtsprechung habe ich bis 1977 nur zwei Fälle entdecken können, in denen eine Berufung auf rechtfertigenden Notstand angenommen wurde in Situationen, die mit den hier diskutierten einigermaßen vergleichbar waren: OLG München, NJW 1972, 2275 ff (mit Anm. Otto, NJW 1973, 667, und Bespr. von Amelung/Schall, JuS 1975, 565): ein mittels Täuschung bewirktes Eindringen von amerikanischen CID-Beamten (als Kontaktpersonen der Polizei) in eine Rauschgiftdealer-Wohnung (= Hausfriedensbruch) zur Aufklärung eines Rauschgifthandels wird für gerechtfertigt erklärt; OLG Frankfurt, NJW 1975, 271 ff. (mit Anm. Geilen in JZ 1975, 375 ff. und Bespr. von Martens, NJW 1975, 1668 ff. und von Roxin, JuS 1976, 505 ff.): eine Rechtfertigung nach § 34 StGB wurde angenommen, „als eine Rentenversicherungsanstalt am Leichnam eines tödlich verunglückten Versicherten zwecks Prüfung eines möglichen Ausschlusses von Ansprüchen auf Hinterbliebenenrente eine Blutabnahme veranlasste, ohne hierzu (...) berechtigt zu sein" (zitiert nach Sydow, a. a. O., S. 223). Siehe auch: Krey-Meyer, ZRP 1973, 2 ff.; Schwabe, JZ 1974, 639 ff.; Blei, JA 1975, 445 ff.; Krey, ZRP 1975, 97 ff.; Gössel, JuS 1979, 164 ff.; Röhmel, JA 1978, 308 ff. Zumindest seit dem Beschluß des 3. Senats des BGH vom 23.9.77 zur Kontaktsperre

kann gesagt werden, daß der „herrschenden Meinung" zufolge § 34 StGB grundsätzlich auch auf „staatliches Handeln" anwendbar ist.

58 Pressemitteilung 61/1977 des Innenministeriums Baden-Württemberg

59 Vgl. Seifert, a. a. O., S. 113

60 Der Spiegel 13/1977, S. 28

61 Schröder, a. a. O., S. 138

62 Ebenda, S. 138–139

63 Stuttgarter Zeitung vom 25.3.77, zitiert nach Seifert, a. a. O., S. 114

64 Schröder, a. a. O., S. 137

65 Der Spiegel 14/1977, S. 22–23

66 Vgl. § 170 Abs. 2 StPO

67 Az: 8 Zs 428/78

68 Das sogenannte Klageerzwingungsverfahren nach § 172 Abs. 2 StPO

69 Beschluß vom 8.2.79, Az: 2S 428/78, S. 1

70 Protokolle, S. 13712–13713

71 Protokolle, S. 13717

72 Protokolle, S. 13724

73 Protokolle, S. 13725–13740

74 Protokolle, S. 13725

75 Protokolle, S. 13739

76 Protokolle, S. 13739–13740

77 Protokolle, S. 13727; Pressemitteilung 61/1977 des Innenministeriums Baden-Württemberg.

78 Der Text dieses Gesprächs ist enthalten in einem richterlichen Protokoll, das mir von den Verteidigern Croissants übergeben wurde.

79 „Beweisaufnahme v. 14.9.1977 (vertraulich), B 21 GS 2023/77, Richter am Amtsgericht – Hauser".

80 Protokolle, S. 13726

81 Protokolle, S. 13855–13861

82 Wir beantragen – übrigens zum erstenmal – Brandt und Schmidt als Regierungschefs der Regierungen Brandt/Scheel und Schmidt/Genscher zu laden zum Beweis, daß

1. die RAF seit 1972 nach einer grundgesetzwidrigen und grundgesetzfeindlichen Konzeption der antisubversiven Kriegsführung verfolgt wird, die technisch, methodisch und organisatorisch dem internationalen Standard der amerikanischen Counterinsurgency entspricht und die

a) die repressive und manipulative „Immunisierung" (Brandt) der Gesellschaft gegen antikapitalistische Fundamentalopposition bezweckt und

b) durch eine komplexe Strategie politischer, wirtschaftlicher, militärpolitischer und juristischer Initiativen auf die Integration der Apparate der „inneren und äußeren Sicherheit" und der staatlichen Datenverarbeitungssysteme innerhalb der Nato-Staaten zielt, um die permanente Einmischung der amerikanischen Außenpolitik in die inneren Angelegenheiten der westeuropäischen Länder zu institutionalisieren,

c) daß in diesem Zusammenhang die Bundesrepublik sich z. B. in die inneren Angelegenheiten Griechenlands eingemischt hat, indem sie den EG-Beitritt Griechenlands und die Gewährleistung eines Millionenkredits mit einem Auslieferungsbegehren gegen Pohle verbunden hat,

d) unmittelbar den Zweck hat, die kommunistischen und radikaldemokratischen Widerstandsgruppen zu neutralisieren und zu vernichten, die sich seit dem Zerfall der legalen Vietnamopposition clandestin organisiert und bewaffnet haben, um gegen die amerikanische Strategie gegenüber dem Süden, dem Osten und den Arbeitern Westeuropas, die die Innen- und Außenpolitik der Bundesrepublik direkt bestimmt, zu kämpfen.

2. über Counterinsurgency Beratungen mit amerikanischen Regierungsstellen stattgefunden haben und daß in die Entscheidungsabläufe der antisubversiven Aktion

– der Stab des Oberkommandierenden der US-Armee in der Bundesrepublik,
– amerikanische Regierungspolitiker, Diplomaten und Geheimdienstbeamte,
– das NATO-Generalsekretariat in Brüssel und
– das Action Committee der NATO (AC-46), in das seit 1971/72 die Führungsebene der Nachrichtendienste der Bundesrepublik integriert ist, und
– das PSV-Referat in der Stabsabteilung III des Führungsstabs der Streitkräfte (FüS) einbezogen waren; daß

3. amerikanische Spezialeinheiten für Counterinsurgency in der Bundesrepublik operieren, unter anderem die offiziell seit August 1975 als Marineattachés der US-Botschaft in Bad Godesberg zugeteilten Spezialisten für „Gegenaktionen, z. B. Entführungen"; daß

4. über Counterinsurgency im europäischen Rat, in der europäischen Innen- und Justizministerkonferenz und den entsprechenden politischen und militärischen Gremien der NATO ein Konsens hergestellt wurde, an dessen Zustandekommen die Bundesrepublik initiativ beteiligt war; daß

5. a) im Rahmen der Konzeption der antisubversiven Aktion auf Initiative der amerikanischen Regierung und Armee über die Bundesrepublik zuerst bilateral gegenüber westeuropäischen Staaten, dann innerhalb der militärischen und politischen Metaorganismen – der NATO und der EG – durchgesetzt wurde, Spezialeinheiten aufzustellen, die nach einer einheitlichen Doktrin und nach einheitlichen technischen und strategischen Gesichtspunkten eingesetzt werden, und daß

b) in der Bundesrepublik die Antiterroreinheiten – GSG 9, MEK's, in Baden-Württemberg die OEG's usw. – und die Umwandlung des Bundesgrenzschutzes in eine Bundespolizei in Zusammenarbeit mit amerikanischen Dienststellen konzipiert wurden; daß

6. leitende und ausführende Angehörige dieser Einheiten an amerikanischen Special Warfare Schulen in den USA von der Armee und Geheimdiensten in Strategie und Taktik der antisubversiven Kriegsführung ausgebildet worden sind und daß sie dort in der Anwendung von Techniken der psychologischen Kampfführung geschult wurden, zu denen wissenschaftlich entwickelte Methoden der Manipulation von Mas senkommunikation und Meinungsbildung gehören; daß

7. im Rahmen der antisubversiven Aktion Kampagnen in den Massenmedien nach den Strategien der psychologischen Kriegsführung zentral beschlossen und gesteuert werden und daß Falschmeldungen wie

a) die RAF hätte geplant, in der Stuttgarter Innenstadt drei Bomben zu zünden (Juni 1972)

b) die RAF hätte geplant, während der Fußballweltmeisterschaft Raketenangriffe auf besetzte Fußballstadien durchzuführen (Sommer 74)

c) die RAF hätte geplant, das Trinkwasser einer Großstadt zu vergiften (Sommer 74)

d) die RAF hätte Senfgas gestohlen und geplant, das Gas einzusetzen (Sommer 75)

e) das Kommando Holger Meins hätte das Botschaftsgebäude in Stockholm selbst gesprengt (April 75)

f) es gäbe „Spannungen" innerhalb der Gruppe der Angeklagten (Feb. 72, und seit Ulrike Meinhofs Tod)

g) die RAF hätte einen Überfall auf einen Kinderspielplatz und die Geiselnahme von Kindern geplant (März 77)

h) die RAF hätte Angriffe auf Kernkraftwerke und den Einsatz nuklearer, chemischer und bakteriologischer Waffen geplant (seit Januar 76)

i) die RAF hätte geplant, den Bodensee mit atomarem Müll zu verseuchen (Spiegel Nr. 39/75) und Provokationen von Nachrichtendiensten wie

j) Sprengstoffanschläge auf Hauptbahnhöfe (Bremen Dezember 74, Hamburg September 75, Nürnberg, Augsburg, München, Köln)

k) Sprengstoff- bzw. Brandanschläge auf die gerichtlich bestellten Zwangsverteidiger Langner in Hamburg (19. Juni 76), Peters in Düsseldorf (16.2.77) im Zusammenhang der Fahndung und der Prozesse initiiert worden sind, um

„diese Gruppen völlig zu entsolidarisieren, sie von all dem zu isolieren, was es sonst an radikalen Meinungen in diesem Lande auch geben mag. Das ist eine der wichtigsten Aufgaben." (Ehmke, als Chef des Kanzleramts Koordinator der Geheimdienste, Bundestag, 7.6.72)

„den Sumpf aus(zu)trocknen – und ich sage es ganz hart – aus dem die Blüten der Baader-Meinhof-Bande emporgestiegen sind." (Kohl, Fernsehinterview, 25.4.75)

„...eine scharfe, unzweideutige, klare Trennung zwischen den Mitgliedern dieser Bande und der gesamten übrigen Bevölkerung" zu ziehen. (Carstens, am 25.4.75 im Bundestag)

„es kommt – ich spreche es aus – auf Infiltration in die Sympathisantengruppen hinein an." (Schmidt, Regierungserklärung 13.3.75)

„Aktionen gegen die RAF müssen immer so abgewickelt werden, daß Sympathisantenpositionen abgedrückt werden." (Herold, Chef des BKA, während der Innenministerkonferenz, Januar 72)

„die Nervenknoten des Gegners heraus(zu)isolieren und sie dann gezielt mit Maßnahmen an(zu)gehen, sie (zu) paralysieren, (zu) neutralisieren." (Herold, Hessenforum, Mai 1975)

und daß

l) Planung und Einsatz dieser Kampagnen den im ISC-Report vom Mai 1975 für den Natobereich festgestellten Richtlinien zur „Entsolidarisierung, Isolation und Eliminierung" der illegalen Gruppen entspricht.

8. daß innerhalb der antisubversiven Aktion die Justiz nicht nach ihrem im Grundgesetz postulierten Auftrag eingesetzt wird, nicht dritte Gewalt und unabhängig ist, sondern als ein geschlossener Instanzenzug handelt, der den Direktiven der Regierung unmittelbar unterliegt und über ein Netz von Sondergerichten und besonderen Abteilungen bei den Staatsanwaltschaften, an deren Aufbau, Personalführung und Indoktrination der Generalbundesanwalt und das Bundeskriminalamt unmittelbar beteiligt sind, einer umfassenden Planung im Rahmen der Couterinsurgency unterliegt; daß

9. zu diesem Zweck

a) in der Justizpressekonferenz Karlsruhe ein Netz von Staatsschutzjournalisten institutionalisiert wurde, das die Funktion hat, die Rezeption der Prozesse über eine homogene Berichterstattung zu steuern, und

b) versucht wurde, über die Chefredakteurskonferenz die Prozeßberichterstatter nach der Direktive des Generalbundesanwalts, „das die Journalisten sich darauf beschränken, Mittler sein zu wollen zwischen Polizei, Staatsanwaltschaft und Bevölkerung" (Buback in Kennzeichen D, 6.5.75) zu strukturieren; daß

10. die Vorverurteilung der Gefangenen durch gezielte Falschmeldungen, Indiskretionen, lancierte Gerüchte und die Veröffentlichung von Prozeßakten nach Methoden der psychologischen Kriegsführung vorbereitet und gesteuert wurde, daß zu diesem Zweck

11. die Erhebung der Anklage 3 1/2 Jahre verschleppt und das Verfahren gegen die RAF in einzelne Prozesse aufgespalten worden ist, die nach politisch propagandistischen Gesichtspunkten terminiert wurden, und daß

12. in einer koordinierten Maßnahme

a) ein Gesetz zum Ausschluß von Verteidigern, zur Beschränkung der Zahl der Verteidiger auf drei und zum Verbot der Kollektivverteidigung verabschiedet wurde,

b) der Ausschluß Croissants, Groenewolds und Ströbeles aus dem Stammheimer Prozeß von der Bundesanwaltschaft zum „taktisch günstigsten Zeitpunkt" (Buback) veranlaßt und durchgesetzt wurde,

c) durch eine gezielte Personalpolitik die Ehrengerichte der Anwaltskammern in Hamburg und Frankfurt neu besetzt wurden,

d) Zwangsverteidiger bestellt wurden, an deren Auswahl die Anklagebhörde z. T. unmittelbar beteiligt war, um eine effektive oder auch nur auf den Prozeß vorbereitete Verteidigung zu ver hindern, und daß

e) Gespräche zwischen Vertrauensverteidigern und Angeklagten und die Kanzleien, Wohnungen und Telefone der Anwälte abgehört worden sind, um Initiativen der Verteidigung innerhalb und außerhalb des Prozesses unterlaufen zu können, und daß nach den Erkenntnissen der abgehörten Gespräche 1. Zeugenaussagen beeinflußt bzw. Entlastungszeugen aus dem Prozeß ferngehalten wurden (Müller, Schiller) und 2. Freunde, Bekannte und Angestellte von Rechtsanwälten von Nachrichtendiensten angesprochen wurden, um sie anzuwerben (Wolfgang Pfeiffer, Natascha Zerrer, Ingrid Doctors), und daß

f) Croissant und Ströbele gezielt verhaftet wurden, um eine Reihe internationaler Pressekonferenzen zu verhindern, die sie organisiert hatten, um die Öffentlichkeit der westeuropäischen Staaten über die Staatsschutzprozesse in der Bundesrepublik und die Verantwortlichkeit der Bundesanwaltschaft für den Tod von Holger Meins und Siegfried Hausner zu informieren; daß

13. infolge der Beweisnot im Stammheimer Verfahren auf Initiative des Bundeskriminalamts ein Kronzeugengesetz nach Müllers Bedingungen projektiert wurde, das erst mit der Einsicht des Generalbundesanwalts, daß im Rahmen der Staatsschutzjustiz keine Notwendigkeit für eine gesetzliche Regelung besteht, weil es einfacher schien, mit Hilfe nachrichtendienstlicher Mittel ungesetzlich Kronzeugen zu produzieren, wieder verworfen wurde; daß

14. auf Weisung des Generalbundesanwalts dem Hamburger Gericht die Akten über das Geständnis Müllers vorenthalten und von Bundesjustizminister Vogel mit einem Sperrvermerk versehen wurde, um einen Freispruch Müllers von

der Anklage des Mordes, den er zur Bedingung seiner Aussage in Stammheim gemacht hatte, zu ermöglichen; daß

15. die Bundesanwaltschaft als die Schaltstelle, die die justitiell-öffentliche Verwertung nachrichtendienstlicher Aktionen mit der Regierungspolitik koordiniert, über die Abhöraktion und ihre wesentlichen Ergebnisse von Anfang an informiert war, und zwar

a) unmittelbar durch die Berichte des Bundesnachrichtendienstes und des Verfassungsschutzes,

b) durch die Informationspolitik des Bundeskriminalamts, demgegenüber eine Informationspflicht der Landeskriminalämter besteht,

c) über die Lagebesprechung, die monatlich zwischen dem Generalbundesanwalt und den Leitern der drei westdeutschen Nachrichtendienste stattfindet;

16. daß im Rahmen der Fahndung und der Vorbereitung öffentlicher Hauptverhandlungen

a) Gefangene zur Informationsbeschaffung Methoden der psychischen, medikamentösen und physischen Aussageerpressung unterworfen wurden,

b) Programme der sensorischen Deprivation, der Isolation, der Gruppenisolation, der Streßmanipulation mit dem Ziel eingesetzt wurden, die Angeklagten psychisch und intellektuell zu brechen,

c) diese Programme durch eine vollständige Überwachung jeder Lebensäußerung und aller Kontakte der Gefangenen innerhalb ihrer Zellen, in den Anwalts- und Besuchszellen, aber auch in den Käfigen, in denen sie sich im Freien bewegen können, von Psychiatern und besonders ausgebildeten Staatsschutzbeamten ausgewertet und gesteuert wurden und daß die Konzeption, Auswertung und Weiterentwicklung dieser Programme und ein Austausch der Ergebnisse mit wissenschaftlichen Forschungsprojekten – wie z. B. des Sonderforschungsbereichs 14 der Universität in Hamburg-Eppendorf – abgestimmt wird, daß

d) beispielsweise die Unterbringung von Ulrike Meinhof und später Ulrike Meinhof und Gudrun Ensslin im Toten Trakt in Köln-Ossendorf von einem Forschungsprojekt an der Hamburger Universitätsklinik begleitet wurde („Projekt A8: soziale Interaktion in einer modellhaften inkompatiblen Gruppensituation unter besonderer Berücksichtigung der Aggressivität"), in dem die Lebens- und Interaktionsbedingungen der beiden Gefangenen exakt simuliert wurden; daß im besonderen Ulrike Meinhof wegen ihrer Orientierungsfunktion innerhalb der außerparlamentarischen Opposition seit der Antiatombewegung und wegen ihrer Funktion innerhalb der Gruppe nach ihrer Verhaftung auf Veranlassung der Bundesanwaltschaft 8 Monate lang im akustisch isolierten Trakt psychiatrischer Folter unterworfen wurde, um sie zu brechen und zu psychiatrisieren, und daß ihr Bewußtsein, als dieses Projekt an ihrem Widerstand und den Anwälten scheiterte, durch eine stereotaktische Gehirnoperation zerstört werden sollte; daß

17. die Einführung des § 231 a, der es ermöglicht, in Zukunft die Hauptverhandlung in Abwesenheit des Angeklagten nach einem nichtöffentlichen, sogenannten „Anhörungstermin" durchzuführen, und die Sondergesetze § 138 und § 146, die es ermöglichen, Verteidiger auf bloßen Verdacht hin auszuschließen, den Zweck haben, diese Methoden des Staatsschutzes nicht öffentlich werden zu lassen; daß

18. Formulierungen wie

„das Äußerste dagegen unternehmen"

„bis an die Grenzen des Rechtsstaats"
„mit allen Mitteln"
„tilgen"
„härtestes Durchgreifen des Staates, der sich in einer Verteidigungsposition nicht scheuen kann, selbst zu töten" (Schmidt, Regierungserklärung 13.3.1975)
die Entscheidung und den Konsens auf höchster Regierungsebene ausdrükken, innerhalb der antisubversiven Aktion Mitglieder illegaler Gruppen im In- und Ausland und Gefangene gezielt und verdeckt zu töten; und daß
19. der Tod von Ulrike Meinhof
Holger Meins
Siegfried Hausner und
Ullrich Wessel
eine Konsequenz dieser Entscheidung ist; daß
20. für die Dramaturgie des Todeszeitpunkts Ulrike Meinhofs maßgebend war
a) eine bevorstehende Kommandoaktion zur Befreiung der Stammheimer Gefangenen, über die die Nachrichtendienste informiert waren,
b) der Austausch der Stammheimer Gefangenen, um den sich die DDR bemüht hatte,
c) der Druckerstreik,
d) die unmittelbar davor von den Gefangenen im Prozeß gestellten Beweisanträge und die Zeugenladungen der ehemaligen amerikanischen Geheimdienstmitglieder Agee, Peck, Osborne, Thomas, die
– die begrenzte Souveränität der Bundesrepublik im Verhältnis zu den USA,
– die Durchdringung von Regierung, Parteien und Gewerkschaften durch amerikanische Geheimdienste und
– die Rolle der Bundesrepublik im Rahmen der amerikanischen Globalstrategie im allgemeinen und im besonderen während des Vietnamkriegs zum Thema hatten; daß
21. die Entscheidung, neben der gesamten über das BKA und die Sonderkommissionen zentral geführten Polizei, dem BGS, den Spezialeinheiten der Bundeswehr und den Medien auch die Justiz, Teile der amerikanischen Armee (Stgt. Ztg. 30.5.1972 und 3.6.1972 und Stgt. Nachr. 3.6.72 und 5.6.72), alle deutschen und amerikanischen Nachrichtendienste und alle oder „äußerste" nachrichtendienstliche Mittel im Rahmen von international organisierter Counterinsurgency einzusetzen, die Maßnahmen der Regierung gegen die Gruppe als eine verdeckte, menschenrechtswidrige Kriegshandlung definiert, gegen die, weil in ihr die Verfassung der Bundesrepublik beseitigt ist, Widerstand legitim ist.

Dieser Antrag ist auch enthalten in: Stuberger, a. a. O., S. 263–269 (Abschnitt 16 d ist dort jedoch unvollständig).

83 Protokolle, S. 13763–13830

84 Protokolle, S. 13833–13834

85 Protokolle, S. 13838–13839

86 Protokolle, S. 13839

87 Protokolle, S. 13841–13842

88 Protokolle, S. 13846–13848

89 Vgl. Protokolle, S. 11040–11041

90 Vgl. Protokolle, S. 13866–13872

91 Brief Benders: Protokolle, S. 13904–13905; Ablehnung der Anträge: Protokolle S. 13911 und 13922–13925.

92 2. In der Hauptverhandlung am 22.3. hat der Vorsitzende Richter erklärt: „Prozessual freilich ist der geschehene Verstoß gegen den § 148 StPO nicht aus der Welt zu schaffen." (Bl. 13722 der Tonbandniederschrift)

Richtig ist, daß dieser Verfahrensverstoß irreparabel ist.

Richtig ist darüber hinaus, daß er für diese Hauptverhandlung fortwirkt. Wichtig ist ferner, daß die Gefahr jederzeitiger Wiederholung offen und mehrfach angezeigt worden ist (1.3, 1.9, 1.10, 1.11).

Als unstreitig ist anzunehmen, daß der Hinweis des zuständigen Haftrichters an die Justizverwaltung auf die Fortgeltung des § 148 StPO auch in diesem Verfahren nicht mehr als deklamatorischen Charakter hat. Die Abhörminister haben nie geleugnet, § 148 StPO schon im März 1975 als geltendes Recht gekannt zu haben. Sowohl das vergangene Abhören von Verteidigergesprächen als auch die seine Wiederholung unverblümt anzeigende Programmvorschau (1.3, 1.9, 1.10, 1.11) begründet Verfahrenshindernis gegenüber der Fortführung dieser Hauptverhandlung.

2.1. Die notwendige Verteidigertätigkeit in diesem Verfahren (§ 140 StPO, Art. 6 MRK, Art. 14 des Internationalen Pakts über Bürgerliche und Politische Rechte im folgenden: UN-Pakt) ist nach Maßgabe der §§ 147, 148 StPO privilegiert. Diese Verteidigungsrechte der Angeklagten haben den Rang institutioneller Garantien, wie speziell für § 147 das Bundesverfassungsgericht in E 18,399 ausgesprochen hat, wie generell das Bundesverfassungsgericht in E 26,71 und in E 38,111 hervorgehoben hat:

„Das Recht auf Verteidigung und das Recht auf ein faires Verfahren gehören zu den wesentlichen Grundsätzen eines rechtsstaatlichen Strafverfahrens. Der Angeklagte darf nicht nur Objekt des Verfahrens sein; ihm muß vielmehr die Möglichkeit gegeben werden, zur Wahrung seiner Rechte auf den Gang und das Ergebnis des Verfahrens Einfluß zu nehmen..."

„Zu den wesentlichen Grundsätzen eines rechtsstaatlichen Verfahrens zählt das Recht auf ein faires Verfahren... Es erschöpft sich nicht in der Selbstbeschränkung staatlicher Mittel gegenüber beschränkten Möglichkeiten des Einzelnen, die sich in der Verpflichtung niederschlägt, daß staatliche Organe korrekt und fair zu verfahren haben... Der Anspruch auf ein faires Verfahren ist durch das Verlangen nach verfahrensrechtlicher 'Waffengleichheit' von Ankläger und Beschuldigten gekennzeichnet und dient damit in besonderem Maße dem Schutz des Beschuldigten, für den bis zur Verurteilung die Vermutung seiner Unschuld streitet." Das heimliche Abhören von Verteidigergesprächen von Beginn dieser Hauptverhandlung an ist unzulässige Beschränkung der Verteidigung von Anfang an. Der Rechtsmangel ist nicht heilbar. Der Verfahrensverstoß wäre wegen des einschränkenden Wortlauts des § 338 Nr. 8 StPO nicht revisibel. Jedoch erweist die Aufnahme des Tatbestands 'unzulässige Beschränkung der Verteidigung' in die Enumeration absoluter Revisionsgründe seine rechtliche Qualität als Verfahrenshindernis entsprechend den anderen dort genannten Tatbeständen („Grundsatz der Unbeschränkbarkeit der Verteidigung": Löwe/Rosenberg, 22. Aufl., § 338 Anm. VIII 1; KMR, § 338 Anm. 9).

Darüberhinaus verstößt das verfassungs- und gesetzeswidrige heimliche Abhören von Verteidigergesprächen (heimliches Abhören verletzt die Art. 1 und 2 GG) gegen das Rechtsstaatsprinzip, das im Strafprozeß als „Recht auf ein faires Verfahren“ und als Anspruch auf verfahrensrechtliche „Waffengleichheit“ konkretisiert ist (Bundesverfassungsgericht). (Ich bitte das Gericht zu erwägen, welche Rechtsfolgen es wohl an die Entdeckung geknüpft hätte, seine geheimen Beratungen wären abgelauscht worden!)

2.2. Das heimliche Abhören von Gesprächen der Angeklagten mit ihren Verteidigern verletzt zugleich weiteres prozessuales Grundrecht der Angeklagten: ihr Recht zu schweigen. („Ihm soll und darf die Rolle eines Beweismittels gegen sich selbst nicht zufallen.“ BGH NJW 1957, 231.)

Das Schweigerecht wurzelt in der Unschuldsvermutung, verbürgt dem Angeklagten, „daß er nicht seinem freien Willen zuwider zum Beweismittel gegen sich selber gemacht werden darf“ (Adolf Arndt NJW 1966, 870); ist Ausdruck zugleich des materiellen Hauptgrundrechts unserer Verfassung Art. 1 I GG (Kunert MDR 1967, 539). Als Menschenrecht findet es sich in Art. 14 III g des UN-Pakts, wird hier gerade als Essentiale des „fair trial“ verstanden (Bundesrats-Drucksache 304/73 vom 13.4.1973 S. 57).

Daß die Rüge dieses Rechtsbruchs handfest praktische Bedeutung hat, hat Justizminister Bender überdeutlich gemacht: Er hat mit Schreiben vom 28.3.1977 an dieses Gericht – wie schon vorher in aller Öffentlichkeit – behauptet, die mitangeklagte Ulrike Meinhof hätte in einem Verteidigergespräch „die Möglichkeit der Geiselnahme eines Kindes erwähnt“ (s.a. die Pressemeldungen vom 18.3.1977).

Damit hat er unmittelbar illegalen Einfluß auf die diesem Gericht zustehende Entscheidung genommen: Verdächtigung von Angeklagten und Verteidigern, eine kriminelle Vereinigung aus der Haftanstalt betrieben oder fortgeführt zu haben! Ferner (Zit. aus Spiegel Nr. 13 vom 21.3.1977, S. 27): „Ob sich Schieß und Bender überhaupt mit dem Paragraphen 34 rechtfertigen können, ist offen. Denn ihre Befürchtungen gründen die Minister auf eine Aufzählung von Terrorakten, Anarcho-Morden und Geiselnahmen der Jahre 1974 und 1975. Die Minister behaupten „mit letzter Gewißheit“, daß diese Aktionen über Stammheimer Kontakte („Verkehr dieser Gefangenen mit Besuchern“) in Szene gesetzt worden sind...

Beispielsweise „ergab sich“ für sie, daß die Stammheimer mit dem terror-Verdächtigen Ex-Rechtsanwalt Siegfried Haag über die Vertrauensanwälte in Verbindung gestanden habe. Beweis: Bei der als Haag-Helferin verdächtigen Elisabeth van Dyck fanden sich Fotos, die wahrscheinlich aus Stammheim herausgeschmuggelt sind. Beweis? Oder: Die Anwälte hätten eine Absprache zwischen den Stammheimern und den Stockholm-Terroristen vermittelt. Beweis: Es „mußte davon ausgegangen werden“.“

Und dazu (Zitat aus Spiegel a. a. O., S. 26): „Daß Bundesinnenminister Werner Maihofer etwas gewußt haben könnte, wollte der Innenminister „nicht ausschließen“; Generalbundesanwalt Siegfried Buback habe „womöglich“ auch etwas erfahren.“ Diese in den öffentlichen Umlauf gebrachten Denunziationen der Angeklagten (auch, wenn nur festgemacht an den Namen der toten Ulrike Meinhof) sind ihrem Inhalt nach schwerste strafrechtliche Belastungen im Sinne der Anklage in dieser Hauptverhandlung; jedenfalls geeignet, richterliche Urteilsbildung zu beeinflussen; ohne daß da strafprozessuale Verwertungsverbote noch abhelfen könnten.

Die Vorenthaltung des angeblichen Tonbands macht die Angeklagten in diesem Verfahren weitergehend rechtsschutzlos! (Gegen die Art. 1 I, 2 I, 20 III, 103 I GG macht sie die betroffenen Angeklagten weitergehend zum „Objekt".)

Allein schon darum verbietet dieser illegale Einbruch der Exekutive in dieses Verfahren dessen Fortführung. Das Verfassungsprinzip des fairen Verfahrens ist unheilbar verletzt.

2.3. Verletzt sind die betroffenen Verteidiger in eigenem Recht: in ihrer Prozeßsubjektstellung als Vertreter der abwesenden Angeklagten in der Hauptverhandlung (§§ 231 a IV, 234 StPO; vgl. Löwe/Rosenberg, 23. Aufl., 1976, Einleitung Kap. 9 Rz. 7).

Abgesehen von diesem Prozeßrechtsverstoß greift das illegale Ablauschen ihrer Mandantengespräche in die Freiheit ihrer Berufsausübung (Art. 12 I GG) ein, welche insoweit gerade nicht gesetzlich beschränkt ist.

Die von unzulässiger Beschränkung freie Verteidigung zählt zu den grundlegenden Prozeßmaximen (vgl. Peters, Der Neue Strafprozeß, 1975, S. 72); zu den zwingenden Grundnormen des Verfahrensrechts, wo kein Raum für Ermessen ist (Kleinknecht, StPO, 33. Aufl. 1977, § 338 Rz. 1).

Sind, wie hier, die verfassungsrechtlichen Postulate des Strafprozesses in ihrem Wesensgehalt verletzt und ist durch Fortführen der Hauptverhandlung die Rechtsverletzung nicht zu heilen, ist insbesondere ihr Fortwirken in diesem Verfahren nicht auszuschließen: dann liegt Prozeßhindernis i.S.d. §§ 206 a, 260 III StPO vor.

3.1. Für die zwingende Rechtsfolge hieraus, die Einstellung des Verfahrens, ist unerheblich, ob das Gericht oder eines seiner Mitglieder Kenntnis von den Abhörvorgängen schon vor deren Aufdeckung gehabt hat – wiewohl für die Verteidigung von großem Interesse wäre, die Herren NUSSER und Dr. PRINZING als Zeugen hierzu zu hören, was zu bewirken dem Senat ja frei stünde. (Nachdem Herr Dr. Prinzing als Vorsitzender Richter wiederholt angebliche Aussprüche der Gefangenen zueinander aus anonymer Quelle in die Hauptverhandlung eingeführt hat, vermag sicher keinen Prozeßbeteiligten zu befriedigen, was als seine Erklärung in dieser Sache die Stuttgarter Nachrichten vom 25.3. (unter anderem) wiedergeben: „Prinzing... bezeichnete einen Zusammenhang zwischen seiner Person und der Abhöraktion als 'gekleistert'.")

3.2. Andererseits reicht, ohne daß es noch auf die in der Vergangenheit liegenden Rechtsbrüche ankäme, die Ankündigung der Minister Schieß, Bender und Filbinger aus, Verteidigergespräche nach eigenem Befinden auch in Zukunft abhören zu lassen (1.3, 1.9, 1.10, 1.11): um dieses Verfahren einzustellen, weil das Gericht weder rechtlich noch faktisch in der Lage ist, die Wiederholung der gerügten Rechtsbrüche abzuwenden.

In dieser prozessualen „Gefahrenlage" ist den Angeklagten, aber auch ihren Verteidigern, die Fortsetzung dieses Verfahrens nicht zumutbar (i.S.v. BVerfGE 24, 61).

93 Urteil vom 28.4.77, S. 318

94 Vgl. u. a. Politik der inneren Sicherheit, Hsg. E. Blankenburg, Neue Folge Bd. 16, Suhrkamp, Frankfurt 1980.

95 Vgl. zur BRD: Rossnagel, a. a. O., S. 264

96 Poulantzas, Klassen im Kapitalismus heute, VSA, Westberlin 1975, S. 76.

97 Ebenda, S. 78

98 Johannes Agnoli, Überlegungen zum bürgerlichen Staat, Wagenbach, Berlin 1975, S. 84; siehe auch: Johannes Agnoli, Die Transformation der Demokratie, in: Agnoli/Brückner, Die Transformation der Demokratie, Berlin 1967, S. 3–87.

99 Vgl. Günter Frankenberg, Angst im Rechtsstaat, in: Kritische Justiz, 1977, S. 353 ff.

100 Vgl. dazu u. a. Abendroth, Azzola u. a., Schutz oder Beugung der Verfassung?, Hefte zu politischen Gegenwartsfragen 25, Pahl Rugenstein, Köln 1975; 3. Internationales Russell-Tribunal, Bd. 1 und 2, Rotbuch, Berlin 1978.

101 Abendroth, Das Problem des Berufsverbots für Marxisten, Sozialisten und radikale Demokraten in der Bundesrepublik Deutschland und die Entscheidung des Bundesverfassungsgerichts, in: Schutz und Beugung der Verfassung?, a. a. O., S. 8.

102 BVerfGE 39, 334 ff.

103 BVerwG NJW 1975, 1135 ff., im Fall Anne Lenhart; vgl. dazu Bernhard Blanke, „Staatsraison“ und demokratischer Rechtsstaat, in: Leviathan, Zeitschrift für Sozialwissenschaft, 1975/2, S. 153 ff.

104 3. Internationales Russell-Tribunal, Bd. 2, a. a. O., S. 39.

105 Ebenda, S. 39

106 Zitiert nach Frankenberg, a. a. O., S. 366; siehe auch: Ulrich K. Preuß, Gesellschaftliche Bedingungen der Legalität, in: ders., Legalität und Pluralismus, Frankfurt 1973, S. 9.

107 Ulrich K. Preuß, in: 'Radikale' im öffentlichen Dienst? – Eine Dokumentation, Hsg. Knirsch/Nagel/Voegeli, Frankfurt 1973, S. 122; zitiert nach Frankenberg, a. a. O., S. 366.

108 Frankenberg, a. a. O., S. 366–367.

109 Vgl. Johannes Lameyer, Streitbare Demokratie, Eine Verfassungshermeneutische Untersuchung, Berlin 1978, S. 47f.

110 Alle Zitate nach Frankenberg, a. a. O., S. 370.

111 Ebenda, S. 370

112 Abendroth, Das Problem des Berufsverbots..., a. a. O., S. 13.

113 Ebenda, S. 15

114 3. Internationales Russell-Tribunal, Bd. 2, a. a. O., S. 94–101.

115 Böckenförde, a. a. O., S. 1886.

116 Adolf Nemeskal, Bekämpfung von Stadtguerilla, in: Kriminalist 7/1975.

117 Ebenda

118 Tweede Kamerstukken '81-'82 = 17363, nos. 1–3; MvT. S. 14.

119 Vgl. BVD-lessen aan de politie, in: KRI, Juni 1982, Monatszeitschrift der Vereniging van Reklasseringsinstellingen.

120 Rossnagel, a. a. O., S. 262

121 Ebenda, S. 268

122 Der SPD-Vorsitzende Willy Brandt in einem Brief vom 9.12.74 an die damalige Vorsitzende der PvdA (holländische sozialdemokratische Partei), Ien van den Heuvel, als Antwort auf ihren Brief vom 27.11.74, in dem sie ihre Besorgnis über die geplante „Lex RAF“ ausgesprochen hatte.

123 Frank Kitson, Low Intensity Operations: Subversion, Insurgency and

Peacekeeping, Faber and Faber, London 1971; deutsche Ausgabe: Im Vorfeld des Krieges, Abwehr von Subversion und Aufruhr, Seewald, Stuttgart-Degerloch 1974, S. 79.

124 Protokolle, S. 13929

125 Protokolle, S. 13931–13933; Siehe 3.2.1.

126 FR vom 6.10.76; meine Wiedergabe der BAW-Plädoyers beruht auf den Aufzeichnungen der Verteidiger und auf Presseberichten.

127 Jürgen Busche, Bei diesen Angeklagten ist nichts politisch, in: FAZ vom 9.10.76

128 Ebenda

129 Das „Hotelplädoyer" ist veröffentlicht in: Kritische Justiz 1977, S. 193207

130 Vgl. Anm. 127

131 FAZ vom 8.10.76: „Deshalb war es überraschend, daß das Plädoyer der Anklage sich in wesentlichen Teilen auf die Zeugenaussage des ehemaligen Baader-Meinhof Mitglieds Gerhard Müller stützte".

132 Protokolle, S. 11784–11787

133 Protokolle, S. 11785

134 Protokolle, S. 11789–11790; auch FR vom 9.10.76.

135 In den Protokollen (S. 13931–13933) ist nur erwähnt, welche Verteidiger wie lange redeten und welche Anträge sie stellten. Bezüglich der Inhalte beziehe ich mich vor allem auf die Berichterstattung von Stuberger in der Frankfurter Rundschau vom 22.4.77.

136 Protokolle, S. 13934

137 Protokolle, S. 13933; vgl. Werner Birkenmaier, Ein Alptraum ist zu Ende, in: Deutsches Allgemeines Sonntagsblatt vom 8.5.77.

138 Protokolle, S. 13936

139 Vgl. § 268 StPO

140 Vgl. § 275 StPO

141 Vgl. § 341 i.V.m. 345 StPO

142 Vgl. Kleinknecht, Strafprozeßordnung mit Gerichtsverfassungsgesetz und Nebengesetzen, C. H. Beck, München 1975, Anm. 1 E zu § 206a StPO.

143 Vgl. die Kommentierung in der FR vom 29.4.77: „Die Darstellung entsprach im wesentlichen den Ausführungen der Bundesanwaltschaft in ihrer mehr als dreihundert Seiten starken Anklageschrift".

144 Urteil, S. 149

145 Urteil, S. 196

146 Urteil, S. 208

147 Urteil, S. 71

148 Urteil, S. 240

149 Ebenda

150 Urteil, S. 211

151 Urteil, S. 215

152 Urteil, S. 218

153 Urteil, S. 220

154 Urteil, S. 223–224

155 Urteil, S. 224

156 Urteil, S. 225–226

157 Urteil, S. 226–267

158 Urteil, S. 236

159 Urteil, S. 244

160 Vgl. FR vom 29.4.77.

161 Wilfried Rasch, Die Gestaltung der Haftbedingungen für politisch motivierte Täter in der Bundesrepublik Deutschland, in: Monatsschrift für Kriminologie und Strafrechtsreform, Juni 1976, S. 61 ff.

162 Ebenda, S. 67

163 Ebenda, S. 68

164 In der Hungerstreikerklärung wird weiter gefordert:

„2. die untersuchung des todes von holger meins, siegfried hausner und ulrike meinhof durch eine internationale untersuchungskommission, die unterstützung der arbeit dieser kommission und die veröffentlichung ihrer ergebnisse in der bundesrepublik.

3. daß von der regierung öffentlich deutlich gemacht wird, daß die meldungen

– die RAF hätte geplant, in der stuttgarter innenstadt drei bomben zu zünden (6/72)

– die RAF hätte geplant, während der fußballweltmeisterschaft raketenangriffe auf besetzte fußballstadien durchzuführen (sommer 74)

– die RAF hätte geplant, das trinkwasser einer großstadt zu vergiften sommer 74)

– die RAF hätte senfgas gestohlen und geplant, das gas einzusetzen sommer 75)

– das kommando holger meins hätte das botschaftsgebäude in stockholm selbst gesprengt (4/75)

– die RAF hätte geplant, den bodensee mit atomarem müll zu verseuchen (9/75)

– die RAF hätte angriffe auf kernkraftwerke und den einsatz nuklearer, chemischer und bakteriologischer waffen geplant (seit januar 76)

– die RAF hätte einen überfall auf einen kinderspielplatz und die geiselnahme von kindern geplant (3/77)

produkte der psychologischen kriegsführung sind und daß sie lanciert wurden, um das fortschreitende polizei- und staatsapparat legitimieren,

um solidarität mit den widerstandsgruppen zu verhindern, um sie zu isolieren und vernichten zu können; daß alle diese meldungen falsch sind und daß die polizeiliche, nachrichtendienstliche und justizielle aufklärung nichts ergeben hat, was sie begründen könnte.

der hungerstreik ist ausdruck unserer solidarität

– mit dem hungerstreik der gefangenen aus dem palästinensischen widerstand für den kriegsgefangenenstatus,

– mit dem hungerstreik der gefangenen aus der IRA in irischen und englischen gefängnissen für den politischen status, der ihnen als folge der anti-terrorismusgesetze, die die bundesrepublik auf europäischer ebene initiiert und durchgesetzt hat, aberkannt worden ist,

– mit der forderung der gefangenen aus der ETA und anderen antifaschistischen gruppen nach einer amnestie in spanien,

– mit allen, die im kampf für soziale revolution und nationale selbstbestimmung gefangen genommen worden sind, und

– mit allen, die angefangen haben, sich gegen die verletzung der menschenrechte, das elend und die brutale ausbeutung in den gefängnissen der bundesrepublik zu wehren.

den widerstand bewaffnen
die illegalität organisieren
den antiimperialistischen kampf offensiv führen
stammheim, am 29. märz 1977
für die gefangenen aus der RAF

165 Vgl. Kritische Justiz 1977, S. 204

166 Ebenda

167 für 'akteure des systems selbst' wie buback findet die geschichte immer einen weg.

am 7.4.77 hat das KOMMANDO ULRIKE MEINHOF generalbundesanwalt siegfried buback hingerichtet.

buback war direkt verantwortlich für die ermordung von holger meins, siegfried hausner und ulrike meinhof.

er hat in seiner funktion als generalbundesanwalt – als zentrale schalt- und koordinationsstelle zwischen justiz und den westdeutschen nachrichtendiensten in enger kooperation mit der cia und dem nato-security-committee – ihre ermordung inszeniert und geleitet.

unter bubacks regie wurde

holger am 9.11.74 durch systematische unterernährung und bewußte manipulation des transportzeitpunkts von wittlich nach stammheim gezielt ermordet. das kalkül der bundesanwaltschaft war, durch die exekution eines kaders den kollektiven hungerstreik der gefangenen gegen die vernichtungshaft zu brechen, nachdem der versuch, andreas durch einstellung der zwangsernährung umzubringen, durch die mobilisierung der öffentlichkeit gescheitert war.

unter bubacks regie wurde

siegfried, der das kommando holger meins geleitet hat und der die sprengung der deutschen botschaft in stockholm durch westdeutsche mek-einheiten hätte nachweisen können, am 4.5.75 ermordet. während er unter der ausschließlichen verfügungsgewalt der bundesanwaltschaft und des bka stand, wurde seine auslieferung in die brd und der lebensgefährliche transport in das gefängnis von stuttgart stammheim durchgeführt, was seinen sicheren tod bedeutete.

unter bubacks regie wurde

ulrike am 9.5.76 in einer aktion des staatsschutzes exekutiert. ihr tod wurde als selbstmord inszeniert, um die sinnlosigkeit der politik, für die ulrike gekämpft hat, zu demonstrieren. der mord war die eskalation nach dem versuch der bundesanwaltschaft, ulrike durch einen neurochirurgischen zwangseingriff zu kretinisieren, um sie – zerstört – im stammheimer prozeß vorführen und bewaffneten widerstand als krankheit denunzieren zu können. dieses projekt wurde durch internationalen protest verhindert

der zeitpunkt ihrer ermordung war präzise kalkuliert: vor der entscheidenden initiative im prozeß, den anträgen der verteidigung, die an den angriffen der RAF gegen die us-headquarters in frankfurt und heidelberg 1972 die beteiligung der brd an der völkerrechtswidrigen aggression der usa in vietnam interpretieren sollten;

vor ulrikes zeugenvernehmung im prozeß in düsseldorf gegen das kommando holger meins, wo sie authentisch über die äußerste form der folter, die an ihr in 8 monaten toten trakts vollstreckt worden war, hätte aussagen können;

vor ihrer verurteilung – da die kritische internationale öffentlichkeit, die sich an dem schauprozeß in stammheim und seiner zynischen darstellung imperialistischer gewalt entwickelt hat, von der bundesregierung begriffen worden war, weil sie dabei war, ihnen auf die füße zu fallen.

ulrikes geschichte ist deutlicher als die vieler kämpfer die geschichte der kontinuität von widerstand

sie verkörpert für die revolutionäre bewegung eine ideologische avantgardefunktion, auf die bubacks konstruktion des fingierten selbstmords zielte: ihr tod von der bundesanwaltschaft als 'einsicht in das scheitern' bewaffneter politik propagandistisch verwertet – sollte die gruppe, ihren kampf und die spur ihrer wirkung moralisch vernichten.

die konzeption der bundesanwaltschaft, die seit 71 fahndung und verfahren gegen die RAF an sich gezogen hat, läuft nach der linie der im security committee der nato konzipierten antisubversionsstrategie: kriminalisierung revolutionären widerstands – deren taktische schritte infiltration, entsolidarisierung und isolierung der guerilla und eliminierung ihrer leader sind.

im rahmen der counterstrategie der imperialistischen brd gegen die guerilla ist die justiz kriegsführendes instrument – in der verfolgung der aus der illegalität operierenden guerilla und in der vollstreckung der vernichtung der kriegsgefangenen.

buback – wie schmidt sagt 'ein tatkräftiger kämpfer' für diesen staat – hat die auseinandersetzung mit uns als krieg begriffen und geführt: 'ich habe den krieg überstanden. dies ist ein krieg mit anderen mitteln.' was revolutionärer krieg ist – und das werden die bullen wie buback nie begreifen – ist die kontinuität, die solidarität, die liebe, die die aktion der guerilla ist.

wir werden verhindern, daß unsere fighter in westdeutschen gefängnissen ermordet werden, weil die bundesanwaltschaft das problem, daß die gefangenen nicht aufhören zu kämpfen, nicht anders als durch ihre liquidierung lösen kann wir werden verhindern, daß bundesanwaltschaft und staatsschutzorgane sich an den gefangenen fightern rächen für die aktionen der guerilla draußen.

wir werden verhindern, daß die bundesanwaltschaft den vierten kollektiven hungerstreik der gefangenen um die minimalen menschenrechte benutzt, um andreas, gudrun und jan zu ermorden, wie es die psychologische Kriegsführung seit ulrikes tod offen propagiert.

KOMMANDO ULRIKE MEINHOF

ROTE ARMEE FRAKTION

DEN BEWAFFNETEN WIDERSTAND UND DIE ANTIIMPERIALISTISCHE FRONT IN WESTEUROPA ORGANISIEREN

DEN KRIEG IN DEN METROPOLEN IM RAHMEN DES INTERNATIONALEN BEFREIUNGSKAMPFS FÜHREN

168 Kritische Justiz, 1977, S. 193

169 Ebenda

170 Presseerklärung vom 9.4.77 der Sektion BRD des Internationalen Komitees zur Verteidigung Politischer Gefangener in Westeuropa.

171 G. Stratenwerth, Strafrecht und Sozialtherapie, in: Festschrift für P. Bokkelmann, 1979, S. 9.

172 Herzberg, Zur Strafbarkeit der Beteiligung am freigewählten Selbstmord, dargestellt am Beispiel des Gefangenensuizids und der strafrechtlichen Verantwortung der Vollzugsbediensteten, in: ZStW, 1979, S. 555 ff.

173 Hanno Kühnert, Wann das Recht zum Selbstmord respektiert werden muß, in: Süddeutsche Zeitung vom 10.4.76

174 Vgl. Joachim Wagner, Selbstmord und Selbstmordverhinderung. Zugleich ein Beitrag zur Verfassungsmäßigkeit der Zwangsernährung, C. F. Müller, Juristischer Verlag, Karlsruhe 1976.

175 Anstaltsarzt Dr. Henck, zitiert nach: Der Spiegel 16/1977, S. 32

176 Vgl. Herzberg, a. a. O., S. 560.

177 Berichte der Gefangenen Brigitte Asdonk, Annerose Reiche, Margit Schiller, Christa Eckes, Inga Hochstein, Ilse Stachowiak, Wolfgang Beer, Helmut Pohl und Werner Hoppe sind teilweise veröffentlicht in: Info Hamburger Undogmatischer Gruppen, Nr. 16 (Juni/Juli 1977), Info Hug Vertrieb, Hamburg, S. 3–4.

178 Ebenda, S. 4

179 Ebenda, S. 5–6

180 Ebenda, S. 5

181 Landtag von Baden-Württemberg, Drucksache 7/3200, S. 49–50.

182 Stuttgarter Nachrichten vom 2.5.77

183 Presseerklärung vom 22.6.77 von Gudrun Ensslin, Ingrid Schubert und Irmgard Möller.

184 Süddeutsche Zeitung vom 22.6.77.

185 Vgl. z. B. Bild, Stuttgarter Zeitung, FAZ, FR und Stuttgarter Nachrichten vom 22.6.77.

186 Presseerklärung vom 22.6.77 von Verena Becker und Sabine Schmitz.

187 FR vom 28.7.77.

188 Verfassungsschutzbericht 1976, Hsg. Der Bundesminister des Innern, Bonn, Juli 1977, S. 122–123.

189 Aufgrund § 132a StPO i.V.m. § 70 StGB.

190 Vgl. Toby der Bär und die Breppelzitsche, in: Der Spiegel vom 1.8.77 (gedruckt vor dem Anschlag auf Ponto); auf suggestive Weise und unkritisch gibt das Wochenmagazin reine Vermutungen des BKA als mehr oder weniger feststehende Fakten wieder.

191 Vgl. Wie Croissant die neue Zentrale der Terroristen schuf, in: Die Welt vom 2.8.77.

192 Presseerklärungen vom 1., 5. und 9.8.77 der Rechtsanwälte Arndt Müller und Armin Newerla; vgl. FAZ vom 2.8.77, Stuttgarter Nachrichten und Die Welt vom 5.8.77.

193 Protokoll vom 31.7.77, unter Position 42: 1 Briefumschlag mit Bekennerschreiben i. S. Buback.

194 In den Niederlanden veröffentlicht in der Broschüre: Berichten van de gevangenen, Hsg. Rood Verzetsfront, Hoogeveen, Sept. 1977; die nachfolgenden Zitate sind den ursprünglichen Berichten der Gefangenen entnommen.

195 So Carl-Dietrich Spranger, einflußreicher Jurist der CDU/CSU-Bundestagsfraktion (seit 1983 parlamentarischer Staatssekretär im Außenministerium), in einem Interview mit Bild am Sonntag vom 21.8.77 (Schlagzeile „Schluß mit der zwangsernährung“).

196 Ebenda

197 Die Welt vom 27.8.77.

198 Hamburger Justizsenator Gerhard M. Meyer (FDP) in einem Interview mit der Stuttgarter Zeitung vom 27.8.77.

199 Beschluß vom 29.8.77 des Richters am Landgericht Heidelberg, Ehlkes (4 KS 1/77) bezüglich des Briefes einiger Hamburger Pfarrer (aufgrund von § 119 Abs. 3, 6 StPO).

200 Die Welt vom 16.8.77 und ZDF-Nachrichtensendung „Heute" vom 17.8.77; vgl. auch FAZ vom 16.8.77 mit der Mitteilung der Staatsanwaltschaft Stuttgart „ermittle in alle Richtungen".

201 Pressemitteilung vom 18.8.77 von Müller und Newerla.

202 Siehe: Dokumentation zum Hunger- und Durststreik der politischen Gefangenen, 28.8.77, Red. Russell-Arbeitsgruppe „Haftbedingungen politischer Gefangener", Kommunistischer Bund, Gruppe Frankfurt.

203 Die Passage über Rebmann zitiert nach FR vom 23.8.77: „Er wird noch einiges lernen können, wenn ihm die Zeit dazu bleiben sollte. Es gibt da ein altes deutsches Sprichwort: ‚Kommt Zeit, kommt RAF'. In diesem Sinne wünschen wir Rebmann eine erfolgreiche berufliche (Erdum-)Laufbahn".

204 Bild vom 23.8.77: „Rechtlich ist die Freilassung sicherlich in Ordnung. Aber: Ist das Recht noch in Ordnung?"; Münchner Merkur vom 23.8.77; „CSU: Freilassung Newerlas völlig unverständlich".

205 Vgl. FR vom 24.8.77: „...nach der Aussage von Polizeibeamten..." in einem Bericht mit dem Titel „Amnesty beklagt Bruch der Vertraulichkeit durch Stuttgart".

206 FR vom 6.9.77, S. 2, in: „Das Portrait: Hanns-Martin Schleyer".

207 Walter Simon, Macht und Herrschaft der Unternehmerverbände BDI, BDA und DIHT, Pahl-Rugenstein, Köln, 1976.

208 Ebenda, S. 115–116

209 Roderich Reifenrath, Die Zeichen stehen auf Härte, in: FR vom 8.9.77.

210 Vgl. die Dokumentation dazu in: Ein deutscher Herbst, Verlag Neue Kritik, Frankfurt 1978, S. 45–70.

211 Ebenda, S. 51–52; vgl. Dokumentation zu den Ereignissen und Entscheidungen im Zusammenhang mit der Entführung von Hanns-Martin Schleyer und der Lufthansa-Maschine „Landshut", Presse- und Informationsamt der Bundesregierung (im folgenden als „Regierungsdokumentation" bezeichnet), November 1977, unter „Materialien", S. 7 und 40.

212 Ein deutscher Herbst, a. a. O., S. 54–55.

213 Regierungsdokumentation (Anm. 211), a. a. O., S. 18.

214 a. a. O.

215 Ebenda, S. 36

216 Ein deutscher Herbst, a. a. O., S. 66

217 Ebenda, S. 62–71

218 Aus dem Vorwort von Heinrich Boehncke und Dieter Richter als Redakteure des Buches „Nicht heimlich und nicht kühl", Verlag Ästhetik und Kommunikation, Berlin 1977, S. 5.

219 Die Daten dieses Abschnitts sind folgenden Quellen entnommen: Regierungsdokumentation (s. Anm. 211); Dokumente und Materialien zur Kontaktsperre für Verteidiger, in: Kritische Justiz 1977, S. 395–412; Dokumente

zur Kontaktsperre, Hsg. Rechtsanwalt Rainer Elfferding, Berlin 1977; eigene Dokumenten-Sammlung.

220 Regierungsdokumentation, a. a. O., S. 19

221 Ebenda, S. 14

222 So das Justizministerium Baden-Württemberg in einer Stellungnahme vom 16.9.77 an den Vorsitzenden des 2. Senats des Bundesverfassungsgerichts i. S. Dellwo, Thimme und Ensslin, Az: 1004a-V/1443.

223 Regierungsdokumentation, a. a. O., S. 18

224 Ebenda, S. 21

225 Ebenda, S. 20; vgl. Russell-Reihe Nr. 5, Reents Verlag, Hamburg 1978, S. 184–186.

226 Dokumentation von Elfferding, a. a. O., S. 5–6.

227 Stellungnahme des Bundesjustizministers an den Vorsitzenden des 2. Senats des BVerfG i. S. Dellwo, Thimme und Ensslin; Az: 1004 E (2856) – 367/77, 1004 E (2858) – 369/77, 1004 E (2859) – 370/77.

228 In Die Welt vom 7.9.77, Titelzeile „Quousque tandem?"

229 Regierungsdokumentation, a. a. O., S. 9 der „Materialien".

230 Ebenda

231 Dokumentation zum Verfahren gegen Brigitte Mohnhaupt und Christian Klar vor dem OLG Stuttgart, Einstellungsantrag der Verteidigung – 13.12.84 -, Hsg. von den Verteidigern Dieter Adler (Hannover), Elard Biskamp (Frankfurt), Anke Brenneke-Eggers (Stuttgart), Michael Schubert (Freiburg), Freiburg 1985.

232 Regierungsdokumentation, a. a. O., S. 9 der „Materialien".

233 So Der Spiegel vom 31.10.77 „aus zuverlässigen Quellen".

234 Aus der Anzeige vom 31.10.77 von Ilse Jandt bei der Staatsanwaltschaft Berlin „gegen noch Unbekannt, wegen wissentlich falscher amtlicher Aussage und falscher Beschuldigung".

235 Ebenda

236 Stellungnahme vom 15.9.77 an den Vorsitzenden des 2. Senats des BVerfG i. S. Dellwo, Thimme und Ensslin, Az: 1004/1 E – SH'e 23, 24, 25).

237 Der Prozeß gegen die Rechtsanwälte Arndt Müller und Armin Newerla, Dokumentation, Hsg. Nina Baader, Ilse Ensslin, Helmut Ensslin, Verlag Fantasia Druck, Stuttgart 1980, S. 163; schon am 15.9.77 sagte der psychologische Berater der GSG 9, Reiner Zeller, im „Stern": „Diese Steuerung wird überschätzt... Gegen die Steuerung aus Stammheim spricht auch der Hungerstreik. Wenn ich weiß, daß ich in vier Wochen in den gewaltigen Streß der Befreiungsaktion komme, sorge ich doch dafür, daß ich geistig und körperlich fit bin. Gudrun Ensslin, die andere der beiden Symbolfiguren, ist so kaputt, daß sie wahrscheinlich die Befreiung kaum überleben wird ohne ständige ärztliche Hilfe".

238 Der Stern 49/77.

239 Dokumente..., Kritische Justiz, a. a. O., S. 396.

240 OLG Frankfurt, 16.9.77, NJW 1977, 2177.

241 Vgl. Dokumente..., Kritische Justiz, a. a. O., S. 399.

242 Ebenda

243 So Rechtsanwalt Oberwinder in einem Antrag an das Bundesverfassungsgericht; vgl. Konkret Nr. 12/1977, S. 9; Dokumentation von Elfferding, a. a. O., S. 8–9.

244 Konkret Nr. 12/1977, S. 8

245 Ebenda

246 Regierungsdokumentation, a. a. O., S. 9–10 der „Materialien".

247 Ebenda, S. 37

248 Löwe-Rosenberg, Die Strafprozeßordnung und das Gerichtsverfassungsgesetz, 23. Auflage, Rdz. 7 vor § 31 EGGVG.

249 BGH NJW 1977, 2172

250 Vgl. Dokumente..., Kritische Justiz, a. a. O., S. 400.

251 BVerfG NJW 1977, 2157

252 Vgl. BVerfG (v. 8.8.78), JZ 1978, 601.

253 Zitiert nach: Konkret Nr. 12/1977, S. 8.

254 Vgl. Löwe-Rosenberg, a. a. O., Rdz. 8 zu § 31 EGGVG; Dokumentation von Elfferding, a. a. O., S. 18–19; Dokumente..., Kritische Justiz, a. a. O., S. 401.

255 Schmidt-Leichner, zitiert nach: Die Anti-Terror-Debatte im Parlament, Rowohlt, Hamburg 1978, S. 268.

256 Lothar Tönsdorf, in: Berliner Morgenpost vom 2.10.77.

257 Hans Schüler, in: Die Zeit vom 7.10.77.

258 S. Anm. 256

259 Vgl. Löwe-Rosenberg, a. a. O., Rdz. 9 vor § 31 EGGVG.

260 BT-Drucksache, 8–943.

261 BT-Drucksache, 8–945, S. 1

262 Löwe-Rosenberg, a. a. O., Fn. 2 in Rdz. 11 zu § 31 EGGVG.

263 Vgl. § 32 EGGVG. Der Bundesjustizminister ist zuständig, wenn mehrere Länder beteiligt sind; das wird fast immer bei einer Befreiungsaktion von Gefangenen aus der RAF der Fall sein, weil diese Gefangenen (noch immer) über die ganze Bundesrepublik verteilt sind.

264 Vgl. § 35 EGGVG

265 Löwe-Rosenberg, a. a. O., Rdz. 3 zu § 35 EGGVG

266 Vgl. Löwe-Rosenberg, a. a. O., Rdz. 1 und 5 zu § 37 EGGVG.

267 Vgl. § 36 EGGVG

268 Vgl. Peter Lister in: Ein deutscher Herbst, a. a. O., S. 143–146.

269 Ein deutscher Herbst, a. a. O., S. 142.

270 Haftbefehl vom 30.9.77 des Ermittlungsrichters Kuhn beim BGH, Az: 1 BJs 105/77.

271 Regierungsdokumentation, a. a. O., S. 92–95

272 Vgl. Rolf Tophoven, GSG 9 – Operation Mogadischu, Feuertaufe der Spezialeinheit, in: Wehrtechnik Nr. 11/77.

273 Ebenda

274 Landtag Baden-Württemberg, Drucksache 7/3200: Bericht und Antrag des Untersuchungsausschusses Vorfälle in der Vollzugsanstalt Stuttgart-Stammheim, vom 9.3.78, S. 15; im folgenden „Drucksache 7/3200".

275 Vgl. International Herald Tribune vom 21.7.77; Die Zeit vom 19.8.77; Konkret Nr. 9/1977.

276 Vgl. Drucksache 7/3200

277 Vgl.: Von all dem haben wir nichts gewußt..., Dokumentation über den 17./18.10.77 in Stammheim und Mogadischu, Ermittlungsinitiative Frankfurt, Frankfurt 1978; Die Wunder von Stammheim vor Gericht – Wir glauben immer noch nicht an Selbstmord, Reents Verlag, Hamburg 1979; Der Spiegel 11/1980, S. 88–112; Der Stern 45/1980, S. 20–38, und 47/1980, S. 272–273.

278 K. Sellier, in: Berthold Mueller, Gerichtliche Medizin, Teil 1, 2. Auflage, Springer Verlag, Berlin-Heidelberg-New York 1975, S. 594.

279 Mallach nennt folgende nicht in seine Untersuchung einbezogene Gifte: „Anorganische Verbindungen, tierische und pflanzliche Giftstoffe, die meisten Pflanzenschutzmittel und Schädlingsbekämpfungsmittel sowie viele als Pharmaka verwendete nicht organische Verbindungen". Der schweizerische Prof. Hartmann, der von der Regierung eingeladen worden war, der Obduktion beizuwohnen, sagte vor dem parlamentarischen Untersuchungsausschuß des Landes Baden-Württemberg aus: „Es gibt so und soviele Gifte, daß man, wenn man nicht gerichtet auf ein bestimmtes Gift sucht, unter Umständen eines übersieht, vor allem die komplizierten organischen Gifte. Nehmen Sie Digitalis oder nehmen Sie Insulin. Wenn man nicht darauf gerichtet untersucht, wird man es nicht finden". Dennoch meinte der Untersuchungsausschuß (Drucksache 7/3200, S. 41): „Stoffe, die eine Bewußtlosigkeit hervorrufen können, im Körper aber anschließend nicht festgestellt werden können, gibt es mit an Sicherheit grenzender Wahrscheinlichkeit nicht".

280 13. Sitzung, Prot., S. 102–163; auch veröffentlicht in: Hamburger Info Nr. 19, April 1978.

281 Zu Unrecht erwähnt der Bericht des Untersuchungsausschusses (Drucksache 7/3200, S. 46) eine Tiefe von 4 Zentimeter.

282 Drucksache 7/3200, S. 15

283 Vgl. Drucksache 7/3200 S. 95–98

284 9. Sitzung, Prot., S. 185–226

285 Drucksache 7/3200 S. 46

286 Irmgard Möller berichtet, Dokumentation, Hsg. Rechtsanwältinnen Jutta Bahr-Jendges, Alexandra Goy, Rechtsanwälte Heinz Heldmann, Rainer Fromann, Berlin, Februar 1978, S. 19.

287 Der Spiegel 44/1977; Stern 49/1977

288 Der Spiegel, a. a. O.

289 Der Spiegel, a. a. O.; Stern, a. a. O.

290 Die Welt vom 14.9.77; Stern 46/1977.

291 Vgl. Der Spiegel Nr. 38 und 39/1977; Süddeutsche Zeitung vom 10.9.77.

292 Stern Nr. 45/1980

293 Der Spiegel 6/1978; Stern 45/1980; vgl. Drucksache 7/3200, S. 13.

294 Vgl. Vorläufiger Bericht vom 26.10.77 der Landesregierung Baden-Württemberg, Drucksache 7/2500, S. 2.

295 FR vom 13.3.78

296 FAZ und Süddeutsche Zeitung vom 1.12.77, zitiert nach: Arbeiterkampf v. 23.1.78.

297 Hannoversche Allgemeine Zeitung vom 13.1.78; Stern vom 19.1.78; Arbeiterkampf vom 23.1.78.

298 12. Sitzung, Prot., S. 6–26.

299 Vgl. Übersicht der Berichterstattung in: Arbeiterkampf vom 23.1.78.

300 13. Sitzung, Prot., S. 35–54, 54–62 und 62–73.

301 Vgl. Drucksache 7/3200, S. 91

302 Ebenda

303 Vgl. Der Spiegel 48/1978, S. 133 ff.

304 Vgl. Der Prozeß gegen die Rechtsanwälte..., a. a. O., S. 11–13, 22–59.

305 Ebenda, S. 13–22, 151–165, 215–264.

Kapitel IX

1 RGSt. 66, 326; BGHSt. 2, 377 = NJW 1952, 894 (896); BGH bei Dallinger, MDR 1957, 267. Siehe: Hans Dahs, Handbuch des Strafverteidigers, O. Schmidt, Köln 1977, S. 43–47, mit Angaben von Literatur und Beispielen. Jetzt noch a.M. z. B. Werner Beulke (Der Verteidiger im Strafverfahren, Frankfurt a.M. 1980, S. 150), der sogar die Auffassung vertritt, daß ein Verteidiger eine Strafvereitelung (§ 258 StGB) begehe, wenn er „von der Schuld des Angeklagten fest überzeugt ist und glaubt, daß sich der Schuldvorwurf auch im Strafprozeß bestätigt habe"; Wolfgang Strzyz (Die Abgrenzung von Strafverteidigung und Strafvereitelung, Minerva, München 1983, S. 147) dazu: „Um die prekäre Lage, in die Beulke den Verteidiger – anscheinend auch nach seiner Auffassung, da es ansonsten des folgenden Hinweises nicht bedurfte – hier bringt, abzumildern, empfiehlt er, der Verteidiger müsse private Geständnisse möglichst verhindern, ‚um weiterhin unbefangen für die Sache seines Klienten eintreten zu können'."

2 Aufgrund § 177 Abs. 2 Satz 2 der BRAO vom 1.8.59 ist die Bundesrechtsanwaltskammer verpflichtet, „die allgemeine Auffassung über die Fragen der Ausübung des Anwaltsberufs in Richtlinien festzustellen". Die neuesten Richtlinien, derzeit als „Grundsätze des Anwaltlichen Standesrechts" bezeichnet, festgestellt am 21.6.73, sind abgedruckt in: Dr. Walter Isele, Kommentar zur Bundesrechtsanwaltsordnung, Juristischer Fachbuchverlag, Essen 1976, S. 1760–1780.

3 Das zeigte sich noch im November 1983 während des „Jonge Balie Congres" (jährlicher Kongreß junger niederländischer Rechtsanwälte), der u. a. der Berufsethik gewidmet war. An dieser Tagung nahmen 600 von insgesamt etwa 4000 niederländischen Anwälten teil. Die zwölf Teilnehmer der Podiumsdiskussion, Rechtsanwälte (darunter ich) und der Präsident des Bezirksgerichts Amsterdam, konnten sich über ein anderes berufsrechtliches Problem nicht einigen: Einige Anwälte fühlten sich zur aktiven Brechung des Anwaltsgeheimnisses berechtigt, wenn sie erführen, daß ein Mandant bestimmte (schwere) strafbare Handlungen vorbereiten oder planen würde; in einem solchen Fall würden sie Behörden oder amtliche Stellen informieren.

4 Vgl. Traditionen deutscher Justiz, Hsg. Kurt Kreiler, Klaus Wagenbach, Berlin 1978.

5 Proeven van rechtssociologie – uit het werk van Wilhelm Aubert, red. Bram Peper und Kees Schuyt, Universitaire Pers, Rotterdam/Antwerpen 1971, Kap. 6, aus: W. Aubert, The Hidden Society, The Bedminster Press Inc., Totowa 1965.

6 Vgl. R. Dahrendorf, Konflikt und Freiheit, Piper, Munchen 1972, S. 166184.

7 Vgl. A. A. G. Peters, Het rechtskarakter van het Strafrecht, Kluwer, Deventer 1972, S. 13–14.

8 Ebenda, S. 12–13

9 Philippe Nonet und Philip Selznick, Law and Society in Transition: Toward Responsive Law, Harper & Row, New York 1978, S. 4–8.

10 Horst Dreier, Standesrecht und Politische Prozesse, Zum Zusammenhang

von Verteidigungsstrategie und anwaltlicher Ehrengerichtsbarkeit bei Strafverfahren gegen terroristische Gewalttäter, Oktober 1981, wahrscheinlich geplant als Teiluntersuchung für: Analysen zum Terrorismus, Bd. 4/2, Fritz Sack/Heinz Steinert u. a., Protest und Reaktion, Westdeutscher Verlag, Opladen 1984.

11 a. a. O., S. 7

12 Ebenda, S. 8

13 Kusserov, Die Würde des Advokaten ist bekleckert, in: Der Stern vom 14.2.80

14 Buback war damals (1972!) noch Pressesprecher der Bundesanwaltschaft; vgl. F. Rühmann, Anwaltsverfolgung in der Bundesrepublik 1971–1976, Hamburg 1977, S. 13.

15 Heinrich Hannover, Ausschließung von Verteidigern wegen Teilnahmeverdacht, in: Kritische Justiz 1974, S. 135 (141).

16 Dreier, a. a. O., S. 12; Isele, a. a. O., S. 497; 3. Strafverteidigertag. Referate, Diskussionen, Ergebnisse. Hsg. Hamburger Arbeitsgemeinschaft für Strafverteidiger e. V. u. a., Berlin 1979.

17 Die Einschränkung der Verteidiger im Strafprozeß. Eine Dokumentation Hamburger Juristen. Hrsg. von Werner Baufelt u. a., Hamburg 1976; Die Verteidigung auf der Anklagebank, Hrsg. von Werner Baufelt, Hamburg 1977; Raimund Kusserov, Die Ehre des Anwalts ist unantastbar, Sendemanuskript, in Info Nr. 6, S. 29–38 des Republikanischen Anwaltsvereins; 3. Strafverteidigertag, a. a. O., S. 105.

18 BGH 5.12.78 (Hoffmann)/ Anw. StR (R) 5/77/S. 9.

19 EGH Berlin, 29.5.78 (Elfferding) II EGH 16/77/S. 10.

20 Vgl. Claus Offe, Unregierbarkeit. Zur Renaissance konservativer Krisentheorien, in: J. Habermas (red.), Stichwort zur 'Geistigen Situation der Zeit', 1. Band, Frankfurt 1979, S. 294–318.

21 Ulrich K. Preuß, Die Aufrüstung der Normalität, in: Kursbuch 56, Juni 1979, S. 29.

22 Ulrich K. Preuß, Die Internalisierung des Subjekts, Frankfurt 1977, S. 246.

23 Ebenda, S. 250

24 Dreier, a. a. O., S. 23

25 Paul Watzlawick, Janet Helmick Beavin, Don D. Jackson, De pragmatische aspecten van de menselijke communicatie, Van Loghum Slaterus, Deventer 1970 (Ursprünglich: Pragmatics of Human Communications, Norton, New York 1967; deutsche Ausgabe: Menschliche Kommunikation. Huber, Bern/Stuttgart 1969).

26 Ebenda, S. 47 (Übersetzung BS)

27 Gregory Bateson, Don D. Jackson, Jay Haley, John Weakland, Toward a Theory of Schizophrenia, in: Behavioral Science, 1956, 1., S. 251–264.

28 Siehe Anm. 6; unter dem Titel: „Conflict and Liberty: Some remarks on the Social Structure of German Politics" war dies der Text des Sidney Ball Memorial Lecture der Universitat Oxford, das R. Dahrendorf am 2.11.1962 gehalten hat. Eine Veröffentlichung unter demselben Titel erfolgte im British Journal of Sociology XIV/3 (September 1963).

29 R. Dahrendorf, a.a.o., S. 167

30 Dr. Egon Müller, Strafverteidigung, NJW 1981, S. 1801–1807.

31 So wörtlich Jescheck, in: Jescheck-Lüttger, in: Festschrift Eduard Dreher, 1977, S. 783; vgl. auch Driendl, JZ 1980, 457 ff. (Anmerkung von Egon Müller).

32 Vgl. auch Hassemer, ZRP 1980, 327 (Anmerkung von Egon Müller).

33 Egon Müller, a. a. O., S. 1801

34 Ebenda, S. 1803

35 Ebenda, S. 1804

36 Max Weber, Politik als Beruf, in: Gesammelte Politische Schriften, München 1971, S. 396–450.

37 Rechtsanwältin Petra Rogge (Büro Groenewold) auf einer Pressekonferenz am 15.12.76; Gutachten A (nicht veröffentlicht) von Prof. Dr. Winfried Hassemer und Prof. Dr. Jürgen Welp am 10.11.77 vor dem OLG Hamburg, S. 4–11.

38 Gutachten A, a. a. O., (Fn. 4) S. 5.

39 Ebenda, S. 88–89

40 Ebenda, S. 75–77 und 22–32, worin der Inhalt von 19 Gesprächen und die Interpretation des GBA wiedergegeben sind.

41 Ebenda, S. 62–77

42 Dreher, StGB, 37. Aufl., Rdz. 1 zu § 353 d; siehe auch J. Bornkamm, Pressefreiheit und Fairness des Strafverfahrens. Die Grenzen der Berichterstattung über schwebende Strafverfahren im englischen, amerikanischen und deutschen Recht, Nomos Verlagsgesellschaft, Reihe: Rechtsvergleichende Untersuchungen zur gesamten Strafrechtswissenschaft, hrsg. vom Max-Planck-Institut für ausländisches und internationales Strafrecht in Freiburg/Breisgau, 3. Folge, Band 10, Baden-Baden 1980.

43 Vgl. u. a. FAZ vom 18.8.76; Bild vom 19.8.76.

44 So das Verwaltungsgericht Köln im Urteil vom 25.5.77 gegen die BRD, Az: 3 K 3327/76.

45 Vgl. Stern vom 27.1.77 (Titel „Rettet den Rechtsstaat") und 10.2.77.

46 Siehe Anm. 44

47 Urteil (Anm. 44), S. 14

48 Vgl. Kurt Groenewold, Angeklagt als Verteidiger, Attica, Hamburg 1978, S. 151–162.

49 Ebenda, S. 162

50 Nach persönlicher Information von RA Rainer Köncke.

51 Vgl. Kurt Groenewold, Angeklagt als..., a. a. O., mit der ausführlichen Prozeßerklärung von Groenewold, vielen Anträgen seiner Rechtsanwälte, Beschlüssen des OLG, Analysen zum Prozeß und umfangreichem Pressespiegel; siehe auch: Plädoyers in der Strafsache gegen Kurt Groenewold – Erik von Bagge, Roland Houver, Ulrich K. Preuß, Reinhard Zimmermann, Attica, Hamburg 1978.

52 Urteil des Hanseatischen Oberlandesgerichts Hamburg vom 10.7.78, in: Juristenzeitung 1979, 275 ff. und Kritische Justiz 1979, 72 ff.; vgl. § 56 StGB.

53 Jürgen Seifert, Anmerkungen zum Groenewold-Urteil, in: Kritische Justiz 1979, S. 80–86; Heribert Ostendorf, Verteidigung am Scheideweg, Juristenzeitung 1979, S. 252–256.

54 Gutachten C (nicht veröffentlicht), S. 34–53; vgl. Richard Sturm, Zur Bekämpfung terroristischer Vereinigungen. Ein Beitrag zum Gesetz vom 18. August 1976, in: MDR 1977, S. 6.

55 Gutachten C., S. 49.

56 a. a. O., S. 37

57 Ebenda, S. 44

58 Ebenda

59 Ebenda, S. 39

60 Groenewold-Urteil S. 113; Juristenzeitung 1979, S. 276 und Kritische Justiz 1979, S. 74.

61 a. a. O.

62 Urteil, S. 114; Juristenzeitung 1979, S. 276; Kritische Justiz 1979, S. 75.

63 Urteil, S. 114; dieser Satz ist nicht in der Juristenzeitung enthalten; Kritische Justiz 1979, S. 75.

64 Urteil, S. 46: nicht enthalten in Juristenzeitung und Kritische Justiz.

65 Ostendorf, a. a. O., S. 255

66 Urteil, S. 114; Juristenzeitung 1979, S. 276; Kritische Justiz 1979, S. 75.

67 Urteil, S. 115; Juristenzeitung 1979, S. 276; Kritische Justiz 1979, S. 75.

68 Vgl. Kurt Groenewold, Angeklagt als Verteidiger, a. a. O., S. 110–111.

69 Vgl. ebenda, S. 111–113

70 Vgl. ebenda, S. 113–116

71 Gutachten C, S. 46–47

72 Ebenda, S. 90–91

73 Urteil, S. 104 (Anm. von Ostendorf).

74 FR vom 10.7.78, S. 1 (Anm. von Ostendorf).

75 Ostendorf, a. a. O., S. 256

76 Urteil, S. 61; vgl. Kritische Justiz 1979, S. 75, Fn. 5.

77 Urteil, S. 71; vgl. Kritische Justiz 1979, S. 76, Fn. 6.

78 Urteil, S. 115; Juristenzeitung 1979, S. 276–277, Kritische Justiz, S. 76.

79 Der Literaturnobelpreisträger des Jahres 1970 klassifiziert in diesem Zusammenhang den Hungerstreik als „das erste und natürliche Recht des Gefangenen", Der Archipel Gulag, 1974, S. 448 (Anm. von Ostendorf)

80 Hierzu Roxin, Juristische Schulung 1964, 377 (Anm. von Ostendorf).

81 Ostendorf, a. a. O., S. 256

82 Urteil, S. 116; Juristenzeitung 1979, S. 277; Kritische Justiz 1979, S. 76.

83 Ostendorf, a. a. O., S. 255

84 Plädoyers in der Strafsache gegen Kurt Groenewold, a. a. O., S. 220

85 Urteil, S. 120–121; Kritische Justiz 1979, S. 78

86 Urteil, S. 121; Kritische Justiz 1979, S. 79

87 Vgl. §§ 17 Satz 2, 49 Abs. 1 StGB

88 Urteil, S. 120; Kritische Justiz 1979, S. 78

89 Seifert, a. a. O., S. 86

90 Ebenda

91 In: Der Prozeß gegen Klaus Croissant, Fantasia-Druck, Stuttgart 1979, S. 15–20.

92 Vgl. Kap. II, 3.3.

93 Der Prozeß gegen Klaus Croissant, a. a. O., S. 18

94 LG Stuttgart, XII KLs 97/76, nicht veröffentlicht

95 Der Prozeß gegen Klaus Croissant, a. a. O., S. 20

96 Vgl. Der Spiegel vom 1.8.77 und vor allem vom 10.10.77 (zweiter Teil einer Serie über „Sympathisanten" mit einem Foto Croissants auf der Titelseite unter der Schlagzeile „Terroristen-Anwälte"); siehe z. B. auch die FR-Kommentare vom 2. und 4.8.77 und die FAZ vom 1.8.77 mit der Schlagzeile „Betreiben die Terroristen in diesem Land eine Strategie der verbrannten Erde?", Unterzeile „Das Büro Croissant in Stuttgart / Das 'info'-System/Stützpunkte im Ausland".

97 Vgl. den Artikel „Wir wußten wirklich nicht wo er war“, in: Der Spiegel 40/1977, S. 139–145.

98 Z.B. Badische Neueste Nachrichten vom 10.9.77, S. 2, Schlagzeile „Deckt Mitterand Terroristenanwalt Croissant?“

99 Vgl. taz vom 10.9.77, S. 3

100 Z.B. Rheinische Post vom 10.9.77, S. 2, Schlagzeile „In Frankreich ein Freiheitsheld“, Unterzeile „Verhalten der Pariser Behörden gegenüber Croissant ist ein Skandal“.

101 FAZ vom 10.9.77, S. 3

102 Vgl. Neue Zürcher Zeitung v. 24.9.77 und Der Spiegel vom 26.9.77, S. 143.

103 Der Spiegel v. 26.9.77, S. 142

104 Z.B. in: „Sur l'Extradiction de Me. Croissant“, Le Monde vom 26.11.77

105 Dieser neue Haftbefehl ist veröffentlicht in: Der Prozeß gegen Klaus Croissant, a. a. O., S. 22–32.

106 Urteil des LG Stuttgart vom 16.2.79, Geschäfts-Nr. XII KLS 97/76 (nicht veröffentlicht), S. 75.

107 Der Prozeß gegen Klaus Croissant, a. a. O., auf Seiten 54–57 sowohl der französische Originaltext als auch die beglaubigte Übersetzung des Auslieferungsdekrets in Fotokopie.

108 BGBl 1953 II, 151, 155; 1959 II, 1251

109 BGH, Beschluß vom 28.9.78, Az: 1 BJS 89/77 / St B 197/78.

110 Article 267 Code Pénal: Sera puni de la réclusion quiconque aura sciemment et volontairement favorisé les auteurs des crimes prévus à l'article 265, en leur fournissant des instruments de crime, moyens de correspondence, logement ou lieu de réunion.

111 Article 265 Code Pénal: Toute association formée, quelle que soit sa durée ou le nombre de ses membres, toute entente établie dans le but de préparer ou de commettre des crimes contre les personnes ou les propriétés constituent un crime contre la paix publique.

112 BGH vom 14.11.79, 3 StR 323/79 (S), S. 5

113 Ebenda, S. 5

114 Croissant-Urteil (Anm. 106), S. 330

115 Dieser Haftbefehl ist in Fotokopie veröffentlicht in „Der Prozeß gegen Klaus Croissant“, a. a. O., S. 34–41.

116 Vgl. Der Prozeß gegen Klaus Croissant, a. a. O., S. 47–51

117 Der Spiegel vom 12.2.79, S. 36

118 Sei es auch nach ausführlicher Diskussion seiner eventuellen Rolle bei diesen Streiks im Zusammenhang mit dem Info-System; vgl. Croissant-Urteil, S. 339–344.

119 Ebenda, S. 351–352

120 Vgl. den schon in Kap. VIII, 1 erwähnten „Hosenladenerlaß“; dazu auch: Die Vollstreckung der Entkleidungsordnung – Verteidigerausschluß durch Sitzungspolizei, Hg. Rechtsanwältin/e Jutta Bahr-Jendges, Rainer Fromann, Hans Heinz Heldmann, Bremen 1978.

121 Gutachten vom 17.3.78, 11 Seiten, nicht veröffentlicht

122 vgl. Der Prozeß gegen Klaus Croissant, a. a. O., S. 61

123 Croissant-Urteil, S. 348–349

124 Ebenda, S. 353–354

Literaturverzeichnis (Auswahl)

Abendroth, Wolfgang: Arbeiterklasse, Staat und Verfassung, EVA, Frankfurt-Köln 1975

Abendroth/Azzola u. a.: Schutz oder Beugung der Verfassung?, Hefte zu politischen Gegenwartsfragen 25, Pahl-Rugenstein, Köln 1975

L' Affaire Croissant, Maspero, Paris 1977

Agit-Druckerei: Das Urteil vom Agit-Prozeß, Agit-Druck, Berlin 1979

Agnoli, Johannes: Die Transformation der Demokratie, in Agnoli/Brückner: Die Transformation der Demokratie, Berlin 1967

Agnoli, Johannes: Überlegungen zum Bürgerlichen Staat, Wagenbach, Berlin 1975

Amelung, Knut: Erweitern allgemeine Rechtfertigungsgründe, insbesondere § 34 StGB, hoheitliche Eingriffsbefugnisse des Staates?, NJW 1977, S. 833

Amelung, Knut: Nochmals § 34 StGB als öffentlichrechtliche Eingriffsnorm?, NJW 1978, S. 623

Analysen zum Terrorismus, Bd. I: I. Fetcher u. a., Ideologien und Strategien, 1981; Bd. 2: H. Jäger u. a., Lebenslaufanalysen, 1981; Bd. 3: W. von Baeyer-Katte u. a., Gruppenprozesse, 1982; Bd. 4/1: U. Matz u. a., Gewalt und Legitimität, 1983; Bd. 4/2, F. Sack u. a., Protest und Reaktion, 1984 – West deutscher Verlag, Opladen.

Ancel, Marc: Le Crime Politique et le Droit Pénal du Vingtième Siècle, Revue d'Histoire Politique et Constitutionelle, Vol. 2 (1938), S. 82.

Arndt, Adolf: Der Rechtsstaat und sein polizeilicher Verfassungsschutz, NJW 1961, S. 897

Arndt, Adolf: Umwelt und Recht, NJW 1964, S. 2146

Ausschaltung politischer Verteidigung, Dokumentation zu den Ehrengerichtsverfahren gegen Rechtsanwälte aus dem Raum Frankfurt a. M., Darmstadt und Heidelberg, Hg. Regionalinitiative politischer Verteidiger und AStA Uni Ffm., Frankfurt 1977

Ausschluß der Verteidiger – wie und warum?, Merve Arbeitspapiere Nr. 17, Berlin 1975

Die Baader-Meinhof-Gruppe, Walter de Gruyter, Berlin 1973

Bakker Schut, P. H.: Een Muilkorfwet, in: Recht, Macht en Manipulatie, Het Spektrum, Utrecht/Antwerpen 1976, S. 230

Balbus, Isaac D.: The Dialectics of Legal Repression, Russel Sage Foundation, New York 1973

Bateson, Gregory/Don D. Jackson/Jay Haley/John Weakland: Toward a Theory of Schizophrenia, in: Behavioral Science, 1956, 1, S. 251

Bauer, Fritz: Widerstandsrecht und Widerstandspflicht des Staatsbürgers (1963), in: Widerstandsrecht, Hg. Arthur Kaufmann, Darmstadt 1972

Beaufre, André: La guerre révolutionnaire, Arthème Fayard, Paris 1972; deutsche Ausgabe: Die Revolutionierung der Kriegsbilder, Neue Formen der Gewaltanwendung, Seewald, Stuttgart 1973

Berger, Peter L./Thomas Luckmann: Die gesellschaftliche Konstruktion der Wirklichkeit, eine Theorie der Wissenssoziologie, Fischer, Frankfurt 1970
Berufsverbot gegen Verteidiger?, Hg. Rechtsanwalt Henning Spangenberg, Berlin 1977
Berufsverbote in der BRD – Berufsverbote in Westeuropa? Dokumentation zum Ausbildungsverbot gegen Michael Empell, Hg. AStA der Universität Heidelberg, Heidelberg 1977
Bierzanek, R.: Le status juridique des partisans et des mouvements de résistance armée: évolution historique et aspects actuels, in: Mélanges, offerts à Juraj Andrassy, Nijhoff, La Haye 1968, S. 54
Blanke, Bernhard: „Staatsraison" und demokratischer Rechtsstaat, in: Leviathan, Zeitschrift für Sozialwissenschaft, 1975/2, S. 153
Blumberg, Abraham S.: The practise of law as confidence game, in: Sociology of Law, Penguin Books, 1972, S. 321
Bock, Hans Manfred: Geschichte des linken Radikalismus in Deutschland, Suhrkamp, Frankfurt 1976
Bornkamm, J.: Pressefreiheit und Fairneß des Strafverfahrens. Die Grenzen der Berichterstattung über schwebende Strafverfahren im englischen, amerikanischen und deutschen Recht, Nomos Verlagsgesellschaft, Reihe: Rechtsvergleichende Untersuchungen zur gesamten Strafrechtswissenschaft, Hg. Max Planck-Institut für ausländisches und internationales Strafrecht in Freiburg/Breisgau, 3. Folge, Band 10, Baden-Baden 1980
Braunbuch, Kriegs- und Naziverbrecher in der BRD, Berlin 1965
Brückner, Peter/Barbara Sichtermann: Gewalt und Solidarität, Wagenbach, Berlin 1974
Brückner, Peter: Ulrike Meinhof und die deutschen Verhältnisse, Wagenbach, 1977
Brünneck, Alexander von: Politische Justiz gegen Kommunisten in der Bundesrepublik Deutschland 1949 – 1968, Suhrkamp, Frankfurt 1978
Böckenförde, Ernst-Wolfgang: Der verdrängte Ausnahmezustand, NJW 1978, S. 1881

Callies/Müller-Dietz: Strafvollzugsgesetz, 1. Aufl., Beck, München 1977
Chorus, Boudewijn: Als op ons geschoten wordt..., Pamflet, Groningen 1978
Cobler, Sebastian: Die Gefahr geht von den Menschen aus – Der vorverlegte Staatsschutz, Rotbuch, Berlin 1976

Dahrendorf, R.: Konflikt und Freiheit, Piper, München 1972, S. 166
Dahs, Hans jr.: Ausschließung und Überwachung des Strafverteidigers – Bilanz und Vorschau, NJW 1975, S. 1385
Dahs, Hans jr.: Das rechtliche Gehör im Strafprozeß, München 1965
Dahs, Hans. jr.: Wehrhafter Rechtsstaat und freie Verteidigung – ein Widerspruch?, ZRP 1977, S. 164
Dahs, Hans/Hans Dahs jr.: Handbuch des Strafverteidigers, Otto Schmidt, Köln 1977
Denninger, Erhard/Klaus Lüderssen: Polizei und Strafprozeß im demokratischen Rechtsstaat, Suhrkamp, Frankfurt 1978

Dokumentation zu den Ereignissen und Entscheidungen im Zusammenhang mit der Entführung von Hanns-Martin Schleyer und der Lufthansa-Maschine „Landshut“, Presse- und Informationsamt der Bundesregierung, November 1977

Dokumentation zu den Haftbedingungen der Gefangenen aus der RAF und aus dem Widerstand, Hg. Anwältinnen und Anwälte Dieter Adler u. a., Hannover, März 1985

Dokumentation zum Verfahren gegen Brigitte Mohnhaupt und Christian Klar vor dem OLG Stuttgart, Einstellungsantrag der Verteidigung – 13.12.84 – Hg. von den Verteidigern Dieter Adler (Hannover), Elard Biskamp (Frankfurt), Anke Brenneke-Eggers (Stuttgart), Michael Schubert (Freiburg), Freiburg 1985

Dokumentation über Aktivitäten anarchistischer Gewalttäter in der Bundesrepublik Deutschland, Hg. Bundesminister des Inneren, Bonn 1974

Dokumentation: Vorbereitung der RAF-Prozesse durch Presse, Polizei und Justiz, Rote Hilfe, Berlin 1972

Dokumente und Materialien zur Kontaktsperre für Verteidiger, in: KJ 1977, S. 395

Dokumente zur Kontaktsperre, Hg. Rechtsanwalt Rainer Elfferding, Berlin 1977

Draper, G.I.A.D.: The legal classification of belligerent individuals, Centre de Droit International de l'Université de Bruxelles, 1970, S. 12

Dreher, Eduard: Strafgesetzbuch mit Nebengesetzen und Verordnungen, 36. und 37. Aufl., Beck, München 1975/1977

Dworkin, Ronald: Taking Rights Seriously, Harvard University Press, Cambridge/ Massachusetts 1977

Ein deutscher Herbst – Zustände, Dokumente, Berichte, Kommentare, Hg. Tatjana Botzat/Elisabeth Kiderler/Frank Wolff, Neue Kritik, Frankfurt 1978

Die Einschränkung der Verteidiger im Strafprozeß. Eine Dokumentation Hamburger Juristen, Hg. Werner Baufelt u. a., Hamburg 1976

Empell, Michael: Zur Kampagne für das Verteidigerausschlußgesetz und gegen die Verteidigung von Gefangenen aus der RAF, Ausgabe des Anwaltsbüro Groenewold, Hamburg 1975

Extremismus im demokratischen Rechtsstaat, Hg. Manfred Funke, Droste, Düsseldorf 1978

Faligot, Roger: Guerre spéciale en europe – le laboratoire irlandais, Flammarion, Paris 1980

Farer, Tom: Definition of International Armed Conflict, in: Revue Belge de Droit International, 7, 1971, S. 30

Fetscher, Iring: Terrorismus und Reaktion, EVA, Köln/Frankfurt 1978

Fichter, Tilman/Siegwal Lönnendonker: Kleine Geschichte des SDS, Rotbuch, Berlin 1977

Folter an dem politischen Gefangenen Ronald Augustin, Komitee gegen Folter, Hamburg 1974

Folter durch sensorische Deprivation, Komitee gegen Folter, Hamburg 1973

Frank, André Gunder: Crisis: in the Third World, Heinemann, London 1980

Frank, André Gunder: Crisis: in the World Economy, Heinemann, London 1980

Frankenberg, Günter: Angst im Rechtsstaat, in KJ, 1977, S. 353
Fujita, H.: La guerre de libération nationale et le droit international humani taire, in: Revue de droit international, 1975, S. 81

Galtung, Johan: A structural theory of revolutions, Rotterdam University Press, Rotterdam 1974
Galtung, Johan: Gewalt, Frieden und Friedensforschung, in: D. Senghaas (Hg.), Krit. Friedensforschung, Frankfurt 1971, S. 55
Gehlen, Reinhold: Der Dienst, 1971
Geuns, H. van/Lachinsky/Menges/Smeulers: Hongerstaking, Wereldvenster, Baarn 1977
Ginsbergs, George: Wars of national liberation and the modern law of nations - the Soviet thesis, in: Law and Contemporary Problems, Vol. 29, 1964, S. 910
Goldstein, Abraham S.: Conspiracy to Defraud the United States, The Yale Law Journal, 1959, S. 409
Green, L.C.: Double Standards in the United Nations: The Legalization of Terrorism, in: Archiv für Völkerrecht 1979, S. 129
Kurt Groenewold, Angeklagt als Verteidiger, Attica, Hamburg 1978
Grosheide, F. W.: Onder verdenking, Advocatenblad 1975, S. 417
Gross, Karl-Heinz: Der erweiterte Verteidigerausschluß nach § 138a II StPO - eine Fehlentscheidung des Gesetzgebers, NJW 1975, S. 422
Grunau, Theodor: Kommentar zur Untersuchungshaftvollzugsordnung (UVollzO), Carl Heymanns, Köln 1972

Habermas, Jürgen: Legitimationsprobleme im Spätkapitalismus, Suhrkamp, Frankfurt 1973
Hacker, Friedrich: Terror – Mythos, Realität, Analyse, Rowohlt, Reinbek 1975
Hannover, Heinrich/Elisabeth Hannover-Drück: Politische Justiz 1918–1933, Attica, Hamburg 1977
Hannover, Heinrich: Ausschließung von Verteidigern wegen Teilnahmeverdachts, KJ 1974, S. 135
Hannover, Heinrich: Klassenherrschaft und politische Justiz, VSA, Hamburg 1978
Hannover, Heinrich: Strafanzeige gegen Springer wegen Volksverhetzung, KJ 1972, S. 278
Hansen, Hartwig/Horst Peinecke: Reizentzug und Gehirnwäsche in der BRD, Libertäre Assoziation, Hamburg 1982
Heldmann, Hans-Heinz: Von neuem Strafprozeß und altem Grundgesetz, Demokratie und Recht, Nr. 3/1975, S. 315
Herrmann, Joachim: Die Strafprozeßreform vom 1.1.1975, JuS 1976, S. 413
Herzberg, Rolf Dietrich: Zur Strafbarkeit der Beteiligung am frei gewählten Selbstmord, dargestellt am Beispiel des Gefangenensuizids und der strafrechtlichen Verantwortung der Vollzugsbediensteten, in: ZStW 1979, S. 555
Hochsicherheitstrakt und Menschenwürde, Hg. Vereinigung Berliner Strafverteidiger e.V., Berlin 1980
Holger, der Kampf geht weiter! Dokumente und Diskussionsbeiträge zum Konzept Stadtguerilla, Politladen Verlagsgesellschaft, Gaiganz/Oberfranken 1975

Idel, Wolfgang: Die Sondergerichte für politische Strafsachen, Diss., Freiburg 1935
Isele, Walter: Kommentar zur Bundesrechtsanwaltsordnung, Juristischer Fachbuch Verlag, Essen 1976
Johe, Werner: Die gleichgeschaltete Justiz, EVA, Frankfurt 1967
Johnston, Philip E.: The Unnecessary Crime of Conspiracy, California Law Review, 1973, S. 1139
Jung: Straffreiheit für den Kronzeugen? Schriftenreihe Annales Universitatis Saraviensis, Rechts- und wirtschaftswissenschaftliche Abteilung, Bd. 77, Carl Heymanns, Köln 1974

Kalshoven, F.: Zwijgt het recht als de wapens spreken?, in: Vredesvraagstukken, De Bezige Bij, Amsterdam 1974
Der Kampf gegen die Vernichtungshaft, Hg. Komitees gegen Folter an politischen Gefangenen in der BRD, 1974
Kelk, C.: Recht voor gedetineerden, Samson, Alphen aan de Rijn 1978
Kepplinger, Hans Mathias: Statusdevianz und Meinungsdevianz, in: Die Sympathisanten der Baader-Meinhof-Gruppe, in: Kölner Zeitschrift für Soziologie und Sozialpsychologie, Nr. 4/1974, S. 770
Kern-Roxin: Strafverfahrensrecht, 14. Aufl. 1976
Kirchheimer, Otto: Politische Justiz, Luchterhand, Neuwied und Berlin 1965
Kleinknecht, Theodor: Strafprozeßordnung mit GVG und Nebengesetzen, 32. Aufl., Beck, München 1975
Kleinknecht, Theodor: Strafprozeßordnung mit GVG und Nebengesetzen, 33. Aufl., Beck, München 1977
Knapp, Wolfgang: Der Verteidiger – ein Organ der Rechtspflege?, Saarbrücken 1974
Knapp, Wolfgang: Verteidigung des Rechtsstaat durch Bekämpfung des Verteidigers?, Anwaltsblatt 1975, S. 371
Koch, Peter/Reimar Oltmanns: SOS – Freiheit in Deutschland, Gruner u. Jahr, Hamburg 1978
Krämer, Achim: Der Rechtsanwalt – ein „staatlich gebundener Vertrauensberuf?“, NJW 1975, S. 849
Krämer, Achim: Die „gemeinschaftliche Verteidigung“ i. S. des § 146 StPO, NJW 1976, S. 1664
Kuczynski, Jürgen: Das große Geschäft, Berlin 1967
Kühnl, Reinhard: Faschismustheorien, Rowohlt, Reinbek 1979
Kühnl, Reinhard: Formen bürgerlicher Herrschaft, Rowohlt, Reinbek 1971
Kükelhaus, Hugo: Organisation und Technik, Walter, Olten 1971
Kursbuch 32, Folter in der BRD, Zur Situation der politischen Gefangenen, Hg. Hans Magnus Enzensberger/Karl Markus Michel, Kursbuch, Berlin 1973
Kurzinformation zu den Ausschlußanträgen gegen die Verteidiger von Andreas Baader, Rechtsanwälte Klaus Croissant und Kurt Groenewold, im Stuttgarter Verfahren gegen Mitglieder der RAF vom 20.3.75, Ausgabe des Anwaltsbüros Groenewold, Hamburg

Labrousse, Alain: Les Tupamaros – Guérilla Urbaine en Uruguay, Seuil, Paris 1971

Lameyer, Johannes: Streitbare Demokratie, Eine verfassungshermeneutische Untersuchung, Berlin 1978
Lampe, Joachim: Ermittlungszuständigkeit von Richter und Staatsanwalt nach dem 1. StVRG, NJW 1975, S. 195
Landtag Baden-Württemberg, Drucksache 7/3200: Bericht und Antrag des Untersuchungsausschusses Vorfälle in der Vollzugsanstalt Stuttgart-Stammheim vom 9.3.78
Lange, Richard: Terrorismus kein Notstandsfall? Zur Anwendung des § 34 StGB im öffentlichen Recht, NJW 1978, S. 784
Laqueur, Walter: Guerilla, Weidenfeld and Nicholson, London 1977
Laqueur, Walter: Terrorism, Weidenfeld and Nicholson, London 1977
De Lazzer/Rohlf: Der „Lauschangriff", JZ 1977, S. 207
Lenk, Kurt: Theorien der Revolution, Fink, München 1973
Luhmann, Niklas: Legitimation durch Verfahren, Luchterhand, Neuwied/Berlin 1969
Löwe-Rosenberg, Die Strafprozeßordnung und das Gerichtsverfassungsgesetz, Großkommentar, 23. Aufl., Bd. 1–6, de Gruyter, Berlin-New York, 1976–79
Löwe-Rosenberg: Die Strafprozeßordnung und das Gerichtsverfassungsgesetz mit Nebengesetzen, Großkommentar, de Gruyter, Berlin 1973

Martin, Ludwig: Zur allgemeinen Einführung eines zweiten Rechtszugs in Staats schutzstrafsachen, NJW 1969, S. 713
La Mort d'Ulrike Meinhof, Maspero, Paris 1979 (deutsche Übersetzung: Der Tod Ulrike Meinhofs, Bericht der Internationalen Untersuchungskommission, IVA, Tübingen 1979)
Ulrike Meinhof – ein Selbstmord?, Antifaschistisches Komitee, Marburg 1976
Meinhof, Ulrike: Bambule, Rotbuch/Wagenbach, Berlin 1971
Meinhof, Ulrike: Dokumente einer Rebellion, Hamburg 1972
Merton, Robert K.: Social Theory and Social Structure, Free Press, New York 1968
Meyer, Jürgen: Brauchen wir den Kronzeugen?, ZRP Februar 1976, S. 25
Miliband, Ralph: The State in Capitalist Society – the analysis of the western systems of power, Quartet, London 1973
Der Minister und der Terrorist – Gespräche zwischen Gerhart Baum und Horst Mahler, Rowohlt, Reinbek 1980
Mols, G.P.M.F.: Strafbare samenspanning – een rechtshistorisch en rechtsvergelijkend onderzoek (diss.), Gouda Quint, Arnhem 1982
Irmgard Möller berichtet, Dokumentation, Hg. Rechtsanwältinnen Jutta Bahr-Jendges, Alexandra Goy, Rechtsanwälte Heinz Heldmann, Rainer Fromann, Berlin, Februar 1978
Müller, Egon: Der Grundsatz der Waffengleichheit im Strafverfahren, NJW 1976, S. 1063
Müller, Egon: Festvortrag über „Strafverteidigung" auf dem 41. Deutschen Anwaltstag 1981, NJW 1981, S. 1801

Nedelmann, Carl: Die Gewalt des politischen Staatsschutzes und ihre Instanzen, in: G. Schäfer/C. Nedelmann (Hg), Der CDU-Staat, Bd. 1, Frankfurt 1969
„Nicht heimlich und nicht kühl", Red. Heinrich Boehnke und Dieter Richter, Verlag Ästhetik und Kommunikation, Berlin 1977

Noack, Erwin: Kommentar zur Reichs-Rechtsanwaltsordnung in der Fassung vom 21.1. 1936, Leipzig 1937
Nollau, Günter: Wie sicher ist die Bundesrepublik?, Bertelsmann, München 1976
Nonet, Philippe/Philip Selznick: Law and Society in Transition: Toward Responsive Law, Harper & Row, New York 1978

Offe, Claus: Strukturprobleme des kapitalistischen Staates, Suhrkamp, Frankfurt 1972
Offe, Claus: Unregierbarkeit. Zur Renaissance konservativer Krisentheorien, in: J. Habermas (red.), Stichwort zur „Geistigen Situation der Zeit", 1. Band, Frankfurt 1979, S. 294
Oppenheimer, M.: Urban Guerilla, Penguin Books 1970
Ostendorf, Heribert: Verteidigung am Scheideweg, JZ 1979, S. 252

Parsons, Talcott: The Law and Social Control, in: William M. Evan, Law and Sociology, The Free Press of Glencoe, New York 1962, S. 56
Peters, A.A.G.: Het rechtskarakter van het Strafrecht, Kluwer, Deventer 1972
Peters, A.A.G.: Individuele vrijheid en de positie van verdachten in het strafproces, Praesidium Libertatis, Kluwer, Deventer 1975, S. 175
Peters, Carl: Der neue Strafprozeß, Darstellung und Würdigung, Müller, Karlsruhe 1975
Philosophy of the urban guerilla – The revolutionary writings of Abraham Guillèn, Ed. Donald C. Hodges, Morrow, New York 1973
Plädoyers in der Strafsache gegen Kurt Groenewold – Erik von Bagge, Roland Houver, Ulrich K. Preuß, Reinhard Zimmermann, Attica, Hamburg 1978
Politik der Inneren Sicherheit, Hg. Erhard Blankenberg, Suhrkamp, Frankfurt 1980
Politische Prozesse ohne Verteidigung?, Wagenbach, Berlin 1976
Poncet, Dominique: La protection de l'accusé par la Convention Européenne des Droits de l'Homme, Etudes de droit comparé, Georg, Genève 1977
Posser, Diether: Erfahrungen aus Vorverfahren, Hauptverhandlungen und Strafvollzug bei politischen Überzeugungstätern, in: Veröffentlichung der 1. Arbeitstagung des erweiterten Initiativ-Ausschusses für die Amnestie und der Verteidiger in politischen Strafsachen, verantw. Walter Ammann, Heidelberg 1957
Posser, Diether: Politische Strafjustiz – Aus der Sicht des Verteidigers, Müller, Karlsruhe 1961
Poulantzas, Nikos: Klassen im Kapitalismus – heute, VSA, Westberlin 1975
Preuß, Ulrich K.: Die Aufrüstung der Normalität, in: Kursbuch 56, Juni 1979, S. 29
Preuß, Ulrich K.: Die Internationalisierung des Subjekts, Frankfurt 1977
Preuß, Ulrich K.: Gesellschaftliche Bedingungen der Legalität, in: ders., Legalität und Pluralismus, Frankfurt 1973
Der Prozeß gegen die Rechtsanwälte Arndt Müller und Armin Newerla, Dokumentation, Hg. Nina Baader, Ilse Ensslin, Helmut Ensslin, Fantasia, Stuttgart 1980
Der Prozeß gegen Klaus Croissant, Fantasia, Stuttgart 1979

Quack, Karlheinz: Sinn und Grenzen anwaltlicher Unabhängigkeit heute, NJW 1975, S. 1337

Rasch, Wilfried: Die Gestaltung der Haftbedingungen für politisch motivierte Täter in der Bundesrepublik Deutschland, in: Monatsschrift für Kriminologie und Strafrechtsreform, Juni 1976, S. 61
Der mißhandelte Rechtsstaat – in Erfahrung und Urteil bundesdeutscher Schriftsteller, Rechtsanwälte und Richter, Hg. Ulrich Sonnemann, Kiepenheuer & Witsch, Köln 1977
Rjazanov, D.B.: Zur Frage des Verhältnisses von Marx zu Blanqui, Van Houden, Utrecht 1973
Rossnagel, Alexander: Der alltägliche Notstand, KJ 1977, S. 257
Roth, Karl Heinz/Fritz Teufel: (Selbst)kritische Beiträge zur Krise der Linken und der Guerilla, IVA, Tübingen 1979
Die Verstrickungen des meineidigen Kronzeugen Ruhland und der Berliner Justiz, Hg. Horst Mahler, Berlin 1977
3. Internationales Russell-Tribunal – Zur Situation der Menschenrechte in der Bundesrepublik Deutschland; Bd. 1: Dokumente, Verhandlungen, Ergebnisse (1978); Bd. 2: Das Schlußgutachten der Jury zu den Berufsverboten (1978); Bd. 3: Zensur (1979); Bd. 4: Einschränkung von Verteidigungsrechten, Verfassungsschutz (1979); Rotbuch, Berlin
Rühmann, Frank: Anwaltsverfolgung in der Bundesrepublik 1971–1976, Neue Politik, Hamburg 1977
Rüter, C.F.: Een „Lex Baader-Meinhof"?, in: Delikt en Delinkwent, 1975, S. 327
RAF: Texte, Bo Cavefors, Malmö 1977

Saab, Georges Abi: Wars of National Liberation and the Laws of War, in: Annales d'Etudes Internationales, 1972, S. 93
Salmon, Jean R.: Deuxième Partie: Le Statut Combattant legitime dans les Guerres de Libération Nationale, in: Revue belge de droit international, Vol. XIII (1977), S. 353
Salmon, Jean R.: Le Conférence Diplomatique sur le réaffirmation et le développement du droit international humanitaire et les guerres de libération nationale, in: Revue belge de droit international, Vol. XII (1976), S. 27
Nach Schleyer: „Sonderpolizei" in der BRD – Dokumentation zum Wiederaufbau einer GeStaPo in Westdeutschland, Reents Verlag, Hamburg 1978
Schmidt-Leichner, Erich: Der Ausschluß des Verteidigers, NJW 1973, S. 969
Schmidt-Leichner, Erich: Strafverfahrensrecht 1975 – Fortschritt oder Rückschritt?, NJW 1975, S. 417
Schneider, Rolf: Der Rechtsanwalt, ein unabhängiges Organ der Rechtspflege, Duncker und Humboldt, Berlin 1976
Schönke-Schröder: Strafgesetzbuch, Kommentar, 18.-20. Aufl., Beck, München 1975–1980
Schröder, Friedrich-Christian: Moabiter Landrecht oder Hamburger juristische Spökenkiekerei?, NJW 1980, S. 920
Schröder, Friedrich-Christian: Staatsrecht an den Grenzen des Rechtsstaates, Archiv für öffentliches Recht 103 (78), S. 121
Schwabe, Jürgen: Zur Geltung von Rechtfertigungsgründen des StGB für Hoheitshandeln, NJW 1977, S. 1902
Seifert, Jürgen: Anmerkungen zum Groenewold-Urteil, in: KJ 1979, S. 80

Seifert, Jürgen: Die Abhöraffäre und der überverfassungsgesetzliche Notstand, KJ 1977, S. 105
Simon, Walter: Macht und Herrschaft der Unternehmerverbände BDI, BDA und DIHT, Pahl-Rugenstein, Köln 1976
Sorel, Georges: Reflections on Violence, Collier-Macmillan, London 1972
Sozialistisches Patientenkollektiv: Aus der Krankheit eine Waffe machen, Trikont, München 1972
Stadtguerilla und Soziale Revolution, Editora Queimada, Haarlem 1975
Strafverteidiger als Interessenvertreter – Berufsbild und Tätigkeitsfeld, Hg. Werner Holtfort, Luchterhand, Neuwied/Darmstadt 1979
3.Strafverteidigertag. Referate, Diskussion, Ergebnisse, Hg. Hamburger Arbeitsgemeinschaft für Strafverteidiger e.V. u. a., Berlin 1979
Stratenwerth, G.: Strafrecht und Sozialtherapie, in: Festschrift für P. Bockelmann, 1979, S. 9
Strzyz, Wolfgang: Die Abgrenzung von Strafverteidigung und Strafvereitelung, Minerva, München 1983
Stuberger, Ulf: In der Strafsache gegen Andreas Baader, Ulrike Meinhof, Jan-Carl Raspe, Gudrun Ensslin wegen Mordes u. a., Dokumente aus dem Prozeß, Syndicat, Frankfurt 1977
Sturm, Richard: Zur Bekämpfung terroristischer Vereinigungen. Ein Beitrag zum Gesetz vom 18. August 1976, in: MDR 1977, S. 6
Sudnov, David: Normal Crimes: Sociological Features of the Penal Code in a Public Defender Office, in: Social Problems 1964, S. 255
Swart, A.H.J.: Die Auslieferung von Folkerts, Wackernagel und Schneider, ZStW 1979, S. 773

Todesschüsse, Isolationshaft, Eingriffe ins Verteidigungsrecht, Hg. Rambert/Binswanger/Bakker Schut, 2. Aufl., 1985
Traditionen deutscher Justiz, Politische Prozesse 1914–1932, Wagenbach, Berlin 1978
Tromp, H.W.: Politiek terrorisme, in: Transaktie, Jg. 7, Nr. 1

Ulsenheimer, Klaus: Zur Regelung des Verteidigerausschlusses in §§ 138a-d, 146 n.F. StPO, Goltdammer Archiv, 1975, S. 103
Urban Guerilla, Ed. Johan Niezing, Rotterdam University Press, Rotterdam 1974

Veegens, D.J.: Grensproblemen van de verdediging in strafzaken, NJB 1975, S. 809
Die Verteidigung auf der Anklagebank, Hg. Werner Baufelt, Hamburg 1977
The Vietnam Wars and International Law, Ed. Richard A. Falk (4 Volumes), Princeton, New Jersey 1968–1976
Vinke, Hermann/Gabriele Witt: Die Anti-Terror-Debatten im Parlament, Protokolle 1974–1978, Rowohlt, Reinbek 1978
Die Vollstreckung der Entkleidungsordnung – Verteidigerausschluß durch Sitzungspolizei – Zum 2. Prozeß gegen Irmgard Möller, Hg. Rechtsanwältin Jutta Bahr- Jendges, Rechtsanwälte Rainer Fromann und Hans Heinz Heldmann, Bremen 1978
Von all dem haben wir nichts gewußt..., Dokumentation über den 17./18.10.77

in Stammheim und Mogadischu, Ermittlungsinitiative Frankfurt, Frankfurt 1978
Von der Zwangsernährung zur „Koma-Lösung“, Methoden des Staatsschutzes gegen die Gefangenen im kollektiven Hungerstreik 1984/85. Die „saubere“ Linie, erprobt am Gefangenen aus der RAF, Knut Folkerts – Berichte, Analysen, Dokumente – Hg. Anwältinnen und Anwälte Dieter Adler u. a., Hannover 1985
Vorläufiger Bericht vom 26.10.77 der Landesregierung Baden-Württemberg, Drucksache 7/2500

Wagner, Joachim: Anmerkungen zum Beschluß des OLG Koblenz vom 2.6.77, JR 1977, S. 471
Wagner, Joachim: Selbstmord und Selbstmordverhinderung. Zugleich ein Beitrag zur Verfassungsmäßigkeit der Zwangsernährung, Müller, Karlsruhe 1976
Wagner, Joachim: Terrorismus, Hochverrat und Abhörgesetz, NJW 1980, S. 913
Walde, Thomas: ND-Report, Piper 1971
Watzlawick, Paul/Janet Helmick Beavin/Don D. Jackson: De pragmatische aspecten van de menselijke communicatie, Van Loghum Slaterus, Deventer 1970 (Ursprünglich: Pragmatics of Human Communications, Norton, New York 1967; deutsche Ausgabe: Menschliche Kommunikation, Huber, Bern/Stuttgart 1969)
Weathermen, Ed. Harold Jacobs, Ramparts Press 1970
Weber, Max: Politik als Beruf, in: Gesammelte Politische Schriften, München 1971, S. 396
Welp, Jürgen: Der Verteidiger als Anwalt des Vertrauens, ZStW 1978, S. 101
„...Wenn Sie dennoch von Isolation sprechen, dann trifft dies objektiv zu...“ Der Vollzug der Vernichtungshaft am Beispiel des Gefangenen aus der RAF, Günter Sonnenberg. Chronologie eines Programms, Hg. Anwältinnen und Anwalte Dieter Adler u. a., Hannover, August 1985
Wilkinson, Paul: Terrorism and the liberal State, Macmillan, London 1977
Die Wunder von Stammheim vor Gericht – Wir glauben immer noch nicht an Selbstmord, Reents Verlag, Hamburg 1979
Zolling/Hohne, Pullach Intern, Mohn 1971

Abkürzungen

a.A.	anderer Ansicht
a. a. O.	am angegebenen Ort
abl.	ablehnend
Abs.	Absatz
Abschn.	Abschnitt
Adv.Blad	Advocatenblad (niederländisches Anwaltsblatt)
a.E.	am Ende
a.F.	alte Fassung
AG	Amtsgericht
AJIL	American Journal for International Law
a.M.	anderer Meinung
Anm.	Anmerkung
AnwBl	Anwaltsblatt
AöR	Archiv des öffentlichen Rechts
APO	Außerparlamentarische Opposition
ARD	Arbeitsgemeinschaft der Rundfunkanstalten Deutschlands (1. Fernsehprogramm)
Art.	Artikel
Aufl.	Auflage
AV	Anwaltsverordnung
Az	Aktenzeichen
Baader u. a.	Amtlich verwendete Abkürzung im Schriftverkehr desStrafverfahrens gegen Baader, Ensslin, Meinhof, Meins, Raspe.
BAW	Bundesanwaltschaft / sinngemäß: Bundesanwalt
BBG	Bundesbeamtengesetz
Bd.	Band
BDA	Bundesvereinigung der Deutschen Arbeitgeberverbände
BDI	Bundesverband der Deutschen Industrie
Bf	Beschwerdeführer
BfV	Bundesamt für Verfassungsschutz
BGBl	Bundesgesetzblatt
BGH	Bundesgerichtshof
BGHE	Entscheidungen des BGH
BGHSt	Entscheidungen des BGH in Strafsachen
BGS	Bundesgrenzschutz
BKA	Bundeskriminalamt
BM(-Gruppe)	Baader-Meinhof(-Gruppe); Anfang der 70er Jahre populäre Bezeichnung für die Rote Armee Fraktion (RAF)
BND	Bundesnachrichtendienst (vorm. „Organisation Gehlen“)
BRAK	Bundesrechtsanwaltskammer
BRAO	Bundesrechtsanwaltsordnung

BRD	Bundesrepublik Deutschland
BS	Bakker Schut (Anmerkungen des Autors)
BT(-Drucks.)	Bundestags(-Drucksache)
BVD	Binnenlandse Veiligheids Dienst (niederländisches Amt für Staatsschutz)
BVerfG/BVG	Bundesverfassungsgericht
BVerfGE	Entscheidungen des Bundesverfassungsgerichts
BVerwG	Bundesverwaltungsgericht
BVerwGE	Entscheidungen des Bundesverwaltungsgerichts
BYIL	Belgian Yearbook of International Law
BZ	Berliner Zeitung
CDU	Christlich-Demokratische Union
CIA	Central Intelligence Agency
CICR	Comité International de la Croix Rouge / Internationales Komitee vom Roten Kreuz
CSU	Christlich-Soziale Union
DAV	Deutscher Anwalts-Verein
D. en D.	Delikt en Delinkwent (niederländische Monatsschrift für Strafrechtswissenschaften)
DFG	Deutsche Forschungsgemeinschaft
DIHT	Deutscher Industrie- und Handelstag: Zusammenschluß der Industrie- und Handelskammern in der BRD
dpa/DPA	Deutsche Presseagentur
DR	Deutsches Recht
DRiZ	Deutsche Richter Zeitung
EGGVG	Einführungsgesetz zum Gerichtsverfassungsgesetz (GVG)
EGH	Ehrengerichtshof für Rechtsanwälte
Einl.	Einleitung
FAZ	Frankfurter Allgemeine Zeitung
FDP	Freie Demokratische Partei
Fn	Fußnote
FNL	Nationale Befreiungsfront von Südvietnam (Vietcong)
FR	Frankfurter Rundschau
Frelimo	Frente de Libertacao de Mocambique: Befreiungsfront von Mosambique
GA	Goldammers Archiv für Strafrecht
GBA	Generalbundesanwalt
GG	Grundgesetz
GSG 9	Grenzschutzgruppe 9: Antiterroreinheit des Bundesgrenzschutzes
GStA	Generalstaatsanwalt
GVG	Gerichtsverfassungsgesetz

hM	herrschende Meinung
HR	Hoge Raar der Nederlanden (höchste niederländische Gerichtsinstanz)
HS/hs	Hungerstreik
i.d.F.	in der Fassung
IG Farben-Haus	Bis 1945 Sitz der „Interessengemeinschaft Farbenindustrie AG“; größter deutscher Chemiekonzern mit internationalen Ablegern u. a. in den USA und der Schweiz
IKRK	Internationales Komitee vom Roten Kreuz (s. CICR)
Iso	Isolation
IVK	Internationales Komitee zur Verteidigung politischer Gefangener in Westeuropa
i.V.m.	in Verbindung mit
i.S.v.	im Sinne von
JA	Juristische Arbeitsblätter
Jg.	Jahrgang
JR	Juristische Rundschau
JuS/JS	Juristische Schulung
JVA	Justizvollzugsanstalt
JW	Juristische Wochenschrift
JZ	Juristenzeitung
KG	Kammergericht
KHK	Kriminalhauptkommissar
KJ	Kritische Justiz
KOK	Kriminaloberkommissar
LG	Landgericht
LKA	Landeskriminalamt
LM	Lindenmaier-Möhring; Nachschlagewerk des BGH
MdB	Mitglied des Bundestags
MdL	Mitglied des Landtags
MDR	Monatsschrift für Deutsches Recht
MEK	Mobiles Einsatz-Kommando; Antiterrorismus-Einheit der Bundesländer
Mossad	Israelischer Geheimdienst, vergleichbar mit CIA
MRK	Europäische Menschenrechtskonvention
n. F.	neue Fassung
NJ	Nederlandse Jurisprudentie (wichtigste Sammlung holländischer Gerichtsurteile)
NJB	Nederlands Juristenblad (die niederländische NJW)
NJW	Neue Juristische Wochenschrift
NRZ	Neue Ruhr-Zeitung
NSA	National Security Agency

NYIL	Netherlands Yearbook of International Law
OLG	Oberlandesgericht
OStA	Oberstaatsanwalt
OVG	Oberverwaltungsgericht
PAIGC	Befreiungsfront von Guinea-Bissau
PK	Pressekonferenz
PLO	Palästinensische Befreiungs-Organisation
RA(e)	Rechtsanwalt(anwälte)
RAF	Rote Armee Fraktion
RAK	Rechtsanwaltskammer
Rdn	Randnummer
RG	Reichsgericht
RGBl	Reichsgesetzblatt
RGSt	Entscheidungen des Reichsgerichts in Strafsachen
Rz	Randziffer
S.	Satz/Seite
SAO	Sammelordner
Sartorius I	Verfassungs- und Verwaltungsgesetze der BRD, Loseblattsammlung
SAS	Special Air Service Regiment, englische Anti-Terror-Einheit, vergleichbar mit GSG 9; zwei SAS-Angehörige waren als Berater der GSG 9 in Mogadischu anwesend
SFB (115)	Sonderforschungsbereich (115)
SPD	Soziademokratische Partei Deutschlands
SPK	Sozialistisches Patienten-Kollektiv
StA	Staatsanwalt/-schaft
Stg	Stuttgart
StGB	Strafgesetzbuch
StPO	Strafprozeßordnung
StVollzG	Strafvollzugsgesetz
StVRErgG	Gesetz zur Ergänzung des Ersten Gesetzes zur Reform des Strafverfahrensrechts v. 20.12.74 (BGBl I 3686)
StVRG	Erstes Gesetz zur Reform des Strafverfahrensrechts v. 9.12.74 (BGBl I 3393)
Sr	siehe WvSr
Sv	siehe WvSv
SZ	Süddeutsche Zeitung
taz	tageszeitung (Berlin)
u. a.	unter anderem
U-Haft	Untersuchungshaft
UNO/UN	Vereinte Nationen
UVollzO	Untersuchungshaftvollzugsordnung

VA	Vollzugsanstalt
VG	Verwaltungsgericht
Vol.	Volume (englisch und französisch für Band)
VwGO	Verwaltungsgerichtsordnung
WDR	Westdeutscher Rundfunk
WRV	Weimarer Reichsverfassung
WvSr	Wetboek van Strafrecht (niederländisches StGB)
WvSv	Wetboek van Strafvordering (niederländische StPO)
ze	Zwangsernährung
zkh	Zentralkrankenhaus (JVA Hamburg)
Z.n. / z.n.	Zitiert nach...
ZRP	Zeitschrift für Rechtspolitik
ZStW	Zeitschrift für die gesamten Strafrechtswissenschaften

Namensverzeichnis

Abrams, Creighton	Oberbefehlshaber der US-Streitkräfte in Vietnam
Adenauer, Konrad	1876–1967; 1945 Mitbegründer der CDU, 1949 Bundesvorsitzender der CDU; 1949–1963 Bundeskanzler (1951–1955 in Personalunion Außenminister)
Adler, Dieter	Rechtsanwalt in Hannover
Adorno, Theodor W.	1903–1969; Philosoph und Soziologe
Agee, Philip	Ehemaliger CIA-Agent
Anderson, William	Mitglied US-Kongress
Augustin, Ronald	Ehemaliger Gefangener aus der RAF
Azzola,. Axel	Hochschullehrer für Öffentliches Recht und ehemaliger Verteidiger von Ulrike Meinhof
Barz, Ingeborg	Ehemaliges Mitglied der RAF
Beauvoir, Simone de	1908–1986; Französische Schriftstellerin
Bebel, August	1840–1913; 1869 Mitbegründer der sozialdemokratischen Arbeiterpartei
Becker, Marie-Luise	Rechtsanwältin in Heidelberg
Beer, Wolfgang	MItglied der RAF
Bender, Traugott	ehemaliger Justizminister Baden-Württemberg (Rücktritt)
Benjamin, Walter	1892–1940; marxistischer Schriftsteller
Berberich, Monika	Gefangene aus der RAF
Berroth, Ulrich	Richter im 2. Strafsenat in Stammheim
Bölling, Klaus	* 1928; 1974–1980, April-Okt. 1982 Regierungssprecher
Boenisch, Peter	* 1927; Chefredakteur „Bildzeitung" und „Die Welt"; 1983–1985 Sprecher der Bundesregierung, Rücktritt wegen Vorwurfs der Steuerhinterziehung
Brandt, Heinz	1934–1945 Zuchthaus und KZ; 1958 Redakteur IG Metall; 1961 in die DDR verschleppt, 1964 auf internationalen Protest hin freigelassen; bis 1974 Gewerkschaftsfunktionär
Brandt, Willy	* 1913; seit 1964 SPD-Vorsitzender; 1966–1969 Außenminister und Vizekanzler der Großen Koalition, 1969–1974 Bundeskanzler; seit 1976 Vorsitzender der Sozialistischen Internationale
Braun, Bernhard	Ehemaliger Gefangener aus der RAF
Brenneke-Eggers, Anke	Rechtsanwältin
Breucker, Kurt	Richter im 2. Strafsenat in Stammheim
Buback, Siegfried	1920–1977; 1959 Erster Staatsanwalt beim BGH, 1963 Oberstaatsanwalt, 1971 Bundesanwalt,

	Pressesprecher des BGH; leitete Fahndung nach „Baader u. a.“, 1974 GBA; am 7.4.77 von der RAF erschossen
Buddenberg, Wolfgang	* 1911, BGH-Richter
Busche/busche, Jürgen	* 1944, Redakteur FAZ
Bückler, Georg	Direktor JVA Köln-Ossendorf
Callaghan, James	* 1912; 1976–1979 britischer Premierminister
Casselmann,	Arzt
Carstens, Karl	* 1914; 1972–1979 CDU-MdB; 1979–1983 Bundespräsident
Carter, Jimmy	* 1924; 1976–1980 Präsident der USA
Cavefors, Bo	Schwedischer Verleger
Che	s. Guevara
Croissant, Klaus	Rechtsanwalt
Colby, William E.	Ehemaliger CIA-Direktor
Davis	SAS-Agent
Davison, Michael S.	General; Oberbefehlshaber US-Armee in Europa
Degenhardt, Franz-Josef	Liedermacher und Rechtsanwalt
Dehler, Thomas	1897–1967; 1945 Mitbegründer der FDP; 1949–1953 Bundesjustizminister
Dellwo, Karl-Heinz	Gefangener aus der RAF
Drenckmann, Günther von	Kammergerichtspräsident in Berlin; am 10.11.74 von einem Kommando der Bewegung 2. Juni erschossen
Dutschke, Rudi	1940–1979; führender Theoretiker der außerparlamentarischen Opposition (APO); 11.4.68 in Berlin angeschossen, 24.12.79 an den Folgen gestorben
Dürr, Hermann	* 1925; 1957–1965 FDP-MdB, 1969–1980 SPD-MdB, Mitglied des Rechtsausschusses des Bundestags
Eggler	Zwangsverteidiger in Stammheim
Ehmke, Horst	* 1927; 1969 Bundesjustizminister, 1969–1972 Leiter des Bundeskanzleramts, 1972–1974 Post- und Forschungsminister
Eisenhower, Dwight D.	US-Präsident
Engelhard, Hans A.	* 1934; seit 1982 Bundesjustizminister (FDP)
Engels, Friedrich	1820–1895; Philosoph, Politiker; mit Karl Marx 1847 Verfasser des Kommunistischen Manifests; sozialpolitische, geschichtliche und militärwissenschaftliche Forschungen und Schriften
Erhardt	Psychologe, Gutachter in Stammheim
Erhardt, Ludwig	1897–1977; 1949–1963 Bundeswirtschaftsminister („Vater des Wirtschaftswunders“); 1963–1966 Bundeskanzler
Eyadema, Gnassingbe	Seit 1967 Präsident von Togo
Falk, Richard	Völkerrechtler Princeton
Fanon, Frantz	1925–1961; Algerischer Arzt und Psychiater; afro-

	amerikanischer Schriftsteller („Die Verdammten dieser Erde“)
Filbinger, Hans	* 1913; 1966–1978 Ministerpräsident Baden-Württemberg, Rücktritt wegen Aufdeckung seiner Urteile als Marinerichter 1945
Folkerts, Knut	Gefangener aus der RAF
Foth, Eberhard	Richter im 2. Strafsenat in Stammheim
Foucault, Michel	1926–1984; französischer Philosoph und Schriftsteller
Freuer	Ersatzrichter im 2. Strafsenat in Stammheim
Friedland	Vollzugsarzt
Fröhlich, Siegfried	unter Maihofer Staatsekretär Bundesinnenministerium
Galtung, Johan	Friedensforscher, Stockholm International Peace Research Institute (SIPRI)
Gehlen, Reinhard	1902–1979; 1942–1943 Leiter der Abteilung „Fremde Heere Ost“ Generalstab des Heeres; ab 1945 im Auftrag der amerikanischen Besatzer Aufbau der „Organisation Gehlen“, seit 1956 Bundesnachrichtendienst (BND), dessen erster Präsident Gehlen war.
Genscher, Hans-Dietrich	* 1927; 1969–1974 Bundesinnenminister, seit 1974 Bundesaußenminister und Stellvertreter des Bundeskanzlers; FDP-Bundesvorsitzender
Gnädinger, Fritz-Joachim	* 1938; Staatsanwalt a.D.; 1969–1975 SPD-MdB
Goette, Bernd	Psychiater in der JVA Köln-Ossendorf
Golzem, Armin	Rechtsanwalt
Grashof, Günter	Ehemaliger Gefangener aus der RAF
Grigat	Zwangsverteidiger in Stammheim
Groenewold, Kurt	Rechtsanwalt
Gross, Ian	Psychiater
Grundmann, Wolfgang	Ehemaliger Gefangener aus der RAF
Guevara, Ernesto „Che“	1928–1955; lateinamerikanischer Revolutionär, Politiker
Haag, Siegfried	Rechtsanwalt, später Mitglied der RAF, jetzt Gefangener
Habermas, Jürgen	* 1929; Philosoph; 1971 Direktor am Max-Planck-Inst.
Haig, Alexander	* 1924; Berufsmilitär; Einsatz in Vietnam, Sicherheitsberater unter Präsident Richard M. Nixon; 1974 Oberbefehlshaber der NATO und der amerikanischen Truppen in Europa; nach mißlungenem Attentat der RAF im Juni 1979 aus dem aktiven Militärdienst geschieden; 1980–1982 US-Außenminister (Rücktritt)
Hammerschmidt, Katharina	1943–1975; Mitglied der RAF; starb an einem im Gefängnis nicht behandelten Tumor
Hannover, Heinrich	Rechtsanwalt

Hausner, Siegfried	Mitglied der RAF; in der Botschaft der BRD in Stockholm lebensgefährlich verletzt; ohne ausreichende ärztliche Versorgung ausgeflogen und am 4.5.75 in Stammheim gestorben
Hawkins, Augustus	Mitglied US-Kongreß
Heinemann, Gustav	Rechtsanwalt; 1949–1950 Bundesinnenminister (CDU); Rücktritt wegen Remilitarisierung; Mai 1957 SPD-Mitglied; 1957–1966 MdB; 1966 bis 1969 Bundesjustizminister; 1969–1974 Bundespräsident
Heldmann, Hans-Heinz	Rechtsanwalt
Helms, Richard	Ehem. CIA-Direktor
Henderson, Oberst	Kommandeur 11. Brigade der US-Armee in Vietnam, verantwortlich für das Massaker von My Lai
Hemfler, Karl	* 1915; 1969–1974 Justizminister Hessen
Henck, Helmut	Arzt und Psychiater JVA Stammheim
Herold, Horst	* 1923; 1967–1971 Polizeipräsident Nürnberg; 1971–1980 Präsident Bundeskriminalamt Wiesbaden
Hoff, Dierk	„Kronzeuge"
Hoffmann, Dieter	Rechtsanwalt
Holland, Klaus	Staatsanwalt in Stammheim
Hoppe, Werner	Ehemaliger Gefangener aus der RAF
Horkheimer, Max	Philosoph und Soziologe
Horowitz, David	als Zeuge zu Vietnam-Beweisanträgen benannt
Huber, Wolfgang	Mitbegründer des Sozialistischen Patienten-Kollektivs (SPK), Heidelberg
Hänle, Josef	1973 von Prinzing abgelöster Vorsitzender des 2. Strafsenats am OLG Stuttgart
Ignatius, Paul	Mitarbeiter im Pentagon
Jacobs	Zeuge
James, Daniel	Stellvertr. US-Verteidigungsminister
Jarosch	Gutachter (Tod Ulrike Meinhof)
Johnson	US-Präsident
Jünschke, Klaus	Ehemaliger Gefangener aus der RAF
Kaul, Felix	* 1920, Bundesanwalt
Kennedy, John F.	US-Präsident
Khaled	1913–1982 König von Saudi-Arabien
Kiesinger, Kurt Georg	Bundeskanzler
Kiesl, Erich	* 1930; 1970–1978 Staatssekretär Innenministerium Bayern
Kirchheimer, Otto	Verfasser des Standardwerkes „Politische Justiz"
Kitson, Frank	Englischer Counterinsurgency-Stratege, Brigadegeneral in Kenia, Malaysia, Zypern und Irland, Autor des Buchs „Im Vorfeld des Krieges"
Klar, Christian	Gefangener aus der RAF
Klug, Ulrich	* 1913; 1971–1974 FDP-Staatssekretär Justiz-

	ministerium Nordrhein-Westfalen, 1974–1977 Innensenator Hamburg
Koch, Bernd	Rechtsanwalt
Koch, Rainer	Rechtsanwalt
Köncke, Rainer	Rechtsanwalt
König	Zwangsverteidiger in Stammheim
Kosalko	Angehöriger der US-Armee
Krüger	als Zeuge gehörter Bundesanwalt
Krumm/krumm, Karl-Heinz	Redakteur FR
Kühn, Heinz	* 1912; 1966–1978 Ministerpräsident Nordrhein-Westfalen
Künzel	Zwangsverteidiger in Stammheim
Laird, Melvin	Ehemaliger US-Verteidigungsminister
Lang, Jörg	Rechtsanwalt
Laubscher, Jürgen	Rechtsanwalt
Lenin/lenin, Wladimir Iljitsch (Uljanow)	1878–1924; Revolutionär; entwickelte aus den Lehren von Marx und Engels die theoretischen Grundlagen eines revolutionären Programms; führte mit anderen die russische Oktoberrevolution 1917 zum Erfolg
Lenz, Carl O.	*1930; 1965–1984 CDU-MdB, 1969–1980 Vorsitzender des Rechtsausschusses des Bundestags
Linke	Zwangsverteidiger in Stammheim
Linke, Georg	Bei der Baader-Befreiung angeschossener Angestellter des Zentralinstituts für soziale Fragen in Berlin
Lorenz, Peter	1954–1975 Mitglied und 1975–1980 Präsident des Berliner Abgeordnetenhauses; Februar 1975 entführt
Mahler, Horst	* 1936; Rechtsanwalt; 1970 Festnahme, 1974 14 Jahre Freiheitsstrafe wegen RAF-Zugehörigkeit und Banküberfalls; nach Distanzierung von der RAF 1980 Haftentlassung auf Bewährung
Maier, Albrecht	Bundesrichter
Maier, Hubert	Richter im 2. Strafsenat in Stammheim
Maier-Tasch,	Völkerrechtler
Maihofer, Werner	* 1918; 1972–1978 FDP-Bundesminister für besondere Aufgaben, Bundesinnenminister (Rücktritt nach „Fall Traube“ und „Fahndungspanne Schleyer“)
Mallach, Hans-Joachim	Gutachter Todesermittlungsverfahren Ulrike Meinhof
Mao Tse-tung	1893–1976; Revolutionär, Philosoph und Schriftsteller; Mitbegründer der KP Chinas; organisierte seit 1925 Bauernaufstände bis zum Sieg der Revolution 1949; erster Vorsitzender des Zentralrats der Volksrepublik China
Marchetti, Victor	Ehemaliger CIA-Agent

Marcuse, Herbert	1898–1979; Soziologe und Philosoph
Marighela, Carlos	Verfasser der Schrift „Kleines Handbuch der brasilianischen Stadtguerilla“; 1969 ermordet
Martin, Ludwig	* 1909; 1952 Bundesanwalt, 1958 Bundesrichter, 1963–1974 (Pensionierung) GBA
Marx/marx, Karl	1818–1883; Begründer des Marxismus
Meinhold, Werner	Ersatzrichter im 2. Strafsenat in Stammheim
Mende	Psychiater, Gutachter in Stammheim
Meins, Holger	1941–1974; Mitglied der RAF; Festnahme 2.6.72 in Frankfurt; am 9.11 74 im Gefängnis Wittlich gestorben
Merk, Bruno	* 1922; 1966–1977 Innenminister Bayern
Meyer, H. J.	Gutachter (Tod Ulrike Meinhof)
Mohnhaupt, Brigitte	Gefangene aus der RAF
Morrison	SAS-Agent
Möller, Irmgard	Gefangene aus der RAF
Müller	Internist, Gutachter in Stammheim
Müller, Arndt	Ehem. Rechtsanwalt in Stuttgart
Müller, Egon	Rechtsanwalt
Müller/müller, Gerhard	RAF-Mitglied; Festnahme 1972; ab 1976 „Kronzeuge“
Müller, Hermann-Josef	Senatspräsident OLG Düsseldorf
Müller	Haftrichter
Nerlich, Heinz	Ersatzrichter im 2. Strafsenat in Stammheim
Newerla, Armin	Ehemaliger Rechtsanwalt in Stuttgart
Niemöller, Martin	1892–1984; 1934 Mitglied der „Bekennenden Kirche“; 1938–1945 KZ, nach 1945 Kirchenpräsident Hessen, Mitglied des Weltkirchenrats, 1948–1961 Präsident der Deutschen Friedensgesellschaft
Nixon, Richard	US-Präsident
Nordmann, Joe	Generalsekretär der Internationalen Vereinigung Demokratischer Juristen (AIJD) in Paris
Oberwinder, Michael	Rechtsanwalt
Ohnesorg, Benno	Student; am 2. Juni 1967 bei einer Demonstration gegen den Besuch des persischen Schahs Reza Pahlevi vom Polizeibeamten Kurras erschossen
Osborne, Barton	Ehemaliger CIA-Agent
Owen, David	* 1930; 1976–1979 britischer Außenminister
Papandreou, Andreas	* 1919; 1967 nach Militärputsch Emigration und Aufbau der Panhellenischen Antidiktatorischen Bewegung (PAK - später PASOK), seit 1981 Regierungschef in Athen
Partsch, Dr. Karl-Josef	Völkerrechtler
Payot, Denis	Rechtsanwalt in Genf
Peck, Winslow	Ehemaliger NSA-Agent
Pepper, William	Journalist
Plottnitz, Ruppert von	Rechtsanwalt

Ponto, Jürgen	Vorstandsvorsitzender der Dresdner Bank; am 30.7.77 bei einem mißglückten Entführungsversuch von der RAF erschossen.
Posser, Diether	* 1922; 1972–1978 SPD-Justizminister Nordrhein-Westfalen
Preuß, Ulrich K.	Prof. in Bremen
Prinzing, Dr. Theodor	Vorsitzender des 2. Strafsenats in Stammheim
Proll, Astrid	ehem. RAF-Mitglied; erste Festnahme 6.5.71
Proll, Thorwald	„Kaufhausbrandstifter" vom 3.4.68 in Frankfurt (mit A. Baader, G. Ensslin und H. Söhnlein)
Rasch, Wilfried	Psychiater, Leiter des Instituts für forensische Psychiatrie an der Freien Universität Berlin, Gutachter in Stammheim
Rauch, Georg von	1947–1971; bei RAF-Fahndung am 4.12.71 in Berlin von der Polizei erschossen
Rauschke, Joachim, Prof.	Obduzent bei Ulrike Meinhof und Siegfried Hausner
Rebmann, Kurt	* 1924; 1965–1977 Ministerialdirektor und stellvertretender Justizminister Baden-Württemberg; 1977 Nachfolger von GBA Buback
Reinhard, Wolf-Dietrich	Rechtsanwalt in Hamburg
Riedel, Helmut	Rechtsanwalt in Frankfurt
Ridenhour, Ronald	Angehöriger US-Armee in Vietnam
Roll, Carmen	Ehemalige Gefangene aus der RAF
Rudolf, Walter	Völkerrechtler
Ruhland, Karl-Heinz	Mitglied der RAF; nach seiner Festnahme 1970 erster „Kronzeuge" in Verfahren nach § 129 StPO
Ruch/ruch, Franz	Journalist
Sartre, Jean Paul	Französischer Philosoph
Saupe, Jürgen	Journalist „Konkret"
Schäfer	Niedersächsischer Justizminister
Scheel, Walter	Bundesaußenminister und Bundespräsident
Schelm, Petra	1950–1971; RAF-Mitglied; am 15.7.71 bei Fahndung von der Polizei erschossen
Schiller, Margrit	Ehemalige Gefangene
Schily, Otto	Rechtsanwalt; 1983 Grüne-MdB
Schleyer, Hanns-Martin	1915–1977; 1942 Chef des Präsidialbüros im „Zentralverband der Industrie für Böhmen und Mähren"; 1945 bis 1948 Haft; seit 1951 bei Daimler-Benz, 1959 Vorstandsmitglied; 1973 Präsident der Bundesvereinigung der Deutschen Arbeitgeberverbände (BDA), 1976 in Personal Union Präsident des Bundesverbands der deutschen Industrie (BDI)
Schlägel	Zwangsverteidiger in Stammheim
Schmid, Richard	Präsident des OLG Stuttgart
Schmidt, Helmut	* 1918; 1961–1965 Innensenator Hamburg; 1969 – 1972 Bundesverteidigungsminister, 1972

	bis 1974 Bundeswirtschafts- und Finanzminister, 1974–1982 Bundeskanzler
Schmidt-Voigt, Jörgen	Chefarzt der Inneren Abteilung des Kreiskrankenhauses Main-Taunus in Bad Soden
Schmitz, Sabine	Ehemalige Gefangene
Schnabel	Zwangsverteidiger in Stammheim
Schröder, M.	Strafrechtslehrer „Arch.f.öfftl.Recht"
Schröder	Abteilungsleiter in Stammheim
Schröder	Internist, Gutachter in Stammheim (Gudrun Ensslin)
Schubert, Ingrid	1944–1977; Mitglied der RAF (+12.11.77 JVA Stadelheim)
Schüler, Manfred	* 1932; 1974–1980 Staatssekretär, Chef des Bundeskanzleramtes
Schulz, Adelheid	Gefangene aus der RAF
Schwarz, Heinz	* 1928; 1971–1976 Innenminister Rheinland-Pfalz
Schwarz	Zwangsverteidiger in Stammheim
Senghaas, Dieter	Institut für Friedensforschung Frankfurt
Siad Barre	Staatspräsident von Somalia
Sigrist, Christian	* 1935; 1971 Direktor des Instituts für Sozialwissenschaften der Uni Münster; seit 1978 Berater des kapverdischen Entwicklungsministeriums
Söhnlein, Horst	„Kaufhausbrandstifter" in Frankfurt vom 3.4.68 (mit A. Baader, G. Ensslin und Th. Proll)
Spangenberg, Henning	Rechtsanwalt
Speitel, Angelika	Ehemalige Gefangene aus der RAF
Springer/springer, Axel	Größter konservativer Zeitungsverleger der BRD
Stövsand, Volker	Gerichtsmediziner
Strauß, Franz-Josef	* 1915; 1949–1979 CSU-MdB; 1953–1969 Bundesminister (für besondere Aufgaben, Atomfragen, Verteidigung, Finanzen); seit 1978 Ministerpräsident von Bayern
Ströbele, Christian	Rechtsanwalt; seit 1985 Grüne-MdB
Stümper, Alfred	Polizeipräsident von Stuttgart, Ministerialdirektor Innenministerium Baden-Württemberg
Temming, Gerd	Rechtsanwalt in Frankfurt
Terrel, Irène	Journalistin, „Quotidien de Paris"
Teuns, Sjef	Holländischer Psychiater
Thomas, Gary	Ehemaliger CIA-Agent
Träger, Ernst	Bundesrichter
Tratter, Lois	Zeuge
Traube	Atomwissenschaftler
Urbach, Peter	Bis 1970 Polizeispitzel und Agent provocateur, Berlin
Vance, Cyrus Roberts	1977–1980 US-Außenminister
Vogel, Hans-Jochen	* 1926; 1974–1981 Bundesjustizminister (SPD)
Vötsch, Otto	Ersatzrichter im 2. Strafsenat in Stammheim

Wackernagel, Christoph	Ehemaliger Gefangener aus der RAF
Weidenhammer, Karl-Heinz	Rechtsanwalt
Weisbecker, Thomas	*1949; bei RAF-Fahndung am 2.3.72 in Augsburg von der Polizei erschossen
Wesel, Uwe	* 1933; Professor für Römisches, Bürgerliches und Zivilprozeßrecht in Berlin
Widera, Werner	Regierungsdirektor, Ankläger in Stammheim
Willems, A. W. M.	Holländischer Rechtsanwalt
Wilpert	Rechtsanwalt
Wischnewski, Hans-Jürgen	* 1922; 1966–1968 Bundesminister für wirtschaftliche Zusammenarbeit (Spitzname „Ben Wisch"), 1974–1976 Parlamentarischer Staatssekretär im Auswärtigen Amt, 1976–1980 und 1982 Staatsminister im Bundeskanzleramt
Witter, Hermann	* 1916; Direktor des Instituts für Gerichtsmedizin und Psychiatrie an der Universität Homburg/Saar
Wright, Quincy	Völkerrechtler
Wulff, Erich	Psychiater
Wunder, Heinrich	Bundesanwalt
Zeis, Peter	Oberstaatsanwalt
Zimmermann, Friedrich	* 1925; seit 1957 CSU-MdB; 1965–1972 Vorsitzender des Verteidigungsausschusses, 1982 Bundesinnenminister
Zitzlaff, Wienke	Lehrerin, Schwester von Ulrike Meinhof

POLITIEKE VERDEDIGING IN STRAFZAKEN

een case-study van het in de
Bondsrepubliek Duitsland van
1972 tot 1977 gevoerde strafproces
tegen Andreas Baader, Gudrun Ensslin,
Ulrike Meinhof, Holger Meins
en Jan Carl Raspe.

(samenvatting)

Op 21 mei 1975 begon voor het Oberlandesgericht te Stuttgart in een speciaal daartoe gebouwd zogenaamd Mehrzweckgebäude, naast de gevangenis in Stuttgart-Stammheim, de openbare terechtzitting tegen Andreas Baader, Gudrun Ensslin, Ulrike Meinhof en Jan Carl Raspe, medio 1972 gearresteerde leden van de sinds 1970 in de Bondsrepubliek Duitsland aktieve stadguerrilla-organisatie „Rote Armee Fraktion" (RAF). Hen was telastegelegd het oprichten en aanvoeren van de RAF als kriminele vereniging, zoals strafbaar gesteld in § 129 van het Westduitse wetboek van strafrecht. Volgens de telastelegging had deze vereniging zich ten doel gesteld de maatschappelijke verhoudingen in de Bondsrepubliek Duitsland naar het voorbeeld van de Latijnsamerikaanse stadguerrilla's met alle middelen, vooral geweld, te bestrijden, waardoor de voorwaarden voor verdere revolutionaire aktiviteiten moesten worden geschapen. Meer konkrete delikten, die hen tevens werden telastegelegd, betroffen een aantal in mei 1972 gepleegde bomaanslagen, met name op Amerikaanse legerinrichtingen, waarbij vier doden waren gevallen, welke bomaanslagen zij zouden hebben gepland, voorbereid en uitgevoerd.

Na een proces van twee jaar werden Baader, Ensslin en Raspe op 28 april 1977 ter zake van de telastegelegde feiten veroordeeld tot levenslange gevangenisstraf. Ulrike Meinhof was inmiddels op 9 mei 1976 in haar cel gestorven. Nog voordat het door de verdachten ingestelde beroep in cassatie kon worden behandeld, vonden ook zij, op 18 oktober 1977, tijdens een ontvoering door de RAF van de Westduitse werkgeversvoorzitter H. M. Schleyer, ondernomen om de bevrijding van een aantal gevangenen uit de RAF te bewerkstelligen, in hun cellen de dood.

Deze case-study van het strafproces tegen Baader c. s. (de officiële aanduiding van het proces was „Baader u. a.") beoogt een bijdrage te leveren tot inzicht in de problematiek van politieke verdediging in strafzaken. Daarbij is uitgegaan van Otto Kirchheimers begrip ‚politieke justitie': het gebruik van juridische middelen voor politieke doelen. Toegespitst op de onderhavige casus luidde de vraag, hoe partijen middels het proces de maatschappelijke machtsverhoudingen hebben trachten te beïnvloeden. Toegespitst op de positie van de verdachten: welke waren de mogelijkheden en grenzen van politieke verdediging?

In de inleiding wordt summier ingegaan op *de ontstaansgeschiedenis en politieke konseptie van de RAF,* voornamelijk aan de hand van de eerste geschriften van de RAF zelf. Daarna volgt een verantwoording van de probleemstelling en de gevolgde onderzoeksmethode.

Hoofdstuk I behandelt *de eerste politiek-militaire akties van de RAF* in mei 1972, na haar opbouwfase vanaf 1970.

In de hoofdstukken II tot en met V wordt de gang van zaken in en betreffende *de eerste fase van het procès* tegen Baader c. s. vanaf de arrestatie van de verdachten tot aan de terechtzitting geanalyseerd.

In hoofdstuk II wordt onderzocht welke de opstelling was van de verantwoordelijke autoriteiten, met name het vervolgende federale Openbaar Ministerie, jegens de enkele tientallen sinds 1970 gearresteerde leden van de RAF en hun advokaten. Daaruit blijkt dat door deze autoriteiten van meet af aan werd geloochend dat deze gevangenen in een politieke kontekst konden of zelfs mochten worden gezien. Beschreven wordt hoe deze gevangenen allen vanaf hun arrestatie aan een tot dan toe ongekend scherp en isolerend detentie-regime waren onderworpen. De voor hun gezondheid nadelige gevolgen hiervan werden spoedig duidelijk. Tenslotte wordt uiteengezet hoe de advokaten van deze gevangenen al medio 1972 gezamenlijk en publiekelijk door media, bestuurders en Openbaar Ministerie ervan werden beschuldigd dat zij zich samen met hun kliënten aan ernstige strafbare feiten, zoals het vervoeren van explosieven, in het kader van de RAF schuldig maakten.

In hoofdstuk III worden, na een korte typering van de positie van de Westduitse verdediger in strafzaken in het algemeen en die van advokaten van gevangen RAF-leden in het bizonder, de drie belangrijkste *uitgangspunten voor de verdediging* besproken, zoals deze, vooral ook onder invloed van de intimiderende opstelling van de overheid, in een overleg tussen advokaten en kliënten vorm kregen. Uit die, naar toen geldend recht aanvaardbare uitgangspunten vloeide voort, dat een kollektieve verdediging moest worden georganiseerd. Ten eerste om de gevangenen uit de RAF in staat te stellen zich gemeenschappelijk voor te bereiden op de verschillende tegen hen individueel aangespannen strafprocessen, die door hen als één proces tegen de RAF werden beschouwd. Overigens werd al vrij snel duidelijk dat door de autoriteiten zèlf het toekomstige proces tegen Baader c. s. als ‚het' proces tegen de RAF werd opgevat. Ten tweede om de noodzakelijke kommunikatie tussen advokaten en kliënten te vergemakkelijken over de mogelijkheden om zich als kollektief teweer te stellen tegen het op hen kollektief toegepaste ondragelijke detentie-regime.

Onder de titel *‚een konflikt zonder opties'* beschrijft hoofdstuk IV vervolgens het verzet van de gevangenen uit met name de RAF tegen dat detentie-regime en de reakties van de autoriteiten daarop. Dat verzet bestond onder meer uit kollektieve hongerstakingen in januari/februari 1973, in mei/juni 1973 en van september 1974 tot februari 1975 en de daarmee gepaard gaande en vooral door de advokaten in samenwerking met de in april 1973 opgerichte „Komitees gegen Folter" georganiseerde mobilisering van een deel van de publieke opinie.

Tijdens de laatste hongerstaking stierf op 9 november 1974 Holger Meins, tot dan toe één van de vijf mede-verdachten in het komende proces tegen Baader c. s. De dood van de ondanks dwangvoeding aan ondervoeding overleden Meins was volgens de gevangenen uit de RAF een door staatsveiligheidsfunktionarissen geplande moord, teneinde de kollektieve derde hongerstaking te breken. De dood van Meins bewees volgens hen tevens dat de staat de fysieke vernietiging van de gevangenen beoogde. Voor de autoriteiten daarentegen bevestigde de dood van Meins hun stelling, dat de gevangenen uit de RAF door hongerstakingen en met organisatorische steun van hun advokaten hun ‚guerrilla' tegen de staat vanuit hun cellen voortzetten. Holger Meins zou daarbij als ‚martelaar' zijn opgeofferd teneinde nieuwe RAF-leden te rekruteren. Daaruit werd, opnieuw, de noodzaak afgeleid de betrokken advokaten uit te schakelen.

Hoofdstuk V handelt over *de nieuwe juridische strijdmiddelen,* waarvan de Westduitse overheid zich voorzag om het verloop van het proces in regie te kunnen houden. Via de tijdens de derde hongerstaking door de naar de toenmalige Minister van Binnenlandse Zaken genoemde Maihofer-dokumentatie publicitair voorbereide en in ijltempo totstandgekomen zogenaamde Lex RAF werd daarvoor het noodzakelijke instrumentarium geschapen. Dat waren de op de aanstaande terechtzitting tegen Baader c. s. toegesneden wettelijke bepalingen, waardoor het mogelijk werd: 1°. advokaten van de verdediging in lopende strafprocessen op korte termijn uit te sluiten wegens verdenking van deelname aan de feiten waarvan hun kliënten werden verdacht (in casu ondersteuning van een kriminele vereniging), 2°. het aantal door een verdachte zelf gekozen advokaten tot drie te beperken, 3°. kollektieve verdediging te verbieden en 4°. procesvoering mogelijk te maken in afwezigheid van verdachten die ‚door eigen schuld' niet in staat zijn om aan hun proces deel te nemen, de zogenaamde hongerstakingsparagraaf. Beschreven wordt hoe de toepassing van deze wet in kombinatie met de al voorgeprogrammeerde verdenking van ondersteuning van de RAF, kort vóór de aanvang van de terechtzitting tegen Baader c. s. leidde tot de uitsluiting van de drie meest ingewerkte advokaten Kurt Groenewold, Klaus Croissant en Hans-Christian Ströbele.

De hoofdstukken VI tot en met VIII vormen een drieluik van de beschrijving en analyse van *de terechtzitting* in het proces tegen Baader c. s. van mei 1975 tot oktober 1977.

Hoofdstuk VI behandelt de *mise en scène* van het openbaar proces vóór de eigenlijke bewijsvoering, welke periode eind september 1975 werd afgesloten met de uitsluiting van de vier verdachten uit het proces met behulp van de zojuist geïntroduceerde hongerstakingsparagraaf. Dit hoofdstuk begint met een korte weergave van aan Otto Kirchheimer ontleende kriteria voor ‚politieke justitie' en met enkele aan de hand daarvan en mede op grond van de in de vorige hoofdstukken beschreven voorgeschiedenis ontwikkelde hypothesen over funktie en betekenis van de gekozen vorm van vervolging en berechting van Baader c. s. Naarmate de rechters zich leenden voor de realisering van de door de autoriteiten van de uitvoerende macht gestelde doeleinden om het ‚RAF-Komplex' te depolitiseren en om Baader c. s. als door de staat zelf tot symboolfiguren uitgeroepen vijanden te elimineren, zulks met terzijdestelling en/of aanpassing van het bestaande recht, was er sprake van integratie van de rechterlijke macht in het bouwwerk van politieke justitie.

Centraal staan vervolgens de ten processe uitgevochten konflikten over de voorwaarden waaronder het proces zou moeten plaatsvinden. Ten eerste: waren de verdachten zodanig in hun gezondheid aangetast, dat zij niet of nauwelijks in staat waren hun proces te volgen, laat staan te voeren, en zo ja, was dat te wijten aan de detentie-situatie of aan de daartegen gerichte hongerstakingen? Ten tweede: kon er nog sprake zijn van een ‚fair trial', gezien de ingrepen in de verdediging door het gezamenlijke optreden van uitvoerende, wetgevende en rechterlijke macht? Ten derde: was er sprake van een wettige en onpartijdige rechter, met name voor wat betreft de voorzitter van het Hof Dr. Th. Prinzing, gezien de wijze van zijn benoeming, zijn beweerdelijke mede-verantwoordelijkheid voor de dood van Holger Meins, zijn juridische verantwoordelijkheid voor de detentie-situatie van de verdachten, zijn opstelling jegens hen en hun advokaten ter zitting, en zijn beïnvloeding van de media? Dit hoofdstuk eindigt met een bespreking van de uitsluiting van de verdachten van het proces, welk besluit wordt geanalyseerd als een rechterlijke sanktionering van marteling („folterbesluit").

Het volgende hoofdstuk, *procedure op tegenspraak of schijnvertoning,* is het brede middenpaneel van het drieluik over de terechtzitting. Aan de hand van het relevante gepresenteerde bewijsmateriaal worden de aanpak van het Openbaar Ministerie en die van de verdediging, voorzover nog aanwezig en in staat tot optreden, met elkaar gekontrasteerd. Voor het bewijs van het aanvoerderschap van de RAF en de persoonlijke deelname van de verdachten aan de bomaanslagen in mei 1972 bleek het Openbaar Ministerie verregaand aangewezen op aanwijzingen. De ontbrekende schakels trachtte het Openbaar Ministerie te vervangen door de verklaringen van de ‚kroongetuige' Gerhard Müller, een gevangene uit de RAF die tijdens de derde hongerstaking zijn verzet had opgegeven en zich vervolgens als getuige ter beschikking had gesteld, en door de presentatie van het beeld van de RAF als enerzijds open, anderzijds volgens streng militair-hiërarchische strukturen georganiseerde groep, waarvan de verdachten de onbetwiste leiders waren geweest en nóg waren.

De verdediging stelde dat de RAF niet strafrechtelijk kon worden berecht, omdat het ging om een oorlog tussen enerzijds het kapitalistisch-imperialistische westerse statensysteem onder leiding van de Verenigde Staten van Amerika en anderzijds de vele revolutionaire bevrijdingsbewegingen, waarin de RAF partij had gekozen anticiperend op de verplaatsing van de revolutionaire strijd tot binnen de metropolen. Konsekwentie van dit standpunt was het verzoek het proces te beëindigen en de verdachten overeenkomstig de Conventies van Genève van 1949 als krijgsgevangenen te behandelen.

Op de feitelijke bewijsvoering door het Openbaar Ministerie ging de verdediging niet in, behalve voorzover daarbij de politieke identiteit van de RAF in het geding was, dan wel indien die bewijsvoering aanknopingspunten bood om aan te tonen, dat zich in de konfrontatie tussen staat en (gevangenen uit de) RAF achter de rechtsstaat-façade van de Bondsrepubliek Duitsland slechts een machtsstaat verborg, die zich niets gelegen liet liggen aan zijn eigen wetten en rechtsstaatideologie. Een voorbeeld van het eerste is de wijze waarop de verdediging trachtte, o. a. door het horen van een aantal andere RAF-leden als getuigen, het door het Openbaar Ministerie gepresenteerde beeld van de RAF te demonteren. Een voorbeeld van het tweede, de wijze waarop en intensiteit waarmee telkens weer de getuige Müller tot een ongeloofwaardige en illegaal ‚gekochte' kroongetuige werd gereduceerd.

Teneinde de RAF-aanslagen tegen Amerikaanse legerinrichtingen in de Bondsrepubliek Duitsland te plaatsen in de juridische sleutel van naar nationale en volkenrechtelijke maatstaven legitieme noodweer-interventies werd het Hof in de zogenaamde Vietnam-verzoeken vergeefs verzocht om een aantal binnen- en buitenlandse, deels voormalige, regeerders, wetenschapsbeoefenaren, journalisten, militairen, geheime dienstagenten etc. te horen als getuigen over de Vietnam-oorlog, de West-duitse betrokkenheid daarbij en de betekenis van de RAF-aanslagen.

Dit hoofdstuk besluit met een korte typering van de procesverklaring van de verdachten, een samenvatting van de tot op heden hoogst tegenstrijdige gegevens over de dood van Ulrike Meinhof in haar cel op 9 mei 1976 en een analyse van de kort daarop gevolgde en enkele maanden durende tweede detentie van de advokaat Klaus Croissant terzake van dezelfde verdenking als waarop zijn uitsluiting als advokaat van Andreas Baader en zijn enkele maanden later volgende eerste dentenţie, een jaar voor zijn tweede arrestatie, was gebaseerd.

Als derde paneel van het drieluik over de terechtzitting beschrijft hoofdstuk VIII onder de titel *de ineenstorting van een vertoning* het démasqué van het proces tegen Baader c. s., van januari 1977 tot de dood van de drie resterende verdachten op 18 oktober 1977. De voorzitter van het Hof, Dr. Th. Prinzing, moest in januari 1977 het veld ruimen om aan het beeld van een behoorlijk strafproces, dat de Westduitse autoriteiten toch zoveel mogelijk overeind wilden houden, niet verder afbreuk te kunnen doen. Twee maanden later bleek dat gesprekken tussen advokaten en hun kliënten in de gevangenis van Stammheim al sinds begin 1975 waren afgeluisterd door recherche en/of staatsveiligheidsdiensten. Daarop gooiden ook de laatste advokaten van Baader c. s. het bijltje erbij neer.

Ongeveer gelijktijdig, eind maart 1977, begonnen de gevangenen uit de RAF, waaronder Baader c. s., hun vierde kollektieve hongerstaking tegen hun isolatie, waarin geen verandering was gekomen ondanks de anderhalf jaar tevoren uitgebrachte adviezen daartoe van door rechters benoemde medische deskundigen. Talrijke, vooral ook buitenlandse persoonlijkheden ondersteunden publiekelijk de hongerstaking en zelfs Amnesty International liet van zich horen. Twee dagen na het vonnis van 28 april 1977 tegen Baader c. s., waarbij zij tot levenslange gevangenisstraf werden veroordeeld, werd aangekondigd dat de merendeels nog streng geïsoleerde gevangenen uit de RAF zouden worden samengevoegd in grotere groepen, zulks overeenkomstig de medische aanbevelingen. Daarop werd de hongerstaking afgebroken. Op 30 juli 1977 werd de belangrijke Westduitse bankier Jürgen Ponto bij een mislukte ontvoeringsaktie van de RAF doodgeschoten. Enkele dagen later werd na een ‚incident' in de gevangenis van Stammheim de daar inmiddels gevormde groep van acht gevangenen uit de RAF opgeheven, waarop de ongeveer dertig gevangenen uit de RAF wederom in hongerstaking gingen.

De gebeurtenissen in en buiten Stammheim volgden elkaar nu in hoog tempo op: een bomaanslag op het advokatenkantoor van de begin juli 1977 naar Frankrijk gevluchte advokaat Croissant, een mislukte aanslag van de RAF op het kantoor van het federale Openbaar Minsterie, de arrestatie van één van de twee overgebleven advokaten in het advokatenkantoor Croissant, het einde van de hongerstaking op 2 september 1977 na een mislukte interventie van Amnesty International, de ontvoering door de RAF van de werkgeversvoorzitter Hans Martin Schleyer op 5 september 1977, de daaropvolgende volledige afsluiting van de gevangenen van de buitenwereld en tenslotte op 18 oktober 1977 de nog steeds mysterieuze dood van Andreas Baader, Gudrun Ensslin en Jan Carl Raspe in hun cellen. Alle gebeurtenissen, van het vertrek van Prinzing tot en met de dood van de verdachten, worden in onderling verband en tegen de achtergrond van het voorgaande beschreven en geanalyseerd.

Tenslotte wordt in hoofdstuk IX, getiteld *justitie als instrument van preventieve counterinsurgency,* tegen het decor van het proces tegen Baader c. s. een aantal aspekten van de problematiek van politieke verdediging in strafzaken onderscheiden en worden de latere strafzaken tegen de advokaten Kurt Groenewold en Klaus Croissant besproken. Daarbij wordt onder andere gekonkludeerd, dat volgens de Westduitse justitie gevangenen uit de stadguerrilla, die hun gezindheid na detinering niet opgeven, alleen al daarom, hoe geïsoleerd van elkaar zij ook mogen zijn, een zelfstandige kriminele casu quo terroristische vereniging vormen, en dat vervolgens advokaten zich in beginsel schuldig maken aan strafbare ondersteuning van deze kriminele vereniging, zodra zij door op zichzelf legale en toelaatbare verdedigingsaktiviteiten die gezindheit van hun kliënten zouden, of zouden kunnen ondersteunen.

Voor de gevangenen uit de RAF, over wie het in dit boek gaat, lijkt dit te betekenen: afzweren of afsterven. Voor de verdediging in hun politieke strafproces betekent dit: gedwongen beperking tot een technisch-juridische verdediging met negatie van de politieke essentie van de zaak.

Curriculum vitae

Der Autor ist am 31. März 1941 in Haarlem geboren. Sein Abitur gymnasium beta bestand er 1959 am Eerste Vrijzinnig-Christelijke Lyceum in Den Haag. Danach studierte er ein Jahr an der Wesleyan University in Middletown, Connecticut/USA. Von 1960 bis 1965 studierte er Rechtswissenschaften an der Rijksuniversiteit Leiden. Während des obligatorischen Militärdienstes wurde er ausgebildet zum Verhörspezialist im Offiziersrang für sowjetische Kriegsgefangene beim Militaire Inlichtingen Dienst in Harderwijk. Von 1967 bis 1971 war er Rechtsanwalt in Amsterdam. Seit 1971 ist er Dozent für Strafrecht am Willem Pompe Instituut voor Strafrechtswetenschappen an der Rijksuniversiteit Utrecht. Von 1971 bis 1984 war er außerdem Rechtsanwalt in Utrecht. Seit 1984 ist er wieder als Anwalt in Amsterdam tätig.

Pieter Bakker Schut (Hg.)

DAS INFO

Briefe der Gefangenen aus der RAF 1973–1977
336 Seiten, brosch., DM 28,00
ISBN 3-89029-019-1

Die Briefe wurden für das „info" geschrieben. Ein Kommunikationssystem zwischen den Gefangenen untereinander einerseits und der Gefangenen mit den sie vertretenden Vertrauensanwälten andererseits. Mit dem info wollten die Gefangenen ihre Isolation durchbrechen. „Es war die einzige Möglichkeit überhaupt von isolierten Gefangenen zu sozialer Interaktion... zu politischer Diskussion, politischer Information und zu Orientierung natürlich", beschrieb Brigitte Mohnhaupt 1976 die Bedeutung des infos. Gegen den Versuch durch Vereinzelung und Isolation die politische Identität der Gefangenen zu vernichten, haben sie mit dem info um einen kollektiven Politisierungsprozeß gekämpft. Um „seine Situation in den Griff zu kriegen – also daß er die Situation beherrscht und nicht sie ihn", sagte Helmut Pohl als Zeuge im Stammheimer Prozeß dazu...
Die jetzt veröffentlichten Briefe des infos entspricht der Auswahl und Zusammenstellung, wie sie von den Gefangenen selbst 1976/77 in Stammheim und Hamburg getroffen wurde.
Pieter Bakker Schut hat auf jede Kommentierung verzichtet, „denn sie beinhaltet heute, also mehr als zehn Jahre später, die Gefahr, etwas anderes daraus zu machen, als es für die Beteiligten gewesen war." (Stattzeitung Kassel)

Karl-Heinz Weidenhammer

SELBSTMORD ODER MORD

Todesermittlungsverfahren
Baader–Ensslin–Raspe
504 Seiten, geb., DM 39,80
ISBN 3-89029-033-7

Am 20. Oktober 1977 forderte der damalige Bundeskanzler Helmut Schmidt, daß die Stammheimer Todesfälle „wegen des Ansehens Deutschlands in der Welt... in einer über jeden Zweifel erhabenen Form untersucht, vollständig aufgeklärt und daß die Ergebnisse öffentlich vorgelegt werden müssen".

Das Ergebnis dieser „schonungslosen Aufklärung" ist bekannt: Im Bermuda-Dreieck von Staatsanwaltschaften, polizeilichen Ermittlungen und parlamentarischen Untersuchungskommissionen verschwanden Beweisstücke, wurden belastende Spuren nicht weiter verfolgt und alle Ungereimtheiten so zurechtgebogen, daß die zur Staatsdoktrin erhobene Selbstmordthese bekräftigt werden konnte.

Zehn Jahre nach dem offiziellen Abschluß des Todesermittlungsverfahrens legt nun der Frankfurter Rechtsanwalt Weidenhammer – Verteidiger von Raspe 1976/77 in Stammheim – die erste umfassende Dokumentation der Umstände der Tode in Stammheim und des anschließenden Ermittlungsverfahrens vor.